Geschichtliche Beilagen zum St. Pöltner Diözesanblatt

GESCHICHTLICHE BEILAGEN
ZUM ST. PÖLTNER DIÖZESANBLATT
Band 16

Zur Kirchengeschichte des Viertels ob dem Wienerwald vor 1627

Von † Dechant Alois Plesser

Redaktionelle Bearbeitung von
Reinelde Motz-Linhart

DASP

St. Pölten 1998

Die Deutsche Bibliothek - CIP-Einheitsaufnahme

Alois Plesser, Zur Kirchengeschichte des Viertels ob des Wienerwaldes
bearb. von Reinelde Motz-Linhart. - St. Pölten: Diözesanarchiv, 1998.

Geschichtliche Beilagen zum St. Pöltner Diözesanblatt
hrsg. vom Diözesanarchiv.- St. Pölten; Bd. 16.

ISBN 3-901863-02-8

NE: Motz-Linhart, Reinelde [Bearb.]; Geschichtliche Beilagen
zum St. Pöltner Diözesanblatt, Band 16.

Gedruckt mit Unterstützung des
Amtes der Niederösterreichischen Landesregierung

Einband: Georg Matthäus Vischer, Viertl ob Wienner Wald. 1672.

Medieninhaber (Verleger) und Herausgeber: Bischöfliches Ordinariat St. Pölten,
Diözesanarchiv, A-3100 St. Pölten, Domplatz 1
Hersteller: MANZ, 1050 Wien

Inhaltsverzeichnis

Vorwort ... 7
Einleitung ... 9
86. Kollmitzberg ... 11
87. Kreisbach, Pfarre Wilhelmsburg ... 13
88. Krennstetten ... 15
89. Kuffern, Pfarre Statzendorf ... 18
90. Kürnberg bei Steyr ... 20
91. Maria Langegg ... 22
92. Langenlebarn ... 29
93. Langenrohr ... 32
95. St. Leonhard am Forst ... 40
96. St. Leonhard am Wald ... 62
97. Lilienfeld ... 63
98. Loich ... 72
99. Loosdorf ... 73
100. St. Lorenzen in Säusenstein ... 91
101. St. Lorenz im Paradies bei Ried ... 92
102. St. Lorenz, unbek. ... 93
103. St. Lorenzen, Pfarre Rossatz ... 94
104. Lunz ... 95
105. Mank ... 101
106. St.Margareten/Sierning ... 108
112. Mautern ... 140
115. St. Michael am Bruckbache ... 237
116. Michelbach ... 244
117. Michelhausen ... 246
118. Murstetten ... 255
119. Neidling mit Goldegg ... 257
120. Neuhofen/Ybbs ... 262
121. Neulengbach ... 286
122. Neumarkt ... 293
123. Neustadtl/Donau mit Freienstein ... 302
124. St. Nikola ... 317
125. Nußdorf an der Traisen ... 318
126. Oberndorf an der Melk ... 324
127. Obritzberg mit Grünz ... 330
128. Ochsenburg ... 339
129. Oed ... 341
130. Oehling mit Mauer ... 342
131. Ollern ... 345
132. Ollersbach ... 346
133. Opponitz ... 351

134. St. Pantaleon 353
135. St. Peter in der Au 356
136. Petzenkirchen 375
137. Pielach, Pfarre Melk, Schloßkapelle 386
138. Pielachhag am Hafnerberg, ... 388
139. Plankenstein 391
140. Groß-Pöchlarn 402
141. St. Pölten, Dompfarre 450
St. Pölten, Franziskaner Pfarre 496
St. Pölten, Josefspfarre (1930) 498
St. Pölten, Stadt 498
142. Ponsee 504
143. Pottenbrunn mit Wasserburg 507
144. Puchenstuben 530
145. Purgstall 532
146. Pyhra 546
147. Rabenstein 552
148. Unter-Radlberg, Pfarre Herzogenburg 557
149. Ramsau 558
150. Randegg mit Schloß Pernwart 560
151. Rappoltenkirchen mit Kogel 565
152. Reidling 569
153. Reinsberg 577
154. Ried 581
155. Rohrbach/Gölsen 584
156. Rossatz 585
157. Rottersdorf, Pfarre Statzendorf 594
158. Ruprechtshofen mit Zwerbach 594
159. Rust 612

Vorwort

Die „Geschichtlichen Beilagen“ haben sich seit Erscheinen des ersten Bandes im Jahr 1880 zu einem unentbehrlichen Hilfsmittel der kirchenhistorischen Forschung in unserer Diözese entwickelt. Sie sollten die vier Jahre zuvor erschienene, zweibändige Diözesangeschichte von Anton Kerschbaumer ergänzen, wie in der Kurrende vom 17. Jänner 1878 zu lesen ist: *„Die allgemeine Geschichte des Bisthums verlangt nothwendig eine Specialgeschichte der Pfarreien, Beneficien, Stifter, Klöster. Bis jetzt dürfte aber die Zahl derer, von welchen eine solche entweder im Manuscript oder im Druck bereits vorhanden ist, eine verhältnismäßig geringe sein. Es leuchtet auch ein, daß die Specialgeschichte einer Diöcese nicht in kurzer Zeit, oder von Einem geschrieben werden könne, es sei denn, daß Jemand bei gehöriger Muße das geschichtliche Materiale schon vorfindet, und es nur in die entsprechende Form zu bringen braucht. Diese Vorarbeit zur Specialgeschichte unserer Diöcese soll nun in Angriff genommen werden, und als ´Geschichtliche Beilagen zu den Consistorial-Currenden´ veröffentlicht werden.“*

An diesem Unternehmen beteiligten sich anfangs zahlreiche Geistliche, die Beiträge zur Geschichte verschiedenster Pfarren und Klöster verfassten, die zum Teil heute noch die einzigen Werke zu bestimmten Themen darstellen. Bei dieser Gelegenheit sind vor allem die Namen Erdinger, Weigelsperger, Kerschbaumer, Gottwald und Frank zu nennen. Es ist zu beobachten, daß sich der Mitarbeiterstab mit der Zeit immer mehr verringerte. Der Umfang der Bände nahm zwar nicht ab, jedoch die Zahl der Autoren. Arbeiteten am ersten Band (1880) noch neun verschiedene Autoren mit, waren es im neunten Band (1911) nur noch vier. Im Band fünf (1895) arbeitete erstmals Pfarrer Alois Plesser (1865-1937) mit, der die bestimmende Person für die Geschichtlichen Beilagen werden sollte. Er verfaßte in der Folge die meisten und umfangreichsten Beiträge, und arbeitete anscheinend „Tag und Nacht“ an Regestensammlungen für alle Pfarren der Diözese. Obwohl er diese noch vor seinem 1937 erfolgten Tod vollenden hatte können, konnte er ihre vollständige Veröffentlichung in den Geschichtlichen Beilagen nicht mehr miterleben - Band zwölf mit den Materialien zu den Waldviertler Pfarren von Aggsbach Markt bis Pernegg (alphabetisch) konnte erst 1939 abgeschlossen werden. Die verbliebenen Manuskripte zu den übrigen Waldviertler Pfarren füllten schließlich noch zwei weitere Bände (13, 1951 und 14, 1954). Obwohl seine Sammlungen zu den Pfarren des VOWW im Band 15 bis 1977 noch veröffentlicht worden waren, entschloß man sich daraufhin, aus verschiedenen Gründen die verbliebenen Manuskripte nicht mehr zu veröffentlichen und die Geschichtlichen Beilagen einzustellen.

Da diese für die kirchenhistorische Forschung in unserer Diözese jedoch von großer Bedeutung sind und die Publikation der noch fehlenden Plesser-Manuskripte ein großes Desiderat in der Diözesangeschichtsforschung darstellt, haben wir uns entschlossen, die Geschichtlichen Beilagen doch fortzuführen und die Materialsammlungen zu den Pfarren des VOWW ab Kollmitzberg in zwei weiteren Bänden (16 und 17) herauszugeben.

Die darauf folgenden Bände sollen in Zukunft unter dem Untertitel *„Beiträge zur Kirchengeschichte Niederösterreichs"* weitere, neu erarbeitete Studien und Quellen zur Geschichte der Kirche in unserer Diözese bringen.

Ich freue mich, daß mit dem vorliegenden 16. Band der Geschichtlichen Beilagen nicht nur das Werk von Alois Plesser fortgesetzt wird, sondern auch eine große Lücke in der Erarbeitung der Geschichte unserer Diözese geschlossen wird.

+ Heinrich Fasching
Generalvikar

Einleitung

Bei der Fortsetzung der Geschichtlichen Beilagen handelt es sich um die Wiederaufnahme der Edition der von Alois Plesser gesammelten Regesten zur Pfarrgeschichte des Viertels ober dem Wienerwald. Dem Diözesanarchivar Thomas Aigner gebührt das Verdienst, durch die Beschaffung der erforderlichen Mittel den Abschluß dieser Reihe ermöglicht zu haben. Die noch verbliebenen 4.000 handschriftlichen Seiten des sogenannten „Plesser-Manuskriptes" werden in zwei Bänden herausgegeben. Der vorliegende Band 16 umfaßt die Orte Kollmitzberg bis Rust, ein weiterer, abschließender Band, dessen Erscheinen für das Jahr 1999 projektiert wurde, soll die Orte Sarling bis Zwentendorf behandeln. Ein eigener Registerband mit einem Verzeichnis der von Plesser benutzten Quellen und Literatur soll sein Werk ergänzen und abschließen.

Bei dem von Alois Plesser häufig zitierten Konsistorialarchiv handelt es sich um das Archiv des 1785 neu errichteten Bistums St. Pölten. Es umfaßte ursprünglich die Akten der ehemaligen Passauer Diözesanverwaltung für Niederösterreich ober Wienerwald und Manhartsberg und ist heute im Bestand „Pfarr- und Klosterakten" des Diözesanarchives zusammen mit Urkunden, Kirchenrechnungen und Matrikelabschriften. Das rasche Anwachsen dieser Quellen erforderte bald eine Neuordnung und Neuaufstellung. Im Jahre 1910 wurde Alois Plesser, der Pfarrer von Kleinpöchlarn, mit der Reorganisation des Archives betraut. Die Früchte seiner Arbeit flossen damit in die Geschichtlichen Beilagen, ganz besonders in diesen vorliegenden Band ein.

Die Zusammenstellung des in diesem Band herausgegebenen Materials erfolgte in den ersten drei Dezennien des 20. Jahrhunderts. Es sollte heute als „Findbuch" verstanden werden, als eine Materialsammlung zur Pfarrgeschichte in Regestenform. Von einer Überarbeitung der zitierten Literatur und einem auf neuesten Stand gebrachten Anmerkungsapparat wurde bewußt Abstand genommen. Eine Angleichung an heute verwendete Schreibweise und Zitierregeln hätte eine tiefgreifende Veränderung des Manuskriptes erfordert und damit eine große Abweichung von den bisher erschienenen Beiträgen und letztlich einen Bruch der Linie nach sich gezogen

Die Kursivsetzung von lateinischen Zitaten wurde ebenfalls beibehalten, während auf eine Sperrung zu Gunsten einer verbesserten Lesbarkeit verzichtet wurde.

Im Text werden für die Währungseinheiten folgende Abkürzungen verwendet: d = Pfennig (Denar), fl = Gulden, ß = Schilling und t = Pfund (Talent). Dabei entspricht das (Wiener) Pfund (t) 8 Schillingen (ß) zu je 30 Pfennigen (d). Zu den Eigenheiten des österreichischen Münzwesens im allgemeinen und speziell zur Konvergenz des Pfundes zum Ungarischen und Rheinischen Gulden sei auf Otto BRUNNER, Die Finanzen der Stadt Wien von den Anfängen bis ins 16. Jahrhundert (Studien aus dem Archiv der Stadt Wien Bd. 1/2, Wien 1929) 21ff. verwiesen.

Zur Ergänzung sei dem geneigten Benutzer dieser Materialsammlung ans Herz gelegt, für die Königsurkunden die Diplomatareihe der Monumenta Germaniae Historia unter dem entsprechendem Herrscher nachzuschlagen und für die Urkunden der Landesfürsten das Babenberger Urkundenbuch zu benutzen.

Als ergänzende Quellensammlung und weiterführende Literatur sind darüberhinaus zu nennen:

Die Passauer Bistumsmatrikel, ed. Rudolf Zinnhobler, Bd. 5: Das östliche Offizialat/Die Dekanate südlich der Donau (Passau 1989)

Gerhard WINNER, Das Diözesanarchiv St. Pölten. Behörden und Institutionen. Ihre Geschichte und Bestände. St. Pölten 1962.

Gerhard WINNER, Die Urkunden des Zisterzienserstiftes Lilienfeld 1111-1892 = FRA II/81 (Wien 1974).

Gerhard WINNER, Das Urkundenbuch des aufgehobenen Chorherrnstiftes Sankt Pölten. 3. Teil, Nachträge, 1401-1762. (ungedrucktes Manuskript, St. Pölten 1983, Diözesanarchiv)

Friedrich SCHRAGL, Geschichte der Diözese St. Pölten (St. Pölten 1985)

Für andere Urkunden, wie etwa jene aus dem Stiftsarchiv Melk, wird ein Urkundenband in der Reihe der Fontes Rerum Austriacarum vorbereitet.

Mein besonderer Dank gilt Rosa Mayer, die mich mit freundlicher Bereitschaft bei der Korrektur der Druckvorlage tatkräftig unterstützte.

Reinelde Motz-Linhart

Wien, im Sommer 1998

86. Kollmitzberg[1]

Die Salzburger Annalen (in der Stiftsbibliothek zu Admont) berichten, daß im Jahre 881 der erste Ungarneinfall in der Ostmark bei *Weniam* (Wien) stattfand; der zweite Krieg *cum Awaris ad Culmite* fand bald darauf statt. Unter *Culmite* vermutet man Kollmitz bei Ardagger oder bei Melk - Pöchlarn.[2]

1151, 22. Mai, Kremsmünster, bestätigt Bischof Konrad von Passau die Stiftung von Erlakloster und nennt unter seinem Besitz auch Chalmounza.[3]

Um 1260 wurde die Kirche in Chalmünz vom Propst von Ardagger vergeben.[4]

1267 erscheint in einer Urkunde des Stiftes Ardagger Fridericus als Provisor in Chalmvnz.[5] Damals bestand also hier bereits eine Kirche, die durch einen Vikar von Ardagger versehen wurde.

1315, 2. Februar, Seitenstetten, verleiht Abt Heinrich von Seitenstetten dem Konrad von Mairhof diesen Hof in Chalmvntzer Pfarre.[6] Hier wird zum erstenmale die Pfarre genannt.

1334, 11. Mai, gibt Konrad von Alydorf, Burggraf zu Säusenekk, für das Seelenheil seiner Frau Guta dem Stifte St. Florian das Gut auf der Oed in Chalmuntzer Pfarre, wofür man alljährlich am St. Annentag eine Hochzeit (Festfeier) halten und ihre eigene Historie und Tagzeiten singen soll.[7]

1335, 9. Juni, gab derselbe dem Kloster Baumgartenberg ein Lehen in Raenelperg und zwei in Hofsteten mit Ausnahme der Mühle und Waldung am Schaitelperg in Chalmvntzer Pfarre für Abhaltung einer täglichen Messe in der Unser Frauenkapelle im Kirchenhause des Klosters, wo seine Frau Guet und seine Kinder bestattet sind und auch er seine Grabstätte wählt.[8]

1340, 9. Februar, Ardagger, erscheint in einer Notariatsurkunde als Zeuge der Pfarrvikar des Kapitels von Ardagger Johann von Chalmünz.[9]

---

[1] Topographie, V., 315-316.
[2] Mitteilungen der Gesellschaft für Salzburger Landeskunde, Bd. 61; Monatsbl. des Vereines für Gesch. der Stadt Wien, 1922, 140.
[3] Starzer, Mitteilungen des k. k. Archivs für Niederösterreich, I., 54.
[4] Monumenta Boica, XXVIII., II. 483.
[5] Archiv für österr. Geschichte, 1871, 481.
[6] Fontes, XXXIII., 157.
[7] Oberösterr. Urkundenbuch, VI., 121.
[8] Oberösterr. Urkundenbuch, VI., 168.
[9] Archiv für österr. Geschichte, 1871, 500.

Um 1390 erscheint die Pfarre Chollmüntz *ad sanctam Otiliam*, für welche das Kollegium Ardagger 4 Pf. Pfen. dem Bischofe leistete, welche die Pfarrleute ersetzten.[1]

1434 hatte das Stift Admont Gülten in Cholmuntzer Pfarre.[2]

Um 1490 wurde der hübsche spätgotische Chor gebaut. An seiner Nordwand befindet sich ein turmförmiges schönes Sakramentshäuschen von 6 m Höhe, dessen Türchen die Jahrzahl 1492 zeigt.[3]

1566 hatte das Kloster Baumgartenberg auch Holden „enhalb der Thuenaw zu St. Ottilia", in Ruetringerambt, zu Nochling, unter der Ennß zu Strening.[4]

1584 legte Pfarrer Sebastian Erlacher von Kollmitzberg Rechnung über die hiesige Rosenkranzbruderschaft, die im 18. Jahrhundert dem Dominikanerkloster in Münzbach einverleibt erscheint.[5]

1601, 27. Dezember, wurde die Rechnung der Unser Frauenbruderschaft zu „St. Ottilienkhirchen am Collmiczberg", welche die beiden Zechleute legten, vom obersten Kirchen-, Lehen- und Grundherrn und Vogte, dem Propste Mathiaß von Ardackher bestätigt. Darin werden angeführt: Hausdienste von Prästorf, Obern-Oedt, Altmanstain und Gruebl. Gelder waren auf Zinsen ausgeliehen an Hausbesitzer in Zailach, Schallberger, Höfen, Sparnoeder, Purckhstall, Prandthoff, Wirt zu Collmicz und Nideraigen. Wiesenzins von der obern Ortwisen, dem langen Tagswerch am Mitterschaden. Unter den Wohltätern der Bruderschaft erscheinen Georg Eyrl, Pfarrer zu Collmicz, 16 d; Jörg Beeg, Pfarrer zu Artockherstüfft, 16 d. Ein halbes Joch im Marchfeldt wurde einem Bewohner vom Marckht zu Ardackher um 30 fl verkauft, die zum Predigstuell andrer Notdurft verwendet wurden.[6]

1602 erhielt der Pfarrer von der Bruderschaft als Besoldung 2 fl 2 ß und die Herrschaft Carlspach für die Artwise und langen Tagwerch Dienst und Steuer. Die Bruderschaft zahlte 1606 dem gnädigen Herrn (Propst) für die Tischler 18 fl und dem Tischler für die Decke am Tauffstain 5 fl, dem Schullmaister für Aufzeichnungen zur Raittung und eine Abschrift 3 ß. Pfarrer war damals noch Eyrl.[7]

Von 1626 an wurden die Taufen *in parochia Calmuzensi* eigens verzeichnet.[8]

---

[1] Hippolytus, 1863, 153, 160.
[2] Blätter für Landeskunde, 1894, 257.
[3] Riesenhuber, Kirchl. Kunstdenkmäler, 148.
[4] Visitationsbuch von 1566 im Staatsarchiv zu Wien.
[5] Stiftsarchiv Seitenstetten, Faszikel Ardagger.
[6] Konsistorialarchiv St. Pölten.
[7] Konsistorialarchiv St. Pölten.
[8] Pfarrarchiv Stift Ardagger.

1663 wurde Rechnung gelegt für Unser Frauenbruderschaft des hl. Rosenkranzes am Calmizberg. Der Maler zu Grein malte 13 Bruderschaftsstöcke und vier Scheine für 2 fl 6 ß.[1]

1704, 20. Oktober, verschied Karl Christoph Feigler, *Austriacus Neustadlensis*, Vikar in Kolmizberg, alt 32 Jahre. Er wurde in St. Margarethenkirche in Stift Ardagger bestattet.[2]

Um 1750 widmete Michael Schmutz das Bauernhaus am Burgstall, eine Viertelstunde nördlich von der Kirche gelegen, samt Wirtschaft zu einem Pfarrhofe.

1753, August, taufte in Stift Ardagger Franz Xaver Schlagitweit, Vikar in Kollmitzberg.[3] Er wohnte bereits in Kollmitzberg. Vorher bestand hier kein Pfarrhof und gingen die Vikare vom Stifte Ardagger fast täglich heraus.

87. Kreisbach, Pfarre Wilhelmsburg[4]

Um 1110 verkaufte Markgraf Ottokar IV. von Steyr dem Kloster Garsten 12 Mansen und 30 Mancipien in Crebizbac bei Willehalmsburch.[5]

1323, 6. März, Wien, verkaufen Engeldich von Chreuzpach und seine Verwandten dem Stephan von Hohenberg das Haus Chreuzpach, ein rechtes Eigen, die Lehenschaft der Kirche in Chreuzpach mit der Vogtei und 5 Pfd. 80 d Gülte in Wilhalmspurger und Veitinger Pfarre und am Chreuzpach.[6]

1346, 27. Februar, wurde auch Chreuzpach der Hostienstiftung in Lilienfeld teilhaftig gemacht.[7]

Um 1390 erscheint die Pfarre Chrewsbach mit 10 Pfd. Pfen. Taxe.[8] In diese Zeit ist wohl auch jener *Ulricus plebanus in Chreuspach* anzusetzen, der im Totenbuch von Lilienfeld verzeichnet ist. Er gab dem Kloster Geld, zwei Tuniken, eine Kapuze und Mitra und wurde beim St. Margaretenaltare beigesetzt. Etwas später erscheint ein Pfarrer von Chreusbach als Zeuge des Otto von Wasen.[9]

---

[1] Konsistorialarchiv St. Pölten.
[2] Pfarrmatrikeln in Stift Ardagger.
[3] Pfarrmatrikeln in Stift Ardagger.
[4] Topographie, V., 423-428; Geschichtliche Beilagen, II., 513-514.
[5] Oberösterr. Urkundenbuch, I., 123; Winter, Niederösterr. Weistümer, III., 295.
[6] Oberösterr. Urkundenbuch, VI., 347.
[7] Oberösterr. Urkundenbuch, VI., 541.
[8] Hippolytus, 1863, 148.
[9] Topographie, V., 427, 428; Hanthaler, Recensus, I., 71; Fontes, XVI., 30.

1429 wird Kreuspach mit 16 Pfd. Pfen. Taxe als Lehen der Hohenperger angeführt und auch eine Kapelle in Kreuspach, Lehen vom Kling, erwähnt. Letztere wird noch 1476 als Lehen der Hohenberg verzeichnet.[1]

1469 belehnte Kaiser Friedrich III. den Johann von Hohenberg auch mit dem „Salzärze" im Hallbach nebst der Herrschaft Hohenberg.[2] Damals wurde hier Salz gewonnen.

Um 1480 war Sebastian Häsib Kaplan in Kreußbach.[3]

1492, Ertag, St. Severin, Bischof (23. Oktober), Kreußbach, erlaubt Johann, Herr von Hohenberg, dem Propste und Stifte in St. Pölten, ihr Holz über seine Gründe, Wehren und Wasser auf der Traisen frei zu flößen und rinnen zu lassen.[4] Schon damals war das Holzschwemmen in den Flüßen in Brauch.

Um 1584 hatte Bernhard Freiherr Jörger auf Kreisbach 363 Untertanen ohne Wilhelmsburg, dessen Blatt im Bereitungsbuch fehlte; davon in St. Veit 42, Stazendorf 14, Kreisbach 41 und 56 Vogtholden, Rorbach 46, Hainfeld 12, Halbach 40, Forchaueramt 15, Kleinzell 28, Ramsau 28 und 14 Vogtholden, Amt Moosbrunn 9.[5]

Die nachgelassene eheliche Tochter des evangelischen Pfarrers Kaspar Rinder von Kreuspach Ottilia ehelichte am 5. Sonntag nach der Erscheinung 1609 in Sindelburg den Christoph Weinberger, Pfleger zu Piberstein im Mühlviertel.[6]

1625, 3. Mai, Beschreibung und Anschlag der Herrschaft Kroysbach, ein landsfürstliches Lehen. Das Schloß „Kroysbach sambt dem Vorschloß so wol erbaut vnd mit der Pflegerey vnd Thorstübl 22 Zimmer hat", samt wohlerbautem Maierhof angeschlagen auf 4.000 fl. Ein Schenk- oder Wirtshaus, eine Mühle beim Schloß, alles zerbrochen und nicht zu gebrauchen, auch nicht alle Zeit Wasser dabei; im Schloßgraben ein Obstgarten, dabei ein neu erbautes kleines Spital ohne Einkommen. Die Herrschaft hat 17 Ämter und 454 Untertanen. Die Herrschaft verläßt auch verschiedene Häuser ohne Gründe.
Gehölz: Münchwald 100 Joch, Haingraben 50, Gradlberg 20, Ameßberg 10, Edlberg 8, Langfeld 4, Kendlholtz 4, Frawenhöltzl am Ekch 2, Khunigeröden am Stainfeld 8, zusammen 206 Joch à 12 fl = 2.492 fl 72 ß. Wildbann, Raißgejaid im Landgerichtsdistrikt; Fischwasser auf der Traisen, Gölsen, Wisenbach, Schwartzenbach, Karsenbach, Woppachl, Halpach, Khendlpach und Eschenawerbach. Der Getreidezehent

---

[1] Schmieder, Matricula, 23, 24.
[2] Topographie, V., 425.
[3] Wißgrill, Schauplatz, IV., 196.
[4] Duellius, Excerpta geneal.-histor., I., Bl. 117.
[5] Schloßarchiv Ottenstein.
[6] Pfarrmatrikeln von Sindelburg.

verlassen um 46 fl 4 ß, wovon dem Abt von Göttwein vor zwei Jahren auf Recht und Unrecht 38 fl abgetreten wurden, was künftig zu erläutern ansteht; Weinzehent zu Frundorff 200 Eimer à 4 ß = 100 fl; Pfundgeld 60 fl, freies Eigen = Kapital 6.000 fl.
Item ist bey dieser Herrschaft ein Saltzbrun, so landsfürstlich privilegiert; gibt der Saltz davuon jährlich 200 Stökhl, indes zu 6 Pfd. vnd das Stökhl per 8 kr wert sein mag. Freigarten der Pluemaw zu St. Pölten war früher eine Mühle und wird in Bestand verlassen. Der Inhalt der Rüstkammer wert 300 fl und der Apotheke im Schlosse 100 fl.[1]

1627 wurde Kreisbach eingezogen und die Kirche vom Kaiser mit einem katholischen Priester besetzt.[2]

88. Krennstetten[3]

1116 gibt der Passauer Bischof mit der Pfarre Aschbach auch deren Filialkirche Chrebasteten dem Stifte Seitenstetten.[4]

1285 verkaufte Wernhard von Schweinwart ein Gut zu Arennstetten dem Abte Heinrich von Admont.[5]

1290, 3. Dezember, St. Peter in der Au, stellt Otto von Erl unrechtmäßig besessene Güter dem Stifte Admont zurück und erhält dafür vom Abte Heinrich die Belehnung mit Burg und Gut Krennstetten.[6] Das Schloß lag an der Url bei der Brücke in der Altau. Mauerreste sind nicht erhalten.

1294 kaufte das Stift Seitenstetten vom Lehensmann Vogt die Hube am Püchel bei Chresteten und vom Ritter Otto von Erla Güter bei St. Peter in der Au.[7]

1298, 16. März, Wels, verpfändet Herzog Albrecht von Österreich das Gut zu Chrenstaten, das Otto von Erln auf Lebenszeit innehaben soll, dem Bischof von Freising.[8]

Um 1315 waren in Chrensteten 6 Holden des Schweinbart und hatte auch der Gaenslin bereits einen Untertan in der Au.[9]

---

[1] Archiv der Herrschaft Klein-Mariazell.
[2] Wiedemann, I., 613.
[3] Topographie, V., 487; Monatsblatt für Landeskunde, 1908, 49-54.
[4] Fontes, XXXIII., 3.
[5] Blätter für Landeskunde, 1894, 239.
[6] Wichner, Admont, II., 157, 436; Blätter für Landeskunde, 1894, 240.
[7] Archiv für österr. Geschichte, 1848, 5. Heft, 16.
[8] Fontes, XXXI., 463.
[9] Fontes, XXXVI., 88.

1380, 10. Februar, erscheint Otto der Gaennsel von Chrebstetn als Siegler.[1]

1380, 29. April, lag das Gut am Püchel in „Chrenstetn in der pharr".[2]

1383, 17 Juli, widmet Otto der Gaensel zwei freieigene Güter am Ekk und auf der Oed bei Hinterperg in St. Michaelspfarre zu Unser Frauen Gotteshaus in Chrenstetn in der Weise, daß der Zechmeister zu Krennstetten davon jährlich 62 Wr. Pfen. Dienst dem Pfarrer in Aschbach gibt und dieser am Tage nach Allerseelen in Krennstetten eine Seelenmesse singen läßt.[3]

1408 wollte der Markt Aschbach einen Priester stiften, der an Sonntagen in der Früh eine Messe in Chrennstetten sprechen sollte. Diese Stiftung kam 6. Februar 1420 wirklich zustande.[4]

1435 widmet Hans von Rorbach für die Kirchen in Ernsthofen, Haag und Krennstetten je einen Kelch und seine Seiden- und Sammtkleider auf Meßgewänder.[5] Um jene Zeit wurde das dreiteilige Langhaus mit dem Westturme erbaut.[6]

1441, St. Johannestag des Zwölfboten (21. Dezember), beurkunden Hans Meilerstorffer, Rudolf Schirmer, Leonhard Kreßling zu Schaunstain (am Kamp) und Wilhelm Schneckhenreither, daß der verstorbene edle Urban Ganßl eine Summe Geldes zur Stiftung von 5 gesprochenen Messen in jeder Woche zu Krennstetten in Unser Frauen Gotteshaus und des genannten Genßleins Kapelle, „so er gebaut hat", und zur Errichtung eines Jahrtages bestimmt habe. Als seine Geschäftsherrn übergaben sie 24 Pfd. ewigen Geldes, welches vom Kreßling verkauft worden ist, dem Pfarrer Georg Erbecken von Aschbach mit Bewilligung des Bischofs Leonhard von Passau als freies Eigentum. Der Pfarrer darf die Güter nicht über die beschriebenen Forderungen beschweren, worüber der Pfleger zu Steyer als Vogt zu wachen hat, und soll dafür in der Kapelle zu Krennstetten wöchentlich 5 Messen durch einen eigenen Priester sprechen lassen, am Sonntag von der Hl. Dreifaltigkeit, Montag für alle armen Seelen und die Stifter, Erchtag vom Hl. Geiste, Freitage vom hl. Kreuze und Samstag von Unser Frauen, ausgenommen jene Feste, welche eine Oktav haben und an denen die Messe nach den Kirchensatzungen vom Feste zu nehmen ist. Der Pfarrer soll am Sonn- und Montage und bei der Predigt mit dem Englischen Gruße und Gebet der Stifter gedenken und in Krenn-

[1] Fontes, XXXIII., 288.
[2] Fontes, XXXIII., 290.
[3] Fontes, XXXIII., 311.
[4] Siehe Pfarre Aschbach.
[5] Topographie, II., 795.
[6] Riesenhuber, Kirchl. Kunstdenkmäler, 154.

stetten in des Genßleins Kapelle, wo er begraben liegt. Am Freitage in der Pfingstquatember einen Jahrtag halten mit gesungener Vigil und neun Lektionen, ganzen *Laudes* und *Placebo* und am folgenden Tage mit gesungenem Seelenamt und Amt von Unser Frauen Schiedung und einer darunter gesprochenen Messe unter Strafe von einem Pfund Wachs an die Kapelle und Entziehung der Güter. Die dienstpflichtigen Güter sind folgende: zwei Häuser am Aigen in Haidershofer Pfarre, zwei zu Kaltenmarkt in St. Johannser Pfarre, eines in Narner (Naarn) Pfarre, Hungerzell und Schenkenhof in St. Peters Pfarre (in der Au), Scherfortzberg (Schöfaltsberg), Weinberg und Voglhub in Haidershofer Pfarre, Krennhofstatt in Haager Pfarre und an der List in St. Michaelspfarre. Siegler: Hans Meillenstorfer, Rudolf Schirmer, Leonhard Kreßling zu Schauenstein und Wilhelm Schneknreither und als Zeugen der edle Hans der Panhalbe zu Biberbach[1] und Reichhart der Wallich[2].

Urban Gennsl stiftete auch den noch vorhandenen sogenannten Gennslaltar, einen Flügelaltar aus der Spätgotik, zu Ehren des hl. Stephan. Vor demselben befindet sich seine Gruft, deren Platte keine Inschrift aufweist.

1448, 11. Februar, entscheiden Propst Lukas und Chorherr Wolfgang Cherspekch, beide von St. Florian, und Hans Ponhallm zu Piberpach als vom Passauer Bischofe bestellte Spruchleute zwischen dem Pfarrer Jorg Erelpekch von Aspach und dem edlen Rudolf Schiermer als Geschäftsherrn des Urban Gennslein und der Pfarrgemeinde Aspach und Chrensteten bezüglich der Stiftung in Krennstetten in folgender Weise: der Schiermer hat einen Kelch gegeben und 36 Pfd. Pfen. für Licht, Opferwein und Mesnerlohn, auch den Altar vom Neuen zu beschneiden angeboten, soll aber auch ein ganzes Meßbuch und Meßkleid oder dafür 20 Pfd. Pfen. von Gennsl's Nachlaß geben und weiter nichts mehr schuldig sein, worüber er eine Urkunde erhalten soll. Der Schreiber des Spruchbriefes bekommt von jeder Partei ein halbes Pfund Pfennige.[3]

1499, Unser Frauen Verkündigung (25. März), Welß, belehnt Sigmund von Polhaim, des römischen Königs Regent zu Wien, den Peter Sneider, Bürger zu Aschbach und Zechmeister von Krennstetten, mit dem Zehent auf dem Hofe zu Bürgersberg an der Witzenleiten, Pfarre Aschbach. Siegler: der Aussteller.[4] Um jene Zeit entstand die große Halle des Chores.[5]

---

[1] Ein Biberbach besteht auch an der Krems in Oberösterreich.
[2] Originalpergament mit 5 Siegeln im Stiftsarchiv Seitenstetten. Vgl. Monatsblätter für Landkunde, 1908, 50.
[3] Fontes, LII., 411-413, irrtümlich auf Nieder-Kreuzstetten bezogen.
[4] Originalperg., Siegel fehlt, Stiftsarchiv Seitenstetten.
[5] Riesenhuber, Kirchl. Kunstdenkmäler, 154.

1504 wurde von Ybbsitz alljährlich eine Prozession nach Krenstetten geführt.[1]

1516, Samstag vor Simon und Juda (25. Oktober), belehnt Pankraz Chreßling, Pfleger zu Waidhofen an der Ybbs, den ehrbaren Sebastian Ledrer, Richter zu Aspach, als Zechmeister des Unser Frauen Gotteshauses zu Khrenstetten auf seine Lebenszeit mit dem Zehent im Erlach und zum Polan, den Mert innehat.[2]

1542, Samstag, Vorabend des Ostertages (8. März), belehnt Andreas von Tannberg zu Aurolzmünster und Schwertberg, Pfleger der Herrschaft Waidhofen an der Ybbs, den Kainz Feyerl, Bürger zu Aspach und Zechmeister zu Khrenstetten, mit den Zehenten dieser Kirche in Erlach zum Polan, die jetzt Leonhard von Erlach innehat.[3]

1549, 21. November, Rastenberg (am Kamp), schreibt Otto von Neydegg an den Abt Gregor von Seitenstetten: er und seine Brüder haben der Kirche in Khrenstetten eine ansehnliche Geldsumme für eine Uhr gewidmet, die nun fertig ist und die Zeit des Gottesdienstes durch „Schlagen" verkündet. Der Abt möge als Lehensherr dafür sorgen, daß diese Uhr gerichtet und gut behandelt werde.[4]

1566 melden die Visitatoren: die Kirche in Krennstetten ist in gutem Bauzustande.[5]

1862 wurde die Pfarre wiederhergestellt.

89. Kuffern, Pfarre Statzendorf[6]

1083 als Chufarin genannt.[7]

Um 1260 verlieh Sigfrid der Weise die Kirche in Chuffarn. Grund und Zehent gehörte dem Bischof von Passau.

Aus dem 13. Jahrhundert stammt der romanische Grabstein mit Stangenkreuz über abgerundeten Fuß.

Die Lehenschaft gehörte 1304 dem Walter von Taufkirchen zu Senftenberg.[8]

1323, 27. März, Zakking (Zagging), schenken Chunrat von Arenstain und seine Frau Offmei dem Stifte Heiligenkreuz das Dörflein

[1] Stiftsarchiv Seitenstetten.
[2] Originalpergament, Siegel fehlt, Stiftsarchiv Seitenstetten.
[3] Originalpergament, mit erhaltenem Siegel, Stiftsarchiv Seitenstetten.
[4] Stiftsarchiv Seitenstetten.
[5] Stiftsarchiv Seitenstetten.
[6] Topographie, V., 574-581; Winter, Niederösterr. Weistümer, III., 375-381.
[7] Fontes, LI., 7.
[8] Topographie, V., 576; Riesenhuber, Kirchl. Kunstdenkmäler, 324.

bei Chveffarn, 2½ Pfd. 18 Pfen. auf 2 Lehen, 1 Hofstätte und zwei Weingärten, und zu Hertzogenburch 2 Pfd. Pfen. auf zwei Hofstätten und Burgrechtsäckern, und an der Stainwandt innerhalb Wilhalmspurch 2 Pfd. Pfen. auf 3 Lehen, welche letztere Offmei von Arnstein von den Nonnen zu Tvln um 12½ Pfd. einzulösen hat und wofür sie vorläufig zwei Weingärten und eine Hofstätte mit ½ Pfd.Dienst zu Chenihesteten (Königstetten) bei Tvln innehaben sollen. Siegler: der Aussteller, sein Vatter Weichart von Arenstayn, Abt Marichart von Chottweig und Propst Trost von Hertzogenburch.[1]

1386 hatte der Graf von Maidburg vom Bischof von Salzburg in Chauffarn hinter dem Bache gegen Maewrling einen Holden zu Lehen.[2]

1394 wird ein Pfarrer von Kueffaren angeführt.[3] Dagegen heißt es um 1400 Kuffarn in Herzogenburger Pfarre.[4] Um diese Zeit wurden Chor, Seitenkapelle und Turm gebaut.[5]

1431 erscheint Kaspar Gensl als Pfarrer zu Chueffarn und Siegler einer Urkunde.[6]

1491, 24. April, verkauft Leopold von Neidegg mit dem Schlosse Zagging auch das Landgericht zu Kuffarn den Brüdern Jakob und Christoph Grabner.[7]

1518 wurden „vermerckht die behausten gueter zu Khueffarn, die do zuegehörn dem wolgebornen genadigen herrn herrn Georgen graue zu Schaumberg". Vorne die Aufschrift: Saltzpurger pistum, und der Spruch:

frisch, frey, frum,
ist mein reichthum.

Genannt werden der Mayrhof, 3 Häuser, die Papelgasse, der Weingarten Tritenprain u. a.[8]

1538 eignete sich ein Herr von Schaunberg (auf Senftenberg) die Pfarreinkünfte an und ließ den Pfarrhof verfallen.[9]

1544 melden die Visitatoren: Pfarre Kueffern, von den Zeiten des Unfrieds ist eine Pfarre allda gewesen, seither aber in den Grund verdorben worden. Diese Pfarre wird aus Bitten der Pfarrmenge von dem Pfarrer in Oberinzerstorf versehen. Collator ist der von Schaumburg. Das Einkommen nimmt der von Schaunburg in die 6 Jahre als

---

[1] Fontes, XVI., 89-90.
[2] Stowasser, Das Land und der Herzog, 117.
[3] Niederösterr. Urkundenbuch I., 360.
[4] Topographie, V., 577.
[5] Riesenhuber, Kirchl. Kunstdenkmäler, 324.
[6] Faigl, Urkunden von Herzogenburg, 415.
[7] Briefprotokoll von 1618 im Schloßarchiv Pottenbrunn, Urkunde Nr. 181.
[8] Stiftsarchiv Seitenstetten, Kodex 57 E.
[9] Topographie, V., 577.

Herr ein und läßt das Gotteshaus also eingehen. Dem Inzerstorfer geben sie jetzt 10 oder 12 Eimer Wein. Zur Pfarre gehören Dienste von behausten Gütern und Überländern 6 Pfd. 4 ß, Äcker in allen Feldern 24 Joch, Wismath 4 Tagewerk, Weingärten 1 Joch. Der Pfarrhof ist gar niedergefallen, die Kirche ganz baufällig.[1]

1558 verkaufte Erasmus Losperger am Anzenhof einen der Äbtissin von Schlierbach dienstbaren Weingarten und 1575 der edle Christoph Khrenn, Inhaber zu Agstorff einen Weingarten in Mairhofen.[2]

Vor 1576 wurde das Kirchenlehen von der Herrschaft Senftenberg an Helmhart Jörger verkauft.[3]

1576 wurde Kuffern mit Walpersdorf vereinigt.[4]

1586 war Kuefarn von den Jörgern mit einem lutherischen Prädikanten besetzt.[5]

1642, 12. Februar, schreibt Abt Michael von Heiligenkreuz an den Sekretär Büchsenmeister: die Pfarre Küfern bei Walperstorf gehört jetzt der verwitweten Kaiserin Eleonora. Einst war sie dem Kloster Schlierbach in Oberösterreich, zuerst Frauen- und dann Mönchskloster des Zisterzienserordens, zugehörig. Er möchte gerne wissen, wann und auf welche Weise sie diesem Stifte entfremdet wurde.[6]

1691 gehörte das Gotteshaus Kuffern zur Stiftspfarre in Göttweig.[7]

90. Kürnberg bei Steyr[8]

Um 1120 gab der Steyrische Ministerial Abrant, dessen Sohn Pilgrim im Kloster Garsten lebte, dahin ein Gut bei Curinberc.[9]

1389, 14. März, machen Georg von Haunoldstain und sein Bruder Stephan, Pfarrer zu Chwrenberch, eine Stiftung in Raidling.[10] Da der Pfarrer von Kirnberg an der Mank damals Heinrich hieß (siehe daselbst), scheint obiger Stephan hieher zu gehören.

---

[1] Auszug aus dem Visitationsbuche in Frasts Manuskripten, IIIb, 345-346, im Stifte Zwettl.
[2] Urbar von 1518, Stiftsarchiv Seitenstetten.
[3] Wiedemann, III., 100.
[4] Winter, Niederösterr. Weistümer, III., 375.
[5] Österr. Vierteljahresschrift für kathol. Theologie von Wiedemann, 1872, 374.
[6] Klosterratsarchiv in Wien.
[7] Konsistorialarchiv St. Pölten, Faszikel Göttweig.
[8] Topographie, V., 161-168.
[9] Oberösterr. Urkundenbuch I., 146.
[10] Faigl, Urkunden von Herzogenburg, 323.

1429 war Kurnperg mit Weistrach und Behamberg vereinigt und Lehen vom Bischofe in Passau.[1]

Von 1483 stammte ein gotischer Kelch aus Silber, vergoldet. Derselbe hatte am Fuß oben folgende gotische Inschrift: + *maria o hilf*. Am Nodus stand: + *maria*. Am Fuße im unteren Teile war zu lesen: *o Gott o hilf o uns*. Am äußeren Rande des breiten Fußes war folgende Wiedmung angebracht: + *h(u)nc - calice(m) - honesta - d(omi)na Dura - pro ec(l)e(s)ia - s(an)cti - Jacobi - ibrna (?) - i(n) - remediu(m) - a(n)i(m)e - sue - deputavit - an(n)o XLXXXIII.*[2] - Der Kelch war um 1800 noch bei der Pfarrkirche in Kürnberg vorhanden und wurde von den Franzosen am 5. Mai 1809 mit zwei anderen Kelchen und dem Ziborium geraubt.[3]

Um 1540 versah ein Gesellpriester von Behamberg diese Kirche.[4]

1580 erschien der Prädikant von Kürnberg nicht vor den lutherischen Visitatoren in Schallaburg.[5]

1597 wird im Taufprotokoll der Pfarre St. Peter in der Au ein Pfarrer von Kürnberg genannt.[6]

1605, 8. März wurde Christoph Albeck, einst katholischer Pfarrer in Bayern, vom Pfarrer in Steyr zum Kooperator aufgenommen und blieb eine Zeit. Dann wurde er Pfarrer in Kirnberg. Er war ein fleißiger, gewissenhafter Priester.[7]

1617 kam Pfarrer Oswald Keller von hier auf die Pfarre Weistrach.[8]

1619, 18. März, erhielt der Kooperator in Steyr, Pancratius, aus dem Orden der Dominikaner die Pfarre Kirnberg, eine Tochter von Behamberg. Obwohl die Pfarre nur wenige Gülten hatte und einen guten Haushalt verlangte, lebte er doch hier zufrieden.[9]

1625, 3. Jänner, erhielt nach Abreise des Pfarrers Pankraz Sallmann von Kürnberg seine Dienerin Margareta Wurmböck einen Geldbetrag hinausbezahlt.[10]

Von 1627 an blieb Kürnberg unbesetzt und mit Behamberg vereinigt.

---

[1] Schmieder, Matricula, 39.
[2] Konsistorialarchiv St. Pölten; Topographie von Pfarrer Anton Ortler
[3] Mitteilung des Herrn Pfarrers Josef Kapeller von Kürnberg.
[4] Siehe unter Behamberg.
[5] Wiedemann, IV., 216.
[6] Pfarrarchiv St. Peter.
[7] Archiv für die Geschichte der Diözese Linz, 1910, 127.
[8] Bericht vom 25. Oktober 1816 im Konsistorialarchiv St. Pölten.
[9] Archiv für die Geschichte der Diözese Linz, 1910, 343-346.
[10] Schloßarchiv Steyr.

1647, 19. Mai und 18. Juni, erscheint Johann Kueffer als Vikar in Kirnberg.[1]

1666 trug der Bischof von Passau dem Pfarrer in Behamberg auf, für Kürnberg einen zweiten Kooperator zu halten.[2]

1771, 12. Jänner, wurde hier ein neues Vikariat errichtet, zu welchem die Kirche in Weistrach 2.000 fl zum Bau des Pfarrhofes und 10.000 fl zur Dotierung des Vikars herlieh und der Lehensherr Pfarrer Josef Perghofer von Weistrach den Meierhof in Kürnberg die Stolgebühren und 50 fl von den Pfarrkindern abtritt.[3]

91. Maria Langegg[4]

1553 erscheinen im Grundbuch des Niedernhofes zu Arnsdorf (zum Domkapitel Salzburg gehörig): Zehenthäuser zu Schenckhenprun 18 Häuser, in der Nesslstauden 7 und auf dem Lang Egkh ein Besitz des Leonhard Wacherer, Pflegers (zu Arnstorf), worauf der Pfarrer von Arnstorf ganzen Zehent hat.[5]

1582, 17. August, verkaufen Andreas Pauer, Anwalt zu Nieder-Wölbling, und seine Gattin Maria dem Helmhard Jörger zu Tollet, Köppach und Zägging, Freiherrn auf Kreisbach, obersten Erblandhofmeister in Oesterreich ob der Enns, kaiserlichen Rat und Präsidenten der niederösterr. Kammer, den Hof, zu Langegg genannt, mit Rechten und Zugehör, „darein in die zweytausend Joch Holz gehören", Äcker und Wiesen, wovon man jährlich zur Herrschaft Arnsdorf als Grunddienst 1 fl und Landsteuer 2 fl gibt. Der Hof ist von Robot und anderen Herrenforderungen frei. Dazu gehört ein Burgrechtacker, von dem der Herrschaft 3 Pfennige geleistet werden.[6]

1598 beschreibt das Grundbuch der hochfürstlich Salzburgischen Herrschaft Arnsdorf den Bezirk des Hofes Langegg und seine Freiheit. Sie reichte vom Ellenhof im Graben hinab bis mitten in den Aggsbach bei der Riedwiese, an den Ebrechtsbach, hinauf zur Lamgräberwiese zu oberst und zur Holzwiese.[7]

---

[1] Konsistorialarchiv St. Pölten.
[2] Gottlieb Scheiber, Heimat- und Familienkunde, 1888, 20.
[3] Konsistorialarchiv St. Pölten.
[4] Topographie, V., 649-650; Kunsttopographie, I., 139-143; Riesenhuber, Kirchl. Kunstdenkmäler, 159-160.
[5] Registratur der Melker Stiftsherrschaft Ravelsbach.
[6] Original im Klosterarchiv Langegg.
[7] Diarium des Servitenklosters in Langegg, I./II., 3.

1599, 13. März, Arnstorf, verkaufen die Vormünder der Söhne des Helmhard Jörger, der am 18. Dezember 1594 gestorben war[1], den Hof zu Langegg mit Zugehör dem Matthäus Härring, hochfürstlich Salzburgischer Hofmeister in Arnsdorf, Traismauer und Wölbling, und seiner Gemahlin Maria, geborene Megerlin von Wagleiten, einer Verwandten des berühmten Abraham a Sancta Clara (Ulrich Megerle).[2]

Härring hatte von seinem Vater Matthäus Härring aus Galza bei Hochgalzaun (Meran) in Tirol († 1573) eine Kopie von St. Maria Magistrae in Rom, Gemälde auf Leinwand, Maria mit Jesukind, das Heil der Kranken darstellend, in silbernen Rahmen geerbt, vor dem er seine Andacht verrichtete.

1599 machte Härring den verödeten Hof zum Teile wieder bewohnbar und erbaute ein Haus im Neureut zu Aggsbach.

1600 ließ er im Hofraume des Hofes rechts vom Einfahrtstor eine Kapelle zu Ehren der Heiligen Dreifaltigkeit aufführen und mit Türmchen, aber ohne Glocke versehen.[3]

1600 suchte der Verwalter von Arnsdorf bei der Karthause Aggsbach um die Vergünstigung an, das Holz aus dem Langackerbache bis zur Donau schwemmen zu dürfen.[4]

1601, 10. Juni, am Dreifaltigkeitsfeste feierten hier der Dechant Meinrad Käfelin von Traismauer und darauf Pfarrer Kaspar Mayr von Ober-Wölbling die erste hl. Messe. Darauf sang Sebastian Pistorius, Pfarrer zu Arnsdorf und Hofmeister des Salzburger Domkapitels, ein Hochamt und hielt im Hof auf der Stiege auch eine feine katholische Predigt. Der Schulmeister Virgilius Scherrer von Arnsdorf besorgte den Gesang. Am nächsten Tage hielt der Passauer Hofmeister von Mautern Martin, Kanonikus von St. Nikola bei Passau, in Gegenwart der drei obigen Pfarrer die vierte hl. Messe. Von da an führte der Pfarrer von Arnsdorf alljährlich am Dreifaltigkeitsfeste eine Prozession hierher und hielt hier eine Messe. Häring baute 1602 in Neureut bei Aggsbach ein zweites Haus und 1603 in Langegg eine Schmiede und in Venusberg 6 Häuser.[5]

1604 erkrankte das noch nicht ein Jahr alte Töchterlein Harings, namens Maria Klara, derart, dass man an ihrem Aufkommen zweifelte. Der Vater gelobte in seinem Schmerze vor obigen Bilde Mariens: wenn sein Kind gerettet werde, wolle er auf dem nahe gelegenen Berge eine

---

[1] Hoheneck, Genealogie der Stände Oberösterreichs, I., 468.
[2] Notiz im Konsistorialarchiv St. Pölten.
[3] Konsistorialarchiv St. Pölten.
[4] Registratur der Karthause Aggsbach im Stiftsarchiv Melk, verfaßt um 1730, I. Bd., BA., 505.
[5] Konsistorialarchiv St. Pölten.

zweite Kapelle erbauen und darin das Marienbild zur öffentlichen Verehrung aussetzen. Das Kind wurde rasch wieder gesund.

1605 wurde die Kapelle vollendet und mit Altar versehen, worauf das Bild angebracht wurde. Am Feste Maria Geburt, 8. September, opferte hier der Pfarrer Kaspar Mayr von Ober-Wölbling die erste hl. Messe auf und hielt darauf Pfarrer Sebastian Pistorius von Arnsdorf ein Hochamt, wobei ein altes Weib aus Garpersberg, die Malchartin genannt, von Knieschmerzen sogleich geheilt wurde. Die Kapelle war drei Schritte lang und breit, inwendig bemalt und mit hölzernem Dache versehen. Auch der Altar war klein. Sie gehörte zur Pfarre Arnsdorf, die zwei Stunden entfernt lag. Bei derselben bestand nur der Hof.[1]

1608 wurde an die kleine Kapelle ein Langhaus aus Holz angefügt, wozu 37 fl 10 kr gesammelt wurden und Häring 159 fl 30 kr beisteuerte. Die von 1605-1616 geschehenen Gebetserhörungen wurden genau verzeichnet und das Opfergeld von Häring in Beisein des Abtes Kaspar von Melk ausgenommen und verzeichnet.[2]

1612 konsekrierte Fr. Alphons von Raguesans, der Minderen Brüder von St. Franziskus, Bischof von Rosana (Risano oder Rhizon in Slawonien), unter Zustimmung des Bischofs von Passau diese Kapelle, wie Mathias Häring zu Langegg und seine Frau Maria, geborene Mägerlin von Stregleiten, im März 1622 berichteten.[3]

1613 riß die Pest ein und machte der Dechant von Melk Andreas Schrampf zwei Bittgänge, einen nach St. Niklas, den andern nach Langegg. Daran beteiligte sich auch der Abt von Melk mit den Seinigen. Häring bat ihn, die Kapelle in seinen Schutz zu nehmen, damit dort eine Kirche und ein Kloster gegründet werde.[4]

1614, 7. September, konsekrierte Bischof Alphons von Ragusans auf Bitten des Dechants Andreas Schrampf von Melk den Altarstein für den Hochaltar der Kapelle am Berge der seligsten Jungfrau im Langek und verlieh den Besuchern der Kapelle an diesem Tage ein Jahr und am Jahrestage 40 Tage Ablass.[5]

1615, 21. Jänner, Melk schreibt Dechant Schrampf an den Passauer Notar Roth in Wien: bei einer Tafel im Stifte Melk habe Harring dem Prälaten erklärt, er sei bereit, eine Kirche mit Grund und Boden zu bauen und mit Priestern zu versehen. Auch Platz und Holz zur Erweiterung der Kirche und Erbauung eines Klosters oder einer Wohnung für zwei Priester zu geben, sobald er von der Lehenschaft des Erzbischofs von Salzburg freigemacht ist. Abt Kaspar Hofmann habe kräftige

---

[1] Konsistorialarchiv St. Pölten.
[2] Konsistorialarchiv St. Pölten.
[3] Konsistorialarchiv St. Pölten.
[4] Konsistorialarchiv St. Pölten.
[5] Konsistorialarchiv St. Pölten.

Unterstützung versprochen und geschickte Baumeister vorgeschlagen. Nach einiger Zeit habe Harring mit dem Baumeister ein Modell nach Melk gebracht, wonach anstatt der Kapelle ein größerer Chor und daran ein Langhaus gebaut werden solle. Der Abt habe ihm dazu 1.000 fl gegen Verrechnung gegeben. Da aber Harring eigenmächtig darüber verfüge, keine Rechnung lege und mit Ungestüm die Verleihung des Patronats begehre, sei er in den Verdacht des Eigennutzes gekommen und sogleich unter Androhung der Exkommunikation bewogen worden, die Schlüssel zum Opferkasten herzugeben. - Damals wurde der Chor zu einer größeren Kirche erbaut. Der Abt von Melk gab 1.300 fl und forderte seine Holden auf, Kalk und Ziegel, die zu Melk gebrannt wurden, zu führen. Härring wahrte sich das Urheberrecht und Patronat der neuen Kirche, weil er vom Kirchengute auch seine Kinder studieren lassen und bei Verarmung seiner Nachkommen einen Unterhalt begehren könnte. Daher unterblieb die Ausführung des Planes, dass der Abt von Melk um 450 fl einen Hof kaufen und ein Franziskanerkloster errichten wolle. Der Dechant bezeugte: bei dem Umstande, dass Häring bereits mit einem Fuße im Grab stehe und seine streitsüchtigen Kinder das nahegelegene Schlössel schwerlich behaupten können, werde die nun weit berühmte Kirchfahrt abnehmen oder ganz untergehen. Das Modell der Kirche sollte in sechs Jahren ausgeführt werden, wenn das Geld dazu reiche; zunächst sollte der Chor gebaut werden. Häring hatte in der Nähe des Bauplatzes guten Kalkstein gefunden und vieles zum Bau vorbereitet. Der Salzburger Bischof verzichtete auf die Kapelle als Filiale der Pfarre Arnsdorf. Von Rom erwirkte Häring einen vollkommenen Ablass für das Fest Maria Geburt mit Gültigkeit für 10 Jahre.[1]

1615, 26. Oktober, legte Häring dem Dechant das Modell der Kirche zur Übergabe an den Offizial vor und berichtete: der Pfarrer von Mank habe ein „Fürnamb Mirackel" gemeldet, daß vor einigen Wochen eine Dirne von seinem „windigem (wütenden) Hundt" gebissen und selbst windig geworden war, aber auf Verlobung zu „unser lieben Frauengang" wieder vernünftig geworden, gebeichtet habe und vernünftig gestorben sei.[2]

1616, 13. Jänner, Wien, bestimmte das Offizialat die Kirchenfolge und Ordnung, nach welcher die Priester des Dekanates Melk in der Kapelle Langegg unter Gehorsam den Gottesdienst halten sollen: auf Maria Verkündigung der Pfarrer von Arnstorff, Georgi von Emersdorf, Philipp und Jakob von Ruprechtshofen, am Bittsonntag der Pfarrer von Mauer, Pfingstmontag der Dechant von Melk, zu Maria Heimsuchung der Pfarrer von Pechlarn, Maria Himmelfahrt von St. Leonhard, in der

---

[1] Konsistorialarchiv St. Pölten.
[2] Konsistorialarchiv St. Pölten.

Oktav von Kirnberg, auf St. Michael der von Mank, zu Simeon und Juda der von Hirm, zu Maria Opferung der von Gerolding, am Sonntag nach Maria Reinigung der von Haindorf, zu Maria Empfängnis der von Arnsdorf. Auf Maria Geburt sollen alle Priester mit ihren Pfarrleuten zum Empfang des vollkommenen Ablasses dahin wallfahrten und der Dechant von Melk Hochamt und Vesper halten. In der Oktav von Maria Geburt soll zelebrieren der Pfarrer von St. Margarethen, zur Kirchweihe der von Gerolding, zu Matthäus der Dechant von Melk und zu Martini der Pfarrer von Oberndorf. - In diesem Jahre wurde Abt Kaspar von Melk, nachdem er in schwerer Krankheit eine Beisteuer gelobt hatte, damit „bey der Kirche Langegg" ein ansehnlicher Chor erbaut werde, in wenigen Tagen wieder hergestellt. Darauf erfolgte die Andingung und Ausführung des Kirchenbaues.[1]

1617, 11. April, schreibt Matthias Häring an den Dechant Schrampf, er glaube, dass das Patronat der Kirche in Langegg ihm zugesprochen werden solle, weil er mit dem ersten Wunder begnadigt wurde, auch das meiste dazu geleistet habe. Man wollte zuerst einen Franziskanerpater und einen Frater anstellen oder einen tauglichen Weltpriester, der vom Gotteshause bezahlt und den eine Wohnung gebaut werde. Am 13. Juli schreibt Häring, die drei Altäre seien in der Kirche aufgerichtet. Zu Maria Heimsuchung seien der Prälat von Göttweig, der Pfarrer und der Stadtrichter von Mautern, sowie die Pfarrer von Pöchlarn, Oberndorf, Ober-Wölbling, Mank und Rossatz und ein Dominikaner von Krems mit vielen Wallfahrern dagewesen.[2]

1617, 26. Dezember, Langegg, schreibt Häring an den Offizial, er sei, wenn ihm das Lehensrecht über die neue Kirche zugestanden wird, bereit, einen Revers auszustellen, wonach dieses Recht, wenn seine Nachkommen von der katholischen Religion abfallen, dem Bischof zufallen würde.[3]

1618, 30. Oktober, besuchte der Passauer Bischof Erzherzog Leopold selbst die Kirche in Langegg und hielt dort ein Hochamt.[4]

1619, 1. März, erklärt sich Haring bereit, zu dieser Kirche, wenn ihm die Lehenschaft zugesprochen wird, folgendes zu stiften: den ganzen Albenhof nächst Langegg, der mit neu gebauten Stallungen ein Viereck bildet; weiters 18 Joch Äcker, 5 Tagwerk Wiesen, 500 Joch Wald, verschiedene Nutztiere und einen Platz um die Kirche. An solchen Festtagen kamen Franziskaner von St. Pölten, Wien oder Langenlois zur Aushilfe. Auf Maria Geburt, 8. September, wurden 5.000 Beichtleute erwartet. Von St. Pölten kam bereits am 3. Septem-

---

[1] Konsistorialarchiv St. Pölten.
[2] Konsistorialarchiv St. Pölten.
[3] Konsistorialarchiv St. Pölten.
[4] Konsistorialarchiv St. Pölten.

ber P. Johann, ein guter Prediger.[1] In diesem Jahre erbaute Häring einen Pfarrhof um 300 fl aus eigenen Mitteln, ließ einen Garten einfrieden und wollte einen Viehstall und Stadel um 100 fl dazubauen, wovon man jährlich zu Michaeli 3 d in das Schloß Langegg als Grunddienst leisten soll. Dazu stiftete er das Prigfeld, drei Äcker gegen Ganzbach mit 2 Joch, im Gamsinfeld 2 Joch und 3 d Dienst zum Schlosse, einen Wald zwischen der Landstrasse ober der eisernen Martersäule unter der armen Leute Hütte; dem Purgfeld und dem Graben und Bacherl, das vom Ellenhof rinnt, dem Straffer Holz und Traidtacker mit 3 d Michaelidienst in das Schloß Langegg; alles zum Gebrauche des Pfarrers, doch die Blumensuche (Wieswaide) der Gemeindehalt offen zu lassen. Weiters kaufte er 2 Joch Acker am Pluemperg in der Herrschaft Wolfstein mit 1 ß Michaelidienst dahin und verschiedenen inventarischen Gegenständen zur Pfarre. Dieser Entwurf ist nicht unterfertigt noch gesiegelt. Damals hielt der Pfarrer von Gansbach, Gelasius Mayr hier öfters Gottesdienst.[2]

1620-22 war hier der Priester Burchard Wettersinger angestellt; darauf präsentierte Häring 1622 dem Offizial den Samuel Feningus Höningius und erwarb noch 5 Viertel Weingarten in Mautern.[3] Honing war 1624 in Gaming.[4]

1622 stiftet der Fürst von Liechtenstein 500 fl, der Prälat Kaspar von Melk und Herr Khuen von Neu-Lengbach 1.200 fl zum Unterhalt eines Geistlichen. Wenn er vom Opfergeld jährlich 200 fl bekam, machte sein Gesamteinkommen 400 fl aus.[5]

1622, Ende des Jahres, starb Matthäus Häring und vor 1629 auch seine Witwe Maria. Ihre vier Kinder waren: Leopold Isaak Häring, Chorherr von St. Pölten, Sigismund Friedrich, Fähnrich in der Kaiserlichen Armee, Maria Klara und Barbara, letztere verehelicht mit dem Christoph Gasser von Lorch, Rittmeister, der 1633 als Grund- und Vogtherr in Langegg aufscheint.[6] Er fiel am 16. September 1633 einem Morde zum Opfer.[7]

1623, 5. März, wurde zum Benefizium in Langegg erkauft der Hätschenhof mit 18 Tagwerk Wiesen und einem Holz und am 8. März samt Inventar, neu erbautem Pfarrhofe und Meierhofe, Gründen und dem Weingarten in Mautern dem Priester Sebastian Rottenburg überlassen.[8]

---

[1] Konsistorialarchiv St. Pölten.
[2] Konsistorialarchiv St. Pölten.
[3] Konsistorialarchiv St. Pölten.
[4] Geschichtliche Beilagen, V., 87.
[5] Konsistorialarchiv St. Pölten.
[6] Konsistorialarchiv St. Pölten.
[7] Diarium in Langegg, II., 35.
[8] Konsistorialarchiv St. Pölten; aus dem Diarium, II., 24.

1624 wurde ein Ablassbrief für 7 Jahre gegeben.[1]

1626, 25. Jänner, verzeichnet Dechant Daniel Zeno von Krems das Inventar der Unser lieben Frauenkirche in Langegg, darunter eine Monstranz, eine große Ampel, ein Kreuz und drei Kelche, alles von Silber, mehrere andere Kelche, viele Meßkleider, Gold und Schuldscheine für Darlehen. Benefiziat wurde Johann Jakob Kaiser, 1626-27.[2]

1627, 30. Dezember, verzeichnet Dechant Nikolaus Weinberger von Melk das Inventar in Gegenwart des Benefiziaten Johann Jakob Kaiser. Vorhanden waren 22 Meßkleider, 9 Kelche, ein silbernes und ein kupfernes Ziborium, eine silberne Monstranz, Bilder und Schleier, 3 Ampeln, 9 Fahnen und viele Votivgegenstände.[3]

1628, 6. Jänner, präsentierte die Witwe Maria Häring dem Offiziale für das Benefizium in Langegg nachdem der bisherige Benefiziat die Pfarre Loosdorf erhalten hat, den Michael Perlab. Auf ihn folgte noch im selben Jahr bis 1631 Johann Siller.[4]

1629 hatten von der Kirche Geld entlehnt die Pfarrer Johann Jakob Reitter von Loosdorf und Stephan Struber von Spitz, sowie Dechant Nikolaus Weinsberger von Melk.[5]

1630, 8. September, trat Nikolaus Gosler von Eger, der eine Zeitlang Eremit in Langegg, dann Soldat war, in das Stift Melk ein.[6]

1631 weihte der Prälat von Göttweig die Kirche mit den Altären, wobei 45 fl ausgegeben wurden.[7]

1644, 24. Dezember, kamen die ersten zwei Serviten von Wien-Rossau nach Langegg.[8]

1654, 2. März, Schloß Schönbichl, erklärt Konrad Balthasar, Reichsgraf von Starhemberg, daß er von seinem Schloß Schönbichl bis zur Unser Frauenkirche im Langeckh 15 Stationen oder Bildsäulen aufrichten wolle und vier oder fünf davon im Burgfried der Karthause Aggsbach gesetzt werden sollen. Prior und Konvent haben eingewilligt und ihr Burgfried soll dadurch keine Irrung erfahren.[9]

1659, 20. August, vermacht Johann Matthias (Pricklmayr, Freiherr) von Goldegg auf Goldegg, Pielahaag und Enzerstorf zum Unser Frauen Gotteshause in Langegg 2.000 fl auf zwei wöchentliche Messen zu Ehren unser lieben Frau und für jene Seelen, welche keine „absonderliche Vorbitt" bei Gott haben. Der Stiftbrief darüber vom

---

[1] Notiz im Konsistorialarchiv St. Pölten.
[2] Konsistorialarchiv St. Pölten.
[3] Konsistorialarchiv St. Pölten.
[4] Konsistorialarchiv St. Pölten.
[5] Konsistorialarchiv St. Pölten.
[6] Keiblingers Handschriften in der Bibliothek zu Melk.
[7] Konsistorialarchiv St. Pölten.
[8] Konsistorialarchiv St. Pölten.
[9] Keiblingers Handschriften im Stifte Melk, Faszikel Aggsbach, Karthause.

14. Dezember 1671, in Wien, von Anna Katharina Gräfin von Wagensperg, geborene Herrin von Goldegg, vom Provinzial Prior Johann Maria Zoll und seinem Sekretär P. Urban Maria Daher im Namen des Konvents zu Langegg ausgefertigt, umfaßt 6 Pergamentblätter und zwei Schmutzblätter, in Schweinsleder gebunden und prachtvoll geschrieben. Auf der ersten Seite ist ein sehr sorgfältiges, mehrfärbiges Gemälde, darstellend das Innere der Kapelle in Langegg, der Priester am Altar diese Hostie erhebend, auf dem Altarbau das Muttergottesbild, darüber das Goldegg'sche Wappen; in einem Stuhle knien mit gefalteten Händen ein Herr und eine Dame (die Stifter). An der Wand halten zwei Engel Spruchbänder mit den Inschriften: „Die erste Stiffmeß zu Ehren Unser Lieben Frauen" und „die ander Stifftmeß für die jenig abgestorbenen, so sonst kein absonderliche vorbitt bey Gott haben". In der rechten unteren Ecke sind arme Seelen im Fegefeuer abgebildet. An einer blau- und gelbseidenen Schnur hängen Blechkapseln mit den gut erhaltenen Siegeln der Gräfin Wagensberg und des Servitenprovinzials und des Servitenkonvents in Langegg.[1]

In diesem Kloster starb am 5. Februar 1785 P. Justin Maria Kaltenegger. Derselbe war zu Wien am 9. September 1712 geboren, seit 29. Juni 1730 Servit zu Forchtenau in Ungarn und wurde 1758 Prior zu Hautzendorf. Er hinterließ eine handschriftliche Urkundensammlung in drei Foliobänden, welche in der Servitenbibliothek zu Wien aufbewahrt wird und eine wichtige Geschichtsquelle auch für unsere Gegend bildet.

92. Langenlebarn[2]

Markt seit 1928

1324 hatte der Bischof von Passau in der Hofmark Zeiselmauer Gülten zu Obern Lebraren (Gemeinlebarn bei Stollhofen) von 8 Lehen und 7 Hofstätten der Weide Rosaw, ledig durch den Tod des Herrn von Radekk, mit Land- und Dorfgericht, und zu Unter-Lebrarn (Langenlebarn) von 5 Lehen, 3 Hofstätten und einer Mühle bei der Pfarrkirche.[3]

1380, 18. Jänner, Wien, erklärt Rudolf von Wallsee, daß die 3 Pfd. Gülten zu Langenlebarn, welche Hans der Fug von ihm und seinen

---

[1] Konsistorialarchiv St. Pölten.

[2] Geschichtliche Beilagen, III., 112-134. Hans Englbrechtsmüller, Geschichte der Marktgemeinde Langenlebarn, 52 Seiten.

[3] Notizenblatt, 1853, 27, 28.

Brüdern zu Lehen hat, auch auf dessen Söhne und Töchter übergehen soll. Wenn er ohne Leibeserben stirbt, fallen sie an seinen Bruder Otto zurück.[1]

1394, 29. Juni, übernahm Heinrich von Wallsee vom Bischof Georg von Passau für eine Geldforderung auf 4 Jahre Einkünfte vom Amte Zeiselmauer, darunter zu Hadrenswald 2½ Pfd. 12 d, zu Lebarn 16 Pfd. 11 d, vom Chrotentalhof zu Tulln 10 ß, zu Lerberstorff mit Maierhof 23 Pfd 3 ß 25½ d, zu Ebtsteben 13 ß 4 d, zu Raffolczwerd 16 Pfd.[2]

1416, 26. März, Wien, verzichtet Walburg, Gemahlin des Sigmund von Polnheim, gegen Herzog Albrecht V. auf die von ihren früheren Gemahle Hans dem Schenken von Ried innegehabte Feste zu Ried und das Dorf Langenlebarn.[3]

1454, 9. November, laut Ratsverhandlung in Korneuburg vermachte Hanns Darrer am Sonntag Michaelis (29. September) 1454 „gen sand Elen (St. Helena) gen Langenlebarn auch zum pau V phunt d". Die Kirche war damals ein Wallfahrtsort. Zeugen die ehrbare Frau Kathrey Sigl von Czernowicz (nördlich von Neuhaus in Südböhmen) und die Bürger Heinrich der Genkerlein, Ulrich Rautling, Friedrich Khuner und Veit Pfanntler von Korneuburg.[4]

1475, 23. Juli, laut Verhandlung des Rates von Korneuburg vermachte Margaretha, Frau des Hans Wenttenpekch, Fleischhauers, „ain Zellfahrt auszurichten und umb ein kertzen lx (60) d, item zu sand Helen auf dem Tullnerfeld zum pau ain halb phunt phennig". Zeuge der Gatte der Verstorbenen mit dem ehrbaren und weisen Michel Urleg und Hans Kellner, beide Bürger zu Korneuburg.[5]

1486, 6. März, Frankfurt, übernimmt Wernhard Rerlinger von Kaiser Friedrich IV. das Schlüsselamt zu Krems und die Leute zu Langenlebarn zur Bezahlung seines Darlehens bis auf Widerruf des Kaisers.[6]

1504, 10. August, St. Andre im Hakntall, präsentiert Johannes Voglhueber *rector parochialis eclesie sancti Andre in Häkntall* dem Bischof Wigilaus von Passau oder seinem Offiziale unter der Enns für die Pfarrkirche *sancte Helene in Lebarn*, welche durch den Tod des letzten Pfarrers erledigt ist und deren Patronat *ab antiquo* zu seiner Pfarrkirche gehört, den Wolfgang Voglhuber aus Lintz, Priester der

[1] Notizenblatt, 1854, 562.
[2] Monumenta Boica, XXX., II., 438.
[3] Lichnowsky, Habsburg, V., Nr. 1608.
[4] Aus den Testamentsbüchern, II. Bd. (1444-1493), im Stadtarchiv Korneuburg, mitgeteilt von Herrn Stadtarchivar Dr. Gustav Strakosch-Großmann.
[5] Aus den Testamentsbüchern, II. Bd. (1444-1493), im Stadtarchiv Korneuburg, mitgeteilt von Herrn Stadtarchivar Dr. Gustav Strakosch-Großmann.
[6] Chmel, Regesta Friderici, IV., II. Abt., Nr. 7819.

Passauer Diözese. Siegler der Edle Udalrich Moser, Prokurator der Nonnen zu Tullna.[1]

1529 sagt der Richter von St. Andrä von dem Hagental: Lebarn beklagen sich großer Armut und Mangel, die sie jetzt wieder bei der Kirche haben; wären aber doch Zins zu geben schuldig zu Georgi 5 Pfd. Pfen.[2]

1547, 1. April, St. Andre in Hackhental präsentiert Johannes Herder, Rektor der Pfarrkirche St. Andre in Hackhental, dem Bischof Wolfgang (I., 1540-1555) von Passau oder seinem Offiziale für die Pfarrkirche St. Helena in Langenlebarn, welche er selbst verlassen hat (*per mei Johannis Herder dimissionem vacantem*), den Bartholomäus Steinperger.[3]

1547, 8. Juli, wurde nach dem Tod des Johann Comar (?) auf die St. Helenapfarrkirche in Langenlebarn eingesetzt Bartholomäus Steinperger, den Julius (?) Harder, Pleban in St. Anton in Valle Spinoza, präsentiert hatte.[4]

1561, 1. August, installierte Pfarrer Ludwig Sparer von Langenlebarn mit dem Pfarrrer von Tulbing den Pfarrer von Zeiselmauer.[5]

1592 schreibt Stephan Wolmuett, Kaplan zu Tulln, dem Offizial Melchior Klesel: vor einigen Wochen ist der Pfarrer von Langenlebarn selig entschlafen. Er wolle sich um diese Pfarre bewerben, obwohl die Einkünfte schlecht und gering sind, da er noch jung und die meisten Holden noch katholisch sind und Kirche und Gottesdienst gerne besuchen. Er sei ehelicher Geburt und habe als Kaplan bei St. Michael in Wien, zu Korneuburg und nun drei Jahre in Tulln gedient und bitte um Verleihung der Pfarre.[6]

1593, 22. Mai, wurden die Pfarrer Paul Pfafferl von Tulbing und Kaspar Wolmuet von Langenlebarn über einige Punkte befragt. Letzterer sagte, er sei vor einem Jahre vom Dechant von Tulln auf die Pfarre befördert worden.[7]

1612, 29. Juli, investierte der Offizial Jakob Lambert den Pfarrer Wilhelm Valentin auf die Pfarre Langenlebarn.[8] Mithin scheint sein Vorgänger Martin Fischer nicht 1614, sondern zwei Jahre früher gestorben zu sein.[9]

---

[1] Originalpergament, Siegel fehlt, Konsistorialarchiv St. Pölten.
[2] Konsistorialarchiv St. Pölten, Faszikel St. Andrä vor dem Hagentale.
[3] Originalpapier, Konsistorialarchiv St. Pölten.
[4] Wiedemann, IV., 93. Diese Notiz in des Offizials Angerer Raitbüchlein enthält mehrere Irrtümer.
[5] Wiedemann, IV., 80; vgl. Geschichtliche Beilagen, III., 118.
[6] Konsistorialarchiv St. Pölten.
[7] Konsistorialarchiv St. Pölten.
[8] Wiedemann, V., 538.
[9] Geschichtliche Beilagen, III., 119.

93. Langenrohr[1]
Seit 1928 ein Markt

1348, *XIX. Kalendas Februarii* (14. Jänner), Wyenne, bestätigt Bischof Gottfried von Passau die Stiftung der Pfarrleute der Kirche in Roer, *nostre Dyocesis jure filiali ecclesie Tulnensi subiectae*, wonach ein ständiger Kaplan an allen Wochentagen eine Frühmesse daselbst halten solle, wozu 8 Pfd. Gülte gewidmet worden seien. Außerdem sollen die Gesellenpriester der Kirche in Tulna die gebräuchlichen drei Messen in jeder Woche auch ferner dort lesen. Der Kaplan für diese Messenstiftung soll vom Dechante und Pfarrer in Tulna als Patron dieser Stiftung dem Bischofe präsentiert werden. Siegler: der Bischof.[2]

1429 war Lehensherr „aufm Roer der Hohenberger" [recte: Rohr im Gebirge].[3]

Von 1456 stammte ein Spruchbrief zwischen dem Pfarrer von Tulln und der Pfarrgemeinde Rohr.[4]

1460, 8. November, beschwert sich Rüdiger von Starhemberg, daß seine Leute zum Ror von den Gegnern Kaiser Friedrichs gehuldigt und beraubt wurden.[5]

1469, 19. Dezember, Wien, entscheidet Bischof Ulrich von Passau die Streitfragen zwischen dem Pfarrer Ulrich Halltaler von Tulln und den Pfarrleuten in (Langen-) Ror wegen des durch Tulner Pfarrgeistlichen in Ror zu haltenden Gottesdienstes:
„Wir Ulreich von Gottes gnaden bischoue zu Passaw, römischer Kanntzler, bekennen: als wir durch Schickung des allmechtigen Gots zu der hoehn bischoflicher wirdigkeit erhebt vnd den gotsdienst vnnsers bistums zemeren vnd im aufnemen zu halten vnd darauf achtung zu haben fuergeseczt sein vnd wann wir nu den mercklichen abgang, so an dem gotsdinst der frumess zu Tulln mit enziehung der gult zu derselben fuemess gestifft, beschehen ist, gemerckt, so haben wir auß schuldiger pflicht vnsers bischöflichen ambts den erbern vnsern lieben in Got Ulrichen Halltaler, pfarrer zu Tulln vnd die pfarrlewt zu Ror, so zu der bemellten pfarr Tulln gehörig vnd die obberürt gult die bemelten mess jerlichen zuraichen pflichtig sein, her für vns vnd vnser räte eruordert, die solches mangels vnd abgangs des benannten gotsdinsts halben aigentlich vnd nach notturfft verhöret vnd darauf mit irer baider tail wissen vnd willen einen gutlichen spruch zwischen ir getan,

[1] Topographie, V., 664.
[2] Originalpergament, Siegel fehlt, Konsistorialarchiv St. Pölten; vgl. Kerschbaumer, Geschichte der Stadt Tulln, 1874, 358.
[3] Schmieder, Matricula, 22.
[4] Pfarrinventar von Tulln vom 9. April 1617 im Konsistorialarchiv St. Pölten.
[5] Chmel, Materialien zur österr. Geschichte, II., 226.

inmaßen hernach volgendt: Von erst so sprechen wir, daz die pfarrlewt zu Ror vnd ir nachkomen jerlichen einem yeden pfarrer zu Tulln raichen vnd geben sullen, die acht pfundt pfennig, so sy vormals von allter her einem kapplan zu der frumess zu Tulln geraicht haben, zu ainer yeden quotember zwai pfundt pfenning, vnd das darumb ain yeder pfarrer den bemelten pfarrlewten zu Ror alle wochen lesen lassen sull drey mess, wie dann das von allter herkommen ist, vnd die fruemess zu Tulln versorgen vnd hallten durch sein gsellen oder kapplan, wie im das ungeuerlich am pessten fuglichen sein will. Da entgegen dann er einnemen, nutzen vnd prauchen sol vnd mag nach aller seiner notturfft vnd wolgeuallen, waz vngeuerlich zu der benannten frumess Tulln gehört. Der bemelt pfarrer zu Tulln vnd ain yeder pfarrer nach im sol auch deshalbs zu Ror seinen pfarrlewten einen steten kapplan haben, der deshalb sein wanung hab, den sullem die bemelten pfarrlewt mit ainer erberen behawsung versehen. Derselb kapplan sol zu sand Jörgentag schriftkunfftig ansteen vnd all werichtag täglich sein mess frue, ee dann die pfarrlewt zu irer arbait geen, hallten vnd am veirtag zu gewöndlicher zeit, in irret dann eehaffte not feirtag oder werichtag, daz er dy mess nicht verpringen möchte. Doch so mag er alle wochen ainen veirtag[1] haben, wann im das ungeuerlichen füglichen ist. Daz aber der bemelt pfarrer solch mess versehen vnd einen steten kapplan dester stetlicher da gehaben mug, haben wir gesprochen, daz nu hinführ zu ewigen zeiten die obberürten pfarrlewt zu Ror einem yeden pfarrer zu Tulln jerlichen raichen vnd geben sullen vier vnd zwaintzigk pfundt pfenning, zu einer yeden quottember sechs pfundt pfenning vnd derentgegen denselben pfarrlewten zu hilff vnd statten komen die newn pfundt pfenning, so sy jerlichen den gsellen zu Tulln für zwo wochenmess, nemlich an dem montag vnd mitichen zu raichen pflichtig gewesen, auch die hundert pfundt pfenning, darumb die bemelten pfarrlewt den obberürten pfarrer vnd seinen nachkomen erbgueter nach lautt einer abred, vormals zwischen ir geschehen, kaufft solten haben. Es sol auch ein yeder pfarrer zu Tulln gewalt haben, den benannten kapplan zu entsetzen, vnd einen annderen aufzunemen nach seinen geuallen, als offt er will, vnd im seinen sold raichen, nach dem er sich mit im vertragen mag, doch den pfarrlewten zu Ror vnentgolten an irer steten mess, als vor berürt ist. Auch sol ein yeder pfarrer zu Tulln, die vorberürten teglichen vnd wochenlichen mess zu Ror schuldig sein daselbs all suntag, all zwelifbotentag, die vier vnnser lieben frawentäg, zu der kyrchweih vnd sannd Niclastag vnd all annder hochzeitlich täg, die nicht an den suntag geuallen, damit dann, als offt das geschicht, der dreyer wochenmess aine bezalt sein sol, pfarrliche recht mit ambtsingen, predigen vnd annderen zu volbringen, es wurd

[1] Freier Tag

dann ein pfarrer an den oder annderen obgeschriben mess, so er durch sein gsellen zu Ror sol volbringen lassen, durch krieg oder annder redlich vrsach verhindert, vnd ain yeder pfarrer daran vnd darob sein, das durch in oder sein gesellen oder zu notturfftiger zeit, es sey bey tag oder nacht, durch sein benannten kapplan mit den sacramenten, peicht vnd gotsleichnam nyemandt verkürtzet ward, als dann ain yeder pfarrer im vnd seiner aigen gewissen des schuldig ist. Vnd wann sich zu zeiten fuget, daz eines jartags, begenn oder annder vrsach halben ein pfarrer zu Tulln müßt einen briester mit dem gsellen gen Ror schicken, so sol der bemelt pfarrer nicht mer schuldig sein, dan den gesellen zu schicken, vnd den anndern briester der capplan dauor vbertragen, auf den gsellen wartten vnd dieselb meß vollbringen. Kumbt es aber, daz man ainen jartag hat mit dreyn oder vier messen, dieselben briester sol der pfarrer darzue schicken vnd der kapplan sol für ainen gezelt werden, daz auch die pfarrlewt oder zechlewt die jartag wie von allter herkomen ist, füran ewiglich begenn lassen. Es sullen auch die obbegriffen pfarrlewtn dem benannten pfarrer raichen einen schlüsl zu der lad oder puchsen, darinn der kirchen gelt ligt, vnd an sein oder seins anwalts wissen vnd willen mit dem gelt nichts hanndeln, sunder jarlichen raittung davon thun in eins yeden pfarrers oder seins anwalts gegenwürtigkait; doch sol in kain pfarrer des schlüssels zu der bemelten kirchen gelt, als offt sy den zu der kirchen nottdurft eruordern, nicht wider sein sunder mit demselben slüssl darzu komen oder ainem von seinen wegen schicken vnd daz der pfarrer oder sein anwalt im solhs gelts nichts zuaigen. Vnd in dem obgeschriben spruch allem haben wir vns bischove Vlreich obgenannt vorbehalten, ob zwischen den benannten bartheyen der bemelten stugk aines oder mer halben einicherlai irrung enstunde, daz sy des auf nyemandt dann auf vns zu entschaiden kumen sullen. Vnd welcher tail disen vnnsern spruch in ainem oder mer artigkeln vberfür vnd nicht steet hielt, das wissentlich gemacht, dersalb war vnns bemelten bischouen oder vnnsern nachkommen zu vnleslicher pene verfallen ainhundert vnd dem halltunden teile fünfftzigk pfundt pfennig vnd dannach diser vnser spruch bey krefften beleiben. Es war dann ob durch den benannten pfarrer oder sein kapplan nicht mer an disem vnserm spruch verbrochen dann geuerlich ain mess oder mer versawmbt vnd die nachst wochen darnach komend nicht wider erstett wurde, so sol er, als offt das also beschicht, nicht mer dann ain pfundt wachss zu sannd Nicklaskirchen zu Ror veruallen sein. Desgleichen ob die bemellten pfarrlewt an dem obgestimbten spruch auch nicht mer verbrächen, dann das sy nach ainer yeden quottember mit der zalung der zwair oder der sechs pfundt pfenning, als oben begriffen ist, viertzehen tag, als offt sy ain tag nach den vierzehen tägen wider des pfarrers willen vertzugen, sullen sy nicht mer dann für yeden tag ain pfundt wachss zu sannd Steffannspfarrkirchen zu Tulln verfallen sein. Alles traulich vnd vngeverlich. Vnd das zu vrkundt haben wir bischoue Vlreich obgemelt dises vnnsers spruchs zwen geleichlauttundt brief machen, die mit vnnserm anhanngunden innsigel versorgen vnd yeder partheye ainen geben lassen, doch vnns vnd vnnsern nachkomen vnschadlich. Geschehen zu Wienn an eritag vor dem heiligen weyhennachttag nach Christi vnnsers lieben herren geburde viertzehenhundert vnd in dem neuwenundsechtzigsten jarn."[1]

1474, 21. November, Wien, entscheidet Rüdiger von Starhemberg mit Bezug auf den Spruchbrief des Bischofs Ulrich von Passau einige Streitfragen zwischen den Zechleuten der Kirche zu (Langen-) Ror auf dem Tullnerfelde und dem Pfarrer Ulrich Halltaler von Tulln:
„Ich Rüdiger von Starhemberg bekenn vnd tun kvnd offennlich mit dem brief, das für mich kommen sein Kuncz Mair, richter zu Ror, Jacob Geyr, richter zu Schönpüchl[2], Anndre Hakcher vnd Mathäus Drueit, zechlewt der kirchen zu Ror auf dem Tullnerveld, Passauer bistumb, zu der Pfarrkirchen Tullen gehörund, vnd mich angeruefft vnd gepeten anstat ir vnd der ganczen pfarrmening daselbs, sy ettlicher zwitracht vnd unainigkait zwischen in an ainem vnd des ersamen hern Vlreichen Halltaler, pfarrer zu Tullen, an dem anndern tailen ains spruchbriefs halben, von dem hochwirdigen fürsten vnd herren hern Vlreichen bischofen zu Passau auf baider tail fleißiger gepeten darumb ausganngen, anstannden guetlich zu ainen. Auf solch ir fleißig gepeten ich mich das angenomen vnd den benanten hern Vlreichen Helltaler, pfarrer zu Tullen, beschikcht vnd mitsambt den pfarrleuten vnd zechleuten zu mir zu komen gepeten hab, die alsdann komen vnd zu paiden tailen ir männgl fürpringen ließen; deshalbs ich nach verhör yedes tails clag vnd anntwurt, red vnd widerred die bemelt zwitracht zu entschaiden vnd die tail übereinzepringen dem edlen ritter, hern Leopolden von Wullczendorf, maister Paulen, pfarrer in der Burkch zu Wienn, doctor Leopolden, sextisten der schul zu Wienn, vnd hern Jorgen Öder, pfarrer zu sannd Leonhart im Vorst[3], verrer vnd klerlicher zu hören vnd darnach wider an mich zu pringen, die dann von paiden tailen zu solhen guetlichen tag vnd frewntlicher bericht gepeten vnd eruordert worden, beuolhen vnd erpeten hab. Diselben yeczbemelten herren haben mit sundern fleiß, wie uor stat, die sachen gehört, auch baid tail daran geweiset, damit sy in bericht vnd aynigkait aller irer stöss vnd zwitracht nach lautt vnd form der hernachgeschriebenen offenbarung, von mir nach rat der yeczbemalten herren ausgegangen,

[1] Originalpergament, das Siegel fehlt, Konsistorialarchiv St. Pölten, Faszikel Tulln. Regest davon bei Kerschbaumer, Geschichte der Stadt Tulln, 409, irrtümlich beim Jahre 1471.
[2] Langenschönbichl bei Langenrohr.
[3] St. Leonhard am Forst im Bezirke Melk.

komen sind vnd ist dieselbig guetig bericht vnd ainigkait beschehen in solicher maß, das füran zu ewigen kunftigen zeiten die pfarrleut vnd zechleut sich mitsambt der pfarrmanig zu Ror gegen dem obbenannten hern Vlreichen Halltaler vnd seinen nachkömen pfarrern zu Tullen halden sullen nach lautt vnd innhalt des spuchs vormalen durch den bemelten meinen herren von Passau ausganngen, desgleichen sich dann der pfarrer vnd sein nachkomen widerumb gegen den pfarrlewten vnd zechleuten auch nach lautt des vorbemelten spruchs halden sullen; vnd ob hinfür nach solher bericht ainigerlei mangl oder abganng sich würde begeben, als dann sullen die pfarrleut oder zechleut solhes an den offtbemelten pfarrer zu Tullen, sein nachkomen oder irn anwald innerhalb virczehen tagen bringen, dieselben sullen solhs zuhannd wennden. Es sullen auch die drey wochenmess nach lautt des spruchs, von meinem bemelten herren von Passau ausganngen, gehalden werden treulich vnd ungeuerlich, doch mit solcher vnnderschaid, das die vngestifften jarteg, lobambt, selmess, begean[1] vnd annderen gotsdinst, wie der gefrümbt[2] wurde, nicht altag an den tagen der wochenmess gehalden werden; dann sich begäb, das nach ainer person abganng der erst, sibent oder dreißigisst auf ainen solchen tag geuiel, alsdann mag solch begern volbracht vnd der frumesser zu Ror für ainen vnd der gesell auch für ainen briester geczelt werden, alsdann der spruchbrief, von meinem offtbemellten herren von Passau ausganngen, klärlich innhaldet. Es ist auch ainem yeden pfarrman zu Ror vorbehalden, das zv solch vngestifft jartag oder begern, das er tun will lassen, aus sunderer andacht legen mag vnd seczen auf die teg der wochenmess oder annder, wie in vnd den briestern das am pessten fueglich wirdet; doch sol der frumesser, nemblich nach lautt des spruchs, altag für ainen geczelt werden. Es sol auch der benannt pfarrer zu Tullen vnd sein nachkomen darob sein vnd mit seinen sannkchherrn oder gesellen schaffen, das füran kain gestiffter oder gefrümbter jartag oder lobamt durch den frumesser zu Ror allain aufgenomen oder vollbracht werde, sundern die frumess zu gewöndlicher Zeit vollbringen, dann es solten mer briester da sein oder er tue solhs mit der pfarrleut oder zechleut willen vnd wissen, so sol beschehen, wie der obbemelt meines herren von Passau spruchbrief innhaldet. Auch wie kunftigklich die altgestifften jartag beganngen sullen werden, darumb baid tail stössig gewesen sein, ist also beslossen, das dieselben altgestifften jartag nicht vnnderwegen sullen beleiben, sundern gehalden vnd beganngen werden nach lautt des vorgemelten spruchbriefs, darumb ausganngen, vnd mag der pfarrer oder sein briester solh jartäg halden vnd ausrichten, an welchen tagen in das fueglich wirdet, vnd sullen der sannkchherr oder gesell vnd der

[1] Begängnis.
[2] bestellt.

fruemesser für zwen briester geczalt werden nach form vnd maß, wie in dem vorigen spruchbrief begriffen ist. Vnd von wegen der aussteunden schuld, so die pfarrleut zu Ror der fruemess halben daselbs, auch der frumess zu Tullen dem obenmelten hern Vlreichen Helltaler, pharrer zu Tullen, mit namen drew vnd fünfczigk pfunt fünf schilling pfenning schuldig sein, habe ich vorgemelter Ruediger von Starhenberg also beslossen vnd denselben hern Vlreichen Haltaler, pfarrer zu Tullen, gepeten, in solcher Schuld ain nachlassen ze tun angesehen, das yecz in den vnfridlichen zeiten, die leut in armut komen sein. Darinn mich der benannt pfarrer erhört vnd den pfarrleuten ain nachlassen mit namen dreiczehen pfunt vnd fünf schilling pfenning getan hat vnd sullen dieselben pfarrleut zu Ror den vbrigen ausstanndt der Schuld mit namen virczigk pfunt wienner pfenning beczalen vnd ausrichten dem offtbemelten hern Vlreichen Halltaler, pfarrer zu Tullen oder, ob er mit tod abgieng, da Got vor sey, seinen erben, zu zwain tegen, zwainczigk pfunt auf den ersten suntag der vassten vnd die anndern zwainczigkh phunt auf sannd Jorigentag darnach nagstkünftig, alles treulich vnd vngeuerlich. Auch ist beslossen, das all mängl vnd geprechen, wie sich die zwischen baiden tailen bisher begeben oder verlassen haben, aufgehebt sullen sein vnd sich kunftigclichen gegen nimander halden nach lautt vnd innhalt des offtbemelten meis herren von Passau spruchbrief, auch der gegenwurttigen beredung. Die bericht vnd aynigung ist beschehen in gegenwürttigkait des vorbemelten ritter, hern Leopolden von Wullczendorf, maister Paulen, pfarrer in der Burkch zu Wienn, doctor Leopolden, sextisten der schul zu Wienn, vnd hern Jorigen Öder, pfarrer zu Sannd Leonhart im Vorst. Das zu vrkund gib ich obbemelter Ruediger von Starhenberg yedem tail ainem brief in gleicher lautt, mit meinem anhangunden insigl besigelt, doch mir vnd meinen erben an schaden. Beschehen zu Wienn an montag nach sannd Elspethentag der heiligen frawen nach Christi gepurde virczehenhundert vnd in dem vir vnd sibenuczigistenn jare.[1]

1480, 16. Juni, Nidern-Ror (Langenrohr), beurkunden die Amtleute und Zechmeister Mathes Daveit und Sigmund Leidel der St. Niklaskapelle zu Nidern-Ror, daß Helena auf der Lachken zu Langen-Lebarn ihr Viertellehen zu Lebarn, das von ihnen statt der Gemeinde zu Lehen ist, dem Linhart Geir von Sand Andre vor dem Häkkentall versetzt habe.[2]

---

[1] Zwei gleichlautende Originalpergamente, an einem das Siegel erhalten, beschädigt, vom anderen verloren; Konsistorialarchiv St. Pölten, Faszikel Tulln. Regest davon in Kerschbaumer, Geschichte der Stadt Tulln, 1874, 410.

[2] Quellen zur Gesch. der Stadt Wien, II. Abteil., III. Bd., Nr. 4819.

1529 dienten dem Bistum Regensburg Bewohner von Neusygl, Asparn, Vettern Moß und Schönpüchl in Rorer Pfarre.[1]

1561 besaß das Gotteshaus St. Nikolaus zu Ror ein Viertellehen und Dienste vom Schulhause 20 d. Die Kirche in Ror besaß weiters ein Tagwerk Wiese in den Wexlwiesen oder Pauerwiesen und ein Joch Acker.[2]

1580, im März, berichtet Klesel an den Bischof: der Dechant von Tuln habe die Pfarre Ror, zu welcher viele Dörfer im Tulnerfeld eingepfarrt sind, seit Weihnachten nur zweimal mit Gottesdienst versehen lassen. Während früher viele lutherische Untertanen zur katholischen Predigt nach Ror gingen, hören jetzt die Katholischen die lutherischen Predigten an.[3]

Nach 1580 zog der aus Michelhausen entlassene flacianische Prediger und Schriftsteller Markus Volmar nach Schönbichl in der Pfarre Langenrohr, wohnte dort in einem Kasten, hielt Winkelpredigten und suchte die Leute von ihrer Pfarrkirche abzuhalten.[4]

1600 versah der später katholische Schriftsteller Martin Sebaldis aus Nürnberg unter Dechant Michael Pinder ¾ Jahre die Seelsorge in Tulln und der Filiale Rohr mit Predigen, Beichthören und Zelebrieren.[5]

Um 1650-1661 versah die Pfarrkirche St. Michael in Langenrohr als Pfarrer P. Ferdinand Weyßhaubt, Minoritenguardian zu.[6]

1738 ließ die Herzogin Emanuela von Savojen die alte Kirche abbrechen und auf ihren Grundfesten eine neue erbauen, die am 8. Oktober 1758 geweiht und 1783 Pfarrkirche wurde.[7]

1858 versprach die Gemeinde die Statue St. Johann Nepomuk zu erhalten.[8]

94. Lanzendorf, Pfarre Böhmkirchen[9]

Um 1120 gab Helena von Hagenau Güter zu Lanzendorf nach Seitenstetten.[10]

---

[1] Landesarchiv Wien, Gültbuch OWW, Nr. 243.
[2] Geschichtliche Beilagen, III., 280.
[3] Österr. Vierteljahresschrift für Kathol. Theologie von Wiedemann, 1872, 382-384.
[4] Wiedemann, IV., 89-90.
[5] Wiedemann, V., 280.
[6] Kauf- und Vertragsprotokoll Schloßarchiv Judenau.
[7] Riesenhuber, Kirchl. Kunstdenkmäler, 164.
[8] Konsistorialarchiv St. Pölten.
[9] Topographie, V., 670-671; Winter, Niederösterr. Weistümer, III., 203-206.
[10] Fontes, XXXIII., 17.

Die Kirche zum hl. Martin ist ein romanischer Bau von etwa 1200.[1]

Um 1290 hatte Seitenstetten Güter in Lantzendorf und zum Krankenhause Getreide von den Neubrüchen.[2]

1299, 20. Oktober, vergleicht sich Rudolf von Wirsing mit dem Stifte Seitenstetten wegen seiner Vogtei in Lanzendorf.[3]

1312, 2. Februar, Böhmkirchen, verkauft Konrad von Hagenau der Kirche zu Lantzendorf auf St. Martinsaltar 3 ß Gülte von 9 Joch Äckern am Aukenberg bei Böhmkirchen.[4]

Von etwa 1515 stammt eine Glocke.[5]

1568 Urbar über das ambt Lantzendorff zum Gotteshause in Seitenstetenn dienstbar 14 Lehen und 12 Hofstätten, darunter die „zechleyt der fruemeß zu Behaimbkirchen" von einer Hofstätte 8 d; dann die Güter im Waldt, 11 Häuser. Dabei Winterhoff, Tanperg, Aichstaudt, Stutzenhof, Hindterleitten, Wameßhoff, Gründe und Weingärten am Weinperg Schuerleitten, Zehentperg, Wolfspach, Sichlbach, Müllperg, Aichperg, Lanntznperg, Paulandt, beim Halterhaus, Plachstorffler Aw, Fuerschlag, Graßperg und Khogl. Dienstpflichtig erscheinen Herr von Greiß auf Waldt, Frau Barbara von Greiß, die Gemeinde Lantzendorff von 3½ Tagwerk Wiesen. Die Zechleute der Frühmesse zu Beheimbkirchen von der Schmidtwiese und Acker in Mitternfeld; die Zechleute von St. Peter am Anger vom Holz im Aichperg, David von Trautmansdorff vom Weingarten am Weinperg; weiters 4 dienstbare Häuser. Aus dem Urbare des Gotteshauses Seitenstetten wörtlich abgeschrieben und gesiegelt von der Prälatur und dem Konvente.[6]

1569, 16. März, Wien, erlaubt Kaiser Maximilian II. dem Stifte Seitenstetten, das Amt Lantzendorff dem Joachim Wysanndt zu St. Pölten für 1.700 fl zu versetzen, da der Prälatenstand ein zum Kriegswesen aufgenommenes Gelddarlehen nun zurückzahlen solle.[7]

1591, 24. Juli, Wien, gibt Erzherzog Ernst von Oesterreich im Namen des Kaisers, seines Bruders, den Konsens zur Wiedereinlösung des Amtes Lanzendorf. Wisent hatte die 32 Untertanen widerrechtlich beschwert und zu seinem neu erbauten Schlössel Gräffendorf an der Perschling (Unter-Grafendorf bei Jeutendorf mit dem Schlosse Neutenstain) widmen wollen, ihnen auch Vogtsteuer auferlegt. Das Stift löste das Amt von seiner Witwe Sophia Wisent um die gleiche Summe ein

[1] Riesenhuber, Kirchl. Kunstdenkmäler, 38.
[2] Archiv für österr. Geschichte, 1848, 5. Heft, 12-14.
[3] Fontes, XXXIII., 125.
[4] Fontes, XXXIII., 150.
[5] Fahrngruber, Glockenkunde 131.
[6] Originalpapierlibell mit zwei zerbrochenen Siegeln, Stiftsarchiv Seitenstetten.
[7] Originalpapier mit Siegel und Unterschrift des Kaisers, Stiftsarchiv Seitenstetten.

und verpfändet es am 24. Juli 1591 um diesen Betrag dem edlen Urban Herberstorffer von Mäzlstorf auf 4 Jahre.[1]

1595, 6. Mai, lieh dem Stifte Seitenstetten der edle Wilhelm Spiller, Marktschreiber in Aschbach und Verwalter der Herrschaft Steyr im Amte Allhartsberg, auf das Amt Lanzendorf 2.400 fl. rhein.[2]

1628 hatte Seitenstetten in Lanzendorf 22 behauste Güter und außer dem Dorfe im Wald 10, welche mit Freiheit, Gehorsam, Dienst, Steuer und Robot dem Stifte gehörten, auch Fischerei im Bache und viele Überlände, alles freies Eigen. Das Stift hielt selbst den Taiding ab, hatte auch die Vogtei und einen Gerichtszwang mit Richter und Geschworenen, Stock und Eisen und die Aufsicht über Zucht und Ordnung. Das Landgericht durfte nicht eingreifen und übernahm die Verbrecher, mit Gürtel umfangen, außer dem Orte.[3]

1659, 25. Mai, gehörte zur Pfarre Böhmkirchen die „Kapelle bei St. Martin zu Lanntzendorff, in welcher 2 mal im Jahr der Gottesdienst gehalten wirdt".[4]

1683 kam beim Türkeneinfall im Amte Lantzendorff der Richter Simon Pöttenauer im Walde um, wurden 16 Personen niedergehauen, 106 Personen abgeführt und 27 Häuser abgebrannt, nur 4 blieben verschont. Am 5. Juli 1825 erteilte der Kaiser dem Stifte Seitenstetten die Erlaubnis, zum Baue seines Hauses in Wien mehrere Güter zu verkaufen. Darauf kaufte sich die Gemeinde Lanzendorf am 11. Juni 1828 mit 4.200 fl C. M. von den Herrschaftssforderungen los. Da aber das Kreisamt St. Pölten am 22. September 1828 eröffnete, die Gemeinde könnte die grundherrliche Jurisdiktion nicht selbst ausüben, übertrug Lanzendorf dieselbe an die Herrschaft Totzenbach.[5]

95. St. Leonhard am Forst

mit Peilstein und Groß-Weichselbach[6]

1160, 27. August, St. Pölten gibt Bischof Konrad von Passau dem Grafen Konrad von Peilstein und seinen Söhnen Siegfried und Konrad den dritten Teil des Zehents zur Stiftung des Neubaues in *parochia S. Leonhardi*, welche auf dem Grunde dieser Grafen erbaut ist, und räumt dem Grafen Konrad auch das Recht ein, einen geeigneten

---

[1] Stiftsarchiv Seitenstetten.
[2] Stiftsarchiv Seitenstetten.
[3] Stiftsarchiv Seitenstetten.
[4] Konsistorialarchiv St. Pölten, Faszikel Böheimkirchen.
[5] Stiftsarchiv Seitenstetten.
[6] Topographie, V., 775-789; Winter, Niederösterr. Weistümer, III., 549-553.

Priester für diese Pfarre zu präsentieren, welches Recht nach seinem Tode auf den ältesten Sohn und auf den Besitzer des Schlosses Pilstain übergehen soll. Er fügt hinzu: Wenn die Grafen diesen Ort zum gemeinsamen Leben des hl. Augustin oder der Mönche verändern wollten, sollen sie seine Erlaubnis und Unterstützung dabei finden. Dagegen geben der Graf und seine Söhne dem Bischof einen Hof in Sigenheim mit Zugehör und vier Mancipien und deren Kinder zur Kirche in Passau. Zeugen: die drei Grafen, die Brüder Heinrich und Sigehart von Schala(burg), Liutold, der Graf und seine Söhne, Leutold von Pleigen, Fridrich, Präfekt von Regensburg, Vdalrich von Pernekke, die Brüder Adalbert und Gebehard von Steine, Adalber von Chunringen, Erchenbert von Gors, Heinrichen von Planwinika (Plank), Vuarmand von Echendorf, Wichart von Stiuen (Stiefern), Vdalrich von Asparn, Otto von Lize (Leiß), Wielant von Chlarh, Hermann von Hirzperch (Hirsberg), Liupold von Walde; aus dem Klerus: Erchenfrid, Abt von Medlic (Melk), Johannes Abt von Gonwic (Göttweig), Propst Vdalrich von Artachar (Ardagger), Albinus von Mosburch und die Pröpste Vdalrich von S. Ypolito (St. Pölten), Hartwic von S. Georgii (an der Donau) und Marquard von Niwenburg (Klosterneuburg), schließlich Otto der Notar.[1]

Aus dieser Urkunde ergibt sich, daß die Pfarre St. Leonhard vor 1160 errichtet wurde, und damals der Plan bestand, daselbst ein Kloster zu gründen.[2]

1188, im Juli, beim berühmten Kapitel in Chrems, das Bischof Theobald von Passau abhielt, erscheint auch Propst Otto von St. Leonhard.[3] Dieser „Propst" war wohl Pfarrer von St. Leonhard am Forst.

Nach 1190 fielen die Güter der Grafen von Peilstein an die österreichischen Herzoge. Dieselben umfaßten: 1. die Stadt Horn, den Markt Pölan, (Neupölla), die Dörfer Rorenbach, Molt und andere. 2. die Grafschaft bei der Burg Schalla (Schallaburg), das Haus Ramstein bis Weißenbach, und Zelln; Schuldhaißen, Tanne und in die Erlaff. 3. die Grafschaft an der Erlaff (St. Leonhard am Forst), auf dem Strenberg und am großen Wald bis an die Donau. 4. eine Grafschaft an der Erlaff und gegen Hueben und Melkh an der Donau und den großen Wald. 5. die Pfarre St. Leonhardt wurde ledig von der Herrschaft Peilstein und vom Landesherrn verliehen; die Pfarre Scheibbs und die Kirche Bischoffsstätten.[4] Einen Teil dieser Güter gaben die

---

[1] Monumenta Boica, XXVIII., II., 240-242.

[2] Topographie, V., 767.

[3] Hauthaler, Salzburger Urkundenbuch, II., 260. Oberösterr. Urkundenbuch, II., 419 datiert 1189.

[4] Nach Jans Enenkel ein Bericht von etwa 1250 in Rauch, Rerum Austriacarum Scriptores, I., 250.

österreichischen Herzoge dem Grafen Siegfried von Morn, der ohne Erben 1218 starb. Peilstein fiel an Herzog Leopold VII., der es durch adelige Burggrafen verwalten ließ. 1356 wurde es dem Eberhard von Capell verpfändet.[1]

Nach 1190 gab Graf Seyfridt von Morla (Morn) dem Kloster Wilhering einen Hof bei seinem Schloße Pillstain.[2]

1200 hatte der Pfarrer Gerolt zwei Gesellpriester Helmwich und Dietman zur Seite.[3]

1207-15, 9. Juni, schenkt Gräfin Ida von Plain dem Kloster Michelbeuern, das ihre Vorfahren, die Grafen von Peilstain und Burghausen gestiftet haben, die Pfarre Ober-Sulz (bei Mistelbach, Niederösterreich) mit dem Patronate. Unter den Zeugen: Ulrich von Sihtenberc, Rüdiger von Sconenliten, Heinrich von Charlstetin, Dietrich von Zinzendorf (Zinsendorf bei Wang an der Erlauf), Heinrich von Sprinzenbach (bei Oberndorf an der Melk), Hartwich von Perwart, Otto von Offenbach, Chunrad von Bischolfsstetin, Ortolf von Ruota, Perthold von Pebirarin (Pöbring), Sifrit und Gotfrid von Oberndorf.[4]

Von etwa 1230 bis 1290 bestand hier ein Nonnenkloster.[5] Der Ort wird damals bereits Markt genannt.

Um 1230 waren dem Landesfürsten von der Gräfin von Peylstain erledigt: in Sternderstorf und Vronhoven 22 Lehen und 7 Höfe auf Bergrecht in Tulner Maß. Zu St. Leonhard und in Stewterstorf Bergrecht und Dienste. In Syrnich 1 Mühle und 2 Höfe; unter dem Schloße Peilstain ein Hof; in Grinnka ein Hof. Ein Markt unter dem Schloße Peylstain, zwei Höfe, 1 Mühle, 2 Lehen und 3 curtes. In Grinzendorf 3 Weingärten; in Scheibs; vom Markte St. Leonhard 6 Talente und Dienst von 4 Lehen.

In Siernich 2 Lehen, wovon eines dem Otto Zant für 18 Talente verpfändet war und das andere der Herzog dem Abt von Lilienfeld gegeben haben soll. Der Rawtaker in Syrning war dem Heinrich von Sintdach für 5 Talente verpfändet; einen Hof in Grineke vermachte (die Gräfin von Peilstein) bei ihrem Tode den Nonnen von St. Leonhard samt einer Hofstätte zu Syrnich.[6]

---

[1] Schweickhardt, Darstellung von Niederösterreich, XV., 54-56. In der Hofbibliothek zu Wien, Codex DC 4, XXVIII., 207 befindet sich eine Beschreibung, wie die Grafschaft Peilstein an das Kaisertum fiel, Verfasser unbekannt.

[2] Archiv für die Geschichte der Diözese Linz, 1905, 235. Oberösterr. Urkundenbuch, II., 478.

[3] Niederösterr. Urkundenbuch, I., 31.

[4] Hauthaler, Salzburger Urkundenbuch, III., 76.

[5] Topographie, V., 778.

[6] Notizenblatt, 1855, 360, 377.

1236, 7. November in der oberen Kammer in Pilstein in ihrem Bette, gibt die Gräfin Euphemia von Pilstein zu ihrem Sellenheile den kleineren Hof in Sirnich der Kirche in Medlich (Melk). Zeuge an erster Stelle Herr Gunward, *Pleban sancti Leonardi.*[1]

1250 apud Hawse(k) (Hauseck), beurkundet Gerbirgis, daß ihr Pleban Chunrad von *sancto Leonhardo* eine Manse in Gumprechtsualde von seiner Kirche auf ihre Lebenszeit für ein halbes Pfund jährlichen Zinses verliehen habe. Wenn der Pfarrer oder die Ausstellerin stirbt, fällt das Gut an die Kirche zurück. Siegler: Friedrich von Hausek.[2]

1258, 25. Oktober, St. Pölten, wird Pfarrer Chunrad von Sankt Leonhard Mitglied des Schiedsgerichtes über die Kapelle in Wihselbach (Groß-Weichselbach) genannt, die damals der Pfarre Ruprechtshofen unterstand. (Heute ist Weichselbach nach St. Leonhard eingepfarrt.) Damals beurkundete Bischof Otto von Passau den Schiedsspruch zwischen Pfarrer Perchtold von Ruprechtshouen und dem edlen Kawul von Wihselbach, wonach Kawul das Gut Chrumbekke zur Beleuchtung der Kapelle, die anderen Güter derselben aber der Pfarrer von Ruprechtshofen innehaben solle, nämlich: in Lastorf (Loosdorf) ein Lehen, in Rugendorf (Rogendorf) 2 Höfe in Perge, zu St. Leonhard ½ Talent Gülten, beim Fluße Medelich in Slegan (Schlatten bei Ruprechtshofen) gelegen; zu Wolsawe (Pfolsau bei Oberndorf) ein Lehen mit Weingarten. Dafür läßt der Pfarrer von Ruprechtshofen in der Kapelle an jedem Sonn- und Feiertage und Freitagen Gottesdienste halten. Die Güter dürfen nicht veräußert werden und Kawul ist ihr Vogt. Zeugen: Swigger, Dechant von Lastorf, Vermittler unter den Schiedsrichter, Gottfried Pleban in Mühlbach und Rainhart Kaplan in Raetelensperge (Unter-Radlberg) u.a.[3]

Um 1260 gehörte die Kirche St. Leonhard dem Bischof von Passau und war erledigt vom Herzog und der Gräfin.[4]

1265 gibt Syboto von Czaekkingen dem Plebane Chunrad von *sancto Leonardo* für in seinem Hause und anderwärts zugefügten Schaden Gülten von zwei Talenten in Rupprechtsdorf zu seiner Kirchen. Zeugen: Ulrich von Pillichsdorf, Otto von Arnstaine, Ulrich von Vihofen, Heinrich und Kunrad *germani* von Summerowe, Friderich von Hausekke und sein Sohn Friderich, Marquard von Zinczendorf und sein Sohn Otto, Albero und Chunrad von Schaurnberch, Otto von Perewort, die Brüder Otto und Heinrich Liebek, Friderich von Smibach.[5]

---

[1] Keiblinger, Melk, I., 1139; 335.
[2] Copialbuch des 15. Jh. im Stiftsarchiv Melk, Bl. 49.
[3] Keiblinger, Melk, II., 813-814. Abgedruckt in den Blätter für Landeskunde, 1898, 178-180. Über Groß-Weichselbach vgl. Schweickhardt, Darstellung von Niederösterreich, XII., 187-197.
[4] Monumenta Boica, XXVIII., II 483.
[5] Kopialbuch im Stiftsarchiv Melk, Bl. 37.

1311, 22. April, Passau, verkauft Herzog Friedrich die Burg Peylstain mit Zugehör und Gericht, wie sie der Toppler inne gehabt, dem Bischof Bernhard von Passau und dem Konrad von Capellen um 1.600 Pfd. Passauer Pfennige.[1]

1316, 14. April, schenken König Friedrich I. und die Herzoge Leopold, Albrecht, Heinrich und Otto von Oesterreich, Brüder, das Patronat der Kirche in St. Leonhard (und der St. Magdalenenkapelle in Scheibbs) dem Kloster Mauerbach[2], das die Früchte, Gülten und Rechte dieser Kirche auch für sich verwenden kann.[3]

1317, 30. Juni, Melk, gibt Ulrich, Abt von Melk seine Einwilligung, daß der fromme Mann Ott von Gumprechtsfeld auf ein Lehen daselbst, das er von Heinrich dem Pölzel um 16 Pfd. Pfennige gekauft hat, als Burgrecht 12 d für das Kloster Melk und als Dienst zum Gotteshause St. Leonhard im Forst ein halbes Pfund gelegt hat. Zeugen: Pernhart von Melkch, Marchart der Chunfinger, Ulrich der Lohler (von Maria Laach). Vidimus des Abtes Christian von Melk vom 11. Dezember 1449 auf Ansuchen des Pfarrers Thaman Anglpekch von St. Leonhard im Forst angefertigt.[4]

1321, 23. Juni, löst Heinrich von Wallsee von Ulrich dem Schenk vor dem Reut die Grafschaft Peylstein in dem Vorst, welche König Friedrich ihm versetzt hatte, um 760 Pfd. Wr. Pfennige ein.[5] Blieb bis 1435 Pfandbesitz der Walseer.[6]

1321, St. Maurizentag (22. September) verkauft Otacher der Perborter (Parwarter) eine Mühle an der Melch zu Hergersteten in St. Linhartspfarre „mit griez, mit waidach, mit valberen, würslagen ze paiden stetten (Gestaden) mit mülganch, mit vberhehen vnd an höher wüfen, also mulnerrecht ist an dem wazzer in der Melch", samt Hausgarten und Acker um 45 Pfd. Wr. Pf. dem Kloster Lilienfeld. Er setzt sich zum Schirm und Ebenteuer auch für seine Schwester Frau Kathrein, die kein eigenes Siegel hat, und mit ihm seine Brüder, die Herren Nikolaus und Ott die Perborter, welche gleichfalls die Urkunde siegeln.[7]

1322 *crastino* nach St. Philipps und Jakobustag (2. Mai), Passau, inkorporierte Bischof Albert von Passau dem notleidenden Stifte Maurbach auf Bitten des Stifters, des Königs Friedrich und seiner Brüder, der Herzoge Leopold, Albert, Heinrich und Otto von

---

[1] Monumenta Boica, XXX., II., 53.
[2] Topographie, VI., 275.
[3] Staatsarchiv Wien, Karthause Mauerbach, Codex, Nr. 875.
[4] Vidimus auf Pergament im Staatsarchiv zu Wien.
[5] Oberösterr. Urkundenbuch, V., 291.
[6] Archiv für Österrr. Geschichte, 1906, 95. Bd., 446, 533.
[7] Codex Secundus der Privilegien des Klosters Lilienfeld, Nr. 871 im Staatsarchiv zu Wien s. 447.

Oesterreich, des Propstes Meingot, Dechant Albert und des Kapitels zu Passau, die Kirche St. Leonhard, deren Patronat dem Prior bereits zustand, auf ewige Zeiten. Der Bischof habe dem Propst Heinrich des Klosters *sancti Ypoliti* (St. Pölten) und die Pfarrer Konrad von Ybsa[1], Andreas von Rupprechtzhoun[2] und Konrad von Purchstal[3], auch den Ritter Otto Smidbach dahin gesandt, um die Einkünfte der Pfarre zu schätzen und zu bestimmen, wieviel einem Vikar davon angewiesen werden müssen, damit er mit seinem Hilfspriester standesgemäß leben, die Gastfreundschaft bewahren und die Abgaben leisten könne. Diese haben die Ausgaben auf 80 Pfd. Wiener Pfennige geschätzt und gemeint, nach dem hiesigen Brauch sollen dem Vikare der ganze kleine und ein Drittel des großen Zehents, die Abgaben für Weinfuhren und Dienste, für Schweine, Gänse, Hühner und Eier überlassen werden. Alles andere wird dem Stifte überlassen. Da der Bischof gefunden hat, daß durch Teilung und Exemption der Kirche der göttliche Kult vermehrt werde, macht er die Maria Magdalenenkirche zu Scheibs[4], welche bisher eine Filiale von St. Leonhard war, von dieser Unterwerfung frei und erklärt sie zur selbständigen Seelsorgs- und Pfarrkirche mit eigenem Begräbnisrechte. Das Stift Mauerbach soll dafür einen ständigen Vikar präsentieren, der dem Kloster 12 Pfd. Wr. Pf. halb zu Ostern und halb zu St. Ägydi zu leisten habe. Siegler: der Aussteller.[5]

1322 wird Pfarrer Heinrich von St. Leonhard genannt. Er erscheint im Nekrolog von St. Pölten unter dem 17. März und in dem von Gaming unter dem 21. März.[6]

1324 Sonntag nach St. Philippstag (6. Mai) verkauft Jakob der Redler von Sichtenberg das Gut an der Zekernitz dem Herren Heinrich, Pfarrer zu St. Leonhard, und seinem Gotteshause um 8 Pfd. Wr. Pfennige. Zeugen: Herr Ott von Smidbach, Herr Chunrat und Ott, Brüder von Sozze, Wolfhart der Launn, Helmhart der Richter, Gerunch der Chuntner.[7]

1326, St. Georgentag (24. April), verkaufen Jans, Magnus, Fridreich und Ulrich die Redler von Sichtenberg ihren Hof zu Ponbach in der Pfarre Ruprechtshofen, geheißen an der Swbenmayerhof, dem

---

[1] Ybbs
[2] Ruprechtshofen
[3] Purgstall an der Erlauf
[4] Die Pfarre Scheibbs wurde damit selbständig.
[5] Originalpergament, Siegel zerbrochen, Pfarrarchiv St. Leonhard. Abschrift inseriert in der Urkunde vom 1. Juli 1332.
[6] Fontes, XXI., 460; Geschichtliche Beilagen, V., 76. Mon. German. Histor., Nekrolog., V., 488, 446.
[7] Smitmer, Codex Diplom. Austriae Nr. 122/III im Staatsarchiv zu Wien, I. Bd., Nr. 330.

Priester Hainreich, Pfarrer zu St. Leonhard und seinem Gotteshaus und auch dem Kloster Mauerbach um 33 Pfd. Wr. Pf. Siegler: Herr Ott von Smidwach (Schmidbach) Herr Wernhart von Schafferveld, die Brüder Chunrat und Otto von Sozze, Wolfhart der Laun, Philipp der Reuschel und Helmhart der Richter.[1]

1327, 20. Juni, Wien, gibt König Friedrich der Karthause Mauerbach die Pfarren St. Leonhard und Scheibbs und befreit die Leute dieser beiden Kirchen von Abgaben und Gerichtsbarkeit.[2]

1329, 6. August, Gutenstein, versprechen Pfarrer Heinrich von St. Lyenhard und Friedrich der Leydmer (von Leiben), die vom römischen König Friedrich zur Lösung des Hauses Peilstein entlehnten 240 Mark Silber und 112 Pfd Wr. Pf. bis Martini zu bezahlen.[3]

1330, 30. Dezember, o. O., beurkunden die Herzoge Albrecht II. und Otto, daß Graf Ulrich von Pfannenberg, Marschall in Oesterreich, die Burg Peilstein für 760 Pfd. Wr. Pf. und 240 Mark Silber Wiener Gewichtes eingelöst habe.[4]

1332, im 16. Jahre des Pontifikates, *Kalendis Julii* (1. Juli), Avenione, bestätigt Papst Johann XXII. dem Prior und Konvent des Klosters Allerheiligen in Mauerbach, Karthäuserordens die durch Bischof Albert von Passau geschehene Einverleibung der Pfarre St. Leonhard, weil das von König Friedrich gestiftete Kloster so verarmt war, daß es nicht mehr standesgemäß erhalten werden konnte. Doch solle darauf ein Vikar mit angemessenem Einkommen versehen werden. Gesiegelt mit dem päpstlichen Bleisiegel.[5]

1335, St. Thomasabend (20. Dezember), Tuln, gibt Nicla von Rörenpach am Totenbette seines Sohnes Nicla 6 ß Geldes, nämlich ½ Pfd. auf einem halben Hofe zu Moss und 50 d und Wisat auf einer Hofstätte zu Schonpuch (Pf. St. Leonhard), dem Gotteshause zu Gaming, Karthäuserordens, für einen Jahrtag mit Vigil und Messen und 3 ß d den Herren um Fische und andere gute Dinge nach Gewohnheit des Ordens.[6]

1338, St. Gregor des hl. Papstes (12. März), verkaufen der Prior Bruder Tyl zu Allerheiligental in Mauerbach und der Konvent und Pfarrer Heinrich von St. Lienhart ein Lehen zu Syernich dem bescheidenen Manne Wolfhart von Syernik um einen Dienst von einem

---

[1] Smitmer, Codex Diplom. Austriae Nr. 122/III im Staatsarchiv zu Wien, I. Bd., Nr. 348.
[2] Staatsarchiv inWien, Lichnowsky, Jahrbuch III., Nr. 737.
[3] Staatsarchiv in Wien, Lichnowsky, Jahrbuch III., Nr. 779.
[4] Staatsarchiv in Wien, Pfandschaften; Lichnowsky, Jahrbuch III., Nr. 845.
[5] Abschrift, kollationiert in Wien am 1. März 1764 vom Regierungstaxator im Konsistorialarchiv St. Pölten; vgl. Topographie, V., 779, 780.
[6] Staatsarchiv in Wien, Codex Diplom. der Karthause Gaming, Perg. Nr. 867, I., 72; II., 75.

halben Mut Korn, einer halben Mut Hafer und einem halben Pfund Pfennige zu rechtem Burgrecht.[1]

1342, St. Matthäus des Zwölfboten-Tag (21. September), gaben Hainrich von Czelkingen und seine Frau Anna dem Abte Fridreich von Melch einen Hof in sand Lyenhartspfarr in der Awe pei dem Czincgenhof zu ihrem Seelenheile. Siegler der Aussteller und seine Vettern Otto und Albero von Czelking.[2]

1346, 28. Oktober beurkundet Eberhard der Chappeller, daß Herzog Albrecht von Oesterreich das Gericht, Stock und Galgen zu Peylstein, das er pfandweise innehatte, seiner Stiftung Unser Frauen-Thron in Gaempeikch (Gaming), Karthäuserordens, übergeben habe.[3]

1347, St. Gilgentag (1. September), verkaufen Marichart der Häusler und seine Frau eine Mühle unter dem Hause zu Peylnstein dem Herrn Ulreich, Pfarrer zu St. Linhart in dem Forst, und seinem Gotteshause auf St. Lynhartzaltar zu einem ewigen Lichte. Zeugen: seine Brüder Friedrich und Ott die Häusler, Herr Eberhart von Chappelln, „der czen czeiten gewaltig gewesen ist cze Peylnstain", und sein ehrbarer Ritter, Herr Hainreich der Gawbitz und die Brüder Otto und Ortolf die Smydwech (Schmiedbeck).[4]

1349, 16. Jänner, Wien, gibt Herzog Albrecht II. den Hof am Kaisersberg zwischen Burgstall und Pholsöw (Pfoisau, Pf. Oberndorf) in der Pfarre St. Leonhard, den er von Georg von Matzleindorf und seiner Gemahlin Kathrein gekauft hat, samt der Eigenschaft dem Stifte Gaming.[5]

1350 wurde der Hof zu Leopoltstorf (Loipersdorf bei Mank), ein Eigen von Wilhering und zuletzt der Witwe Wendelmut gehörig, Dietmar, Haugens Sohn, verkauft. Zeugen: Ritter Heinrich der Gaubitz, Landrichter zu Peilstein, und Nikolaus Scharner, Burggraf zu Simbelnchirchen.[6]

1350 verkauft Abt Hermann von Wilhering ein Gut zu Leopoldstorf (Loipersdorf bei Mank) und eines bei Peilstein, beide im Forst gelegen, dem Pfarrer Jans von Stronstorf (OMB).[7]

---

[1] Smitmer, Codex Diplom. Austriae Nr. 122/III im Staatsarchiv zu Wien, II. Bd., Nr. 26.
[2] Stiftsarchiv Melk.
[3] Oberösterr. Urkundenbuch, VI., 565.
[4] Smitmer, Codex Diplom. Austriae Nr. 122/III im Staatsarchiv zu Wien, II. Bd., Nr. 141.
[5] Staatsarchiv in Wien, Codex Diplom. der Karthause Gaming, Perg. Nr. 867, Bl. 49; Lichnowsky, Habsburg, III., Nr. 1498.
[6] Notiz im Stiftsarchiv Seitenstetten, Faszikel Säusenstein.
[7] Notiz im Stiftsarchiv Seitenstetten, Faszikel Säusenstein.

1352, 15. Juni, versetzen die Brüder Konrad und Jans die Viehdorfer eine Hofstätte zu Lostorf ihrem Freunde Spat von Warthausen, Landrichter in Peilstein.[1]

1352, St. Margarethen (20. Juli), gibt Wildunch von Wildungsmauer ein Gut zu Wolfsbach, geheißen an der Brandstatt, in der Pfarre St. Leonhard dem Kloster Gaming für das Gut Wildengraben in der Pfarre Ruprechtshofen.[2]

1353, Ebenweichtag (1. Jänner), verkaufen Fridreich der Chuenratzhaymer und seine Frau Osanna ein Lehen in dem Chreitzpach dem Pfarrer Ulrich von St. Lienhart auf St. Lienhartaltar um 26. Pfd. Wr. Pfen. mit Leichauf. Zeuge ihr Oheim Leb der Schaffenwalder.[3]

1353, Mittwoch nach dem Ostertag (27. März), Gaming, verkaufen Mert der Säfner und seine Frau Kathrei das vom Herzog Albrecht II. von Oesterreich lehenbare Gut in der Säfen an der Wizz in der Pfarre St. Leonhard und das Gut in der Pfarre Scheibbs, worauf Chol im Rewt sitzt, um 36 Pfd. Wr. Pfen. dem Herzog Albrecht für seine Stiftung Gaming.[4]

1353, Sonntag vor Pfingsten (5. Mai), verkauft Chunrat, Sohn des Seifried des alten Schreibers von Scheibs, sein Lehen an dem Scheibseck in der Pfarre St. Leonhard um 19 Pfd. Wr. Pfen. dem Herzog Albrecht von Oesterreich für seine Stiftung Gaming.[5]

1356, Gottsleichnamstag (2. Juni), verkaufen Wendelmut die Rorpechin, Witwe Cholman des Rorpech, und ihre Söhne Achaz und Jans ihr Gut auf der Oed in der Pfarre St. Leonhard, worauf Chunrat der Chnoderl jährlich 17 ß 10 d dient, um 47 Pfd. Wr. Pfen. dem Herzog Albrecht von Oesterreich zu seiner Stiftung Gaming.[6]

1356, St. Jakob (25. Juli), beurkundet Eberhard von Chappeln, daß der Pfarrer Jakob datz Sand Lienhart von des Herrn Chnechts Kindern und Stiefkindern und von seiner Hausfrau Christein die Hofstatt im Urbach gekauft hat. Siegler: Aussteller und Herr Heinrich der Gaubicz.[7]

---

[1] Oberösterr. Urkundenbuch, VII., 287.

[2] Staatsarchiv in Wien, Codex Diplom. der Karthause Gaming, Perg. Nr. 868, II. Bd., 60.

[3] Smitmer, Codex Diplom. Austriae Nr. 122/III im Staatsarchiv zu Wien, II. Bd., Nr. 216.

[4] Staatsarchiv in Wien, Codex Diplom. der Karthause Gaming, Perg. Nr. 868, II. Bd.

[5] Staatsarchiv in Wien, Codex Diplom. der Karthause Gaming, Perg. Nr. 867, I. Bd., 167; II. Bd., 61.

[6] Staatsarchiv in Wien, Codex Diplom. der Karthause Gaming, Perg. Nr. 867, I. Bd., 172; II. Bd., 66.

[7] Smitmer, Codex Diplom. Austriae Nr. 122/III im Staatsarchiv zu Wien, II. Bd., Nr. 252.

1356, St. Leonhardstag (6. November), verkaufen Jakob von Stranestorff und seine Frau Kunegund dem Herrn Jakob, Pfarrer zu St. Lienhart, „ein grunt zwaier chaf aln weit, da man daz wazzer von dez vorgenanten pfarrer mul, gelegen datz Strannsdorf, alz weit und alz lanch mein aygen sind, alle pest auf auz gefuren mag", um 10 ß Wr. Pfen. Zeugen: die ehrbaren Leute Ott des Ausstellers Sweher von Prellenkirchen, Thoman der Reuschel und Albrecht der Syernichel.[1]

1356-58 nannte sich Rudolf IV. von Oesterreich in seinem ganz großen Titel auch Graf von Pilstain.[2]

1358, 29. Jänner, Wien, versetzt Herzog Albrecht von Oesterreich dem Eberhard von Chappell für ein Gelddarlehen Peilstein.[3]

1362, 24. April, verkaufen Ott von Zelking und seine Frau Margret den Chörndelhof in der Pfarre St. Leonhard, der ein lediger Hof ist, ein Holz in dem Leutzpach, das in diesem Hof 15 d Burgrecht dient, und ein Gut an dem Graben in dem Schöwernpach, in der Pfarre St. Leonhard, wie er sie von seinem Oheim Hertneid dem Perborter und zum Teile von seinem Vettern Ulrich von Zelking und dessen Bruder geerbt hat, um 290 Pfd. Wr. Pfen. dem Herzog Rudolf von Oesterreich zu seines Vaters Stiftung in Gaming. Siegler: der Aussteller, sein Vetter Ulrich von Zelking für sich und seine Brüder, welche eigenes Siegel nicht haben; Ott von Zinzendorf und Jans der Häusler von Senffteneck.[4]

1364, 2. Februar, verkaufen Hertel von Püchel und seine Frau Elzbet ihre Hofstätte in dem Staudach und die Sluhtwiesen in der Pfarre St. Leonhard um 19 Pfd. Wr. Pfen. dem Kloster Gaming. Siegler: Jeorig der Häusler und als Zeuge Nicla der Schorner.[5]

1366, 2. Februar, erhielt die Kapelle des hl. Ägydius zu Peilstein von Ruger dem Weichselbecken die Eigenschaft einer Hofstätte zu Schachau bei Ofenbach.[6] - Diese Kapelle bestand beim Schloße Peilstein am Forst und ist aber wie die Burg längst eine Ruine. Etwa ¾ Stunden nordöstlich von St. Leonhard befinden sich auf der Galgenleiten über der Mank die Reste der Burg, niedere Mauern, Graben und Unterbau eines Turmes. (Gem. Pöllendorf, unterhalb das Haus Kobelhalter.)

1366, Freitag in den vier Tagen der Fasten (20. Februar), verkauft Ulrich der Pymizzer das Gut auf der Strazz in der Pfarre

---

[1] Staatsarchiv in Wien, Codex Diplom. der Karthause Gaming, Perg. Nr. 867, II., Nr. 254.
[2] Archiv für österr. Geschichte, 1872, 10; Monatsblatt für Landeskunde, 1926, 34.
[3] Oberösterr. Urkundenbuch, VII., 552.
[4] Staatsarchiv in Wien, Codex Diplom. der Karthause Gaming, Perg. Nr. 867, I., 121; II., 115.
[5] Staatsarchiv in Wien, Codex Diplom. der Karthause Gaming, Perg. Nr. 867, I., 130; II., 126.
[6] Fontes, LI., 552, 714, erwähnt auch 1388.

St. Leonhard, das jährlich 14½ ß dient, und worauf Niclas der Puheler gesessen ist, um 34½ Pfd. Wr. Pfen. dem Kloster Gaming. Siegler: der Aussteller auch für seinen Bruder Martin, der kein Siegel hat, und als Zeuge sein Schwager Chunrat der Pylchsinger, sein Oheim Michael Hacholt und Jeorig der Häusler.[1]

1366, Pfingsttag vor Michaeli (24. September), verkaufen Symon von Wolfpaizzing[2], seine Frau Margret, seine Tochter Katrei und Chunrad der Chappler von Nawenburch[3], sein Aidam, mit Hand des Bergherrn „Jacob, pfarrer dacz sand Lienhart und zu den zeiten amptman dacz Zaizzenmawer", ihr Leibgeding, zwei Weingärten zu Wolfpaizzing, den Gazzenweingarten, ein halbes Joch, und den Püchelweingarten in dem Molerpach, ein Viertel, wovon man dem Bischofe von Pazzaw im Lesen drei Viertel Most Bergrecht gibt, um 15 Pfd. Wr. Pfen. dem ehrbaren Manne Stephan dem Nater, Stadtrichter zu Tulln. Siegler: für die Aussteller, die kein Siegel haben, Pfarrer Jakob von St. Leonhard als Amtmann in Zeiselmauer, der ehrbare Ritter Herr Marichart der Taffsler, Herr Chunrat von Ynpruk und der ehrbare Herr Perichtolt der Schützenmaister von Pochsendorf.[4]

1367, Prechentag (6. Jänner), verkauft Ofmei, Witwe des Hadmar von Wolchkerstorff, das Gut Ritzengrub in der Pfarre St. Leonhard, wovon Heinrich zu Weihnachten 72 d, zu Ostern und Pfingsten je 60 d und zu Michaeli 1 Pfd., auch 2 Faschinghühner dient, um 33 Pfd. Wr. Pfen. dem Kloster Gaming. Für die Ausstellerin, die kein Siegel hat, siegelt ihr Vetter Jeorig der Häusler, als Zeuge Jans der Häusler von Burgstall und Jans der Häusler von Senfteneck.[5]

1368, 11. Juli, vermachen Pfarrer Jakob von Sand Lienhart und sein Bruder Eberhard, Bürger zu Tulln, dem Kloster Mauerbach einen Weingarten in Klosterneuburg.[6]

1369, Unser Frauenabend zu der Chundnuzz (24. März), gibt Chunigund die Blochlerin dem Herrn Jakob, Pfarrer zu St. Leonhard, zwei Äcker am Neusiedel, nachdem sie von ihrem verstorbenen Bruder 32 Pfd. Wr. Pfen. zur Stiftung eines Jahrtages erhalten, die sie aber alle verzehrt hat. Dafür soll der Pfarrer den Jahrestag halten. Siegler:

---

[1] Staatsarchiv in Wien, Codex Diplom. der Karthause Gaming, Perg. Nr. 867, I., 124; II., 119.

[2] Wolfpassing bei Zeiselmauer

[3] Klosterneuburg oder Kornneuburg.

[4] Pixendorf bei Michelhausen. - Originalpergament, das vierte Siegel fehlt; Konsistorialarchiv St. Pölten, Faszikel Tulln; Kerschbaumer, Geschichte der Stadt Tulln, 1874, 340. Der Pfarrer Jakob erscheint in St. Leonhard am Forst von 1355 bis 1372 urkundlich. Topographie, V., 782.

[5] Staatsarchiv in Wien, Codex Diplom. der Karthause Gaming, Perg. Nr. 867, I., 127; II., 133.

[6] Fontes, LIX., 16.

der ehrbare Ritter Ottokcher der Wolfstain, Burggraf zu Peilstain und Okcharcz der Stainberger.[1]

1370, Montag nach Reminiscere (11. März), übergeben Friedrich, Ulrich und Nicola dem Pfarrer Jakob von St. Leonhard ihren Hof zu Winchel, weil sie „demselben ze notig worden" (zu arm geworden). Siegler: Ritter Otacher der Wolfstain, Burggraf zu Peilstein, und Ekhart der Stainberger, Landrichter zu Peilstain.[2]

1370, 1. September, Wien, verkaufen Pfarrer Jakob datz Sand Lienhartt und sein Bruder Eberhart der Beraitter, Bürger zu Tulln, mit Handen des geistlichen Herrn Marichart von Rust, Chorherr und Oberstkellners zu Kloster Neuburg, den Weingarten Prem zu Challenperg, 1½ Joch, um 300 Pfd. Wr. Pfen. Stephan dem Plaintinger.[3]

1372, St. Simeon und Judä-Abend (27. Oktober), beurkunden der Prior Bruder Heinrich und der Konvent von Mauerbach, daß sie dem Pfarrer Jakob von St. Lienhart und seiner Kirche Gülten von 45 Pfd. 80 Wr. Pfen. zur Widerlegung der Gülten, welche die Kirche auf des Klosters Holden gehabt hat, gegeben haben. In dem darüber ausgestellten Briefe sei jedoch der Holde Hainreich an dem Weg in der Edlitz, der 40 d, 15 Käse, 8 Hühner und 1 Gans dient, vergessen worden und geht daher dieser Betrag ab. Daher stellen sie eine neue Urkunde aus, um die Summe von 45 Pfd. 80 Pfen. vollständig zu machen. Siegler: die Aussteller.[4]

1377, 13. Dezember, heißt es, daß Pfarrer Jakob von Sand Lienhart in dem Vorst und sein Bruder Eberhard der Beraitter von Tulln dem Kloster Mauerbach einen von Ihrem Vater Albrecht dem Beraitter von Tulln vermachten Weingarten durch einen anderen ersetzt haben.[5]

1379, 20. März, gaben Heinrich der Werfer und seine Frau Anna ihrem Sohn Thoman, damit er zum Priester geweiht werde, ihr Haus im Burgfried von Sand Linhart unter dem Schirme des Herrn Rudolf von Wallsee. Siegler: Hans der Hager, Burggraf zu Peilstein, und der Ritter Athacher (Ottokar) von Wolfstain.[6]

Um 1390 war die Pfarre St. Leonhard auf 110 Pfd. Pfen. Verleihungstaxen angesetzt.[7]

---

[1] Staatsarchiv in Wien, Smitmer, Codex Diplom. Austriae Nr. 122/III, II. Bd., Nr. 400.

[2] Staatsarchiv in Wien, Smitmer, Codex Diplom. Austriae Nr. 122/III, II. Bd., Nr. 417.

[3] Fontes, X., 429.

[4] Staatsarchiv in Wien, Smitmer, Codex Diplom. Austriae Nr. 122/III, II. Bd., Nr. 432.

[5] Fontes, LIX., 36.

[6] Oberösterr. Urkundenbuch, IX., 596.

[7] Hippolytus, 1863, 147.

1391, Sonntag *Quasi modo geniti* (2. April), Wien, verleiht Herzog Albrecht III. von Oesterreich auf Bitten des Ulrich von Ror und Jörg von Meilestarf einen Hof in der Au in St. Leonharder Pfarre, den vorher Siglach der Punz gehabt und den beide Ulrich dem Scharner von Pottendorf, Meindlein von Walmigk und Gebehard von Hoheneck verkauft haben, diesen drei Käufern.[1]

1392 front (pfändet) Hans der Tanperger dem Pfarrer Niklas von Sand Lienhard am Forst Güter hinter dem Freynhof datz Sand Lienhart, dem Hof am Steg, wo Gebol aufsitzt, und den Hof auf der Steten, den Dietl bewohnt, gelegen in den Pfarren Sand Lienhart und Ruprechtzhofen.[2]

Um jene Zeit wurde die etwa noch romanische Kirche gotisiert, Chor, Turm, Sakristei und Gewölbe der Seitenschiffe fertiggestellt.[3]

1393 front (pfändet) Gregor der Zinzendorfer Gilig dem Wolfstein seine Feste Weichselbach mit Zugehör.[4]

1394, Montag nach Epiphanie (12. Jänner), front Heinrich von Zelking Hans dem Schreiber, Amtmann von St. Lienhard, seine Habe. Im selben Jahr front Gilig von Wolfenstain die Feste Weichselbach, die Höfe zu Swainawe und das Dorf Wolfpaising bei Steinakirchen.[5]

1395 front Jans Weingartner anstatt Giligs des Wolfenstein, der ihm die Klage auf Verlust und Gewinn aufgegeben hat, Niclas dem Pfarrer von St. Leonhard alle seine Zehente und Nutzen seiner Kirche und all sein Habe.[6]

1396 Montag nach Palmsonntag (27. März), Wien, verleihen die Herzoge Wilhelm und Albrecht IV. von Oesterreich dem Richter und den Bürgern zu St. Leonhard am Forst einen freien Jahrmarkt zu St. Johannes zur Sonnenwende mit achttägiger Freiung davor und hernach.[7]

1397, 23. September, Wien, eignet Herzog Albrecht IV. der Karthause Gaming die zwei Höfe am Weinberg in St. Leonhardspfarre und zu Gross in Ruprechtshofer Pfarre, die sie von Heinrich von Czelking und Ulrich dem Bymisser gekauft hat.[8]

1398, 28. Juni, gibt Nutz und Gewähr Herr Niklas Pfarrer „dacz Sand Linhart in dem Vorst", vom Hause des Ulrich Wolfsperger im Heiligenchrewczerhof zu Wien. Keine Taxe wegen Gerichtsspruch.[9]

---

[1] Duellius, Excerpta geneal.-histor. I., 73.
[2] Staatsarchiv in Wien, Kodex Weiß, Nr. 48, Bl. 89.
[3] Riesenhuber, Kirchl. Kunstdenkmäler, 268.
[4] Staatsarchiv in Wien, Kodex Weiß, Nr. 48.
[5] Staatsarchiv in Wien, Kodex Weiß, Nr. 48.
[6] Staatsarchiv in Wien, Kodex Weiß, Nr. 48.
[7] Staatsarchiv in Wien, Kodex Weiß, Nr. 33.
[8] Staatsarchiv in Wien; Lichnowsky, Habsburg, V., Nr. 186.
[9] Quellen zur Gesch. der Stadt Wien, III. Abteil., II. Bd., Nr. 2317.

1403, St. Johannis zu Sonnenwende (24. Juni), verkaufen Thoman Chrayer und seine Frau Dorothea das Gut Chueberg (Kühberg) in der Pfarre St. Leonhard dem Abte Petrus von Säusenstein um 60 Pfd. Wr. Pfen.[1]

1405, St. Gerdrautentag in der Fasten (17. März), berichtigen Christan, Sohn des verstorbenen Otto in dem Mos, und seine Frau Zäzilia bei ihrem gnädigen Herrn Niclas, Pfarrer zu St. Linhart, alle Geldschuld wegen Dienste und Zehente vom Gagelhof. Siegler: Rudolf der Schifer, Pfleger zu Peilstain, und Friedrich . . .[2]

1410, Sonntag vor Georgi (20. April), gibt Gilig Wolfstein dem Pfarrer Niclas von St. Leonhard den Drittelzehent auf dem Madhof, den er von den Herrn von Gaming eingewechselt hat, und den ganzen Zehent auf zwei Hofstätten in dem Vogelsanch, alles in Ruprechtshofer Pfarre, sein nachstes Erbe. Dagegen geben die Herrn von Gaming dem Wolfstainer einen Drittelzehent auf seinen Feldern zu Weichselbach und einigen Hofstätten daselbst. Siegler: der Aussteller, sein lieber Freund Hanns der Steinberger von Wolkerstorf und die ehrbaren Brüder Jorig der Gaubitz und Friedrich der Praunstorfer.[3]

1410, St. Lucastag des hl. Evangelisten (18. Oktober), beurkunden der Prior Bruder Haug und der Konvent zu Mauerbach, daß die Güter und Gülten, welche vorher ihrem Gotteshause gehört hatten, nämlich an dem Newsidel nächst dem Markte St. Lienhart, das der Pfarrer von St. Lienhart innehat, die Güter zu Hohentann, Forichekk, auf der Chalichaw 2 Güter, wovon eines Brey die Grüllin besitzt, am Prukkelhof, datz Micheln zu Rawt, datz Jansen am Gawenperg, alles in St. Lienhartspfarre; dann datz Jansen am Mairhof, im Pompach in Mancher (Manker) Pfarre und ein Gut unter dem Waltsperig in Techinger Pfarre von ihren Vorfahren zur Unser Frauenkapelle in St. Linhartspfarrkirche im Forst, welche beide ihrer Lehenschaft angehören, und dem Kaplane, der die Messe in dieser Kapelle verwest, übergeben wurden. Nun habe der ehrbare Herr Pawl, Kaplan dieses Altars gebeten, ihn darüber eine Beweisung der genannten Güter zu geben, und haben sie sich dieser Güter entäußert und darauf Verzicht geleistet. Siegler: die beiden Aussteller und die Zeugen Herr Hanns, Prior Unser Frauen-Porten zu Aggsbach, und Niklas, Pfarrer zu St. Lenhart.[4]

---

[1] Notiz im Stiftsarchiv Seitenstetten, Faszikel Säusenstein.
[2] Smitmer, Codex Diplom. Austriae Nr. 122/III im Staatsarchiv zu Wien, III. Bd., Nr. 62.
[3] Smitmer, Codex Diplom. Austriae Nr. 122/III im Staatsarchiv zu Wien, III. Bd., Nr. 98.
[4] Smitmer, Codex Diplom. Austriae Nr. 122/III im Staatsarchiv zu Wien, III. Bd., Nr. 92.

1412, 19. November, Göttweig erscheint Pfarrer Stephan Zukcher von St. Leonhard im Forst als Zeuge.[1]

1415, Pfingsttag nach Ostern (4. April), verkaufen Hanns Paltram und seine Frau Kathrei an Herrn Paul, Kaplan der Unser Frauen-Kapelle zu St. Leonhard, die Wiese an dem Newsidl in St. Leonhardspfarre. Siegler: der Aussteller und als Zeuge der edle Herr Hanns der Stainberger von Wolkestorff, Pfleger zu Purkstal.[2]

1415, Samstag nach St. Michael (5. Oktober), verkauft Stephan der Zukcher, Pfarrer zu St. Lienhart im Forst, eine Wiese in der Okchutt, genannt die Pfaffenwisen, dem Prior Haug und dem Konvente von Mauerbach. Siegler: der Aussteller und als Zeugen der edle Hanns der Stainberger, Pfleger in Purkchstal.[3]

Um 1423 belehnt Herzog Albrecht V. Ottakher den Wolffstain mit der Feste Weichselbach, Gericht und Wildbann am Hiersperk bis mitten in die Mankh und in die Melk, dem Hofe zu Peilstain, 2 Hofstätten im Graben, einem Hofe zu Sweinarn samt Mühle und Hofstätten, 3 Hofstätten am Pirchech, 3 Hofstätten zu Poltendorf, einem Hofe in dem Dankharczpach samt Hofstätte, Marchfutter in Newnstatlein, an dem Vetterlehen und Achsenpach, dem Hof zu Kaltenprunn und zwei Teilen Zehent auf dem Hof auf der Straß in St. Lienhartspfarre, zwei Höfen in der Steten in Ruprechtshofer Pfarre, Hof in der Aw und Hoffstätte und einem Gute dacz Hallpawnt mit Zehent.[4]

1424, 24. April, verkauft Otakher der Wolfstain dem Herrn Stephan, Pfarrer zu St. Leonhard in dem Forst, seine freieigenen zwei Höfe, einen Hof in dem Aichbach bei Korndlmair und Stephan zu Lochau und den Verlhof zu Schönbuch, beide in St. Leonharder Pfarre, samt dem Holz auf dem Hiersberg, genannt das Mittereck in derselben Pfarre um 180 Pfd. Wr. Pfen. Siegler: der Aussteller und als Zeuge der edle Lienhart der Stainperger in Wolffpach.[5]

1424, 1. September, gibt Stephan Zukcher, Pfarrer zu St. Lienhart im Forst, in Ansehung seines Alters und der Armut seiner Freunde (Verwandten) seinem Vetter Jans dem Ledrer und dessen Kindern Niklas und Kathrein mit Zustimmung des Priors Jakob und des Konventes von Mauerbach den freieigenen Aichpachhof zu Lochaw in Lienharter Pfarr, wovon er zu Gottsleichnamsaltar auf der Parkürchen (Emporkirche) zu St. Lienhart an ainer Wochenmesse dem Kaplan

---

[1] Fontes, LII., 106, 112, 116.

[2] Smitmer, Codex Diplom. Austriae Nr. 122/III im Staatsarchiv zu Wien, III. Bd., Nr. 142.

[3] Smitmer, Codex Diplom. Austriae Nr. 122/III im Staatsarchiv zu Wien, III. Bd., Nr. 135.

[4] Notizenblatt, 1859, 361.

[5] Smitmer, Codex Diplom. Austriae Nr. 122/III im Staatsarchiv zu Wien, III. Bd., Nr. 200.

Paul bei Unser Frauenaltar in St. Lienhart 3 Pfd. Wr. Pfen. dienen soll und weiters seiner Muhme Kathrein und ihrem Sohne Ganglein den freieigenen Fuolhoff zu Schonpuch in St. Lienharter Pfarre, ausgenommen das Holz Mitterwekchg, wovon zum selben Altar 2 Pfd. Pfen. zu dienen sind. Zeuge: der ehrbare Friderich der Praunstorffer.[1]

1424 kam Pfarrer Thomas Angelpeck von Zistersdorf auf die Pfarre St. Leonhard.[2]

1429, war St. Leonhard auf 24 Pfd. Pfen. Verleihungstaxe angesetzt und Lehen von Stifte Mauerbach.[3]

1432, 2. Jänner, Wien, erlaubt Herzog Albrecht V., daß Barbara, Witwe des Otakher des Wolfstain, die Lehenstücke namens ihres minderjährigen Sohnes Gilig des Wolfstain innehaben kann, bis er selbst die Lehen empfangen kann, nämlich die Festen Weichselpach und Phollsaw mit allen Zugehör.[4]

1434, St. Erasentag (2. Juni), verkauft Elspet die Pluemawerin zu Weiten 3 ß d Geldes, freies Eigen, auf der Hofstätte auf dem obern Pruel in St. Lienharter Pfarre dem ehrbaren, andächtigen Herrn Paul, Kaplan von Unser Frauenaltar zu St. Lienhart im Forst. Siegler: der Edle Mathes der Fleischezz von Streitbisen (Streitwiesen bei Weiten) und als Zeuge der edle Albrecht der Payrsteter.[5]

1435 hatte Herzog Albrecht V. Peilstein bei St. Lienhart für ein Darlehen der Margaret, Witwe das Stephan des Ludmanstorffer, verpfändet.[6]

1437 bezogen die östereichischen Herzoge von Payllenstain 175 Pfd. Einkommen. Das Urbar daselbst mit 90 Pfd. und 52 Mut Getreide war ihnen von den von Walsee ledig geworden.[7]

1439, 28. Mai, verkauft König Albrecht II. Jorg dem Amaws um 3 Pfd. Pfen. eine Fischweide in der Maenk, die jährlich 60 Wr. Pfen. in das Urbar zu Peilstain entrichtet.[8]

1439, St. Cholmanstag (13. Oktober), verkaufen Schwester Welhin, des hl. Geistordens und Meisterin des Gotteshauses zu Pulgarn, und Bruder Hanns der Prior und der ganze Konvent der Herren und Frauen in Pulgarn dem Thoman Angelpechk, Pfarrer zu St. Lienhart im Forst, ihren Zehent am Pachenhoff, in der Fridreichin

---

[1] Smitmer, Codex Diplom. Austriae Nr. 122/III im Staatsarchiv zu Wien, III. Bd., Nr. 195.
[2] Blätter für Landeskunde, 1900, 350.
[3] Schmieder, Matricula, 22.
[4] Notizenblatt, 1859, 285.
[5] Smitmer, Codex Diplom. Austriae Nr. 122/III im Staatsarchiv zu Wien, III. Bd., Nr. 264.
[6] Archivberichte aus Niederösterreich, I., 81.
[7] Chmel, Materialien zur österr. Geschichte, I., 86, 93.
[8] Archivberichte aus Niederösterreich, I., 88.

Hof, in der Hoffstatt dabei an der Sunöd, am Arnolsberg, im Lueglein, im Hergleinstall, in der Perbort, auf Überländen, „dacz dem czers Armbachßenekch". Siegler: der Konvent von Pulgarn und sein Erbvogt Jorig von Liechtenstain zu Nicolspurg.[1]

1442, Sonntag vor Kolomani (7. Oktober), verkaufen Fridreich Toystal und seine Frau Anna dem Herrn Thomann Angelpeckn, Pfarrer von St. Martinskirche (?) zu St. Leonhard in dem Forst, eine Wiese die Sultzpeckchin. Siegler: der edle Peter der Gawbitz und Jorig der Amaws, Landrichter zu Peilstain.[2]

1442 hatte der Pfarrer von St. Leonhard einen Weingarten bei Emmersdorf.[3]

1444, Montag nach Gottsleichnamstag (15. Juni), gibt Jorig Kalberharder zu Stranestorf (Strannersdorf bei Mank) dem ehrsamen Priester Herrn Paul an Unser Frauenkapelle in der Pfarrkirche St. Leonhard im Forst 5 ß Geldes und 2 Faschinghühner auf eine Hofstätte zu Hag in Mankcher Pfarre, ein halbes Pfund Pfennige auf einer Hofstätte zu Sigendorf in Hurber (Hürmer) Pfarre und eine Burgrechtswiese zu Sigendorf für 80 d Geldes auf der Nawenmul bei Kranastorf, auf 3 ß 10 d Geldes, 4 Metzen Hafer, 4 Herbsthühner und 8 d auf einer öden Hofstätte dabei in Manckher Pfarre. Siegler: der Aussteller, der edle Jörg Sawsenegker zu Saß als Burgherr der Wiese und als Zeuge der edle Thoman Cholb.[4]

1446, Freitag vor *Invocavit* in der Fasten (4. März), Wien, entschieden die vom römischen König Friedrich IV. zu Richtern gesetzten Hanns von Stahrenberg und die königlichen Räte, daß Gilig der Wolfstain, welcher trotz Vorladung nicht erschienen, die zwei Holden des Priors von Mauerbach Lienhard am Wasser und Hanns am Friedrichsberg, welche er in des König Landgericht zu St. Lienhard am Forst in Verbot hat legen lassen, ohne Verzug in Freiheit setzen lassen und dem Prior in Mauerbach in 14 Tagen genugtun.[5]

1450, Montag nach St. Jorgentag (27. April), St. Leonhard im Forst, verkauft Erasm Volkrat zwei Teile Zehent zu Rueberstorff in der Pfarre Ruprechtshofen, Lehen vom edlen Herrn Albrecht von Wildungsmaur, dem ehrsamen Maister Thoman Angelpekchen, Pfarrer zu St. Leonhard im Forst. Siegler der Aussteller, Zeugen die edlen Peter

---

[1] Smitmer, Codex Diplom. Austriae Nr. 122/III im Staatsarchiv zu Wien, III. Bd., Nr. 300.

[2] Smitmer, Codex Diplom. Austriae Nr. 122/III im Staatsarchiv zu Wien, III. Bd., Nr. 326.

[3] Geschichtliche Beilagen, XI., 200.

[4] Smitmer, Codex Diplom. Austriae Nr. 122/III im Staatsarchiv zu Wien, III. Bd., Nr. 341.

[5] Staatsarchiv Wien, Karthause Mauerbach, Codex, Nr. 875.

Gawbitz im Dwarichspach (Zwerbach, Pf. Ruprechtshofen) und Hans Paltram, Pfleger zu Weichselpach.[1]

1450, Pfingsttag (24. Mai), macht Albrecht von Wildungsmaur die zwei Teile Zehent zu Rueberstorf in Ruebprechtshover Pfarre, welche der edle Erasm Volkra dem Meister Thoman Angelpech, Lizenziaten der päpstlichen Rechte und Pfarrer zu Sand Lienharten in dem Forst, zur Stiftung eines dritten Gesellen in derselben Pfarre zu Hilfe der seit alters dort befindlichen zwei Gesellen verkauft hat, zu freien Eigen, um für sich und seinen Vorfahren, davon etliche bei denselben Gotteshause begraben sind, des Gebetes daselbst teilhaftig zu werden.[2]

Thomans Angelpekh brachte eine Rechtfertigungsschrift der österreichischen Stände von 1452, welche für den Papst bestimmt war, nach Italien, wo sie in die Hände Kaiser Friedrich III. fiel.[3]

1454 erscheint Angelpekh zugleich als Dechant von Ardagger.[4]

1456, 23. August, verpfändet Wolfgang von Wallsee seinem Bruder Reimprecht für 2.500 Pfd. Pfen. schwarzer Münze die beiden Ämter Altenhofen und Synibalkirchen. Diese Verpfändung von Altenhofen und Sunbalkirchen wurde in Linz am 17. Oktober 1465 in einen Verkauf umgewandelt.[5]

1462 zahlte Johannes Angelpekh, wohl ein Verwandter seines Vorgängers, 44 Kammergoldgulden als Annaten für die Pfarre St. Leonhard am Forst nach Rom.[6]

1463, 4. Jänner, Neustadt, bekennt Pankraz von Plankchenstain, daß ihm Kaiser Friedrich III. für seine Dienste, erlittenen Schaden und Sold und wegen des Baues auf den Schlössern 6.000 ungarische Dukatengulden verschrieben und dafür die beiden Schlösser Freinstein und „Peylnstain, das zuerprochen und öd ist, so er yecz innehat", auf Lebenszeit verschrieben habe. Von seinen Erben können diese Schlösser um obige Summe abgelöst werden.[7]

1472, St. Philipp und Jakob (1. Mai), verkaufen Veit Sneider und seine Frau Elspet dem Mart Vorster und seiner Frau Margareth am Fauelperg „eine Velberschachen under den Steg in Leonharder Pfarre", dienstbar einem Pfarrer daselbst, „darauf den ainen jartag ist mit viertzigk pfenning und sol den albeg begen an dem andern suntag in der

[1] Smitmer, Codex Diplom. Austriae Nr. 122/III im Staatsarchiv zu Wien, III. Bd., Nr. 374..
[2] Smitmer, Codex Diplom. Austriae Nr. 122/III im Staatsarchiv zu Wien, III. Bd., Nr. 378; Topographie, V., 785.
[3] Quellen zur Gesch. der Stadt Wien, I. Abteil., VII. Bd., 310, Nr. 15.324.
[4] Konsistorialarchiv St. Pölten, Faszikel St. Peter in der Au.
[5] Notizenblatt, 1852, 327, 339.
[6] Blätter für Landeskunde, 1891, 130.
[7] Chmel, Regesta Friderici IV., II. Abt., Nr. 3961.

vasten". Siegler der geistliche Herr Jorg Oder, Pfarrer zu St. Leonhard im Forst und zu Ruprechtshoven.[1]

1474, Freitag nach Pauli Bekehrung (28. Jänner), sendet Hanns Kelbersharter für sich und seinen Bruder Wolfgang dem Georg von Zinzendorf zwei Teile Zehent in der St. Leonharder Pfarre und den Hof zu Hambdorf (Handorf, Pfarre St. Leonhard) u.a. auf, welche er mit dessen Einwilligung dem edlen Wenzel Steinberger zu Kälberharts verkauft hat.[2]

1474, 21. November, Wien, wird Georg Öder als Pfarrer von St. Leonhart am Forst genannt.[3]

1476 bestand eine Altarstiftung, die vom Walsee vergeben wurde.[4]

Von 1478 stammt der Taufstein und aus selber Zeit eine Statue des hl. Leonhard.

1482, Mittwoch vor dem hl. Gottsleichnamstag (5. Juni), Melk, verkauft Hanns Kalberschارder von Harnsperkch zwei Teile Zehent, groß und klein, auf dem Grüllennhofe, wo Kaspar Tauffel sitzt, in St. Leonharder Pfarre, dem ehrsamen geistlichen Herrn Gabriel Muttl, Unser Frauen-Kaplan zu St. Leonhard. Siegler der Aussteller und der edle Ulreich Moser.[5]

1485, 1. Jänner, Rom, verlieh Papst Innozenz VIII. die Pfarrkirche St. Leonhard am Forst mit 12 Mark Silber Erträgnis zugleich mit der Pfarrkirche zu Ruprechtshofen dem Wolfgang Zinzendorfer.[6]

Von 1489 stammt eine Biblia in der Pfarrbibliothek, Druck mit handgemalten Initialen.

1495, 17. März, Kloster Mauerbach, präsentierte der Prior Jakob und Konvent des Klosters Mauerbach, Karthäuserordens, dem Bischof Christoph von Passau für die Pfarrkirche *Sancti Leonhardi in Foresto* nach dem Tode des Pfarrers Wolfgang von Zinzendorff den Magister Georg Pörler, Kleriker der Passauer Diözese, und bat, ihn zu investieren.[7] Meister Jörg Pörl von Prukh, Pfarrer zu St. Lienhardt im Vorst, wird 1496 als Zeuge genannt.[8]

---

[1] Smitmer, Codex Diplom. Austriae Nr. 122/III im Staatsarchiv zu Wien, III. Bd., Nr. 510.

[2] Kaltenegger, Collectio chartar. veter., I., Bl. 285; Wißgrill, Schauplatz, V., 66.

[3] Konsistorialarchiv St. Pölten, Faszikel Tulln; siehe Langenrohr.

[4] Schmieder, Matricula, 25.

[5] Smitmer, Codex Diplom. Austriae Nr. 122/III im Staatsarchiv zu Wien, III. Bd., Nr. 544.

[6] Blätter für Landeskunde, 1891, 130.

[7] Originalpergament, das Siegel fehlt, Konsistorialarchiv St. Pölten.

[8] Smitmer, Codex Diplom. Austriae Nr. 122/III im Staatsarchiv zu Wien, III. Bd., Nr. 581.

1495, 25. März, Rom, verlieh Papst Alexander VI. die Pfarrkirche dem Engelbert Eckhl, Kleriker der Mainzer Diözese.[1]

1495, 11. Juli, verzichtet Eckhl auf die Pfarre zu Gunsten des Würzburger Klerikers Vitus, der dem Augsburger Kleriker Sigismund Venitzer von der Pfarre jährlich 22 Goldgulden rhein. hinauszahlen mußte.[2]

Das Gewölbe des Mittelschiffs, der Musikchor und drei Seitenkapellen sind spätgotisch.[3]

1508, 6. April, erschient im Nekrolog von Klosterneuburg Valentin, Kaplan von St. Leonhard (am Forst?).[4]

1511, 26. Dezember, erscheint als Siegler einer Urkunde Hans Virtus, Dechant zu Kirnberg und Pfarrer zu Sand Leonard im Forst.[5]

1522, 19. Jänner, starb Magister Sixtus Kamer, Benefiziat in St. Leonhard.[6]

1530 wurde die Kirche St. Leonhard am Forst als von den Türken verwüstet von der Türkensteuer befreit. Das Kloster Mauerbach mußte von dieser Pfarre 30 Pfd. zur Erhaltung der Universität in Wien beitragen.[7]

1537, 8. März, verkaufen die Brüder Hanns und Jakob Kraußpacher einen halben Teil der behausten Gülten in Krauspach in der Pfarre Ruprechtshofen, dem Pfarrer von St. Lienhart im Forst dienstbar, Erbe von ihrer Mutter Barbara, ihrem Vater Stephan im Kraußpach und seiner zweiten Hausfrau Regina, ihrer Steufmuetter. Siegler: der Grundherr Lienhardt Valdner, Pfarrer zu St. Lienhart am Forst.[8]

1541, 2. Juli, trug die Hofkammer dem Kloster Säusenstein auf, die Fischweide zu Sinibelkirchen, die von den Wallseern herstammt, in 6 Wochen und 3 Tagen dem Landesfürsten abzutreten.[9]

Dreiviertelstunden nordöstlich von St. Leonhard liegt in der Ortsgemeinde Pöllendorf das Peilensteinerhaus, welches ebenso wie ein benachbartes Bauernhaus aus dem Gesteine des Sitzes der Grafen von Peilstein erbaut wurde. Von der alten Burg sind nur mehr Gewölbe,

---

1 Blätter für Landeskunde, 1891, 130.
2 Blätter für Landeskunde, 1891, 130.
3 Riesenhuber, Kirchl. Kunstdenkmäler, 268.
4 Mon. Germ. Hist. Necrolog., V., 24.
5 Smitmer, Codex Diplom. Austriae Nr. 122/III im Staatsarchiv zu Wien, III. Bd., Nr. 8, siehe bei Kirnberg
6 Fontes, XXI., 460.
7 Wiedemann, I., 71, 74.
8 Smitmer, Codex Diplom. Austriae Nr. 122/III im Staatsarchiv zu Wien, III. Bd., Nr. 103.
9 Reichsfinanzarchiv Wien, Codex 55, Bl. 421-424.

Reste eines Turmes und eine tiefe Grube, die „Lucke" genannt, vorhanden, die auf einer Höhe über der „Klause" sich befinden.[1]

1545 kommt die Tümlingmühle am rechten Ufer der Melk gegenüber von Anzenberg unter dem Namen Ainrawgkhmüll, später als Eineggmühle und Mühle am Hiersberg, heute auch Diamlindmühle.[2] Eine bewaldete Anhöhe über dieser Mühle trägt die Grundfesten eines kleinen Edelhofs. In diese Gegend verlegt eine Karte von 1697[3] den Ort Dippelstain, der sonst gänzlich unbekannt ist.

1566 schuldete der Prälat von Aggsbach dem Pfarrer Mart (Martin) Altmann von St. Leonhard am Forst 100fl.[4]

Um 1573 erhob Martin Altmann, Pfarrer von St. Leonhard am Forst, eine Ehescheidungsklage beim Offizial.[5]

1575, 25. März, Gaming, verleihen Prior und Konvent von Gaming dem Martin Altmann, Priester, der freien Künste und Philosophie *Baccalaureus* und Rektor der Kirche St. Leonhard am Forst, auch die Pfarre Ruprechtshofen.[6]

1578, 26. März, verkauft Ernst Graf von Ortenburg die Feste und Grafschaft Peillnstein mit Markt St. Leonhard am Forst und Zugehör dem Volkhard von Auersperg. Wolf Matthias von Auersperg bestimmte am 8. Jänner 1676 die Herrschaft Peillenstein samt St. Leonhard zu einem Fideikommisse. Er starb am 24. Mai 1578 ohne Kinder und wurde zu Purgstall beigesetzt.[7]

Um 1584 hatte die Pfarre St. Leonhard 7 Holden, nämlich 3 in Hohentann, 2 in Zerbach und je einen in Groß-Sierning und Paulanten. Das Stift Mauerbach hatte Untertanen (Zahl nicht angegeben) im Markte St. Leonhard und 60 eigene und 9 Vogtholden im Forstamte. Zur Herrschaft Großweichselbach gehörten 24 Holden in St. Leonhard am Forst.[8]

1588, 7. September, verleiht Hanns Wilhelm, Herr von Losenstein und Schallaburg, kaiserlicher Rat und Verordneter der gemeinen Landschaft in Oesterreich unter der Enns, dem Martin Altmann, Pfarrer zu St. Lienhart und Ruprechtshofen und Inhaber des Stiftes St. Andrä-

---

[1] J. Auster, Die Peilsteiner. St. Pölten.
[2] Keiblingers Handschriften im Stifte Melk.
[3] Siehe Petschan-Ortmayr, Sagen aus dem Nibelungengau, 6; und auch Weißkern, Topographie, I., 113.
[4] Visitationsbericht in Keiblingers Handschriften im Stifte Melk.
[5] Wiedemann, V., 514.
[6] Smitmer, Codex Diplom. Austriae Nr. 122/III im Staatsarchiv zu Wien, IV. Bd., Nr. 173.
[7] Wißgrill, Schauplatz, I., 265, 267.
[8] Schloßarchiv Ottenstein.

altares zu Ruprechtshofen, drei Tagwerke Wiesmahd in Raschelaa bei Mannckh, Burgrecht zum Schloße Schallaburg.[1]

Rückwärts vom Hochaltar befindet sich in der Kirche der große Grabstein mit der Inschrift: *Anno 15. . venerabilis, nobilis ac doctus vir Martinus Altmann, plebanus ad St. Leonhardum hic Christum exspectat*... Vor dem Kreuze kniet der Priester mit Schlüssel und Rosenkranz. Schriftband: *Jheso Christo vela committo.* Das Wappen zeigt einen geharnischten Ritter, dessen linke Hand die Mondsichel emporhält. - Am Plafond des alten Hafnerhauses stehen die Worte: Martinus Altman, Baccal. Wien. Pfarrherr zu S. Leonhart im Forst und Ruprechtshoven 1577. Er war katholischer Priester, hatte aber einen Sohn, den Kaiser Maximilian II. legitimierte, und erscheint bis 1589 urkundlich. Sein Porträt ist im Pfarrhofe vorhanden.[2]

1592, 25. Oktober, Ruprechtshofen, stellte Christian Navarch von Schliengen, bestätigter Pfarrer zu St. Leonhard am Forst und Ruprechtshofen, einen Lehensbrief aus.[3]

1595, 15. Dezember, Wien, im Seitzerhofe des Klosters Mauerbach, verleihen Prior Sebastian und der Konvent von Mauerbach die durch den Tod des Jakob Cuno, Mag. der Künste und Philosophie und Chorherr zu Wien, erledigte Pfarre St. Leonhard und das Benefizium der seligsten Jungfrau daselbst dem Adam Latomus, Dr. der Theologie, und gestatten ihm, *cumque in aliis ecclesiae negotiis majore et uberiore cum fructu occuparis* diese Pfarre durch einen anderen verständigen und ausreichenden Priester versehen zu lassen.[4]

1597 nehmen die aufständigen Bauern aus dem Schlosse Weichselbach ein Stückhl (Kanone) weg, stellten sie aber vor dem 24. Februar den städtischen Kommissären in Pöchlarn zurück.[5]

1608 lockte der Prädikant zu Weichselbach die Untertanen des Stiftes Melk an sich.[6]

1615 kamen Leute aus St. Leonhard zu den Predigten des lutherischen Prädikanten an der Schloßkapelle in Purgstall.[7]

---

[1] Smitmer, Codex Diplom. Austriae Nr. 122/III im Staatsarchiv zu Wien, IV. Bd., Nr. 196.

[2] Topographie, V., 787; Wiedemann, IV., 260.

[3] Smitmer, Codex Diplom. Austriae Nr. 122/III im Staatsarchiv zu Wien, IV. Bd., Nr. 209; Siehe bei Ruprechtshofen.

[4] Staatsarchiv Wien, über Kirnberg aus dem Archiv der Dompropstei in Wien, von Smitmer.

[5] Haselbach, Der Niederösterr. Bauernkrieg, Urkunden, 76.

[6] Niederösterreichisches Prälatenstandsarchiv in Wien.

[7] Wiedemann, IV., 192.

96. St. Leonhard am Wald[1]

1435, 21. April, Wien, vereinbart Bischof Nikodem von Freising mit dem Pfarrer Nikolaus Pluemb von Neuhofen: der Zechmeister zu St. Leonhardt soll zu St. Philipp und Jakob (1. Mai), am Sonntag nach Bartholomäus (nach dem 24. August), am St. Michaelstag (29. September) und St. Leonhardstag (6. November) den Gesellen von Neuhofen vom ungeteilten Sammelgeld 24 d, dem Mesner 2 d, den fremden Priestern, welche mit dem Kreuze dahin kommen, und dort nicht essen, 12 d und ihren Mesnern 2 d, den Priestern, welche dort essen, 6 d geben; vom übrigen bekommt der Pfarrer ein Drittel, die Kirche zwei Drittel, ausgenommen Wachs und Eisen, welche dem Gotteshaus allein gehören. Von Neuhofen aus wurde hier 12mal im Jahr die Messe gelesen.[2] - Damals bestand bereits die hiesige Kirche und wurde von Prozessionen besucht, die Geld, Wachs und Eisen (wohl Figuren und Ketten) opferten.

1443, Samstag nach St. Luzia der Jungfrau (14. Dezember), beurkundet Johannes, *episcopus Vittricensis*, Weihbischof des Bischofs Leonhard von Passau, daß er die Kirche *sancti Michaelis archangeli* in Hartpuchel mit ihrem Hauptaltare und zwei Seitenaltären, die im Süden zum hl. Leonhard und die im Norden zum hl. Erhard, von Neuem konsekriert und den Tag der Kirchweihe auf den Sonntag vor Jakobi angesetzt habe. Er verleiht allen jenen, welche in dieser Kirche Messen lesen oder anhören, die Reliquien andächtig besuchen und Spenden zur Kirche geben, für eine Reihe von Festen 40 Tage Ablaß der schweren und 80 Tage der leichten Sündenstrafen. Unterschrift Andreaskreuz, darin eingeschrieben: *pleblanus in Weytra*. Siegel rund, aus rotem Wachs, beschädigt, Unterschrift: *sigill . . nis episcopi Vitricen . . .* Unter Baldachin Maria mit Kranz und Kind, darunter kleiner Schild, Petrus mit Schlüssel, Paulus mit Schwert; unter Maria Schild mit zwei gekreuzten Schlüsseln.[3]

Der Konsekrator der Kirche Bischof Johann Gasthauser erscheint auch 1444 als Pfarrer von Weitra.[4] Dem hl. Leonhard war ursprünglich nur der südliche Seitenaltar geweiht, aber dieser als Weihepatron beim Landvolke beliebte Heilige verdrängte das Patrozinium des hl. Michael und auch den Ortsnamen Hartbichl, der heute für zwei

---

[1] Topographie, V., 315-316.

[2] Urkundenverzeichnis von 1687 im Schloßarchiv Greinburg K(irchen) A(kten) 5, siehe unter Neuhofen.

[3] Originalpergament mit Siegel im Stiftsarchiv Seitenstetten, Rückaufschrift: Dotationsbrief nach St. Leonhard.

[4] Geschichtliche Beilagen, VI., 412.

benachbarte Häuser, Groß- und Klein Hartbichl in Gebrauch ist. Der Bau der spätgotischen Kirche stammt aus dieser Zeit.[1]

1495, 15. September, vermachte Peter Kramer, Bürger von Zwettl, Beträge an verschiedene Wallfahrtsorte, darunter auch Sonntagberg und zu „Sand Lienhart", wo der Eisenhaufen liegt.[2] Welcher Ort da gemeint ist, kann nicht gesagt werden. - Sollten unter dem Eisenhaufen vielleicht die hl. Fesseln zu verstehen sein, eiserne Ketten, die man noch im 18. Jahrhundert Geisteskranken anlegte, damit sie die Gesundheit wiedererlangen?[3]

1683 beginnen die vorhandenen Kirchenrechnungen.[4]

1753 wurde wegen Errichtung eines Vikariates bei dieser Filiale von Neuhofen verhandelt.

1778 kam das Vikariat wirklich zustande.[5]

1829 erbaute Mathias Wagner in Ober-Harreith eine Kapelle.[6]

97. Lilienfeld[7]

Vor dem 1202 gestifteten Kloster wurde 1219 die St. Magdalenakirche erbaut, die bis 1790 als Pfarrkirche diente und dann abgebrochen wurde.[8]

In der Mitte des Presbyteriums erhebt sich eine Tumba aus schwarzen Lilienfelder Marmor, welche unter Abt Chrysostomus Wieser 1739 bis 1745 fertiggestellt wurde und die Überreste des Stifters dieses Kloster Herzog Leopold VI. von Österreich, gestorben in San Germano am 28. Juli 1230 enthält. Die Inschrift lautet: *Parenti optimo, serenissimo principi Leopoldo glorioso, Austriae et Stiriae duci, Babenbergicorum penultimo, domus huius anno MCCI fundatori clementissimo.*[9]

---

[1] Riesenhuber, Kirchl. Kunstdenkmäler, 269.

[2] Uhlirz, Archiv der Stadt Zwettl, 1895, 24.

[3] Topographie, V., 792.

[4] Schloßarchiv Greinburg K. A. XI.

[5] Konstistorialarchiv St. Pölten

[6] Schweickhardt, Darstellung von Niederösterreich, XI., 153.

[7] Topographie, V., 843-995; Geschichtliche Beilagen, II., 471-476; Winter, Niederösterr. Weistümer, III., 298-319; Mon. Germ. Hist. Necrolog., V., 367-427.

[8] Geschichtliche Beilagen, II., 471, 474.

[9] Das ursrprünglich bestandene viereckige Denkmal mit gotischen Kleeblattbögen an den Seitenwänden ist abgebildet in Herrgott, Monumenta Domus Austriae, Beil., IV., II.

Um 1230 wurde dieser bedeutendste Kirchenbau Österreichs aus romanischer Zeit vollendet. Etwas später in drei Abschnitten der Kreuzgang mit Kapitelhaus, auch eine Halle südlich davon. Aus dem 13. Jahrhundert stammt auch die Ecce Homo-Halbfigur über dem Portale zum Kapitelbau.

1244, 23. Mai, Golling, schenkt Erzbischof Eberhard II. von Salzburg zum Seelenheile des verstorbenen Herzog Leopold VI. von Oesterreich dem Kloster Lilienfeld jährlich 2 Pfund nackten Salzes, aus dem Amt Hallein zu Christi Himmelfahrt auszufolgen.[1]

1252 verkaufen die Brüder von Prant Güter an Lilienfeld. Zeuge: Chunrad Lekin, Ritter.[2]

1257, 9. Mai, Neustadt, stellt Otakar von Böhmen eine Bestätigung für Lilienfeld aus. Dabei wird auch genannt Ulrich von Viehhofen.[3]

1260 zahlte Lilienfeld als Steuer nach Rom 3 Mark Silber.[4]

Um 1260 heißt es: in der Pfarre Traisen liegt das Kloster Lilienvelde.[5] - Aus diesen Beweisen erhellt, daß damals die Kirche St. Johann Baptist Traisen Pfarrkirche war, von welcher die Pfarrechte später auf die Magdalenenkirche in Lilienfeld im zweiten Stiftshofe und 1790 auf die Stiftskirche übertragen wurden.

Ein Bibliotheksverzeichnis aus dem 13. Jahrhundert führt 68 Bände an, Ritualbücher und Kirchenschriftsteller.[6]

Für die Tochter des Herzog Leopold VI., Margareta, bestand ehemals ein Monument, pultartig, am Pfeiler hinter der Session beim Chorumgang.[7] Heute erinnert an sie eine von Abt Ladislaus Pyrker (1812-1819) angebrachte Inschrift in Majuskelbuchstaben: *Anno Domini MCCL XVII°, V°Kalendas Novembris (28. Oktober 1267) o(biit) D(omi)na Margareta, quondam Romanorum ac Bohemorum gloriosa regina, filia fundatoris nostri et hic sepulta est.*[8]

---

[1] Hauthaler, Salzburger Urkundenbuch, III., 590.
[2] Stiftsarchiv Lilienfeld.
[3] Stiftsarchiv Lilienfeld.
[4] Oberösterr. Urkundenbuch I., 501.
[5] Monumenta Boica, XXVIII., II., 481.
[6] Mittelalterl. Bibliothekskataloge, I., 122, 126.
[7] Abbildung bei Herrgott, a.a.O.
[8] P. Ambros Becziczka, Histor.-typogr. Darstellung von Lilienfeld, 303. Dazu sei bemerkt, daß der Todestag unrichtig angegeben ist; denn nach neueren Ausführungen starb Königin Margarethe von Böhmen in Krumau am Kamp am 29. Oktober 1266. Dr. Oskar Freiherr von Mitis, Studien zum älteren österr. Urkundenwesen, 1912, 426.

1268 entscheidet das königliche Landgericht zwischen dem Stifte Lilienfeld und den Herren von Lilienveld. Zeuge: Chunrad von Zekkinge.[1]

1269, 11. Februar, war Abt Perchtold in Altmelon.[2]

1279 stellt Papst Nikolaus III. den Abt Philipp von den Schotten in Wien als Schiedsrichter zwischen den Klöstern Lilienfeld und St. Pölten auf. Doch kam vorher ein Vergleich zustande.[3]

1296, 8. September, gab Pfarrer Reinhard von Kilb 3 Pfund zur Anschaffung von Glasfenstern an der Kapelle vor dem Tore (Magdalenenkirche) in Lilienfeld.[4]

1299, 23. Februar, Wien, beurkundet Hermann, Marschall von Landenberg, daß er im Namen des Königs Albrecht dem Abte Albrecht und dem Konvente von *Campililiorum* (Lilienfeld) eine Reihe von wichtigen Privilegien zur Aufbewahrung übergeben habe, bis sie König Rudolf von ihnen begehren würde.[5]

1299, Sand Pölten, verzichtet Leutold von Egelse, Bürger zu St. Pölten, auf die mit Unrecht beanspruchte Mühle in Stei(n)bach und andere Güter zugunsten des Stiftes Lilienfeld.[6]

Ende des 13. Jahrhunderts wurde die Caesariuskapelle (jetzt Taufkapelle) an das Nordschiff der Kirche angebaut.

1304, 17. Juli, St. Pölten, verspricht Wichard von Topel, die Vogtei zu Lilienfeld zu verwalten. Unterschrieben Propst Eckard Ypolitanus und Stephan, Diakon und Rector in Dürniz.[7]

1307, Ebenweichtag (1. Jänner), gab die verwitwete Gisela, Tochter des Gottschalk und der Gertrud von Neitperg, 2 Pfund Gülten in Sirnich, die er von Dietrich Heusler gekauft hat für ein Begräbnis nach Lilienfeld. Sie starb am 7. Februar eines unbekannten Jahres.[8]

1311 verfaßte Abt Ulrich von Lilienfeld eine *Concordantia charitatis evangeliorum*.[9]

1319, 31. Dezember, Wien, versprechen Abt und Konvent von Lilienfeld dem König Friedrich, der ihnen 50 Mark lötigen Silbers

---

[1] Stiftsarchiv Lilienfeld.
[2] Geschichtliche Beilagen, XI., 471.
[3] Stiftsarchiv Lilienfeld, vgl. Niederösterr. Urkundenbuch, I., 138.
[4] Topographie, V., 865; Fontes, LI., 217.
[5] Lichnowsky, Habsburg, II., CCXCVI. In einer Urkunde ohne Ort und Datum bestätigt der Marschall die Rückgabe der Privilegien. Nr. 259.
[6] Stiftsarchiv Lilienfeld.
[7] Stiftsarchiv Lilienfeld.
[8] Stiftsarchiv Lilienfeld.
[9] Urkunde in der Hofbibliothek in Wien, nach Regest des Johann Georg Schwandner, I., 549.

gegeben hat, eine tägliche Messe und nach seinem Tode einen Jahrtag zu halten.[1]

1328, 24. April vermacht Königin Elisabeth, Gemahlin Friedrichs des Schönen (und Schwester der Königin Agnes von Ungarn), nach Lienveld 4 Pfund, „auch umb ain mal, daz man in geben schol, swen sie unser piuild begaent."[2]

Aus der folgenden Zeit besitzt dieses Kloster in der Kirche und im Kreuzgange eine große Anzahl alter und interessanter Grabsteine. Südwestecke des Kreuzganges eine Platte (2,60 x 1,26m) mit Randschrift in gotischer Majuskel: *Anno M.CCC.XXVII. Id(ibus) Marcii.* (15. März) *obiit dominus Gotschalcus de Nevtperch baro Stirie humatus et hic cum progenie et uxore sua Alhaid, filia domini Heinrici Canis de Potendorf*[3] *quae post eom anno VI° octava Augusti* (8. August 1333) *o(biit).* Zwei Wappen : a) laufender Hund, b) quergeteilt, unteres Feld schräg gegittert, oben wachsender Löwe, Topfhelm mit Auerhörnern, daran je vier Fähnlein.[4]

Aus jener Zeit stammt ein frühgotische Halle über dem „Kremser Keller".

Nördliche Halle des Kreuzganges rotmarmorne Platte (1,59 x 0,63 m) mit Randschrift in gotischen schönen Majuskeln: ✠ *Anno domini M CCC XXXIII XI K(a)l(endas) Nov(embris)* (22. Oktober 1333) *o(biit) Domino Porchardus pl(eba)n(u)s de Witzleinsdorf.*[5]

Im Mittelschiff der Kirche eine Platte mit Randschrift in Majuskeln: *Anno domini M CCC XXXIV IV Idus Decembris* (10. Dezember 1334) *obiit Domina Sophia de Vreyberch, uxor Domini Ortolfi de St. Vito.* Diese Wohltäterin des Klosters stammte aus Kärnten.[6]

1337, „an sand Peterstag, so der per von lueg get" (Petri Stuhlfeier, 22. Februar) verkaufen Rudolf der Edlitz, seine Frau Perht und sein Sohn Gottfried dem Kloster Lilienfeld um 6 Pfd. Wr. Pfen. eine Gülte von 75 d und 2 Hühner auf einem Vierteil der Mittermül. Siegler: Volchwein der Pömer und Fridreich von Weinsperg, der in der Edlitz sitzet.[7]

Im Chore der Kirche Grabstätte des Bischofs Konrad IV. von Klingenberg von Freising, gestorben 1340. Doch ein Grabstein nicht

---

[1] Staatsarchiv Wien; Lichnovsky, Habsburg, III., Nr. 519.
[2] Oberösterr. Urkundenbuch, V., 507.
[3] Blätter für Landeskunde 1874, 125.
[4] Ein Gottschalk von Neitperg bestellte schon 1251 eine Grabstätte im Kapitel zu Lilienfeld. Topographie, V., 879, 928.
[5] Witzelsdorf bei Eckartsau, wo Lilienfeld bis 1732 begütert war. Die Pfarre wurde 1349 dem Stifte einverleibt. Topographie, V., 879, 928.
[6] Hanthaler, Recensus, III.
[7] Staatsarchiv in Wien, Codex Diplom. der Karthause Gaming, Nr. 868, II. Bd., 540.

erkennbar.[1] Vielleicht erinnert an ihn die große Platte in der Südostecke des Kreuzganges (2,27 x 1,08 m) ohne Schrift, nur gotischer Hirtenstab und eine denselben fassende Hand. Bischof Konrad wohnte seit 1335 im Schloß Ulmerfeld, wo er[2] 1337 starb. Das Stift Lilienfeld errichtete 1342 zu seinem Grabe eine Stiftung für ein ewiges Licht und einen Jahrtag.[3]

In der nördlichen Halle des Kreuzganges eine rotmarmorne Platte (2,13 x 1,04 m) mit der Randschrift in Majuskeln: ✠ *Anno domini M CCC XL III Id(us) Junii* (11. Juni 1340) *o(biit). Elizabet uxor Nicolay de Nova Civit(ate).*

Im Mittelschiff der Stiftskirche am Boden unter dem Musikchor eine Platte (2,60 x 1,48) mit der Majuskelschrift am Rand: *Anno domini M CCC XLI II Idus Februarii* (12. Februar 1341) *o(biit) Hermann d(e) Nuernberga.* Im Wappen eine stilisierte Lilie.[4]

Am Boden des nördlichen Querschiffes ein roter Marmor (2,04 x 0,86 m) mit sehr schönen Majuskeln am Rande: ✠ *Anno domini M CCC XL XVI K(a)l(endas) Nov(embris)* (17. Oktober 1341) *o(biit) d(omi)nus Otto Pleban(us) in P(er)ichtoltsdorf.*[5]

In der nördlichen Halle des Kreuzganges eine Platte aus rotem Marmor (1,83 x 0,86 m) mit Majuskeln am Rande: *Anno domini M CCC XLIII III Id(us)* (11. Juni 1343) *o(biit) d(omi)nus Chonr(adus) d(e) Gruning ca(no)nicus Mosp(ur)gens(is).*[6]

1339, 21. März, Wien, bestimmt der Münzmeister Dietrich der Urbetsch, wenn seine Stiftung bei St. Stephan nicht zustande kommt, 4 Pfd Geldes nach Lilienfeld zu einem Seelgerät.[7]

1345 ließ Abt Ulrich von Lilienfed eine *Biblia pauperum* anlegen.[8]

1347, 29. Juni, Wien, bestimmt der Bürger Wilhelm bei dem Brunnen, sein Leichnam solle im Kloster Lilienvelde vor St. Bartholomäusaltar bestattet und mit demselben sein bestes Roß, sein Harnisch, zwei Gulden Tuch und ein halber Zentner Wachs ins Kloster geführt werden.[9]

In der Mitte der Kirche vor dem Presbyterium eine Platte (2,47 x 1,18 m) mit folgender Majuskelschrift am Rande: *Gundakar sacerdos filius d(omi)ni Nicolai de Ternberch dedit p(ro) consolacione*

---

[1] Topographie, V., 849.
[2] Wie Hund, Metropolis Salisburgensis, Ingolstadt 1582, 45 angibt.
[3] Fontes, XXXV., 280.
[4] Hermann der Nürnberger von Wien, Onkel des nachmaligen Abtes Ulrich, stiftete sich 1339 hier ein Grab mit Jahrtag. Topographie, V., 876, 878.
[5] Perchtoldsdorf bei Wien.
[6] Das Chorherrenstift Moosburg in Bayern bei Freising.
[7] Jahrbuch der Kunstsammlungen des ah. Kaiserhauses, XVI., Nr. 12, 687.
[8] Jahrbuch der Zentralkommission für Kunst- und Histor. Denkmale, I., 27.
[9] Jahrbuch der Kunstsammlungen des ah. Kaiserhauses, XVI., Nr.12, 695.

n(ost)ra in Phaffsteten uineam dictam Hegenl(er) o(biit) anno d(omi)ni. M CCC . . .[1]

Nach 1351 verfaßte der zurückgetretene Abt Ulrich ein Verzeichnis von über 200 Büchern der Bibliothek.[2]

In der nördlichen Halle des Kreuzganges eine Tafel aus rotem Marmor (1,83 x 0,70 m) mit der Randschrift in gotischen Minuskeln: ✠ *Anno domini M CCC LV* (1355) *in die b(ea)te Potentiane v(ir)g(in)is obiit pie memorie c(larus) m(a)g(iste)r Joh(ann)es Corona clericorum sacre theologie professor eximios.* Im Mittelfelde die Priestergestalt mit dem Ornat eingraviert; auf dem Buche: *memorare novissima toa.* - Dieser Johannes „Pfaffenkron" ist der Verfasser eines *Compendium theologicae veritatis.* Das Denkmal ließ Abt Gerlach (1351-1358) besorgen.[3]

Im nördlichen Seitenschiffe Bruchstück einer Grabplatte mit Majuskelschrift am Rande: *Gebhard(us) sacerdos.* - Zwei Klosterbrüder, Gebhard und Michael machten 1355 eine Stiftung zu Lilienfeld. Sie scheinen jedoch keine Priester gewesen zu sein.[4]

1384, 23. April, schloß das Kloster Lilienfeld mit anderen Klöstern einen Vertrag mit den Schiffherrn zu Lauffen wegen Herabflötzen ihres Salzes von Salzburg.[5]

Um 1390 war das Kloster *Campililiorum* auf 8 Mark taxiert.[6]

1395 befreit Herzog Albrecht III. die Fischweide von Lilienfeld beim Hofe in Hart vom Lehenzins.[7]

Im Mittelschiff der Kirche eine Platte (2,18 x 1,08 m) mit Randschrift: ✠ *Hye leit her Hans von Felbendorf.* Eingraviert ein Wappen mit zwei konzentrischen Ringen. - Hans der Pellendorfer verkaufte 1398 Güter an Lilienfeld.[8]

1402, 13. Dezember, überließ Fr. Walter bei Zurücklegung des Priorates seinem Nachfolger 25 Bücher.[9]

1408 wurde das Kloster von den Böhmen unter Sokol und bald darauf von Johann von Hohenberg geplündert. Dabei wurde die Büchersammlung nicht zerstört.[10]

---

[1] Gundaker war Pfarrer in Kirchberg an der Pielach und stiftete den Weingarten Hegenler 1348 nach Lilienfeld. Topographie, V., 878.
[2] Mittelalterl. Bibliothekskataloge, I., 122, 128.
[3] Topographie, V., 880. P. Ambros Becziczka, Histor.-Topographische Darstellung von Lilienfeld.
[4] Topographie, V., 880.
[5] Fontes, XVI., 358-362.
[6] Hippolytus, 1863, 161.
[7] Stiftsarchiv Lilienfeld.
[8] Topographie, V., 884.
[9] Mittelalterl. Bibliothekskataloge, I., 122.
[10] Mittelalterl. Bibliothekskataloge, I., 123.

1429 sollte das Kloster *Campililiorum* zum Hussitenkriege als Steuer 600 Pfd. Pf. erlegen.[1]

Damals wurde die Gruftanlage unter der Josefikapelle vollendet.

An einem südlichen Pfeiler des Chorumganges der Kirche eine kleine Marmortafel, gesetzt von Abt Ladislaus Pyrker (1812-1819), mit der Inschrift: *Anno 1429 obiit illustris principessa et domina Zymburga nata de Mazovia, quondam serenissimi principis domini Ernesti archiducis Austriae ect. relicta et hic sepulta in tumulo fundatoris nostri.* Cimburga von Masovien, die Gemahlin Ernst des Eisernen und Großmutter Kaiser Maximilians I., war in Türnitz gestorben.[2]

1444 rekonziliiert Weihbischof Johann von Passau die Kloster- und die Magdalenenkirche.[3]

Im Mittelschiff der Kirche eine Tafel mit eingelassenen gleichnamigen Bronzekreuzen: *Hie leit Niklas Teim von Khlosterneuburg. Anno Domini M CCCC XXXXVI* (1446).

In der Kirche an der Südseite des Chorumganges vor dem St. Johann Baptist-Altar am Boden eine rote Marmorplatte (2 x 1,13 m) mit Randschrift: *Hic est sepulta Anna Ladndorfferin civissa de Wienna domina mater fratris Osbaldi anno do(mi)ni MCCCCL* (1450). In der Mitte ein gotisches Kreuz eingraviert.[4]

Am Boden des Kapitelsaales eine rotmarmorne Platte (2,48 x 1,30 m) mit Randschrift: * *als man zalt von Kristi gepurd XIIII und ym LVIII* (1458) *jar an sontag nach sand Jorgentag* (30. April) *starb der Edl herr her Fridreich herr zu Hohenberg dem Got genad.* Relief des Ritters, dessen Haupt auf dem steirischen Panther ruht. Wappen: a) steirischer Panther; b) Tiroler Adler. Die Brust Friedrichs von Hohenberg ist mit dem cyprischen Orden geschmückt.[5]

1468, Wien, erlaubt Kaiser Friedrich III. dem Propsten von St. Pölten, mit Zustimmung des Abtes Paulus I. von Lilienfeld diesmal auf dem Traisenfluß das notwendige Holz in Floßen herbeiführen zu lassen.[6]

Im nördlichen Teil des Chorumganges der Kirche beachtenswerte Marmorplatten (2,22 x 1,05 m). mit folgender Randschrift: *Anno D(omi)ni M CCCC LXXII* (1472) *obiit venerabilis in Christo pater et D(omi)n(us) D(omi)n(us) Petrus Krotentaler abbas h(uius) mo(nasterii) q(ui) m(u)lta bo(na) lauda(bilite)r p(er) annos XXIX*

---

[1] Schmieder, Matricula, 68.
[2] Topographie, V., 849.
[3] Geschichtliche Beilagen, II., 473.
[4] Hanthaler, Recensus, II., 413. Topographie, V., 626.
[5] Abgebildet in Saikan, Archäologischer Wegweiser durch VOWW, 69.
[6] Stiftsarchiv Lilienfeld.

vig(ilan)do eid(em) impendit et sua industria ab ex(tre)ma ruina rese(rva)vit. - Petrus Krotentaler war Abt des Stiftes 1443-1472.[1]

1475 erteilen sechs Kardinäle den Besuchern der Magdalenenkirche zu Lilienfeld und den Wohltätern der Kirche oder der an ihr bestehenden Dreifaltigkeitsbruderschaft für gewisse Feste 100 Tage Ablaß.[2]

1474-1485 wurden unter Abt Paul III. über 50 Inkunablen gekauft.[3]

1479 verkaufte Otto, Freiherr von Fridaw, der Bruderschaft der heiligsten Dreifaltigkeit und des hl. Pankratius in der Kirche der hl. Magdalena über dem Tore des Klosters Lilienfeld Wiese und Wald zu Pomern in der Pfarre Wilhelmsburg.[4]

1492, St. Severin (26. November), erlaubt Johann von Hohenberg dem Stifte St. Pölten, das Holz, das es innerhalb Lilienfeld kaufen oder in seinen Wäldern schlagen wird, auf der Traisen zu flössen, und befreit das Stift von der Maut, die man ihm von den Kupeln zu Traisen gab.[5]

1504 stiftet Zacharias Steinberger einen Gottesdienst bei der St. Magdalenenkirche.[6]

1514 bestätigt Papst Leo X. die Einverleibung der Pfarre Lilienfeld in das dortige Stift.[7]

1518, 21. September, gibt Abt Wolfgang von Lilienfeld dem Abte Wilhelm vom Baumgartenberg im Tausche für andere Güter freieigene Gülten in Waldhauser Pfarre und weiters Gülten in St. Görger Pfarre (wo?) von den Gütern Waigernedt, Kefermill, Klainpruck und Passauberg; auch setzt er dem Kloster Baumgartenberg den Dienst vom Weingarten Kandelberger nach Lilienfeld von 80 auf 62 d herab.[8]

1526 gab Lilienfeld zum Türkenkrieg vom Kirchengute 179 Mark 3 Lot Silber.[9]

1527 wurden die goldenen und silbernen Gefäße des Klosters inventarisiert und auf 170 Mark berechnet. Darunter waren Pastoralstäbe, wovon einer gebrochen und zum Teile geschmolzen war und

---

[1] Topographie, V., 889.
[2] Geschichtliche Beilagen, III., 473.
[3] Mittelalterl. Bibliothekskataloge, I., 1223.
[4] Stiftsarchiv Lilienfeld; Geschichtliche Beilagen, II., 474.
[5] Duellius, Excerpta geneal.-histor., III., Nr. 157.
[6] Topographie, V., 895.
[7] Topographie, V., 897.
[8] Labitsch, Protocollum archivii Montis Pomerii, I., 1767, fol. 196, Studienbibliothek in Linz.
[9] Keiblinger, Melk, I., 1132.

wegen seiner alten und wertvollen Arbeit geschont wurde. Abt Wolfgang bat am 21. Juli um diesen Stab und erhielt ihn wieder zurück.[1]

Über die Zustände im Kloster zur Zeit des Luthertums berichtet Wiedemann, IV., 163-166; I., 166, 178.

Im Kapitelsaal zur Seite des Altares eine Platte (1,88 x 0,92 m) mit der Randschrift: *Anno Domini 1539, 22. Februar obiit frater Wolfgangus abbas hujus domus multas calamitates per . . .*teilweise abgebröckelt). Relief des Verstorbenen mit Pedum und Buch, das Haupt und mit Biret bedeckt. - Wolfgang Edlbauer war 1511-1539 Abt und machte die Drangsale des Türkenkrieges mit.[2]

Nebenan Platte (2,32 x 0,98 m) mit den Worten: *Anno domini MDXLVIII X. Augusti* (10. August 1548) *obiit reverendus in Christo pater et Dominus Matheus huius monasterii abbas.* Dazu Gedenkbuch. - Matthäus Beringer war Abt 1543-1548.[3]

1549 trug der Abt von Lilienfeld jährlich 12 Pfd. Pf. jährlich zum Unterhalte der Universität in Wien bei.[4]

Im nördlichen Teil des Kreuzganges ein Grabstein mit der Inschrift: *Anno Domini 1556, 26. September obiit reverendus in Christo pater ac Dominus Dominus Georgius Richardus, huius monasterii abbas . . . Hoc jacet in tumulo raptum florentibus annis corpus Richardi - spiritus astra colit . . . Joannes Mirle ejusdem coenobii abbas seu filius clarissimo patri locari curavit.* - Georg Reichard stand 1548-56 und sein Nachfolger Johann Mirlo 1556-1560 dem Kloster als Abt vor.[5]

1571 wurde beim Landtag publiziert, daß Christoph Jörger, Freiherr, sich beschwert habe, daß der Passauer Offizial nach dem Tode des Pfarrers zu Nidern- und Mittern-Retzbach den Pfarrhof gesperrt und die Nachlassenschaft inventiert, das Testament abgefordert und 6 Dukaten als *portio canonica* begehrt habe, während doch Jörger Vogt und Lehensherr sei. Dagegen habe der Kaiser den alten Gebrauch durch Generale von 1563 bestätigt, daß bei Sterbefällen von Pfarrern der Vogt und Lehensherr neben dem Ordinarius die Abhandlung vornehme.[6]

Um 1584 hatte das Stift Lilienfeld 1492 Untertanen, davon in Wilhelmsburg 70, in verschiedenen Ämtern 128, Kaumberg 13, Ruprechtshofen 73, Heubergwandt 46, Werthamt 20, Washoferamt 22, Hainfeld und Ramsau nicht angegeben, Klein-Zell 58, Weißenfeld 33,

---

[1] Wiedemann, I. 43.
[2] Topographie, V., 895.
[3] Topographie, V., 897.
[4] Kink, Geschichte der kais. Universität in Wien, I., 2. Teil, 157.
[5] Topographie, V., 898.
[6] Konsistorialarchiv St. Pölten.

Eschenau 90, Traisen 18, Reinfelder Rotte 21, Pernreith 30, Lilgenfeldt 152, Weißenbach 32, Türnitz 176, Tannberg (Annaberg) 83, Sprinzbach 26, Amt Brandtstatt 41, OMB Kuhbach 5, Stratzing 65. - UMB Grafenberg 41, Roselndorf 52, Radlbrunn 55, Witzlesdorf 32, Stetten 12. - UWW Kaumberg 20.[1]

1586 war Lilienfeld dem Klesel bekannt.

1600 waren die Pfarren im Kloster Lilienfeld zu Wilhelmsburg, Türnitz, und St. Annaberg von Klosterkonventualen besetzt.[2]

98. Loich[3]

Um 1432 belehnt Herzog Albrecht V. Heinrich den Kling mit der Fischweide, die Leuch in Kirchperger Pfarre, die ihm seine Hausfrau Wendel, Tochter des verstorbenen Kaspar von Harschendorf, zugebracht hatte.[4]

1455, 8. Juli, Wien, verleiht König Ladislaus dem Ulrich Kling mit den Festen Weißenberg, Watenstein und Friedeck auch die Fischweide zu Leuch in Kirchperger Pfarre.[5]

Um 1475 gehörte das Amt „in der Leuch" mit Häusern in Rechgraben, in der Ertztgrub u.a. zur Herrschaft Plankenstein.[6]

Der Chor der Kirche war ursprünglich spätgotisch.[7]

1576, 27. Oktober, Wien, befiehlt Erzherzog Ernst, die Zehente und Einkünfte samt dem Filialkirchlein zu Leuch (von der Verpfändung) zu erledigen und dem Pfarrer von Kirchberg an der Pillach in Monatsfrist zurückzustellen. Der Pfarrer Thomas Schaffner von Kirchberg hatte sich über Herrn von Maming beschwert, der sich alle Rechte auf die Pfarre anmaßte, auch behaupte, die Pfarre versetzen zu können, Ornat und Schlüssel weggenommen habe, die Schule der Pfarre entziehe, in der Kirche den Altar mit dem Sakramentshäuschen wegbrechen und dafür Grabsteine und Epitaphien aufrichten lasse, sowie auch in der Schloßkapelle.[8]

---

[1] Schloßarchiv Ottenstein.
[2] Österr. Vierteljahresschrift für Kathol. Theologie von Wiedemann, 1872, 378.
[3] Topographie, V., 1025.
[4] Notizenblatt, 1859, 15.
[5] Notizenblatt, 1859, 142.
[6] Schloßarchiv Schallaburg, siehe unter Plankenstein.
[7] Riesenhuber, Kirchl. Kunstdenkmäler, 179.
[8] Konsistorialarchiv St. Pölten, Faszikel Kirchberg an der Pielach.

1577 war der abgesetzte Abt von Seitenstetten Michael Gurkfelder lutherischer Prediger in Loich und erhielt 1578 die Pfarre Kirchberg an der Pielach.[1]

1577, 4. März, Wien, befahl Erzherzog Ernst dem Gottfried von Mainburg, Zehent und Einkommen samt dem Filialkirchlein in der Leuch dem Pfarrer zu Kirchberg zurückzustellen trotz seines Entschuldigungsschreibens und diese dem Erzherzog versetzten Güter einzulösen.[2]

Vor 1580 predigte hier der Lutheraner Balthasar Ranflae, der dann Diakon des Pfarrers in Kirchberg an der Pielach wurde.[3]

1629, 17. Februar, klagt der Pfarrer von Kirchberg an der Pielach: die Filiale Loy sei gänzlich spoliiert. Der Herr von Manningen gibt den Kelch nicht heraus und hat nach Eröffnung des kaiserlichen Mandates daselbst einen lutherischen Schulmeister aufgenommen, der die ganze Fastenzeit predigte und noch in vielen Häusern predigt.[4]

1630 wurden die Leute der Pfarre Kirchberg an der Pielach und der Filiale St. Loi nach Kilb berufen und leisteten die meisten das Versprechen, katholisch zu werden.[5]

1718, 4. Oktober, visitiert Dechant Johann Georg Kurzbauer von Zelking die Pfarren Kirchberg an der Pielach und führt als Filiale an: die Kirche in Loich, eine Stunde entfernt, mit eigenem Friedhofe, zu Ehren des hl. Nikolaus konsekriert; wird jeden dritten Sonntag Gottesdienst gehalten; drei Altäre, wovon der Hochaltar konsekriert ist.[6]

1784 erhielt Loich einen eigenen Lokalkaplan.

99. Loosdorf[7]

mit Sichtenberg und Werde.

1147 weihte Bischof Heinrich von Troyes (Troja bei Neapel) gelegentlich des zweiten Kreuzzuges die Kirche zu Werde, die vom Passauer Bischof aus der Pfarre Mauer ausgeschieden und mit pfarrlichen Rechten versehen wurde. Diese Kirche lag zwischen Groß- und

---

[1] Keiblinger, Melk, I., 783. Wiedemann, IV., 192.

[2] Konsistorialarchiv St. Pölten, Faszikel Kirchberg an der Pielach. Gottfried von Mainburg, nicht Meming, hatte Kirchberg 1577 von den Meming erworben. Zu verbessern: Topographie, V., 118.

[3] Wiedemann, IV., 191.

[4] Konsistorialarchiv St. Pölten, Faszikel Kirchberg an der Pielach.

[5] Wiedemann, I., 633.

[6] Konsistorialarchiv St. Pölten, Faszikel Langegg OWW.

[7] Topographie, V., 1038-1047.

Klein-Schollach südlich von Loosdorf und sind ihre Grundmauern noch vorhanden.[1] Damals bestand die Pfarre Loosdorf noch nicht, vielmehr übertrug man nach 1210 die Pfarre von Werde nach Loosdorf und überließ erstere Kirche dem Verfall.

1210, 1. Juli, St. Georgen in Österreich, vergleicht sich der Passauer Bischof Mangold und die Grafen Liutold, Konrad und Gebhard von Plaien über das Patronatsrecht der Pfarrer im Werde, welche der Bischof dem Passauer Domherrn Gebhard Grafen von Plaien verliehen hatte. Unter den Zeugen die Plebane Hartnid von Ruprechtshoven und Heinrich von Zwentendorf, Engelmar von Werde, Timmo von Werde, Hermann und Rüdiger von Schonnliten (Schönleiten), Vlrich von Sihtenberg, Baldwin von Chorenspach (Karlsbach) und Rainboto von Werde.[2]

Die Kirche in Werde und wahrscheinlich auch ein Wasserschloß Werde bestanden einst zwischen Groß- und Klein-Schollach, davon ist noch ein Hügel aus Mauerschutt vorhanden, der von zwei seichten Wassergräben umgeben ist.[3]

1251, 6. Jänner, erscheint Swikar als Pfarrer, von 1254-1268 als Dechant von Lostorff.[4]

1259 lieferte auch Lostorph (mit Safran) gefärbte Tücher nach St. Pölten, von wo sie nach Wien gingen.[5]

Um 1260 heißt es: die Kirche in Lahstorf verlieh Otto von Ottinstein und ist dem Bischof von Passau erledigt und den Zehent bei 4 Mut und den Grund hatte er vom Bischof.[6]

1265, 22. Dezember, Tulbing, sendet Ulrich von Zelking dem Stift Klosterneuburg das Dorf Waltprechtstorf (Walpersdorf bei Martinsberg) auf. Unter den Sieglern auch *Swikarus Decanus de Lastorf.*[7]

1278, 24. April, verkauft Otto von Schauerberg Gut und Feste Sitzental dem Heinrich von Waasen und seiner Frau Diemut.[8]

1287, Sonntag vor Georgi (20. April), Kloster Medlich, verkauft Otto von Schaurnperg dem Hertwich von Wasen und seiner Frau Dymud einen Wirtschaftshof in Siczental (Sitzental bei Loosdorf) um 38 Pfd. Wr. Pfennige und gibt sein Recht darauf dem Stifte Melk und verzichtet darauf über den Reliquien des hl. Kreuzes in Gegenwart des Abtes Friedrich von Melk und des Konventes. Zeugen: Hainrich von

---

[1] Topographie, V., 267.
[2] Monumenta Boica, XXVII., I., 136.
[3] Monatsblatt für Landeskunde, 1925,10, 11, 99.
[4] Sein Nachfolger siehe in Topographie, V., 1039 ff.
[5] Jahrbücher der Literatur, 55. Bd., 1831, Anzeigenblatt, 18, 19.
[6] Monumenta Boica, XXVII., II., 483.
[7] Maximilian Fischer, Denkwürdige Schicksale des Stiftes Klosterneuburg, II., 245.
[8] Schweickhardt, Darstellung von Niederösterreich, V., 108.

Hag, Friedrich von Sichtenperch, Heinrich von Wasen, Otto von Vichdorf der Ältere und der Jüngere, Ritter; Otto von Zelking und seine *patrui* Ludwig und Otto; Vlrich, Friedrich, und Henrich, Brüder von Schafferuelde, Wolfger und Gotfrid von Wasen, Seyfrid, Petrus und Hartwich die Löchler, Pilgrim und Chunrad von Thyemingen.[1]

1291, St. Pankraz (12. Mai), Stift Melk, beurkundet Otto, Sohn des verstorbenen Luwig von Zelkingen, daß ihm Abt Friderich von Medlich wegen seiner treuen Dienste die Güter in Siczental, welche Hertwich Waser mit seinen Stiefsohn (*privignus*) Vlrich von Sartwench aufgesendet, verliehen habe. Siegler: der Aussteller. Zeugen: Stephan von Missawe, sein Onkel, Vlrich von Chapel, sein Schwiegervater, Friderich von Havsek, Chunrad von Chapel, die Brüder Ludwig und Oto von Zelkingen, Otto und Marquard die Heusler von Wildenstain, Otto von Meinperch und Otto von Schowrnperch.[2]

1316, St. Michaelstag (29. September), Melkch, verkauft Ludwig von Czelking die Mühle „an der Erlaff cze Praytenaich in Paczenchircher pharr", Lehen vom Kloster Melkch, und das Eigen, das sein Sohn Marichart von ihm in „gwer vnd in gwalt" gehabt hat, mit Zustimmung seiner Söhne Ludwig und Fridreich um 39 Pfd. Wr. Pfen. dem Stifte Melk. Sigler: der Aussteller und seine Söhne, dann sein Sohn Herr Hainreich von Zelking, der Pfarrer von Lönstorf, der Verkäufer des Gutes im Namen der Aussteller ist. Zeugen: die Herren Ott von Czelking und sein Sohn Vlrich, Weichart von Topel und Weichart von Wildenstain.[3]

1322, St. Mathyastag (24. Februar), Melkch, stiftet Pericht, die Witwe des Otto des Häuesler von Wildenstayn, den Haeuselhoff zu „verren Schalach" (Klein-Schollach) dem Abte Vlrich und dem Gotteshause zu Melkch auf einen Jahrtag für ihren Wirt Otto und sie selbst mit Vigil, Geläute und Seelenmessen. Die Konventherrn bekommen am Jahrtag 2 Pfd. Pfen. zur Aufbesserung ihrer Pfründe. Der Hof dient 15 Metzen Weizen, ein Mut Korn, 45 Metzen Hafer, 12 große Käse, 8 Hühner, 2 Gänse und ein Schwein oder 6 ß d. Siegler: die Herrn Wernhart der Haeusler von Purkchstal und seine Brüder Fridreich, Otto und Marchart und Hadmar der Volkestorffer von Chreuczen. Die Häusler übernehmen auch dern Schirm gegen die Ansprüche der Elspet der Ladendorfferin und ihrer Schwester Frau Wentlein. Die Stifter bekommen als Vogtherren jährlich 2 Vogthühner zu Michaeli. Zeugen: Vlreich von Zelking, sein Bruder Ott, Alber von

---

1 Kopialbuch im Stiftsarchiv Melk, Bl. 59.
2 Originalperg. Stiftsarchiv Melk.
3 Kopialbuch im Stiftsarchiv Melk, Bl. 45.

Streitwasen, Weychart von Topel, Ott der Rörer, Fridreich der Laidmer und Marichart der Czelkinger.[1]

1322, St. Urban (25. Mai), Melch, verkauft Johans der Raedler von Sichtenberch die ihm bei der Erbteilung zugefallene Gülte von 9½ ß d und 10 Hühnern aus seinen Höfen zu Anczendorf (Anzendorf bei Loosdorf) und Pouerding (Pöverding bei Melk) dem Abte Ulrich und dem Gotteshause zu Melch um 11½ Pfd. Pfen. Siegler: der Aussteller und sein Bruder Gerung. Zeugen: Vlrich der Waser von Siczental, Alram von Emling, Hertweich der Löchler, Chunrad der Sozzer, Ott der Sozzer, Hartmut der Fleischezz, Marchart der Chuffinger und Wulfing von Inning.[2]

1326, Mittwoch nach Mitterfasten (5. März), Melch, verkaufen Ott der Ramsawer und seine Frau Katrei ein Lehen in Dorfe „Schalla in Hürber Pharr" mit Dienst und Zugehör dem Abte Otacher zu Melch um 38 Pfd. Pfen. Siegler: der Aussteller Fridrich von Weynberkch (Weinburg), während Gerolt der Hohenawer, der dritte Schirmer, kein Insiegel hat. Zeugen: Otto von Pylach, Vlreich von Siczental, Jans der alt Raedler von Sichtenberg, Chunrad der Sazzer und sein Bruder Ott.[3]

1340 sollte Pfarrer Heinrich von Loosdorf einen Streit um die Pfarre Schiltern mit entscheiden, was aber nicht gelang.[4]

1349, 25. November, verzichten Georg von Schratenbruck, seine Frau und Söhne auf ein Lehen zu Schratenbruck gegen das Stift Melk, wobei Alber der Höfer Burggraf zu Scholach, Urschalch von Matzleinsdorf und Ruger der Tanpeck Redner, Taidinger und Siegler der Urkunde waren.[5]

1366, St. Margarethen (20. Juli), verleiht Abt Hannß von Melk dem Stephan von Zelking die Güter enhalb (jenseits) der Donau, die er seiner Frau Zäzilia zur Morgengabe vermacht hat, weiters das Schloß Sitzenthal, eine Mühle unter Obrechtsberg (Albrechtsberg) und Lostorff, eine halbe Au des Mulbangerius, Weinzehente in Perchtolzdorff in der halben Sumerhagenau, einen Hof auf der Wis unter dem Schloß Schallaburg, welches Georg, Mautner zu Linz (vielleicht Georg Enenkel) hat; endlich das Holz an dem Hyrsperg, dazu Schallaburg gefechsnet wird, ohne das Holz, das dem Kloster gehört.[6]

1371-78 verleiht Abt Heinrich (III. Atzenbruker) von Melk dem Vlrich von Scholach ein Holz in Hungerpach, das seither nicht empfangen wurde.[7]

---

[1] Kopialbuch im Stiftsarchiv Melk, Bl. 121.
[2] Kopialbuch im Stiftsarchiv Melk, Bl. 104.
[3] Kopialbuch im Stiftsarchiv Melk, Bl. 70.
[4] Archiv für österr. Geschichte, 1871, 500.
[5] Stiftsarchiv Melk.
[6] Lehenprotokoll des Stiftes Melk im Melkerhofe zu Wien.
[7] Lehenprotokoll des Stiftes Melk im Melkerhofe zu Wien.

1381, 6. Jänner, wird Ulrich von Walinkch als gewesener Kaplan des Paul des Radler von Sichtenberch angeführt.[1]

1386, 25. März, o. O., nimmt Paul der Rädler von Sichtenwerch von Herzog Albrecht III. den Präntlhof unter der Feste Sichtenwerch zu Lehen.[2]

1390, Samstag vor St. Lorenz, des hl. Martyrers (6. August), verkaufen Niklas der Sneyder und seine Frau Anna, Tochter Heinrichs des Pehems von Winden, ihren eigenen Teil am Hofe zu Winden[3] und den Teil, welchen Anna von ihrem Bruder Niklas geerbt hat, ihrem Schwager Ulrich dem Greynner, Bürger zu Melk, und seiner Frau Elsbet. Siegler: Herr Seyfrid, Pfarrer zu Lostorff, und der ehrbare Ortolf der Goldsmit, Marktrichter zu Melk und der ehrbare Perchtold der Hölczlein.[4]

1393 front (pfändet) Pfarrer Seyfrid von Losdorff Albrecht dem Prawn seinen Teil am Hofe zu Ynning (Inning bei Hürm) mit Zugehör.[5]

1393 macht Marquard Häußler eine Stiftung zur Kapelle zu St. Gilgen vor dem Schloße Pielach in der Pfarre Mauer. Zeugen: seine Vettern Mert Haußler von Senftenegg und Hans von Mainberch und Herr Seyfried, Pfarrer zu Loßdorf.[6]

1407 bezeugt Pfarrer Seyfrid von Lostorf eine Stiftung für die Kirche in Mauer.[7]

1411, Erchtag nach Luzia (15. Dezember), Stube des Abtes von Melk, erhielt Hainrich von Zelking die 1366 genannten Lehengüter.[8]

1412, Sonntag nach Fronleichnam (5. Juni), bekam Margareth, Tochter des Ottlein von Zelking vom Stifte Melk zu Lehen die Güter, die sie und ihre Schwester hat, und vermacht sie ihrem Wirt Christoph dem Orberger; worüber sie innerhalb vier Wochen einen Lehenrevers ausstellen sollte.[9]

1421, 3. Juli, errichtet Stephan von Zelking die Stiftung von zwei Jahrtagen in der Pfarrkirche Zelking für seine Eltern und bestimmt, daß diese Jahrtage samt den Gütern nach Lostorff übertragen werden sollen, wenn sie in Zelking vernachläßigt werden.[10]

---

[1] Geschichtliche Beilagen, XI., 357.
[2] Staatsarchiv Wien. Lichnowsky, Habsburg, IV., Nr. 1979.
[3] Winden, Gemeinde Schrattenbruck bei Melk.
[4] Originalpergament, mit drei Siegeln im Stiftsarchiv zu Melk.
[5] Staatsarchiv Wien, Kodex weiß 48, Bl. 108.
[6] Wißgrill, Schauplatz, IV., 320.
[7] Hoheneck, Genealogie der Stände Oberösterreichs, III., 133.
[8] Lehenprotokoll des Stiftes Melk im Melkerhofe zu Wien.
[9] Lehenprotokoll des Stiftes Melk im Melkerhofe zu Wien.
[10] Herrschaftsarchiv Matzleinsdorf. Siehe unter Zelking.

1422 wird Sigmund als Pfarrer genannt.[1]

1441, 9. Jänner, verkauft Stephan Haug, Pfarrer zu Laastörff, sein Haus zu Weißenkirchen dem Wolfgang Süß.[2] Im Siegel des Pfarrers, das den hl. Martin zu Pferde vorstellt, ist die Jahreszahl 1431, wahrscheinlich die Zeit seines Pfarrantrittes, enthalten.

1451, 14. Dezember, nennt die Gemeinde Weißenkirchen den Pfarrer Stephan Haug von Lostorff als Wohltäter zur Stiftung ihrer Kirche, zu der er von seinem väterlichen Erbe zwei Weingärten in der Wachau gegeben habe.[3] Wahrscheinlich war Kaplan Haug in Weißenkirchen geboren.

1455, 13. November, Wien, verleiht König Ladislaus dem Wolfgang Redler die Feste Sichtenberg mit Meierhof und Hof dabei, den Kuchenhof, Hof zu Schalach unter dem Hause Sichtenberg, Gründen am Weyrperg, Fischweide auf der Pielach, dem Holze Pirchmais und verschiedenen Gütern.[4] - Sichtenberg ist heute eine Ruine, ein schmuckloser viereckiger Turm beim Dorfe Groß-Schollach.

1458, 13. Juli, war Paul, Pfarrer zu Lostorff, Mitschiedsrichter über die Pfarre und Zeche in Mauer.[5]

1476 heißt es, der Zelking habe durch alte Bestätigungsbriefe nachgewiesen, daß die Lehenschaft der Pfarre Loosdorf ihm zustehe. Die Frühmesse zum hl. Paulus daselbst verlieh der Losensteiner.[6]

1480, Dienstag nach Erhardi (11. Jänner), kaufte das Stift Melk von Hans Parczner ein Holz, zwischen Weg und Graben bis in das Staintall reichend, das jährlich der Pfarre Loßdorff zu Michaeli 30 d diente.[7]

1480, St. Florian (4. Mai), Lostorf, beurkundet Sigmund Fröschl, Pfarrer der St. Lorenz- und Martinskirche zu Lostorf die Widmung einer Wiese, die zu seinem Gotteshause gegeben wurde. Mitsiegler der edle Ritter Wolfgang Hager zu Sitzenthal.[8]

1489, 15. August, starb Bartholomäus Seyberspekh, Vikar in Lostorff, ein besonderer Verehrer Mariens, wie sein Verwandter, der Arzt Johannes Tichtel zu Wien, in seinem Tagebuche von 1477-94 meldet.[9] Er gelobte, täglich *beatae Mariae orare cursum* (wohl die

---

[1] Geschichtliche Beilagen, XI., 199.
[2] Gemeindearchiv Weißenkirchen. Siehe unter Weißenkirchen.
[3] Konsistorialarchiv St. Pölten, Faszikel Weißenkirchen.
[4] Notizenblatt, 1854, 261.
[5] Fontes, LII., 499.
[6] Schmieder, Matricula, 20, 26.
[7] Grundbuch der Pfarre Loosdorf von 1527 im Schloßarchiv Schallaburg.
[8] Kaltenegger, Collectio chartar. veter., I., Bl. 522; Wißgrill, Schauplatz, IV., 41.
[9] Fontes, I. Abteil., Scriptores, I., 49.

Tagzeiten der seligsten Jungfrau) und starb am Feste Maria Himmelfahrt.[1]

1501, Palmabend (3. April), Wyenn, beurkundet „Joannes Tichtel, lerer der arzney", daß er 16 Pfd. wegen des Weingartens Gerstel, den er dem Abte Johannes von Melkch um 50 Pfd. Pfen. verkauft, erhalten habe. Die übrigen 34 Pfd werden halb zu Pfingsten und halb zu Michaeli zu bezahlen sein. Den anderen halben Teil des Weingartens wurde von „mayster Sigmundt Freschall seliger pfarrer zu Lostoriff, ledikleich darzu geaygent", „darumb sy (ihn) yn das martyrologium (richtig: necrologium) und mich nach maynen Tod schreiben und gedächtnus haben sollen."[2]

1517, 1. Mai, stiftete Walpurga von Hohenfeld, geborene Sulzbeck, einen Jahrtag in Lostorff und vermachte 10 Pfd. Pfen. zur St. Achatiuskapelle in Albrechtsberg an der Pielach.[3]

1523 hatte der Pfarrer von Losdorff einen Weingarten in der Wachau.[4]

1527 „das Grundtpuch gehört in den pharrhof zu Losdorff." Untertanen in der Leyß (St. Georgen an der Leys), zu Schola (Schollach), Poggendorff (bei Mank), zu Läsgk (Laas bei Pöggstall OMB), Leberstorff (Loibersdorf bei Pöggstall) und Packhstall (Pöggstall), Pueßendorff (Bösendorf bei Mank), Loßdorf, Pahring (Pöverding bei Melk), Mayßpierpaumb (Moosbierbaum bei Heiligen-Eich), Gründe in Ossparn, Haus in Schildtpach, Marckhendorff (Markendorf bei Loosdorf), Newpach (Neubach bei Loosdorf), Weingärten zu Emerstorff, Gülten zu Rogendorff (Roggendorf bei Loosdorf), Wiernstorff (Würnstorf bei Pöggstall), in der Pfarre Oberndorf OWW, der Pfarrer von Pechstall von einer Wiese der St. Annenkirche, die Zechleute der Unser Frauenzeche zu Losdorff u.a.[5]

1532, 21. Mai, verfaßte Udalrich Hamberger, Pfarrer zu Loosdorf eine Einlage seiner Pfarre für das Gültbuch: Die 6 Holden zu Loosdorf waren abgebrannt, 2 zu Schiltpach von den Türken verderbt, weiters gehörten der Pfarre 4 Holden bei Obernndorff, 5 bei Packhstal unter der Vogtei des Wilhelm von Zelking. Der Holde bei Stockherau, den seine Vorfahren gehabt hatten, war entfremdet. An den Burgrechtdiensten, welche die Pfarre zu Lehen gab, machte Sebastian von Losenstein Schaden. Der Getreidezehent zu Schala, für welchen der Pfarrer einen Priester halten sollte, der dreimal in der Woche im Schlosse (Schallaburg) Messe lesen sollte, war von Losenstein einge-

[1] Rauch, Rerum Austriacarum Scriptores, II., 557-558.
[2] Originalpergament, Stiftsarchiv Melk; Keiblinger, Melk, I., 705.
[3] Geschichtliche Beilagen, XI., 277.
[4] Gemeindearchiv Weißenkirchen.
[5] Schloßarchiv Schallaburg.

zogen; doch verlangte er die Aufrichtung der Stiftung. Ein Viertel Getreidezehent am Kirchpergweg war für einen Jahrtag zu den vier (Quatember-) Zeiten mit Vigil, Requiem und vier gesprochenen Messen gegeben, doch auch davon einiges durch den Losenstein entzogen. Vier Weingärten bei Loßdorf, drei Joch enthaltend, waren in Abbau gekommen. Die drei Weingärten zu Weißenkirchen in der Wachau wurden daselbst versteuert. Der Pfarrer mußte einen Priester und den Schulmeister erhalten nebst den Dienstboten und war zu einer Brandstatt (einem abgebrannten Pfarrhofe) eingestanden und hatte alles auf einem grünen Anger (= ganz neu) zu bauen.[1]

1540 verfaßte Leonhard Khunig von Loosdorf (wahrscheinlich ein Bürger) die Gültfassion der Frühmesse in Loosdorf. Dazu gehörte keine Pfenniggült, aber Zinsgetreide und Wiesengeld von 10 Tagwerk Wiesen, 12 Joch Acker zu Korn- und 12 Joch zu Haferbau verlassen; drei Joch Acker waren unbebaut, drei Joch Weingarten verödet. Da kein Frühmesser vorhanden war, hatte Sebastian von Losenstein dem Khunig die Stiftungsgüter bewilligt und erbot sich letzterer, davon das verbrannte Frühmesserhaus zu bauen und wieder zur Stiftung zu bringen.[2]

1544 berichten die Visitatoren: „Pfarr Loostorff. Seint die von Zelcking Lehenherrn. Herr Thoman Pindter, Pfarrer sagt, vor Zeiten sey der Pfarrer mit Cooperatoren und Caplan selb vierter da gewest, iezo ist er allein. Pfennigdienst von behausten Guet vnd Baugeldt zinnst 21 Pfd. 11 d. Diensttraidt ailff Muth, 14 Mezen. Item vier Jeuch Weingartten, der einen saint nur fünff Viertl in Pau, die andern liegen oed. Fünfzehen Jeuch Acker in alle Feld. Fünff Tagwerkh Wißmath. Von einen Gartten jahrlicher 1 Pfd. d. Item mehr 4 Weingärtten in der Wachau, hat Christoph Zeller in der Wachau[3] vmb halben Wein baut, will dem Pfarrer nichts davon geben. Item mehr ein Zehent zu Scholla[4], so zu einer Frühmeß zu Lostorff gestüfft, seyn der Pfarr gegen den Kirchberger vnd denen von Losenstein in Stritt. Die Kirche vnd Pfarrhoff ist durch den Türckhen verbrannt vnd noch in Abbau. Zechleith zu Loostorff: Wisenzinß ertragt jährlich 7 Pfd. 12 d 1 Heller. Krauttgartten zinst 1 Pfd. 7 ß d. Traidt zinst jährlich 1 Muth 2 Meczen. Burgrechtsdienst 2 ß 15 d."[5]

1546 berichtet Georg Wilhelm von Zelking der niederösterreichischen Regierung folgendes: die Pfarre Lostorff bei Mölkh, welche ihn und seinen Brüdern mit Lehenschaft und Erbvogtei zugehört, ist

---

[1] Schloßarchiv Schallaburg.
[2] Schloßarchiv Schallaburg.
[3] Weißenkirchen in der Wachau.
[4] Schollach bei Loosdorf.
[5] Abschrift vom 10. Oktober 1771 aus einem Extracte von 15. Juli 1707 im Konsistorialarchiv St. Pölten.

vor Jahren einem Priester verliehen worden, der sich so ungeschickt und übel verhalten hat, daß die Pfarrgemeinde ihn nicht mehr dulden wollte und den Zelking um eine anderen tauglichen Priester anrief. Der Pfarrhof ist niedergegangen und der Pfarrer davongezogen, hat aber die Konfirmation nicht aus den Händen gegeben, weshalb kein anderer Priester sich um die Pfarre annehmen will. Daher habe der Zelking die pfarrlichen Rechte durch einen anderen Priester verrichten lassen und das Pfarreinkommen zur Bezahlung der ausständigen Steuern und Schulden zurückbehalten. Als er das Geld durch seinen Pfleger nach Mölkh erlegen wollte, haben Richter und Rat auf Verlangen der Zechleute von Loosdorf dasselbe in Verbot genommen, was ihnen nicht gebühre. Daher bittet er, den Melkern aufzutragen, dieses Verbot wieder aufzuheben. König Ferdinand I. trug darauf von Wien, 6. Februar 1546, dem Markte Melk auf, das Geld freizugeben oder Vertreter für den 2. März zur Verhandlung bei der niederösterreichischen Regierung nach Wien zu schicken.[1]

1548, Samstag vor *Cantate* (28. April), Schallaburg, präsentiert Christoph von Losenstein für die durch Verlassen des Thomas Pindter lange Zeit erledigte Pfarre Laßtorff den Kaspar Stainprecher.[2]

1548, 2. Mai, wurde auf die Pfarrkirche zu Loosdorf, die nach dem Tode des Thomas Pindter eine Zeit lang leer stand, auf die Präsentation des Christoph von Losenstein Kaspar Steinbrecher investiert.[3]

1551 erscheint Pfarrer Martin Handl von Loosdorf bei Raabs begütert.[4]

1557 war ein „erschröcklich Brunst", die auch den Pfarrhof ergriff und bei der Pfarrer Johannes Schmidl um mehr als 30 Thaler Schaden litt. Darauf verzeichnete dieser Pfarrer, was er am Pfarrhof machen ließ, wofür er 126 fl 4 ß 2 d ausgab.[5]

1571, 31. Dezember, Loßdorf, berichtet Pfarrer Johann Schmidl dem Johann Wilhelm Herrn von Losenstain und Schallaburg auf dessen Verlangen: er habe die Agenda durchgesehen und gefunden, daß sie der katholisch-apostolischen Kirche und Augsburg'schen Konfession gemäß sei; daher werde er sich nach derselben halten und sie befördern.[6]

1573 starb Pfarrer Schmidl von Losdorff, worauf Michael Vorchdorffer vom September an die Einkünfte und Ausgaben bei

---

[1] Gerichtsprotokoll im Stadtarchiv Melk.
[2] Abschrift im Konsistorialarchiv St. Pölten.
[3] Wiedemann, IV., 182.
[4] Geschichtliche Beilagen, 228.
[5] Schloßarchiv Schallaburg.
[6] Schloßarchiv Schallaburg.

seiner Verlassenschaft verrechnete.[1] Nun folgte der Prädikant Balthasar Masko.[2]

1577, zu Georgi (24. April), trat Magister Joachim Schilt den Schuldienst zu Loosdorf an. Auf Befehl des Hans Wilhelm von Losenstein und Schallaburkh übergab ihm der Richter Leonhard Bautschkho viele Geräte und Bücher aus der alten Schule; auch übernahm er die Bücher, welche zum Examen am 14. April 1578 angekauft worden waren. Der Kantor Johann Puschar verwahrte zahlreiche, gleichfalls namentlich angeführte Gesangbücher.[3]

1579 erwies sich der Prädikant von Loosdorf (wohl Masco) auch im Gebrauch von zahlreichen Schmähworten als echter Schüler Luthers. Den Abt Urban von Melk, der den Bürgern des Marktes Melk die Teilnahme an der Fronleichnahmsprozession im Kloster aufgetragen hatte, nannte er einen „stinkenden, verführten und verbuebten Münich" und warnte die Leute vor solcher „Mamelukery und Gespenstwerk".[4]

1580 wurde Wolfgang Schumann, bisher Schulmeister in Loosdorf, Prädikant auf der Pfarre Groß-Reinprechts.[5]

1580, 12. August, stellte sich der Prädikant Balthasar Masco von Loosdorf bei der Visitation in Schallaburg. Er wurde als Senior bestellt.[6] Masco leitet 1579-83 das in Loosdorf von den lutherischen Ständen errichtete Seminar zur Heranbildung guter Prediger und Schulmeister und veröffentlichte 1582 eine Hochzeitspredigt, die er 1581 in Ravelsbach dem Reichard Strein hielt, und 1603 eine Leichenpredigt für Josias Enenkel zu Albrechtsberg.[7]

1583 kommunizierte der sektische Prädikant von Loosdorf die Leute unter beiden Gestalten. Von Melk liefen viele Bürger zu ihm und empfingen die Kommunion daselbst, wurden aber deshalb vom Prälaten gestraft.[8]

1584, 27. Juni, Prag, erhob Kaiser Rudolf II. Loosdorf zu einem Markte auf Bitten des Hanns Wilhelm von Losenstein. Der Flecken Loßdorf hatte von alters her bürgerliche Zeichen und Pranger, auch bürgerliche Gewerbe, aber noch keine landesfürstliche Marktbefreiung und Konzession.[9]

---

[1] Schloßarchiv Schallaburg, danach Topographie, V., 1042 zu berichtigen.
[2] Wiedemann, IV., 182; Hippolytus, 1861, 102.
[3] Schloßarchiv Schallaburg.
[4] Philibert Hueber, Collectanea im Stifte Melk; Handschrift in Melk.
[5] Wiedemann, III., 6.
[6] Wiedemann, I., 412, 414.
[7] Wiedemann, IV., 183.
[8] Handschrift in der Kammer zu Melk im Stifte.
[9] Monatsblatt für Landeskunde, 1927, 7.

1584 beschwert sich Dechant Balthasar Haas von Melk wider den lutherischen Pfarrer zu Loosdorf Balthasar Masko beim Konsistorium, derselbe erlaube sich Eingriffe in seine geistlichen Rechte und führe Schmachreden über die Katholiken.[1]

Um 1585 war Masko noch in Loosdorf, zog zur Synode nach Horn und schloß sich den Flacianern an.[2] Auch die Enenkel waren eifrige Lutheraner und beriefen von Tübingen den später berühmt gewordenen Augsburger Schulmann Elias Ehinger, der 1597 bis 1603 hier predigte.[3]

1588 „Hierinen wirdt beschriben vnd angezeigt, wievilb ein Kirchendiener vnd Mesner alhie zu Lostorff getroschnes Traidts, auch Geltt vnd anders mer von den pharrleuthen jährlich einzukhumen vnd abzufordern hatt, wie hernach volget": Kornsammlung in Stainpartz, auf den Reytn 3 Häuser, Khlenberg, Antzndorff, Merkhendorff, Schola, Rogendorff. Der gnädige Herr zu Schallaburg gibt 2 Metzen, Herr Ennickhl zu Albrechtsperg 1, Maximilian von Maming zu Sitzental 1, Frau Enigkhlin zu Püelach 1, Pfarrer zu Loosdorf 2 Metzen.[4]

1588, 27. Juni, Prag, gibt Kaiser Rudolf II. auf Bitten des Hans Wilhelm von Losenstain dem Markte Loßtorf einen Wochenmarkt an jedem Montage.[5]

1590, 6. Oktober, Prag, bewilligt Kaiser Rudolf II. auf Bitten des Hans Wilhelm von Losenstein dem Markte Losdorff ein Marktsiegel, nämlich einen Schild, der Länge nach geteilt, ein Teil blau, darauf auf grünem Bühel ein gelber Panther mit Feuerflammen aus Mund, Ohren und Schwanz, in der vorderen Pranken ein gelbes Windlicht haltend; den anderen Teil des Schildes rot mit einer schrägen durchgehenden weißen Straße.[6]

1590 wurde wegen drohender Türkengefahr auch den Holden des Stiftes Herzogenburg befohlen, sich mit genügender Ausrüstung, vornehmlich mit „langen Rohr, Sturmbhauben und Seyttenwöhr" im Dorfe Losdorff bei Mellicum (Melk) zur Visitation zu stellen.[7]

1593 wurde der Pfarrhof von Loosdorf gebaut. Der „Baumeister" (=Bauaufseher) Sigmund Prännhammer, Bürger und Gastgeb daselbst, hatte erhalten 288fl und dafür nebst dem Ausstande vom Kirchenbau per 126 fl noch zu fordern 413 fl. Er zahlte dem Kherschperger und dem Manygato Walsen, beide zu Wilhalmsburg, den Kalk,

---

[1] Keiblinger, Melk, I., 799.
[2] Wiedemann, I., 428.
[3] Wiedemann, III., 8; jedoch irrtümlich auf Albrechtsberg an der Krems bezogen.
[4] Papierheftchen in Pergamentumschlag von einer beschnittenen Urkunde, Schloßarchiv Schallaburg.
[5] Monatsblatt für Landeskunde, 1927, 9.
[6] Monatsblatt für Landeskunde, 1927, 10.
[7] Monumenta des Dechant Augustin Beyer im Stiftsarchiv Herzogenburg.

dem Tischler zu Schönpichl, dem Tischler Sapeller in Loosdorf und der Schlosserin Zacharias ihre Arbeiten, darunter letzterer acht ausgebogene Fenstergitter um 41 fl und Geschmeidearbeit um 32 fl. Der Schmid Thomas Mayttinger in Loosdorf, der Hafner daselbst und der Glaser in Melk bekamen ihre Bezahlung, der Meister Alexander, Maurer aber 150 fl. Die Ziegel kamen vom hiesigen Ofen.[1] Manche von den genannten Handwerkern waren wohl beim Kirchenbau beschäftigt.[2]

1598 verließ der Schulmeister Vitus von Steyer, welcher aus Meißen stammte und ein hervorragender Lutheraner war, aber doch an Sonntagen auf dem Chor sang und mit Rücksicht auf die Bürger nicht entfernt werden konnte, freiwillig seine Stelle und kam an das Gymnasium zu Lostorf unter dem Herrn von Losenstein, wo er bald hernach in der Häresie verschied.[3]

1598 hielt Kaiser Rudolf den lutherischen Ständen vor, daß sie ohne Benachrichtigung Konsistorien in Loosdorf und Horn errichtet haben und in Raabs errichten wollten.[4]

1600 heißt es: Lastorf, ein Prädikant, dem von Losenstein gehörig.[5]

Um 1603 schickten auch die Bürger von Krems Kinder in die lutherischen Schulen nach Loosdorf und Horn.[6]

1612 kam Magister Johannes Bayer, der früher Prediger im Landhause zu Linz und in Losensteinleiten gewesen war, dann Pfarrer in Loosdorf wurde, ein beredter Mann und guter Prediger, nach Stadt Steyr.[7]

1619, nach dem 21. Dezember, plünderten die kaiserlichen Soldaten nach Besetzung des Schlosses Pielach auch Loosdorf und raubten das Dorf Winden, dem Stifte Melk gehörig, aus.[8]

1619 berichtet der Pfleger von Waidhofen an der Ybbs Alexander Negele über seine Gefahren gegenüber dem Gebahren der evangelischen Ständedeputation in Loßdorf. Der Herzog Max von Bayern verfaßte über diesen ihm zugesandten Bericht einen Ratschlag.[9]

1621, 15 Dezember, trug der Kaiser dem Offizial auf, die Pfarre Loosdorf mit einem katholischen Priester zu besetzen. Auf

---

[1] Schloßarchiv Schallaburg.
[2] Konsistorialarchiv St. Pölten, Faszikel Groß-Pöchlarn.
[3] Archiv für Geschichte der Diözese Linz, 1910, 43.
[4] Wiedemann, I., 506.
[5] Österr. Vierteljahresschrift für Kathol. Theologie von Wiedemann, 1872, 380.
[6] Wiedemann, III., 87.
[7] Prevenhueber, Annal. Styrenses, 350.
[8] Bericht des Priors Rainer vom 26. Dez. 1619 an den Abt, Stiftsarchiv Melk.
[9] Notizenblatt, 1858, 353.

dessen Anfrage, wovon derselbe unterhalten werden solle, hieß es, die neuen Inhaber der Güter hätten dafür zu sorgen.[1]

1622, 3. Jänner, Wien, präsentiert Kaiser Ferdinand II. als Erzherzog von Oesterreich für die erledigte Pfarre Loosdorf den Josef Püdter, bisher Pfarrer zu Laa.[2]

1627 brachte ein Kommissär das kaiserliche Mandat wegen Ausweisung der lutherischen Pfarrer und Schulmeister nach Loosdorf. Spät abends kam der Pfleger Georg Thomas Praidenschall von Schallaburg mit einer bewaffneten Schar, verlangte das Patent, das ihm mit schuldiger Reverenz überreicht wurde, worauf er es, den Filzhut nur etwas rückend, aber nicht vom Kopfe nehmend, durchlas. Der Pfleger wollte darauf dagegen protestieren, da es nur die Kalviner angehe. Der Kommissär sagte, dann werde er der erste sein, der als Rebell angezeigt werden müsse, worauf er abzog. Da in der Kirche ansehnliche Gezierden und ein schönes Orgelwerk war, welches die Lutheraner zerbrechen oder wegnehmen konnten, wurde dieselbe gesperrt. Georg von Stubenberg erklärte sich bereit, einen katholischen Priester zu präsentieren. Wegen Sperrung der Kirche mußten Katholiken und Lutheraner der Uhr und Glocken entraten und wußten nicht, wie sie lebten.[3]

1628, 6. April, Melk, berichtet Dechant Nikolaus Weinberger, der Prälat von Melk habe ihm sagen lassen, daß der Sohn des Hagenmülner, Untermarschalls, ein Jesuit mit einem anderen nach Albrechtsberg kommen und in Loosdorf die Kanzel begehen werde. Der Dechant fügte hinzu: Wollte Gott, daß in Loosdorf ein qualifiziertes Subjekt wäre! Er werde, wenn er gesund sei, nach Kräften dort selbst arbeiten.[4]

1629 schuldete Johann Jakob Raißner von Loosdorf einen Geldbetrag an die Kirche in Langegg.[5]

1630, für den 1. und 2. März wurden nach Loosdorf vorgeladen die Pfarren Loosdorf, Haunoldstein, Hürm, Haindorf, Markhersdorf, St. Margarethen und Grafendorf. Der Pfarrer von Loosdorf Johann Jakob Reiser war ein schlechter Prediger und nachläßig in seinen Verrichtungen, weshalb der Dechant der Gemeinde versprach, ihnen zu einem besser geeigneten Pfarrer zu verhelfen.[6]

1630, April, Gräz, präsentierte Georg Herr von Stubenberg für den abgesetzten Pfarrer Reiser im Markte Loßdorf den Johann Sartorius, Pfarrer in St. Leonhardt bei Graz in Steiermark.[7]

---

[1] Wiedemann, I., 578.
[2] Abschrift Konsistorialarchiv St. Pölten.
[3] Wiedemann, I., 602, 603, 609, 612, 613.
[4] Konsistorialarchiv St. Pölten, Faszikel Weitau.
[5] Konsistorialarchiv St. Pölten, Faszikel Langegg.
[6] Wiedemann, I., 633, 634.
[7] Konsistorialarchiv St. Pölten.

1630, 7. Mai, sagt der Dechant: „Die Reformation der Unkatholischen gehe nur langsam vorwärts, weil die weltliche Obrigkeit nicht mithilft.“[1]

1639, 18. November, starb Pfarrer Johann Sarthori.[2]

1639, 10. Dezember, Wien, präsentiert Wolf, Herr von Stubenberg auf Kapfenberg, Herr zu Guettenberg, Stubegg, Muregg, Fraunburg, Schallaburg und Sichtenberg, oberster Erbschenk in Steyer, kais. Kämmerer, nach dem Tode des Johann Sartorius für die Pfarre Loosdorf den Florian Rueder, Dr. der Theologie und Kanonikus zu Thann und Lauterbach.[3]

1645, 9. Mai, Schallaburg, präsentiert Wilhelm, Herr von Stubenberg auf Khapfenperg, Herr zu Schallaburg und Sitenberg, Erbschenk in Steyr, nach Resignation des Florian Rieder auf die Pfarre Loßdorf den Georg Khoch, Prämonstratenser Chorherrn, den die Kriegsgefahr (Schwedenkrieg) von der Pfarre Ebersdorf vertrieben hatte und der von mehreren Herrn empfohlen war.[4]

1648 wurde Martin Hendl und 1666 Franz Garzavoll auf ein Benefizium in Loosdorf präsentiert.[5]

1650 starb Pfarrer Hans Georg Koch.[6]

1662, 23. November, Schallaburg, präsentiert Reichard Augustin Klezl von Altenach, Herr zu Schalaburg und Sichtenberg, nach dem Tode des Sebastian Noderer für die Pfarre Loosdorf den P. Erasmus von Altmanshausen, Benediktiner von Admont.[7]

1680, 12. Jänner, Schallaburg, präsentiert Maria Sophia, Frau von Kollobrath, geb. Füllin von Grunershouen, Frau der Herrschaften Schallaburg und Sichtenberg, nach dem Tode des P. Emeran Paumgartner, Profeß von Seon, für Losdorf den Vikar von Purgstall Johann Christoph Zudrell, Magister der Philosophie.[8]

1683 wird über den Türkeneinfall in dieser Gegend folgendes berichtet:[9]

1683, 16. Juli, empfing der Abt Gregor von Melk ein Schreiben des M. W. von Colobrath in Schallaburg, in dem er berichtet: „Daß ich gestrigen Tages um 5 Uhr Nachmittag selbst 19ter recognosciren geritten und die Mordbrenner, welche bisher so viel Örter in den Aschen gelegt, gleich von Sierling heraus in den holen Weg nacher

---

[1] Wiedemann, IV., 183.
[2] Abhandlungsakten vom 14. Jänner 1640 im Schloßarchiv Schallaburg.
[3] Abschrift im Konsistorialarchiv St. Pölten.
[4] Konsistorialarchiv St. Pölten.
[5] Konsistorialarchiv St. Pölten.
[6] Schloßarchiv Schallaburg.
[7] Konsistorialarchiv St. Pölten.
[8] Konsistorialarchiv St. Pölten.
[9] Stiftsarchiv Melk, Schrein 86, Band 2, Buchstabe b.

Loosdorf weitend angetroffen, allda mit selbigen ein kleines Rencontre und Scharmützel gehabt, deren ungefähr zwei und etliche Pferd auf dem Platz geblieben; und weilen ich ihnen zu schwach und deren die 50 gewesen, habe ich mich alsdann mit der Flucht salvieren müssen. Von meiner Parti hab ich nur ein einziges Bauernroß verloren und solcher gestalten, Gott Lob und Dank zu sagen, nachher Schallaburg glücklich wieder zurückkommen. Der Knecht, welcher auf dem verlornen Roß gesessen, ist auch unverletzter und ohne Schaden voller Schrocken zurückkommen, welcher mit zwei Pfeilen, seiner Aussag nach, solle geschossen sein worden, doch unverwundter, und wann selbiger kein Terzerol bei sich gehabt hätte, das Leben lassen müssen; dann als der Tatar ihn auf der Erden liegend mit dem Säbel blassieren wollen, hat er (der Knecht) ihn oder sein Roß geschossen und solchergestalten von ihm los worden. Sie haben zu Loosdorf, Sitzenthal, Albrechtsberg und denen herumliegenden Mühlen alles durchsucht, auch gar die Lochau, und seind fast zwei Stund im freien Feld um Loosdorf herumgeritten und gestanden, in Meinung zweifelsohne, daß man ihnen verpassen thun; wir sie aber gesehen und gespüret, daß niemand vorhanden, seind sie zu Loosdorf über Nacht gebleiben. Wann die Nachbarschaft nur zusammenhalten wollte, damit wir conjunctis viribus selbiger von allen Orten angreifen möchten, so hätte ich eine gute Hoffnung, diesen Gezirk bis Sierning zu erhalten; wo aber dieses nicht, so werden die noch unversehrten Orter in Rauch aufgehen müssen. Unser vor etlich Tagen von hier bis St. Pölten gestandene Reiterei und 7 Companien, sobald selbige die Mordbrenner erfahren, haben sie sich gegen die Donau und zu Mautern über die Brücken begeben. Anstatt daß sie uns von diesem Elend hätten helfen können, haben sie aller Orten selbst die Leut sowohl auf deren Straßen als Häusern angegriffen, die Leut mit Schlägen tractirt, blessirt und auch niedergemacht, hernacher auch die Dörfer geplündert und angesteckt, welches ich allzeit anfangs das meiste besorgt und geforchten. Um Gottes willen, wie ist es müglich, mit unsern Leuten einer größeren Macht entgegen zu gehen, wann wir uns dergleichen zusammengeklaubte Canaille und liederliches Gesind nicht trauen anzugreifen und zu kämpfen, welche kein anders Gewehr als Pfeilen und Säbeln führen? Gestern sobald ich Nachricht erhalten, daß die bairischen Völker im Anzug und ihr Nachtquartier um St. Leonhard nehmen sollen, hab ich alsbald durch Boten mich erkundigen lassen, aber diese Nacht von selbigen erfahren, daß nicht ein Hund, geschweige ein Mann, vorhanden seie. Gleich diesen Augenblick werde ich berichten, daß zwei Compagnien ober Mölk einquartirter liegen sollen. Um Gottes willen, diesen Gezirk von Feuer zu salvieren, bemühe sich der Herr Nachbar, selbige zu persuadiren! Ich will ihnen alle Anschläg und Assistenz durch herumliegende Nachbarschaftsbauren an die Hand gehen und geben, das schelmische und hankermäßige Diebsgesind mit Hilf der Nachbarschaftsunterthanen auszurotten. Zum Fall dem Herrn Nachbar einige Tonnen Pulver von Linz oder Stein ankommen, so bitte nachbarlich, weilen ich ein sehr großen Mangel hiervon leide, mir von solchem etwas zu communiziren; widrigenfalls kunnte ich mich hierin nicht lang manutaniren. Und zum Fall bei den Herrn Nachbarn noch keines ankommen, so wolle der Herr Nachbarn ohnmaßgebig bei heutiger Post sowohl für sich als auch für mich bei dem kaiserlichen Hof um Munition sollicitiren, damit auf das wenigste das Schloß und die hierin salvierte Leut sammt bei sich habenden Mobilien könnten erhalten werden; sonsten ist und gehet alles verloren. Meine Gemahlin neben meiner und dem Franz Albrecht legen ein schön Befehl (Empfehlung) ab und laßt bitten, selbiger zu erlauben, auf ein oder zwei Tag in das Kloster zu kommen, bis sie ihre Reis weiter fortsetzen kann, dann sie ihr länger zu verbleiben nicht getrauet. Erwarte hierüber unfehlbar eine Antwort, anbei und allerseits göttlichen Gnaden und alles empfohlend, verbleibe u.s.w.

P. S. Weilen sie Loosdorf annoch conserviren, muthmaßlich und allen Ansehen nach werden selbige einen Succurs erwarten. Gleich diesen Augenblick seind sie auf alle Stegen von Loosdorf kreuzweis ausgeritten; ich glaube, daß Albrechtsberg kosten wird."

1683, 28. Juli, schreibt der Pfleger Johann Wilhelm Münich von Albrechtsberg an Matthias Adam von Hökhenstall, kaiserl. Rat und der niederösterreichischen Landschaft Oberkommissär im Viertel OWW, nach Melk, nach dessen Rat die zu Albrechtsberg befindlichen Stücke, Doppelhaken und Musketen in das Kloster Melk gebracht werden sollen (damit sie den Türken nicht in die Hände fallen): er habe dem Hauptmanne schon geschrieben, daß sie zu Diensten stehen und sein gnädiger Herr es für eine nachbarliche Gnade halte. Der Landschaftskommissär wolle den Prälaten bereden, daß er noch heute einen Wagen mit vier Pferden zur Übernahme schicke; von hier wolle er den Kutschenzug mitsenden. Das Geschütz sei der Orten gar wohl aufgehoben."

1683, 28. Juli, bestätigt Johann Georg Fölckhl, Rüstmeister des Stiftes Melk, die Übernahme der Geschütz und Gewöhr von der Herrschaft Albrechtsberg: 2 eiserne Rückel samt den Rädern, 2 messingene Feldstückel samt den Rädern und aller Zugehör, mit 2 Ladschaufeln, ain klaines messingenes Stückel ohne Laffetten, 5 große und kleine Mödel, 2 Zündruthen, 14 Doppelhacken, 74 Musketen, 6 Partisanen mit rotem Sammt überzogen und mit seidenen Quasten, 1 gestickte Partisan mit 2 Seidenquasten, 39 Partisanen mit seidenen Quasten, 31 kurze Gewehre, 2 Schlachtschwerter, 1 Fähnrichs-Springstock, 48 Sturmhauben, 2 alte Sättel, einer schwarz, der andere gelb, sammt, 1 ganzer Harnisch samt einen Degen daran gehängt, 20 Bandeliere,

3 Par Hülfter zu den Röhren, 2 Muskatergabel, 1 eisernes Feuergewehr, 2 eiserne Sturmhauben, 1 hölzerner Pöller, 1 eiserne Schnellwage mit der Bire. - Aus der oberen Rüstkammer: 2 messingene Musketen, 1 ganz eisernes Rohr mit 2 Läufen, Teschinken samt den Pulverfläscheln ohne Riemen, 1 wälscher Karabiner, 1 gemeiner Karabiner, 1 kleines Musketl, 1 klein kurzes Feuerröhrl, 1 schlechtes Zielrohr, 5 Par Pistolen, eine ohne Schloß, 1 Springstock, 1 Stachel und 3 Balaster, 13 Degen, darunter 2 ohne Knöpfe und 1 ohne Scheide, 2 Dolche, 5 Par Pistolenhülfter, 1 Par Hülfter zu den Röhren, 3 Karabinerriemen, aber nur 1 Hacken, 1 Schäferrohr mit silbernen Löffel. Item den 29. dieß durch den Herrschaftlichen Binder empfangnen 2 gleiche Scheibenröhr.

Diese Kriegsgeschütze und Waffen blieben längere Zeit in Melk, denn noch am 7. März 1685 ersuchte Joh. R. Herr Hegenmüller, Freiherr: „Ihre Hochwürden wollten diesen Sachen noch einige Zeit ein Örtel vergonnen und ihnen recommandiert sein lassen."

1683, 29. Juli, bestätigt Franz Schlager, Pflegsverwalter zu Schallaburg, den Empfang einer vom Abte Gregor zu Melk erhaltenen offenen Intimation „wegen des Klosters Melk zu einem Fluchtort", die er nach Albrechtsberg weitergeben werde.

1683, 4. August, Weißenburg, schreibt Franz Graf von Herberstein, Kommandant zu Weißenburg, an Matthias Adam von Höckhenstall, kaiserl. Rat und der niederösterr. Landschaft Oberkommissär im VOWW: „Wir werden allhier fast täglich von den Schelmen Brennern molestirt und zünden ein Haus nach dem andern an und hausen mit denen Leuten tyrannisch; und obwohlen wir mit Ausfallen und Zurücktreiben nicht feiern, will es doch nicht helfen, weilen, wann wir sie aus dem Gebirg treiben, ihre Macht im Tag in der Eben treiben, alldahin unsere Schützen nicht kommen können, laufen alsdann wiederum in das Gebirg und machen Ungelegenheit. Todte haben wir bekommen und Pferd, aber einige Gefangenen lebendig zu bekommen, von welchen wir Kundschaft einziehen könnten, ist es unmüglich. Anjetzo stehet der ganze Haufen der Brenner zu Hoffstetten, und, weilen mein Herr Bruder Ober-Quartier-Commissarius, also bitten hiemit ganz dienstlich, Herrn General Laßla (Laslia) und wer daraußen im Lager (zu Mautern) commandirt, dahin zu vermögen, damit selber einige Soldaten an den Waldmarch und Berg gen Hofstetten unverzüglich commandiren möchten, auf daß der Feind, weilen selben mit Gewalt aus dem Wald zutreiben gesunnen, denen unsrigen in die Händ kumben möchte. Wann dieses nicht geschieht, werden alle Häuser in dem Wald nach und nach angezündet werden, wordurch ein unwiderbringlicher Schaden erfolgen wird. . . Nachschrift: Mein liebster Herr Bruder wolle mich unbeschwert erindern, ob wir uns einer Beihilf von den kaiserli. Armen zu getrösten haben oder nicht.

1683, 22. August, Krems, schreiben die Verordneten der niederösterr. Stände dem Abte Gregor von Melk auf seine Beschwerde vom 21. August, daß sie daraus „das üble procedere der Fouragierer, so des Herrn Abten Unterthanen von Spielberg und Pielach empfunden, (maßen leider dieselben auch allhier in der Nähe nicht besser gehaust und auf vielfältiges Klagen und Lamentiren gleichwohlen einige Remedirung nicht erfolget) mitleidentlich vernommen. Wie uns hier alsogleich dieß die Generalität das so viel als feindliches Verüben der Fouragierer und daß man solche nicht allein dafür halten sondern neue davon mit ihren Pferden gefänglich eingebracht, die Übrigen in die Flucht gejagt, mehrmalen anzuzeigen nicht ermanglet haben, als haben wir sie dahin vermögt, daß wohlgedachte Generalität solche neue daselbst gefangene Reiter wollen selbst abholen und um ihre begangenen freventliche Excessus gebührend abstrafen, mithin auch soviel bedeuten lassen, daß unterschiedliche Ochsen und Kühe in das Lager gebracht worden und sofern etwas darunter oder anderwärtiges von seinen verlorenen Sachen was sich befundn, welches dem Herrn Abte zuegehörig sein sollte, sie es gleich erfolgen lassen wollten und da hinfüro solchen Frevel mehrers verüben wurden, derselbe unter sie nicht allein Feuer zu geben, sondern gar mit Stücken auf sie zu spielen Macht haben solle."

1683, 25. August, kaiserl. Feldlager bei Mautern, schreibt Jakob Graf von Leslie, kaiserl. geheimer Rat, Kämmerer, I. Ö. Hofkriegsrats-Präsident, Generalfeldzeugmeister und bestellter Oberst zu Fuß, dem Pfleger zu Schönbühel: „Dannach in Erfahrung kommen, daß jüngsthie von denen alldortigen Bauern denen kaiserl. Fouragierern einige Pferd abgenommen und in selbigen Schloß sich befinden sollen, als schicke hiemit gegenwärtigen Cornat vom löbl. Lodronischen Regiment selbige abzuholen, welche der Herr ihnen auch alsogleich erfolgen lassen und mir einen ausführlichen Bericht der Klagen, so ermeldte Untertanen wider obgedachte Fouragierer einzuwenden haben, mitschicken wolle."

Aus einem Schreiben ohne Datum erhellt, daß der Prälat zu Lilienfeld den Oberkommissär Höckenstall schriftlich ersuchte, bei der Generalität zu Mautern einen Succurs zur Defendiering seines Klosters herauszubringen; daß Herr von Höckenstall ihm wirklich 500 Mann mit einem Obristen erhielt und selbst nach Lilienfeld führte. Weil aber die Soldaten dem Befehle des Prälaten nicht folgten und die umliegenden Ortschaften mit Rauben und Plündern heimführten, ließ der Prälat am 26. August 1683 durch seinen Hofschreiber den Grafen Leslie bitten, diese Soldaten abzuberufen. Darauf gab Jakob Graf von Leslie

1683, 27. August, Feldlager bei Mautern, folgende Antwort: „Es gehet halt dort zu Lilienfeld wie überall zu; es will ein jeder Succurs, aber keine Ungelegenheit haben. Der Prälat samt seinen

Geistlichen sollen von unseren Herrgott eine Legion Engel zu Hilf begehrt haben; dann Menschen und Pferd wollen essen und trinken. Wann das verschafft wird, werden sie kein Ungelegenheit machen. Daß der Obriste seine Leut besammen halt und nicht muthwilligerweis gegen den Feind hazardirt, thuet er meinem Befehl gemäß, denn dem Kaiser mehr an einem Dragoner als an zehn Tatarenköpf gelegen; und weilen die Beschaffenheit der nächstgelegenen Schlösser mir nicht bewußt, als habe dem Herrn Obristen anheimgestellt, seinem Guetbedünken nach selbige zu besetzen. Im übrigen, weil die Armen sich dafür täglich verstärkt und an selbigen Hauptpaß zu Bedeckung der obigen Länder sehr viel gelegen, als werde mit ehisten ein paar Regimenter Croaten auch in selbige Gegend dahin schicken, für welche der Herr alle Anstalt zu machen sich belieben lassen wolle.“[1]

1699 resignierte Zudrell und folgte Laurenz Saiz bis 1713.[2]

1732, 10. März, verzeichnete man die Goldstücke, welche in den Totensärgen zu Loosdorf gefunden wurden. Es waren Ketten, Ringe und Ohrgehänge, zum Teile mit Diamanten und anderen Edelsteinen besetzt.[3] Wahrscheinlich stammten sie aus der herrschaftlichen Gruft und wurden nun zum Besten der Kirche veräußert.

1764 wurde bezeugt, daß der Pfarrer nicht verpflichtet sei, einen Kooperator zu halten.

1855 versprach die Gemeinde Roggendorf, ihre Kapelle zu erhalten.

1857 gelobte die Gemeinde Schallaburg die Erhaltung der Kapelle in Steinperg.

1862 wurde päpstliche Meßlizenz für Schloßkapelle in Albrechtsberg gegeben.

1869 erlaubte ein päpstliches Indult die Aufbewahrung des Allerheiligsten in der Schloßkapelle zu Sitzental.[4]

100. St. Lorenzen in Säusenstein

Um 1180 fiel nach dem Aussterben der Burggrafen von Regensburg, die Besitzer der Herrschaft Persenbeug waren, die „Kirche von St. Laurenzen bei Gottsdorf” mit Zugehör und Wäldern

[1] Stiftsarchiv Melk, Schrein 86, Band 2, Buchstabe a und b; vgl. Keiblinger, Melk, I., 916-921.
[2] Konsistorialarchiv St. Pölten.
[3] Schloßarchiv Schallaburg.
[4] Konsistorialarchiv St. Pölten.

an das Bistum Passau zurück.[1] Unter dem *advocatus Ratisponensis* verstehen manche dagegen den Otto von Lengenbach, Domvogt von Regensburg, † 1235.[2]

Um 1230 hatten die Babenberger ansehnliche Güter bei St. Laurenz.[3]

Um 1260 wird St. Laurenz bei Gottsdorf unter den Gütern des Bistums Passau in Oesterreich angeführt. Die Kirche des hl. Laurenz lag Gottsdorf gegenüber auf dem Hügel, der die jetzige Pfarrkirche Säusenstein trägt.[4]

Um 1300 gehörte dieses Gebiet zur Herrschaft Senftenberg dem Kuno von Gutrat, der seine Töchter Herburg mit Walter von Taufkirchen und Elsbet mit Eberhard von Wallsee vermählte.

1304, 17. August, Passau, teilten nach dem Tode des Gutrat seine beiden Schwiegersöhne das Erbe und übernahm Walter von Taufkirchen Senftenberg mit Gülten zu „Sande Laurenzen bei Ibs".[5] Nach des Taufkirchers Tod fiel dieser Besitz an seinen Schwager Eberhard von Wallsee, der das Gebiet um St. Laurenz zur Gründung des Klosters Säusenstein verwendete.[6]

Das etwa 1336 begonnene Zisterzienserkloster erhielt den Namen Gottestal. Das Volk bezeichnete das Donauufer wegen der noch heute in den Strom hineinragenden Felsen mit dem Namen Säusenstein. Die Kirche auf dem Berge wurde 1379 wieder zu Ehren der Heiligen Laurentius und Nikolaus geweiht und auch das Kloster davon „zu hl. Laurenz im Gottestale" geheißen.[7]

101. St. Lorenz im Paradies bei Ried[8]

1399, 19. Februar, verzichten Heinrich der Schreiber von St. Laurenzen, derzeit in Lambach und seine Hausfrau Kunigunde auf alle Ansprüche auf den Weingarten bei Lamberg zugunsten des Landschreibers Simon Peter. Zwei Siegel.[9]

---

[1] Geschichtliche Beilagen, XI., 242.
[2] Monatsblatt für Landeskunde, 1926, 67.
[3] Dopsch, Landesfürstl. Urbare, 56.
[4] Monumenta Boica, XXVIII., II., 483. Monatsblatt für Landeskunde 1906, 380-382.
[5] Oberösterr. Urkundenbuch, IV., 465-467.
[6] Winter, Niederösterr. Weistümer, II., 908.
[7] Blätter für Landeskunde, 1876, 30, 39.
[8] Hippolytus, 1864, 246-250.
[9] Schloßarchiv Greinburg.

1429 erscheint die Kapelle des hl. Laurentius bei Ried als Lehen vom Landesfürsten.[1]

1435 versprechen mehrere Bewohner von Ollern, darüber zu wachen, dass der Kelch, welchen Kunigund Parated nach St. Lorenzen bei Ried geschenkt hat, durch den Zechmeister gut verwahrt werde.[2]

1456 wurde hier ein Franziskanerkloster gegründet, das ein Noviziat und eine Studieranstalt erhielt.

1464 wurde im Paradys zur seligsten Jungfrau und dem hl. Laurenz zum drittenmale als Provinzial der österreichischen Provinz der Franziskaner wieder gewählt Gabriel von Verona, der später *episcopatum Albanensem et Agriensem* erlangte und als Kardinal 1486 in Rom verschied.[3]

1473 verschied hier P. Sigismund von Jaehrendorff, der den P. Christoph von Varisio, Koadjutor des Capistran, in das Hl. Land begleitet hatte und erster Guardian des Klosters hl. Radegund in Kaczelstorff gewesen war.

1486 starb hier Fr. Alexius von Bavaria, ein Steinmetz.[4]

1495 ging ins bessere Jenseits Fr. Thomas von Egenburg aus dem Kloster Paradys, vom Wienerwalde aus der Sammlung heimkehrend (*ex quaestura redux*).[5]

1505, 16. Februar, vermacht Wolfgang Matseber zu Judenau den Barfüssermönchen zu hl. Lorenzen 10 Pfund.[6]

1509 wurde Fr. Zacharias im Paradis bei einem Brande, als er zum Hochaltar flüchtete, vom Feuer ergriffen und starb.[7]

1529, 26. September, steckten die Türken das Kloster in Brand und töteten 18 Mönche mit dem Schwerte oder warfen sie in die Flammen.[8]

102. St. Lorenz, unbek.

1332, 5. April, Arnsdorf, nennt Bruder Wolfhart, Salzburg'scher Pfleger und Richter zu Arnsdorf, als seinen Bruder Konrad Pfarrer zu

[1] Schmieder, Matricula, 24.
[2] Kerschbaumer, Geschichte der Stadt Tulln, 401.
[3] Mon. Germ. Histor., Necrolog., V., 154.
[4] Mon. Germ. Histor., Necrolog., V., 158.
[5] Mon. Germ. Histor., Necrolog., V., 152, 158.
[6] Briefprotokoll von 1618 im Schloßarchiv Pottenbrunn, Urkunde Nr. 187.
[7] Mon. Germ. Histor., Necrolog., V., 153, 158.
[8] Riesenhuber, Kirchl. Kunstdenkmäler, 249. Blätter für Landeskunde, 1875, 78.

St. Laurenzen auf dem Hengstberg.[1] Vom Hengstberg bei Ybbs oder Neustadt ist eine Laurenzkirche nicht bekannt. Auf Säusenstein kann diese Nachricht wohl kaum bezogen werden.

1333, 27. Mai, Waidhofen, verkauft Ludwig von Zelking für sich und seinen Bruder Heinrich (von Zelking), Kirchherren zu St. Laurenzen, Gründe an den Bischof von Freising.[2]

1336, Pfingsttag (19. Mai), Euratsfeld, vergleicht sich Ludwig von Zelking mit seinem Bruder Heinrich dem Pfarrer zu St. Lorenzen wegen aller Ansprüche in Güte.[3] Welche Pfarre unter St. Lorenzen zu verstehen ist, kann nicht entschieden werden; etwa St. Lorenzen am Steinfelde?

In den Anniversarien von Gaming, gesammelt von P. Wilhelm Höffer, erscheint am 14. Jänner Herr Heinrich, *plebanus Sti. Laurentii.*[4]

103. St. Lorenzen, Pfarre Rossatz.[5]

Vor 1280 wird der Ort erwähnt, der nach der Kirche benannt ist. Eine Glocke stammt aus dem 14. Jahrhundert.[6]

Im 14. Jahrhundert hatten die Herren von Chunring vom Kloster Altach bei St. Laurenz mehr als 1.000 Dienstholden zu Lehen.[7]

1340, 24. April, Wien, verkaufen Marchart der Preuhafen zu Steier und seine Hausfrau dem Herzog Albrecht II. zur Karthause Gaming den See zu Luntz für 800 Pfd. alter Wr. Pfennige.[8]

1409, 15. März, stiften Pfarrer Peter von Rossatz und Ludwig der Polreuß von Wachau eine wöchentliche Messe am Samstag, auf St. Annenaltar in der Kirche zu St. Lorenzen gegenüber der Wachau zu halten.[9] Aus dieser Zeit stammt der Kirchenbau. Eine Holzstatue ist von etwa 1540.[10]

1691 gehörte zur Pfarre Rossatz die St. Laurenzenkapelle nächst an der Thonau.

---

[1] Archivberichte aus Nieder-Oesterr., I., 24.
[2] Fontes, XXXV., 204.
[3] Topographie, II., 732.
[4] Geschichtliche Beilagen, V., 7b.
[5] Topographie, V., 1047.
[6] Riesenhuber, Kirchl. Kunstdenkmäler, 253.
[7] Monumenta Boica, XI., 322.
[8] Staatsarchiv in Wien, Gaminger Codex, Bl. 139; Lichnowsky, Habsburg, III., Nr. 1237.
[9] Fontes, LII., 82.
[10] Riesenhuber, Kirchl. Kunstdenkmäler, 253.

1693 wurden für die Wallfahrer zum Kalvarienberg Messen im alten Kirchlein St. Laurenz gehalten.[1]

104. Lunz[2]

1330, 24. Juni, Wien, widmet Herzog Albrecht II. der Karthause Gaming auch zu die Eigenschaft an dem See zu Luntz, mit Zugehör, das Otto der Stainer von ihm zu Lehen hatte.[3]

1334 gehörte das Amt Lwncz dem Bischof von Regensburg zur Hofmarch in Pechlarn, da er es (1326) mit Hausegg von Otto dem Stainer erkauft hatte.[4]

1340, Sonntag nach St. Johannes zur Sonnenwende (15. Juni), entscheiden die vier Schiedsrichter Weichart von Toppel, Hofrichter in Oesterreich, sein Bruder Vlrich von Toppel, Fridreich der Hewsler, und Chunrad der Schmwerbach, nachdem ihnen Herzog Albrecht II. von Oesterreich, der Prior Bruder Mert zu Sand Marienthron zu Gemmik und der Konvent daselbst und anderseits Graf Vlrich von Phannbach, Marschall in Oesterreich, Reinprecht von Walsse, Meister Chunrad, oberster Schreiber des Bischofs Niclas von Regenspurch und sein Pfleger Heinrich zu Pechlarn, Gewalt dazu gegeben haben, den Grenzstreit zwischen dem Bistum Regensburg und dem Kloster Gaming, in dem sie die Grenzen am Lunzer See genau festsetzen.[5]

1340, Mittwoch vor Maria Geburt (6. September), Wien, bestätigt Herzog Albrecht von Oesterreich die Grenzbestimmung zwischen dem Stifte Regensburg und dem Gebiete der vom Herzog neu gestifteten Karthause Gaming, wobei auch der Pfleger Heinrich von Pechlarn beschäftigt gewesen war. Die Urkunde vom Sonntag nach St. Johannes zur Sonnenwende (25. Juni) 1340, welche die Grenzbestimmung besonders am Lunzer See enthält, vom Herzog inseriert und auch im Originale vorhanden.[6]

---

[1] Konsistorialarchiv St. Pölten, Faszikel Göttweig.
[2] Topographie, V., 1061-1071.
[3] Topographie, V., 1062. Siehe bei Gaming.
[4] Reichsarchiv München, Regensburg Hochstift, Kodex Nr. 12. Vgl. Geschichtliche Beilagen, II., 77.
[5] Abschrift in den Gaminger Schriften in der Bibliothek zu Melk, Original im Reichsarchiv München.
[6] Originalpergament der Urkunde des Herzogs mit seinem Siegel (rotes Wachs) im Reichsarchiv in München, Regensburg Hochstift, Faszikel 24. Vgl. Geschichtliche Beilagen, V., 5.

1352, 2. Februar, bestätigt Herzog Albrecht der Karthause Gaming den Besitz des Sees in Luntz und des Gebietes, das bis zum Weizzenbach bei Luntz reichte.[1]

1365, Mittwoch in den Osterfeiertagen (16. April), verkaufen Johann von Haßlau und seine Frau Ursula freieigentümliche Güter und Gülten zu Lunz um 150 Pfd. Pf. dem hochwürdigen Herrn Johannsen, Dompropst zu St. Stephan in Wien.[2]

1392, 4. Juni stellte Andreas, Pfarrer zu Gresten und „verantwerter" (Verweser) der Kirche in Lunz, einen Revers aus über eine Stiftung, welche Christian von Zinzendorf zur Kirche in Lunz gemacht hatte.[3]

1399, Sonntag nach der Schiedung Unser Frauen (17. August), gibt Kadolt von Zelking von Schöneck (Schönegg, Gem. Zehetgrub, Pfr. Steinakirchen) für seinen Vater Otto und die Verwandten dem „gotzhauß unser frawen ze Luntz und dem pharer daselbs" ein Pfund Wiener Geldes, in der Pronigk (Prolling, Pfr. Ybbsitz) vom Amtmann daselbst zu Michaeli zu reichen oder anderswo anzuweisen. Dafür soll der Pfarrer am Sonntag nach Unser Frauen Schiedung abends eine Vigil und am Montag ein Seelenamt und ein Amt von Unser Frauen Schiedung halten lassen. Der Stifter ist Vogt und Schirm des Dienstes. Siegler: der Aussteller, sein Vetter Hainrich von Tzelking und Gregorig der Tzintzendorffer.[4]

1399, 29. August, kamen Abt Hartnid von Admont und Prior Peter von Gaming im Gasthause des Wirtes Ludwig zu Lunz zusammen, um sich über schwebende Rechts- und Grenzstreitigkeiten zu vereinbaren, wozu der Prior auch den Notar Thomas Pleintinger mitbrachte. Doch kamen sie zu keinem Erfolge.[5]

1403 wurde die aus zwei gleichen Schiffen und Chören bestehende gotische Kirche gebaut und auch die Gnadenstatue „Unser lieben Frau mit dem Kinde im goldenen Sessel" aufgestellt.[6]

1409, 17. Dezember, vergleicht sich die Karthause Gaming mit den Zinzendorfern wegen des Gerichts in Grestner und Lunzer Pfarre.[7]

1429 war die Pfarre Lunz auf 8 Pfd. Pfen. Verleihungsgebühr taxiert und Lehen vom Pfarrer in Steinakirchen.[8]

1455, 6. August, Wien, bestätigt Bischof Udalrich von Passau den Tausch, durch welchen der Prior Nikolaus und der Konvent von

---

[1] Geschichtliche Beilagen, V., 10, 11.
[2] Erzbischöfl. Archiv in Wien; Wißgrill, Schauplatz, IV., 200.
[3] Geschichtliche Beilagen, I., 362.
[4] Abschrift im Stiftsarchiv Seitenstetten.
[5] Blätter für Landeskunde, 1894, 254.
[6] Riesenhuber, Kirchl. Kunstdenkmäler, 182.
[7] Topographie, III., 279.
[8] Schmieder, Matricula, 23.

Gaming dem Pfarrer Nikolaus Wunderlich von Luntz einen Zehent auf den Gütern Zell, Seeaw und einem kleinen Gute in der Pfarre Luntz abtrat und dieser ihm dafür zwei Teile Zehent auf den Gütern am Weg und auf der Öd in der Pfarre Grösten überließ.[1]

1457, Pfingsttag vor St. Anton (13. Jänner), vereinigt sich Georg von Zinzendorf mit dem Bischof Friedrich von Regensburg wegen der Vogtei über das Gut am Weg in Gröstner Pfarre, welche dem Bischof zustehen soll, und wegen der Fischweide auf der Lunz, welche beiden gemeinsam gehören soll.[2]

1463 war Zeuge in Randegg Johann Affel, Pleban in Luncz.[3]

1469, Freitag nach St. Lorenzen (11. August), Pechlarn, beurkundet Pfarrer Hans Äffel von Luntz, daß ihm Bischof Heinrich von Regensburg ein Fischwasser auf der Ips und eines auf der Luntz gegen jährlich 1 Pfd. Pf. verliehen habe.[4]

1474, 25. August, *in oppido Männsee*, präsentiert Jakob Widmer, Pfarrer von St. Michael in Steinakirchen, dem Bischof Udalrich von Passau *ad capellam parochialem beate Mariae in Lunz*, die durch den Tod des letzten Rektors derselben Clemens erledigt ist, den Jakob Hermanni von Lauffen, Priester der Salzburger Diözese. Siegler: der Aussteller.[5]

1504 galt Unser Frau in Luntz als Wallfahrtsort, den auch eine Prozession aus Ybbsitz besuchte.[6]

Von etwa 1515 sind Glasgemälde (in St. Pölten, Diözesanmuseum), eine Tafel, darstellend Maria auf dem Thron, schlecht erhalten, und eine Statue des hl. Florian vorhanden.[7]

Um jene Zeit war Lunz ein angesehener Wallfahrtsort. Der Prokurator der Karthause Gaming berichtet am 14. März 1632 dem Offizial: *quo ante Lutheri tempora peregrini cateruatim processiones et supplicationes solemnes et priuatas (ut dicitur) instituerunt propter imaginem seu statuam beatissimae virginis inibi existentem, tunc temporis miraculis claram.*[8]

1529 dienten dem Bistum Regensburg Bewohner im Amte Luntz, Mitterperg und Gerstwang.[9]

---

[1] Staatsarchiv Wien, Kodex Nr. 122 von Smitmer, Codex Diplom. Austriac., III. Bd., Nr. 420; Topographie, V., 1064.
[2] Reichsarchiv in München, Regensburger Urkunden.
[3] Stiftsarchiv Seitenstetten, siehe unter Randegg.
[4] Reichsarchiv in München.
[5] Abschrift des 17. Jahrhunderts, Konsistorialarchiv St. Pölten.
[6] Stiftsarchiv Seitenstetten, siehe unter Ybbsitz.
[7] Riesenhuber, Kirchl. Kunstdenkmäler, 182; Christliche Kunstblätter von Fr. Pesendorfer, Linz 1931, 6.
[8] Konsistorialarchiv St. Pölten.
[9] Landesarchiv Wien, Gültbuch OWW, Nr.243.

1571 wollte der Pfarrer von Steinakirchen die Pfarren Lunz und Gresten wieder zu seiner Pfarre bringen.[1]

1577 berief Johann Christoph von Zinzendorf den Prädikanten Simon Dirndorfer, der 1580 noch hier war.[2] Er war früher Kaplan in Purgstall gewesen und zum Luthertum abgefallen.[3]

Um 1584 hatte Daniel Strasser, Bürger zu Steyr, Besitzer der Herrschaft Gleiß, in Lunz 71 alte und 15 neugebaute Untertanenhäuser. Hans Friedrich von Zinzendorf hatte in Lunz 40 Holden.[4]

1597, 6. Februar, nötigten die aufständischen Bauern auch die Lunzer und Gestlinger zum Anschluße.[5]

1598, im September, unternahmen der Prior, ein Noviz und zwei Diener von Garsten eine Wallfahrt nach Maria Zell. Am Rückwege kamen sie nach vielen Beschwerden zum Dorfe Lakenhof, welches zum Kloster Gaming gehörte und wo eine große Zahl Kühe zur Käse- und Butterverarbeitung gehalten wurde. Da dort einige Personen an der Pest gestorben waren, zogen sie nach Lunz weiter. Aber auch dort herrschte die Pest und raffte aus der Pfarre im Herbste bei 700 Personen dahin. Sie blieben notgedrungen im Gasthause „Auf der Cell", das dem Kloster Gaming untertänig war. Auch hier wurden sie von der Nachricht erschreckt, daß ein Mensch an der Pest gestorben, der andere dem Tode nahe war.[6]

1602, 13. August, kam eine Wallfahrerschar von Waidhofen auf dem Wege nach Maria Zell bei Lunz in große Gefahr. Da man das Dorf wegen seiner alten Bauweise neu umbauen wollte, hatte man den Weg verlegt, um die Baumstämme zum Bau von den Bergen herabfallen lassen zu können, und den Weg durch eine sehr steile unwegsame Gegend geleitet.[7]

1613, 9. Mai, lautet ein Bericht: + *Pax Christi. Reverende in Christo Domine officialis. Lupi ouilibus Gemnicensibus insidiantes seu praedicantes, qui in cattolicam messem haereticam falcem mittunt, sunt hi: praedicens in Luntz. Is a meis, quos ad istam parochiam spectantes habes, subditis 27 et decimas postulat praeter reliqua accidentia ex sepultura, baptismate et copulatione. Et hac Gemnici, Scheibsij praedicans in Purgstall, quem fovet in suo aree dominus baro von Ausperg. Item praedicans in Reinsberg, praedicans*

---

[1] Geschichtliche Beilagen, I., 373.
[2] Wiedemann, IV., 248; Hippolytus, 1861, 414.
[3] Schachinger, Purgstall, 41.
[4] Schloßarchiv Ottenstein.
[5] Blätter für Landeskunde, 1894, 301.
[6] Archiv für Geschichte der Diözese Linz, 1910, 47.
[7] Archiv für Geschichte der Diözese Linz, 1910, 88.

in Gresten, praedicans in Franckenstain.[1] *Isti sunt, qui non missi veniunt et parochiis Gemnicibus insidiantur; utinam abscindantur, qui conturbant nos, et proscribantur. Gemnici, ipso ascensionis domini 1613 Reverentiae vestrae humilis seruus fr. Hilarion, prior Gemnicensis.*[2]

1617, am 18. August kam der Abt von Garsten mit 40 Personen, Priestern und Laien aus Steyr, auf der Wallfahrt nach Maria Zell nach Lunz und übernachtete im Sehof.[3]

1618 wurde in Lunz ein katholischer Priester angestellt und mußten die Kirchenschlüssel vom Auhofe bei Blindenmarkt herbeigeschafft werden.[4]

1627, 29. Dezember, Schloß Persenbeug, schreibt Adam Eusebius Herr von Hoyos dem Offiziale Karl von Kirchberg, Wolfgang Mießar, von Regensburg gebürtig, habe von seinem Vetter Otto Heinrich von Zinzendorff, Freiherrn, die Präsentation auf die Pfarre Lunts erhalten. Da derselbe bei seiner Hofkapelle durch drei Jahre den Gottesdienst eifrig und emsig versehen und sich gottesfürchtig und exemplarisch verhalten und früher beim Oberst Ramer 14 Monate, beim Oberst Waldirah 28 Monate als Feldprediger und Kaplan gedient habe, möge ihm die Approbation für diese Pfarre erteilt werden, obwohl er nicht persönlich seine Aufwartung machen könne, weil die Ärzte ihm weite Reisen bei schlechten Wetter untersagt haben.[5]

1628, 28. Jänner, Linz, erklärt Wolfgang Mießer, da ihn Ott Heinrich Herr von Zinzendorff und Pottendorff als Vogts- und Lehensherr für die Pfarre Lunz präsentiert habe und seine Bestätigung vom Konsistorium beim Dechant von Melk liege, dafür zu bürgen, daß seiner Installation nichts im Wege stehe.[6]

1628, 28. Mai, Schloß Freydegg, präsentiert Ott Heinrich, Herr von Zinzendorff, da der nach dem Generalmandat präsentierte Wolfgang Nieser die Pfarre Lunz mit vielen Entschuldigungen resigniert habe, für diese Pfarre den Mag. Martin Wintter als einen exemplarischen Priester. Von der Pfarre Lunz sagt er dabei: „Darüber ich Lehens- vnd Vogtherr bin, die Collatur vnnd sonnsten alle Jurisdiction mit Ein- vnnd Absetzung der Pfarrherr, Schulmeister, Mösner vnnd auf begebente Todesfeill Inwenturs-Beschreibung, Testaments-Eröfnungen vnnd was disem anhengig, außer manigckhlichs Eingrif,

---

[1] Zwischen Scheibbs und Gaming, wo die Burg 1338 abgebrochen wurde. Geschichtliche Beilagen, V., 5.
[2] Konsistorialarchiv St. Pölten.
[3] Archiv für Geschichte der Diözese Linz, 1910, 314.
[4] Wiedemann, IV., 249.
[5] Konsistorialarchiv St. Pölten.
[6] Konsistorialarchiv St. Pölten.

Iher- oder Hinterung mier einzig vnd allein zustenttig vnnd gebierunt ist."[1]

1629(?), 14. Dezember, Wien, Maria Stiegen, trägt der Offizial Karl Freiherr von Kirchberg dem Dechant Weinberger von Melk auf, dem Mag. Martin Marinco die Auslagen wegen der Pfarre Lunz aus dem Einkommen derselben mit 32 fl 30 kr zu ersetzen.[2]

1630, 2. Jänner, Mölkh, erwidert Dechant Weinberger dem Konsistorium: „Es falle ihm schwer, den Marinco wegen der Expensen auf der Pfarre Lunz schadlos zu halten. Derselbe habe sich bei ihm nicht gemeldet und keine Admission auf die Pfarre vorgewiesen. Seinem Kaplan Martin Winter habe er gesagt, der Dechant sei ihm nicht gut genug. Wenn ein Priester um eine Pfarre anhält und dieselbe nicht bekommt, wie es ihm selbst bei Weiden (Weiten) geschehen ist, werden ihm die Auslagen nicht vergütet. Er habe auch keine Präsentation gehabt. Die Pfarre Lunz sei so schlecht, daß ein Pfarrer das nicht bezahlen könnte. Die Pfarre habe ein ganzes Jahr und länger gefeiert (sei unbesetzt gewesen); von den fünf Priestern, die nacheinander dort waren, konnte keiner bleiben, wegen der Ungelegenheit des Ortes. Wenn Marinco für seine Person auf der Reise von Wien bis Mölckh so viel Geld verzehrte, was müßte dann ein anderer, der mit Roß und Wagen fährt, brauchen? Der Dechant komme samt zwei Pferden und drei Dienern auf der Reise von Wien herauf mit 3 fl aus. Vor zwei Jahren sei Marinco in höchster Kälte zerrissen und hungrig zu ihm gekommen und habe aus Mitleid ein schönes Honorar bekommen."[3]

1632, 14. März, Karthause Gemnic, schreibt der Alumnus und Procurator der Karthause Fr. Antonius, einst Hartmann Oberegger genannt, dem Offizial Karl von Kirchberg, die Pfarre Lunz, welche von der Karthause ungefähr eine Meile entfernt ist und vor der Zeit des Luthertums als Wallfahrtsort berühmt war, entbehrt seit einem halben Jahre einen Hirten, so daß die Katholiken und die Häretiker, von denen noch eine große Zahl dort ist, keinen Führer haben. Da auch ihr Kloster dort Untertanen habe, welche mit großer Mühe zur katholischen Kirche zurückgeführt wurden, habe der Prior große Sorge, daß die neue Pflanzung wieder zugrunde gehe. Daher wolle er sie zur Pfarre Gaming ziehen; doch hoffe er, daß der Offizial Abhilfe schaffen werde, weil Ostern vor der Türe stehe."[4]

1632, 19. Juni, Wien, präsentiert der Patron Herr von Zinzendorf, nachdem der laut Generalmandat von 1627 auf die Pfarre Lunz

[1] Konsistorialarchiv St. Pölten.
[2] Konsistorialarchiv St. Pölten.
[3] Konsistorialarchiv St. Pölten.
[4] Konsistorialarchiv St. Pölten.

gestellte Pfarrer Jakob Minich wegen Übernahme einer anderen Stelle wieder resigniert hatte, den Theobald Hornig, Vikar der Pfarre Zelking.[1]

105. Mank
mit Kälberhart, St. Haus (Sinnbaldeskirchen) und St. Frein[2]

1113, 13. Oktober, schenkt Markgraf Leopold der Kirche in Melk Güter Zedelmaeringen[3].

Bei Mank befindet sich ein Zettelbach, der in die Mank fließt. Auch heißt hier ein Bauernhaus Zettelmeyer, hat also den alten Namen bis zur Gegenwart erhalten.

Vor 1142, 26. April, übergibt Embrich, Ministerial des Grafen Sigehard, dem Kloster Michaelbeuern sein Gut bei Wolfgerinstorf (Wolkersdorf bei Mank). Abt Walther (1161-1190) verlieh nach dem Heimfalle von Meradsdorf (Mannersdorf bei Zelking) die Stiftsgüter bei Wolkersdorf (laut Lehenbuch von 1440-1498 in der Pfarre Mank gelegen) und Steindorf (laut Lehenbuch Hof am Stein in der Leiß in Rundprechtshofener Pfarre) der Witwe und den Kindern des Stiftsministerialen Hartwic.[4]

Um 1170 gaben die edle Frau Gisila und ihr Sohn Poto ein Lehen zu Ebersdorf (an der Perschling, Pf. Heiligeneich) dem Stifte Klosterneuburg, wobei Eberhard von Mounich Zeuge war. Frau Perhta von Mounich schenkte dahin eine Dienerin Judith.[5]

Um 1176 wurden nach dem Heimfalle des Stiftsgutes von Michaelbeuern in Anwartstorf (Mannersdorf bei Zelking) durch den Tod des Ministerialen Hartwic seine Witwe und Kinder in Anwesenheit der Grafen Chunrad und Hainric (von Plain) mit den Stiftsgütern in Wolfgrimandorf (Wolkersdorf) und Staindorf belehnt. Zeugen: Hermann von Hirzperch und sein Bruder Hainrich, Sigfrid Thingutel und sein Bruder Kavol, Wernher von Celkingen, Wolfram von Pönpach, Hermann von Halle u.a.[6]

---

1 Abschrift, zum Schlusse die gleiche Verwehrung der Rechte des Patronates wie 1628, Konsistorialarchiv St. Pölten.
2 Topographie, VI., 60-68.
3 Keiblinger, Melk, I., 1135, 342; Geschichtliche Beilagen, XI., 556.
4 Hauthaler, Salzburger Urkundenbuch, I., 795.
5 Fontes, IV.
6 Hauthaler, Salzburger Urkundenbuch, I., 815.

Zwischen 1174 und 1199, unter Abt Rudmar von Göttweig, wurde das Weib Heilka aus dem Dorfe Maunich, nachdem es neun Wochen blind gewesen, am Grabe des hl. Altmann wieder sehend.[1]

1188, 31. Mai, Mautern, bezeugen die Brüder Perthold, Heinrich und Albero von Kalberhart eine Urkunde des Herzog Leopold VI. von Oesterreich für das Stift Heiligenkreuz.[2]

1319, 22. November, gibt Ulrich der Hohlspeck dem Gotteshause zu Baumgartenberg (Oberösterreich) zwei Lehen zu Münichhofen (Minichhofen) in Mancher Pfarre.[3] Dies ist die erste Erwähnung einer Pfarre in Mank.

1323, St. Urbanstag (25. Mai), verkauft Herwort der Lenperger das Lehen an der Wis (in der Wies) „in Mancher Pfarr" dem Stifte Melk.[4]

1333, St. Gilgentag (1. September), gibt Friedrich, Sohn des verstorbenen Gottfried von Chonratshaim, mit Einwilligung seiner Hausfrau Anna dem Frauenkloster zum Hl. Geist in Ybbs freieigene 3 Pfd. Pfen. Geldes auf Gütern in Manckher Pfarre zu dem Mauthern auf dem Grieß, wofür das Kloster jährlich am Montag vor St. Gilgen den Jahrtag seiner Eltern begehen und den Klosterfrauen eine Pitanz geben soll. Seine Erben können diese Gülte mit 80 Pfd. Pfen. vom Kloster einlösen. Zeugen und Mitsiegler: Turss von Türnstain, Ott von Khornsbach (Kavlsbach), Friedrich der Flaischesser, sein Oheim Wichart von Schaunvelt und Konrad von Zauching.[5]

1339, St. Michael (29. September), datz Synbeküchen in dem Haus (heute St. Haus zwischen Mank und St. Leonhard) verkaufen Wolfgang der Stainberger und seine Frau Kathrei dem frommen Mann Friedrich dem Paurn zu Leopoltzdorf (Loipersdorf) und seiner Frau Gerdraut zwei Teile Zehent in Mancher Pfarre zu Leopoltzdorf auf einem Maierhof, 2 Lehen und 6 Joch Acker dabei um 10 Pfd. Wr. Pfen. Siegler: der Aussteller und die Zeugen Wulfinch von Ernwald und Ortolf der Smidbach.[6]

1350 erscheint Nikolaus Scharner als Burggraf von Simbelnchirchen.[7]

---

[1] Lebensbeschreibung des hl. Altmann bei Hieronimus Pez, Scriptores rer. Austriac., I., col. 161.

[2] Pez, Codex Diplom. Histor. Epist., II., 45.

[3] Oberösterr. Urkundenbuch, V., 249.

[4] Topographie, VI., 63.

[5] Urkundenbuch des Frauenklosters Hl. Geist in Ybbs, Hofbibliothek Wien, 172. Daselbst 168 auch ein Vidimus des Abtes Johann von Seißenstein, Mittwoch nach Bartholomä (26. August) 1500, in welchem neben Wichard auch Lad von Schaurfeld als Zeuge genannt wird.

[6] Smitmer, Codex Diplom. Austriae Nr. 122/III im Staatsarchiv zu Wien.

[7] Stiftsarchiv Seitenstetten, siehe unter St. Leonhard am Forst.

1354 erscheint in einer Urkunde Ulrichs von Lonstorf sein Vetter von Lonstorf, gesessen zu Simbelchirchen.[1]

Dieser Ort Simbelkirchen oder Sinnbaldeskirchen bestand einst in der Gemeinde Kälberhart, eine halbe Stunde von Mank entfernt und führt heute den Namen St. Haus. Wie der ursprüngliche und auch der heutige Name erkennen läßt, war hier seit alter Zeit eine Kirche und dabei auch eine Burg, die beide heute fast spurlos verschwunden sind.

1355, 24. April, verkauft Jans der Chunratshaymer, Sohn des verstorbenen Friedrich des Chunratshaymer, um 32 Pfd. Wr. Pfen. das Gut am Ort zu Niederpolan (Pölla) in Mänker Pfarre, um welche Summe er den Juden für seinen Vater vergolten (Bürgschaft geleistet) hat, dem Herzog Albrecht III. von Oesterreich zu seiner Stiftung Gaming. Mitsiegelnde Zeugen: Leb von Schafferwald, Dietrich der Härtwichsteiner, Bernhard und Ulrich der Rüdlar von Oed.[2]

1357, sand Blaasentag (3. Februar), verkaufen Ulrich, Sohn des verstorbenen Seifried des Schreibers von Scheibs, und seine Frau Ofmei das Gut Haberleutten in Mäncher Pfarre mit 9 ß 24 d Dienst um 16 Pfd. Wr. Pfen. dem Herzog Albrecht II. von Oesterreich für seine Stiftung Gaming. Siegler: Jörg der Hausler, einst Lehensherr dieses Gutes, dem sie die Eigenschaft abgekauft haben, und Marchart der Heusler und des Ausstellers Bruder Philipp der Schorner.[3]

1366, 21. März, verkaufen Jans der Pauzz und seine Frau Anna ihr Gut zu Czell in Mäncher Pfarre, worauf Philipp gesessen ist und 12 ß dient, um 31 Pfd. Wr. Pfen. dem Kloster Gaming. Siegler: der Aussteller, Jans der Drozzer und als Zeuge Georg der Häusler.[4]

1367, Freitag von unsers Herrn Auffahrt (21. Mai), Wien, verkaufen Ulrich bei den Mindern Brüdern zu Wien und seine Frau Getraud um 160 Pfd. Wr. Pfen. dem Kloster Gaming Geld- und Naturaldienste auf dem Zelhofe in der Pfarre Mänch, einem Gute in dem Orenpach im Graben in der Pfarre St. Leonhard und einem Lehen und einer Hofstätte in der Leyzz in der Grub in derselben Pfarre. Siegler: der Aussteller und die Zeugen Jans von Pellendorf, Getrauds Bruder, Jans bei den Minderen Brüdern zu Wien, Ulrichs Vetter, Christian der Stainer und Jörg der Häusler.[5]

---

[1] Oberösterr. Urkundenbuch, VII., 395.

[2] Staatsarchiv in Wien, Codex Diplom. der Karthause Gaming, Perg. Nr. 867, I., 120; II., 114.

[3] Staatsarchiv in Wien, Codex Diplom. der Karthause Gaming, Perg. Nr. 867, I., 174; II., 65; Lichnowsky, Habsburg, V., Nr. III., Nr. 1912.

[4] Staatsarchiv in Wien, Codex Diplom. der Karthause Gaming, Perg. Nr. 867, I., 124; II., 119.

[5] Staatsarchiv in Wien, Codex Diplom. der Karthause Gaming, Perg. Nr. 867, I., 128; II., 123.

1388, 19. März, überläßt Peter von Losenstein die Feste Sinibelkirchen dem Heinrich VI. von Wallsee.[1]

Die Wallsee widmeten die damals wohl noch aufrechte Feste in St. Haus zum Zisterzienserkloster Säusenstein. Das Gültverzeichnis dieses Klosters von 1530 führt in Simblkirchen bei Sandt Liennhart im Forst Dienste von Häusern, auch von Äckern, Getreidezehent, ein Fischwasser, Dienste zu Pöllandorf, am Waßhoff, Pirchoff und ein Holz daselbst und am Schreinperg an. Die Burg und Kirche werden nicht mehr genannt.[2] Die Volkssage berichtet, daß in St. Haus ehemals ein Kloster bestanden habe, offenbar eine dunkle Erinnerung an den Besitz des Stiftes Säusenstein.[3]

Um 1390 war die Pfarre Mankh auf 10 Pfd. Pfen. Verleihungsgebühr berechnet.[4]

Um etwa 1400 wurde der Chor gebaut.[5]

1401, 23. April, Wien, belehnt Herzog Albrecht IV. von Oesterreich Gengel den Steinberger mit zwei Höfen zu Puezendorf (Busendorf) in Mankher Pfarre, die er von seinem Vetter Ekhart dem Steinberger geerbt hat.[6]

1420, 18. Juli, Kilb, Pfarrhof, wurde entschieden, daß der Pfarrer von Mannkch einen jährlichen Zins an die Mutterkirche in Hürm zu leisten habe.[7]

1422, 18. September, sollte Nikolaus Olin die Annaten für die Pfarre Mankh nach Rom entrichten.[8]

1423, Montag nach Mitterfasten (15. März), gibt Hanns der Seidenpekch (auch Seydnspekch) seiner Frau Helena, Tochter des Hannsen Vincenzer zu Haisnperig, zur Morgengabe sein Schenkhaus zu Mankch, worauf er sitzt und wovon er dem Pfarrer von Hürben (Hürm) als Grundherren 14 Wr. Pfen. dient, und die Hälfte seiner fahrenden Habe. Siegler: Christian Sebisser, Pfarrer zu Hürben, und als Zeugen des Ausstellers Schwager Ulrich Tanfoyt zu Hürben.[9]

1426 gab der Pleban von Mankch zu Georgi der Mutterkirche in Hürm 2 Pfd. Pfen. Die Kirche in Hürm hatte in der Pfarre Mank

---

[1] Notizenblatt, 1854, 598.
[2] Blätter für Landeskunde, 1877, 102.
[3] L. G. Ricak, Heimatkunde des Bez. Melk, Wien 1912, 104.
[4] Hippolytus, 1863, 148.
[5] Riesenhuber, Kirchl. Kunstdenkmäler, 183.
[6] Lichnowsky, Habsburg, V., Nr. 451.
[7] Staatsarchiv Wien, St. Pöltener Kopialbücher, Kodex Nr. 1077 und 173-175; siehe bei St. Gotthard.
[8] Blätter für Landeskunde, 1890, 350.
[9] Staatsarchiv Wien, St. Pöltener Kopialbücher, Kodex Nr. 1077 und 173-175.

einen Drittelzehent. Die von Walsee waren Vögte der Kirche zu Mankch und der Leute, welche daselbst gegen Hürm gehörten.[1]

1429, 12. November, Wien, in der Stube des Kaspar von Mauselstein, fertigte der Notar Johann Capekch von Laibach, *clericus Aquilegiensis dioecesis*, eine Urkunde aus, wonach die Schiedsmänner Johann Gwerlich *decretorum doctor et officialis curiae Pataviensis*, dann Kaspar von Mauselstein, Paul von Wien und Konrad von Halstat, *decretorum doctores*, zwischen dem Propste Christian von St. Pölten und dem Rektor Konrad der Pfarrkirche Mänkch entschieden haben, daß das Stift St. Pölten *rationis matricis ecclesiae* in Hürben von der Filialkirche zu Mankch einen jährlichen Zins von 4 Pfd. Wr. Pfen. zu fordern habe, die unter Strafe von 40 ungarischen Gulden an den Bischof zu leisten sind.[2]

1429 war die Pfarre Mank Lehen vom Propste in St. Pölten.[3] Drei Bauernhäuser in der Pfarre Mank führen den Namen St. Frein. Der Name ist alt und stammt von einer Kapelle her, über welche urkundlich nichts berichtet wird. Nach verstorbenen Herrn Professor Johann Fahrngruber wäre der Name auf St. Verena zurückzuführen, welche Heilige in Schwaben häufiger verehrt wird.

1436, Montag nach Sonnenwende (25. Juni), beurkundet der Prior Johann im Allerheiligentale zu Mauerbach, daß der Streit zwischen seinen Holden Simon Wismülner und den Holden des Propstes Christian von St. Pölten Hanns und Jorig Held um die Wür und den Mühlgang und Wasserlauf auf der Mankch bei Altenhofen dadurch entschieden wurde, daß ehrbare Leute dem Simon Mülner den Platz anzeigten, wo er seine Wehre machen dürfe.[4]

1450, St. Jorgentag (24. April), verkaufen Heinrich am Herrantsperg (Hörgstberg) und seine Frau Kunigund mit Willen ihrer Kinder Martein zu Nidernpolan (Pölla), Hansen im Wolffpach (Wolfsbach, Pf. Kirnberg), Cathrein, Hausfrau des Thoman vor dem Holz und Elspeth, Frau des Jorg zu Lehenleutte, ihre Gerechtigkeit an zwei Teilen Zehent in Mankher Pfarre auf dem Mairhoff zu Laupoltsdorf (Loipersdorf) und auf dem Hof des Kristan Rys daselbst u.a. dem ehrsamen Maister Thoman Angelpekchen, Pfarrer zu St. Lienhart im Forst. Siegler: der edle Peter Gawbitz in Dwerichpach (Zwerbach, Pf. Ruprechtshofen), und als Zeugen die edlen Hanns Paltram, Pfleger

---

[1] Staatsarchiv Wien, St. Pöltener Kopialbücher, Kodex Nr. 1082; Winter, Niederösterr. Weistümer, III., 462.

[2] Staatsarchiv Wien, St. Pöltener Kopialbücher, Kodex Nr. 1077 und 173-175; Topographie, VI., 64.

[3] Schmieder, Matricula, 21.

[4] Staatsarchiv Wien, St. Pöltener Kopialbücher, Kodex Nr. 1077 und 173-175.

zu Weigslpach (Groß-Weichselbach, Pf. St. Leonhard) und Wolfgang Swanvelder.[1]

1456, 28. Dezember, war Hans Gueczpiar, Pfarrer zu Maenkch, Zeuge.[2]

1456 bekam Wolfgang von Wallsee als väterliches Erbe auch die Ämter Wieselburg und Sigmalskirchen.[3] Darunter ist Simbalskirchen oder St. Haus zu verstehen.

Um 1460 wurde das ansehnliche Langhause der Kirche erbaut.[4]

1476 war die Pfarre Mank auf 74 Pfd. Pfen. Verleihungsgebühr taxiert, scheint also bedeutend verbessert worden zu sein.[5]

1477, 11. November, verkauft Hanns, gesessen zu Nidernpölan (Pölla), seinen Burgrechtsacker am Jeuch in Fridreichsperger (Fritzberger) Feld und Mänkher Pfarre dienstbar dem Gotteshause unser lieben Frauen-Pfarrkirche zu Mänkh in die Zeche, seiner Hausfrau Dorothea, Tochter des verstorbenen Thoman im Apfolterspach. Siegel des Lienhart Ryse, Pfarrers in Mänkh.[6]

1496, 2. September, verkaufen Ekhard Steinberger zu Khelbershardt, Hanns Scherner zu Stranasdorff, Andre Prawnsperger und Erhart Khayser, beide Zechmeister des Unser Frauen-Gotteshauses zu Mänkh, und die ganze Pfarrgemeinde mit Willen des Herrn Peter Mechtler, Pfarrers zu Mänkh, das Gut an dem Zedelmeier in Mänkher Pfarre dem Herrn Maister Jörg Pöwl von Pruckh, Pfarrer zu St. Lienhardt im Vorst. Zeuge: der edle und feste Jorg Kholb, Richter zu St. Leonhard im Forst.[7]

1513 geben Wolfgang Walch zu Brandek und Wolfgang Haidelberger zu Droß der Karthause Gaming im Tauschwege einen Hof zu Arnoltzperg in Manker Pfarre.[8]

Von etwa 1520 stammt ein Kruzifix.[9]

Im 16. Jahrhundert erscheint beim 12. April im Nekrolog des Stiftes St. Pölten verzeichnet Herr Jeorgius Kalberschardus, Priester und unser Mitbruder.[10] Er war Weltpriester und in die Bruderschaft des Stiftes aufgenommen.

---

[1] Staatsarchiv Wien, Smitmer, Codex Diplom. Austriae Nr. 122/III, Nr. 377.
[2] Fontes, LII., 475.
[3] Hoheneck, Genealogie der Stände Oberösterreichs, III., 825.
[4] Topographie, VI., 65.
[5] Schmieder, Matricula, 21.
[6] Staatsarchiv in Wien, Smitmer, aus dem Archiv der Domvogtei zu Wien.
[7] Staatsarchiv zu Wien, Smitmer, Codex Diplom. Austriae Nr. 122/III, Nr. 581; Topographie, V., 786.
[8] Geschichtliche Beilagen, XI., 148.
[9] Riesenhuber, Kirchl. Kunstdenkmäler, 183.
[10] Fontes, XXI., 504.

1544 diente der Pfarrer von Manckh von einer Wiese beim Stockhgarttten 6 d zum Amte Kilb der Karthause Aggsbach.[1]

1551, 14. April, präsentierte Propst Leopold Hagen von St. Pölten auf die Pfarre Mank, welche durch den Tod des Georg Hueber (seit 1549) erledigt war, den Passauer Diözesan Klemens Hertzperger.[2]

1555 wurde die Kirche ausgeraubt und daraus 80 Pfd. Pfen. Geld, zwei Kelche, Wachs und anderes entwendet.[3]

1587, 6. Juli, starb Johann Jakob Neapolitanus (Neustädter), Pastor in Hürm und Mank.[4]

1595, 18. März, folgte ihm Johann Laurenz Schiavius von Dinkelsbühl, Pfarrer in Hürm, im Tode nach.[5] Auch er versah zugleich die Pfarre Mank, so wie auch der Chorherr von St. Pölten Johann Lauterwein, dessen Sterbejahr nicht bekannt ist.[6]

1636, Februar, entwich Theobald Hornig von der Pfarre Lunz, hielt sich in einem Wirtshause zu Hürm auf und verrichtete täglich den Gottesdienst in Mäng (Mank). Er war dem Trunke ergeben und wurde am 13. September 1640 als Vikar in Mänckh für Weinburg präsentiert.[7]

1645, 27. Oktober, beschließt der Stadtrat von St. Pölten, in der herrschenden Pestgefahr eine Wallfahrt nach Hain oder Gerersdorf zu veranstalten und ein Votivbild nach Mank zu widmen. Dieses Bild wurde von Baldowin Hoyel in St. Pölten gemalt und 1646 in feierlicher Prozession nach Mank überbracht. 1713 stiftete die Stadt dazu zwei Kerzen von 59 Pfund und zwei Ampeln. Das Original wurde 1859 nach St. Pölten zurückgebracht und in Mank durch eine teure Kopie ersetzt.[8]

1652, 13. April, wurde auf die Pfarre installiert Aligius Lechner, Chorherr von St. Pölten, Baccalaurus der Theologie. Er war 1642 in den Orden eingetreten und 1646 vom Offiziale Inama approbiert. Die Pfarre gehörte zum Dekanate Mölckh, die Pfarrkinder waren alle katholisch. Lechner war noch 1659 auf der Pfarre.[9]

1654 beginnen die Pfarrmatrikeln.

---

[1] Bei Herrn Mayreder in Melk.
[2] Topographie, VI., 64.
[3] Topographie, VI., 64.
[4] Fontes, XXI., 544.
[5] Fontes, XXI., 491.
[6] Topographie, VI., 65.
[7] Konsistorialarchiv St. Pölten, Faszikel Lunz und Weinburg.
[8] Das Gelöbnis der Stadtgemeinde St. Pölten zur Wallfahrt nach Maria Mank, 1877, 8 Seiten.
[9] Konsistorialarchiv St. Pölten.

1666, 12. Jänner, wird Dechant Johann Gotthard Hoffmann von Ankerskron und Strämerstorff Herr der Ersten Kalberhardt genannt.[1]

1666 verzeichnet Franz Thalhofer, Vikar, die Stoltaxen der Pfarre Manckh.[2]

1683 blieben beim Türkeneinfall Kirche und Pfarrhof in Manck im Bau verschont; doch wurde Wein, Getreide und Einrichtung geraubt.[3]

1769, 25. Februar, verschied zu Hürm der Geschichtsforscher Raimund Duellius, geboren in Wien, gewesener Bibliothekar im Chorherrnstift St. Pölten, Stiftssenior, Jubelpriester und Pfarrer zu Mank.[4]

1862 versprach die Gemeinde Loizdorf ihre Kapelle zu erhalten.

1875 gab ein päpstliches Breve Meßlizenz für die Schloßkapelle in Strannersdorf.[5]

106. St. Margareten/Sierning[6]

Vor 1083, noch ehe die Pfarre Kilb errichtet wurde, hieß St. Margareten Düringerhofen und wurde mit dem Dorfe Schiltern am Bache Antosin von den Herrn von Rebegau aus der Pfarre Hürm ausgeschieden und der Pfarrbezirk zwischen dem Berge Geswend, Ober-Gruba, Vilindorf (Freilendorf), Eichindorf (Eigendorf), Grubbach, Oberhofen und Giswand mit Ausnahme von Chunratstorf (Konradsdorf) ihm zugewiesen. Ausgenommen war der große Zehent an Frucht und Geld.[7] Der Name Düringhof ist heute noch für einen Meierhof beim Orte in Gebrauch.

Durch den Grafen Gebhard von Stain (Rebegau, um 1200) gelangte das Patronat von St. Margareten an das Stift Altenburg am Kamp.[8]

---

[1] Konsistorialarchiv St. Pölten, Faszikel St. Martin bei Ybbs. Über Kälberhardt vgl. Schweickhardt, Darstellung von Niederösterreich, X., 238-241.
[2] Konsistorialarchiv St. Pölten.
[3] Schmidt, Oesterr. Blätter für Literatur, IV., 1847, 1079.
[4] Pfarrarchiv Mank und Krems.
[5] Konsistorialarchiv St. Pölten. Zu Schloß Strannersdorf siehe Schweickhardt, Darstellung von Niederösterreich, X., 227-231.
[6] Topographie, VI., 129-133.
[7] Fontes, XXI., 3.
[8] Burger, Altenburg, 238; Fontes, XXI., 4.

1150 gab Heinrich von Kamegg dem Bischof Konrad von Passau Chwonradesdorf an der Pyala (Konradsdorf, Pf. St. Margarethen) für Zehente von 21 Dörfern bei Allentsteig.[1]

1159 erscheint Pfarrer Konrad von St. Margareten bei Errichtung der Pfarre Friedersbach.[2] Gehört vielleicht zu St. Margaretenkirche (Klösterl) bei Gars.

Zwischen 1200 und 1204 erscheinen vor Bischof Wolfger von Passau beim Kapitel in Krems Pfarrer Dominik von St. Margareten, sein Lehensherr Abt Winter von Altenburg und sein Vogt Otto von Lengenbach mit ihren Zeugen und bewiesen gegen Pfarrer Hartnid von Hürm die pfarrlichen Rechte von St. Margareten. Darauf bestätigte der Bischof diese Rechte und bestimmte, daß die Pfarrleute von St. Margareten alljährlich der Mutterkirche in Hürm in Prozession mit Fahnen eine Kerze zur Erneuerung der Rechte ihrer Kapelle überbringen sollen. Zeuge: Graf Gebehard *puer*.[3]

1213, 24. Juni, Zeiselmauer, war Anselm, Pleban von St. Margareten, Zeuge des Bischofs Manegold von Passau.[4] Doch bestand eine Margaretenkirche auch bei Gars-Thunau.

Um 1260 verlieh die Kirche St. Margareten der Abt von Altenburg, aber Zehent und Grund gehörte dem Bischof.[5]

Um 1260 bezog der Landesfürst von Sancta Margareta Gülten.[6]

Der älteste Teil der Kirche ist das Langhaus, das bis ins 15. Jahrhundert mit flacher Decke versehen war.

1290, 13. Juli, Altenburg, beurkundet Stephan von Meißau, daß der Wirtschafter Chunrad von Sancta Margareta, der wegen Vergehen vom Stifte Altenburg ins Gefängnis gesetzt worden war und nun wieder frei gelassen wurde, keine Rache am Stifte üben werde, wofür er 35 Bürgen aus der Umgebung stellte, darunter Marquard von Hag (bei Bischofstetten), Chunrad von Grueb (Grubhof), Heinrich von St. Margareten, Heinrich der Bruder des Wirtschafters, Friedrich und Heinrich von Weilendorf (Feilendorf bei St. Margarethen), Reinward von Radwenstorf (Rammersdorf bei St. Margarethen), Heinrich von Eryhendorf (Eigendorf bei St. Margarethen), Friedrich von Hetzleinstorf (Hetzersdorf bei Gerersdorf), Heinrich von Eringa (Afing bei Neidling), Konrad von Prunsleinstorf (Prinzersdorf bei Gerersdorf), Konrad von Linsperge (Limsberg), Dietrich von Chuonratstorf (Konradsdorf) und Konrad von Oberahowen (Oberhofen bei St. Margarethen).[7]

---

[1] Geschichtliche Beilagen, XI., 136.
[2] Geschichtliche Beilagen, XI., 226.
[3] Fontes, XXI., 2-4.
[4] Geschichtliche Beilagen, VIII., 449.
[5] Monumenta Boica, XXVIII., II., 482.
[6] Rauch, Rerum Austriacarum Scriptores, II., 23.
[7] Fontes, XXI., 56, 57.

1293, 13. Dezember, Altenburg, erscheint als Zeuge des Abtes zweimal Pfarrer Heinrich von St. Margareten.[1] Da ihn der Abt seinen Kaplan nennt, gehört er vielleicht auf diese Lehenspfarre.[2]

1301, Wien, erscheint in einer Urkunde des Bürgerspitals in Wien als Zeuge „her Hainrich der pfarrer zu Sand Margareten".[3]

1308, 28. Mai, Wien, bezeugt Heinrich, Pfarrer zu Sand Margareten, die Verleihung eines Weingartens in Höflein an das Stift Seitenstetten.[4]

Im St. Pöltener Nekrolog erscheint am 17. Oktober an dritter Stelle Tristram, Pleban von St. Margareten, unser Mitbruder.[5]

1315, Juliana Jungfrau (16. Februar), Mekici, verkauft Friedrich Vleischezz in der Notlage dem Abte Ulrich von Medlich mit Zustimmung seiner Gemahlin Chunegund 9 ß d weniger 2 d Gülte in St. Margareten am Flusse Syernih von einer Hoffstätte und Burgrechtacker um 12 Talente Wr. Denare mit dem Rechte des Rückkaufes durch zwei Jahre auf Maria Verkündigung. Siegler: der Aussteller und sein Bruder Heinrich. Zeugen: Herr Ulrich von Pyelach, Herr Otto von Pyelach, Pernhard von Medlico und Marquard von Chueffern.[6]

1324 verkaufen Otto von Haag und seine Frau Offmei mit Zustimmung ihrer Tochter Gertraud und deren Gatten Gottfried von Goldeck ihr Eigen zu Nider-Radl (Unter-Radl) dem Herrn Dietrich von Gschwendt und seiner Frau Geislein (Gisella).[7]

1335, 1. Mai, geben Chunrat der Kekerdorfer und seine Frau Elspet dem Stifte Herzogenburg 2 d Gülte von einer Wiese auf der Siernich bei Sand Margareten.[8]

Der Grubhof bei St. Margarethen zur Hürmer Pfarre gehörig, wurde um 1350 von Herzog Albrecht II. der Karthause Gaming zugewendet, aber im Kriege mit dem Ungarnkönig Matthias Corvinus (um 1485) verwüstet und 1513 gegen andere Güter vertauscht.[9]

Um 1350 erbte Pfarrer Michael von St. Margareten vom Choralisten Andreas von Wien ein Buch.[10]

1429, Samstag vor St. Antonius (15. Jänner), Wien, überträgt Herzog Albrecht von Österreich seinem Hauptmann unter der Enns Reinprecht von Wallsee die Vogtei der beiden Pfarrkirchen zu Sant

---

[1] Fontes, XXI., 74, 75.
[2] Vgl. Geschichtliche Beilagen, VIII., 461.
[3] Fontes, XVIII., 104.
[4] Fontes, XXXIII., 143.
[5] Fontes, XXI., 605; Mon. Germ. Hist. Necrolog., V., 532.
[6] Kopialbuch im Stiftsarchiv Melk, Bl. 85.
[7] Hoheneck, Genealogie der Stände Oberösterreichs, III., 222.
[8] Faigl, Urkunden von Herzogenburg, 137.
[9] Geschichtliche Beilagen, XI., 148.
[10] Geschichtliche Beilagen, VIII., 281; Mittelalterl. Bibliothekskataloge, I., 266.

Linhart im Forst und Scheibbs und der Holden des Gotteshauses Mauerpach, die von Robot Zoll und Wandel (Strafgeldern) gefreit sind.[1]

1329, Erchtag in den Pfingstfeiertagen (17. Mai), Gaming, beurkunden Prior Niclas und der Konvent zu Gaming, daß Chunrat, Pader zu St. Leonhard am Forst, und seine Hausfrau Petronella, Miterben ein Erbrecht gekauft haben auf der Herrn von Gaming Badstube in Scheibs.[2]

1355, St. Veit (15. Juni), verkaufen Ott von Sozz und seine Frau Anna ihren Hof zu Grueb in St. Margaretenpfarre bei Hurben um 104 Pfd. Wr. Pfen. dem Herzog Albrecht II. von Osterreich zu seiner Stiftung Gaming. Siegler: der Aussteller, sein Vetter Chunrat von Sozz, dessen Bruder Hermann von Sozz, des Ausstellers Schwager Sighart der Häusler und dessen Schwager Ludwig von Czelking.[3]

1357, 7. Jänner war ein Streit über die Vogtei der Kirche zwischen Bischof Gottfried von Passau und Ulrich von Hausbach.[4]

1361, St. Margarethen (12. Juli), verkauft Albrecht der Wenig auz dem Prunspach dem Marchart von Tirnstain einen Zehent auf dem Hofe dacz dem Geswent (Gschwendthof) in St. Margarethner Pfarre bei dem Hag, wo Nicla der Sneyder von Radmanstorf (Rammersdorf) jährlich zu St. Pöltentag zwei ganze Rabensteiner Käse (vielleicht Schafkäse?) dient, Lehen vom Bischof Gottfried von Passau, um 14 ß Wr. Pfen. nach dem Landrechte von Oesterreich. Siegler: der Aussteller und der ehrbare Knecht Chunczl der Gusner von Y(n)prukk.[5]

1365, 15. April, verkaufte Thomas der Zand der Pfarrgemeinde St. Margareten zur ewigen Messe, welche Otto der Wolfenreuter, Hermann der Zirvogel, Heinrich von den Tannen und Ulrich der Reder von Öd gestiftet haben, einige Güter.[6]

1365, 21. Oktober, Wien, beurkundet Petrus, Sohn des Hermann von Waydhofen und Pfarrer zu St. Margarethen am Flusse Syednick, Kanonicus und Chorherr der Domkirche in Wien, daß ihm am selben Tage der Dekanatsverweser Ulrich, Pfarrer Nikolaus von Potenstain als Kustos und der Kaplan Jakob von St. Ulrichskapelle in der Vorstadt von Wien als Kantor und Pfarrer Ratold von Ernstprun nebst den anderen Chorherrn der St. Stephanskirche und Allerheiligenvogtei in Wien den von Herzog Rudolf IV. und seinen Brüdern aus-

---

[1] Originalperg. mit rückwärts aufgedrücktem Siegel im Staatarchiv zu Wien; Lichnowsky, Habsburg, V., Nr. 2710.
[2] Smitmer, Codex Diplom. Austriae Nr. 122/III im Staatsarchiv zu Wien, III. Bd., Nr. 225.
[3] Staatsarchiv in Wien, Codex Diplom. der Karthause Gaming, Perg. Nr. 867, I., 171; II., 65.
[4] Topographie, VI., 130.
[5] Originalpergament, beide Siegel fehlen, Schloßarchiv Greinburg.
[6] Fontes, XXI., 250.

gefertigten Stiftbrief vom 16. März 1365 zur Kopierung vorgewiesen haben, weil sie befürchten, daß Herzog Albrecht denselben wie alle auf die Dotation des Kapitels vornehmlich das Schloß Weytenek und dessen Zugehörung bezüglichen Urkunden ihnen mit Gewalt nehmen würde. Zeugen die genannten Chorherrn, Pfarrer Georg von Michelstetten, Priester Johannes und Diener Johannes in Wien.[1]

1365 verkauft Peter, Chorherr der Domkirche Allerheiligen zu Wien und Pfarrer zu St. Margareth ob der Pilach, sein Haus zu Wien auf der Hochstraße dem Hanns von Puchaim und seiner Hausfrau Soffey um 62 Pfd. Wr. Pfen.[2]

1372, Sonntag nach Georgi (25. April), versetzen Dietrich von Losenstein und sein Sohn Dietrich ihren Hof zu Eichendorf (Eigendorf) um 40 Pfd. Pfen. dem ehrbaren Georg Flemming und seinem Bruder Vinzenz Flemming.[3]

Seit der Zeit des Abtes Friedrich III. von Melk (1371-1378) wurde das Lehen des Dietrich von Losenstain (daraufgeschrieben: von Schönpichl) auf einem Hofe daz Eybendorff (Eigendorf) in St. Margarether Pfarre, welches er von Leutoldt von Grinnssing gekauft und wovon er alle Jahre 2 Mut Korn und 2 Mut Hafer diente, nicht mehr empfangen worden. Um 1400 empfing diesen Hof zu Eybendorff Georg Fleming.[4]

1377, 1. September, vertauscht Ulrich der Hentler von Wydem Gründe mit dem Pfarrer Hans dem Streler von St. Margarethen.[5]

Ich Vlrich der Hentler von Wydem vnd ich Elpet seyn hawsfraw vnd all vnser erben, wier veriechen offenleich an dem prieff, daz wier recht vnd redleich, do wier ez wol getun mochten, mit all vnser erben gunst vnd willen hab(en) wier ein auzwechsel tan mit acher[6], da wier gehabpt haben an dem Hedelpuchl vnd hayst der Neynreith vnd hat gedient gen Sand Andre zu dem chloster sechs vnd zway(n)czk Wienner pfenning ze purchrecht vnd nicht mer, vnd zwo iewch daselbig, de dient zu dem gotzhaws ze Sand Margareten aydleffthalben phenning, awch auff sand Michelstag ze purchrecht, hab(en) wir gewechselt mit dem erbern herren, hern Hansen dem Streler, ze den zeyten pfarrer ze Sand Margareten, pey der Syernich, vmb aecher, dew er vns geben hat, de do gelegen sind pey der Landstroz in Hayndorffer Pfarr, allso beschaydenliech, daz wier alle recht vnd allen den dinst, den wier gedient haben von den achern, dew wier

---

[1] Quellen zur Gesch. der Stadt Wien, I. Abteil., IV. Bd., Nr. 3550.
[2] Gregor Grubers Urkunden im NÖLA.
[3] Hoheneck, Genealogie der Stände Oberösterreichs, III., 369.
[4] Lehenprotokoll im Melkerhofe zu Wien.
[5] Fontes, XXI., 268.
[6] Äcker.

im gaben schullen, raychen vnd dienen an dem stat gen Sand Andre vnd ge(n) Sand Margareten von den achern, daw er vns geyt, sam vor geschrieben stat. Vnd wer daz dem vor genanten herrn Hansen dem pharrer oder seyn nachchoem icht abgieng an dem auzwechsel mit recht, wie daz ihem mit zuespruch, daz schol ich vorgenanter Vlreich vnd ich Elspet, seyn haws(f)raw auzrichten vnd widerchern an all ier mue vnd schaden, allz aygenz wechthsellz recht ist vnd dez lantz gewonhait in Esterreich vnd daz schol der vorgenant her Hans vnd all seyn nachkoem daz haben auff mier vorgenant Vlreich auff all mein erben vnd auff aller mayner hab, dew ich han oder lazz oder noch gewine, ich sey lembtig oder toed, wieso dew genannt ist. Vnd daz dew sach stat fuerpaz vnd vnuerchert beleib, daz gib ich vorgenanter Vlreich dem vorgenanten hern Hansen vnd all seyn nachchöm den offen prieff, versigelt mit des erbern herren insigel probst Jansen, derzeyt datz Andre, der dez ain achers purchherr ist, vnd mit dez erbern herren insigel hern Marcharten von Tyernstayn der dez selbigen sach gezewg ist, mit seynem insigel. Der prieff ist geben nach Christes gepurd drewzehenhundert jar darnach im dem syben vnd sybentzikstem jar, an sand Giligentag.[1]

1386 hatte Herr Wolfgang der Rorer vom Abte Gottschalk von Melk 45 Metzen Weizen, genannt Rantwaiz, und 9½ Hühner auf Gründen bei Grueb in Margarether Pfarre und 1392 ein Lehen zu Grueb, welches zu Michaeli 5 ß, 2 Hühner im Fasching, 2 Herbsthühner, eine Gans, 50 Eier und 12 Käse (an den drei Hauptfesten je 4 Käse) zu dienen hatten.[2]

1393 heißt es: der Vogt hat nicht zu gebieten über die Pfarrholden. Sie geben dem Herzog allein den Landdienst. Der Pfarrer und die Holden sind dem Vogt nichts zu leisten schuldig. Doch soll ihm der Pfarrer, wenn er auf St. Margareten kommt, Suppe und Trunk für sich und seine Diener geben und ihn bei schweren Gerichtshandeln seiner Holden zuhilfe nehmen.[3]

Um jene Zeit war die Pfarre St. Margareten auf 12 Pfd. Pfen. taxiert.[4]

Um 1400 war Pfarrer Wolfgang Weiner von St. Margareten Zeuge eines Vermächtnisses an die Karthause Aggsbach.[5] Aus dieser Zeit stammt der Chor und das Seitenschiff der Kirche.[6]

---

[1] Stiftsarchiv Altenburg.
[2] Hueber, Austria ex archivis Mellic.illustrata, 92, 93.
[3] Burger, Altenburg, 237.
[4] Hippolytus, 1863, 148.
[5] Fontes, LIX., 164.
[6] Riesenhuber, Kirchl. Kunstdenkmäler, 270.

1412, Sonntag vor Tiburti (10. April), Melk, erhält Paul Matseber vom Stifte Melk den Hof zu Eyhendorf (Eigendorf) zu Lehen.[1]

1414, 18. Juni, Wien, erscheint ein Petrus, *vicarius ad S. Margaretam*, als Zeuge einer legalen Abschrift für die Abtei Lilienfeld.[2] Er gehört wohl kaum hierher.

Von 1422 war ein Grundbuch der Pfarre vorhanden, das je 5 Pfd. zu Margareten und Georgitag auswies.[3]

1429 war St. Margareten auf 12 Pfd. Pfen. Verleihungsgebühr taxiert und Lehen vom Abte in Altenburg. Auch bestand ein Benefizium am Altar St. Leonhard und Sebastian, Lehen von Altenburg.[4]

1429, 18. Dezember, Neuburg, verleiht Herzog Ludwig von Bayern die von Otto von Meißau aufgesendete Feste Wolfstein dem Rudolf von Tirnstein. Dazu gehörte auch die Vogtei datz Sand Margarethen mitsamt der Kirche daselbst.[5]

1460, 21. März, Wien, bestätigt Kaiser Friedrich dem Stifte Altenburg den Besitz der Kirche St. Margareten auf der Siednigk.[6] Aus dieser Zeit stammt das Gewölbe des Hauptschiffes und eine Glocke[7]. Um jene Zeit dürften die Seiseneker Vögte gewesen sein.[8]

1476, 20. Juni, Göttweig, belehnte der Abt von Göttweig den Peter Stainpeckh, Pfarrer zu St. Margareten, mit Sechstelzehent zu den Höfen (Hofing, Gem. Gerersdorf) „den er von Stephan Fleischacker zu Hafnerbach zur Pfarre gekauft hat".[9]

1505, 9. November, Altenburg, erlaubt Abt Johann der Pfarrgemeinde St. Margareten, einstweilen einen zweiten Priester aufzunehmen, bis eine ausreichende Stiftung dafür gemacht wird.[10]

Um 1510, 27. November, präsentierte Abt Johann von Altenburg dem Bischof nach dem Tode des Pfarrers Stephan den Thomas Rietentaler als Pfarrer von St. Margareten.[11]

1515 wurde die Frühmesse gestiftet; Joachim Marschalk zu Reichenau, Röm. kais. Maj. Rat, war Lehen- und Vogtherr.[12]

1529 und 1532 wurde der Ort von den Türken abgebrannt.[13]

---

[1] Lehenprotokoll im Melkerhof zu Wien.
[2] Hanthaler, Recensus Dipl. archivi Campilil., I., 83.
[3] Burger, Altenburg, 238.
[4] Schmieder, Matricula, 22, 26.
[5] Stiftsarchiv Melk, Schrein 59, Amt Spielberg.
[6] Fontes, XXI., 337.
[7] Riesenhuber, Kirchl. Kunstdenkmäler, 270, 271.
[8] Burger, Altenburg, 238.
[9] Fontes, LV., 93
[10] Fontes, XXI., 366.
[11] Topographie, VI., 131.
[12] Burger, Altenburg, 237.
[13] Geschichtliche Beilagen, IX., 66.

1543 heißt es aber in den Einlagen des Abtes von Altenburg: „Gefogte Guetter zu Sandt Margarethe auf der Siedning", gehören mit der Vogtei ins Urbar des Kaisers und werden vom Stifte nicht versteuert; sind „zwaymal von dem Türggen verwiest und verprannt worden". Muß jährlich 2-3 mal um den Dienst schicken und geht der halbe Dienst auf die Zehrung auf; 9 Pfd. Pfen.[1]

1544 dienten die Zechleut zu Sand Margareten von einem Acker auf der Laimbgrueb 5 d zum Strohdorfer Amt der Karthause Aggsbach.[2]

1545 wurde ein „grundtpuech in den Pfarrhoff zu sandt Margareten ann der Syedning ainem jeden pfarrer zuegehörig" angelegt, das Nachträge bis 1587 enthält. Darnach geben Dienste an der Widn 3 Holten, Hessing (Hösing bei Hürm) 1 ödes Lehen, Ratmanstariff (Rammersdorf) 1 Lehen, Anger zu Wilhalbstorff mit 3 Lehen, Sandt Margareten 1 Hofstätte, Wiese Taschnerin bei Eychendorf, Wiese zum Prunner, Grund im Peggendorffer Feldt, Wiese unter Ließperg, Unser Frauenzeche zu Sandt Margareten von mehreren Gründen zwischen Wilhalbenstorf und Rotmanstorf, enhald des Steg, bei der Brücke, Ganswinckl, unter der klain Syednig, Acker hinter der Kirche beim Kreuz, im Eychldorffer Feld, Acker Schultdewl, 2 Joch in Widegrundt. Die Zechleute von St. Margareten von der Schuel Michalis 2 d und von Gründen der Grueberin, der Tamanin, Ödacker, zu Wide, im Widegrundt, Hädlpüchl, am Urbrecht- und Topllaete. Weitere Dienste von Gründen in Aymastol, Pömmern, Wasserperg im Oberhofferwaldt, Hagrain, Khogl, Khrotnloch, Handlpichl, Linßperg, bei dem Dornpusch, Sawdorf, Khyrichweg, Speckvelt, Krachweg, Haslgraben, Edlgraben, Pynitzgruab und Tekhenschmit. Der Grunddienst betrug 6 Pfd. 3 ß 22 d, der Burgrechtsdienst 4 Pfd. 21 d. Auch waren Gründe, die keinen Dienst mehr reichten, zu erfragen. Zur Pfarre gehörten 32 Joch Acker, 2½ Joch Wald einige Tagwerk Wiesen und Zehent von 8 Joch Acker.[3]

Seit etwa 1550 wurde durch 40 Jahre keine Messe gelesen und der Gottesdienst lutherisch gehalten, auch 9 Pfarrholden verkauft.[4]

1551 wurde im Pfarrurbar von 1545 angemerkt: wegen des Holzes am Linspüchl, das zum Pfarrhof gehören soll und durch Nachläßigkeit der vorigen Pfarrer davon entzogen wurde, zu mehreren Bericht bei dem rechten Original zu Altenburg zu erkunden.[5]

---

[1] Konsistorialarchiv St. Pölten, Faszikel Stift Altenburg; Geschichtliche Beilagen, XII, 21.
[2] Bei Herrn Mayreder in Melk.
[3] Pfarrarchiv St. Margareten.
[4] Burger, Altenburg, 236, 238.
[5] Pfarrarchiv St. Margareten.

1551 verzeichnet Herr Rueprecht Hupschwundfein von Prukh an der Muer, frimesser", die Gründe der Frühmesse in St. Margareten (unvollständig erhalten): . . . 2 Tagwerk Widnwissen, verlassen um 2 Pfd. Pfen., liegt an des Pfarrers Wiese; Wiese bei den „clainain einsezen", verlassen um 1 Pfd. Ganaßwingkhl, 2 Tagwerk verpachtet um 2 Pfd. 2 ß d, dient dem Pfarrer 2 d; zwischen den Dörffern 1 Tagwerk, dient halb gegen Friedau, vergeben um 1 Pfd., das halbe Tagwerk dient dem Pfarrer 3 Heller, zwei Wiesen bei der Brücke zu St. Margareten, geben dem Pfarrer 11 d, sind verlassen um 6 ß d; zu Mätzerstorf ein Tagwerk, dient gegen Melkh 7 Heller, wurde dem Gängl um 11 Pfd. verkauft (er hätte genau 14 Pfd. gegeben) und nahm das Geld der zechmeister Steffl Perger ein, dem davon 4 ß Zins zufallen sollten, was er aber seit 1540 schuldig blieb. - Äcker der Frühmesse: zu Föllendorf (Feilendorf) von 4 Joch Acker, die gegen Sand Andre dienen, vom bebauten den vierten Metzen. Acker zu Haindorf auf der Laymbgrueb, 2 Joch, geben den dritten Metzen, ist seit 1541 ausständig; zu Markerßtorf 3 Joch geben den fünfften Metzen und dienen der Frumeß zu Marckherstorf 8 d. Daselbst 2 Joch am Haindlpuehl, von der alten Grueberin herstammend geben zweiten Metzen, sind öde und ein Holz darauf, die Khranleitn geheißen. Daselbst 2 Joch, geben den vierten Metzen, ist öde, sollte bebaut oder verlassen werden. Unter Margareterholz 2 Joch, geben den vierten Metzen, sind zu erfragen, geben keinen Dienst. Beim Creitz ein halbes Joch, gibt zweiten Metzen, liegt öde und dient in den Pfarrhof. Bei der Millichgrueb ein halbes Joch, dient einen Metzen, zu erfragen, dient nach Khrauspach 3 d zu Naudorf 2 Joch, geben den fünften Metzen. Am Sauperg 2 Joch, geben den vierten Metzen. An der Widemleyttenn 2 Joch mit 4 Metzen Getreidebau, baut der Frümesser selbst und hat einen Saffrangartten darauf. Unter Thiernauerperg 2 Joch mit 3 Metzen Anbau, zu erfragen, dienen in den Pfarrhof. - Zwischen Ober-Radl und im Grabenn auf 8 Burgrechtsäckern ganzen Zehent, von Sebastian Perger daher verschafft, trägt 8 Metzen, ist mit Holz verwachsen. Bei den Höfen zu Marckherstorff Viertelzehent, dient dem Abte von Cotwey (Göttweig) 2 ß. Zu Lynnsperg und Kainstorf Drittelzehent gegen Paul von Lagiczs, trägt 4 Mut beiderlei Getreide, dient nach Sandt Pollten (St. Pölten) 2 ß. Zu Prunn enhalben der Traißen (Brunn bei Pyhra) ganzer Zehent, trägt 2 Mut beiderlei Getreide, verlassen um 19 Metzen, dient in das Amt Sandt Poltn 12 d. Die Sammlung: von einem Hofe 1 Metzen, von einem Lehen ½ Metzen, von einer Hoffstatt $^1/_8$, trägt bei einem Mut. Die Zechleute sind schuldig, alle Gründe und Zehente den Burgherrn zu verdienen (ihnen die Dienste zu leisten) und alle Forderungen auszurichten. Der Kaplan hat auch einen Kraut- und Baumgarten und soll wöchentlich 5 Messen halten und dem Pfarrer das Opfer und jährlich ein Pfund Pfennige reichen.[1]

1555 führt das „Khornregister oder die Samblung zu der Frühmesse zu Sandt Margarethen" folgende Häuser an: zu Margarethen bei dem Prun und bei der Kirche, die Mül und noch 11 Häuser; Gruebhoff 1, Eyhendorff (Eigendorf) 4, Wide (Wieden) 4, Lintzperig (Linsberg) 6 Lehen, Saudorff 1 Hof und 2 Lehen, Feylndorff (Feilendorf) 2 Höfe, 4 Lehen und 5 Hoffstätten, Oberngrueb 5 Häuser, Wilhemstorff (Wilhersdorf) 7, Ramenstarff (Rammersdorf) 3, Noglhoff 1, Gschwendthoff 1, Oberhofenn 4 Lehen, Grabmhoff 1. Herr Georg Geyr von Haindorff gibt von einem Gruebhoff einen Metzen, Willhemstorff 1, Ramerstorff 1 Hof, dient zu Michaeli, Maria Geburt und Georgi je ein Pfund = 3 Pfd.[2]

1557, 4. August, gestattet König Ferdinand I. dem Stifte Altenburg, um das Darlehen von 1.200 fl zum Widerstand gegen die Türken aufbringen zu können, den Hof in Wien für 800 fl zu versetzen und die 6 Holden zu St. Margarethen an der Sieding und 4 Holden zu Hafnerbach an der Puellach, welche dem Stift weit entlegen, verkaufen zu dürfen.[3]

1557 gaben als Küchendienst in den Pfarrhof zu St. Margareten auf der Siedning zu Wide 3 Häuser, zu Sandt Margarethen 2, Wilhemstorff 1, die Zechleute von Gründen, ein Grund zu Lintzperg, zu Eyhendorff ein Haus, Saudorff 5 Häuser und ein Grund zusammen 5 Gänse, 14 Herbsthühner, 16 Käse und 8 Faschinghühner.[4]

1559, Sonntag vor Kolomani (8. Oktober), leistete vor dem Pfarrer Michael Thamair von Sand Margareth Leopold am Hof dem Steffel Abbitte dafür, daß er ihn geziehen habe, er habe ihm vor Michaeli das Haus abgebrannt, und würde ihn unter Strafe von 10 ungarischen Gulden Stillschweigen aufgetragen {haben}.[5]

1559 versetzte Pfarrer Michael Thommayer eine Gülteinlage.[6]

1559 gehörten zur Unser Frauenzehe in Sand Margarethen folgende Gründe: Äcker: 1½ Joch im Widnerwalt, anstossend an Lintzpergerwalt, dient dem Georg (Jörger) in Khremspach 9 d; 2 Joch, das Schuldterl im Widnerwaldt, stossent an Lintzpergerwalt, dient in den Pfarrhof 10 d; 1½ Joch im Widngrundt, dient dem Pfarrer 6 d; 1½ Joch am Sauperg bei dem Gesteig, der einem Teil darüber geht; ½ Joch unter dem Händlpüchl an des Pfarrers Acker, dient gegen Pischoffsteten; 1½ Joch zu Nondorff neben des Frühmessers Acker

[1] Pfarrurbar von 1545 im Pfarrarchiv St. Margareten.
[2] Dem Pfarrurbar von 1545 beiliegend, im Pfarrarchiv St. Margareten.
[3] Stiftsarchiv Altenburg.
[4] Grundbuch von 1545, Bl. 64-68, Pfarrarchiv St. Margareten.
[5] Urbar von 1545 im Pfarrarchiv St. Margareten.
[6] Topographie, VI., 131.

dient dem Pilher von Sandt Pölten 12 d; 2½ Joch zu Diernam bei der Holtzwisen, dient dem Gramer 8 d. - Wiesen: die Awwisen zu Eyhendorff, ½ Tagwerk, dient nach Ransenpach; ½ Tagwerk bei der Pachmanaw, dient nach Ransenpach; ½ Tagwerk bei der Holczerin, ist aus des Christan zu Widn Haus gekommen. Weiters 1 Joch Acker in Widnerwalt.[1]

1560 verlieh Pfarrer Michael Tanmair einen seit 35 Jahren öden Acker von 1½ Joch zu Mannerstorff um einen jährlichen Dienst von 12 d.[2]

1561 wurde die Pfarre durch einen Laipriester (Weltpriester) versehen.[3]

1563, 23. August, bat die Gemeinde den Abt von Altenburg, ihr den Wolfgang Stockmair von Kremsmünster als Pfarrer zu geben.[4]

1567, Georgi (24. April), beurkundet Pfarrer Wolfgang Stockmair, daß Leopold am Hoff alle Dienste richtig gemacht habe.[5]

1580, 7. Jänner, versprach Konrad Halbmer, die Pfarre St. Margarethen an der Sirning, die ihm der Abt Georg von Altenburg verliehen, nach katholischen und christlichen Gebrauche, wie es einem bei der römischen Kirche auferzogenen Priester gebührt, zu verwalten und sich aller Sekten und Ketzereien zu enthalten, widrigenfalls ihn der Abt gleich absetzen kann.[6]

1580-1587 war hier Pfarrer Konrad Halbmer, auf welchen Matthias Prikelmayr folgte.[7]

1593 gab die Unser Frauenzeche zu St. Margareten von einer Wiese und einem Acker Dienste zur Pfarre Bischofstetten.[8]

1595 wurde Prickelmayr verheiratet und halblutherisch befunden. Er hielt den Gottesdienst Deutsch und hing von Achaz von Althan zu Murstetten ab, der ihm die Frühmeßstiftung verliehen, aber dafür lutherischen Gottesdienst verlangte.[9]

1596 ließ Pfarrer Prückelmair durch seinen Zudirector Kaspar Prunner, der auch des Lateinischen und Griechischen kundig war und eine sehr zierliche Handschrift hatte, ein sehr ausführliches „Grundbuch in den Pfarrhoff tzu S. Margareten an der Siedning" anfertigen, das der Abt von Altenburg 1844 der Pfare St. Margareten übergab. Die Titelblätter sind mit Gold, Silber und Rot sehr geschmackvoll und

---

1 Beilage zum Urbar von 1545, Pfarrarchiv St. Margareten.
2 Grundbuch von 1545, Bl. 57, Pfarrarchiv St. Margareten.
3 Klosterratsarchiv in Wien.
4 Burger, Altenburg, 238.
5 Urbar von 1545 im Pfarrarchiv St. Margareten.
6 Stiftsarchiv Altenburg.
7 Burger, Altenburg, 238.
8 Konsistorialarchiv St. Pölten, Faszikel Bischofstetten.
9 Burger, Altenburg, 235-237; Vgl. Wiedemann, IV. 184-185.

künstlerisch verziert. Anfangs stehen die Rechte der Pfarre nach dem alten Grundbuche von 1393; Nachträge reichen bis 1637 herauf. Pfarrholden waren 10, nämlich zu Rammerstorff 2, Weiden 3, St. Margaeten 2, Wilhalmstorff 2 und Höfing 1. Burgrechtsdienste wurden gegeben: von einem Viertel Weingarten zu Dopl, den Thoman Schöffmülner, dem Albrecht Enenckhl, Freiherrn auf Hoheneckh, und seiner Frau Elisabet verkauft hatte; weiters von vielen Gründen in St. Margareten, Ramerstorf, Obern-Schiltpach, Cyadorff, im Graben, zu Haag, Grueb, Saudorff, Strodorff, Ober-Rädl, Oberhoffern, Mänherstorff, Feillendorf, Großen-Syrning, Klain-Sirning, Haushaim, Mitterndorf, Neumb, Weittendorff, Mitterndorff, Ramsetzhoffen, Wilhalbnstorff, Haindorff, Grumbhoff; das Stifft zu Wilhalbenspurg von der Wiese zum Pömmern, Gründe zu Kainstorff, Wulltendorff, die Zechen zu Hag (Haag, Pf. Bischofstetten), Grafendorff und Gerensdorff; das Gotteshaus daselbst von 2 Joch Äcker auf der Pymisgruab, die von Mathäus Widenpaurn zu Harlandt zur St. Johanneszeche verkauft wurden.

Die Unser Frauenzeche zu St. Margareten dient nach dem alten Grundbuche von Gründen enthalb das Stögs, bei der Prukenn, unter dem Stög, 2 Wiesen im Ganswinckhl, beim Eychendorffer Steg; unter der Pruckhen, zwischen Willarsdorff und Ramersdorff, unter Klein-Sirning, einem Joch Acker hinter der Kirche beim Creutz, 2 Joch im Eychendorffer Feld, einem halben Tagwerk Wiese unter Ramerstorff, Acker Schülterl, 2 Joch im Widngrundt und einem Tagwerk Wiese zu Mätzersdorff, zusammen 6 ß 3 d 1 h.

Die Zechleute von St. Margareten dienten von verschiedenen Gründen, darunter 2 Joch in der Kranleiten, die von Mert Khüepaur erkauft wurden, und 1 Joch am Ubrecht, das von Matthäus Zaunfinger zu Widen erworben worden war. Gesamter Dienst 4 ß 19 d, drei Faschinghühner, zu Neujahr, zu Lichtmeß und zur Raittung am Samstag Invocavit je 4 ß und von der Kirche zu beiden Kirchtagen halbe Sammlung und halbes Geld aus dem (Opfer-)Stocke.

Gründe der Pfarre: Wiesen: ein Tagwerk an der Syedning mit kleiner Wiese dabei; 3 Tagwerk an der Widn. Äcker: 6 Joch an der Widnleiten, ½ Joch neben dem Stög, 6 Joch an dem Handlpüchell bei dem Khreutz, 6 Joch im Eychendorffer Feld, 3 Joch bei Sanct Margaretenholtz, 2 Joch an der Leitten gegen Atzmanstal, 2 Joch daselbst, 1½ Joch im Poggendorffer Feld, 2 Joch an der Leitn am Sauperg, 2 Joch auf dem Sauperg gegen Widn, „hatt der Pfarherr ein voglten daruff gehabt; ½ Joch im Grund unter Margareterholtz. Weiters 2 Joch Holz auf dem Lauspühell, hat vermacht der alte Holtzer von Wilhastorff zur Pfarre; Krautgarten und Wiesfleck enthalb der Müll. Ein Zehent zu Unter Rädl und im Graben.

Gründe der Unser Frauenzeche: ähnlich wie beim Jahre 1559.

Gründe der Frühmesse: das Frühmesshaus zwischen der Straßn und dem Pfarrhofe an der Freithoffmaur mit Hofmarch, Garten und Hoffstadl, alles freies Eigen. 2 Tagwerk Wiese zu Arnesdorff, dient dem Grubmer in sein Amt Markerstorff 24 d, rinnt die Hirmb durch; dafür zahlt ein Holde zu Mitterndorff unter dem von Losenstain 4 Pfd. zu Martini Bestand; 1 Tagwerk in der Praitwisen, verlassen dem Sebastian zu Saudorff um 1 Pfd 2 ß. ½ Tagwerk im Topln um 2 ß 24 d; 2 Joch Acker im Speckhnitzfelt, dienen gegen S. Andre 14 d; Wiese zu Ramerstorff 8 ß; die Wiese Schindeleckherin auf der Sierning, mehr als ein Tagwerk, 1 Pfd. 2 ß dient dem Kloster Hertzogburg 2 d; ½ Tagwerk Wiese unter dem Schramblain, um 7 ß verlassen, dient dem Pfarrer 1 d; ½ Tagwerk Wiese bei dem Steig, um 5 ß verlassen, dient dem Pfarrer 6 d. Weitere Fortsetzung wie oben beim Jahr 1551.

Das Kornregister der Sammlung zur Frümesse enthält in St. Margareten 15 Häuser, darunter die Pachmüll und Bärtlme Nücht, Richter; zu Gruebhoff 2, darunter Görg von Kolonitsch, Freiherr; zu Eichensdorff 5, Widm 4, darunter Pfarrer Matthäus Pruckhlmair von einer Hofstätte; Linsperg 6, Sawdorff 3, Feillendorf 10, Obern-Grueb 5, Wilhalbstorff 10, Rammerstorff 4, Nophoff 1, Gschwenthoff 1, Obernhoffen 4 und Grabenhoff 1. Sammlungsertrag 18 Metzen 2 Viertel 1 Achtel.[1]

1602, 5. August, schreibt Pfarrer Andreas Itzer von St. Margarethen dem Abte Thomas von Altenburg: wie er aus dem übersendeten Briefe ersehe, sei er von der Gemeinde beim Abte verleumdet worden. Würden seine Pfarrkinder befragt werden, so würden sie ihn zehnmal mehr als seine Vorfahren loben. Er sei erst sechs Wochen auf der Pfarre, sei früher in Stregen gewesen und habe hier fleißig gearbeitet.[2]

1602, 5. August, berichten die Zechleute von St. Margarethen dem Hofmeister Wilhalbm Ethinger im Stifte Altenburg: ihr Pfarrer sei mit Unrecht verleumdet worden, daß er die Pfarrgüter verschwende und „verganckhatire". Er verhalte sich ehrbar und geistlich und habe in der Kirche eine gute christliche Lehre, auch viel Nutzen besonders bei der Jugend geschafft. Bei der Wirtschaft sei er tätig und lege selbst Hand an. Sie bitten im Namen der Pfarrgemeinde, der Abt möge ihn als wirklichen Pfarrer installieren lassen.[3]

1602, 31. August, bat Andreas Itzerus den Abt Thomas, welcher damals bereits vom Kaiser und Erzherzog von Oesterreich zum Reformator der Stadt Horn ernannt war, er möge ihn auf die Pfarre St. Margarethen installieren lassen. Aus Liebe zum Abte habe

---

[1] Papierband mit Pergamentumschlag aus einem Ritualbuch. Pfarrarchiv St. Margareten; mitgeteilt vom Hochw. Herrn Pfarrer Alois Kristl.
[2] Stiftsarchiv Altenburg.
[3] Stiftsarchiv Altenburg.

er seine früheren zwei kaiserlichen Pfarren resigniert, wo er 9 Jahre gewesen und 27 Pfarren zu visitieren hatte (wohl als Dechant), und sei nach Stregen und dann nach St. Margarethen gegangen. Sein Vorgänger Mathes Pricklmair habe die Pfarre verlassen müssen und sei nach Stregen gezogen und seine Freunde in St. Margarethen arbeiten nun gegen den neuen Pfarrer. Die geistigen Pfarrkinder halten keine Marien- und Apostelfeste. Herr Enigkl von Albrechtsberg entziehe der Pfarre einen Zehent und Herr Enigkl von Hoheneck zahle seit sieben Jahren von einem Weingarten den Dienst an die Pfarre nicht. Frau von Kollonitsch verweigere die Getreidesammlung.[1] Pfarrer Itzler blieb auf der Pfarre bis 1610.[2]

1628 klagt der Schullehrer Johann Haan über den Lebenswandel des Pfarrers Theobald Hornig.[3]

1683 ist Pfarrer zu St. Margarethen durch die straiffenten Tartaren abgefangen und in die türkische Dinstbarkeit geführt worden, der Pfarrhof und Kürchen aber totaliter sambt allen documentis verbrannt worden.[4]

107. Markersdorf[5],

St. Lorenzkirche, Pf. Neulengbach

Aus dem 12. Jahrhundert stammt der romanische Rundbau der Kirche, aus Quadern und mit Halbsäulchen erbaut.[6]

1339, 29. November, erscheint Pfarrer Dietmar von Mancherstorf, Geselle in Lengbach, als Zeuge.[7]

1403, Montag vor St. Jakob des Zwölfboten (23. Juli), erscheint in einer Urkunde der Anna, Witwe des Gottschalichs des Inprucker und ihrer Kinder Hanns, Christoph und Gottschalich als Pfarrer von Markerstorf Lienhart der Parnauer.[8]

---

[1] Stiftsarchiv Altenburg.
[2] Burger, Altenburg, 239.
[3] Burger, Altenburg, 239.
[4] Zettel im Urbar von 1545 an einer Beschreibung von 1698; Pfarrarchiv St. Margareten.
[5] Topographie, VI., 169-170.
[6] Topographie, VI., 169-170; Hippolytus, 1863, 111.
[7] Niederösterr. Urkundenbuch, I., 332.
[8] Notiz ohne Quellenangabe im Konsistorialarchiv St. Pölten, Weigelspergers Manuskripte.

1429 wird Markartsdorf bei Abstetten mit 10 Pfd. Pfen. Taxierung als Lehen des Prager angeführt.[1] Damals bestand also hier ein Benefizium.

Um 1450 wurde der gotische Chor mit Sakramentshäuschen vorgebaut.[2]

1458 und 1466 gab Elisabeth Schieler von Wilhelmsburg dem Kloster (Klein-)Mariazell Zehente in Obernau und Niedernau und den benachbarten Dörfern in der Pfarre Markersdorf.[3] - Ein Dorf Au liegt bei Neulengbach. Wahrscheinlich ist Markersdorf bei Neulengbach gemeint.

Am 9. Juni erscheint im Nekrolog von Klein-Mariazell Elisabeth Chyelarin von Wilhalmspurg, welche dem Kloster einen Zehent in Markersdorf gab.[4]

1527 war Wolf Leb von Markersdorf Mitglied der Priesterbruderschaft in Totzenbach.[5] Er gehörte wohl hierher.

1528 zog der Lehensherr (ungenannt) die Pfarrstiftung, welche 1529 beschrieben wurde, ein.[6]

Um 1594 verkaufte Andreas von Trautmannsdorf die Herrschaft Baumgarten (Pf. Ollersbach) mit den Gütern der Pfarre Markersdorf dem Johann Eustachius Freiherrn von Khuen zu Neulengbach.[7]

108. Markersdorf/Pielach[8]

Um 1110 gehörte die Kirche in Marchwartisdorf (Markersdorf) den edlen Marchward und Friedrich von Schönbichl, von denen ersterer seinen Anteil dem Stifte Göttweig widmete.[9]

Vor 1193 wurde aus dem Dorfe Marquartsdorf (Markersdorf) ein lahmer Knabe und eine blinde Frau in Göttweig beim Grabe des hl. Altmann geheilt.[10]

---

[1] Schmieder, Matricula, 23.
[2] Topographie, VI., 170.
[3] Anselm Schiring, Catal. Abbatum Cellae Mariae; Notiz in Keiblingers Handschriften im Stifte Melk.
[4] Keiblingers Handschriften im Stifte Melk.
[5] Wiedemann, IV., 97.
[6] Topographie, VI., 169.
[7] Topographie, II., 133, V., 750; VI., 169; Wiedemann, IV., 101.
[8] Topographie, VI., 170-177, Winter, Niederösterr. Weistümer, III., 469-482.
[9] Fontes, VIII., 26, 146; Blätter für Landeskunde, 1875, 186.
[10] Fuchs, Altmann, 57.

1248 bestätigte Bischof Rudger von Passau dem Chorherrenstift St. Pölten die Inhabung der Pfarre St. Pölten mit den Kapellen Haindorf und Marichartsdorf.[1]

1310, 4. Juli, versprach Marchart von Schellenberh, Burggraf zu Neu-Lengbach, und 1311, 2. Februar, Pernger von Landberg, Hauptmann zu Neu-Lengbach, bei Verwaltung des Landgerichtes, das geht vom „Hakental (St. Andrä vor dem Hagental) uncz an di Erlaf", die Privilegien, welche Herzog Friedrich I. von Oesterreich dem Abte Ulrich von Melk gegeben hat, zu beobachten.[2]

Der Sitz dieses ausgedehnten Landgerichtes wurde später von Neu-Lengbach nach Markersdorf verlegt.

1339, 24. April, St. Pölten, mußte ein Hof zu Marchartsdorf der Kirche daselbst auf St. Martensaltar zu Martini ein Pfund Wachs dienen.[3]

1373, 25. Jänner, verkaufen Niklas Hager von Marchartsdorf und seine Frau Kathrein dem Hans und Wulfing von Plankhenstein ein Lehen in der Pirchen in Ruprechtshofer Pfarre mit Zustimmung des Lehensherrn Grafen Ulrich von Schaumberg um 26 Pfd. Wr. Pfen. Mitsiegler Hans der Cunratshaimer, sein Schwager, und Paul Hager, sein Vetter.[4]

Um 1390 erscheint die Pfarre Marchartzdorff mit einer Verleihungsgebühr von 6 Pfd. Pfen.[5] Aus dieser Zeit stammen Chor und Sakristei.[6]

1392, 18. Juni, verkauft Mert der Plankensteiner mit der Feste Pielach auch ein Tagwerk Wiese, das Burgrecht vom Pfarrer in Marchartsdorf ist und 9 d zu Martini dient, an Heinrich den Chlammer. Dieses Burgrecht wird im Kaufbriefe von 1421, betreffend die Feste Pielach, der Pfarre Haindorf zugeschrieben.[7]

1429, 18. Dezember, Neuburg, gibt Herzog Ludwig von Bayern die Feste Wolfstain, welche Otto von Maissau aufgesendet hat, dem Rudolf von Tirnstein zu Lehen. Dazu gehörte auch die Vogtei zu Markkerstorf mitsamt der Kirche.[8]

1429 war Markartstorf (an der Piela) auf 10 Pfd. Pfen. Verleihungsgebühr taxiert und Lehen vom Propste in St. Pölten.[9]

---

[1] Niederösterr. Urkundenbuch, I., 62.
[2] Stiftsarchiv Melk, Kopialbuch, Bl. 39.
[3] Fontes, LI., 378.
[4] Kaltenegger, Collectio chartar. veter., I., 224.
[5] Hippolytus, 1863, 147.
[6] Riesenhuber, Kirchl. Kunstdenkmäler, 186.
[7] Schloßarchiv Greinburg, siehe unter Pielach.
[8] Stiftsarchiv Melk, Schrein 53, Amt Spiegelberg.
[9] Schmieder, Matricula, 21.

1430, 18. September, stiften Gotthard Poggendorfer und die Gemeinde mit pfarrlichen Rechten zu Markersdorf in der Pfarre Haindorf eine Frühmesse auf Unser Frauenaltar in St. Martinskirche zu Markersdorf für Sonntag, Montag, Dienstag, Donnerstag und Samstag. Der Kaplan soll seine eigene Wohnung und Einkommen haben. Der Poppenberger hat das Lehensrecht dieser Stiftung.[1]

1448, 20. August, Neustadt, eröffnet Kaiser Friedrich IV. dem Tiebolt Sebekh, Verweser seines Landgerichtes, „das gen Wolfstain ist gehandelt worden", daß er dem Kloster Melk im Burgfried von Melk alle Handlung mit Maß, Gewicht, Zoll und Pfennwort, auch das Landgericht mit Stock und Galgen übergeben habe, weshalb seine Leute daselbst nicht mehr an sie Schranne gegen Marchartsdorff vorgefordert werden sollen.[2] - Markersdorf war damals bereits der Sitz des ausgedehnten landesfürstlichen Landgerichtes.

1457, 21. Dezember, werden Güter in der Markersdorfer Pfarre angeführt.[3]

1487, St. Hippolyti, beurkundet Herzog Albert von Sachsen, Oberhauptmann des Kaisertums, den Friedensschluß zwischen den Untertanen des Königs Matthias von Ungarn und des Kaisers, der zuerst im Dorfe Markersdorf begonnen und in St. Pölten vollendet wurde.[4]

1487, 20. Dezember, verbreitete sich das Gerücht vom Friedensschluß zwischen dem Kaiser und dem König von Ungarn, welcher in Markcherstorff begonnen worden war.[5]

1490, St. Thomas des Zwölfboten (21. Dezember), verkaufen Jan von Dachaw und seine Frau Barbara, Tochter des verstorbenen Ulrich Marschalckh von Kuntzberg, ihren freieigenen Besitz in Marckhestorff in Hayndorffer Pfarre, den Freihof dasselbst, der zu Michaeli 3 Pfd. Pfen. dient, 2 Hofstätten, die in den Hof gehören und 72 und 32 d dienen, dem edlen Christopf Grabner. Siegler: der Aussteller und der edle Stephan Uttendorfer zu Goldeckh und als Zeuge der edle Hans Haygkhinger zu Raußenbach.[6]

1519, Donnerstag nach St. Luzia Jungfrau (15. Dezember), sendete Herr Stephan Egkhinger, Pfarrer zu Haindorf, und die Zechleute Unser lieben Frauen-Zeche und die Gemeinde Margkhestorff den Weingarten die Salz zu Neunhofen in der Gassen, der 10 d dient und zur Frühmesse in Markersdorf gehört, dem Stifte Melk auf, da sie

[1] Fontes, LII., 221-233.
[2] Hueber, Austria ex archivis Mellic.illustrata, 120.
[3] Fontes, LII., 490.
[4] Lichnowsky, Habsburg, VIII., Nr. 1056.
[5] Tichtelii Diarium in Rauch, Rerum Austriacarum Scriptores, II., 555.
[6] Briefprotokoll von 1618 im Schloßarchiv Pottenbrunn, Urkunde Nr. 236.

ihn dem Niklas Steyrer zu Neunhofen und seiner Frau Barbara verkauft haben.[1]

1539 ließ Veit Poppenberger die Frühmesse unbesetzt und verwendete ihr Einkommen zum eigenen Nutzen.[2]

1540 entschied eine gerichtliche Urkunde, daß Herr von Vischbeck nach eigenem Anerbieten die zur Frühmesse gestifteten und bisher von ihm genossenen Gründe zurückgeben solle.[3]

1555 übergibt Abt Leopold von Göttweig die Vogtei über die zur Frühmesse gewidmeten Gründe dem Johann von Poppendorf.[4]

1569, 18. Mai, Wien, verordnete Kaiser Maximilian II., daß das Landgericht von Markersdorf seinen Amtssitz nicht in St. Pölten, sondern in Markersdorf haben solle.[5]

1570 wurde die hiesige Frühmesse der Pfarre Haindorf übergeben.[6] Die Gemeinde Markersdorf übertrug die dazu gehörigen Gründe dem Pfarrer Ulrich Plinthammer in Haindorf, behielt sich aber Lehenschaft und Vogtei darüber vor und der Pfarrer versprach, die Pflichten genau zu erfüllen.[7]

1575, 9. Juli, wird Markerstorff als zum Stifte St. Pölten gehörig angeführt.[8]

1580, 30. März, bewilligte der Kaiser den stückweisen Verkauf des landesfürstlichen Landgerichts Markersdorf an der Pielach an die umliegenden Landleute. Der ausgedehnte Bezirk reichte von St. Andrä im Hagentale im Osten bis zur Erlaufmündung im Westen und von Hollenburg im Norden bis Kirchberg an der Pielach im Süden und waren 1584 bereits 10 Bezirke davon abgetrennt.[9] So wurden von hier veräußert: 1583 zwei Bezirke an die Herrschaft Neulengbach und einer an Wasserburg, 1586 ein Bezirk an das Stift Melk, einer an die Herrschaft Albrechtsberg an der Pielach, im Edlitztal mit 21 Häusern, im Wanndendorf mit 15 und Willerstorf mit 9 Häusern dem Herrn von Auersperg und ein Gebiet mit 63 Feuerstätten dem Althann. Das Dorf Fleischessen mit 30 Häusern wurde dem Stifte Melk übergeben für 40 Häuser, die es dem Auersperg überlassen hatte. Das Dorf Perstling mit Edlhof und 22 Häusern sollte gleichfalls veräußert werden, auch das Landgericht in der Herrschaft Wasen, das Herr von Hainburg kaufen wollte. Zwischen dem Stifte Melk und Herrn von Losenstein

---

[1] Urbar des Stiftes Melk von 1494-1565 im Stiftsarchiv Melk.
[2] Topographie, VI., 174.
[3] Stiftsarchiv Göttweig.
[4] Stiftsarchiv Göttweig.
[5] Notizenblatt, 1851, 252.
[6] Topographie, VI., 175.
[7] Stiftsarchiv Göttweig.
[8] Konsistorialarchiv St. Pölten, Faszikel Herzogenburg.
[9] Winter, Niederösterr. Weistümer, III., 478.

waren 30 Feuerstätten streitig. Helmhart Jörger kaufte zwei Landgerichte mit 223 Häusern und die Herrschaft Pöchlarn 1590 ein Gebiet von 166 Feuerstätten. Im Ganzen wurden damals 579 Feuerstätten vom Landgerichte Marchartsdorf abgetrennt und dafür 1897 Pfund als Entschädigung bezahlt.[1]

Um 1580 wird Michael Kern in Markersdorf (welches?) als eifriger Flacianer genannt.[2]

Um 1584 hatte Konstantin von Mamming zu Mitterau 31 Holden, davon Nußdorf 3, Denkenamt 17, Ossarn 3, Mitterau 2, Götzersdorf 4.[3]

1585 wurde der Pfarrer von Haindorf und Markersdorf Hubert Wisenbacher von Klesel abgesetzt und eingekerkert. Er gestand, daß er das Sakrament auch außer der Messe unter beiden Gestalten gereicht habe und sich in Wien mit einem Weibsbild zusammengeben ließ.[4]

1596 diente ein Acker der Frühmesse in St. Margareten zur Frühmesse in Markersdorf.[5]

1599 schreibt Abt Michael von Göttweig an Herrn von Stetner wegen einer von Johann von Jörger der Kirche Markersdorf entzogenen Wiese.[6]

Um 1630 versah die Pfarren Haindorff und Markhersdorff P. Ambros Hartmann von Göttweig.[7]

1632, 10. Februar, übergibt Kaiser Ferdinand II. dem Stifte Göttweig die Viertelmaut in Markersdorf samt der Dorfobrigkeit.[8]

Um 1658 wurde Felix Rueff wegen Trunk- und Streitsucht von der Pfarre Markerstorf entfernt.[9]

1669 wird Mag. Johann Hanger als Pfarrer von Markersdorf genannt.[10]

1682, 9. März, Schloß Haindorff, erscheint Johann Gangler des exempten Klosters Göttweig Pfarrer zu Haindorff und Markherstorff.[11]

1744, 26. April, Haindorff, berichtet der Vikar P. Coelestin Storzberger dem Dechant, er könne ohne Wissen des Prälaten dem

---

[1] Reichsfinanzarchiv Wien, Niederösterreichische Herrschaftsakten, 8, 2/1.
[2] Wiedemann, I., 404.
[3] Schloßarchiv Ottenstein.
[4] Wiedemann, IV., 184.
[5] Pfarrarchiv St. Margareten.
[6] Stiftsarchiv Göttweig.
[7] Konsistorialarchiv St. Pölten, Faszikel Göttweig.
[8] Stiftsarchiv Göttweig.
[9] Konsistorialarchiv St. Pölten, Faszikel Senftenberg.
[10] Pfarrmatrikeln von Haunoldstein.
[11] Konsistorialarchiv St. Pölten, Faszikel Haunoldstein.

Dechant den Augenschein bei den Filialen Markherstorff und Mitterau zu nehmen nicht gestatten.[1]

1753 wurde Markersdorf wieder eine eigene Pfarre.[2]

109. St. Martin am Ybbsfeld[3]

mit Schloß Karlsbach

1147 wird die Kirche St. Martin an der Grenze der Pfarre Neustadt genannt.[4]

Von 1200 stammt die größere Turmglocke, die bezüglich der Jahreszahl die älteste der Diözese St. Pölten ist. Die zweite Glocke enthält die Worte VLRICUS - MARTINO, die man in der Weise deutet, daß der 1207 genannte Pfarrer Ulrich von Ybbs sie dem hl. Martinus gespendet habe.[5]

Um 1230 hatte der Landesfürst in Engelpach (Ennsbach) ein Amt mit 25 Lehen und einer Hofstätte und in Chornspach (Karlbach) 17 Lehen und einen Hof.[6]

1339, Unser Frau in der Fasten (25. März), vermachen Ott von Khornspach und seine Frau Kunigund dem Kloster Heiligengeist zu Ybbs nach ihrem Tode den vom Kloster ihnen verpfändeten Hof am Pfaffenberg (1497 heißt es: in St. Marten Pfarre) und gaben ihnen dazu ihr Lehen und 2 Hofstätten auf demselben Berge und den Gaubiczhof bei Daumstetten (Theinstetten bei Ybbs), alles Lehen von den Herzogen von Oesterreich, die sie dem Kloster geeignet haben, wofür das Kloster ihnen einen Jahrtag mit Vigil und Messen halten, auch eine gute Pitanz dem Konvente geben soll.[7]

1389, 16. September, Wien, macht Herzog Albrecht III. der Marienkapelle in Kornspach einige von Friedrich von Walsee gewidmete Lehengüter zu freien Eigen.[8]

1390, 4. März, stiftet Friedrich von Wallsee zur Marienkapelle in Kornspach (Karlsbach) einen Kaplan mit mehreren Gütern, auf deren Lehenschaft Herzog Albrecht bereits 1389 verzichtet hat.[9]

---

[1] Konsistorialarchiv St. Pölten, Faszikel Haindorf.
[2] Schweickhardt, Darstellung von Niederösterreich, XIII., 293.
[3] Topographie, VI., 202-214.
[4] Oberösterr. Urkundenbuch, II., 237.
[5] Fahrngruber, Glockenkunde, 125, 126.
[6] Notizenblatt, 1855, 360.
[7] Urkundenbuch des Frauenklosters Hl. Geist in Ybbs, Hofbibliothek Wien, 142.
[8] Staatsarchiv Wien; Lichnowsky, Habsburg, IV., Nr. 2180.
[9] Original, Schloßarchiv Eferding.

Um 1400 wurde der Chor erbaut.[1]

1429 war St. Martin bei Ybbs auf 8 Pfd. Pfen. angeschlagen und bestand ein Benefizium in Kornspach (Karlsbach), das der Potendorfer verlieh.[2]

1460, 22. Mai, St. Pölten, vermachte Wolfgang von Walsee dem Herzog Albrecht VI. für eine Schuld von 32.000 Gulden ungarisch seine Schlösser Sevsenegk, Chornspach, Wokching u.a.[3]

1467, 15. März, Linz, verleiht Kaiser Friedrich III. dem Hans von Plannkhenstain, kaiserlichen Diener, Schloß und Feste Kornspach, die er von Wolfgang Mailnstorffer gekauft hat.[4]

Gelegentlich der Kirchenpflasterung 1898 wurde ein teilweise von Läden verdeckter Gruftstein aus rotem Marmor (2,25 x 1,02 m)[5] außen an der Südseite der Kirche angebracht. Im Wappen sind zwei Pflugeisen dargestellt, darüber Stechhelm und hoher Hut, Abschluß Baumkrone mit in Herzen (Fischeln?) endigenden Ästen. Randschrift: *Hye . ligent Jorig . von . Mewndling . und fraw . wandel . dy . pannhalbmyn . pernharts . von Mewndling . hausfraw . und . Irew . Kinder . den . allen . got . gnadig . sey . besunder . frawn . wandel . die . verschayden . ist . Anno . Domini . M . CCCC . und* (offen gelassen). Zweite Hälfte des 15. Jahrhunderts.

1497, Freitag nach St. Thomas Apostel (22. Dezember), verkaufen Andre Reithoffer „den man nannt Häczl", und seine Frau Margareth der Äbtissin Barbara zum Hl. Geist zu Ybbs vor der Stadt ihren Hof am Pfaffenberg in St. Martenpfarre, freies Eigen, der dem Kloster 23 Metzen Korn und 23 Metzen Hafer dient, um eine Summe Geldes. Siegler: Hans Geyr, kais. oberster Baumeister in Oesterreich.[6]

1500, St. Sebastian (20. Jänner), ließ Ludwig Pöschl, gesessen zu Khriczendorff, Amtmann und Bergmeister der Stiftung und Kapelle Unser lieben Frau zu Carlspach, zur Zeit des Benefiziaten dieser Kapelle Martin Rudolph wegen „großer Notturft des alten Grundtbuchs" ein neues Grundbuch über das Bergrecht im Burgfrieden zu Closter-Neuburg, das zu dieser Kapelle gehört, anlegen. Die Zwölf-Pottenzech zu Klosterneuburg und 24 weitere Holden daselbst und zu Kritzendorf dienten von Weingärten 36 Eimer und 9½ Stauff Wein. Der Extrakt aus diesem Grundbuch wurde angefertigt von Hans Perner, Pfleger zu Murstetten, 30. September 1596.[7]

---

[1] Riesenhuber, Kirchl. Kunstdenkmäler, 271.
[2] Schmieder, Matricula, 23, 25.
[3] Chmel, Materialien zur österr. Geschichte, II., 207.
[4] Chmel, Regesta Friderici IV., II., Nr. 4940.
[5] Abbildung in Österr. Kunsttopographie, III., 143.
[6] Urkundenbuch des Frauenklosters Hl. Geist in Ybbs, Hofbibliothek Wien, 175.
[7] Abschrift Konsistorialarchiv St. Pölten.

Um 1580 waren Prädikanten in Karlsbach und St. Martin. Beide kamen nicht zur Visitation. Graf Ernst von Ortenburg hatte sie hingestellt.[1]

1581 setzte der Pfarrer von Ybbs im Namen des Kaisers den Jakobus als Prediger in St. Martin ein. Von ihm heißt es 1585, er sei von Gott und seiner Kirche abgefallen.[2]

1593, 13. März, setzte der Pfleger von Karlsbach Daniel Kamerer zu St. Marten den Sektischen Prädikanten Matthias mit einer jährlichen Besoldung von 30 Talern ein. Dieser war früher in St. Georgen unter Herrn Enenkel Prediger gewesen. Da der frühere Prädikant Jakobus nicht weichen wollte, kam es zum Streit zwischen beiden.[3]

Aus dem 16. Jahrhundert stammt eine Taufschüssel oder Aderlaßschüssel (?) mit Brustbild und Umschrift *Marcus Tullius Cicero*. Derzeit im Diözesan-Museum in St. Pölten.[4]

1597, 24. Februar, Pöchlarn, schreiben die ständischen Kommissäre den kaiserlichen: die aufständischen Bauern führen die von Karlspach genommenen Topplhäckhe mit sich, sind jedoch bereit, sie delbst in Karlsbach zurückzustellen.[5]

1603, 8. November, wurde im Pfarrhofe zu St. Marten das Inventar des Christoph Khunigs, gewesten lutherischen Prädikanten zu St. Marten, nachdem man sein Tochter umb Zauberei und Unzucht in das Landgericht gehn Carlspach geführt, verzeichnet durch Pfarrer Johann Khäppler von Ibbs, den geschworenen Stadtschreiber Leonhard Mayr, Ratsbürger daselbst, und den Amtmann Wolf Khellner zu St. Marten. Die Tochter hieß Salomae und wurde beim Landgericht 12 Tage bewacht.[6]

1605, 12. Juli, Ibbs, schreibt Mag. Johann Käppler, kais. Pfarrer zu Ybß, dem Offizial: er sei wegen Beschwerde eines lutherischen Prädikanten nach Wien vorgeladen. Die Reise sei aber zu Wasser und zu Land sehr gefährlich, da zwischen Closterneuburg und Wien bei 5.000 deutsche und „wallonische meitenirische Knechte liegen sollen" und die Stadt auch etliche Tage gesperrt verbleiben soll.

---

[1] Wiedemann, I., 413; IV., 217, 262.

[2] Wiedemann, IV., 281, 267.

[3] Wiedemann, IV., 281.

[4] Vgl. Schweickhardt, Darstellung von Niederösterreich, XVI., 202.

[5] Haselbach, Bauernkrieg, Urkunden, 76.

[6] Christoph Khünig erhielt, unbekannt ob vorher oder nachher, von Wolfgang Jörger zu Tollet und Khöppach, Herrn zu Steyregg und Erlach, Freiherrn auf Khraußbach, das Pfarrl St. Magdalena zu Haselbach unter der Herrschaft Steyregg und verpflichtet sich, die reine Predigt der evangelischen Lehre der Augsburger'schen Konfession zu verkünden und keine andern Kirchenordnungen einzuführen. Konsistorialarchiv St. Pölten.

Er könne wegen so unerheblicher Sachen nicht seinen Leib und Leben wagen. Der Prädikant schulde ihm über 400 fl. Der Dechant von Mölckh wolle mit der Untersuchung betraut werden.[1]

1605, 26. Juli, beurkunden Richter und Rat zu Altenmarckht, daß sich Christoph Rey, Pfarrer zu St. Marten underm Hengstperg um ihre Pfarre nicht beworben habe. Im August hieß es, Kappler habe den alterlebten Priester Khunig ohne Ursache von St. Marten abgeschafft und ihm dadurch großen Schaden zugefügt.[2]

1605, 6. September, beauftragt das Konsistorium den Dechant von Melck und den Pfarrer von Ebersdorff, beide Teile zu verhören und einen Vergleich zwischen ihnen zu vermitteln.[3]

1605, 24. September, Pfarrhof zu Ybbs, beurkundet Wolfgang Wildt, Stadtschreiber und öffentlicher Notar zu Ybbß, in Gegenwart des Pfarrers Balthasar Mayenpaumb von Newmarckht die Aussagen zweier Bauern zu Gunsten des Pfarrers König und gegen den Pfarrer von Ybbs.[4]

1627 übergab der Kommissär das kaiserliche Mandat wegen Ausweisung der lutherischen Prädikanten und Schulmeister, da Herr von Zinzendorf in Carlsbach nach Wien verreist war, dem dortigen Rentmeister.[5]

110. Matzleinsdorf[6]

mit Maierhöfen

Zwischen 1112 und 1121 erhielt Bischof Heinrich von Freising 2 Huben im Dorfe Ardachari (Ardagger), einen Weingarten samt Zehent in Matzleinsdorf und eine Hube zu Grin tauschweise vom Bischof Ulrich von Passau für das Dorf Sewarn (Sebarn bei Grafenwörth), welches dieser dem von ihm errichteten Stifte St. Georgen zuwendete.[7]

1316 hatte das Hochstift Freising Güter in Ober-Pergarn bei der Kirche und in Bergern.[8]

---

[1] Konsistorialarchiv St. Pölten.
[2] Konsistorialarchiv St. Pölten.
[3] Konsistorialarchiv St. Pölten.
[4] Konsistorialarchiv St. Pölten.
[5] Wiedemann, I., 609.
[6] Topographie, VI., 235-249; Keiblinger, Melk, IIb., 283-330.
[7] Stiftsarchiv Herzogenburg.
[8] Fontes, XXXVI., 513; Winter, Niederösterr. Weistümer, III., 553.

1337 gaben die Brüder Otto und Alber von Zelking die Eigenschaft einer Hofstatt zu Mätzlstorf dem Gotteshaus St. Bartholomä daselbst.[1]

1350 wird Simon, Pfarrer in Matzleinsdorf in einem Stiftbrief für die Pfarre genannt.[2]

1368, 23. April, Wien, beurkundet Pfarrer Johanns von Maczleinstorf, daß er mit Zustimmung des Lehensherrn seiner Kirche, des Pfarrers Chunrat zu Melk einen Weingarten am Schenkhenperge bei Grinzing um 22½ Pfd. Wr. Pfen. dem Bürger Wychart von Fruzling zu Wien verkauft habe. Dieser Weingarten war vom verstorbenen Pfarrer Stephan von Melk zu seiner Kirche gestiftet worden und diente der Karthause Gaming 1½ Eimer Weinbergrecht und 3 Helblinge Vogtrecht. Siegler: der Aussteller und Pfarrer Chunrat von Melk und Prior Gotfrid von Gempnikch (Gaming).[3]

1368, 1. September, setzt Johans, Pfarrer zu Maetzleinstorff, den Weingarten zu Leyden (Leiben) an dem Awttenperge, der weiland als Hertlein, Müllers zu Awttental (Eitental bei Weiten), gewesen war und Burgrecht von Herrn Chunrat von Meichssaw ist, dem davon jährlich 60 d Burgrecht zu Kolomani gedient werden, nachdem er ihn für seine Kirche zum Schutz für den Weingarten am Schenkchenperge gekauft hat, dem Bürger Wisent von Früeling zum Ebenteuer.[4]

1368, erscheint Pfarrer Johannes in einem Kaufbriefe von Gaming.[5]

1385 heißt es „Matzleinsdorf in Melker Pfarr", scheint also diese Pfarre zeitweilig unbesetzt gewesen zu sein.[6]

Um 1390 war die Pfarre Mutzesdorf auf 12 Pfd. Pfen. geschätzt.[7] Um jene Zeit wurde der Chor gebaut.[8]

1429 war Matzleinsdorf auf 3 Pfd. Pfen. Verleihungsgebühr angeschlagen und Lehen vom Pfarrer in Melk.[9]

1441, 29. März, beurkundet Pfarrer Leopold von Maczleinstorff, daß ihm der edle Kaplan von Zelking, sein rechter Erbvogt, und die Gemeinde zwei Viertel Weingärten zu (Klein-) Pechlarn an dem Perg und zu Krumnußbaum, jeder mit 2 d dem Pfleghof in Pechlarn dienstbar, übergeben habe. Diese Weingärten hat der verstorbene Pfarrer Petrus von Matzleinsdorf zu einem Jahrtag daselbst gestiftet,

---

[1] Topographie, VI., 237.
[2] Topographie, VI., 247.
[3] Quellen zur Gesch. der Stadt Wien, I. Abteil., III. Bd., Nr. 3267.
[4] Quellen zur Gesch. der Stadt Wien, I. Abteil., III. Bd., Nr. 3274.
[5] Topographie, VI., 247.
[6] Topographie, VI., 245.
[7] Hippolytus, 1863, 148.
[8] Riesenhuber, Kirchl. Kunstdenkmäler, 187.
[9] Schmieder, Matricula, 23.

den er am Sonntag nach Kreuzerfindung mit Vigil, Seelenamt, Amt von Unser Frauen Schiedung und zwei gesprochenen Messen halten wolle. Siegler: der Pfarrer, der edle Hans der Gotsperger und Hans der Mannsreutter.[1]

Der alte Taufstein wurde um 1742 zerschlagen und seine Stücke als Mauersteine verwendet.[2]

1453, 20. April, Wien, verleiht König Ladislaus dem Reinprecht von Eberstorf u.a. zwei Teile Wein- und Getreidezehent zu Frenigaw, Pergarn und Mairhoven in Melkcher Pfarre und zu Matzleinsdorff in Matzleinstorffer Pfarre.[3]

Von 1466 stammt eine Turmglocke.[4]

1470, 15. April, Rom, verleihen die Kardinäle *Richard tituli sancti Eusebii, praesbyter*, und *Johannes sancte Lucie in Septa Solis*, Diakon, auf Bitten der Männer Stephan Hayden, Michael Grülle und Wolfgang Brammer den Besuchern und Wohltätern der St. Nikolaikapelle in Marhouen im Bezirk der St. Stephanspfarrkirche Milk (Melk) in der Diözese Passau (Maierhöfen, heute zur Pfarre Matzleinsdorf gehörig) für die Tage St. Nikolaus, Freitage nach Lichtmeß und nach Ostern, Markustag und Kirchweihe der Kapelle 100 Tage Ablaß.[5]

1528, 6. Mai, *die Mercurii* (Mittwoch), erschien vor dem Konsistorium in Wien Stephan Heiden, Pleban in Mätzleinstorff, um sich wegen der Klage des edlen Johann Paltram, daß er keinen Kaplan halte und die Stiftmessen vernachläßige, zu rechtfertigen. Paltram hatte gedroht, die Stiftungsgüter einzuziehen und für sich zu verwenden. Der Pfarrer gibt an: keiner seiner Vorgänger habe einen Kaplan gehalten, da kaum der Pfarrer seinen Unterhalt habe. Der Offizial trug ihm auf, wöchentlich drei Messen zu halten bis zum Fronleichnamsfest und, wenn die Reformatoren dort hinkommen, vor ihnen seine Armut zu erweisen. Gleichzeitig ernannte der Pfarrer den Erhard Hueber, Lizenziaten beider Rechte, zu seinem Vertreter und Verteidiger im Streite gegen Paltram.[6]

1544 war auch die Pfarre unbesetzt und wurde vom Vikar Stephan Neupaur zugleich mit der Pfarre Melk versehen. Der Visitationsbericht meldet: Pfarr Mötzlestorf, der Pfarr Mölckh incorporiert, erträgt jährlichen VII Pfd. d, drey Weingarten, achtzehen Jeuch Acker, fünf Tagwerch Wismadt. Dem vorigen Pfarrer nach seinem Absterben

---

[1] Keiblinger, Melk, IIa., 312.
[2] Bericht von 1757 im Herrschaftsarchiv zu Matzleinsdorf.
[3] Chmel, Materialien zur österr. Geschichte, II., 57.
[4] Fahrngruber, Glockenkunde, 127.
[5] Keiblinger, Melk, IIa., 326.
[6] Konsistorialprotokoll von 1526-36 im erzbischöfl. Archiv zu Wien.

ist durch den Pfleger zu Zelking sein Gut genumben worden, der Ursache man kheinen mer zuwegenbringen mag. Die Kirche und der Pfarrhof sein paufällig.

Zechleut zu Matzlestorf: zwey Jeuch Ackher; darunder will Pfleger zu Ullmerfeldt umb die versessenen dienst ainen einzichen und khainen Vertrag annemben. Ain Viertl Weingarten zu Pechlarn. Item ain Khue gehört zu der Khirchen, begert der Pfleger auch.

Ein Filial Mairhofen. Die Khirchen allein gen Mölckh incorporirt. Hat XIIII Tagwerch Weingärten, vierthalb Jeuch Ackher, anderthalb Tagwerch Wismadt.[1]

„Der Kirchen und Capelle St. Nicolai (in Maierhöfen) Grundbüechl, den 18. Martii 1558" angelegt, war 1623 bei der Pfarrkirche Melk vorhanden.[2]

Auch von 1573 an wird Matzleinsdorf stets als Filiale zugleich mit der Pfarre Melk verliehen.[3]

1576, 15. September, klagt Dechant und Pfarrer Michael Spann von Melk, daß Christoph Straub die Kirche in Matzleinsdorf versperrt und die Schlüssel zu sich genommen habe, weshalb der Gottesdienst und die Predigt einigemale auf dem Friedhof gehalten werden mußten.[4] Straub gebe vor, er sei über die Kirche Lehensherr und der Herr von Stahremberg Vogtherr und der Bischof und sein Offizial habe allda nichts zu schaffen. Der Stahremberg habe die Rechnung schon über hundert Jahre gepflogen.[5]

Um 1584 hatten die Erben des Christoph Straub zu Metzleinsdorf 18 Holden, davon in Metzleinsdorf 4, Oberpriel 1 und Amt im Stock 2 und 11 Vogtholden.[6]

1615 wurde ein Grundbuch der Kirche St. Nikolai in Mayerhofen angelegt. Diese Kirche war 1821 abgebrannt und wurde wieder aufgebaut.[7]

1618 beschweren sich die katholischen Stände auch darüber, daß Wilhelm von Zelking die Schlüssel der Kirche Matzleinsdorf, Filiale zu Melk, an sich genommen, den katholischen Pfarrer und den Prozessionen auf St. Bartholomäustag, welche mit Fahnen, Litaneien und Kirchfahrtsliedern dahinkamen, den Zugang er verweigert habe.[8]

---

[1] Visitationsbuch von 1544, I., Bl. 162. Einst im Klosterrats- und Staatsarchiv zu Wien, dieser Band verloren gegangen. Abschrift in Keiblingers Handschriften im Stifte Melk, Faszikel Melk, Pfarre.
[2] Stiftsarchiv Melk.
[3] Stiftsarchiv Melk.
[4] Wiedemann, IV., 247.
[5] Konsistorialprotokoll im erzbischöflichen Archiv zu Wien.
[6] Schloßarchiv Ottenstein.
[7] Schloßarchiv Greinburg, K.A. XV., XVI.
[8] Wiedemann, I., 556.

1786 sollte die Kapelle im Edelhofe zu Matzleinsdorf entweiht werden.[1]

111. Mauer[2]

1017, 27. Juli soll hier der Diener des hl. Koloman, der selige Gotthalm, verschieden sein.[3]

1096 wird die Kirche und 1147 bei Abtrennung die Kirche in Werde (bei Schollach) der Pfarrer Winter genannt.[4]

Um 1120 gab Dietrich von Vormbach dem Stifte Göttweig für andere Güter die Kirche in Muri mit ihrer Stiftung, Weingärten und Zugehör, bebautes und unbebautes Land.[5]

Um 1124 bestätigte Bischof Reginmar von Passau dem Stifte Göttweig in Mura die Kirche der hl. Maria mit Stiftung und Zehent daselbst und zu Ursprinc (Ursprung) vom Gute der edlen Brüder Eckhard, Dietrich, Adalrich und Hermann.[6]

Um 1131 zeigte sich der Priester Gunther zu Mura mit seinem Bruder Rudolf, gleichfalls „katholischer Priester", wiederholt als Wohltäter des Stiftes Göttweig.[7] Nach seinem Tode gab Hermann, der Sohn des Vogtes Hermann von Ratlinberge, die Stiftung und Kirche und seinen von Gunther übernommenen Besitz dem Stifte Göttweig.[8]

Um 1244 vermittelt H(einrich), Pleban in Mawer, zwischen Pfarrer und Stift in Herzogenburg.[9]

1289, St. Othmar Abt (16. November), Kloster Melk, belehnt Abt Friedrich von Medlich mit dem Zehent von zwei Höfen an dem Walde den Chunrad Vriczenlaip, der ihn um 3 Pfd. 60 d von Chunrad von Pirchach gekauft hat. Zeugen: Propst Otto, Mitbruder des Stiftes, Pleban Wolfram von Mawr, Nycolaus Chranzer und Leopold von Ramuolczpach.[10]

---

[1] Kerschbaumer, Geschichtes des Bistums St. Pölten, II., 69.
[2] Topographie, VI., 262-273; Österr. Kunsttopographie, III., 150-158.
[3] Keiblinger, Melk, I., 153.
[4] Topographie, VI., 267-270, wo die folgenden Pfarrer und Stiftungen angeführt werden. Dazu Ergänzungen in Fontes, LIX.
[5] Fontes, VIII., 31, 151.
[6] Fontes, LI., 46.
[7] Fontes, VIII., 53, 74, 92, 177.
[8] Fontes, VIII., 90.
[9] Fontes, IV., 203.
[10] Kopialbuch im Stiftsarchiv Melk, Bl. 109.

Von etwa 1300 stammen die beiden frühgotischen Kapellen an der Nord- und Südseite des Langhauses.[1]

1312, St. Nikolaustag (6. Dezember), Melch, verkauft Friedrich der Chriech von Vreitschlarn (Freischling bei Gars) mit Zustimmung seiner Brüder Chunrat, Heinrich und Otto und seiner Hausfrau Gedraut 5 Pfd. 9 d Geldes „datz Mawer", freies Eigen, dem Abt Ulreich von Melch um 87 Pfd. Pfen. Siegler: die zwei Aussteller + *Fridrici Greci de Fritchlarn*; im Schilde drei Querbalken oder Bänder, herum Blumen. Das zweite + *S. Hainrici Greci*; nur zwei Balken, keine Blumen), Herr Wernhart von Planch (+ *S. Wernhardi de Plench*; im Schilde drei Rosen, zwei oben, eine unten, zwischen einen quer gezogenen Bande. Abbildung bei Hueber, Austria, tab. IX., Nr. 4), Chunrat von Hadmarstorf (+ *S. Choradi de Hadmarstorf*; drei Pfähle, die drei Zwischenräume schräg gegittert).[2]

1313, Maria Verkündigung (25. März), Medlico, verkauft Friedrich Vleischezz mit Zustimmung seiner Gemahlin Chunigund 30 d Gülten auf einem Lehen zu Ursprung dem Abte Ulrich von Medlic, sowie auch sein Bruder Heinrich 5 ß d Gülte daselbst dem Abte veräußerte. Siegler: der Aussteller und sein Bruder Heinrich. Zeugen: Otto von Pyelach, Ulrich von Pyelach, Eberhard von Viechdorf, seine Brüder Ulrich und Heinrich, Marquard von Chuffern und Pernhart von Mellico.[3]

Um 1320 stiftet Marnhart von Häusling eine Gülte zu Leutolzperig (Lottarsberg bei Gerolding) zum Marienaltar in Mauer.[4]

1351 stiften Otto von Flemming zu Mauer und seine Gattin Margarethe eine ewige Messe in der Kapelle zu Mauer.[5]

Um 1390 betrug die Verleihungstaxe der Pfarre Mawer 12 Pfd. Pfen.[6]

1404, 25. April, 9 Uhr, starb Georg Fleming. Er wurde sogleich nach Mawer geführt, aber der Pleban daselbst wollte ihn nicht begraben.[7]

1407 verspricht Pfarrer Gregor zu Unser lieben Frauen in Mauer dem Ennenckl von Albrechtsberg, derzeit Mautner zu Linz, der zur Kirche in Mauer 4 Pfd. Wr. Pfen. Gülten und einen Weingarten zu Ursprung an dem Pränckleinsberg (Prackersberg) gestiftet hat, daß zu ewigen Zeiten alle Sonntag unter jedem Seelenamt für Georg Ennenckl und seine Hausfrau und ihre Kinder, auch seine Eltern

---

[1] Österr. Kunsttopographie, III., 151.
[2] Stiftsarchiv Melk.
[3] Kopialbuch im Stiftsarchiv Melk, Bl. 85.
[4] Fontes, LI., 295.
[5] Wißgrill, Schauplatz, III., 56.
[6] Hippolytus 1863, 148.
[7] Hieron. Pez, Scriptores rer. Austriac., II., col. 547.

Georg und Offmei und Großvater Dietrich, gebetet werden solle. Beide Stifter und ihre Erben sollen in der Kapelle auf dem Karner in der Kirche zu Mauer ihr Begräbnis haben, weil sie diese Kapelle gestiftet und gewidmet haben, und die Inhaber der Feste Albrechtsberg Vogte der von ihnen gestifteten Güter seien und zu Michaeli zwei Herbsthühner als Vogtrecht erhalten. Zeugen: Abt Peter zu dem Chottweyg als Lehensherr der Kirche zu Mauer, Herr Manfred der Häußler von Puelach und der ehrsame Herr Seyfried, Pfarrer zu Loostorf.[1]

Mitten im Langhaus der Kirche liegt eine rote Marmorplatte mit dem Enenkl'schen Wappen (schachtweise gesteilten schrägen Bande, auf dem geschlossenen Stechhelm ein mit demselben Bande belegter Adlerflügel). Umschrift: *hic . est . sepult(ur)a . honesti . Geor(g)y dicti . Enenkehl . de albrechtsperg . uxoris . et o(mn)i(u) . heredum eius . fundatoris hu(jus) capelle . Anno d(omi)ni . m.cccc . o(biit) predict(us) Geor(g)i(us)* . . .[2] Der Stein war früher in der Gruftkapelle der Enenkl.

1408, 6. April, verkauft Pfarrer Gregorius zu Mauer eine Wiese zu Reintal an die Pfarrgemeinde Gerolding für ihre Kirche.[3]

1420 verkauft Johannes Hohenacker sein freies Gut Aichhoff und ein Gut in Ramersdorff für 50 Pfd. Pfen. dem Pfarrer von Mauer.[4]

Vor 1427 wurde der hoch aufstrebende Chor mit Spitzbogengewölbe und dreiteiligen Fenstern erbaut. Der damals geplante Umbau des Langhauses kam nicht zustande.[5]

Um 1427 wurde eine Quittung ausgefertigt: „An dem Quittprieff gechennt Gregorius, Pharrer von Mauer, das im Abt Lienhart (von Melk, 1426-1433) hat getzalt XXXII lb dn, dy man im ist schuldig gewesen."[6]

1429 war die Pfarre Mauer auf 26 Pfd. Pfen. Verleihungsgebühr angesetzt und Lehen vom Stifte Göttweig.[7]

1429 gehörte die Vogtei von Mauer mit der Kirche zur Herrschaft Wolfstein.[8]

Von ungefähr 1475 stammt die Statue Mariens mit dem Jesukinde, am Hochaltar aufgestellt.[9]

---

[1] Hoheneck, Genealogie der Stände Oberösterreichs, III., 131.
[2] Vgl. Österr. Kunsttopographie, III., 158, mit etwas abweichender Lesung.
[3] Smitmer, Codex Diplom. Austriae Nr. 122/III im Staatsarchiv zu Wien, III. Bd., Nr. 79, siehe bei Gerolding.
[4] Wurmbrand, Collectanea, 152.
[5] Österr. Kunsttopographie, III., 151.
[6] Kopialbuch im Stiftsarchiv Melk, Bl. 380.
[7] Schmieder, Matricula, 21.
[8] Stiftsarchiv Melk, siehe bei Wolfstein.
[9] Abbildung Österr. Kunsttopographie, III., 154.

1499 verpfänden Wolfgang Topler und seine Frau Elisabeth ihren Hof zu Mauer dem Abte Matthias von Göttweig für ein Darlehen.[1]

1500, 6. Februar, stiften die Brüder Achaz und Christoph und Anna Enickl von Albrechtsberg einen Jahrtag mit Vigil, Seelen- und Betamt von Maria Himmelfahrt und Amt von der Auferstehung Christi und geben dazu ein Gut in Steten zu Ursprung und eine Wiese zu Prinzersdorf, die gegen Hoheneck 7 d dient. Mitsiegler Gebhard Raitter und Paul Radler von Sichtenberg.[2]

1505 verkaufen die Zechleute der Unser Frauenkirche zu Mauer dem Pfarrer Johann Kalter zu Mauer das Gut Adelsdorf in der Pfarre Pyhra. Dieser widmete es später zum Pfarrhofe, wofür alle Samstag abends das Salve Regina gesungen werden solle.[3]

1506, Sonntag *Esto mihi* (22. Februar), macht Anna Ennenkl, geborene von Winckel, eine Stiftung zur Pfarrkirche in Mauer.[4]

1506 verschreiben Wolfgang Topler zu Melk und seine Frau Elisabeth dem Hanns Wirth zu Schwallenbach und seiner Gattin Imma für ein Darlehen von 120 Pfd. den Hof zu Mauer. Der Schuldbrief von Freitag nach Kolomani (16. Oktober) wurde gesiegelt vom Markte Melk.[5]

Von 1506 stammt das prachtvolle turmartige Sakramentshäuschen an der Nordseite des Chores.[6]

1517, 1. Mai, stiftet die Witwe Walburga von Hohenfeld, geb. Sulzbeck, zur Kirche in Mauer, wo sie begraben werden will, einen Jahrtag, worüber der Pfarrer von Mauer am 6. April 1519 einen Revers ausstellte.[7]

Vor dem Hochaltar liegt eine große rote Marmorplatte mit Kelch auf Meßbuch in vertieftem Dreipaß und folgender Inschrift: *Anno . D(omi)ni . 1520 iar . ist gestorben . der . wirdig . und geistlich . her Hanns . Kalheer pfarrer hir . De(m) Got . genädig . wel . sein . amen.*

Von 1520 stammt ein Bildstock beim Ortsausgange gegen Albrechtsberg mit nach drei Seiten offenem Tabernakel, dessen Kielbögen mit Krabben, Maßwerk und Kreuzblumen verziert sind, und der eine vierseitige Fiale mit Kreuzblume trägt.[8]

---

[1] Stiftsarchiv Göttweig.
[2] Stiftsarchiv Göttweig.
[3] Stiftsarchiv Göttweig.
[4] Hoheneck, Genealogie der Stände Oberösterreichs, III., 133.
[5] Stiftsarchiv Göttweig, Kodex Miscellanea, Nr. 895.
[6] Österr. Kunsttopographie, III., 157; mit Abbildung.
[7] Hoheneck, Genealogie der Stände Oberösterreichs, I., 393.
[8] Österr. Kunsttopographie, III., 158, mit Abbildung.

Nach 1520 vertauscht Josephat Pannacher, Hauptmann zu Melk mit Wolfgang Wastensack, Pfarrer zu Mauer, einige Gülten zu Prinzersdorf gegen andere zu Pielach.[1]

Aus dieser Zeit stammt der Flügelaltar.[2] Er ist im Langhause, Nordostecke angebracht.

1528, Montag, St. Veitstag (15. Juni), schlossen der Abt Matthias von Göttweig, der Kellner Bruder Wolfgang von Melk anstatt des Prälaten daselbst und Christoph von Losenstein einen Vergleich wegen der „span und irrung" zwischen den armen Leuten zu Mauer unter den Gotteshäusern Mellgkh und Gotweig und Wolfgang Müllner hindterm Perg unter dem Herrn von Losenstein über Gründe und Wiesen, welche die „Pyelach hingebrochen und wegkgefletzt hat." Die Urkunde wurde in drei Exemplaren ausgefertigt. Siegler: die drei Vertragsschließer.[3]

1530 wurde die Kirche in Mauer bei Melk, weil selbst von den Türken verwüstet, von der Türkensteuer freigehalten.[4]

In jener Zeit bestand in Mauer eine Bauernfamilie mit dem Namen Pfarrer, was leicht zu Verwechslungen führen könnte. Ein Urbar des Stiftes Melk von 1495-1565 führt an: Andreas Pfarrer zu Mauer und seine Söhne Jocl (Jakob) Pfarrer, und dessen Frau Barbara, und Gilig Pfarrer.[5] Ein Gerichtsprotokoll des Marktes Melk von 1546-63 führt 1549 auf: Herrn Gilg Pfarrer und Jacob Pfarrer zu Mauer an.[6]

1535, 30. April, übergibt Josephat Pannacher zu Pielach, Hauptmann zu Melk, im Namen des Silvester Alinger den sogenannten Schafferhof zu Mauer dem Abte Bartholomäus, dem Prior Benedikt und dem Konvente zu Göttweig. Mitsiegler Ulrich von Lapitz, beider Rechte Doktor und Christoph Enikel zu Albrechtsberg.[7]

1536 präsentiert Abt Bartholomäus von Göttweig für die Pfarre Mauer den Johannes Mausheimer, der den Gegenrevers ausstellte.[8]

1538 fertigte den gleichen Revers Achaz Wohlmuth, investierter Pfarrer zu Mauer.[9]

1539 stellte Pfarrer Wolfgang Pinter den Revers aus.[10]

---

[1] Stiftsarchiv Göttweig.
[2] Österr. Kunsttopographie, III., 154-157, mit Abbildungen.
[3] Originalpergament, die drei Siegel fehlen, Schloßarchiv Schallaburg.
[4] Wiedemann, I., 71.
[5] Stiftsarchiv Melk.
[6] Stadtarchiv Melk.
[7] Stiftsarchiv Göttweig, Miscellanea, Nr. 895.
[8] Stiftsarchiv Göttweig.
[9] Stiftsarchiv Göttweig.
[10] Stiftsarchiv Göttweig.

Von 1543 bis 1660 blieb der Pfarrhof zu Mauer der Karthause Aggsbach von der Teichwiese den jährlichen Dienst von 16 d schuldig, machte 7 fl 48 kr und Grunddienstwandel 43 fl 52 kr 2 d und 10jährige Renovationsgebühr 11 fl, zusammen 62 fl 40 kr 2 d.[1]

1544 waren zur Karthause Aggsbach dienstbar in Haysl (Häusling, Pf. Gerolding) „Jacob Pfarrer zu Mauer, Barbara uxor, ir geerbt gutt" 1544 eine Wiese in Khobholtz; im selben Jahre „Gilig, Pfarrer zu Mauer, Agnes uxor, ein Wißen am Laimperg", dann „Wolffgang und Barbara ire beyder Khinder".[2] Der Name Pfarrer bestand als Familienname.

1546 wurde der vom Abte Leopold von Göttweig präsentierte Thomas Kerwisch auf die Pfarre Mauer eingesetzt. Er zeigte sich 1559 den Neuerungen zugetan.[3]

1570 schloß Abt Michael von Göttweig einen Vertrag mit Sebastian Hörmann wegen Verwesung der Pfarre Mauer.[4]

1592 übernahm das Inventar des Pfarrhofes in Mauer P. Joannes Langweber, Profeß in Göttweig.[5]

1614 wurde des Pfarrers Nikolaus Selten von Mauer Verlassenschaft abgehandelt.[6]

1623 verunglückten mehrere Untertanen von Göttweig in Mauer durch einen Brand.[7]

1647, 1. Februar, wird Fr. Laurenz Hoffman als Pfarrer von Mauer genannt.[8]

1666, 13. Juli, Melk, berichtet Dechant Johann Gotthard Hoffmann, der Provisor von Mauer sei vom Prälaten von Göttweig auf die Pfarre Rabenstein versetzt worden.[9]

1675 erscheint im Taufbuche Mathias Neureiter, *ludimoderator* (Schulmeister) in Maur.[10]

1681 bis 1693 war Vikar P. Gregor Weigner.[11]

1705, 12. Februar, Kloster Göttweig, schreibt Abt Berthold dem Generalvikar, er habe den P. Anton (Myller von Freiburg) von

---

1 Konsistorialarchiv St. Pölten.
2 Bei Herrn Mayreder in Melk.
3 Stiftsarchiv Göttweig; Hippolytus, 1860, 504.
4 Stiftsarchiv Göttweig.
5 Stiftsarchiv Göttweig.
6 Stiftsarchiv Göttweig.
7 Stiftsarchiv Göttweig.
8 Konsistorialarchiv St. Pölten, Faszikel Obritzberg.
9 Konsistorialarchiv St. Pölten, Faszikel Göttweig.
10 Pfarrmatrikeln.
11 Konsistorialarchiv St. Pölten, Faszikel Göttweig

der Pfarre Mauer auf eine Präfektur berufen und den P. Michael (Dischler) nach Mauer gestellt.[1]

1855 versprach die Gemeinde Thal ihre Kapelle zu erhalten.[2]

112. Mautern[3]

Die Auffindung von Altargeräten, darunter einen silbernen Kelch aus römischer Zeit, bestätigen die Annahme, daß zur Zeit des hl. Severin († 482) hier (in *Favianis*) die christliche Lehre bekannt war und das Kloster des Heiligen bestand.[4]

Vor 804 gab Karl der Große dem Bistum Passau zwei Basiliken in *Faviana* (Mautern).[5]

899 wurde in der Stadt Mautern der aufständische Markgraf Isenrich von Kaiser Arnulf belagert und zum Gehorsam gezwungen.[6]

Um 906 erscheint als Zollstation *Mutarim*.[7]

972, 18. Oktober, Neristein, bestätigt Kaiser Otto I. dem Bischof Pilgrim von Lorch (Passau) die von Kaiser Ludwig (wahrscheinlich dem Frommen, 814-840) gemachte Schenkung des Ortes Wachowa am Donauufer in der Grafschaft des Burghard.[8] Damit ist wohl auch das Gebiet um Mautern gemeint.

Um 985 hielt Bischof Pilgrim von Passau in der Kapelle des hl. Agapit in *Mutarum* eine Synode, bei der durch eidliche Zeugenaussagen festgestellt wurde, daß der Zehent zwischen *Anesus* (Enns) und Comagenerbergen (bei St. Andrä vor dem Hagentale) schon vor der feindlichen Verwüstung der Kirche in Passau gehört habe.[9]

Um 1055 gründete Bischof Eigilbert von Passau die Pfarre Mautern zu Ehren des hl. Stephan und wies ihr ein Gebiet an, aus dem später 10 Pfarren ausgepfarrt wurden.[10]

---

[1] Konsistorialarchiv St. Pölten, Faszikel Göttweig.
[2] Konsistorialarchiv St. Pölten.
[3] Topographie, VI., 306-322; Winter, Niederösterr. Weistümer, III., 423-426; Archivberichte aus Niederösterreich, I., 211-214.
[4] Topographie, VI., 307.
[5] Siehe unter Tulln.
[6] Topographie, VI., 307.
[7] Oberösterr. Urkundenbuch, II., 55.
[8] Monumenta Boica, XXVIII., I., 192.
[9] Monumenta Boica, XXVIII., I., 88; II., 206-208; Fontes, VIII., 118.
[10] Blätter für Landeskunde, 1883, 60; Fontes, VIII., 116; Topographie, VI., 316.

Um 1070 bestieg Bischof Altmann vom Dorfe Mutar aus den Göttweiger Berg, von dem ihm unglaubliche Dinge erzählt wurden, und begann dort das Kloster zu bauen.[1]

Um 1073 hatte das Stift St. Nikola in Passau zu Mvtarn eine Manse.[2]

1083 übergab Bischof Altmann die Pfarre Mautern dem Stifte Göttweig, das sie anfänglich durch Chorherrn, aber seit 1094, als die Benediktiner ins Kloster einzogen, durch Weltpriester versehen ließ.[3]

1150, 10. Dezember, gibt Bischof Konrad von Passau dem Stifte Mattsee einen Hof zu Mautern und drei Joch Gründe im dortigen Felde.[4]

1158 hielt Bischof Konrad von Passau in Mautern eine Synode ab.[5]

1189, im Mai, hielt Herzog Leopold VI. in Mautern einen Gerichtstag. Dabei waren anwesend Gertrud von Innzinsdorf, Chunrad von Stritwisen und Baldrat von Otmarsualde (Ulmerfeld) u.a.[6]

1190 hielt Herzog Leopold V. in Mutarn eine Versammlung.[7]

Vor 1193 erlangte eine schwer kranke Frau aus dem Dorfe Huntesheim in Göttweig am Grabe des hl. Altmann die Gesundheit.[8]

1203, 29. September, war Bischof Wolfger von Passau bei Matharnar, und zahlte hier dem Amtmann Heinrich von St. Pölten 5 Talente aus. Auch um Weihnachten hielt er sich hier auf und bezahlte seinen Dienern kleine Geldbeträge und den Schiffern in Mutharna 45 d.[9]

1207 erscheint Sigfrid als Pfarrer von Mautern.[10]

1211, 17. März, Stadt Krems, *in capitulo*, verleiht Bischof Manegold von Passau der Stiftskirche Mattsee Steuerfreiheit und Immunität für den Hof in Mvtarn. Zeugen: der Archidiakon Sifrid, der Pleban Heinrich von Zuentendorf u.a.[11]

1236 erhob der Pfarrer C. von Mittarn Anspruch auf die Kirche Arnsdorf und Ober-Wölbling.[12]

---

[1] Fuchs, Altmann, 34.
[2] Oberösterr. Urkundenbuch, II., 99.
[3] Topographie, VI., 316.
[4] Hauthaler, Salzburger Urkundenbuch I., 880; II., 397.
[5] Kurz, Geschichte Oberösterreichs IV.
[6] Hauthaler, Salzburger Urkundenbuch, II., 630.
[7] Archiv für österr. Geschichte, 1853, 318, 319.
[8] Fuchs, Altmann, 57.
[9] Ignaz Zingerle, Reiserechnung Wolfgers von Ellenbrechtskirchen, Heilbronn, 1877, 1, 14, 20.
[10] Topographie, VI., 316.
[11] Hauthaler, Salzburger Urkundenbuch, III., 144.
[12] Hauthaler, Salzburger Urkundenbuch, III., 467; siehe bei Arnsdorf.

1241, 11. März, Passau, bekennt Herzog Friedrich von Oesterreich, vom Bistum Passau die Vogtei über den Besitz in Mutarn und das *passagium* daselbst zu Lehen zu haben.[1]

Um 1260 hatte der Bischof von Passau in Muttarn Güter und Gericht; 18 Hofstätten und 9 Güter gaben ihm Hafer im Landmetzen. Die Kirche in Mautarn verliehen die Göttweiger, welche den Zehent behoben. Der Grund gehörte dem Bischof und dem Abte.[2]

1266, 15. März, Eggenburg, nimmt König Ottokar von Böhmen als Herzog von Oesterreich die Holden des Bischofs von Passau in seinen Schutz, gibt dem Bischof die Gerichtsbarkeit über dieselben mit Ausnahme der todeswürdigen Verbrechen und bestätigt den Bürgern zu Mautern und Everdinge die Rechte, wie sie andere Bürger im Land genießen.[3]

1276 erlaubte König Rudolf I. die Befestigung des Ortes und 1277 gab er dem Bischof das Blutgericht daselbst.[4]

1284, 21. Oktober, Mautern, bestätigt Bischof Wernhard von Passau den Besitz des Propstes Konrad von Ranshoven für das Krankenhaus.[5]

1286 verkaufen Ott von Hackenberg das Urfar zu Mautern, ein Lehen von den Burggrafen von Nürnberg, Otto dem Jüngeren von Haslau. Dieser gab es 1302 dem Hochstift Passau als Satz für ein Darlehen von 200 fl.[6]

1295, 21. Oktober, Mautern, bestätigt Bischof Wernhard von Passau die Lichtstiftung zum St. Martinsaltare in der Kirche zu Ranshoven.[7]

1297, 2. April, Wien, bestätigt König Rudolf auf Bitten des Bischofs Petrus von Passau den Bürgern zu Mautern die alten Rechte auf der Donau und zu Land und Wasser, wie sie auch die Bürger von Stein und Crems haben.[8]

1306, 10. April, St. Pölten, tauscht Bischof Wernhard von Passau vom Propste von St. Pölten ein Gut in Geroltstorf (Gerersdorf), das zu Michaeli 2 Talente dient, ein und gibt es zur neuen Stiftung seiner Hofkapelle in Mautern.[9]

---

[1] Oberösterr. Urkundenbuch, III., 101.

[2] Monumenta Boica, XXVIII., II., 184, 473, 474, 482. Die Pfarre siehe in Topographie, VI., 316ff.

[3] Monumenta Boica, XXVIII., II., 392.

[4] Winter, Niederösterr. Weistümer, III., 424.

[5] Lang, Regesta Boica, IV., 258.

[6] Reichsarchiv München, Bericht über die Passau'schen Herrschaften in Oesterreich von 1692.

[7] Lang, Regesta Boica, IV., 604.

[8] Monumenta Boica, XXVIII., II., 413.

[9] Niederösterr. Urkundenbuch, I., 216.

1324 hatte der Bischof von Passau in Mautern einen Wirtschaftshof, Zehente und Weingärten. Chunrad von Uczing, Hofmeister in Mautern, hatte Güter vermacht; Ruestorf 8 Lehen, Ober-Pergarn 5,Unter-Pergarn 3 Lehen.[1]

1329 wird Nikolaus als Vikar der Kapelle in Mautern genannt.[2]

1332, 16. Februar, war Pfarrer Caesarius von Mautern Zeuge das Dechants von Krems.[3]

1360, Samstag nach Perichtag (11. Jänner), Wien, verkaufen Simon der Viviantz, Bürger zu Wien, und seine Frau Kathrei dem Kaplan Jakob dem Pollen an der Unser Frauenkapelle in den Bürger Rathaus zu Wien einen Weingarten zu Glaiczingen. Zeuge Herr Friedlieb, Verweser in geistlichen Sachen in Oesterreich statt des Bischofs Gottfried von Passau, Chorherr daselbst und Pfarrer in Mautern.[4]

1365, St. Georgen (12. März), siegelt Friedlieb, Offizial des Bischofs Albrecht von Passau in geistlichen Sachen in Oesterreich, Chorherr zu Passau und Pfarrer zu Mauttern, einen Stiftbrief des Heinrich des Würmprant, Pfarrer zu Lewtholdsdorf.[5]

1374, 25. Februar, Mautern, weiht Bischof Albrecht von Passau unter anderem den Grafen Johann von Schaunberg auf den Titel seines Patronates zum Priester.[6]

1381, St. Koloman (13. Oktober), stiften Ulrich und Ortolf von Nidern-Fuchau einen Jahrtag auf St. Stephanstag in St. Stephanspfarrkirche zu Mauthern mit dem Kauffweingartel im Hoffgrund. Zeugen: Herr Hans von Piela, Herr Bernhard Fraal von Prun (Brunnkirchen) und Andre von Talarn, Richter zu Mauttern.[7]

Um 1390 war die Pfarre Mawttern auf 80 Pfd. Pfen. Verleihungsgebühr angesetzt und vergab der Bischof ein Benefizium in seinem Hofe daselbst.[8]

An das Langhaus der Pfarrkirche aus dem 14. Jahrhundert wurde um 1400 der Chor angebaut.[9]

---

[1] Notizenblatt, 1853, 88, 92, 93.
[2] Geschichtliche Beilagen, XI., 289.
[3] Hanthaler, Recensus, I., 77.
[4] Smitmer, Codex Diplom. Austriae Nr. 122/III im Staatsarchiv zu Wien, II. Bd., Nr. 321.
[5] Smitmer, Codex Diplom. Austriae Nr. 122/III im Staatsarchiv zu Wien, VIII. Bd., Nr. 66.
[6] Notizenblatt, 1851, 372.
[7] Landesarchiv in Wien, Urkunde Nr. 1034.
[8] Hippolytus, 1863, 146, 137.
[9] Riesenhuber, Kirchl. Kunstdenkmäler, 188.

1396, 4. Mai, Wien, verschafft Petrus, Rektor der Pfarrkirche zu Mautern, Priester der Passauer Diözese, seit zwei Jahren gegenüber von St. Michael in Wien, einige Weingärten, seine Bücher, Gewand, und Wein, die er erspart hat, zur Messe, welche die Herzogin Beatrix von Oesterreich in der Kapelle der Burg zu Wien stiften will, mit dem Vorbehalt, daß die Herzogin diese Stiftung ihm selbst verleihen solle. Notariatsurkunde im Pfarrhofe St. Michael in Wien vom Notar Johannes Sinderam von Heiligenstadt verfaßt. Zeugen: Eberhard von Gars, Pleban in Holnstein, Nikolaus von Rad von Spiez, Johann Gobelspurger und Fabian von Laasse, Priester und Kapläne in der St. Michaelskirche zu Wien, u.a.[1]

1396, 18. Juli, war Bischof Georg von Passau in seiner Stadt Mautern.[2]

1397, 31. Dezember, Wien, beurkundet Herzog Albrecht IV. von Oesterreich, daß der ehrbare Priester Peter, Pfarrer zu Mauttern und Kaplan der Kapelle in seiner Burg zu Wien, eine ewige Messe zu stiften verordnet und dazu Bergrechtwein in Peczleinstorf gekauft habe, und macht denselben zu freien Eigen für diese Stiftung.[3]

1398, 30. Dezember, Wien, eignet Herzog Albrecht IV. die von Peter von Mauttern, Kaplan der Burgkapelle zu Wien, zu einer ewigen Messe in derselben Kapelle, welche weiland Peter, Pfarrer von Mauttern und Kaplan der Burgkapelle zu Wien gestiftet hat, von Gilg dem Kersperger erworbenen Gülte zu Peczleinstorff.[4]

1401, 18. Juli, verzichten Jörg im Loch zu Nider-Fuchsau und seines Bruders Sohn Peter auf alle Ansprüche nach Herrn Petrein, Kaplan der Unser Frauenmesse in des Herzogs Burg zu Wien, nachdem sie 2 Pfd. Pfen. und einen Gulden von Kaplan Schmid, Richter zu Mautern, und dem Rate daselbst zugesprochen erhalten haben. Siegler: Dechant Hanns von Forazz in Mautern und der Richter Kaplan Schmid.[5]

1414 schlichten Friedrich der Dechant von Mautern, Konrad der Pottenbrunner, Pfarrer zu Traismauer, der edle Ritter Georg der Pottenbrunner und Zacharias der Khers, Pfleger zu Hollenwuerkh, einen Streit zwischen dem Stifte St. Pölten und Ulrich dem Wertenauer.[6]

1417, 22. November, Mautern, beurkundet Johann Obsler von Mautern, daß sein Vater Kaplan Obsler zur Andrescappellen, gelegen

---

[1] Quellen zur Gesch. der Stadt Wien, I. Abteil., IV. Bd., Nr. 4175.
[2] Geschichtliche Beilagen, XI., 343.
[3] Quellen zur Gesch. der Stadt Wien, I. Abteil., IV. Bd., Nr. 4193; vgl. 4196 und 4198.
[4] Staatsarchiv in Wien; Lichnowsky, Habsburg, IV., Nr. 286.
[5] Quellen zur Gesch. der Stadt Wien, I. Abteil., IV. Bd., Nr. 4230.
[6] Duellius, Excerpta geneal.-histor. I., 79.

in dem Gerichtshof zu Mauttern, ein Joch Weingarten bei Huntsheim vermacht habe.[1]

Der Stiftsbrief des St. Andreasstiftes in Mautern wurde vom Passauer Bischof in lateinischer Sprache ausgestellt. Davon ist ein Bruchstück einer Abschrift aus dem Jahre 1643 erhalten, welches folgende Stiftungsgüter anführt: ein Haus in Mautern mit kleinem Garten gegenüber dem Hofe des Bischofs und neben dem Friedhofe; Getreidezehent in Patram in der Pfarre Kirchstetten (Paltram, Pf. Totzenbach) und *ad St. Hippolitum* (St. Pölten), vom Edlen Sebeckh lehenbar (attingens); Güter an der Donau, ein Bad in Mautern bei des Bischofs Hof; eine Manse in Geresdorff bei der Brücke zwischen Cristian Harder und Erenreich Setz; zwei Wiesen in der Pfarre, welche dem Bischof gehörten, enthielten 2 Pfd. Denare; eine Manse in Pergarn in der Pfarre Mautern, zwei Gärten 3 Viertel Weingarten; Dienste von 6 Pfd. Wr. Pfen. in Ruepstorff (Röhrstorf bei Rossatz) laut eigenem Register; 11½ ß und 1 obl. Burgrecht von der Stadt Mautern von Häusern und Gründen zu Martini zur Kapelle zu leisten; der Capellweingarten bei Mautern, der zehentfrei war; zwei Äcker bei Mautern jenseits des Paldweg (Weg nach Palt) am Spizagker bei Leber und neben des Johannes Hasner, auch zehentfrei.[2]

Um 1423 belehnt Herzog Albrecht V. den Hans Wenkh mit seinem väterlichen Erbe, dem Sitz zu Wolfsberg Pfarre Mautern (Hause Pfarre Brunnkirchen), mit Fischweide und Au und Gülten zu Fuchaw von drei Hoffstätten, Anger von 5 Hofstätten und den Weingärten Peunt, Schirmer und Weißhärtl. Der Besitz ging kurz hernach an den jüngeren Hans den Wenkh über.[3]

1425, Montag vor Bartleme des hl. Zwölfboten (20. August), verkauft Johannes der Losenapfl, Schulmeister in Mautern, seinen Weingarten am Lindtperg mit der Burgfrau Klara Wanderin, Priorin zu Minnpach (Imbach), Hand um 43 Pfd. Wr. Pfen. Barbara der Roitnerin, Klosterfrau zu Minnpach.[4]

1429 war die Pfarre Mauttern auf 50 Pfd. Pfen. angeschlagen und bereits dem Stifte Göttweig einverleibt und bestand das Benefizium im Bischofshofe, letzteres gehörte wohl zum St. Petersaltar. Das Dekanat Mautern war auf 2.673 Pfd. 4 ß d angeschlagen.[5]

1453, 30. August, beurkunden Abt Wolfgang und der Konvent zu Göttweig die Stiftung einer wöchentlichen Messe in der

---

[1] Fontes, LII., 166.
[2] Abschrift Konsistorialarchiv St. Pölten.
[3] Notizenblatt, 1859, 238.
[4] Smitmer, Codex Diplom. Austriae Nr. 122/III im Staatsarchiv zu Wien, III. Bd., Nr. 208.
[5] Schmieder, Matricula, 20, 25, 67.

St. Johanneskapelle zu Huntsheim auf der Parkirchen auf St. Johannes und Paulusaltar, die der Verweser der Kirche in Mautern am Dienstag halten soll.[1] - Dieser Stiftbrief war 1668 auch noch im Schlosse zu Mautern vorhanden.[2]

1461, anfangs April, nehmen die Feinde Mautern ein. Auch 1463 wurden dort Verschanzungen aufgeworfen und 1464 die Stadt mit 800 Mann im Sturme erobert und samt den Dechantshofe von den Gegnern des Kaisers besetzt.[3]

1466 gab Kaiser Friedrich III. der Stadt Mautern einen Jahrmarkt und 1467 ein Wappen.[4]

1467, 4. März, starb Erhard von Göttweig, der einst Pfarrer in Mautern gewesen war.[5]

1476 vergab der Abt von Göttweig eine Altarstiftung in Mautern. Bald hernach stiftete Glatz den Altar der Heiligsten Dreifaltigkeit, den gleichfalls der Abt besetzte.[6]

1476 verleiht der Kaplan im Ferthof den Garten zu Hundsheim bei der St. Johanneskapelle dem Mert Noppel.[7]

1479 war Paulus Überacker, Dechant von Mautern, unter den Wählern und Anhängern des Passauer Domherrn Friedrich von Maurkirchen zum Passauer Bischof. Kaiser Friedrich hatte dagegen mit Erlaubnis des Papstes den Georg Hasler zum Bischof ernannt.[8]

1484 rückte König Matthias von Ungarn, nachdem er Wien besetzt hatte, mit seinem Heer zur Stadt St. Hyppoliti (St. Pölten) und nach Melk und Mautern vor und verwüstete die Umgebung mit Raub und Brand.[9]

1488, 20. Dezember, erscheint im Nekrolog der Nonnen von Göttweig Petrus, einst Dechant in Mautern.[10]

1490, einige Tage vor Maria Geburt (8. September), wurde Mautern durch die Lanzknechte von den Ungarn befreit.[11]

1492, 1. Februar, bezeugen Pfarrer Kainradt, sein Geselle Herr Augustin und der Stadtrichter Jörg Kaum von Mautern das Ver-

---

1 Fontes, LII., 446.
2 Konsistorialarchiv St. Pölten.
3 Geschichtliche Beilagen, XI., 384-386.
4 Reichsarchiv München; Topographie, VI., 310, wo das Marktprivilegium nicht erwähnt wird.
5 Fontes, XXI., 483.
6 Schmieder, Matricula, 25.
7 Grundbuch der St. Mathiaskapelle in Urfahr von 1405 im Dürnsteiner Archiv im Stifte Herzogenburg.
8 Hansiz, Germania sacra, I., 574.
9 Monumenta des Dechant Augustin Beyer im Stifte Herzogenburg.
10 Mon. Germ. Hist. Necrolog., V., 470.
11 Rauch, Rerum Austriacarum Scriptores, II., 561.

mächtnis des Valentin Puschlärsy zur St. Stephanskirche daselbst per 10 Pfd. Pfen.[1]

1497, 28. Juli, nimmt König Maximilian I. die Rechte des Abtes von Göttweig auf die Pfarre Mautern gegenüber dem Bischofe von Passau und dem Stadtrate daselbst in seinen Schutz.[2]

1498, 3. Mai, erschien vor dem öffentlichen Notar Lukas Schwarzmüllner von Künigswüsen[3], Priester des Passauer Bistums, der ehrsame fürsichtige Mann Erhard Kobolt, Bürger zu Mauttern, wegen Abschaffung eines Stiftbriefes für die zwei Altäre auf der „parkhürchen" in der St. Stephanskirche zu Mauttern, die er gebaut und geziert hat zu Ehren der hl. Anna und der hl. Maria und zu denen er mit Willen des Bischofs Christoph von Passau, des Abtes von Göttweig und des Pfarrers von Mauttern einen eigenen Kaplan stiftet. Zur St. Annenaltar-Stiftung widmet er: das Bad, das er von den Bürgern zu Mautern gekauft hat, wo auch der Kaplan seinen Bauwein ausschenken darf, wie die Stifte der Städte Krems und Stein; drei Joch Acker auf der Praebarn dienstbar, in den Wallerwacherhof zu Hunczhaim[4], zu dem auch Dienste von einem Grunde gehören; das Paitllehen, erkauft von den Holzapffl Söhnen, mit vier Joch Acker beim Kreuz gegen Kötweig neben dem rothen Kreuz und über der Zystl; ein Joch Acker die Hackhen, dienstbar zur Gotsleichnamskapelle; ein Joch Acker im Frawenhof, dienstbar dem Frühmesser in Stein; drei Viertel Acker an der Santgassen; fünf Tagwerk Wiesen zu Obernbergern[5] beim Harlandt, dient dem Kaplan der St. Andrekapelle zu Mauttarn und dem Pfarrer zu Rossacz[6], auf dem Rädler zu Obernbergern; vier Tagwerk Wiesen unter dem Götweig am Halst, nach Göttweig dienstbar; ein halbes Joch Weingarten, dient dem Kaplan der St. Andreaskapelle zu Mautern; ein Viertel Weingarten mit rotem Weine, den die Anglmayrin, des Stifters Schwiger, zur St. Annenstift verschafft hat; dann 300 rheinische und 100 ungarische Gulden und die große silberne „Schewrn"[7] und den größeren silbernen „Schaupecher". Die Güter sollen angelegt und vom Gelde Gülten gekauft werden, die von zwei Verwaltern zu besorgen sind. Der Kaplan von St. Anna soll alle Sonntag eine Messe und in der Woche fünf Messen auf dem Altar lesen und einen zweiten Kaplan halten, der auf den Unser Frauenaltar auf der „parrkürche" wöchentlich drei Messen liest ohne Hindernis für das Amt, welches aus unser Frauenzeche alle

[1] Geschichtliche Beilagen, XI., 435.
[2] Geschichtliche Beilagen, XI., 326.
[3] Königswiesen in Oberösterreich.
[4] Hundsheim bei Mauternbach, wo das Kloster Wallersbach einen Hof hatte.
[5] Ober-Bergern bei Mautern.
[6] Rossatz.
[7] Vielleicht Schale.

Sonntage auf diesen Altar gesungen wird, worunter der Kaplan seine Messe sprechen soll. Zum Unser Frauenaltare stiftet Erhard Kobolt: einen Acker bei der Gruben, 2¾ Joch, dienstbar zum Gottsleichnamsaltare; 1½ Joch Acker außerhalb des Siechenhauses, nach Kötweig und zur Gottsleichnamskapelle dienstbar; ¾ Acker bei der Gruben, war durch Auswechsel befreit[1]; ain Joch Acker bei dem Lebar, dienstbar nach Kötweig; ein Joch Acker gegen den Zystl, dient dem Altman zu Palt; 5 Viertel Neusacz im Haderstal, gegen Kötweig dienstbar; dem zehentfreien Wasserweingarten, 5 Viertel zu Mautern, daran sein Haus liegt, dem Zürglhaus gegenüber, dienstbar in den Pfarrhof. Dieses Haus soll verkauft und davon ein Kaplanhaus erbaut werden. Das Obrige dem Kaplan zu Nutzen angelegt, wofür er jährlich vier Quatemberjahrtage begehen soll, wozu er auch eine Wiese in dem Werd, zwei Tagwerke, und die Burgrechte in der Kallreutten bekommt, die der Stifter vor längerer Zeit von dem Klunschenpawrn gekauft hat. Zur Beleuchtung der 6 Messen bei St. Annenaltar und 3 Messen an Unser Frauenaltar in jeder Woche gibt er ein Drittel Weingarten unter der Stadt, dienstbar nach Herzogenburg, und das oben genannte Viertel mit rotem Weine zur Herstellung des Opferweines. Der Kaplan Unser Frauen soll Kost und Wohnung beim Kaplan St. Anna haben oder, wenn sie sich nicht vertragen, von ihm Bezahlung erhalten. Dem Pfarrer sind sie nichts zu leisten schuldig als die Anteilnahme an den Prozessionen der Feiertage. Die Lehenschaft geht nach dem Tode des Stifters auf die Bürger von Mautern über und ist die Stiftung nur ein Lehen (nicht zwei), da der Kaplan von St. Anna auch für Abhaltung der Messen an Unser Frauenaltar sorgen muß. Für den Stifter, der kein Siegel hat, siegelt der edle und feste Christoph Feyrtag für sich und seine Frau Brigitta, dann der Verfasser der Urkunde der öffentliche Notar, Lukas Schwarzmüllner in Gegenwart des Pfarrers Georg Pacher, St. Benediktordens, der Gesellen Wolfgang Kobinger und Hans Tanzhart, des Frühmessers Gabriel Pföffenöder zu Mautern, Priester des Passauer Bistums.[2]

Beim Dreifaltigkeitsaltar der Pfarrkirche war an der Evangelienseite ein Mamorstein eingemauert, auf welchem neben zwei Wappen die Inschrift zu lesen war: *Hie ist begraben der Erbare Man Sigmund Schlag, Stifter des Mauttingerischen Altars der heyl Dreyfaltigkeit, deme got gnadig starb anno Dni m cccc 12* (1412). So berichtet der Pfarrprovisor Wolfgang Göttersdorfer von Mautern am

---

[1] Vom Dienste.

[2] Abschrift in Mautern am 5. April 1705 von Dechant Petrus Franz Gregory von Krems kollationiert, im Konsistorialarchiv St. Pölten. Original im Stadtarchiv Mautern nach Topographie, VI., 320, und Archivberichte aus Niederösterreich, I., 213.

14. Juni 1668 an den Offizial.[1] - Name und Jahrzahl sind unrichtig gelesen. Denn der Dreifaltigkeitsaltar, welcher in der Pfarrkirche in der Abseite gegen Mitternacht (Norden) lag, wurde am 27. April 1500 vom Bürger Sigismund Glatz von Mautern gestiftet.[2] Die Jahrzahl ist wahrscheinlich in 1502 oder 1512 zu verbessern.

1508 versprachen Richter und Rat der Stadt Mautern, dem Benefiziaten der von Sigmund Glatz gestifteten Messe zu Mautern eine eigene Behausung gegen einen jährlichen Dienst zu überlassen. Das Siegel der Stadt Mautern hat in einem der Länge nach gespaltenen Schilde rechts den Passauer Wolf, links ein gezinntes mit solchen Türmen versehenes offenes Tor mit Fallgitter. Auf dem Schilde ein Stechhelm. Darauf das Tor wie im Schild und aus demselben ein Wolf herausspringend; auf einem Schriftbande die Worte: *S. civitatis in mauttarn.*[3]

1521, 8. Juli, verzichtet der Passauer Kleriker Gregor Eyshoffer auf die Pfarrkirche St. Peter (?) in Mautern zugunsten des Regensburger Klerikers Sigismund Zachart.[4]

1530 sollte die Kirche in Mautern 12 fl Türkensteuer erlegen, die Kirche von Hundsheim war von den Türken verwüstet.[5]

1533 hatte Konrad Schreis, Benefiziat in Mautern, durch den apostolischen Stuhl das St. Magdalenenbenefizium an der Pfarrkirche in Krems erhalten.[6]

1539 war Mag. Johann Ketzinger Benefiziat der Heiligsten Dreifaltigkeit in Mautern.[7]

1544 hatte Kezing zugleich auch ein Benefizium in Krems. Wolfgang Eschauer hatte das St. Andreas-Benefizium im Schlosse Mautern und dazu gleichfalls ein Benefizium in Krems inne.[8]

Von 1546 stammt die große Glocke.[9]

1548 wurde Christoph Zeller Benefiziat zur Heiligsten Dreifaltigkeit.[10]

1550, 8. Jänner, nahmen Leopold Himlreich von Wienn, Prediger zu Stein und Vizedechant in Krembs, Kylian Meichsner von St. Nicla zu Passau, Hofmeister in Niclaerhoff zu Mauttarn, Jakob Pawer, Benefiziat auf Sanndt Georgenstifft zu Stein, der edle und feste

---

[1] Konsistorialarchiv St. Pölten.
[2] Fontes, LV., 377.
[3] Stiftsarchiv Göttweig, Codex Miscelanea, Nr. 895 von 1776.
[4] Blätter für Landeskunde, 1891, 131.
[5] Wiedemann, I., 69, 71.
[6] Geschichtliche Beilagen, XI., 335.
[7] Geschichtliche Beilagen, XI., 336.
[8] Geschichtliche Beilagen, XI., 337, 338.
[9] Fahrngruber, Glockenkunde, 128.
[10] Wiedemann, IV., 141.

Mathäus Unndterrainer, des Bischofs von Passau Pfleger zu Mauttarn und Valentin Ryß, Pfleger auf dem Gotwig, die Nachlassenschaft des verstorbenen Christoph Zeller, Benefiziaten und Predigers zu Mauttarn, auf. Der Bruder seiner Mutter war Abt Laurenz von Fürstenzell.[1]

1550, 20. Mai, beurkunden Richter und Rat zu Mautern, als Lehensherrn des St. Annenstiftes in Mautern von den Bürgern Wolfgang Strohamer in Krems als Gerhaben des Erben des verstorbenen Michael Trappl 100 Pfd. Pfen. erhalten zu haben, welche auf dem Trappl'schen Hause haften und dem St. Annenstifte gehören. Sie versprechen, dieses Kapital auf Verlangen des Stiftes an die Stiftung jederzeit zurückzuzahlen und inzwischen mit 5 Pfd. Pfen. zu verzinsen.[2]

1556, 28. Februar, machte der Benefiziat Christoph Gassner[3] von Mauttarn sein Testament in Gegenwart der Zeugen des Hofmeisters Kilian Maichsner, des edlen und festen Hans Rausch, königlichen Bruckmautners in Stain, und des Stadtrichters Hans Moser von Mauttarn. Darin vermacht er: dem Spitale zu Mauttarn 10 Pfd., der Sand Stephanspfarrkirche 10 Pfd., den armen Schülern auszuteilen 10 Pfd., zur gemeinen Stadt 20 Pfd., seiner Köchin die Einrichtung und 10 Pfd., seinem Buben Hanslein 5 Pfd. und Kleider, dem Pfleger Mathes Underrainer zu Mauttarn 50 Pfd., dem Prälaten in Göttweig 20 Pfd., dem Pfarrer zu Salignperg[4] 4 Pfd., dem Stadtschreiber Hans Englman zu Mauttarn die schuldigen 25 Pfd., den Kindern des Hofmeisters Kilian Maichsner im Nicolaihofe zu Mauttern zusammen 50 Pfd. und andere Legate und das Übrige dem edlen und festen Wolfgang Khrabath, königlichen Regiments-Sekretär, und seiner Frau Barbara.[5]

1556, 11. März, Götweich, erklärt Abt Leopold Rueber dem Offiziale, daß er die Resignation des Christoph Gassner, Benefiziaten zu Mauttern, die dem Sohne des dortigen Stadtschreibers geschehen sein soll, nicht anerkenne, da sie nicht dem rechten Lehensherrn gemacht wurde.[6]

1559, 18. Juli, berichtet Propst Bartholomäus von Herzogenburg als Superintendent über Göttweig dem Offizial: er habe am Sonntag vor Peter und Paul nach altem Gebrauch einen Priester in die Pfarre Mauttern geschickt und, als derselbe beim Altare stand und den

[1] Konsistorialarchiv St. Pölten.
[2] Papier ohne Siegel und Unterschrift, Konsistorialarchiv St. Pölten.
[3] War bis 1549 Pfarrer in Abstetten gewesen.
[4] Sallingberg bei Ottenschlag.
[5] Konsistorialarchiv St. Pölten; Wiedemann, IV., 140.
[6] Konsistorialarchiv St. Pölten.

Kelch erhob, seien vier bis fünf Steine auf ihn geworfen worden. Niemand wolle wissen, wer es getan habe.[1]

1559, 14. August, meldet Vizedechant Georg Faber von Krems dem Offiziale Laurenz Glüngl, er habe über die vorige Sache Untersuchung gepflogen, aber keine Sicherheit erfahren können; er argwöhne jedoch, daß der Schulmeister dahinter stecke, der einige Jahre in Wittenberg studiert habe und voll Haß gegen die Katholiken sei. Er teile dies *sub rosa* mit, weil man sonst auch ihm vielleicht „Sant Stephansbirnen"[2] zu kosten geben würde, worauf er kein Verlangen habe. Denn sie sind Pharisäer und verstellen sich. Magister Stephan Castelius[3] hätte die Wahrheit leicht erkunden können.[4]

1561 präsentiert Zacharias Delphinus, *episcopus Pharensis*, Nuntius des Papstes Pius IV. bei Kaiser Ferdinand I. mit der Gewalt eines Legaten *a latere*, für das St. Annenbenefizium in Mautern, von welchem zwei von der Häresie angesteckte Benefiziaten N. Engelmann und Wolfgang Crabath vertrieben worden waren, den Wilhelm.[5]

1562, 15. April, erscheint Paul Prichtinger als Pfarrer in Mautern.[6]

1562, 18. September, Wien, erging der Befehl an die Gemeinde, nachdem die Gemeinde das St. Annenbenfizium dem Wolfgang Krabat verliehen habe, der kein Priester ist und in Ewigkeit keinen Gottesdienst halten würde, habe der päpstliche Legat den Wilhelm Luffler zum Benefiziaten gesetzt und sie sollen dem ersteren die Güter des Benefiziums sequestrieren und dem zweiten zukommen lassen.[7]

1563, 22. November, befahl Bischof Urban von Passau dem Offizial Hillinger, den sektischen Pfarrer von Mautern zu entfernen.[8]

1568, 10. Oktober, Wien, befahl Bischof Urban von Passau den Bürgern zu Mauttern, den von ihnen präsentierten Karl Krabath in den Besitz der Güter des St. Annenaltares kommen zu lassen. Doch sei derselbe verpflichtet, für die Altarstiftung einen Priester zu halten.[9] Dies ist wahrscheinlich der oben genannte Benefiziat Wolfgang Krabat, der kein Priester war und daher einen Priester für den Gottesdienst halten mußte. Ungefähr aus dieser Zeit stammt die Gülteinlage des Benefiziaten Peter Römer vom St. Petersstifte in Mautern. Dazu

---

[1] Konsistorialarchiv St. Pölten.
[2] Steinwürfe
[3] Vielleicht der Schulmeister?
[4] Konsistorialarchiv St. Pölten.
[5] Stiftsarchiv Göttweig, Miscellanea, Nr. 895.
[6] Geschichtliche Beilagen, I., 97.
[7] Konsistorialarchiv St. Pölten, Topographie, VI., 320.
[8] Wiedemann, IV., 140.
[9] Konsistorialarchiv St. Pölten.

gehörten 18 Viertel Weingärten der Lüss und je ein Viertel zu Talarn, am Sebrakhenperg, Steinperg und der Prum.[1]

Als Zugehör zum St. Andrästift in Mautern gibt Paul Müllner (Benefiziat?) an: Zehente bei Paltram von 8 Häusern, verpachtet um 45 fl. Die auf den Gründen erbauten Häuser bezahlen jedes jährlich 20 fl; ein Khuen'scher Untertan von Neulengbach (1565-1646); in der Stadt Mautern ein Haus, „zimblich baufällig", worin Inleute wohnen, sechs Parteien; zwei Joch Gärten zu Hundsheim, ein Viertel in Steinperg, 6 Viertel Acker, im Steinperg und beim Weißen Kreuz in Kirchweg liegend. Wiesen im Sandt und beim Prun in der Kaltleuten. Dienst 13 fl 7 ß 29 d; Getreidezehent 45 fl, Zins von 6 Inwohnern in der Stiftung beim Schloß Mautern 15 fl, zusammen 73 fl 7 ß 29 d.[2]

1569, 8. Juni, sprachen der Bürgermeister Niklas Walling von Krems und Stein und andere Schiedsrichter: der Schulmeister von Mautern, welcher das für den Mesner bestimmte, der Stadt Mautern gehörige Haus bewohnt, ist in Zukunft vom Abte von Göttweig und dem Stadtrate zu Mautern gemeinsam aufzunehmen. Der vom Abte Michael eigenmächtig aufgestellte Schulmeister Adam Krueg (früher in Ravelsbach) ist dem Stadtrate vorzustellen, wofür Valentin Riss, Bestandinhaber des Göttweigerhofes zu Stein und der Kürschner Christoph Lanz von Stain sich verbürgen.[3]

1569, 29. August, Mautern, schreibt (der Benefiziat) Karl Krabath von Neuprun seinem Schwager Haimeran Golden von Landt Pötting, fürstlich Passau'schen Rat und Pfleger zu Mautern, er habe den Bürgern von Mautern eine Abschrift des Grundbuches übergeben, aber den Kelch werde er nur dem Pfleger auf sein Verlangen überlassen. Er dankt für die ihm und seinem Vater erwiesenen Wohltaten.[4]

1570, 21. September, Wien, schreibt der Passauer Notar Sebastian Puechater an den Offizial Kaspar Haldeberger, der in Pehamisch-Waidhoffen weilte: er habe Strigl nach Mautern zum Pfleger Golden geschickt, weil er geistlich werden und das St. Annenbenefizium in Mautern erlangen wolle, das durch den Tod des jungen Karl Krabath an den Stadtrat heimgefallen sei. Doch soll Krabath nach Angabe seines Vaters vor seinem Tode in Gegenwart vieler Leute das Benefizium dem Sohne Wolf Rudolf des Herrn Golden oder dessen jüngeren Sohn resigniert haben, unter der Bedingung, daß der alte Krabath noch zwei Jahre Verwalter des Benefiziums bleiben dürfe, weshalb er diese Resignation für ungültig halte.[5]

---

[1] Abschrift von 1643, Konsistorialarchiv St. Pölten.
[2] Konsistorialarchiv St. Pölten.
[3] Konsistorialarchiv St. Pölten.
[4] Konsistorialarchiv St. Pölten.
[5] Konsistorialarchiv St. Pölten.

1570, 31. Oktober, schreibt der Pfleger Golden von Mautern dem Passauer Notar Puechatar, da Wolf Krabath und sein Sohn Karl gestorben seien und letzterer vom St. Annenstift einen silbernen, vergoldeten und mit Edelsteinen besetzten Kelch und das Stift- und Dienstbuch nach Wien mitgenommen habe, mögen dieselben aus seinem Nachlasse nach Mautern zurückgestellt werden.[1]

1571, 27. Mai, Passau, überträgt Bischof Urban von Passau auf Bitten des Richters Hanns Lassberger und der Bürger von Mautern das 1498 von Erhard Kobold gestiftete Benefizium des St. Annenaltares in der St. Stephanskirche zu Mautern, das durch den Tod des Karl Krabath erledigt ist, in die ebenfalls zu Mautern befindliche St. Margaretenkirche, in deren Nähe ein Spital für arme Leute errichtet werden soll, unter der Bedingung, daß sogleich ein katholischer Priester präsentiert und dem Offiziale zum Examen vorgestellt und der Überschuß des Einkommens für die Spitalleute, nicht aber für weltliche Personen verwendet werde. Darüber soll jährlich in Beisein des Pflegers Rechnung gelegt werden und der Bischof diese Übertragung jederzeit widerrufen können. Die Bürger von Mautern verpflichten sich am gleichen Tage mittelst Revers zur Beobachtung dieser Bedingungen.[2]

1572, 5. und 6. März, war Pfarrer Laurenz Treubeckh von Mauttern bei Aufnahme des Nachlasses des Dechants Christoph Leowitsch von Krems zugegen.[3]

1572, 3. Oktober, Wien, schreibt der Offizial an den Stadtrat in Mautern, er solle den präsentierten Benefiziaten Melchior Hueber von Murrau, der in Salzburg ordiniert und Konventual von St. Veit in Bayern ist, verhalten, die Entlassung von seinem Prälaten beizubringen, oder einen anderen tauglichen Priester bis Weihnachten präsentieren.[4]

1581, 9. Dezember, schreibt der Offizial Klesel an den Passauer Bischof: alle vernünftigen und katholischen Leute seien mit den weisen Anordnungen des Bischofs einverstanden, aber trotzdem seien am verflossenen Sonntag in Mautern nur fünf Personen bei der katholischen Predigt gewesen. Der Bischof möge als geistliche und weltliche Obrigkeit daselbst Strenge anwenden und diejenigen, welche nicht katholisch werden wollen, ausweisen. Wenn sie Strenge sehen, werden sie nachgeben.[5]

1582, 20. Juli, Stein, berichtet Dompropst Klesel dem Bischof in Passau: der bischöfliche Befehl an den Pfleger zu Mautern sei

---

[1] Konsistorialarchiv St. Pölten.
[2] Konsistorialarchiv St. Pölten.
[3] Konsistorialarchiv St. Pölten, Faszikel Krems.
[4] Konsistorialarchiv St. Pölten.
[5] Konsistorialarchiv St. Pölten.

„zimblich lindt" und die fünf rebellischen Bürger wieder in die Stadt zurückgekehrt. Der Stadtschreiber habe unlängst sein Kind bei einem sektischen Prädikanten zu Rust taufen lassen und ihm, als er zur Rede gestellt wurde, trotzig geantwortet: er sei dieser Religion und könne nicht anders. Weil niemand gestraft werde, werden auch die Gehorsamen unruhig. Doch solle man hier mit Strenge vorgehen, anderen zum Exempel. Er selbst werde mit dem Pfleger Golden nach Passau reisen, um über die Mittel dazu zu beraten. Der Bischof möge sich auch äußern über die „Reformation", die Klesel verfaßt und in Druck gegeben habe.[1]

1582, 4. August, bat Klesel den Passauer Bischof, die guten Leute von Mautern vor den Gewalttaten des Pfarrers zu befreien. Auch der bischöfliche Pfleger sei dem katholischen Glauben ganz und gar zuwider.[2]

1582, 14. November, Wien, schreibt der Offizial Klesel an den Bischof in Passau: wegen der Reformation in Mautern solle man sich nicht an den kaiserlichen Hof wenden, weil der Bischof selbst dort Obrigkeit sei, und die kaiserlichen Kommissäre jede Gelegenheit benützen, um sich in den Pfarren einzudrängen. Anders sei es bei der Einführung des Gregorianischen Kalenders, der auch den Kaiser interessiert.[3]

Um 1584 hatte das Bistum Passau in der Stadt Mautern 75 Untertanen.[4]

1585, 22. Dezember, belobt Bischof Urban von Passau den Eifer Klesels in der Reformation zu Mautern und beauftragt ihn, darauf zu sehen, daß Pfleger und Untertanen in der katholischen Religion verbleiben und die Ungehorsamen gestraft werden.[5]

1586 war Pfarrer Johann Langenmantel ohne Tadel.[6]

1590 übersiedelte Mag. Martin Kauschka oder Khauschkhy von der Pfarre Stein nach Mautern. Er nannte sich 1603 auch Kanonikus von Neuß und starb hier am 16. April 1604.[7]

1590 war Mautern noch nicht katholisch reformiert.[8]

---

[1] Konsistorialarchiv St. Pölten. Unter der „Reformation" ist wahrscheinlich jene berühmte Predigt gemeint, welche Klesel am Palmsonntage 1590 in Wiener-Neustadt über die Kommunion unter einer Gestalt hielt. Laut obigem wurde die schon 1582 gedruckt. Spätere Auflagen erfolgten 1615 und 1628. Wiedemann, IV., 320, 321 und V., 273 wo die ältere Auflage nicht angeführt wird.

[2] Wiedemann, IV., 140.

[3] Konsistorialarchiv St. Pölten.

[4] Schloßarchiv Ottenstein.

[5] Konsistorialarchiv St. Pölten.

[6] Wiedemann, IV., 140.

[7] Geschichtliche Beilagen, I., 111, 116, 118; III., 142; Topographie, VI., 319.

[8] Wiedemann, I., 483.

1598 verpflichtet sich Veit Spindler von Hoffegg beider Rechte Doktor, kaiserl. Rat, Anwald und Landrat in Oesterreich ob der Enns, *Comes palatinus*, seinem noch minderjährigen Sohn Johann Bapt. Spindler, dem der Abt Michael Herrlich von Göttweig das Dreifaltigkeitsbenefizium in Mautern verliehen hat, von den Einkünften desselben bis zur Erlangung der Priesterwürde wohl zu erziehen und dann zur Besorgung des Benefiziums anzuleiten.[1]

1600 war in Mautern Martin Khaußkhy, ein feiner, exemplarischer gelehrter Mann, nicht präsentiert, noch bestätigt.[2]

1602, 7. Juni, Wien, setzte der Offizial Johann Großthoman in Wien wegen Teuerung und Missjahre, damit auch den Armen etwas übrig bleibt, die wöchentlichen Messen des seit 1671 bei der St. Margaretenkirche in Mautern befindlichen St. Annenbenefiziums an diesem Altare von 6 auf 2 und am Marienaltare von 3 auf 1 herab.[3]

1610, 17. April, schreibt der Pfleger von Lempruck zu Mautern an das Stift Göttweig: der jetzige Pfarrer von Mautern sei vom verstorbenen Prälaten von Göttweig (Georg I. Schedler, † 8. März 1610) eingesetzt. Damals sei das Vogteirecht des Bischofs von Passau über die Pfarre nicht öffentlich genannt worden, wogegen der Stadtrichter protestiert habe, was auch er tue. Pfarrer war um jene Zeit der Dechant Dr. Mörth, darauf Dr. Manginus laut Bericht von 1667.[4]

1613-1616 versah die Pfarre Martin Serrarius (Schlosser), nachdem er von der Wahl zum Abte zurückgetreten war. Er war auch Prior und hatte das Benefizium zur Heiligsten Dreifaltigkeit.[5]

1616-1625 war Pfarrer der Weltpriester David Gregor Korner, der 1625 in das Stift Göttweig eintrat und 1631-1648 als Abt demselben vorstand.[6]

1618 beschweren sich die katholischen Stände über Albrecht Geyr, der seine zwei Dörfer Dieffanfurt (Tiefen-Furcha, heute Pfarre Brunnkirchen) und Anger (Angern an der Donau, heute Pfarre Brunnkirchen) tatsächlich der Pfarre Mautern entzogen habe.[7]

1625 wurde Pfarrer Abraham Grueber, Konventual von Göttweig.[8]

1631, 1. Juni, Mautern, schreibt der ungenannte Pfarrer von Mautern an den Bischof von Passau: die Kapellen von St. Andrä im bischöflichen Schlosse zu Mautern und St. Peter auf dem Friedhofe

---

[1] Stiftsarchiv Göttweig, Miscellanea, Nr. 895.
[2] Österr. Vierteljahresschrift für Kathol. Theologie von Wiedemann, 1872, 379.
[3] Konsistorialarchiv St. Pölten.
[4] Konsistorialarchiv St. Pölten.
[5] Topographie, VI., 319; Konsistorialarchiv St. Pölten.
[6] Topographie, VI., 319; III., 572.
[7] Wiedemann, I., 555.
[8] Konsistorialarchiv St. Pölten.

beim Pfarrhof besitzen Gründe, Zehente, Weingärten und Dienste wie aus beiliegendem Verzeichnisse zu sehen sei. Der Wein werde nach Passau geführt und in beiden Kapellen seit Menschengedenken keine Messe mehr gelesen. Die Kapelle St. Andrä im Schloß sei von des Schreibers Vorfahren Johann Kreisneritsch (?) mit bischöflicher Erlaubnis erhebt, renoviert und mit schönem Altare geziert, auch 1618 nach seinem Pfarrantritte (?) rekonziliiert und der Altar geweiht worden. Der Bischof möge darum erlauben, daß vom vorhandenen Getreide Meßgewänder und Geräte gekauft und vom Gesellpriester der Pfarre öfters Messen gelesen werden.[1]

1638, 11. Oktober, Mautern, schreibt der Pfleger Adolf von Lempruk an den Bischof: Lehensherr der Pfarre Mautern sei der Bischof (?), der Prälat von Göttweig besetze aber die Pfarre eigenmächtig mit seinen Religiosen und habe unlängst am Turme der Pfarrkirche eine neue Mauer aufführen lassen, obwohl die Kirche unmittelbar vor dem bischöflichen Schlosse in der Freiheit und dem Landgerichte des Bischofs liege.[2]

1643, 6. März, schreibt Adolf von Lempruk, Pfleger zu Mautern, an den Passauer Bischof: am St. Stephansfriedhofe zu Mautern sei eine uralte, abgekommene Kapelle, eigentlich ein Steinhaufen, zum St. Peter und Andreasstift, dessen Einkommen die Herrschaft alljährlich dem Bischof verrechnet; darunter sei ein Totenkerker oder Gewölbe mit Totengebeinen. Seine Dienstboten hätten darin zu wiederholten Malen ein brennendes Licht gesehen. Er sei mit seinem Weibe gesonnen, dieses alte Gemäuer zur Erbauung einer Kapelle in Form des heiligen Grabes zu verwenden, die laut beiliegenden Planes kreisrunden Grundriß mit vortretender halbrunder Apsis und drei Altäre haben solle. Der Bischof möge gestatten, die nötigen Ziegel bei der Herrschaft zu brennen. Auch könnte die Kobold'sche Stiftung von der Margaretenkirche, welche vom Stift Göttweig beansprucht wird, aber ohne Gottesdienst ist, dahin übertragen werden. Der Plan kam nicht zur Ausführung.[3]

1645, 3. März, beauftragt die Passauer Hofkanzlei den Pfleger Adolf von Lempruch in Mautern, die Kirchenrechnung von Mautern als erster im Namen des Bischofs als Lehens- und Vogtherrn zu unterfertigen und den Prälaten von Göttweig nur dann als Präsentanten unterschreiben zu lassen, wenn er das Lehens- und Vogtrecht des Bischofs anerkennt.[4]

[1] Konsistorialarchiv St. Pölten.
[2] Konsistorialarchiv St. Pölten.
[3] Konsistorialarchiv St. Pölten.
[4] Konsistorialarchiv St. Pölten.

1651 war Pfarrer P. Robert vom Stifte Göttweig, dem der Stadtrat das St. Annenstift anbot.[1]

1653 war Pfarrer P. Anselm Schiring, der 1654 als Abt nach Klein-Mariazell postuliert wurde.[2]

1655, 15. April, Passau, schreibt die bischöfliche Regierung dem Abte Georg von Göttweig: sie habe erfahren, daß „sich unlangsten auf dem Kürchhoff zu Mauttern zwischen dem Stattrichter, Schulmeister und entlichen dem Herrn Pfarrer selbsten ein sehr starckher Rumorhandl begeben und daß hirbay gedachtem Pfarrer ein großer Tortur und Gewaldt beschehen sein solle." Die Sache sollte untersucht, die Schuldigen gestraft, und zum Troste der Seelen der Gottesdienst wieder eingeführt werden.[3]

1656 versah P. Bernard Kautzenbach die Pfarre.[4]

1657, 24. Jänner, schreibt der Stadtrat von Mautern an das Konsistorium: da der Prälat von Göttweig die St. Margaretenkirche beansprucht, in der drei Stiftmessen wöchentlich von St. Anna gelesen werden sollen, und die Schlüssel an sich genommen hat, auch vermutlich einen präsentierten Benefiziaten nicht hineinlassen würde, möge das Benefizium in die bequeme Kapelle im fürstlichen Schloß Mautern verlegt werden. Das Konsistorium beauftragte am 16. März 1657 den Dechanten von Krems und den Pfarrer von Haidersdorff (Hadersdorf) diesbezüglich Erhebungen zu pflegen.[5]

1660 wurde Pfarrer P. Bernard Kautzenbach suspendiert und die Seelsorge in Mautern einem Kaplan in Krems übertragen.[6]

1660, 22. April, Stein, schreibt der Vizedechant Adam Schmöcker an den Offizial: P. Bernard, Profess von Göttweig, bleibt auch nach seiner Suspension auf der Pfarre Mautern, übt pfarrliche Rechte aus und spendet die Sakramente. P. Antonius, der Franziskaner, ist schon vor 14 Tagen in sein Kloster zurückgekehrt und sagt, er wolle sich mit dem Kloster Göttweig nicht verfeinden. Der Offizial bemerkt dazu am 20. Mai: Fr. Bernard war exkommuniziert, wurde vom Nuntius zurückgewiesen und erlangte durch den Offizial die Lossprechung öffentlich in Gegenwart des Magistrates von Mautern.[7]

1663 war Pfarrer P. Sebastian Eder, der 1669 Abt in Göttweig wurde.[8]

---

[1] Topographie, VI., 321.
[2] Topographie, VI., 319.
[3] Konsistorialarchiv St. Pölten, Faszikel Göttweig.
[4] Topographie, VI., 321.
[5] Konsistorialarchiv St. Pölten.
[6] Topographie, VI., 320.
[7] Konsistorialarchiv St. Pölten, Faszikel Göttweig.
[8] Topographie, VI., 320.

1666, 29. Oktober, gab der Vikar P. Bonifaz von Mautern 324 Pfd. Eisen, die ein Wohltäter zum Kirchenturme in Mautern geschenkt hatte, in das Kloster Göttweig.[1]

1667, 25. April, berichtet Dechant Adam Schmöcker von Stein an das Konsistorium: die Pfarre Mautern enthält 1600 Pfarrkinder. Dazu gehören Stadt Mautern, die Dörfer Pach, Hundshaimb, Ober- und Unter- Pergarn, Baumbgartten, Ober- und Unter-Fucha, Anngern, Thallern, Palt und Wörth und der Markt Furth mit Ausnahme von 5 Häusern. Das Benefizium genießt der Prior von Göttweig. Die Stadt beschwert sich, daß die vermöglichen Bürger zu Furth bei der neu erbauten St. Sebastianskirche begraben werden und der Pfarrer keinen Kooperator hält, weshalb an Sonntagen kein Hochamt stattfindet.[2]

1667, 23. November, präsentiert der Stadtrat von Mautern dem Bischof Wenzel von Passau für das Benefizium St. Margareten, früher St. Anna genannt, das am 3. September 1667 durch Abschaffung des P. Bonifaz, Konventuals von Göttweig, als Pfarrverwesers zu Mautern erledigt wurde, den Wolfgang Uttinger, Pfarrer in Stein: Siegel der Stadt Mautern: im ersten Felde des gespaltenen Schildes ein aufrecht stehender Wolf, im zweiten Felde und auf dem Helm ein gezinnter Turm mit Tor. Umschrift: *Sigilum der Gemein Stat Mavtern.*[3]

1667, 28. November, berichtet Uttinger an den Offizial: er habe das päpstliche Ablaßbreve erhalten und sollte dafür ein Geschenk machen. Doch sei seine Kirche (zu Stein) von den Schweden her noch teilweise verwüstet. Der lose Mönch P. Amor, den der Prälat von Göttweig dem Konsistorium zum Trotze als Pfarrer in Mautern eingesetzt habe und der aus dem Kloster in Bayern entlassen wurde, schwelge besonders an Samstagen statt des Breviergebetes bis in die Nacht hinein zum großen Ärgernisse.[4]

1667, 29. Dezember, Mautern, berichtet Wolfgang Göttersdorfer, Seelsorger in Mautern, an den Bischof Wenzel von Passau: er habe auf seinen Befehl die Seelsorge in Mautern übernommen. Der Prälat von Göttweig habe das Dreifaltigkeitsbenefizium ungerechter Weise nach Göttweig übertragen. An den Offizial meldet er auch, er sei beim Pfleger in der Kost und bezahle die Kost für den Kirchendiener, welcher die Schule versieht, und den Kirchenmusiker. Die Dienstboten des Pfarrers P. Bonifaz verlangen Bezahlung. Der Prälat habe die silberne Monstranz von hier nach Raspitz (Röschitz) über-

---

[1] Konsistorialarchiv St. Pölten.
[2] Konsistorialarchiv St. Pölten.
[3] Konsistorialarchiv St. Pölten.
[4] Konsistorialarchiv St. Pölten.

tragen, weshalb er eine kleinere kaufen müsse. Eine Glocke sei zur Weihe nach Göttweig gekauft worden.[1]

1667, 31. Dezember, weist das Konsistorium die Präsentation des Pfarrers Uttinger von Stein auf das St. Annenbenefizium in Mautern zurück, da der Bischof befohlen habe, die Seelsorge dem dort im Pfarrhofe wohnenden Göttersdorfer zu verleihen, und der Pfarrer von Stein eigene Seelsorger habe, auch wegen der Donau, besonders, wenn die Brücke gebrochen ist, das Benefizium in Mautern nicht versehen könne.[2]

1668, 5. Jänner, trägt Bischof Wenzel dem Konsistorium auf, dem Göttersdorfer beide Benefizien St. Anna und Heiligste Dreifaltigkeit, letzteres mit wöchentlich drei Messen, provisorisch zu übertragen.[3]

1668, 23. Jänner, trägt das Konsistorium dem Dechant Schmöcker in Krems und dem Pfleger Egmont in Mautern auf, dem entlassenen Schulmeister Andreas Empfinger die Weinsammlung nach Abzug der Schulden und des Anteiles seines Nachfolgers auszufolgen.[4]

1668, 10. Mai, bittet der Provisor Göttersdorfer den Passauer Bischof, der ihm durch eine Stelle im Alumnat zu Wien zur Priesterschaft verholfen hat, ihm die Pfarre Mautern und das Dreifaltigkeitsbenefizium, welche dem Bischof heimgefallen sind, weil der Prälat seit 1620 nicht mehr darauf präsentiert, sondern sie seinen Mönchen verliehen hat, definitiv zu übergeben.[5]

1668, 14. Juni, Mautern, berichtet Göttersdorfer an den Offizial: in Hundsheim werden jährlich nur drei Messen gehalten, wofür der Priester 5 fl erhält. Göttweig habe die Pfarre Mautern, die früher von Weltpriestern versehen wurde, beraubt und ihr Einkommen entzogen und könnte deswegen des Patronatsrechts verlustig erklärt werden.[6]

1668, 30. August, Mautern, berichtet der Provisor Göttersdorfer dem Bischof Wenzeslaus von Passau: er habe dem Auftrage gemäß die Göttweiger Untertanen von der Ungiltigkeit der klandestinen Kopulationen unterrichtet und angeordnet, daß die Kopulationen nach dreimaliger Verkündigung nachgetragen werden. Dagegen habe der Abt von Göttweig durch den Prior verkünden lassen, er werde die vom Provisor kopulierten Personen exkommunizieren lassen. Er lasse auch weitere Kopulationen vornehmen.[7]

---

[1] Konsistorialarchiv St. Pölten.
[2] Konsistorialarchiv St. Pölten.
[3] Konsistorialarchiv St. Pölten.
[4] Konsistorialarchiv St. Pölten.
[5] Konsistorialarchiv St. Pölten.
[6] Konsistorialarchiv St. Pölten.
[7] Konsistorialarchiv St. Pölten, Faszikel Göttweig.

1668, 13. September, Wien, befahl der apostolische Nuntius Antonius Pignatellus, Erzbischof von Larissa, das Stift Göttweig im langjährigen Besitze der Pfarre Mauttarn, die ihm der Offizial des Bischofs von Passau entfremdet hatte, nicht zu stören.[1]

1668, 20. Oktober, Wien, entschied der apostolische Nuntius Pignatellus, daß dem Abte Gregor von Göttweig die Pfarre Mauttern zurückzustellen sei, derselbe einen Priester darauf zu setzen habe und der vom Passauer Ordinariate hingestellte Provisor Wolfgang Göttersdorffer die Pfarre verlassen solle.[2]

1668, 29. November, Stadt Passau, schreibt Bischof Wenzel dem Offiziale: der Auftrag des päpstlichen Nuntius zu Wien wegen Besetzung der Pfarre Mauttern sei durchzuführen. Der Prälat habe den Profeß P. Sebastian Eder mündlich für die Pfarre präsentiert. Dieser sei vom Provisor Göttersdorfer auf der Kanzel als rechtmäßiger Seelsorger zu erklären und auch in die Temporalverwaltung einzusetzen.[3]

1669, 30. Jänner, schreibt das Konsistorium dem Provisor Göttersdorfer in Mautern: infolge Befehls des Nuntius werde Oktavius von Tertzen, Vizeoffizial und Dechant zu Pillersdorf[4] nach Mautern kommen und daselbst die von P. Bonifaz, Religiosen von Göttweig, ohne Approbation des Bischofs getrauten Eheleute nochmals trauen, auch den vom Prälaten von Göttweig auf die Pfarre Mautern approbierten P. Sebastian Eder installieren. Göttersdorfer habe diesem die Seelsorge und den Pfarrhof zu übergeben und könne die Entschädigung für die Provisur vom Abte in Göttweig verlangen.[5]

1670, 28. April, war P. Maurus Hellmann auf der Pfarre und ersuchte den Stadtrat um das St. Annenbenefizium.[6]

1671, 6. November, präsentierte der Stadtrat in Mautern dem Bischof Wenzel von Passau auf das durch Resignation des Wolfgang Uttinger, Pfarrers in Stein, erledigte St. Annenbenefizium den P. Joseph Gaißler, Profeß von Göttweig und Vikar in Mautern.[7]

1677, März, verkündete Pfarrer P. Joseph von Mautern ein Jubiläum. Er war noch 1688 auf dieser Pfarre.[8]

1691, 4. Juli, wird als zur Pfarre Mauttern gehörig angeführt die St. Johanneskirche in Hundshaimb.[9]

---

[1] Abschrift im Konsistorialarchiv St. Pölten, Faszikel Göttweig.
[2] Konsistorialarchiv St. Pölten, Faszikel Göttweig.
[3] Konsistorialarchiv St. Pölten, Faszikel Göttweig
[4] Pillichsdorf, vgl. Wiedemann, V., 548.
[5] Konsistorialarchiv St. Pölten.
[6] Topographie, VI., 321.
[7] Konsistorialarchiv St. Pölten.
[8] Konsistorialarchiv St. Pölten, Faszikel Göttweig.
[9] Konsistorialarchiv St. Pölten, Faszikel Göttweig.

1692, 1. September, bewilligte Bischof Johann Philipp von Passau, daß die St. Peter- und Andreaskapelle im Friedhof zu Mautern abgebrochen, die Dachziegel zum Schlosse und das andere Materiale vom Abt in Göttweig zur Einwölbung der Pfarrkirche und Verstärkung der Pfeiler verwendet werde.[1]

1696, 31. Dezember, verpflichtet sich P. Andreas Schwellengrübel, Dr. der Theologie und Provinzial der Minoriten in Unter- und Ober-Oesterreich, Mähren, Schlesien und Tyrol und der Guardian Dominik Hueber und der Konvent der Minoriten zu Stein gegenüber dem Stadtrate von Mautern, den P. Andreas Steinpichler in ihrem Kloster zu erhalten und durch ihn die drei Kobold'schen Stiftmessen und die von den Bürgern noch zu stiftenden Messen mit Ausnahme der drei letzen Tage der Charwoche von Michaeli bis Lichtmeß um 8 Uhr und die übrige Zeit um 7 Uhr in der St. Margaretenkapelle halten zu lassen oder bei seiner Verhinderung einen anderen Konventualen zu senden. Der Rat verspricht dem Mönche für die der Bürgerschaft reservierte Messe jährlich 16 fl und dem Kloster für seine Verpflegung 100 fl zu leisten. An Sonntagen soll die Messe in St. Margareten um 10 Uhr sein, damit der Pfarrgottesdienst keine Störung leidet. Wenn im Winter die Donau nicht passiert werden kann, stellt die Stadt dem Benefiziaten Zimmer und Kost im Benfiziatenhause bei. Siegel und Unterschrift vom Provinzial, Unterschrift vom Guardian und dem Kustos in Unter-Oesterreich Fr. Innozenz Hausenka vom 8. Jänner 1697.[2]

1697, anfangs Jänner, schreibt der Stadtrat dem Konsistorium: er habe geglaubt, der Prior P. Plazidus Knödlseder, Dr. der Theologie, werde als ernannter Pfarrer von Mautern diese Pfarre antreten, hier wohnen und einen Konventualen als Kooperator halten, dem sie aus guter Nachbarschaft das St. Annenbenefizium verliehen hätten. Da dies jedoch nicht geschehen sei, haben sie das Benefizium einem Religiosen des Klosters in Stein verliehen, zu dem sie großes Vertrauen haben und der ihnen öfters in Kriegs- und Pestzeiten Beistand geleistet habe. Der Pfarrer wolle das Benefizium eigenmächtig antreten, weil es auch sein Vorgänger P. Josef Geißler gehabt habe.[3]

1697, 9. Jänner, bestätigte der Offizial Johann Joachim Ignaz Graf von Acham den P. Andreas Steinpichler als provisorischen Benefiziaten des durch den Tod des P. Josef Gaisler, Benediktiners von Göttweig, erledigten St. Annenstiftes in Mautern.[4]

---

[1] Konsistorialarchiv St. Pölten.
[2] Konsistorialarchiv St. Pölten.
[3] Konsistorialarchiv St. Pölten.
[4] Konsistorialarchiv St. Pölten.

1697, 9. Jänner, trat die Pfarre P. Joachim Zeißl an, dem der Stadtrat vom Dreifaltigkeitsbenefizium 5¼ Joch Weingärten, 2 Joch Wiesen und 12½ Joch Äcker um 27 fl in Pacht gab. Er verließ die Pfarre 1698.[1]

1699 übernahm die Pfarre P. Adalbert, 1700 folgte P. Antonius Müller; 1701 Ende November, sendete Göttweig den P. Robert als Vikar. Er war seit fünf Jahren der achte Seelsorger.[2] Das bischöfliche Konsistorium und die Pfarre Mautern wünschten einen selbständigen, präsentierten und installierten Pfarrer, der längere Zeit hier wirken könnte; das Stift Göttweig aber wollte die Einkünfte, Stiftungen und pfarrlichen Rechte zum Stifte selbst ziehen oder wechselte sehr rasch die hieher gestellten Vikare. Daraus entsprangen fortwährende Streitigkeiten. P. Robert war 1705 noch hier.[3]

1707, 11. Jänner, bittet Philipp Öttl, gewesener Kaplan in Moßbrunn, den Stadtrat um Verleihung des St. Annenbenefiziums, das durch den Tod des Andreas Stainpichler erledigt war. Er verspricht, an Wochentagen um 7 Uhr, an Feiertagen um 10 Uhr die Messe zu lesen, nämlich wöchentlich 3 Kobold'sche und 3 für den Stadtrat, während ihm eine frei bleibt. Der Stadtrat soll ihm Zimmer, Bett und Kost und jährlich 80 fl geben. Er wurde am 23. Februar 1707 präsentiert, doch beanstandete man im Konsistorium am 13. Mai den Punkt, daß der Stadtrat ihn wegen Altersschwäche und Unfähigkeit zum Messelesen entfernen könne.[4]

1712, 30. Jänner, verpflichten sich Fr. Jakob Schuller, Mag. der Theologie, Definitor und Provinzialkommissär der Minoriten in Oesterreich und die Konventualen Fr. Gottfried Pfäffinger und Fr. Modest Pichler von Stein, daß sie in der Pfarrkirche zu Mautern am Dreifaltigkeitsaltare, den der Stadtrichter Sigmund Glaz (1500) erbauen ließ, durch einen Konventualen für immerwährende Zeiten an Sonn- und Feiertagen die Frühmesse und zwar an Sonntagen für Sigmund Glaz und an Feiertagen auf die Meinung des Klosters halten wollen. Die Messen, welche durch Unpassierbarkeit der Brücke versäumt werden, sollen nachgeholt werden. Wurde nicht bestätigt.[5]

1715, 2. August, berichtet P. Plazidus Knedseder, Dr. der Theologie und Stadtvikar in Mautern, daselbst sei von Wundern des hl. Johann Nepomuk nichts bekannt, doch werde eine Statue verehrt. Eine Wallfahrt nach Maria Zell sei nicht gebräuchlich.[6]

---

[1] Konsistorialarchiv St. Pölten.
[2] Konsistorialarchiv St. Pölten.
[3] Konsistorialarchiv St. Pölten.
[4] Konsistorialarchiv St. Pölten.
[5] Konsistorialarchiv St. Pölten.
[6] Konsistorialarchiv St. Pölten.

1719, 9. September, meldet der Dechant von Krems, der Abt von Göttweig verlange die Wiedererhebung des Kalvarienberges und Überlassung des Passau'schen Grundes in sein Eigentum. Er wolle wieder Kapellen erbauen.[1]

Das St. Annabenefizium in der Bürgerspitalskapelle erhielt nach dem Tode Philipp Öttl's 1730 Matthäus Klinger, nach dessen Resignation 1731 Anton Schaffhüttl, Seelsorger in Hollenburg, nach seinem Verscheiden 1734 Georg Koltschitz, Pfarrer in Würmla, † 7. November 1761. Auf ihn folgte der Weltpriester Josef Carinco, der hier starb, dann 1762 Wenzel Benedikt Basello, der 1784 am 1. Juli infolge eines mit Herrn von Lobenstein erlittenen Unfalles bei einer Wagenfahrt verschied.[2]

1750, kaufte Franz Josef Gingl, k.k. Proviant-Transportkommissär, von Baron Carratti den Hof Baumgarten in der Pfarre Mautern und stellte die alte Kapelle samt dem Hofe wieder her. Darauf ersuchte er am 19. Februar 1759 um Meßlizenz für seine Familie, Beamten, Diener, Pferdeknechte und Offiziere.[3]

1784 verlor die Pfarre Mautern durch Errichtung der Lokalkaplaneien Unterbergern, Furth und Brunnkirchen 1500 Seelen und 300 fl an Einkünften. Auch wurde das St. Annabenefizium zum Religionsfond eingezogen.[4]

1786 wurde die Schloßkapelle und die Kapelle im St. Nikolaihofe zum Privatgebrauch überlassen, die Margaretenkirche aber zur Entweihung bestimmt.[5]

113. Melk, Pfarre und Stadt[6]

831 überläßt König Ludwig der Deutsche dem Kloster Haerrieden in Bayern die Orte Belaa (Pielach), Modlich (Melk) und Grunavita (Grunz bei Obritzberg).[7]

860, 20. November, Mattighofen, schenkt König Ludwig der Deutsche der Kirche in Salzburg 24 bisher lehenbare Höfe; darunter Megelicha (Melk), Uuachauua (bei Arnsdorf), Liugina (Ober-Loiben),

---

[1] Konsistorialarchiv St. Pölten.
[2] Konsistorialarchiv St. Pölten.
[3] Konsistorialarchiv St. Pölten.
[4] Konsistorialarchiv St. Pölten.
[5] Kerschbaumer, Geschichtes des Bistums St. Pölten, II., 69.
[6] Keiblinger, Geschichte des Bendediktinerstiftes Melk, IIb., 12-60; Topographie, VI., 495-500.
[7] Topographie, VI., 372; Blätter für Landeskunde, 1900, 525.

Holimburc (Hollenburg), Trigisina (Traismauer), Penninuuane, die Kirche des Anzo (Anzbach?), Auitanespere, die Kirche des Ellod (Edlitz, UWW) und die Kirche des Minigo.[1]

890, 20. November, Mattighofen, bestätigt König Arnulf der Kirche in Salzburg den dritten Teil der Bürgergemeinde (*civitas*) bei Magilicha bis nach Westen zur Grenze jenes Besitzes, den seine Vorgänger der Kirche St. Emmeram (in Regensburg) zugewendet haben (bei Pöchlarn), mit Ausnahme von drei Huben.[2]

892, 3. April, Salzburg, schenkt König Arnulf dem Hartwich, Vasallen des Erzbischofs Thietmar von Salzburg, in der Grafschaft des Arbo 7 königliche Huben im Orte Medelicha von dem Lehen, welches Altman daselbst hatte.[3]

Nach 976 soll Markgraf Leopold I. die Eisenburg der Magyaren, welche Gizo innehatte, erobert und zerstört und darin seine Residenz erbaut haben, welche die Babenberger bis etwa 1080 bewohnten.[4]

Um 1020 gründete der Bischof von Passau die Pfarre Melk und erbaute die Pfarrkirche zum hl. Stephan auf dem Berge östlich an der Burg der Babenberger „auf die Pfarre" (heute Riednaue). Diese Pfarre erstreckte sich anfänglich auch über Matzleinsdorf, Zelking, Schönbichl, Gerolding und Dorf Aggsbach. Der Bischof wies dazu Zehente an, behielt sich das Lehenrecht vor, und stellte Weltpriester (bis 1693) als Pfarrer an.[5]

Um 1125 entstand das Melker Marienlied in deutscher Sprache.[6]

Um 1160 dichtete Bruder Heinrich von Melk ein „Priesterleben" und die „Erinnerungen an den Tod", in welchem er die Laster seiner Zeit geißelt[7].

1165 gab Pleban Gebhard von Medelech einen Zehent zu Gerolding zur dortigen Kapelle für Zehente in Schönbichl.[8]

Nach 1177 übergibt Heinrich von Hirzesberch, Ministerial des Grafen Konrad I., einen Hof zu Widach (Waidach bei St. Georgen an

---

[1] Hauthaler, Salzburger Urkundenbuch, II., 40; Kleinmayern, Iuvavia, Anhang, 95, datiert 861.

[2] Hauthaler, Salzburger Urkundenbuch, II., 62; Kleinmayern, Iuvavia, Anhang, 113.

[3] Hauthaler, Salzburger Urkundenbuch, II., 71.

[4] Topographie, VI., 373.

[5] Topographie, VI., 496.

[6] Salzer, Illustrierte Geschichte der deutschen Literatur, I., 127.

[7] Mittelalterl. Bibliothekskataloge, I., 10; Nagel-Zeidler, Deutschösterr. Literaturgeschichte, I., 170-172, Salzer, Illustrierte Geschichte der deutschen Literatur, I., 125-127.

[8] Niederösterr. Urkundenbuch, I., 13.

der Leiß) an das Stift Michaelbeuern. Unter den Zeugen Graf Sigifrid, Roland Glanz, Magenso von Turta und Wiedunc von Schonenberch.[1]

1224, 23. Mai, Wien, gab Herzog Leopold VI. von Oesterreich dem Bischofe von Regensburg Befreiung von Zoll und Maut für seine Leute in Pöchlarn beim Besuche des Marktes im Dorfe Medelic (Melk) gegen Leistung von 2 Pfunden auf Kolomani an den landesfürstlichen Amtmann in Melk.[2]

Von etwa 1230 bis 1241 hatte der Dichter der höfischen Dorfpoesie Neidhart von Reuental durch die Gunst des Herzogs Friedrich II. von Oesterreich in Melk ein freilich wenig erträgliches Heim gefunden.[3] Er sagt darüber: „Miner wiede Willen ist nicht ze wol an mir ergangen: Wolde ez Gott, sin mächte noch will lihte werden wat. In dem lande ze Osterriche wart ich wol emphangen von dem edlen vürsten, der mich nie behuset hat. Sie ze Medelicka bin ich immer ane ir aller danc. Wirst niht leit, daz ich von Eppen und von Gumpen in ze Riuwental so will gesanc."

1259 lieferten auch die Kaufleute von Medlico gefärbte Tuche nach St. Pölten und Wien.[4]

Um 1260 verlieh die Kirche in Medlich der Bischof von Passau und gehörte ihm aller Zehent und der Grund außer dem Grunde des Klosters.[5] Der Pleban Hunger, gestorben am 22. Juli, war Weltpriester und wahrscheinlich auf dieser Pfarre.[6]

1273, 22. Oktober, St. Pölten, bestätigt Bischof Paulus von Passau, daß der Konvent von Minnebach (Imbach) von Ulrich Vaerchser um 60 Wiener Talente einen Zehent bei Melch gekauft habe. Unter den Zeugen Propst Eberhard in Sancto Ypolito und der Kaplan des Bischofs Heinrich, Pleban in Hurwen (Hürm).[7]

1277 bezeugen Pfarrer Hugo und der Kaplan Marquard mit Mönchen des Klosters Melk eine Urkunde des Dietrich von Weißenberg. Beide gehören wahrscheinlich dem Stifte an, das in seinem Bereiche gleichfalls pfarrliche Rechte ausübte.[8]

1277, 28. Mai, verlieh Abt Gerung von Melk den Bäckern daselbst gewisse Freiheiten.[9]

---

[1] Hauthaler, Salzburger Urkundenbuch, I., 816.
[2] Rind, Codex chron.-diplom. episcop. Ratisbon., I., 340.
[3] Salzer, Illustrierte Geschichte der deutschen Literatur, I., 323.
[4] Jahrbücher der Literatur, 55. Band, 1831; Anzeigeblatt, 18, 19.
[5] Monumenta Boica, XXVIII., II., 483.
[6] Keiblinger, Melk, IIa., 7.
[7] Chmel, Der österr. Geschichtsforscher, I., 555.
[8] Topographie, VI., 384, 496.
[9] Stiftsarchiv Melk, Dienstbuch von 1420.

1284, 6. Jänner, Wien, bestätigt Herzog Albrecht I. den Leuten der Grafschaft Weitenegg Mautfreiheit für ihren Hausbedarf an der Maut zu Melk. Auch 1533 bestand eine Maut in Melickh.[1]

1293, 14. August, Wien, wird mit dem Abte von Melk auch Herr Ulrich, Dechant von Melk als Zeuge angeführt.[2] Da vor ihm der Dechant Reinhard von Kilb genannt wird, ist er wahrscheinlich nicht als Stifts, sondern Ruraldechant und Pfarrer von Melk aufzufassen.

1295, *VIII. Kalendas Septembris* (25. August), Gracz, verleiht Fr. Hugo, Bischof der Kirche der Geburt Christi in Bethlehem, der Pfarrkirche in Melch in der Passauer Diözese, zu welcher wegen Entfernung und Lage der Zugang beschwerlich ist und die daher mit ihrem Hirten mancher pfarrlichen Rechte entbehrt, einen Ablaß von 40 Tagen für Anhören der hl. Messe und Spendung von Geldbeträgen.[3]

1296, *III. Kalendas Novembris* (30. Oktober), Wienna, gibt Bischof Heinrich von Konstanz den Besuchern und Wohltätern der Pfarrkirche Medlich aus dem gleichen Grunde 40 Tage Ablaß.[4]

1297, *IX. Kalendas Mai* (23. April), Wyenne, berichten die Plebane Magister H(einrich) von Görs, Friedrich von Zwettl und Wernher de *Sancto loco* (von Heiligenstadt) dem Bischofe von Passau, daß zwischen dem erwählten (Abte) von Medlich (Melk) und seinem Konvente und dem Plebanus Johannes an der Pfarrkirche Medlico schon lange Zeit ein Streit war wegen Empfang der Sakramente bei der Pfarrkirche. Als von beiden Teilen angerufene freundschaftliche Vermittler haben sie entschieden, daß alle Menschen im Pfarrgebiete Melk die Sakramente in der Pfarrkirche empfangen sollen, wenn nicht das Kloster vor einem vom Papste bestellten Richter das Gegenteil durch rechtsgilitge Dokumente erweisen kann. Doch scheine es billig, daß die ständigen Diener des Klosters, als Bader, Köche, Wächter, Pförtner, Kutscher, Kellner, Glöckner, Krankenwärter und Diener vom Kloster die Sakramente erhalten können. Die den Spruch übertretende Partei hat 100 Pfd. an die Gegenpartei und 100 Pfd an den Bischof zu erlegen. Der Bischof möge den Spruch bekannt machen. Siegler: der erste und dritte Aussteller, der zweite Aussteller benützt, da er kein eigenes Siegel hat, das des Abtes Wilhelm von den Schotten in Wien. Zeugen waren: Magister Ot(to), *prothonotarius Austrie*, die Plebane Friedrich von Gumpendorf, Gerlach von Draeschirchen (Traiskirchen), Magister Ot(to) in Idungspeugen (Jedenspeigen) und Gerhard de Sancto Oswaldo, dann Magister

---

[1] Geschichtliche Beilagen, IX., 91; XI., 220.
[2] Fontes, LI., 207.
[3] Originalpergament, Siegel verloren, Stiftsarchiv Melk.
[4] Originalpergament, Siegel verloren, Stiftsarchiv Melk.

Chunrad, Notar des Herzogs, Magister Johannes, *scholasticus Wyenne*, und Herr Starchandus, Pleban von Paltramdorf (Palterndorf).[1]

1305, 26. Juni, St. Pölten, bezeugen eine Urkunde des Propstes Ekard von St. Pölten Ulrich von Puechperg, Chorherr und Vicedomus der Kirche in Passau, Dechant Gotfried von Chrems, Dechant Gotfried von Hardec, Ludwig, Notar und Pleban in Medlic.[2]

1311, Unser Frauen Lichtmeß (2. Februar), beurkundet Pernger von Landeberch, Hautpmann zu Lengpach (Neulengpach), daß Herzog Friedrich I. von Oesterreich dem Abte Ulrich und dem Gotteshause in Melkch die alten Rechte verbrieft habe. Danach sollen ihre Güter unter dem Schirme des Landesfürsten stehen; kein Richter in Oesterreich mit des Gotteshauses Leuten zu schaffen haben außer um Todtschlag, „dif" (Dieberei) und Notnunft, nicht um Schwertzücken oder Wunde, wovon der Landrichter kein Wandel (Strafgeld) hat. Bei diesen drei Verbrechen sind die Übeltäter mit Gürtel umfangen zu übergeben und fällt ihr übriger Besitz dem Kloster zu. Der Landrichter darf im Markte Melk ohne Rat des Gotteshauses und der Bürger keinen Nachrichter nehmen, auch keinen Bürger des Abtes ohne des Marktrichters „pot" gefangen setzen und einen solchen nur im Taiding erfordern und Weybertal hat der Marktrichter zwei Teile, der Landrichter einen, ebenso vom Gute eines hier ergriffenen Diebes. Der Abt gibt kein Marchfutter, Landpfennig, noch Maut oder Zoll zu Wasser oder Land. Herzog Friedrich habe ihm und seinen Nachfolgern befohlen, auf dem Landgerichte, das geht vom „Hakental (bei St. Andrä vor dem Hagentale) uncz an die Erlaf" (Erlauf, westlich von Pöchlarn), diese Freiseiten zu beobachten, was er verspricht. Siegler: der Aussteller.[3] - Später gehörte Melk und Pöchlarn zum Landgerichte Markersdorf.

1312, St. Petronella (31. Mai), „ze Melch auf dem perg", gibt Ott von Wasen mit Willen seiner Frau Kathrein zwei Wiesen in der „Aw dicz Spilberkch in Melcher pharr", die er zu Lebzeiten seiner Frau Penditten gekauft und 31 Jahr und einen Tag in Besitz hat, und eine dritte Wiese daselbst in derselben Au, Burgrechtlehen von Friedrich von Pach und mit 12 d dienstbar, die er ein Jahr und einen Tag in Besitz hat, dem Abte Ulreich von Melk auf ein Seelgerät für seine verstorbene Frau und ihn selbst. Die Erben können diese Wiese um 60 Pfd. Wr. Pfen. einlösen. Siegler: der Aussteller und sein Bruder Hartweich. Zeugen die Herrn Ott von Wildenstein, Weichart von Topel, Friedrich der Raedler, Ulrich und Ott von Pylach und Friedrich

[1] Originalpergament, Stiftsarchiv Melk.
[2] Niederösterr. Urkundenbuch, I., 215.
[3] Kopialbuch im Stiftsarchiv Melk, Bl. 39.

der Vleischezz, dann Pernhart von Melch, Marchart von Chuffarn und Hauch von Melch.[1]

1313, 12. März, Wien, gab Herzog Friedrich III. von Oesterreich dem Pfarrer Albrecht von Melch und seiner Mutter Heilweich die von Heinrich von Streitwiesen um 360 Pfd. Wr. Pfen. erkauften Güter zu Lehen, nämlich den Markt Alten-Ysper (Altenmarkt) mit Kirchenschatz und Gülten zu Zagelow (Haslau) und einem Drittel von Sulczperch, doch ohne die Gülten zu Graking und Ovroltsperg (Kraking und Euratsberg) im Werte von 150 Pfd., die der Pfarrer dem Stifte Melk zugewendet hat.[2]

1313, *XII. Kalendas Julii* (20. Juni), Medlici, bestätigt Bischof Wernhard von Passau als Ordinarius und Patron der Pfarre Melkch, daß der Pleban Albert von Melk, sein Kaplan, ein Haus im Markte von seinem Vermögen, das er vor Erlangung der Pfarre hatte, gekauft und der Kirche in Melk geschenkt habe, daß der Pleban darin wohne, wofür er zum Unterhalt eines ständigen Lichtes Tag und Nacht am Feste des hl. Koloman 12 ß d dem Zechmeister geben solle. Wenn Dienst oder Licht vernachläßigt werden, verfällt der Dienst dem Stifte Melk zum Lichte im Kloster. Siegler: der Aussteller.[3]

1315, St. Juliana Jungfrau (16. Februar), Medlici, vermacht der Pleban Albert von Melkch, da der Tod gewiß, die Zeit des Todes ungewiß ist, seinen Hof im Grinnsing (bei Emmersdorf) mit Weingärten, Äckern, Holden und Zugehör, der zu Martini 60 d Burgrecht dem Kloster Medlich dient und mit Eigenschaft dahin gehört, diesem Kloster zugunsten eines Tausches mit dem Kloster Gotwich (Göttweig) für 6 ß Gülten in Horbruk (Habruck, Pfarre St. Johann bei Groß-Heinrichschlag) in der Nähe des Gutes Rauna (Ranna). Der Hof soll nach seinem mit seiner Mutter Helwigis Tod dem Stifte zufallen, welches am Sterbetag einen Jahrtag mit Vigil und Messen im Kloster halten, und den Brüdern eine Pitanz für ein Talent, den Armen und Bettlern Brot von einem halben Mut Getreide und eine halbe Karrate Wein, auch eine Perna Fleisch geben soll.[4]

1315, 20. Dezember, Medlici, verleiht Marquard von Zinzendorf, Pfarrer zu Ravelsbach, dem Priester Meinhard die Verwesung der Filialkirche zu Radlbrunn. Zeugen: Herr Ortolf der Sänger des Klosters Medlic, Herr Perchtram Vikar in Melk, Wilhelm von Windsperch Pleban im Puchel (vielleicht Schönbichl?), Paulus, *scolasticus* (Schulmeister) in Melch und Marquard von Chueffern.[5]

---

[1] Kopialbuch im Stiftsarchiv Melk, Bl. 71.
[2] Keil, Donauländchen, 218; Lichnowsky, Habsburg, III., Regest Nr. 328, 356.
[3] Originalpergament, Stiftsarchiv Melk.
[4] Originalpergament, gesiegelt vom Aussteller, Stiftsarchiv Melk.
[5] Faigl, Urkunden von Herzogenburg 1244-1450, 52, 53.

Um 1315 vermacht Jans von Capell dem Stift Mölck 20 Pfund.[1]

1321, Sonntag nach Unser Frauen Lichtmeß (8. Februar), Wyenn, beurkundet Dytreich von Pilichsdorff, Marschalich in Österreich, daß der selige Herr „Albrecht der probst von Prazpurch und pfarrer cze Melch", da er doch „sinn und wicz wol gehaben macht", dem ehrbaren Mann Dyrtreich dem Huttstokch, des Ausstellers Burggrafen zu Prezpurg, sein Geschäft über sein Gut übertragen habe. Weil dieser es nicht vollbringen konnte, wolle es der Aussteller von des Königs wegen vollführen. Propst Albrecht habe dem Abte Ulrich von Melch einen Hof zu Grinsing, Lehen vom Stifte Melk, mit Zugehör vermacht auf einen Jahrtag mit Messe, Vigil, Geläute und aufgezündeten Kerzen im Stifte, Verbesserung der Pfründe im Konvente um ein Pfund und Brot von einem halben Mut Korn, ein halbes Fuder Wein und einen Pachen für die Armen. Frau Haiweich, des Propstes Mutter, kann diesen Hof auf ihre Lebenszeit benützen. Siegler: der Aussteller und Dytreich der Huttstokch.[2]

1321, ohne Tag und Ort, verkaufen Alber der Zehetner von Medlich (Mödling), seine Hausfrau Soffey, seine Söhne Alber und Philipp und Herr Christan der Nozdaher ihren vom Stifte Melch (Melk) lehenbaren Hof in der Zaglaw um 70 Pfd. Wr. Pfen. dem Abte Ulrich und dem Gotteshause zu Melch. Siegler: Alber der Zehetner (Umschrift: + *S. Alberti d(e) Nosdach)* und Christan der Nozdacher (Umschrift: + *S. Christani d(e) Nestach.* Auf beiden Siegeln im Schilde eine Brechel wie im Stiftswappen von Klein-Mariazell).[3]

1321, Mittwoch nach dem Kreuztag nach Ostern (Erfindung) (6. Mai), Melch, verleiht Abt Ulrich von Melk den Hof zu Melch in der Zaglau, den er von Albern, seinem Zehetner zu Medlich (Mödling) erkauft hat, dem Philipp von Salhendorf und seiner Frau Margret als Burgrecht um einen jährlichen Dienst von 32 d zu Martini. Siegler: Abt und Konvent von Melk. Zeugen: Herr Ulreich der Waser von Sitzental, Marchart der Chreffinger, Ulrich der Lochler, Ott der Taler, Christan und Hauch die Ruegendorfer.[4]

1325, 25. Oktober, Avignon, befahl Papst Johann XXII. dem Schottenabt in Wien, dem Abt von Lilienfeld und den Chorherrn von Passau, den Pfarrer Ulrich von Melk in das ihm zu Göss zu verleihende Benefizium einzuführen.[5]

---

[1] Hoheneck, Genealogie der Stände Oberösterreichs, III., 70.
[2] Originalpergament, Stiftsarchiv Melk.
[3] Stiftsarchiv Melk.
[4] Originalpergament mit zwei erhaltenen Siegel, Stiftsarchiv Melk.
[5] Quellen zur Gesch. der Stadt Wien, I. Abteil., I. Bd., Nr. 110.

1325, 27. Oktober, Avignon, verleiht Papst Johann XXII. dem Pfarrer Ulrich von Melk, Sohn des Rudolf von Kirchberg, die nächste erledigte Pfründe unter Lehenschaft des Klosters Göss.[1]

1336, 10. Jänner, *Avinione*, im 2. Jahr des Papstes Benedikt XII. verleihen die Kardinäle *Guilielmus Antibarensis archiepiscopus, Almannus Luanensis, Raymundus Catharensis* und neun andere Bischöfe den Wohltätern und Besuchern der St. Stephanspfarrkirche in Medlico in der Diözese Passau für Anhören der hl. Messe, Predigt und Chorgebet an einer Reihe von Festen, Teilnahme bei Versehgängen und kniendes Gebet von drei Ave Maria beim Gebetläuten, jeder 40 Tage Ablaß.[2] Der Buchstabe A dieser Urkunde enthält eine Miniatur der hl. Jungfrau mit dem Kinde, den hl. Stephan und Johann Evangelist und einen knienden Priester.[3]

1336 übersiedelte Konrad von Friburga, Rektor der Pfarrkirche in Medlico, Diözese Passau, auf die Pfarre St. Andrä vor dem Hagentale.[4]

1338, 21. Jänner, Wien, verzichten Symon der Hofmeister der jungen Herzoge von Oesterreich und seine Frau Diemut und ihr Sohn Johannes gegen den Abt Gundacher und den Konvent von Melk auf das Haus des verstorbenen Chueffinger im Markte zu Melk, weil das Stift seiner Schwester Katreyn ein Haus zu Melch in der Krauthgazzen, wovon 24 d Burgrecht zu Martini dem Stifte gedient und demselben ½ Pfd. Pf. zu einem Seelgerät gereicht werden, verliehen hat. Siegler: der Aussteller und Herr Ulreich von Pergau, Hofmeister des Herzog Albrecht II. von Oesterreich.[5]

1338, 9. September, gab Bischof Albrecht II. von Passau der Stadt St. Pölten das Privilegium, daß das Salz des großen Bandes (in großen Fässern), das gegen Melkch geführt wurde, weiters in die Stadt St. Pölten gebracht werde.[6]

1338 wird das Melker Maß (der Metzen) genannt.[7]

1339, 21. Dezember, Melk, gibt Christan der Rugendorfer dem Abte Gundaker von Melk auch einen Acker vor dem Tore zu Melk.[8] - Mithin war der Markt damals bereits mit Mauer und Tortürmen befestigt.

---

[1] Blätter für Landeskunde, 1892, 391.
[2] Originalpergament, einst mit 13 Siegeln versehen, Stiftsarchiv Melk.
[3] Österr. Kunsttopographie, III., 163.
[4] J. M. Vidal, Benoit XII. Paris 1903 und 1906, Regest Nr. 2705. Siehe unter St. Andrä vor dem Hagentale.
[5] Originalpergament mit zwei erhaltenen Siegeln, Stiftsarchiv Melk.
[6] Blätter für Landeskunde, 1883, 485.
[7] Fontes, XXXV., 265.
[8] Stiftsarchiv Melk. Siehe bei Stift Melk.

Von etwa 1340 sind die Rechte des Marktes erhalten.[1]

1343, 16. Oktober, widmet Hartmut der Fleischezz von Obersperg (Albrechtsberg an der Pielach) nach dem Willen seiner verstorbenen Gattin Alheid, Gülten bei Pielach und von einem Überländ im Haselmais und in den Rautern zu einem ewigen Licht auf St. Egydenaltar und 60 d zum Gotteshause zu Melk auf dem Berg (die alte Pfarrkirche, östlich vom Stifte auf dem Berg gelegen). Die Stiftung soll sein Erbe Ruger der Tanpeck ausführen.

„Ich Hartmut der Fleischezz von Obersperg vergich offenbar mit diesem prief allen den die in sehent, lesent oder lesen hörent, di nu sind und hernach chunftig werdent, daz meiner hausfrawen swester vraw Pericht, der Got genad, der Rosspekchynn, hat geschaft zu einem ewigen selgeret durch ir sel heil willen drey Schilling phenning ewigs gelczs auf der hofstat, di da gelegen ist pei der Pylach und da Hoertal aufgesezzen ist, dem Got genad, und sechczikch pfenning auf uberlent, di gelegen sind in dem Haselmayzz und in den Raeutern, ze einem ewigen liecht auf sand Gilgen altar, die ich vorgenanter Hartmut der Fleischezz und mein Hausfraw Alhayt, der got genad, aller iar jaerleich dahin geraicht haben zwainczich jar und mer. Und offen auch mer, daz mein hausfraw Alhait, der Got genad, geschaft hat auf dem selben gut, daz auch ir angestorbens gut ist, in dem Haselmayzz und in dem Raeuttern, wy daz genant ist, ein halbes phunt gelcz, der raicht man aller jaerchleich auf sand Gyligen altar sechzikch phenning zu dem liecht und sechzikch phenning hincz Melch auf dem Perg zu dem gotshaus. Nu gib ich vorgenanter Hartmut der Fleischezz meinem lieben geuatern Ruegern dem Tanpekchen, ob ich nicht sey, daz er sich derselben guts underwinden und ez raich, als der prif sait, durch meiner sel willen recht als ichs pei mir lembtigen geraicht und geben han. Und daz daz geschaeft als ewichleich staet, gancz und unczebrochen beleib, daruber zu einen sichtigen urchund und warn gezeugnuss gib ich egenanter Hartmut der Fleischezz disen prief, besigelt mit meinem anhangunden insigl. Und ist der brief geben dez naegsten pfincztages nach sand Cholmannstag, do man zalt von Christ gepurd dreuczehenhundert jar und darnach in dem drew und virczkisten jar."[2]

1345, St. Bartholomäustag (24. August), Melkch, gibt Michel der Puschinger, Pfarrer zu Melckh, dem Abte Ludwig von Melk ein Gut an dem „Mühlperg pei Chulib" (Kilb) und eines worauf der Geyger gesessen war, die ihn sein verstorbener Bruder Görig der Puschinger zu einer Steuer, daß er sich „darauf weichen liezze und auch priester

[1] Winter, Niederösterr. Weistümer, III., 409.
[2] Kopialbuch des 15. Jahrh. im Stiftsarchiv Melk, Bl. 99.

wurde", gegeben hatte, zum Stifte Melk auf einen ewigen Jahrtag. Siegler: der Aussteller.[1]

1346, 16. Dezember, St. Pölten, beurkundet Bischof Gottfried von Passau, daß Albero von Zelking der Pfarre Melk Dienste zu Öed, Spielberg und Erlauf und diese Pfarre der damals von ihr abgetrennten Pfarre Zelking Zehente und Gelddienste in Zelking abgetreten habe.[2]

1347, Sonntag *Invocavit* (18. Februar), Melch, verkauft Haug der Rugendorffer, Bürger zu Melk, dem Abte Ludwig von Melkch ein Holz daselbst auf dem Grazperch, einst Besitz der ehrbaren Frau Vreyund, um 10 Pfd. Wr. Pfen. und setzt zu Ebenteuer 10 Pfd. von seinem Hof und Baumgarten zu Melkch, wovon sein Bruder Christian den Rugendorfer den Gegenteil hat. Siegler: Jans der Müllwanger, Richter zu Melch und Herr Dyetrich der Sebach.[3]

1348, St. Jakobsabend im Schnitt (24. Juli), erklärt „Michael der Puschinger, Pfarrer ze Melch", von seinem Herrn Abt Ludwig zu Melch und dem Konvente in seinen nicht näher angegebenen Forderungen befriedigt worden zu sein.[4]

1349, St. Kathrein (25. November), verzichten Gorig von Schretenpruk und seine Frau Katrey und ihre Söhne Reinbart und Ulrich auf das Lehen zu Schretenpruk und alle Güter, welche sie vom Stifte Melk in Oesterreich gehabt haben, nachdem sie vom Abte Ludwig 38 Pfd. Wr. Pfen. erhalten haben. Siegler: der Tuers von Tuer(n)stain, Vogt und Pfleger des Gotteshauses zu Melch, und die Redner und Taidinger der Sache Verschalch von Maczleinstorf, Rueger der Tanpech und Alber der Hoefer, Burggraf zu Scholach.[5]

1350, St. Gilgen (1. September), verkauft Stephan, Sohn des Haug Rugendorfer zu Melk, Jannsen dem Mülbanger, Richter zu Melk, und seiner Frau Christeins Hof, Peunt und Acker auf der Erdprust und das Pflanzbeet bei der Tunau. Siegler: der Burgherr Abt Ludwig von Melk und als Zeuge Urschalich und Jorig von Matzlestorff, Brüder. Zeuge der Redner und Taidinger dieser Sache Wolfhart der Rugendorffer, des Ausstellers Oheim, weiters Hainreich in der Zaglau, Hanns von Pirwein und Albrecht der Kolb.[6]

1351, Sonntag nach Ostern (24. April), beurkundet Abt Ludwig von Melkch, daß ihm „Hainreich der Verig pey der Tuenaw" und die Besten von seinen Bürgern angezeigt haben, daß das Haus

---

[1] Originalpergament, Siegel
[2] Keiblinger, Melk, IIa., 15. Siehe unter Zelking.
[3] Kopialbuch im Stiftsarchiv Melk, Bl. 110.
[4] Melkerhof in Wien.
[5] Originalpergament, mit vier erhaltenen Siegeln, Stiftsarchiv Melk.
[6] Vidimus des Abtes Marttens von den Schotten in Wien. St. Ulrich (4. Juli) 1457, ausgefertigt auf Bitten des Kellners Bruder Hanns von Lanngenfeld zu Melch, Stiftsarchiv Melk.

zunächst der Donau, wo Heinrich der Fänge wohnt, vom Gute seiner Hausfrau Perzzlein gekauft wurde, weshalb er und seine Erben keinen Anspruch darauf haben.[1]

1358, Pfingstfeiertagen (20. Mai), versetzen Haynreich von Erlauf und seine Frau Anna ihren Acker auf dem Weiberthal, Lehen vom Stifte Melk, dem Philipp und seiner Frau Margaret für 7½ Pfd. Wr. Pfen. Darlehen. Siegler: der Aussteller (im Siegel Inschrift: *S. Hainrici de Melch*) und Abt Ludwig von Melk.[2]

Um jene Zeit (1359) stiftete Pfarrer Stephan von Melk zur Kirche in Matzleinsdorf einen Weingarten am Schenkenberge bei Grinzing.

1368, 23. April, wurde dieser Weingarten mit Zustimmung des Pfarrers Chunrat von Melk als Lehensherrn der Kirche in Matzleinsdorf verkauft.[3]

1373, 27. Februar, Avignon, gestattet Papst Gregor XI., daß Leopold von Horn, Pfarrer in Melk, dem er die Propstei an der Passauer Kirche verliehen hat, seine jetzige Pfarre beibehalten dürfe.[4]

1386, Ertag nach St. Martin (13. November), Newnstat, verkauft Herzog Albrecht III. von Oesterreich den Zehent von Melk, den er vom Frauenkloster in Minnpach (Imbach) gekauft hat, dem Abte und Konvente zu Melk für 400 Pfd. Wr. Pfen.[5]

1388, St. Johannes des Täufers (24. Juni), Wienn, verkauft Herzog Albrecht III. von Oesterreich dem Kloster Melk (neuerdings) den vom Kloster Mauerpach erkauften Zehent zu Melkch um 350 Pfd. Wr. Pfen.[6]

1388, Unser Frauentag als sie verschieden ist (15. August), Melk, verkaufen Ulrich der Cholb und seine Hausfrau Elsbet ihren Hof zu Melk bei dem Meyer und Gründe an dem Steinperg, auf der Ziegelgrueb, in dem Burgerthale bei dem Weyer und dem Baumgarten, dienstbar zum Stifte Melk, auch den freieigenen Acker Chawdersbach, dem ehrbaren Diethart von Franigaw, seiner Tochter Margaret, ihrem Manne Chunrat dem Fleischacker zu Melk, Hannsen dem Tanstlein und seiner Frau Elsbet um 130 Pfd. Wr. Pfen. Siegler: Ulrich und sein Vetter Heinrich der Cholb von Raysach und der Zeuge Paul von Golshaim (im Siegel: + *S. Paoli . de . Emers(dorf)*).[7]

---

[1] Kopialbuch im Stiftsarchiv Melk, Bl. 144.
[2] Originalpergament mit zwei erhaltenen Siegeln, Stiftsarchiv Melk.
[3] Quellen zur Gesch. der Stadt Wien, I. Abteil., III. Bd., Nr. 3247. Vgl. Matzleinsdorf.
[4] Quellen zur Gesch. der Stadt Wien, I. Abteil., I. Bd., Nr. 134.
[5] Stiftsarchiv Melk.
[6] Kopialbuch im Stiftsarchiv Melk, Bl. 133.
[7] Stiftsarchiv Melk.

Um 1390 war die Pfarre Melkh Lehen vom Bistum Passau. Ihre Verleihungsgebühr wird einmal mit 36, dann mit 46 Pfd. Pfen. angegeben.[1]

1400, St. Luzia (13. Dezember), verkauft Anna, Jungfrau des Jörg Flaemyng, ihren erkauften Hof zu Melk in der Zaglau um 145 Pfd. Wr. Pfen. dem geistlichen Herrn Hanns dem Flaemyng, des Herzog Wilhelms von Österreich Anwalt und Rat der Stadt Wien, und als Zeugen Ludwig von Tierna, Hanns der Arnstorffer, Kammerschreiber des Herzog Albrecht von Oesterreich, und Hanns der Raedler, Schaffer zu Melk.[2]

Um 1400 wurde im Markte eine kleine Kapelle zu Ehren Unser lieben Frau mit Kreuzrippengewölbe erbaut, die einen Teil der jetzigen Pfarrkirche (nördlich am Turme) ausmacht.[3]

1411 empfing Peter Mulbanger statt seines Vaters vom Stifte Melk des Rugendorffer Hof zu Melk bei den Hafnern zu Lehen.[4]

1414, Mittwoch in den Osterfeiertagen (11. April), verleiht Abt Johann von Melk auf Bitten des Peter Mulbanger den Rugendorferhof zu Melk vor dem oberen Tor als Vermächtnis desselben seiner Hausfrau Margareth und bestätigt dieses Vermächtnis mit dem kleinen Insiegel.[5]

1420 kaufte der Vikar Hans der Plank ein Joch Acker auf der Slaipphen zu Spielberg für die Kirche.[6]

1421, St. Barbara der Jungfrau (4. Dezember), verzichtet Simon Hornpekch gegen Abt Niklas von Melkh auf das Haus zu „Melkch in dem markcht an dem Frauenmarkcht zunachst Petreins Fleischacker haus", das seine verstorbene Schwester Dorothea, Hausfrau des Michael Rosenkranz, zum Gotteshause (Kloster) vermacht hat. Siegler: Michael der Geschechsennot, Richter zu Ysper, und als Zeuge Hanns der Schoikcher.[7] Vor der Marienkapelle im Markte führte damals der untere Markt bereits den Namen „(Unser) Frauenmarkt".

1421 bezeugte Stephan Gulden, Pfarrer in Melk, eine Streitsache des Klosters Kremsmünster.[8]

1422, 24. August, Emmersdorf, erscheinen der Vikar Hanns von Melk und der Kaplan des Abtes daselbst, Meister Heinrich von Preußen als Zeugen.[9]

---

[1] Hippolytus, 1863, 140, 148.
[2] Originalpergament mit vier erhaltenen Siegeln, Stiftsarchiv Melk.
[3] Riesenhuber, Kirchl. Kunstdenkmäler, 189.
[4] Lehenprotokoll im Melkerhof zu Wien.
[5] Vidimus von 1457 im Stiftsarchiv Melk.
[6] Topographie, VI., 496.
[7] Originalpergament im Stiftsarchiv Melk.
[8] Topographie, VI., 496.
[9] Geschichtliche Beilagen, XI., 199.

1424 sollte Meister Heinrich, Parlier zu Melk, für die St. Helenenkapelle in Hadreins (Hadres, OMB) ein Bild St. Helena machen, wofür er vom Dechant Peter dem Dekinger von St. Stephan in Wien einen Gulden erhielt.[1]

1426, Freitag vor Pfingsten (17. Mai), verkaufen Peter der Mülbanger und seine Frau Margareth ihr Holz der Gern an dem Hyrsperg zunächst des Herrn Stephan von Zelkimg Holz, Lehen vom Abt Lienhart zu Melk und das Holz das Mösel mit Wiesen dabei an dem Hyrsperg zwischen des Stiftes Melk und des Zelking Holz, dienstbar dem Zelking zu Michaeli mit 10 Wr. Pfen. Burgrecht, um 45 Pfd. Wr. Pf. und einen Guldein dem Abte Lienhart von Melk. Siegler: der Aussteller und als Zeugen der edle Hanns der Golsperger, Pfleger zu Schalaburg, und Hanns der Waser.[2]

1429 war die Pfarre Melk Lehen vom Bischof und seine Verleihungstaxe auf 60 Pfd. Pfen.angesetzt.[3]

1429 und 1430 arbeitetet der Steinmetz Stephan von Melk an der Stephanskirche in Wien.[4]

1434, Freitag nach Pfingsten (21. Mai), Melkch, verspricht Pernhart Vorster im Pruel, nachdem ihn der edle Thoman Cholb, Schaffer zu Melkch, wegen des Forstamtes an dem Hirsperg, das er vom Stifte Melk innehatte und unredlich verwaltete, in das Gefängnis gelegt, aber Abt Christian von Melk wieder freigelassen hat, keine Rache zu nehmen. Siegler: die edlen Peter Mülbanger und Peter Läer.[5]

1438, Freitag nach Auffahrtstag (23. Mai), Wien, gibt der römische König und Herzog von Oesterreich Albrecht II. zwei Fischwasser auf der Pielach, das Wilhelm der Häusler gehabt hat, und die Güter zu Pielachberg (Pf. Melk), die der Häuslerin vermacht worden sind, und die Güter zu Wenigrust (Klein-Rust, Pf. Obritzberg), die auch der Häusler gehabt hat, Wilhelm dem Topler zu Lehen, dem sie Leupold von Eckartsau abgetreten und dem Landesfürsten aufgesagt hat.[6]

1438, St. Dionisi und seiner Gesellen-Tag (9. Oktober), verkaufen der Prior Bruder Vincencz und der Konvent des Hauses Unser Frauen-Porten zu Axpach, Kartuser Ordens und Passauer Bistums, zwei Lehen zu „Spilberg in Melkcher pfarr", worauf Jakob Knabel zu Michaeli, Martini und Georgi je 3 ß und Stephan Swärczel ebenso viel von den Wiener „swarczen münß" dienen, freies Eigen, dem Abte Christan von Melkch und dem Konvente. Gesiegelt mit des Gottes-

---

1 Jahrbuch der Kunstsammlungen des ah. Kaiserhauses, XVI., Nr. 13, 624.
2 Originalpergament mit drei erhaltenen Siegeln, Stiftsarchiv Melk.
3 Schmieder, Matricula, 20.
4 Jahrbuch der Kunstsammlungen des ah. Kaiserhauses, XVI., Nr. 13, 929 und Nr. 13, 949.
5 Stiftsarchiv Melk.
6 Kaltenegger, Collectio chartar. veter., I., 445.

hauses Aggsbach größerem Insiegel, weiters von Otto von Mayßau, obersten Marschall und obersten Schenk in Oesterreich ihrem gnädigen und lieben Herrn und Stifter, und dem ehrwürdigen Herren und Vater Johans, Prior des Hauses Allerheiligental zu Mauerbach (darauf der Heiland sitzend dargestellt, die Umschrift abgebrochen).[1]

1440, Freitag vor Reminscere in der Fasten (19. Februar), Melk, verzichtet Peter Mülbanger gegen den Abt Christan von Melk nach Empfang eines Geldbetrages auf einen Acker in dem Bürgerthal zu Melk zwischen den Äckern der St. Stephanszeche und des Ölblein von Poverding, den er dem verstorbenen Abte Leonhart verkauft hat, und ein Haus zu Melk in der Hafnergasse zwischen seinem Hof, genannt des Rugendorfer Hof und Peter Gnebleins Häusel, wovon er Dienste bezieht, und auf einen Dienst von zwei Faschinghühnern von einer Leiten. Siegler: der Aussteller und die edlen Thoman Kolb, Burggraf zu Pakchstal, und Kaspar der Praunstorffer, Amtmann zu Melk.[2]

1440, Eritag vor St. Jörgen (19. April), Melk, verkauft Peter Mülbanger zu Melk seinen Acker auf der Erdprust zunächst des Abtes Christian von Melk und des Konventes Acker, wovon man jährlich zu Michaeli 10 Wr. Pfen. Burgrecht dient dem ehrbaren Hanns Mankchen, Lederer auf der Prukch zu Melk, und seiner Frau Anna. Siegler: der Aussteller und der edle Peter Loser, Pfleger zu Schalapürkch.[3]

1443, 5. Jänner, wird als Wohltäter des Schottenstiftes in Wien genannt Urban von Melk, Dr. der Theologie und Kanonikus von St. Stephan. Er gab der Stiftsbibliothek sieben seltene Codices und lehrte im Schottenkloster durch mehrere Jahre unentgeltlich Theologie. Er liegt in der St. Stephanskirche begraben.[4]

1445, Montag nach St. Erhard Bischof (11. Jänner), Melk, beurkunden Thoman Ödperger von Seydmannspach und Michel Grull, daß ihr verstorbener Bruder Kollman, Diener (laut Aufschrift der Urkunde war er Siechknecht, Krankenwärter) des Abtes Christan von Melk, vermacht habe: zum Kloster Melk jene 20 Pfd. Pfen., welche ihm Michel Grüll um die gekauften zwei Joch Acker schuldet; dann in bereiten (baren) Gelde 20 Pfd. Wr. Pfen. für sein und seiner Verwandten Seelenheil; zur Pfarrkirche in Melk zwei Joch Acker am Aichgraben zunächst Michaeln des Scherer Acker, wovon der Zechmeister am Mittwoch vor St. Thomas des Apostels eine Vigil und ein Seelamt

---

[1] Originalpergament mit drei erhaltenen Siegeln, Stiftsarchiv Melk. Rückenaufschrift: Umb II lehen zu Spillberg, gekaufft von Achspach. Diese Urkunde fehlt in Fontes, LIX., 276.
[2] Originalpergament mit drei erhaltenen Siegeln, Stiftsarchiv Melk.
[3] Originalpergament mit zwei erhaltenen Siegeln, Stiftsarchiv Melk.
[4] Quellen zur Gesch. der Stadt Wien, I. Abteil., I. Bd., Nr. 512.

singen lassen soll; auch 4 Pfd. Pfen. den Priestern derselben Kirche auf Gebete für ihn.[1]

1448 gab der König dem Stifte Melk das Landgericht im Markte samt Burgfried mit Stock, Galgen und Schrannendingstatt.[2]

1450, Freitag vor St. Koloman (9. Oktober), Melkch, stiftet Dorothea Kuevczpekch, Hausfrau des Andreas Semelczipf, für den Fall ihres Todes zur neu erbauten Kirche im Markte Melk, welche zu Ehren der Jungfau Maria geweiht werden soll, zur Stiftung einer Frühmesse durch die Bürger daselbst zwei Joch Acker am Aychgraben, wovon man 10 d Burgrecht dient; ein Joch Acker bei der Triebn, wovon man 2 d zu Michaeli dem Kloster Melkch dient; zwei Joch Acker, hinter der Pfarre gelegen, wovon man 4 d zu Michaeli dem Herrn Ruedolff von Tirenstein in sein Amt gen Spilbergk dient; zum Vergolden der „neuen Monstranczen" 10 Pfd. Pfen., welche ihr Mann dazu geben soll; weiters einen Jahrtag auf der Wiese der Halm auf der Aw bei Spilbergk, wovon man 10 d in das Amt Spilbergk dient und ihr Mann und seine Erben dem Priester 24 d für eine Vigil und ein Seelamt und 2 d auf Bitten, dem Mesner 6 d, den armen Leuten 60 „halbert prat" (halbe Brote) und 60 Eier am Samstag vor St. Thomas des Apostels geben sollen. Weiters vermacht sie eine Ramvart (Wallfahrt nach Rom) und eine Achvart (Fahrt nach Aachen) von ihrer Habe und ihren „plaben rokch" oder 2 Pfd. Pfen, „hincz unser lieben frawn gen Lach" (Maria Laach). Ihrem Mann vermacht sie ihr Haus zu Melkch im Markte bei Niclas des Trewtler Haus, wovon man 8 d Burgrecht zu Michaeli in das Amt Spielbergk dient, einen Weingarten zu Ursprung nächst des Hölnperger Weingarten, wovon man 7 d in des Jorgen des Snaiders Hof zu Urprung dient und den ihr Mann um eigenes Geld gekauft hat; weiters alle ihre fahrende Habe. Siegler: die ehrbaren und weisen Stephan Kraphen und Hans der Hewttl, beide Bürger und des Rates zu Melk.[3]

Damals wurde der Chor der jetzigen Pfarrkirche erbaut.

1451, Montag nach Palmtag (19. April), Newenstat, verleiht König Friedrich IV. dem Abte und Konvente des Gotteshauses zu Melkch und ihren Bürgern und Leuten als Vormund des Königs Ladislaus und auf ihre Bitten einen Jahrmarkt auf Kreuzerfindung (3. Mai) und einen zweiten auf ihren Kirchtag zu Kolomani (13. Oktober) mit fürstlicher Freiung 14 Tage davor und hernach.

---

[1] Archiv im Melkerhof zu Wien.
[2] Winter, Niederösterr. Weistümer, III., 509.
[3] Stiftsarchiv Melk. Vgl. Keiblinger, Melk, IIa., 21.

Siegler: der König. *Commiss(io) dom(ini) regis p(er) Jo(annem) Rorbach(er) cammer(arium).*[1]

1451, St. Philipp und Jakob (1. Mai), versprachen Jakob Frayschl, Müller zu Pyelmundt, und seine Söhne Hanns, Wolfgang und Görg, an dem Abte Christian von Melk, von dem er die Mühle samt dem Müllbergk zu Lehen gehabt hat, die ihn deswegen, weil er sich ohne obrigkeitliche Bewilligung bei einer anderen Herrschaft angevogt und andern Übermut getrieben hat, durch den ehrsamen Hanns, jetzt Kellner zu Melkch, aufgesagt wurde, dafür keine Rache zu nehmen. Siegler: der edle Heinnrich Haspurgk, Pfleger zu Pyela und Albrecht de Schiegk.[2]

1451, 12. November, widmen Richter und Rat und Gemeinde von Melk Äcker und Weingärten zu Goldarn (Golling bei Pöchlarn) und Weitenegg, die sie vom Pfarrer Hans von Ruprechtshofen erkauft haben, zur neuen Kirche und gaben dazu auch die Wiese Stauderin auf der Au bei Pielach, die zum Gottsleichnamsamt bestimmt war.[3]

1451 gab Magister Paul von Melk (de Mellico), Chorherr von St. Stephan in Wien, der Universität daselbst einige Bücher.[4]

1455, 1. Jänner, in *Nova Civitate* (Neustadt), *Saltzburgensis Dioecesis*, verleiht *Eneas (Silvius), episcopus Sensnsis* und päpstlicher Nuntius in Böhmen und Oesterreich den Besuchern und Wohltätern der Kapelle der seligsten Jungfrau im Markte Mellic in der Diözese Passau für eine Reihe von Festen 100 Tage Ablaß.[5]

1456 gab Erzbischof Heinrich von Tronthaim, der vom Papst wegen eines neuen Kreuzzuges ausgesendet war, und auch Melk besuchte, für die Kirche im Markte Ablässe.[6]

1456, 27. Oktober, Melk, beurkundet Sigismund, *episcopus Salonensis*, Weihbischof des Bischofs Udalrich von Passau, daß er im Auftrage des Diözesanbischofs am 7. Oktober in der Kirche oder Kapelle der seligsten Jungfrau im Markte Mellick zwei Altäre, den im Norden zu Ehren der hl. Maria Magdalena, Paulus Apostel und Koloman und den im Süden zu Ehren des Leidens Christi und der hl. Barbara geweiht habe. Er verleiht den Besuchern dieser Altäre und Wohltätern der Kirche, welche darin Messen lesen oder hören oder drei Vater Unser und Ave Maria mit Glaubensbekenntnis beten, jedesmal 40 Tage Ablaß der schweren und 80 Tage der leichten

---

[1] Originalpergament Stadtarchiv Melk; großes Majestätssiegel auf weißem Wachs mit einem auf roten Wachs in dasselbe Siegel eingedrückten kleinem Ringsiegel.

[2] Stiftsarchiv Melk.

[3] Topographie, VI., 496.

[4] Mittelalterl. Bibliothekskataloge, I., 478.

[5] Stiftsarchiv Melk.

[6] Topographie, VI., 497.

Sündenstrafen. Auch bestätigt er den Ablaß, welchen Heinrich, *archiepiscopus Nidosiensis*, am 27. Jänner dieses Jahres gewährt hat und wonach jene, welche hier kniend sieben Ave Maria beten, jederzeit 40 Tage Ablaß gewinnen können.[1]

1456, Freitag nach St. Luzia (17. Dezember), gab Abt Johann von Melk den Schneidern eine Ordnung.

Im 15. Jahrhundert errichteten die Müller selbst eine Ordnung. Auch das Kloster verzeichnete seine Gerechtigkeit, Ewigkeit und löbliche Gewohnheit im Markt Melk.[2]

1457, Samstag nach St. Johannes Gottstaufers (25. Juni), verkaufen Jorig und Jeronimus die Mülbannger, Brüder, ihr väterliches und brüderliches Erbe, einen Hof zu Melk mit Turm und Garten, dem Kloster mit 5 d zu Martini dienstbar; den Graben mit Bäumen außer dem Hofe, „als man gen Sand Lienhart oder an den Hirsperg weit"; eine Peunt, eine Leitn auf der Melk, beide dem Stifte dienstbar; den Rugendorfer Hof und Baumgarten an der Haffnergasse zu Melk, Lehen vom Stifte; das Schenkhaus bei dem Hafnertor; die Hofstatt vor diesem Tore und den Graben dabei „Tunaw halben unntz mittl in die Nawfart"; den Grund Newfanng, Newreutt von dem Hafnerstein bis Mittel der Naufart und bis zur Frenigauer Au und von Mittel der Tunau bis an den Ratenstein, wie sie der verstorbene Stephan von Zelking vom Stift zu Lehen und ihr Vater Peter Mulbanger und ihr Bruder Stephan Mulbanger von ihm zu Aberlehen (Afterlehen) gehabt haben; weiters Gründe auf dem Steinperg und zunächst der Windner Weingärten, Burgrechtsdienste zu Winden, Hofstetten und Frenigau, auf der kleinen Ach, in der Zaglau; Weingärten auf dem Spilberg in der Triebn, alles dem Abte Johann und dem Konvente zu Melk. Siegler: Jorig Mulbanger für Jeronime, der kein Siegel hat, Jorg Hattinger, Pfleger zu Schonpüchl; als Zeugen die edlen Sigmund Pewntner zu Schonpühl und Kaspar Slüsselperiger, Pfleger zu Schalhenpurigk.[3]

1457, 19. September, Mellico, bestätigt Bischof Udalrich von Passau alle der Marienkapelle in Mellic von Kirchenfürsten verliehenen Ablässe und verleiht selbst den Besuchern und Wohltätern für die in ihren Briefen genannten Feste 40 Tage Ablaß.[4]

Damals wird Meister Paul von Melkch, Lehrer der Hl. Schrift, Chorherr zu St. Stephan und oberster Kaplan der St. Hieronymus-

---

[1] Originalpergament, das Siegel fehlt, Stiftsarchiv Melk.
[2] Stiftsarchiv Melk, Dienstbuch von 1420.
[3] Originalpergament mit vier erhaltenen Siegeln, Stiftsarchiv Melk.
[4] Stiftsarchiv Melk.

kapelle in Wien genannt. Er war 1469 Dechant bei St. Stephan in Wien und führte im Siegel den Beinamen Laubman.[1]

1459, 6. Juli, Salzeburga, verleiht Erzbischof Sigismund von Salzburg den Besuchern und Wohltätern der Marienkapelle im Markte Melk, Diözese Passau, für eine Reihe von Festen 40 Tage Ablaß.[2]

1459, 22. August, bestätigt Kaiser Friedrich III. den Klingen- und Messerschmieden, Messerern und Schleifern zu Melk, die sich unter dem Gotteshause (Kloster) niedergelassen haben, diese neue Werkstatt.[3]

1460 war Magister Johann Berghammer, Pfarrer zu Melk, ein Schiedsrichter zwischen dem Kloster Berchtesgaden und dem Erzbischof von Salzburg.[4]

1461, 31. März, Rom, in ihren Residenzen, verleihen *Guillermus episcopus Portnensis, Latinus tituli sanctorum Johannis et Pauli, Ludovicus Joannes tti. sanctorum Quatuor, Alanus tti. sancte Brazedis, Johannes tti sancte Prisce, Jacobus tti. sancte Anastasie, Nicolaus tti. sancte Cecilie, presbiteri, Prosper sancti Georgii ad Velum aurorum, Rodericus sancti Nicolai in Carcere Tuliano, Franciscus Eustachii diaconi,* Kardinäle der römischen Kirche, den Besuchern und Wohltätern der Marienkirche im Markte Melk, Diözese Passau für eine Reihe von Festtagen 100 Tage Ablaß auf ewige Zeiten. Bischof Udalrich von Passau bestätigte diese Ablaßbriefe im Stifte Melk am Palmsonntag (30. März) 1477 durch seine eigenen Worte und Unterschrift.[5]

1461, vom 2.-10. Juli, im Feld vor Melk, stellt Herzog Albrecht VI. mehrere Urkunden aus.[6]

1468, 10. Jänner, Neustadt, befiehlt Kaiser Friedrich IV. dem Bernhard von Tiernstein, am 23. Jänner mit seinen Leuten gerüstet nach Melk zu kommen, um mit den dort versammelten den böhmischen Feinden zu wehren; die jenseits der Donau sollen sich zu Krems versammeln, wozu der Feldhauptmann Ulrich von Graveneck helfen wird.[7]

1469, 24. September, Melkh, beurkunden der Richter Paul Ennser und der Rat von Melk, daß die Waidhofner seit jeher mit Venedischer Ware, Mandeln und Feigen und mit Stahl, Eisen, Klingen

---

[1] Quellen zur Gesch. der Stadt Wien, I. Abteil., IV. Bd., Nr. 4064; II. Abteil., III. Bd., Nr. 4251.
[2] Stiftsarchiv Melk.
[3] Archiv für österr. Geschichte, 1853, 225.
[4] Topographie, VI., 496.
[5] Stiftsarchiv Melk.
[6] Lichnowsky, Habsburg, VII., Nr. 538, 540, 542 und 547.
[7] Lichnowsky, Habsburg, VIII., Nr. 1227.

und Messern gehandelt haben. Siegler: der edle Conrat Wassterhofer und der ehrbare Wolfgang Schrot, Bürger zu Melk.[1]

1469 verkauft Barbara, Witwe des Mert Rogan, Bürgers zu Melk, ihren sechsten Teil am Urfar zu Melk dem Stephan Mülpacher, Bürger daselbst.[2]

1470, nach St. Erhard (8. Jänner), gab Abt Johann von Melk den Fleischhauern eine Handwerksordnung.[3]

1470, 5. Februar, gibt das Kloster Göttweig im Tauschwege an das Kloster Melk unter anderen 2 d Burgrecht auf der Stauderin auf der Aw zunächst der Pielch, die der Unser Frauenkirche zu Melkh zu „Gotzleichnamsambt" gehört.[4]

1471, Ertag vor Gottsleichnamstag (11. Juni), Melk, gab Abt Johann von Melk den Schuhmachern eine Handwerksordnung.[5]

1472, Freitag vor Pfingsten, beurkunden Propst Johanns, Dechant Hanns und der Konvent von Sand Andree auf der Traysen, daß ihnen ihr lieber Chorbruder Herr Jacob Rogan sein väterliches Erbteil, den sechsten Teil am Urfar auf der Tunaw zu Mekh vermacht habe, der Lehen und dienstbar ist vom Abte Johanns und dem Gotteshause zu Melk, und verpflichten sich, diesen Teil demjenigen zu lassen, der am Urfahr den meisten Teil hat, und ihn, wenn sie ihn verkaufen wollen, dem Abte von Melk anzufailen. Siegler: Abt und Konvent von St. Andrä.[6]

1471, 25. Oktober, verkauft Stephan Kolb zu Wieselburg an der Zeil mehrere Zehente an die Unser Frauenkapelle im Markte Melk.[7]

1472 war Paul Laubmann von Melk Rektor der Hohen Schule in Wien. Als Dechant und Chorherr wird er noch 1473 genannt.[8] Er schrieb über die Planeten und Konstellationen und starb 1479 als Kanonikus von St. Stephan in Wien.[9]

1474, 5. Oktober, Melk, verkauft der Zechmeister der Unser Frauenkapelle in Melk und Bürger Mathes Ladner mit Zustimmung des Michael Schinninger, Verweser der Pfarrkirche und Mitglied des Rates, dem Propste Peter, dem Dechant Gabriel Krauß und dem Kapitel

---

[1] Chmel, Der österr. Geschichtsforscher, I., 7.
[2] Stiftsarchiv Melk.
[3] Stiftsarchiv Melk, Dienstbuch von 1420.
[4] Fontes, LV., 24.
[5] Stiftsarchiv Melk, Dienstbuch von 1420. Notiz im Privilegium vom 6. Mai 1579, Lade der Schuhmacherzeche in Melk.
[6] Originalpergament beide Siegel erhalten, Stiftsarchiv Melk.
[7] Archiv für österr. Geschichte, 1871, 549.
[8] Quellen zur Gesch. der Stadt Wien, II. Abteil., III. Bd., Nr. 4407, I. Abt., I. Bd., Nr. 556, 559.
[9] Jahrbuch für Landeskunde, 1929, 254.

zu Ardagger Zehente auf dem Newstifft und im Ortsgraben unter dem Kloster Gemming (Gaming); in der Zymaraw unter den Herrn von Walse; war Kemod unter dem Kloster Mauerbach; in Ofenpach in der Schluchten unter dem Frauenkloster und den Pfarrkirchen zu Ybbs und dem Pfarrer von Purkstall; in der Zymeraw unter dem Pfarrer von Rueprechtshoven; auf dem Schirmperg unter dem Wolfstein; auf der Sul unter der Herrschaft Wolking, alle in Ruprechtshover Pfarre; zu Nydernöd in Peczenkirchner Pfarre unter dem Schawnberg. Siegler: Wernhart Seußenegger von Zeylarn (Zeillern), Verweser Schinninger, Hauptmann Hanns Oberholtzer zu Melk und Stephan Kolb zu Wieselburg an der Zeil.[1]

1477, Samstag, Pfingstabend (24. Mai), Wienn, weist Kaiser Friedrich IV. dem Hanns von Plankenstein, seinem Diener, und dem Kaspar Rogendorffer, seinem Drugseß und Pfleger zu Weittenegk, die Schuld von 4.000 ungarisch Dukaten, welche sie ihm zur Abfertigung seines Sohnes, des Herzog Maximilian I. von Oesterreich, und seiner Gemahlin in den burgundischen Landen geliehen haben, auf den Auffschlag zu Melk.[2]

1478, Mittwoch nach St. Urban (27. Mai), Gratz, beurkundet Kaiser Friedrich IV., daß die Landschaft in Oesterreich auf den Landtagen zu Krembs und Wienn zur Bezahlung des Königs von Ungarn und anderer Schulden vom Wein, der von Oesterreich ausgeführt wird, von einem Fuder 4 Pfd. Pfen. und von einem Dreiling 3 Pfd. Aufschlag zu nehmen bewilligt und die anderen Aufschlage abgeschafft habe. Daher weist er dem Hanns von Plankhenstein, seinem Diener und dem Kaspar von Rogendorf, seinem Kämmerer den Aufschlag, der ihnen zur Bezahlung einer Schuld zu Melkh zu nehmen bewilligt wurde, auf den vierten Pfennig an.[3]

1478, St. Simonstag (28. Oktober), schenkt Jakob Rogann, Dechant zu St. Andre an der Traisen, mit Zustimmung seines Propstes Wolfgang von St. Andre dem Gotteshause der St. Stephans-Pfarrkirche zu Melk und dem Pfarrer Erhart Stromayr sechs Joch Acker am Aichgraben, genannt der Hakentewffel, wovon ein jeder Zechmeister einen Jahrtag am Sonntag nach St. Egyd mit 9 ß Wr. d begehen soll. Siegler: Propst Wolfgang von St. Andre und als Zeuge der edle Wolfgang Ludmanstorfer zu Walperstorf.[4]

---

[1] Archiv für österr. Geschichte, 1871, 549.
[2] Kaltenegger, Collectio chartar. veter., I., 510.
[3] Kaltenegger, Collectio chartar. veter., I., 516.
[4] Originalperg., beide Siegel fehlen, Stiftsarchiv Melk; Topographie, VI., 496.

1481, 20. Juni, versichert Paul Einsinger unter Eid, daß er wegen Expedition der Bulle wegen seiner Resignation auf die Pfarre St. Stephan in Melk, die Taxen bezahlt habe.[1]

1481 wurden das dreiteilige Langhaus und der Turm der neuen Kirche im Markte vollendet.[2]

1482 machte Georg von Mainberg in Gegenwart des Pfarrers Elegius von Melk sein Testament.[3]

1483, Freitag nach St. Ambrosius (12. Dezember), Melk, verkaufen Abt Augustin und der Konvent zu Melk ein Gärtel „zwischen vmserm Ratthauß" und des Dr. Jörgen Haus dem Jörg Talar von Arnnstorff, der freien Künste und Ertznay Doctor der hochwürdigen Universität und Schul der lobsamen Stadt Wien. Wenn auf diesem Grunde etwas gebaut wird, soll es zwei Reichen weit vom Rathhaus entfernt sein und wenn sie Bäume pelzen (veredeln) lassen, soll dem Rathaus dadurch nicht das Licht genommen werden. Der Abt siegelt mit dem kleinen Siegel.[4]

1487, 8. August, nahm Herzog Albrecht von Sachsen mit dem reisigen Zeug von Kaiser Friedrich Melk ein.[5]

1489 Grundbuch von „sand Steffannsgotzhaws und Pfarrkirchen zu Melk" führt an: Dienste zu Michaeli: die Pekhenknecht von einer Wiese bei der Wöslmül 2 d, Doctor Jorg, Artzt, von einer Leite zu Räkhingerleyten 7 d, von einem Joch zu Siednrewt 4 ß, Acker bei Rakhingerleyten 5 d. Jahrtage: des Rogan oder Hakhentewfl mit gesungener Vigil und neun Lektionen, *Parce mihi Domini,* etc. Prozession auf das Begräbnis hinter dem Chore, gesungenem *Libera*, gesprochenem *Miserere*, *De profundis* und Kollekte und gesungenem Seelamt. Davon sollen erhalten der Pfarrer für Vigil 10 Wr. Pfen., für Seelamt 12 d und für ein Viertel Wein 24 d und Oblay zum Seelamt zu opfern und einen Knopf Rindfleisch im Werte von 60 d und Brot für 24 d; der Mesner für Läuten und Anzünden 7 d, der Zechmeister auf 4 brennende Kerzen 4 d. Der letztere soll für ein halbes Pfund und sieben Pfennige Brot und Eier kaufen und frommen Armen austeilen. Jahrtag des verstorbenen Paul Pinter auf der Wiese auf der Schön bei Pielach mit langer Vigil, Seelen- und Hochamt und Bitten, wovon der Pfarrer, sein Geselle und der Schulmeister die gewöhnlichen 72 d bekommen und für Kerzen 12 d, dem Mesner 6 d, den armen Leuten 1 ß d und der St. Stephanskirche 4 ß d gezahlt werden sollen. - Gründe

---

[1] Blätter für Landeskunde, 1891, 131.
[2] Topographie, VI., 497.
[3] Topographie, VI., 496.
[4] Stiftsarchiv Melk.
[5] Kaltenbäck, Österr. Zeitschrift f. Geschichts- und Staatskunde, 1836, 144.

und Güter, Lehen und dienstbar dem Abte von Melk zum Amte Spilberg: 3 Joch Acker bei dem Kreuz „so man gen Losdorff geht."

Pflichten der Zechmeister: Die Raitung (Kirchenrechnung) im Pfarrhof in der Fasten zu legen; am Palmtage zum *Salve* sammeln und davon 10 ß in den Pfarrhof geben; am Karfreitag 13 Mettenlichter auf den Leuchter in dem Chore zu geben; wenn die Mette gesungen wird, die Taufkerze machen zu lassen; wenn die Mette im Jahre gesungen wird, jedem Priester und dem Schulmeister ein Mettenlicht oder dafür nach Wahl ein Pfund Wachs zu geben; dem Mesner Jahressold 3 Pfd. Pfen. und einem Metzen Korn und für Opferwein 12 ß d bezahlen. Das Lichtöl wird zur Hälfte aus St. Stephanszeche und Unser Frauenzeche bezahlt. Vom Psalterlesen beim Grab in der Antlaßwoche zahlen St. Stephanszechmeister in der Schul 4 ß d. Zur Kirchweihe am Sonntag nach St. Marthentag (29. Juli) ist die Sammlung halb dem Pfarrer gehörig, wofür er die Zechmeister in sein Haus einladet, und soll man an die Wände (der Kirche zu den Konsekrationskreuzen) 24 Kerzenlichter aufstecken. Am Sonntag vor St. Peterstag sammeln die Zechmeister zu den St. Peterskerzen, welche am St. Peterstag in das Kloster getragen werden, wovon der Sakristan 10 ß d und den Zechmeistern ein Mahl und jedem ein Paar Handschuhe gibt. Zu allen Zwölfboten- und Unser Frauen-Tagen, die man feiert, bekommen die Priester von der Sammlung 3 d, von des Rogan oder Hackentewfel Jahrtag sind jährlich in dem Pfarrhof für Vigil, Seelamt und Oblai an Brot, Wein und Fleisch 4 ß 12 d zu geben; von 10 Jahrtagen der Stifter jährlich in der Fasten 2 Pfd. 4 ß 8 d dem Pfarrer und 60 d dem Mesner. Die Sammlung zu St. Stephanstag gehört halb in den Pfarrhof, wofür die Zechmeister ein Mahl erhalten. (Etwas spätere Schrift:) Die Zechmeister sollen, so man mit dem Kreuz geht, zwei Vorsänger um einen Achterin Wein bestellen und einen Fahnenträger. Wenn man mit dem Kreuz nach Mauer oder Matzleinsdorf geht, soll man vorher auf dem Felde sammeln und davon dem Priester für ein Amt 17 kr, dem Schulmeister 3 kr und das übrige der Kirche geben.[1]

1490 wurde auch ein „Register vber vnser Frawen-capeln zu Mölkh, darinnen derselben einkhümens, einnamben unndt außgaben begriffen" angelegt. Es war in weißes Pergament gebunden und 1595 vorhanden.[2]

1490, Mittwoch vor St. Augustin (25. August), Wienn, schreibt der Stadtschreiber daselbst, Bruder der Bürgerin Rigl zu Wien, dem edlen Herrn Pertelme von Starhemberg, „Hauptmann zu Melckh im wald" wegen eines Hauses, das er „innegehabt pey dem Hunger, hab ich vnd all mein volkh zehuetten vnnd zeretten genug gehabt zu

---

[1] Melkerhof in Wien, mit zahlreichen Nachträgen, die bis 1637 heraufreichen.
[2] Stiftsarchiv Melk.

vordrest mit dem fewr. Ich solt ainsmals inn den grundt mit in verprunnen sein."[1]

1494, 6. Februar, Melico, bestätigt Bischof Christofferus von Passau die Ablässe, welche die St. Stephanskirche in Melico in seiner Diözese und die Marienkapelle im selben Orte von Kirchenfürsten erhalten und verleiht auch selbst für die in den anderen Briefen genannten Fasttage einen Ablaß von 40 Tagen.[2]

Der Dechant und Pfarrer Petrus Kegel, von dem 1520 berichtet wird, daß er die Pfründe des Kaplans durch Ankauf mehrerer Felder verbessert habe[3], ist vor 1495 anzusetzen, da nachher kein Platz mehr für ihn bleibt.

1495, 4. Oktober, Linz, bestimmt Herr Wolfgang Kalichmayer, Kaplan der Pfarrkirche der seligsten Jungfrau in Linz, in seinem letzen Willen: in der Pfarrkirche zu Linz soll er bestattet, und hier und in Melk die Exequien für ihn gehalten werden. Das Geld, das er dem edlen Erasmus Gartner *super navigio in Melico* geliehen hat, ist zur Stiftung von 4 Messen, in der Kapelle der seligsten Jungfrau im Markte Mellic wöchentlich zu halten, zu verwenden, ebenso das Geld, welches ihm Georg Thaler, Dr. der Künste und Medizin schuldet. Wenn bei dieser Kapelle ein Karner erbaut wird, ist die Meßstiftung dorthin zu übertragen. Seine Schulden auf der Pank sollen eingefordert und für Leichenkosten verwendet werden. Zum Testamentsvollstrecker ernennt er den Conrad Fuegl, *Decanus Laureacensis* (zu Enns) und Rektor der Pfarrkirche zu Melic, auch Provisor der genannten Kirche zu Linz. Über dieses Testament fertigte noch zu Lebzeiten Kalchmayers der öffentliche kais. Notar Johann Hochenbrunner aus Linz, Mag. der Künste und Priester der Passauer Diözese in Gegenwart mehrerer Zeugen zu Linz am 29. Oktober 1495 eine Urkunde aus.[4]

Konrad Fügel war von 1487 an auch Dechant in Ardagger.[5]

1497, 21. März, rekonziliiert Nikolaus, *episcopus Ypenensis*, Weihbischof des Bischofs Christoph von Passau, die Kapelle der seligsten Jungfrau Maria im Markte Melk mit ihrem anliegenden Friedhofe und weiht drei Altäre in der Kapelle und Teile des Friedhofes gegen Osten und Westen neuerdings, den ersten Altar auf der rechten Seite weiht er zu Ehren der Heiligsten Dreifaltigkeit, Wolfgang, Stephan, Alexius, Agnes und Dorothea; den zweiten in der Mitte der Basilika zu Ehren der hl. Anna, Vitus, Achatius, Erasmus und Apollonius; den dritten zur Rechten des Einganges zu Ehren des

---

[1] Original im Schloße Riedegg.
[2] Stiftsarchiv Melk.
[3] Topographie, VI., 497.
[4] Melkerhof Wien.
[5] Siehe unter Ardagger.

hl. Sebastian, Jakob des Größeren, Thomas Apostel und Markgrafen Leopold. Auch bestätigt er die bisher übliche Kirchweihfeier und verleiht Besuchern und Wohltätern der Kapelle für eine Reihe von Festen 40 Tage Ablaß der schweren Sündenstrafen und 80 Tage der leichten Sündenstrafen.[1] Nach dem Wortlaute dieser Urkunde handelte es sich damals nicht um die Weihe des Zubaues der Kirche, sondern um die Rekonziliation der irgendwie entweihten Kirche und des Friedhofteiles.

1499, 30. August, beurkundet das Stift Melk, daß der Dechant und Pfarrer Konrad Fuegel (oder Fützel) von Melk als Geschäftsführer aus der Nachlassenschaft des verstorbenen Priesters Wolfgang Kalichmayr dem Stifte 350 Pfd. Wr. Pfen. auf dem Urfahr zu Melckh übergeben habe, wofür der Kaplan, der das Stift „zu St. Geörgen pfarr enhalb der Thonau" (zu St. Georgen in der Pfarre Emmersdorf) hat, in der Unser Frauenkapelle im Markte Melckh wöchentlich zwei Messen halten soll, was versprochen wird.[2]

1499, Samstag nach St. Augustin (31. August), übergibt Dechant und Pfarrer Konrad Füegel von Melk diese Stiftung dem Abte und Konvente zu Melk, während die Erben des Stifters auf diese Güter verzichten.[3] - Fügel stammte von Haideck in der Schweiz und war vorher päpstlicher und kaiserlicher Notar, dann Dechant zu Ardagger, später zu Enns.[4]

1502 übernahm Jobst Jungmayer, Dr. der Rechte und Domherr von Passau und bisher Pfarrer in Krems, die hiesige Pfarre, wo er bis zu seinem Tode 1515 verblieb.[5]

1503, Mittwoch, St. Bertlmesabends des heiligen Zwölfboten (23. August), wurden die Jahrtage und Gründe der Schuesterzech in Melk verzeichnet. Vier Jahrtage von Elisabeth Klauber gestiftet, in St. Stephanspfarrkirche und vier Jahrtage in Unser Frauenkapelle im Markte Melkch zu halten. Gründe: 1 Joch hinter St. Stephanspfarrkirche; dritthalbe Joch Acker auf dem Windenweg; 1 Joch Acker „hinter Siechen"; ein Krautgarten zu Schrätenbruck; 1 Joch Acker im Burgertal; 1 Tagwerk Wiesmahd zu Poferding, alle dem Abt in Melk dienstbar; 1½ Joch Acker „hinter der Pfarr", dem Mulbanger mit 4 d dienstbar; ½ Joch Acker „hinter der Pfarr", dem Mulbanger mit 2 d dienstbar; 1 Tagwerk Wiesmahd im Hürsperg, genannt die Holzwiese, dem von Zelking mit 4 d dienstbar. Etwas spätere Zugabe: 1 Krautgarten und 1 Joch Acker am Siechgraben, dient dem Abte von Melk;

---

[1] Originalpergament, das Siegel fehlt, Stiftsarchiv Melk.
[2] Abschrift Stiftsarchiv Melk.
[3] Originalpergament im Stiftsarchiv Melk. Im Siegel heißt der Dechant Fyegel.
[4] Topographie, VI., 497.
[5] Topographie, VI., 497.

½ Joch Acker gekauft von dem Hans Klauberin, auf dem Rekinger Weg gelegen und dem Mulbanger (auf Wolfstein) in das Amt Spilberg mit 3 d dienstbar; ein Tagwerk Wiesmahd und ½ Joch Acker in der Scheffer, dem Abte von Melk 4 ß dienstbar, wurde gekauft von des Michel Schuester Vermächtnis mit 32 Pfd. Pfen. dem man dafür alle Quatember eine Vigil und eine Seelmesse mit Heimsuchung des Grabes halten soll.[1]

1503, Mittwoch vor Kreuzerhöhung (13. September), beurkunden die drei Bürger Nicoläsch Reintaler, Wolfgang Schuester und Wenzel Sweinwarter zu Melkh als Zechleute der Schusterzeche, daß Elsbet, die Witwe des Hanns Klauber zu ihrer Zeche folgende Güter gestiftet habe: Gründe auf dem Windner Weg bei dem Steinpertz, hinter sant Steffan, an den Siechgraben stossend und hinter Siechen am Spilbergerweg; dazu 5 Gulden rheinisch. Davon sollen vier Jahrtage in St. Stephanspfarrkirche gehalten werden an den Montagen nach den vier Quatembersonntagen für Hanns Klauber, Hanns Messerer und Verwandte mit Vigil, Seelamt, Besuchung von Klaubers Grab und Gang zum Karner. Außerdem haben sie in die Zeche gegeben eine Wiese zu Pöuerding (Pöwerding) und einen Acker hinter St. Stephanskirche am Siechengraben, einen Krautgarten zu Schrattenpruckh beim Prun in der Peunt auf vier Jahrtage an den Montagen vor den vier Quatembersonntagen in Unser Frauenkapelle im Markte zu Melkh für Elspet und Hanns Klauber, Michel Slesinger, Pankraz Schuester mit Heimsuchung von Schusters Begräbnis ferners haben sie die Holzwiesen am Hiersperg gewidmet, wovon der Chorgeselle oder Prediger jährlich 50 d für eine Bitte im Todtenbrief erhalten soll. Beim Seelamt möge sich der Priester nach dem Evangelium gegen das Volk wenden und für die Verstorbenen beten. Siegler: Richter und Rat des Marktes Melckh.[2]

1503 starb der Bürger Martin Gastgeb von Melk. Sein Grabdenkmal außen an der Nordseite der Kirche im Markte besteht aus einem anschließenden Ölberg mit lebensgroßen Figuren aus Sandstein.[3]

1506 gab Papst Julius II. die Bewilligung zu Errichtung eines eigenen Benefiziums an der Marktkirche.[4]

1508, St. Martin Bischof (11. November), beurkunden Richter, Rat und Gemeinde des Marktes Mölkh, daß einige ihrer Voreltern eine Frühmesse in Unser Frauenkapelle im Markte Mölkh gestiftet und dazu Güter und Gründe gewidmet haben, und stellen darüber mit Wissen und Willen des Jobst Jungmayr, geistlicher Rechte Dr. und

---

[1] Lade der Schumacherzeche in Melk.
[2] Originalpergament mit Siegel im Stiftsarchiv Melk.
[3] Österr. Kunsttopographie, III., 166.
[4] Topographie, VI., 497.

Domherr zu Passau, ihres Pfarrers und Seelsorgers, eine Stiftungsurkunde aus. Der Kaplan, den sie oder ihre Nachkommen aufnehmen, soll alle Wochen in der Früh 5 Messen in der Kapelle halten und zwei freie Tage haben. Wenn er an Feiertagen eine Messe lesen will, soll er dieselbe nach dem zweiten Opfer des Hochamtes beginnen, ebenso wenn an Wochentagen in der Kapelle früh eine Peraction oder Seelamt gehalten wird, soll er nach dem Evanglium aus dem Sayrer gehen und seine Messe beginnen. An den freien Tagen habe er dem Pfarrer auf sein Verlangen zu Diensten zu sein, auch an Feiertagen beim Umgange, Amt und Vesper im Chore mit den anderen Priestern teilzunehmen. Die Opfer gehören dem Pfarrer, in dessen Rechte der Kaplan nicht eingreifen darf und dem er beim Dienstantritte Gehorsam geloben solle. Diese Stelle soll kein „Munich", sondern ein tauglicher „Layenbriester" erhalten. Die dazu gewidmeten Güter sind folgende: ein Haus zunächst dem Bach gegen der Capelle über gelegen, worin er seine Wohnung haben kann, ein freieigner Zehent zu Zandorf (Pf. Hafnerbach), gekauft von Hans Palchinger, großen und kleinen Zehent zu Rosenfeld und Kottigprill (Kollapriel bei Melk), dient zu Michaeli dem Gotteshause St. Kolman (Kloster Melk) 3 ß; ein Garten zu Spilberg und eine Halt dabei; darin 14 „Mälchtruhen", gekauft von Dr. Georg Taller, freies Eigen; 3 Joch Acker, im Weybertal genannt, von der Kromserin herkommend, dienstfrei; 2 Joch Acker in Burgerthall, von der Haunoltin herkommend, dienen dem Gotteshause zu Melkh zu Michaeli 6 d; 3 Joch Äcker hinter der Pfarrkirchen in Melk, von Hans Kiersnerin gewidmet, dienen gegen Wolfstain 10 d; 2 Tagwerk Wiesen, die Prauglin, dienen dem Gotteshause in Melk 3 d; Wiese in der Ramsau, herkommend von Mathes Lederer, dient Michaeli dem Gotteshause 3 d; 2 Joch Acker auf der Hochstraß, stammend vom jüngeren Hayden zu Freinigau, zinst dem Gotteshause 4 d; ein Joch Wiese und Acker im Erlach zu Winden, dient gegen Hof 3 d; ein Dritteljoch Acker hinter dem Hammer, dient gegen Wolfenstein 3½ d; zwei Tagwerk Wiesmahd von Stephan Schneider herkommend, dient nach Wolfstein 9 d; 3½ Joch Acker von Herren Weichart Egker, dient dem hiesigen Gotteshause 7½ d; 3 Joch Acker von Hansen Praitenaicher, dient zu Michaeli gegen Gerolding 8 d und gegen Wolfstein 4 d; ein halbes Tagwerk Wiesmahd und Krautgarten im Salmanßgraben, von der Klauberin gewidmet, dient dem Gotteshause 10 d; der Schnittlgraben dabei, dient dem Gotteshause 4 d; die Wiese Selatau, dient gegen Wolffstein 6 d; das Wiesel Schnittlgraben, gekauft von Hans Cantzler dient gegen Wolfstein 16 d; Wiesel und Krautgarten dabei, dienen dem Gotteshause 4 d; 2 Joch Acker im Aichgraben, dienen dem Gotteshause 10 d; ein Joch Acker unter dem Aichgraben, herkommend von der Naglin zu Spilberg, dient dem Gotteshause 24 d; ein Tagwerk Wiese, die Sesuderin auf der Schen genannt, dient in das Achsteinergut 1 d und dem Hans an der Slaypfen 1 d; anderthalb Tagwerk Wiese zu Metzleinstorf, dient gegen Ulmerfeld zu Freiningau 12 d; 4 Joch Acker im Toppl herkommend von der Garmanin, dienen gegen Wolfstein 12 d; ein Joch Acker bei dem Krautgarten gekauft von Thoman Wolgemueat, dient dem Gotteshause 4 d; ein Joch Acker bei Schrättenbruckh, dient gegen Scholaperg 2½ d; ein Joch Acker am Steinpartz, von Lontz Satler herkommend, dient gegen Hof 4 d; Wiese in der Ramsau, 2 Tagwerk, von Lontz Satler stammend, dient gegen Hof 12 d; Wiese unter dem Wartberg (Wachtberg), dient gegen Hof 3 d; Wiese zu Lostorf außerhalb der Krautgärten, von der Zehendnerin herführend, dient gegen Leberstorf dem (Herzog) von Peyern 18 d. Diese Güter wurden als rechte Herrengült angeschlagen auf 42 Pfd. Wr. Pfen. und sollten dem Kaplan verbleiben. Der Zechmeister soll ihm dazu alle Quatembersonntage 1½ Pfd. Pfen. ausfolgen und der Kaplan dem Pfarrer zu Martini 1 Pfd. Pfen. dienen. Der Kaplan erhält Meßbuch, Kelch, Ornat, Opferwein, Oblat und Kerzen von der Gemeinde. Siegler: der Markt Melk, der edle und feste Josephat Pannacher, Hauptmann zu Mölkh, und Christoph Enenckl zu Albrechtsberg.[1]

1508, Samstag, hl. Katharina Martyr (25. November), bestätigt Jobst Jungmaier, der geistlichen Rechte Dr., Domherr zu Passau und Pfarrer zu Mölckh, die vom Richter, Rat und Gemeinde des Marktes Melk am St. Martinstag 1508 verbriefte Stiftung der Frühmesse in der Unser Frauenkapelle zu Melk, doch unbeschadet der pfarrlichen und bischöflichen Rechte. Siegler: der ehrwürdige Herr Johann Prenner, Propst zu Mattsee und Domherr zu Passau und als Zeuge Sigmund Wolfsegker und Valentin Wagner, beide Priester und Benefiziaten zu Passau.[2]

1510 erhielten die Schneider eine Ordnung mit fünf Punkten.[3]

1515, 5. November, Stadt Ynsprugg, schreibt Kaiser Maximilian I. an den Abt des Gotteshauses Melckh: Die durch Absterben des Dr. Jobst Jungmayer, Domherren zu Passau erledigte Pfarre „Melckh deiner Lehenschaft", habe der Kardinal zu Gurkch und Koadjutor in Saltzburg Matthäus (Lang), sein Freund, Fürst und Statthalter, da sie im päpstlichen Monat ledig geworden sei, mit päpstlicher Fakultät und Gewalt dem Christoph Brawnbegken, des Kaisers Sekretär und langjährigen treuen Dienern in der Kanzlei und geheimen Sachen, verliehen. Der Abt möge ihn daher in den Besitz der Pfarre einführen

---

1 Abschrift, kollationiert 1838 im Konsistorialarchiv St. Pölten. Vgl. Topographie, VI., 497.
2 Stiftsarchiv Melk.
3 Stiftsarchiv Melk, Dienstbuch von 1420.

und beschützen. *Commiss(io) Caes(areae) Mayest(atis) propria . C. v. Seretein, Dr.*[1]

1515, 27. November, Rom, verleiht Papst Leo X. dem Leo Grillinsonus oder Grillinzonibus aus Karpi die durch den Tod des Jodok Jungmaier erledigte Pfarre St. Stephan in Melk, deren jährliches Erträgnis auf 9 Mark Silber geschätzt ist.[2]

1516, Ertag nach St. Koloman (14. Oktober), schreibt Kaiser Maximilian I. an den Abt zu Melkh: der Kardinal von Gurckh habe in seiner päpstlichen Heiligkeit die Fakultäten in der Geistlichkeit in des Kaisers Erblanden erhalten. Der Abt möge darauf sehen, daß die Pfarre Melk, wenn jemand Anspruch darauf erhebt, nicht ohne Wissen der kaiserlichen Hofmeister, Marschälle und Regierung des niederösterreichischen Lande übergeben werde. *Commissio Domini Imperatoris in consilio.* Dazu bemerkt: „Brawnßwegkh betr."[3]

1517, 7. Mai, verzichtet Leo von Grillinsonus oder Grillinzonibus auf die Pfarre Melk zu Gunsten des Passauer Klerikers Maximilian Sam (richtig: Sahn) gegen eine jährliche Bezahlung von 12 Dukaten in Gold auf seine Lebenszeit.[4] Dieser erlangte die Pfarre aber nicht gleich.

1520, Freitag, St. Thomas des Zwölfboten (21. Dezember), gibt Petrus Kügel, Dechant und Verweser der Pfarrkirche zu Mölckh, als Schenkung zu Lebzeiten zur neu gestifteten Frühmesse in Unser Frauenkapelle im Markte Mölckh von seinem Gute eine Wiese in der Schola, 2 Tagwerk zwischen der Perrtlin Wiese zu Spilberg und dem Mulgang, der gegen Pielach rinnt, wovon ein halbes Tagwerk einst Krautgarten war und dem Gotteshause Mölckh jährlich zu Michaeli 10 d dient und das andere zur Feste Wolfstein 10 d gibt; weiters 2½ Joch Acker hinter Sand Steffans-Pfarrkirche in Spielberger Feld, zur Feste Wolfstein 12 d dient, und 2 Joch Acker in der Triebn zwischen Ulrich Aigners zu Spilberg Acker und den Weg dem Stifte Melk 17 d dienend. Der Kaplan der Frühmesse soll diese Gründe benützen. Siegler: die Grundherren dieser Gründe Abt Sigmund von Melckh und der edle Hannß Mülwanger zu Wolfstain.[5]

1521, Montag nach St. Erasmustag (3. Juni), gab Abt Sigmund von Melk den Webern daselbst eine Handwerksordnung.[6]

---

[1] Originalpapier mit aufgedrücktem, abgefallenen Siegel Stiftsarchiv Melk. Rückaufschrift: Umb die Possession der Pfarr Melkch). - Der Kaiser war bezüglich der Lehenschaft unrichtig informiert.

[2] Blätter für Landeskunde, 1891, 131.

[3] Originalpapier Siegel abgefallen, Stiftsarchiv Melk.

[4] Blätter für Landeskunde, 1891, 131.

[5] Stiftsarchiv Melk.

[6] Stiftsarchiv Melk, Dienstbuch von 1420.

1525 wird Maximilian Jan als Pfarrer in Melk genannt.[1]

1526 wurde ein Grundbüchl über „Unnßer Frauenpfarrkirchen zu Mölckh" angelegt, in dem das Inventar der Pfarre von 1574 angeführt wird. Die bequemer im Markte gelegene Unser Frauenkirche verdrängte allmählich die auf dem Berge außer dem Markte befindliche alte Pfarrkirche zum hl. Stephan.[2]

1527 hatte die Sekte der Wiedertäufer hier bei 400 Anhänger. Der Hauptanführer und zwei seiner Schüler wurden damals enthauptet und verbrannt und die Sekte unterdrückt.[3]

1529 ließ Pfarrer Maximilian Hahn die Gülten der Pfarre Mölckh einlegen. Der Weinzehent ertrug 24 Eimer, der Zehent von Matzlstorff 8 Eimer Most, auch ein Getreidezehent. Der Pfarrer mußte jährlich um 30-40 Pfd. Pfen. Wein kaufen, da er zwei Priester, einen Schulmeister, Knecht und Diener samt ein- und zulaufenden Volk unterhalten und auch dem Messner alle Feiertage Essen und Trinken geben mußte. Bauunkosten der Weingärten jährlich 10 Pfd. Pfen. Summe 36 Pfd. 3 ß 8 d.[4]

1530 wurde den Zünften und Bruderschaften in Melk als Türkensteuer 20 fl vorgeschrieben.[5]

1535 *feria quinta Lucie virginis* (wahrscheinlich nach Luzia, 16. Dezember) schreibt Abt Wolfgang von Melckh dem Pfarrer und der Pfarrgemeinde zu Behamkirchen (Böhmkirchen): er habe erfahren, daß sie zum Lobe Gottes des Allmächtigen und zur Zierde ihrer Pfarrkirche eine Tafel[6] von neuem machen lassen wollen. „Dieweil denn maister Patschlaffer pilldschnitzer, der unser und unsers Marktes Melckh angesessener burger, aines erben vermögend und derselben Khunst und arbeit in täglicher ubung und wol erfarn ist, die jar hero etwenil mercklicher stuckh in großem und namhaffter gotzhewsern, auch daneben eins in unser lieben frawenkirchen unsers markhtes Melckh von Khünstlicher und subtiler art und arbeit, als das nach daran erscheint, falls zugericht, ausbereitt und aufgesetzt und sich gegen allen seinen gewerhe allweg fruntlich, glimpflich und dermaßen gehalten und ertzaigt, dardurch er bey unns auch inen und sonst allenthalben guten ruem unnd wolsprechen erlangt hat, deshalben, auch seiner redlicheit nach wir im zufürdrig geneint sein." Daher bitter er, ihm diese Tafel und Arbeit zustehen und widerfahren zu

[1] Stiftsarchiv Seitenstetten, Faszikel Säusenstein. Siehe bei Sarling.
[2] Stiftsarchiv Mek.
[3] Topographie, VI., 497; Wiedemann, IV., 234.
[4] Abschrift im Herrschaftsarchiv Matzleinsdorf.
[5] Wiedemann, I., 69.
[6] Gemälde oder Reliefbilder auf Holztafeln.

lassen, da er sie nach ihrem Gefallen vollbringen werde.[1] Vom Bildhauer Patschlaffer und seinem Werke ist leider nichts mehr bekannt.

1536 suchte Pfarrer Bernhard Törringer ein von der Gemeinde Melk zur Schule gestiftetes Bergrecht auf Weingärten zu Goshaim (bei Emmersdorf) wieder zu erlangen.[2]

1537 erscheint als Pfarrer Lucius Goller.[3] Bis zu diesem Jahre war auch ein Kooperator auf der Pfarre.[4]

1544 lautet der Visitationsbericht: Pfarr Mölckh, Bischof von Passau Lehnherr. Lucius Goller, Pfarrer, Herr Stephan Neupaur Vicari; sagt, hab vor sieben Jaren allwegen einen Kooperator gehabt, jetzt ist er allein, kann kheinen Priester nit bekhumen. Der Dienst Gottes wirkt, daran die Burgerschaft zufrieden, verricht Pfenniggüllt vermug des Grundpuechel järlich X Pfd. d. Von einem Weinzehent 1 Pfd. d Traidtzehend baiderlay zu mittleren Jaren LIIII mut, III Tagwerch Wismadt. Der *Vicari* gibt jährlichen *pro licencia abesse possessori(s)* dem Offizial Passauer Bistums gen Wienn III Pfd. d. Vor Jahren hat der Vicari XXXII Pfd. Pfen. in Absente seinem Pastori geben müssen, jetzundt ist er gefreid derselben Pension; doch muß er dieses alles versteurn.

Die Kirche und der Pfarrhof sein in zimblichen Pau. Mer hat der Vicari ein Beneficium zu Mölckh, hat ain eigen Haus, hat zwen Weingärten, ain zu Spilberg, ain zu Abbspach (Aggsbach). Item mehr etlich Tagwerch Ackher und Wiesen, khan der vicari nit anzaigen, wieuil derselben sein.

Zechleute zu Mölckh: Wiesenzinß IIII Pfd. VI Schilling d. neuzehen Jauch Acker in alle Felldt. Von diesem Einkhumben gibt man dem Schulmeister X Pfd. d, dann dem Vicari zu Mölckh von den Jartägen 4 ß 24 d.

Der Pfarre Melk war damals einverleibt die Pfarre Mötzlestorf.[5]

1547 wurde Stephan Neubauer vom Passauer Offizial auf die Pfarre investiert. Auf ihn folgte Veit Faber, der am 3. Juni 1556 vom Bischof Wolfgang präsentiert wurde.[6]

1548, 15. Februar, verbrannte der ganze Pfarrhof samt Grundbüchern und Fahrnissen.[7]

---

[1] Schloßarchiv Jaidhof, VII., 9; Briefbuch des Abtes Wolfgang von Melk von ungefähr 1530.

[2] Topographie, VI., 497.

[3] Topographie, VI., 497.

[4] Visitationsbericht von 1544.

[5] Visitationsbuch von 1544, I. Bd., Bl. 161 und 162. Dieser Band Klöster und Pfarren OWW und UWW betreffend, ging bei der niederösterreichischen Regierungsregistratur verloren. Geschichtliche Beilagen, IX., 59. Abschrift in Keiblingers Handschriften im Stifte Melk, Faszikel Melk, Pfarre.

[6] Wiedemann, IV., 243.

[7] Philibert Hueber, Apparatus chronicus pro histor. Mellic., II., 100.

1548 begehrt Pfarrer Stephan vom Richter und Rat zu Melk die Erlaubnis, die Güter der Frühmesse als Fürpfand für 100 Pfd. Pfen, auf drei Jahre versetzen zu dürfen. Im selben Jahre kommt Leopold als Schulmeister zu Melk vor.[1]

1550, Sonntag *Oculi* (9. März), Melk, verlieh Abt Johann von Melk der Schusterzunft in Melk eine Handwerksordnung.[2]

1555, 15. November, zahlten Richter und Rat von Melk den Meistern Peter und Hanns dem Walchen für das Gebäu beim Obern Tore samt Turm und Mauer 64 Pfd. Pfen, und für Ausbessern des Frühmeßhauses 4 Pfd. Pfen. aus.[3]

1555, 7. Dezember und 1556, 9. Jänner, Mölckh, wurde das Testament des Pfarrers Stephan Neupaur verhandelt, im Beisein des Gesellpriesters Valentin Startzer, öffentlichen Notars des Bistums Passau, des Arznei-Doktor Johann Moschum und des Schulmeisters Thomas Puger. Neupaur hatte dem Dechant Nikolaus Rausch, Pfarrer in Stadt Pöchlarn, ein Talent vermacht.[4]

1556 legt Pfarrer Veit Schmidl ein Grund- und Dienstbuch der Pfarre Melk an.[5]

1560 starb hier Pfarrer Veit Schmidl. Er war verehelicht und Besitzer eines bürgerlichen Hauses.[6]

Nun folgte Sebastian Khreuzs oder Khertz bis 1562.[7]

1560 übernahm Pfarrer Kreuzs im Pfarrhof zu Melk: 1 Mudt Khorn, item mer einen Mudt Habern unnd dreyzechen Vrn (Urnen oder Eimer) Wein, ein Khandl Ramb, ain Vrr sambt dem Gewicht und Fueterall, ainen lären Metzen Melgkher Maß und einen Mellkhassten.[8]

1561 verliehen Richter und Rat zu Melckh auf Ersuchen des Prälaten Michael dem Pfarrer Sebastian Kreuzs auch das „Wenifitium (Benefizium) im Marckh Melckh" unter folgenden Bedingungen: daß er seinen Beruf fleißig versehe mit „Preticieren" (Predigen), entweder in eigener Person oder durch einen ehrlichen Gesellpriester ihnen das Wort Gottes „rain und laudter" verkünde, das „hochwürdige Sacrament nach der Einsetzung Christi vnder baidter Gestalt raich und geb", „an den Freittag predigcier und die Khinderlerr vollfiern laß, auch die Khinder an Ort und Enten, da er sich will gebühren, well tauffen, es

---

[1] Gerichtsprotokoll von 1546, 1563, Stadtarchiv Melk.
[2] Notiz im Privileg vom 6. Mai 1576 bei der Schuhmacherzeche in Melk.
[3] Gerichtsprotokoll 1546-1563, Stadtarchiv Melk.
[4] Protokoll der Testamente von 1550 an, 95; erzbischöfliches Konsitorialarchiv in Wien.
[5] Inventar, Stiftsarchiv Melk.
[6] Wiedemann, IV., 243-246, wo weiteres über diese Pfarre zur Zeit des Luthertums berichtet wird.
[7] Grundbücher im Stiftsarchiv Melk.
[8] Gerichtsprotokoll von 1546-63, Stadtarchiv Melk.

say in der Khirchen oder in dem Pfarrhoff"; daß er die Kranken, ob arm oder reich, mit dem Sakrament bei Tag und Nacht versehe; für Leichenbegängnisse nicht mehr als Herr Veit (der frühere Pfarrer) begehre, die Gründe vom Benefizium den Bürgern ebenso wie Herr Veit um Zins verlasse. Das Frühmeßhaus behalten sich die Bürger vor, doch soll es der Pfarrer vom Einkommen des Benefiziums im Bau erhalten und von den Gründen und Zehent zu Rossenfelt den Dienst leisten.[1]

1562, 3. Juli, war eine Dekanatssynode in Melk, an welcher der Offizial Hillinger teilnahm.[2]

1564 hatte das Benefizium folgende Gründe und Einkünfte: einen Zehent zu Zenndorf, gekauft von Hanns Palfinger, freies Eigen; zu Rosenfeld und Kotingpriel kleinen und großen Zehent; einen Garten zu Spielberg und eine Halt (Viehweide) dabei, darinnen 14 Milchtruhen, gekauft von Dr. Daller, freies Eigen; eine Wiese zu Loosdorf außerhalb der Krautgärten, dient gegen Lebersdorf dem Abte von Payern (Michaelbeuern) 18 d; die Wiese Fleischhakerin in Ebberstorfer Pfarre, dient gegen Hürm zu Michaeli 24 d, davon gibt der Pfarrer (von Melk) 12 ß d.[3]

1566 wurde der Pfarrer Sebastian Steiner von Melk in Sachen einer Mordtat an Wolfgang Rainer verwickelt und daher abgesetzt. Er bekannte sich offen zum Luthertum.[4]

1567 erhielt die Pfarre Jakob Gadold vorher in Hauskirchen, und noch im nämlichen Jahre Wolfgang Schwarz.[5]

1573, 25. Oktober, wurde Gregor Spaher auf Präsentation des Fürstbischofs Urban von Passau als Pfarrer zur Pfarrkirche Unser lieben Frau in Melico und der damit verbundenen Filiale zu Metzleinstorff bestätigt.[6]

1573, 26. Oktober, Wien, investiert der Passauer Vizeoffizial unter der Enns Marquard Philipp Palderstain auf die Pfarrkirche Unser lieben Frau in Mölckh und ihre Filiale Mätzleinsdorff nach dem Tode des Wolfgang Schuuartz den Gregor Spher, öffentlicher Notar und Priester.[7]

1573, 14. November, berichtet der Passauer Vizeoffizial Dr. Marquard Philipp Palderstein an den Kaiser, er habe im Auftrage des Bischofs von Passau am 25. Oktober dem Gregor Spher, bisher Prediger in St. Pölten auf der Pfarre Melk eingesetzt. Als derselbe

---

[1] Gerichtsprotokoll von 1546-63, Stadtarchiv Melk.
[2] Wiedemann, II., 383.
[3] Grundbuch der Pfarrkirche Melk von 1489 im Melkerhofe zu Wien.
[4] Wiedemann, IV., 243.
[5] Konsistorialprotokoll im erzbischöflichen Archiv zu Wien.
[6] Konsistorialprotokoll und Inventar im erzbischöflichen Archiv zu Wien.
[7] Stiftsarchiv Melk.

mach St. Pölten zurückgekehrt sei, um seine Sachen zu holen, und dann nach Melk kam, habe er den Pfarrhof versperrt und versiegelt gefunden und seien im Auftrage des Prälaten der Richter und die Bürger bewaffnet zusammengelaufen und haben ihn mißhandelt und aus dem Pfarrhof fortgedrängt, worauf er mit seinen Leuten und Pferden im Gasthaus übernachtete. Am nächsten Tage sei ihm auf dem Rathause gesagt worden, der Prälat habe dies befohlen, weil er die Pfarre nicht bei ihm begehrt habe. Er bitte um Schutz für den Pfarrer gegen die Eingriffe des Prälaten und der Gemeinde. Damals wollten manche den Pfarrer Thoman Wieser von Grein diese Pfarre zuwenden.[1]

Pfarrer Spehr war auch Dechant, blieb aber nur kurze Zeit.[2] Damals hielt sich hier der Prädikant Erhart Blaumbauer auf.[3]

1574, 12. November, Wien, versprach Michael Span, Pfarrer und Dechant zu Melk, dem Passauer Offiziale zu Wien, diese Pfarre mit der Filiale Matzleinsdorf gut katholisch zu verwalten.[4]

1578 wurde Span wegen sektischer Grundsätze in Arrest genommen. 1579, 9. April, bat er, man möge ihm die Pfarre lassen; er werde durch einen katholischen Priester den Gottesdienst halten lassen. Doch mußte er wegen Abfall vom katholischen Glauben resignieren.[5]

1579, 16. August, Melk, wurde Walthasar Hasius oder Has, gewesener päpstlicher Alumnus, auf die Pfarre Melk investiert und vom Passauer Offizial Dr. Thomas Raidl installiert.[6]

1581, 13. Juni, hielt Pfarrer Balthaser Haß beim Marktgerichte Melk um das Benefizium an.[7]

1582, 17. April, legten 14 Bürger, welche in den Bürgerturm in Gewahrsam gebracht und mit Geldstrafen belegt worden waren, dem Richter und Rate vor, daß ihnen diese Strafen nachgesehen werden mögen. Wenn man auch höhere Strafen über sie verhängen würde, könnten sie doch von der „vorerlernten und unterwiesenen Religion" nicht weichen, die ihnen durch etliche Pfarrer und Prädikanten vorgetragen und vom gnädigen Herrn (Abt) selbst kommendiert und befördert und lange Jahre für gut gehalten worden sei. Der Richter und Rat empfahlen dieses Gesuch und sagten, der Pfarrer sei eine Prinzipalursache dieser Strafen.[8]

1582, 21. April, entscheidet der Prälat Urban zwischen dem Pfarrer Balthasar und dem Marktrate: Der Marktrat könne nach dem

---

[1] Melkerhof Wien.
[2] Grundbuch im Stiftsarchiv Melk.
[3] Keiblinger, Melk, I., 799.
[4] Stiftsarchiv Melk.
[5] Konsistorialprotokoll im erzbischöflichen Archiv zu Wien.
[6] Inventar im erzbischöflichen Archive zu Wien.
[7] Gerichtsprotokoll von 1546-63 im Stadtarchiv Melk.
[8] Stiftsarchiv Melk.

Stiftsbriefe einen katholischen tauglichen Laipriester für das Benefizium aufnehmen und ihm innerhalb von 14 Tagen vorstellen. Ihren bisherigen Schulmeister sollen sie und der Pfarrer gleichfalls innerhalb 14 Tage abfertigen. Pfarrer und Gemeinde sollen zusammen nach altem Brauch einen neuen katholischen, tauglichen Schulmeister aufnehmen. Das Gras von dem Gärtel, worauf die alte Schule gestanden ist, und das Gras auf dem Friedhof soll der Schulmeister gebrauchen.[1]

1582, 24. November, Wien, befahl Kaiser Rudolf II. den Bürgern von Melk entsprechend dem Auftrage des Herzog Ernst den gewöhnlichen Gottesdienst und die Sakramente bei ihrem eigenen katholischen Pfarrer zu besuchen und nach dem Verbote ihrer vorgesetzten Obrigkeit, des Prälaten von Melk, nicht zu fremden, sektischen Predigern auszulaufen, dort die Kommunion, Taufe und andere geistliche Verrichtungen zu suchen, auch ihren Pfarrer nicht durch Schelt- und Schmähworte und Gewalttätigkeiten zu kränken.[2]

1583, zu Pfingsten (29. Mai), hielten die Pöchlarner wieder die altgebräuchliche, aber seit einigen Jahre unterlassene Wallfahrt nach Melk. Die Prozession zog mit einigen hundert Personen durch den ganz lutherischen Markt unter Litaneigesang zur Klosterkirche auf dem Berge und kehrte, ohne Rast zu halten, wieder heim. Priester und Schulmeister erfuhren Hohn und Spott, doch kamen die Teilnehmer „ungeschlagen von den Handwerksleuten" nach Hause.[3]

1584, St. Georgen (24. April), beurkundet Pfarrer und Dechant Balthasar Haaß, daß ihm Richter und Rat von Melk das Benefizium auf ein Jahr lang über Vorschlag des Abtes Urban verliehen haben, und verspricht, davon einen dem Prälaten vorgestellten tauglichen Laienpriester, keinen Religiosen, als Kaplan zu halten, der die Verpflichtungen des Stiftbriefes erfüllt, auch die Gründe und Güter samt dem Benefiziatenhause zunächst dem Bache der Kirche gegenüber baulich zu erhalten und dem Marktrate zur Wiedererbauung des Benefiziatenhauses 15 Pfd. Pfen. zu leisten, die Dienste zu zahlen und die Grundstücke vorerst den Bürgern um Zins zu verlassen.[4]

Um 1584 hatte der Dechant von Melk in Jesniz im Kreuzberg 13 und zu Matzlesdorf 5 Holden. Auch der Bürger Philipp Landauer von Melk hatte damals Holden OWW.[5]

Die St. Stephanskirche auf dem Berge östlich vom Stifte wurde seit Erweiterung der Marienkirche im Markte immer mehr ver-

---

[1] Gerichtsprotokoll von 1546-63 im Stadtarchiv Melk.
[2] Abschrift im Melkerhof in Wien.
[3] Plesser, Heimatbuch der Stadt Pöchlarn, 143.
[4] Gerichtsprotokoll von 1546-63 im Stadtarchiv Melk.
[5] Schloßarchiv Ottenstein.

nachläßigt und um diese Zeit dem Verfalle überlassen und schließlich abgebrochen.

1586, 15. Jänner, wurden 13 ungehorsame Bürger verzeichnet, welche erklärten, bei der lutherischen Religion zu verbleiben. Urban Prater hatte ein eheliches Kind in Emmersdorf taufen lassen.[1] Der Kaplan Christoph Dulp von hier versah damals kurze Zeit die Pfarrverwaltung in Ybbs. Klesel besuchte damals Melk.[2]

1586, 23. Jänner, trägt der Abt von Melk im Namen des Kaisers seinen Untertanen und Bewohnern des Burgfriedens in Melk auf, ihre Kinder in der Melker Pfarre beim Pfarrer oder Kaplan nach katholischem Brauche taufen zu lassen, an Sonn- und Feiertagen dem Gottesdienste in der Pfarrkirche andächtig beizuwohnen und wenigstens einmal im Jahr Beichte und Kommunion unter einer oder zwei Gestalten zu verrichten. Wer dies erfüllt, dem werden alle Strafen erlassen. Wer nicht darauf einging, soll die Strafe bei Wasser und Brot im Turme büssen und dann nach sechs Wochen und drei Tagen und Bezahlung seiner Schulden mit Weib und Kindern fortziehen. Manche verkauften nun ihre Häuser und wanderten aus.[3]

Um 1586 wurde die Ringmauer um den Markt und die Türme vollendet, das Wienertor erst 1605 fertig gestellt.[4]

1588, 22. März, Wien, trägt Erzherzog Ernst von Oesterreich dem Abt von Melk auf, die in Religionssachen ungehorsamen Bürger Urban Pratter, Kaspar Knauer, Matthäus Kneuzl und Niklas Pallaz, welche für die rechten Haupträdelsführer und Aufwiegler gehalten werden, zu verhalten, daß sie alle kaiserlichen Königreiche und Erblande in sechs Wochen und drei Tagen räumen, die anderen sechs Bürger in Gewahr bei Wasser und Brot zu halten und nur den Pfarrer zu ihnen gehen zu lassen, der sie zum Gehorsam ermahnen soll.[5]

1590 war Melk zur katholischen Kirche zurückgekehrt, hatte aber noch keinen Revers wegen der Rückkehr gegeben.[6]

1591, 21. März, übernahm nach Abtreten des Dechants Haß Adam Partzer von Klosterneuburg das Inventar der Pfarre Melk samt Mäzlstorf. Auch er war Dechant.[7]

1594 resignierte Partzer und wurde 1604 Pfarrer zu Achau und Biedermannstorf und 1606 in Mödling.[8] Hier folgte Johann Sartorius.

---

[1] Stiftsarchiv Melk.
[2] Wiedemann, IV., 274, 277.
[3] Stiftsarchiv Melk.
[4] Keiblinger, Melk, I., 799.
[5] Stiftsarchiv Melk.
[6] Wiedemann, I., 483.
[7] Erzbischöfliches Archiv in Wien, Grundbuch im Stiftsarchiv Melk.
[8] Erzbischöfliches Archiv zu Wien.

1594, 11. Mai, beschweren sich Richter und Rat von Melk beim Abte Kaspar, der damals in Wien weilte, darüber, daß der neue Pfarrer den Schulmeister von Emmersdorf, welchen ihnen der frühere Pfarrer Partzer vor seinem Abtreten empfohlen hatte und den sie in Beisein derselben wegen seines ehrbaren, geistlichen Wandels und Flaißes bei Erziehug der Jugend und beim Gottesdienst und Unterricht aufgenommen haben, wieder absetzen wolle und in Gegenwart des Kaplans Adam heftig geschmäht habe. Daher möge die Einsetzung des Pfarrers aufgeschoben und ihnen ein anderer christkatholischer Pfarrer gegeben werden.[1]

1594, 11. Juni, Mölk, beschwert sich Abt Kaspar beim Generalvikar Melchior Klesel darüber, daß der Dechant Adam Parzer in seiner Abwesenheit das Dekanat resigniert und sich in den Orden nach Klosterneuburg begeben und die Pfarre mit Hilfe des Dechants von Tulln und des Passauer Notars ohne sein und der Bürger Wissen heimlich dem Johann Sartorius übergeben habe. Dies sei gegen den alten Brauch, da er als Vogt und Grundherr und die Bürgerschaft von der Installation zu verständigen gewesen wären. Sartorius sei ein stolzer, aufgeblasener Priester und Trinker.[2]

1594, 1. Juli, Wien, antwortet Klesel dem Abte von Melk, er werde sich näher erkundigen; doch könne er dem Prälaten deswegen, weil er die Ortsobrigkeit in Melk habe, nicht die Vogtei über die Pfarre Melk zugestehen. Wenn die Pfarre vom Berge herab in den Markt verlegt würde, solle das Kloster bei seiner Gerechtigkeit verbleiben. Der Bischof würde auch nicht dagegen sein, einen katholischen Religiosen bei seiner Lehenspfarre als Vogtherrn zu dulden, doch müßte der Vogt jenen als Pfarrer anerkennen, dem der Lehensherr die Pfarre gegeben habe, und ihn in seinen Rechten schützen. Keineswegs aber dürfen sich katholische Prälaten das Vorgehen der Sektierer, welche das Weltliche dem Geistlichen vorziehen, zu eigen machen und dadurch ein anglikanisches Regiment befördern.[3]

1594, 3. September, Mölk, ersuchen Richter und Rat den Abt Kaspar, der in Wien weilt, es möge der alte Brauch bei ihrer Pfarre beibehalten werden, daß ihnen der antretende Pfarrer ein Monat oder etliche Wochen vor der Installation auf Probe, „indem er etlich Predig thuen müssen" hieher gestellt werde und erst, wenn er der Bürgerschaft tauglich erscheine, seine Einsetzung vorgenommen werde. Der neue Pfarrer solle zu Maria Geburt (8. September) bereits installiert

[1] Melkerhof in Wien.
[2] Melkerhof in Wien.
[3] Melkerhof in Wien.

werden; diese Installation möge verschoben werden und vorerst der Prälat sich über seine Tauglichkeit und Eignung erkundigen.[1]
Der neue Pfarrer war Nikolaus Bernald, vorher Pfarrer in Laa, OMB.[2]

1594, 23. September, empfahl Klesel den Pfarrverweser von Melk Johann Sartori für die Pfarre Ybbs, die er auch erhielt.[3]

1595, 27. Mai, Wien, schreibt der Offizial Melchior Klesel an den Abt Kaspar von Melk, er könnte sich darüber beschweren, daß der Abt nach des jüngst verstorbenen Dechants von Melk Ableben die Verlassenschaft zu sperren und die Schlüssel zum Pfarrhofe zu sich zu nehmen erlaubt habe. Doch sollen in diesen schwierigen Zeiten die Geistlichen einträchtig und friedlich vorgehen und deswegen dieser Pfarre ein „fürtragliches Erbieten" gemacht werden. Eigenhändig fügt Klesel hinzu: Mein Herr verzeihe mier mein Faulheit und Verdruß, daß ich von eigener Handt nicht schrieb, ich wier algemach an mier selbst, geschweigent an den *negotiis*, verdrossen.[4]

1595, 20. Juni (?), Wien, bestätigt Offizial Klesel den nach dem Tode des Nikolaus Bernald vom Bischof Urban von Passau auf die Pfarre Melk präsentierten Udalrich Höllwürth, Mag. der freien Künste und Philosophie, als Pfarrer den sein Kommissär Adam Latamus, Dr. der Theologie und Pfarrer in Manswörth, am Feste des hl. Johann Baptist (24. Juni) investieren solle. Nach einem anderem Bericht nahm Klesel selbst in Gegenwart des Abtes Kaspar im August die Installation vor. Höllwierth stammte aus Weißenhorn in Bayern, war zu Wien 1586 ordiniert worden und 1593 Pfarrer in Oberleis gewesen.[5]

1595 berichtet das Inventar der Pfarre Melk, daß der Vorrat an Wein und Getreide im Pfarrhofe auch in Geld um 72 Gulden erstattet werden konnte. Laut Inventar von 1574 waren daselbst vorhanden je 40 Metzen Weizen, Korn und Hafer, 12 Eimer Wein und 37 Bücher.[6]

1598 folgte auf der Pfarre Heinrich Praetorius aus Magdeburg in Sachsen, auch Dechant. Er wurde im nächsten Jahr Stadtpfarrer in Linz.[7]

1599, 24. Juni, Melk, übernahm Georg Stadler das Inventar der Pfarre Melk mit 44 Büchern.[8]

1600-1603 war Dechant und Pfarrer Leopold Caspar.[9]

---

[1] Melkerhof in Wien.
[2] Erzbischöfliches Archiv zu Wien.
[3] Wiedemann, IV., 282.
[4] Melkerhof in Wien.
[5] Erzbischöfliches Archiv zu Wien; Melkerhof in Wien.
[6] Stiftsarchiv Melk.
[7] Grundbuch im Stiftsarchiv Melk; Insprugger, Austria mappis geograph. Distincta, II., 85.
[8] Stiftsarchiv Melk.
[9] Kirchenrechnung, Stiftsarchiv Melk.

1603, 8. Mai, wurde Andreas Schrempf (oder Schnepf) Mag. der Philosophie, durch den Offizial Dr. Johann Großthoman investiert und installiert. Er war Dr. der Theologie und Dechant, und wirkte hier bis 1618.[1]

1604 mußte Dr. Ludwig Hofer, ein ausgezeichneter Arzt und Ordinarius des Stiftes Melk, der Religion wegen Melk verlassen und übersiedelte nach Steyr, wo er 1612 starb.[2]

1608 erklärte Abt Kaspar seinen Untertanen, sie müßten entweder katholisch werden oder auswandern.[3]

1618 folgte als Dechant und Pfarrer Dr. Petrus Anton Menghin.

1623, 28. September, Wien, investiert der Passauer Offizial unter der Enns Karl von Kirchberg auf die Pfarrkirche Melk nach dem Tode des Mag. Anton Menghin, Dr. der Theologie, durch den subdelegierten Kommissär Daniel Zeno, Dr. der Theologie, Dechant und Pfarrer in Crembs.[4]

1627 brachte ein Kommissär das Mandat wegen Ausweisung der lutherischen Prediger und Schulmeister nach Melk und übergab es dem Stadtrichter. Er berichtete auch, daß der Prälat eine Prozession nach Zelking gestattet habe.[5]

1627 übersiedelte Dechant Menghin auf die Pfarre Abstetten und folgte hier Nikolaus Weinberger.

1628, 6. April, Melk, meldet Dechant Nikolaus Weinberger dem Offizial; der Prälat von Melk will den Friedhof St. Stephan neben dem Kloster auf dem Berg, wo vor Zeiten die Pfarrkirche stand, eintauschen und einen anderen Grund in der Ebene nach Gefallen dafür geben, auch alle Baukosten tragen. Der Friedhof verhindere bei einer Belagerung des Klosters den Widerstand, sei zur Pestzeit gefährlich und wegen der Höhenlage für Bürger und Priester beschwerlich.[6] Der Friedhof wude 1634 aufgelassen.

1630, 12. und 13. März, erschienen zu Melk die Pfarren Melk, Pechlarn, Zelking und Matzleinsdorf und versprachen Rückkehr zur katholischen Kirche. Am 26. März berichtete Dechant Weinberger, er habe Nachricht erhalten, daß die Bauern des Dekanates Krems rebellisch seien und einige hundert davon nach Melk kommen wollen, auch Schiffe zur Überfuhr über die Donau bestellt haben, um auch die gehorsamen Untertanen des Dekanates Melk zum Widerstande gegen die katholische Reformation zu bewegen, wozu sich auch die Leute ob

---

[1] Erzbischöfliches Archiv zu Wien; Kirchenrechnungen im Stiftsarchiv Melk.
[2] Archiv für Gesch. der Diözese Linz, 1910, 223, 128.
[3] Wiedemann, IV., 246.
[4] Stiftsarchiv Melk.
[5] Wiedemann, I., 609.
[6] Konsistorialarchiv St. Pölten, Faszikel Weiten.

der Enns schlagen möchten. Daher haben heute nachts die Leute aus Emmersdorf und Adam Eusebius von Hoyos ihre besseren Sachen nach Melk geflüchtet.[1]

1685, 1. März, starb der Dechant Franziskus Praitenlahner. Sein Grabstein in der Turmhalle der Pfarrkirche zu Melk enthält den Spruch:

In Creutz und Leiden lebte ich,
der Todt hat es geendet, bitt' Gott für mich.

1693, 11. Juni, gelangte die Pfarre Melk mit den Filialen Matzleinsdorf und Maierhofen durch Tausch vom Bischof von Passau an das Stift Melk, das die Pfarre Melk seit 1705 durch im Pfarrhof wohnende Vikare versieht.[2]

1786 sollte die Spitalkirche in Melk entweiht werden.[3]

1878 versprach die Gemeinde Schrattenbruck die Erhaltung ihrer Kapelle. Seit 1898 ist Melk eine Stadt.[4]

114. Melk, Benediktinerstift[5]

Um 985 soll Markgraf Leopold I. bei seiner Residenz zu Melk ein Kollegium von zwölf weltlichen Chorherren errichtet haben.[6]

Von etwa 1060 stammen zwei Tragaltärchen mit Elfenbeinfiguren, die aus Westdeutschland oder Belgien herkommen.[7]

1073, 29. September, wurde hier Markgraf Leopold III. der Heilige geboren.

1089 berief Markgraf Leopold II. an die Stelle der Chorherren Benediktiner von Lambach unter dem Abte Sigibold hieher.[8]

1108, *VI. Idus Octobris* (10. Oktober), konsekriert Bischof Udalrich von Passau auf Bitten des Abtes Engilschalk (der dem Abte Sigibold, welcher auch Lambach leitete, an die Seite gestellt war) von

---

[1] Wiedemann, I., 634.
[2] Topographie, VI., 455.
[3] Kerschbaumer, Geschichtes des Bistums St. Pölten, II., 69.
[4] Konsistorialarchiv St. Pölten.
[5] Philibert Hueber, Austria ex archivis Mellicensibus illustrata, 1722, 309 Seiten: Ignaz Keiblinger, Geschichte des Benediktinerstiftes Melk, I. Band 1851, II a und b 1869; Eduard Katschthaler in Topographie, VI., 370-508; Österr. Kunsttopographie, III., 159-370; Dr. Rudolf Schachinger, Geschichte und Beschreibung des Stiftes und der Stadt Melk, 1909; Nekrologe in Mon. Germ. Hist. Necrolog., V., 551-561. Wegen Benützung des Stiftsarchives schuldet der Verfasser Hochw. Herrn Archivar Dr. Wilhelm Schier besonderen Dank.
[6] Topographie, VI., 372.
[7] Österr. Kunsttopographie, III., 319, 320.
[8] Topographie, VI., 373.

Medelic die Pfarrkirche in Wuldeinstorf (Wullersdorf) und weist ihr zwei Teile Zehent und ein Gebiet an, das Markgraf Luipold dem Kloster St. Peter in Medelic gegeben hat und das von Mourinperge (Mailberg) nach Chadoltis (Kadolz), Vehintal, Gunthartisdorf, Niewndorf (Groß-Nondorf) und auf der anderen Seite von Wintpozzingin (Windpassing) nach Nessindorf (Nachsendorf) und Wvldeisdorf sich erstreckt. Zu dieser Pfarre gehörten folgende Orte: Wvldistorf, Immindorf, Chalchdorf (Kalladorf), Gunthartisdorf, zwei Nessindorf, Pletichendorf, Grunt, Steininprunne, Wintpozzingin, Muosebrunne, Zobeilsdorf, Chadoltismarchat, Maurinperge, Adalbrechtisdorf (Obritz), Goteschalichisdorf (Schalladorf), Marchwartisdorf (Unter-Markersdorf), Adalberndorf (Alberndorf), Azilinstorf und Vehintale.[1]

1110, *IV. Kalendas Octobris* (28. September), weiht Bischof Vdalrich von Passau die Kirche in Ramuoltisbach (Ravelsbach) zu Ehren der hl. Maria, Andreas Apostel und Gregor Bischof. Ihr Gebiet reicht im Osten bis Woluesprunne, Vogendorf (Fahndorf) und Cigeisdorf (Ziersdorf), im Süden bis Radigenbrunnen (Radelbrunn), Eberichsbrunnen (Ebersbrunn), Rietentale, Wirnestorf, im Westen nach Choppfenstal (Kopfstall bei Maißau), Adaldelwartesdorf (Olbersdorf), wie der Bach das Dorf teilt, Meginhartesdorf, Burchstalle und Richeresdorf (Reikersdorf), im Norden nach Wissen, Niuwendorf, zwei Durrinbach, wie der Bach beide Dörfer nach Osten durchfließt, Dietrichsdorf (Dietersdorf) und bis Fluß (*torrentem*) Smidach.[2]

1110 gewährte Papst Paschal II. dem Kloster des hl. Petrus in Medlikch und dem Abte Sigibold die Exemption und unterstellte sie unmittelbar dem apostolischen Stuhle.[3]

1113, 13. Oktober, weihte Bischof Udalrich von Passau das Kloster Medilic, Markgraf Leopold III. verzeichnete die Güter, die sein Vater Leopold II. seinem Großvater Ernst († 1075) und sein Urgroßvater Adalbert († 1056) und er selbst gegeben haben, nämlich fünf Pfarrkirchen mit zwei Teilen Zehent in Medilikka (Mödling), Draeschichen (Traiskirchen), Romuoltisbach (Ravelsbach), Wuldisdorf (Wullersdorf) und Wikkendorf (Weikendorf); außerdem neun Eigengüter zu Medilikka (Melk) beim Kloster, Lantfriteten (Amt Kendl bei Petzenkirchen), Zedelmaeringen (Aigen oder Kettenreit bei Mank), Niuwenhouen (Neuhofen bei Loosdorf), Rorn (bei Haunoltstein), Graeuindorf (Grafendorf bei Stockerau), Radindorf (Rohrendorf bei Krems), Blaeunikka (Plank bei Gars) und Wikkendorf (Weikendorf).[4]

---

[1] Originalpergament mit erhaltenem Siegel des Bischofs, Stiftsarchiv Melk; Topographie, VI., 374.
[2] Originalpergament, Stiftsarchiv Melk; Keiblinger, Melk, IIb., 837.
[3] Hueber, Austria ex archivis Mellic. illustrata, 3.
[4] Keiblinger, Melk, I., 1135.

1114 wurde der durch Wunder verherrlichte Leichnam des hl. Kolomann von Stockerau, wo er den Martyrertod erlitten hatte, feierlich nach Melk in die Klosterkirche übertragen. Rudolf von Perg gab verschiedene Güter zur St. Martinskirche in Pergkirchen (bei Grein, OÖ), die wahrscheinlich durch ihn zum Stifte Melk kam.[1]

1115, *IV. Idus Februarii* (10. Februar), weiht Bischof Ulrich von Passau in Gegenwart des Abtes Engelschalk von Medlich die Pfarrkirche in Wikkindorf (Weikendorf) zu Ehren der Heiligsten Dreifaltigkeit und der seligsten Jungfrau. Ihr Gebiet beginnt in Reicherstorf und im Feld bei Rust (bei Matzen), reicht nach Protechin (Proteß), Talinisprunne (Talesbrunn), Wisinwinchil, bis zur Marhaha (March), an derselben abwärts nach Zewerendorf (Zwerndorf), Chunendorf und Chrassinprunnen (Groißenbrunn); auf der anderen Seite von Sibinprunnen (Siebenbrunn) nach Meginhardi und zum Gute des Vdalrich, das nach Ganstriebendorf (Gänserndorf) gehört. Der Bischof gibt den Drittelzehent der Pfarre und den ganzen Zehent in den Dörfern Paumgarten (Baumgarten an der March) und Chunendorf mit Handen seines Vogtes Adalbert der Kirche in Medlikch und empfängt dafür vom Abte Engilschalc und seinem Vogte Rudolf Güter in Grizansteten (Kreuzstetten) und Imminbrukke. Zeugen: Ekkeprecht von Butien (Pütten), Dietreich von Grifenstein (Greifenstein), Manegolt von Achspach (Markt Aggsbach), Adalram von Vttindorf und Rupprecht von Palsenza.[2]

1120, *VII. Idus Januarii* (7. Jänner), konsekrierte Bischof Udalrich von Passau auf Vermittlung des Papstes Engelschalk von Medlic (Melk) die Pfarrkirche in Draeschirichen (Traiskirchen), welche schon vor 40 und mehr Jahren von Bischof Eygelbert († 1065) geweiht, aber nun *nova muri construccione* erweitert war, zu Ehren der hl. Margareta und der Heiligen, deren Reliquien in der Kirche in den Altären zur Rechten und zur Linken hinterlegt waren. Nach Angabe der alten Bürger wurde die Zehentgrenze festgesetzt von Steinintische (Steinabrückl) bis zur Piesnikka (Piesting), nach Wolrastes an den Fluß Viescha (Fischa), der Felder der Dörfer Hadnwartisdorf, Ronzinesdorf, Scranenwat (Schranawand) und Brunnen (Moosbrunn) scheidet; dann nach Gezenniusidelen (Gramatneusiedel), Ebergozzingen (Ebergassing), Valwen (Falling), Outindorf, an die Grenze der Pfarre Mediliche (Mödling), den Chrotenpach und Chaltenberch südlich von Baden. Bischof Udalrich trat dem Stifte St. Peter in Medlikch (Melk), welches hier zwei Teile Zehent bezog, noch ein Drittel Weinzehent in den Pfarren Traiskirchen und Mödling ab gegen

[1] Topographie, VI., 373, 376.
[2] Kopialbuch im Stiftsarchiv Melk, Bl. 10; Keiblinger, Melk, II.b., 171, 197, 220, 241.

6 Lehen in Uolrichesmure und Weingärten in Chacilinesdorf (Katzelsdorf), Richpotenbach (Raipoltenbach bei Neulengbach), Walbretisdorf (Walpersdorf bei Inzersdorf an der Traisen), Nuzdorf an der Traisen und Huntisheim (bei Mautern).[1]

1123 verfaßte Abt Erchenfrid die Annalen von Melk, die bis 1564 fortgesetzt und bald von anderen Klöstern nachgeahmt wurden. Von ihm stammt auch die Leidensgeschichte des hl. Koloman.[2] Davon {befindet sich} eine Handschrift aus dem 12. Jahrhundert im Stifte Admont.[3]

In der Hofbibliothek zu Wien ist erhalten Erchenfrids Leben des hl. Koloman und des Mönches Bernhard von Melk Memoriale vom hl. Gothard.[4]

Um 1125 entstand das Melker Marienlied in deutscher Sprache.[5] Ein Boetius mit einer Miniatur stammt aus der selben Zeit.[6]

1142, *VIII. Kalendas Aprilis* (25. März), gestattet Bischof Reginbert von Passau, daß in der von ihm geweihten Kirche zu Pergenchirchen (Pergkirchen) die Familie und die Holden des Adalram zwischen der Nerden (Narn) und Tabra Taufe und Begräbnis haben. Siegler: der Bischof.[7]

Um 1160 dichtet Bruder Heinrich von Melk ein „Priesterleben" und die „Erinnerungen an den Tod", in welchen er die Laster seiner Zeit geißelt.[8] Ein Kodex der „Apostelgeschichte" mit süddeutscher Initiale wurde vom Priester Chunrad erworben.[9]

1170 wurde die dem Kloster gehörige kostbare Kreuzpartikel, welche entfremdet worden war, vom Schottenkloster in Wien hieher zurückgegeben. Damals wurde ein Kodex mit Episteln und Evangelien für das Stift geschrieben.[10]

1178, 19. Juni, Cremis in der St. Veitskirche, beurkundet Herzog Leopold V. von Oesterreich die Beilegung des Streites zwischen den Klöstern Heiligenkreuz und Medeliche (Melk) über

---

[1] Keiblinger, Melk, IIb., 358ff.
[2] Topographie, VI., 377.
[3] Blätter für Landeskunde, 1894, 235.
[4] Index der Manuskripte in latein., deutscher, französischer und italienischer Sprache, CLIII und CLIII, 10.
[5] Salzer, Illustrierte Geschichte der deutschen Literatur, I., 127.
[6] Österr. Kunsttopographie, III., 332.
[7] Originalpergament. Stiftsarchiv Melk; Zeitschrift des Museum Francisco-Carolinum, Linz, 1842, 13-15.
[8] Mittelalterl. Bibliothekskataloge, I., 10; Nagl-Zeidler, Deutsch-Österreichische Literaturgeschichte, I., 170-172; Salzer, Illustrierte Geschichte der deutschen Literatur, I., 125-127.
[9] Österr. Kunsttopographie, III., 341.
[10] Topographie, VI., 377; Österr. Kunsttopographie, III., 341.

Zehente von den Melker Besitzungen in den Pfarren Medeliche (Mödling) und Draeschirchen (Traiskirchen).[1]

1199 wurde Adelold als Bote verwendet, der früher *Scholasticus* gewesen war. Dies {wäre} die erste Erwähnung einer Klosterschule.[2]

1208, 15. November, Salzburg, beurkundet Erzbischof Eberhard II. von Salzburg als päpstlicher Schiedsrichter neben zwei anderen, daß Abt Reinold von Medelik (Melk) auf streitige Zehente zugunsten des Johanniterspitals in Mowrberc (Mailberg) verzichtet habe. Unter den Zeugen Abt Richer von Zewetel und Pleban Chonrad von Muldorf.[3]

1216, *III. Idus Novembris* (11. November), Wien, entscheidet Herzog Leopold VI. von Oesterreich einen Zehentstreit zwischen den Klöstern Medlikch (Melk) und Heiligenkreuz in den Pfarren Draeschirchen, Baden und Medlikch (Mödling) entsprechend den Bestimmungen des Konzils von Lateran (1215) in folgender Weise: von den Weingärten, die Heiligenkreuz vor dem Konzil erwarb, ist es keinen Zehent schuldig, sondern nur 4 Karraten Most, ausgenommen jene Weingärten, welche Liupold der Schenk vom Kloster Melk zu Lehen trägt. Diese zehentfreien Weingärten sind: in Leubatsdorf (Leobersdorf) 1, Gunuarn (Gainfarn) 2, Kalterperge 8, im Dorfe Paden (Baden) 3, auf dem Berge Paden 9, in Solitudine (Oede) 5, Phaffstätten 11, Sazze (Sooß) 6, Haikogel 1, Talarn der Hof Bivnde (Peunt) und 19 Weingärten, auf dem Wartperch 5, in Vrteile 2, Medlikch (Mödling) 9, Pruele (Brühl) 2, Engelschalchesdorf (Enzerdorf) 13, Waltrichesdorf (Waltersdorf) 1 und der von Heinrich von Rotelenstein gegebene Weingarten. Alle anderen nach dem Konzil erworbenen Weingärten sind zehentpflichtig. Unter den Zeugen die Plebane Heinrich von Medeliche, Ulrich von Draeschirchen und Wernhard von Sitzendorf.[4]

1220, *VI. Idus Julii* (10. Juli), Gumpoldschirchen, stellt Herzog Heinrich von Medlikko (Mödling) den Zehent auf dem Berge bei Salichenaw, den er in der Meinung, vom Bischof von Passau damit belehnt zu sein, eingenommen hatte, da er belehrt wurde, daß er der Pfarrkirche in Draeschirchen zugehöre, nach dem Ausspruche des hl. Augustinus, daß die Schuld nicht vergeben wird, wenn das Entfremdete nicht zurückgestellt wird, und nach dem Worte des Evangeliums: Was nützt es dem Menschen, wenn er die ganze Welt gewinnt? der Kirche zurück und verzichtet gänzlich darauf. Unter den Zeugen

---

1 Fontes, XI., 11.
2 Topographie, VI., 578.
3 Hauthaler, Salzburger Urkundenbuch, III., 117.
4 Stiftsarchiv Melk.

die Plebane Marquard von Noua civitate (Neustadt), Walchun von Gumpollizchirchen, Herbord von Waltherstorf, Gotschalch von Medlikko (Mödling), Magister Albert von Newenmarchet, Chunrad Pirpach und Heinrich von Asparn und die Priester Vlrich von Paden, Herbord von Liubaczdorf und Gotfrid von Salchenaw. Die Urkunde verfaßt vom Notare Walther, Pleban von Gumpolczchirchen.[1]

1224 bis 1247 werden Burchard, Hermann und Otto als Schreiber im Stifte genannt.[2]

Von etwa 1230 ist ein Kopfreliquiar aus Kupfer erhalten.[3]

1231, 26. November, Reate, trägt Papst Gregor IX. dem Erzbischof von Salzburg und den Äbten von Admont und Mölk auf, den Herzog von Bayern, welcher die Güter der Kirche in Freising unrechtmäßig besitzt und die Kleriker bedrängt, auch die Rechte der Kirche von Freising in München sich anmaßt, durch kirchliche Zensuren zur Genugtuung zu verhalten.[4]

1232, 9. Jänner, Rieti, befiehlt Papst Gregor IX. dem Bischof Rudiger von Chiemsee und dem Propste von Prag, den Bischof von Passau zur Erfüllung des päpstlichen Auftrages zu verhalten, den Magister H(einrich), Kleriker von Passau, auf die St. Martinskirche in Mödling, für die er vom Abte von Melk präsentiert worden war, zu investieren.[5]

1239, *V. Idus Julii* (11. Juli), Melk, verkauft Abt Walter von Medlich 10 Pfd. Gülten, die er gekauft hat, wegen großer Beschwerden, Verwüstung und Beraubung des Klosters dem Abte Pilgrim von Baumgartenberg, nämlich 5 Mansen in Straenik (Straning UMB) um 100 Pfd. Wr. Pfen. Zeugen: aus dem Stifte Melk der Prior Otto, der Kustos Wicpoto, der Propst Lupold, der Subprior Johannes und der Kantor Friedrich; vom Kloster Baumgartenberg der Pförtner Wolfhard, der Kantor Cristan und der Kustos Heinrich; weiters der Pleban Heinrich von Parinkyrchen (Pergkirchen), der Ritter Chunrad von Cremitz und Rudger Revter in Gegenwart beider Äbte.[6]

Von etwa 1250 stammt ein Reliquienschrein aus Bein mit italienischen Einflusse.[7]

1254, *VII. Kalendas Novembris* (26. Oktober), *Sancto Ypolito*, nimmt Heinrich von (Kuenring-) Sevelde sein Schloß Seefeld mit dem neuen Markte nach dem Spruche des Propstes Heinrich von St. Pölten und des Hadmar von Schönberg, die der Abt Ortolf von Medlich

[1] Stiftsarchiv Melk; Hueber, 15.
[2] Keiblinger, Melk, I., 336; Topographie, VI., 381.
[3] Österr. Kunsttopographie, III., 324.
[4] Lang, Regesta Boica, II., 200.
[5] Hueber, Austria ex archivis Mellic. illustrata, 19.
[6] Notizenblatt, 1851, 21.
[7] Österr. Kunsttopographie, III., 326.

(Melk) erwählt hatte, und des Hadmar von Werde und Heinrich von Werswanch, die er aufgestellt hat, von der Pfarre Wuldeinstorf (Wullersdorf) in der Weise aus, daß er der eben erledigten Mutterpfarre Wullersdorf ein halbes Lehen in Hetzmanstorf von seinem Besitze und anderthalb Lehen in Grunt vom Besitze der Kirche in Sevelde mit Zustimmung des dortigen Plebanus Chunrad übergibt, und auf die Vogtei in Flazlinstorf zugunsten des Konventes in Melk verzichtet. Gegenwärtig Bischof Otto von Passau, der den Verhandlungen beständig beiwohnte und sie bestätigt, und der Abt Ortolf von Medlich, der als Patron der Kirche in Wullersdorf zustimmte. Siegler: Bischof Otto, Abt Heinrich von Chotwico (Göttweig), die Pröpste Chunrad von (Kloster-) Newenburg und Heinrich Ypolitensis (von St. Pölten), Abt Ortolf von Melk und sein Konvent und der Aussteller. Zeugen: Magister Gotfrid, Archidiakon und Kanonikus von Passau, als Beisitzer, Poppo, Vizedominus von Passau, Hermann von Winnspach, Kanonikus von Regensburg, Albert der Mönch von Melk, Dechant Swiker von Lastorf (Loosdorf), Pleban Wernhard von Stragen (Strögen), die Herrn Hadmar von Schonnberch, Hadmar von Valchenberch, Sifrid Orphanus, Hadmar von Werde, Pilgrim von Swarcenowe, Heinrich von Merswanch, Vlrich von Chappelle, Vlrich von Vihofen, Chunrad von Pvchperch, Ramung von Langenwalde und Pilgrim Zwelle von La, weiters Heinrich von Melot und Otto von Harroz.[1]

1260, Medlico, verrechnet der päpstliche Nuntius Johannes von Ocra die eingezahlten Steuern nach Rom. Darunter war der Abt von Medlic mit 3 Mark Silber. Gegenwärtig waren der Abt von Melk, der Propst von St. Pölten, der Dechant von Lostorf, Pfarrer Konrad von Hürm, der Kaplan During, weiters der Kellermeister Purchart und der Notar Wernhard, beide vom Abte in Melk.[2]

1267, 26. Mai, siegelte der Abt von Melkh eine Urkunde des Bischofs Leo von Regensburg über den Hof des Heinrich von Panbruck in Pöchlarn.[3]

1269, ohne Tag, Wynne, im Haus des Abtes von Melk, gibt Abt Ortolf von Medlich dem Chuno, *magister monete* in Wien, und seinen Nachkommen wegen seiner Verdienste um das Stift eine Manse in Newnsidel mit 3 ß Gülte zu Lehen. Zeugen: Wernhard, Mönch *Glunacensis* (von Gleink?), die Plebane Wernhard von Draeschirchen, Chunrad Pruno von Lowchse (Lassee) und Heinrich von Wikkendorf, Kapläne des Abtes, dann Primo von Chasten, Hertnid

---

[1] Originalpergament, nur vom letzten Siegel ein Rest erhalten, Stiftsarchiv Melk.

[2] Oberösterr. Urkundenbuch, I., 501-503.

[3] Rind, Codex chron.-diplom. episcop. Ratisbon., I., 494.

von Ruprechtshofen, Otto von Schönenpuhel, Chunrad Praitenuelder, *gener* des Chuno, und Dietrich der Prokurator.[1]

Aus dieser Zeit stammt ein Psalterium mit vielen Miniaturen und Initialen und ein Dekretalienbuch.[2]

1277 wird Hugo als Stiftspfarrer zu Melk genannt.[3] Das Kloster übte pfarrliche Rechte im Bereich des Stiftes bei den Mönchen und Bediensteten aus.

Um 1290 und 1314 wird Pernchirchen (Pergkirchen, OÖ) noch mit 29 Huben als Besitz des Stiftes Melk in den Urbaren dieses Stiftes angeführt. 1420 gehörte demselben nur das Kirchenlehen in Bergkirchen ohne Zehent.[4]

Von ungefähr 1290 stammt eine Holzschachtel mit Menschen- und Tiergestalten.[5]

1291, Freitag nach der Erscheinung des Herrn (12. Jänner), Melk, appelliert Abt Friderich von Medlic gegen den Auftrag des Kollektors der päpstlichen Steuern Theodorich von Orvieto von Nürnberg, 4. Dezember 1290, jährlich zwei Dukaten oder einen *marabotinum* zum Besten des Heiligen Landes zu erlegen, an den apostolischen Stuhl. Siegler: Abt Chunrad von Sytansteten, Pleban Perhthold von Ruprechtshofen, Ministerial Ludwig von Zelkingen und der Ritter Friedrich von Sihtenperch, welche bei der Appellation gegenwärtig waren, und die Äbte Heinrich von Chotuic (Göttweig) und Eberger *celle sancte Marie* (Klein-Mariazell) und der Propst Ekkeard *Ypolitensis* (von St. Pölten), welche zu ihrer Kenntnis gelangten.[6]

1291, Maria Reinigung (2. Februar), weist Abt Friedrich von Medlic für die vom Notar Albert, Diener des Stiftes, gegebenen 17 Pfd. Wr. Pfen. auf eine Pitanz von 2 Pfd. Pfen. zu seinem Jahrtage mit Vigil und Messe, welcher Betrag für das Stift verwendet wurde, eine Gülte von 2 Pfd. von der Kirche in Genstribendorf (Gänserndorf) bei Weykendorf an, wofür er 150 Pfd. bestimmt, welche neuerdings dem Kloster zugewachsen sind. Siegler: der Aussteller. Zeuge: Herr Fridrich von Sichtenberch, Heinrich Vleischezz der Ältere und der Jüngere, Nycolaus Chremczer, Marktrichter in Melk, Pernhard von Zaglawe, Wolfhard Sebekch, Vlrich Sebekch, Ruger der Zehentner

---

[1] Stiftsarchiv Melk.
[2] Österr. Kunsttopographie, III., 333, 339.
[3] Topographie, VI., 384.
[4] Stiftsarchiv Melk.
[5] Österr. Kunsttopographie, III., 307.
[6] Originalpergament, nur die Siegel von Ruprechtshofen, Zelking, Sichtenberg, Göttweig und Maria Zell erhalten, Stiftsarchiv Melk; Keiblinger, Melk, I., 376, 1144-6.

von Medlic, Chunrad von Rugendorff und Cholomann, Amtmann in Baden.[1]

1297, *V. Idus Marcii* (11. März), Rom, St. Peter, beauftragt Papst Bonifaz VIII. den Abt von *Sancta Cruce* (Heiligenkreuz), den Zwist zwischen dem Stifte Medlic, das der römischen Kirche unmittelbar unterworfen ist, und dem Pleban Gerlach von Draeschirchen über Zehente, Weinlieferung u.a. zu untersuchen, Zeugen zu verhören und beizulegen.[2]

1297, 14. August, zerstörte ein furchtbarer Brand das Kloster samt der romanischen Kirche und verwandelte die Bücherei mit Urkunden, Handschriften und Kostbarkeiten in Asche.[3]

1298, *Cathedra s. Petri* (18. Jänner), Medelico, bewilligt Bischof Wernhard von Passau, der bei seiner Gegenwart in Kirche und Kloster mit eigenen Augen gesehen hat, *quod ipsa ecclesia per ignis voraginem miserabiliter et funditus diruta et alias in debitorum oneribus graviter et quasi irrecuperabiliter dissipata et intolerabiliter onerata* sei, weshalb die Brüder daselbst nur schwer erhalten werden können, dem erwählten Abt Chunrad und dem Prior Cholomann, von jeder erledigten Patronatspfarre einmal die Einkünfte durch zwei Jahre für das Kloster verwenden zu dürfen.[4]

1300, Christi Himmelfahrt (19. Mai), Kloster Melk, beurkundet Abt Chunrad von Medlich, daß sein Kaplan, der Pleban Weychard von Ramuoleczpach zwei Joch Weingärten im Melker Gut zu Radendorf (Rohrendorf) auf dem Berge Geblich, die er gekauft hat, zum Krankenhause des Klosters versammelt habe. Siegler: Dechant und Pleban Chunrad in Slaeuncz (Burgschleinitz) und der Pleban Weychard von Ravelsbach. Zeuge: der Ritter Wolfhard von Sebach, Nykolaus Chremczer, Gottfried von Wuldenstorf, Hugo, Choloman, Otto von Ober-Ramuolczpach (Ober-Ravelsbach) und Chunrad daselbst.[5]

1300, St. Martin (11. November), beurkundet Bruder Seifried von Feuchtwang, Commentur des Deutschen Hauses zu Wien, daß vor ihnen erschien die ehrbare Frau Margret, „die etteswen was herren Chunrates hawsfrawn von Retz, der sich nu begeben hat hincz Medlikh in den heiligen orden sand Benedictus", mit ihrem Sohne Alber und ihm anzeigte, daß sie mit Zustimmung ihres Bruders Chunrat des Retzer dem Kloster Lilienfeld, wo sie auch einen Sohn hat, der Bruder

---

[1] Kopialbuch im Stiftsarchiv Melk, Bl. 122.
[2] Originalpergament, Stiftsarchiv Melk.
[3] Topographie, VI., 385.
[4] Kopialbuch im Stiftsarchiv Melk, Bl. 12.
[5] Originalpergament, Stiftsarchiv Melk.

Chunrat heißt, einen Weingarten in Oberen Hachenbart (Hohenwart) vermacht habe. Siegler: der Aussteller.[1]

Um 1300 (dem Jubiläumsjahr) gibt Otto der Hausler von Wildenstain, da er „gen Rom vur", mit Zustimmung seines Bruders Marquard dem Abte Chunrat von Melch ein Pfund Geldes. Wenn er „von Rom nicht wider chum", soll sein Bruder die nächsten sechs Wochen, wenn „ander pilgreim von Rom chomen sind", dieses Pfund dem Abte einantworten und hat darum dem Abte „in sein hant geprisen" (dieses durch Handschlag versprochen). Zeugen: die Herren Otto von Zelking, Dietrich und Wulfing die Heusler, der Georgi von Weizzenberch und Stephan Eisenpeutel. Siegler: Otto von Zelking, Marquard und Otto die Heusler.[2]

Von etwa 1300 stammen ein Buch Dekretalien Bonifaz VIII., bolognesisch, und eine Glosse zu Lukas, deutsch, unter französischem Einflusse.[3]

1307, St. Matthias Apostel (24. Februar), Kloster Melk, verzichtet Ulrich von Schonleiten gegen den erwählten (Abt) Ulrich von Medlic um eine Karrade Wein auf jene 3 Hofstätten in der Sweinz, welche einst Herwich, genannt Lumphart, zum Stifte gewidmet hatte und worüber Weichart von Topel, Burggraf zu Pailstein, den Spruch gefällt hatte. Siegler: der Aussteller und der Abt von Melk. Zeugen: die Herrn Dietrich der Haeusler, Heinrich Fleischezze und Wolfhard von Sebach, der Richter Hugo von Medlich, Gotfrid der Chremser und Marchard von Chuffarn.[4]

1307, St. Bonifaz (5. Juni), Melk im Kloster, stiftet Otto der Smidbach mit Willen seiner Hausfrau Offmeyn 30 Pfen. Gülte in der Sirnich auf ein Lehen, worauf Hermann sitzt, dem hl. Cholmann auf das Gotteshaus zu Medlich als Seelgerät. Siegler: der Aussteller und die Herrn Weichart von Topel, Friedrich der Raedler und Alber der Rot.[5]

1309 widerstand das Stift Melk dem Angriffe der Adeligen, welche sich unter den Herrn von Zelking und Potendorf gegen Herzog Friedrich den Schönen empört hatten.[6]

Von etwa 1310 stammt ein *Catholicon Ioannis Januensis*, toskanischen Ursprungs.[7]

1311, *III. Kalendas Aprilis* (30. März), Patavii, erlaubt Herzog Friedrich II. von Oesterreich dem Abte von Medlich, die Kirche in

---

[1] Hanthaler, Recensus, II., 363.
[2] Originalpergament mit drei Siegeln, Stiftsarchiv Melk.
[3] Österr. Kunsttopographie, III., 338, 341.
[4] Originalpergament, Stiftsarchiv Melk.
[5] Kopialbuch im Stiftsarchiv Melk, Bl. 88.
[6] Schlesinger, Melk, 14.
[7] Österr. Kunsttopographie, III., 338.

Draeschirchen nach dem Abtreten des Plebans Gerlach seinem Tische einzuverleiben.[1]

1311, *XVI. Kalendas Junii* (17. Mai), Wienne, bewilligt Bischof Wernhard von Passau dem Abte Ulrich von Medlich mit Rücksicht auf den Eifer des Stiftes und auf seinen Patron Herzog Friedrich von Oesterreich, die Pfarre Draeschirchen, deren Patronat ihm zusteht, zur Mensa und Präbende des Stiftes zu gebrauchen, doch daselbst geeignete Seelsorger zu halten. Zeugen: Dechant Gotfried von Chrems, der Pleban Chunrad von Vtzing in Nevnchirchen, des Bischofs Kaplan und Pleban in Manswerd Vlrich und die Plebane Wolfram von Weykendorf, Otto von Zwentendorf und Friedrich von Chulevb (Kilb).[2]

1311, St. Veit (15. Juni), *sancto Ypolito*, beurkundet Bischof Wernhard von Passau, daß das Kloster Medlic, der römischen Kirche unmittelbar unterworfen, vom Markgrafen Leopold von Oesterreich die Pfarrkirche Draeschirchen mit Zehenten und Gülten erhalten habe, wovon ein Teil dem vom Abte präsentierten Pfarrer übergeben wurde. Da die Einkünfte der Pfarre durch Verbesserung der Weingärten und Äcker vermehrt würden und das Stift wegen der Gastfreundschaft durch die Lage an der *strata regia* und wegen großer Auslagen bei Bestätigung und Weihe der Äbte durch die römische Kurie in große Notlage gekommen ist, vermindert der Bischof auf Bitten des Herzogs Friedrich von Oesterreich als Vogt des Klosters und des Abtes Vlrich die Einkünfte des Pfarrers von Draeschirchen zu Gunsten des Stiftes. Dem Pfarrer sollen verbleiben: *dos et noua domus in cimiterio et agri pertinentes ad ipsam dotem*, der kleine Zehent im Dorfe Traiskirchen, die Opfer am Altare und Sterbegelder von den Pfarrkindern, der große und kleine Zehent von *bladi et vini* in den drei Dörfern Tatendorf, Hadmarstorf und Prun, der Weinzehent bei Salichenow auf dem Berg, in dem Garten und auf dem anstoßenden dritten Berg. Bei den Filialen Paden, Confarn (Gainfarn), Leubanstorf, Salichenow, Eberichawstorf, Mosprun und Waltrichstorf soll die Residenz je eines ständigen Vikars sein, der vom Abte in Melk eingesetzt wird, vom Bischof die Seelsorge empfängt und nur vom Bischof aus wichtigen Gründen entfernt werden kann. Diese Vikare genießen alle Früchte, Einkünfte und Rechte, welche sie seit alters genossen haben und müssen der von Paden 3 Pfd., der von Conuarn 1, Leubarstorf 2, Salchenow 2, Ebreicherczstorf 1 Pfd., Mosprunn 12 ß und Waltrichstorf 2 Pfd. zu Georgi und Cholomani dem Stifte Melk entrichten. Alle anderen Einkünfte, Zehente, Gülten und Opfer fallen nach dem Tode des Pfarrers Gerlasus an Melk, dem die Vikare auch zu den Abgaben nach Rom Beihilfe leisten sollen. Zeugen: Dechant Gotfrid von Chrems

[1] Kopialbuch im Stiftsarchiv Melk, Bl. 22.
[2] Kopialbuch im Stiftsarchiv Melk, Bl. 14.

(Krems), Chunrad von Vczing, Pleban in Newenchirchen, Vlrich, des Bischofs Kaplan und Pleban in Manswert und die Plebane Wolfram von Weykendorf, Otto von Zwentendorf und Friedrich von Chulevb. Siegler: Bischof und Kapitel.[1]

1311, St. Kathrein (25. November), Melch, verkauft „Fridreich von Sichtenberch gehaizzen der Raedler", den Meierhof dacz Alberndorf mit zugehörigen Zehent an Wein und Getreide, Holz und 7 Hofstätten dem Abte Ulrich von Melk um 150 Pfd. Wr. Pfen. und gibt davon seinem Sohn Fridreich, dessen Satzung der Hof war, 130 Pfd. Pfen. Siegler: der Aussteller und die Herren Ott von Zelking, Ott von Wildenstain, Weychart der Topler, Ott der Smidbach, Friedrich der Vleischezz, Ott von Pylach und Vlreich von Pylach.[2]

1311 gestattete Herzog Friedrich von Oesterreich, den Klosterberg in Melk zu befestigen und mit Soldaten auszurüsten.[3]

1313, Unser Frauen Lichtmeß (2. Februar), Newnburkch, bewilligt Elsbet, Königin zu Rom, nach der Weisung des Bischofs Wernhart von Pazzawe als Seelgerät besonders für König Albrecht von Rom „zu einer widerlegung der veiertag, di an vnserm sieden ze Halstat, daz wir mit vnserm guet von wilden gepeirig erpawen haben, vbergangen vnd zebrochen werdent mit arbeit, das man doch ze not nicht enberen mag", als Almosen dem Abte und Konvente zu Medlikch alle Jahre am Georgentage 30 Fuder „dürres salczes" durch den Pfleger oder die Amtleute zu Halstat zu übergeben. Dieses Salz soll an den Mautstätten Gmvnden und Stain mautfrei sein und der Abt am St. Philippstag für den König einen Jahrtag mit Vigil und Seelenmesse und um ½ Pfd. verbesserter Pfründe im Konvente begehen. Gesiegelt von der Ausstellerin.[4]

1314, Lukas Evangelist (18. Oktober), Kloster Melk, beurkunden Abt Vlrich, Prior Choloman und der Konvent von Medlich, daß der Ritter Dyether von Ymendorff daselbst eine Kapelle mit ihrer Erlaubnis als Patron der Pfarrkirche Wulderstorf und Zustimmung des Otto, *rectoris seu plebani* dieser Kirche, erbaut habe. In der Kapelle zu Immendorf soll an allen Sonn- und Feiertagen und allen Freitagen von einem Priester der Pfarrkirche eine Messe gehalten werden. Dyether gibt zum Ersatze dafür an die Mutterkirche den Weingarten Mitterpewnt in Newnburg auf dem Berge, die Burgrechtsäcker in Chalichdorf im Werte von 9 ß d Gülte, vom Acker in Haezmansdorf 30 d Gülte, in Yemendorf 3 Hofstätten bei der Kapelle mit ½ Pfd. Dienst; 40 d in Chalichdorf zum Ersatze für eine Hofstätte in Ymen-

---

[1] Stiftsarchiv Melk.
[2] Kopialbuch im Stiftsarchiv Melk, Bl. 79.
[3] Topographie, VI., 387.
[4] Kopialbuch im Stiftsarchiv Melk, Bl. 33.

dorf, welche 40 d zahlte und zur Erweiterung des Friedhofes bei der Kapelle verwendet wurde; in Chadolcz ein Lehen mit 14 oder 12 ß Dienst, 3½ Hofstätten am Pfarrhofe in Wulderstorf, durch welche derselbe vergrößert wurde, während die Holden 5 ß 10 d entrichten, das Bergrecht eines Weingartens auf dem Berg Schalichdorf mit 2 Urnen Wein, dessen Besitzer von allen Bergrecht und der Teilnahme an den *placita montana* befreit ist. Siegler: der Aussteller und der Pleban Otto von Wullersdorf. Zeugen: die Herren Chunrad von Siczendorf, Adolf von Wuldersdorf, Otto Ritter von Pyela und die Brüder Arnold und Albero von Prawnsdorf, Ebran von Grunt, Hartwich von Grunt und Hainrich Suppan.[1]

Um 1314 beurkundet Vlrich von Pergawe, daß er und seine Erben „chain recht nicht enhaben zu leihen ander chirchen ze Ebraichstorf, dann als vil, waz wir derselben chirchen, die unser pharr ist, ze ern vnd ze fuderung geben mugen, als wir von recht schullen." Siegler: der Aussteller.[2]

1315, *crastino beati Georgii* (25. April), Medlici, verpflichtet sich Marquard, Sohn des Herrn Dyetrich von Saesserndorff und Pleban in Medlico *citra montes* (Mödling), aus Dankbarkeit für die vom Abte Chunrad empfangenen Wohltaten dem Kloster Medlich (Melk) am Vortage vor St. Bernhardi alljährlich ein Pfund für einen Jahrtag zu geben. Siegler: der Aussteller und die Zeugen Pernhard von Zaglawe, Marquard von Chuffarn und Vlrich und Heinrich, Brüder von Viehdorf.[3]

1315, 20. Dezember, Melk, bestellt Marquard von Zinzendorf, Pleban in Ramuoltzpach (Ravelsbach), den Priester Meinhard zum ständigen Vikar an der Filiale Radeprunn (Radlprunn) gegen jährliche Entrichtung von 2 Pfd. Zeugen: Ortolf, Kantor des Klosters Medelic, Perchtram, Vicar in Melch, Wilhalm von Windsperch, Pleban in Puchel, Petrus, Scholastikus in Melch, und Marquard von Chueffarn.[4]

Zwischen 1306 und 1324 beurkunden Magnus und sein Bruder, daß ihr Vater, der Schüczenmayster, sich mit dem Gotteshause Melch wegen des Gotteshauses dacz Schranbaten (Schranewand, Pf. Unter-Waltersdorf UWW) gütlich verglichen, aber den Brief mit Siegel nicht ausgefertigt habe. Nach seinem Tode geben sie diese Erklärung, besiegelt von ihren besten Freunden, den Rittern Chaerbach und ihres Vetters Ortolf.[5]

---

1 Kopialbuch im Stiftsarchiv Melk, Bl. 141.
2 Kopialbuch im Stiftsarchiv Melk, Bl. 54.
3 Kopialbuch im Stiftsarchiv Melk, Bl. 113.
4 Faigl, Urkunden von Herzogenburg 1244-1450, 52.
5 Kopialbuch im Stiftsarchiv Melk, Bl. 109.

Zwischen 1306 und 1324 verzichtet Gotfrid der Notar von Hausekk zu Gunsten des Abtes Vlrich von Mellic auf jene Güter in Graeuendorf, welche das Stift Melk seinem Herrn Friderich von Hausekk für geleistete Dienste versprochen hatte, auf Bitten des Plebanus Wolfram von Weykendorf für ein bereits erhaltenes Mut Getreide.[1]

Von etwa 1315 ist ein Kasel mit Kreuzigungsgruppe vor und rückwärts erhalten.[2]

1316, Montag vor St. Veit (14. Juni), Melk(?), beurkundet Ott von Trowen, daß er das Lehen, welches seine Frau Chunigund vom Abte Vlreich von Melk gehabt hat, demselben aufgegeben und beide es von ihm wieder empfangen haben unter der Bedingung, daß dem Stifte von der Lehenschaft kein Krieg oder Schaden entstehe, wofür er den Zehent zu Neydekk und Zankendorf und seinen Besitz im Schoennueld und seinen anderen Lehen zum Pfande setzt. Siegler: der Aussteller und die Pfarrer Wolfram vonWeykendorf, und Ott von Zwerendorf, Herr Friedrich der Vleyschezz, Heinrich von Gottersveld, phart(?) von Melch, Marchart der Chuffinger, Vlrich der Lochler und Vlrich von Reicherstorf.[3]

1317, St. Georg Martyrer (24. April), Medlico, gibt Wolfker, Pleban in Veldchirchen, jene 20 Pfd. Pfen., welche ihm laut Verrechnung der Magister Petrus, Notar des Klosters Melk, schuldet, dem Abte Ulrich zu seinem Seelenheile.[4]

1319, St. Jörgentag (24. April), Wyenne, verkaufen Peter der Ponhalm von Steyer und seine Frau Margret mit Bergherrnhand des Herrn Chunrad Chyburger, obersten Kellermeistes des Fürsten von Oesterreich, einen Weingarten zu Phaffsteten, der Starchant genannt, welchen Peter von seiner Swiger Christein der Sluzzlerinne von Wyenna als rechte Morgengabe für die Frau Margret, ihre Tochter erhalten hatte, um 200 Pfd. Wr. Pfen. dem Pfarrer Haug von Draeschirchen. Siegler: der Aussteller, Leupolt der Slüzzler für seine Mutter Christein die Sluzzlerinn, der Bergherr Chunrat der Chyburger und die Herren Hainreich der Chrannest, Vlreich von Schwamwaten und Wernhart, Richter zu Draeschirchen.[5]

1319, St. Urban (25. Mai), Wyenne, stiftet Pfarrer Haug zu Draeschirchen mit Bergmeisterhand des Chunrat Chyburger, obersten Kellermeister der Fürsten von Österreich, den Weingarten der

---

[1] Kopialbuch im Stiftsarchiv Melk, Bl. 109.
[2] Österr. Kunsttopographie, III., 269.
[3] Kopialbuch im Stiftsarchiv Melk, Bl. 48.
[4] Originalpergament, Stiftsarchiv Melk. Das Siegel des Ausstellers rund, ein Vogel sitzend zwischen Laubbaum. Umschrift: † *S. Wolf(ge)ri pl(e)b(a)ni i(n) Veldchirche(n).*
[5] Kopialbuch im Stiftsarchiv Melk, Bl. 117.

Starchant zu Phaffsteten, der am Sonntag Mittfasten 24 d Burgrecht und im Lesen 5¼ Eimer Wein Bergrecht dem Herzog und ein Lehen 15 d Seelgerät dem Gotteshause „sand Margareten ze Draeschirchen" gibt, mit allem Nutzen dem Gotteshause zu Melkch und dem Abte Vlreich auf einen Jahrtag mit Gebet, Vigil und Seelmessen zum Gedächtnis seiner Verwandten „leichnamen" und Seelen. Siegler: der Aussteller, Herr Weychart von Topel, Herr Chunrat der Chyburger und Herr Heinreich der Chrannest.[1]

1319, *crastino beati Joannis baptistae* (25. Juni), Kloster Melk, beurkunden Abt Herword, Prior Leutold und der Konvent *Celle beate virginis* (Klein-Mariazell), daß das Volk ihres Dorfes in Sozz (Sooß), welches zur Pfarre Paden gehört, mit Zustimmung des Abtes Ulrich von Medlich als Patrones der Kirche in Baden im Dorfe Sooß eine Kapelle oder Kirche zu Ehren der seligsten Jungfrau zu bauen beschlossen habe. Sie geben ihre Zustimmung zu diesem Baue, welcher der Patronin des Klosters gereicht wird, und verzichten auf das Patronatsrecht dieser Kirche. Siegler: beide Aussteller.[2]

1320, Unser Frauen Lichtmeß (2. Februar), Mitterberch, gibt Jans von Chapelln dem Gotteshause zu Melch zwei Tagwerk Wiesen auf der Tabrawiese für das Holz beim Hause Mitterberch, das in den Hof zu Perchirchen gehörte, wo einst Chunrat der Steyrer saß. Siegler: der Aussteller.[3]

1320, St. Erasmentag (2. Juni), Melch, stiftet Fridrich, Sohn des Herrn Fridrich Raedler von Sichtenberch, mit Zustimmung seiner Frau Gedrawt für seine Eltern Fridrich und Christein den bei der Erbteilung aus dem Gute Paden ihm zugefallenen Weingarten zu Paden, „Auflangweingarten vnd leit an dem vreythof pei der pharr, ein hofmarich nach der preit und nach der lang gar hinauf", weil er erkannt hat, „daz zu der pharr nicht hofmarich gehört vnd daz iz dem gotshaus vnd dem pharrer ein grozzer geprest waz", dem guten Herrn sand Stephan zu Ehren und seinem Gotteshause zu Paden zum Gebrauche des Pfarrers, der seiner beim Gottesdienst gedenken und am St. Stephanstage auf dem Altar daselbst 2 d dienen soll. Über diesen Grund soll der Fürst von Oesterreich und sonst niemand Vogt sein. Siegler: der Aussteller und sein älterer Bruder Jans. Zeugen: die Herren Ditreich von Pylchdorf, Marschall in Oesterreich, Weychart von Topel, Landrichter in Oesterreich, Vlreich und Weychart, seine Söhne, die Brüder Heinrich und Gerunch die Raedler.[4]

---

[1] Kopialbuch im Stiftsarchiv Melk, Bl. 117.
[2] Kopialbuch im Stiftsarchiv Melk, Bl. 35.
[3] Kopialbuch im Stiftsarchiv Melk, Bl. 62.
[4] Kopialbuch im Stiftsarchiv Melk, Bl. 81.

1323, Sonntag in der anderen Fastenwoche (20. Februar), Perichtolczstorf, beurkundet Pfarrer Chunrat von Perchtolczstorf, daß mit seiner Bewilligung sein Holde Alram der Spaech und dessen Frau Geysel dem Abte Vreich von Melkch auf ihren Hause zu Perchtoldsdorf an dem Markte 12 ß d Geldes um 15 Pfd. Wr. Pfen. und ½ Pfd. der Frau zu „leichauff" verkauft haben, die zu Martini zu dienen sind. Auch soll dem Abte und seinem Diener warten mit „drin gadein, mit dem chelerr, mit einem stall und mit einem gaden, da man inn slaff, da sew allew iar gemach in haben vnd iren frumen schaffen." Siegler: der Aussteller.[1]

1323, Mittwoch in der Pfingstquatember (18. Mai), Wyenne, verkaufen Wulfing von dem Haeuslein und sein Sohn Gotfrid 15 ß 8 d Geldes auf einem Lehen und zwei Hofstätten dacz Ladendorf um 22 Pfd. Wr. Pfen. dem ehrbaren Manne Pfarrer Chunraden zu Ladendorf. Siegler: der Aussteller und die Herren Ditreich der Haeusler von Saesendorf, Marchart der Junge von Mistelbach, Chunrad von Ladendorf, Vlrich von Sunnberch und Wernhart von Ladendorf.[2]

1323, *XVII. Kalendas Augusti* (16. Juli), Medlico, bestätigt Bischof Albert von Passau die während der Sedisvakanz durch das Kapitel zu Passau geschehene Zerlegung der Pfarre Wuldeinsdorf in zwei Pfarren durch Lostrennung der Pfarren Haugstorf, doch ohne Prejudiz für den Pfarrer Otto von Wuldeinstorf. Siegler: der Aussteller.[3]

1324, schwarzer Sonntag (1. April), gibt Chadolt von Ekhartzaw alles Gut, das von alters zu seiner Kapelle in dem Hause zu Waltrestorf gehört, mit Pfenniggült und dem Lehen zu Baltrestorf (Unter-Waltersdorf) und dem Weingarten der Phaeffel zu Pfafsteten dem Gotteshause zu Melch, wofür der Pfarrer von Waltersdorf unter der Lehenschaft des Klosters Melk wöchentlich dreimal eine Messe in der Schloßkapelle halten soll. Siegler: der Aussteller. Zeugen: die Herren Rudolf von Potendorf, Ott der Turs, Chunrad von Werd, Vlrich von Pergaw und Niclas von Ternberch.[4]

1324, St. Georgen nach Ostern (24. April), verkaufen Chunrad von Ladendorf und seine Frau Margret dem Abte Vlreich von Mekch 10 Pfd. Wr. Pfen. Gülte zu Ladendorf auf 6 Lehen und 9 Hofstätten um 160 Pfd. Wr. Pfen. Siegler: der Aussteller, seine Geswein Otto von Chambue und Friedrich der Pavngartner und sein Oheim Chunrat der

---

[1] Kopialbuch im Stiftsarchiv Melk, Bl. 124.
[2] Kopialbuch im Stiftsarchiv Melk, Bl. 57.
[3] Kopialbuch im Stiftsarchiv Melk, Bl. 14.
[4] Kopialbuch im Stiftsarchiv Melk, Bl. 61.

Tirnsteiner. Zeugen die Herren Pfarrer Mert von Padn und Chunrad von Veslaue, die dieser Sache „taydinger und chauflewt" gewesen sind.[1]

1324, St. Ambrosius Bischof (7. Dezember), Wyenn, vereinbaren Abt Vlrich von Medlic und sein Konvent, dem apostolischen Stuhle unmittelbar unterworfen, und der Pleban Hugo von Draeschirchen mit dem Prior Fr. Gotfried und dem Konvente im Allerheiligentale zu Maurbach Karthäuserordens wegen der Stiftungsgüter des Plebans Gerlach von Draeschirchen, die mit dem Kloster Allerheiligen durch Papst Johannes XXII. vereinigt wurden, was aber vom Bischof nicht bestätigt wurde, durch Vermittlung des Fr. Hainrich von Potindorf aus dem Orden der Prediger und des Magister Vlrich, *rector scolarum Wyenne*, folgenden dauernden Vergleich: Mauerbach übergibt dem Plebane von Traiskirchen die Mühle, welche 12 ß d dient und für das Haus des Plebans ohne Maut Getreide mahlt; dann 10 ß im Dorfe Weynsdorf, 31 Joch Äcker und den Wald im Schätzungswerte von 15 Pfd., alles auf 130 Pfd. angeschlagen; dazu die Saat von Weizen und Korn und 52 Metzen Wintersamen um 66 Pfd. Wr. Pfen, auch überläßt ihm Mauerbach den von Heinrich von Sulcz erkauften Hof zu Draeschirchen um den gleichen Kaufpreis von 70 Pfd. Pfen. Dafür soll der Pleban eine beständig brennende Lampe im Chore vor dem Hochaltar für den Stifter und 10 ß Gülten unterhalten unter Strafe von 3 Pfd. Wachs an die Klöster Melk und Mauerbach und die Kirche in Traiskirchen. Am Mitterwoch vor dem Palmsonntag ist für Pfarrer Gerlach ein Jahrtag in der Pfarrkirche und Gebet auf der Kanzel zu begehen. Der Pleban Hugo gibt seinen um 66 Pfd. erkauften Weingarten zu Eygsperch zur Stiftung des Altares der hl. Maria und Anna in der Pfarrkirche, deren Verleihungsrecht nach seinem Tode an den Abt von Melk übergeht. Der Priester soll den Vikaren der Pfarre bei Tisch zugesellt sein und täglich die Frühmesse halten, wobei der Pfarrer Gerlach und Hugo zu gedenken ist. Der Pleban gibt ihm 5 Pfd. der neuen Pfennige zu Michaeli und 5 Pfd. der gebräuchlichen Pfennige zu Mittfasten und jeden Abend einen Becher seines Trinkweines. Pfarrliche Verrichtungen darf er nur auf Ersuchen vornehmen. Wenn er sich ungebührlich beträgt, können ihn der Abt von Melk und der Pfarrer absetzen. Wenn der Pfarrer seine Pflicht unterläßt, fallen die Stiftungsgüter an den Abt von Melk. Dem Pleban Heinrich von Mauerbach zahlt das Stift Melk zum Ersatz für die 70 Pfd. und die jährliche Provision von 6 Pfd. und Wein und Brot auf seine Lebenszeit jährlich 8 Pfd., wofür es keine Fässer mehr an Mauerbach zu stellen hat. Das Stift Melk setzt als Strafe für Übertretung des Vergleiches 30 Mark Gold fest, nämlich je 10 an den Bischof, den Landesfürsten und den anderen dem Vertrage treuen Teil. Siegler: Abt und Konvent

[1] Kopialbuch im Stiftsarchiv Melk, Bl. 47.

zu Melk, Prior und Konvent in Mauerbach, Pleban Hugo von Traiskirchen. Zeugen: Abt Mauricius von den Schotten in Wyenn, Abt Otto von Heiligenkreuz, Magister Hainrich, Pleban in Wyen, Magister Heinrich, Pleban in La, Herr Weychard von Topel, *iudex provincialis*, Nycolaus Pollo, Bürgermeister, Chunrad Chranest, Richter, Leupold Polcz, Münzmeister, alle Bürger in Wien.[1]

1325, Sonntag nach Georgi (28. April), verkauft Pfarrer Chunrat von Veslawe (Vöslau) dem Abte Vlrich von Melkch ein Pfund Geldes Michaelidienst zu Ladendorf bei dem Valtoer, wo der Lot aufsitzt. Siegler: der Aussteller und der bescheidene Mann Pfarrer Mert von Paden. Zeugen: der ehrbare Ritter Hainrich von Weytra (gesessen zu Großau bei Merkenstein?), Wolfhart von Gnainfaren, Eberhart und Elbel sein Steuffsune.[2]

1325, Sonntag vor Pfingsten (19. Mai), ersucht Chadolt von Ekhartsaw seinen Freund, den Abt von Melch, die Kirche in Waltrestorf seinem Schreiber, dem Herrn Cunrad, zu verleihen, falls er dazu geneigt erscheint, doch soll dadurch sein freies Verleihungsrecht nicht gehindert werden.[3]

1327, Elftausend Maidtag (21. Oktober), verkaufen der Prior Ruger und die Prädikanten (Dominikaner) von Neustadt die jährliche Urne Wein, welche sie laut Testament vom Weingarten Pokchfuz am Königsberge für das Seelenheil des Gatten der Frau Alherinne bezogen, dem Plebane Martin von Paden für 5 ß neuer Wiener Münze. Siegler: das Priorat in Neustadt.[4]

Um jene Zeit überließ Herzog Friedrich I. die Ehrengabe des Stiftes Melk von jährlich einem Pelze, zwei Filzschuhen und zwei Käsen an die Karthause Mauerbach, die sie 1437 der Karthause Gaming tauschweise abtrat.[5]

1328, 24. April, vermacht Königin Elisabeth, Gemahlin Friedrichs des Schönen, dem Stifte Melchk 3 Pfd.[6]

1332, 26. März, wurden vom Kelleramte des Landesfürsten in Wien verrechnet 70 Fäßer Wein, welche dem Abte von Medlic geliefert worden waren.[7]

1332, St. Johann zur Sonnenwende (24. Juni), verkaufen Vlreich der Subenhierter von Sighartzdorf und seine Frau Margret dem Abte Hainrich von Melch und dem Konvente 8 Lehen zu Alta und 7 zu Hofsteten und 6 ß Gülte auf einem Hofe zu Alta um 64 Pfd.

[1] Kopialbuch im Stiftsarchiv Melk, Bl. 35.
[2] Kopialbuch im Stiftsarchiv Melk, Bl. 124.
[3] Kopialbuch im Stiftsarchiv Melk, Bl. 61.
[4] Kopialbuch im Stiftsarchiv Melk, Bl. 125.
[5] Stadtarchiv Stein, Kodex „Fraihaitt 1523", Bl. 16-19.
[6] Oberösterr. Urkundenbuch, V., 506.
[7] Chmel, Der österr. Geschichtsforscher, II., 234.

Wr. Pfen., alles Lehen vom Kloster Melkch, das nun frei darüber verfügen kann. Siegler: der Aussteller und Pfarrer Martin von Rauolczpach, dem die Sache bekann{t} ist und der auch Zeuge des Kaufes ist.[1]

1333, St. Johann Baptist zur Sonnenwende (24. Juni), Paden, verkaufen Albrecht der Hutter und seine Frau Christein einen Hof zu „Paden niderhalb der pfarrchirchen" dem Abte Heinrich von Melch um 24 Pfd. Wr. Pfen. Siegler: der Aussteller, Pfarrer Haug zu Draeschirchen und Pfarrer Mert von Rauolspach, die Kaufleute des Hofes waren, Herr Wulfing von Schaeuchenstain und Herr Ditreich von Ebental. Zeugen: Herr Ott der Hutter, die Brüder Wulfing und Chunrad die Locher, Heinrich Charetner und Chunrad Füderwein von Paden.[2]

1333, St. Ulrichstag (4. Juli), beurkundet Vlreich von Puchperkch, Meister zu Mawrperg (Mailberg), daß Frau Tut, die Hausfrau des Heinrich Zechentner zu Wuldeinstorf, für ihn und die Bruderschaft kam und sagte, sie haben 10 Joch Acker zu Chalichdorf im Felde von ihnen zum Burgrechtlehen, wovon man zu Michaeli 10½ Wr. Pfen. nach Mailberg dient. Die Sache sei bei „drev taiding" verhandelt, die Zeugen verhört und die Sache richtig befunden worden, worauf Tut und ihr Wirt Hainreich Nutz und Gewer dieses Burgrechtes erhielten. Siegler: der Aussteller, Bruder Chadolt der Wildekker, Hubmeister und Kellner des Hauses zu Mewrperg, der auch Richter dieser Sache war. Zeugen: Herr Heinrich von Ymendorf, Pfarrer Mert von Haugstorff, Rapot von Schalichdorff, Hertneyd von Grunt, Wernhart der Wyenner, Hainreich der Weyzz, beide von Wuldeinstorff, Hadmar der Schawer, Amtmann des Stiftes Mawerperg, Götfrid der Rayschyph, Hertnikch an dem Markcht zu Mawrperg, Dytmar, Albero Brüder, Peter Eybeniczer und Ruger der Fleischhakker, der dieser Sache Vorsprech war.[3]

1335, Maria Reinigung (25. März), Medlici, beurkunden der erwählte (Abt) Gundacher, der Prior Chunrad und der Konvent von Medlich, daß Bischof Nycolaus von Regensburg, um sie und ihre Nachfolger an seinen Gütern teilnehmen zu lassen, ihnen ein Talent Wr. Denare auf dem Gute in der Sirnich, das von Tanko um 10 Pfd. gekauft wurde, geschenkt habe, welches den Brüdern verteilt werde und wofür am 29. April ein Jahrtag mit Glockengeläute, Vigil und Totenmesse von jedem Priester gehalten werden solle. Siegler: Abt und Konvent.[4]

1335, *VI Nonas May* (2. Mai), Auinione, trägt Papst Benedikt XII. dem Propste von St. Ypolito (St. Pölten) auf, die Beschwerde

---

[1] Kopialbuch im Stiftsarchiv Melk, Bl. 75.
[2] Kopialbuch im Stiftsarchiv Melk, Bl. 78.
[3] Kopialbuch im Stiftsarchiv Melk, Bl. 120 und 42.
[4] Kopialbuch im Stiftsarchiv Melk, Bl. 114.

des Stiftes Medlic, das gegenwärtig ohne Abt ist, darüber, daß die Pfarrer von Medlich *inter montes* (Mödling), Lauchse, Marichekk, Haugstorf, Wuldenstorf, Draeschirchen und Rayualspach dem Stifte bezüglich jährlicher Pensionen Anrecht tun, zu untersuchen, darüber Zeugen zu verhören und nach den Bestimmungen des Lateranensischen Konzils zu entscheiden.[1]

1335, 12. September, an der Brücke Sorgiae (bei Avignon), trägt Papst Benedikt XII. dem Johann, Herrn von Roetenberck, aus der Konstanzer Diözese auf, den erwählten Abt Gundacher vom Kloster Medlic in der Passauer Diözese und seine Familie (Begleitung) *quos tenet in suo carcere mancipatos*, freizulassen und ihnen die geraubten Güter zurückzustellen.[2]

1337, *pridie Idus Junii* (12. Juni), beurkundet Dechant Ludolf von Chrems als vom Bischof Albert von Passau bestellter *vicarius generalis, judex in causa infra scripta delegatus*, daß ihm Bischof Albert mittelst inseriertem Schreiben vom 17. Februar 1337 in Wien aufgetragen habe, über die Beschwerde des erwählten (Abtes) Gundacher und des Konventes von Medlich, daß einige Pfarrer die jährlichen Pensionen nicht leisten, Untersuchungen zu pflegen. Darauf habe ihm Erbinus von Chremsa als Prokurator des erwählten Gundacher, des Priors Chunrad und des Konventes zu Medlich ein Libellus überreicht, laut welchem die Pfarrer Martin von Rauelspach, Friedrich von Medlikch, Chunrad von Wuldeinstorf, Paulus von Haugsdorf, Heinrich von Weykendorf, Albert von Lauchse und Ortolf von Grillenperg, jeder jährlich einen *esocem* zum Zeichen des Patronates dem Stifte Melk zu geben schuldig seien, dies aber heute verweigern, weshalb sie zur Zahlung des Entganges und der Prozeßkosten verurteilt werden sollen. Das Zeugenverhör habe ergeben, daß diese Abgabe früher wirklich gegeben und empfangen wurde. Daher entscheidet der Dechant in Gottes Namen, daß jeder dieser Pfarrer einen *esocem mediocrem, qui vulgariter chlobhausen* (gelobter Hausen) *dicitur*, zum Zeichen des Patronates jährlich geben solle. Haugsdorf, das von Wullersdorf erst kürzlich abgetrennt wurde, gibt mit diesem zusammen nur einen Hausen. Über die zu leistende Nachzahlung sollen sich die Pfarrer mit dem Stifte vergleichen. Siegler: der Aussteller und Magister Petrus, Pleban in Albrechzperge (Obritzberg), Dr. der Dekrete. Dieser Spruch wurde veröffentlicht in Gegenwart des Bartholomäus, des alten Kaplans der ersten Messe in Chremsa, der Chorgesellen Jakob und Dytmar, der Bruderschaftskapläne Martin und Heinrich in Chremsa und des Widemrichters Bertlinus. Der öffent-

[1] Kopialbuch im Stiftsarchiv Melk, Bl. 5.
[2] J. M. Vidal, Benoit XII. Paris 1903 und 1906, Regest Nr. 2367; vgl. Blätter für Landeskunde, 1894, 478.

liche kaiserliche Notar Johannes, Sohn des verstorbenen Chunrad Vinitor, Bürgers zu Witbenberch in der Diözese Brandenburg, verfaßten darüber die öffentliche Urkunde und versah sie mit seinem Zeichen und Namen.[1]

1338, 10. März, Wienne, bestätigt Bischof Albert von Passau den Spruch des Dechants Ludolf von Chrems zwischen dem Stifte Melk und den Patronatspfarren.[2]

1339, St. Gallus Bekenner (16. Oktober), Kloster Melk, geben der erwählte (Abt) Gundaker, der Prior Friderich und der Konvent von Medlich zur Stiftung der Kirche in Tzoashaesunsdorf oder Tzöhenhunsdorf auf Verlangen des Plebans Friderich in Medlik (Mödling), dem dieses Dorf mit pfarrlichen Rechten gehört und dem eine angemessene Entschädigung gegeben wurde, ihre Zustimmung und gestatten die Einsetzung des Priesters Rudolf von Melch, der in diesem Markte (Melk) geboren wurde, als ersten Rektor an dieser Kirche, der alle pfarrlichen Rechte mit Ausnahme des Begräbnisses haben soll. Siegler: Abt und Konvent.[3] - Hueber bemerkt dazu: *Puto Enzerstorff* und sagt im Register Enzerstorff bey Prun.

1339, St. Symonstag (28. Oktober), geben Prennreich der Hesler von Gumpolczchirchen und seine Frau Margret dem erwählten (Abt)Gundacher von Melk und dem Konvent den Weingarten des Rechib zu Gumpolczchirchen auf der Laymgrueb, Burgrecht vom Herzog und demselben mit drei Viertel dienstbar, behalten sich aber den Fruchtgenuß auf Lebenszeit vor. Sie tragen diesen Weingarten vor Jans von Manswerd, des Herzogs Kellermeister und Bergmeister, auf. Für den Aussteller siegelt Jans von Manswerd und weiters Pfarrer Haug von Draeschirchen. Zeugen Phylipp der Sehnt, Nycla der Perchmaister und der ze grosten Budel (?).[4]

1339, St. Thomas des Zwölfboten (21. Dezember), Melch, geben Christan der Rugendorffer und seine Frau Macz dem erwählten Abte Gundacher zu Melch und dem Konvente ihren Teil am Hofe, worin sie sitzen, und den Acker vor dem Tore und die Äcker Wolfram und Pelifex und die Quanta an dem Purgerekk mit Vorbehalt des Genusses auf Lebenszeit. Wenn der Hof baufällig wird, soll ihnen das Kloster ein anderes Gemach leihen. Als „rechter Scherm" setzen sich Christian, sein Bruder Haug, ihr Oheim Wolfram die Ruggendorffer und Dietrich der Zehetner, Fridrich Salmon, Richter zu Melk und Ott der Halbschilt ein. Da sie kein Siegel haben, siegeln Herr Otto von Zelking und der Ritter Vlrich von Siczental. Zeugen: Jans der Offinger,

---

1 Originalpergament Stiftsarchiv Melk.
2 Kopialbuch im Stiftsarchiv Melk, Bl. 15.
3 Originalpergament Stiftsarchiv Melk.
4 Kopialbuch im Stiftsarchiv Melk, Bl. 94.

Ditreich der Sebeck, Hainrich, Sohn des Herrn Pernhart, Philipp der Chamrer, Fridrich Chauderwalch, Fridrich der Eybestorfer.[1]

1340, 20. November, Avenione, bestätigt Papst Benedikt XII., nachdem der Abt Heinrich vom Kloster Medlic, das unmittelbar der römischen Kirche unterworfen und in der Passauer Diözese gelegen ist, gestorben und der Infirmarius Gundaker in Discordia gewählt, aber nicht bestätigt worden war, die neue Wahl des Gambrinus, Kämmerers des Klosters, zum Abte.[2]

1341, Sonntag an dem Palmtag (1. April), verzichtet Pfarrer Mert von Rauelspach gegenüber dem Abte Hainrich von Melkch auf den Zehent am Weingarten, den der Pfarrer vom Schurf zur Kirche gekauft hat und der hinten an den Pfarrhof zu Rauelspach stößt und auch die Badstube im Markte Rauelspach und den Baumgarten im Markte an den Zehenthof, da die Ältesten und Besten in der Pfarre ausgesagt haben, daß diese Güter zum Stifte Melk gehören. Siegler: der Aussteller und die Herrn Otto von Haslawe, Ritter Vlrich von Siczental und Chunrat von Pirbawm, die dieser Sache Redner und Taydinger waren.[3]

1341, *XV Kalendas Junii* (18. Mai), in der Kirche zu Medlic, beurkundet Abt Dietmar von Seidensteten, der als Visitator des Benediktinerordens in Oesterreich im Kapitel der Salzburger Provinz zu Staein (Stein) letzthin aufgestellt worden war, die Vornahme der Visitation in Medlich nach den neuen päpstlichen Verordnungen und den Bestimmungen des letzten Visitators, des Abtes Matthäus von Altenburg, belobt den guten Zustand und trifft Bestimmungen über Mahlzeiten, Stillschweigen, Besuch des Marktes u.a.[4]

1344 reiste der neu gewählte Abt Luwig I. Snaynzer von Yspera (Lehnhof bei St. Oswald) zum Papste Klemens XI. nach Avignon und wurde von demselben am 18. Juli, dem fünften Tag nach seiner Ankunft, bestätigt. Er regierte bis 1360.[5]

1345, St. Jakob (25. Juli), geben die Brüder Jans und Leutold von Chunring, oberste Schenken in Oesterreich, dem Abte Ludweig und dem Gotteshause in Melch die Mühle zu Pylamund mit Zugehör, aber mit Vorbehalt der Fischweide und Vogtei, gegen Abhaltung eines Jahrtages im Stifte für ihren Vater Leutold von Chunring am Tage nach St. Kilian mit Geläute, Vigil und Messen. Siegler: beide Aussteller und die Herren Otto von Haslaw und Alber von Zelking.[6]

---

[1] Kopialbuch im Stiftsarchiv Melk, Bl. 79.
[2] J. M. Vidal, Benoit XII. Paris 1903 und 1906, Regest Nr. 8924a.
[3] Kopialbuch im Stiftsarchiv Melk, Bl. 126.
[4] Originalpergament, Stiftsarchiv Melk.
[5] Keiblinger, Melk, I., 426.
[6] Kopialbuch im Stiftsarchiv Melk, Bl. 123; Hueber, Austria ex archivis Mellic. illustrata, 73.

1347, 14. Mai, Avignon, einverleibt Papst Klemens XI. dem Stifte Melk die Pfarre Mödling, da das Stift durch die Patrone der Pfarre Melk (die Bischöfe von Passau) viel zu leiden haben.[1]

1348, 27. September, Wyenne, übergibt Bischof Gotefrid von Passau, dem Befehl des Papstes Klemens entsprechend, dem Stifte Melic, das der römischen Kirche unmittelbar unterworfen ist, aber durch Abgaben, Lasten und Gastfreundschaft in schwer bedrängte Lage kam, die Pfarrkirche Medlikch (Mödling), deren Patronat das Stift bereits besitzt, mit allen Früchten und Einkünften, welche der Papst dem Kloster einverleibt hat, und behält für den Unterhalt eines ständigen Vikars, den der Abt präsentiert, aus den Einkünften einiges vor. Aller Weinzehent gegen das Gebirge zwischen der öffentlichen Wienerstrasse (via Wyennensis), dem Dorfe Prunn und der Spehenmul soll dem Kloster Medlic gehören. Der Zehent jenseits der Wienerstrasse von Äckern, Weingärten und Gemüsegärten bis zum Zehent, der nach Neundorf gehört, verbleibt dem Vikar. Durch Prunn geht der Krotenpach, der die Güter des Klosters Melk und der Kirche in Mödling seit alters scheidet. Aller Weinzehent auf der Seite gegen Norden dieses Baches bis zum Neundorfer Zehent gehört dem Vikare, ebenso der Zins der Holden der Kirche in Mödling, die zehn Weingärten der Kirche, welche einst ein Pleban gebaut, die Opfer und Gaben der Kirche und der Kapellen und Filialen mit ihren Pensionen, auch die Käse und Hühner, wovon der Vikar die Gastfreundschaft und die geistlichen Steuern und Lasten bestreiten muß.[2]

1348, St. Martin (11. November), Wienne, verkauft Raedel die Juedinne, Arons Tochter und Witwe Fridleins des Juden, mit Bergmeisters Hand des Vlreich Zehentner zu Medlich, Amtmanns des St. Kolomans Gotteshauses zu Melich (Melk), den Weingarten zu Medlich in den Gerstäckhern zunächst des Rawsch Weingarten, der nach Melk ein Pfund dient, um 38 Pfd. Wr. Pfen. dem ehrbaren Seyfrid Hellner datz sand Johans in der Chaernerstrazze ze Wienne. Siegler: Abt Ludwig von Melch als oberster Bergherr und Leupold von Sachssenkang (Sachsengang), Pfarrer zu Traezchirchen, und Hainreich der Hauenlos, Richter zu Medlich.[3]

1349, Martentag (11. November), versprechen Prior Niclo und der Konvent zu Melch ihrem Abte Ludwig eine tägliche ewige Messe zu Unser Frauen in der Gruft und einen Jahrtag zu halten, wofür er drei Fässer Wein zu 20 Eimer des Besten aus dem Weinzehent ze Medlich (Mödling) gegeben hat; auch ein ewiges Licht in der Gruft zu unterhalten, wofür er ein Faß zu 20 Eimer gespendet hat, soll die

[1] Blätter für Landeskunde, 1894, 479.
[2] Originalpergament, Stiftsarchiv Melk.
[3] Original mit drei erhaltenen Siegeln, Stiftsarchiv Melk.

Erfüllung der Stiftung überwachen. Siegler: der Konvent, der Abt und Albrecht von Streytwisen, der ehrbare Rudlein der Tanpekch und Vrschalig (von Matzleinsdorf).[1]

Aus dem 14. Jahrhundert stammen ein Kästchen aus Elfenbein mit Rosetten in Rot und Grün, und ein Reliquienschrein aus Bein mit gemusterten Feldern.[2]

Um 1344-60 kaufte der Abt Ludwig I. von Melk von Wilhelm Wiensperger den Besitz von Alhartsperg, der um 200 Pfd. versetzt war, zurück. Auch kaufte er um 15. Pfd. einen Weingarten zu Wesendorf in der Wachau, zahlte dem Provisor in Pechlarn 15 ß d und löste die Güter in Lempfridsteten (Landfriedstetten bei Petzenkirchen) vom Flachnacker um 200 Talente ein; in Zedelmaring (bei Mank) erwarb er die Vogtei.[3]

1351, Mittwoch nach Georgi (27. April), beurkundet Jans von Chapelln, daß er mit Zustimmung des Abtes Ludwig, Priors Niklas und Konventes zu Melch in seinem Hause ze Mitterberch eine Kapelle erbaut und bestiftet habe, die zur Pfarre Pernchirchen (Pergkirchen in Ob. Oest.), ihrer Lehenschaft, gehört. Nach dem Rate des Dechants Ludwig von Narden (Naarn) und des Pfarrers Wernhart von Pernchirchen habe er den Schaden der Pfarrkirche widerlegt (ersetzt) und die Erlaubnis erwirkt, daß der Kaplan zu Mitterberg, dem er und seine Erben die Stiftung verleihen, in der Kapelle singen, Messe lesen, Vesper halten, Weihbrunn segnen und die heiligen Zeiten verkünden, auch das Opfer einnehmen, aber die Pfarrechte dem Pfarrer von Pergkirchen zustehen sollen. Siegler: der Aussteller.[4]

1355, St. Elisabet (19. November), bestätigt Abt Ludwig und der Konvent von Melk die Stiftung, welche Pfarrer Johann von Leobersdorf in seiner Tochterkirche zu (Kotting-)Brunn verrichtet hatte.[5]

Von 1356 stammt eine Regel des hl. Benedikt mit Miniaturen und Initialen.[6]

1358, Mittwoch vor Prechentag (3. Jänner), geben die Vettern Eberhard von Chappelln, Hauptmann zu Enns und Pfleger zu Scherding, und Hans von Kapellen anstatt des verstorbenen Hans von Chapelln als Widerlegung für die von diesem im Schlosse „Mitterberch in dem innern Korhof" erbaute Marienkapelle an die Pfarre Pernchirchen, Lehen vom Stifte Melch, zwei Güter in dem Vreynwerde in Mitterchircher Pfarre mit 12½ ß Geldes und das Gut

---

[1] Originalpergament, nur ein Siegel erhalten, Stiftsarchiv Melk.
[2] Österr. Kunsttopographie, III., 324, 326.
[3] Stiftsarchiv Melk, Dienstbuch von 1314.
[4] Kopialbuch im Stiftsarchiv Melk, Bl. 51.
[5] Notiz im Schloßarchiv Ottenstein, Nr. 1108.
[6] Österr. Kunsttopographie, III., 339.

Prewerlehen in Chreuczer Pfarre, wert 5 ß d Gülte. Pfarrer Wernhard von Pernchirchen und Abt Ludwig von Melch willigen in diese Stiftung.[1]

1358, St. Simon des Zwölfbotentag (28. Oktober), beurkunden Abt Ludwich von Melch, Prior Michel und der Konvent von Melk, daß Pfarrer Wernhart von Perchirchen, ihr Kaplan, von ihnen ein Pfund Wr. Pfen. Gülte auf dem Gute an dem Laytterekk, das der Abt von dem Weyzpirger erworben hatte und von dem man 13 ß d und ein Pfund Wachs diente, gekauft habe. Dieses Pfund soll man nach Wernhards Tod dem Stifte in die Oblay in der Woche nach Martini geben und davon ein Jahrtag mit Vigil und Messen, wie andere Jahrtage gehalten werden. Siegler: Abt und Konvent.[2]

1360, Samstag vor St. Larenz (8. August), Kloster Melkch, gibt Herzog Rudolf IV. von Oesterreich seinem Kaplan, dem Abte Ludwig von Melkch, der das Gut Grasperkh, ein landesfürstliches Lehen, von Heinrich dem Pöhaim gekauft hat, auch die Eigenschaft dieses Gutes zu Ehren des heiligen Kreuzes zu einem ewigen Lichte.[3]

1360, Freitag nach Allerheiligen (6. November), widmet Ortolf der Eystorffer zu einem ewigen Lichte zu Unser Frauen in „Rauolspach in sand Johanschapelln" 15 ß Wr. d. Davon liegt ein halbes Pfund auf dem Weingarten in Payerdorf bei dem Valtaer, das andere auf 3 Äckern am Chagran, 3 Holden zu Czemleub (Zemling) gehörig, auf Gründen zu Wiernstorf, beim Marchstain, am Meißauerfeld gegen den Marcht, Weingarten an dem Frießenekk und Acker am Veyalperg. Siegler: Ortolf der Eystorffer, Pfarrer Danchwart zu Rauolspach (Siegel spitzoval vor der Mutter Gottes der Pfarrer kniend, mit emporgehobenen Händen. Umschrift: . . . *nchwardi . plebani* . .), und During der Suelczer, Hofrichter zu Mayßau.[4]

Um 1362 ließ Herzog Rudolf IV., der das Stift selbst besuchte, ein prächtiges gotisches Grabdenkmal für den hl. Koloman errichten (wurde nach 1700 zerstört) und von einem Wiener Goldschmiede eine sehr reiche Fassung für den Kreuzpartikel (das „Melker Kreuz") herstellen (noch vorhanden). Hiesige Mönche verfaßten die „Geschichte der Gründung des Klosters Melk" und die „Erzählung von der heil. Kreuzpartikel". Der Kustos des Stiftes Bernhard Truchseß schrieb die „Geschichte des seligen Gotthalm".[5]

1370, St. Cholomansabend (12. Oktober), Prun, verkaufen Chunrat Gerold von Prun (Brunn am Gebirge) in Medlinger Pfarre

---

[1] Kopialbuch im Stiftsarchiv Melk, Bl. 52.
[2] Originalpergament, Stiftsarchiv Melk.
[3] Originalpergament, Stiftsarchiv Melk.
[4] Originalpergament mit 4 Siegeln, Stiftsarchiv Melk.
[5] Österr. Kunsttopographie, III., 179, 319; Schachinger, Geschichte Melk, 16.

und seine Frau Gedrawt ein Haus zwischen Andreas des Tzaerr Garten und Niclas des Praemer Haus in Prunn dem Abte Johann und dem Prior Hanns, dem Propst und Siechenmeister Wernhart dem Druchsatz und dem Konvente zu Melk um 28 Pfd. Wr. Pfen., wovon „zu Michaeli, zu sand Chunigun(d) den alter ze Prunn" ein Vierting Wachs zu geben ist. Siegler: die Gemain zu Prunn, Eberhard der Gunderstorffer, Pfarrer zu Medling, und Hanns der Totzenpekch, Burggraf zu Medling.[1]

Aus dieser Zeit stammt der Ulrichsbecher, eine in Silber gefaßte Kürbisschale, und ein Kodex über die Dekretalen des Johannes Andreas.[2]

1374, St. Johannes zur Sonnenwende (24. Juni), vergleicht sich Hainreich der Marwekch mit seinem Bruder Hans dem Marwekch, Vikar zu „Rainpach pey der Freinstat" um ihr Erbe in der Weise, daß ersterer 65 Pfd. Wr. Pfen. erhält und auf weitere Ansprüche verzichtet. Siegler: Weighart der Schucz und Hans der Taschner, Bürger in der Vreinstat.[3]

1376, 17. September, Stunde der Terz, im 6. Jahr des Papstes Gregor XI., *Avenione in hospitio habitacionis nostre*, beurkundet Robertus de Stractone, *Legum Doctor*, päpstlicher Kaplan und als *auditor* in dieser Sache besonders deputiert, daß ihm der Papst durch den Kursor eine *cedula* überschickt und darin angeordnet habe, daß zwischen dem Abte und Konvente ze Medlich (Melk) und den Pfarrern Magister Heydenrich von Waykendorf und Conrad von Lauchse vor dem Offiziale der Passauer Kurie und später zwischen ihnen und den Pfarrern Reyher von Rauelspach, Lewpold von Medlich (Mödling), Johann von Volderstorf, Erhard von Haugstorf und Vlrich von Grillenberg vor ihm als vom Papste delegierten Richter über die jährlichen Zinsen verhandelt werde. Er forderte die genannten Pfarrer auf, innerhalb von 40 Tagen nach Empfang der Vorladung im apostolischen Palaste, wo Recht gesprochen wird, oder wo sonst der Papst mit der Kurie residieren wird, zu erscheinen, um den Vertretern des Stiftes Antwort zu geben. Siegler: der Aussteller in Gegenwart des Franziskus Marthe, Klerikers der Diözese Konstanz, und Johann *Agmonis de Remis*, Klerikers und Notars. Die Urkunde {wurde} ausgefertigt von Johannes West, Kleriker *Wijyorniensis dioecesis* (Worcester), öffentlichem apostolischen Notar und Schreiber des Auditors.[4]

1379 beurkundet Herzog Albrecht III. dem Abte und Konvente zu Melk, „die von manigerlay geschicke vnd vngevall in großer geltschuld yetzund sind, sonderlich von schedlicher brunsten, die an

---

[1] Kopialbuch im Stiftsarchiv Melk, Bl. 284.
[2] Österr. Kunsttopographie, III., 323, 339.
[3] Originalpergament mit 2 Siegeln, Stiftsarchiv Melk.
[4] Originalpergament Stiftsarchiv Melk.

demselben gotzhaus geschehen sind, daz wir darumb ze sunder hilfe vnd stewre vnd daz sie auch den pau, den sie yetzund an dem gotzhaus tund, dester pas volbringen vnd von geltschuld komen mugen" ihnen die Gnade tue, daß sie vier Jahre von aller Gastung frei und ledig sein und von dem Landesfürsten und seinen Hauptleuten, Pflegern und Amtleuten von Steuern, Forderungen und Aufsätzen frei gehalten werden sollen.[1]

Um 1390 war das Stift Melkch auf 36 Mark taxiert.[2]

1392, Unser Frauen Lichtmeß (2. Februar), beurkundet Abt Ludwig, Prior Herweig und der Konvent zu Melkch, daß Stephan der Österreicher den Dienst von dem Gute in dem „Mitteren Schiltbach in Chülber pfarr" per 14 ß Wr. Pfen. und Käse und Hühner auf 60 d nach seinem Tode der Gusterey des Stiftes Melk bestimmt habe auf einen Jahrtag mit Vigil und Seelenamt und 1 Pfd. Pfen., den Herrn im Konvent zu verteilen und Erhaltung des bisherigen Nachtlichtes vor „Sand Kyliansaltar in dem chörr" auch während des Tages. Siegler: Abt und Konvent.[3]

1392 front (pfändet) Herr Heinrich der Weychselpekch, einer des Konvents von Melk, wegen dieses Gotteshauses Simon dem Meyraser seinen Zehent zu Staynaprunn, klein und groß mit aller Habe.[4]

1394, 24. April, Melk, verleiht Abt Ludwig von Melk auf Bitten des Aufsenders des ehrbaren Herrn Pernhart, Sohn des verstorbenen Heinrich von der Erlaff, den Hof zu Melk in der Zaglau dem Käufer Hanns dem Waser und seiner Frau Anna mit der Bemerkung, daß der Hof vom Stifte nur halb zu Lehen und halb freies Burgrecht ist und davon 4 d Burgrecht auf „vnser frawn alter" in der Gruft zu Melkch, im Kloster ze dienen sind. Siegler: der Abt mit kleinem Siegel.[5]

1400, 1. Mai, Melk, gibt Abt Ludwig von Melk als Patron der Pfarrkiche St. Laurenz in Mosbrunn über Bitten des Herrn Johannes von Ebersdorf und der Pfarrgemeinde unter Zustimmung des Pfarrers Eberhard von Mosbrunn seine Einwilligung zur Konsekration der neu erbauten Filialkapelle in Newsidel (Gramatneusiedel).[6]

1407, Montag nach St. Margareten (25. Juli), verkaufen Katrey, Witwe des Vlreich Wambeyser von Gunderstorf, und ihr Sohn Michel der Wambeiser, Konventbruder bei den Predigern (Dominikaner) zu Wienn, und ihre Tochter Anna, Hausfrau des Peter Goltsmid in der

---

[1] Senkenberg, Selecta Juris et Historiarum, IV., 164.
[2] Hippolytus, 1863, 161.
[3] Originalpergament Stiftsarchiv Melk.
[4] Staatsarchiv in Wien, Kodex weiß Nr. 48.
[5] Original Stiftsarchiv Melk.
[6] Quellen zur Gesch. der Stadt Wien, I. Abteil., IV. Bd., Nr. 3646.

Newenstat, mit Handen des Hans Freyn, Amtmannes zu Gunderstorff, und des ehrbaren Pfarrers Philipp von Lachtendorf (Laxenburg) ihren Hof zu Gunderstorff bei dem Munichtor mit Gründen und einigen Gülten um 33 Pfd. Wr. Pfen. dem Abte Ludwig von Melkch, dem Propste Hanns dem Flaming und dem Konvente zu Melk. Siegler: Pfarrer Philipp, Pyligreym der Drischler, Bürger zu Wienn, und Eberhard der Sleicher, Bürger zu Medling.[1]

1410, St. Thomas des hl. Zwölfboten (21. Dezember), Wien, beurkunden die Brüder Leupold und Berchtold von Waehingen, dem Abte Johannes von Melkch und dem Konvente eine Tafel, die weiland ihrem Vetter Herrn Berthold, Bischof von Freysingen gehört hatte, verkauft zu haben und dafür richtig bezahlt worden zu sein. Zwei aufgedrückte Siegel auf grünem Wachse.[2]

1411, Allermannsfasching (22. Februar), traten Stephan der Dürr und seine Frau Kathrey die Mühle zu Pyelamund, die sie von den Äbten Ludwig und Hannes von Melkch zu Lehen hatten, diesem Stifte ab, und versprechen, darauf keine Ansprüche mehr zu machen unter Strafe von 32 Pfd. Pfen. Siegler: die ehrbaren Peter der Mulbanger und Hanns der Loer, Mautner zu Emmersdorf, mit aufgedrücktem Siegel.[3]

1415, 25. November, beurkundet Ulrich von Gmunden, Pfarrer zu Altenpurkk, daß der Abt Johann von Melkch ihm auf Lebenszeit ein Joch Acker in Altenpurger Pfarre, der dem Hanns von Aldenwelt gehört hat und jährlich 5 Pfründkäse am Allerheiligentage dient, verliehen hat. Siegler: der Aussteller und der ehrbare Hanns der Grell.[4]

1418 wurde die strenge Reform des Klosters durchgeführt.[5]

1420, 25. Mai, Florenz, bestätigt die päpstliche Kammer, daß der Abt Nikolaus von Mellik, welcher jedes zweite Jahr unter gewissen Strafbestimmungen *limina apostolorum* zu besuchen schuldig ist, diesen Besuch durch einen Prokurator gemacht habe.[6]

1422, 24. August, Emmersdorf, erscheint Maister Hainrich von Preußen, Kaplan des Abtes von Melk, als Zeuge.[7]

1423, Ertag vor Georgi (20. April), schwört „Hainreich Wörchinger, chuchelmaister" zu Melkch, am Abte Niklas und dem Stifte keine Rache dafür zu nehmen, daß er vom Küchenmeisteramt abgesetzt wurde und „von ains vergolten chrawtzlein wegen, mit hailtumb gevahst, damit ich nicht rechtleich gehandelt hab, vnd auch von allen andern vnerbern sach wegen". Wenn er seinen Eid übertritt,

---

[1] Kopialbuch im Stiftsarchiv Melk, Bl. 136.
[2] Originalpergament Stiftsarchiv Melk.
[3] Originalpapier Stiftsarchiv Melk.
[4] Originalpergament Stiftsarchiv Melk.
[5] Österr. Kunsttopographie, III., 180.
[6] Stiftsarchiv Melk.
[7] Geschichtliche Beilagen, XI., 199.

soll ihn kein Schirm, Freibrief oder Freiung schützen. Siegler: Hanns der Schrikch. Pfleger zu Inynung und Hanns der Schreiber, Richter zu Melkch.[1]

1424 vermacht der Dechant Peter Deckinger von St. Stephan in Wien dem Stifte Melk die bereits dahin entlehnte große Bibel.[2]

1426-1433 werden Johannes von Spira (Speyer), Martin von Senging und Laurentius als Schreiber im Stifte gerühmt.[3] Von 1419 bis 1440 lebte Petrus von Rosenheim als Mönch in Melk und verfaßte eine *Biblia metrice*, genannt *Roseum memoriale*.[4] Leonhard Peuger verfaßte deutsche Gedichte.

1429, im Februar, weihte Weihbischof Andreas von Passau die seit dem Brande von 1297 neu erbaute gotische Stiftskirche mit 13 Altären, Gruft und Klosterräumen. In dieser langen Bauzeit war der Gottesdienst in der Kapitelkapelle gefeiert worden.[5]

1429, 18. Dezember, gehörte zur Herrschaft Wolfstein die Vogtei über Güter des Stiftes Melk, wofür der Vogt „ain peltz vnd zwen viltzschuch von dem gotshaus zu Melck" erhielt.[6]

1429 sollte das Stift 1.200 Pfd. Pfen. Steuer zum Kriege gegen die Hussiten erlegen.[7]

Aus dieser Zeit ist ein Kästchen mit Stoffüberzug und gestickten Vögeln und Rosetten erhalten, ebenso ein Steinrelief, Christus thronend zwischen den Aposteln, aus Riedental stammend.[8]

1430, Mittwoch nach Georgi (26. April), verspricht Thoman der Pantner, Pfarrer zu Alacht (Alland), vom Weingarten Rauchentaler im Padner Gebiet am Czykcher dem Kloster Melk den Zehent zu leisten, nachdem ihn Abt Leonhard von Melkch über diese Verpflichtung belehrt habe.[9]

1430, 10. Dezember, Saltzburge, ersucht Erzbischof Johannes von Salzburg den Abt Leonhard von Mellic, daß er zwei erprobte und in der Regel des hl. Bendeikt erfahrene Brüder seines Konventes zur Reformation des Klosters Millstatt in seiner Diözese entsenden wolle.[10]

---

[1] Kopialbuch im Stiftsarchiv Melk, Bl. 136.
[2] Mittelalterl. Bibliothekskataloge, I., 138, 456, 457.
[3] Mittelalterl. Bibliothekskataloge, I., 138.
[4] Notizenblatt, 1853, 208. Ein Wiegendruck davon ist im Diözesanmuseum vorhanden.
[5] Österr. Kunsttopographie, III., 180.
[6] Stiftsarchiv Melk., Schrein 53, Amt Spielberg.
[7] Schmieder, Matricula, 68.
[8] Österr. Kunsttopographie, III., 324, 362.
[9] Originalpergament mit erhaltenenm Siegel des Ausstellers, Stiftsarchiv Melk.
[10] Stiftsarchiv Melk.

Von etwa 1438 stammt das Gebetbuch des Kaisers Albrecht II.[1]

1439 sendet das Kloster Melk 23 Bücher, deren Inhalt genau vezeichnet ist, in das Kloster Oberburg in Südsteiermark.[2] Das Gebetbuch des Königs Albrecht II. († 1439) mit prachtvollen Miniaturen wird im Stifte verwahrt.[3]

1445 spendet Thomas von Weitra dem Stifte zwei Handschriften.[4]

Aus der Zeit des Abtes Christian (1433-1451) stammt ein Buch, Leben und Briefe des hl. Hilarius; vielleicht auch ein gotisches Reliquiarium in Monstranzform aus Kupfer.[5]

1451-1474 wurde die Bibliothek des Stiftes durch die Schreiber Johann von Weilheim (Schlitpacher), Johann von Carniolia, Anton von Catalonia, Wolfgang Frischmann von Emerstorff, Christoph Lieb von Isny u.a. bedeutend vermehrt.[6]

1452 wurde in Medlico geschrieben Geschichte des Mag. Alexander, König von Mazedonien.[7]

1455, 30. Juni, Wien, macht König Ladislaus dem Kloster Melk mehrere kleine Lehen, die es von Erhart von Zelking erworben hat, zu freiem Eigen, nämlich die Fischweide auf der Donau vom Melkflusse bis gegenüber dem Bächlein bei Eberstorf und im Weibertal, die Au und anderes bei Frenigaw und gegenüber von Weitenegk, Güter Nidernhag in Kilber Pfarre, Spilberg bei Melk, Winnden, Knechtleinstorf, Hirsperg und Frenigaw.[8]

1456, 3. Oktober, berichtet Abt Johann von Melk dem Rektor der Universität in Erfurt über den Nachlaß des Priesters Hildebrand Eysfelt, Kanonikus von St. Paul in Halberstadt, der aus Ungarn kommend, in Melk gestorben ist.[9]

1458 schrieb Johann von Spira in Melk ein Buch an die Mönche *Pro studio lectionis*.[10]

---

[1] Österr. Kunsttopographie, III., 335.
[2] Mittelalterl. Bibliothekskataloge, I., 142-147.
[3] Blätter für Landeskunde, 1929, 183.
[4] Mittelalterl. Bibliothekskataloge, I., 138.
[5] Österr. Kunsttopographie, III., 339, 322.
[6] Mittelalterl. Bibliothekskataloge, I., 138; Österr. Kunsttopographie, III., 340; Blätter für Landeskunde, 1929, 173, 251.
[7] Hofbibliothek in Wien. Index der Manuskripte der aufgelassenen Klöster, Mondsee, Nr. 6.
[8] Notizenblatt, 1854, 168.
[9] Notizenblatt, 1851, 384.
[10] Hofbibliothek in Wien. Index der Manuskripte der aufgelassenen Klöster, Mondsee, Nr. 87.

Von etwa 1460 stammen Bücher von Nikolaus von Lyra und ein Missale auf Pergament, welches der Priester Benedikt Eysengart 1496 vermachte.[1]

1467, Erchtag nach St. Thomas Apostel (22. Dezember), Melk, vergleicht sich Abt Johann und der Konvent von Moelk mit Pernhart von Tyrnstain wegen der streitigen Fischweide auf der Pielach von der alten Wüer bei der Stainbant (Steinwand), wo ein Kreuz eingehauen ist, bis zur Fischweide des von Tyrnstain, die gegen Spielbergk gehört und die in die Tunaw abwärts geht, und auf der Tunaw fängt die Fischweide an bei dem Salmansgraben ab Raking und geht abwärts bis an den Ternpach, samt Auen und Gründen in der Tunaw auf den Gütern zu Raking beiderseits der Pielach. Durch Vermittlung des Rüdiger von Starhemberg wird vereinbart, daß obiges Fischwasser dem Stifte Melk verbleibt und der Tyrnstain demselben auch sein Gur zu Raking, das Wolf Nemair innehat und 45 d dient, dazu gibt, wofür das Stift dem Tyrnstain die Fischweide auf der Pielach, freies Eigen, von oberhalb der Feste Sytzenthal (Sitzental) bei dem Seberspach an des von Tyrnstain Fischweide bis an den Mawrpach an des Enykchel Fischwasser einräumt.[2]

Ungefähr 1470 wurden zwei Reliquienkästchen mit schwarzem und grauem Stoffe überzogen und mit Stickereien geschmückt. Aus derselben Zeit stammt das Gebetbuch der Königin Beatrix von Ungarn, ein Gemälde der hl. Katherina, Margareta, Barbara und Katharina.[3]

1472 wurde Melk zweimal von den Ungarn unter Zeleny überfallen, aber der Feind zurückgeschlagen.[4]

1473, Mittwoch nach St. Larentz (11. August), Melkch, beurkundet Abt Johann von Melkch, daß Wolfgang Schrot, Bürger zu Melk, und seine Frau Anna jährlich 5 Pfd. Wachs gestiftet haben, wovon täglich von Aegidy bis Ostern drei Lichter zu den drei Frühmessen, je eines auf St. Kolomans- und der Stifter- und dem Unser Frauen-Altare in der Gruft brennen sollen. Diese Stiftung wurde gelegt auf 2 Joch Acker im Weibertal, die zu Michaeli 10 d Burgrecht dienen und an der Seite liegen, welche Leonhard Fleischhakher, des Stiftes Richter zu Melk, gestiftet hat. Siegler: der Abt mit dem großem Siegel.[5]

---

[1] Österr. Kunsttopographie, III., 341, 342.
[2] Originalpergament, beide Siegel fehlen, Schloßarchiv Greinburg.
[3] Österr. Kunsttopographie, III., 325, 337, 300-304.
[4] Topographie, VI., 419.
[5] Originalpergament Stiftsarchiv Melk.

Von 1478 ist ein großes Holzkruzifix im Stifte erhalten. Von etwa 1480 stammt eine Holzfigur Maria mit dem Kinde.[1]

1479, Montag nach St. Blasientag (8. Februar), Grätz, befiehlt Kaiser Friedrich III. dem Abte Ludwig von Melkh (präsentiert 13. Februar 1479), mit den Äbten von Göttweig und Sannd Mariezell das Kloster zu den Schotten in Wien zu reformieren.[2]

Abt Wolfgang von Melk (1483-97) verkaufte Perkchirchen dem Schallnberger.[3]

Von 1483 ist ein sehr umfangreicher Katalog der Klosterbibliothek erhalten.[4]

1485, 6. Jänner, nahm Papst Innozenz VIII. den Markgrafen Leopold III. in die Zahl der Heiligen auf.

1485, 10. April, Melk, beurkunden Abt Wolfgang, Prior Paul und der Konvent zu Melk, daß Jorg von Eykhartzaw niemals von ihnen die Erbvogtei des Klosters verlangt habe und der römische Kaiser Vogtherr und Schirmer des Klosters sei.[5]

Um 1490 lieferte der Abt von Melkch dem Landmarschall von Oesterreich jährlich einen Pelz und zwei Filzschuhe.[6] Aus dieser Zeit stammt ein Gemälde des hl. Benedikt, ein Trinkglas segnend, dann Maria Heimsuchung; auch ein Kelch aus Kupfer und ein Reliquiar in Kreuzesform.[7] Das Stift ließ in Nürnberg bei Georg Stuchs Meßbücher und um 1500 auch Breviere drucken.[8] Eine Kasel ist von etwa 1490, eine von 1500.[9] Schriftsteller waren die Äbte Stephan (1451-53), Johann IV. (1453-74) und Augustin (1480-83), weiters Johann von Ysenhut, Leonhard von Feldorf und Johann Gaut. Abt Johann V. (1497-1504) begann den Bau einer neuen Bibliothek.[10]

1498, Montag nach St. Maria Magdalena (23. Juli), Wien, vermacht Margareth, Witwe des Georg Prauer, Bürgers zu Wien, in die Bruderschaft, „so newlich zu Melkh in dem closter aufgericht ist worden", ihr Haus zu Medling halbs.[11]

Um 1500 wurde an der Ostseite des Klosters zwischen den alten Festungstürmen beim Eingang eine hohe starke Mauer auf-

---

[1] Österr. Kunsttopographie, III., 260, 364.
[2] Originalpapier, Stiftsarchiv Melk.
[3] Stiftsarchiv Melk.
[4] Mittelalterl. Bibliothekskataloge, I., 138, 156, 161-261.
[5] Staatsarchiv Wien; Lichnowsky, Habsburg, VIII., Nr. 722.
[6] Notizenblatt, 1853, 152.
[7] Österr. Kunsttopographie, III., 302, 303, 321, 323.
[8] Mittelalterl. Bibliothekskataloge, I., 138.
[9] Österr. Kunsttopographie, III., 270.
[10] Schlesinger, Geschichte Melk, 19.
[11] Schlager, Wiener Skizzen, 2. Reihe, 302.

geführt.[1] Aus dieser Zeit stammt ein Holzkästchen auf Löwenfüßen; eine Kasel aus rotem Samt mit aufgenähtem Kreuze und Auferstandenem; eine Elfenbeinschnitzerei: Gott Vater auf dem Throne, vor ihm kniend die hl. Jungfrau; weiters ein Gebetbuch, toskanisch.[2]

1502, 4. Oktober, Krems, wird ein Melkerhof in Krems genannt und eine darauf bezugnehmende Urkunde vom Abte Johannes von Melk gesiegelt.[3]

1503, Freitag, St. Potentiana, Wien, verkaufen die Brüder Walthasar und Sebastian die Eybenstainer Zehente auf den genannten Rieden in Phaffstetten, Lehen vom Abte Johannes von Melkch, dem Ganndolff von Kiennberg zu Prunn. Siegler: Walthasar Eybmstainer, Zacharias Stainberger, Beisitzer des Landrichters in Oesterreich, für Sebastian, der kein Siegel hat, und der edle Alexander Alltenstainer.[4]

1505, Montag nach St. Jorigen des hl. Ritters (28. April), verwechseln Abt Sigmund und der Konvent von Melk Zehente zu Guenfarem (Gainfarn) für Zehente zu Pfaffstetten dem Ganndolf von Kuenberg zu Prunn. Siegler: Abt und Konvent.[5]

1505, Freitag nach Christi Himmelfahrt (2. Mai), Melkch, verleiht Abt Sigmundt von Melkh dem edlen Ganndolff von Kuennberg zu „Prun bey Lewberstorff und seinen Söhnen und Töchtern Wein- und Getreidezehente zu Lewberstorff, am Lynntempaerig, Huettenberig und am Gain in Gaynnfarner Pfarre, den er vom Herrn von Rappach gekauft hat, und anderen Rieden (dabei genannt die Pfarrer von Prun und von Markhenstain). Siegler: Abt und Konvent.[6]

1506, Sonntag vor Apollonia (8. Februar), verkauft Hanns Kelbersharder von Grafenwerd ein Drittel Weinzehent zu Gainfarn ob der Kirchen, Lehen vom Abte Sigmund von Melkh, dem edlen Ganndolf von Kyenberg zu Prun um 150 Pfd. Pfen. Siegler: der Aussteller, sein Vetter Sigmund Hager, Ritter, und sein Schwager Wolfgang Haidlwerger.[7]

1511 wurde der Leopoldialtar geweiht.[8]

---

[1] Österr. Kunsttopographie, III., 180.
[2] Österr. Kunsttopographie, III., 306, 325, 338.
[3] Geschichtliche Beilagen, XI., 347.
[4] Originalpergament, nur das zweite Siegel erhalten, zerbrochen, Schloßarchiv Ottenstein, Nr. 1034.
[5] Originalpergament, nur vom zweiten Siegel ein Teil vorhanden; Schloßarchiv Ottenstein, Nr. 1035.
[6] Originalpergament, mit Siegel des Ausstellers, Schloßarchiv Ottenstein, Nr. 1056.
[7] Originalpergament, nur vom ersten und zweiten Siegel Teile vorhanden, Schloßarchiv Ottenstein, Nr. 1036.
[8] Österr. Kunsttopographie, III., 181.

1515 war Josephat Pannacher Hauptmann zu Melk, als welcher er die Verteidigung des befestigten Stiftes und Marktes zu leiten hatte.[1]

1516 wurde nach Zerstörung durch Blitzschlag der Turm und sieben Glocken wiederhergestellt, Aus dieser Zeit stammt eine Reihe von Gemälden aus dem Leben und Leiden Christi und einige Heiligenbilder am Altare der Prälatenkapelle. Diese kamen aus Müllersdorf hieher.[2]

1517 umfaßt der Stiftsbibliothekskatalog bereits 1495 Werke.[3]

Von etwa 1520 stammt eine Eisentruhe, zwei Kaseln und einige Heiligenbilder, darunter der Heiland mit Jahrzahl 1526.[4]

Von 1521 ist ein Holzrelief des Georg Tannstetter, Physikus und Mathematiker des Kaisers Maximilian I. und seines Sohnes erhalten.[5]

1523 unter Abt Sigmund wurde ein Briefbuch des Abtes von Melk begonnen, das unter Abt Wolfgang von 1529-31 fortgesetzt wurde.[6]

1525 mußte das Stift Melk ein Darlehen von 3.000 fl dem Landesfürsten aufbringen.[7]

1526, 13. September, Wien zeigen die Kommissäre der niederösterreichischen Landschaft an, daß die „clain eter" (Kleinodien) gegen Melkh sollen gebracht werden, mit Ausnahme derjenigen, welche in Wien zu Münzen geprägt werden, weil diese Prägung anderwärts nicht geschehen kann. Die Klöster Mauerbach, Heilig Crewtz, Lilienfeld und Neustadt sollen ihre Kleinodien meistens nach Wien bringen.[8] Melk gab damals von seinem Kirchenschatz zum Türkenkriege in Gold und Geld 2.100 Gulden und in Silber 462 Mark.[9]

Von etwa 1530 stammt ein Tafelgemälde Joachim und Anna, von ungefähr 1540 ein Gemälde Maria mit dem Kinde (flämisch) und ein liebliches Bild, Maria unter der Weinlaube (angeblich Lukas Kranach).[10]

1549 gab der Abt von Melk zum Unterhalte der Universität in Wien jährlich 18 Pfd. Pfen.[11]

---

[1] Geschichtliche Beilagen, IX, 103.
[2] Österr. Kunsttopographie, III., 181, 300-302.
[3] Mittelalterl. Bibliothekskataloge, I., 139.
[4] Österr. Kunsttopographie, III., 326, 270, 298.
[5] Österr. Kunsttopographie, III., 321.
[6] Schloßarchiv Jaidhof, VII., 9.
[7] Wiedemann, I., 72.
[8] Notizenblatt, 1856, 314.
[9] Keiblinger, Melk, I., 1132.
[10] Österr. Kunsttopographie, III., 303, 290, 297.
[11] Kink, Geschichte der kais. Universität in Wien, I. Bd., 2. Teil, 156.

Über die Verhältnisse im Stift zur Zeit des Luthertums von 1546 an handelt Wiedemann, IV., 234-242.

1552 wurde der hiesige Abt Johann von Schönburg Bischof von Gurk.[1]

1559, 16. Oktober, entschied die Regierung in der Sache des Abtes Michael von Mölkh, welchem aus seinem Zehenthofe bei nächtlicher Weile zwei Männer gefangen durchgeführt wurden: die Häuser und Höfe der geistlichen Prälaten sind soweit gefreit, daß in dieselben kein Richter eingreifen soll.[2]

1561 wird dem Abte von Melk ärgerliches Leben und zu große Nachsicht gegen die sektischen und trunksüchtigen Brüder vorgeworfen.[3]

1568 hatte das Stift 7.500 fl Schulden und um 10.000 fl versetzte Güter.[4]

Um 1584 hatte das Stift Melk 852 Untertanen, davon OWW im Markte Melk 122, Winten 9, Hausheim 15, Mauer 14, Neuhofen 19, Rohr 13, Spielberg 11, Pöverding 12, Amt Landfriedstetten 69, Amt Aichen 145 und Rogendorf 11; - OMB Unterplank 17, Dölla 17, Rohrendorf 33, Nonnersdorf 20; - UMB Markt Ravelsbach 30, Pfaffstetten 12, Wullersdorf 41, Immendorf 21, Weikendorf 53; - UWW Grillenberg 9. Dafür wurden 1584 an Taxen 843 fl und 1590 wieder 815 fl erlegt.[5]

Im Stifte regten sich Spuren literarischer Tätigkeit. Laurenz Fleheinz verfaßte 1594 Gebete im elegischen und saphischen Metrum und 1595 ein Werkchen im heroischen Versmaße. Jonas Anser, der 1604 Profeß ablegte und 1621 als Abt in Altenburg starb, schrieb 1604 eine Abhandlung über Bellarmin und die Kirchenväter, auch eine Erläuterung über die Melker Statuten. Stephan Schenitz, Profeß seit 1612, verfaßte ein Lobgedicht in lateinischen Hexametern zur Primizfeier seines Mitbruders Rainer von Landau 1618. Johann Cellensis, Profeß seit 1614, schrieb Beiträge zur Streitfrage über den Verfasser der Nachfolge Christi.[6]

1605 flüchtete das Stift Klosterneuburg seinen Kirchenschatz vor den ungarischen Rebellen nach Melk.[7]

1608, 24. November, Wienn, versprechen „Barbara Pauhofferin, Obriste bey den Himmelporten in Wien", und der ganze Konvent,

---

[1] Wiedemann, IV., 235.

[2] Weiglspergers Manuskripte im Konsistorialarchiv St. Pölten; aus dem Schloßarchiv Steyr.

[3] Wiedemann, I., 168.

[4] Wiedemann, I., 197.

[5] Schloßarchiv Ottenstein.

[6] Wiedemann, V., 286-287.

[7] Mittelalterl. Bibliothekskataloge, I., 88.

nachdem ihnen Abt Kaspar von Mölckh, kais. Rat und des König Matthias II. von Hungern Klosterratspräsident in Oesterreich, und der Prior Fr. Michael und der Konvent zu Mölckh auf Fürsprache des Melchior Khlesl, nominierten Bischof zu Wien, zur besseren Erhebung und Bauung ihres fast verarmten Klosters laut Stiftbrief vom 24. November 1608 2.000 fl Wiennerische Schulden, von weiland Georg Freysmueth herrührend, frei übergeben haben, aus Dankbarkeit zu ewigen Zeiten alle Quatember des Jahres „im Ambt der heyligen Meß für alle Praelaten vnd Brieder obbemelts Gottshaus Mölckh, lebendign vnd todtn, gegenwärtign vnd khünfftign, eine Collecten einlegen, für den yezigen Herrn Praelaten als Stüfftern aber gstrackhs nach vollendten Ambt der heyligen Maß den Psalm Davidis *Miserere mei, Deus* sambt ainer Collecten zu Beschluß andachtigenlich zu halten vnd zue betten". Der Prälat hat ihnen auch die Interessen von diesem Gelde bis zu Ende des Jahres 1608 geschenkt.[1]

1616 wurden beim Baue der Kirche in Garsten die beiden zinngedeckten Türmchen in Melk für ähnliche Türmchen zum Vorbilde genommen.[2]

1617, 3. Oktober, veranstaltete Abt Kaspar von Melk eine Versammlung der Benediktineräbte Oesterreichs zur Gründung einer Kongregation und eröffnete die Versammlung durch eine kurze, aber kernige Ansprache.[3]

1619 vom 18. November bis 20. Dezember, belagerten die Truppen der oberösterreichischen Stände Melk.[4] In dieser Bedrängnis zeigte sich der Pfarrer Stephan Praher von Emmersdorf als treuer Freund des Klosters.[5] Ein Führer der Belagerungstruppen, Hauptmann Wurmbrand, der auch Ybbs geplündert hatte, kehrte von hier mit seinem Fähnchen nach Steyr zurück, wo er sich dem Trunke und Vergnügen ergab.[6]

1622, 29. April, wurde unter Zustimmung des Kaisers dem Abte von Mölk das Starhemberg'sche Gut Pielach um 30.282 fl überlassen und das Gut Albrechtsberg an der Pielach für so lange übergeben, bis die Schuld von 8.450 fl abgezahlt ist.[7]

---

[1] Hueber, Austria ex archivis Mellic. illustrata, II., 361-363; Manuskriptenbibliothek im Stifte Melk.
[2] Archiv für Gesch. der Diözese Linz, 1910, 289.
[3] Wiedemann, V., 292-294.
[4] Topographie, VI., 447.
[5] Geschichtliche Beilagen, IX., 104.
[6] Archiv für Gesch. der Diözese Linz, 1910, 362.
[7] Index der Mandate der Reformation für Oesterr. Ob der Enns von 1624-28; Keiblingers Manuskripte im Stiftsarchiv Melk.

115. **St. Michael** am Bruckbache[1]

1142 übergibt Bischof Reginbert von Passau dem Stifte Seitenstetten im Tauschwege für das Gut Pfaffstetten die Zehente zu Sunnilburch und die Pfarre Woluesbach mit ihren Filialen Sitansteten und *in monte S. Michahelis.*[2]

Um 1260 verlieh die Kirche St. Michael der Abt von Sitanstetin und gehörte der Grund dem Bischof und dem Abte, der Zehent dem Bischof von Passau.[3]

Um 1260 hatte der Landesfürst im Amte St. Peter die Vogtei am Berge St. Michael auf 6½ Lehen, welche der Kirche gehörten.[4]

1271, 10. Dezember, Steyr, verzichtet, Dietrich von Dobra auf den Hof unter dem Markte St. Peter und dem Berg St. Michael, den sein Bruder Heinrich dem Kloster Grasten geschenkt hat und den er noch auf Lebenszeit hätte genießen dürfen.[5]

1273, 28. Oktober, gab Abt Friedrich von Garsten einen Hof an der Vrla unter dem St. Michaelsberg dem Friedrich Pauzlin und seiner Frau um 60 d Dienst zu Maria Geburt.[6]

1294 kaufte Abt Konrad von Seitenstetten vom Schenken von Dobra ein Lehen unter dem Grozzenperg um 7 Pfd. und ein Lehen am St. Michaelsberg bei der Kirche um 8 Pfd. Vom Ritter Otto von Erla erwarb er das Lehen Chruginna am St. Michaelsberg und eine Wiese beim Weingarten, die zur Kirche in St. Michael gehörte.[7]

1298, 14. August, verkauft Dietrich der Schenk von Dobra dem Stifte Seitenstetten ein Lehen auf dem Kirchberg bei der Kirche auf Sant Michelsperge um 8 Pfd.[8]

1380, 12. Februar, Seitenstetten, erscheint als Zeuge Bruder Johann, Pleban der Kirche St. Michael.[9] Die Pfarre wurde von Mönchen des Stiftes Seitenstetten verwaltet.

1380, 25. Juli, verkaufte Otto der Wasner die Lehenschaft des halben Zehents am Schoterhof in St. Peterspfarre dem Zechmeister auf Sand Michelsperg.[10]

---

[1] Topographie, VI., 555-562.
[2] Fontes, XXXIII., 5.
[3] Monumenta Boica, XXVIII., II., 433.
[4] Rauch, Rerum Austriacarum Scriptores, II., 31.
[5] Oberösterr. Urkundenbuch, III., 383.
[6] Oberösterr. Urkundenbuch, VI., 569.
[7] Archiv für österr. Geschichte, 1848, 5. Heft, 16.
[8] Fontes, XXXIII., 121.
[9] Fontes, XXXIII., 287.
[10] Fontes, XXXIII., 293.

1381, 4. Oktober, Steyr, entscheidet Herzog Albrecht III. von Oesterreich, daß Gründe und Holz in der Pfarre St. Michael, auf welche Seifried und Heinrich von Hinterholz und Gebhard und Kunigunde am Steg Ansprüche erhoben, wie seit alters auch ferner der Kirche St. Michael und dem Gotteshause Seitenstetten verbleiben sollen.[1]

1384, 12. Juli, verkauft Diemut die Kropfgolin, Bürgerin zu St. Peter in der Au, dem Herrn Stephan, Prior zu Seitenstetten und Pfarrer zu Sand Michels, die Wiese am Widemsperg in St. Michelspfarre.[2]

Um 1400 wurde der Chor der Kirche erbaut.[3]

1425, Freitag nach Margareten (20. Juli), verleiht Rudolf Schiermer, Pfleger und Salvogt zu Glews, den von Heinrich Schoenpichler aufgegebenen Zehent auf dem Schonpichl in St. Peterspfarre, der „inverts aigen ist gen Glews", zur Hälfte mit Vorbehalt der Rechte seines Herren Reinbrecht von Wallsee und der Herrschaft Gleiß dem Hans zu Hintperg, Zechmeister zu Sand Michel, zu einem ewigen Licht, so daß er und seine Nachfolger der Herrschaft Gleiß mit diesem Zehent gehorsam und gewärtig sein sollen unter Strafe von 32 Pfd. Pfen. Siegler: der Aussteller (zerbrochen) und Hans Hüntdachs am Pruklein (*S + Hanns x hun x dax* . Im Felde ein Dachs).[4]

1432, Pfingsttag nach Margareten der Jungfrau (17. Juli), verkaufen Abt Johann und der Konvent des Unser Frauenklosters in Seitensteten den Zehent am Stainrigel, Hiernmul, dacz dem Gruster, zu Peilstain und am Swaikchhof der Unser Frauenzeche zu Sant Michel um eine Summe Geldes, einen jährlichen Dienst von 60 d Lehenempfang von jedem neuen Abte und Anlait von 60 d unter Strafe des Verfalles des Zehents. Siegler: Abt (spitzoval, grün; + *S x Johann . . . enstetten.* Mitte hl. Benedikt mit Regelbuch, unter Stern mit Strahlen abwärts) und Konvent.[5]

1438, Pfingsttag vor St. Johannes zur Sonnenwende (19. Juni), verleiht Abt Benedikt von Seitenstetten der Unser Frauenzeche zu St. Michael den erkauften Zehent am Stainrigel, an der Hirnmul, beim Gruster, zum Peilnstain und am Swaighof. Unterschrieben Hanns Tewffnbekch. Siegler: der Abt (mit kleinem Siegel, rot; + *S. Benedicti abbatis*, das Übrige fehlt; in der Mitte der hl. Benedikt).[6]

1440, Samstag vor *Misericordia domini* (9. April), verkauft Lienhart der Chressling den Zechleuten und der Pfarrgemeinde zu St. Michael den freieigenen Zehent auf zwei Gütern in Niedernpach,

---

[1] Fontes, XXXIII., 297.
[2] Fontes, XXXIII., 315.
[3] Riesenhuber, Kirchl. Kunstdenkmäler, 272.
[4] Originalpergament, Stiftsarchiv Seitenstetten.
[5] Originalpergament, Stiftsarchiv Seitenstetten.
[6] Originalpergament, Stiftsarchiv Seitenstetten.

Pfarre St. Michael, an der Url ober St. Peter. Siegler: der Aussteller (fehlt), Reicher der Walich (+ *Reichars x Walich.* Wappen im Vierpaß, gebrochen) und Marichart der Öder (fehlt).[1]

1451, St. Matthiasabend (23. Februar), Gleiß, stiftet Margaret, Witwe Stephans von Lehen, den Zehent am Niedernhof zu Dobra für einen Jahrtag in St. Michael. Siegler: Rudolf der Schirmer, Pfleger und Salvogt der Herrschaft Gleiß, und Richer der Walich.[2]

1459 stiftet Stephan Lechner den Zehent auf den beiden Gütern Hörtlhof und Schallhub zur Kirche St. Michael auf zwei Messen.[3]

1465, St. Bartholomäusabend (23. August), verkaufen Hainrich Gewman und seine Frau Anna der Kirche St. Michael den Zehent auf dem obern halben Hof zu Dobra in der Pfarre St. Peter. Siegler: der Aussteller (*Hainreich Gewman.* Unten kleiner Schild, darüber Helm mit Hornschmuck) und Jakob Kresling (. . . *cresling*, Figur im Schilde nicht erkennbar).[4]

1466, St. Erhardstag (8. Jänner), Steir, verkaufen Hanns Pösel, Bürger zu Steir, und seine Frau Barbara der Bruderschaft in der Schneiderzeche zu Steir den Zehent groß und klein in „Oberhof inn sannd Michaelspharr, die von Seittenstetten besungen wirt", der zu Lehen ist von der Herrschaft zu Zawcharn.[5] Siegler: der ehrbare und weise Sigmund Kappenfürst, Stadtrichter in Steir, und der ehrbare Hanns Hulpekch, Stadtschreiber und Bürger daselbst, unvorgegriffen der Lehenschaft der Herrschaft Zaucharn.[6]

1477, Mittwoch nach Unser Frauen Geburt (10. September), verleiht Abt Kilian von Seitenstetten der Unser Frauenzeche zu St. Michael zuhanden des Zechmeisters Andre zu Teuffenbach den Zehent auf dem Lehen am Hiern und auf der Ebm „pey dem Chruesperig" in der Pfarre St. Michael. Siegler: der Aussteller (*S . Kyliani . abbatis . in . Seytensteten.* Unter gotischem Baldachine Brustbild des Abtes).[7]

1480, St. Veitstag (15. Juni), verschafft Jorig, gesessen zu Prugkpach in Sand Michelspharr, zum Gotteshause und Pfarrkirche St. Michael den Zehent auf dem Lospüchelhof und Gut am Glanegkch, beide in Sand Peterspfarr in der Aw[8] auf Bitten und Jahrtag. Siegler: Frau Anna, Witwe des Herrn Sigmund von Wolkennstorff.[9]

---

[1] Originalpergament, Stiftsarchiv Seitenstetten.
[2] Originalpergament, Stiftsarchiv Seitenstetten.
[3] Stiftungsfassion von 1904 im Konsistorialarchiv St. Pölten.
[4] Originalpergament, Stiftsarchiv Seitenstetten.
[5] Zauchastaf bei Weistrach.
[6] Originalpergament, mit zwei Siegeln im Stadtarchiv Steyer.
[7] Originalpergament, Stiftsarchiv Seitenstetten.
[8] St. Peter in der Au.
[9] Originalpergament, Siegel fehlt, in Privatbesitz; Abschrift im Musealarchive zu Linz.

1483, Samstag nach Unser Frauen Schiedung (16. August), machen Thoman Weber in der Aw in Sannd Michaelspharre und seine Frau Anna, Tochter des Thoman von Glanzgkh in Seitnsteter Pfarre ein wechselseitiges Testament. Er vermacht ihr 42 Pfd. Pfen. Landeswährung und die fahrende Habe und sie ihm die 15 Pfd., die sie in die Ehe gebracht hat. Wenn sie aber Kinder haben, erben dieselben von beiden Eltern. Siegler: Jorg Hohenwälder zu Aystensheim.[1]

1484, Mittwoch vor Matthiastag des Zwölfboten (18. Februar), verzichten die vier Geschwister Peter Kramer zu Enns, Jorig Schleißer, Lamprecht und Anna, Frau des Paul Pern, auch im Namen ihres Bruders Matheus, „der jetz pey dem lanndt nicht ist", um eine Geldsumme gegen ihren Bruder Thoman in der Aw auf die Nachlassenschaft ihres Vaters Laurenz Smid in der Aw und besonders das Gut in der Aw in Sannd Michelspfarre. Siegler: der edle Jorig Hohenwalder zu Aystensheim.[2]

1484, im November und Dezember, ließ der Pfleger von Steyr Andreas Krabat die Kirche in St. Michael und Behamberg befestigen und mit Kriegsvolk besetzen. Die Ungarn waren bis an die Enns vorgedrungen; sie schlugen über diesen Fluß eine Brücke, streiften bis Garsten und verschanzten sich bei Ernsthofen in der sogenannten Tettauer Schanze, die sie zum großen Schaden der Gegend durch fünf Jahre besetzt hielten. Krabatt stand im Dienste des vom Kaiser zum Statthalter Oesterreichs ernannten Erzbischofs Johann von Gran, verteidigte mit Kraft und Klugheit die Stadt Steyr und ihre Umgebung und setzte dem weiteren Vordringen des Feindes gegen das Gebirge Schranken entgegen, indem er die Engpäße verhauen ließ.[3]

1487, 30. Dezember, rekonziliierte Bischof Andreas von Konstanz als Weihbischof von Passau die (in blutigen Kämpfen entweihte) Kirche zu St. Michael samt dem Friedhofe und fertigte am 5. Februar 1488 darüber eine Urkunde aus, in welcher er das Fest der Kirchweihe auf den Sonntag nach der Fronleichnamsoktav ansetzte und den Besuchern und Wohltätern dieser Pfarrkirche an gewissen Festen einen Ablaß für ewige Zeiten verlieh. Siegler: der Aussteller (*Sigillum Andree epi constantiensies*; in der Mitte Maria mit dem Kinde, links davon kniender Bischof; unter Maria Schild mit Traube).[4]

1491, St. Peter und Paul (29. Juni), beurkundet Abt Kilian von Seitenstetten den Vergleich zwischen Pfarrer und Gemeinde St. Michael, wobei Bruder Hans, weiland Pfarrer und Gemeinde St. Michael, und die Vertreter der Gemeinde Martin Matzllehner, Christian Taschner, Hans

---

[1] Originalpergament mit erhaltenem Siegel Stiftsarchiv Seitenstetten.
[2] Originalpergament, das Siegel fehlt, Stiftsarchiv Seitenstetten.
[3] Prevenhueber, Annal. Styrenses, 136; Pritz, Geschichte von Steyr, 164; Stiftsarchiv Seitenstetten.
[4] Originalpergament lateinisch Stiftsarchiv Seitenstetten.

Felber, Hans Pogmüllner, Laurenz Nußpaumer und Wolf Dorfmayer mitgewirkt haben. Vom Krankenversehen bekommt der Pfarrer 8 d, bei Schnee und Ungewitter noch eine Zubesserung. Der Gottesdienst darf nicht gemindert und die Leute nicht überhalten werden. Der Pfarrer stellt den Opferwein, die Kirche den Speiswein her. Er hat vom Sammelgeld in Tafel und Stock den dritten Teil Geldes. Haar und Kerzen gehören ganz der Kirche. Zu Kirchweihe und St. Michaeli bekommt er zuhilfe dem Male 32 d von der Sammlung, für ein Hochamt 32 d, für ein Seelenamt 24 d, für Vigil 12 d, von einer Leiche, die „wird ausgerichtet mit dem hl. Sakrament", 7 d. Siegler: der Aussteller.[1]

1494, Montag nach St. Ulrichs (7. Juli), stiften Mert Mätzelöder auf dem Mazlöd und seine Frau Barbara in Gegenwart ihres Beichtvaters Stephan Lebhofer, Pfarrers zu St. Michael, in der Kirche daselbst einen Jahrtag mit Hochamt und Messe um Johann Baptist und sonntägliche Bitte und geben dazu den Zehent auf der Reindlgrub im Werte von 5 ß d, wovon ihr Sohn Thomas Merkinger als Zechmeister dem Pfarrer 68 d zu reichen hat. Siegler: Lenz Nuspamer, Amtmann des Herrn von Polhaim, und Wolf Teuffenbeck, Amtmann des Hohenfelder und Pfleger zu St. Peter in der Aw.[2]

1498, Mittwoch vor Kolomani (10. Oktober), beurkunden Peter Mülner zu Waidhofen an der Ybbs, Hans Scharer und Andre Daurer, daß Jorg Schlundgrueber auf dem Totenbett einen Zehent und eine Wiese für einen Gottesdienst in St. Michael vermacht habe. Siegler: Peter Mülner.[3]

1500, 15. November, geben unter Papst Alexander VI. die Kardinalbischöfe Oliverius Sabiensis, Georgius Albanensis, Jeronimus Penestrinus, dann 5 Kardinalpriester und 4 Kardinaldiakone für Besuch und Beitrag zum Bau der Kiche in St. Michael Ablässe an gewissen Tagen.[4]

1501, Samstag nach Sonnenwende (26. Juni), Seyttensteten, verleiht Abt Andre dem Hans am Gastlerhoff in Michelerpfarre als Zechmeister der Sand Michelszeche den Zehent am Hirmer, auf der Eben, am Kruesperg in Sand Michelspfarre mit 40 d Anlait und am Schotterhoff in Petrerpfarre halben Zehent, wovon sie nach Gnaden geben, weil es Beutellehen ist.[5]

1501, Montag vor St. Margareta der Jungfrau (19. Juli), Seyttenstetten, belehnt Abt Andre den Thoman in der Sluntgrueb als

---

[1] Originalpergament mit erhaltenem Siegel, Stiftsarchiv Seitenstetten.
[2] Originalpapier, kleine undeutliche Pappsiegel, Stiftsarchiv Seitenstetten.
[3] Originalpergament, das Pappsiegel rückwärts unkenntlich, Stiftsarchiv Seitenstetten.
[4] Stiftsarchiv Seitenstetten.
[5] Originalpergament, Stiftsarchiv Seitenstetten.

Zechmeister der Unser Frauenzeche zu Sand Michel mit dem Zehent am Stainriegl, in der Firnmüll, datz dem Grufter, zu Paillnstein und im Swaighof.[1]

1502 geben Georg und Christian Caschner den halben Zehent auf dem Schoderhof und ganzen Zehent auf einem Hause zu Dorf der Kirche St. Michael für einen Jahrtag mit Seelamt, aufgerichteter Bahre, Totenoffizium Geläute und Lobamt.[2]

1508, 25. Juli, wurde das neugebaute Langhaus der Kirche konsekriert. Darüber meldet ein kleines Pergamentblatt: *Bernardus Dei et apostolocae sedis gratia episcopus Libanensis, illustrissimi domini, Domini Wigilei, epsicopi Pataviensis, in ponitficalibus cooperator, corpus ecclesiae s. Michaelis et hoc altare in honore sanctorum Martini et Nicolai episcoporum et s. Floriani martyris iuxta formam sanctae Romanae ecclesiae consecravit anno domini MDVIII, feria III., Julii die XXV.*[3]

1513, 21. Juli, stiftet Georg am Griez die Hofstätte am Griez zur Kirche St. Michael auf einen Jahrtag mit Vigil und Seelenamt und eine Sonntagsbitte. Dabei werden genannt Abt Wilhelm von Paumgartenperg, Bernhard in Aygenpach, Hans Vogl auf dem Kürnperg und seine Frau Barbara, die Tochter des Stifters.[4]

1515, 30. August, übergeben Anna Felber und ihre Söhne Wolf in der Ödt, Urban zu Felbarn und Jorg Huetter in Paumgarten dem Vikar Lorenz von St. Michael und dem Zechmeister Wolfgang Pogmülner einen Zehent unter'm Engaring in der Pfarre Seitenstetten auf einen Jahrtag mit Vigil, Lob- und Seelenamt samt Bitten.[5]

1516 stiftet Thomas Weber mit dem Zehent auf der Oberau in St. Michael eine Messe.[6]

1517 wohnte der Pfarrer in St. Michael selbst, während er vorher im Stifte Seitenstetten seine Wohnung hatte. Der Abt versprach dem Pfarrer im „Pfarrbrief" jährlich 24 Metzen Korn, ebenso viel Hafer, 3 Metzen Weizen, Filzstiefel und das nötige Salz.[7]

1535, 21. April, verkaufen Martin Mempauer, Wirt in Lostorff, und seine Frau Magdalena den Zechleuten zu St. Michael den Zehent in Weidach auf den Häusern des Erhard Anthofer und Ruprecht Hochener.[8]

---

[1] Originalpergament, Stiftsarchiv Seitenstetten.
[2] Stiftungsfassion von 1804 im Konsistorialarchiv St. Pölten.
[3] Stiftsarchiv Seitenstetten.
[4] Originalpergament mit einem Siegel, Stiftsarchiv Seitenstetten.
[5] Originalpergament ohne Siegel, Stiftsarchiv Seitenstetten.
[6] Stiftungsfassion von 1804 im Konsistorialarchiv St. Pölten.
[7] Stiftsarchiv Seitenstetten.
[8] Originalpergament, Stiftsarchiv Seitenstetten.

1538, 18. Mai, belehnt Wolf, Herr von Volchenstorf, den Zechmeister Niklas am Prunn für die Kirche in St. Michael mit dem Zehent am Lospichlhof und am Glanegk, welchen Jörg am Pruckpach auf einen Jahrtag um Kolomani mit Vigil, Seelen- und Lobamt mit 10 Kerzen und eine Sonntagsbitte vermacht hat.[1] Gegen diese Stiftung erhob Wilhelm von Volkersdorf, der 1537 nach der Niederlage bei Essegg mit Dietmar von Losenstein, Bernhard von Scherfenberg und vielen andern Adeligen in türkische Gefangenschaft geraten war, nach seiner Rückkehr 1572 heftige Einsprache und begann einen Prozeß, der erst 1602 durch einen Vergleich beendet wurde.[2]

1540 legte Pfarrer Wolfgang Hager von St. Michael in Gegenwart von zwei Bürgern von Seitenstetten, welche die Stelle der Stiftsobrigkeit vertraten, die erste erhaltene Kirchenrechnung.[3]

1569 erbaute der Maurermeister Andreas Rebba von St. Peter in der Au den Pfarrhof (die spätere Schule) in St. Michael um 112 fl.[4]

1571, 6. Juni, belehnt Otto von Neidegkh den Wolfgang im Hölczl, Zechmeister zu St. Michael als Nachfolger des Matthäus Schalch, für die Unser Frauenzeche zu St.Michael mit Zehenten zu Felbern, Anzllehen und in der Aw in der Pfarre St. Michael.[5]

1596 war Michael Beer, Bauer in St. Michael, Hauptagitator der aufständischen Bauern, welche sich in Tiefenbach im oberen Awtale im Geheimen versammelten. Er wurde 1597 hingerichtet.[6]

Der ehemalige Abt von Seitenstetten Michael Bruckfeldner (1570-1572), der 1572 zum Luthertum abgefallen war, soll später reumütig zur katholischen Kirche zurückgekehrt und um 1602 als Pfarrer von St. Michael gestorben sein.[7]

Im Pfarrgebiete wurden von etwa 1827 bis 1865 Steinkohlen gewonnen. Das Stift Seitenstetten erhielt vom k.k. Bergericht Steyr am 7. Juni 1838 einen Mutschein für einen Steinkohlenfund im Gehölz eines Bauern in der Primsgrub am Judenbachl in der Pfarre St. Michael.[8]

---

[1] Originalpergament, Stiftsarchiv Seitenstetten.
[2] Stiftsarchiv Seitenstetten.
[3] Stiftsarchiv Seitenstetten.
[4] Stiftsarchiv Seitenstetten.
[5] Originalpergament, Stiftsarchiv Seitenstetten.
[6] Stiftsarchiv Seitenstetten.
[7] Stiftsarchiv Seitenstetten.
[8] Topographie, VI., 562; Stiftsarchiv Seitenstetten.

116. Michelbach[1]

Um 1123 erbaute Bischof Reginmar von Passau die Kirche in Michelbach, weihte sie ein und übergab sie mit dem Gebiete östlich von Michelbach, Kerschenbach und Hallbach aus der Pfarre Pyhra dem Stifte Göttweig. Das Gebäude enthält noch romanische Reste.[2]

Um 1260 verleihen die Kirche in Michelpach die Göttweiger; sie empfangen auch den Zehent, der Grund gehörte dem Bischof.[3]

1268 wird ein Pleban von Michelpach genannt.[4]

Um 1390 war Michelsbach auf 5 Pfd. Pfen. geschätzt.[5]

1429 erscheint Michelpach mit 8 Pfd. Pfen. Taxierung als Lehen der Walsee, 1476 aber des Abtes von Göttweig.[6]

1527 war Pfarrer Michael Mairhofer von Michelbach Mitglied der Priesterbruderschaft in Totzenbach.[7]

1530 führt Pfarrer Michael Mayrhoffer von Michelbach noch eine Brandstätte in seinem Einkommenbekenntnis nach dem Türkeneinfalle an.[8]

1529 wurden die Kirche und viele Häuser von den Türken in Brand gesteckt.[9]

1530 verkaufte das Stift Göttweig die Pfarren Pyhra und Michelbach dem Ritter Wilhelm von Greiß, dessen Nachfolger darauf das Luthertum einführte.[10]

Das Urbar der Herrschaft St. Pölten von 1532 führt im Amte Michelbach folgende Häuser als von den Türken abgebrannt an: Mairhofen 2 Besitzer, wovon einer erschlagen wurde und der andere verloren ging; Grassawer, wurden alle erschlagen oder weggeführt; Pühel alle erschlagen; Durlaßhof, an der Perwart 2, Durlaß, underm Holtz 3, einer davon mit Weib und Kind erschlagen; Waltpach, Abstorff, am Perg 2, Prennhof, Sorglhof, zu Gugerl, am Gern, in der Widen, Gaishof, unterm Kirchsteig, am Etzlberg, Hochgern, auf der Eben; Ganzmühl zu Polhackh war nicht verbrannt; in Haslbach Zinneckenhof,

---

[1] Topographie, VI., 562-570.
[2] Topographie, VI., 563, 564; Riesenhuber, Kirchl. Kunstdenkmäler, 195; Fontes, LI., 46.
[3] Monumenta Boica, XXVIII., II., 481.
[4] Niederösterr. Urkundenbuch, I., 118.
[5] Hippolytus, 1863, 148.
[6] Schmieder, Matricula, 20.
[7] Wiedemann, IV., 97.
[8] Alte Gülteinlagen im Landesarchiv zu Wien, OWW., Nr. 335; Jahrbuch für Landeskunde, 1929, 520.
[9] Pfarrarchiv.
[10] Siehe unter Pyhra.

am Vinsteregkh und Nidern-Vinsteregkh; Mühle am Mühlbach war nicht verbrannt; Hofstatt hinter der Kirche. Von diesen Häusern waren viele noch Brandstätten, andere ganz öde, manche Besitzer wollten bauen oder hatten schon gebaut.[1]

Von 1535 stammt eine Turmglocke.[2]

Der Vogt Hans Sigmund von Greiß setzte den Nikolaus Knot hieher, der 1580 wegen Alter und Kränklichkeit nicht zur Visitation nach Schallaburg kam.[3]

1586 war die Pfarre Michelbach dem Klesel bekannt. Sie war an einen sektischen Geistlichen verliehen.[4]

1600 war in Michlbach noch ein Prädikant.[5]

1625, 25. März, kamen die kaiserlichen Kommissäre, um hier das lutherische Exerzitium zu verbieten und die Kirche zu sperren. Der Prediger verweigerte die Schlüssel und erklärte, er wolle eher sterben, als sich vom lutherischen Exerzitium enthalten. Er fragte auch, wie Sr. Majestät es über das Gewissen bringen könne, ihm das Exerzitium abzustellen.[6]

1627, Vorabend vor Martini (10. November), wurde die Kirche in Michelbach dem Pfarrer Andreas Muxel von Pyhra geöffnet, daß er sie als Filiale versah, die Verstorbenen hier beerdige und am Dritten Sonntag dort Gottesdienst halte.[7]

1629, 17. März, erhielt der Offizial Karl von Kirchberg den Befehl, in Michelbach die Visitation und Abforderung der lutherischen Bücher durchzuführen.[8]

1657 waren Barbara Elenbek, Schulmeisterin, und 1665 Petrus Klauser, Schulmeister, beide von Michelbach, Mitglieder der Unser Frauenbruderschaft in Pyhra.[9]

1691, 4. Juli, heißt es: zur Pfarre Pürach gehört die Filiale Michelbach.[10]

1705 wurde wieder ein eigener Pfarrer nach Michelbach gestellt.[11]

---

1 Stadtarchiv St. Pölten; Jahrbuch f. Landeskunde 1929, 520, 521.
2 Fahrngruber, Glockenkunde, 132.
3 Wiedemann, IV., 103.
4 Österr. Vierteljahresschrift für Kathol. Theologie von Wiedemann, 1872, 373.
5 Österr. Vierteljahresschrift für Kathol. Theologie von Wiedemann, 1872, 380.
6 Monumenta des Dechant Aug. Beyer im Stifte Herzogenburg.
7 Monumenta des Dechant Aug. Beyer im Stifte Herzogenburg.
8 Wiedemann, IV., 161.
9 Konsistorialarchiv St. Pölten, Faszikel Pyrha.
10 Konsistorialarchiv St. Pölten, Faszikel Göttweig
11 Monumenta des Dechant Aug. Beyer im Stifte Herzogenburg.

117. Michelhausen[1]

1112, 12. August, widmet Bischof Ulrich I. von Passau zum Chorherrenstift St. Georgen auch das Dorf Strihthouin (Streithofen bei Michelhausen) mit aller Zugehör.[2]

Zwischen 1177 und 1186 unter Propst Wernher von Klosterneuburg gibt Ulrich von Gaden (Gaden bei Heiligenkreuz), ein Ministerial des Herzog Leopold V., bei der Aufnahme seiner Töchter Herrat und Juta in das Frauenkloster zu Klosterneuburg zwei freieigene Güter zu Pusindorf samt einer daselbst gelegenen Wiese an das genannte Kloster.[3]

Um 1170 und 1180 erscheint Pusindorf auch im Saalbuch der Abtei Göttweig und war daselbst der bayrische Graf von Herrantstein oder Falkenstein begütert.[4]

Hier ist nicht sicher zu entscheiden, ob Pixendorff bei Michelstetten oder Busendorf bei Mank gemeint ist.

Um 1209 wurde eine Frau Gotlind von Poschendorf bei Michelhausen von Blindheit und ein Mann Ruger vom selben Dorf mit Lähmung bei den hl. Reliquien im Stifte St. Pölten geheilt.[5]

Zwischen 1226 und 1250 verlieh Propst Konrad I. von Klosterneuburg dem Ulreich Neuzlo von Kalenberg und seiner Frau Hazega 6 Lehen zu Pusindorf, die durch den Krieg verödet waren, daß sie dieselben wieder bauen und nach ihrem Tode samt aller beweglichen Habe dem Stifte zurücklassen.[6]

Um 1230 hatten die Landesfürsten in Michelhausen und Spevtal (Spital) 26 Lehen, die in Tulner Maß dienten; der Acherwingart gab 1 Talent, außerdem waren Hofstätten und Weiden. In Chelchsdorf 5 Lehen, in Talarn Burgrecht, in Rudnika (Reidling) 2 Lehen, in Preblitz (Preuwitz bei Ponsee) 3 Lehen und in Waltendorf 1 Lehen.[7]

Um 1235 wurde dem Bischofe von Passau der halbe Zehent in Michelhowsen durch den Tod des Otto von Lengenbach, Domvogt von Regensburg, erledigt.[8]

---

[1] Topographie, VI., 571-778.
[2] Archiv für österr. Geschichte, 1853, 239, 241.
[3] Fontes, IV., 120.
[4] Fontes, VIII., 78, 218. Ein Puesendorf wird auch 1351 und 1363 im Urkundenbuch von Göttweig genannt, lag jedoch in Salzburg. Fontes, LI., 454, 459, 538.
[5] Pez, Scriptores rer. Austriac., I., col. 747, 750.
[6] Maximilian Fischer, Geschichte von Klosterneuburg, II., 197.
[7] Notizenblatt, 1855, 379, 380.
[8] Monumenta Boica, XXIX., II., 217; Jahrbuch für Landeskunde, 1926, 67.

1252, *III. Nonas Marcii* (5. März), *apud Heunbac* (Heinburg), befreit Ottokar, König von Böhmen und Herzog von Oesterreich, dem Bischof Albert von Regensburg seine Besitzungen in Oesterreich in den Dörfern Michelhowsen, Mitterendorf (Mitterndorf), Micheldorf (Michelndorf), Spültal (Spital), Azzelindorf (Atzelsdorf bei Tulln), Possendorf und Burestal von allen landesfürstlichen Abgaben. Diese Güter stammen von dem Kämmerer von Walkungskirchen und seinem Ministeriale Wigard Osenbühel. Unter den Zeugen waren Graf Konrad von Wazeburc und Albero von Chunring.[1]

Um 1260 verlieh die Kirche in Michelhausen der Bischof von Regensburg und gehörte ihm der Grund bis Erpholtirspach (Erbersbach, heute Haukenfeld, Pf. Würmla); aber der Zehent gehörte dem Bischof von Passau und haben ihn die Brüder von Valchenstein von ihm zu Lehen.[2]

Um 1260 bezog der Landesfürst in Mychelhausen von 2 Wirtschaften, in Azzenprukke von zwei Wirtschaften, in Michelnhofen (Michelhausen) und Spueltal (Spital) von 16 Lehen Getreide in Tullner Maß, Schweine, u.a., von Acherweingarten ein Talent und von einer Weide Dienste.[3]

1277, 13. Juni, Wien, beurkundet Kaiser Rudolf, daß die Vorgänger der Bischofs (Leo) und der Kirche zu Regensburg längere Zeit das Dorf Horgensee (Haringsee) im Marchfelt und das Patronatsrecht der Kirche in Michelhausen bei Rust, den Markte Celle mit Besitzungen in Honichperch und den Hof Agsthoven in der Ridmarch besessen haben und dann vom König Otaker von Böhmen gegen die Gerechtigkeit derselben beraubt wurden. Doch behaupten manche, daß diese Güter nicht von Recht, sondern durch die Nachläßigkeit des Königs von Böhmen an die Kirche zu Regensburg gekommen seien. Er gibt diese Besitzungen der Kirche in Regensburg mit 120 Pfd. Gülten Wiener Pfennige zurück, schenkt ihnen dieselbe und bestätigt ihren Besitz. Zur Vergeltung dafür gibt der Bischof den Söhnen des Kaisers, Albrecht, Hartmann und Rudolf und ihren männlichen Erben die Lehen des Hochstiftes Regensburg, welche die Fürsten von Oesterreich bisher vom Bistum gehabt haben.[4]

1310, 28. April, Wien, verpfändet Friedrich der Schöne dem Juden Wurisch Abraham mit der Burg Araburg auch das Dorf Michelhausen.[5]

---

[1] Originalpergament mit Siegel des Ausstellers, Reicharchiv München, Regensburg Hochstift, Faszikel 17. Vgl. Ried, Codex chronol. diplom. episcop. Ratisbon., I., 431.
[2] Monumenta Boica, XXVIII., II., 482.
[3] Rauch, Rerum Austriacarum Scriptores, II., 25, 26.
[4] Ried, Codex chronol. diplom. episcop. Ratisbon., II., 546-547.
[5] Archiv für österr. Geschichte, 1849, 526. Siehe unter Kaumberg.

1318, 5. März, verkaufen Walpolt der Pielacher und seine Frau Elsbet dem Heinrich Pfnursink ihren Hof zu Reunzleinsdorf (Rannersdorf bei Hafnerberg). Unter den Zeugen Herr Chaloch von Allarn (Ollern), Herr Philipp von Ruste (Rust im Tulnerfeld), sein Bruder Otto, Ulrich der Fuchs von Spültal (Spital) und Jans von Poschendorf.[1]

1331, 23. August, Stauf, verspricht Albert Eglolfsheimer, einst Dechant bei der Alten Kapelle in Regensburg, nachdem er durch Bischof Nikolaus von Regensburg auf die Pfarrkiche in Michelhausen in der Diözese Passau präsentiert worden ist, diese Kirche, wenn er daselbst persönlich erscheinen könnte, keinem Geistlichen oder Weltlichen ohne Bewilligung des Bischofs länger als ein Jahr zu verpachten oder zu vertauschen.[2]

1339, *vigilia s. Laurentii* (9.August), *Novo Foro*[3] beurkundet Heinrich von Chunigswisen[4], Pfarrer zu Müldorf[5], daß Heinrich genannt Hetzer, Pfarrer zu Michelhausen, wegen geführter Administration in Pechlarn laut Rechnung dem Bischofe Nikolaus von Regensburg 80 Pfd. Wr. Pfen. schuldig geblieben sei, und leistet demselben Bürgschaft wegen Bezahlung bis Kolomani entweder an den Bischof von Regensburg in Ibsa[6] oder den Pfarrer Petrus in Pechlavia[7].[8]

1342, 11. März, Peilstein, verrechnen sich Zacharias von Höhenrain, vertreten durch den Pfarrer Heinrich von Michelhausen als Pfleger zu Pechlarn und Wernt von Aw, Pfleger zu Teyspach, mit Bischof Heinrich von Regensburg um 340 Pfd. Wr. Pfennige, welche der Bischof schuldig war und die ihnen ganz bezahlt sind. Bürgen: die Herren Dietrich von Aw, Chorherr zu Regensburg, Ulrich von Abensberg, Hiltpolt von dem Stayn, Dietrich der Awer Stefling, Gebhard der Chamer, Sighart von Eglofsheim, Eberhard der Hofer von Lebenstain und Wernt von Aw. Mitsiegler: Herr Andrä der Chrannest, Pfarrer zu Ruprechtshofen.[9]

---

[1] Hueber, Austria ex archivis Mellic. illustrata, 56.
[2] Lang-Freyberg, Regesta Boica, VI., 1837, 382; Ried, Codex chronol. diplom. episcop. Ratisbon., II., 833.
[3] Wohl Neumarkt an der Ybbs.
[4] Königswiesen in Oberösterreich, Bezirk Freistadt.
[5] So hieß einst auch die Pfarre Nieder-Ranna bei Spitz. Blätter für Landeskunde, 1901, 335.
[6] Ybbs.
[7] Groß-Pechlarn.
[8] Originalpergament mit Siegel des Ausstellers im Reichsarchive zu München, Regensburg Hochstift, Faszikel 23.
[9] Lang-Freyberg, Regesta Boica, VII., 1838, 331.

1362, 26. Februar, verkaufen die Brüder Ulreich und Haug von Falkenstein ihren Hof zu Etzleinsdorf (Atzelsdorf) auf dem Tulnerfelde mit Gründen an Marchart Taffzler und seine Frau Kyburg.[1]

1380, 25. Februar, Wien, verkaufen Andreas von Lichtenstein, oberster Kämmerer in Steier (Steiermark), und seine Frau Dorothea, Tochter des Albrecht, Burggrafen zu Gars, eine Gülte von 4 Pfd. 16 Pfen. und 6 Herbsthühner auf behaustem Gute und Überländ zu Etzleinsdorf (Atzelsdorf) dem Friedrich von Wobart, Landkomptur des deutschen Hauses zu Wien.[2]

1385, Vigil von Dionysius Martyr (8. Oktober), erhielt vom Bistum Regensburg Wölfl Inpruckher, Pfleger zu Steyr, zu Lehen: einen Hof zu Wichenn zu Spültall mit Zugehör, 6 Lehen daselbst, zwei Teile Zehent auf 6 Lehen und 3 Weingärten, und 5 Hofstätten, alles in Michelhaußner Pfarre; „Do wart im geurlaubt, daß er den Hof außlassen mag auf holten."[3]

1391, Vortag vor Allerheiligen (31. Oktober), Wien, erhielt vom Bischof von Regensburg Wölfl Inpruckher, Pfleger zu Steyr, zu Lehen den Hof zu Spüetal mit Zugehör, 6 Lehen, zwei Teile Lehens auf 3 Weingärten und 5 Hofstätten daselbst, alles in Michelhaußer Pfarre; „das wart im geurlaubt, daß er den Hof außgelaßn mag."[4]

1407, St. Georgi des hl. Martyrers (24. April), Regensburg, verleiht Bischof Johannes von Regensburg dem Martin Raminger, Schreiber und Stephan dem Wienner, Schaffner, Amtleuten des edlen Friedrich von Walsee, Zehente zu Michelhaußen, zu Mitterndorf ½ Pfd. Gülte und 15 Metzen Korn, zu Micheldorf eine Hofstätte und den Zehent, die vorher Arno der Taffler zu Lehen hatte; ein Lehen zu Rust, das Ott der Grabner zu Lehen hatte; eine Wiese zu Poschendorff auf dem Tulnerfeldt, die Ott Pömer zu Lehen hatte; zwei Gülten in Schönauer Pfarre (Oberösterreich) bei Freistadt, den Zehent in Zeller Pfarre (Zell bei Perg, Oberösterreich) am Achland, den Heinrich Rigler zu Lehen hatte; 5 Pfd. Geldes zu Spulnthal, die einst Bernhard der Truckhsatz zu Lehen hatte; 6 Pfd. 1 Pfen. Wr. Geldes zu Leupoltzdorff, die früher Wilhalmb Gotzleben zu Lehen hatte; eine Gülte am Reut in Schwanckhendorffer (?) Pfarre, die Konrad Wentzelbeckh zu Lehen hatte; einen Hof und Hofstatt zuWanng, die Cadolt von Zelckhing zu Eigen hatte; weiters die Lehen, welche Weickhard der

---

[1] Wißgrill, Schauplatz, III., 18.
[2] Wißgrill, Schauplatz, III., 224.
[3] Schloßarchiv Jaidhof, VII, 10, Regensburg'sches Lehenbuch 1320-1540, Abschriften und Auszüge.
[4] Schloßarchiv Jaidhof, VII., 10.

Tins zu Lehen hatte und die noch erfragt werden sollen. Siegler: der Aussteller.[1]

Um 1410 hatte Konrad der Thürnstainer vom Bistum Regensburg zu Lehen zu Spültal zwei Lehen, die 4 Pfd. 10 Pfen. galten. Bernhard Nußdorf hatte zu Lehen Zehente zu Michldorf und Michlhaußen, galten 5 Maß, und eine Hofstatt, galt 30 Pfen. Niklas Puchdorffer hatte eine Wiese auf dem Tulnerfeldt, heißt der See.[2]

1424 machte Pfarrer Friedrich von Michelhausen in Beisein des Pfarrers Johann Ranftl von Tulln sein Testament.[3]

1429 war Michelhausen auf 40 Pfd. Pfen. taxiert und Lehen vom Bischof von Regensburg.[4]

1451 verkaufte Georg von Zelking das Schloß Pixendorf dem Heinrich Strein von Schwarzenau. Das alte Schloß lag auf dem Mitternberg, wo noch die Grundfesten vorhanden sind. Ein neues Schloß wurde im Dorfe erbaut.[5]

1479, 6. Juli, Wien, senden Jörg Hohenperger zu Wurmla und seine Frau Ursula, Tochter des Herrn Niklas Truchseß, dem Kaiser Friedrich III. ihre landesfürstlichen Lehen auf, die sie dem edlen Konrad Zirgkendorffer verkauft haben, nämlich einen Zehent zu Michelhausen, der jährlich 45 Metzen Korn und 45 Metzen Hafer, 4 Gänse, 8 Hühner und zu Leikauf 4 ß d trägt; einen Zehent zu Mitterndorf, der 13 Metzen Korn, 13 Metzen Hafer, 1 Gans, 2 Hühner und zu Leikauf 32 d trägt; den sechsten Teil Zehent zu Aczlainstorf, der jährlich 25 Metzen Korn, 25 Metzen Hafer, 6 Metzen Weizen, 2 Gänse, 4 Hühner und zu Leikauf 60 d trägt; einen Zehent zu Micheldorf, welcher jährlich ein Mut Korn, ein Mut Hafer, 6 Metzen Weizen und zu Leikauf 60 d einbringt.[6]

1513, Pfingsttag nach Kreuzerhebung (15. September), belehnte Kaiser Maximilian I. den Wolfgang Matseber mit dem Dorfe Michelhawsen, das er von Benusch von Ebersdorf gekauft hatte.[7]

1514, 15. September, Wienne, macht der Offizial Christophorus Tenngler allen und besonders dem Notarsstellvertreter des Offizialates Paul Müllawer bekannt, daß das Benefizium (des hl. Antonius) laut Aufschrift außen in Krems, welches einst Conrad Newnhofer, Pfarrer in Michelhawsn, erlangt hatte, nun dem Johann Velber, *reddituarius*[8]

---

[1] Schloßarchiv Jaidhof, VII., 10.
[2] Schloßarchiv Jaidhof, VII., 10.
[3] Urkunden der Stadt Tulln. Weichselpergers Manuskripte im Konsistorialarchiv St. Pölten.
[4] Schmieder, Matricula, 22.
[5] Schweickhardt, Darstellung von Niederösterreich, IV., 242-243.
[6] Monumenta Habsburg., I. Abteil., III. Bd., 659.
[7] Statthaltereiarchiv Wien, Kodex Nr. 1551, Bl. 62.
[8] Gülteinsammler

des Bischofs, rechtmäßig verliehen worden sei und derselbe in den Besitz des Benefiziums eingeführt werden solle.[1]

1529 dienten dem Bischof von Regensburg Bewohner von Michelstorff, Mitterndorff, Atzelsdorff und Spital in Michelhaußer Pfarre.[2]

1533, 10. Jänner, Regensburg, präsentiert Johannes, Administrator des Stiftes Regensburg, Pfalzgraf beim Rhein, Herzog zu Bayern, seinem Vetter und Schwager Ernst, Administrator des Stiftes Passau, Pfalzgraf beim Rhein und Herzog in Ober- und Nieder-Bayern, für die Pfarrkirche Michelhausen auf dem Tulnerveld, welche durch Paul Müllauer, Notar des Offizialates, als jüngsten Besitzer dem Jakob Taubnschmidt frei und ohne Simonie resigniert worden war, diesen Taubnschmidt. Gesiegelt mit dem Sekretsiegel.[3]

1562, 5. Februar, wurden verzeichnet die Sachen, welche der edle Christoph Rueber zu Puchsendorff Pfleger Kaspar Haymbrant nach dem Ableben des Pfarrers Benedikt von Michelhausen aus dem Pfarrhofe weggeführt hat, hauptsächlich Getreide, Vieh und Gewand des Pfarrers, der Haushälterin und ihrer drei Töchter, daran eine im Prautlauff war und überaus schöne Kleider hatte.[4]

1562, 25. Februar, wurde über Beschwerde des Offizials bei der Regierung über diese Eingriffe dem Rueber befohlen, innerhalb acht Tagen die weggeführten Sachen zurückzustellen und sich zu verantworten.[5]

1562, 13. März, wurde Vitus Scherderlaj, Provisor in Michelhausen, über sein Leben und seinen Glauben befragt. Er stammte aus Farenpach und hatte seine Formata um 3 Thaler versetzt, gehörte keinem Orden an, hatte jetzt keine Gattin, sagte aber, den Priestern sei die Ehe nicht verboten, wie auch den anderen Leuten. Er teilte die Kommunion nur unter einer Gestalt aus, sagte aber, Christus habe sie unter zwei Gestalten eingesetzt; er lehrte sieben Sakramente, taufte deutsch und lateinisch, wüßte nichts vom Klostergelübde. Er glaubte, daß der Glaube ohne die Werke nichts gelte. Die Messen hielt er lateinisch nach dem Missale, hielt sie für ein Opfer, betete die Horen, beging die Leichenfeiern mit dem 7. und 30. Tag, die Zeremonien, Exorzismen und Kirchweihen; der Papst galt ihm als Oberhaupt der Christenheit, er beobachtete Prozessionen und Bittgänge, glaubte an die Anrufung und Fürsprache der Heiligen, lehrte das Vater Unser und

---

[1] Originalpapier im Konsistorialarchiv St. Pölten, Faszikel Krems; vgl. Topographie, VI., 571-578.
[2] Landesarchiv Wien, Gültbuch OWW., Nr 243.
[3] Abschrift des 16. Jahrhunderts im Konsistorialarchiv St. Pölten.
[4] Konsistorialarchiv St. Pölten.
[5] Konsistorialarchiv St. Pölten. Vgl. Wiedemann, IV., 87.

die Zehn Gebote. Auch versprach er in die Hand des Offizials, in mehreren Artikeln zur katholischen Form zurückzukehren.[1]

1564 wurden 5 Viertel Weingärten von der Kirche durch die Ketzer verkauft, aber 1624 wieder zurückverlangt.[2]

1566 unterzeichnete Vitus Schelderle, Pfarrer zu Michelhausen, die *Confessio* einiger evangelischer Prediger in Oesterreich.[3]

1574, 29. November, Tulln, berichtet Pfarrer Mag. Georg Lambert an den Offizial, nachdem der Pfarrer Vitus Schellerle von Michelhausen gestorben war, habe er Sperre und Inventur vorgenommen. Da sei Christoph Rueber zu Pixendorff zugefahren und habe beides verwahrt, mit den Vorgaben: weil er Vogtherr sei, habe kein Bischof, Offizial oder Dechant etwas damit zu schaffen. Dann habe er einen losen Mann, der zu Murstetten Schulmeister war, als Pfarrer aufgenommen und eingesetzt, was gegen das Mandat des Kaisers Ferdinand verstößt, weil er nicht Lehensherr sei.[4]

1579 wurde Pfarrer in Michelhausen der Flacianer Markus Volmar, der 1578 bis 1582 fünf theologische Streitschriften veröffentlichte, auch 1580 die „Einfeltigen Bedenken" unterfertigte.[5] Johann Rasch, Organist bei den Schotten in Wien, nannte ihn Marx Vollnarr.[6]

1580, 12. August, kam Volmar zur Visitation in Schallaburg, begann aber Streit mit den Lutheranern. Er hatte eine deutsche Schule mit 12 Knaben. 1581 unterfertigte er die *Repetitio*. Da er seiner Doctrin getreu blieb, wurde er von Rueber entlassen. Er hielt sich darauf längere Zeit in einem leeren Kasten zu Schönbichl (Langenschönbichl bei Langenrohr) auf.[7]

1582, 29. Jänner, beschwert sich der Dechant von Tulln über den Prediger von Michelhausen, der alle begrabe, denen wegen Ketzerei das Begräbnis verweigert werde, und ihnen Leichenpredigten halte.[8]

1582, 16. Juni, verkaufte Hans Rueber Amt und Dorf Michelhausen dem Helmhart Jörger, der auch die Vogtei und das Kirchenlehen 1583 als Pfand und 1586 als Kaufgut übernahm.[9]

---

[1] Konsistorialarchiv St. Pölten.
[2] Konsistorialarchiv St. Pölten.
[3] Wiedemann, I., 341-348.
[4] Konsistorialarchiv St. Pölten.
[5] Wiedemann, IV., 89; I., 404.
[6] Denis, Lesefrüchte.
[7] Wiedemann, I., 412, 412, 420; IV., 88, 89, 90.
[8] Kerschbaumer, Geschichte der Stadt Tulln, 428.
[9] Wiedemann, IV., 90.

1585 heißt es: Das Pfarrlehen in Michelhausen sei ansehnlich, habe einige Untertanen, schöne Zehente und könnte sich davon ein katholischer Pfarrer stattlich erhalten.[1]

1586 war Michelhausen lutherisch. Auch 1680 heißt es: ein sektischer Prädikant; Lehen vom Bistum Regensburg.[2]

1603, 15. Oktober, präsentiert Bischof Wolfgang von Regensburg für die erledigte Pfarre Michelshausen nach Entfernung des letzten Inhabers den Johann Großthoman, Dr. der Theologie und beider Rechte und Passauer Rat und Offizial in Oesterreich.[3]

1603, 20. Oktober, bittet Johann Grosthoman, Pfarrer zu Abstetten, den Erzherog Matthias von Oesterreich, nachdem er auf die Pfarre Michelhausen präsentiert ist, aber der Prädikant von dieser Pfarre nicht weichen will, um ein sicheres Geleite und einen Befehl, daß ihm die Pfarre in Geistlichen und Weltlichen übergeben werden soll.[4]

1603, 28. Oktober, Regensburg, verkündet Bischof Wolfgang von Regensburg durch öffentliches Patent: seine Pfarre Michelhausen in Oesterreich sei mit sektischen Predicanten besetzt und dadurch die Schäflein verirrt worden. Daher habe er diese Pfarre dem Passauer Offiziale Johann Großthoman übergeben, daß er alle Ketzerei ausrotte und den katholischen Gottesdienst herstelle, und bitte, ihn darin zu unterstützen.[5]

1604, 1. August, Wien, resigniert Großthoman, Pfarrer zu Abstetten, die Pfarre Michelhausen, da ihm das erbetene Geleite und der Befehl seiner Einsetzung nicht zugekommen sei.[6]

1613, 12. Juni, Pechlarn, schreibt der Pfleger Hans Georg Lohann dem Offiziale: er habe wegen des verstorbenen Prädikanten von Michelhausen mit dem Pfarrer Alexander Stöksel von Pechlarn gesprochen, der dem Dechant von Melckh darüber geschrieben habe, die Pfarre Michelhausen sei Lehen vom Bistum Regensburg, aber durch evangelische Vogtherrn mit Prädikanten besetzt worden, die nun durch katholische Priester ersetzt werden sollen.[7]

1613, 17. Juli, Wien, schreibt der Offizial dem Georg Andre von Hofkürchen, Freiherrn auf Colmiz, Tresidel und Judenaw: nach dem Tode des Prädikanten zu Michelhausen soll diese Pfarre durch

---

[1] Wiedemann, IV., 90.

[2] Österr. Vierteljahresschrift für Kathol. Theologie von Wiedemann, 1872, 373, 380.

[3] Abschrift im Konsistorialarchiv St. Pölten. Wiedemann, IV., 90 und V, 536 verlegt die Präsentation in das Jahr 1593.

[4] Konsistorialarchiv St. Pölten.

[5] Konsistorialarchiv St. Pölten.

[6] Konsistorialarchiv St. Pölten.

[7] Konsistorialarchiv St. Pölten.

den Bischof von Regensburg mit einem katholischen Priester besetzt werden, was auch dem Grosthoman mitzuteilen sei.[1]

1615, *Idibus May* (15. Mai), Regensburg präsentiert Bischof Albert von Regensburg auf die Pfarre St. Michael in Michelhausen, welche der vom Bischof Wolfgang präsentierte Pfarrer resigniert hatte, den Johann Leuttner, Mag. der freien Künste und Philosophie und Priester der Passauer Diözese.[2]

1615, 10. September, Sighardtskirchen, schreibt Mag. Johann Leitner dem Passauer Notar Matthias Rott in Wien: er wage zwar sein Leben willig, wolle aber sein Recht auf seine Kosten nicht führen, da er keine Dokumente wegen Michelhausen habe.[3]

1622, 14. Mai, Wien, präsentiert Kaiser Ferdinand II. auf die Pfarrkirche Michelhausen, deren Patronat ihm als Erzherzog von Oesterreich zukommt, den Andreas Sutor. Am 16. Juni 1622 wurde dazu bemerkt: diese Präsentation kann nicht angenommen werden, weil das Patronat seit alter Zeit laut Matrikel dem Bischof von Regensburg zusteht.[4]

1625, 22. September, schreibt Mag. Johann Leitner, Pfarrer (zu Sieghartskirchen), dem Notar Matthäus Rott: wegen Michelhaußen möchte man gerne einen finden, der Leib, Leben und Gut wagte und die Pfarre auf seine Kosten wieder zurecht brächte: Er bedanke sich dafür, denn er sei durch stetes Bauen und Rechten ganz erschöpft, habe eine große Seelsorge und übergenug zu tun und keinen Kaplan. Er glaube, der Hagel habe in die Kapläne geschlagen oder der Reif sie verbrannt, weil sie alle vom wahren Weinstocke abfallen. Zum Datum bemerkt er: „da der Mon(d) ihm lahren Peitl *in oppositione Bachi*".[5]

Um 1626 berichtet Dechant Martin Sebald von Thuln: der Pfarrer Andreas Sutor von Michelhausen gibt Ärgernis.[6]

1629, 23. März, Sighartskirchen, berichtet Adam Curtius, Chorherr und Vikar daselbst, über Freindorf und Michelhausen.[7]

Bis 1680 wirkte hier Adam Hoffer, hernach Wolfgang Adrian Schmid, 1684 Johann Anton von Greiffenberg, 1687 Kaspar Beißer und 1694 Paul Josef Mayr, 1700 Johann Josef Frischholz.[8]

1786, 5. Jänner, gab das Konsistorium in St. Pölten Meßlizenz für die Kapelle in Streithofen auf drei Jahre und nur für Werktage.[9]

---

[1] Konsistorialarchiv St. Pölten.
[2] Abschrift Konsistorialarchiv St. Pölten.
[3] Konsistorialarchiv St. Pölten.
[4] Konsistorialarchiv St. Pölten.
[5] Konsistorialarchiv St. Pölten.
[6] Konsistorialarchiv St. Pölten.
[7] Konsistorialarchiv St. Pölten.
[8] Konsistorialarchiv St. Pölten. Vgl. Topographie, VI., 576.
[9] Konsistorialarchiv St. Pölten.

118. Murstetten[1]

Um 1180 erscheint Heinrich von Muristetin.[2]

Aus dieser Zeit stammt der kreisrunde Chor, der einst eine romanische Rundkirche bildete.[3]

Um 1260 verlieh die Kirche in Murrestetin Sifrid Orphanus, aber Zehent und Grund gehörten dem Bischof.[4]

1304, 17. August, erhielt Elsbet von Gutrat, die Braut Eberhards V. von Walsee, unter andern auch das Pfarrpatronat von Murstetten, das in einem Streite mit dem Wiener Frauenkloster St. Maria Magdalena glücklich behauptet wurde.[5]

1363, 30. Jänner, Tulln, erscheint als Zeuge Friedrich, Pleban von Mursteten.[6]

1370, St. Martentag (11. November), verkauft Jans Ofmien Güter zu Murstetten und Gundolzdorfe (Günersdorf), Lehen von Eberhard zu Wallsee, dem Stifte Säusenstein.[7]

1374 verkauft Hans von Schiefer seine Güter zu Murstetten und Gundolsdorf, Lehen von Eberhard von Wallsee.[8]

1375 verkauft Abt Michael von Seisenstein dem Heinrich von Tanprukke einen Hof zu Murstetten, von welchem derselbe dem Kloster jährlich 13 Metzen Korn und 13 Metzen Hafer in den Stiftskasten zu Baumgarten (am Tullnerfelde, Pfarre Fraundorf) liefern soll. Zeugen: Jörg von Wallsee, Sohn des Eberhard.[9]

Um 1390 war Mawrsteten auf 21 Pfd. Pfen. taxiert.[10]

1429 war Murstetten auf 10 Pfd. Pfen. taxiert und Lehen vom Potinger.[11]

1451, St. Florian (4. Mai), Heutzing (Haizing bei Anzbach), erlaubt Propst Kaspar von St. Pölten dem Christoph Pötinger, daß er und seine Hausgenossen die Sakramente und pfarrliche Rechte zu Murstetten empfangen dürfen, wofür der Schloßherr dem Pfarrer von Kapelln zur Entschädigung jährlich acht Tage nach Ostern 4 Pfd.

---

[1] Topographie, VI., 919-921; Geschichtliche Beilagen, III., 444-490.
[2] Geschichtliche Beilagen, III., 445.
[3] Riesenhuber, Kirchl. Kunstdenkmäler, 199.
[4] Monumenta Boica, XXVIII., II., 482.
[5] Archiv für österr. Geschichte, 1906, 272.
[6] Niederösterr. Urkundenbuch, I., 562.
[7] Notiz im Stiftsarchiv Seitenstetten, Faszikel Säusenstein.
[8] Notiz im Stiftsarchiv Seitenstetten, Faszikel Säusenstein.
[9] Notiz im Stiftsarchiv Seitenstetten, Faszikel Säusenstein.
[10] Hippolytus, 1863, 147.
[11] Schmieder, Matricula, 22.

Pfen. zu reichen versprach.[1] - Damit beginnt eigentlich die pfarrliche Wirksamkeit der Priester in Murstetten, deren Bezirk vom Schloß aus bald auch auf die Untertanen erweitert wurde.

1529 brannten die Türken Dorf und Kirche nieder. Letztere blieb mehrere Jahre öde liegen. Pfarrer Thomas Schweinbeck übersiedelte 1552 nach Gobbelsburg und Christoph von Althan verwendete seit 1555 Gobelsburgische Kirchengelder zur Wiedererhebung der Pfarre und Kirche in Murstetten.[2]

1566 unterfertigt „Blasius Haiden, Diener des Wortes Gottes zu Murstetten" die *Confessio* der evangelischen Prediger.[3]

1574 nahm Christoph Rueber den Schulmeister von Murstetten als lutherischen Pfarrer von Michelhausen auf.[4]

1580 war Blasius Heide Pfarrer von Würmla und Murstetten und erschien am 12. August bei der Visitation in Schallaburg.[5]

Um 1584 hatte Christoph Freiherr von Althan zu Murstetten 432 Holden. Davon in Zwentendorf 25, Ardagger 21 und 3 neuerbaute, Wimersdorf 24, Satzungereut 12, Innbruck 21, Diesendorf 26, Anzing 10, Murstetten 27 und 8 Vogtholden, Grundorf 12, Nieder-Radlberg 11, Einöd 29, Dierschendorf 26, Winnersdorf 27, Unter-Radlberg 10, Amt in de Öd 18, Scholla 37.[6]

1586 heißt es: Murstetten gehört dem Althan zu und wird sektisch verwaltet.[7]

1618 klagten die katholischen Stände über den Freihern von Althan, der die Kirche zu Murstetten dem Gotteshause St. Pölten (?) entzogen und mit seinem Prädikanten besetzt habe.[8]

1627 brachte ein Kommissär das kaiserliche Mandat wegen Ausweisung der lutherischen Prediger und Schulmeister auch nach Murstetten. Quintin von Althan nahm es entgegen und sagte, er wolle zuwarten, was weiter geschehen werde. Die Kirche war durch einen Überreiter gesperrt. Seit Abzug des Prädikanten kamen die Untertanen zweimal in das Schloß, wo ihnen das Wort (Evangelium) vorgelesen wurde.[9]

1688, 3. Jänner, St. Pölten, geben Propst Hieronymus, Dechant Christoph Müller und das Kapitel von St. Pölten eine Brandstätte des

---

[1] Duellius, Excerpta geneal.-histor. I., 122; zu berichtigen Geschichtliche Beilagen, III., 446.
[2] Geschichtliche Beilagen, XI., 241.
[3] Wiedemann, I., 347.
[4] Konsistorialarchiv St. Pölten, Faszikel Michelhausen
[5] Wiedemann, I., 412
[6] Schloßarchiv Ottenstein.
[7] Österr. Vierteljahresschrift für Kathol. Theologie von Wiedemann, 1872, 374.
[8] Wiedemann, I., 554.
[9] Wiedemann, I., 608.

1683 im Türkeneinfall totgehauten Georg Freystainer und zwei Brandstätten in Badendorf (Paadndorf) unter dem Amte Capeln, zwei wieder im Aufbau begriffene Brandstätten in Mautterhaimb und ein aufrechtes Haus in Sichelbach im Amte Weisching dem Albrecht Ernst Reichsgrafen von Gurlandt für eine öde Brandstätte zu Steinfeld in der Herrschaft Talhaimb, eine in Gezersdorff, die vom Inhaber verlassen war, ein abgebranntes, wieder in Erbauung befindliches Haus in Teichgröben und zwei aufrechte Häuser zu Sprätzern. Dieser Tausch wurde inseriert und bestätigt von Kaiser Leopold in Wien am 17. Februar 1688.[1] - Das in dieser Urkunde genannte Paadendorf bestand an der Stelle des Dorfes Thalheim.

119. Neidling mit Goldegg[2]

1145 widmet der Propst Engelschalk von Mattsee den Zehent in Straetzing bei Chrems und in *Aewing apud sanctum Ypolitum* (Ahing bei Neidling) *in Austria*, den er vom Bischof Regenbert von Passau inne hatte, dem Kloster Mattsee.[3]

1145-1146, 23. April, Mattsee, verleiht Bischof Reginbert von Passau dem Engelschalk, Verwalter der Bruderschaft in Mattsee, für diese Bruderschaft den Zehent beim Dorfe Straezingen im Orient und bei Aeuingen.[4]

1150, 10. Dezember, bestätigt Bischof Konrad von Passau die von seinem Vorgänger Reginbert gemachte Verleihung der Zehente von Strazh(ing)in an den Propst von Mattsee und die Kanoniker und verleiht ihnen auch eine Hofstatt bei Mutaren zum Weinbau und den Zehent vom Hofe in Aeuin(g)en.[5]

1180 hatte Stift Göttweig ein Lehen bei Nuligen.[6]

1296, 2. Jänner, St. Pölten, versetzen die Brüder Hadmar und Erchanger von Wasen dem Bischof Wernhart von Passau eine Wiese zu Aring, genannt die Schönpüchlerinn.[7]

---

[1] Letzteres Originalpergament mit kaiserlichem Siegel, war bis 1886 in der Verwaltungskanzlei zu Schloß Thalheim vorhanden. Abschrift von Gottlieb Schoiber im Konsistorialarchiv St. Pölten.

[2] Topographie, VII., 95-96.

[3] Hauthaler, Salzburger Urkundenbuch, I., 879.

[4] Hauthaler, Salzburger Urkundenbuch, II., 337.

[5] Hauthaler, Salzburger Urkundenbuch, II., 397.

[6] Topographie, VII., 95.

[7] Lang, Regesta Boica, IV., 608.

1320, St. Agnes (21. Jänner), Melch, verkaufen Hainreich von Goldekk und seine Frau Dyemut das halbe Haus zu Wolfspach mit Zugehör, wie es Herr Chunrat der Zieruogl, der Vater seiner Frau, und sie selbst besessen haben, dem ehrbaren Manne Hainrich von Weichselpach auf das Gotteshaus in Melch und in seine Gewalt um 45 Pfd. Wr. Pfen. Siegler: die drei Gewehren: der Aussteller, Gilig der Senginger und Ott der Hager, dann Weychart von Topel, Landrichter in Oesterreich, und seine Söhne Vlrich und Weychart, Chunrad von Sozze und Ott von Sozze. Zeugen: Chunrad der Haeusler, Ortold von Goldegg, Ludweich von Schoenenleitten, Pernhart von Melch und Marchart der Chuffinger.[1]

1326, 30. Juli, Wien, sendet Ortolf von Goldekk dem König Friedrich und seinen Brüdern auf das Haus zu Goldekk und alle Lehen in Oesterreich in den Höfen zu Weigansdorf, Chunigswis, Holzleinsdorf (Hetzersdorf, Pf. Gerersdorf), Neundorf, Prunssleinsdorf (Prinzersdorf, Pf. Gerersdorf) Etzingen (Etzersdorf, Pf. Kapelln), Rapotendorf (Rappoltendorf, Pf. Kapelln) und Atzenprukk (Pf. Heiligeneich).[2]

Um 1423 belehnt Herzog Albrecht V. den Hans Parawer als Lehensträger und Gerhab des Wolfgang und Christoph, der Söhne des Jorg Utendorffer, mit dem Hause zu Goldegg, halben Zehent zu Leupoltstorff auf der Pielach, einem Hofe zu Checzleinstorff (Hetzersdorf), wovon man 1 Pfd. dient, als ihrem Erbe. Kurz hernach empfingen die Söhne selbst die Belehnung und dazu Zehente von einem Hofe zu Salhendorf auf der Pielach, einem Hofe zu Regenvenst und Gülten von 2 Häusern zu Prunsleinstorf.[3]

1429 war das Benefizium an der Kapelle zu Goldeck Lehen vom Topler.[4]

1455, 8. Juni, Wien, verleiht König Ladislaus dem Wolfgang Utendorffer das Haus Goldekg mit Zugehör, darunter den halben Zehent zu Leupoltstorf auf der Pyelach, als sein Erbe.[5]

1476, Ertag nach St. Martin Bischof (16. November), verschreibt Stephan Vtendorffer zu Goltögg seiner Frau Anna, Tochter des verstorbenen Herrn Syemundt des Stainpöckhen, die ihm 600 ungarische Gulden Heimsteuer brachte und der er 600 ungarische Gulden als Widerlegung und 300 fl als Morgengabe versprochen hat, für die 1.500 fl als Fürpfand und Hand des Lehensherrn des Kaisers Friedrich als Fürsten von Oesterreich sein Haus zu Goltögg und 9 Pfd. Pfen. Geldes zu Gabätsch (Gaubitsch UMB) und 4 Pfd. zu Stinckenbrunn

[1] Kopialbuch im Stiftsarchiv Melk, Bl. 53.
[2] Staatsarchiv Wien; Lichnowsky, Habsburg, III., Nr. 714.
[3] Notizenblatt, 1859, 237.
[4] Schmieder, Matricula, 24.
[5] Notizenblatt, 1854, 383.

auf behausten Gütern; halben Zehent, groß und klein, auf dem Dorfe Leopoltstorff, den Hof zu Haczleinstorff, von dem man 3 Pfd. Pfen. dient; Getreidezehent auf dem Hofe zu Salchendorff auf der Püllach, auf dem Hofe zu Rägenfest, 3 Pfd. Pfen. Geldes auf 2 behausten Gütern zu Prunßendorff (Prinzersdorf bei Gerersdorf) und 6 ß d auf einem behausten Gute daselbst, alles Lehen vom Fürstentum Oesterreich; den freieigenen halben Zehent auf dem Dorfe zu Leopoltstorff auf der Püllach (Loipersdorf bei Gerersdorf), 8 Pfd. Pfen. Geldes auf behausten Gütern zu Mögenstorff in Hohlenprunner Pfarre (Magersdorf bei Ober-Hollabrunn) und 4 Pfd. Pfen. zu Stinckhenbrunn auf behausten Gütern. Weiters wird die Erbfolge bestimmt. Siegler: die Aussteller und als Zeugen ihre Vettern, die edlen und festen Wolfgang Frounacher und Christoph Grabner.[1]

1476 vergab das Benefizium zu Goldeck der Uttendorfer.[2]

1494, Ertag nach *Laetare* (11. März), belehnt König Maximilian I. den Stephan Vttendorffer mit den von seinem Vater Wolfgang Vttendorffer geerbten Gütern, nämlich: der Feste Goldteckh, halben Zehent zu Leupoldtsdorff auf der Pielach, groß und klein, dem Hofe zu Hetzleinßdorff als Burgrecht, wovon ein Pfund Pfennig gedient wird; Getreidezehent auf dem Hof zu Salhendorff auf der Pielach, Getreidezehent auf dem Hof zu Regenfest, 3 Pfd. Pfen. Geldes auf 2 behausten Gütern zu Prünßleinsdorff und 6 ß d auf einem behausten Gut daselbst, 9 Pfd. Pfen. zu dem Gaubatz und 4 Pfd. Pfen. zu Stinckhenprun auf behausten Gütern.[3]

1495, 30. Juni, vermacht Stephan Uttendorfer zu Goldegg auf eine ewige Messe zu St. Peter in Neundtling auf St. Katharinenaltar Zehente zu Pultendorff (bei Neidling), Ochstorff (Eggsdorf) und Geroldtstorff (Gerersdorf) und halben Zehent auf dem Jägerhoff (Jägerhöfe bei Gerersdorf), Lehen vom Stifte Passau, und von zwei Höfen zu Distelburg (Distelburg bei Gerersdorf) und 7 Metzen Weizen und Korn zu Pultendorff für den Mesner daselbst, der im Mesnerhause eine stette Wohnung haben soll. Wenn keiner vorhanden ist, soll der Zehent zu Bau und Notdurft der Kirche dienen. Vom Erlöse des Schlosses Friedau sind 200 Pfd. zu St. Peter in Neundling zu verwenden, damit sie gewölbt und mit Ziegeln gedeckt werde.

Zur Stiftung eines Kaplans und einer ewigen Messe in seinem Hause Goldeckh in der Kapelle wies der Uttendorfer den halben Zehent zu Leopoldtstorff und des Zehent zu Haffnarn (Hafing bei Sprazern) an, welcher 10 d Burgrecht in das Amt Sanct Pölten leistete, dann 6 Pfd. Pfen. auf dem Hofe zu Würmlach und 5 Pfd. auf dem

---

[1] Briefprotokoll von 1618 im Schloßarchiv Pottenbrunn, Urkunde Nr. 165.
[2] Schmieder, Matricula, 24.
[3] Briefprotokoll von 1618 im Schloßarchiv Pottenbrunn, Urkunde Nr. 24.

Hofe zu Forsthauen und 2 Hofstätten und allen Zehent von Hof und Hofstätten. Der Kaplan hat einen zweiten Priester zu halten und mit ihm einen Jahrtag in der Kapelle mit 10 Priestern.[1]

Stephan Uttendorfer ist auch der Erbauer der zierlichen spätgotischen Kirche, die damals noch nicht ganz vollendet war.[2] Aus dieser Zeit stammen drei Turmglocken.[3]

1499, Pfingsttag nach Unser Frauen Schiedung (22. August), Pottenbrunn, vermacht Anna, Tochter des verstorbenen Sigmund Stainbeck, ihrem Gemahle, dem edlen und festen Martin von Pottenprun die 1.500 ungarischen Gulden und alle Rechte auf die Feste Goldeckh laut Vermächtnisbrief, den sie von ihrem vorigen verstorbenen Gemahle Stephan Vttendorfer erhielt und den Kaiser Friedrich III. bestätigt hat. Wenn der Mann stirbt, erben die Kinder oder, falls keine da sind, die nächsten Verwandten des Mannes und bei ihrem Abgange fällt das Erbe auf Goldeck zurück. Siegler: der edle Stephan Prunner zu Weinzyehrl, da die Ausstellerin eigenes gegrabenes Siegel nicht hat, und als Zeugen Florian Auer zu Abßdorff, Reinprecht Syntzendorffer zu Achleutten und Syghartt Ambpergk zu Vyehouen.[4]

1528, Montag nach Weihnacht (wahrscheinlich 1527, 30. Dezember), beurkundet Achaz Matzeber zu Goldegg, daß ihm seine Frau Elisabeth, Tochter des edlen Sebastian Grabner zu Roßenberg, 600 Pfd. Pfen. zugebracht habe, und verschreibt ihr als Widerlegung und Morgengabe 1.500 Pfd. auf der Feste Goldegg mit Zugehör, nämlich 75 Pfd. Pfen. (Herrengeld 1 Pfd. Gülte für 24 Pfd. Kapital und 1 Pfd. Gülte Lehen für 20 Pfd. Kapital). Wenn sie ihn überlebt, bekommt sie die fahrende Habe, ausgenommen „püchßen, pülfer undt das zuer wöhr gehörtt". Auch hat sie ihren Witwenstuhl in Goldegg. Siegler: der Aussteller und als Zeugen die edlen und festen Wolfgang Maczeber zu Judena(u) und Sunaberg, sein Vetter, und Christoph Menler zu Wagramb, sein Schwager.[5]

1530, Pfingsttag, St. Gilgentag (1. September), Wien, verkaufen Crescentia Himler, Meisterin des Frauenklosters St. Jakob auf der Hülben zu Wien, und der Konvent die Gülten, freies Eigen, um Goldeckh und Garberßtorff (Gabersdorf), welche 1471, Mittwoch nach Mittfasten (20. März), Herr Sigmund von Volckhersdorf der Meisterin Petronella Pöckh und dem Konvente zu St. Jakob verkauft hat, weil dieses Kloster 1525 verbrandt ist, und seine Güter auf dem Lande 1529

[1] Abschrift im Konsistorialarchiv St. Pölten, Faszikel Hafnerbach. Original im Stiftsarchiv Wilhering. Vgl. Topographie, III., 218.
[2] Riesenhuber, Kirchl. Kunstdenkmäler, 201.
[3] Fahrngruber, Glockenkunde, 135.
[4] Briefprotokoll von 1618 im Schloßarchiv Pottenbrunn, Urkunde Nr. 98 u. 154.
[5] Briefprotokoll von 1618 im Schloßarchiv Pottenbrunn, Urkunde Nr. 193.

von den Türken verwüstet wurden, dem Herrn Sebastian Grabner zu Roßenberg um eine Summe Geldes. Die Dienste liegen auf Häusern und Gründen in Altenperg, Seewiesen, Prugkhl, Tal, Kriechenberg, Dittersperg, Gerberstorff, Walndorff, Ober- und Nieder-Muemaw. Die Zechleute von St. Zeno (Hafnerberg) dienen von einigen Gründen 15 d. Weiters Daxperg, Waxlestorff, Pulckhendorff, Parnpurch, Reitvelt und Heidtgrundt. Sieglerin: Meisterin und Konvent.[1]

1544 heißt es: Neidling, eine Filiale zu Karlstetten, Lehensherr Herr von Zinzendorf. Es ist zuvor kein eigener Pfarrer daselbst nie gewesen, allein der Gottesdienst durch einen Kaplan um seine Besoldung von den Zechleuten gehalten worden und wird noch gehalten.[2]

1561, 12. Jänner, schließt Hector Geyer von Osterberg einen Heiratsvertrag mit Anna, Tochter des Achaz Mattseber zu Goldtnegg und der Elisabeth, geborne Grabner. Sie verheiratet ihm vom väterlichen Erbe 400 Pfd, und vom mütterlichen 600 Pfd. Pfen. rheinisch, je ein Gulden zu 15 Patzen oder 60 Kr gerechnet. Er gibt ihr als Widerlegung 1.000 Pfd. Pfen. und als Morgengabe 500 Pfd. Diese Summe von 2.500 Pfd. versichert er seiner Frau auf seinen gesamten Besitz und Erbe und bestimmt auch die Erbschaftsordnung. Wenn sie Witwe wird, kann sie zu Osterberg oder in St. Pölttenn, Stain, Krembß oder Mölckh in einem stattlichen Hause ohne ihr Darlegen (Kosten) nach freier Wahl Wohnung nehmen. Siegler: der Aussteller und als Zeugen die edlen Wilhelm Geyer von Osterburg, zum Ratenhaus und Arnolt Geyer von Osterburg zum Pillashag, seine Vettern.[3]

An der Nordfeste der Kirche innen befindet sich ein Grabmal aus rotem Marmor, darstellend vor dem Kreuze kniend einen geharnischten Ritter und seine zwei Frauen mit drei Wappenschilden. Inschrift: *Hie ligt begrawen der edl und gestrenge Her Achaz Matseber zu Goldegg, welcher gestorben ist den 17. Marty MDLXIII* (1563), *auch sambt seinen zbayen Hausfrawen und Kindern Elisabetha, ain geborne Grabnerin, und Regina, ain geborne Stainbergerin ets., denen der almachtig Got gnadig sein welle. Amen.*

Um 1584 hatten Georg Achaz Matseber's Erben zu Goldegg 77 Holden, davon in Chorherrn 11, Hasendorf 35, Thalern 10, Goldegg am Kirchenberg 11, Gerbersdorf 11 und 2 Vogtholden.[4]

1627 wurde eine Präsentation auf die Pfarre Karlstetten und Neundling ausgestellt.[5]

---

[1] Briefprotokoll von 1618 im Schloßarchiv Pottenbrunn, Urkunde Nr. 197.
[2] Auszug aus dem Visitationsbuch in Frasts Manuskripten, III b., 343, 344, im Stifte Zwettl.
[3] Briefprotokoll von 1618 im Schloßarchiv Pottenbrunn, Urkunde Nr. 198.
[4] Schloßarchiv Ottenstein.
[5] Konsistorialarchiv St. Pölten. Siehe unter Karlstetten.

1643 heißt es: Neinling sei zuvor eine „absonderliche Pfarr" gewesen.[1]

1653 lautet der Visitationsbericht über die Filiale Neidling: zu Ehren des hl. Petrus, Lehensherr Herr von Lasperg, hat 1650 Rechnung gehalten. Kapital: 843 fl; ain kleines Urbar. Der Schulmeister genießt an Zehent jährlich 15 Metzen Korn, 12 Metzen Hafer. Davon gibt er der Kirche 4 Metzen Korn und 4 Metzen Hafer und 20 ß Geld nach Anordnung der Lutheraner. Mit dem Mesner- oder Schulhause auf dem Friedhofe schafft Herr von Lassperg, als ob es ihm untertänig wäre. Die Kirche hat noch drei zerrissene Altäre, sonst ist sie totaliter destruiert; eine neue Kasel. Gottesdienst nur auf Kirchweihe und Patrozinium. Kirche und Friedhof entweiht. Die Kirchenrechnung sollte in Gegenwart des Vertreters des Konsistoriums gehalten werden. Die Pfleger leiten dabei alles und die Pfarrer singen das Placebo dazu.[2]

1663, 24. Jänner, führt Pfarrer Matthias Wenzel Klampfl von Karlstetten auch an die Kapelle im Schlosse Goldegg unter dem Freiherrn Wolf Philipp Jakob Unverzagt, ohne Gottesdienst.[3]

1784 wurde hier eine Lokalie errichtet.

1786 wurde die Schloßkapelle in Goldegg dem Privatgebrauche überlassen.[4]

1846 versprach die Gemeinde Aching, ihre Kapelle zu erhalten.[5]

120. Neuhofen/Ybbs[6]

996, 1. November, Bruchsal, schenkte Kaiser Otto III. dem Bistum Freising im Gebiete von Ostarrichi[7] in der Grafschaft des Grafen Heinrich im Orte Niuuanhova einen Hof und daranliegend 30 königliche Huben mit aller Zugehör, auch den Zidalvuaidau (der Bienenweide).[8] Bald darauf, angeblich um 1000 soll die Pfarre entstanden sein.[9]

1160 hatte das Bistum Freising Bezüge von Vdmarsualt (Ulmerfeld); in Niwenhoven von 15 Höfen, 10 Huben, vom Markte und

[1] Konsistorialarchiv St. Pölten. Siehe unter Karlstetten.
[2] Konsistorialarchiv St. Pölten, Faszikel Karlstetten.
[3] Konsistorialarchiv St. Pölten, Faszikel Karlstetten.
[4] Kerschbaumer, Geschichtes des Bistums St. Pölten, II., 68.
[5] Konsistorialarchiv St. Pölten.
[6] Topographie, VII., 119-123; 631-634.
[7] Bekanntlich die erste urkundliche Erwähnung des Namens Oesterreich.
[8] Fontes, XXXI., 50.
[9] Pfarrarchiv Neuhofen.

dem Wächter, in Husman (Hausmanning) von 10 Höfen und 10 Huben; weiters von Grovbe (Grub), Richersperge (Reichersdorf?), Nieder-Niwenhoven, Diepoldsdorf (Diepersdorf) und Tobersteten.[1]

Um 1260 verlieh die Kirche in Niunhofen der Bischof von Freising und in Urmarvuelde und nahm den Zehent ein und hatte das Gebiet daselbst im Tausche für den Markt in Ambstetten.[2]

1267 erscheint Otto, Pleban von Niwenhoven, in einer Urkunde von Ardagger.[3]

1283, 24. Oktober, Waidhofen, erscheint als Zeuge des Bischofs von Freising Otto Pleban von Newnhoven, der auch am 29. und 31. März 1285 in Waidhofen als Zeuge auftritt. Mit ihm wird Jeubart von Perwestorf (Perbersdorf) genannt.[4]

1285, 13. April, Waidhofen, verzichtet Adelheid von Rinsperch (Reinsberg) gegen den Bischof von Freising auf eine Hube und einen Holden zu Habervelde für Verleihung der Hube an dem Hirn. Unter den Zeugen Herr Otto, Pfarrer von Nivenhoven.[5]

1305 wird bemerkt, daß Aufentaler eine Hofstätte in der Zauch der Marienkirche in Newnhoven gegeben habe und diese Kirche nach Freising jährlich 2 Pfd. zu leisten hatte. Sonst werden als nach Freising dienstpflichtig genannt: Hetlingen (Hördling), Staphenaw (Stopfenau), Chornperg (Kornberg), Graeulingen (Greiling), Schintawe (Schindau), Raetweinstorf (Rampersdorf?), Reihersdorf, Phosendorf (Pfosendorf) und Herliebsperg (Hörlesberg).[6]

1312, 9. November, Seitenstetten, erscheint als Zeuge des Dechants Albert von Lorch Hertwich, Vikar der Kirche in Neunhoven.[7]

Um 1315 hatte der Pfarrer 2 Holden in Newnhofen, darunter einen im Pfarrhof (in dote), 2 in Abslieffingen (Abschlaiffingen) und noch einen, die auch nach Freisingen Dienste leisteten. Die zwei Pfunde wurden von der Vogtei der Kirche zu Georgi nach Freising gegeben.[8]

1329, 6. Jänner, Vlmarvelt, verkauft Friedrich der Tanpeck seinem Lehensherrn Bischof Konrad von Freising den Hof zu Perweinstorf (Perberstorf). Unter den Zeugen Herr Alram von Raikerstorf (Reichersdorf), die Brüder Rumhart und Konrad die Hager. Siegler: Walter, Burggraf zu Chunratsheim und Konrad, Burggraf zu Sausenek.[9]

---

[1] Fontes, XXXVI., 14.
[2] Monumenta Boica, XXVIII., II., 483.
[3] Archiv für österr. Geschichte, 1871, 481.
[4] Fontes, XXXI., 404,424, 425.
[5] Oberösterr. Urkundenbuch, IV., 33.
[6] Fontes, XXXI., 465-479.
[7] Fontes, XXXV., 66.
[8] Fontes, XXXVI., 90, 92, 488.
[9] Oberösterr. Urkundenbuch, V., 529.

1335 verkaufte Ludwig Praun dem Friedrich Finkh um 4 Pfd. eine Hofstätte zu Ober-Egenperg, welche letzterer zu einem freien Burgrecht machte, das dem Gotteshause Neuhofen jährlich zu Georgi 10 d diente.[1]

1343, Ertag in den Pfingstfeiertagen (3. Juni), Nevnhouen, gibt Herr Marchart der Luechseicher zum Gotteshause zu „Newnhouen hincz vnser frawn" das Lehen zu „Vnmperg (Umberg) in dem wenigen Dorflain" mit 6 ß Gülte und bei Besitzerwechsel 12 d Auf- und Abfahrt. Der Inhaber des Lehens gibt zu Georgi dem Zechmeister die 6 ß und dieser dem Pfarrer 60 d am Sonntag nach Georgi auf einen Jahrtag mit drei Messen und sonntäglichem Gebete am Lecker. Siegler: der Aussteller.[2]

1363, St. Jakobstag (25. Juli) verkaufen Larenz der Hager (vom Schloß Hagberg bei Neuhofen) und seine Hausfrau dem ehrbaren Manne Jansen von Fruebeysteten (Frieberstetten) die Wiese Vdmarual, darin mit Acker dabei in Newenhofer Pfarre, Lehen vom Gotteshaus Newenhofen, dessen Zechmeister sie zu Lehen gibt und zu Georgi 4 d Burgrechtdienst und bei Besitzerwechsel 4 d Anlayt und ebensoviel Ablayt erhält, um 6 Pfd. Wr. Pfen. Siegler: der Aussteller und die Zeugen Michael Proetar und Heinrich Lindner.[3]

1365, Unser Frauen Lichtmeß (2. Februar), vermachen Dyetrich von Hag und seine Frau Anna dem Unser Frauen-Gotteshause zu Newnhofen ihr freies Gut an der Raczenoed (Ratzenöd) in Alharczperger Pfarre, worauf Heinrich der Chrandbider sitzt. Derselbe soll dem Zechmeister zu Pfingsten 5 ß weniger 10 d der alten Wiener Münze, zu Unser Frauen der Dienstzeit (Maria Geburt) 60 d und zu Weihnachten als Ehrung 12 d geben. Bei Besitzerwechsel sind 2 d Ableit und 2 d Anleit zu erlegen. Dafür ist den Stiftern ein ewiges Gedächtnis zu halten. Siegler: der Aussteller und die Zeugen Larenz der Hager, Gylig der Hager und Jacob der Prater.[4]

---

[1] Verzeichnis der bei Unser Frauen.Gotteshaus in Neuhofen vorhandenen (46) Urkunden, verfaßt im Schloß Ulmerfeld am 30. Juni 1687; Schloßarchiv Greinburg, K(irchen) A(kten) 5.

[2] Originalpergament, das Siegel fehlt, Stiftsarchiv Seitenstetten, Rückschrift: Hern Mawharts Luexneger jartagbrief von dem lehen zu Weinperg in den venigern Dörfflein. Lehenschafft pleibt beim gotshauß.

[3] Originalpergament, die drei Siegel fehlen, Stiftsarchiv Seitenstetten. Rückaufschrift:Khaufbrief um ayn wissen, ligt vmb Reichenstorff, dient in das unser frawen-gottshavs.

[4] Originalpergament, die vier Siegel fehlen, Stiftsarchiv Seitenstetten. Rückaufschrift: Guet an der Raczenödt, vnßers frauengozhauß zu Neuenhoffen.

1370, Februar, verkauft Peter Gnawin an der Hub dem Thomas von Hirsbach großen und kleinen Zehent auf dem mittern Hof zu Hiesbach.[1]

1371, 14. Juli, Villeneuve, bevollmächtigt Papst Gregor XI. den Abt von Seitenstetten und den Propst von Ehingen (Konstanzer Diözese), die Resignation des Pfarrers von Neuhofen Arnold von Horn anzunehmen und die erledigten Pfründe mit einer geeigneten Person zu besetzen.[2]

1377, Sonntag vor Georgi (19. April), verkaufen Marichart der Hesib und seine Frau Barbara ein Lehen zu Ried in Neunhofer Pfarre dem Herrn Otto von Zelking dem Jungen von Freudekk um 31 Pfd. Wr. Pfen. Dieses Gut war einst rechtes Lehen vom alten Herrn Otto von Zelking von Schönekk. Unter den Zeugen ihr Vetter Christan der Hesib zu Hag (Hagberg), Ulrich Pock von Schlickenreutt und Jakob Prantner.[3]

1380, Gottsleichnamstag (24. Mai), stiftet Gilig der Hager zu Parboltstorff (Parbersdorf) zu einem Jahrtage in Unser Frauen-Gottshaus in Newnhofen 5 ß Gülte der alten Wiener Münze auf dem Gute in der Eben in Alharczperger Pfarre, Eigen vom Gotteshause zu Passau. Der Inhaber des Gutes Neithart und seine Nachfolger sollen diese 5 ß zu Michaeli dem Zechmeister geben, der dem Pfarrer 75 d, dem Gesellen 12 d, einem gelehrten Mesner 8 d oder einem ungelehrten 4 d für eine gesungene Vigil abends am St. Kolomanstag und ein Seelamt und zwei gesprochene Messen am nächsten Tage, Bitten auf den Lekker, Geläute und 12 d zu den Zwölfbotenkerzen zu überreichen hat. Bei Besitzerwechsel bekommt der Zechmeister 4 d Ablait und ebensoviel Anlait. Siegler: der Aussteller und die ehrbaren Leute Ekhart der Stainberger zu Chelbershart,[4] Jakob der Pinter und Heinrich der Lindner.[5]

1380 verkaufte Ott der Genzel den Mayhof in Alharzperger Pfarre der Kirche in Neuhofen.[6]

1384, Freitag vor dem Vaschangtag (19. Februar), verkaufte Thoman der Stephansharder dem Amptman zu Dyepolczdorf (Diepersdorf) und seiner Frau Dyemut zwei Hofstätten „am Puchel an dem wald gelegen in Vdmerfelder gricht", Lehen vom Bischof von

---

[1] Originalpergament, Stiftsarchiv Seitenstetten.
[2] Blätter für Landeskunde, 1892, 391.
[3] Kaltenegger, Collectio chartar. veter., I., 247.
[4] Kälberhart bei Mank. Siehe Topographie, V., 18.
[5] Originalpergament, die vier Siegel fehlen, Stiftsarchiv Seitenstetten. Rückaufschrift: Der brief ist von Giligeins des Hager jartag de feodo auff der Ebn in Allhartczperger pharr, dem zechmaister.
[6] Originalpergament, die Siegel fehlen, Stiftsarchiv Seitenstetten.

Vreyßing. Siegler: der Aussteller und als Zeugen Allram der Pyberpekch und Wolfgang der Turnfoyt.[1]

1386, Mittwoch in der Quatember zu Pfingsten (13. Juni), Waydhofen, erklärt Bischof Berthold von Freysingen auf Bitten des Lienhart Amtmanns zu Vdmarueld die zwei Hofstätten zu Flagerewt, die er von Thoman Stephansharder zum Gotteshause in Newnhoven gekauft hatte und vom Bistume Freising zu Lehen waren, zu Ehren Unserer lieben Frau, „die daselb rastent ist", (der die Kirche in Neuhofen geweiht ist), zu freien Eigen.[2]

1386, Sonntag nach Michaeli (30. September), Wien, spricht Burchard, Burggraf zu Maidburg und Graf zu Hardeck, als vom Erzbischof Pilgreim von Salzburg bestellter Richter in dem Streite zwischen Otto von Czelking und Gilig dem Wolfstain über die Güter zu Reychestorf (Raichersdorf bei Neuhofen), welche Wigaloys der Vydarffer (Viehdorfer) gehabt hat: Diese Güter gehören dem Zelkinger, der einen Lehenbrief vom Erzbischofe hat, während der Wolfstain keinen solchen vorbringen konnte.[3]

1388, Pfingsttag (17. Mai), stiften Jakob der Prater und seine Schwester Anna auf einen Jahrtag zu Unser Frauen in Newnhofen 5 ß Wiener Münze vom Gute Wechssenek in Newnhofer Pfarre und Vdmarsfelder Gericht. Lehen vom Bischof von Freysing, der es auf ihre Bitten der Kirche zum freien Eigen macht. Die 5 ß soll der Inhaber des Gutes alljährlich an „sand Hanstag zu sunibenten" dem Zechmeister reichen und dieser dem Pfarrer 75 d, dem Gesellen 12 d einem gelehrten Mesner 8 d oder einem ungelehrten 4 d geben auf eine gesungene Vigil am Sonntag abends nach St. Peter und ein Seelenamt und zwei Messen am Montag und Gebet auf dem Lekker, Läuten und Anzünden der Zwölfbotenkerzen. Bei Besitzwechsel sind 4 d Ableit und Anlait an den Zechmeister zu entrichten. Siegler: der Aussteller und als Zeugen Christan der Hesib und Hainreich der Lindner.[4]

1389, Sonntag vor St. Merten (7. November), verkaufen Ruger der Lemperger und seine Frau Kathrein ihr Gut zu Reicherstorf, worauf Friedl der Phuchs (Fuchs) sitzt, Lehen vom Bischof von Salzburg, dem Herrn Otto von Zelking von Fräudekk und seiner Frau

---

[1] Originalpergament, die drei Siegel fehlen, Stiftsarchiv Seitenstetten. Rückaufschrift: Am Püchl, das Lehen, gen Vlmerfeldt gehörig.

[2] Originalpergament, Siegel fehlt, Stiftsarchiv Seitenstetten. Rückaufschrift: Item von zwayer hoffstatt wegen in Flegerreytt, dy zu vnßer frawen geaigent sind.

[3] Kaltenegger, Collectio chartar. veter., I., 307.

[4] Originalpergament, die drei Siegel fehlen, Stiftsarchiv Seitenstetten. Rückaufschrift: der brief ist von Jacob des Prater jartag von dem gut am Wechsnekch, der Kchirchn hold.

Kathrey. Mitsiegler der ehrbare Knecht Irnfried der Dyenringer und Ulreich der Schorner.[1]

Um 1390 war die Pfarre Newhofen Lehen vom Bistum Freising und auf 44 Pfd. Pfen. taxiert. Der Pfarrer führte den Titel Propst und verlieh die Pfarre Euratsfeld.[2]

1393, 19. Februar, Waidhofen, macht Bischof Berchtold von Freising auf Bitten des Georg Hofer den Zehent und das Marchfutter auf dem Gute Graswinkel der Kirche in Neuhofen zum freien Eigen.

Wir Berchtold von Gots gnaden bischof zu Freysingen, bekennen, daz für vns kam vnser getreuer Jorg der Hofer vnd gab uns für, daz er durch Got vnd vnser Frawen vnd auch durch seiner vnd seiner vordern selheils willen ainen zehenden auf dem gut, genant im Graswinkchel an unser frawen paw vnd zech ze Newnhofen, vnd zwen menczen marchfuters auf demselben gut, die von vns vnd vnserm gotzhaus ze lehen waren, an vnser frawen bruderschafft ze Newnhofen gegeben hat vnd bat vns fleizzig, daz wir die zu den egen(anten) paw, zech vnd bruderschafft geruchten ze aigen. Das haben wir getan vnd haben den egen(anten) zehenden zu vnser frawn paw vnd zech ze Newnhofen vnd die zwev metzen marchfuters an vnser frawen bruderschafft daselbs durch Gots vnd seiner fleizz(igen) pet willen von sundern gnaden geaygent vnd aygen auch wissentleich mit dem brief also daz derselb zehent dem vorgen(anten) paw vnd zech vnd das marchfuter vnser frawn bruderschafft hiefür ewikleich beleiben vnd jarleich gevallen sullent an vnser vnd vnser nachkomen vnd an yedermans irrung. Mit vrkund des briefs geben zw Waidhofen an mittichen vor dem suntag Invocavit nach Kristi gepurd drewczehenhundert jar vnd in dem trew vnd newnczigisten jar.[3]

1394, hl. Kreuztag *inventionis* (3. Mai), Waidhoven auf der Ybs, erklärt Bischof Berthold von Freisingen auf Bitten des Jörig Hofer und seiner Frau Elsbet den ganzen Zehent, groß und klein, und zwei Metzen Marchfutter auf dem Gute, „dacz dem Hainreichen am Graswinckhal" nächst dem Gute „auf dem Stain in Newnhouer" Pfarre, das der Hofer in die Unser Frauenzeche zu Newnhoven gegeben hat, für diese Kirche und Zeche zum freien Eigen. Unterschrieben *Johannes der Frisinga, notarius.*[4]

1396, Maria Magdalena (2. Juli), verzichten Ulrich, Sohn des Heinrich Widmer, Pericht von Grizenberg (Grießenberg), Konrad der

---

[1] Kaltenegger, Collectio chartar. veter., I., 320.

[2] Hippolytus, 1863, 152.

[3] Originalpergament, das Siegel fehlt, Pfarrarchiv Neuhofen. Rückaufschrift aus dem 16. Jahrh.: Lechenbruef vber den zehent im Graßwinckhl vnser frawenzech, welcher dem stifft zu Freißing mit lechen vndterworffen.

[4] Originalpergament, das Siegel fehlt, Stiftsarchiv Seitenstetten. Rückenaufschrift: Leihenbrief vber den Graßwinckhl, den zehent betreffend.

Herczog, . . . der Herczog, und Salmey, die Schwester des Heinrich Widmer, Heinrich von Windigschendorf (Windischendorf bei Euratsfeld), Ulrich der Widmer am Aygen (Aigen) und Friedrich . . . am Prawnshof gegen Jorig an der Widem zu Eyaszfel (Euratsfeld) auf sein Gut, das ein Lehen vom Pfarrer in Newnhofen ist. Siegler: der edle Herr Heinrich von Zelking von Fhrewdek (Freidegg bei Ferschnitz) als Vogt des Gutes, vor dem der Taiding geschah; dann Niklas der Holczer und Laurenz der Altmanschyner.[1]

1397, Samstag vor dem Palmtag in der Fasten (14. April), stiftet Elsbet, Witwe Konrads des Pemphel von Newenhofen, 6 ß Gülte von dem Zehent auf dem Hofe zu Lachsländsperg (Latzelsberg) in Eyratczuelder Pfarre, Lehen vom Bischof von Freysing, zur Pfarrkirche in Nevenhofen auf einen Jahrtag am Mittwoch in der Pfingstquatember. Der Zechmeister soll als Obley zum Altare geben 20 d um Brot, 20 d um Wein, 32 d um Fleisch, und dem Pfarrer oder Vikari 50 d für gesungene Vigil am Abend und Seelenamt am Morgen mit drei Messen, wovon jeder Geselle 12 d erhält; dem Mesner für das Läuten 6 d, den Armen 10 d und für Aufzünden der Zechkerzen 28 d. Siegler: der ehrbare Herr Christoph von Oerberch, Pfleger zu Vdmarueld und der ehrbare Mann Friedrich der Pogner, Bürger zu Waidhofen auf der Ybs.[2]

1403, Samstag vor Georgi (21. April), Fraydekk, tritt Kathrey, Witwe des Otto von Czelking, das hinterlassene Gut ihres Gemahles zu Reycherstorf, das vom Erzbistum Salzburg zu Lehen ist, ihren drei Eidamen, Herrn Christoph von Örberg, Albern dem Volkendorfer zu Creutzen und Hanns dem Streun zu Schwarzenau anstatt ihrer Töchter ab. Wenn sie dieses Gut in ihre Gewalt bringen, sollen ihre Freunde sprechen, welche Rechte sie darauf hat, und ihre Eidame das ihr zugesprochene ihr wieder abtreten. Mitsiegler: der ehrbare Hanns der Weingartner.[3]

1397, Ertag nach St. Lamprecht (17. April oder 31. Mai), Vdmeruelden, macht Bischof Berchtold von Freysingen auf Bitten des Chunrat Pempfhel und seiner Frau Elsbet den von ihm lehenbaren Zehent auf dem Hofe Leczleinsperg in Eyrenczuelder Pfarre, den sie zu einem Jahrtag in Unser Frauen-Pfarrkirche in Newnhoven gegeben haben, zum freien Eigen. Unterschrieben *Johannes de Frisinga, notarius*, zweimal unterfertigt.[4]

---

[1] Originalpergament, nur das erste Siegel erhalten, Stiftsarchiv Seitenstetten. Rückenaufschrift: Eyratzfeldt.

[2] Originalpergament, beide Siegel fehlen, Stiftsarchiv Seitenstetten.

[3] Kaltenegger, Collectio chartar. veter., I., 369.

[4] Originalpergament, das Siegel fehlt, Stiftsarchiv Seitenstetten. Rückenaufschrift: Ain bestettbrief a Domino Frisingensi vmb des Pämpfleins jartag vber den zehent am Leczleinsperg.

Von etwa 1400 stammt der Chor der Kirche.[1]

1406, Freitag vor Georgi (23. April), verkaufen Ott der Heperger, seine Frau Elsbet und ihre Söhne Hans, Michel, Thomel, Nikel, Peter und Gilg dem Gotteshause Unser Frauen zu Newnhoffen fünf Güter am nydern Aigen in Eyraczvelder Pfarre. Siegler: der erste Aussteller und Larenz Altmanstainner, Chadolt Heperger und Heinrich Lindner.[2]

1410, Ertag nach Gottsleichnamstag (27. Mai), verkauft Hans der Fürst zu Langenaw den Zehent zu Vnrechtenlügsinkch (ein Lixing besteht in der Pfarre Euratsfeld, eines in der Pfarre Neuhofen) auf Volklimb Fursten Hof ganzen Zehent zu Strazz auf einem Hofe und einer Hofstätte ganzen Zehent, zu Gottsdorff auf zwei Lehen halben Zehent, zu Lüczellöch (Litzellach) auf einem Lehen halben Zehent, überall groß und klein, in Newnhofer Pfarre Lehen vom edlen Reinprecht von Walsee, mit seinen Handen dem ehrbaren Hans dem Hüber an der Hüb in Eyraczuelder Pfarre um 72 Pfd. Wr. Pfen. Siegler: der Aussteller, sein Vetter Michel der Fürst und die ehrbaren und weisen Lienhard der Nürnwerger und Michel der Tyrolt.[3]

1413, St. Maria Magdalena (22. Juli), stiftet Friedrich von Schawnperig für sich und seine beiden Hausfrauen Peters und Christein einen Jahrtag zu Unser Frauen in Newnhofen mit halben Zehent auf dem halben Hof zu Eutnfeld in Winklarner Pfarre. Davon soll der Zechmeister dem Pfarrer 70 ß, den Gesellen 12 d und dem Mesner 4 d geben für ein Seelamt am Tage nach Jakobi, Gebet an Sonntagen und Aufstecken der Zwölfbotenkerzen beim Jahrtage. Siegler: Hans Hager von Schaftnern und Jorig der Hosib.[4]

1421, 11. März, Wien, bestätigt Herzog Albrecht V. von Oesterreich den Verkauf von Gütern zu Drachueld und Ulreichskirchen, durch Brüder Sigmund Ramung, „Landcommendur" des Deutschen Ordens in Oesterreich, und Bruder Friedrich, „Hauscommendur" zu Wien, an Jakob den Lewman, Chorherrn „dacz sand Stephan" zu Wien und Pfarrer zu Newnhouen.[5]

1424, 27. Juni, Wien, verkauft Hawnolt Schuchler, Bürger zu Wien, Gülten zu Hauczendorf (Hautzendorf UMB) in der Heiligenperger Pfarre um 78 Pfd. Wr. Pfen. dem Jakob Lewmann, Chorherrn

---

[1] Riesenhuber, Kirchl. Kunstdenkmäler, 202.

[2] Originalpergament, die vier Siegel fehlen, Stiftsarchiv Seitenstetten. Rückenaufschrift: Item ain Kauffbrieff von fünff guettern, genant am nidern Aygen in Eyraczfelder pharr, etwan vnser frawn far verchaufft zwm goczhauße.

[3] Originalpergament, die vier Siegel erhalten, teilweise verletzt, Stiftsarchiv Seitenstetten.

[4] Originalpergament, beide Siegel fehlen, Stiftsarchiv Seitenstetten. Rückaufschrift: Friedrich jartagbrief von Schawnperg von dem zehent zu Euettnfelde.

[5] Quellen zur Gesch. der Stadt Wien, I. Abteil., IV. Bd., Nr. 3731.

der Allerheiligen-Domkirche zu St. Stephan in Wien und Pfarrer zu Newnhoven auf der Ybs.[1]

1426, Freitag nach Gottsleichnam (31. Mai), stiftete Wernhard der Deychel zu Vachwinckchl (Vachwinkl) einen Jahrtag zur St. Niklaszeche in Newhofen mit 11 Pfd. Wr. Pfen. bares Geld. Der Jahrtag soll begangen werden mit gesungenem Seelamte und zwei gesprochenen Messen am Montag nach Martin und dabei sechs Kerzen der St. Niklaszeche brennen. Die Brüder der Zeche haben die Vollführung des Jahrtages zu überwachen. Siegler: der ehrbare Hanns der Hager zu Perberstorf.[2]

1429 war die Pfarre auf 50 Pfd. Pfen. taxiert und wurde die Pfarre Euratsfeld vom hiesigen Pfarrer vergeben.[3]

1429, Montag vor Michaeli (26. Spetember), verkauft Thomas Luegsinger, Pfleger zu Randeck, der Frau Beatrix, Witwe des Heinrich von Puechaim, seinen halben Getreidezehent auf dem Gute zu dem Paumgarten in Neunhofer Pfarre, Lehen von der Herrschaft Freideck. Zeuge der edle Wilhelm der Fraundorfer.[4]

1429, Montag nach St. Merten (14. November), verspricht Jakob Leubman, Chorherr von St. Stephan zu Wien und Pfarrer der Unser Frauen-Pfarrkirche zu Neunhofen, da ihm die Czelking von Frowdegk vor Zeiten Gülten zu Eiratsfeld u.a., die ihr freies Eigen waren, abgetreten und Beatrix von Zelking, Witwe des Heinrich von Puechaim, ihm in Nutz und Gewähr dieser Güter gesetzt hat, für Beatrix und ihre Verwandtschaft einen Jahrtag mit gesungener Vigil, Seelenamt und zwei gesprochenen Messen und Gedächtnis auf der Kanzel zu halten.[5]

1434, 22. März, stiften die Testamentsvollstrecker des Jakob von Lewbman (auch Lewman), Chorherrn von St. Stephan in Wien und Pfarrers zu Newnhoven, eine Messe auf dem Frauenaltare der St. Georgskapelle im Dompropsthofe zu Wien und widmen dazu u.a. ein Meßbuch, ein gutes Mettenbuch, ein Diurnale, einen Epistler, einen Salter, eine Bibel, ein Passionale.[6]

1435, Pfingsttag vor St. Georgen (21. April), Wien, vereinbart Bischof Nicodem von Freising zwischen dem Pfarrer Niklas Pluemb von Neuhofen und der Pfarrgemeinde, vertreten durch Simon Herzog und Bernhard Kreilleder folgendes: alle Zwietracht soll aufgeschoben sein; den Zechpröpsten wird aufgetragen, am Sonntag vor Pfingsten,

---

[1] Quellen zur Gesch. der Stadt Wien, I. Abteil., IV. Bd., Nr. 3744.
[2] Originalpergament, das Siegel erhalten, Stiftsarchiv Seitenstetten. Rückaufschrift: Sol auf der Ehmerlin fleißpanckh liegen; zecha sancto Nicolai.
[3] Schmieder, Matricula, 39, 40.
[4] Kaltenegger, Collectio chartar. veter., I., 429.
[5] Kaltenegger, Collectio chartar. veter., I., 429.
[6] Mittelalterl. Bibliothekskataloge, I., 272.

Pfingstmontag, St. Hieronymustag, den vier Unser Frauentagen, allen Apostel- und hochzeitlichen Tagen vom ungeteilten Sammelgelde dem Gesellen 24 d und dem Mesner 6 d, den fremden Priestern, welche an diesen Tagen mit dem Kreuz dahin kommen, 6 d und denen die nicht hier essen, 12 d und den Mesnern 2 d zu geben; vom übrig bleibenden Sammelgeld bekommt der Pfarrer ein Drittel und die Kirche zwei Drittel, mit Ausnahme des Wachses, das der Kirche verbleibt. Der Zechmeister zu St. Leonhard soll zu Philipp und Jakob, am Sonntag nach Bartholomäus, am St. Michaels- und Leonhardstag dem Gesellen zu Neuhofen vom ungeteilten Sammelgeld 24 d, dem Mesner 2 d, den fremden Priestern, welche mit dem Kreuz dahin kommen und dort nicht essen, 12 d und ihren Mesnern 2 d, den Priestern, welche dort essen, 6 d geben und vom Übrigen der Pfarrer ein Drittel und die Kirche zwei Drittel erhalten, ausgenommen Wachs und Eisen, welche dem Gotteshaus allein gehören. Bei St. Veit soll am 3. Tag nach St. Ruprecht in der Fasten, St. Marx und St. Veitstag der Pfarrer ein Drittel und die Kirche zwei Drittel haben, und die Hühner vom St. Veitsabend und -tag gehören dem Pfarrer zu Neuhofen allein zu, der sonst von der Kirche nichts hat. Dem Gesellen zu Neuhofen soll man an diesen drei Tagen jedesmal 12 d, dem Mesner 4, den fremden Priestern 6 und ihren Mesnern 2 d geben. Der Pfarrer soll die Opfer an diesen Gotteshäusern durch das ganze Jahr allein haben. Zum (Opfer-) Stock in Neuhofen werden zwei Schlüssel verwendet, wovon einen der Pfarrer, den andern der Zechpropst haben soll. Der Pfarrer hat die Kirche in Neuhofen täglich mit Messe zu versehen, die Leute, welche nach Empfang der Beichte sterben, im Friedhof begraben zu lassen und für sie das Seelgerät nach gutem Willen zu nehmen, vom Versehen nichts zu begehren und für die hl. Ölung 12 d zu empfangen. Bei St. Leonhard soll zu Weihnachten, Ostern und durch das Jahr 12 mal und bei St. Veit am dritten Tag nach St. Ruprecht in der Fasten, zu St. Marx-und St. Veitstag Gottesdienst gehalten werden; zu Vlmerfeldt ist an Sonn- und Feiertagen, Mittwochen und Freitagen Gottesdienst zu halten, wie es von alters herkömmlich ist, wofür der Pfarrer die vom Bischofe von Freising gestifteten Zehente genießt. Vom Kopulieren der Brautpersonen darf der Pfarrer nicht über 4 d verlangen. Diese Artikel sind unter Strafe von 30 Pfd. Pfen. und Verlust der Rechte zu beobachten.[1]

1435, St. Johannes des Gottestäuferstag (24. Juni), widmet Jörig der Häsyb zu Vdmaerueld mit Wissen seines Herrn Bischof Nikodem von Freysingen zu einem Jahrtag für seinen Vater Christan

---

[1] Verzeichnis der beim Unser Frauen Gotteshause Neuhofen vorhandenen (46) Urkunden, verfaßt im Schlosse Ulmerfeld am 30. Juni 1687. Schloßarchiv Greinburg K.A. 5; Pfarrarchiv Neuhofen.

Häsib, Rumhart den Prater und alle Verwandten in Unser Frauenkirche zu Newnhofen auf der Ybs als rechtes Bürgerrecht 14 ß Gülte auf der Anngerwiese an dem Wiczleinsperg, von welcher dem Bischof als Scherm und Vogtherrn 60 d zu Maria Geburt gedient werden. Diese Wiese soll der Zechmeister versorgen und davon den Jahrtag innerhalb acht Tage vor oder nach Allerseelen halten lassen mit gesungener Vigil mit 9 Lektionen am Vorabend und Seelenamt und drei gesprochenen Messen am Morgen und Fronamt von Unser Frauen Schiedung und Gebet auf dem Leter nach dem Evangelium und 12 brennenden Kerzen. Auch soll am Montag nach jeder Quatember ein Seelamt gehalten werden ohne Abgang der täglichen Messe, die alle Tage in der Pfarrkirche gesprochen werden muß, und mit Gesang auf sein Begräbnis gegangen, aufgebahrt und 6 Kerzen aufgesteckt werden. Dafür gibt der Zechmeister dem Pfarrer 3 ß 12 d, den Gesellen 24 d, dem gelernten Mesner „ob der da ist", 8 d, oder einem ungelernten 4 d und zu jeder Quatember dem Pfarrer 12 d, den Gesellen 12 d und vom Gange zum Grabe den Gesellen 4 d, dem Mesner 2 d. Die übrigen 5 ß 16 d bleiben dem Gotteshause. Siegler: der Aussteller, der edle Vabian der Hager zu Schafftnern und Hans der Diemingaer am Sturczenhof (Stürzenhof bei Neuhofen).[1]

1435, Pfingsttag nach St. Ulrich (7. Juli), Ulmerfeld, bestätigt Bischof Nikodem von Freysing die Stiftung Hesibs.

Wir Nicodem von Gotes gnaden bischove ze Freising, bekennen, das vns vnser getrewer lieber Jörige Hesib, vnser pfleger zu Vdmarfeld, fürbracht vnd zu erkennen geben hat, wie das er vierczehen schilling pfening geltes auf seiner wisen vnd was darczue gehört, gelegen am Wiczleinsperg, genant der Annger, davon man vns in vnser kamer zu rechtem purkrecht dient jerlichen sechczig Wienner pfening zu ainem ewigen jartag im, allen seinen voruordern vnd nachkomen den in vnser frauen pharrkirchen zu Newnhofen auf der Ybs ze begen, gestifft vnd gewidemet habe nach ausweisung des stiftbriefs darüber geben, vnd hat vns diemütigclich mit vlaiß, das wir vnßern willen und gunst darczue gegeben vnd dieselb stifftung bestetten. Haben wir sein fleißig gebet angesehen, vnßern willen vnd gunst darczue gegeben vnd die ebevürt stifftung bestett wissentlich mit dem brief also, das die nach begreiffung des egemelten stifftbriefs fürbaser ewigclich bey krefften vnd an abgang beleiben sol, als solher stiftung bestettigung purkchrechts vnd vnser herschaft zu Vdmarfeld recht vnd gewonhait ist, doch vns, vnßerm gotshaus vnd nachkomen an vnserr gerechtigkaiten vnuerpriffenlich. Mit vrkchunt des briefs, versigilt mit

[1] Originalpergament,das erste Siegel erhalten, die anderen zwei zerbrochen. Stiftsarchiv Seitenstetten. Rückenaufschrift: Anniversarium Jorg Hesib super prato am Wiczlensperg.

vnserm angehangem insigil. Geben ze Vdmarsfelde am phincztag nach sand Vlreichstag nach Christi gepurd virczehenhundert vnd im fünf vnd dreißigsten jare.[1]

1440, ohne Tag, verkauft Michael Wingkchlpegk, Bürger zu Amsteten, dem ehrbaren Härtlein dem Schämotten zu Newnhoven ein Tagwerk Wiese zu Stapfenaw (Stophenau) in Newnhoffer Pfarre, Lehen vom Bischof Nikodem von Freising. Siegler: der edle Jorg der Sneckenrewtter, Pfleger und Kastner zu Vdmerueld, und der edle Hans Wasner.[2]

1441, Samstag, Pfingstabend (3. Juni), verkauft Hanns Teungkl dem Pfleger Jörg dem Snekkenreutter zu Udmarfeld (Ulmerfeld) sein Gut Rabenöd in Newnhofer Pfarre, Lehen vom Bischof von Freising zur Herrschaft Udmarfeld. Siegler: Georg der Hesib und Vabian Hager.[3]

1441, 10. Juli, beurkundet Bischof Nicodem von Freising, daß Margaretha, Witwe Alexen des Hofers, den Hof auf dem Stain und die auf halben Zehent gelegene Mannschaft in Neunhofer Pfarre dem Jörg Sneckenreutter, Pfleger zu Udmarveld, verkauft hat.[4]

1442 hatte der Pfarrer zu Newnhofen einen Weingarten bei Emmersdorf.[5]

1446, St. Peters Stuhlfeier (22. Februar), verzichten Peter am Grasperg, Nikel auf der Dilen, Mert auf dem Rewtt, alle in Ybbsitzer Herrschaft, Ursel am Rigleich in der Pfarre Windhag und Margrett an der Lewtten in der Pfarre Ranndegk, auf alle Erbansprüche zugunsten ihres Bruders Lienhart. Siegler: Hans Gebhart, Pfarrer zu Neuhoffen, (Siegel nicht erkennbar) und Gothart der Hasner zu Riberstorff (fehlt).[6]

1449 empfangen Georg und Martin Häsib von Hag (Hagberg) die Freysing'schen Lehensgüter und Gülten zu Eyratsfeld, Neuhofen und bei Randegg.[7]

1454, 22. Februar, bezeugte Pfarrer Hans Gebhart von Newnhowen die Stiftung des Chorherrn Heinrich Schiermer von Ardagger für St. Peter in der Au.[8]

1455, Samstag vor St. Matthäustag des Zwölfboten (20. September), verkaufen Vlrich und Christian, Brüder, gesessen zu Vngeuertten in der Herrschaft Vlmerfeldt und Pfarre Neuhofen,

---

[1] Originalpergament mit Siegel des Bischofs, Stiftsarchiv Seitenstetten.

[2] Originalpergament, beide Siegel fehlen, Stiftsarchiv Seitenstetten. Rückenaufschrift: Ainen Khaufbrieff vonn Hartman Fleichßhacher vber ain wießen in der Stapffnaw, dem Stifft Freysing mit Lehen vndterworfen.

[3] Originalpergament mit zwei Siegeln, Schloßarchiv Greinburg.

[4] Originalpergament mit Siegel, Schloßarchiv Greinburg.

[5] Geschichtliche Beilagen, XI., 200.

[6] Originalpergament, Stiftsarchiv Seitenstetten.

[7] Wißgrill, Schauplatz, IV., 196.

[8] Abschrift im Konsistorialarchiv St. Pölten. Siehe unter St. Peter.

Wolfgang dem Müllner und seiner Frau Anna die Mühle zu Vngeuartten, die gehört zum Gute Vngeuertten (Ungferten), Lehen vom Herrn zu Hausen von Neideckh in der Herrschaft Vlmerfeldt. Bei Verkauf soll die Mühle zuerst ihnen oder ihren Erben angefeilt werden. Siegler: der edle Steffan Aßner, ihres gnädigen Herrn zu Hausen von Neideckh Pfleger, und Caspar zu Vlmerfelden.[1]

1458, Montag nach Hl. Drei König (9. Jänner), verkaufen der Priester Peter Grädt, Johann Lempek und seine Schwester, Wolfgang Haberstorffer, Jeronimus Gradt und Barbara, Tochter des verstorbenen Wolfgang Steuffater, der Elisabet, Witwe des Erhart Müllner, ein halbes Lehen zu Diepelstarff (Diepersorf), das ihnen anerstorben (als Erbe nach einem Sterbefalle zugefallen) ist. Siegler: der edle Erhart Haller, Pfleger zu Vdmarfeld, und der ehrsame Hans Müncher.[2]

1459, 11. Mai, Wien, stellt Hanns Summerpekch, Bürger zu Wien, dem Hans Gebhart, Pfarrer zu Neunhown, anstatt des nicht vogtbaren Mathes, des Sohnes seines Bruders Thomas des Gebhart, einen Schuldbrief über 150 Pfd. aus.[3]

1460 wurde der ansehnliche Kirchenbau vollendet.[4]

1462, Mittwoch vor dem Palmtag (7. April), verkaufen die Brüder Jakob und Peter die Grafen, gesessen in Oppatniczer (Opponitzer) Pfarre, dem edlen Merten dem Randekger und seiner Frau Margaret den Zehent auf dem Hofe zu Früberstetn (Frieberstetten) in Newnhofer Pfarre, Lehen von der Herrschaft Vdmerfeld. Siegler: der edle Wolfgang der Weynman, Pfleger und Kastner zu Vdnerfeld, und der ehrbare und weise Stephan der Eysner, Bürger zu Waidhofen auf der Ybs.[5]

1466, Samstag nach St. Ulrich (5. Juli), Vdmärfeld, verkaufen Jörig Schönott zu Ober-Newnhoffen und seine Frau Anna ihrem Vetter und Schwager Kaspar dem Fleischakcher zu Ober-Newnhoffen und seiner Frau Barbara ein Drittel Zehent, groß und klein, zu Nydern-Newnhoffen auf dem Obernhoff, dienstbar der Herrschaft Vdmärfeld. Siegler: die edlen Erasem Gartner, Pfleger zu Vdmärfeld, und Hanns Appstorffer.[6]

---

[1] Abschrift von ungfähr 1600 im Schloßarchiv Greinburg, V.A. 1., Ulmerfeld.

[2] Originalpergament, das zweite Siegel erhalten, im Dreipaß eine bekleidete Menschengestalt (Mönch) zwischen zwei Ächsten. Umschrift: sigillorum e Hanns e moncher e. Stiftsarchiv Seitenstetten.

[3] Quellen zur Gesch. der Stadt Wien, II. Abteil., III. Bd., Nr. 3887.

[4] Topographie, VII., 633.

[5] Originalpergament, das zweite Siegel erhalten. S x Stefan Eisner. Schild im Balken schräg rechts 3 Hufeisen, darüber Helm mit Federschmuck. Stiftsarchiv Seitenstetten.

[6] Originalpergament, beide Siegel zerbrochen, Stiftsarchiv Seitenstetten.

1466. Diese Jahreszahl steht im Schlußstein des Kirchengewölbes beim Taufstein.

1473 wurden Ulrich, Georg, Hans und Michael Hasib mit den Freysing'schen Lehen zu Eyratsfeld, Neuhofen und Randegg belehnt.[1]

1474 stiftet Wilhelm Liegler von Diepersdorf einen Zins von einer Wiese in der Zinserleithen zur Pfarrkirche in Neuhofen auf eine jährliche Messe. Laut Stiftungsfassion vom 28. Jänner 1783 war damals der Stifterbrief noch in der Kirchenlade vorhanden.[2]

1480, St. Jakobstag (25. Juli), widmet Johann Steinlesberger von Dobersstetten zur Kirche in Neuhofen die Edelwiese auf eine Stiftmesse. Die Urkunde war 1783 noch in der Kirchenlade vorhanden.[3]

1480 bestimmte der Benefiziat am Karner zu Ybbs zu seinem Testamentsvollstrecker den Wolfgang Weger, Pfarrer zu Neuhoffen.[4]

1484, St. Thomas von Kandlwerg (29. Dezember 1483), verbessert Jorg Häsib, Hauptmann auf dem Kottweyg (Göttweig), die Stiftung eines Jahrtages, die sein „en“ (Großvater) Jorg Häsib zu Maria der „Hymlkunigein”-Gotteshaus in Newnhoffen errichtet, aber nicht genügend dotiert hatte, und weist dazu an: 30 d Dienst zu unser Frauen Dienstzeit von einer Wiese am halben Hofe des Wolfgang zu Farhach (Vorrach), der den Dienst dem Gotteshause zu leisten hat. Siegler: der Aussteller und sein Schwager, der edle Erasm Garttner, Pfleger und Kastner in Vdmerfeld.[5]

1484, ohne Tag, verkaufen Lienhart Verbicz, Bürger zu Waidhofen auf der Ybs, und seine Frau Afra den ganzen Zehent zu Vnrechtnlungfinkch (Lixing) auf Volkchleins des Fürsten Hof, zu Strazz auf einem Hofe und einer Hofstätte und den halben Zehent zu Gotterstorf auf 2 Lehen, zu Luczelloch auf 2 Lehen in Eyratzfelder Pfarre, zu Gaisstrachen auf 3 Lehen, zu Rechtenluegsinkch (Lixing) auf einem Hofe und im Kot auf einer Hofstätte in Newnhofer Pfarre, alles Lehen von Herrn Reinprecht von Walssee, dem ehrbaren Michael Fleischaker zu Newnhofen und seiner Frau Ursula. Siegler: der Aussteller und die ehrbaren und weisen Niklas Tröstling, Stadtrichter zu Waidhoven auf der Ybs, und Hanns Pirger, Ratsbürger daselbst.[6]

---

[1] Wißgrill, Schauplatz, IV., 196.

[2] Konsistorialarchiv St. Pölten.

[3] Konsistorialarchiv St. Pölten.

[4] Geschichtliche Beilagen, VII., 83.

[5] Originalpergament, nur zweites Siegel ein Rest vorhanden, Stiftsarchiv Seitenstetten. Rückaufschrift: Stifft oder verschafftbrueff vber die wissen im Farach in Alletzperger pfar, ainen pfarrer alhie mit obrigkeit andterworffen

[6] Originalpergament, die drei Siegel erhalten, Stiftsarchiv Seitenstetten. Rückaufschrift: Khaufbrief vber den zechent zu Pösenliexing vnd ander zechenten mer, all in Eyretzfelder pfar gelegen, betreffent.

1487, Mittwoch nach St. Philipp und Jakobustag (2. Mai), Freydegg, erscheint Pfarrer Wolfgang Weyer von Neuhofen als Mitglied eines Schiedsgerichts.[1]

Unter jenem Markt Neuhofen, den die Pruschenk 1489 für den Markt Grein überließen, ist wohl Neuhofen bei Kremsmünster zu verstehen.[2]

1492, 8. Juni, siegelt Wolfgang Wayrer, Pfarrer zu Neuhofen, eine Erklärung des Benefizialen Wolfgang Kolb von Waidhofen an der Ybbs.[3]

1495, 10. Juni, siegelt Pfarrer Wolfgang Weyer von Neuhofen einen Revers des Vikars Joachim Spitzer von Waidhofen.[4]

1498, Pfingsttag vor St. Bartholomä (23. August), Nidern-Walssee, belehnt Barbara, Gräfin von Schawnberg, geborne Walssee, den Michael Fleischackher von Newnhofen und seine Frau Ursula mit den zur Herrschaft Nider-Walsee gehörigen, vormals vermannten und verfallenen Zehent aus besonderer Gnade auf Lebenszeit. Wenn sie denselben verkaufen, ist der zehnte Pfennig an die Herrschaft abzugeben. Es war ganzer Zehent auf einem Hofe zu Pösnlukhsinkh (Lixing), und einem Hofe und Hofstätte zu Strass, halber Zehent auf einem Lehen zu Lutzellach, zwei Lehen zu Gottesdorff, alles in Eyratsfelder Pfarre, auf drei Lehen zu Gaissteten, einem Hofe zu Rechtnlukhnitz (Lixing) und einer Hoffstatt in Khatt in Newnhoffer Pfarre. Siegler: die Ausstellerin.[5]

1503, Freitag nach St. Veit Martyrer (16. Juni), verkaufen Katherina, Witwe des Hanns Pirchinger, Bürgers zu Weyr, anstatt ihrer Kinder und ihr Bruder Pangratz Hamerschmidt, Bürger daselbst, anstatt der Kinder des Hanns, auch Hanns Ledrer, Bürger zu Weyr, anstatt seiner Hausfrau Margarethe, Tochter des Hans Pirchinger, ein halbes Tagwerk Wiesmahd in der Schinttaw unter der Herrschaft Vrmerfeld, an die Hofwiß stossend, worauf eine Stiftung und Jahrtag von des Hans Pirchinger Vorfahren haftet und welche „ain vbermaß derselben stifft tragt", nach dem Gutdünken des Pfarrers Wolfganng Weger zu Newnhofen, des Kirchmeisters Wolfganng Vrban und der Bürger Michel Fleischagker und Hanns Schmidt der Kirche in Neuhofen zum freien Genusse. Siegler: der edle „Hanns Asnpawm, richter und vrbarambtman zum Weyr vnd Gaflenntztall", und Hanns Pawngartner.[6]

---

[1] Topographie, III., 207.
[2] Dr. Straßmayr, Die Stadt Grein und ihr Archiv, 13.
[3] Konsistorialarchiv St. Pölten. Siehe unter Waidhofen.
[4] Konsistorialarchiv St. Pölten. Siehe unter Waidhofen.
[5] Originalpergament, das Siegel fehlt. Stiftsarchiv Seitenstetten.
[6] Originalpapier, Konsistorialarchiv St. Pölten. Rückenaufschrift: Hannsen Annderß Pirchinger von wegen einer wissen an der Schinkaw.

1505, Sonntag *Laetare* (2. März), verkaufen Georg Vurdl, Wirt zu Gleiß und Simon Fleischhaker zu Neuhofen dem Pfarrer Wolfgang Weger zu Neuhofen die Wiese am Bach.[1]

1505, Sonntag nach Ostern (30. März), stiften Barbara Rinberger und Margareta, Gemahlin des edlen Sigmund von Neydeckh und Fronica, die Töchter des Oswald Schirmer zu Gleiß, einen Jahrtag in Neuhofen.[2]

1506, Mittwoch nach Kreuzerhöhung (16. September), stiften Michael Schönnot Fleischhacker in Neunhouen auf der Ybbs, und seine Frau Ursula mit Willen der Frau Barbara, geborne Walssee, Witwe des Grafen Sigmund von Schaunberg zu Unser Frauen-Gotteshaus in Neunhoven die oben genannten Zehente in Pösenlüxing, Strass, Lützlach und Göttersdorff in Eyratzfelder Pfarre und zu Gaistechen, Rechtenluggsing und im Kattall in Neunhouer Pfarre. Der Zechmeister soll den Zehent einnehmen und davon zwei Jahrtage an der beiden Stifter Sterbetage oder in acht Tagen darauf abhalten lassen mit Vigil samt neun Lektionen und Gang über das Grab mit dem Gebet, Miserere und Glockengeläute am Abend und am Morgen ein Lobamt von der Heiligsten Dreifaltigkeit, ein Seelamt mit Gebet nach dem Evangelium, darauf ein Lobamt von Maria Schiedung darunter eine gesprochene Messe von Maria Heimsuchung gehalten werden. Der Pfarrer oder sein Vikar bekommt für Opfer an Brot und Wein jedesmal 32 d, die armen Leute Brot für 20 d. Für eine Jahresbitte sind 60 d zu entrichten und an jedem Montag des Jahres ein Seelenamt zu singen, wofür der Priester jedesmal 18 d erhält. Siegler: Barbara Gräfin von Schaunberg.[3]

1508, Ertag nach dem Palmsonntag (18. April), verkauft Lienhart Lasperger zu Lewtzmansdorff auf dem Ybsfeld (Leutzmannsdorf bei St. Georgen am Ybbsfeld) auf Bitten des ehrbaren Wolfgang Pewutter, Zechmeisters des Gotteshauses in Newnhoffen, des Hanns Fleischachker und Hanns Orttner anstatt des Pfarrers Wolfgang Weger und der Pfarrgemeinde Newnhoffen. Die Obrigkeit und Freiheit auf dem Grunde der „prantstatt, gelegen zw Newnhoffen zwischen des Hanns Fleischachker und des Kirchfreythoff" beim Gotteshause „von wegen sarglicher Schäden, so ain haus da gepaut würde, prunsthalben dem gotzhaus beschechen mochte", um eine

---

[1] Originalpergament, von den zwei Siegeln eines erhalten. Stiftsarchiv Seitenstetten.

[2] Originalpergament mit drei Siegeln. Stiftsarchiv Seitenstetten.

[3] Originalpergament, das Siegel erhalten. Stiftsarchiv Seitenstetten.

Geldsumme und übergibt ihn als freies Eigentum der Kirche. Siegler: der Aussteller und der edle Siluester Allinger.[1]

1508, Sonntag, 16. Juli, rekonziliiert Bernhard, *episcopus Libanensis*, im besonderen Auftrage vom Bischof Wigileus von Passau die Kirche der seligsten Jungfrau in Newhoffen in der Diözese Passau welche *quavis forsan occasione, oti formidabatur*, und den Friedhof um dieselbe, der *per effusionem sanguinis et quacumque alia causa* entweiht war. Er bestätigt die bisher übliche Feier der Kirchweihe und verleiht den Besuchern und Wohltätern der Kirche für Weihnachten, Beschneidung, Erscheinung, Auferstehung, Himmelfahrt, Pfingsten, Fronleichnam, alle Marienfeste, Johann Baptist, Peter und Paul, Allerheiligen, der Patrone der Kirche und Altäre und der Kirchweih derselben 40 Tage Nachlaß der schweren und 80 Tage der leichten Sünden. Wer auf dem Friedhofe drei Vater Unser und Ave Maria und ein Credo kniend für die Verstorbenen betet, gewinnt 40 Tage Ablaß von dem schweren und 80 Tage von den leichten Sünden.[2]

Eine Grabplatte am Gange zum Musikchore (2,37 x 1,11 m) enthält folgende Inschrift: *hic . sunt . sepulti . venerabilis dominus Sigmund Haffner* (Gartner?), *plebanus in Winckhlarn* († 1508, *in die sancti Juliani), et Wolfgangus Weger, plebanus hic* († 1508?).

Eine zweite Platte daselbst stammt aus dem Anfange des 16. Jahrhunderts und enthält die Worte: . . . *quingentesimo . . . venerabilis vir dominus Johannes Hoffkircher, (procu)rator hujus ecclesiae, cujus anima deo vivat.*[3]

1513, 13. März, wurde ein Bürgerbuch begonnen, das noch vorhanden ist. Um jene Zeit gab Kaiser Maximilian I. dem Orte Marktfreiheiten.[4]

1518 erhielt die Kirche eine schöne, große Turmglocke.[5]

1521, 30. Jänner, stellte Abt Andreas von Seitenstetten einen Lehenbrief aus für Wolfgang Scharnagell, Pfarrer zu Neuhofen. Siegler: Abt und Konvent.[6]

1522, Allerheiligen (1. November), widmet Johann Ortner zur Kirche in Neuhofen eine Wiese am Reichartsgraben auf eine hl. Messe. Die Urkunde war noch 1783 in der Kirchenlade vorhanden.[7]

---

[1] Originalpergament, nur vom zweiten Siegel ein Teil erhalten, Stiftsarchiv Seitenstetten.

[2] Originalpergament, das Siegel fehlt. Stiftsarchiv Seitenstetten. Dabei Abschrift, von Kooperator Franz Obermayr in Neuhofen 1753 angefertigt *ob antiquos characteres partim ignotos*.

[3] Topographie, VII., 633.

[4] Topographie, VII., 122.

[5] Topographie, VII., 634.

[6] Originalpergament, nur ein Siegel erhalten. Stiftsarchiv Seitenstetten.

[7] Konsistorialarchiv St. Pölten.

1523, Freitag vor Pauli Bekehrung (23. Jänner), stiftet unter Pfarrer Scharnagl Abt Heinrich einen Zehent von 3 Bauerngütern in Aigen auf eine jährliche hl. Messe. Die Urkunde darüber war 1783 noch in der Kirchenlade zu Neuhofen verwahrt.[1]

1525, Freitag vor Pauli Bekehrung (21. Jänner), verzichtet Abt Heinrich von Seitenstetten auf die Lehenschaft eines Zehents zu Neuhofen zu Gunsten einer Stiftung daselbst.[2]

1529 waren die Türken in Neuhofen und brannten den Markt nieder, wobei auch die Markturkunde zugrunde ging. Sie wurde am 30. September 1529 in Amstetten erneuert.[3]

1530, Sonntag vor Egydi (28. August), beurkunden Michl Vleischacker zu Ranndeckh in der Herrschaft Vlmarfelden und seine Frau Apollonia, daß ihr Schweher und Vater Hans Eyspain zu Newnhoffen vom verstorbenen Lienhard Pantzhaimer einen Grund gekauft habe, der „zwischen der freythofmawr zu Newhofen vnd der lackhen in demselben hof" zunächst der Eyspain Behausung gelegen ist. Darauf haben sie einen Kellerhals gesetzt und gebaut und verpflichten sich, davon in das Kleinhaus zunächst dem Gattern und dem Grunde am Friedhofe und dem Hause des Schönnotten zu Georgi 6 d Dienst zu leisten. Siegler: der edle Heymeran von Frawnberg, Pfleger zu Vlmarfelden, und als Zeugen die ehrsamen Veit Hofstetter, Amtmann zu Vlmarfelden, und Thoman Pfisterpeckh, Bürger daselbst.[4]

1532, 6. September, lagen die Türken um St. Veit, Neuhofen und Ulmerfeld.[5]

1537, 4. März, beurkundet König Ferdinand I., daß vor ihm gekommen sind Oswald Kunzer, Hanns Stannigl, Stephan Scheiber, Wolfgang Kruperg und Lienhart Gakersdorfer, im Fleckhen Neuhofen in seinem Fürstentum Oesterreich wohnhaft, und haben ihm zwei Pergamentbriefe ihrer Erbmarktsfrayung, welche von seinem Ahnherrn Kaiser Maximilian I. und ihm selbst ausgegangen sind, aber im nächst vergangenen Türkenzug (1529) an Siegel und sonst schadhaft geworden waren, vorgelegt. Auf ihre Bitte bestätigt er diese Erbmarktfreiung mit Gewerb, Kauf und Verkauf, wie sie von ihren Voreltern auf sie gekommen ist.[6]

1538, Sonntag *Laetare* in der Fasten (31. März), beurkunden Lienhard Holtzner, „kirichhner der pfarkhirchen Neuhofen", dann

---

[1] Konsistorialarchiv St. Pölten. Topographie, VII., 122, 632.

[2] Originalpergament, das Siegel des Abtes fehlt, das des Konventes vorhanden. Stiftsarchiv Seitenstetten.

[3] Diese und die folgenden Nachschriften aus dem Pfarrarchiv Neuhofen stammen von hochw. Herrn Kooperator Johann Ebner.

[4] Originalpergament, das Siegel zerbrochen. Stiftsarchiv Seitenstetten.

[5] Blätter für Landeskunde, 1867, 125.

[6] Gemeindearchiv Neuhofen.

Thoman Phisterpeckh und Michel Englperger, beide Bürger zu Vlmerfeldn, und Wolfgang Maurer zu Schindaw, daß die verstorbene Ursula Roser ihnen als Testamentariern aufgetragen habe, die Wiese zu Steltzperg, in Eiratzfeldner Pfarre, unter Lehen und Obrigkeit der Herrschaft Vlmerfelden gelegen, der Kirche zu Neuhofen auf einen Jahrtag mit Vigil, Seelen- und Lobamt in der Woche nach Mittfasten zu übergeben. Der Zechmeister Florian Tantzer zu Perbarstorff solle auf Lebenszeit Lehenträger der Wiese sein und davon den Jahrtag bezahlen. Die Verwandten der Stifterin und Gerhaben ihrer zwei Enkelkinder Jorg und Gradl, nämlich Leopold Maurer zu Schindaw und Jorg Erlinger zu Spiegelsperg haben auf Befragen des Herrschaftspflegers ihre Einwilligung zu der Stiftung gegeben. Siegler: der edle und feste Haymerain von Fraunberg, Pfleger und Verwalter der Herrschaft Vlmarfeldn.[1]

1541 wird als Pfarrer Erasmus Eisner angeführt.[2] Um jene Zeit wandten sich die Geyer auf Hagberg dem Luthertum zu.[3]

1556, 5. Juli, verkaufen die Brüder Georg Aygner auf der Plach und Gotthard Awgner am Awgen und ihre Frauen Kathrein und Elsbet, Holden des Gotteshauses Erlacloster, ihren ganzen Zehent auf drei Gütern zu Obern-Hörnpach (Ober-Hömbach) in der Herrschaft Vllmerfelden, Lehen vom Bischof von Freising, der Unser Frauen-Pfarrkirchen zu Neunhofen dem Zechmeister und Kirchenvogt Simon Lechner zu Dieglstorff (Diegersdorf). Siegler: der edle und feste Hans Illsung, Pfleger zu Vllmerfelden, und als Zeugen der ehrbare Jörg Sudner, Marktrichter, und Veit Hofsteter, Hofamtmann daselbst.[4]

1558, 15. Mai, Neuhofen, verfaßte Christoph Wienner, Pfarrer daselbst, eine Einlage der Pfarre Neuhofen. Dienst von Häusern und Brandstätten beim Pach, hinter dem Pfarrhof, unter der Mauer, zu Abschlaipffing, im Toppel, in der Staurn, Widen zu Tobstetten, Walmerstorff, an der Hadlosen, Großen-Vngpach, Eyrazfeldt. - Zehent zu Obern-Neuhoffen, Hof und Hofstatt, zu Pfosendorff 6 Häuser, zu Perberstorff, Obernthall, Nidernthall, Abschlächssing, Obern-Hanpach, Dieperstorff, Scherping, Riedl, Rueprecht, Hartpuchel (bei St. Leonhard) Toppel und Kalstaichen.

Dienste zur Kapelle im Schlosse Vlmerfeld: Hof am Gstatt in Piberbeckher Pfarre, dient 10 ß d; Mühle dabei 6 ß; Hof zu Schniderberg 7 ß, Vrbasmühl 5 ß, Brandstätte zu Vlmerfelden 6 d, Acker am Gstatt 2 d, halbe Tagwerk-Wiese in der Haslau beim Prunpach 4 ß, Phaffenhoff im Markte Vlmerfelden mit Zugehörung, verlassen um 36 ß 10 d; eine

[1] Originalpergament, das Siegel teilweise erhalten. Stiftsarchiv Seitenstetten.
[2] Topographie, VII., 122.
[3] Wiedemann, IV.,
[4] Originalpergament, das Siegel fehlt. Stiftsarchiv Seitenstetten.

Wiese 3 ß, Hofstätte zu Parberstorff mit ganzem Zehent. Von allem gibt der Pfarrer dem Kaplan Essen und Trinken und Sold 8 Pfd. Pfen. Jahrtage ertragen 6½ Pfd., von Harzehent 9 ß; zwei Weingärten in Grümbsing (Grinsing) in der Herrschaft Emerßdorff tragen 10 Eimer. Der Bau kostet 9 Pfd. und davon bekommt der Gesellpriester täglich zwei Tertial Weines, von Arbess, Prein und anderem, das man in die Getreidefelder baut, hat er empfangen ¾ Arbes.
Haus und Überländdienst 21 Pfd. 16 d 1 h, davon taxierte Gülte 10 Pfd., 4 ß 8 d. Zehent und Getreidedienst 11 Metzen, 3 Viertel, 1 Achtel Weizen, 4 Mut 29½ Metzen Korn, 5 Mut 16 Metzen Hafer, 3 Viertel Arbes; taxierte Gülte 15 Pfd. 5 ß 9 d 1 h. Küchendienst 24 ß Eier, 26 Käse, 47 Herbst- und Faschinghühner, 5 Gänse, 9 Raisten Zehenthar; taxierte Gülte 1 Pfd. 3 ß 12 d. Zwei Weingärten mit 10 Eimer, taxierte Gülte 1 Pfd. 2 ß d. Summe 28 Pfd. 6 ß 29 d 1 h. Vom 4. Jänner 1559.[1]

Von etwa 1562-1564 war hier Pfarrer Urban Perntaz, aus einem Adelsgeschlechte Kärntens stammend und Profeß von Seitenstetten. Er wurde 1564-1587 Abt von Melk, weshalb der Offizial im ersten Jahre den Rat von Neuhofen über sein Leben, Lehre und Wirtschaft befragte. Hier hatte er eine Konkubine, die er entließ.[2]

1564 wurde der Laienkelch erlaubt, aber 1568 wieder verboten.

1568 erhielt die „Pfarrerin" bei der Kirchenrechnung für ihre Bemühung in der Kuchl einen Betrag und der Schulmeister für das Türkengeläut (um 11 Uhr vormittags) 1 ß. Der Speiswein zu Ostern und Pfingsten wurde den Kindern gegeben. Zum Sakrament kaufte man 1569 ein Instrument.[3]

1574 mußte Pfarrer Bartholomäus Häring wegen verschiedener Klagen gegen die Pfarre quittieren (zurücklegen). Nun folgte Leonhard Pascher, der 1576 eine neue Turmuhr um 211 fl ankaufte, die von Wallsee hereingeführt wurde. Der Pfarrer wurde im selben Jahre vom Schulmeister aus unbekannter Ursache „entleibt" (ermordet).

1576-1579 war Pfarrer Lorenz Lindlspacher, der das Gesellenpriesterhaus renovierte und 1579 einen neuen Choraltar aufstellte.

1579-1588 war Pfarrer der „edle und gestrenge, auch ehrsam und bescheidene" Christoph Houbmayr. Sein Weib erhielt 1581 ein Trinkgeld. Er ließ damals die Kirchen- und Sakristeitüren bemalen, den Taufstein anstreichen und Weingärten in Grimsing verkaufen, auch 1582 im Kirchenturm einen eisernen Glockenstuhl aufstellen, der heute noch in Gebrauch ist.[4]

---

[1] Abschrift Schloßarchiv Greinburg, K(irchen) A(kten) 5.
[2] Keiblinger, Melk, I., 770; Wiedemann, IV., 238, 240.
[3] Pfarrarchiv Neuhofen.
[4] Pfarrarchiv Neuhofen.

1582, 21. März, wurde an die bischöfliche Regierung in Freising berichtet: falls der Pfarrer Christoph Jaubinger (obiger Haubmayr) von Neuhouen auf die Pfarre Waidhofen kommen sollte, habe sich der von Freising gesendete Michael Rost bereit erklärt, die Pfarre Neuhofen kurze Zeit zu versehen.[1] Haubinger kam nicht nach Waidhofen.[2]

In der Filialkirche St. Veit (in Toberstetten) wurde 1581 ein Tafelwerk, das 36 fl kostete, aufgestellt. Daselbst waren 1586 in einer Truhe verwahrt: 2 Meßgewänder, 1 Meßbuch, 1 kleines Graduale, ein Paar Opferkännchen und 3 Altartücher. 1602 wurde eine Mauer aufgeführt, eine Glocke und neue Kirchenstühle angeschafft. 1619 wurde ein großes Kreuz von Sebastian Amon in Ulmerfeld um 5 fl geschnitzt und von Lorenz Leißer in Waidhofen an der Ybbs bemalt.[3]

Um 1584 hatte der Bischof von Freising zur Herrschaft Ulmerfeld in Neuhofen 48 Holden. Das Gut Hagberg gehörte dem Niklas Geyer von Osterburg und enthielt in Hagberg 37 und in Kritzendorf UWW einen Holden. Südöstlich von Neuhofen bestand das Wasserschloß Schlickenreit in Mitterbachgraben, welches mit 16½ Holden dem Hans Georg Staudinger gehörte.[4] In Schlickenreit saßen bereits um 1300 Freisinger Lehensritter. Das Gut wurde vor 1728 mit Kröllendorf vereinigt. Doch sind Burgstall mit Wassergraben und Bauhof noch erkennbar.[5]

1588-1606 war Pfarrer Nikolaus Neumayr. Er hatte einen Sohn, der 1613 als Fleischhackergeselle ein Weib nahm.[6] Die Kirchenrechnungen von 1588 an sind vorhanden.[7]

1593 erhielt die Kirche neue Stühle. 1594 wurde das Gesellpriesterhaus dem Schulmeister verkauft und war Zölestin Reichersdorfer Kooperator. 1596 war der Pfarrer bei der Obrigkeit und wurde kein Zehent geleistet.[8]

1597 hielt sich der Bauernanführer Markgraber mit den aufständischen Bauern von Ende Februar bis zu seiner Gefangennehmung (12. April) zumeist in Ulmerfeld auf. Der Schulmeister von Neuhofen Georg Steinhauer (oder Steinhauser) wurde sein eifriger Anhänger und Feldschreiber und dann selbst Bauernoberst.

Am 1. März zog Steinhauer mit 1000 bewaffneten Bauern nach Ferschnitz, um an dem Pfarrer daselbst, der gegen den Aufstand gepredigt hatte, Rache zu nehmen, und drohte, ihn aufhängen zu lassen.

---

[1] Konsistorialarchiv St. Pölten, Faszikel Hollenstein.
[2] Wiedemann, IV., 199.
[3] Pfarrarchiv Neuhofen.
[4] Schloßarchiv Ottenstein.
[5] Topographie, VII., 121, 357.
[6] Pfarrarchiv Neuhofen.
[7] Schloßarchiv Greinburg K. A. 5.
[8] Pfarrarchiv Neuhofen.

Doch war der Pfarrer in das Schloß Freidegg geflüchtet. Mit dem Wirte Haller von Puchenstuben führte er am 16. März eine Schar Bauern nach Kilb, wo der Pfarrhof geplündert wurde. In Wilhelmsburg schmähte er besonders heftig über die lügnerischen Adeligen, ließ sich aber von Freiherrn von Jörger durch eine Dukatenspende für einen friedlichen Vergleich gewinnen. Dann nahm er seinen Sitz in St. Leonhard am Forst, von wo er auf Markgrabers Befehl nach Scheibbs und Lilienfeld Züge ausführte. In St. Leonhard sammelte er viele Bauern, und am 2. April führte ihm Markgraber seine Bauern von Ulmerfeld zu, worauf beide mit den Truppen nach Wilhelmsburg marschierten. Dort übergab Markgraber den Oberbefehl an Haller und Steinhauser und kehrte selbst nach Ulmerfeld zurück. Nun begannen die Bauern am 4. April mit einem Heere von 10.000 Mann die Belagerung der Stadt St. Pölten. Graf Morakhsy, der in Emmersdorf eben Kriegsgericht über die Aufständischen hielt, sandte auf die Kunde davon den Grafen Thurn mit zwei Kornett Reitern zum Entsatze der Stadt, worauf die erschreckten Bauern die Flucht ergriffen. Unterdessen hatten die mit den Aufständischen nicht einverstandenen Bürger von Wilhelmsburg die beiden Anführer der Bauern gefangengenommen und den Haller, der sich zur Wehr setzte, erschossen und in Stücke gehauen, worauf Steinhauer sich selbst den Tod gab.[1] - Als seine Tochter Elsbeth sich am 24. August 1614 mit Andre zu Panhalm in Neuhofen verehelichte, wurde im Trauungsbuche zu Georg Steinhauser angemerkt: *lud magister hic, qui sese Wilhelmspurgi in rebellione interemerat.*[2]

1606, Ende des Jahres starb Pfarrer Neumayr.

1607, 14. März, wurde installiert Pfarrer Sigismund Canzler, der bis zu seinem Tode 1615 die Pfarre leitete.

1607, 21. April, reiste der Pfarrer mit dem Kirchenpropste und dem Schulmeister Martin Miller nach Linz, wo sie am nächsten Tage ankamen. Sie kauften dort ein neues römisches Missale mit Kupferstichen „in Gold gesprengt", um 12 fl; ein zweites Missale, ein römisches Brevier, welches man täglich bei der Kirche haben muß; ein deutsches Evanglienbuch für Sonn- und Festtage, auch „*cantiones, vulnera Christi* genanndt", und dazu 10 kleine Glöcklein, „so man pflegt zu brauchen am Gottsleichnamsfest"; weiters ein kupfernes Rauchgefäß und eine zinnerne Kapsel, welche dividiert zu Salz und Asche, *ad baptismum*. Über Waldsee und Ulmerfeld kamen sie am 24. April wohlerhalten zurück. Am 29. August holten der Pfarrer und Zechpropst das von Martin Stain aus Augsburg um 25 fl aus Bruchsilber gemachte Ziborium von Linz ab.

[1] Blätter für Landeskunde, 1897, 413-436.
[2] Pfarrarchiv Neuhofen.

1607 beginnen die Pfarrmatrikeln und wurde die Kirche von den Maurermeistern Matthias Menzenreiter von Neuhofen und Niklas von Randegg um 45 fl renoviert. Der Kalk wurde mit Essig und Salz vermischt, wozu von letzterem ein Futter aufging.

1610 wurde von Hacker in Steyr eine neue Orgel aufgestellt, wofür er als Abschlag 170 fl erhielt.[1] Aus diesem Jahr stammt ein Urbar der Pfarre.[2]

1615 und 1616 herrschte in Hiesbach und Ungförten die Pest.[3]

1616-1632 war Pfarrer Adam Mayr.

1617 mußte die Kirche wegen herumziehender böser Leute bei Nacht bewacht werden und brachte der Maler von Waydhofen an der äußeren Kirchenwand ein „Christopferus-Bildnuß" an.

1620, 12. Juli, mußte Bischof Veit Adam von Freising den Wolf Christoph von Geyer wieder mit Hagberg, das er seinem Geschlecht wegen dessen Anhänglichkeit an das Luthertum seit 1606 entzogen hatte, belehnen, Geyer aber auch geloben, die katholischen Untertanen unangetastet zu lassen.[4]

1623 wurde ein neuer Hochaltar aufgestellt.[5] Von ihm stammt vielleicht die Marienstatue.

1632, Unschuldiger Kindltag (28. Dezember), wurde ein Jahrtag für den verstorbenen Pfarrer Mayr errichtet.

1645-1653 war Pfarrer Magister Johannes Ziegler, vorher Pfarrer in Opponitz.

1653, 9. Oktober, starb Pfarrer Ziegler. Sein Grabstein wurde 1928 aufgefunden und bei der kleinen Kirchentüre außen angebracht, Auch für ihn wurde ein Jahrtag gestiftet, zu Franziszi (4. Oktober). Nachfolger wurde

1653 bis zum Tode 30. Jänner 1662 Johann Georg Minlich.

1655 beginnen die vorhandenen Kirchenrechnungen von St. Veit in Toberstetten.[6]

1659 hatte Pfarrer Hans Georg Mierlich wegen des Zehents von Haiden, Hiersch (Hirsa) und Prain, die auf den Tradtfeldern gebaut wurden, einen Streit, behauptete denselben aber nach seinem Urbar.[7]

1661 goß Rottschmied in Steyr zwei Glocken für 179 fl um.

1662-1674 war Pfarrer Johann Jakob Menzinger.

---

[1] Pfarrarchiv Neuhofen.
[2] Schloßarchiv Greinburg, K. A. 5.
[3] Pfarrarchiv Neuhofen.
[4] Wiedemann, IV., 217.
[5] Topographie, VII., 632.
[6] Schloßarchiv Greinburg, K. A. XIII.
[7] Konsistorialarchiv St. Pölten.

1665 brauchte man am Auffahrtstag zur Darstellung der Himmelfahrt Christi fünf Personen, „so unseren Herrn und die Engel in den Himmel erhebt".[1]

1668, 27. Jänner, Pfarrhof Neyhoven, beurkundet Pfarrer Johann Jakob Mentzinger von Nevhoven, Vlmerfeldt und Euratsfeldt, daß seine Zehentbauern zu Neuhofen den Zehent von Waitz, Khorn, Haber, Gersten, Linß, Ponnen, Haiden, Arbeis und Prein, und Haar und Khraut geben.[2]

Von 1673-1809, also durch 136 Jahre, versah den Schuldienst die Familie Pfeiffer.

1675, St. Thomas Aquin (7. März), erfolgt die Stiftung eines Jahrtages für verstorbenen Pfarrrer Jakob Mentzinger.

1676-1692 war Pfarrer Ferdinand Pliedinger.[3]

1682, im April, wurde der verstorbene Pfarrer Nikolaus Spaar von Winklarn in Neuhofen in der Kirche beigesetzt, weshalb Pfarrer Mag. Ferdinand Pliedinger zu einem Grabstein für ihn 12 fl erhielt.[4]

1683, 18. Juli, kamen die Türken nach Neuhofen, stiegen bei den Fenstern in die versperrte Kirche ein, und richteten darin einen Schaden von 800 Gulden an. Der Schulmeister Ferdinand Michael Pfeiffer war am Vortage mit seiner Familie nach Waidhofen an der Ybbs geflohen. Der Bader Thomas Lichtl wurde auf das Feld geschleppt und dort erschlagen, der Totengräber beim heiligen Brunn an der Heidenlachmühle zu tot gehauen, von den Häusern viele getötet oder fortgeführt.[5]

1684 wurde der Sebastianialtar erbaut, der Maler von Waidhofen erhielt 57 fl, der Tischler Hans Georg 27 fl.[6]

1692-1715 war Pfarrer Bernhardin Dominicus von der Linden auf Göttersdorf und Wolfshagen.

1693 ließ der Pfarrer durch den Tischlermeister Hans Georg zu Waidhofen, den Faßmaler und Vergolder Ferdinand Huber in Amstetten und einen Bildhauer, der die Statue St. Leonhart und Christoph anfertigte, den Florianialtar aufstellen, welcher 153 Gulden kostete.[7]

1697 veranlaßte der Pfarrer auch die Anfertigung des Altars zum hl. Vitus in der St. Veitskirche zu Toberstetten, der noch vorhanden ist. Er kostete 150 fl und enthält ein Gemälde des hl. Vitus, von Johann Ferdinand Huber in Ulmerfeld angefertigt.[8]

---

[1] Pfarrarchiv Neuhofen.
[2] Konsistorialarchiv St. Pölten.
[3] Pfarrarchiv Neuhofen.
[4] Konsistorialarchiv St. Pölten, Faszikel Winklarn.
[5] Johann Ebner, Volkskundekalender, 1929, 69-72; Topographie, VII., 123, 631.
[6] Volkskundekalender, 1929, 71.
[7] Volkskundekalender, 1929, 71.
[8] Pfarrarchiv Neuhofen; Topographie, VII., 632.

Die St. Veitskirche in Toberstetten weist beim Eingang die Inschrift „P. V. 1714" auf. Sie wurde 1792 entweiht, dann aber bald wieder zum Gottesdienst verwendet. Dazu wurde 1860 von Neuhofen eine Monstranz um 50 fl und 1871 von St. Peter in der Au ein Kreuzweg um 30 fl gekauft und 1877 die zersprungene Glocke gegen eine kleine Glocke von Neuhofen und 100 fl Aufzahlung eingetauscht.[1]

1759 wurde die Pfarrkirche innen samt Einrichtung renoviert, mit 150 Platten gepflastert, der Hochaltar, die Orgel und Chorbrüstung vergoldet und eine neue Kanzel und zwei Seitenaltäre aufgestellt, die von Josef Mann, Tischlermeister in Wien, angefertigt waren. Die Bilder der beiden Altäre wurden vom kaiserlichen Hof- und Kammermaler M. Gedon[2] um 212 fl gemalt. Im Ganzen wurden 2.500 fl dafür ausgelegt. Die Altäre blieben bis 1874.

Um 1786 sollte die St. Veitskirche bei Neuhofen (in Toberstetten) entweiht werden.[3]

1858 wurde die Erhaltung des Kreuzstöckels in Elzbach gelobt.[4]

1873 kamen vom ehemaligen Kloster in Schönbach eine Kasel und Pluriale und zwei Dalmatiken durch Kauf um 150 fl an die Pfarrkirche in Neuhofen.[5]

121. Neulengbach[6]

Die ursprüngliche Pfarrkirche zum hl. Nikolaus bestand nebst Schule und Pfarrhof im oberen Markte beim Friedhofe und wurde 1782 als baufällig abgebrochen und dafür die 1614-26 erbaute Franziskanerkirche zur heiligen Dreifaltigkeit zur Pfarrkirche bestimmt.[7]

998 schenkte Kaiser Otto III. einem Vorfahren der Herrn von Traisma das Gebiet zwischen den Bächen Dullona (Tullnerbach) und Amizinesbahe (Anzbach).[8]

---

[1] Pfarrarchiv Neuhofen.

[2] Riesenhuber führt in Die kirchliche Barockkunst in Oesterreich, 525, den Maler Thomas Friedrich Gedon an.

[3] Kerschbaumer, Geschichtes des Bistums St. Pölten, II., 69.

[4] Konsistorialarchiv St. Pölten.

[5] Pfarrarchiv Neuhofen.

[6] Topographie, V., 744-752. Dechant Johann Bauer, Kurze Geschichte der Pfarre Neulengbach, 1910, 40 Seiten.

[7] Topographie, V., 751.

[8] Winter, Niederösterr. Weistümer, III., 119.

Um 1209 wurde eine Frau von Lengenbach bei den Reliquien in St. Pölten geheilt.[1]

Um 1230 diente der Vogt zu Lengenbach dem Landesfürsten von Wirtschaftshöfen in Ozanstorf (Etzersdorf bei Kapelln), Vnganse (Umsee), Richoldsperg (Reichersberg bei Ollarn), Altenlengenbach und Potenawe; der Landesfürst hatte einen Witschaftshof in Prunspach mit Obstgarten, dessen Frucht jährlich zu Lengenpach verkauft wurde; in Altenlengenbach einen Zehent und einen Swaighoue mit 12 Kühen, Güter in Egestorf; im Markt Lengenbach Zehent von 4 Mut Getreide, in Gutenek 13 Mut Vogthafer, Kastmut, deren drei eine Burgmut machten. Die Bürger zu Lengenpach sagten unter Eid aus, daß der Herzog bei ihnen 50½ Hofstätten habe und der Ritter von Lengepach beeidete, daß das Dorf Aychenprunn von Heinrich von Zebingen als Vogt erledigt wurde und von Heinrich von Lichtenwert mit Unrecht behalten werde. Auch das Schloß Aychperch mit Obstgarten war durch den Tod des Hainrich von Zewing erledigt.[2]

1241 hatte Herzog Friedrich II. von Oesterreich vom Bistum Passau Zehente im Markte Lengenbach zu Lehen.[3]

Um 1260 war die Kirche im Markte Lengpach exemt von der Kirche in Abstetin.[4]

Um 1260 diente dem Landesfürsten auch eine Badstube in Lengenpach.[5]

1310, St. Ulrich (4. Juli), Lengpach, verspricht Marchart von Schellenberch, Burggraf zu (Neu-)Lengpach, die von Herzog Friedrich von Oesterreich dem Abte Ulrich von Melch gegebenen Rechte, solange er das Landgericht in Lengpach innehat, getreu zu beobachten. Siegler: der Aussteller.[6] - Das Landgericht von Neulengbach reichte damals im Westen über Melk und Pöchlarn bis zur Erlauf. Später wurde der Sitz dieses Landgerichtes nach Markersdorf übertragen.

1332 war Johannes, Pleban in Lengenpach, Zeuge des Dechants von Krems.[7]

1336, 17. März, verkauft Wulfing der Häusler Gülten zu Christophen dem Pfarrer Heinrich von Neulengbach.[8]

1338 bestand eine Mautstätte zu Lengpach.[9]

---

[1] Kodex im Stifte Altenburg.
[2] Notizenblatt, 1855, 380, 381, 382, 403.
[3] Oberösterr. Urkundenbuch, III., 102.
[4] Monumenta Boica, XXVIII., II., 482.
[5] Rauch, Rerum Austriacarum Scriptores, II., 24.
[6] Originalpergament, Stiftsarchiv Melk.
[7] Hanthaler, Recensus Diplom. archivi Campilil., I., 76; Geschichtl. Beilagen, III., 520.
[8] Mitteilungen des k.k. Archives für Nieder-Oesterreich, II., 68.
[9] Blätter für Landeskunde, 1883, 488.

1359, 15. Juli, Wien, schlägt Herzog Rudolf IV. Kraft dem Hauser 100 Pfd. Wr. Pfen., die er an der Feste Lengpach verbauen soll, zu seinem Satz auf derselben.[1]

1371 wird Pfarrer Georg und 1372 der Priester Johann von Lengpach angeführt.[2]

1385 kaufte Abt Jakob von Säusenstein Güter in Inbruck in der Asperhoferpfarre (heute Inprugg in der Pfarre Neulengbach) um 15 Pfd. Wr. Pfen. und Überländer um 100 Pfd.[3]

Um 1390 wird Neulengbach unter den Pfarren ohne weitere Angabe aufgeführt.[4]

1418, 1. März, Neulengbach, verkauft Wenzel der Inprucker der Pfarrgemeinde Neulengbach zu einer Frühmesse Gülten in den Pfarren Altlengbach und Christophen um 147 Pfd. Pfen.[5]

1429, war Neulengpach auf 20 Pfd. Pfen. taxiert und Lehen vom Herzog.[6]

1430, 20. April, Wien, stiftet die Pfarrgemeinde eine tägliche Frühmesse mit Ausnahme der Freitage und höheren Feste und übergibt dem Pfarrer Thoman Traczler die Stiftungsgüter.[7]

1441, 14. Februar, wurden die Rechte der Bürger zu Lengbach beschrieben.[8]

1442, 13. Jänner, verkauft Georg Scheck von Wald dem Pfarrer Thoman Traeczler und der Pfarrgemeinde Neulengbach die Kolwiese zur Frühmesse.[9]

1446, 24. Oktober, Lengbach, verpachtet Pfarrer Traeczler mit Zustimmung des Pfarrers von Anzbach als Grundherrn einen Safrangarten und verpflichtet sich, vom Zinse per 3 ß jährlich eine Vigil und Seelamt und Gebete zu halten.[10]

1447, 16. März, Lengbach, ließ sich Pfarrer Thoman Traeczler von Neulengbach bestätigen, daß auf zwei Äckern im Marktfeld und dem Hutberg je ein Jahrtag gestiftet sei.[11]

1450, 7. Mai, verkauft Kaspar Traetzler, Priester des Passauer Bistums und Kaplan der Unser Frauenzeche zu St. Stephan in Wien, eine von seinem Bruder Thoman Treatzler, einst Pfarrer von Newnleng-

---

[1] Staatsarchiv Wien. Lichnowsky, Habsburg, IV., Nr. 61.
[2] Topographie, V., 751; Niederösterr. Urkundenbuch II, 132.
[3] Notiz im Stiftsarchiv Seitenstetten., Faszikel Säusenstein.
[4] Hippolytus, 1863, 148.
[5] Mitteilungen des k.k. Archives für Nieder-Oesterreich, II., 70.
[6] Schmieder, Matricula, 20.
[7] Mitteilungen des k.k. Archives für Nieder-Oesterreich, II., 72.
[8] Winter, Niederösterr. Weistümer, III., 119-125.
[9] Mitteilungen des k.k. Archives für Nieder-Oesterreich, II., 75.
[10] Mitteilungen des k.k. Archives für Nieder-Oesterreich, II., 76.
[11] Mitteilungen des k.k. Archives für Nieder-Oesterreich, II., 77.

pach, geerbte Wiese bei der Tunaw zu Preylibcz in der Au mit 7 Tagwerk an die Zechmeister der Unser Frauenzwche zu St. Stephan.[1]

Um jene Zeit war Konrad der Holzler, Hubmeister in Oesterreich, Besitzer der Herrschaft. Er „hatt sich auch underwunden des gefangen grafen Mathiaschen von Huniad und gefürt auf Lempach”. Daselbst übernahmen ihn Herr Sigmund Eytzinger und ander Herrn und führten ihn nach Prag und nach des Königs Ladislaus Tod (1457) wurde er ledig um 50.000 Gulden.[2]

1455, 16. Juni, Lengbach, verläßt Pfarrer Mart Swab sechs Holden den Weingarten Schulberg, der zu St. Nikolauskirche in (Neu)Lengbach gehört, daß sie in demselben Safran bauen und davon 10 ß Zins zahlen.[3]

1470, Mittwoch nach St. Gallus Abt (17. Oktober), verkauft Stephan von Manntzing den von Herrn Hanß zu Hohenberg erfallenen halben Zehent zu Innpruckh (Innbruck, Pfarre Neulengbach) und Gemmadorff (wahrscheinlich Emmersdorf, Pfarre Neulengbach) in Öschpershofer (Aschershofer) und Marckhsdorffer (Markersdorf bei Neulengbach) Bann, Getreide- und Weinzehent, groß und klein, dem edlen Ruediger Abensperg und seiner Frau Agnes. Siegler der Aussteller und als Zeugen die edlen und festen Veit Hochsteter zu Wagram und Matheuß Parssenprümer, sein Schwager.[4]

1516, 15. April, bestätigt Kaiser Maximilian I. dem Markte Neulengbach die schon von alters her gehabten, aber in den Kriegszeiten in Vergessenheit geratenen Jahrmärkte am Sonntag nach Kolomani und Invocavit.[5]

1530 wurde Neulengbach, weil von den Türken verbrannt, von der Türkensteuer verschont.[6] Das Schloß war nicht eingenommen worden, aber viele Häuser wurden angezündet.[7]

1535, 21. Juni, Wien, bestätigt König Ferdinand I. dem Markte Neulengbach das von seinem Vorfahren verliehene Wappen, ein weißes Lamm in einem roten Schilde enthaltend, da der Wappenbrief in der Türkennot verloren wurde.[8]

1558 nahmen die Bürger einen Mönch aus Raitenhaslach Christoph Klaring als Pfarrer an, der alles lutherisch einrichtete.[9]

---

[1] Quellen zur Gesch. der Stadt Wien, I. Abteil., IV. Bd., Nr. 4057.
[2] Rauch, Rerum Austriacarum Scriptores, I., 21.
[3] Mitteilungen des k.k. Archives für Nieder-Oesterreich, II., 78.
[4] Briefprotokoll von 1618 im Schloßarchiv Pottenbrunn, Urkunde Nr. 228.
[5] Mitteilungen des k.k. Archives für Nieder-Oesterreich, II., 88; Winter, Niederösterr. Weistümer, III., 120.
[6] Wiedemann, I., 71.
[7] Jahrbuch für Landeskunde, 1929.
[8] Mitteilungen des k.k. Archives für Nieder-Oesterreich, II., 93.
[9] Wiedemann, IV., 99.

1559, 25. Jänner, erklärte sich Nikolaus Raffler von hier für die religiösen Neuerungen.[1] Pfarrer war noch Klaring, den die Bürger auch gegen den 1560 persönlich hier eingreifenden Offizial Hillinger in Schutz nahmen. Doch verläßt er die Pfarre, als ihn Kerkerstrafe bedrohte.[2]

1561, 2. Jänner, machte das Konsistorium den Pfarrer Barthel Pachler, friedlich und klug in Geistlichem und Weltlichem zu wirken.[3]

1574-1578 predigte hier der Prädikant Georg Krall.[4]

1580 war die Feste Reinpotenbach vom Grunde mit drei Gaden erbaut, aber von dem „Erdbidem" etwas erschüttert, die Schloßkapelle zum hl. Pankraz war über 70 Jahre von Leopold Kainacher abgebrochen und das Einkommen von 20 Gulden jährlich von der Herrschaft zurückgehalten worden.[5]

Um 1584 hatten die Erben des Rudolf von Kuen auf Neulengbach 355 Holden, davon in der Ober-Lebarn 9, Unter-Lebarn 25 und 10 Vogtholden, Elsbach 30, Ried 30, Mildorf 22, Neulengbach 43, in vier Ämtern 53. - UWW Erla 31 und 1 Mühle, Siebenhirten 34.[6]

Um 1584 hatte Leopold Kainach zu Raipoltenbach 72 Untertanen, davon in Markersdorf 23, Azersdorf 28, Rait 14.[7]

Barbara Kainacher zu Rapoltenbach wurde 1593 in Murstetten beigesetzt. Von der Burg stehen noch drei runde Ecktürme.[8]

1586 schreibt Nikolaus Bernaldus, Pfarrer in Neuen-Lengbach, Ollerspach und Kirchsteten, seinen Namen an die Rückseite des Pfarrgrundbuches von Kirchstetten von 1558 und gibt an, er sei Oesterreicher, aus Vngertorff, jenseits der Donau eine Meile von der Stadt Laa entfernt, herstammend.[9]

Um 1586 hatte sich Klesel die Pfarre Lembach zur Visitation selbst vorbehalten.[10]

1588 stellte Klesel dem Nikolaus Pernold das Zeugnis aus, daß er ein frommer, exemplarischer Priester sei, den die Neulengbacher nur ungern ziehen lassen würden.[11]

---

[1] Hippolytus, 1860, 504.
[2] Wiedemann, IV., 101.
[3] Wiedemann, IV., 101.
[4] Wiedemann, III., 36.
[5] Wiedemann, II., 653, wo die Feste unrichtig in die Pfarre Groß-Schönau verlagert wird.
[6] Schloßarchiv Ottenstein.
[7] Schloßarchiv Ottenstein.
[8] Geschichtliche Beilagen, III., 450, 490.
[9] Pfarrarchiv Ollersbach.
[10] Österr. Vierteljahresschrift für Kathol. Theologie von Wiedemann, 1872, 373.
[11] Wiedemann, IV., 101.

1590, 27. März, wurde Christian Berchardi, Pfarrherr im Markte Lengbach, Ollerspach und Khirchstetten, samt seiner Mutter Judith Burchardi an einen Viertelweingarten in Doppelberg angeschrieben, den er von Mathäus Rosenkhranz erkauft hat.[1]

1590, 15. September um 6 Uhr abends , begann ein Erdbeben, dem um 8 Uhr abends ein zweiter stärkerer Stoß folgte. Die fürchterliche Erschütterung trat eine halbe Stunde nach Mitternacht ein und die Stöße wiederholten sich in größerer oder geringerer Festigkeit bis zum 12. November. Erst im Jänner 1591 trat Ruhe ein. Wie Bischof Julian Kaspar Neubeck in den „Zwo katholischen Predigten wider das schreckliche Erdbiden" im Stephansdome zu Wien angab, wurden besonders Mauerbach, Tulbing, Langenlebarn, Königstetten, Tiefenbach, Rohr, Rapoltenkirchen und Neulengbach davon betroffen. Freiherr Hans Reikher zu Turn und Wolkersdorf bei Neulengbach berichtet: „So sind meinen armen Bauern innen ihre Häuser und Wohnungen übereinandergeworfen, so daß sie sich nicht des truckenen Protes behelfen können."[2]

1590 war Pfarrer Rudolf hier.[3]

1590 baten die Neulengbacher die Frau von Khuen, sie bei der katholischen Religion zu erhalten.[4]

1591, 24. Februar, wurde Kaspar Durner an den Weingarten in Doppelberg angeschrieben, den er um 40 fl von Pfarrer Christian Burchardi in Neulengbach, Ollersbach und Kirchstätten erkauft hatte.[5]

1591, 18. Juni, präsentierte die Witwe Magdalena Kunn, geborne Palphi (Palffy) von Erdödt, dem Bischof Urban von Passau auf die durch den Tod des Michael Schiller erledigte Pfarre im Markte Neun-Lengbach und auf die derselben einverleibte Pfarre Ollersbach und der Filiale Khirchstetten den Wolfgang Dirschiern.[6]

Um 1596 nennt Klesel den Johann Eusebius Khuen auf Neulengbach einen eifrigen katholischen Herrn.[7]

1600 war in Neulengbach Pfarrer Zacharias Heinriz, der durch den Vizeoffizial Dr. Latomius eingesetzt wurde.[8]

1622 bestimmte Johann Eusebius, Freiherr von Khuen und Belasi, zur Stiftung eines Franziskanerklosters in Neulengbach 30.000 fl. Seine Gemahlin Maria gab noch 10.000 fl dazu und legte 1623 den

---

[1] Kirchstetter Urbar von 1558, Bl. 67, im Pfarrarchiv Ollersbach.
[2] Landesarchiv Wien. Reichspost vom 11. Oktober 1927.
[3] Konsistorialarchiv St. Pölten, Faszikel Christophen.
[4] Wiedemann, I., 483.
[5] Kirchstetter Urbar von 1558, Bl. 67, im Pfarrarchiv Ollersbach.
[6] Konsistorialarchiv St. Pölten.
[7] Wiedemann, IV., 98.
[8] Kerschbaumer, Protestantisierung des Tullnerfeldes, 43.

Grundstein zum Kloster, das 1628 vollendet wurde. Der Stiftbrief lautete auf 12 Franziskaner.[1] Das Kloster wurde 1786 wieder aufgehoben.

1623, 1. November, Herzogenburg, berichtet Propst Martin dem Passauer Konsistorium in Wien, er habe am Tage des hl. Lukas (18. Oktober) dem Auftrag gemäß den Grundstein zum neuen Kloster in Lembach gelegt. Zuerst wurde in der Pfarrkirche ein Hochamt von der heiligsten Dreifaltigkeit gefeiert, dann eine Prozession zum Orte des Kirchen- und Klosterbaues geführt und der Grundstein von vier Pfarrern, die mit Rochet und Stola bekleidet waren, dahin getragen und in Gegenwart der Stifterin und ihrer Tochter, welche den Stein mit Gold- und Silbermünzen bedeckten (*cumularunt*), nach dem *Rituale Romanorum* geweiht. Ein Franziskanerbruder der strengen Observanz hielt darauf eine ausgezeichnete Predigt, in welcher er auch anführte, daß die umliegenden Dörfer nicht zur Sammlung verhalten sind, weil die Stifterin und ihre Nachfolger das Nötige beistellen.[2]

1626, 5. Jänner, Lembach, schreibt Pfarrer Matthias Khörner (vielleicht von Laimbach am Ostrang?) dem Konsistorialnotar Matthäus Roth in Wien, er habe gehört, daß der Pfarrer von Melk Herr Menging auf die Pfarre Hörman (Hürm?) übersiedeln werde. Er innere ihn nun an sein Versprechen, das er ihm einst in Hedeldorf (Hütteldorf) gegeben habe, und ersuche, ihm zur Pfarre Melk zu verhelfen.[3]

1627 berichtet ein Kommissär, daß ihm der Pfleger Matthias Rotschedel von Lengbach mitgeteilt habe, daß die Prädikanten in diesem Reviere schon abgezogen seien. Doch lassen einige Herrn auf ihren Schlössern den Untertanen das Evangelium und die Auslegung vorlesen.[4]

1642, 27. März, Wien, präsentiert Franziska Palffin, geborne Khuen, Gräfin von und zu Plassenstein, Frau der Herrschaften Marschackh und Neuen-Lengbach, dem Passauer Bischofe Leopold Wilhelm für die erledigte Pfarre Neuen-Lengbach den P. Hyacinth Schäfler.[5]

1680-1784 war Neulengbach mit der Pfarre Anzbach vereinigt und versehen den Gottesdienst die Franziskaner, welche vom Pfarrer dafür jährlich 100 fl erhielten.[6]

1757, 25. Juni, versprechen der Richter Johann Luegmayr und die Gemeinde Raypoltenbach, ihre Kapelle, welche zu Ehren der Hll. Florian, Sebastian, Rochus und Rosalia als Patrone wider Schaden-

---

[1] Klein, Geschichte des Christentums in Oesterreich, V., 140-141.
[2] Konsistorialarchiv St. Pölten.
[3] Konsistorialarchiv St. Pölten, Faszikel Altlengbach.
[4] Wiedemann, I., 607.
[5] Konsistorialarchiv St. Pölten.
[6] Vgl. Pfarrer Michael Hiebl, Pfarre Neulengbach. Reihenfolge der Pfarrer, Franziskaner und Hilfspriester, Konsistorialarchiv St. Pölten.

feuer und Pest und des hl. Donatus als Beschützer gegen Donner und Hagelschauer errichtet wurde, von ihrer Pfarrkirche Asperhofen eine starke Stunde entfernt liegt und von herrschaftlichen Kontributionen und Steuern befreit ist, zu erhalten und zum Rosenkranzgebet zu verwenden.[1]

1786 wurde die Klosterkirche zur Heiligen Dreifaltigkeit zur Pfarrkirche bestimmt und die Pfarrkirche St. Nikolaus aufgelassen und abgebrochen.

122. Neumarkt[2]
mit Wasen an der Ybbs

Um 1220 wird als Passauer Besitz Plintenmarkt bei Neumarkt genannt.[3]

Um 1230 hatte der Landesfürst in Ibs (Ybbs) vom Hofzins 3 Talente, in Wilhalmspach 5 ß d, in Vrienstain (Freienstein bei Neustadl) vom Amte 8 Talente und vom Hofe des During von Terenberch 8 ß d; in *Novo foro* (Neumarkt) von 20 Hofstätten ein Talent und von der Mühle 2 Mut Getreide.[4]

Auch um 1260 gaben in *Novo foro* viele Häuser Burgrechtdienste dem Landesfürsten, ebenso eine Mühle. Ein Acker war dienstfrei.[5]

1347, 27. Mai, Neumarkht bey Ybs, bestätigte Herzog Albrecht II. von Oesterreich die Privilegien des Klosters Heiligengeist zu Ybbs.[6] Schon damals lag der Ort an einer wichtigen Straße.

1390, Samstag nach dem Prechentag (8. Jänner), verkauft Wilhelm der Hauser dem Herrn Otto von Zelking zu Schöneck seine Güter im Dorfe Chemmapach (Kemmelbach) in Petzenkircher Pfarre, 1½ Viertel von einem Hofe und zwei halben Hofstätten daselbst freies Eigen.[7]

1393, 27. Jänner, verkauft Pfarrer Paul von Newenmarkt bei der Ybß eine Wiese.[8]

---

[1] Konsistorialarchiv St. Pölten, Faszikel Asperhofen.
[2] Geschichtliche Beilagen, VII., 427-518; Topographie, VII., 141-150.
[3] Oberösterr. Urkundenbuch, I., 482.
[4] Notizenblatt, 1855, 359, 360.
[5] Rauch, Rerum Austriacarum Scriptores, II., 105.
[6] Urkundenbuch des Klosters Heiligengeist von Ybbs in der Hofbibliothek zu Wien, 129.
[7] Kaltenegger, Collectio chartar. veter., I., 322.
[8] Geschichtliche Beilagen, VII., 431.

1398, 4. Juli, belehnt Herzog Albrecht IV. den Friedrich von Walsee mit der Wiese auf der Ybs in der Au in Neumarkter Pfarre, die er von Hans dem Oesterreicher gekauft hat.

1399, 5. Juli war Georg, Graf von Hohenloe, Bischof von Passau, in Neumarkt an der Ybbs und schloß hier einen Vergleich mit Friedrich von Walsee.[1]

Von etwa 1400 stammt der gotische Chor.

1429 war Neumarkt auf 4 Pfd. Pf. taxiert und Lehen des Walsee.[2] Aus dieser Zeit stammt eine Holzstatue, Maria sitzend den Leichnahm Jesu im Schosse.[3]

1442, St. Erhard (8. Jänner), beurkunden Hans am Zehenthof in der Sweintz und seine Frau Margret, daß sie mit Willen des Herrn Niclas, Pfarrers zu Newnmarktlein auf der Ibs, als Grundherrn einen Teil ihrer Wurwis, gelegen hinter dem Holtznwinkhl in der Sweintz einst (1424) dem verstorbenen Herrn Pfarrer Stephan Zuckher zu St. Leonhard im Forst zu der Wür der Mühl des genannten Hofes zu Winckhl als Würgraben der Mühle verkauft und mit Steinen ausgezeigt haben. Zeugen: der edle Peter Gaubitz.[4]

1450, 29. Dezember, verkauft Hans Vengk dem Niklas Vogelpolz, Richter zu Neuenmarkt, eine Hube zu Atzleinsdorf in der Pfarre St. Georgen am Ybbsfelde (jetzt Pf. Blindenmarkt) und eine Au, beide Lehen vom Stifte Melk.[5]

1452, Pfingsttag vor St. Georgentag (20. April), verzichten Urban zu Thainstetten[6] und seine Schwester Elsbet Phlueglein zu Ybbs gegen Hansen zu Windtha[7] und Erhart zu Obern-Raiperg auf die Güter ihres verstorbenen Bruders Lipp, nachdem sie eine Summe Geldes erhalten haben. Siegler: der ehrsame Ehrhart zu Eyczing, Amtmann in Karenspach[8], und als Zeuge der weise Niklas Vogelpolz zu Newenmarckht, Amtmann zu Freinstain[9].[10]

1455, St. Luceytag (13. Dezember), verzichten Heinrich Zähenkäß und sein Sohn Hans und sein Bruder Simon nach lieblicher und freundlicher Vereinbarung mit ihrem Aydem und Schwager Liendl Pugphel wegen eines Gemachts und Wiederfalles seiner Haus-

---

[1] Geschichtliche Beilagen, II., 255.
[2] Schmieder, Matricula, 21.
[3] Österr. Kunsttopographie, III., 375.
[4] Smitmer, Codex Diplom. Austriae Nr. 122/III im Staatsarchiv zu Wien, III. Bd., Nr. 325; Topographie, VI., 784.
[5] Keiblinger, Melk, I., 561.
[6] Theinstetten bei Ybbs.
[7] Entweder Winden bei Kemmelbach oder Windhof bei Ybbs.
[8] Karlsbach bei Neumarkt.
[9] Freyenstain bei Neustadtl, Ruine an der Donau.
[10] Karlsbach bei Neumarkt.

frau Ursula nach Empfang einer Geldsumme auf alle ihre Nachlassenschaft. Siegler: der ehrbare und weise Niklas Vogelpolcz, Amtmann zu Freinstain und Richter in Newenmarckht, und Erhard zu Eyczing[1], Amtmann in Kornspach[2].[3]

(1456, Sonntag alles Kindleintag zu Weihnachten)

1455, 28. Dezember, verschreibt Georg Sintzendorffer seiner Frau Margaretha, Tochter des Georg von Saußneck für die ihm zugebrachte Heimsteuer von 400 Pfd. Wr. Pfen. und die ihr versprochene Widerlegung von 600 Pfd. Wr. Pfen. der schwarzen Münze und 100 Pfd. zu verlornem Gut als Unterpfand mit des Lehensherrn Hand des Königs Lasslau von Ungarn und Böhmen und Herzogs zu Oesterreich die Feste zu dem Waßenn auf der Ybß bei dem Neuennmarckt und einzelne Güter in der Peundt und zu Rottenbergk in Siedingber Pfarre auf der Steyer (Sierning bei Steyr), auf der Stainwandt und Laytten in Wardtberger Pfarre (Wartberg bei Steyr), Schlaghoff und Pereßbergk in Kemmeter Pfarre (Kematen bei Wels), Zwyllichhueb in Kyrchberger Pfarre, 2 Güter in Siedenicker Pfarre, eines in Erlach in Neunkircher Pfarre, den Flenchhoff und eine Hub zu Dyetterichsdorff und eine halbe Hube daselbst in Kemmater Pfarre, einen Achtelzehent in Sannt Geörger Pfarr, Zehent zu Mitterkirchen, einen halben Hof zu Tahlernn und 3 Hofstätten daselbst, eine Wiese zu Herrwarttendorff in Sandt Geörgennpfarre, Hof zu Puhln in Ypßer Pfarre, Fischweide auf der Ipß, den Spyglhoff, Hof auf dem Bach und 5 Lehen und 3 Hofstätten zu Mitterburgk, Mühle zu Pülling, 2 Hofstätten daß den Fyschern auf der Auen in Ypßer Pfarre, 5 Hofstätten auf den obern Auen in Neumarkter Pfarre, Güter an dem Henngstbergk, Hof an dem Wolffstain, Hof zu Weychßbergk und eine Hofstätte dabei in Neustetter Pfarre, Hof zu Petternau, ein Lehen am Rattbergk, Lehen an der Elßnytz, Hofstatt zu Grueb in Sant Martinpfarre, 3 Hofstätten am Molbergk in derselben Pfarre. Weiters wird die Erbschaftsordnung festgesetzt. Siegler: der Aussteller, sein Vetter Leonhard der Synntzendorffer, sein Schwager Hanns der Schwembeck und sein guter Freund Georg der Schnegkenreuter.[4]

1456 erhielt Reinprecht IV. von Wallsee bei der Güterteilung auch den Markt Neumarkt.[5]

1466, St. Jakob der Zwölfboten (25. Juli), verschreibt Georg Sintzendorffer zum Waßen seiner Hausfrau Margaretha, „welche der

---

[1] Eitzing bei St. Martin am Ybbsfelde.
[2] Karlsbach bei Neumarkt.
[3] Abschrift in einem Papierhefte aus dem 17. Jahrh. im Konsistorialarchiv St. Pölten, Faszikel St. Georgen am Ybbsfelde.
[4] Briefprotokoll von 1618 im Schloßarchiv Pottenbrunn, Urkunde Nr. 58.
[5] Hoheneck, Genealogie der Stände Oberösterreichs, III., 825.

merklichen schädten halben vnd des großenn Verderbenns, so die feindt gethan habenn", an ihrem vorigen Vermächtnis Schaden gelitten hat und ihm 1.000 ungarische Dukaten lieh, damit er die Güter wieder zur Stift bringe, weitere 1.000 fl und weist ihr für diese 2.000 fl folgende Güter an, die Lehen vom Fürstentum Österreich sind: die Feste Waaßenn auf der Ybß in Neuenmarkter Pfarre mit dem Meierhofe dabei und aller Zugehör, einen Achtelzehent in Santt Geörger Pfarre und einen Zehent zu Mitterkyrchenn, den halben Hof zu Thalern und 3 Hofstätten daselbst, eine Wiese zu Herbarttendorff in Sanndt Geörgenpfarre, Gut zu Pühlen in Ypßer Pfarre, Fischweide auf der Ypß, Spyeglhoff zu Mykenburgk, Hof auf dem Bach und 5 Lehen und 3 Hofstätten daselbst, Mühle zu dem Pühln, 2 Hofstätten zu den Fyschern in der Aue, alles in Ypßer Pfarre, 5 Hofstätten auf der Obernn Aue in Neimarker Pfarre, einen Hof am Wolffstain, am Hengßberg, zwei Höfe zu Weychselbergk in Neunstetter Pfarre, einen Hof zu Bernau, Lehen am Rottenbergk und an der Öllßnitz, eine Hofstatt zu Grueb in Sankt Martin-Pfarre und 3 Hofstätten am Mühlbergk daselbst. Weiters die Lehen vom Bistum zu Passau: einen Viertelzehent auf 4 Zehenthäusern zu Mayrhoff in Aschbecker Pfarre, 3½ Häuser zu Gumppenbergk in Sant Geörger Pfarre, Hof zu Thalern und 3 Lehen und 5 Hofstätten daselbst, Mühle am Vyrrach, je eine Hofstätte an der Obern Vierrach, im Semmellust und am Khüebergk, hier auch Lehen in drei Feldern, Gründe beim Hymelreych, Hofstatt zu Hermansdorff, Hof auf der Oedt, Hof im Bach, Lehen zu Hermanßdorff, Lehen auf der Aue, Gründe beim Gerichtsgarten und beim Hof und 2 Hofstätten zu den Plannckhen, überall Viertelzehent; Hof zu Hürtzleytten und eine Mühle dabei in Sündelburger Pfarre. Ferner Lehen vom Bistum Freysing: ½ Hof zu Harrlanndt, 6½ Hofstätten daselbst in Sant Geörger Pfarre, die Wiese Matzen beim Plindtenmarkt, halben Zehent auf dem Ipsfeldt in Sanntt Geörgenpfarre, ein Gut an dem Aygenn und eine Hube daselbst in Eyradtsfeldter Pfarre; Lehen vom Gotteshause in Degernseehe (Tegernsee): das Schenkhaus auf dem „Strembergk innderhalb der kyrchenn" und eine Hofstätte daran, und eine zweite Hofstätte daselbst und ein Lehen zu Lymbach, einen Hof zu Blambach (Plappach), 3 Hofstätten daselbst und den Zehent auf 2 Hofstätten und 2 Hofstätten auf dem Strenbergk. Lehen von dem von Wallseeh: Plabbach, Hof in der Aue und Wiese bei dem Bach in Sant Georgenpfarre, ein Gut im Lueg in Sanndt Marttinpfarre, einen halben Hof zu Talarn, Zehent auf dem Ypsveldt in Santt Georgenpfarre, ein halbes Gut zu Parschalln in Syedtnickerpfarre, ein Gut in Wynndischdorff in Kemmatterpfarre, ein Gut in Ober-Aygenn, 2 Hofstätten daselbst, 2 Lehen genannt die Straß, und allen Zehent auf diesen Gütern und auf 2 Gütern zu Kücking in der Syednickgh, die Schwanntzhueb in Öderpfarre, allen Zehent, groß und klein, zu Dürrenbuech in Strennbergerpfarre auf den Höfen am Ortt, des Beurleins Hof, dem Sadtlhoff, des Wollzogen Hof, des Woltzogen Lehen, dem Vrsenhof, des Trauner Hofstatt und des Lenntzberger Hofstatt, auf 9 behausten Gütern zu Harrlanndt in Sannt Georgenpfarr halben Zehent; 7 Güter in der Ecklaus, gelegen in Sandt Geörgenpfarre, Lehen vom edlen Herrn Georg von Volckendorff, und 3 Güter freies Eigen, ein Weingarten zu Pechlarn, genannt der Haßennsprungk und der Narr; freieigene Güter, 3 Güter zu Nydern-Haußleyten, in Lynndtshaimb 2 Güter und zu Wolffsbach; Lehen vom Herrn Hannß von Lyechtenstain: Zehent auf dem ganzen Dorfe zu Nydern-Seebarn, Straß u.a. in Narrnerpfarre und in Nydern-Zyrcknarrn in Riederpfarre, Lehen vom Herrn Heinrich von Lyechtenstain; Gut zu Tackenbergk, Lehen vom selben Lichtenstein; ein Gut zu Zyckhnarrn, Lehen vom Gotteshause zu Sannt Florian. Weiter wird die Erbschaftsordnung bestimmt. Siegler: der Aussteller und als Zeuge seine Schwäger Herr Wolfgang von Meuleßdorff und Wolfgang Geörger zum Neuhaus und sein Vetter Wolfgang Metzendorffer, Pfleger zu Weychßelbach.[1]

1475, 13. Oktober, stiftet Niklas Windertau, Pfründer zu Neuenmörckhtlein, zwei wöchentliche Ämter, am Montag ein Seelenamt und am Pfingsttag ein Fronleichnamsamt, in der Pfarre Neumarkt.[2]

Um 1478 überfiel Hanns von Puchhaim, Besitzer des Schlosses Wasen bei Karlsbach, die Stadt Ybbs betrügerischer Weise im Frieden, raubte die Privilegien und Urkunden, die er im Schloß Wasen verbrannte, wie ein alter, frommer Mann Hanns Wayß, damals Pfleger zu Wasen, nachher zu Persenbeug, noch 1502 der Stadt Ybbs durch eine eigene Urkunde bestätigte.[3]

Von etwa 1480 stammen Langhaus, Musikchor, Turm und Seitenschiff.[4]

1487, 24. Juli, erscheint der edle Andrea Wolf zum Wasen als Siegelzeuge.[5]

1490, 15. September, verspricht Hans Sintzendorffer, dem Kaiser Friedrich III. die Feste zum Wasen auf der Ybbs verliehen hat, sich mit dem Kaiser um den halben Teil derselben zu vertragen.[6]

1490, o. Datum, belehnt Kaiser Friedrich III. den Hans von Sintzendorf nach dem Tode seines Vetters Georg mit dem Schlosse Waasen.[7]

---

[1] Briefprotokoll von 1618 im Schloßarchiv Pottenbrunn, Urkunde Nr. 95.
[2] Geschichtliche Beilagen, VII., 432.
[3] Ehping, Chronik der l.f. Stadt Ybbs, 16; Geschichtliche Beilagen, VII., 224.
[4] Riesenhuber, Kirchl. Kunstdenkmäler, 207.
[5] Reichsarchiv München. Siehe unter Pöchlarn.
[6] Lichnowsky, Habsburg, VIII., Nr. 1444.
[7] Hoheneck, Genealogie der Stände Oberösterreichs, II., 426. Richtig zu stellen Geschichtliche Beilagen, VII., 310.

1491, 30. Juni, vermacht Georg Graf von Schaunberg mit dem Schlosse Nieder-Wallsee auch den Markt Newnmarkt seiner Muhme Barbara von Schaumberg, geborne Wallsee.[1]

1491, 22. Juli, Linz, beurkundet Kaiser Friedrich III., daß der verstorbene Jorig Sinczendorffer unter seiner und des Reinprecht von Walsee Zustimmung als Lehensherrn seiner Frau Margarethe, welche nachmals den Anndre Wolf heiratete, 2.000 ungarische Dukaten auf der Feste zum Wasen auf der Ybbs und ihrer Zugehör und einigen anderen Gütern verschrieben hat, welche teils landesfürstliche, teils Wallsee'sche Lehen waren. Da nun dieses Vermächtnis nach dem Tode ihrer Mutter und des Anndre Wolff und seines Sohnes an Hedwig, die Tochter des genannten Sinczendorffer und dessen Frau und die Frau des Mertt Pottenprunner gefallen war, so bewilligt ihr der Kaiser auf ihre Bitten, mit ihren Erben die Feste und die anderen Güter so lange zu besitzen, bis sie um die obige Summe eingelöst werden.[2]

1492 vergleicht sich Hanns von Sinzendorf mit Hanns Pottenbrunner wegen des Schlosses Wasen an der Ips, welches Herr von Sinzendorf nach dem Tode seines Vetters Georg von Sinzendorf 1490 von Kaiser Friedrich III. zum Lehen erhalten hatte.[3]

1506, Montag nach St. Leopold (16. November), beurkundet der Stadtrichter Hans Straub von Ybbs, als er in offenen Rechten saß, das mündliche Testament der Anna, geborne Stainbeck, Gemahlin des Martin von Pottenbrunn, schriftlich, da die Pestilenz im Lande stark regiert und zu fürchten ist, daß die Zeugen des mündlichen Testaments sterben könnten. Die Frau war krank und mit „blondigkeitt des leibs vmgeben, ydoch gesunder vernunft" und machte am Pfingsttag nach St. Margareta (23. Juli) 1506 ihr Testament in Gegenwart der Zeugen Veit Peuerbecken, Pfarrer zu Neuenmarkt, ihres Beichtvaters, des Claußen Wyldten und Georg Lypphartten, Bürger zu Neumarkt, welche ihre Angaben beeiden und beauftragte ihren Mann, dasselbe durch den Stadtrichter aufschreiben zu lassen. Sie wünschte, ihr Grab in St. Zeno bei Hafnerbach zu bekommen, bestimmte diesem Gotteshause 50 Pfd. und zum Gotteshause in Neuenmarkt 10 Pfd. Pfen., den Knaben Stephan und Wolfgang, die sie aufgezogen hatte, je 5 Pfd. Alles Übrige, darunter auch die Feste Goldeck, auch was sie von ihrem Bruder, dem edlen Christoph Stainbecken geerbt hat, soll ihr

---

[1] Schloßarchiv Greinburg.

[2] Urkunden aus dem Archiv von Wasserburg in Blätter für Landeskunde, 1901, 482.

[3] Hoheneck, Genealogie der Stände Oberösterreichs, II., 426.

Gemahl Martin von Pottenbrunn bekommen. Siegler: die Stadt Yps mit anhängendem Siegel.[1]

1512, 16. Jänner, verleiht Maximilian I. dem Richter und der Gemeinde Neumarkt Marktrechte, Gnaden, Freiheiten, Urteil und Gerechtigkeit, wie andern Märkten in Oesterreich.[2]

1529, Pfingsttag nach Michaeli (30. September), kamen 6.000 Türken gegen Amstetten und machten alles nieder, was sie trafen. Viele Orte wurden verbrannt, darunter auch Neumarkt. Hier wurde ein vornehmer Bürger Erhard Wildt, wie er selbst berichtet, gefangengenommen. Er war später Stadtrichter in Waidhofen an der Ybbs. Unter den Leuten war eine solche Furcht, daß hundert Christen vor einem einzigen Türken davonliefen.[3] Die Türken haben ein Votivbild und die Statuen Leopold und Barbara stark beschädigt und in einer Grube unter dem Glockenturme vergraben, wo sie erst 1661 wieder gefunden wurden.[4]

1531, 26. Dezember, Zagging, erwähnt Sebastian Grabner in seinem Testamente, daß „der mayerhof zum Waßen in grundt verprunnen ist, dergleichen die außern zween stöckh am Waßen von stundt gar niedergangen, die hab ich sambt der pruckhen von neuen erbauen mueßen". Das Schloß Waasen bestimmt er seinem Sohne Christoph, der sich dort niederlassen und dazu das Amt Strengberg, das er von den Geyern überkommen soll, denen es sein verstorbener Schweher versetzt hat, auch das Amt Aggsbach (bei Spitz), den Zehent im Lande ob der Enns, den Weingarten zu Pöchlarn und Hof und Weingärten zu Furth genießen solle.[5]

Von etwa 1532 ist ein Opferstock aus Stein und ein Taufstein erhalten.

1533, 23. Juni, Wien, beurkundet König Ferdinand I., daß nach altem Herkommen die Lehenstücke vom Hause Oesterreich, wenn der Mannesstamm ausgestorben ist, auf den Lehensherren zurückfallen. Doch habe Kaiser Maximilian I. vor Jahren aus Gnaden für Niederösterreich bewilligt, daß von solchen Lehen nur die Hälfte heimfalle und die andere Hälfte auf die Töchter oder nächsten Erben übergehe. Nach dem Tode des Mert Pottenbrunner, der keine männlichen Erben hinter sich ließ, fällt die Hälfte seiner Lehen den Erben zu und habe sich Sebastian Grabner wegen seiner Söhne Georg und Christoph, deren Mutter Hedwig die eheliche Tochter des Mert Pottenbrunner

---

[1] Briefprotokoll von 1618 im Schloßarchiv Pottenbrunn, Urkunde Nr. 100. Vgl. Geschichtliche Beilagen, VII., 434.
[2] Winter, Niederösterr. Weistümer, III., 645.
[3] Prevenhueber, Annal. Styrenses, 244.
[4] Geschichtliche Beilagen, VII., 450.
[5] Briefprotokoll von 1618 im Schloßarchiv Pottenbrunn, Urkunde Nr. 182.

und die frühere Frau des Sebastian Grabner war, angenommen, nachdem ihm im ersten Lehenbriefe die Feste zum Waßen an der Ybbs mit Zugehör verliehen worden war und im zweiten Lehenbriefe 55 Eimer Wein Bergrecht zu Breittensehe bei Wien, am Neuberg und Neuen Berglein ein Drittel auf 18 Joch Weingarten, dient jedes 3 Eimer Wein und 6 d Vogtrecht im Lesen; auf 14 Hofstätten Weinzehent, groß und klein, zu Khünigstätten in der Neustiefft. Dann die Walseer Lehen: 2½ Pfd. Pfen. Geld zu Stelczendorff auf behausten Gütern, zu Khueffarn 4 Pfd. Pfen. und jenseits des Bachs 9 ß 25 d von einem Hause, 5 ß d von einem Gute und je 21 d 1 Helbling von zwei Gütern, 9 ß 7½ d vom Überländ, genannt am Mayrhoff, ein Fischwasser auf der Püellach in Gererstorffer Pfarre, stößt bei Leopoltstorff an die Fischweide der Herrschaft Planckenstain, weiters ein Hof am Anczesperg bei Lempach, den einst Kasparr Hundt innehatte. Im dritten Lehenbriefe: 8 Pfd. Geldes zu Margraf-Neusidl, welche vormals Bernhard von Toppel hatte. Siegler: der Aussteller. *Commissio domini regis in consilio.*[1]

1536, 1. Juni, Wien, belehnt König Ferdinand I. den Georg Grabner als den älteren für sich und seine Brüder mit der Feste Waßen an der Ybbs, dem Bergrecht zu Praittensehe, Zehent zu Khunigstätten, Gülten zu Stalczendorff und Kuffarn, Fischweide auf der Püellach in Gererstorffer Pfarre, dem Hof zu Anczesperg bei Lempach und Gülten zu Margraff-Neusidl.[2]

1566-1590 war Pfarrer Bartholomäus Scheinberger, wurde vom Pfleger abgesetzt, weil er katholisch ordiniert war und daher nicht als aufrechter Lutheraner galt.[3]

1569, 2. Juni, Wien, teilt Kaiser Maximilian II. dem Richter und Rate zu Ambstetten mit, daß sie die Gemeinde Neuenmarkht an der Ybbs um einen Wochen- und Jahrmarkt angeführt habe, und trägt ihnen Berichterstattung darüber auf.[4]

1571, 15. Mai, erhebt Maximilian II. den gebräuchlichen Kirchtag zu einem Jahrmarkt.[5] Pfarrer Scheinberger fiel zum Luthertume ab.[6]

1597, 22. Februar, Pechlarn, ermahnen die päpstlichen Kommissäre den Stadtrat von Ybbs, den mit den drei Märkten Aspach, Neu- und Plindenmarkht abgeschlossenen Revers ihnen zu übergeben.[7]

---

[1] Briefprotokoll von 1618 im Schloßarchiv Pottenbrunn, Urkunde Nr. 166.
[2] Briefprotokoll von 1618 im Schloßarchiv Pottenbrunn, Urkunde Nr. 167.
[3] Wiedemann, IV., 281.
[4] Originalpapier, Gemeindearchiv Amstetten.
[5] Winter, Niederösterr. Weistümer, III., 645.
[6] Wiedemann, IV., 194.
[7] Haselbach, Bauernkrieg, Urkunden, 69.

1605, 24. September, Pfarrhof zu Ybbs, war Pfarrer Balthasar Mayenpaumb von Newnmarkht bei einer Zeugenaussage vor dem Notar Wolfgang Wildt zugegen.[1]

Von hier stammt der gläserne Kelch mit Reliefpressung und Ätzungen (für die Reichung des Speiseweines?), derzeit im Diözesan-Museum zu St. Pölten verwahrt.[2]

1659, 19. Juli, Wien, trägt das Konsistorium dem Pfarrer von Ybbs auf, einen Priester für St. Martin und Neuenmarkh zu präsentieren, da der frühere Vikar Johann Guteschall vor Pfingsten abgezogen und seither die beiden Orte ohne Seelsorger und Gottesdienst seien.[3]

1660, 25. Juni, teilt das Konsistorium dem Pfarrer Mag. Georg Sprigelius von Ybbß mit, daß dem Wenzeslaus Georg Naßau die Seelsorge in St. Martin und Neumarkt provisorisch verliehen wurde.[4]

1661 wurde in Neumarkt ein neuer Hochaltar durch den Maler Hans Prakher von Pessenboy (Persenbeug) aufgerichtet und von Dominik Scheffstoß von Ambstetten zu Karlspach das Blatt dazugemalt.[5]

1662, 12. August, Neunmarkht an der Ybbs, beurkunden der Marktrichter Hans Reglinger und zwei Bürger, daß der Stadtpfarrer Georg Sprigelius von Ybbs vor zwei Monaten den Tauffstain aus dem Friedhofe und der Pfarre St. Martin herausnehmen und nach Neumarkt überführen ließ, und zur Erbauung eines Kreuzes gebrauche wollte. Als der Vikar erklärte, daß er den Taufstein nicht lassen könne und zufällig einige Soldaten in die Kirche kamen, habe der Pfarrer den Vikar beim Konsistorium verklagt, daß er mit vier Soldaten den Taufstein gewaltsam von ihm begehrt habe.[6]

1662, 16. März, Rom, Maria Major, erteilt Papst Alexander VII. der Pfarrkirche zu Neumarkt und ihrem Bruderschaftsaltar der schmerzhaften Mutter und des hl. Nikolaus ein Meßprivilegium für die verstorbenen Mitglieder der Bruderschaft auf Allerseelen und die Oktav und alle Mittwoche des Jahres.[7] Die im Vorjahr {Datum!} aufgefundenen Statuen, der Leichnam Jesu, zwischen den knieenden Gestalten von Maria und Johannes liegend, und die Statuen der hll. Leopold und Barbara, welche von den Türken 1529 beschädigt und in einer Grube

---

1 Konsistorialarchiv St. Pölten, Faszikel St. Martin bei Ybbs.
2 Katalog 13.
3 Konsistorialarchiv St. Pölten, Faszikel St. Martin bei Ybbs.
4 Konsistorialarchiv St. Pölten, Faszikel St. Martin bei Ybbs.
5 Konsistorialarchiv St. Pölten, Faszikel St. Martin bei Ybbs.
6 Konsistorialarchiv St. Pölten, Faszikel St. Martin bei Ybbs.
7 Abschrift von 1663 im Konsistorialarchiv St. Pölten, Faszikel St. Martin bei Ybbs.

unter dem Glockenturm versteckt worden waren, wollte man damals in Linz in Kupfer stechen lassen. Der Entwurf dazu ist noch vorhanden.[1]

1665, 10. Dezember, Carlspach, beschwert sich Johann Christoph Moser von Grünberg, kaisl. Rat und Rittmeister, hochgräfl. Freising'scher Rat und Bestandinhaber der hochgräflich Zinzendorf'schen Herrschaft Carlspach, beim Konsistorium über den Pfarrer von Ybbs, der die Kirche in Neumarkt abkommen lasse, ihre Güter nach Ybbs ziehe und auch vom Gotteshause St. Martin Grundstücke verkaufe, was der Vikar P. Theophil Schiffer von St. Martin bestätigt.[2]

1675 gehörte zum Vikariat St. Martin die Filiale St. Nikolai in Neumarkht, in welcher die Bruderschaft der sieben Schmerzen Mariä monatlich zelebrierte.[3]

1794, 14. Mai, Kemmelbach, schreibt Eugen Goldschmid, Ortskaplan daselbst, an den Verwalter von Hacker im Schlosse Schönbichl: er bekleide hier keine Pfarrstelle, sondern sei der Pfarre Neumarkt zugeteilt.[4]

123. Neustadtl/Donau mit Freienstein[5]

1147, Mai, verleiht Bischof Reginbert von Passau dem Kloster St. Johann in Sabenik (auf dem Berge über Sarmingstein, 1161 nach Waldhausen verlegt) eine Kirche im Gebiete des Hengistberges, welche mit seiner Erlaubnis neu errichtet wurde. Die Grenzen ihres Gebietes reichen von Gaihsteten (Gaisleiten) zur Kirche St. Martin (am Ybbsfelde), zum Graben und Furt Gressenich (bei der Grassitzmühle), mitten über den Hohenberch (Höherberg) zum Entischengraben (in der Wolfsteiner Gegend), abwärts an der großen Trisnich (bei Trisnegg), zur Dürren (kleinen) Trienich, zu einem Marktsteine, zum Chlafinbach (Klaffenbach nordöstlich von Kollmitzberg), an denselben abwärts zum Grenzsteine und dem Tiupfenbach (Tiefenbach) und dem Danubius.[6]

---

[1] Konsistorialarchiv St. Pölten, Faszikel St. Martin bei Ybbs. Vgl. Geschichtliche Beilagen, VII., 450.
[2] Konsistorialarchiv St. Pölten, Faszikel St. Martin bei Ybbs.
[3] Konsistorialarchiv St. Pölten, Faszikel Ybbs.
[4] Bei Herrn Karl Mayreder in Melk.
[5] Topographie, VII., 259-269. Diesen Artikel hat hochw. Herr Pfarrer Josef Dieminger freundlichst gefördert.
[6] Oberösterr. Urkundenbuch, II., 237; Topographie, VII., 265. Über das Chorherrnstift Säbenisch-Waldhausen siehe Archiv für österr. Geschichte, 1853, 305-350.

1161, 1. Mai, Ebelsberg, beurkundet Bischof Konrad von Passau, daß er auf Bitten des Propstes Salgker von St. Johann in Sebnich die Kirche auf dem Hengstberge im Gebiete von Ardagger zu Ehren des hl. Kreuzes geweiht habe. Die edle Kunigund und ihre Söhne Herbord und Kawul geben dazu Grund und Hofstatt an der Südseite des Friedhof für 10 ß an das Stift St. Johann in der Sebnich (wahrscheinlich Pfarrhof und Wirtschaft in Neustadl), und gegenüber den Ansprüchen des Propstes von Ardagger bestätigt er die 1147 festgesetzten Grenzen.[1]

1215, Griene (Grein), beurkunden die Pröpste von Waldhausen und Ardagger nach einem Schiedspruche folgendes: da die Kirche in Niwenstat (dieser Name erscheint hier zum ersten Male) noch im Gebiete von Ardagger liegt, soll der Propst von Ardagger aus seinen Chorherrn einen Pfarrer wählen, den der Propst von Waldhausen dem Bischof präsentiert und der nach Waldhausen jährlich 20 Metzen Korn und 20 Metzen Hafer zu leisten hat. Unter den Zeugen erscheint der Priester Hermann von Niwenstatt.[2]

Um 1310 war in Newstatt die Sekte der Waldenser verbreitet.[3]

1331, 30. April, verliehen die Bischöfe *Melletius Gallipolitanus, Radolphus Siriquensis, Jordanus Babiensis, Almanus Suanensis, Antonius Sayonensis* und *Jordanus Acernensis* für die Besucher und Wohltäter der St. Jakobskirche in *Novo loco* (Neustadt) Ablässe, die Bischof Albert von Passau am 10. September 1335 genehmigte.[4]

1332, 13. Jänner, Ebelsberg, bestätigte Bischof Albrecht von Passau dem Kloster Waldhausen auch den Besitz der Pfarrkirche Newnstat am Hengstberge.[5]

1333, St. Michael (29. September), verkaufen Stephan von Dristenich und seine Frau Margareth ihr rechtes Eigen, 2 Lehen in der Neustetter Pfarre zu Tanne enhalb des Haymades mit Zugehör dem ehrbaren Ritter Otten von Khornspach (Karlsbach) und seiner Frau Kunigunde um ein Gut. Siegler: Bernhart der Jesingk und Alber von Viechdorff, während der Aussteller kein Siegel hat.[6]

1350, 24. April, Ardagger, verkauft Lienhard von Herstorf (Hörsdorf, Pf. Zeillern) das Gut zu Wintpoezzing in Newnsteter Pfarre (Windpassing bei Neustadl), Lehen vom Gotteshause Ardagger, dem Propst Ulreich von Mezzenhawsen, Dechant Hanns und Kapitel in

[1] Oberösterr. Urkundenbuch, II., 308.
[2] Oberösterr. Urkundenbuch, II., 577.
[3] Hippolytus, 1862, 132.
[4] Stiftsarchiv Waldhausen.
[5] Oberösterr. Urkundenbuch, VI., 47.
[6] Urkundenbuch des Frauenklosters Hl. Geist in Ybbs, Hofbibliothek Wien, 181.

Ardacher um 12 Pfd. Wr. Pfen. Siegler: der Aussteller und die bescheidnen Wolfhart der Gueller und Heinrich der Gluncweck, Landrichter ob der Erlaff, in dessen Landgericht Windpassing gelegen war.[1]

1373, Sonntag nach Ebenweichtag (2. Jänner), verkaufen Dietrich der Weydner und seine beiden Söhne Hensel und Diettel dem Friedrich dem Sinczendorffer, Pfarrer zu S. Geörgen auf dem Ybbsfeldt, den Hof ob deß Pergs, das Gut Herlein auf dem Perig[2], eine Hofstätte im Puschenthal, drei Hofstätten in dem Dorf „dacz der Newstatt bey der Kirchen", davon eine beim Freydthofthor und eine dem Mesner gehörig, gelegen in der Newstetter Pfarr, rechtes freies Eigen, um 58 Pfd Pfen. Siegler: der Aussteller, Albrecht der Vidorffer[3] für seinen Enkel Henslein, Hertleins Sohn, und als Zeugen Heinrich der Vidorffer, Albrechts Sohn, der ehrbare Ritter Herr Ottacker der Wolffstain[4] und Herr Konrad von Meilistorff[5].[6]

Um 1390 war Newnstadel auf 16 Pfd. Pfen. taxiert.[7]

1396, Montag vor St. Niklastag (4. Dezember), Wyen, belehnt Herzog Albrecht IV. von Oesterreich den Hannß von Ardacker mit dem ererbten Marchfutter in Neunstetter und Sannt Geörgenn-Pfarren „zwischen der Ennß und der Ibs", nämlich zu Schalbergk 4 Metzen Hafer und 2 d, auf einem Hofe bei der Neuenstatt 4 Metzen Hafer und 2 d, Hinder-Bach 4 Metzen Hafer und 2 d, ein Lehen auf dem Pühel 4 Metzen Hafer und 2 d, Zeydelhoff dasselben, zu Maybergk auf 2 Lehen von jedem das gleiche und auf den Schachen das gleiche.[8]

1404, St. Michaelsabend (28. September), widmet Niclas von Wisen und seine Hausfrau zu einem ewigen Jahrtage zum Gotteshause „hintz sand Jacoben gen dem Newnstatlein" 3 Schilling von dem Gute „der Streit", wovon man diesem Gotteshause in die Zeche 4 d Burgrecht dient. Seine Erben sollen davon am Sonntag nach Allerheiligen den Zechleuten auch 3 ß reichen, die den Pfarrer, Gesellen und die Zeche für Wachs entlohnen. Am Sonntag ist eine ganze Vigil und am Montag ein Seelenamt und eine gesprochene Messe für den Stifter und seine erste Frau Alheiten zu halten mit vier brennenden Kerzen. Der Geselle soll alle Sonntag auf dem Predigstul bitten lassen. Wenn der Jahrtag unterlassen wird, können die Zechleute den Dienst verweigern. Da der

---

[1] Archiv für österr. Geschichte, 1871, 503.
[2] Berg bei Neustadl.
[3] Viehdorf bei Amstetten.
[4] Wolfstein bei Dorf Aggsbach oder Klein-Wolfstein bei Neustadl.
[5] Meilersdorf bei Wolfsbach.
[6] Abschrift in einem Papierhefte des 17. Jahrh., Konsistorialarchiv St. Pölten, Faszikel St. Georgen am Ybbsfeld.
[7] Hippolytus, 1863, 153.
[8] Briefprotokoll von 1618 im Schloßarchiv Pottenbrunn, Urkunde Nr. 7, mitgeteilt von Herrn Oberlehrer Josef Buchinger in Ober-Ratzersdorf.

Aussteller kein Siegel hat, siegeln die ehrbaren Hans der Rasenaw und Gilg der Stayner.[1]

1406, 5. August, Ardaco, präsentiert Propst Egolffus, Dechant Johannes und das Kapitel der Kollegiatkirche s. Margarethe in Ardaco[2] dem Propste Heinrich von Walthusa[3] für die Pfarrkirche zum hl. Jakob in Newnstatlein, Diözese Passau, nach dem Tode des Pfarrers Johannes Cholbel den Johannes Sartoris de Ambsteten[4]. Siegler: Propst und Konvent.[5]

1411, Sonntag *Invocavit* (1. März), erneuerte Pfarrer Niklas Mayenwaldt von St. Geörgen auf dem Ybbsfeldt aus besonderen Gnaden Walbram dem Reichärtle und seiner Frau Anna den Brief über ihre Rechte auf das Gut zu Diepoltswysen in Newnstetter Pfarre, wovon sie auf Georgi und Michaeli je 6 ß d dienen und andern Holdenleistungen und bei Verkauf 60 d An- und Ablait zu berichtigen haben. Siegler: der Aussteller.[6]

1413, Montag vor Dreikönig (2. Jänner), verkaufen Gangel Schaller und seine Frau Dorothe der Jungfrau Agnes im Frauenkloster zu Ybbs 2 Lehen zu dem Dörfflein mit 14 ß Geld, Lehen von Albrecht von Volckenstorff, um ein Gut. Mitsiegler: Steffan der Weingartner.[7]

1413, Montag nach Dreikönig (9. Jänner), eignet Alber Volckhenstorffer zu Chreuczn (Kreuzen, Ob.Öst.) der Äbtissin Margaretha und dem Konvente zu Ybbs 2 von ihm lehenbare Güter, die sie von Genglern dem Scholler und seiner Frau Dorothe gekauft haben, gelegen in dem Dörfflein in der Pfarre zu den Neustettern, wofür das Kloster ihm einen Jahrtag am Freitag zu der Fastenquatember mit Vigil und Seelenamt begehen soll. Zeuge und Mitsiegler: Wilhalm der Heillinger.[8]

1414, Montag vor St. Ulrichstag (2. Juli), verkaufen Marolt, gesessen in der Grub, und seine Frau Christein dem Gorigain dem Streitter ein halbes Tagwerk Wiesmahd aus ihrem Gut, das Ödel in der Grub, das an den Streit stößt und Lehen vom Zechmeister in dem Newnstetlein ist und in dieser Pfarre liegt und wovon man jährlich zu Georgi als Burgrecht 3 d zu St. Jakobszeche in Newnstetlein dient, um ein bereits empfangenes Gut. Sie sind des Käufers Gewähren. Siegler:

---

[1] Originalpergament, sehr schadhaft, beide Siegel fehlen. Pfarrarchiv Neustadl.
[2] Propstei Stift Ardagger.
[3] Chorherrnstift Waldhausen in Oberösterreich.
[4] Amstetten.
[5] Originalpergament, mit zwei Siegeln im Musealarchive zu Linz.
[6] Abschrift in einem Papierhefte des 17. Jahrh., Konsistorialarchiv St. Pölten, Faszikel St. Martin am Ybbsfelde.
[7] Urkundenbuch des Frauenklosters Hl. Geist in Ybbs, Hofbibliothek Wien, 190.
[8] Urkundenbuch des Frauenklosters Hl. Geist in Ybbs, Hofbibliothek Wien, 168.

die ehrbaren und weisen Hanns der Gennslein, Pfleger zu Freinstain, und Pertelme der Steffansharber.[1]

1415, 3. Juli, gestattet Herzog Albrecht von Oesterreich dem Reinprecht II. von Walsee, die baufällige Feste Freinstein gegen Vergütung der Kosten wieder aufzubauen.[2]

1415, Freitag nach Unser Frauen Schiedung (16. August), verzichten die Brüder Hanns und Wolfgang die Pêlater auf alle Ansprüche an die geistliche Jungfrau Agnes und das Frauenkloster zum Hl. Geist in Ybbs wegen der 2 Güter zu dem Dörflein in Newnsteter Pfarre, Lehen vom edlen Herrn Albrecht von Volkchenstarff, nachdem ihnen dafür eine Summe Geldes bezahlt worden war. Siegler beide Aussteller und ihr Vetter Leutl der Pêlater.[3]

Von etwa 1420 stammen zwei Glastafeln, Christus am Ölberg und Christus am Kreuze mit Maria und Johannes darstellend. Verwandte Werke finden sich in St. Martin im Mühlkreise, Oberösterreich. Die hiesigen Glasgemälde sind im St. Pöltener Diözesan-Museum aufbewahrt.[4]

1429 war die Pfarre Neustatt auf 24 Pfd. Pfen. angeschlagen und Lehen vom Propst in Walthausen.[5]

1437 wurde dem Landesfürsten erledigt von den Herrn von Walsee die Herrschaft Freinstain mit 213 Pfd. Pfen. Ertrag, nämlich 94 Pfd. Renten und 72 Mut Getreide.[6]

1443, 13. Jänner, Wyenne, Passauer Diözese, gibt *Alexander tituli sancti Laurentii in Damaso*, der römischen Kirche Kardinalpriester, Patriarch von Aquileja und Administrator der Kirche von Trient, Legat des Konzils von Basel *in Germanian duxque Mazouie*, den Besuchern und Wohltätern der Pfarrkirche des hl. Apostel Jakobus in Newenstatl, Diözese Passau, für die Tage der Kirchweihe, des Patroziniums, Geburt, Beschneidung, Erscheinung, Auferstehung und Himmelfahrt Christi, Fronleichnam, Pfingsten, Maria Geburt, Reinigung, Verkündigung und Himmelfahrt, Geburt des hl. Johann Baptist, Peter und Paul, der anderen Apostel, St. Michael, Allerheiligen, Allerseelen, St. Martin, Nikolaus, Magdalena, Margareta, Katharina und Dorothea zwei Jahre und zwei Quadragenen Ablaß und jenen, welche am Tage *Cene Domini* und *Parascene* und den drei folgenden Tagen, und am Feste der Auferstehung, Himmelfahrt Christi, Pfingsten, Geburt des hl. Johannes Baptist in der Kirche kniend das Gebet des

[1] Originalpergament, beide Siegel fehlen. Pfarrarchiv Neustadl.
[2] Staatsarchiv Wien, Codex 16., Bl. 114; Archiv f. österr. Geschichte, 1906, 421.
[3] Originalpergament, die Siegel verloren, Staatsarchiv in Wien.
[4] Besprochen und abgebildet in Christl. Kunstblätter von Fr. Pesendorfer, Linz 1931, 2-4.
[5] Schmieder, Matricula, 40.
[6] Chmel, Materialien zur österr. Geschichte, I., 86, 93.

Herren verrichten oder beim Morgen- und Abendgebetläuten drei Ave Maria beten, kraft seines Kardinalates 100 Tage Ablaß der läßlichen Sünden (= Strafen), sooft sie ein solches Werk verrichten. Unterschrieben: Johannes *de Petris Duris*, *Secretarius*; an der Rückseite: Bartholomäus de Stain.[1]

1445, Ertag nach St. Ulrich (6. Juli), verspricht Lienhard Staindl, zu „Freinstain vnderm haus" gesessen, wegen der von Vlrich Eyczinger von Eyczing „umb schuld und tat" über ihn verhängten Gefangenschaft „keinn Rache zu üben unter 100 Pfd. Pfen. Strafe". Siegler: Hans der Truent, des Sinzendorfer Diener (+ *s. Hans truent*; Schild unkenntlich) und Hans der Malcz zu Carlsbach (*Sigillum hans malcz*; im Vierpaß ein Baum mit Wurzeln, darüber Schild mit Strunk).[2]

1457, 19. September, Wien, belehnt König Ladislaus den Jörg Rorbacher mit dem Hofe zu Wolfstain in dem Newnstetlein bei Sewsenegk und Gülten auf 13 Lehen zu dem Sweykers.[3]

1461, 15. Oktober, *Kollegium in ecclesia Ardacensi*, präsentierten Propst Heinrich, Dechant Andreas und das Kapitel von Ardagger dem Propste Paul von Walthausen als Rektor der Pfarrkirche St. Martin[4] in Neustetl nach Abtreten des Erasmus Habsichnider den Chorherrn von Ardagger Abraham Wasendorffer.[5]

1463 hatte Pankraz von Plankenstein das Schloß Freinstein inne und versah es mit aller Notdurft an Wehre und Speise. Er hielt treu zum Kaiser Friedrich III., während sein Nachbar Jorg Seusenecker auf Schloß Persenbeug auf Seite des Herzog Albrecht VI. stand.[6]

1468, Montag vor St. Koloman (10. Oktober), belehnt Wolfgang Woldstein zw Klain (wahrscheinlich Wolfstain einzuschalten) den Wolffgang Verig, gesessen zw Freinstain, und seine Frau Margareth mit den erkauften zwei Teilen Zehent datz dem Gorgen auf der Rauhenleytn, auf dem Gut datz Küntzlein am Panholtz, auf einem Gute und einer Hofstätte zw der Langenöd, auf dem Gute und Reutern datz dem Hierschnreyt, auf einer Hofstätte in der Kohlünßn, auf dem Gute datz dem Knitzlein (durchstrichen) im Rewtt, auf einem Lehen und Reutacker in der Ryenn auf einem (ausgebessert: zwei) Feld und einem Reuthacker und einem ledigen Acker am Hemed, zu Wetzenwingkchl von zwei Hofstätten, auf der Elsnitz von zwei Reuthäckern, am Trippelperig auf einem Gute, datz Kuentlein auf einem Gute am Reitthof, alles gelegen in Newnstetter Pfarre; weiters mit ganzen Zehent

[1] Originalpergament, das Siegel fehlt, Pfarrarchiv Neustadl.
[2] Originalpergament, Stiftsarchiv Seitenstetten.
[3] Notizenblatt, 1854, 281.
[4] Richtig: St. Jakob.
[5] Originalpergament, mit zwei Siegeln im Musealarchiv zu Linz.
[6] Rauch, Rerum Austriacarum Scriptores, I., 126-127.

auf dem Gute datz dem Mülner im Graben, gelegen in Mertinger (darüber geschrieben: Neustetter) Pfarre. Siegler: der Aussteller. Auf der Plika stehen die Worte: die Zechmeister der Kirche zu Sant Jacob im Newstale.[1]

1468, St. Thoman (21. Dezember), verkauft Elspeth, Hausfrau des Hanns Fleischakcher zwem Newnstattlein, dem Wolfgang Streitter und seiner Hausfrau Margareth den Drittelzehent auf dem Pranthoff, dem Fuchshoff, dem Hof des Jorg zu Winkchlarn und den Lehen des Kuntzl, des Eichinger und des Stainöder daselbst, gelegen in Ardchker und Chalmüntzer (Kollmitzberger) Pfarre, Lehen vom Gotteshause Erlakloster. Siegler: der edle Yanns Pewndtner, Schaffer zu Erlakloster, auf Geschäft der Äbtissin Agatha, und der edle Erasem Garttner, Pfleger zu Vdmarsfeld (Ulmerfeld).[2]

1480, St. Johannes Gotztawffer-Tag (24. Juni), verkaufen Taman Hofflaischakcher zu Walthauwsen und seine vier Schwestern Katherina, Hausfrau des Wennczl des Tuechmacher, Bürgers zu Wyenn, Dorothea, Gattin des Ambros Gemperl zu Dürnkrud, Elspet, Gemahlin des Oswald Gämbsen, Bürgers zu Wienn und Katharina, den Zehent zu Dachgrueb in Newnstetler pfarr, Lehen vom Bischof von Passaw, dem bescheiden Jacob Rueczeslechner und seiner Frau Margaretha um einen Geldbetrag. Siegler: der ehrwürdige geistliche Herr Erhart, Propst von Waldthausen, und als Zeuge der edle Caspar Machwitz, Hofrichter zu Waldthausen.[3]

1480, 12. Juli, Wien, bestätigte Bischof Alexander von Forli, Legat in Deutschland, den Vergleich zwischen den Stiftern Waldhausen und Ardacker über die Einverleibung der erledigten Pfarre St. Jakob in Newnstatl mit dem Kloster Waldhausen.[4]

Ungefähr aus dieser Zeit stammt die spätgotische Kirche.

1484, Abend der Zwölfboten St. Peter und Paul (28. Juni), widmet Erhart Ränninger, wohnhaft in dem Struden, zur Unser Frauenzeche in Newnstatl einen freieigenen Dienst auf einer Leite und einem Wieslein, „zu dem Erib genantt", an der „hochn Prantstatt" in der Pfarre Neustadtl, betragend „aucz von dreyßig phenigen" (außer zwei dreißig, das ist 28 d), ein Faschinghuhn und zwei Herbsthahnen. Siegler: mit aufgedrückten Betschaden die ehrbaren und weisen Leonhard Krewßn im Hesgang (Hößgang, Pf. Neustadl) und Mert Mair daselbst.[5]

---

[1] Originalpergament, vom Siegel ein Teil erhalten. Umschrift: *S. Wolfgang*; Pfarrarchiv Neustadl.
[2] Originalpergament, das erste Siegel erhalten. Pfarrarchiv Neustadl.
[3] Originalpergament, beide Siegel fehlen. Pfarrarchiv Neustadl.
[4] Originalpergament, das Siegel fehlt. Musealarchiv in Linz.
[5] Originalpapier, beide Petschaften abgefallen. Pfarrarchiv Neustadl.

1484, St. Petersabend des hl. Zwölfboten (vielleicht 28. Juni), Neystätl, beurkunden Wolfgang Mayr und Jorgius Achleider, beide seßhaft in Neystätl, als Zechmeister der Unser Frauenzeche des Gotteshauses daselbst, daß Erhard Röminger in der Struden einen Dienst von Leite und Wiese, das Erib (darunter geschrieben: Grub) genannt, auf der hohen Prandtstatt, betragend 28 d, ein Faschinghuhn und 2 Herbsthahnen, als freies Eigen der Bruderschaft übergeben habe. Dafür versprechen sie, dem Stifter, falls er in Not geraten sollte, mit einem halben Pfunde oder 6 ß von der Bruderschaft zu Hilfe zu kommen. Siegler: beide Zechpröpste mit ihren Petschaften.[1]

1493, Sonntag nach St. Udalrich Bischof (7. Juli), vermachen Erhart Obstauna in Newsteter Pfarre und seine Frau Anna einen Drittelzehent in Newsteter Pfarre, Lehen vom Bischof von Passaw, auf 2 Gütern zu Hag, 2 in Dachgrueb, Niederngut und Hofstatt zu Peytnstain, an der Keffermüll, im Erlach, zu Atznstain, in Windhag, zu Wacznwingkl, Sunczlechn, am Lechen auf zwei Feldern und Sextelzehent an einem Hofe. Doch behielt er sich den Zehent auf drei Personen Leib (Lebenszeit) bevor. Siegler: Pfarre Thoman von Newnstatl, Chorherr zu Waldhawßn, Wolfgang Mair daselbst und die Zechmeister der Pfarrkirche Hanns Heckunger und Jorig Staindl.[2]

1494, St. Ursula (21. Oktober), Eblsberg, belehnte Bischof Christoph von Passau den Hanns Gukinger als Zechmeister der Sannd Jacobszeche zum Newstettl für diese Zeche mit folgenden zwei Teilen Zehente, groß und klein, welche Jakob von Dachsgrub zur Zeche gegeben hatte: am Hofe zu Dachgrub[3], einem Lehen im Streit, einer Hofstätte am Steg in der Grueb, einem Lehen auf der Reifenöd, einem Lehen am Weitlehen, einem Lehen auf der Hannöd, Lehen auf der Öd, zwei Lehen unter dem Höhenperg und einem Acker am Frawngraben, der zum Niderlehen gehörte. Siegler: der Aussteller.[4]

1494, Pfingsttag nach St. Ursula (23. Oktober), Ebelsberg, verlieh Bischof Christoph von Passau dem Hanns Guckinger als Zechmeister der Sannd Jacobszech zu Newnstattl ein erkauftes Drittel Zehent auf folgenden Gütern: 2 im Hag[5], 2 in Dachgrub[6], Niderngut und 1 Hofstatt zu Peittenstain, Kefermul, je ein Gut in Erlach, Otzenstain, an dem Winthag, Wetzenwinckell zum Steflein und zu

---

[1] Abschrift von etwa 1700, Pfarrarchiv Neustadl.
[2] Originalpapier mit Resten der Petschaften. Pfarrarchiv Neustadl.
[3] Dachgrub, Gemeinde Klein-Wolfstein, Pfarre Neustadl.
[4] Originalpergament mit einem Siegel im Musealarchive zu Linz.
[5] Haag, Gemeinde Klein-Wolfstein.
[6] Dachgrub, Gemeinde Klein-Wolfstein.

Suntzlehen mit zwei Feldern; und ein Sechstel Zehent am Judenhof[1]. Siegler: der Aussteller.[2]

1494, Pfingsttag nach St. Ursula (23. Oktober), Ebelsperg, gab Bischof Christoph von Passau dem Wolfgang Mair als Zechmeister der Unser lieben Frauen-Bruderschaft zu Neustattl den Zehent in der Pfarre „Newnstat bey Ambstetten gen der Tunaw" auf 3 Gütern und 3 Hofstätten zu Lehen. Siegler: der Aussteller.[3]

1494, 29. Dezember (Die Urkunde datiert: 1495, Montag nach Aller Kindleintag. Doch wurde damals das neue Jahr mit Weihnachten begonnen), verschaffen Jacob Dachgrueber und seine Frau Margareth „mit der offen Spantzetl", weil dem Menschen nach dem Tode nur seine Werke, gute oder böse, nachfolgen, ihren Zehent in Newnstetler pharr, Lehen vom Bischofe in Passaw, für den Fall ihres Todes dem Gotteshause St. Jakob zu Newnstatl, wie sie ihn als freies Kaufgut inne haben. Dafür sollen die Zechleute einen Jahrtag halten mit Vigil, Seelenamt und Hochamt mit Wein und Brot nach Gewohnheit der Pfarrkirche und eine Jahresbitte verrichten. Gesiegelt mit der Pedtschadt des geistlichen Herrn Taman, Pfarrer zu Newnstatl. Die Kanlewt (Eheleute, die Aussteller) haben auch gebeten, den ehrsamen Wolfgang Mair, Amtmann zu Newnstatl, und die Zechleute Hanns Gukinger und Vlreich Windpassinger, ihre Petschaft anzubringen.[4]

1508, 19. Juli, Neustadl, beurkundet Bischof Bernhard von Libano, Weihbischof des Bischofs Wigileus von Passau, daß er am selben Tage den Altar über der Basilika der St. Jakobspfarrkirche in Neustadl, Diözese Passau, zu Ehren des hl. Martyrer Florian und Sebastian und der hl. Bischöfe und Martyrer Erasmus und Dionysius konsekriert, und die Kirche und den anliegenden Friedhof rekonziliiert habe. Er bestätigt die bisher übliche Kirchweihe der Kirche am Sonntag nach Georgi und setzt die Kirchweihe des Altares auf Bitten des Pfarrers und der Pfarrleute auf den Sonntag nach Maria Magdalena an und gewährt den Besuchern und Wohltätern für eine Reihe von Festen 40 Tage Ablaß der schweren und 80 Tage der läßlichen Sündenstrafen.

Bernhardus, Dei et apostolice sedis gratia episcopus Libanensis, reverendissimi in Christo patris et Domini Domini Wigilei, episcopi Pataviensis in Pontificalibus cooperator, uniuersis et singulis christifidelibus, ad quos praesentes nostre littere peruenerint, salutem in

---

[1] Judenhof, Ortsgemeinde in der Pfarre Neustadl.

[2] Originalpergament mit Siegel im Musealarchive zu Linz, Waldhausner Urkunden.

[3] Originalpergament mit Siegel im Musealarchive zu Linz, Waldhausner Urkunden.

[4] Originalpapier, von den vier Petschaften nur eine erhalten. Pfarrarchiv Neustadl.

Domino sempiternam. Noveritis, quod anno Domini millesimo quingentesimo octauo feria quarta, decima nona die mensis Julii altare super basilicam parochialis ecclesie sancti Jacobi maioris in Neunstätlein Pataviensis Diocesis in honore sanctorum Floriani et Sebastiani martyrum ac Erasmi et Dionisii episcoporum et martyrum de speciali commissione et voluntate prefati reverendissimi Domini mei episcopi Pataviensis juxta formam sancti matris ecclesie, Spiritus sanct gratia nobis cooperante rite et legitime Duximus consecrandum atque consecravimus, ipsam ecclesiam et cimiterium eiusdem contiguum, quanis uti forsan occasione, uti formidabatur, execratum, reconciliavimus, dedicationem vero ecclesie Dominica die proxima post festum sancti Georgii, prout retroactis temporibus et hucusque solemniter fuit celebrata, approbamus; dedicationem autem dicti altaris ad petitionem rectoris et parochianorum ex causis rationabilibus coram nobis propositis maturaque deliberatione prehabita concessimus et statuimus dominica proxima post festum sancte Marie Magdalene annuatim perpetuis futuris temporibus solemniter celebrari. Cupientes igitur, ut dicta ecclesia cum altaribus suis congruis frequentetur honoribus ac christifideles devotionis causa eo libentius confluant ad eandem, quo inibi ampliori dono gratie uberius se conspexerint esse refectos; nos de omnipotenti Dei misericordia ac de beatorum Petri et Pauli apostolorum eius auctoritate confisi omnibus et singulis vere penitentibus et confessis, cum in nativitatis circumcisionis, epiphanie, resurrectionis, ascensionis Domini, penthecosten, corporis Christi ac singulis beate Marie virginis, Johannis baptiste, Petri et Pauli apostolorum Domini, sanctorum et patrociniorum ecclesie et altarium ac dedicationis eiusdem festivitatibus dictam ecclesiam et altaria devote visitaverint et pro conservatione eorundem nec non celicum, librorum et aliorum ornamentorum pro dominico cultu inibi necessariorum manus suas porrexerint adiutrices de quolibet festorum predictorum nec non ecclesie et altarium quadraginta dies criminalium et octuaginta venialium peccatorum de iniunctis eis penitentiis misericorditer in domino relaxamus praesentibus perpetuis futuris temporibus duraturis. In quorum fidem et testimonium praesentes et litteras fieri meique sigilli pontificalis jussimus et fecimus appensione communiri. Datum et actum anno, die et loco prenotato.[1]

1512, o. T. u. O., vermachen Andre Scheiblöder und seine verstorbene Frau Katherina die Düerwiß beim Haßlholtz zum Gotteshause St. Jakob in Newnstättl, wofür ihnen ein Jahrtag mit Vigil, Seelamt, löblichen Hochamt in der Wochen nach St. Jakob begangen werden soll. Von der Wiese sollen die Zechleute 3 ß d erhalten und

[1] Originalpergament, Siegel fehlt. Pfarrarchiv Neustadl.

dem Pfarrer 60 d geben. Die Wiese dient zu Herrschaft Freinstain in das Amthaus zu Enngspach 6 d. Pfarrer Sigmund Scharttner und die Zechleute Gilg zu der Tannen und Erhard Pachinger bitten den edlen Hanns Paltram, Pfleger zu Freinstain, anstatt des Herrn von Zintzendorff das Geschäft mit seiner Pedtschafftt zu fertigen.[1]

1514, Sonntag *Quasi modo geniti* (23. April), vermachen Wolfgang Weginer, Erhart Gueffer, Wolfgang, genannt Lebngrueber, am Dorfperg und Hanns Schachner, alle wohnhaft in Newnsteter Pfarre, zur Unser lieben Frauenzeche in Newsteytt der Kirche des Zwölfboten St. Jakob ein Tagwerk, die Kawffwisn im Hag bei dem Tannach, Lehen von dem Keynzring, die ihnen die verstorbene Mühme Margrett, Witwe des Jakob zu Dachgrueb, vermacht hat. Dafür soll die Zeche ein Seelamt in das Woche von Allerseelen singen lassen. Siegler: der erste Aussteller Weginer und der ehrsame und weise Fridrich Mayr im Newstätl, Amtmann des edlen Hanns Krabatt.[2]

1514, Freitag nach St. Bartholomäus Apostel (25. August), geben Propst Konrad, Dechant Andre und der Konvent des Frauenklosters Heiligengeist von Ybbs Gülten in Henggsperg in Neustetter Pfarre, am Khlein Grübhoff bei Kholnicz und zu Schilthorn bei Viechdorff für Gülten des Frauenklosters zu Greymelstorff u.a. Siegler: Propst und Konvent von Waldhausen.[3]

1514, o. T. u. O., verkaufen Hanns Rygler in Newsteter Pfarre und seine Frau Warbara ihrem Sohne Hanns und seiner Gattin Magdalena ein Lehen das unter dem Gotteshaus des Newstatl liegt, auch „des Heyling himelfwrsten pfelpoten sand Jacob". Gefertigt und gesiegelt durch Mayr, Ambtman des „Krabatt zw Seysneck", und Erharttn Perbarter, Ambtman des Ardachkerkloster.[4]

1522, St. Erhartstag (8. Jänner), verheiratet Cristoff Schwenkhl seiner Frau Magdalena, Witwe des Liendl am Schallperg, aus seinem Gute 12 Pfd. Pfen., davon 8 Pfd. frei und ledig und 4 Pfd., wenn er vor ihr mit Tod abgeht, für ihre Lebenszeit. Magdalena vermacht ihm als freies Gut 10 Pfd. Pfen., wenn sie keine Leibeserben haben. Sollten sie Kinder bekommen, erben dieselben von ihrer beiden Gut. Die Khanleit sind einander auch „gwer, schirm und fürstandt." Siegler: der Ritter Hans von Lappicz zu Saysnekh.[5]

1522, 9. August, Neustat, schreibt König Ferdinand I. Erzherzog von Oesterreich, seinem Pfleger Georg von Emershouen zu Freyenstain und Peylstaina: obwohl Kaiser Maximilian I. ihm wegen

---

[1] Originalpapier mit einer Petschaft. Pfarrarchiv Neustadl.
[2] Originalpapier, die Petschaften abgefallen. Pfarrarchiv Neustadl.
[3] Urkundenbuch des Frauenklosters Hl. Geist in Ybbs, Hofbibliothek Wien, 192.
[4] Originalpapier, die Petschaften abgefallen. Pfarrarchiv Neustadl.
[5] Originalpergament, vom Siegel geringe Reste. Pfarrarchiv Neustadl.

seiner treuen Dienste diese beiden Herrschaften mit Zugehör für Lebenszeit zu genießen gegeben habe, sei er nun doch nach Befriedigung seiner Ansprüche bereit, beide Herrschaften an den Herzog abzutreten. Nun habe er sie seinem lieben Gabriel von Salamanca, seinem Rate und obersten Sekretär und Schatzmeister, wegen erwiesener Dienste als Lehen vom Herzogtume Oesterreich under der Enns verliehen und befiehlt, ihm beide Herrschaften samt Zeug, Urbar, Register und fahrende Habe abzutreten. Unterschrieben: Ferdinand, S. Trezsaurwein, vi Terg. F. v. Pettsech, K. Strazdiruier.[1]

1527, Freitag vor dem hl. Pfingsttag (7. Juni), beurkunden die Geschwister Benedikh am Dorffperg, Thomell, Liendl und Katharina, Kinder des verstorbenen Matthäus an der Pranttstatt, daß ihr verstorbener Vater eine Wiese und Leite im Wilhelmspach, welche dem edlen Ritter Hanns von Lappitz zu Seyseneckh dienstbar ist, dem Gotteshause St. Jakob im Neunstöttl vermacht hat, und verzichten darauf gegenüber den Zechmeistern. Hanns von Lapitz zu Seiseneckh siegelt als Grundherr die Urkunde und verleiht die Gründe der Kirche Neustadl; doch solle ihm der ziemliche zehnte Pfennig, Dienst, Steuer und Robot und bei Veränderung oder Absterben der Zechleute ein ungarischer Gulden zu Abfahrt und Lehenschaft gereicht werden.[2]

1528, Sonntag nach *ascensionis Domini* (24. Mai), stiften die Brüder Jakob zu Dachgrueb, Lienhart, Hanns und Jakob Streiter zu ihrem Seelenheile in St. Jakobskirche zu Neustattlein in Unser Frauenzeche einen Drittelzehent in Andecker und Khalmitzer (Kollmitzberger) Pfarre am Pranthoffe, Fugshoff, zu Wincklarn auf dem Hofe des Jakob und 3 Lehen des Khuentz, Aichinger und Stamöder. Dafür soll der Zechmeister der unser Frauenzeche von diesem Jahre an am Erigtag der Gottsleichnamswoche einen Jahrtag mit vier Priestern halten lassen mit Virgil, Seelenamt, Lobamt und zwei gesprochenen Messen und dem Pfarrer für jeden Priester 28 d und dem Schulmeister seinen gewöhnlichen Sold bezahlen. Dem Jakob Streiter, seiner Hausfrau und Sohn Georg ist der sechste Teil des Zehents auf Lebenszeit vorbehalten. Siegler: mit Petschaft Jakob Streiter zu Watznwinckl und Lienhart Streiter.[3]

1530 sollten in Neustadt ober Ybbs Kirche und Zunft 45 fl als Türkensteuer erlegen.[4]

1537, St. Johannes in den Weihnachtsfeiertagen (27. Dezember), belehnt Regina Ahaimer, Äbtissin zu Erlacloster, den Simon Öder als Lehensträger anstatt der Unser Frauenbruderschaft zu

---

[1] Abschrift, kollationiert 10. Mai 1618, Stiftsarchiv Melk.
[2] Originalpergament, Siegel fehlt. Pfarrarchiv Neustadl.
[3] Originalpapier, beide Petschaften abgefallen. Pfarrarchiv Neustadl.
[4] Wiedemann, I., 69.

Newstattl mit dem Drittelzehent in Ardackher und Kollmuntzer Pfarre, wovon man ihrem Gotteshause im dritten Jahre 3 Pfd. Pfen. dient und der sonst ihrem Gotteshause unterworfen ist, wie ihn Hanns Grueber, genannt Straitter, und sein Sohn Lienhardt der Bruderschaft mit Aufsendung und Betzetl vermacht haben, nämlich am Pranthoff, Fuchshoff und zu Wincklarn auf einem Hofe und 4 Lehen. Siegler: die Ausstellerin.[1]

1545, Eritag nach Laurenzi des Martyrers (11. August), bestätigen „Gilig zw Pixsen in Khunigswißer[2] phar" und seine Frau Chatrina, das sie das Erbteil von ihrer Mutter ohne Widerrede ihrer Verwandten Peter Nabecker in Neustetter Pfarre „Sigmundt Tyscher zw Pielperig in Kloster phar" (wohl Stift Ardagger oder Erlakloster) statt seiner Frau Warbara, Hanns Mayr in Neustätlen, Leupold an der Leyten und Hanns Wiert zw Winckell in Neustetter Pfarre erhalten haben. Wenn einer von ihnen stirbt, sollen der genannte Gilig oder dessen Kinder zu gleichen Teilen mit den anderen erben, da sie „recht vnd gesybett freund vnd erben" sind. Siegler: der ehrsame und weise Larentz Pick, Richter in Neustatlin.[3]

1550, o. T. u. O., verkaufen Jakob Straytner zu Peytenstain in Neustatlerphar und seine Frau Khatarina und ihr Sohn Jorig den Zechleuten Simon Schintthauer und Caspar Schneydr statt der Schwester und Brüder der Unser Frauenbruderschaft den sechsten Teil ihres Zehents um eine Geldsumme. Siegler: der Aussteller, Jorig Streyttenstain und Hans Mair, Richter in dem Neustatlen.[4]

1551, Sonntag *Jubilate* (19. April), verkaufen Jakob Streiter und seine Frau Katharina mit Bewilligung der Herrschaft Kharlspach dem Georg Streiter zu Peitnstain unter der Herrschaft Vlmerfeldt (Ulmerfeld) und seiner Gattin Elisabet einen Drittelzehent auf dem Lehen zu Enznstain, am Windthag, bei Cristan an der Leuten, am Zuelachen, im Dorflein auf 3 Häusern, am Grillnlechen in 2 Feldern, zu Hamat, zu Schmizlechen, Waiznwinckhl am untern Gut und am Leubllechen auf 2 Feldern, weiters zwei Teile Zehent zum Mair am Hämäthoff, alles Lehen von der Herrschaft Kharlspach und dahin mit 3 ß 10 d zu Michaeli dienstbar, auch mit Steuer und Gerechtigkeit untertan. Siegler: der edle und feste Hans Hirschegger, Pfleger auf Kharlspach.[5]

1551-1556 war Pfarrer Johann Huber.[6]

---

[1] Originalpergament, das Siegel fehlt. Pfarrarchiv Neustadl.
[2] Königswiesen in Oberösterreich.
[3] Originalpapier mit Petschaft am Rücken, abgefallen. Pfarrarchiv Neustadl.
[4] Originalpapier mit drei erhaltenen Petschaften. Pfarrarchiv Neustadl.
[5] Originalpergament, das Siegel fehlt. Pfarrachiv Neustadl.
[6] Topographie, VII., 267.

1562, 19. April, Niustatlen, verheiratet Ulrich, gesessen zu Piuntin in Neustetter Pfarre unter der Herrschaft Unser lieben Frauenzeche der St. Jakobskirche in Neustatlen, seiner ehelichen Hausfrau Ursula, Tochter des ehrsamen Pritlme (Bartholomäus) Steltzneder in Niustetter Pfarre, halben Teil seines Besitzes und wechselweise auch sie ihm. Beide ersuchen die beschaidenen Paul zu Dachgrueb und Christoph Pirchinger, Zechleute der Unser Frauenbruderschaft, und den geistlichen Herrn Machximilian Puechner, Pfarrer in Niustatlen, und Hanns Mair, Richter daselbst, um Anbringung ihrer Petschaften.[1]

1565, 4. August, Wien, verglichen sich vor dem vom apostolischen Stuhle delegierten Richter Matthias Wertwein, der Hl. Schrift Dr. und Dompropst zu Wienn, der Propst Johann von Waldhusen und der Dechant Andreas Weinperger und das Kapitel zu Ardagkher wegen der 18 floren. jährlicher Pension, welche Waldhusen für die Pfarre Neustättl jährlich nach Ardagger zu leisten hatte, in folgender Weise: weil der Pfarrer von Neustadl sich nur schwer erhalten kann, soll diese Pension auf 9 fl, die in zwei jährlichen Raten zu leisten sind, herabgesetzt werden.[2]

1580 ließ Pfarrer Daniel Punchner mit den Zechpröpsten, darunter Paul zu Zechgrueb, eine kleine Turmglocke durch Hans Meixner zu Waidhofen an der Ybbs gießen.[3]

Um 1584 hatten die Erben des Gabriel Grafen zu Ortenburg 376 Holden (ohne Karlsbach und Neumarkt), davon in Göttsbach 26, Cheinstetten 11, Engelsbach 23, Blindenmarkt 43 und 3 Vogtholden, Kottingburgstall 12, Empfing 23, Göttweigeramt 25, Neustetteramt 17, Freiensteineramt 60, Hengstberg 23, Mitterburgeramt 16; - OMB (Groß) Göttfritz 23, Waldhausen 10; - UWW Arnstein 26.[4]

1626 besaß die Kirche an Geld 2.224 fl 5 ß 24 d und Getreidevorräte, die zum Teile dem Herrn von Greiffenberg auf Seisenegg und dem Plachmiller zu St. Nicolai verkauft waren. Dienste bezog die Kirche vom Bauern in der Grueb (für das Überländ das Stegl), am Stinckheneckh (Ackerl) Mayperg (vom Hause) Streudt (Stegwisl), Haselmillner (Ackerl am Hochenstain), Gözperg (vom Hause) und Kagron (Überländt der Streudt). Stuhlgeld zahlten die Bewohner von Hintern Thoma, Neustädl, Oezelstein, Derffl und auf der Edt. Mit den Kreuz ging man nach Closter (wahrscheinlich Stift Ardagger) zweimal, nach Callmicz (Kollmitzberg) und St. Görgen (am Ybbsfeld).

---

[1] Originalpapier mit vier Petschaften. Pfarrarchiv Neustadl. das Siegel des Pfarrers enthält zwischen zwei Sternen einen Schild mit Baum auf Dreiberg, darüber die Namensinitialen M. P.

[2] Originalpergament im Musealarchive zu Linz, Waldhausner Urkunden.

[3] Fahrngruber, Glockenkunde, 140.

[4] Schloßarchiv Ottenstein.

Auch wurde eine Wettermesse gehalten. Ein Weingarten zu Vndtern-Ernstorf ertrug jährlich 7 fl Bestandgeld und vier Wiesen für den Zehentbestand 4 fl. Der Bader Hans Polhamer in Neustädl, der Schmid Erhart Raisinger und Bewohner am Rippach, am Voith, an der Taußerödt, im Hassgang, am Rügl, an der Haimödt, im Krausenreuth und zu Wayreckhen hatten Darlehen von der Kirche, Kirchtage waren zu Georgi und Jakobi, wobei der Pfarrer für sich und 2-6 Priester Beträge erhielt. In der Kirche wurde ein großes Kruzifix aufgerichtet. Der Maler von Neuhoffen malte eine rote Kirchenfahne mit Stange und Kreuz um 25 fl. Gugginger und der Schuelmaister gingen wegen „Verwahrung des Gotteshauß Guth im Paurn-Aufstand" (Bauernkrieg in Oberösterreich) nach Walthausen. Der Schulmaister bekam für den Chordienst 4 fl 2 ß 2 d. Vom Scheibelöder'schen Zehent gab man zu Michaeli 3 fl Dienst nach Wolfpassing.[1]

1627 beschauten die Zechleute und der Amtmann von Karlsbach die Grenzen beim Überländ Stekhel (Stagl in der Grueb), das Lehen vom Gotteshause Neustadl war. Sie setzten auch Marchsteine.[2]

1628 machte der Zinngießer von Grain einen Zinnkessel in den Taufstein um 16 fl. Ein Bote ging nach Waldhausen wegen des Malers und der Nachfrage um einen Pfarrer. Am 27. Februar ließ Propst Maximilian von Waldhausen durch den Stiftsdechant Fr. Augustin Prell und den Hofrichter die Kirchenrechnungen prüfen.[3]

1629 bekam der Maler vom Vlmerfelt für eine rote Doppeltafell'ne Fahne Macherlohn 43 fl.[4]

1630 bekam der Pfarrer zur Erbauung eines Brunnens von der Kirche 43 fl. Der Tischler von Waldhausen fertigte Kirchenstühle an, wofür ihm 114 fl ausbezahlt wurden.[5]

1818 wurde ein Steinkohlenbergwerk bei Peitenstain eröffnet.[6]

1855 geloben die Hamatner und Brandstetter'schen Eheleute, die von ihnen erbaute Betkapelle zu erhalten.

1864 versprachen die Gemeinden der Pfarre einen Beitrag zur Erhaltung eines Kooperators.[7]

---

[1] Ein Codex in zieglrot gefärbtem Pergamenteinband im Pfarrarchiv Neustadl enthält Kirchenrechnungen von 1626 bis 1686 mit vielen geschichtlichen Nachrichten.

[2] Kirchenrechnung.

[3] Kirchenrechnung.

[4] Kirchenrechnung.

[5] Kirchenrechnung.

[6] Schweickhardt, Darstellung von Niederösterreich, XII., 37.

[7] Konsistorialarchiv St. Pölten.

124. St. Nikola[1]

verödet, bei St. Andreä an der Traisen.

Dieses Dorf mit Kirche und Edelsitz, bestand am „Nikolaiweg", westlich von St. Andrä in der Au zwischen Mühlbach und Traisenfluß.

1161, 30. Dezember, St. Pölten, bestätigt Bischof Konrad von Passau die durch Walther von Traisen geschehene Stiftung des Chorherrnstiftes St. Andrä an der Traisen und führt unter den Stiftungsgütern desselben an: alle Güter des Hartnid, Sohnes des edlen Ernesto in Trahisma, welche dem Walther durch Erbschaft gehörten mit Ausnahme von drei Hofstätten neben der St. Nycolaikapelle.[2] Mithin bestand schon die Kapelle St. Nikolai mit einigen dabei liegenden Häusern.

1240 wird der Ritter Minhard *Sancti Nycolai* mit Liwpold von Draesdorf (Trasdorf bei Heiligeneich), Pabo von Hasenberg (bei Reidling), Chunrad von Rendenick (Raidling) und den Brüdern Hainrich und Chunrad von Aezelinsperge (Adletzberg bei Gutenbrunn) in einer Urkunde des Stiftes St.Georgen genannt.[3]

1320 waren die Herzogenburger Zehente in *sancto Nycolao, sancto Andrea*, Anger (Angern bei St. Andrä), drei Dörfer Winden (heute Ober- und Unter-Winden bei St. Andrä), zwei Dörfer Haermaden (Ober- und Unter-Harmetten bei Gutenbrunn) und Gretenbrunn an Leopold, Tristram, Otto und Siboto verpachtet.[4]

1402 verkauft Marichart Prantl dem Johannes von Heinn einen Wirtschaftshof in St. Andre bei St. Nikolaus.[5]

1420, 12. März, verkaufen die Kinder Hainrichs des Rüschen ein Halblehen „datz Sand Nicla", dienstbar dem Stifte St. Andrä, dem bescheidenen Friedrich „datz Sand Nicla".[6]

1560, 26. September, erlaubt das Passauer Offizialat in Wien dem Propste Benedikt von St. Andrä, die Filialkirche St. Nikolai am Fluße Traisen, welche infolge der Überschwemmungen eingestürzt ist und nicht mehr hergestellt werden kann, abzubrechen und ihre Steine zu anderen Zwecken zu verwenden.[7]

---

[1] Blätter für Landeskunde, 1883, 90-91.
[2] Hormayr, Archiv, Jahrgang 1827, 750 bis 751. Siehe bei St. Andrä an der Traisen in Geschichtliche Beilagen XV., 75-77.
[3] Archiv für österr. Geschichte, 1853, 294.
[4] Blätter für Landeskunde, 1883, 91.
[5] Annalen des Propstes Augustin Erath von St. Andre im Stifte Herzogenburg.
[6] Blätter für Landeskunde, 1883, 91.
[7] Archiv für österr. Geschichte, 1853, 275, 294-296.

125. Nußdorf an der Traisen[1]

1158, 17. April, gab der Bischof von Passau bei einem Tausche dem Bischof von Freising einen Weingarten in Nuzdorf.[2]

1284, 12. September, St. Pölten, verleiht Erzbischof Johannes von Kappadozien auch für die Kapelle in Nuzdorf, welche durch die Chorherrn von Herzogenburg versehen wurde, Ablässe.[3]

1316, 24. April, Herzogenburg, stiftet Wernhard von Nuzdorf zur Kapelle des hl. Johannes in Nuzdorf, in welcher bisher nur an Sonn- und Feiertagen von Herzogenburg aus Gottesdienst gehalten wurde, für alle Montage und Freitage und andere Wochentage eine hl. Messe, die der vom Stifte bestimmte Kaplan und Pfleger der Kapelle halten soll.[4]

1318, 27. Juli, Passau, gestattet das Domkapitel zu Passau, daß die Verstorbenen der Pfarre Pfarrkirchen wegen Überschwemmung des eigenen Friedhofs in den Friedhöfen der Kapelle Nuzdorf oder Reidling begraben werden.[5]

1324, 21. Jänner, St. Pölten, gestattet Bischof Albert von Passau, daß Ritter Wernhard von Nuzdorf bei der Kirche in Nußdorf, die eine Tochter des Stiftes Herzogenburg ist, mit 20 Pfd. Pfen. Gülte einen Pfarrer stiften dürfen, der aus dem Stifte Herzogenburg vom Propste dahingestellt werden soll.[6]

1324, 2. Februar, Herzogenburg, stiften Wernhard von Nuzdorf und seine Frau Agnes bei der Kirche zu Nuzdorf, wo St. Johannes Wirt (Patrozinium) und andere Heilige rastend sind und die eine Zukirche zum Stifte Herzogenburg war, eine eigene Pfarre und geben dazu 20 Pfd. Gülte und den neugebauten Pfarrhof bei der Kirche als freies Eigen. Der Stifter entsagt der Vogtei darüber und bemerkt, daß der Pfarrer jährlich 4 Pfd. nach Herzogenburg zu entrichten hat. Wenn der Stifter stirbt, soll der Propst mit fünf Priestern aus dem Stifte ihn in Nußdorf bestatten und das Opfer zu seiner „pivild" und anderen Leichen soll der Dechant in Herzogenburg dem Konvente austeilen. Der Propst von Herzogenburg möge einen Chorherrn nach Nußdorf senden, der von nun an dort wohnt, wie andere Pfarrer bei ihren Pfarren.[7]

---

[1] Topographie, VII., 359-364.
[2] Fontes, XXXI., 103.
[3] Faigl, Urkunden von Herzogenburg 1244-1450, 55.
[4] Faigl, Urkunden von Herzogenburg 1244-1450, 55.
[5] Faigl, Urkunden von Herzogenburg 1244-1450, 66.
[6] Faigl, Urkunden von Herzogenburg 1244-1450, 89.
[7] Faigl, Urkunden von Herzogenburg 1244-1450, 90-93. Zu diese Pfarre hatte Wernhard von Nußdorf 1323 und 1324 verschiedene Güter erkauft. Faigl, 78, 80, 82, 85, 86.

1335, 5. März, Herzogenburg, gibt Wernhard von Nußdorf noch 10 Pfd. Gülten, die Weizengülte zu Chueffarn mit 10 d Dienst auf St. Niklasaltar in Herzogenburg und ein Weinzierlgericht mit Weingarten zu Nußdorf. Dafür solle außer den zwei schon angestellten Chorherrn aus dem Stifte noch ein laypfaff (Weltpriester), den der Pfarrer aufnimmt und entläßt, gehalten und in der St. Katharinenkapelle vier Messen wöchentlich, in dem Chor täglich eine Messe und an Festen Vesper und Metten stattfinden und an seinem Jahrtage Wein, Brot und Fleisch verteilt werden.[1]

1344, 24. April, stiftet Wernhard von Nußdorf einen Jahrtag mit Armenspende, acht Semmelwecken, vier Eimer Wein und ein halbes Rindfleisch, auch ein ewiges Licht in St. Katherinenkapelle über dem Grabe seiner Mutter.[2]

1346, 9. April, verkauft Wernhard von Nußdorf dem Pfarrer Jorgen von Nußdorf 10 ß 10½ d Gülte mit Vorbehalt des Rückkaufrechtes innerhalb von zwei Jahren.[3]

1349, 21. Jänner, veräußert Wernhard von Nußdorf neuerdings dem Jörig, Pfarrer zu Nuzdorf, 7 ß 10 d Gülte.[4]

1362, 22. Juni, setzt Propst Nikolaus von Herzogenburg den Priester Nikolaus als Benefiziaten in der St. Katherinenkapelle in Nußdorf ein und vermacht dieser zur Kapelle für den Todesfall ein Joch Weingarten auf einen Jahrtag.[5]

1384, 29. September, verkaufen die Brüder Johann und Georg die Taffler von Nußdorf eine Wiese bei Traismauer dem Konrad Petems, Kaplan der St. Katherinenkapelle in Nußdorf.[6]

1387, 21. Dezember, verkaufen die Nonnen zu Imbach einen Weingarten zu Reichersdorf dem Kaplan Konrad zu St. Kathrein in Nußdorf.[7]

1390, 30. Jänner, wurde ein Jahrtag für Wolfker des Reicherberger zu Franzhausen errichtet, wobei der Pfarrer den Gesellen, den Kaplan zu St. Kathrein und den Kaplan in Reichersdorf entlohnen sollte.[8]

Um 1390 verlieh die Pfarre Nusdorf bei Holenburg der Propst von Herzogenburg.[9]

---

[1] Faigl, Urkunden von Herzogenburg 1244-1450, 134.
[2] Faigl, Urkunden von Herzogenburg 1244-1450, 173.
[3] Faigl, Urkunden von Herzogenburg 1244-1450, 182.
[4] Faigl, Urkunden von Herzogenburg 1244-1450, 189.
[5] Faigl, Urkunden von Herzogenburg 1244-1450, 243.
[6] Faigl, Urkunden von Herzogenburg 1244-1450, 308.
[7] Faigl, Urkunden von Herzogenburg 1244-1450, 322.
[8] Faigl, Urkunden von Herzogenburg 1244-1450, 328.
[9] Hippolytus, 1863, 147.

1392, 22. Februar, verkaufte Peter, Kaplan des St. Petersaltares in der Frauenkirche zu Krems, dem Kaplane Konrad zu St. Kathrein in Nuzdorf einen Weingarten zu Geyersberg (bei Langegg).[1]

1400, Montag nach St. Georg (26. April), Wien, verkaufen Thoman der Chastner und seine Frau Elsbeth mit Handen der Burgfrau Kathrein, Witwe des Herrn Otto von Zelkyng von Frawdekk (Freidegg), Hofmeisterin der Fürstin Anna, Gemahlin des Herzog Albrecht von Oesterreich, einen Weingarten zu Reichestorf, ein ganzes Joch nächst Leb des Druchsetzen und Hanns des Merichlein Weingärten, der 2 Wr. Pfen, zu freien Burgrecht auf Michaeli der Burgfrau dient, um 55 Pfd. Wr. Pfen. dem Weikchart von Tyrnstain nach Landrecht in Oesterreich. Siegler: der Aussteller, die Burgfrau, welche den rechts geschrägten Zelkinger und den Velber Schild führt, während Frau Elspeth kein Siegel hat, und als Zeuge Chunrat der Frawetzhauser (von Franzhausen).[2]

1413, 18. September, Wien, belehnt Herzog Albrecht V. den Reinprecht von Walsee mit dem Hause zu Nustorff bey der Traysen, dessen er sich auf Befehl des Landmarschalls Hertnid von Pottendorf underwunden hat und das ihm als Lehen heimgefallen ist.[3]

1429 war Nusdorf dem Stifte Herzogenburg einverleibt.[4]

Außen an der Kirche sind mehrere Grabsteine aufgestellt, die ehemals im Pflaster lagen.

Eine Platte (2,28 x 1,37 m) zeigt folgende Randschrift: *Hie . leit . Michel . Fleming . von . Goc(e)sdorf*[5] *gestorben . des . Errtag . nach . Letare . in . der Vasten . anno . Domini . m.cccc-xxxiiii* (9. März 1434) . . . *Margareta . sein . havsfrav . gestorben . des . Errtag . nach . unser . Fraven . Schid(ung)* (18. August) *1439.* Im Felde senkrecht geteilter Schild darüber Kübelhelm mit kleiner Helmdecke und Büffelgehörn. In der linken Ecke unten kleiner Bindeschild. - Obige Margareta war die Tochter Hansen des Turtendorfers und machte 1439, 17. August, also am Sterbebett, eine Stiftung für einen Kaplan in Nußdorf, der wöchentlich zwei Messen in der Pfarrkirche und drei in der Schloßkapelle zu Nußdorf, sobald sie geweiht worden ist, lesen soll.[6]

---

[1] Faigl, Urkunden von Herzogenburg 1244-1450, 339. Daselbst 342 noch eine Stiftung von 1392.
[2] Originalpergament, mit drei Siegeln. Schloßarchiv Greinburg.
[3] Notizenblatt, 1853, 330.
[4] Schmieder, Matricula, 22.
[5] Getzersdorf bei Inzersdorf ob der Traisen.
[6] Faigl, Urkunden von Herzogenburg 1244-1450, 438. Vgl. Topographie, VII., 362, und über den Grabstein in Berichte und Mitteilungen des Altertums-Vereines zu Wien, XXXI, 150.

Eine Steinplatte (2 x 0,88 m) enthält die Worte: . . . *Steffan Fraintzhavser*[1] . *als* . *man* . *czalt* . *XIII C* . *jar* . *und* . *xl* (1440) . . Schild vertikal geteilt, die linke Hälfte mit Querbalken.

1464, Montag vor Pfingsten (14. Mai), Piela, verkauft Ambrosy von Topel seinen Schwager Jörg von Zinzendorf ein Gut zu Nußdorf an der Traisen und einen Weingarten zu Wagram (Pf. Hollenburg). Zeugen: Hertneid von Losenstein und Kaspar Ennikel.[2]

Von etwa 1480 stammt der Kirchenbau und eine Turmglocke.

1492, 17. August, o. O., sendet Wilhelm von Awrsperg dem Kaiser Friedrich III. das Schloß Nußdorf am Tullnerfeld an der Traisen auf zugunsten des Christoph Memminger, kais. Türhüters, dem er sie verkauft hat. Die Lehenschaft war von den Wallsee an den Kaiser gekommen.[3]

Eine Tafel (2,32 x 1,10 m) zeigt die Grabinschrift des: *Cristoff* . *Mamminger* . *zu* . *Nostorf* . *der* . *gestorben* . *ist* . *an* . *Maurus*[4] . . . *und Kathrina* . *sein* . *havsfrav* . *die* . *gestorben* . *an sand* . *Steffans-abend* . *der* . *Vindong* (2. August) . *dem* . *Got* . *genad* . (1497). Zwei Wappen: a) quergeteilt mit gekreuzten Balken (Mamming); b) über Dreiberg wachsende Hand, mit dem Schwerte zum Streich ausholend.

Eine Platte (1,90 x 1 m) mit den Worten: . . .*Augustin Poppen-p(en)ger* . . .*Fronica* . *ein geb(orne)* . *Bvrgerin* . *unt* . *etlichen* . *unt* . *irn* . *Khindern* . *gestorben* . *an* . *Freitag* . *vor* . *sand* . *Pertlmetag* (20. August) *1507*. Zwei Wappen: a) mit drei Schrägbalken; b) mit fünfblättriger Rose.

1508, Mittwoch vor St. Katherina (22. November), verkaufen Florian Auer zu Abstorf und Jorig Parsenbrunner, Hofrichter zu Herzogenburg, anstatt des Hans Eder, Sohnes des verstorbenen Pankraz Eder zu Nußdorf, dessen sie sich gänzlich annahmen, den Hof zu Nußdorf zunächst bei der Kirche, freies Eigen, dem Herrn Christoph von Zinzendorf. Mitsiegler die edlen Christopf Grabner zu Rosenberg (Rosenburg am Kamp) und Hans Maydl, Pfleger zu Hollenburg.[5]

Grabstein (1,90 x 1 m) mit der Inschrift: *Hie* . . .*jonckfrav* . . *hatt* . . .*des* . *wolgeborn* . *hern* . *Kaspar* . *hern* . *zv Volkenstorf* . *landtmarchschallich* . *in* . *Ostereich* . *eliche* . *Tochter* . *ist* . *gestorben* . *an* . *montag* . *nach* . *sand* . *Leopoltitag 1517* (16. November) Wappen mit 15 Flocken.

Von 1517 ist die große Glocke erhalten.[6]

---

[1] Franzhausen bei Nußdorf an der Traisen. Vgl. Topographie, III., 176.
[2] Kaltenegger, Collectio chartar. veter., I., 497.
[3] Staatsarchiv Wien. Lichnowsky, Habsburg, VIII., Nr. 1832.
[4] Vielleicht Mauritzentag, 22. September.
[5] Kaltenegger, Collectio chartar. veter., I., 559.
[6] Fahrngruber, Glockenkunde, 143.

Die Pfarrer Michael Pollner, gestorben 1551, und Sebastian Cribelius, gestorben 1570, waren halb katholisch, halb lutherisch. Herr von Mamming hielt lutherische Prädikanten im Schlosse, nämlich Paul Fabricius 1564-1566, und Johann Ipfer, 1566-1570.[1]

1572, 7. Mai, präsentierte Propst Johannes, Dechant Daniel Ziegler und der Konvent von Duciburgi (Herzogenburg) dem Bischof Urban von Passau für die Kirche zum hl. Kreuz in Nußdorf nach freier Resignation des Christoph Vespar den Bartholomäus Schaffer, Priester der Diözese Wien.[2] Schaffer wurde am 12. September 1572 investiert.[3]

1575, 1. Oktober, sendet Franz, Herr von Zinzendorf zu Karlstätten und Hausenbach, dem Abte Urban von Melk 4 Lehen der Untertanen zu Nußdorf an der Traisen auf.[4]

1575 gehörte die Pfarre Nußdorf dem Stifte Herzogenburg; aber Herr Mamminger zu Nußdorf entzog dieser Pfarre mit Gewalt die Filiale Franntzhausen und hatte in Nußdorf, wo der Pfarrer seinen Gottesdienst und das Predigtamt versah, einen Prädikanten, der das einfältige Völklein verführte. Der frühere Prälat hatte die Kirche sperren lassen, doch mußte sie wegen vielfältiger Bedrohung wieder geöffnet werden.[5]

1580, 16. Jänner, führte Christoph von Mammingen als Abgesandter der n. ö. Stände den Dr. Lukas Backmeister, Pastor von Rostock, in Oesterreich ein, damit er die evangelische Kirche organisiere. Von hier schrieb Backmeister am 23. April an Christian Talhamer und am 30. April an die Verordneten. Von Rostock richtet er 1581 am 12. März und 21. September Schreiben an Wolf Christoph von Mammingen zu Nußdorf.[6]

Um 1584 hatte Wolf Christoph von Mamming zu Nußdorf 85 Holden, davon in Nußdorf 21, Franzhausen 18, Götzersdorf 12; OMB: Schlickendorf 15.[7]

Um 1584 hatte Leonrhad Lasperger zu Franzhausen 1 Holden in Gemeinlebarn und 4 im Amte Stockat. Wilhelm Herr von Volkersdorf zu Reichersdorf zählte 87 Untertanen, wovon in Dürnrohr 17, Reichersdorf 17, Beireramt 11, und OMB Egelsee 17 waren.[8]

1586 war zu Nußdorf der Konventual des Klosters Herzogenburg Johann Nemhrad. Er beschwerte sich, daß niemand in die Kirche kam. Die Untertanen gehörten zum Teile dem Abte von Seisenstain

---

[1] Wiedemann, I., 347, IV., 137; Hippolytus, 1861, 412.
[2] Originalpapier mit zwei aufgedrückten Siegeln. Konsistorialarchiv St. Pölten.
[3] Wiedemann, IV., 137.
[4] Kaltenegger, Collectio chartar. veter., II., 317.
[5] Konsistorialarchiv St. Pölten, Faszikel Herzogenburg.
[6] Notizenblatt, 1853, 188, 189, 205.
[7] Schloßarchiv Ottenstein.
[8] Schloßarchiv Ottenstein.

und gegen Herzogenburg. Der Pfarrer hatte kein ewiges Licht und taufte daheim Deutsch. Zu Franzhausen hielten die von Mammingen einen sektischen Prädikanten, welcher den Pfarren Draißmauer, Nußdorf und Holnburg großen Schaden zufügte.[1]

1590 heißt es: Paul Zynnckh habe die ziemlich abgeödete Pfarre Nußdorf wieder zur katholischen Kirche zurückgebracht.[2]

1600 war auf der Pfarre Nußdorf Christoph Marinus, ein Laipriester, *concubinarius*, nicht präsentiert, noch bestätigt.[3]

Vor 1603 war Pfarrer Johann Rausch von Herzogenburg.[4]

1609, 31. Oktober, übersenden Pfarrer G. Kugll von Trasmauer und Pfarrer Daniel Hylleprandt von Nußdorf dem Offiziale die eidlichen Aussagen der Zeugen in Sachen des Leopold Faber (Vikars in Stolhofen).[5]

1627 brachte ein Kommissär das Ausweisungsmandat der lutherischen Prediger und Schulmeister nach Nußdorf. Die Kirche hatte der Prälat von Herzogenburg bereits besetzt. Frau Rueber erhielt ein Mandat und sagte, sie hatte einen Präceptor für ihre Kinder. Der Kommissär ersuchte den Pfarrer von Stolhofen, sich zu erkundigen, ob im Schlosse den Untertanen wirklich, wie verlautet, Evanglium und Predigt vorgelesen werden.[6]

Von etwa 1632-1637 versah die Pfarre Nußdorff P. Johannes Brem.[7]

1655, 13. April, Stift Ducumburgi, präsentiert Propst Josef auf die Pfarre Nußdorf nach dem Tode des Vikars den Blasius Läbinger, Augustiner Chorherr von St. Andrä.[8]

1655, 26. Juli, Ducumburgi, präsentiert Propst Josef für die Pfarre Nußdorf an der Drasina den Balthasar Schartel.[9]

1675 sollte in der Schloßkapelle in Reicherstorff zweimal im Jahr von Ober-Wölbling aus Gottesdienst gehalten werden.[10]

1830 wurde in Reichersdorf eine Kapelle erbaut.[11]

---

[1] Österr. Vierteljahresschrift für Kathol. Theologie von Wiedemann, 1872, 374.
[2] Konsistorialarchiv St. Pölten, Faszikel Stift Herzogenburg.
[3] Österr. Vierteljahresschrift für Kathol. Theologie von Wiedemann, 1872, 379.
[4] Wiedemann, IV., 119.
[5] Konsistorialarchiv St. Pölten, Faszikel Stift Herzogenburg.
[6] Wiedemann, I., 610.
[7] Konsistorialarchiv St. Pölten, Faszikel Randegg.
[8] Konsistorialarchiv St. Pölten.
[9] Konsistorialarchiv St. Pölten.
[10] Konsistorialarchiv St. Pölten, Faszikel St. Andrä an der Traisen.
[11] Schweickhardt, Darstellung von Niederösterreich, VI., 213.

126. Oberndorf an der Melk[1]
mit öder Kapelle in Pfoisau zu St. Paulus

Vor 1164 gab der Ministeriale Meinhard von Oberndorf zur Zeit seines Herrn, Grafen Gebhard von Burghausen, die Magd Wezila mit ihrer Nachkommenschaft dem Kloster St. Peter in Salzburg mit 5 d Dienst. Der Neffe derselben, Hermann von Oberndorf, beanspruchte später das Recht auf die Töchter der obigen Magd, verzichtete aber darauf gegen Bezahlung von 6 Talenten. Zeugen: Rüdiger von Hohenmose, Burchard von Piscolrestetten u.a.[2]

1200 wird in der Urkunde des Salzburger Bischofs über die Pfarre Texing Ulrich als Pleban von Oberndorf genannt.[3]

Um 1209 wurde bei den Reliquien in St. Pölten eine Person von Oberndorf bei Planchenstein geheilt.[4]

Um 1260 verlieh die Kirche in Oberndorf Graf Leutold und Graf Otto nahm sich ihrer an, aber man weiß nicht mit welchem Rechte.[5]

1282 wird Pfarrer Heinrich angeführt.[6]

1290, 4. Dezember, Ruprechtshofen, verkaufen Ofmei von Hag und ihre Kinder ein Eigen zu Hovenbach (Ofenbach, Pfarre Oberndorf). Zeuge: Havg von Hovenbach (Ofenbach).[7]

1316, 20. Mai, Melk, gibt Stephan der Eisenbeutel zum Stifte Melk Gülten vom Gute Granzepach in Oberndorfer Pfarre.[8]

1323, St. Mertenstag (11. November), verkaufen Otto der Hager und seine Frau Ofmei dem Kloster Lilienfeld um 4 Pfd. Wr. Pfen. und der Frau 2 Pfd. zu Leikauf den Baushof in der Sweinze (Ober- und Unter-Schweinz) und ein Lehen und ein Hofstätte bei Pholsawe, zusammen auf 4 Pfd. Gülte berechnet.[9]

Pfoisau ist ein Dörfchen rund ½ Stunde südlich von Oberndorf. Auf einem Hügel an dem Melkfluß, der mit Graben umgeben ist, bestand einst eine Feste mit Kirchlein, die beide verödet sind.

1352 erhielt die Karthause Gaming die Vogtei in Oberndorf.[10]

---

1 Topographie, VII., 406-410.
2 Hauthaler, Salzburger Urkundenbuch, I., 556.
3 Niederösterr. Urkundenbuch, I., 31.
4 Codex im Stift Altenburg.
5 Monumenta Boica, XXVIII., II., 483.
6 Geschichtliche Beilagen, II., 520.
7 Hanthaler, Recensus Diplom. archivi Campilil., II., 1.
8 Geschichtliche Beilagen, XI.,559.
9 Staatsarchiv Wien, Codex secundus der Privilegien des Stiftes Lilienfeld, Nr. 871, 446, nach 1443 unter Abt Petrus I. geschrieben.
10 Geschichtliche Beilagen, V., 11.

Im 14. Jahrhundert, am 24. August, starb der Pleban Nikolaus von Oberndorf, der dem Chorherrnstifte St. Pölten 6 Pfd. Pfen. gab.[1]

1353, St. Gilgentag (1. September), verkauft Jans der Weichselpeckch sein freies Eigen und Gut am Chwigelsperg in der Pfarre St. Leonhard, worauf Hermann sitzt, und die Hofstätte an dem Altenmarcht zu Oberndorf, worauf Hagen der Weber sitzt, um 15 Pfd. Wr. Pfen. dem Herzog Albrecht II. von Oesterreich für seine Stiftung Gaming. Siegler: der Verkäufer, seine Brüder Rueger und Walchun die Weichselpekchen, seine Schwäger Ortolf der Smidbekch und Alber der Syernikcher, sein Oheim Peter der Rustpekch und Marchart der Hewlser. Das Siegel der Weichselbek enthält eine gabelförmige Figur, welche an den drei Enden durchlöchert ist.[2]

1361, 2. Februar, Baden, verkauft Katrei, Witwe Petreins des Cheuers zu Baden, mit Hand des Bergmeisters der geistlichen Herrn zu Gaming Jansen in dem Winchel zu Baden den Weingarten an dem Chaltenperch zu Baden, der heißt der Nagwurm, um 50 Pfd. Wr. Pfen. dem Herrn Jansen, Pfarrer zu Oberndorf. Siegler: der Prior Andreas von Gaming, Larenz der Hutter und Chunrat der Tehenstainer zu Baden.[3]

1364, St. Veit (15. Juni), verkaufen Chuen von Oberndorf, Sohn des verstorbenen Ludwig des Würfels von St. Lienhart, und seine Hausfrau Geysel ihre Mühle bei Oberndorf in derselben Pfarre um 84 Pfd. Wr. Pfen. dem Kloster Gaming, von dem sie dieselbe zu Lehen gehabt haben. Siegler: Jeorig der Häusler und als Zeuge Otakcher den Wolfstain, Burggraf zu Peilstain.[4]

1370, 1. September, verkaufen Chunent der Schenchenperger, Sohn des verstorbenen Heinrich, Vischers zu Luntz, und seine Frau Wendel mit Hand ihres Bergmeisters der geistlichen Herrn von Gaming, ihren Weingarten am Schenkchenperg um 20 Pfd. Pfen. dem Herrn Jansen, Pfarrer zu Oberndorf. Siegler: der Aussteller, der Prior Hans von Gaming und Herr Niclas von Wildungsmauer.[5]

1377 verlegt Herzog Albrecht III. die Gamingschen Gerichte von Ruprechtshofen und Oberndorf nach Scheibbs.[6] Diese Verlegung geschah zum Vorteile des Klosters.[7]

---

[1] Fontes, XXXI., 570.
[2] Staatsarchiv Wien.
[3] Smitmer, Codex Diplom. Austriae Nr. 122/III im Staatsarchiv zu Wien, II. Bd., Nr. 330.
[4] Staatsarchiv in Wien, Codex Diplom. der Karthause Gaming, Perg. Nr. 867, I., 130; II., 126.
[5] Smitmer, Codex Diplom. Austriae Nr. 122/III im Staatsarchiv zu Wien, II. Bd., Nr. 416.
[6] Geschichtliche Beilagen, V., 19.
[7] Senckenberg, Selecta Iuris et Historia, Tom. IV., 202.

1378, St. Valentin Martyrer (14. Februar), Gemnik, vermacht Johanns, Pfarrer zu Oberndorf, seinen Weingarten der Nagwurm zu Baden an dem Kaltenberg, den er um sein im Dienste des Klosters Gaming erworbenes Geld erkauft hat, aus bestehender Treue und Liebe dem Kloster Gaming. Siegler: der Aussteller, Herr Christan von Taehenstain, Burgvogt zu Pfaffstätten und zu Baden, und der „lang Chunrat", würdiger Speisemeister des Herzog Albrecht von Oesterreich.[1]

Am 9. August starb Joannes, Pleban in Oberndorff, der dem Kloster Gaming den Weingarten Nagwurm und mehreres andere gab. So meldet das Anniversarienverzeichnis von Gaming, gesammelt von P. Wilhelm Höffer.[2]

1386 front Marchart der Hewsler dem Prior Leonhard und dem Konvente in Gaming den Markt Scheibs und alle Güter in der Oberndorfer Pfarre.[3]

1393 front Hans Heyperger dem Prior Ortolf von Gempnik das Dorf Obrendorf.[4]

1421, 16. Oktober, verkauft Heinreich der Weigschelpekch dem Johannes, Sohn des Conrad Schreiber zu Scheybs, zwei Teile Zehent auf des Gresels Hofstatt in Sprintznpach in Leonharder Pfarre und ganzen Zehent auf einem Acker in der „Nidernaw niderthalb Oberdorf" und obs Kreuz zu Offenpach oben gegen den Wasserlauf. Siegler: der Verkäufer und sein Nachbar Gorig der Tuenfoyt.[5]

Um 1423 belehnte Herzog Albrecht V. den Ottakher Wolfstein mit der Feste Pholsaw und 5 Hofstätten und Kirchenlehen daselbst, Vogthafer auf 2 Gütern in der Hanifreisten und am Pawczenlehen (Potzenlehen), Forsthafer auf 3 Hofstätten dacz dem Grauen am Perg, dacz dem Friesen (Friesenberg) und an der Hub, Gütern zu Kat, Schadergraben, auf dem Wasser und zu Winnden. Diese Güter gingen dann auf Gilig den Wolfstain über.[6]

1429 war die Pfarre Oberndorf auf 8 Pfd. Pfen. Verleihungstaxe angesetzt und Lehen von Gaming.[7]

1432, 2. Jänner, Wien, belehnt Herzog Albrecht V. die Witwe des Ottakher Wolfstain, Barbara anstatt ihres unmündigen Sohnes Gilig des Wolfstein mit der Feste Phollsaw und 5 Hofstätten und Kirchenlehen daselbst, Vogthafer in der Hanifraysten, Pawczenlehen und beim Grauen am Perg, dacz dem Friesen, an der Hub, einem Lehen in

---

[1] Staatsarchiv in Wien, Codex Diplom. der Karthause Gaming, Perg. Nr. 867, I., 181; II., 183.
[2] Auszug in Keiblingers Handschriften im Stifte Melk.
[3] Staatsarchiv in Wien, Codex weiß, Nr. 48.
[4] Staatsarchiv in Wien, Codex weiß, Nr. 48.
[5] Originalpergament, das erste Siegel fehlt; Staatsarchiv in Wien.
[6] Notizenblatt, 1859, 361, 362.
[7] Schmieder, Matricula, 22.

Kerot mit Wiese, Hof zu Schadergraben mit Hofstatt, Hof auf dem Wasser, Hof und Hofstatt zu Winden.[1]

1440, 17. April, Scheibs, verkauft Hans Hausheim, Bürger zu Scheibs, dem Hans Plankch, Bürger daselbst, einen Acker, Burgrecht von Reinprecht von Walsee, in das Kalicherambt dienstbar und mit 8 d Burgrecht als Überzins zum ewigen Licht in „sand Paulen Kapellen zu Pholsaw" (Pfoisau, Gemeinde Oberndorf) pflichtig.[2]

Bei der Pfoisau-Schmiede lag auf einem Hügel die obige Kapelle und herum der Friedhof, von dem noch Spuren erkennbar sind. Von der Kirche waren um 1846 noch Mauerreste zu sehen. Ein Kelch, der im Dorfe Weißen Nr. 8 aufbewahrt wurde, kam in das Diözesan-Museum in St. Pölten, eine Versehlaterne wird im Hause Nr. 2 gezeigt, ein Stein mit eingemeißeltem Kranze in einem Keller eines Nachbarhauses. Die geschmiedete eiserne Türe von hier dient angeblich als Sakristeitüre in Oberndorf, auch der steinerne Opferstock wurde dahin übertragen.

1456, Mittwoch vor St. Gregor (10. März), gibt der Pfarrer Hans Herman von Oberndorf mit Rat und Willen des Priors Niclas und des Konventes zu Gaming, die seiner Kirche Vogt und Lehensherren sind, zum besseren Nutzen seiner Kirche dem Abte Peter und dem Konvente von Lilienfeld von derselben das freieigene Gut der Mayrhof in der Pfarre Ruprechtshofen, worauf Thomas sitzt, mit 1 Pfd. jährlicher Gülte für das freieigene Gut das Lehen am Grieß (Gries) zu Oberndorf in dieser Pfarre, das Thaman von Schönlaytten innehat, auch mit 1 Pfd. jährlicher Gülte. Siegler: Prior und Konvent zu Gaming und der Pfarrer Hans Hermann.[3]

1457, St. Pankraz (12. Mai), verkauft Peter Gawbits von Twerchenpach (Zwerbach bei Ruprechtshofen) dem Prior Niclas und dem Konvente von Gaming die halbe Mühle zu Oberndorf in dieser Pfarre. Siegler: der edle Peter der Glogksperger, Landrichter in Pewlstain.[4]

1464, Samstag in der Osterwoche (7. April), Ottenstein (am Kamp), verkaufen Peter Nueper zu Kalsperg als Vertreter der nicht vogtbaren Kinder Peter, Barbara, Magdalena und Katherina seines verstorbenen Bruders Jakob des Nueger zu Oberendorf, dann Cristan Sauhautel in der Au, nächste Freund dieser Kinder, und Cristof Wynndisch zu Oberndorf und seine Frau Katherina, der vier Kinder

---

1 Notizenblatt, 1859, 285.

2 Chmel, Materialien zur österr. Geschichte, I., 10.

3 Staatsarchiv Wien, Codex secundus der Privilegien des Stiftes Lilienfeld, Nr. 871, 176.

4 Smitmer, Codex Diplom. Austriae Nr. 122/III im Staatsarchiv zu Wien, III. Bd., Nr. 437.

rechte Mutter, dem Herrn Wofgang, Pfarrer zu Oberndorf, und der Pfarrkirche St. Gilgen daselbst allen Zehent, welchen sie von dem edlen Herrn Gorgen von Ror „in peitllehenweis" empfangen haben: auf dem Hof zu Hynndenhayn zwei Teile in Ruprechtshofner Pfarre; auf dem Hof zu Schönleitn in St. Leonhartspfarre, auf dem Hof im Lehenfeld in St. Leonhartspfarre; auf einem Burgrechtsacker in der Stetneraw in Oberndorfer Pfarre; auf zwei Burgrechtackern im Landtsidelpach in St. Lenhartspfarre, überall zwei Teile. Dafür hat Pfarrer Wolfgang eine Summe Geldes gegeben, die der geistliche Herr Bruder Sigmund, Prior zu Gemnik, zur Stiftung eines Kaplans oder Gesellen an die Kirche in Oberndorf gewidmet hat. Siegler: Herr Gorg von Ror.[1]

1497, 9. Juni, Rom bei St. Peter, bestätigt der päpstliche Generalauditor Petrus von Vicentia, daß Papst Alexander VI. dem Stifte Gaming erlaubt habe, auch die Pfarre St. Egid in Oberndorff, deren Erträgniss ein Mark Silber nicht übersteigt, nach dem Abtreten des ständigen Vikars mit Priestern aus dem Kloster zu besetzen.[2]

1515, 3. März, Rom bei St. Peter, einverleibt Papst Leo X. auch die Pfarre Oberndorf, auf welche Laurenz Disbirger verzichtet hat, der Karthause Gaming.[3]

Aus dieser Zeit etwa stammt die schöne gotische Monstranz, welche angeblich „auf der Au" ausgeackert wurde.[4] Auf der Au, zehn Minuten von Oberndorf gegen Westen gelegen, wird das Hl. Geistbründl gezeigt und bestand einst eine Hl. Geistkirche, von der urkundlich nichts bekannt ist. Die letzten Mauerreste derselben verschwanden erst um 1850. Darunter war eine gewölbte Gruft mit Totengebeinen. Der Altar und einige Statuen kamen von dieser Kirche in das Gasthaus zu Henndorf bei St. Georgen in der Layß.

Eine halbe Stunde nördlich von Oberndorf befindet sich der Schloßberg, in dessen Nähe die Hausmühle und der Kastenberg liegen. Die Leitenmühle, heute Säge, bei Oberndorf war nach der Sage einst ein Frauenkloster. Am Hauptgebäude waren zwei Rundtürme, von denen einer abgebrochen wurde. Ein unterirdischer Gang soll von dort 4 km weit gegen Plankenstein (Osten) zum Schankhaus führen. Dort befindet sich ein runder Berg am Ganzbach, einem Zufluß der Melk, und dabei ein Haus im Hof.

---

[1] Smitmer, Codex Diplom. Austriae Nr. 122/III im Staatsarchiv zu Wien, III. Bd., Nr. 468.

[2] Pez, Codex Diplom. Histor. Epist., III., 435.

[3] Abschrift nach dem Original im ehemaligen Gaminger Stiftsarchiv, unter Gaminger Schriften in der Bibliothek zu Melk.

[4] Topographie, VII., 408; Monatsblätter des Altertums-Vereines zu Wien, 1899, 204.

1530 gab in Oberndorf die Unser Frauenzech 5 fl Türkensteuer.[1]

1567 wird Pfarrer Wolfgang von Oberndorf vom Pfarrer in Gaming genannt.[2]

Um 1570 erließ der Offizial Haldelberger (1567-1572) ein Exekutionsschreiben gegen Johann Spreizenporth, Pleban in Oberndorff unter der Karthause Gämming, der nicht zu Verantwortung erschienen war.[3]

Aus dem 16. Jahrhundert stammt eine Taufschüssel aus Messing mit Darstellung Maria Verkündigung und gotischer Majuskelschrift; derzeit Diözesan-Museum in St. Pölten.[4]

1628, 6. April, Melk, ersucht der Dechant für den Pfarrer Andreas Menz von Oberndorf um die Vollmacht, von der Häresie loszusprechen.[5]

1632 war Vitus Kaltenpacher Vikar.[6]

1659 war im Dekanate Melk der Vikar Johann Lindemaier in Oberndorf unter dem Kloster Gaming exempt. In einem anderen Bericht wird er Josef Norbert Lindemair genannt und von ihm gesagt, er solle durch einen anderen Vikar ersetzt werden.[7]

1665, 29. April, Gresten, schreibt Dechant Otto von der Velde dem Offizial: er habe dem Prälaten zu Gammingh geschrieben, um dem Georg Holzingh auf die Pfarre Oberndorff zu verhelfen.[8]

Um 1670 war zu Oberndorf Josef Norbert Lindemair, wollte ehestens abziehen.[9]

1680 stiftete Pfarrer Lindermayr zu Oberndorf eine Messe auf St. Norbert im Juni.[10]

1683 wüteten die Türken im Amt Oberndorf durch Mord und Brand.[11]

---

[1] Wiedemann, I., 69; Jener Christoph Süssenbeck, der nach Wiedemann, IV., 255, vom Stifte Göttweig am 8. April 1554 für dieses Oberndorf präsentiert worden wäre, ist richtiger vom Stifte Melk am 6. April 1554 für Oberndorf bei Allentsteig präsentiert worden. Geschichtliche Beilagen, XI., 519.
[2] Konsistorialarchiv St. Pölten, Faszikel Gaming. Siehe unter Gaming.
[3] Notiz im Konsistorialarchiv St. Pölten, Faszikel Gaming.
[4] Katalog, 13.
[5] Konsistorialarchiv St. Pölten, Faszikel Weiten.
[6] Konsistorialarchiv St. Pölten, Faszikel Steinakirchen.
[7] Konsistorialarchiv St. Pölten, alte Dekanatsakten und Faszikel Kloster Gaming.
[8] Konsistorialarchiv St. Pölten, Faszikel Ferschnitz.
[9] Konsistorialarchiv St. Pölten, Faszikel Gaming.
[10] Notiz aus dem Kirchenstiftungsbuch im Konsistorialarchiv St. Pölten.
[11] Schachinger, Purgstall, 215.

1689, 17. August, lautet ein Bericht: die Pfarre St. Ägyd in Oberndorf erträgt 200 fl, Vikar ist Alexander Gottfried Tapanth.[1]

Ein auf dem Felde gefundenes Verseh-Ziborium mit Renaissance-Ornament stammt aus dem 17. Jahrhundert. Diözesan-Museum St. Pölten.

127. Obritzberg[2] mit Grünz

Mit dem hieher eingepfarrten Dorfe Grünz bringt man die Nachrichten über den Grunzwiti-Gau in Beziehung. Schon 777 erhielt das Stift Kremsmünster durch Herzog Tassilo von Bayern einen Holden in Crunzinwiten. Karl der Große schenkte um 800 dem Witagowo einen Hof und 15 Mansen in Grunzwita.[3]

823 gibt König Ludwig der Fromme nach Chremisa (Kremsmünster) ein Gebiet im Gaue Grunzwiti, neben dem Sumarberch (bei Karlstetten besteht eine Sommerau), wo die Mönche dem Kloster eine Kirche, Häuser und Gebäude aufgeführt haben. Im Osten reicht dieses Gebiet zum Sumerperch, wie es die Boten Gerolds angezeichnet haben, zur Dreisma (Traisenfluß) und dem Orte Hohogapleichue, dann aufwärts zum Gebiete des Bistums Passau (um St. Pölten), nach Süden bis Haribrunnum, im Westen bis zum Orte, wo der Flinsbach (Flinsdorf bei Hain) aus dem Walde herausfließt; im Norden zum Rande des Waldes bis zum Sumerberg. Doch sollen die Eigengüter der freien Sclaven in diesem Gebiete erhalten bleiben.[4]

882-87 beurkundet Kaiser Karl III., der Dicke, daß schon früher sein getreuer Witigavo einen Hof zu Grunzwita mit 15 Mansen zum Geschenke erhielt.[5]

888, Juni-Juli, Frankfurt, schenkt König Arnulf seinem Ministerialen Heimo (dem Sohn des Witagowo) auf seine Bitten in Ostlande im Gaue Grunzuuiti in der Markgrafschaft des Arbo die Eigenschaft seines Besitzes, damit er auf einem passenden Orte eine Burg (urbem) erbaue zum Schutze und als Zuflucht für die Bewohner (vielleicht Hainburg bei Kilb). Der Graf soll daselbst die Gerichtsbarkeit haben, auch wenn jemand aus dem Reiche der Morawer (Mährer,

---

[1] Konsistorialarchiv St. Pölten, Faszikel Gaming.
[2] Topographie, VII., 427-431.
[3] Urkundenbuch von Kremsmünster, 3; Juvavia, Anhang, 62.
[4] Urkundenbuch von Kremsmünster, 9.
[5] Hauthaler, Salzburger Urkundenbuch, II., 48.

die damals bis nahe an die Donau vorgedrungen waren) Recht suchen würde.[1]

890, 20. November, Mattighofen, bestätigt König Arnulf der Kirche in Salzburg auch die Besitzungen in Crunzit(a) (Grünz), nämlich 50 Huben mit Ausnahme der 5 Huben, welche er seinem getreuen Dietrich gegeben hat.[2]

987 gab Erzbischof Friedrich I. von Salzburg dem Stifte St. Peter in Salzburg auch Gruncita.[3]

Um 1073 hatte das Stift St. Nikola in Passau Güter in Rust.[4]

1074-88 übergibt Erzbischof Gebhard von Salzburg dem Kloster Admont einen Besitz zu Ruoest (Groß- und Klein-Rust), ein Gut Suainaren (Schweinern bei Obritzberg) im Orient und 4 Lehen zu Ossaren (Ossarn bei Herzogenburg) am Flusse Traisen.[5]

Da diese Pfarre einst Albrechtsberg hieß, ist die Unterscheidung von Albrechtsberg an der Krems manchmal schwer. Während letzteres ein Lehen der dortigen Herrschaft war, gehörte diese Pfarre stets dem Bischofe von Passau, der sie bis 1297 den Kuenring verlieh und dann ihre Lehenschaft selbst ausübte. Daher kann man annehmen, daß alle Pfarrer von Albrechtsberg, welche vor 1297 in den Urkunden der Kuenring genannt werden oder hernach als Dechanten oder kirchliche Würdenträger in der Diözese Passau eine hervorragende Stellung bekleideten oder mit dem Sitz des Offizialates in Wien Maria Stiegen in Verbindung standen, hieher gehören. Sowie die Landesfürsten hatten damals auch die Bischöfe den Brauch, Geistliche in wichtigen Stellen mit einträglichen Pfarren ihrer Lehenschaft, die durch Vikare versehen wurden, zu belehnen.

Nach dieser Richtlinie scheinen hieher zu gehören:

1148 jener sagenhafte Pfarrer Leutold (oder Albero?) von Kuenring, dem Herzog Heinrich II. besondere Vorrechte für die Pfarre verlieh, laut den Gerechtigkeiten vor 1578.[6] Urkundlich ist derselbe nicht nachgewiesen.

Um 1160 gab der Priester Arnold von Albrechtsperge ein Gut durch die Hand des Freien Arbo von Gozinesdorf (Götzersdorf) zum Stifte Göttweig für das Seelenheil seines Herrn Adalbert (von Perge). Unter den Zeugen Wigand von Scowinge (Schaubing), Magingoz von

---

[1] Juvavia, Anfang, 118, 119. Vgl. Jahrbuch für Landeskunde, Festschrift 1929, 363. Dr. Alois Huber, Gesch. der Einführ. und Verbr. des Christentums in Südost-Deutschl. IV., 198-226. Hauthaler, Salzburger Urkundenbuch, II., 51.

[2] Hauthaler, Salzburger Urkundenbuch, II., 62.

[3] Hauthaler, Salzburger Urkundenbuch, I., 253.

[4] Monumenta Boica, IV., 288, 296.

[5] Hauthaler, Salzburger Urkundenbuch, II., 176. Blätter für Landeskunde, 1894, 230.

[6] Winter, Niederösterr. Weistümer, III., 416.

Chuliube (Kilb), Ruza von Vlinspach (Flinsbach), Olsach und sein Sohn Gebolf von Tobelaren (Tobl), Pernolt von Mutaren.[1]

1194, 27. Oktober, verfügt Bischof Wolfker von Passau über die Güter seines Verwandten Pabo von Ellenbrechtkirchen. Unter den Zeugen die Plebane Pilgrim von Alberhtsperge und Chunrad von Cidelarn (Zeillern) und der Laie Hadmar von Murrestetten.[2]

Um 1200 entscheidet Magister Pelegrin von Albrechtsperge einen Streit zwischen den Pfarren Hürm und St. Margareten.[3] Er erscheint auch 1207 und ungefähr 1235.[4]

1240, 21. März, Schloß Dürnstein, nennt Albero von Kuenring den Magister Pilgrim, Kleriker, seinen Ratgeber, Pfarrer und Dechant in Albrechtsberg.[5]

1240, Lucia (13. Dezember), Witrach im Hause des Ulrich Mazolter, geben Albero, Schenk von Oesterreich und Heinrich, die Söhne des Hadmar II. von Chunringe, dann Hadmar der Marschall und Heinrich, Söhne des Heinrich von Chunringe dem Kloster St. Nikola in Passau ihr Recht von zwei Weingärten zu Wehselndorff (Wösendorf) und 3 Lehen zu Winzurl (Weinzierl am Walde), welche zum Bau dieser Weingärten gehörten, welche ihr Blutsverwandter Herr Wergand von Rumting dem Stift vermacht hat, als freies Gut demselben Stifte und verzichten auf die Vogtei. Zeugen: Pilgrim, Dechant von Albrechtsperg, Arnold von Spizze, Ulrich von Witrah, sein Bruder Reimboto, Wulfing von Witrah, Otto der jüngere Tüchel, Marchart der Vogt von Zwetel, Chunrad von Chunringe, Sohn des Dietmar, u.a.[6]

Pilgrim war Dechant von Mautern und starb laut St. Pöltener Nekrolog am 10. Dezember.[7]

Aus seiner Zeit stammt noch der sechseckige Turm, welcher im Obergeschoße eine romanische Kapelle mit schmalen Rundbogenfenstern und halbkreisförmiger, auch außen vortretender Apsis enthält.[8]

Vor 1252 wurden die Besitzungen der Salzburger in Grunze oder Grunnste von Konrad von Zakking verbrannt, die Holden zu Lieferungen gezwungen und ein Wald verkauft.[9]

---

[1] Fontes, VIII., 77, 215.
[2] Monumenta Boica, XXVIII., I., 261-264.
[3] Fontes, XXI., 3.
[4] Fontes, VIII., 284, 309.
[5] Oberösterr. Urkundenbuch, III., 79.
[6] Monumenta Boica, III., 338-339.
[7] Fontes, XXI., 638.
[8] Riesenhuber, Kirchl. Kunstdenkmäler, 220.
[9] Frieß, Herren von Kuenring, 245, 246.

Um 1260 verlieh die Kirche in Albrechtsberg Albert von Chunringe, das Gebiet aber mit dem Zehent gehörte der Kirche in Passau.[1]

1265, 28. August, Wien, war Pfarrer Leo Zeuge eines Schiedsspruches zwischen Pfarrer und Schottenkloster in Wien.[2]

Dagegen scheint der 1264 in einer Lilienfelder Urkunde genannte Pfarrer Albert von Albrechtsperich nach Albrechtsberg an der Krems zu gehören, in dessen Umgebung Lilienfeld begütert war.[3]

1293, 8. April, Mautern, sagt Leutold von Kuenring dem Bischof von Passau das bisher von diesem Hochstifte als Lehen besessene Patronatsrecht über Obritzberg heim, behielt sich jedoch dieses Recht auf seine Lebenszeit vor.[4]

1295, 18. März, Wien, entsagt Leutold von Chunring dem Papste Bonifaz VIII. gegenüber auf das Patronat der Kirche in Albrechtsberg, damit sie dem bischöflichen Tische in Passau zugeteilt werde.[5]

1297, 9. September, Rom, bestätigt Papst Bonifaz VIII. dem Bischof von Passau, daß Leutold von Kuenring, einst wahrer Patron der Pfarrkirche in Albrechtsberg, dieses Patronat aus freiem Willen dem Bischof abgetreten haben.[6]

1329 bis 1348 erscheint Magister Petrus von Albrechtsperg wiederholt in Urkunden. Zuerst tritt er als Schiedsmann oder Zeuge des Dechants von Krems auf, 1332 wird er Pleban von Obrechtsberg und Doktor der Dekrete genannt. 1336 heißt er im Siegel Petrus von Olomvnz.[7] 1346 war er Chorherr von St. Pölten. Er kaufte 1342 Güter zu Heinigstetten (bei Obritzberg) und 1346 und 1348 solche zu Landhausen bei Obritzberg, wo damals noch Lehen der Kuenring bestanden.[8]

1357, St. Philipp und Jakob (1. Mai), verkaufen Gerunch der Mitterchircher und seine Frau Anna dem Marchart von Tirnstein Güter zu Goldarn[9] und Rust,[10] nämlich 18 Eimer Bergrecht, freies Eigen Zehent auf 34 Joch, Lehen vom Bischof Gottfried von Passau, und 6 ß weniger 9 d Geldes auf 4 Hofstätten und auf Burgrecht und

---

[1] Monumenta Boica, XXVIII., II., 482.
[2] Fontes, XXXIII., 47; Geschichtliche Beilagen, IX., 63.
[3] Hanthaler, Recensus, I., 71.
[4] Monumenta Boica, XXIX., II., 579. Lang in Regesta Boica IV., 530, sagt: Die Kirche in Albrechtskirchen bei Welnich (Wölbing).
[5] Lang, Regesta Boica, IV., 584.
[6] Monumenta Boica, XXVIII., II., 422; Lang, Regesta Boica, IV., 652.
[7] Stiftsarchiv Melk.
[8] Geschichtliche Beilagen, XI., 288, 292, 293, 294; Fontes, LI., 334, 354, 380; Niederösterr. Urkundenbuch, I., 343, 377, 403, 408.
[9] Nach Niederösterr. Urkundenbuch, I., 778 Gollarn bei Abstetten.
[10] Vielleicht Groß- und Klein-Rust bei Obritzberg.

auf Bergrecht, eine Hofstätte, Burgrecht vom Kloster dacz St. Pölten, dem man jährlich 5 Wr. Pfen. zu Michaeli dient, um 100 Pfd. gemeiner Wr. Münze nach dem Landrecht in Oesterreich. Siegler: der Aussteller, Otto der Wolfenrewtter und Dietrich der Radler.[1]

1364, 14. März, erscheint in einer Urkunde aus der Gegend von Pyhra bei St. Pölten als Zeuge Herr Friedrich von Wald, Pfarrer zu Obrechtsperig „enhalb Tuenaw".[2] Er stammte aus dem Adelsgeschlechte von Wald bei St. Pölten. Seine Zugehör ist zweifelhaft. Der Ausdruck jenseits der Donau spricht für Albrechtsberg an der Krems. In seinem Siegel erscheint aber der hl. Laurentius, der Kirchenpatron von Obritzberg.

1364, Mittwoch nach St. Veit (19. Juni), verkaufen die Brüder Wernhard und Ulrich die Rädler von Öd ihren Hof zu Mittermerking bei Perngershof zu Merking um 84 Pfd. Wr. Pfen. dem Herrn Weichard von Topel und seiner Frau Katrein. Zeugen und Siegler: Marchart von Tirnstein, Heinrich von Tannen und Larenz der Rädler von Grueb.[3]

1381, 21. August, Wienne in der Diözese Passau, in seinem Wohnhaus bei der Gerichtssitzung, entscheidet Nicolaus Stainer, Passauer Offizial, den Streit zwischen Abt und Konvent zu Melk als Kläger und dem Herrn Dratlawf, Bürger zu Wien. Obwohl dem Stifte Melk alle Zehente zwischen dem Ufer der Liestnick und Piestnick gebühren, verweigert Dratlawf doch den Zehent vom Porczgarten und Pürnitzer von Weingarten Rauber, Pymir und Conrad Messner vom Weingarten Waldner. Der Offizial verhört die Zeugen, prüft die Dokumente und entscheidet, daß obige den Zehent geben und die Kosten des Prozesses tragen sollen. Gegenwärtig: Herr Leonhart Schaur, Baccalaureus in den Dekreten, Pleban in Albrechtsberg, Heinrich von Langenzenn, Kaplan des Ausstellers, Johann Saltzman und Nicolaus von Ysnaco, die Procuratoren beider Teile. Siegel des Offizialates.[4]

1392, 22. Juli, erscheint in einer Urkunde des Hans von Meißau über Wolfenstein als Zeuge Herr Lienhart Schaur, Pfarrer zu Albrechtsperig und Offizial zu Wien.[5]

1393, 2. Februar, nahm das Stift Zwettl in großer Notlage 300 Pfd. Pfen. zu leihen von Herrn „Leonharten den Schawr, dyweil chorherr ze Regenspurg vnd ze Passau vnd Pharrer ze Albrechtsperig"

---

[1] Originalpergament, von den 3 Siegeln fehlt das zweite, Schloßarchiv Greinburg.
[2] Fontes, LI., 540.
[3] Kaltenegger, Collectio chartar. veter., I., 166.
[4] Originalpergament. Stiftsarchiv Melk.
[5] Fontes, LIX., 118.

und gab ihm dafür jährlich 50 Pfd. Pfen. Leibgeding, zu Wien oder St. Pölten zu bezahlen.[1]

Leonhard Schauer, ein tüchtiger Priester, war 1389-94 und wieder 1397-1410 Offizial des Bischofs von Passau in Wien und hatte in der ersten Periode vom Bischof die Einkünfte der Pfarre Obritzberg (Albrechtsberg), welche damals auf 80 Pfd. Pfen. taxiert war, zugewiesen erhalten.[2]

Aus demselben Grunde möchte man auch den Pfarrer Gerhard Salman, der vorher oberster Kaplan zu Unser Frau auf der Stetten (Maria-Stiegen) in Wien war, wohin er 1403 einen Weingarten zu Dornbach widmete, hieher beziehen, da ihn der Bischof darauf befördern konnte.[3] Dagegen verweist ihn Pfarrer Biedermann[4] nach Albrechtsberg an der Krems und vermutet, daß er von Maria-Stiegen in Wien jene noch vorhandene gotische Marienstatue nach Albrechtsberg gebracht habe, die dort als „Unser lieben Frau auf der Stiege" verehrt wurde.

1400, 31. Juli, Wien, wurde das Testament des Wiener Bürgers Eberhard Chastner von einem Kommissär des Passauer Offizialates vidimiert im Gegenwart des Andreas, Pleban in Albrechtsperg.[5]

1415 vergeben Martt der Radler von Grueb und seine Schwester Margredt und Klement der Radler, Pfleger zu Tulbing, ihr Vetter, an ihre Schwester und Muhme, die Klosterfrau Dorothea die Radlerin zu Tirnstain Gülten zu Haingottsteten (Heinigstetten, Pf. Obritzberg), Nydern-Fuchaw (Tiefenfucha bei Brunnkirchen) und Persnikch (Perschling).[6]

Der Ende 1424 verstorbene Pfarrer Andreas, welcher einen Weingarten bei Wien hatte, ist wohl auch auf Obritzberg zu beziehen.[7]

1429 und später, noch 1584, gehörte die Kirche zu Obrechtperg oder Obrechtsperg zur Herrschaft Wolfstein.[8]

Um jene Zeit diente der Kaplan Andreas von Obraczperg von einem Acker dem Stifte Melk 2 d.[9]

---

1 Archiv für österr. Geschichte, 1849, 377.

2 Wiedemann, V., 488, 489; Hippolytus, 1863, 140, 147. Dagegen betrug die Taxe der Pfarre Albrechtsberg an der Krems (Obrechtsperg) damals nur 32 Pfd. und war Lehen der Neydekker. Hippolytus, 1863, 150.

3 Geschichtliche Beilagen, IX., 63.

4 Albrechtsberg a. d. Gr. Krems, 1926, 10.

5 Quellen zur Gesch. der Stadt Wien, II. Abteil., I. Bd., Nr. 1471.

6 Dürnsteiner Stiftsarchiv in Herzogenburg.

7 Geschichtliche Beilagen, IX., 63.

8 Stiftsarchiv Melk.

9 Stiftsarchiv Melk, Dienstbuch von 1420.

1429 war Albrechtsberg auf 54 Pfd. Pfen. taxiert und Lehen vom Bischof von Passau. Die Kapelle in Topel (Doppel) wurde vom Liechtenecker vergeben.[1]

1431, 24. April, siegelt Pfarrer Ulrich von Albrechtsberg einen Revers des Benefiziaten in Hain.[2]

1433 wird Ulricus Pleban in Albrechtsberg genannt.[3]

1450 entscheidet Gotthard Höfl, Dechant zu Mautern und Pfarrer zu Obritzberg, zwischen Stadt und Stift St. Pölten.[4]

1487, Montag nach Invocavit (5. März), verkauften Jan von Dachaw und seine Frau Barbara, Tochter des verstorbenen Ulrich Marschalckh von Stumbtsberg, Gülten zu Merckhing, Clainrust und Großenrust von je einem Holden dem edlen Christoph Grabmer. Siegler: der Aussteller und der edle Stephan Vttendorffer zu Goldeckh und der edle Jorg Parssenbrunner, Pfleger zu Viehoffen.[5]

1489, 20. März, Göttweig, war Johann Schärl, Pleban in Obrechtsperg, Zeuge der Urkunde über die Abtwahl in Göttweig.[6]

Aus dieser Zeit stammt der gotische Chor und obere Teil des Turmes.[7]

Bei der Sakristeitüre ist der Grabstein des im Jahre 1504 (?) verstorbenen *Oswaldus Hamrl de Tulna, plebanus hujus ecclesie. Requiescat in pace.*[8]

1509, 2. Dezember, Wien, bischöflicher Hof am Gestade, resignierte der Passauer Offizial Georg Prenner in Wien in Gegenwart der Zeugen Philipp Tanntzer, bischöflicher Sekretär, und Gregor Angerer und Bricius Eberawer, beide Doktoren der Dekrete und *causorum procuratores in Romana curia*, seine Rechte auf die Pfarrkirche zum hl. Laurenz Martyrer in Albrechtsperg in der Passauer Diözese zu Gunsten des Johannes Reinspeckh, Priesters der Regensburger Diözese, mit Vorbehalt einer jährlichen Pension von 20 fl rhein. auf Lebenszeit. Zeugen: die Kleriker der Passauer Diözese Paul Müllawer und Leonhard Stockhaimer. Urkunde ausgefertigt vom öffentlichen Notar Wolfgang Kernpeis, Kleriker der Salzburger Diözese.[9]

Die Kirche in Obritzberg und der alte Pfarrhof liegen auf dem Platze einer alten Burg und sind mit einer Festungsmauer umgeben.

---

[1] Schmieder, Matricula, 22, 24.
[2] Faigl, Urkunden von Herzogenburg 1244-1450, 416.
[3] Hofbibliothek in Wien, Repertorium des Johann Georg Schwandner, 162.
[4] Kirchl. Topographie, VII., 305.
[5] Briefprotokoll von 1618 im Schloßarchiv Pottenbrunn, Urkunde Nr. 233.
[6] Fontes, LV., 238.
[7] Riesenhuber, Kirchl. Kunstdenkmäler, 220.
[8] Archiv für österr. Geschichte, 1863, 161.
[9] Originalpergament mit Handzeichen des Notars im Konsistorialarchiv St. Pölten, Faszikel Obritzberg.

Der sechseckige Kirchenturm diente einst als Wartturm, soll höher gewesen sein und zeigt gotische Fenster und die Jahrzahl 1525. Im Türkenkriege war die befestigte Kirche auch Zufluchtsort für die umliegenden Landbewohner.

1544 wurde die Kapelle in Doppl von Karlstetten aus besorgt. Später wurde sie in ein Haus umgewandelt.[1]

1549, 21. März, war Pfarrer Wolfgang Weydner von Albrechtsperg Zeuge beim Testamente des Pfarrers von Oberwölbling.[2]

1559 erklärte sich Wolfgang Tristl auf dem Albrechtsperg für die religiösen Neuerungen.[3]

Wolfgang Tristl, Pfarrer zu Albrechtsberg, diente von einem Weingarten und der Benefiziat zu Topl von einem Weingarten ½ Eimer Most zum Niederhof in Ernstdorf. Doch war letztere Stelle unbesetzt, *vacat.*[4]

1570, 16. Jänner, Obretzperg, entschuldigt sich Pfarrer Mathes Hiendl beim Passauer Offiziale, daß er trotz schriftlicher Aufforderung nicht nach Wien gekommen sei. Er sei im „Landl" (Ob. Öst.) gewesen und krank und das Reisen sei jetzt gefährlich.[5]

1576, 16. November nahm an der Dekanatssynode der katholischen Geistlichen in Traismauer auch Pastor Matthias Hiendel in Obratzperg teil.[6]

1579, 18. September, Albrechtsperg, entschuldigt sich Matthias Hiendl, Pastor daselbst, gegenüber dem Offizial wegen seines Verhaltens auf der Pfarre. Darauf wurde ihm erwidert, er habe sich auf Michaeli vor dem Offiziale zu stellen und weiteren Bescheid abzuwarten.[7]

Um 1584 hatten die Pfarre Obrechtsberg OWW in Potendorf 6 Holden.[8]

1586 heißt es: zu Albrechtsberg, einem Passau'schen Lehen, wurde vor kurzem Wolfgang Flasch eingesetzt, der bisher fleißig war.[9] Flasch hatte noch am 12. Dezember dieses Jahres wichtige

---

[1] Kirchliche Topographie, VII., 307.
[2] Konsistorialarchiv St. Pölten, Faszikel Ober-Wölbling.
[3] Hippolytus, 1860, 504; Wiedemann, II., 360.
[4] Dienstbuch von 1553 bei der Herrschaft Ravelsbach.
[5] Konsistorialarchiv St. Pölten.
[6] Hippolytus, 1860, 504. Wo bei Wiedemann, IV., 144-145 und Topographie, VII., 429 über das Luthertum berichtet wird, bezieht sich auf Albrechtsberg an der Krems, doch ist Puchheim durch Paukheim zu ersetzen.
[7] Konsistorialarchiv St. Pölten.
[8] Schloßarchiv Ottenstein.
[9] Österr. Vierteljahresschrift für Kathol. Theologie von Wiedemann, 1872, 376.

Schriften der Pfarre Tulbing in Händen und war wohl dort Pfarrer geworden.[1]

1590, 18. September, Wien, bestätigt Erzherzog Ernst von Oesterreich, daß Wolfgang Flasch, Pfarrer zu Obrechtsberg, von Helmhart Jörger von Thollet und Khöppach, Freiherrn zu Khraußbach, Herrn zu Pernnstein und Walperstorff, zwei freieigene Untertanen zum Schlosse Hausennpach im Dorfe Wintzing beim Pfarrhofe Obritzberg, welche jährlich 2 fl 2 ß d dienten, übernahm und ihm dafür zwei freieigene Holden unweit von Hausenpach in der Pfarre Carlstettenn mit 1 fl 6 ß d Dienst tauschweise überließ.[2]

1593 wurde Konrad Stahel Provisor in Albrechtsberg, auf die Pfarre Ober-Wölbling präsentiert.[3]

1595 bis 1680 war Pfarrer in Albrechtsberg Anton Khorr, der vom Dechant von Krems eingesetzt wurde.[4]

1624 übersiedelte Pfarrer Anton Leitner von hier auf die Pfarre Litschau.

1624-1634 war Pfarrer Hans Harlander.

1625, 3. Mai, Litschau, schreibt Pfarrer Anton Leitner dem Offiziale, bei seinem Abgange von der Pfarre Albrechtsberg (Obritzberg) habe sein Nachfolger Johannes Haberlander seine Sachen versperrt, obwohl er ihm nichts schulde und viel Geld auf Erbauung des Pfarrhofes verwendet habe.[5]

1630, 16. März, nimmt das Konsistorium in Wien die Präsentation entgegen, welche Hans Helfrich Jörger, Freiherr, für das Benefizium Unser lieben Frauen zu Hein nach Abzug seines Hofpredigers und Pfarrers als Inhaber der Herrschaft Zägging auf den Pfarrer Johann Harlander von Obritzberg und Kandidaten der Theologie ausgestellt hatte, der ohne den Pfarrer der Jörger'schen Untertanen in Klein- und Großenrust war.[6]

1634 tauschte Harlander mit dem Vizedechant von Melk Jakob Dobler, der bis 1637 hier wirkte.[7]

1645 wurde dem Kooperator Benjamin Reisenhobel vorgeworfen, er habe den Protestanten Beichtzettel gegeben und die Kommunion unter beiden Gestalten gespendet.[8]

1647, 29.-31. Jänner, wurde die Verlassenschaft des Pfarrers Mag. Balthasar Knapp in Obritzberg vom Vizedechant Bernhard Edl

---

[1] Konsistorialarchiv St. Pölten, Faszikel Tulbing.
[2] Abschrift des 16. Jhs. Konsistorialarchiv St. Pölten, Faszikel Karlstetten.
[3] Konsistorialarchiv St. Pölten, Faszikel Ober-Wölbling.
[4] Österr. Vierteljahresschrift für Kathol. Theologie von Wiedemann, 1872, 377.
[5] Konsistorialarchiv St. Pölten, Faszikel Litschau.
[6] Konsistorialarchiv St. Pölten, Faszikel Hain.
[7] Konsistorialarchiv St. Pölten.
[8] Wiedemann, IV., 145.

von Traismauer und den Pfarrer Felix Rueff von Oberwölbling und Tobias Pinter von Michelhausen aufgenommen. Er stiftete mit 300 fl ein Choralamt zu St. Stephan in Wien und einen Kelch und Paramente nach Obritzberg, seinen Verwandten zu Reinfelden Legate.[1]

1791 entdeckte man am Fuße des Berges, als ein Brunnen für Pfarrhof und Schule gegraben wurde, ein Lager von guter Walkererde, Vitriolerde, Kalkstein und gelber, zur Malerei brauchbarer Erde, auch einen Steinkohlenflötz. Die k.k. Hofkammer stellte 1797 einen Bergverwalter an, gab aber den Betrieb wegen geringen Ertrag bald wieder auf. Am 16. Jänner 1801 übernahm eine Privatgesellschaft den Bergbau und schloß eine Menge Steinkohlen und Alaunerz auf. In drei eisernen Kesseln wurde von 1804 an Alaun gewonnen. Wegen der Franzosenkriege 1805 und 1809 ging der Betrieb zurück und wurde 1813 ganz aufgelassen.[2] Die hiesige Kohle übertraf die von Thalern und Oedenburg in Ungarn an Güte, mußte aber per Wagen zur Donau gebracht werden.

1857 wurde in Heinigstetten und 1861 in Landhausen ein Kreuz errichtet.[3]

128. Ochsenburg[4]

Schloßkapelle zum hl. Nikolaus, Pfarre St. Georgen im Steinfeld.

Vor 1180 schenkte Rudolf von Ossenburch einen Weingarten in Steinfelde dem Stifte St. Pölten.[5]

1292 schenkte Chunrad von Ochsenburg und seine Gemahlin Gisela dem Stifte Lilienfeld zur Krankenstube ein Lehen in Oberndorf.[6]

1315 macht Gisela von Ochsenburg eine Schenkung an das Kloster Lilienfeld. Zeuge: Pillung von Schauingen (Schaubing bei Karlstetten).[7]

1354 hatte Weichard von Topel, Landrichter in Oesterreich nach seinem Vater die Vogtei vom Stifte Lilienfeld und dazu einen

---

[1] Konsistorialarchiv St. Pölten.
[2] Konsistorialarchiv St. Pölten.
[3] Konsistorialarchiv St. Pölten.
[4] Topographie, VII., 432-438.
[5] Niederösterr. Urkundenbuch, I., 19.
[6] Stiftsarchiv Lilienfeld.
[7] Stiftsarchiv Lilienfeld.

Hof bei Ochsenburg zum Genusse, die er beide gleichzeitig zurücksagte.[1]

1374 verkauften die Kapelle im Schlosse Ochsenburg die Wallseer mit der Herrschaft Hans dem Püsenkopf oder Püsendorfer, von dem sie 1383 das Stift St. Pölten erwarb.[2] Das Stift veräußerte die Herrschaft 1530, kaufte sie aber 1700 wieder zurück.[3]

Um 1390 verlieh die Schloßkapelle der Propst von St. Pölten, wurde aber aus der früheren Zeit auch der Walsee als Lehensherr angemerkt.[4]

1421 bezeugt Hans Leitner, Präfekt in Oxenburg, den Kaufbrief des Sany von Potendorf.[5] 1425 war Johann Bielacher Pfleger im Schlosse.[6]

1459 entschied ein Schiedsgericht zwischen Lilienfeld und St. Pölten wegen der Fischwassergrenze unterhalb der St. Oswaldkapelle bei Ochsenburg.[7]

1475 war Pfleger Jörg Mültenberger, 1492 der edle Wolfgang Hägkinger.[8]

Nach 1490 verkaufte das Stift St. Pölten die Herrschaft an Hans Jakob Neidhart, behielt sich aber das Benefizium der Schloßkapelle vor. Seine Erben veräußerten sie 1531 den Brüdern Veit und Hans von Laßberg.[9]

1535 wird der Benefiziat Paul von Ochsenburg genannt.[10]

1537, 14. Juli, verkaufte das Stift St. Pölten auch das bisher vorbehaltene St. Nikolaibenefizium zu Ochsenburg mit Zugehör dem Veit von Laßperg um einen Geldbetrag, worauf dieser die Einkünfte desselben sogleich zur Herrschaft zog.[11]

1545, 9. Dezember, schließt Hans Lassperger zu Ochßenburg einen Ehevertrag mit Petronella, Tochter des edlen Sebastian Grabmer zu Roßenberg. Sie bringt ihm 600 Pfd. Pfen. und er verschreibt ihr als Widerlegung 600 und als Morgengabe 300 Pfd., also zusammen 1500 Pfd. Heiratsgut auf seinem Besitz. Sie erbt von ihm auch die fahrende Habe, doch mit Ausnahme der Büchsen und Pulver und was zur Manneswehre gehört. Auch soll sie ihren Witwenstuhl auf der

---

[1] Stiftsarchiv Lilienfeld.
[2] Topographie, VII., 433
[3] Marmorplatte mit Denkschrift im Schlosse.
[4] Hippolytus, 1863, 147.
[5] Stiftsarchiv Lilienfeld.
[6] St. Pöltener Urkunden.
[7] Topographie, V., 890.
[8] St. Pöltener Urkunden.
[9] Topographie, VII., 435.
[10] Konsistorialarchiv St. Pölten. Siehe Pfarre Pyhra.
[11] Archiv der Staatsherrschaft St. Pölten.

Feste Oxenburgkh haben. Siegler: der Aussteller und als Zeugen die edlen und festen Ludwig Khirchberger zu Viehoffen, kais. Beisitzer der Landrechte in Oesterreich, und Georg Geyer von Osterberg zu Heindorf, sein Schwager.[1]

1630 heißt es: Christoph Lassberger lege in Ochsenburg neben dem Schlosse eine Maut an und verlange von jedem, der nach Mariazell wallfahret und über den Steg gehen wolle, 9 Kreuzer.[2]

1636, 30. August, erklärte ein Regierungsbescheid den Verkauf des Benefiziums von 1537 für ungiltig und trug dem Hans Georg von Lasperg auf, das Benefizium dem Zwecke seiner Stiftung zurückzugeben und die Kapelle wieder herzustellen. Darauf schlossen Propst Gabriel, Dechant Patritius und der Konvent in St. Pölten mit Georg Rudolf von Lasperg, Freiherrn von Oxenburg, einen Vergleich, wonach letzterer die Stiftungsgüter behalten, aber nicht verkaufen dürfe und die Kapelle im Bau erhalten, mit neuem, sauberen Altare zum hl. Nikolaus und Predigtstuhle versehen und dem Priester, der zu St. Nikolai, Oster- und Pfingstdienstag und den Quatemberzeiten vom Stifte St. Pölten aus darin Gottesdienst hält, ein Mittagmahl und dem Kloster jährlich 12 Reichstaler oder 18 fl rhein. zu St. Nikolai zahlen solle.[3]

Propst Matthias Alteneder von St. Pölten (1755-79) gab der Schloßkapelle die jetzige Gestalt.

1784 wurde das Chorherrnstift St. Pölten zur Residenz des Bischofs von St. Pölten bestimmt, dem 1794 auch der Genuß des Gutes und Schlosses Ochsenburg übertragen wurde.[4]

129. Oed[5]

Um 1140 reichte die Pfarre Stephanshart bis Öde und über die öffentliche Straße zum Tale, das Sindelburg und diese Kirche (Stephanshart) scheidet.[6]

1318, 28. Oktober, verkaufte Heinrich von Summerau Gülten im Markte Oedt und Umgebung dem Heinrich von Wallsee.[7]

---

[1] Briefprotokoll von 1618 im Schloßarchiv Pottenbrunn, Urkunde Nr. 199.
[2] Wiedemann, IV., 16.
[3] Archiv der Staatsherrschaft St. Pölten.
[4] Topographie, VII., 437.
[5] Topographie, VII., 454-458.
[6] Monumenta Boica, XXIX., II., 28.
[7] Monatsblatt für Landeskunde, 1910, 104.

1336, 24. August, vermacht Konrad von Alindorf, Burggraf zu Seiseneck, nach Seitenstetten einen Zehent bei Öd und den zwei Kirchen zu Sindelburg und Oed jeder 60 d Dienst zum Lichte.[1]

1344. St. Martinstag (11. November), verkaufen Albrecht der Hauzenpekh und seine Frau Kathrein und seine Geschwister Peter, Hartmann und Kathrein die Hauzenpekh dem Leopold Zintreich, Ulrich Andre und Seifried das Gut Puechleithen und drei ganze Lüsse datz Oedt, freies Eigen, für das Gotteshaus „gen Oedt auf sanct Peders alder" und versprechen Gewähr und Schutz. Siegler: Albrecht und Hartmann die Hauzenpekh, während Peter kein Siegel hat. Zeugen: Ulrich der Gannßl, Dietrich der Gannßl, Dietrich von Gerhartstorff, Oedth von Peyleiden, Ekhart, sein Bruder, Ruger von Grueb, Reinbrecht in Haag, Dietrich der Zechmeister von Oedt und Chumber von Wegleiden.[2]

1522 diente ein Feld bei Oed zu diesem Gotteshause 19 d.[3]

1536 wurden die Rechte im Burgfrieden zu Oedt beschrieben.[4]

Vor 1614 verkaufte der protestantische Pfarrer Christoph Leitner von Sindelburg mit Bewilligung des Vogtherrn Nimrod Köllenbeck und unter Beihilfe des Schloßverwalters Sigmund Treberer von Wallsee 15½ Tagwerk Gründe von der Kirche in Oed um 915 fl den lutherischen Bürgern von Oed. Der Kirche verblieb nur ein Tagwerk Acker, den später der Schulmeister genoß, und ein kleines Stück Wald.[5]

1627 wurde das Ausweisungsmandat für Wallsee und Ödt dem Schreiber der Herrn von Grienthal eingehändigt.[6]

1716 wurde die Pfarre von Sindelburg abgetrennt.

1823 stiftete Perschi 5.000 fl C.M. für ein Requiem und zur Aufbesserung der Pfarre um 200 fl und der Lehrerstelle um 50 fl.

1862 wurde ein steinernes Kreuz aufgestellt.[7]

130. Oehling mit Mauer[8]

In Mauer bestand südlich von Url beim Bauernhaus „die Burg" ein Römerkastell in Form eines Rechteckes, dessen Nordseite die Url

---

[1] Fontes, XXXIII., 203 oder 283.
[2] Abschrift vom 7. März 1673 im Pfarrurbar von Oed.
[3] Konsistorialarchiv St. Pölten. Siehe unter Aschbach.
[4] Winter, Niederösterr. Weistümer, III., 660-666.
[5] Konsistorialarchiv St. Pölten.
[6] Wiedemann, I., 610.
[7] Konsistorialarchiv St. Pölten.
[8] Topographie, VII., 461-465.

einfaßte, während im Westen, Süden und Osten eine Ringmauer mit drei Rundellen an den Ecken sich herumzog. In der Mitte der Südseite war ein Begräbnisplatz. Man verlegte hieher das Kastell *ad Muros*. Auch ein halbmondförmiger Wall, das „Lager" genannt, findet sich dort. Die Mauern sind sehr fest. Unterirdische Gänge, feste Keller, Särge, Aschenkrüge, menschliche Gebeine mit Waffen und Schmucksachen, bei einem Toten auch die Gebeine seines Lieblingspferdes, in der Nähe Meilensteine, Röhren zu den Schwitzbädern u.a. wurden gefunden. Von den Münzen kamen etwa 150 Stück nach Seitenstetten. Darunter eine sehr seltene Goldmünze von Clodius Albinus.[1]

Beim Anbauen nächst der Burg fand man einen Marmorstein mit der Inschrift VIBIUS TOGIONIS, darüber Giebel, darin Adler mit ausgebreiteten Flügeln, zu beiden Seiten am Giebel je ein Delphin. Beim Mairhofer an der Burg wurde ein zweiter Stein entdeckt, der einen nackten Knaben darstellt und folgende Inschrift aufweist:

VERP.
NSILIO VITRICI
AVRELIUS
VNIS LEGSS
PRA CONIVX
UM CVRAVIT
IS LIBELIVS

Um 980 gab der Untertan der Kirche in Freising dem Bischof daselbst im Tauschwege Gründe in Mura.[2]

1034, 7. Mai, Regensburg, schenkte Kaiser Konrad II. dem Bistum Freising drei königliche Huben und 30 Joch Gründe zu Mauer an der Urula.[3]

Um 1110 gab eine Richizia zum Seelenheile ihres Mannes Heinrich eine Manse in Ellingin an das Stift Göttweig.[4]

1276, 7. März, verkauft Propst Nikolaus von Klosterneuburg eine Mühle und 5 Lehen, die jährlich 3 Pfd. 10 Wr. Pfen. dienen, im Dorfe Ellingen an der Url gelegen, mit Zugehör dem Gottschalk, Bürger zu Ips, und seiner Frau Alheid und ihren Erben um 25 Pfd. Wr. Pfen. und einen jährlichen Burgrechtdienst zu Georgi von 30 Wr. Pfen. zum Stifte.[5]

---

[1] Stiftsarchiv Seitenstetten. Vgl. Topographie, VII., 462.
[2] Fontes, XXXI., 42.
[3] Fontes, XXXI., 75
[4] Fontes, VIII., Nr. 56.
[5] Fischer, Geschichte von Klosterneuburg, II., 262-263.

1276 soll hier eine Kapelle als Filiale von Aschbach bestanden haben, was nicht hinreichend verbürgt ist.[1]

Um 1294 hatte das Stift Seitenstetten in Elling eine Mühle und 5 Holden.[2]

1312 löste das Stift Seitenstetten für 6 Pfd. ein Gut in Elling ein.[3]

1419, 10. Jänner, verleiht Herzog Albrecht V. von Oesterreich dem Thomas Sueggenrewter zwei Lehen zu Elling in Aschpekcher Pfarre, welche er von Jörg dem Maler von Ibs gekauft hat. Ein Siegel.[4]

1423, 26. Juni, verkaufen Margaretha, Hausfrau des Dietrich Krommer, und ihre Kinder dem Gilg Schneckenreiter, Gehorsamer des Stiftes Melk, ein Lehen zu Elling auf dem Püchel, Lehen vom Stifte Melk. Drei Siegel.[5]

1521 hielten hier Priester von Aschbach Messen. Am Chor ist eine spätgotischer Türstock erhalten.

1529 führten die Türken die Müllerin in die Gefangenschaft ab, woran noch das Türkenkreuz erinnern soll.

1539, St. Philippstag (1. Mai), wurde der „Eehafft Täding des Ambtes Grainsfurt" beschrieben.[6]

1544 war Öhling Filiale von Aschbach und wurde daselbst wöchentlich eine Messe gelesen. Später war nur mehr an den Sonntagen *Judica* in der Fasten und nach Kolomani hier Gottesdienst, wobei auch die Krämmer Stände aufrichteten. Der Pfarrer erhielt dafür den halben Zehent vom Meierhofe.

Um 1560 beschwerte sich Johann Forster, Besitzer des Gutes und Meierhofes in Öhling, darüber, daß der Pfarrer Simon Schönpichler von Aschbach als abgefallener Priester Gottesdienst und Seelsorge vernachlässige, und verbot ihm den Zehent vom Meierhofe.

1561 verkaufte Forster das Amt Öling dem Wolf Händl. Dieser wohnte hier, aber nicht im ruinösen Schloßgebäude, auf dessen Grunde der jetzige Pfarrhof sich erhebt, sondern im Meierhofe. Die Händel verkauften vor 1639 Schloßruine und Amt Öhling dem Grafen Nikolas von St. Julien zu Nieder-Wallsee und den Meierhof mit Gründen und Teich den Bauern.[7] Die Kapelle wurde 1679 durch Anbau des Langhauses aus den Steinen der Schloßruine zur Kirche erweitert.

1784, 20. Jänner, ordnete ein Hofbescheid die Errichtung der Lokalkaplanei an.

---

1 Topographie, VII., 464.
2 Archiv für österr. Geschichte, 1848, 5. Heft, 8.
3 Fontes, XXXIII., 153.
4 Schloßarchiv Greinburg.
5 Schloßarchiv Greinburg.
6 Schloßarchiv Greinburg, V. A. 1.
7 Bericht von Pfarrer Adam Neyßer von Aschbach. Stiftsarchiv Seitenstetten.

1848 trat die Gemeinde 1 Joch 527 Grundklafter Grund zur Kirche und 300 Quadratklafter zum Pfarrhofbau ab.[1]

131. Ollern[2]

1033 schenkte König Konrad II. dem Bistum Freising ein Gut Alarum in der Markgrafschaft des Adalbert.[3]

1160 hatte Freising in Alaren einen Hof, 17 Lehen, 16 Weingärten und den Gebrauch der Kapelle.[4]

1305 hatte der Pleban von St. Laurenz (in Ollern) einen Waldteil bei Alarn und reichte das Gebiet dieser Kapelle bis Dultigesawe, Alerspach, Maurpach, Hirzfurt, Chlepfendengraben, Rosvurtigengraben, abwärts zu Gaebelitz und zur Santigenschiezstat, auf den Höfen nach dem Regenwasser.[5]

1315 präsentierte der Bischof von Freising zur St. Laurenzkapelle bei Alarn in der Diözese Passau.[6]

1316 reichte die Grenze des Freisinger Gutes Alarn bis Reingrub, Sumeis, Neinpach, zum Scheinpach, Bischofswart und Peilstein, Gablitzbach, Wiennebach, Maurbach, Alarspach, Ganisruklin, Lidrich und Aicheine. Dazu gehörte das halbe Feld in Elspach.[7]

1399 wurde für Wolfhart den Ramperstorfer zu Alarn ein Jahrtag in Freundorf errichtet.[8] Auch später gehörte Ollern zur Pfarre Freundorf. Die Kapelle verödete und geriet in Vergessenheit.

1529 wurde wohl auch Ollern von den Türken verwüstet.[9]

1713 erlaubte das Passauer Konsistorium die Erbauung einer Kapelle in Ollern zu Ehren der Hll. Sebastian, Florian und Rosalia. Sie wurde in der Pestgefahr aus Holz aufgeführt.[10]

1738, 7. Februar, wurde gestattet, daß in der Oktav von Sebastian, Florian und Rochus in der Kapelle eine Messe von der Pfarre Freunsdorf gehalten und sonst öfters Messen gelesen werden.[11]

---

[1] Konsistorialarchiv St. Pölten.
[2] Topographie, VII., 487-492.
[3] Fontes, XXXI., 74.
[4] Fontes, XXXVI., 375.
[5] Fontes, XXXVI., 374.
[6] Fontes, XXXVI., 51, 63.
[7] Fontes, XXXVI., 375.
[8] Kerschbaumer, Geschichte der Stadt Tulln, 375.
[9] Jahrbuch für Landeskunde, 1929, 517.
[10] Konsistorialarchiv St. Pölten.
[11] Konsistorialarchiv St. Pölten.

1740, 14. Mai, versprach die Gemeinde Ollern (Dorfrichter Andre Rorauer), den Grund der Kapelle von allem Dienst, Gaben und Steuern frei zu halten, der Mutterkirche von Vermächtnissen und Opfern ein Drittel zu übergeben, dem Pfarrer von Freundorf Aufsicht und Schlüssel zu überlassen, den Bau zu erhalten, darin an Sonn- und Feiertagen keinen Gottesdienst oder Andacht abzuhalten, dieselbe vom Dechant visitieren zu lassen und dem Pfarrer für die Messe jährlich 12 fl oder 6 Klafter Holz zu reichen.[1]

1776 wurde bei der St. Rochuskapelle in Ollern ein Benefiziat gestiftet.

1784 wurde eine Lokalie errichtet.[2]

132. Ollersbach[3]

Um 1130 wird Gebhard von Adalperspach als Zeuge genannt.[4] Der edle Gebehard von Adalperispach war auch Wohltäter des Stiftes Göttweig.[5]

Um 1230 bekam der Landesfürst in Algerspach vom Gute des Pleban 2 Mut Vogtfutter und in Wolspach von 3 Weinzirlrecht eine Karat Wein Tulner Maß, auch vom Weingarten Wein in Wiener Maß.[6] Ähnlich auch 1260.[7]

1235, 21. Oktober, wurde Otto V. von Lengbach, Domvogt von Regensburg, getötet. Er war der letzte seines Geschlechtes und hatte vom Bischofe von Passau die Kirche in Ollersbach zu Lehen, die mit seinem Tode an den Bischof heimfiel.[8]

Um 1260 war die Kirche in Algerspach vom Vogt von Regensburg an den Bischof von Passau heimgefallen, samt Zehent und Grund.[9]

1351 wird Hanno und 1355 Ulrich Hoppelstorffer als Pfarrer genannt.[10]

Um 1390 betrug die Taxe der Pfarre Algerspach 25 Pfd. Pfen.[11]

---

[1] Konsistorialarchiv St. Pölten.
[2] Hippolytus, 1858, 61.
[3] Topographie, VII., 492-493.
[4] Fontes, IV., 8.
[5] Fontes, VIII., 47, 169.
[6] Notizenblatt, 1855, 381.
[7] Rauch, Rerum Austriacarum Scriptores, II., 24.
[8] Topographie, VIII., 242. Vgl. unter 1260.
[9] Monumenta Boica, XXVIII., II., 482.
[10] Topographie, VII., 493. Konsistorialarchiv St. Pölten.
[11] Hippolytus, 1863, 147.

1399, 6. Dezember, verspricht Pfarrer Ott von Alderspach mit anderen Pfarrern, einen Jahrtag für Herzog Albrecht IV. zu halten, der ihnen freie Verfügung über ihren Nachlaß gewährt hat.[1]

Um 1427 ließ Pfarrer Gregor von Alderspach Briefe, Bücher und anderes im Kloster Melk und vermachte dieselben dem Pfarrer Niklas von Kirchstetten.[2]

Im 15. Jahrhundert, am 21. Mai, erscheint im St. Pöltener Nekrolog Mauriz Kray, Weltpriester, Pleban in Olderspach, der sich dem Gebete des Klosters St. Pölten empfahl.[3]

1429 war Alderspach auf 24 Pfd. Pfen. geschätzt und Lehen vom Landesfürsten.[4]

1439, 1. August, wird Pfarrer Peter in Olderspach als Schiedsrichter von Pyhra gewählt.[5]

1439 wird Nikolaus Eisnein als Pfarrer genannt, 1470 Hans Leißer und 1480 Anton Trautmann.[6]

1470 verkauft Margareta Schirmer verschiedene Zehente zur Pfarre Ollersbach und bedingt sich dabei einen Jahrtag mit Vigil und Seelenamt am Montag nach St. Nikolai aus.[7]

1471, Ertag nach Erasmustag (4. Juni), entscheiden die erwählten Spruchleute Tiebolt Sebeckh, Georg Stöger, Heinrich Stockhamer, Hans Vetter, Hans Hamerer, Martin Gerstenäcker und Michael Tammer, die vier letzteren Bürger zu Herzogenburg, den Streit zwischen der Frau Margareta Schirmer, Hausfrau des edlen Veit Sebeckh zu Baumgartten, und dem Pfarrer Hans Leißer zu Ollerspach wegen der Lehenschaft vom Printlzehent des Pfarrers zu Ollerspach im Stockent (Gstocket) auf 3 Lehen, zu Tausentblaim (Tausendblum bei Neu-Lengbach) Getreidezehent auf 2 Hofstätten, in Tambach in der Point, im Kreith auf 2 Hofstätten, in der Nider Kreuth, untern Berg auf einer Hofstätte, zu Wießlarn auf 4 Hofstätten, zu Zwischenbrunn, Ollerspach, auf einer Point, zu Nider-Ollerspach; Getreidezehent in Leberfeld und am Köstlhoff in der Humblun, Vogtei auf einer Edt und Garten in Nidendorff zu Ollerspach, das einst ein behaustes Gut war. Zwischen beiden Teilen soll aller Streit und Zwist abgetan sein. Der Pfarrer von Ollersbach hat diese Zehente zu Lehen zu ersuchen und zu empfangen von der Frau Margareta Schirmer und ihren Nachfolgern, die sie dem Gotteshause verleihen sollen. Pfarrer Hans Leißer soll ihr wegen der Lehenschaft 13 Pfd. in drei Raten bezahlen und ebenso wie

[1] Lichnowsky, Habsburg, V., Nr. 372. Siehe unter Totzenbach.
[2] Kopialbuch im Stiftsarchiv Melk, Bl. 382. Vgl. unter Kirchstetten.
[3] Fontes XXI., 525.
[4] Schmieder, Matricula, 20.
[5] Fontes, LII., 319.
[6] Topographie, VII., 493. Vgl. Kirchstetten.
[7] Notiz im Konsistorialarchiv St. Pölten.

seine Nachfolger einen Jahrtag halten mit gesungener Vigil und Seelamt am Montag nach St. Nikolaus und Bitte auf der Kanzel. Von der Oede und dem Garten, welche vor Zeiten ein behaustes Gut waren, bekommt der Vogtherr Veit Sebeck zu St. Blasius 10 d und einen Vogtholden.[1]

Unter dem Musikchor befindet sich ein auf Holz gemaltes Bild (1,54 x 1,27 m), darstellend die Vermählung der hl. Katharina. Die darauf befindliche Inschrift lautet: *Hoc renovavit opus Sebastianus nomine Khirchmair Archiducis fuerat pictor, qui Maximiliani MCCCCLXXXIII (1483) – Conjugii associans junctam sibis foedere Martham, qua progrediens extremum mortis ad iter – Obtineat precibus quos in sua vota vocavit.* Gotische und lateinische Minuskel vermischt. *Hoc denno renovatum et exornatum opus est 1777.* Lateinische Majuskeln. Die Inschrift ist wohl so zu verstehen, daß Sebastian Khirchmair, des Erzherzogs Maximilian Maler, 1483 dieses Gemälde zur Erinnerung an seine Gemahlin Martha angefertigt oder renoviert habe. Dieses Tafelgemälde in Tempera schließt im Spitzbogen ab und stammt aus der St. Laurenzenkirche in Markersdorf, Pfarre Neulengbach.[2]

1527 gehörte der Vikar Vitus von Ollersbach der Priesterbruderschaft in Totzenbach an.[3] Die Kirche zeigt Spuren des spätgotischen Baues.

1529 und 1532 wurden Kirche und Ort durch wiederholte Einfälle der Türken verwüstet und blieb darauf die Pfarre einige Zeit unbesetzt.

1536 vereinigte König Ferdinand I. Olberspach und Kirchsteten und präsentierte darauf den Georg Prucker.[4]

Pfarrer Hanns Mair von Ollerspach verkaufte einen Acker am Aichperg zu Oberndorf an Veit Glockhiezhofer.[5] Ob derselbe vor oder nach der Vereinigung von Kirchstetten mit Ollersbach hier wirkte, ist nicht bekannt.

1558 verfaßte Pfarrer Matthäus Sparber ein Urbar der Pfarre Kirchstetten, in welchem er auch die Urkunden abschrieb.[6]

1559 unterfertigte Mathäus Sperber, Pfarrer in Ollersbach eine halbkatholische und halblutherische Erklärung der Geistlichen des Tullner Dekanates.[7]

---

[1] Abschrift von etwa 1750 im Konsistorialarchiv St. Pölten.
[2] Vgl. Topographie, VII., 493; Riesenhuber, Kirchl. Kunstdenkmäler, 223.
[3] Wiedemann, IV., 97.
[4] Topographie, VII., 492, 493. Vgl. Kirchstetten.
[5] Kirchstetter Pfarrurbar von 1558, Bl. 66. Pfarrarchiv Ollersbach.
[6] Pfarrarchiv Ollersbach.
[7] Wiedemann, II., 360; Hippolytus, 1860, 504.

1564 sagte der Pfarrer von Ollersbach: die Weingärten am Stokhat sind öd und zu Baumgärten gemacht.[1]

1564, 22. November, antworten Richter und Rat der Stadt Waithouen an der Ybbs dem Offiziale auf sein Schreiben, sie hätten den Bürgen, welchen Matthäus Sparber, Pfarrer zu Ollerspach und Khirchstetten, ihnen vorgestellt habe, nicht angenommen und den Priester selbst festgehalten, weil der verwundete Paul Fleischhackher das Gericht angerufen habe; dann habe sich der Handel hinausgezogen, bis Hans Hauff und Lienhart Pachmair gekommen seien. Die könnten den Geistlichen nicht eher entlassen, als bis das Gericht schadlos gehalten sei.[2]

1566 unterfertigte Sperber die Bekenntnisschrift des Magdeburgius.[3]

1571 war Pfarrer Johann Antonin (Plyemuedt), der verheiratet war.[4]

1574, 10. Mai, erhielten Johann Antonin Plyeneuedt (der vorgenannte) Pfarrer zu Ollerspach, und seine eheliche Hausfrau Helena Nutz und Gewähr an den drei Haidenhöff, welche jährlich der Pfarrkirche Kirchstetten 1 fl 7 ß d dienten, und die sie von Florian Pauer um 245 fl, 10 Metzen Korn und einen Dukaten Leitkauf erworben hatten.[5]

1582, 15. März, ließ Helena, gewesene Hausfrau des verstorbenen Pfarrherrn Johan Antonin zu Ollerspach und Khirchstetn, ihren nunmehrigen Hauswirt Melchart Glognitzhouer an die drei Haydhöff anschreiben.[6]

Vor 1585 wurde Wolfgang Erlager seines unkatholischen Lebenswandels wegen von Ollersbach vertrieben und zog mit Familie nach Stollhofen.[7]

1585 klagte Pfarrer Matthias Lackner zu Ollersbach, daß des Wolf Dietrich von Trautmannsdorf Untertanen zu Ollersbach, Kirchstetten, Anzbach und Christophen zum Prädikanten nach Totzenbach auslaufen.[8]

1590 war Pfarrer Christian Burchard und 1591-1593 Wolfgang Dierschirn, die auch Neulengbach versahen.[9]

---

[1] Jahrbuch für Landeskunde, 1929, 520.
[2] Konsistorialarchiv St. Pölten, Faszikel Waidhofen an der Ybbs.
[3] Wiedemann, I., 347.
[4] Topographie, VII., 493.
[5] Kirchstetter Pfarrurbar von 1558, Bl. 26. Pfarrarchiv Ollersbach.
[6] Kirchstetter Pfarrurbar von 1558, Bl. 26b. Pfarrarchiv Ollersbach.
[7] Wiedemann, IV., 98.
[8] Wiedemann, IV., 98.
[9] Topographie, VII., 493. Siehe Neulengbach.

1600, 11. Februar, wurde die Witwe Christina von Trauttmanßdorff zu Baumgartten an den Weingarten in Doppelberg geschrieben, den sie von den Durner'schen Geschwistern gekauft hatte.[1]

1622, 2. Juli, Neulengbach, präsentierte Hans Eusebius Khuen von Belasy zu Liechtenberg, Freiherr auf Neuenlengbach, Ritter des St. Jakobsordens de Espada, für die Pfarren Ollerspach und Kirchstetten den katholischen Priester Matthias Khörner.[2]

1632 weist Nikolaus Walch, gewesener Pfarrverweser zu Ollersbach und Kirchstetten, mehrere Beschuldigungen des Pfarrers Georg Bayr von Langenlebarn zurück. Er war selbst 1628-30 Pfarrer in Langenlebarn gewesen und hatte dann diese Pfarre übernommen.[3]

1642, 28. März, Wien, nahm das Konsistorium von Franziska Palffy, geborene Khuen, Gräfin von Plasenstein, Frau der Herrschaften Marchegkh und Neuen-Lengbach, die Präsentation des Wolfgang Leo für die Pfarre Ollersbach an. Dieselbe präsentierte in Wien am 21. Juli 1654 nach dem Tode des Chorherrn von St. Augustin Jakob Gagg den Michael Puth und in Wien am 27. Jänner 1657 wieder als Gagg's Nachfolger den Georg Strobel, der provisorisch angestellt wurde.[4]

1672 wurde Pfarrer in Ollersbach Martin Hermann Stumpfer, 1680 Heinrich Öhel, darauf Thomas Antoni bis 1691, hernach Johann Christoph Allibrandin.[5]

1734 stiftet Christoph Heinrich, Reichsgraf von Gallen 6.000 fl für einen Kooperator per 200 fl, einen Schulgehilfen 64 fl und den Schullehrer 24 fl.

1749 erbaute die Gemeinde Unter-Wolfsbach auf einem Grunde des Matthias Schnopff eine Kapelle zu Ehren der Unbefleckten Empfängnis. Bisher bestand eine hölzerne Kapelle.

1757 errichtete die Gemeinde Niederndorf auf der Gemeindeweide statt einer hölzernen Säule ein gemauertes Kreuzstöckel.

1783 erbaute Fräulein Maria Barbara Hilleprand, Freiin von Prandau auf Baumgarten, die Pfarrkirche Ollersbach aus eigenen Mitteln neu auf und gab ihr eine schöne prächtige Einrichtung.[6]

---

[1] Kirchstetter Pfarrurbar von 1558, Bl. 67. Pfarrarchiv Ollersbach.
[2] Abschrift im Konsistorialarchiv St. Pölten.
[3] Konsistorialarchiv St. Pölten.
[4] Abschrift im Konsistorialarchiv St. Pölten.
[5] Konsistorialarchiv St. Pölten.
[6] Konsistorialarchiv St. Pölten.

133. Opponitz[1]

Vor 1184 schenkte Erzbischof Wichmann von Magdeburg dem Bistum Passau von der Herrschaft Gleiß ein Gebiet am rechten Ybbsufer mit Gleiß und Opponitz. Die Grenzen wurden 1210 festgestellt.[2]

Um 1260 hatte das Bistum Passau in Oponich oder Opotniz seit alter Zeit 15 Lehen, eine Mühle und Holden auf der Eben, Aertsperge (Erzberg) 4, Grezzinge, Lospuchel, Plancha, Rotenpuchel 4, Mose 3, Graben 2, Ugenbach 3, Celle, Stege auf der Snaitta, Willhelmspach, Chalmberge, Reudnich 2, Aufhurn 2, am Ufer 3, Windperger, Gluzze 3 Huben und 2 Lehen, Owe, Peierberge, 1 Hube und 3 Lehen.[3]

1267 wurden die Zehente der Kirchen Waidhofen und Hollenstein dem Stifte Seitensetten, wie bisher, auch ferner belassen und dabei erwähnt, daß die Kirche in Oponiz als Filiale zur Pfarre Hollenstein gehöre, deren Lehenschaft dem Bistum Freising zusteht.[4]

1324 hatte der Bischof von Passau zum Schlosse Glanuß Güter von Opoleanitz, Luncz, Spilmanslehen, Stainaw, Grasaw, Tutwag, Ober- und Unter-Voglaw, Stainpach, Langekk, Gogelspach, Friedspach, Gerungsraeut, Winceperg u.a. Hier würden auch drei Gerichtstage gehalten. Güter in der Prachnik hatte Dietrich, einst Burggraf von Glaeuss, vom Bischof Wernher zu Lehen bekommen.[5]

1336, 18. Mai, Waidhofen, erscheint Pfarrer Stephan von Oppotnitz als Zeuge einer Urkunde des Bischofs Konrad von Freising.[6]

Um 1390 war die Pfarre Opponitz auf 20 Pfd. Pfen. taxiert und Lehen vom Bischofe von Passau.[7]

1429 war Oppotnitz auf 16 Pfd. Pfen. veranschlagt und Lehen vom Bischof in Passau.[8]

1456 übernahm Wolfgang von Wallsee bei der Erbteilung das Amt Opponitz.[9]

1459, 27. Mai, Linz, bewilligt Jörg Gailspeckh für den Fall seines Todes dem Wolfgang von Wallsee die Wiedereinlösung der Feste Gleiß und des Amtes Oppolnitz mit 45 Pfd. Pfen.[10]

---

[1] Topographie, VII., 498-507.
[2] Fontes, XXXIII., 32; Winter, Niederösterr. Weistümer, III., 682.
[3] Monumenta Boica, XXVIII., II., 181, 472, 473.
[4] Fontes, XXXIII., 85.
[5] Notizenblatt, 1853, 147-149.
[6] Fontes, XXXIII., 202.
[7] Hippolytus, 1863, 139, 152.
[8] Schmieder, Matricula, 39.
[9] Hoheneck, Genealogie der Stände Oberösterreichs, III., 825.
[10] Monumenta Boica, XXXI., II., 473.

1465, 14. Oktober, Enns, verkauft Wolfgang von Wallsee von der Herrschaft Seisenegg dem Bischof Ulrich von Passau zur Herrschaft Gleiß auch das Landgericht in Oponitz.[1]

1481 vermachte Hans Mürz dem Gotteshause von Opponitz und dem Pfarrer Wilhelm Hueber sein Hab und Gut.[2]

1492, 8. Juni, erscheint Wilhelm Hueber, Pfarrer zu Oppenitz, als Siegler einer Urkunde des Benefiziaten Wolfgang Kolb von Waidhofen.[3]

Von 1507 stammt die große Glocke zu Ehren der hl. Kunigund.[4]

1535 neigte Pfarrer Johann Innerfeld der neuen Lehre zu.

1555 predigte Wolfgang Strohmüller und 1569 Georg Unterberger die Lehre Luthers.

1571 oder 1576[5] berief Daniel Strasser auf Gleiß hieher den Johann Wiebner, der 1580 in Schallaburg sich stellte.[6]

1581, 12. Mai, trug die Regierung dem Daniel Strasser auf, die Eingriffe des Opponitzer Pfarrers in die Zehente des Stiftes Seitenstetten abzustellen.[7]

Um 1584 hatte die Pfarre Opponitz in diesem Orte 7 Holden. Daniel Strasser, Bürger zu Steyr, hatte in Opponitz 71 und 3 neu gebaute Holdenhäuser, auch einen Vogtholden.[8]

1591 verkündeten Johann Eisenmanger und 1595 Thomas Dachsberger, dann Leonhart Lugy die Lehren Luthers.[9]

1595 wurde Daniel Strasser, Besitzer der Herrschaft Gleiß, von Steyr zum Begräbnisse nach Opponitz überführt. Er war ein eifriger Lutheraner.[10]

1628, 4. Februar, führte der Dechant von Melk den Johann Joachim Jäger als ersten kathol. Pfarrer in Opponitz und St. Georgen im Reith ein, wozu die Vogtherrn zu Gleiß Wolf Christoph Geyer zu Osterburg und Seifried von Laßberg ihre Zustimmung gaben.[11]

---

[1] Monumenta Boica, XXXI., II., 503.
[2] Topographie, VII., 501.
[3] Abschrift, Konsistorialarchiv St. Pölten. Siehe Waidhofen an der Ybbs.
[4] Fahrngruber, Glockenkunde, 150.
[5] Strasser wurde erst 1576 Besitzer von Gleiß. Topographie, III., 457.
[6] Wiedemann, IV., 197; Hippolytus, 1861, 451.
[7] Stiftsarchiv Seitenstetten.
[8] Schloßarchiv Ottenstein.
[9] Wiedemann, IV., 197.
[10] Archiv für Gesch. der Diözese Linz, 1910, 32.
[11] Schweickhardt, Darstellung von Niederösterreich, XIV., 230.

134. St. Pantaleon[1]

Um 1180 wurde die gegen Westen gerichtete romanische Doppelkapelle, richtiger Westchor, westlich vom Turm erbaut. Die Oberkapelle ist einteilig, mit Gratgewölbe und großer halbkreisförmiger Apsis nach Westen versehen. Die gleichgroße Unterkapelle, zwei Drittel unter der Bodenfläche gelegen, ist dreiteilig und weist rundbogige gratige Kreuzgewölbe auf, welche von vier Granitsäulchen, teils rund und teils achteckig rund mit verschieden geformten Kapitellen und starken Kämpfern verziert, getragen werden.[2]

Die Doppelkapelle und die Kirche wurde wahrscheinlich von Bischof Altmann von Passau (1065-1091) als eine der ersten Steinkirchen in der Ostmark erbaut, um gegen die damals noch allgemein üblichen Holzkirchen für die dauerhaften Steinkirchen Propaganda zu machen. Damals bestand auch bereits das Schiff der Kirche, dessen West- und Ostmauern im heutigen Umfange aus dieser Zeit erhalten sind. Ob im Westen und Osten auch ein Querschiff bestand und das Langhaus ein- oder mehrteilig war, ist nicht zu erkennen. Jedenfalls bestand auch im Osten ein Chor und gehörte darum diese Kirche ebenso wie die Schloßkirche in Ober-Ranna bei Spitz zu den am weitesten gegen Osten vorgeschobenen Kirchen in deutschem Gebiete, die zwei Chöre (gegen Ost und West) aufwiesen. Im 13. Jahrhundert wurde an der Ostseite der Kirche eine Veränderung vorgenommen, wie am dortigen Scheidebogen zu erkennen ist. Vor 1500 erfolgte die Gotisierung der Kirche: nach Osten wurde ein größerer Chor gebaut, das Schiff mit Rippengewölben, die auf drei ins Dreieck gestellten Pfeilern ruhen, gedeckt und im Westen der Musikchor eingebaut. Dadurch wurde die nicht mehr verwendete Westapsis noch mehr vom Schiff abgeschieden, doch blieb sie zur Stützung der Mauern des Turmes erhalten.

Trotz des alten nicht unbedeutenden Kirchenbaues finden sich über St. Pantaleon aus älterer Zeit keine Nachrichten vor 1381. Dies scheint seinen Grund darin zu haben, daß der Ort früher einen anderen Namen, nämlich Zwislichenkirchen, geführt hat, der durch den Namen des Kirchenpatrones St. Pantaleon verdängt wurde und in Vergessenheit geriet.[3]

---

[1] Topographie, VIII., 28-33. Emmerich Schaffran, Die Pfarrkirche von St. Pantaleon. In: Unsere Heimat, 1935, 35-47.

[2] Riesenhuber, Kirchl. Kunstdenkmäler, 273; Sacken, Archäologischer Wegweiser durch VOWW, 90.

[3] Heinrich Weigl im Jahrbuch für Landeskunde, 1928, 191.

Um 1260 wird in den Aufschreibungen der Passauer Kirche Zwiselchirchen genannt.[1]

Um 1302 wird im Göttweiger Urbar Tzwislischkirchen angeführt.[2]

Um 1380 erscheint im Passauer Pfündenverzeichnis im Dekanate Lorch Zwischleichskirchen unmittelbar vor dem Kollegium in Ardagger mit einer Verleihungstaxe von 14 Pfd. Pfen.[3]

An allen diesen Stellen wird St. Pantaleon nicht erwähnt. Der Name Zwislichenkirchen scheint sogar auf die Bauweise der Kirche mit zwei Chören hinzudeuten, da Zwisel eine Zweiteilung, auch eine Weg- oder Flußteilung (vergleiche Zwieselburg, heute Wieselburg) bedeutete. In ähnlicher Weise deutet Scheiblingkirchen einen kreisförmigen und Weißenkirchen oder Steinakirchen einen aus Mauerwerk bestehenden Kirchenbau an.

1381, unser Frauentag in der Fasten (25. März), versetzen Andrea der Wolfrewter und seine Frau Agnes Hansen dem Ruchendorffer, Pfarrer zu Sand Pantaleon, den Hettelhof mit Hofstatt in Walthawser Pfarre für 80 Pfd. Pfen. Siegler: der Aussteller, Niklas der Hechtlein, Friedrich der Harlung und Leupold der Wolfrewter als Zeuge.[4]

Vom Jahre 1382 ist ein Grabstein eines Herrn von Winter vorhanden.

1424 wird als Pfarrer Niklas der Schinnagl genannt.[5]

1429 war die Pfründe St. Pantaleon auf 16 Pfd. Pfen. taxiert und Lehen vom Liechtenstainer.[6]

1464 wird in einem Stiftbriefe als Pfarrer Stephan Zehetner angeführt.[7] Um diese Zeit wurde das Langhaus mit Turm im Westen und der hohe gotische Chor erbaut. Das Sterngewölbe des Langhauses wird von drei Säulen getragen, die derart ins Dreieck gestellt sind, daß der rückwärtige Teil in drei, der vordere in zwei Schiffe zerlegt erscheint. Aus dieser Zeit stammt auch ein Flügelaltar, von dem nur mehr Reste, darunter die hübsche Statue des hl. Pantaleon, erhalten sind.

1510 war Stephan Perger Besitzer von St. Pantaleon. Er starb 1521 und liegt in der Pfarrkirche begraben. Sein Grabstein enthält sein

[1] Monumenta Boica, XXVIII., II., 492.
[2] Fuchs, Die Urbare des Stiftes Göttweig 1302-1536, 26.
[3] Hippolytus, 1863, 153.
[4] Musealarchiv in Linz. Am 17. April 1381 wurde zwischen beiden ein Verkauf des Hofes vereinbart.
[5] Topographie, VIII., 31. Originalpergament im Pfarrarchive St. Pantaleon nicht aufzufinden.
[6] Schmieder, Matricula, 40.
[7] Topographie, VIII., 31.

Wappen und die Inschrift: *Im 1521 Jahr ist gestorben der edle und veste Stephan Perger, dem Gott gnädig sey im Himmel.*[1]

1560 hatte die Pfarre Pantaleon Weingärten bei Rossatz.[2]

1568 lautet eine Grabinschrift: *Hie ligt begraben die edl und tugendhaffte Frau Katharina Grienthalerin, weyland deß edl und vesten Hannß Unterholtzer seel. nachgelassene Wittib, die gestorben ist den 22. Dezembris Anno 1568 Jahr, der Gott gnädig sayn wolle.* - Sie ist eine Tochter des Koloman von Grienthal und seiner zweiten Gemahlin Apollonia Högstötter. Ihr Gemahl Unterholtzer war Besitzer des festen Hauses bei St. Pantaleon. Sie war kinderlos und das Schloß fiel nach ihrem Tode an die Familie Griental.[3]

Als Türschwelle beim südlichen Haupteingang liegt eine Platte (1,46 x 0,58 m) mit folgenden Worten:. . .*Johannes (Br)andelius, gregis Panthaleonis pastor obiit ano M . . . Non vidi justum derelictum nec semen ejus quaerens panem.* Ein Kreuz.[4]

Bei der Kredenz ist ein Grabmal ohne Inschrift angebracht, aus rotgeflecktem Marmor, zwischen männlicher und weiblicher Herme Christus am Kreuz, im Hintergrund die Stadt Jerusalem mit Kirchturm (vielleicht Bild der Stadt Enns) Wappen der Unterholzer (im unteren Teil drei vertikal gestellte Bänder, darüber Stern) und der Grüntal von Kremsegg (ein Mann trägt einen Adler und einen Froschfuß) (16. Jh.).

Bis 1572 besaß Philipp Jakob Grünthaler zu Kramsegg auf Haus zu Panthaleon 14 und einschichtig 15 Untertanen OWW[5]

Um 1580 war protestantischer Prediger hier Wenzel Weiß, der aber nicht zur Visitation erschien und 1581 nach Reinsberg übersiedelte.[6]

Auf der Evanglienseite des Chores war ehemals ein Grabstein mit Grüntaler'schen und Kolnpeck'schen Wappen und acht kleinen Wappenschilden um die Inschrift angeordnet. Letztere lautet: *An(no) MDLXXXII. Den 27. Augusti ließ der Edl- Vest Herr Philipp Jacob Grienthaler zu Crembseck, Zeillern und Hauß, der Röm. Kais. Majtt. Diener, seiner Hausfrauen, der Edl tugendhafften Frauen Potenziana Kölnpöckin, so hier in Christo entschlaffen und da begraben, und ihnen beeden diß Gedächtnuß machen. Der allmächtige Gott geb uns allen durch Christum die ewig Freud, Amen.*[7]

---

[1] Hoheneck, Genealogie der Stände Oberösterreichs, I., 33.
[2] Schloßarchiv Ottenstein, Nr. 1159. Siehe unter Rossatz.
[3] Hoheneck, Genealogie der Stände Oberösterreichs, I., 203, 204.
[4] Über die lutherische Bewegung siehe auch Wiedemann, IV., 217.
[5] Schloßarchiv Ottenstein.
[6] Topographie, VIII., 31; Wiedemann, I., 413, IV., 216.
[7] Hoheneck, Genealogie der Stände Oberösterreichs, I., 212; Wißgrill, Schauplatz, III., 423.

Bis 1623 war Pfarrer Leonhard Ehrenmüller; 1625 wird Hans Trumber als Prädikant genannt.[1]

Um 1652 nahm Dechant Jodok Höpffner von Enns zur Zeit Pfarrers Friedrich Ferdinand Juda von St. Valentin die Umpfarrung von 32 Häusern von St. Valentin nach St. Pantaleon vor. Darunter waren im Dorfe St. Pantaleon 9 Häuser, in Stein 6, Albern 11 und einschichtige Häuser 6, wovon Orthhoff und im Thal besonders genannt werden.[2]

1666 war Besitzerin des Sitzes zum Haus bei St. Pantaleon Frau Maria Elisabeth Khäzianer, Freifrau von Khazenstain, geborne Herrin von Scharffenberg.[3]

1689, 12. November, Augsburg, präsentiert Franz Ferdinand, Reichsgraf und Herr von Salburg zu Salaberg, Freiherr auf Falkenstein und Ranariedl, Herr der Grafschaft Orth am Traunsee und der Herrschaften Sallaberg, Prandegg, Zelhoffen und Aich, Vogtherr zu Haag, kais. Kämmerer und Obrist, auf die Pfarre St. Pantaleon nach Resignation des Pfarrers Bartholomäus Höckhl den Georg Huetter, Kooperator in Enns.[4]

1769 stiftete die Gemeinde St. Pantaleon 60 fl auf einen Kreuzweg und Reichenberger 100 fl zur Bekleidung der Muttergottes-Statue.[5]

1786 sollte die Barbarakapelle in St. Pantaleon entweiht werden.[6]

135. St. Peter in der Au[7]

Um 1180 wurden dem Bistum Passau vom Vogt von Regensburg erledigt der Zehent bei St. Peter.[8] Mithin bestand schon damals die Kirche zum hl. Petrus, die dem Orte den Namen gab.

1187, 26. Mai, Verona, bestätigt Papst Urban III. dem Stifte Admont seinen Besitz zu Pielach und in der Au (bei St. Peter) und die Schenkung des edlen Alram von Url.[9]

---

[1] Topographie, VIII., 31.
[2] Konsistorialarchiv St. Pölten, Faszikel St. Valentin.
[3] Steuerbuch von 1666 im Stiftsarchiv Seitenstetten.
[4] Konsistorialarchiv St. Pölten.
[5] Konsistorialarchiv St. Pölten.
[6] Kerschbaumer, Geschichte des Bistums St. Pölten, II., 69.
[7] Riesenhuber, Kirchl. Kunstdenkmäler, 273-274; Topographie, VIII., 231ff.
[8] Oberösterr. Urkundenbuch, I., 481. {Winner: 13. Jh!}
[9] Wichner, Admont, II., 221.

1210, 19. Juni, Ebelsberg nennt Bischof Manegold von Passau den Rudger und seinen Vater Sifrid von St. Peter.[1]

Um 1220 schenkte der Domvogt von Regensburg Otto von Lengbach für den Fall seines kinderlosen Todes ein Gut zu St. Peter in der Au zwischen Grozzenperch, Waitenperch beim Hartwichesstein und Ursprung des Rotenbaches dem Stifte Admont.[2]

Um 1230 hatte der Landesfürst das öde Schloß Hartwigstein, das schöne Haus im Markte St. Peter, drei Fischteiche beim Markte, Zehente von 13 Häusern, einem Hof mit Äckern, ein halbes Talent im Amte St. Peter, Horburch 4 Lehen.[3]

1241 hatte Herzog Friedrich II. von Oesterreich vom Bistum Passau zu Lehen in St. Peter in der Owe 24 Mut Hafer aus dem Kasten („chastmut") und vom anderen Zehent daselbst 8 Talente.[4]

1258 wurden dem Stifte Seitenstetten der Hof in Aych und drei Lehen bei St. Peter in Augia zugesprochen.[5]

Um 1260 hatte der Landesfürst im Amte St. Peter vom Markte und Gerichte 5 Talente, von der Mühle 3 ß, im Amte Gaben von 103 Huben, welche auch Zehente leisten; das öde Schloß Haartingstain, das schöne Haus im Markte St. Peter, 3 Fischteiche beim Markte, Zehente von 13 Häuser, Hof beim Markte und 3 Huben, im Horburch im selben Amte 4 Lehen.[6]

Um 1260 war die Kirche zu St. Peter vom Vogt von Regensburg dem Bischof von Passau ledig geworden und hat Bischof Rudiger die Neubrüche und Zehente, welche 24 Mut eintragen, dem Ulrich von Lonstorf verliehen.[7]

1271, 10. Dezember, Steyer, entsagt Dietrich von Dobra bei Gelegenheit eines Streites zwischen dem Abte von Garsten und dem Pfarrer zu St. Peter in der Au wegen Zehente in Klein Waitenperge aller Rechte auf einem Hof zwischen dem Markte St. Peter und dem Berg St. Michael, den sein Bruder Heinrich dem Kloster geschenkt hat, und den Zehent in Neustift, die er auf Lebenszeit hätte genießen können. Garsten verzichtet dafür auf den Zehent in Klein Waitenperge.[8] Die Schenken von Dobra saßen damals auf der Burg Dobra, an welche noch das Dobraholz und das Tobermaiergut erinnert.

1277, 31. August, anerkannte Wichard von Polheim, der eine Tochter des Dietrich Schenken von Dobra zur Frau hatte, die Herr-

---

[1] Fontes, XXXIII., 33.
[2] Blätter für Landeskunde, 1894, 236.
[3] Notizenblatt, 1855,428.
[4] Oberösterr. Urkundenbuch, III., 103.
[5] Fontes, XXXIII., 61.
[6] Rauch, Rerum Austriacarum Scriptores, II., 30, 31.
[7] Monumenta Boica, XXVIII., II., 483.
[8] Oberösterr. Urkundenbuch, III., 383.

schaft des Stiftes Admont über das ganze Gut St. Peter und den freien Besitz eines Drittels, sowie die Burgrechtsdienstbarkeit der anderen Teile, behielt sich aber die Burg St. Peter vor.[1]

1277 hatte Aschbach dieselben Rechte, als des Domvogtes Leute zu „Sankt Peter".[2]

1293 verkauften Wichard von Polheim und Siegfried, Dietrich, Heinrich, Margareta und Katherina von Dobra dem Stifte Admont auch die Burg St. Peter und am 10. November verzichten Gundacker von Werde und seine Gattin Katherina von Dobra auf den Markt St. Peter mit Haus und Turm.[3]

1294, 14. Jänner verkaufte Sigfried von Dobra seine noch übrigen Güter zu St. Peter dem Stifte Admont.[4]

1294, 8. September, Markt St. Peter in der Au, verzichtet Otto von der Erl gegenüber dem Stifte Seitenstetten um eine Geldsumme auf ein Hof in der Au mit Zehent, den Hof Vechsenperch, das Chruegenlehen, Wiese in Polan, Wiese beim Hofe Aich und einen Acker bei St. Peter. Unter den Zeugen: Chunrad, Pleban bei St. Peter.[5]

1296 verpfändet Dietrich von Dobra dem Stifte Admont die Güter am Untergraben und Panholz. Dabei wird Konrad als Pfarrer von St. Peter angeführt.[6]

1298, 6. März, Admont, gibt das Stift Admont seine Einwilligung, daß Herzog Albrecht von Oesterreich das Gut des Stiftes in St. Peter in der Au mit Schloß und Markt dem Bischof von Freising verpfändete.[7]

1298, 16. März, Wels, verpfändet Herzog Albrecht von Oesterreich dem Bischof von Freising die Burg St. Peter in der Au, den Markt, der darunter liegt, das Gut zu Chrensteten (Krenstetten) und eine Wiese in Aschbach, das Marchfutter zu Aschbach, die Vogtei des Gotteshauses Melk zu Alhartsperge und die Vogtei der Äbtissin von Erlach zu Winchlarn bei der Ybs oberhalb Amsteten für ein Darlehen von 400 Mark Silber und den Markt zu Aschbach und das Gut zu Planchen für 328 Pfd. Pfen. für die Losung der Burg Vreinstein (Freienstein).[8]

---

[1] Blätter für Landeskunde, 1894, 238.
[2] Fontes XXXI., 348.
[3] Blätter für Landeskunde, 1894, 238.
[4] Blätter für Landeskunde, 1894, 239.
[5] Fontes, XXXIII., 115.
[6] Blätter für Landeskunde, 1894, 240.
[7] Fontes, XXXI., 462.
[8] Fontes, XXXI., 463.

1306, 13. Dezember, gibt Dietrich der Schenk von Dobra dem Stifte Seitenstetten den Schwaighof zu Hertwigstain mit 4 Lehen dabei unterm Stain, hinterm Hertwigstain und auf dem Hertweigsperge.[1]

Um 1310 waren Waldenser zu St. Peter in Aue.[2]

1314, St. Jakob Apostel (25. Juli), Wienne, verleihen die Herzoge Friedrich und Leopold von Oesterreich der Witwe Elsbet der Schenkin von Dobra und ihren Kindern aus besonderer Gnade das Haus des Heinrich von Dobra, gelegen im Markte „daz sant Peter in der Aw" mit Äckern und die Wiese unter der Hohenliten und in der Breitwisenn als Burgrecht für jährlich 60 d Michaelidienst.[3]

1316, 28. September, Wien, versetzt König Friedrich IV. dem Bischofe von Freising auch die landesfürstliche Steuer auf seinen Pfandgütern zu St. Peter in der Au, Aschbach, Plankenau u.a.[4]

Damals wird der Marktmetzen genannt und der Freisinger Besitz beschrieben.[5]

1330, 23. Mai, Wien, stellt der Bischof Konrad von Freising den Herzogen Albrecht und Otto von Oesterreich, die ihm verpfändete Feste St. Peter in der Au wieder zurück.[6]

1331, 30. April, Burg Wien, wurden mit Heinrich von Eisenb(eutel) verrechnet die Einkünfte der landesfürstlichen Ämter Styre, Röer, St. Peter in Aw und Aspach.[7]

1350, Sonntag zu Mitterfasten (7. März), versetzen Lienhart, Herrn Görgens Sohn von Herstorf, und seine Frau Christein dem Abte Rudolf zu Seydensteten und dem Konvente sechs freieigene Güter in Sand Peter und Weisdrer Pfarre mit einem Holze um 100 Pfd. Wr. Pfen. und übernehmen den Schirm dieser Güter. Wenn sie innerhalb vier Jahren nicht eingelöst werden, gehören sie dem Kloster nach dem Kaufrecht als freier Besitz. Siegler: Lienhart von Herstorf, sein Vetter Chuncz von Awra und sein Oheim Wolfhart der Gull, seine beiden Schwäger Wernhart der Steger und Heinrich der Wasner von Chrellendorf (Kröllendorf).[8]

1384, 24. April, siegelt der Pleban Nycvlaus zu St. Peter in der Aw einen Revers des Plebans Syfrid von Wolfsbach.[9]

---

[1] Fontes, XXXIII., 140; Blätter für Landeskunde, 1883, 82.
[2] Hippolytus, 1862, 132.
[3] Archiv für österr. Geschichte, 1849, 540.
[4] Fontes, XXXV., 90.
[5] Fontes, XXXVI., 53, 502-507.
[6] Fontes, XXXV., 181.
[7] Chmel, Der österr. Geschichtsforscher, II., 212.
[8] Stiftsarchiv Seitenstetten, noch nicht veröffentlicht.
[9] Fontes, XXXIII., 314.

1390, 7. August, vermacht Georg der Rathaiminger Dienste von Hofstätten bei dem Lederertore des Marktes St. Peter zum Stifte Seitenstetten.[1]

Um 1390 war die Pfarre St. Peter in der Au auf 24 Pfd. Pfen. taxiert und Lehen des Landesfürsten.[2]

1394 wurde Pfarrer Simon von St. Peter von Mert dem Aichberger anstatt des Schenken von Dobra gepfändet.[3]

1400 verschrieben die Herzöge Wilhelm und Albrecht von Oesterreich Lenz dem Zinzendorfer und seinen Söhnen die Feste und Herrschaft St. Peter in der Au.[4]

1400, Freitag vor St. Barbara (3. Dezember), beurkunden Laurenz von Zinzendorf und seine Söhne Rudolf und Heinrich, daß ihnen Herzog Wilhelm von Oesterreich Markt und Feste St. Peter auf Lebenszeit verliehen habe, und versprechen die beiden Söhne nach ihres Vaters Tod auch ihre anderen Brüder miterben zu lassen. Siegler: Laurenz von Zinzendorf, sein Vetter Christian von Zinzendorf, Han der Franser, Gregor von Zinzendorf und Gottschalk der Wildungsmaurer.[5] Aus dieser Zeit stammt der Chor der Kirche.

1412, 11. April, Wien, wurde Reinprecht von Wallsee beauftragt, die Festen St. Peter, Perwart und Randegg dem Christian von Zinzendorf zurückzustellen.[6]

1415, Montag nach Unser Frauen Geburt (9. September), verkaufen Hans der Chappenfuezz, Richter zu St. Peter in der Au, und seine Frau Osanna und Margret, die Tochter seines verstorbenen Bruders Konrad, dem Abte Laurenz von Seytensteten einen vom Stifte lehenbaren großen und kleinen Zehent auf 2 Hofstätten, einen halben und 4 ganze Lehen zu Lasdorf in Wolfspekcher Pfarre. Siegler: der Aussteller *(+ S + Hans x chappenfuez x*, im Schilde ein Kreuz mit Schrägstütze rechts, links Stern), Vinzenz der Flemyng, Vogt zu Salchenperig *(+ S x Vincentii Vlemyng*. Im Kleeblatt gehörnter Rinderkopf) und Michel der Agler am Weingarten *(+ S x michel x Agler x*, Schild mit Zweig).[7]

1417, Pfingsttag vor St. Gregori des Papstes und Martyrers (?) (11. März), stiften Weindl Sneider, Bürger zu St. Peter in der Aue, und seine Frau Katherina, Tochter Konrads des Zerriembs, einen ewigen Jahrtag für Konrad des Zerriemb mit einer Wiese bei der Clostergassen nächst der Wiese, die dem Zierolz zu Steyer gehört hatte,

---

[1] Fontes, XXXIII., 342.
[2] Hippolytus, 1863, 152.
[3] Geschichtliche Beilagen, XI., 235.
[4] Notiz im niederösterreichischen Landesarchiv Wien, Codex Nr. 236, 390.
[5] Kaltenegger, Collectio chartar. veter., II., 246.
[6] Geschichtliche Beilagen, II., 80.
[7] Originalpergament, Stiftsarchiv Seitenstetten.

dienstbar nach St. Peter in der Au, mit Vigil am Samstag vor dem „faistern Sonntag" und Seelamt am Sonntag, wofür die Inhaber der Wiese dem Pfarrer 42 d, einem Gesellen 12 d und dem Schulmeister 4 d geben soll. Wenn kein Schulmeister vorhanden ist, sollen die 4 d einem Schüler zukommen, der beim Singen mithilft. Der Mesner soll für das Läuten 2 d, die Unser Frauenzeche 20 d erhalten. Nach ihrem Tode soll die Wiese der Kirche zufallen und der Zechmeister der St. Peterszeche die eine Hälfte des Erträgnisses der Kirche, die andere der Unser Frauenzeche übergeben. Siegler: der ehrbare und weise Herr Hartwig, Pfarrer zu St. Peter in der Au, und Jorig auf dem Chriest, Richter zu St. Peter.[1]

1419, Tegernbach, gibt Andreas von Polheim dem Guardian der Minoriten zu Wels Bruder Sigmund von Wien und dem Konvente 5 Pfd. Wr. Pfen. Gülte auf seinem Gut zu St. Peter in der Au, das sein Oheim Wolfhard der Schenk von Tobra hinterlassen hat, zur Stiftung eines Jahrtages für die Schenken von Tobra. Siegler: der Aussteller, sein Oheim Andreas von Ror, der die Hälfte dieses Gutes geerbt hat, und sein Vetter Wolfgang von Polheim.[2]

1421, Freitag vor *Judica* in der Fasten (7. März), Wien, bestätigt Herzog Albrecht V. von Oesterreich die Stiftung des Andre von Pollnhaimb zur Pfarrkirche „datz Sand Peter in der Au", Lehen des Erzherzogs, mit 16 Pfd 6 ß Gülten, wofür der Pfarrer einen Priester halten soll, der wöchentlich sechs Messen liest und vom Pfarrer im Pfarrhof und bei seinem Tisch erhalten wird.[3]

1429 war die Pfarre St. Peter in Augea auf 32 Pfd. Pfen. taxiert und Lehen vom Landesfürsten.[4]

1432, Ertag nach St. Urban des Papstes (27. Mai), beurkunden Hans von Rorbach, Hofmarschall des Herzog Albrecht von Oesterreich, und Erhard Hinderholzer, daß ein Grenzstreit war zwischen den Holden des Abtes Johann von Seitenstetten in der Froschau und der Gemeinde St. Peter in der Au wegen eines Marches und Zaunes. Der Herzog habe sie beide zur Beschau dahingeschickt und beide Teile versprochen, sich ihrem Spruche zu unterwerfen. Es sollen vier Grenzsteine gesetzt werden, bei der Hurdt am Weg von der Froschau zur Walchmühle, beim Kreuz auf der Höhe, in der Sig und im Graben gegenüber dem Auhof. Die St. Peterer sollen den Zaun, den sie niedergehackt haben, wieder aufstellen, Baumnutzung und Viehweide steht jedem Teile auf seinem Gebiete zu. Die Übertreter des Spruches

---

[1] Zwei Abschriften, eine kollationiert am 9. März 1796 im Konsistorialarchiv St. Pölten.
[2] Kopialbuch im Musealarchiv Linz.
[3] Abschrift aus dem 17. Jh. im Konsistorialarchiv St. Pölten.
[4] Schmieder, Matricula, 39.

haben 200 Pfd. Wr. Pfen. an den Landesfürsten und die von St. Peter noch weiters dem edlen Herrn von Zinzendorf oder wer daselbst Gewalt hat, 50 Pfd. Wr. Pfen. Strafe zu leisten. Siegler: beide Aussteller.[1]

1433, 16. Jänner, Wien, läßt Herr Michel von Aschpach, Pfarrer zu Sand Peter in der Au, Dechant daselbst und Kaplan das von Elisabet, Witwe des Hanns von Ybs, gestifteten Zwölfbotenaltares bei St. Stephan in Wien, durch seinen Stellvertreter Andre Trasperger, Bürger zu Wien, vor dem dortigen Stadtrate wegen eines versessenen Burgrechtsdienstes von einem Hause bei den Predigern in Wien Klage erheben.[2]

1438, Freitag vor St. Johannes zur Sonnenwende (20. Juni), verzichten Hans der Chranperger und die Söhne seines Bruders Peter, Laurenz und Wilhelm gegen das Stift Seitenstetten auf zwei Zehenthäuser zu Chenzring für einen verbrieften Jahrtag und eine Summe Geldes. Siegler: Herr Michel von Aspach, Pfarrer zu St. Peter in der Aw und Dechant zu Larich (Lorch. - * *S x Michaelis de Aspach . . .* In der Mitte undeutliche Figur) und Michael der Agler.[3]

1440, 9. Oktober, Baden, bestätigte König Friedrich IV. die Freiheiten der Bürger von St. Peter in der Au.

Wir Fridrich von Gotes gnaden römischer Künig, zu allen zeiten merer des reichs, hertzog zu Österreich, ze Steir, ze Kernden und ze Krain, grave zu Tirol etc. Bekennen, daz für uns komen sind unser lewte zu Sannd Peter in der Aw, die auf den urbarn, die daselbs zu Sannd Peter gehorend, gesessen sind, und baten uns diemitiklich, daz wir in ire alte brieve und freyheit, die in denn von unsern vorfaren, hertzogen zu Österreich selig gedechtniß gegeben sind, als ein hertzoge zu Österreich gnediklich geruchten zu bestettigen. Das haben wir getan und haben in solich ire alt brieve und freyheit bestettet wissentlich mit diesem brieve, was wir in zu recht daran bestatten sullen und mügen. Davon gebieten wir unserm pfleger daselbs zu Sannd Peter, gegenwürtigen und künftigen, und wellen ernstlich, daz er dy dabey beleiben lasse und in dawider khain newung noch beserrung unpillich nicht tun noch tuen lassen in khain wege ungeverlich. Mit urkund dits brieves. Geben zu Paden an sand Dionisientag nach Cristi gepurde vierczehenhundert jar und darnach in dem vierczigisten, unsers reichs im ersten jare. Unterschrieben m. ppia. Dom. Vogl.[4]

1441, Samstag nach Unser Frauen Lichtmeß (4. Februar), verkauft Leonhard Kressling zu Ottenshaim dem bescheidenen Simon

---

[1] Stiftsarchiv Seitenstetten, Faszikel St. Peter in der Au, zwei Abschriften.
[2] Quellen zur Gesch. der Stadt Wien, II. Abteil., II. Bd., Nr. 2420.
[3] Originalpergament mit zwei Siegeln, Stiftsarchiv Seitenstetten. Rückaufschrift: Jahrtag Sydenswantz über zehent zu Kantzering.
[4] Originalpergament, das Siegel fehlt. Stiftsarchiv Seitenstetten.

am Schenkhenhof in Sand Peters Pfarre in der Aw ein Kaufrecht zu einem freien Erbrecht auf diesem Hofe um eine Summe Geldes und folgende Leistungen jährlich: 7 ß 23 d zu Georgi, 2 Herbsthühner, ein Faschinghuhn, 60 Ostereier und 32 d An- und Ableit bei Besitzwechsel. Sonst soll der Hof von Steuer, Robot und Forderung frei sein. Siegler: der Aussteller, sein Bruder, der edle Hans Kressling und Reicher der Wallich.[1]

1441, Montag nach St. Michaeli (2. Oktober), stiften Wolfgang Lederer, oben auf dem Gries zu St. Peter in der Au gesessen, zur Pfarrkirche St. Peter die Wiese Osterhengstin zwischen Hofwiese und Scheiblwiß, dienstbar in den Burgfried St. Peter, in die St. Peterszeche, wofür der Zechmeister dem Stifter am Montag nach Maria Geburt einen Jahrtag mit Vigil und Seelamt und Gebet halten lassen soll. Siegler: Hans Lederer, Marktrichter zu St. Peter in der Au und Hans Nymeruoll, Bürger und des Rates daselbst.[2]

1443, Freitag nach St. Ruprecht in der Fasten (29. März), widmet Kathrey, Tochter des Konrad Zechriem und Witwe nach Hans Kegldorffer, die Wiese an der Hofwiese zur St. Peterszeche in Sand Peter in der Au auf einem Jahrtage am Sonntag nach Maria Geburt mit Vigil und am Montag mit Seelamt und Messe, wofür der Zechmeister Pfarrer, Gesellen und Mesner entschädigen soll. Siegler: der ehrbare Herr Michael von Aschpach, derzeit Dechant zu Larich[3] und Pfarrer zu St. Peter in der Au, und der ehrbare und weise Peter Tannes, Pfleger daselbst.[4]

1443, 24. Dezember, erscheint Pfarrer Michael von St. Peter und Dechant von Larisch in einem Stiftbrief der Pfarre Haag.[5]

1446, 9. März, beurkundet Bischof Leonhard von Passau, daß Michael von Aspach, Pfarrer zu St. Peter in der Au, die von Anna von Ybs gestiftete Messe auf dem Allerheiligenaltare der St. Stephanskirche in Wien resigniert und die Messe auf St. Jeronymusaltar der Marienkapelle am Gestade übernommen habe. Im Indorsat Unterschrift des Wolfgang Ruber von Krems, Priesters der Passauer Diözese.[6]

---

[1] Bestätigung des Pfarrers Sigmund Schoenpichler von Aschbach vom 18. März 1571, im Stiftsarchiv Seitenstetten.
[2] Zwei Abschriften, eine kollationiert vom Pflegegericht St. Peter am 9. März 1796, im Konsistorialarchiv St. Pölten.
[3] Das Dekant wurde damals nach Lorch benannt.
[4] Zwei Abschriften, eine von 1796, die andere älter im Konsistorialarchiv St. Pölten.
[5] Siehe daselbst, Konsistorialarchiv St. Pölten.
[6] Quellen zur Gesch. der Stadt Wien, II. Abteil., II. Bd., Nr. 3141b.

1446, 4. Juni, Wien, verbriefte König Friedrich IV. die Freiheiten des Marktes St. Peter. Eine zweite Urkunde darüber stammt vom 13. Juni 1571.[1]

1447, 2. Mai, verkauft Hanns Ostrach dem Georg Snekkenrewter sein Kaufrecht auf der Fischweide in der Url, das dem Herrn Reynprecht von Wallsee mit ½ Pfd. 4 d dienstbar ist. Die zwei Siegel fehlen.[2]

1448, Ertag vor St. Johannes zur Sonnenwende (18. Juni), bestimmen Konrad Mößl, Bürger zu Sand Peter in der Au, und seine Frau Anna ihre Wiese Khüepoind an der Scheiblwiese und das Strozwenckl Au zu einem Jahrtag am Sonntag nach Allermann-Faschingtag mit Vigil und Montag mit Seelamt, wovon auch 24 d in Unser Frauenzeche gegeben werden sollen. Siegler: Peter Danner, Richter zu St. Peter, und Peter Pogner, Bürger und des Rates daselbst.[3]

1450, Ertag nach Unser Frauen Schiedung (18. August), stiften Christian Tägler, Bürger zu St. Peter in der Au, die Wiese unter der hochen Leuthen zwischen Erlach und des Meillerstorffer Wiese zum Gotteshause in St. Peter zur Frühmesse für einen ewigen Jahrtag in der Woche nach St. Peter mit Vigil und Seelamt, in Gegenwart der Ratsbürger zu St. Peter Jörg unter der Lauben, Jörg Lökh, Thoman Pamperling und Thoman Zecherian und der Bürger Wolfgang Fleischhacker, Riedl Fleischhacker und Stephan Wolgemuth. Siegler: Herr Augustin Graßmann, derzeit Kirchherr zu St. Peter, und Thoman der Liegler, Marktrichter daselbst.[4]

Ein Grabstein an der Wand der Torhalle (1,70 x 0,92 m) enthält die Inschrift: *Anno D(omi)ni m cccc l . . (1450) obiit . hon(ora)bilis . vir D(omi)nos . Augustin . Grasman . de . Mahtsing (?) rector . hoi(os) . eccle(si)e . hic . sepultos . coi(os) . a(n)i(m)a . requiescat . in . pace.* Dargestellt ein Kelch.

1452, 28. März, Rom bei St. Peter, verleiht Papst Nikolaus V. der baufälligen Pfarrkiche St. Peter in der Au einen Ablaßbrief, lautend auf 4 Jahre und 40 Tage am St. Peter- und Paulstage und zu Maria Himmelfahrt.[5] Bald darauf wurde das Langhaus der Kirche erbaut.

1453, 5. März, Wien, verleiht König Ladislaus die Feste St. Peter in der Au mit dem Markte, welche durch den Tod des Rudolf Czinczendorffer erledigt war, dem Pankraz von Planckenstein und

---

[1] Winter, Niederösterr. Weistümer, (1913) III., 429, 433.
[2] Schloßarchiv Greinburg.
[3] Zwei Abschriften im Konsistorialarchiv St. Pölten.
[4] Zwei Abschriften im Konsistorialarchiv St. Pölten.
[5] Blätter für Landeskunde, 1892, 392.

Sigmund Eytzinger von Eytzing, seinem Forstmeister in Oesterreich, für ihre treuen Dienste.[1]

1454, Freitag vor St. Mathiastag des Zwölfboten (22. Februar), stiftet Heinrich Schiermer, Chorherr der St. Margarethenkirche zu Ardakcher[2] im Passauer Bistum, zur Kirche Sand Peter in der Aw, für die er eine besondere Neigung und Andacht hat, auf eine ewige Frühmesse zwei Wiesen, die Scheybelwiese und die Praitwiese im Burgfried von St. Peter, behält sich jedoch auf Lebenszeit davon einen jährlichen Dienst von 2 Pfd. Pfen. vor, der in das Kloster Seytensteten[3] geleistet werden soll und nach seinem Tode zur Frühmesse verbleibt. Falls die Frühmesse nicht zustande kommen sollte, wären ihm dafür vier Jahrtage zu den Quatemberzeiten abzuhalten. Wenn sie unterlassen werden, kann der Abt von Seytensteten die Wiese an sich ziehen. Da der Aussteller kein Siegel hat, siegeln für ihn Meister Thoman Angelpekch, Dechant der „sand Margaretenkirche" zu Ardakcher und Pfarrer zu Sand Leonhard im Forst[4], Hans Gebhart, Pfarrer zu Newnhoven[5], der edle Gabriel der Potlung, Verweser des Hofgerichtes zu Seyttenstetn und Thoman Wysenpekcher, Richter zu Sand Peter in der Aw.[6]

1454, Pfingsttag vor Kreuzerfindung (3. Mai), verleiht Abt Christian von Seitenstetten der Frau Agnes eine Wiese in der Klostergasse zu St. Peter in der Au um einen Georgidienst von 40 Wr. Pfen. und je 2 d Ab- und Anleit. Siegler: Abt (fehlt) und Konvent (+ *S conventus ecclesie sce Marie i(n) Sitansteten.* In der Mitte Maria mit dem Kinde, zu beiden Seiten je ein Engel mit Lilien.)[7]

1456, Mittwoch vor dem Pfingsttag (12. Mai), stiften Stephan Weyßleder, Bürger zu Sand Peter in der Aw, und seine Frau Katharina ihren Besitz nach ihrem Tode zur Frühmesse daselbst; der Zechmeister soll ihr ganzes Gut, Haus, Acker, Stampf, Vieh und fahrend und liegend Gut als Erbe zur Frühmesse nehmen und darum jeden Sonntag für die Spender gebetet werden. Siegler: der ehrbare und weise Jörg Nimervoll unter der Lawben, Richter zu Sand Peter, Jörg der Peckh, Wolfgang der Kurzbeckh, beide Bürger und des Rates daselbst, mit aufgedrückten Petschaften. Gegenwärtig waren auch: der Gesell Herr Ludwig von St. Peter, Jörg Pecht zu Phaffenpach, Michl am Parkhhof, Hans Ledrer, Genngl Ledrer, Hans Tricher und ander fromme Leute.[8]

---

[1] Fontes, II., 39.
[2] Stift Ardagger.
[3] Seitenstetten.
[4] St. Leonhard im Forst, Bezirk Melk.
[5] Neuhofen an der Ybbs.
[6] Abschrift vom 23. März 1796 im Konsistorialarchiv St. Pölten.
[7] Originalpergament, Stiftsarchiv Seitenstetten.
[8] Abschrift vom 19. Februar 1796 im Konsistorialarchiv St. Pölten.

1457, hl. Plumostertag (10. April), Steyer, gibt Erhard der Marschalich von Reichenaw, Pfleger zu Pirchenstain, für sich und seine drei Kinder Hans, Apolonia und Ursula, nachdem sein verstorbener Schwager Jorig der Tanbeckh ein halbes Pfund Gülte, freies Eigen, von einem Zehent am Judenpach und einem Zehent im Burgfried von Sand Peter in der Aw zur Hälfte den obigen Kindern vermacht und die folgenden Inhaber Jörig der Nymervol, Richter, und Thoman Luegeler, eines des Rates zu St. Peter, dieses Gut der Frühmesse in St. Peter verschafft haben, obwohl sie dazu keine Macht hatten, doch im Namen seiner Kinder die Einwilligung zu dieser Stiftung. Der Zechmeister soll das halbe Pfund einnehmen und verwalten unter Aufsicht des Marktes und der Pfarrmenig zu Sand Peter in der Aw und des Jorig Tanpeckh soll im gemeinsamen Gebete gedacht werden. Siegler: der Aussteller und der ehrbare und weise Niklas Ternperiger, Bürger zu Steyr.[1]

1458, Freitag nach Michaeli (6. Oktober), stellen sieben Bürger von Sand Peter in der Aw Hans Lechu, Niklas Leopoltsperger, Thomas Luegler, Matthias Schuester, Wolfgang Lederer im Reintal, Jorig Resichl und Jorg Hueber ein Gedächtniszettel darüber aus, daß Jorg Palch, Bürger zu Sand Peter und Zechmeister der Frühmesse, eine halbe Wiese nächst dem Würpach bei der Weiermüll von Kunzen Rodler, Bürger daselbst, mit Vorbehalt der Pflicht des Anleitens zum Rückkaufe erworben habe. Rodler und seine Erben können die Wiese auch behalten gegen eine jährliche Leistung zur Frühmesse von 6 ß d und Entrichtung der Steuern und Dienste. Der Gedächtniszettel wurde für beide Teile gleichlautend ausgefertigt und mit Petschaften von Thomas Luegler und Hans Lechu versehen.[2]

1461, St. Thomas des Zwölfboten (21. Dezember), verkauft Leo der Snegkenrewtter dem Abte Christian und dem Stifte Seitenstetten die vom Stifte lehnbaren Grundstücke, Wiese Prehofin in St. Peter Pfarre, Wiese in der Fröschelau und Zehent in Aych und einem Halblehen zu Pripawm in Wolfspecker Pfarre. Siegler: die Brüder Leo Snegkenrewtter (*Sigillum x leo x Snekkenreuter*. Unten kleiner Schild, oben drei Rosen, darüber Helm mit Pfauenfedern als Zimier) und Wolfgang (*S x wolfg x snekenreuter*. Wappen wie bei Leo) und ihr Vetter Wilhelbm (*S. Wilhalben Snekenreuter*. In der Mitte Schild, in der oberen Hälfte drei Rosen).[3]

---

[1] Abschrift, kollationiert vom Pfleggericht St. Peter 9. März 1796 im Konsistorialarchiv St. Pölten.

[2] Abschrift vom 19. Februar 1796 im Konsistorialarchiv St. Pölten.

[3] Originalpergament, Stiftsarchiv Seitenstetten.

1462 verkaufte Hans von Rohrbach Feste und Markt St. Peter an seinen Bruder Georg von Rohrbach, der 1464 von Heinrich Geymann den Haghof im Markte erwarb.[1]

1462, Pfingsttag nach Kreuzerhöhung (16. September) stiftete Georg Kramer, einst Bürger zu St. Peter und jetzt gesessen zu St. Veith bei Seittenstetten,[2] für seine Verwandten, besonders Hans den Kranckhen, seinen Vorsidl, und ihrer beider Hausfrau Anna mit Wissen und Willen des Georg Schulder, Pfarrers zu St. Peter, einen ewigen Jahrtag auf einer Wiese im Burgfried zu St. Peter in der Clostergassen an des Jörg Huebers Wiese, die auch zu einem Jahrtag gehört. Der Zechmeister soll die Wiese innehaben und davon einen Jahrtag am Samstag abends nach Pauli Bekehrung mit Vigil und am Sonntag mit Seelamt halten lassen und dafür den Pfarrer und die übrigen Personen bezahlen. Siegler: der edle und feste Ritter Jörg von Rohrbach, Herr zu St. Peter in der Au, und Pfarrer Jörg Schulder.[3]

1463, Ertag nach Georgi (26. April), vergleicht sich Haynreich Geyman mit dem Abte Christian von Seitenstetten wegen bestandener Zwistigkeiten und erhält die Wiese Prewhafin als Leibgedinge.[4]

1467 verlor Wolfgang von Rohrbach zu Klingenbrunn aus Übersehen des Georg von Rohrbach St. Peter in der Au.[5]

1468, Samstag vor Unser Frauen Lichtmeß (30. Jänner), vermacht Wolfgang von Meilersdorf dem Stifte Seitenstetten zu einem Gedächtnis die halbe Preuhafinn-Wiese „pey der Url in Sand Peters pharr". Siegler: der Aussteller und Sigmund der Altmann.[6]

1471, ertag vor St. Thomastag des Zwölfboten (17. Dezember), widmet Niklas Leopoldsperger, Bürger zu Sand Peter in der Aw, sein Haus, in welchem er wohnt, und zwei Äcker an dem Piesting und in dem Waydachfeld für seine Frau Anna und alle gläubigen Seelen zur täglichen Frühmesse in der Pfarrkirche Sand Peter. Im Falle seines Todes soll der Zechmeister Haus und Gründe übernehmen und kann sie auch nach Rat des Pfarrers und der Pfarrleute verkaufen und das Geld zur Frühmesse anlegen. Auch soll er dem Stifter einen Jahrtag halten lassen, am Montag nach St. Niklastag abends mit Vigil und am Ertag mit Seelamt. Siegler: der edle und feste Hilibrandt Wolff, Herr

---

[1] Hoheneck, Genealogie der Stände Oberösterreichs, III., 603.
[2] Alte Pfarrkirche in Seitenstetten.
[3] Zwei Abschriften, eine älter und eine vom 23. März 1796 im Konsistorialarchiv St. Pölten.
[4] Originalpergament, das Siegel rückwärts aufgedrückt, gebrochen, Stiftsarchiv Seitenstetten.
[5] Hoheneck, Genealogie der Stände Oberösterreichs, III., 603.
[6] Originalpergament, zwei erhaltene Siegeln. Stiftsarchiv Seitenstetten.

und Pfleger zu Sand Peter, und der ehrbare Wolfgang Mösll, Richter daselbst.[1]

1477, Ertag vor dem Auffahrtstag (13. Mai), vermacht Agnes, Witwe des verstorbenen Hansen zu Ort, weiland in Lostainer[2] Pfarre gesessen, zur Frühmesse in Sand Peter in der Aw, welche auf St. Florianaltare gehalten wird, die Scheyblwysa im Burgfried St. Peter, welche ihr Bruder Wolfgang Lederer an der Weyermühle gekauft hat und die nach ihrem Tode dem Zechmeister übergeben werden soll. Siegler: der edle und feste Jorig Hochnfelder, Pfleger zu Steyr, unvergreiflich der Rechte der Herrschaft Sand Peter, in Gegenwart der Zeugen Hans Lederer im Reintal, Wolfgang Scheuchenpflug, Wolfgang Schreyttlperger, Wolfgang Mösl, Andre Reschl, Michael Snayder und des Fragner.[3]

Bernhard von Dürnstein auf Osterburg und Wolfstein wurde 1475 auf einer Wallfahrt nach St. Wolfgang (bei Gmunden, Oberösterreich) von den Brüdern Jörg und Marx von Hohenfeld zwischen Steyer und St. Peter in der Au gefangen, hart geschlagen und verwundet und im Schlosse St. Peter im untersten Turm gefangen gehalten. Sie nötigten ihn auch, ihnen einen Schuldbrief um 4.000 fl ungarisch auszustellen. Doch gelang es seinen Verwandten nach längeren Verhandlungen, ihn zu befreien und wurde um 1480 auch die Schuldverschreibung für ungiltig erklärt.[4]

1488, 5. Dezember, Esslingen, befiehlt Kaiser Friedrich III. seinem Pfleger Georg Hohenfelder von St. Peter, der den Pfleger Krabat von Lappitz in Steyr beraubt hat, sich mit ihm zu vergleichen oder in 18 Wochen vor Gericht zu erscheinen.[5]

1494, Freitag vor Georgi (18. April), traten Wolfgang in der niederen Au und seine Frau Margaret dem Abte Kilian von Seitenstetten wegen einer Geldschuld sein halbes Gut in St. Peterspfarre ab. Siegler: der edle Hans Agler im Weingarten.[6]

1495, Ertag vor Sonnenwende (23. Juni), vergleicht sich Wolfgang Prukchswaiger in der Stadlau, Pfarre St. Peter in der Au, mit dem Abte Kilian von Seitenstetten wegen der Verluste, die er vom Feinde erlitten hat. Siegler: Christian Hayenpekch, Michel Taschenperger, Kuntz Spielberger und Mathes Hunczdorfer.[7]

---

[1] Abschrift vom 23. März 1796 im Konsistorialarchiv St. Pölten.
[2] Wahrscheinlich Losenstein bei Steyr.
[3] Abschrift vom 9. März im Konsistorialarchiv St. Pölten.
[4] Austria oder Oesterr. Universalkalender für 1842, 103-105; Hoheneck, Genealogie der Stände Oberösterreichs, II., 402.
[5] Lichnowsky, Habsburg, VIII., Nr. 1200.
[6] Originalpergament mit zwei erhaltenen Siegeln. Stiftsarchiv Seitenstetten.
[7] Originalpergament mit 4 rückwärts aufgedrückten undeutlichen Pappsiegeln. Stiftsarchiv Seitenstetten.

1498 führte der Taiding noch Tobra an und nennt das Gut in der Gaßen, das spätere Schloß Gassenegg, das 1755 mit der Herrschaft vereinigt und 1780 abgetragen wurde.[1]

1503, Sonntag vor St. Floriani (30. April), stiftet Hanß Gehinger am Gehingerhofe in der Herrschaft und Pfarre Sand Peter in der Au für sich und seine Frau einen Jahrtag zwischen Lichtmeß und St. Mathiastag mit Vigil, Seelamt mit 12 Kerzen und Lobamt. 20 Pfd. Pfen. weniger 43 d „zu dem Paw"[2] hat er bereits dem Zechmeister Hans unter der Lauben übergeben und dürfen nicht zurückgefordert werden. Siegler: der edle und feste Lienhart Hochenfelder zu Aystersheim[3] mit aufgedrückter Petschaft.[4]

1508, 22. November, wurden die Beschlüsse der Versammlung von Ybs über dem „Gewhanndl" auch dem Markte Sannd Peter in der Aw als vom König gefreitem Orte mitgeteilt.[5]

1509-1513 war Georg Hager, Domherr bei St. Stephan in Wien, kaiserlicher Kaplan und Pfarrer zu St. Peter in der Au, Mitglied der Gottsleichnamsbruderschaft bei St. Stephan in Wien.[6]

1511, St. Margaretentag (20. Juli), stiftet Wolfgang Strasser, Mitbürger zu Sand Peter in der Au, zum Gotteshause Sand Peter zwei Äcker nächst dem Markte hinter dem Hofstattl auf einen Jahrtag mit Vigil, Seelenamt und Lobamt. Siegler: der Aussteller mit aufgedrückter Petschaft, der ehrbare Johannes Nimervol, Marktrichter zu St. Peter, Christopf Scheichenpflug, Mitbürger und des Rates. Gegenwärtig die Zeugen: Herr Michel Warberger, Vikar zu St. Peter, Silig Meixner und Hans Chastenhofer, Mitbürger und des Rates daselbst.[7]

1513, St. Dionysentag (9. Oktober), übertragen Bruder Stephan, Pfarrer des löblichen Gotteshauses Seitenstetten, Sohn des verstorbenen Wolfgang Strasser zu St. Peter in der Aw, und Lienhart Hochhofer, Mitbürger daselbst, statt seiner Tochter Magdalena den Geschäftsbrief, den Wolfgang Strasser 1511 auf Papier verfaßt hinterlassen hatte, wörtlich inseriert auf Pergament (vgl. oben). Beide Aussteller verpflichten sich, diese Bestimmungen ihres Verwandten einzuhalten. Siegler: der edle und feste Lienhart Hornfelder (Hohenfelder).[8]

---

1 Winter, Niederösterr. Weistümer, III., 715-724.
2 Zum Bau der Pfarrkirche.
3 Aistersheim bei Ried in Oberösterreich.
4 Als Abschrift und solche vom 19. Februar 1796 im Konsistorialarchiv St. Pölten.
5 Chmel, Der österr. Geschichtsforscher, I., 17.
6 Jahrbuch für Landeskunde, 1928, 149.
7 Zwei Abschriften, eine älter, die andere vom 9. März 1796, im Konsistorialarchiv St. Pölten.
8 Abschrift vom 9. März 1796 im Konsistorialarchiv St. Pölten.

Von 1513 stammt eine Turmglocke.[1]

1518, St. Kunigundentag (3. März), stiftet Jorg Poschmüller, Bürger zu Sand Peter in der Au, eine Wiese die Siechenpoind zwischen Clostergasse und Hofgarten zum Gotteshause St. Peter auf einen Jahrtag zu unser Frauen Geburt mit Vigil, Lobamt, Seelenamt und Jahrbitte. Siegler: der edle und feste Lienhard Hochenfelder von Aystershaim.[2]

1519 war Leonhard von Hochenfeld kaiserlicher Pfleger zu St. Peter in der Au.[3]

1520 beschwert sich der Markt Sankt Petter in der Aw über den Fürkauf im Gaw (Gäu): die Hauer führen Wein herein, der nicht ihr Bauwein ist, und verkaufen ihn den Gäuwirten, die Peham bringen wollene Stücke Tuch im Gäu von Kirche zu Kirche; die Wirte im Gäu verkaufen Wein unter dem Reifen auf Hochzeiten und „Praidtspill". Einige Bauern schenken Wein aus, verkaufen Getreide, das nicht von ihrem Baue stammt, oder Leinbatt (Leinwand), Gentz (Gänse), Hienner, Hännen, Ayr, Schmaltz. Die Walhen (Wällischen) und andere Krammer hausieren im Lande und sind nicht seßhaft, wodurch der Markt Schaden erleidet.[4]

1522, Samstag vor dem Ostertag (19. April), bestimmt Wolfgang Ofenhäußl, Priester und Vikar zu St. Peter in der Au in Passauer Bistum, zum Gotteshause und Pfarrkirche des hl. Zwölfboten und Himmelsfürsten St. Peter in St. Peter in der Au eine Wiese im Burgfried von St. Peter zwischen der Weydermühlwiese und Hochleite für eine Vesper am St. Annenvorabend und ein Amt am Tage selbst auf der Parkirchen, ein Amt von den 14 Nothelfern zu St. Blasien, und eine Vigil, ein Seelenamt und besondere Gebete drei Wochen nach Ostern. Siegler: der edle und feste Lienhard Hochenfelder von Aistersheim, Pfleger zu Sand Peter in der Au.[5]

1524, 4. Mai erfolgte eine Erledigung der Beschwerden der hiesigen Untertanen; ebenso 1565, 31. Jänner.[6]

1529 starb der edele und feste Bartholomä Haunold zum Haghof in St. Peter in der Au; er wurde in der Kirche zu St. Peter beigesetzt, wie sein Epitaph meldete.[7]

---

[1] Fahrngruber, Glockenkunde, 153.
[2] Zwei Abschriften, eine aus dem 17. Jahrhundert, die andere vom 2. April 1796, im Konsistorialarchiv St. Pölten.
[3] Stiftsarchiv Seitenstetten.
[4] Stiftsarchiv Seitenstetten, Faszikel St. Peter in der Au.
[5] Eine Abschrift aus dem 17. Jahrhundert und eine vom 9. März 1796 im Konsistorialarchiv St. Pölten.
[6] Winter, Niederösterr. Weistümer, III., 427.
[7] Hoheneck, Genealogie der Stände Oberösterreichs, III., 243.

1532 wurde der Bruder des Pfarrers bei Waidhofen von den Türken erschlagen.[1]

In der Torhalle ein Grabstein von . . . *Hans . Mair . messerer* (?). *Der . gestorben . ist . nach . Cristi . unsers . lieben . Herrn . gepvrt 1541.* Im Wappen Brustbild eines bezopften Mannes mit drei Hutfedern.

1552, 20. Juni, war Zeuge der Abtwahl in Seitenstetten Pfarrer Markus Puehler von St. Peter.[2]

1554, 16. Juli, Ybbs, setzen sich Georg Seemann von Mangern, des Königs Untersilberkämmerer, und seine Frau Katherina, geborne Giennger, Witwe nach Wolfgang von Edtlasberg, gegenseitig zum Erben ein. Doch soll Katharina an die Erben des Mannes 300 Pfd. Pfen. hinauszahlen und ihre Tochter Ursula aus erster Ehe das Erbe von ihrem Vater per 1.000 fl rhein. á 60 kr und eine goldene Kette im Gewichte von 105 Dukaten, auch einen Einsatz mit 10 silbernen Bechern, worauf ihres Vaters Wappen steht, wenn sie sich verheiratet, bekommen, auch sonst mit den Kindern miterben, aber am vorhandenen Weine keinen Anteil haben. Siegel und Unterschrift der beiden Aussteller, des Veit Hager zu Alantsteig, Königlichen Rates, und Christoph Viechter, Pflegers der Herrschaft Persenbeug.[3]

Von 1556 meldet eine Grabinschrift: *Hie ligt begraben die Edl und Tugendreiche Frau Catherina, Weyland des Edl Gestrengen Herrn Georg Seemann von Mangern zu St. Peter in der Au u. der Röm. Kayserl. Majestät Rath und Verweser, nachgelassene Wittib, eine geborene Giengerin, welche den 14. Tag Septembris des 1556 Jahres in Christo seeliglich entschlaffen, denen Gott eine fröhliche Auferstehung verleyhen wolle, Amen.*[4]

1559, St. Johannestag des Gottstaufers (24. Juni), stellt Andre von Rorbach zu Khlingenprun[5] für das Geschlecht von Rorbach, das in der Pfarrkirche zu Sand Peter in der Aw ein besonderes Gedächtnis mit zwei Untertanen in Michaeler Pfarre[6] nämlich Bartlme Schlundgruber und Rueprecht im Aigen gehabt, wovon der Stiftbrief durch das „wilde Feuer" verloren gegangen war, einen neuen Stiftbrief aus. Der Jahrtag soll in der Quatember an zwei Sonntagen verkündet und mit Gebet und Zeremonien gehalten werden. Siegler: der Aussteller.[7]

1559, St. Johann Baptist (24. Juni) versprechen Herr Marcus Pichler, Pfarrer zu St. Peter in der Au, Paul Halberl, Richter und die

---

[1] Anmerkung in einem Buch der Bibliothek des Stiftes Seitenstetten.
[2] Stiftsarchiv Seitenstetten.
[3] Originalpergament, Stiftsarchiv Seitenstetten.
[4] Hoheneck, Genealogie der Stände Oberösterreichs, III., 674.
[5] Klingenbrunn bei Haag.
[6] St. Michael am Bruckbache.
[7] Abschrift vom 19. Februar 1796 im Konsistorialarchiv St. Pölten.

Pfarrmännig zu St. Peter; nachdem die Familie der Herrn von Rorbach vor undenklichen Jahren zur Pfarrkirche St. Peter zwei Untertanen in St. Michaeler Pfarre zu einem ewigen Jahrtag gestiftet, solche Stiftung aber in Abgang gekommen und nun durch Herrn Andreas von Rorbach zu Marbach und Klingenbrunn wieder in Gang gebracht wurde, soll hiefür alle Quatember an zwei Samstagen nach einander für dieses Geschlecht auf der Kanzel kniend ein Vater Unser, Ave Maria und Glaube und folgendes Gebet gesprochen werden: „Ach, Herr Gott, himmlischer Vater! Wir bitten dich durch Jesum Christum, deinen Sohne, unsern lieben Herrn und Seligmacher, du wollest dem ganzen Geschlecht der von Rorbach nach diesem zergänglichen Leben die ewige Ruhe und eine fröhliche Auferstehung verleihen. Amen."[1]

1568 war Pfarrer Georg Bimpell.[2]

1580 war hier ein Prädikant, der nicht zur Visitation in Schallaburg erschien.[3]

Von 1584 meldet eine Grabinschrift: *Hie ligt begraben die Edl Tugendreiche Jungfrau Anna, Weyland der Edl Gestrengen Herrn Georg Seemann von Mangern zu St. Peter in der Au, der Röm. Kayserl. Majestät Rath, und Frauen Catherina, geborener Giengerin seeligen, eheliche Tochter, ist gestorben den 7. Juni nach Christi Geburt M. D. L. XXXIIII. Der Gott genade.*[4]

Um 1584 war Wilhelm Seemann von Mangern in St. Peter und Haghof begütert.[5]

1587 verweigerten die Untertanen der Herrschaft St. Peter und der Klöster Seitenstetten und Garsten an der Url und Gaming die anbefohlene dreitägige Robot, um das Schloß St. Peter zu einem „Viertelhause" zu machen, in welchem die Bewohner der Umgebung bei Feindesgefahr Zuflucht nehmen sollten. Die Rädelsführer wurden 1591 nach Wien zur Arbeit im Stadtgraben abgeführt.[6]

1589 wird berichtet, daß Pfarrer Georg Gumpel (wahrscheinlich obiger Bimpell), von St. Peter, sich in Waidhofen mit Eva, der Witwe des Advokaten Krauß zu Passau, verehelicht und einen Sohn, namens Matthias habe.[7]

1596 suchte der Pfleger von Waidhofen mit dem Pfarrer die Bauern im Guten zu bewegen, daß sie sich vom Aufstande fernhalten. Dasselbe tat der Abt von Seitenstetten und sein Hofrichter; auch die Magistrate von Ulmerfeld, Zeylern und St. Peter wirkten im gleichen

[1] Hoheneck, Genealogie der Stände Oberösterreichs, III., 605.
[2] Geschichtliche Beilagen, V., 171.
[3] Wiedemann, I., 413; IV., 216.
[4] Hoheneck, Genealogie der Stände Oberösterreichs, III., 675.
[5] Schloßarchiv Ottenstein.
[6] Blätter für Landeskunde, 1897, 308.
[7] Ratsprotokolle in Waidhofen an der Ybbs.

Sinne. Da verbreitete sich plötzlich um Mitternacht der Ruf: „Wohlauf, Nachbar! Bei Kopfabschlagen und Hausabbrennen! Laufe!” In Ennsleiten bei Steyr versammelte sich eine große Menge Bauern; doch konnten sie nicht weiter gehen und kehrten nach Hause zurück, ohne eine Ursache angeben zu können.[1]

1597, 2. Februar, begannen angeblich 8.000 aufständische Bauern unter Führung des Bauern Michael Beer von St. Michael am Bruckbache das Schloß St. Peter zu belagern. Wilhelm Seemann von Mangern, der selbst an Podagra krank lag und außerdem die Leiche seiner am 24. Dezember in Wien verstorbenen Gemahlin Maria Salome, geborene von Oed, am 10. Februar hier beisetzen wollte, ließ, von der Nutzlosigkeit weiteren Widerstands überzeugt, die Tore öffnen. Der Haufe ergoß sich in alle Räume des Schlosses, der Gutsherr wurde mißhandelt, an der Leiche der hölzerne Übersarg erbrochen, geraubt und geplündert und der Schloßherr mit seiner Tochter durch mehr als drei Wochen in strenger Gefangenschaft gehalten, obwohl der Magistrat von Steyr zweimal für seine Freilassung eingetreten war. Erst gegen Ende Februar erwirkten die kaiserlichen Kommissäre seine Freilassung und brachten ihn nach Ybs.[2] Zur Strafe für diesen Aufruhr mußten die Untertanen der Herrschaft jährlich am Tage des Anschlages gegen das Schloß eine Vertretung früh morgens zum Schlosse senden, die um Einlaß baten, ein Henkerschwert überreichten, den Vorgang erzählten und dafür fußfällig Abbitte leisteten. Dieser Brauch war noch 1747 in Übung.[3]

1598, 28. Februar, berichtet Wilhelm Seemann über seine Erlebnisse beim Bauernaufstand: die Pfarrgemeinde St. Peter in der Au und Umgebung sei 8.000 Mann stark in den Markt St. Peter mit bewehrter Hand gekommen, habe das Schloß zu stürmen angefangen, das äußerste Tor mit Gewalt aufgehauen, das andere zerhackt, in das Schloß geschossen, es mit Gewalt eingenommen, geplündert, Geld und Geldeswert davongetragen, auch die Rüstkammer beraubt. Die Bauern haben den kranken Seemann aus seinem Siechbett gerissen, geschlagen und mit Füßen getreten und sogar einige verlangt, ihn beim Fenster hinauszuhängen; man habe ihm Wehr und Spieße an den Leib gesetzt, auch seine Briefschaften weggenommen und seine verstorbene Gemahlin, welche noch unbegraben in einem kupfernen Sarge verschlossen war, nicht geschont, den Sarg umgeworfen und die Inschrifttafel herabgerissen. Drei Wochen habe man ihn in seinem

[1] Archiv für Gesch. der Diözese Linz, 1910, 38.
[2] Blätter für Landeskunde, 1897, 355, 385, 386.
[3] Hoheneck, Genealogie der Stände Oberösterreichs, III., 676.

Schlosse gefangen gehalten, bis er sich verbürgt habe. Er verlangt Bestrafung der Schuldigen.[1]

1605, um den 14. Mai, wurde Wilhelm Seemann von St. Peter von der Beratung der Kommissäre der Eisengewerkschaft in Steyr abberufen, weil Räuber in seiner Herrschaft in unterirdischen Räumen sich festgesetzt hatten, viel Unheil stifteten und auch falsche Münzen herstellten. Seemann wollte sie zuerst mit einigen Reitern vom Stifte Seitenstetten ergreifen, aber sie töteten ein Pferd und flohen in ihre Verstecke in der Richtung gegen Neystifft zu. Nun stellte die Stadt Steyr dem Seemann 18 gerüstete Reiter an die Seite. Erst im Mai 1609 gelang es, die Räuber mit ihrem Wirte, einem Bauern und Untertanen Seemanns, festzunehmen. Sie wurden in den Kerker des Schlosses Steyr geführt. Dr. Falbius vom Kloster Garsten bemühte sich, sie zur Buße zu bewegen. Aber als Lutheraner beriefen sie heimlich den Prädikanten von St. Peter, der ihnen bei Nacht Bäckerbrot und Wein reichte. Als sie zur Hinrichtung nach Freising (Gerichtsplatz bei Steyr) hinausgeführt wurden, begleitet sie Dr. Falbius zu Pferde und erlebte noch die Freude, daß zwei von den dreien zum katholischen Glauben zurückkehrten, wodurch viele zu Tränen gerührt wurden.[2]

1605 waren hier phantastische Wiedertäufer, die sich „Engel" nannten und für die Stimme Gottes ausgaben.[3]

1607 präsentierte Freiherr Wilhelm Seemann von Mangern den M. Jakob Lälius, der 1611 fünf Predigten über den geistlichen Hunger und Durst nach dem Worte Gottes in Leipzig herausgab, die voll Schmähungen über katholische Würdenträger sind.[4]

1611, im April, starb Frau Seemann in Steyr und wurde zum Begräbnis nach St. Peter überführt.[5]

1616, 29. August, begleitete der Abt von Seitenstetten einige Kapuziner von Steyr nach St. Peter und ersuchte den Seemann um die Schlüssel zur Kirche, weil die Kapuziner dieselbe besuchen wollten. Seemann meinte aber, der Abt sei mit Reitern und den Passauer Kommissären gekommen um ihm die Schlüssel abzunehmen; er ließ sogar die Zugbrücke aufziehen. Der Abt wartete eine halbe Stunde am Friedhofe und entließ dann die Kapuziner in ihr Kloster, darüber lachend, daß man dort fürchtete, wo keine Furcht war.[6] Offenbar besorgte der Patron die Wiedereinführung des katholischen Gottesdienstes. Damals predigte Georg Lutz in der Gegend.[7]

---

[1] Abschrift, Reichsfinanzarchiv, Pfandschaften, Nr. 59, Bl. 1-7.
[2] Archiv für Gesch. der Diözese Linz, 1910, 186, 187.
[3] Wiedemann, IV., 215-216.
[4] Hippolytus, 1860, 366-367; Wiedemann, I., 548, IV., 216, 224.
[5] Archiv für Gesch. der Diözese Linz, 1910, 212.
[6] Archiv für Gesch. der Diözese Linz, 1910, 300.
[7] Wiedemann, IV., 216.

1621, im Mai feierte Wolfgang Sigismund von Losenstein, der Sohn des Erbmarschalls in Oesterreich, hier seine Hochzeit mit der Tochter des Wilhelm Seemann.[1]

1622, Vigil vor Allerheiligen (31. Oktober), kamen der Kaiser und die Kaiserin nach St. Peter. Am Feste Allerheiligen, wohnte er in Garsten der Messe bei, und nahm das Frühstück beim Abte ein. Am Abend zog er mit seiner Begleitung, über tausend Personen und Pferden, nach Steyr und übernachtete im Schlosse daselbst. Dann reiste er nach Kremsmünster und Regensburg.[2]

1627, 28. Juli, wurde dem Godefrid vom Salmburg aufgetragen, den Prädikanten in St. Peter zu vertreiben.[3]

Der letzte lutherische Prediger in St. Peter in der Au war wohl Michael Förster, der 1628 als Auswanderer in Regensburg lebte.[4]

1753, 7. Juni, vergleicht sich der Hofrichter von Baumgartenberg Johann Josef Muttersgleich mit dem herrschaftlich Gassenegg'schen Verwalter Michael Karl Nußbaumer wegen der Zufuhrstraße über die Wiese am Greißl zu der nach Gassenegg gehörigen Bachmühle, die zugestanden wurde.[5]

Ein Kommunion-Löffel für Pestkranke aus Silber, vergoldet, 48 cm lang, stammt von hier.[6]

1786 sollte die Josefskapelle in St. Peter entweiht werden.[7]

136. Petzenkirchen[8]

Über dem Pfarrhofeingang ist ein Römerstein eingemauert, ein Giebelstein mit Relief eines Adlers mit halb geöffneten Flügeln. In Weinzierlberg als Eckstein bei einem Bauernhof gleichfalls ein Römerstein eingemauert (97 x 35 cm), rohe Arbeit, rundes Menschengesicht, Blätter und Ranken darstellend.

1159, *indictione septima*, Passau, bestimmte Bischof Konrad von Passau seinen Brüdern, den Kanonikern daselbst, zur Auf-

---

[1] Archiv für Gesch. der Diözese Linz, 1910, 393.
[2] Archiv für Gesch. der Diözese Linz, 1910, 412.
[3] Index der Mandate der Reformation für Oesterreich ob der Enns, 1625-28. Keiblinger.
[4] Wiedemann, IV., 216.
[5] Labitsch, Protocollum archivii Montis Pomerii, 1780, II. Band, Bl. 90a im Landesarchiv zu Linz.
[6] Diözesanmuseum St. Pölten, Katalog 13.
[7] Kerschbaumer, Geschichte des Bistums St. Pölten, II., 69.
[8] Schweickhardt, Darstellung von Niederösterreich, XVII., 45-52.

besserung ihrer Pfünde die Einhebung der Zehente in den drei Pfarren St. Stephan[1], Pezenkirchen und Schwanakirchen. Zeugen[2]: die Edlen: Adalbert von Berge, Botteschald[3] von Riedecke, Adalram von Chamba und sein Sohn Adalram, Erembert von Mosnbach, Friedrich Ratisbonensis praefectus[4], Graf Rapoto, Pabo von Hahusen, Amelbert und Paldamar; die Ministerialen: Rodeger der Richter, Engelbert und sein Bruder von Struben, Manegold von Wasen, Rudeger und sein Bruder Borno von Hollhusen, Walter von Glanekke, Adalrich von Bornhaimb und sein Bruder Sigboto, Harmund Pincerna[5], Megenhard von Spiellberg u.a.[6]

1159, *indictione octava*, gibt Bischof Konrad von Passau den Chorbrüdern zu Passau zur Aufbesserung ihrer Pfründe die Einkünfte der erledigten Pfarre Pezinchirchen. Der Pfarrer daselbst soll die Zehente bei Burchstal (Purgstall) genießen, die Chorherrn aber die anderen Zehente und Nutzungen haben.[7] Purgstall war bis 1613 von Petzenkirchen abhängig.

1179, 20. April, Lateran, bestätigt Papst Alexander III. dem Passauer Domkapitel auch den Besitz der Kirche Pecenchirchen.[8]

1188, Juli, Chrems, *in capitulo celebri*, stellt Bischof Theobald von Passau eine Urkunde aus. Dabei auch Pfarrer Albert von Pacntichire.[9]

1189, Juli, Krems, war Pfarrer Albert von Pacenchirchen Zeuge des Bischofs Diepold von Passau.[10] Beide Regesten beziehen sich auf die gleiche Sache. Doch ist durch einen Irrtum auf einer Seite das Jahr verschieden angegeben.

1200 bezeugte Perhtold, Pleban in Pezenchirche, eine Urkunde des Bischofs Wolfker von Passau über Texing.[11]

Um 1209 bestimmte Bischof Manegold von Passau und das Kapitel, daß die nicht residierenden Chorherrn außer den Gülten von St. Stephan (Kirchberg) am Wagram und Pezenchirchen nichts beziehen sollen; daß den Brüdern vor dem 18. Lebensjahr keine Reisebewilligung

---

[1] Kirchberg am Wagram.
[2] Die Namen sind in der Abschrift vielfach entstellt.
[3] Vielleicht Gottschalk.
[4] Burggraf von Regensburg.
[5] Schenk.
[6] Abschrift vom 10. Jänner 1678 durch den Notar Johannes Wasmair in Passau angefertigt; Konsistorialarchiv St. Pölten, Faszikel Purgstall; vgl. Monumenta Boica, XXVIII., I., 122; II., 236.
[7] Monumenta Boica, XXVIII., II., 234.
[8] Geschichtliche Beilagen, I., 354; Monumenta Boica, XXVIII., II., 123.
[9] Hauthaler, Salzburger Urkundenbuch, II.,621.
[10] Oberösterr. Urkundenbuch, II., 419.
[11] Niederösterr. Urkundenbuch, I., 31.

zu Gebeten oder Studien gegeben und nur Subdiakone *in formellis* und Diakone *in stallis* eingesetzt werden können.[1]

Um 1260 wurden beschrieben die Besitzungen des Bistums Passau in Pezinkirchen. Die Kirche in Pecinchirchen verliehen die Kanoniker von Passau und nahmen die Zehente ein, aber der Bischof hatte den Grund und die Zehente, bis 30 Mut, und das Dorf daselbst.[2]

1285, 31. März, Waidhofen, bürgt Daniel von Petzenchirchen mit anderen dem Bischofe von Freising für Heinrich den Hubaer.[3] Vielleicht ist dies jener Danyel, Pleban in Petzenchirchen, welcher im Nekrolog der Chorherrn von St. Pölten unter dem 24. April an erster Stelle genannt wird.[4]

1287, Maria Reinigung (2. Februar), Peczinchirchen, gibt Fridrich von Hausek, *ad curiam Romanam peregrinacionis iter arripiens*, mit Zustimmung seiner Frau Elsabed seinen Diener Heinrich Pyrmer von Schretenpruk (Schrattenbruck bei Melk) mit Kindern und Nachkommen dem hl. Koloman und dem Kloster Medlich samt dem Hof im Dorfe. Siegler: der Aussteller, Leutold von Chunringen und Otto von Zelkingen. Zeugen: die Herren Meinhard von Rüte, Perhtold von Agstein, Otto von Meczlinstorf, Fridrich von Sichtenperch, Hertwich der Waser (Wasarius), Pilgrim Fleming; die Ritter Ruger Leibner, Heinrich Felischezze, Chunrad von Waychselpach, Weykard und Otto von Pibrarn, Otto Wasarius.[5]

1299, Sonntag vor Johannes Baptist (21. Juni), Kloster Melk, bekennen Seyfrid von Wolfhartzprunn (Wohlfahrtsbrunn bei Petzenkirchen) und seine Frau Offmia mit ihren Erben, vom Abte Chunrad von Mellik eine Hube in Wolfhartsprunn zu Lehen genommen zu haben mit der Verpflichtung, sie auszubauen, als „vreysazz" inne zu haben, davon rechtzeitig die Abgaben zu leisten, dem Amtmann des Stiftes in Lamfritsteten (Landfriedstetten bei Petzenkirchen) auf Verlangen Wagen, Pflug und Pferde zu stellen, die Landpfennige und Steuern zu leisten, wie sie früher Paldwin gegeben hat, unter Strafe von 10 Pfd. Pfen. und Verlust der Hube. Siegler: die Ministerialen Oesterreichs, die Herrn Fridrich von Hausekk, Otto von Zelkingen, Ludwig von Zelkingen und Otto von Wildenstain.[6]

Um 1300 hatte Michaelbeuern Dienste in Jaezniche im Achlant (bei St. Anton an der Jesnitz?), in Aspach mit einem Hofe, im Amte Strazze (Straß bei St. Leonhard) 3 Lehen und 5 Burgrechte, in

---

[1] Monumenta Boica, XXVIII., II., 285-286.
[2] Monumenta Boica, XXVIII., II., 180, 472, 483. Vgl. Archiv für österr. Geschichte, 1875, 272, 289.
[3] Fontes, XXXI., 424.
[4] Fontes, XXI, 511.
[5] Originalpergament. Stiftsarchiv Melk.
[6] Originalpergament. Stiftsarchiv Melk.

Plaicchen (Plaika bei Petzenkirchen) 4½ Lehen und eine Mühle, in Hagenauwe (Hagenau bei Petzenkirchen) eine Mühle und ein Lehen in Polm (Polln bei Petzenkirchen) 1 Lehen, 1 Hofstätte, 1 Hube und mehrere Höfe, in Gunthersperch (Gumprechtsberg bei Petzenkirchen) einen Dienst, zu Talarn (Thaling) und Pergarn (Berging). Diese Besitzungen wurden noch 1648 angeführt.[1]

1316, 29. September, Melk, verkauft Ludwig von Zelking eine Mühle an der Erlauf zu Praitenaich in Petzenkirchen dem Kloster Melk.[2]

1318 war Pfarrer in Petzenkirchen Gebehard, der von da einen zweiten Priester in Purgstall halten soll.[3]

1318 gab der Pleban Gebhard von Petzenkirchen dem Kapitel in Passau einen Weingarten in der Bachouia (Wachau) beim Dorfe Wesendorf unter dem Berge Chalmventz.[4]

1319, St. Mathes des Evangelisten (21. September), Melch, verzichtet „Vlreich der Schreiber von Peczenchrichen gegen den Abt Vlreich von Melch auf das streitige Leibgeding auf dem Hofe zu Vngedwogenfüzz, nachdem er vom Stifte 8 Metzen Korn und 50 d erhalten hat. Siegler: Herr Friedrich der Haesler, da der Aussteller kein Siegel hat. Zeugen des Ausstellers: beide Oheime Nordwein der Schulz und Imbrikch der Wulfing, Söhne des Herrn Otto von Marchpach, der Wulfinch an der Czeil, der Hafner von Wildenstain, Wernhart von Wildenstein und Marchart von Tolbach.[5]

1324 besaß der Bischof von Passau in der Hofmarch zu Petzenchirchen nach Angaben des Richters Ruger folgende Dienste: in Plaichen (Plaika) 6½ Lehen, Pronstorf 7 Lehen, Weinczürl (Weinzirl) 4, Griegklarn 6, Holtzharn 1, Wiselburga 31 Hofstätten und 12 Lehen, auch Dienste von Gründen, Vorhaech (Fohra) 2 Lehen und 2 Hofstätten. Der Bischof hatte in Peczenchirchen einen Hof, in welchem der Richter Ruger wohnte. Die Fischerei im Fluße Era(f) von Dorfe Kenl (Kendl) bis Wiselburch wurde dem Friedrich von Hausekk zu Lehen gegeben und vom Herrn von Walse unrechtmäßig zurückbehalten. Zehente in der Gegend von Winden, Hachsenreut, Saerling (Sarling) Ober- und Mitter-Aichaach, Unter-Weinzürl, Polm (Polln), Hagenaw (Hagenau), Freileiten, Dorf Paczenchirchen, Vorhaach, Zaglaw, Wiselburch von den meisten Feldern des Pfarrers von Peczenchirchen, Schimelkaes, in Grub von den Feldern des Pfarrers von Peczenkirchen, Nyderndorf, Wolfhartsprunn (Wohlfahrtsbrunn) und Woking (Wocking),

[1] Hauthaler, Salzburger Urkundenbuch, I., 856, 857.
[2] Stiftsarchiv Melk.
[3] Reichsarchiv München. Siehe unter Purgstall.
[4] Monumenta Boica, XXX., II., 82.
[5] Kopialbuch im Stiftsarchiv Melk, Bl. 109.

auf den Gütern des Klosters Melk in der Pfarre Peczenkirchen mit einigen Ausnahmen.[1]

1345, 10. August, verkaufen Andre der Hauser und seine Frau Elspet zwei Höfe in Ötichental und zwei Hofstätten dabei in der Pfarre Petzenkirchen zwischen Pechlarn und Petzenkirchen dem Herzog Albrecht II. von Oesterreich für seine Stiftung Gaming um 300 Pfd. Wr. Pfen.[2]

1354, Pfingstabend (31. Mai), verkaufen Ulreich der Planchenstainer von Planchenstain und seine Frau Ofmei das Gut Rasenaw in der Pfarre Petzenkirchen, worauf Nicla gesessen ist, um 27 Pfd. Wr. Pfen. dem Herzog Albrecht II. zu seiner Stiftung Gaming und setzen als Ebenteuer ihre Mühle zunächst Steinhaus in der Layzz, die Mühle zu dem Weidach dabei, die Mühle zu Imden auch dabei und ihre Habe in Oesterreich.[3]

1360, 31. Juli, siegelt Herr Perchtold, Pfarrer zu Petzenkirchen die Stiftungsurkunde der Frühmesse in Ruprechtshofen.[4]

1361, Freitag nach Erasmus (4. Juni), Wien, verkaufen Chraft der Hauser und seine Frau Margret das Dorf Chünigsteten (Königstetten bei Petzenkirchen) um 400 Pfd. Wr. Pfen. dem Herzog Rudolf IV. von Oesterreich zur Stiftung in Gaming. Mitsiegler: Albrecht der Schenk von Ried.[5]

1368, Unser Frauen-Tag der Verkündigung (25. März) in der Fasten, vertauscht Jörg Häußler zu Purgstall, Petzenkirchen, Sallhenberg und Hag dem Otto von Zelking zu Schönek und Ulrich von Zelking zu Freydeck das eigene Gut zu Holzern in Petzenkircher Pfarre für das Gut zu Schaurenpach. Zeugen: Christian Zinzendorfer und Hanns Heußler von Senftenek, des Ausstellers Vetter.[6]

1371, Sonntag Mitterfasten (9. März), beurkundet Pawl, Pfarrer des St. Stephansgotteshauses in Petzenchürichen, daß der ehrbare Mann Hans der Hager und seine Frau Agnes den Hof zu Mairling, gelegen in Ruprechtzhover Pharr, von dem man jährlich 4 Pfd. Pfen., zu jeder Quatember ein Pfund, und 16 d zu Weihnachten als Ehrung gibt und wer auf das Gut fährt, zu Anlait 30 d, und wer abfährt, zu Ablait 30 d, in der Weise zu seiner Pfarre gestiftet haben, daß der Pfarrer des Hofes rechter Stifter und Störer ist und dafür vier Jahrtage

---

[1] Notizenblatt, 1853, 114-117.
[2] Staatsarchiv in Wien, Codex Diplom. der Karthause Gaming, Perg. Nr. 867, I., 217; II., 149. Vgl. Lichnowsky, Habsburg, III., Nr. 1398.
[3] Staatsarchiv in Wien, Codex Diplom. der Karthause Gaming, Perg. Nr. 868, 64.
[4] Staatsarchiv in Wien, Codex Diplom. der Karthause Gaming, Perg. Nr. 867, I., 179.
[5] Staatsarchiv in Wien, Codex Diplom. der Karthause Gaming, Perg. Nr. 867, I., 176; II., 70. Lichnowsky, Habsburg, IV., Nr. 278.
[6] Kaltenegger, Collectio chartar. veter., II., Bl. 149; Wißgrill, Schauplatz, IV., 320.

halten soll, zu jeder Quatember einen, am Montag abends mit Läuten aller Glocken zur langen Vigil, welche mit Laudes zu singen ist. Dann soll man zu den Totengräbern und zu den Khörner gehen und am Erchtag früh ein Seelenamt auf Sant Kathreynaltar und ein Amt von unser Frauen Schiedung auf unser Frauenaltar mit zwei gleichzeitig gesprochenen Seelenmessen halten. Der Pfarrer soll jedem Priester für die Messe 12 d, dem Mesner 6 d, dem Zechmeister 6 d geben und für 30 d Wachs zu den Kerzen kaufen und um je 40 d Brot, Fleisch und Wein zur Oblay mit dem Opfer hinfürtragen lassen. Alle Montage des Jahres soll eine Seelenmesse auf St. Kathreinaltar gehalten und an Sonntagen der Stifter auf dem Letter gedacht werden. Der Vogt der Kirche in Peczenchirchen soll auch Vogt dieses Hofes sein. Der Stifter ist Gewähr und Schirm des Hofes gegen fremde Ansprüche und behält sich auf Lebenszeit das Recht vor, denselben zu einer anderen Stiftung bei dieser Kirche um eine Gülte von 4 Pfd. Pfen. zurückkaufen zu können. Wenn der Pfarrer den Jahrtag unterläßt, kann der Richter und der Zechmeister zu Peczenkirchen von des Herrn Bischof von Pazzaw wegen das Gut einziehen, bis er wieder gehalten wird oder es zum Gotteshaus behalten „zu dem liecht vnd zu seiner notturft". Siegler: der Pfarrer Paul von Petzenkirchen, und als Zeugen Nicla, Pfarrer zu Stainachirchen, Herr Jorig der Hewsler und Vlreich der Pymisser von Holzarn[1] [2]

1371, Sonntag zu Mittfasten (9. März), verschaffte Niklas der Cholb von Gumprechtsvelden (Gumprechtsfelden bei Wieselburg) zum Gotteshause in Peczenchirchen zu dem Licht vor St. Kathreynaltar 60 d Gülte auf seinem Gute zu Frenigaw (Frainingau bei Matzleinsdorf) in Melkher pharr das sein freies Eigen ist, zu den 70 d Geldes, die seine Vorfahren vom selben Gute zum Lichte dieses Altares gewidmet haben. Von diesem Gute dient man jährlich zu Burgrecht 10 d zu Michaeli und ½ Pfd Pfen. Der Pfarrer oder sein Vikar soll darüber Stifter und Störer sein und der Vogt der Kirche auch die Vogtei über das Gut haben. Siegler: der Aussteller und die Zeugen Herr Jorig der Hewsler, Hans der Hager und Ulreich der Pymizzer.[3]

1373, „vnser frauentag, als sy parn ward" (8. September), beurkundet Jorig der Heusler, daß er ein Gut, das Lehen ist vom Abte Friedrich von Mölkh, gelegen an dem Furserussel, geheißen in der Grueb, gilt 13 ß, zu dem Gotteshause gegen Pezenkirchen zu einer ewigen Messe gestiftet habe. Abt Fridrich habe dieses Lehengut geeignet nachdem er ein freies Gut in Velberch, gelegen im Rorbach

---

[1] Holzing bei Petzenkirchen.
[2] Abschrift im Gedenkbuch der Pfarre Purgstall von 1641, Blatt 55.
[3] Abschrift im Gedenkbuch der Pfarre Purgstall von 1641, Blatt 55.

und 14 ß jährlich wert, dafür zu Lehen genommen habe. Siegler: der Aussteller und sein guter Freund Herr Christan von Zinzendorff.[1]

1384, 1. November, verleiht Bischof Johannes von Regensburg dem Stefan Vydorffer 4 Pfd. d Geldes zu Weinzurl (Weinzierlberg) in Peczenkircher Pfarre und ein Lehen, gilt 1 Pfd. Geldes, gelegen in Obern-Weinzurl, auch in Peczenkircher Pfarre und 1 Pfd. Geldes hat er aufgegeben seiner Tochter Susanna für ihr Erbe. Die obgenannten 4 Pfd. sind auch seiner Tochter Sibill zu ihrem Vater verliehen worden. Dem Vlrich Pimizzer einen Hof zu Holczarn (Holzing, Pf. Petzenkirchen) und drei Äcker, die zum Hofe gehören, gelegen in Peczenkircher Pfarre.[2]

Um 1387 erhielt Hoauchenek (Hoheneck) vom Bischofe von Regensburg einen Hof zu Pergarn (Berging) in Petzenkircher Pfarre zu Lehen.[3]

1389, Montag nach *Reminiscere* (15. März), front (pfändet) Alweyg von Hohenekk dem Pfarrer Paul von Burgstall all sein Gut, es sei zu Burgstall in dem Pfarrhof oder zu Petzenkirchen im Pfarrhof oder sonstwo.[4]

1391 front Niklas der Wildungsmawer Andreas dem Hager sein Haus zu Wetzenkirchen (Petzenkirchen).[5]

1391, Vigil vor Laurenzi (9. August), Pechlarn, erhielten vom Bischof von Regensburg zu Lehen: Peter Hochhut (Hilpoldt) und seine Frau Sibilla einen Hof zu Weinzirl und ein Lehen und zwei Hofstätten in Petzenkhircher Pfarre, welche Sibillas Mutter Elßpet die Pfudorferin (Fidorferin, wohl Viehdorferin) für ihre Morgengabe und Heiratsgut aufgesendet hat. Hanß Oheimb von den Waltreisch (Waldtweiß), Schwager Martin des Kolben, empfing den halben Sinthuber Zehent in Petzenkircher Pfarre, den der Kolb ihm zu seiner Schwester als väterliches Erbe aufgegeben hatte, wiewohl ihn der Vater nicht empfangen hatte.[6]

Um jene Zeit erhielt Herr Markhart der Häußler zu Pielach vom Bistum Regensburg einen Hof zu Wißlpurg an der Zeill in Petzenkhürcher Pfarre, das Gut an der Lochnitz und den Zehent in den Mitternpergen in Steinkhircher Pfarre zu Lehen.[7]

1391, St. Otmar (16. November), Pechlarn, erhielt Ulrich, des Alten Sohn von Ybbs zwei Hofstätten an der Zeill zu Wißlpurg in

[1] Kopialbuch im Stiftsarchiv Melk, Bl. 364. Hueber, Austria ex archivis Mellic. illustrata, I., Bl. 88.

[2] Histor. Verein der Oberpfalz und von Regensburg, Archiv II, Lehenbücher Ratisbonensis Nr.1. Doch steht dort statt Vydorffer Widerdorfer.

[3] Schloßarchiv Jaidhof, VII., 10.

[4] Staatsarchiv in Wien, Kodex Weiß, Nr. 48.

[5] Schlager, Wiener Skizzen, 2. Reihe, 94.

[6] Schloßarchiv Jaidhof, VII., 10, zweimal, etwas abweichend eingetragen.

[7] Schloßarchiv Jaidhof, VII., 10.

Petzenkhircher Pfarre und 86 d Geldes auf Überländ-Äckern und Wiesen in Wißlpurger und Petzenkhircher Pfarre als Regensburg'sche Lehen.[1]

1393, Montag vor Michaeli (22. September), front (pfändet) Geor(g)i Cheayer dem Abte Ludwig von Melk sein Dorf Laemphersteten (Landfriedstetten) in Petzenkircher Pfarre.[2]

1400, 26. Juli, verpflichtet sich Wenzla Thyem, Pfarrer zu Lintz, dem Domkapitel von Passau vom Papste Bonifaz IX. die Einverleibung der Eigenschaft der Kirchen St. Stephan (Kirchberg) auf dem Wagran, Nidernholabrunn und Paezenchirchen auszuwirken, wogegen ihm das Kapitel eine Pfründe daselbst verleihen und den Weingarten der Phaff an dem Nußperg in Oesterreich auf seine Lebenszeit übergeben soll. Siegler: Pfarrer Stephan Frezz zu St. Giligen enhalb der Inprukk, Pfarrer Hans Nymmervol zu St. Pauls und der Bürger Andres der Gruner zu Passau.[3]

1402 (*pontificatus nostri anno XIII.*) *XV. Kalendas Aprilis* (18. März), Rom bei St. Peter, bestätigt Papst Bonifaz IX. dem Propste, Dechant und Kapitel der Kirche in Passau die Einverleibung der Pfarren Niderhollabrunn[4], St. Stephan am Wagram[5] und Pezenkirchen, davon Einkünfte ihnen zur Aufbesserung überlassen worden seien, jedoch mit der Verpflichtung, darauf ständige Vikare mit entsprechendem Lebensunterhalte zu versehen. Darum sollten sie den Vikaren Walbrun Hadrer in Niederhollabrun, Gerhard Wisebeck in Pezenkirchen und Johann Hyppelsdorfer in St. Stephan und ihren Nachfolgern entsprechende Einkünfte anweisen.[6]

1406, 31. März, Wien, nahm Bischof Georg von Passau die pfarrlichen Rechte des Magister Gerhard, Pfarrers von Petzenchirchen, auf die St. Veitskapelle in Sarling in Schutz.[7]

Um 1410 hatte Konrad Pinnßer einen Hof zu Holtzern, eine Hofstätte zu Petzenkirchen und zwei Hofstätten zu Reprechtstorf vom Bistum Regensburg zu Lehen.[8]

1415. Samstag nach St. Thomas (22. Dezember), verzichtet Niclas Leutel zu Petzenkirchen gegen Bischof Albrecht von Regensburg auf alle Ansprüche an die Herrschaft Pechlarn.[9]

---

[1] Schloßarchiv Jaidhof, VII., 10.
[2] Staatsarchiv in Wien, Kodex Weiß, Nr. 48.
[3] Lang-Freyberg, Regesta Boica, XI., 183.
[4] Nieder-Hollabrunn bei Stockerau.
[5] Kirchberg am Wagram.
[6] Abschrift des öffentl. Notars Johann Wasmair in Passau vom 10. Jänner 1678 im Konsistorialarchiv St. Pölten, Faszikel Purgstall. Vgl. Topographie, V., 121.
[7] Stiftsarchiv Seitenstetten, Faszikel Säusenstein. Siehe unter Sarling.
[8] Schloßarchiv Jaidhof, VII., 10.
[9] Reichsarchiv in München.

1429 waren Purchstal und Penzenkirchen zusammen auf 80 Pfd. Pfen. Verleihungsgebühr taxiert und dem Kapitel in Passau gehörig.[1]

1432, 14. Juli, Melk, verspricht Abt Leonhard von Melk, daß seine Leute und Holden zu Niederndorf, Wolfhartsbrunn, Landfriedstätten und Kendl die Entscheidung zwischen ihnen und den Leuten des Klosters Gaming zu Alichental (Edlichental) mit den Holden des Stephan von Zelking und des Mert Ranynger in Betreff des von der Erlaf entstehenden Schadens halten wollen. Siegel des Abtes.[2]

1432, 19. Juli, Zelking, verspricht Stephan von Zelking, das zwischen ihm und den Leuten des Abtes von Melk, des Martin Ranynger und des Priors Friedrich von Gaming anderseits getroffene Übereinkommen wegen Sicherung der Gaminger Leute zu Alichental vor Überschwemmungen der Erlaf durch Abzugsgräben zu halten. Siegler: der Aussteller.[3]

An der Wand des nördlichen Seitenschiffes innen ein rotmarmorner Grabstein (2,40 x 1,20 m) mit der Inschrift: *Hie . ligt . der Edel . Ritter . her . Cha . . . Hager . und . sei(n) . geslecht . der . gestorben . ist . des . phintztag . nach Michaelis . anno domini . m . ccccxxxii* (2. Oktober 1432). Wappen in vier leere, quadratische Felder geteilt, erstes und viertes vertieft, darüber Adlerflug mit gleichem Wappenzeichen.

1440, St. Michael (29. September), meldet Reimprecht der Hafner von Barberstorf (Parbersdorf bei Neuhofen) der Frau Beatrix von Zelking, daß er seiner Hausfrau Barbara, Tochter des verstorbenen Jörg des Fruchter von Friedau, eine Hofstätte in Patzenkircher Pfarre, worauf Simon Sinnter sitzt, versetzt habe. Er sendet sie daher auf und bittet, seine Gattin damit zu belehnen.[4]

1442 verlobten die Verwandten den noch sehr jugendlichen Georg Gileis, Sohn des Johannes, mit der jungen Benigna Leitlein, die seinem Geschlechte das Schloß Petzenkirchen zubrachte.[5]

1442, Montag nach St. Bartholomäus (27. August), ersuchen Reinprecht von Ebersdorf und seine Frau Kathrey den Bischof Friedrich von Regensburg um Verleihung von Zehenten von der Herrschaft Pechlarn an den ehrbaren Niclas Voglpotz, gesessen zu Neumarkht, dem sie dieselben verkauft haben, gelegen zu Praitenaich (Breitenaich bei Petzenkirchen), Gunkhartzperg, Haughof, in Preßpach, Tuenpach, Gumpretzuelte (Gumprechtsfelden bei Wieselburg), Hauß auf den Hofstetten, Lughoff und Moßnitz in Petzenkircher Pfarre und

---

[1] Schmieder, Matricula, 22.
[2] Staatsarchiv in Wien.
[3] Staatsarchiv in Wien.
[4] Kaltenegger, Collectio chartar. veter., I., 691.
[5] Wurmbrand, Collectanea geneal.-histor., Wien 1705, 28.

Moß (Moos) bei Schadendorf in Wißlburger Pfarre. Siegler: beide Aussteller und der edle Jorg Klingenprunner.[1]

1469, St. Sixtus (6. April), Pechlarn, wurde vom Bischof von Regensburg belehnt Wolfgang Jörger mit dem Hofe zu Hollzarn und 4 Hofstätten daselbst in Petzenkircher Pfarre und einem Lehen zu Rämpelstorf (Rampersdorf) und einer Hofstatt daselbst in Pechlinger Pfarre, die er von Tiepolt Pimißer gekauft hatte.[2]

1475, 8. Oktober, Korneuburg, vermachte Pfarrer Wolfgang Knollinger von St. Veit (bei Klein-Engersdorf) eine Burgrechtswiese gegen Peczenkirchen.[3]

1482, 15. Juni, Rom, verleiht Papst Sixtus IV. die Pfarre Petzenkirchen dem Balthasar Mannsperger.[4]

1487 war Meister Hans Prenner Pfarrer zu Petzenkirchen.[5]

1523 war Vikar in Petzenkirchen Leonhard Schrollinger.[6]

1529 dienten Bewohner von Petzenkhürchen zur Herrschaft Pöchlarn.[7]

1544 übernahm Johann Achleitner die Pfarre Petzenkirchen mit der Filiale Purgstall und wurde ihm gestattet, die jährliche Pension von 22 Pfd. Pfen. an das Domkapitel zu Passau für drei Jahre für Wiederherstellung des baufälligen Pfarrhofes in Purgstall zu verwenden.[8]

Im Presbyterium liegt ein Grabstein (1,50 x 0,91 m): *Hie ligt begraben der Edl und Vesst Christof von Cancin zu Wocking* (Wocking bei Petzenkirchen), *Weinzeil* (Weinzierl bei Wieslburg) *und Perwerdt* (Perwarth, Pfarre Steinakirchen), *der den 9. Tag Januarii im 1558. Jar in Tadt verschaiden ist, des Seell und uns allen Got der allmechtig gnedig und barmcherzig sein und ain fröhliche Auferstehung verleihen welle. Amen.* Das Concin'sche Wappen, vier Felder mit Schrägbalken, darin Stern und Halbmond, darüber zwei Helme, rechts Krone, darauf züngelnder Drache, links Concinisch.

1550 war Sebastian Lackner Pastor in Petzenkirchen.[9] Darauf 1554 Johann Ramft.[10]

1567, 20. November, Purkhstall, schreibt Sebastian Lackhner, Pastor in Petzenkhirchen und Purgkhstall, an den Offizial Kaspar

---

[1] Schloßarchiv Jaidhof, VII, 10.
[2] Schloßarchiv Jaidhof, VII, 10.
[3] Stadtarchiv Korneuburg. Siehe unter Pöchlarn 1476.
[4] Blätter für Landeskunde, 1892, 392.
[5] Pfarrarchiv Purgstall. Siehe Pfarre Purgstall.
[6] Stiftsarchiv Seitenstetten. Siehe Sarling.
[7] Landesarchiv Wien, Gültbuch OWW, Nr. 243.
[8] Konsistorialarchiv St. Pölten, Faszikel Purgstall; Schachinger, Purgstall, 40.
[9] Schachinger Purgstall, 41.
[10] Geschichtliche Beilagen, II., 259.

Haldeberger, daß er den Betrag von 12 fl für gekaufte Bücher dem Dechant in Gegenwart des Kooperators und des Benefiziaten von Pöchlarn bezahlt habe.[1]

1567 wurde Pfarrer Johann Paumgartner, der vor 1577 zum Luthertum abfiel. Darauf wurde er hier entfernt und ging nach Texing.[2]

1580 war hier Pfarrer der gleichfalls lutherische Georg Unterberger, den ein Vorgänger um 1565 berufen hatte.[3]

Um 1584 hatte die Witwe Susanna Hager wegen Petzenkirchen 78 Holden, davon in Altlengbach 15, Amt Aichberg 9, Erlauf 16 und Petzenkirchen 29.[4]

Um 1584 besaß Ehrenreich von Concin zu Wocking 116 Untertanen, davon Fiesenbergeramt(?) 34, Wolfhartsbrunn 13, Wocking 24, an der Ödt 37.[5]

Um jene Zeit kehrte Johann Paumgartner, nachdem seine Frau in Texing gestorben war, zur katholischen Kirche zurück und wurde bei dem herrschenden Priestermangel neuerdings Pfarrer in Petzenkirchen und Purgstall. Er starb 1591 in Purgstall und wurde daselbst in der Kirche beigesetzt.[6]

1589 gab der Markt Persenbeug dem Schulmeister zu Petzenkirchen einen goldenen Taler = 1 fl als Ehrung.[7]

1602, 22. November, wurde Christoph Klainer, Pfarrer zu Pötzenkhirchen und Purggkstaal, an drei Gründe in Weiten, die er gekauft hatte, angeschrieben.[8]

1604-1628 war Pfarrer von Petzenkirchen und Purgstall Matthias Spitz (Spizius), der wie seine Vorgänger in Petzenkirchen wohnte, aber 1613 den Wohnsitz des Pfarrers nach Purgstall verlegte, wo er bis 1615 den Pfarrhof erbaute.[9]

1613, 16. Mai, beschwert sich Pfarrer Spitz gegenüber dem Offiziale: „In Petzenkirchen hält Albrecht Geyer von Osterburg in seinem Schlössel zu Rottenhaus einen alten Prädikanten. Er und die übrigen Edelleute wie Hanns Volkart von Conzin, Hanns Adam und Christoph Gabelkofer verweigern dem Vikar und Schulmeister jedwelche Sammlung, halten auch ihre Untertanen hievon ab und ziehen den Pfarrzehent an sich."[10]

---

[1] Konsistorialarchiv St. Pölten, Faszikel Purgstall.
[2] Schachinger, Purgstall, 41.
[3] Wiedemann, IV., 260; Hippolytus, 1861, 455.
[4] Schloßarchiv Ottenstein.
[5] Schloßarchiv Ottenstein.
[6] Schachinger; Purgstall, 41.
[7] Marktrechnung im Gemeindearchiv Persenbeug.
[8] Grundbuch im Pfarrarchiv Weiten.
[9] Schachinger, Purgstall, 56; Wiedemann, IV., 260.
[10] Wiedemann, IV., 260.

1621, 1. Jänner, schenkte Pfarrer Spitz der Kirche zwei silberne Opferkännchen, 18 Loth schwer und 23 fl wert.[1]

1629, 8. März, Mondsee, wurde Michael Rueff, Vikar in Petzenkirchen, der dem kranken Pfarrer Nikolaus Jonas in Wieselburg Aushilfe geleistet hatte, für Wieselburg präsentiert.[2]

Vor 1640 war Pfarrer in Peczenkirchen Simon Pruner, der nach Unser Frau bei Weitra übersiedelte.[3]

1644 wurde der Vikar Matthias Puckheweser für die Pfarre Randegg präsentiert.[4]

1659 waren im Dekanate Ybbs exempt Michael Weber, Pfarrer in Burgstall und sein Vikar Georg Gering in der Pfarre Pezenkürchen.[5]

Unter der Session liegt ein Grabstein: *Hic jacet reverendus Dominus Johannes Molitor, olim hujus ecclesie in Pet(z)enkirchen rector vicarius et benefactor. Viator, fer ei suffragium.* Kelch im vertieftem Felde (17. Jh.).[6]

1683 haben die Türken die Pfarrkirche Petzenkirchen erbrochen, in der Kirche und Sakristei alles zerhackt, Ornat, Fahnen und Leinwand weggenommen und um 200 fl Schaden gemacht. Die ganze Gegend wurde verwüstet.[7]

1780 wurde ein einfaches Benefizium gestiftet.[8]

137. Pielach, Pfarre Melk, Schloßkapelle

Dieses Pielach hieß einst Ober-Pielach, zum Unterschiede von Pielachhag bei Hafnerbach, das als Nieder-Pielach bezeichnet wurde.[9]

1184 bestätigte Kaiser Friedrich dem Stifte Admont die Besitzungen, die es durch Schenkungen von Adeligen auch bei Pielach erhalten hatte. Adelram von Url hatte ihm Güter in der Ostmark bei Stoccharen am Fluße Piela gegeben.[10]

---

[1] Wiedemann, IV., 260.
[2] Geschichtliche Beilagen, II., 267.
[3] Geschichtliche Beilagen, I., 214.
[4] Konsistorialarchiv St. Pölten, Faszikel Randegg
[5] Konsistorialarchiv St. Pölten, alte Dekanatsakten.
[6] Österr. Kunsttopographie, III., 385.
[7] Schachinger, Purgstall, 213.
[8] Konsistorialarchiv St. Pölten.
[9] Keiblinger, Melk, IIa., 194.
[10] Pez, Thesaurus Anecdotum, III., III., col. 679, 805.

1319, Perichtag (6. Jänner), versetzt Wulfing von Pielach dem Heinrich ze Imzing (bei Mitterkirchen in Oberösterreich) den Hof in Walchsdorf und eine Hofstätte in Waasenberg um 30 Pfd. Wr. Pfen.[1]

1369 hatten die Herren von Zelking ihre Güter bei Pielach vom Stifte Niederaltaich zu Lehen.[2]

1377, 1. Mai, verpflichtet sich der Pfarrer von Mauer, die von Katherina, der Witwe nach Paul dem Redler gestifteten wöchentlichen fünf Messen in der St. Gilgenkapelle in der Feste Pyelach ausrichten zu lassen.[3]

1392, 6. Dezember, verbessert Marchart der Häusler obige Kaplanstiftung zu Pielach mit 4 Pfd. 30 d Gülte.[4]

1392 front (pfändet) Abt Friedrich von Göttweig Marchart dem Heusler von Pielach seine Feste Pielach und seine Habe.[5]

1393 machte Marquard der Häusler wieder eine Stiftung für einen ständigen Priester zur Kapelle in Pielach, die vor dem festen Haus gelegen war. Sie gehörte damals zur Pfarre Mauer. Zeugen waren Mert Heußler von Senftenegg und Hanns von Mainburg, des Ausstellers Vettern und Pfarrer Seyfried von Loßdorf.[6]

1406, Samstag vor St. Gilgen (28. August), stiften Marchart Heußler und seine Frau Zäzilia einige Güter zur St. Gilgenkapelle in Pielach für sich und ihren Vater Stephan den Heußler. Zeugen: Mert Heußler und Wolfgang Radler zu Sichtenberg.[7]

1429 verlieh der Häusler die Kapelle in Pielach.[8]

1430 dienten drei Tagwerk Wiesmahd zu Prunsestarff (Prinzersdorf) dem Kaplan in Obern-Pielach 2 d Burgrecht zu St. Gilgentag.[9]

1446 verkauft Georg Schenk von Wald die Feste Piellach dem Johann von Neudegg zu Ranna.[10]

1456, 28. Dezember, wird in einer Urkunde über Kilb der Notar Michel, Kaplan zu Pyelach, angeführt.[11]

---

[1] Labitsch, Protocollum archivii Montis Pomerii, 1767, I. Band, Bl. 212, Studienbibliothek in Linz, mitgeteilt von Herrn P. Dionys Gmeiner.
[2] Monumenta Boica, XI., 322.
[3] Fontes, LI., 636.
[4] Fontes, LI., 748.
[5] Staatsarchiv in Wien, Kodex Weiß, Nr. 48.
[6] Wißgrill, Schauplatz, IV., 320.
[7] Ennenkel, Collectanaen, I., 277, 279; Wißgrill, Schauplatz, IV., 321.
[8] Schmieder, Matricula, 24.
[9] Fontes, LII., 231.
[10] Frasts Manuskripte, IIIb, 299, im Stift Zwettl.
[11] Fontes, LII., 475.

1476, 8. November, Göttweig, erhielt Laurenz Peyler, Pfleger zu Obernpielach, den Weingarten Pucher am Müllperg vom Stift Göttweig zu Lehen.[1]

1487, 15. Mai, verkauft Sieghart Abmperg dem Wolfgang Müllwanger zu Wolfenstein seine zwei Fischwasser auf der Pyelach zwischen den beiden Fischwassern der von Obernpyelach (Pielach bei Melk) und der von Nydernpyelach (Pielachhag bei Hafnerbach).[2] Die Unterscheidung beider Orte wurde nicht nach dem Laufe des Pielachflusses getroffen, sondern nach der Lage zur Straße von Wien nach Linz.

1618 beschwerten sich die katholischen Stände darüber, daß Ludwig von Starhemberg bei seinem Schlosse Oberpilach eine alte katholische Kapelle, welche damals zur Göttweig'schen Pfarre Mauer gehörte, niederreißen und eine neue neben einem Friedhof aufrichten ließ und so die Stola der Pfarre Mauer entzog.[3]

1619, 20. Dezember, gaben die oberösterr. protestantischen Stände die Belagerung von Melk auf. Nun zogen die Wallonen, vermischt mit den Bürgern von Melk sogleich vor die Schlösser Bielach, Zelking, Albrechtsberg und Schallaburg, welche die protestantischen Stände besetzt hatten.[4]

138. Pielachhag am Hafnerberg,[5]
Pfarre Hafnerbach, einst Nieder-Pielach geheißen

Bildete einst ein eigenes Gut, das mit Goldegg vereinigt wurde.

1248 bestätigte Bischof Rüdiger von Passau dem Chorherrnstifte St. Pölten als Besitzung Markersdorf bei St. Zeno (Hafnerbach), die Kapelle im Schlosse Pielach und die Kapelle in Karlstetten.[6] Da hier die Kapelle Pielach gleich nach Hafnerberg genannt wird, ist darunter wohl Pielachhag zu verstehen, wo auch 1392 eine Schloßkapelle bestand, die St. Pölten bedeutend näher lag, als Pielach bei Melk.

1326, 11. März, siegelte Heinrich der Waynberger, zu den Zeiten datz Piela gesessen, eine Urkunde seines Veters Alber von Maynberch.[7] Er gehörte hieher.

---

[1] Fontes, LV., 98.
[2] Fontes, LV., 224.
[3] Wiedemann, I., 554.
[4] Schramb, Chronicon Mellicense, 731.
[5] Keiblinger, Melk, IIa., 194.
[6] Niederösterr. Urkundenbuch, I., 62.
[7] Fontes, LI., 320.

1392, Erchtag nach St. Veit (18. Juni), verkauft Mertt der Plankhensteiner Heinrich dem Chlammer nach dem Landrechte in Oesterreich um 1.200 Pfunde sein rechtes Eigen, die Feste Puelach in St. Zennpfarre (Hafnerbach) und 100 Joch Acker, 33 Tagwerk Wiesen, ein Tagwerk Wiese Burgrecht vom Pfarrer von Marchartsdorf, dient 9 d zu Martini, und 110 Joch Holz an dem Achswald, auch seinen Teil und Rechte an den Auen, in dem Checzerswerde, Erlaw und Grub beiderseits des Wassers, zu Pheffing (Pfaffing, Pfarre Haunoldstein) eine halbe Mühle, dient 5 ß 60 d, von dem Griezz ein halbes Mut Korn zur Weihnacht, daselbst das Gänsfutter von einer Hofstätte, 15 d und 33 d von Überländ, Mandl 60 d von einer Hofstatt, zu Wintpaissing (Wimpassing, Pfarre Haunoldstein), Stefan Schuster 12 d von einer Hofstatt, Öttl der Schuster 8 d von einer Hofstatt, Friedrich Tuchler vom Drittel einer Hofstatt 10 d, Öttl Salczmann von einer Hofstatt 20 d, zu Prüntschestorf (Prinzersdorf, Pfarre Gerersdorf), Peter Hosder 2 Pfd. von einem Hofe, Zierl Vischer½ Pfd. von einer Hofstatt, Gafner 9 d von einer Hofstatt, Jacob Winterpawr 23 d von einer Hofstatt, Chunrad Winterpawr 12 d von einer Hofstatt und je 8 d zu Ostern, Pfingsten und Weihnachten, Andre Vischer 32 d von einer Hofstatt, der Teschinger 40 d und zu Ostern, Pfingsten und Weihnachten je 5 d von einer Hofstatt; zu Mitterdorf (Pfarre Haindorf) Gotsmann von einem Hofe je ein Mut Korn und Hafer, zu Ostern zwei Rabensteinerkäse von 10 d, zu Pfingsten und zu Weihnachten 60 d, eine gemästete Gans, zwei Faschinghühner und zu Michaeli vierthalb Schilling weniger 2 d; der Planczler je 30 d zu Georgi und Michaeli und zäunt einen Zaun für 60 d, Cholmann 24 d von einer Hofstatt; des Drechsells Rawt 100 Hofschüssel und 16 d zu Michaeli; zu Weinczierl (Pfarre Hafnerbach) der Chorntewr 16 d für Vogtrecht und einen Teil am Weingarten zu Örnstorf (Arnsdorf) in der Wachau, 6 d von einer Hofstatt, Lehen vom Bischof und Gotteshaus zu Salzburg; zu Regennast dritthalb Metzen Zehent von zwei Äckern, Lehen vom Bischof von Passau, und Zehent auf einem Felde; der Hausbau zu Pyelach Pheffing gegenüber, Lehen von Passau, der dritte Teil an der Fischweide auf der Pielach, wovon der Häwsler zwei Teile hat und die noch ungeteilt sind, Lehen vom Herzog Albrecht III. von Oesterreich; Chunrat der Swarcz 15 d von dem Acker das Urtail, reicht an die Wiese bei Pheffing, beiderseits des Wassers, und auf dem Griezze zu Pheffing und ein Drittel an der Vogtei der Kirche zu St. Zeno (Hafnerbach) und alle Gülten und Güter zur Kapelle in der Feste (Pielach). Siegler: der Aussteller, sein Bruder Wulfing der Plankchensteiner, sein Vetter Marchart der Plankchenstainer und als Zeugen Steffan der Toppler zu Karlsteten und Hartneid von Toppel zu dem Hawsingpach (Hausenbach), sein Vetter.[1]

[1] Originalpergament, von den 5 Siegeln das zweite zerbrochen, das fünfte

1397, Montag vor St. Martin (5. November), verkauft Mertt der Plankchensteiner freieigene Gülten im Dörflein Niedernau Heinrich dem Chlammer um 123½ Pfd. Wr. Pfen. Siegler: der Aussteller, seine Oheime Marchart und Mertt die Häusler und Stephan der Topler.[1]

1421, Sonntag Mitterfasten *Laetare* (2. März), verschreibt Wolfgang der Chlammer, dem sein „Swaeger Wilhelm der Hewsler" für dessen Schwester Anna seiner Hausfrau, 400 Pfd. Wr. Pfen. Heimsteuer nach Landrecht gegeben hat, derselben als Morgengabe 600 Pfd. Pfen. auf einem rechten Eigen, der Feste Pyelach in St. Czenpfarr mit Zugehör: 100 Joch Acker, 33 Tagwerk Wiesen, ein Tagwerk Wiesmahd, das Burgrecht ist und dem Pfarrer von Haindorf zu Martini 9 ß d; 110 Joch Holz am Achswald, sein Teil und Recht in den Auen, in dem Chezerswerd, in der Edelaw, im Prentleinsgarten und in der Horgerwent; zu Pheffing eine halbe Mühle, dient 5 ß 60 d, von dem Grieß ein halbes Mut Korn zu Weihnachten, von einer Hofstatt 15 d und 40 d von Überländ. Mandel 60 d von einer Hofstatt; zu Wimpassing der Herzog 12 d von einer Hofstatt, der Pekh 8 d von einer Hofstatt, Mert Fleischer 10 d von einer Hofstatt, Öttl Salczmann 20 d von einer Hofstatt; zu Prunsesdorf Peter Harder 2 Pfd. Pfen. von einem Hofe, Czyerl Vischer 12 d von einer Hofstatt, Gassner 9 d von einer Hofstatt, Winterpauer 23 d von einer Hofstatt und 12 d von einer Hofstatt, je 8 d zu Ostern, Pfingsten und Weihnachten, Andre Vischer 32 d von einer Hofstatt, Texsinger 40 d von einer Hofstatt und je 5 d zu Ostern, Pfingsten und Weihnachten; zu Mitterndorf von einem Hofe ein Mut Korn, ein Mut Hafer, zu Ostern zwei Rabensteiner Käse, 10 d zu Pfingsten und zwei Rabensteiner Käse und zu Weihnachten zwei Rabensteiner Käse, eine gemästete Gans, dann zwei Fasching-hühner, zu Michaeli 24 halb ß d; Weber daselbst 24 ß von einer Hofstatt, Nickl 24 d von einer Hofstatt, vom Drechselrewt von einer Hofstatt 53 d; Chorntewr zu Weinzierl 16 d Vogtrecht, zu Ornestorff (Arnsdorf) ein Teil an einem Weingarten und 6 d von einer Hofstatt, Chunrat Schwartz 15 d von einem Acker und Mayrecht auf der Wiesmat zu Phefing, heißt der Vierthail enhalb und dieshalb Wassers, und Mayrecht auf dem Grieß zu Pheffing und ein Drittel Vogtei der Kirche zu St. Czenn (Hafnerbach); zu Aw Andre Matschawer von einem Lehen zu Michaeli 23 d und 23 Metzen Getreide auf St. Gilgen-tag, halb Korn, halb Gerste, und zwei Hühner zu Weihnachten; Mertt Jewhart von einem Lehen zu Michaeli 64 d, 23 Metzen auf St. Gilgen, halb Korn, halb Gerste, zu Weihnachten 2 Hühner; Jans Ortmayr von einem Lehen ebensoviel; der Dorfmaister von einer Hofstatt zu Michaeli Dritthalb und 40 d, einen Rabenstainer Käse zu Ostern und 45 Eier,

---

verloren. Schloßarchiv Greinburg.

[1] Originalpergament, von den 4 Siegeln fehlt das letzte, Schloßarchiv Greinburg.

einen Rabensteiner Käse zu Pfingsten, einen Käse zu Weihnachten, 2 Hühner, 1 Gans und 1 Huhn zu Michaeli und 1 Huhn im Fasching; der Walich von einer Hofstatt zu Michaeli 60 d und 2 Hühner zu Weihnachten; der Czenkel von einer Hofstatt zu Michaeli 5 ß d und 2 Hühner zu Weihnachten; Pernhart von einer Hofstatt zu Michaeli 72 d und 2 Hühner zu Weihnachten; Gilg Hawg von einer Hofstatt zu Michaeli 83 d, 2 Rabenstainer Käse zu Ostern, 10 ß und 3 ß Eier und 2 Käse zu Pfingsten, 2 Käse zu Weihnachten, 2 Hühner im Fasching, 2 Hühner und 2 Gänse zu Michaeli und 2 Hühner und 53 d daselbst, die man von Burgrecht dient; zu Regenvesst dritthalb Metzen Zehent, die Lehen von Passau und der Zehent auf dem Felde, der Hawspaw gegen Pheffing über, Lehen von Passau; ain Drittel an der Fischweid auf der Pyelach, wogegen der Häwsler zwei Teile hat, Lehen vom Herzog Albrecht V. von Oesterreich; vom Hofe zu Heczleinstorf 45 Metzen Korn, 45 Metzen Hafer, 18 Rabenstainer Käse, 2 gemästete Gänse, 2 Herbsthühner, 2 Faschinghühner, 1 Faschinghuhn und 15 Eier, Lehen vom Gotteshause zu Melk. Siegler: der Aussteller, sein Vetter Wolfgang von Mainburg und Georg der Ennynchel von Oberechtsberg (Albrechtsberg an der Pielach bei Loosdorf).[1]

1430, 18. September, wurden zur Frühmesse in Markersdorf auch gewidmet in „sant Czen pharr" (Hafnerbach) Chlammer von Pielach 9 d von einer Wiese.[2]

1491 legte das Stift Göttweig den Stiftsholden in Markersdorf auf, dem Quirin von Mainberg, der ihnen 100 ungarische Goldgulden geliehen hat, bis zum nächsten St. Michaelstag 1 Mut Weizen und 2 Mut Hafer in seine Feste Pielachhag als Schenkung zu geben und auf sein Verlangen zwei Tage Robot zu leisten.[3]

Um 1584 hatte Christoph von Greiß zu Pielachhag 32 Holden, davon in Prinzelsdorf 9, Mitterau 7, Wimpassing 5 und Grub 8.[4]

139. Plankenstein[5]

1206 erscheint Ortolf von Blankenstein.[6]

1221, 5. März, Niunburch (Klosterneuburg), bestätigt Herzog Leopold VII. von Oesterreich, daß der Propst Walther und das Kapitel

---

[1] Originalpergament mit drei Siegeln, Schloßarchiv Greinburg.
[2] Fontes, LII., 231.
[3] Fontes, LV., 253.
[4] Schloßarchiv Ottenstein.
[5] Schweickhardt, Darstellung von Niederösterreich, XII., 249-272.
[6] Meiller, Regesten der Babenberger, 95.

von Klosterneuburg den Weingarten Planchensteiner in Weidniche (Weidling) dem Ministerialen des Stiftes Otto von Planchenstein für sich und seine Gattin, eine Tochter des Wichard von St. Veit, auf ihre Lebenszeit gegen Leistung des Bergrechtes verliehen haben.[1]

1256, 29. August, Ybbs, bürgt Otto von Plankenstein dem Bischof von Freising für 10 Pfd. Schadenersetz, den Otakar von Neidek zu leisten hat.[2]

1300 bis 1331 erscheint Friedrich von Plankenstein als Pfarrer von St. Petronell.[3]

1314, Pluemostertag (31. März), Melk, verkaufen Chunradt und Perichtoldt von Wepolczperig (Mampesperg bei Ebersdorf) Dietrich dem Tieminger in der Sweincz an der Haberleiten ein Lehen, am Strohof zwei Lehen und eine Hofstätte und unter dem Hause zu Plankenstein eine Hofstätte um 41 Pfd. Wr. Pfen. Siegler: beide Aussteller und Herr Helmreich der Chuliber.[4]

1325, St. Markus (25. April), verkaufte Dietrich der Tieminger und seine Frau Geysel die 1314 genannten Gülten, welche jährlich 4 Pfd. weniger 42 Pfen. dienen, um 50 Pfd. Wr. Pfen. und ein Pfund Laikauf dem Kloster Lilienfeld.[5]

1338, 1. September, siegelt Heinrich, Pfarrer des Weichart des Plankensteiners von Liebeck, eine Urkunde des Hertneid Hofner für die Pfarre Scheibbs[6]

1347, 29. September, Wien, verkauft Graf Chunrat von Schaunberg das halbe Haus zu „Planchenstein, alz iz Wernhart von Planchenstein" von ihm zu Lehen gehabt und er von ihm erkauft hat.[7]

1390 pfändet Jorg der Hager dem Marcht (Max) von Plankenstein seinen Teil an der Feste Planchenstein mit allem Zugehör.[8]

1394, Montag nach *Reminiscere* (16. März), front (pfändet) Ulrich der Fral Marchart dem Plankensteiner die halbe Feste Plankenstein.[9]

---

[1] Fontes, IV., 191.
[2] Fontes, XXXI., 192.
[3] Fontes, LI., 231, 347.
[4] Staatsarchiv Wien, Codex secundus der Privilegien des Stiftes Lilienfeld, Nr. 871, 339.
[5] Staatsarchiv Wien, Codex secundus der Privilegien des Stiftes Lilienfeld, Nr. 871, 337.
[6] Smitmer, Codex Diplom. Austriae Nr. 122/III im Staatsarchiv zu Wien, II. Bd., Nr. 31. Siehe bei Scheibbs, Pfarre.
[7] Denkschrift der Kais. Akademie der Wissenschaften, phil. hist. Kl., XII., Wien, 1862, 436.
[8] Staatsarchiv in Wien, Kodex Weiß, Nr. 48. Bl. 63.
[9] Staatsarchiv in Wien, Kodex Weiß, Nr. 48.

1400, Mittwoch nach St. Matthäustag (22. September), gaben Mertt von Plankenstain und seine Hausfrau Walburg dem Herrn Vlreich von Pergaw 20 Wr. Pfen. Geldes Grundrecht und 2 Pfd. Wr. Pfen. Burgrecht von seinem Hause in der Pippingerstrazz (Wipplingerstraße) zu Wienn, gegenüber der Sweynwartterin Haus, um 14 Pfd. Wr. Pfen. zur Ablösung, so daß dieses Haus fernerhin von diesem Dienste frei sein soll. Siegler: der Aussteller und sein Oheim Stephan der Topler.[1]

Um 1400 wurde die Schloßkapelle erbaut, die nun den Chor der ins Schloß eingebauten Pfarrkirche bildet.[2]

1454, Pfingsttag vor St. Nikolaus (5. Dezember), stiftet Pangrätz von Planckhenstain mit Zustimmung des Pfarrers Hannß Odtperger zu Khürnberg[3] in der Kapelle Unser lieben Frauen und des hl. Kreuzes im Schlosse Planckhenstain eine ewige Messe, zu halten durch einen beständigen Kaplan, welchen der Besitzer des Schlosses Planckhenstein dem Bischofe von Passau zur Bestätigung präsentieren solle. Zum Unterhalt diese Kaplans weist er aus den Renten des Gutes jährlich 19 Pfd. Pfen. an, nämlich zu Weihnachten, Ostern und Pfingsten je 4 Pfd. und zu Michaeli 7 Pfd. Pfen., welche Gülten auch durch Überlassung entsprechender Güter ersetzt werden kann. Zur Residenz oder Wohnung gibt er ihm die Hofstätte im Raineckh mit dem Astheth, freies Eigen, und in Texinger Pfarre[4] gelegen, die von Zehent, Dienst, Steuer und Robot ewig befreit sein sollen, und zur Robot zu diesem Hofstätte verschafft er die Besitzer der Häuser am Gebhartsberg, Herraten, vnderm Perg, ein Gut des Ulrich Wymdl, ein anderes Gut und das Gut am Roßenbichl, welche dem Kaplan anbauen, Mist führen, Ernte einführen und das Brennholz aus dem Santgraben, wo er das nötige Holz bekommt nachhause bringen, wofür ihnen der Kaplan ein Mittagmahl zu reichen hat und sie von der Robot zum Schlosse befreit sind. Auch gibt er zur Stiftung zwei Weingärten zu Goldarn[5], dienstbar in das Amt Khrumbnußpaum mit 11 d Burgrecht. Der Pfarrer Hanns gibt dem Plankensteiner wegen der Wochenmesse, die er und seine Vorfahren in der Schloßkapelle zu lesen hatten, folgende freieigene Güter zurück: 3 Pfd. Geldes von einem Hause in der Leyß, vom Nydernlehen, im Steinbach, an der Heiden, eine Mühle in der Leyß, einem Hause beim Pach in der Leyß, einem Hause an der Weingarttenöd und am Erb. Diese Güter hat der Pfarrer widerlegt[6] und dafür um sein Geld gekauft 6 Tagewerk Wiesmahd, die Hoffwißen bei

---

[1] Originalpergament, beide Siegel fehlen, Schloßarchiv Schallaburg.
[2] Riesenhuber, Kirchl. Kunstdenkmäler, 230.
[3] Kirnberg an der Mank, Bezirk Melk.
[4] Texing bei Mank.
[5] Golling bei Krumnußbaum, Bezirk Melk.
[6] Durch andere Güter entschädigt.

Khürnberg, die jährlich in die Kapelle zu Plankenstein ein halbes Pfund Wachs zu Michaeli dient und die ihm der Plankensteiner von der Lehenschaft, Dienst, Steuer und Robot befreit. Der Pfarrer hat auch von der Wochenmesse dem Kaplan abgetreten den Zweidrittel-Zehent auf den Kümern[1] auf zwei Gütern, am Liechtstain auf einem Gute, Lehen vom Pfarrer von „St. Gotthardt vnderm Schwabeckh[2] und dienstbar in ein Gut in dem Khümern und dem Besitzer dieses Gutes für ewige Zeiten um 14 Metzen Korn und 16 Metzen Hafer Scheibbser Maß[3] und ein Schett Haar zur Kaplanstiftung in Plankenstein verlassen. Dafür sind der Pfarrer von Khürnberg und sein Geselle auf ewig von der Wochenmesse im Schlosse befreit; nur sollen sie am Unser Frauenabend zur Schiedung bei der Vesper und am Morgen beim Gottesdienst mit Singen, Lesen und Predigen mithelfen, „alß von alterherr gewohnheit ist gewesen". Der Kaplan zu Plankenstein soll dem Pfarrer von Kirnberg gehorsam sein zu allen gestifteten Jahrtagen und ist dann von Gottesdienst in der Schloßkapelle frei; auch soll er alle Opfer und pharrlichen Rechte, welche im Schlosse und Meierhofe vorfallen, dem Pfarrer überliefern, wofür ihn der Pfarrer nach seinem Belieben entlohnen kann.[4] Der Kaplan soll in der Kapelle alle Sonntage Salz und Wasser segnen, die heiligen Zeiten verkünden, für Lebende und Verstorbene bitten und die offene Beicht sprechen und wöchentlich fünf Messen lesen und an keinem Feiertage bei gefundenem Leichnam[5] die Kapelle ohne Gottesdienst lassen. Wenn er krank ist, entfällt diese Verpflichtung ohne Schaden für sein Einkommen. Was er aus eigener Schuld versäumt, muß er nachholen. Der Stiftbrief soll dem Pfarrer von Khürnberg zu seiner Kirche St. Pongrätzen in Verwahrung gegeben werden. Siegler: der Aussteller, Pfarrer Hanß von Kirnberg und als Zeugen die edlen Georg der Heckhinger und Georg der Stainberger.[6]

1455, 3. Juli, Wien, belehnt König Ladislaus den Pankraz von Plankenstein für sich und aus besonderer Gnade für seine Hausfrau Margareth mit Zehent und Gülte in den Pfarren St. Oswald und Nöstling und am selben Tage mit Zehent in Harbach und um Oberndorf, mit dem Grillenhof in der Leyß und mit der Mannschaft, die zu Sesendorf (Sasendorf bei Hafnerbach) gehörten und weiland Wilhelms des Heuslers gewesen ist.[7]

---

[1] Kimming bei Kirnberg an der Mank.
[2] Über die Ruine Schwabeck bei St. Gotthard vgl. Monatsblätter des Altertums-Vereines zu Wien, 1911, 3.
[3] In Bezug auf Handel und Verkauf war der Markt Scheibbs für die Gegend maßgebend.
[4] Wegen der seelsorglichen Verrichtungen.
[5] Leib.
[6] Abschrift von 1634 im Konsistorialarchiv St. Pölten.
[7] Notizenblatt, 1854, 235.

1463, 11. Oktober, Tulna, gibt der päpstliche Referendar und Legat Dominicus, Bischof von Torcello, dem Pankraz von Plankenstein die Erlaubnis, sich auf einem Portatile in seinen Schlössern Plankenstein und Freynstein und anderen Messen lesen zu lassen.[1]

1465, 1. April, Neustadt, beurkundet Hans Knobelstorffer, daß ihm Kaiser Friedrich III. das Schloß Plankchenstain samt Landgericht und Renten pflegeweise zu verwalten gegeben hat. Er verspricht, dem Kaiser davon jährlich 15 Pfd. Pfen. abzuliefern.[2]

1466, 25. Juli, wird Niklas Snabl als Kaplan zu Plankenstein genannt.[3]

1469-1488 Urbar zw Plannkhenstain.

1. Dienste zu Weihnachten, Ostern, Pfingsten und Michaeli bei Plannkhenstein von folgenden Häusern: am Habersperig, auf dem Egkh, im Rewt, an der Mül 2, in der Soss 2, auf der Öd, auf der Selignöd am Lehen, zum Stain, auf dem Egk 3, zu Tawpstain, im Graben, im Grassing, in der Rambsaw, im Purkholtz, bei dem Pach, am Prant, unterm Stain, im Weidach, beim Pach, an der Lynndn, am Mayrhof, zu Ohanlewtten, an der Hueb, im Dornach, am Müllgrabn (Mühlgraben, Rotte bei Plankenstein) 2, im Grabn, am Landoltzperg, an der Wenigen Öd, am Aigen 3, an der Lewttn, am Egkhartzperig, zu Hohenarlach, an der Haberlewtte (Haberleiten, Rotte bei Plankenstein) 2, Spilueglhoff, am Mayrhoff, am Koboltzperg, am Pugklperg, am Hinderlehen, auf der Öd 2, am Santgrabn, zu Klessing, am Roßlauf, vnderm Perg (Hinterberg, Rotte bei Plankenstein), auf der Spillaubn, im Staineth 2, in der Hofstat, im Holtz, vorm Holtz, auf der Öd, am Mitterlehn, am Rosenpühl (Rosenbichl, Rotte bei Plankenstein), am Grieß, im Stokhäth, im Rewtt, in der Sweintz 2, im Oberndorff 2, am Weingarttn, am Saxnhoff, am Zeylach, am Pöllanperg 2, am Friessnperig, zu Kerspawm, an der Prugkh 2, zu Kürnberg (Kirnberg an der Mank), beim Freythoff, am Fresydnpühl, an der Holtzgassen, Wolffmad 2, Tewschlhoff, zu Dürsendorff, Mayrhoff, im Vieschpach, in der Staingrub (Steingrub bei Texing), auf der Strass (Straß bei Texing, Rotte bei Planckenstein), am Mayrhoff, auf der Ewrn, am Eglsee, Windlstat, Pernrewtt, Sultzpach 3, an der Lynndn, im Mayrhoff zu Kürnberg, unterm Waltzperg (Waldsberg, auch Walzberg, Rotte bei Plankenstein), zu den Wynndln, zu Kürnberg, in der Leyß 2, im Stainpach, am Scwaikhoff (Schwaighof, Rotte bei Plankenstein) 2, am Egkh, im Seynenspach 2, auf der Hofmarch, am Mayrhoff, vorm Holtz.
Michaelidienst als Burgrecht von den meisten der vorgenannten Häuser und Häusern zu Hertzstetten, Schönpuech; Pfarrer zw Kürnberg

[1] Kaltenegger, Collectio chartar. veter.
[2] Chmel, Regesta Friderici IV., II. Abt., Nr. 4168.
[3] Geschichtliche Beilagen, I., 230.

von einer wisnen vnderm Pannholtz XII d; Nyder-Pollan, Luteröd, Wolfsmad, Wiese in Sand Gothardt (Pfarrort St. Gotthard). Wiesengeld von den verpachteten Wiesen Fullsinngerin, Hofstattwisen, Lehenwiß und Sundbekhing 10 Pfd. 6 ß d. -
Wachs und Unschlittdienst in Weidach, zu Klassing, der Lehner, auf der Öd, auf der Steingrueb (Steingrub bei Texing), im Dornach, an der Prantstat, im Alltndorff (Altendorf bei Texing), zu Kürnberg (Kirnberg an der Mank) 2, Poppendorff (Poppendorf, Pfarre Mank) von einem Zehent. Faschinghühner von Potenberger, Ymbishof, Karlsperg, des Tattlers müll, Rosenpühl (Rosenbichl bei Plankenstein) 2, Roßlauf, in der Staingrueb von zwei Gütern von Kilb (Pfarrort Kilb), am Friestenperg, zu Pöllau (Pöllaberg bei Kirnberg) 3 und der Müller, Öd, am Pruell, an der Tornmüll, in der Klaws 4, an der Leutn, im Graben 2, vom Pannholtz, Prugkmüll, am Freidnpühl, zu Kürnberg 3, an der Sag, Herttmül, Ödern, Sachsenhoff, am Weg, Sündl 2, im Dornach 3, Riedmarch, Niedenr-Pollau 2, an der lanngen Stras, Grabn, Kerspawm, Satllehen (Sattlehen, Rotte bei Kirnberg), Hayschinkch von der waid, Eglsee, von der vogtey zu Külb (Pfarrort Kilb) xi henn (11 Hühner), Winnthag, in der Grueb, auf der Stettn 2, Texing (Pfarrort), auf der Hofstat, an der Lewttn, die Mühle in Scharffenfeld für die Wehre, Swaikhof (Schwaighof bei Plankenstein) 2, Windenlehen, Grieß, Vnndermperg, Pirach, in der Holtzgassn, unter der Linndn, an der Lynndn 2, am Graspühl, zu Pawngartt, an der Haringleittn von dem Hohenstatz. - Herbsthühner von der Staingrueb für das Pannholtz, von Herranten zu Kürnberg 2, vom Sattllehen, in der Klaws 3, Swaikhof, unterm Waltzperg, Egkhartzperg, Hertmannsperg und Lehen. - Weideschmalz von 11 Holden, darunter Sanntgrabm, vnnderm Perg, Wis, Stainetl, Eglsee und Klessing. - Forsthafer von der Hueb, Sweintz 2, unterm Holtz, Ringlperg, Henndorff, Willdnmayrhof, Nachschuß, auf der Straß 2, im Obern Pylach, Amashawffn (Ameishaufen, Pfarre Purgstall), am Stichllehen, Hueb, an der Pirthen, Hochstraß, Zenpach (Zehnbach, Pf. Purgstall), Krewsperg (Kroißenberg bei Purgstall), Puchsenperg, Manndlsperg, Ohannlewttn, Nottendorff (Nottendorf bei Purgstall), datz dem Togkleinsnayt auf der Stettn 2, zu Leyß, auf der Hamöd.
2. Amt in der Okhutt (Gemeinde Ockert, Pf. Ruprechtshofen).[1]
Pfingst- und Michaelidienst von Lanndsidlpach 4, im Hurpach, in der Ochutt 2, im Ofenpach (Ofenbach, Pfarre Oberndorf), an der Rynn (Rinn, Pfarre Oberndorf), am Geyersperg, im Panpach 2, am Panhalbm, Vorsterperg, Hasenperg, Voglberg, Teylperg, Aw im Ofenpach, im Ror in der Ochutt, am Rewtt in Schewrnpach, Karlsperg, Perg im

---

[1] Hiesige Güter kaufte Pankraz von Plankenstein 1464 vom Stifte Göttweig an. Topographie, VII., 439.

Panpach, des Schlierbaken Hof, an der Gassen im Weygrabn, Kapfenberg, Weigrabn 2, Lechaw im Hanbach, Acker in Vrbach, einem Bewohner von Sannd Lienhart (St. Leonhard am Forst) gehörig, Velbrach, Mühle auf der Frawnwiß, Friedrichsperg, Tewflhoff, Wolfhartsöd, Veichsn bei Purkhstall (Feichsen bei Purgstall), Mühle zu Ofenpach, Haslach, Reuthof 3, Dürnwiß, Aichpach, Kastenperg, Ochutt am Wutznhoff 2, in der Schutt, am Schachn Haus und Mühle, Hofstetn am Rewtthoff, Hof zu Aw, Hewperg von einer Mühle, Bewohner von Polan im Harbach (Harbach, Pfarre St. Leonhard) von einer Wiese auf der Lochaw, Müller zu Durschndorf von der Weide im Ofenpach, der Wiesmüllner von der Wasserwis bei Mannkh (Pfarrort Mank), Acker im Pletichech, Mühle zu Gösnitz (Göstling) innerhalb Scheibs (Scheibbs), Hofstatt in der Terbgrueb innerhalb Scheibs, Leoboltzstain (auch Leecholtzstain genannt) innerhalb Scheibs, Valkhenstain (auch Volkchenstain geschrieben; Falkenstein, Pfarre Frankenfels) bey dem Otschan (Berg Ötscher), Wiese in der Mayncz bei Natterndorf, war zum Tewflhoff seit Eritag vor St. Thomas (19. Dezember) 1469 auf zehn Jahre für jährlich 2 Pfd. 3 ß d in Bestand gegeben.

3. Amt in der Leuch (auch Lewch geschrieben; Loich im Bezirke St. Pölten). Georgi- und Michaelidienst und Stiftpfennige von den Häusern: am Lehen (Lehen bei Frankenfels) 2, vnnderm Wald, am Viliga, vnnderm Perg, Paternostrer vnnderm Swartznperg (bei Schwarzenbach an der Pielach), Hohenroder, im Rechgrabm (Rehgraben bei Loich), in der Aw (Au bei Rabenstein), vom Khot, im Tretegestn (auch Dradigisten geschrieben; Tradigist bei Rabenstein), am Loch, am Toberschnikh 2, am Pernhartspühl, in der Hofstatt (Hofstatt bei Frankenfels), auf der Geyersebn, am Grieß 2, auf der Öd (Oed bei Frankenfels), im Stawdach (Staudach bei Schwarzenbach), am Egkh, des Parfueß stat, Weg im Tewschpach, an der Lewttn 2, Miternegkh, Geppnhof, Leotoltzperg, im Grabn, Kalbstechen 2, am Hof, Mühle im Kristntall, Eybnperg, im Haws, am Pühl, in der Ertztgrueb (der Name deutet auf ein altes Bergwerk hin), am Prunnperg hinterm Swartznperg, im Greblein, zu Marbach (Marbach bei Wieselburg), unterm Purkhstall, auf dem Rechgraben (Rehgraben bei Loich), auf der Wis, am Vrliga, Veyob in Sydlburger Pfarre (Pf. Sindlburg) und Besitzer zu Trilling in Newnsteter Pfare (Pf. Neustadtl); dann die Hölzer nämlich drei Auen zu Vettndorff (Uttendorf bei Gerersdorf), genannt am praitten Anger, Marchart und die klain Aw vnder dem Perg.

4. Amt zu Streblitz (Ströblitz, Pf. Wieselburg)

Dienste zu Weihnachten, Georgi, St. Pölten und St. Michael, Dienstkorn und Diensthafer von Kochling (Köchling, Pfarre Neumarkt) eine Mühle und 6 Häuser, Annger 2, am Ortt 2, zum Hoffenn, zu Wiselburgkh (Wieselburg). Die Rechtlehner zu Kochling, am Scherrnperg,

Fachslehen (auch Sachslehen geschrieben), zu Streblitz 2, zu Etzesteten (Etzerstetten, Pfarre Steinakirchen), Stempfing 2, Wolfhartsgrün 3, im Pach und Marchpach (Marbach, Pfarre Wieselburg) 6.

5. Amt Ratlperg (Ober- und Unter-Radelberg, Pfarre Herzogenburg) Dienst zu St. Pölten, Michaeli und Burgrecht zu Michaeli von vier Häusern und einer Mühle, Haus im Pach, das Hallterhaws, Mühle zu Wasserwerg (Wasserburg bei Pottenbrunn), Äffing (Afing, Pfarre Neudling), Gründe auf dem Gruennsee, Newstifft (Neustift bei Obritzberg), beim Rosenngartten. Vnnser Frawnkapelle zu Wasserberg, die dint von ainer wissen vi d burgrecht; der pekhennknecht zech zu Hertzognburgkh von einer Wiese 15 d; Herr Jörg von Volkhennstorff von der Pilltznwisen; die Vischerzech von einer Wiese unter der Stettn und Gründe im Rosentall beim Perrntall, in der nidern Aw zu Nider-Retlperg (Unter-Radlberg), beim Löchlsteg und im Stainfeldt, gehörig Hausbesitzern zu Phaffing (Pfaffing, Pfarre Obritzberg), Ossarn (bei Herzogenburg), Viehoffenn (Viehofen bei St. Pölten), Ober-Rätlperg (Ober-Radlberg) und im Pach. - Michaelidienst von den Jeuhen auf der Haid, in Retlperg, beim Lochlweg, bei der Reingrueb und im Perrnntal, gehörig den Hausbesitzern im Hoff, zu Oberndorff (Oberndorf bei Herzogenburg), Nydermüll, Retzndorff (Ober- und Unter-Ratzersdorf), Rassing (Rassing, Pfarre Kapellen), Phaffing (Pfaffing bei Obritzberg); dann ein Zehent zu Peigerstorff (Pangersdorf bei Pottenbrunn) von einem halben Joch Acker im Voglgraben. - Fasching- und Diensthühner von Häusern in Pottnbrun (Pfarre Pottenbrunn), im Hoff 8, Obernndorff 5, Nydernmül, Retzendorff 2, Rässing 4 und Herr Sigmund von Toppl von dem Teysenwingkhl.

6. Amt Kornspach (Karlsbach, Pfarre Neumarkt)[1]

Dienst zu Weihnachten und Georgi von 7 Häusern in Kornspach, dann Gampnberg; die Götzpekher (Göttsbach bei Ybbs) „zw erung xxxii d"; Prestorff 1 Haus, Wilhalbnsgrabn, Müller zu Purkhstall vom Mühlbach; Teinstetn (Theinstetten, Pfarre Ybbs) 10 Häuser und 2 Weingärten, an der Ödt, am Roßperg (Roßberg, Pfarre Ybbs), Vischerperg (Fischerberg, Pfarre Steinakirchen) 3 von einem Zehent. Der Dienst zu Unser Frauen Geburt ist nicht näher angeführt.

7. Amt Sassenndorf (Sassendorf, Pfarre Hafnerbach)[2]

Dienste zu Weihnachten, Ostern, Pfingsten, Michaeli und St. Pöltentag von 2 Häusern, dann zu Höfen, Egkhartzperg (Eckartsberg, Pfarre Gerolding), Sasendorf 6, Großhof 1, Phaffing (Pfaffing, Pfarre Hafnerbach) 1 Mühle und 2 Häuser, Hag 2, Zenndorf (Zendorf, Pfarre Hafnerbach, etwa von den Kirchenpatronen St. Zeno von Hafnerbach

---

[1] Das Amt Karlsbach (mit dem Schlosse?) erwarb Johann von Plankenstein 1467 durch Kauf von Wolfgang von Meillersdorf. Topographie, V., 45.

[2] Alles Folgende von 1487-1488.

benannt?) Watzleinstorf (Watzelsdorf, Pfarre Neudling), Wintparssing (Windpassing, Pfarre Hafnerbach) 3. - Burgrechtsdienste zu Georgi und Michaeli von Gründen in Dachgrueb, Weingärten in der Viechtrift und Vorchenueld, Rorwis zu Stederdorf, Acker in Watzleinstorfferveld bei Freysing (Friesing bei Gerersdorf), bei Weintzurl (Weinzierl, Pfarre Hafnerbach), vom Trawppenveld zu Reichelstorf, Schadnhütte im Pielachwald, Krenntzprukch, Grauendorf (Pfarrort Ober-Grafendorf) bei der Lanndstraß, bei Gerestorff (Pfarrort Gerersdorf), bei Höhinger Weg (Hohing bei Gerersdorf), Ingelstat, Vrsprung (Ursprung bei Mauer), Hadleinstorf, Weinperg bei Prunsestorf (Prinzersdorf bei Gerersdorf), Weinzuerlerfeld (Weinzierl bei Hafnerbach), am Knachlach, Wendhof zu Leopoltztorff, zu Newling (Pfarrort Neudling), in Gerberstorfferveld, bei Welninng (Würmling bei Hafnerbach) im Phaffingerfeld, Watzngrabm und Siechenluß, beim Kalichprunn und bei Markchenstorf (Pfarrort Markersdorf). - Hühnerdienste zu Weihnachten in Wätzleinstorf 12 Häuser, Phaffing 5, Wintpaissing 2 und Getreidedienst von den Hofackern, Huntshaym (Hundsheim bei Mautern) 3, Sasendorf der Förster vom Holz 4 Pfd. Pfen. und Zehent auf dem Hofbau und dem Weghoff (Weghof, Pfarre Hafnerbach).

8. Amt zu Vttndorf (Uttendorf, Pfarre Gerersdorf)

Grund- und Burgrechtsdienst zu Michaeli zu Vttndorf 3 Häuser, die Mühle, 2 Brandstätten und 1 öde Hofstatt, Markchenstorff (Markersdorf), Grueb 4, Zechleute zu Gerolstorf (Kirche in Gerersdorf) von einem Äckerlein in Vttendorfferveld 1 d, Zechleute zu Grauendorf (Kirche in Ober-Grafendorf), von einem Zehentgut im Wisennveld 6 d u.a. Wiesen zu Dorffern, die Hewslerin in obern Ghay auf den Vierteille; die klein und große Aw, von welchen jedes dritte Jahr um 13 Pfd. Pfen. Holz abgegeben wurde.[1]

Um 1480 heißt es: Kapelle im Schloß Plankenstain verleiht der Plankenstainer.[2]

1484 starb Johann von Plankenstein als letzter männlicher Sprosse seines Geschlechtes. Seine Tochter Margareta wurde später die Gemahlin des Leonhard von Rauber, Hofmarschall des Kaisers Maximilian I. Das Schloß Plankenstein gelangte an Bernhard von Toppl.

1484 wurde nach dem Tode des Nikolaus durch Herrn Hartung von Puchaim, der das Präsentationsrecht durch Erbschaft erlangt hatte,

---

[1] Buch in Ledereinband, Blatt 1-52 gleichzeitig geschrieben, Bl. 53-62 mit Wiederholung des Behandelten etwas später zugesetzt; Bl. 63-67 enthalten Notizen über Ablieferung der Dienste von den Amtmännern aus dem Jahre 1488. Schloßarchiv Schallaburg, mitgeteilt von Hrn Baron Karl Ferdinand Tinti.

[2] Schmieder, Matricula, 25.

der Priester der Passauer Diözese Thomas Wassenberger zum Kaplan der Unser Frauenkapelle im Schloß Plankenstein präsentiert.[1]

1484 trägt der Passauer Offizial Klemens Kisling dem Pfarrer von St. Gotthard auf, in die durch den Tod des Ulrich (?) erledigte Kapelle zu Plankenstein den Thomas Wassenberger einzusetzen.[2]

1494 belehnt Kaiser Friedrich III. den Sigmund Pruschenk mit Kornspach (Karlsbach) und Plankenstein.[3]

1494, 5. Dezember, wendete Bernhard von Topel seine Rechte auf Schloß und Herrschaft Plankenstein dem Sigmund und Heinrich Pruschink zu.[4]

1494 verkaufte Maximilian I. das Schloß Plankenstein um 3.000 fl den Brüdern Sigmund und Heinrich Prüschenk.[5] Nun wiesen die Witwe und die Tochter des letzten Plankensteiners einen Schuldbrief von Kaiser Friedrich III. auf die Plankenstein'schen Herrschaften vor, worauf 1495 dieselben mit Karlsbach ihnen zurückgegeben und die Prüschenk anderwärts entschädigt wurden.[6]

1533 wurde das Schloß Plankenstein mit Zugehör dem Hans Julius Grafen von Hardegg verliehen, ebenso noch 1533 und 1544 den Rauber, 1561 den Windischgrätz.[7]

1543, 6. Oktober, Wien, entschied die niederösterreichische Regierung, daß Magdalena, Witwe des Bernhard von Topel die Schlösser Plankenstein und Karlstetten dem römischen König Ferdinand I. überantworten solle.[8]

1543 legte Wolf Dietrich Rauber, Freiherr zu Planckenstein, das Einbekenntnis über die Herrschaft Planckhenstain, worauf sie auf 85 Pfd. 4 ß 5 d taxiert wurde.[9]

1561, 12. März, befahl der Kaiser, das Gut Plankenstein dem Sebastian von Windischgrätz zu verleihen.[10]

1564, 24. Mai, Wien, verkaufte Sebastian von Winndischgrätz, Freiherr im Thall und Waldstein, sein Schloß und Herrschaft Planckhenstein mit Meierhof dem Ferdinand Grafen von Ortennburg,

---

[1] Kaltenegger, Collectio chartar. veter., I., 661.
[2] Kaltenegger, Collectio chartar. veter., I., 661.
[3] Landesarchiv in Wien, Kodex Nr. 440, 386. Vgl. Topographie, V., 45; wonach die Jahreszahl 1451 nicht richtig sein kann.
[4] Vidimus von 1512 im Staatsarchiv zu Wien.
[5] Hoheneck, Genealogie der Stände Oberösterreichs, I., 296.
[6] Schweickhardt, Darstellung von Niederösterreich, XIII., 190-191. Wißgrill, Schauplatz, IV., 123.
[7] Statthaltereiarchiv Wien, Kodex Nr. 1435; Landesarchiv in Wien, Kodex Nr. 440, 386.
[8] Staatsarchiv in Wien.
[9] Schloßarchiv Schallaburg.
[10] Geschichtliche Beilagen, XI., 225.

Freiherrn zu Frayennstain und Karlspach, Herrn zu Ericürt und Lill. Siegler: der Aussteller und Adam Herr zu Lindegkh auf Thallwerg und Golitsch und Leopold Pöttinger zu Persing.[1]

1572 übergab die Witwe Eva Gräfin von Ortenburg, geborene Freiin von Hoffmann diese Herrschaftt durch Schenkung an Lorenz von Mollandin zu Trefling, Hauptmann der Ortenburg'schen Herrschaften in Kärnten.[2]

Um 1584 hatten die Mallentheim'schen Erben in Plankenstein OWW im Spilaben (?) und Amt Lugle 10 Untertanen.[3]

1596, 18. Jänner, Wien, verleiht Kaiser Rudolf II. dem Sigmund von Malenthein als väterliches Erbe Schloß und Herrschaft Planckhenstain.[4]

1613 veräußert Hans Volkhart von Concin, Freiherr, dem Sigmund von Mallendein auf Rappoltenkirchen, Plankenstein und Weißenburg an der Pielach das freieigene Amt Leyß.[5]

Um 1730 sagt Aquilin Hacker[6] über Plankenstein: „ohngezweifelt das höchste Schloß in Oesterreich, groß, stark gebaut, zur Wohnung mit großen neuen Zimmern, bequemlich - hat eine ziemliche Rüstkammer mit viel altem und seltsamen Gewöhr - eine Frauen-Capell, zu welcher L. M. *ad Nives* großes Fest. - Schloß in gutem Stand zur Bewohnung in allerlei Umständen, gehört Herrn von Tinti, Portugisischen Residenten am kaiserlichen Hof".

1759, 6. Jänner, trat Weihbischof Marxer als Dechant von Kirnberg den Meierhof und das Schloß Plankenstein mit allen weltlichen Bewohnern der Pfarre Texing ab, behielt sich aber die Jurisdiktion über die Schloßkapelle in Plankenstein vor. Als der Kaplan Zinko gestorben war, verlangte das Passauische Konsistorium gegenüber dem Weihbischof Marxer und dem Baron Tinti am 17. November 1757 das Verfügungsrecht bezüglich des Gottesdienstes in der Schloßkapelle, wodurch die bischöfliche Jurisdiktion Marxers sehr einschrumpfte.[7]

1771 stiftet Bucelleni 1.540 fl auf ein Ewiges Licht, eine wöchentliche Messe und einen Beitrag für den Schulmeister.[8]

---

[1] Originalpergament, vom dritten Siegel Reste vorhanden, die andern verloren. Schloßarchiv Schallaburg. Daselbst noch eine Urkunde vom selben Tage mit näheren Bestimmungen wegen dieses Kaufes.

[2] Schloßarchiv Schallaburg.

[3] Schloßarchiv Ottenstein.

[4] Originalpergament mit Siegel des Kaisers im Schloßarchiv Schallaburg.

[5] Schloßarchiv Schallaburg.

[6] Manuskript im Diözesanmuseum zu St. Pölten.

[7] Konsistorialarchiv St. Pölten, Faszikel Kloster Gaming.

[8] Konsistorialarchiv St. Pölten.

Aus Plankenstein stammt ein gläserner Kelch samt Patene, ein vergoldeter gläserner Fuß einer Monstranz und ein hölzernes, schwach vergoldetes Ziborium im Diözesan-Museum St. Pölten.[1]

140. Groß-Pöchlarn

Für den Aufenthalt von Menschen in der jüngeren Steinzeit (4.000-3.000 vor Chr.) sprechen Funde bei Röhrapoint, die 1904 gemacht wurden, und einen Steinhammer und zwei sehr umfangreiche Gefässe und einige Schüsseln enthalten.[2]

Aus der Zeit der Kelten (von 500 vor Chr. an, die Jüngere Eisenzeit oder La Tène-Zeit) soll der Name Arlage, Arnlage, dann Erilassa, heute Erlauf herstammen.[3] In dieser Zeit werden auch die 1849 im Dorfe Pöchlarn beim Hause Nr. 45 entdeckten vier Gräber mit Skeletten, zwischen deren Füßen je eine Urne angebracht war, verlegt. Außerdem fand man noch das Skelett eines Pferdes zwischen zwei Menschen und entdeckten 1856 beim Hause Nr. 49 einen Klafter tief unter der Erde eine einfache Urne mit Erde gefüllt. Die Form dieser Gefäße und das Pferdeskelett deuten auf keltischen Ursprung hin, da dieses Volk den Helden auch ihr Lieblingstier ins Grab mitzugeben liebte.[4] Doch können sie auch spätrömisch sein, wie die 1892 in der Nähe entdeckten Gräber.

Vom Jahr 15 vor Chr. bis etwa 450 herrschten die Römer in Norikum bis an die Donau. Das norische Eisen war bei den Römern in hohen Ansehen und wurden daher die Eisenbergwerke eifrig betrieben. Zum Schutze der Reichsgrenzen gegen die kriegerischen Markomannen und Quaden nördlich der Donau soll Kaiser Tiberius Claudius (41-54) das befestigte Lager mit Donauhafen an der Mündung der Erlauf in die Donau angelegt haben, das den Namen Arelape oder Arleate erhielt, der dann auf den Fluß überging. Diese Annahme begründete sich auf einen angeblich in Harlanden gefundenen Römerstein, der an der Nordwestecke der Pfarrkirche eingemauert ist. Er stellt unter einem Bogen drei kniende nackte Figuren dar und enthält unterhalb die Worte SEXT A COLONIA CL, welche auf *Sextanorum Arelapensium colonia Claudia*, das heißt: die Claudische Kolonia der Sextaner von Arelape ergänzt werden. Darnach hatte die Koloniastadt

---

[1] Diözesan-Museum St. Pölten, Katalog 13.
[2] Stadtmuseum Melk.
[3] Blätter für Landeskunde, 1888, 268-271.
[4] Weichselperger im Gedenkbuch der Pfarre Groß-Pöchlarn, I., 331-332; II., 286-287.

Arelape ihren Namen von den Veteranen der *Legio sexta victrix*, welche größtenteils im südlichen Gallien bei Arelate oder Arelatum (heute Arles in Frankreich) ausgehoben worden war und den Namen ihrer Heimat hierher übertrug, wobei natürlich eine Ableitung desselben aus dem Keltischen hier wegfällt.[1] Demnach wäre Arelape fast gleichzeitig mit Vindobona (Wien), das aber damals noch nicht den Titel einer Kolonie führte, gegründet worden und einer der ältesten und bedeutendsten Römerposten im norischen Uferlande. Aus den 1927 aufgeleckten Spuren eines römischen doppelten Spitzgrabens mit vorgelegten Hindernisgräbchen und dabei gefundenen Geschirresten aus der Zeit des Kaiser Tiberius (14-37), wie sie im Donautale bisher nur in Mautern und Carnuntum gefunden worden waren, leitet Dr. Eduard Nowotny[2] ab, daß hier etwa 30 Jahre früher als in Vindobona, schon um Christi Geburt, ein Kastell für eine Kohorte von 500 Mann angelegt wurde, die sich über den westlichen Teil der Stadt erstreckte. Hier war später die Station eines Teiles der Donauflotte und auch der dalmatinischen Reiter.[3]

Die hier gemachten Münzenfunde reichen von Nero bis Valentinian, 54-375.

Um 140 führt Claudius Ptolomäus in seiner Geographia (2, 14) Arelate unter den Städten Norikums an erster Stelle an. Laut Reisehandbuch des Kaisers Antonius von 161 führten über Arelape die Wege von Vindobona nach Bojodurum (Passau), Juvavia (Salzburg) und über Orilabis (Wels) nach Joviacum (Schlägen), auch nach Lentia (Linz). Nach dieser Quelle lagen im heutigen Niederösterreich die Römerorte in folgenden Abständen: Carnuntum (bei Deutsch-Altenburg und Petronell) 28.000 Schritte bis Vindobona, von hier 6.000 Schritte bis Citium (Zeiselmauer), 7.000 Schritte bis Comagenae (bei Tuln), 8.000 bis Pirus tortus (Pixendorf), 4.000 bis Trasinburgum (Traisenburg an der Traisen), 4.000 bis Trigsanum (Traismauer), 8.000 bis Cetium (bei Arnsdorf), 7.000 bis Arelape, 7.000 bis Pontes Ises (Ybbs), 18.000 bis Lacens Felicis (Wallsee?), 6.000 bis Elogium (Erlakloster), 14.000 bis Laureacum (Lorch bei Enns).[4]

Um 160 wurde in Arelape ein neues größeres Kastell erbaut.

In den Jahren 166, 170 und 176 hatte Arelape durch die Einfälle der Markomannen und Quaden zu leiden. Mark Aurel kämpfte in eigener Person siegreich gegen diese Feinde und zwang sie, einen

---

[1] Dr. Wilhelm Gärtner, Antiquarische Briefe in Wiener Zeitung, Abendblatt vom 15. Oktober 1856; Professor Aschbach in Sitzungsberichte der kais. Akademie der Wissenschaften, XXXV., 8.

[2] Anzeiger der Akademie der Wissenschaften in Wien, phil.-hist. Kl., 1928, 36-58.

[3] Dr. Kenner im Blätter für Landeskunde, 1868, 128, 129, 175, 189.

[4] Janisch, Deutschösterr. Monarchia, I., 304.

Streifen Landes nördlich der Donau abzutreten, in welchem er gleichfalls Warten und Kastelle anlegte. Eine solche Warte mag nördlich von Klein-Pöchlarn am Klosterberg bestanden haben, wo Römermünzen gefunden wurden und sich ein weiter Einblick in das nördliche Gebiet eröffnet. Mark Aurel starb am 25. März 180 in Vidobona. Auch Diokletian (284-305) erneuerte die Lager der römischen Heere an der Donau, um die Einfälle der Barbaren wirksamer abwehren zu können. Seitdem Kaiser Konstantin der Große 311 Christ geworden war, konnte der christliche Glaube auch hier Wurzeln fassen.

375 kam der christliche Kaiser Valentinian auf dem Wege nach Carnuntum, um die Quaden, welche diese Stadt zerstört hatten, zu bekriegen, nach Arelape und erließ hier ein Gesetz über die öffentlichen Magazine, das im Codex Theodosianus enthalten ist.

Um 394 entstanden die Peutinger'schen Tafeln, welche bei Beschreibung des Weges von Carnuntum nach Juavum (Salzburg) Arelate zwischen Namare, 7.000 Schritte, und Ad Pontene Ises, 8.000 Schritte entfernt, erwähnen.[1]

Um 400 berichtet die *Notitia Dignitatum utriusque imperii*, daß in Arelape eine Station der Dalmatinischen Reiter und der Sitz des Präfekten der arelapensischen und komagenischen Donauflottilie bestehe. Wenige Jahre später sank dieser militärisch und kulturell bedeutende Ort in Trümmer, um nicht mehr aus den Ruinen zu erstehen. Der hl. Severin († 482) berührte auf seinen Wanderungen wiederholt diese Gegend, fand aber keine erwähnenswerte Ansiedlung vor.

Aus den vorhandenen Mauerresten und Funden sind wir über Lage und Ausdehnung von Anlagen unterrichtet. Das Militärlager reichte von Brunn über Stadt Pöchlarn ungefähr bis Ornding eine halbe Stunde weit und enthielt auch Felder und Weideplätze, da es im Kriegsfalle ganze Legionen aufnehmen und beherbergen mußte. Die Stadt steht auf römischen Fundamenten, die sogar in die Donau hineinragen. Auch sind Bäder (im Schloßparke) und Gräber (beim Friedhofe) und Töpfereien (bei Ornding) nachgewiesen. Dieser Teil bildete damals eine Insel, da sich unterhalb von Krumnußbaum ein Donauarm nach Südost wendete, der die Stadt vom Süden umschloß und erst bei Wörth sich wieder mit dem Hauptarme vereinigte. In diesen Arm ergoß sich südlich von Pöchlarn die Erlauf und bestand der sehr günstig gelegene Hafen für die Schiffe. Bürgerliche Häuser, Villen und Tempel bestanden in Harlanden und Erlauf und Vorwerke zur Festung auf dem Burgstall in Krumnußbaum und den Anhöhen bei Erlauf, Harlanden, Steinwand und Osterberg. Die Römerstraße lief südlich von der Stadt durch Erlauf und über den Hochstraßberg nach Matzleinsdorf.

---

[1] Calles, Annales Austriae, I., 41.

Die Erinnerung an das römische Arelape wurde durch zahlreiche Funde stets wach erhalten.

Im älteren Teile der Pfarrkirche, der unteren Hälfte der Mauern an der West-, Nord- und Südseite des Langhauses sind vielleicht schon seit dem 13. Jahrhundert 11 Römersteine eingemauert.[1]

487-526 hielten die Heruler (auch Harlungen genannt) unter Odoaker und seinem Bruder Arnolf diese Gegend besetzt. Damals waren die Ruinen um Pöchlarn noch so bedeutend, daß dieses Volk sich daraus eine Festung schuf, die davon Herilungoburg genannt wurde, während die Ebene an der großen Erlauf den Namen Herilungofeld erhielt. (Der Name Harlanden soll darauf hinweisen.)[2]

Auch hat wohl der Herulerkönig Rodulf, der um 512 von den Langobarden besiegt wurde, hier gehaust und wurde zuerst als Rüdiger von Pechelaren in der Sage gefeiert.

Karl der Große warf 791 die Awaren nach Osten zurück und gründete die Ostmark. Damals begann das Bistum Regensburg seine Missionstätigkeit an der Erlauf. Nach den Satzungen Karls des Großen gebührte ihm zum Lohn dafür der dritte Teil des bekehrten Gebietes. Schon damals soll in Pechlaro die Kirche zum hl. Petrus östlich vor der Stadt Pöchlarn entstanden sein.[3]

Ludwig der Fromme bestätigte angeblich dem Stifte Passau 823 auch die von Karl dem Großen erhaltenen Güter an der Erlacha.[4]

832, 6. Oktober, Regensburg, schenkte Kaiser Ludwig der Kirche St. Peter und Emmeran in Regensburg Güter in der Provinz der Awaren, nämlich den Ort, wo von alters das Schloß Herilungoburch stand, mit aller Zugehör im Umkreis von der Mündung der Erlaffa in den Danubius an dem Fluße aufwärts bis Erdgastegi, von dort bis mitten auf den Berg, der bei den Wenden Colomazza genannt wird, und von dort gegen Norden bis zur Donau und im Süden und Westen über den Scheitel des Berges bis Erdgastegi.[5] Damit ist der Bezirk der Herrschaft Groß-Pöchlarn beschrieben, die im Norden von der Donau, im Westen von der Erlauf bis Erdgastegi (etwa beim Dorfe Erlauf), im Süden vom Höhenrücken südlich von Harlanden und Röraposint mit Oster- und Kulmerberg (Colomezza bedeutet: bis an den Hügel) und im Osten von einer Linie vor Zelking und Matzleinsdorf umschlossen

[1] Friedrich Ladak in Archäologisch-epigrammatischen Mitteil. Aus Österr.-Ungarn, 1895, 24-38.

[2] Blätter für Landeskunde, 1872, 26; Wilhelm Schriefer, Die Burg der Harlungen, 10 Seiten.

[3] Linck, Apparatus ad Annal. Claravall., 27.

[4] Oberösterr. Urkundenbuch, II., 8. Die Urkunde gilt als Fälschung.

[5] Monumenta Boica, XXVIII., II., 21.

wurde, wobei das Gebiet nördlich der Donau nicht berücksichtigt erscheint.[1]

Aus dieser Beschreibung, die bestrebt ist, den Verlauf der Grenzen anzugeben, folgt, daß damals der Name Arelape als Erlafha nur mehr für den Fluß in Gebrauch war. Der Hauptort des Gebietes hieß Herilungoburg, der Name Pechlarn war noch nicht in Gebrauch. Die Grenzen waren enger gezogen, als die der späteren Herrschaft Pöchlarn, da das Gebiet westlich von der Erlauf und nördlich der Donau noch nicht inbegriffen ist.

853, 18. Jänner, Regensburg, bestimmte König Ludwig II., daß kein öffentlicher Richter in die Regensburg'schen Besitzungen zu Erlafha und Harlungeuelt, Scirnicha (Sierning), Ogasta (Aist in Oberösterreich) und Persnicha (Perschling) und Rosdorf eingreifen dürfe.[2]

Um 894 tauschte der Bischof von Regensburg vom Bischof von Passau 40 Huben an der Erlauf mit Leibeigenen und Gebäuden ein.[3] Diese Huben lagen wohl südlich von Pöchlarn und vergrößerten nun den Regensburger Besitz.

Zwischen 899 und 903 schenkte Graf Gunther dem Kloster St. Florian alle Lehengüter, welche sein Vasal Albrich von ihm zwischen den Flüssen Anesus (Enns) und Erilelaff (Erlauf) zu Lehen hatte, und weiters an dem Orte Pipurc, was sein Vasal Eigili von ihm zu Lehen hatte, und die Kirche des hl. Laurenz an der Stadt Lahoriaha (Lorch bei Enns) längs der Mauern. Die Übergabe geschah in Gegenwart des Bischof Rihhar durch Deotric, den Sohn des Gotidnon.[4]

Von 907 an bildete die Enns die Grenze zwischen Bayern und dem Reiche der Magyaren. Das Gebiet von Pöchlarn war dem Bistum Regensburg zeitweilig entzogen und den Magyaren tributpflichtig. Arnulf von Bayern brachte aber 913 den Ungarn eine Niederlage am Inn bei, vertrieb sie nach Osten und besiedelte die befreiten Gebiete mit Bayern und Wenden und setzte unterhalb der Enns den Rogerius, einen waffen- und kriegskundigen Mann, als Markgrafen ein, der in Pöchlarn residierte und als Rüdiger von Pechlaren in der deutschen Literatur weit bekannt und berühmt wurde. Er war angeblich ein Sohn des Markgrafen Aribo von Steyer, den die Magyaren um 910 erschlagen hatten.[5] Die Ungarn lebten bis 937 mit den Bayern in Frieden und als Arnulf 914 aus Ehrgeiz dem deutschen König Konrad I.

---

[1] Vgl. Geschichtliche Beilagen, I., 347.

[2] Monumenta Boica, XXVIII., II., 45; Ried, Codex chronol. diplom. episcop. Ratisbon., I., 46.

[3] Hund, Metropolis Saliburgensis, I. 191.

[4] Monumenta Boica, XXVIII., I., 32-33.

[5] Aventin, † 1534, Annalen Mürcher, 1882, IV., 660, 664; Prevenhueber, Annal. Styrenses, 386; Hoheneck, Genealogie der Stände Oberösterreichs, I., nach Lazius.

die Anerkennung verweigerte, führte ihm Rüdiger sogar von den Magyaren Hilfstruppen zu und nahm ihn, als er aus dem Lande fliehen mußte, bei sich auf. Er floh auch mit dem Herzog nach Ungarn und starb nach einigen Berichten daselbst 916. Nach anderen Quellen ist er nach dem Tode Konrads († 23. Dezember 918) wieder nach Pöchlarn heimgekehrt und daselbst 920 verschieden. Sein gleichnamiger Sohn soll ihm 934 im Tode nachgefolgt sein.[1]

Über Rüdiger berichtet: Alold von Pechlarn, seit 1034 Kaplan des Markgrafen Adalbert von Oesterreich, in der Chronik des Geschlechtes von Pechlarn 1044-1063; Mönch Ortilo von Lilienfeld, 12. Jahrhundert, veröffentlicht von Hanthaler 1742; eine Chronik des Herzog Leopold V. († 1194)[2]; eine Wiener Chronik zum Jahre 928[3]; im 15. Jahrhundert die Chronik des Anton de Bonfiniis zur ungarischen Geschichte[4]; Kaspar Bruschius im Jahre 1553[5]. In diesen Berichten sind zwar Widersprüche vorhanden; aber doch kann man Rüdiger von Pechlaren als eine historische Person gelten lassen, deren sich die Volkssage und Dichtung bemächtigt hat. Wahrscheinlich hat Bischof Pilgrim von Passau (971-991) zuerst diesen Rüdiger anstelle des Herulerkönigs Rodulf, der doch dem Attila zeitlich näherstand, in die Nibelungensage eingeführt.

Das Nibelungenlied, welches Bischof Pilgrim durch den Priester Konrad in lateinischer Sprache verfassen ließ, aber schon 1160 deutsch umgedichtet und bis 1210 in die jetzige Gestalt gebracht wurde, zählt ihn zu seinen interessantesten und tragischesten Gestalten. Hier spielt er den Vermittler zwischen den ihm stammverwandten Deutschen und seinem Lehensherrn König Etzel von Ungarn, wird dadurch in den Kampf der Burgunden und Hunen hineingezogen und büßt seine Treue mit dem Tod. Im Liede werden auch Burg und Stadt Pöchlarn anschaulich geschildert.[6] Durch das Nibelungenlied wurde Rüdiger von Pechlaren eine weitbekannte und beliebte Gestalt in der deutschen Literatur. Schon 1160 sagt Metellus von Tegernsee, daß der Fluß Erlahia und das Ostland berühmt sei bei den Deutschen durch ein Gedicht von der Kraft des edlen Grafen Rogerius und des alten Tetricus (Dietrich von Bern).[7] Um 1170 erwähnt Spervogel den Rüdiger von Bechelaren, ebenso um 1200 das Gedicht Biterolf.[8] Zu

---

[1] Hansitz, Germania Sacra, I., 188; Keiblinger, Melk, I., 100, 101.
[2] Link, Annal. Claravall., I., 32-33;
[3] Mon. Germ. Scripta, IX., 552, 723.
[4] In Frankfurt 1581 veröffentlicht; Keiblinger, Melk, I., 114.
[5] Nagel-Zeidler, Deutschösterr. Literaturgeschichte, I., 84.
[6] Blätter für Landeskunde, 1888, 438.
[7] Oefele, II., 62; Blumberger, Wiener Jahrbücher, 87. Bd., Nr. 14; Wilhelm Grimm, Deutsche Heldensage, 45.
[8] Blätter für Landeskunde, 1888, 436, 438;

Ende des 13. Jahrhunderts Heinrich der Vogler in der Rabenschlacht und im 15. Jahrhundert ein Fastnachtsspiel vom Perner und Wunderer.[1] Selbst in der skandinavischen „Wikingersage" erscheint ein Markgraf Rodingeis in der Burg Bakalar. In neuester Zeit schrieb Richard von Kralik einen „Rüdiger von Bechelaren".

955 wurden die Ungarn am Lechfelde entscheidend geschlagen und die Ostmark wieder hergestellt. Markgraf Burkhard residierte abwechselnd in Ennsburg und Pöchlarn; Leopold von Babenberg verlegte seinen Sitz 976 nach Melk.[2] Nun gelangte Pöchlarn wieder an den Bischof von Regensburg. Der hl. Wolfgang (968-994), Bischof dieser Diözese, predigte vor seiner Bischofsweihe im Vereine mit Bischof Pilgrim von Passau auf dem Wege nach Ungarn den christlichen Glauben.[3]

Als Bischof sandte er Ansiedler aus Bayern in die Gegend von Steinakirchen, wofür ihm Kaiser Otto II. 979 erlaubte, das Schloß Wieselburg zu erbauen, und ihm ein Gebiet zwischen Erlauf und Ybbs zuwies.[4] Sein Gut Pöchlarn besuchte er wiederholt und man kann bestimmt voraussetzen, daß damals hier auch die Kirche zum hl. Petrus wieder hergestellt wurde. Auf der Reise nach Pöchlarn erkrankte der Heilige und starb am 31. Oktober 994 in der Othmarikapelle in Puppingen, Oberösterreich.[5]

Um 976 entscheidet Herzog Heinrich von Bayern wahrscheinlich in Tuln Streitigkeiten zwischen dem neu eintretenden Markgrafen Leopold I. (von Babenberg) und den Ständen. Als Zeugen werden fünf Grafen Meginhard (von Formbach), Babo (Burggraf von Regensburg), Marquard und sein Bruder Rutker und Tiemo (von Formbach) angeführt.[6] Die beiden Brüder stammen entweder aus einem bayrischen oder kärntnerischen Geschlecht und Ambros Haller von Melk vermutet, daß obiger Rutker mit dem Rüdiger von Pechelaren eine Person oder mit ihm verwandt sei.[7]

1043, 11. September, Bechelaren, stellte König Heinrich III., mit Heer und Flotte von Ungarn heimkehrend, dem Bischof Popo von Seben ein Privilegium aus.[8] Dies ist die erste urkundliche Erwähnung von Pöchlarn, das damals schon bedeutend genug war, um den König

---

[1] A. v. Keller, Fastnachtsspiele aus dem 15. Jharhundert, II. Teil, 547ff.
[2] Topographie, I., 594.
[3] Hund, Metropolis Saliburgensis, I., 62.
[4] Geschichtliche Beilagen, I., 348.
[5] Stadler, Heiligen-Lexikon, V., 828; Donin, Leben und Taten der Heiligen Gottes, V., 624; Dr. Ferdinand Janner, Geschichte der Bischöfe von Regensburg, 1883, I. 406.
[6] Monumenta Boica, XXVIII., II., 86, 208.
[7] Blätter für Landeskunde, 1873, 151-157.
[8] Sinnacher, Geschichte von Brixen, II., 393; Blätter für Landeskunde, 1874, 221.

mit seinem Gefolge zu beherbergen.[1] Nachdem es längere Zeit öde gelegen war, erscheint es nun unter einem neuen Namen, während der frühere am Flusse haften blieb.

1105, 14. oder 15. Juli, wurde in Pöchlarn der seit Weihnachten 1104 aus Regensburg geflohene Bischof Gebhard IV., aus dem Geschlechte der Gozesheim (von Gossam bei Emmersdorf, Burgkirche) stammend, von einem Ministerialen erschlagen.[2]

1158 beurkundet Bischof Konrad von Passau, daß Dechant Chalcelin von Ensa, Dechant Herboto von Puhilarn und Pleban Gerhard von Wolvesbach den Zehent in Clusa (St. Georgen in der Klaus), auf welchen der Bischof von Freising Anspruch erhoben hatte, dem Stifte Seitenstetten zur Pfarre Aschbach zugesprochen haben.[3] Die Pfarre Pöchlarn war damals angesehen und der Pfarrer Dechant jenes Bezirkes, der im 14. Jahrhundert Dekanat St. Pölten und 1429 Dekanat Mautern hieß.

Bischof Konrad III. (1186-1204) von Regensburg übergab die Pfarre Pöchlarn dem Domkapitel in Regensburg in der Weise, daß dieses einen vom Bischofe von Passau zu bestätigenden ständigen Vikar dahin stellen und besolden, die übrigen Pfarreinkünfte aber zum Bau der Weingärten und andere Zwecke verwenden konnte.[4]

1209, 25. Oktober, Pechlarn, stellte Graf Friedrich von Peilstein eine Urkunde aus, wobei die Gesamtheit der Bürger in Pechlarn als Zeuge, doch ohne Siegel, erscheint.[5] Pöchlarn galt damals wohl schon als Stadt.

1224, 23. Mai, Wien, gab Herzog Leopold von Oesterreich seinem Verwandten Bischof Konrad von Regensburg Befreiung von Zoll und Maut für seine Leute in Bechelarn beim Besuche des Marktes im Dorfe Medelic (Melk) gegen Leistung von 2 Pfd. auf Kolomani an den landesfüstlichen Amtmann in Melk.[6] Die um jene Zeit genannten Pröpste von Pechlarn 1218 Dietmar und 1224 Wernher von Innenkoven waren weltliche Verwalter der Herrschaft.[7]

1226 gab Bischof Konrad IV. von Regensburg dem Domkapitel für die Pfarre Bechilaren, welche ihm wegen der Entfernung wenig Nutzen brachte, die Pfarre Althaim (bei Landshut).[8]

---

[1] Nach Blätter für Landeskunde, 1888, 437 wäre der Ort erst im 12. Jahrhundert entstanden und das Schloß noch später erbaut worden.

[2] Blätter für Landeskunde, 1878, 182, 183; Janner, Geschichte der Bischöfe von Regensburg, I., 582.

[3] Fontes, XXXI., 104.

[4] Ried, Codex chronol. diplom. episcop. Ratisbon., I., 337.

[5] Ried, Codex chronol. diplom. episcop. Ratisbon., I., 340.

[6] Ried, Codex chronol. diplom. episcop. Ratisbon., I., 340.

[7] Monumanta Boica, IX., 561; Fontes XXXIII., 39.

[8] Ried, Codex chronol. diplom. episcop. Ratisbon., I., 348.

Um 1226 bestätigte Bischof Gebhard von Passau den Tausch, durch welchen die Kirche in Pechlarn mit dem Patronatsrechte vom Domkapitel wieder an den Bischof von Regensburg zurückkam.[1]

Um 1230 bekam der Landesfürst von der Vogtei in Pechlarn und Wieselburch von drei Gerichtstagen im Jahr 30 ß und an Zehent 1 Karrate Wein in Chremser Maß; zwei Teile Zehent bei 100 Chastmut, 8 Seitfrissing, 1 Spechswein und von den Fleischbänken (*macellis*) 24 d; die Förster gaben zu Weihnachten 6 Schulterstücke (*scapulas*) und im Fasching (*carnispriuio*) 6 Hühner und zu Ostern 100 Eier; von den Käufen (*aquisitiones*) wurden 30 Talente bezahlt.[2] Ähnlich lautete der Bericht von etwa 1260.[3]

1241, 11. März, Passau, bekennt Herzog Friedrich II. von Oesterreich, daß er vom Bistume Passau zu Lehen habe in Pechlarn Weinzehent *ad carratum* (eine Fuhre Wein) und zwei Teile Zehent, 100 „chastmutte" (Mut Getreide aus dem Kasten), 68 „sitfrischinge" (Frischlinge, kleine Schweine) und ein „spechswein" (Speckschwein, gemästetes Schwein).[4]

1259, 18. April, Wien, ließ König Ottokar den Bürgern von St. Pölten eine Abgabe von 3½ Talent an den Wiener Stadtrichter nach, wofür sie das Recht haben, gefärbte Tücher nach Wien zu bringen und welche sie von den Kaufleuten zu Wilhelmspurch, Chuleub, Lostorph, Medlico, Pechlarn und Ibsa hereinbringen sollten.[5]

1259 verhandelten also die Bürger von St. Pölten, Wilhelmsburg, Kilb, Loosdorf, Melk, Pöchlarn und Ybbs mit durch Safran gefärbte Tücher nach Wien.[6]

Um 1260 verlieh die Kirche in Pechlarn der Bischof von Regensburg und gehörte der Grund ihm, aber der Zehent gehörte dem Bischof von Passau auf beiden Seiten der Donau.[7] Hier ist zum ersten Male vom Pöchlarner Gebiete nördlich der Donau die Rede.

1267, 26. Mai, beurkundet Bischof Leo von Regensburg einen Spruch über den Hof des Heinrich von Pannbruck in der Stadt Bechlaren und ein Haus bei dem Tore daselbst.[8] Pöchlarn erscheint hier als Stadt mit Toren, Ringmauern und Graben.

---

[1] Ried, Codex chronol. diplom. episcop. Ratisbon., I., 337.
[2] Notizenblatt, 1855, 382, 383.
[3] Rauch, Rerum Austriacarum Scriptores, II., 29; Dopsch, Landesfürstl. Urbare, I.
[4] Oberösterr. Urkundenbuch, III., 101.
[5] Jahrbücher der Literatur, 55. Band, 1831, Anzeigeblatt 18, 19.
[6] Monumenta Boica, XXIX., II., 138.
[7] Monumenta Boica, XXVIII., II., 483.
[8] Ried, Codex chronol. diplom. episcop. Ratisbon., I., 494. Dies ist die erste deutsche Urkunde der Regensburger Kirche.

1268, *IX Kalendas Julii* (23. Juni), beurkundet Bischof Leo von Regensburg eine Stiftung zur Kirche Pechelarn.[1]

1269 bekam der Pleban Chunrad von Pechlarn die Anwartschaft auf eine Chorherrnpfründe in Ardagger.[2]

1277, 10. Jänner, Wien, belehnt Bischof Leo von Regensburg den Leutold und Heinrich von Kuenring mit Gütern bei Feldsberg. Unter den Zeugen Pleban Arnold und Richter Eberhard von Pechlaren, Wolfhard Amtmann in Ruste.[3]

1284, 16. Oktober, beurkundet Herzog Albrecht von Oesterreich, daß die Brüder von Panbauck auf den Hof in Pechlarn und ein Haus bei der Kirche, welches ihre Mutter Agnes bewohnt hatte, verzichten.[4] Unter der Kirche ist wahrscheinlich die Unser Frauenkirche in der Stadt gemeint. Die ältere Pfarrkirche zum hl. Petrus lag östlich vor der Stadt und in derselben befand sich die Unser Frauenkirche mit Friedhof, damit in Kriegszeiten, wenn die Tore der Stadt geschlossen waren, sowohl für die religiösen Bedürfnisse der Stadt als auch der Umgebung vorgesorgt war.

1286, 30. Jänner, *Augusta* (Augsburg), gestattete Herzog Albrecht von Oesterreich dem Bischof Heinrich von Regensburg und seinem Domkapitel, jährlich zwei mit Wein beladene Schiffe und hundert Mut Getreide und zehn *esoces* (Hausen) zu ihrem Gebrauch maut- und zollfrei zu Land oder Wasser durch das Gebiet des Herzogs zu führen und die Lebensmittel für den bischöflichen Hausbedarf zwischen Pechlaria und Wienna ohne Abgaben zu befördern.[5]

1294 waren vom Weingarten Einöd jenseits der Donau jährlich zwei Urnen Wein zum Lichte der St. Peterskirche in Pöchlarn zu leisten.[6] Diese Kirche bestand bis 1790.

1299 verzichtete Helmbic von Isper gegen das Stift Regensburg auf alle Wein- und Getreidezehente und Güter in der Pfarre Pechlarn und erhielt vom Bischof Konrad den Drittelzehent in dieser Pfarre zu Lehen.[7]

1302, dritte Woche nach Lichtmeß (23. Februar), beurkundet Gotfrid, Richter zu Chrems (Krems) dem Ludwig, Pfleger des Bischofs von Regensburg zu Pechlarn, daß „Gottschalch vnder den Weinzverln" (Weinzierl bei Krems) den Weingarten Zintobel, von welchem der jährliche Dienst von 4 Eimern Wein an den Richter in Pöchlarn seit vier Jahren vernachlässigt worden war, weshalb der Bergmeister

---

[1] Wißgrill, Schauplatz, II., 105; nach Hofkammerarchiv in Wien.
[2] Archiv für österr. Geschichte, 1871, 482; Geschichtliche Beilagen, VII., 73.
[3] Ried, Codex chronol. diplom. episcop. Ratisbon., I., 543,
[4] Ried, Codex chronol. diplom. episcop. Ratisbon., I., 604.
[5] Ried, Codex chronol. diplom. episcop. Ratisbon., I., 611.
[6] Geschichtliche Beilagen, IX., 556.
[7] Staatsarchiv in Wien, Kodex Nr. 13, 716, Bl.10.

Cholomann, Richter zu Radendorf (Rohrendorf), seine Einantwortung verlangt habe, nun an den Bischof von Regensburg verkauft wurde.[1]

1328, 6. Juni, Wien, beurkundet Hans von Ibbs, Mautner zu Stayn, daß ihm die Pfarrer Peter von Pechlarn und Heinrich von Michelhausen eine Schuld des Bischofs Nikolaus von Regensburg per 199 Pfd. Wr. Pfen. bis auf 10 Pfd. abgezahlt haben.[2]

Vor 1329 vergab Bischof Nikolaus von Regensburg (1313-1340) folgende Lehen in Oesterreich:

Conrad Puchsinger (Pischinger) hat zu Knoching (Knocking) das „ganncz dorff".

Conrad Pimisser den Hof zu Holczern (Holzern bei Pöchlarn oder Holzing bei Petzenkirchen) und eine Hofstätte bei Peczenkirchen, und zu Reprechsdorff (Rampersdorf bei Pöchlarn) zwei Hofstätten.

Heinrich an der Zeil hat daselbst zwei Hofstätten und einen Zehent, gilt 2 Mut.

Wulfing und Reprechtstorfferin haben zu Reimprechstorf einen Hof und zwei Hofstätten.

Ott der Fuchs von Rarapewt (Röhrapoint bei Pöchlarn) hat ein Lehen da, gibt davon 30 den. Burgrecht und hat einen Brief darüber mit seinen Erben.

Ott zu Grueb hat zu Micheldorf eine Mühle und zwei Hofstätten, gelten 2 Pfd. den.

Albr(echt) von Awrsteten (Artstetten) hat zu Knogling (Knocking) 5 Pfd. den. Geldes und 2 Lehen und 2 Hofstätten daselbst.

Ott der Tallesprunner hat eine „purck, haist Kopsteten[3] vnd das Dorf daselbes, den kirchsacz", gilt 24 Pfd. den., ohne den Hof, den Erhart der Winkler innehat, von dem er die Lehenschaft gekauft hat.

Vlrich von Pilichsdorf (Pillichsdorf, UMB) hat zu Leupolczstorf (Leopoldsdorf, UMB) 22 Lehen, die gelten 44 Pfd. den.

Erhart daselbst hat 20 Zehenthäuser, die gelten 20 Pfd. den.

Konrad von Schaumberg hat zu Ortt (Orth UMB, Bezirk Floridsdorf-Umgebung) die Burg mit allem Nutzen und Ackerbau, der jährlich 50 Mut Getreide trägt, Holz, Fischwasser, Gericht und den Zehent, der jährlich 122 Mut gilt; hat auch zu leihen die Kirche und den Zehent, der jährlich 100 Mut gilt und den Zehent zu Hargensee (Haringsee, Bez. Floridsdorf-Umgebung) der jährlich gilt 100 Mut, und allen Zehent zu Pramsteten (Breitstetten), der jährlich gilt 30 Mut; den Zehent zu Bagram (Wagram, Pf. Eckartsau) auf 26 Lehen, gilt

---

[1] Originalpergament mit Siegel des Ausstellers. Reichsarchiv München, Regensburg Hochstift, Faszikel 21. Daselbst auch die gleichlautende Erklärung des Bergmeisters Cholman.

[2] Ried, Codex chronol. diplom. episcop. Ratisbon., I., 821.

[3] Kopfstetten bei Eckartsau, Topographie, V., 322.

jährlich 26 Mut; zu Pfreuma (Pframa bei Eckartsau) einen Drittelzehent, gilt jährlich 24 Mut.

Herr Hainrich von Schaunberck und sein Bruder haben Lehen, die gelten ihm 1.000 Mut Weizen.

Wernhard von Lonsdorff hat zu Oczensteten und in Soltuelden 2 Lehen, die gelten ihm 8 Pfd. 60 den. Geldes.

Herr Hanns der Cappeller hat Stereck (Steyregg bei Linz, Oberösterreich), die Burg und alles was dazu gehört und Windeck, das des Kurringern (Kuenring) gewesen ist, und was dazu gehört.[1]

1334 reversierte Konrad, Sohn des Padauers von Geißlhöring, die Verleihung der Badstube zu Pechlarn auf Leib um 12 ß jährlichen Dienstes.[2]

1334 führt ein Gültbuch der Hofmarch in Pechlarn folgende Güter südlich der Donau an: in Grözzerinpechlarn 11 Peunten und ein Viertel bei dem Mühlgang enthalb des Baches, 4 Mühlen zu Pechlarn, Prvnn[3] und Odenting[4] 49 Lehen, von denen der Nachrichter die Dienste einhob, das Holz die Purgaergemain, dienten zusammen 12 Pfd. 3 ß 80 d und 18 Pfd. Schweinpfening; dann 2½ Güter, genannt Potlehen, Burgrechtsgründe, der Chelenhof, das Zehentlehen und andere Höfe, Garten zu Herprvnn und andere Gründe. Die Rechte und Besitzungen des Gotteshauses in Pechlarn werden ausführlich beschrieben. Die Fischerei in der Donau und Erlaph und zu Odenting und Minnernpechlarn[5], in Aerchslag und Werd mit dem Altach. In Pechlarn ein Salzzoll, zwei Höfe, der Zehent, Baumgärten beim Pischofhof[6] und beim Mülgang. Die Nüsse von den Nußbäumen im Werd. Im Dorfe Werd[7] 4 Lehen; zu Roereinpewnt[8] 7 Lehen; zu Holczarn im Dorf ein Hof, 2½ Güter und eine Hofstätte; zu Chrvmbnuzpawnn[9] ein Lehen; zu Schadendorf[10] Burgrechte, in dem Hag[11] ein Lehen, zu Plaikchen[12]

---

[1] Histor. Verein der Oberpfalz und von Regensburg, Archiv II, Lehenbücher Ratisbonensis Nr.1, mitgeteilt von Herrn Dr. Hans Dachs, Hochschulprofessor in Regensburg. Im Schloßarchiv Jaidhof, VII., 10, befinden sich umfangreiche Auszüge aus den Regensburger Lehenbüchern von 1320-1540.
[2] Registraturbuch von 1642 im bischöflichen Archiv zu Regensburg.
[3] Brunn an der Erlauf
[4] Orndning
[5] Klein-Pöchlarn.
[6] Der Hof des Bischofs von Regensburg, das jetzige Schloß in Pechlarn.
[7] Wörth bei Ornding.
[8] Röhrapoint bei Brunn.
[9] Krumnußbaum bei Pechlarn.
[10] Schadendorf bei Wieselburg, Gemeinde Wechling.
[11] Haag, Gemeinde. Mitterwasser.
[12] Plaika, Gemeinde Mitterwasser.

ein Gut, zu Weinczurel[1], Pergarn[2], Prvnnarn[3], und Auringspach je ein Gut und noch eines.

Die „purch dacz dem Haus bey der Erlaph[4]"; zu Stainenchirchen[5] im „marcht" Burgrechtsgründe und die Güter, welche Bischof Nycla von Regensburg von Stayner von Hausekk[6] zurückgekauft; andere Güter waren dem Perwortter von Staynekk zu Lehen gegeben oder vom Bischofe Nycla angekauft. Güter zu Mitterberch[7], der Burgstall zu Stainekk mit Zugehör, durch Bischof Nyclas gekauft von Otakcher dem Perwortaer.[8]

Zu Gresten[9] viele Häuser und Güter und einige „swaigen", das Gut Hausekk, gekauft von Otto dem Staynaer[10]; das Amt Lvncz, vom selben gekauft; die Hofmarch Cell mit dem Markt „dacz Cell".[11]

Das Dorf zu Rust[12] mit Micheldorf, Mitterndorf[13], Holczarn; zwei Häuser zu Wienn; Dorf Hargensee[14], Güter zu Gelczeins.

Burgrechte in Pechlarn, Chogel, Reychersnokch, Stainperch, Pachekk und in Stainenchirchen.[15]

1338, 8. März, Wien, siegelt Herr Hainreich von Pechlarn eine Urkunde.[16]

1339, 9. August, Neumarkt, versprach der Pfarrer von Michelhausen eine Schuld an Regensburg dem Pfarrer Petrus von Pechlaria zu entrichten.[17]

1340, 25. Juni, war Heinrich, Pfleger zu Pechlarn, bei der Festsetzung der Grenzen zwischen Gaming und Regensburg beteiligt.[18]

---

1 Weinzierl bei Wieselburg.
2 Berging, Gemeinde Mitterwasser.
3 Bruming, Gemeinde Marbach a.d. Kleinen Erlauf.
4 Wahrscheinlich das einstige Schloß Wieselburg, vgl. Geschichtliche Beilagen, II., 253.
5 Markt Steinakirchen am Forst.
6 Niederhausegg oder Schloß Stiebar bei Gresten. Vgl. Geschichtliche Beilagen, II., 70 ff.
7 Mitterberg bei Steinakirchen.
8 Perwart, eine Feste bei Randegg. Geschichtliche Beilagen, II., 80.
9 Gresten, Bezirk Scheibbs.
10 Geschichtliche Beilagen, II., 77.
11 Zell, am Zellhof, Bez. Perg, Oberösterreich.
12 Rust, Bezirk Tuln.
13 Micheldorf und Mitterndorf bei Michelhausen.
14 Haringsee, Bezirk Floridsdorf-Umgebung.
15 Pergamentheft von 60 Blättern im Reichsarchiv München, Regensburg Hochstift, Kodex Nr. 12. Auszüge daraus über das Gebiet nördlich der Donau in Geschichtliche Beilagen, IX., 556-558.
16 Quellen zur Gesch. der Stadt Wien, II. Abteil., I. Bd., Nr. 188.
17 Reichsarchiv in München. Siehe bei Michelhausen.
18 Bibliothek im Stiftsarchiv Melk. Siehe Lunz.

1341, Montag vor Michaeli (24. September), verpflichtet sich Zachreis von Hohenrain, dem Bischof Hainrich von Regensburg, der ihm 600 Pfd. Wr. Pfen. auf der Pflege zu Pechlarn verschafft hat, 400 Pfd. Regensburger oder 600 Pfd. Wiener Pfen. zu leihen.[1]

1345, 14. Juli, Pechlarn, bestätigt Burggraf Albrecht von Nürnberg als Lehensherr, daß Ritter Pernolt von Talsprunne sein Lehen im Dorfe Newensiedel an der Zeya für die nächsten zwei Jahre versetze.[2]

1346, 23. Februar, verkaufte Bischof Friedrich von Regensburg ein Haus in Pechlarn dem Prior Nikolaus von Gaming zu einer Niederlage.[3] Der sogenannte Gamingerhof in der Stadt blieb bis 1782 Eigentum dieser Karthause und dient heute als Gemeindehaus und Klosterschule.

1350, St. Michael (29. September), verpfändet Dietrich von Harach seine Güter zu Chrumnuspaum an seine Vettern Dietrich und Chraft von Harach für 300 Pfd. Pfen.[4]

1361, 14. September, beurkundet Heinrich der Nanckenreuter, daß er an den Bischof Friedrich von Regensburg wegen der Pflege in Pechlärn keine Forderung mehr zu machen habe.[5]

1362, Sonntag vor St. Kathrein (20. November), entscheidet Heinrich der Paulsdorffer, Domherr zu Regensburg, daß das Gut Chrumnuspaum, welches Dyetel Wenuchs inne hat, dem Bistum Regensburg heimgefallen sei.[6]

1363, St. Peter- und Paulsabend der Zwölfboten (28. Juni), Wienn, verleiht Herzog Rudolf IV. von Oesterreich dem Bischofe Friedrich von Regensburg, seinem Oheime, einen Wochenmarkt zu Pechlarn an jedem Montage und befiehlt allen seinen Hauptleuten, Landherrn, Rittern und Knechten, den Bürgern von Pechlarn und den Besuchern des Marktes keine Irrung zu tun. Der Bischof von Regensburg und sein Kapitel haben durch eine eigene Urkunde sich verpflichtet, „das sie alle jar drey tag vor vnser frauentag ze liechtmeß vierzig phunt wachs geben vnd raichen sollen hincz Sand Stephan ze Wienn, die man jezvnd dem pharrer daselbs antwurten soll, das man cherzen dauon mache, die man zu derselben hochzeit ze liechtmeß vmbtrage, vnd wann der pharrer nicht mehr ist vnd ein tumchirch ze Sand Stephan aufgerichtet wirt, das dann das vorgenannt wachs jarlich geanttwurtt werd einem custer, wer der ist".Wenn der Wachsdienst nicht geleistet wird, soll der Pfarrer oder Propst zu St. Stephan die

---

[1] Reichsarchiv in München.
[2] Notizenblatt, 1858, 177.
[3] Topographie, III., 276.
[4] Reichsarchiv in München.
[5] Lang-Freyberg, Regesta Boica, IX., 45.
[6] Reichsarchiv in München.

Bürger von Pechlarn darum pfänden. Gesiegelt und unterschrieben vom Aussteller.[1]

1363, 12. Juli, Regensburg, versprechen Bischof Friedrich von Regensburg, Dompropst, Dechant und Kapitel, zum Dank für den Wochenmarkt, welchen Herzog Rudolf IV. der dem Gotteshause zu Regensburg gehörigen Stadt Pechlarn verliehen hat, jährlich drei Tage vor Lichtmesse 40 Pfd. Wachs für Kerzenweihe und Prozession dem Pfarrer und später dem Guster des Domkapitels bei St. Stephan in Wien zu senden.[2]

1373, 8. Juli, Sevsenekk, verspricht Rudolf von Wallse, Landvogt im Elsaß und Schwaben, die ihm vom Bischof Konrad von Regensburg übertragene Hofmark Pechlarn zu beschirmen und die Pflege dem Bischof auf Verlangen zurückzugeben.[3]

Bischof Konrad VI. von Regensburg (1368-1381) überließ der durch Krieg und Überschwemmung heimgesuchten Stadt zur Verbesserung ihrer Einkünfte die Verwaltung des niederen Gerichts in Stadt und Markt Pöchlarn.

1380, Heiligen Weihnachtsabend (24. Dezember), Wien, verspricht Wilhalm, Pfarrer von Gotstorf (Gottsdorf bei Persenbeug) und Kaplan der Kapelle „auf den grebern" zu Pechlarn, für Herzog Albrecht III. von Oesterreich, der ihm einige Güter geeignet (von der Lehenschaft befreit) hat, einen Jahrtag am Montag nach Unser Frauen Schiedung mit Amt und zwei Messen zu halten. Siegler: der Aussteller und sein Schwager Leutwein, Pfleger und Richter zu Pechlarn.[4] Damals bestand also auch bereits der noch heute in Gebrauch befindliche Friedhof südlich von Dorf Pöchlarn und darin die Kirche „auf den Gräbern" später zum Grabe Christi genannt, mit eigenem Benefiziaten. Davon ist noch das gotische Presbyterium vorhanden, das seit 1836 als herrschaftliche Gruft dient.

1381, St. Alexentag (17. Juli?), verpflichtet sich Wilhalbm, derzeit Kirchherr zu Gotzdorf und Kaplan zu Pechlarn auf den Gräbern, für die Gnade, welche ihm der Bischof Cunrad von Regensburg wegen des Getreidezehentleins in dem Werth (Wört) zu Pechlarn für die Kapelle auf den Gräbern getan hat, für die Regensburger Bischöfe einen Jahrtag in dieser Kapelle am Montag nach unsers Herrn Auffahrt zu halten mit Vigil und vier brennenden Steckkerzen am Abend und Seelamt am Morgen zu begehen. Wenn er seine

[1] Wörtlich inseriert der Originalbestätigung vom 29. Juli 1639 im Stadtarchiv Pechlarn. Originalpergament mit großem Reitersiegel im Reichsarchiv zu München, Regensburg, Hochstift, Faszikel 25.

[2] Quellen zur Gesch. der Stadt Wien, I. Abteil., IV. Bd., Nr. 3540.

[3] Lang-Freyberg, Regesta Boica, IX., 300.

[4] Originalpergament im Staatsarchiv Wien, Repertorium I.

Verpflichtung nicht erfüllt, sollen die Bürger den Zehent einziehen und davon den Jahrtag in der Pfarrkirche abhalten lassen. Siegler: der Aussteller und sein Vetter Hermann von Neumarckht, Pfleger zu Pechlarn.[1]

1381, St. Michaelstag (29. September), gelobt Wilhelm Pfarrer von Gotsburg und Kaplan in Pechlarn „auf den grebern vor der stadt", dem Herzog Albrecht für ein zur Kapelle geeignetes Burgrecht von einem Pfund auf Gütern zu Aroltsperg (Auratsberg bei Gottsdorf) und Greking (Kracking bei Gottsdorf) in der Parre Gotsdorf einen Jahrtag am Montag nach Unser Frauen Schiedung mit Amt und zwei Messen zu begehen. Siegler: der Aussteller und sein Schwager Laeutwein, Richter zu Pechlarn.[2]

1384, um Allerheiligen (1. November), verlieh Bischof Johannes von Regensburg, „do er erst in das lannt gen Osterreich kom(men)", seine Lehen in diesem Lande. Darüber wurde aufgezeichnet:

Herr Heinr(ich) von Walsee soll empfangen.

Hanns von Meißaw hat empfangen und soll geschrieben geben.

Wolfstein hat empfangen und soll geschrieben geben.

Steffan und Heinrich von Zelking haben empfangen das Dorf Aderczuelden auf der Erlaff, zwei Höfe zu Offnarn (Ofning bei Pöchlarn), einen Hof auf der Stainwandt (Steinwand bei Pöchlarn) und eine Mühle zu Neydaw (Neuda bei Pöchlarn).

Rudolff von Walsee hat empfangen und soll geschrieben geben.

Albrecht Zelkinger hat empfangen und geschrieben gegeben.

Peter Losensteiner[3] hat empfangen zwei Teile zu Krumnußpawm auf Pechlingerlannt (Krumnußbaum an der Westbahn) und zwei Teile auf dem Dorf Goldern (Golling bei Pöchlarn) und dem Dorfe in der Aw.

Peter Losensteiner hat empfangen ein Drittel aus den Dörfern zu Krummennußbaum auf Pechlarnlannt, zu Goldarn und in der Aw.

Jorg Tanpeck hat empfangen ein Haus, das einst Peter dem Zelhouer gehört hat und zu Zell (Zell bei Zellhof, Bez. Perg, Ob. Oest.) liegt, wovon er nach alter Gewohnheit Burgrechtdienst dem Bischof leisten soll, und das öde Lehen an der Aw, das er von Goczlein in der Aw gekauft hat und auch in das Urbar dient.

Nicolaus Wurffel, Bürger zu Wienn, hat empfangen den Manhoff zu Praitstetten (Breitstetten, Bez. Floridsdorf-Umgebung) und 4 Pfd. d Zinsgeld.

---

[1] Kollationierte Abschrift von 1718 im Stadtarchiv Pöchlarn.

[2] Originalpergament im Staatsarchiv Wien, Repertorium I.

[3] War damals schon Besitzer des Schlosses Krumnußbaum an der Westbahn. Plesser, Heimatbuch der Stadt Pöchlarn, 251.

Wilhalm von Stuffernreich (Stopfenreith, Bez. Gänserndorf UMB) hat empfangen 3 Pfd. d Zinsgeld zu Sumerleinstorff (richtig Chumerleinstorff, heute Franzensdorf, Topographie, III., 174.)das ihm Heinr(ich) von Gamincz (?) verkauft hat, und hat auch empfangen 6 Pfd. d Geldes zu Leupperstorff (Loimersdorf, Bez. Gänserndorf).

Wernhart von Widen hat empfangen seine Lehen und soll davon geschrieben geben.

Hanns Pebringer (Pöbring) hat empfangen 12 Mut Korn und vier Mut Hafer und 5 Pfd. Wr. Geldes jährlichen Zins und 5 Tagwerk Wiesmahd und ein Mut Gerste zu Poschendorff.

Vlrich Dagsberger hat die Lehen empfangen und soll sie geschrieben geben.

Vlrich Pimizzer hat empfangen 2 Äcker zu Reprechtstorff (Rampersdorf), in Pechlarn-Pfarre.

Fridrich Kastner hat empfangen 2 Höfe an der Irlach und zu Stollenod in der Pfarre Tragawim (Tragwein, Bez. Perg, Ob. Oest.), würden ihm „von genaden wegen“ verliehen und von Hanns dem Knawsser verschafft (vermacht).

Perchtold Selinger hat empfangen zwei Äcker „sind vberlannd“.

Johannes Zelhouer hat empfangen seinen Hof zu Zelhof (Ob. Oest.) mit Zugehör und die Rabenmul und ein Lehen zu Stadlod und 6 Zuhäuser bei Zelhoff und Haumad, 2 Lehen in Zeller Pfarre.

Albrecht und Hainrich Oder sollen empfangen ihre Lehen und sie geschrieben geben.

Jacob Goltsmid zu Wienn, Andres Sohn.

Hanns Peck von Zell hat empfangen 13 Lehen in Zeller und Tragawimer Pfarre (Ob. Oest.)

Hanns Prewer zu Zell hat empfangen einen Drittelzehent von 16 Gütern oder Lehen in Zeller Pfarre und zu Schonnaw.

Conrad Haczz an dem Stain hat empfangen 3 Lehen zu Rottenod in Zeller Pfarre und 2 auf sand Georgenperg in Tragawiner Pfarre.

Philipp der Smid von Tragawe (Tragwein, Ob. Oest.) hat empfangen eine Hub an dem Graben in Tragawiner Pfarre.

Haug und Chunrad die Chenler haben empfangen der erste ein Drittel, der zweite zwei Drittel am Vbelmairhof.

Marquart am Mairhof hat empfangen einen Zehent von 18 Häusern in Zeller Pfarre.

Elspet in der Krinn hat empfangen eine Hube in der Krinn in Zeller Pfarre.

Fridrich und Peter an der Linden haben empfangen ein Lehen auf der Linden in Zeller Pfarre.

Conrad Linder hat empfangen ein Lehen daselbst in Zeller Pfarre.

Vlreich zu der Darnach hat empfangen ein Lehen daselbst.

Nikel von Spannagel hat empfangen ein Lehen daselbst.

Elspet an der Wis hat empfangen ein Lehen daselbst.
Conrad Li(n)der hat empfangen ein Lehen daselbst.
Fridrich an der Prannstat hat empfangen ein Lehen daselbst.
Jacob in der Grueb hat empfangen eine Hube daselbst.
Soffey zu dem Dorfflein eine Hofstätte daselbst.
Dabom (?), in Sophey genannt, von Tragawn (Tragwein) ein Lehen zu Laucenperig in Perger Pfarre (Perg, Ob. Oest.).
Conradt von dem Graben eine Hofstatt daselbst.[1]

Um 1390 war die Pfarre Pechlarn auf 36 Pfd. Pfen. taxiert und bestand die Kapelle zum „Leibe Christi" außer dem Burgfried der Stadt.[2]

1391, um das Fest des hl. Vdalrich (4. Juli), kam Bischof Johann von Regensburg nach *Austria* und nahm folgende Belehnungen vor:

Vurancz und Hanns von Sunberg, Vettern, haben empfangen die Lehen, welche sie „von alter" zu Lehen haben und fürbas leihen mögen und sollen darüber Geschriebenes geben, „wann man die lehen berufhen wirt in dem lannt zu Osterreich". Wienn am Vortage vor Margareta (19. Juli).

Ludwig Eckarczawer hat empfangen die Feste Kunchfsteten (Kopfstetten bei Eckartsau) und was dazu gehört „von alter rechten vnd gewonhait", die er gekauft hat von Hainrich dem Chlainberger.[3]

1391, Vortag vor Maria Himmelfahrt (14. August), Pechlarn, erhielt Heinrich von Zelking vom Bistume Regensburg das Schenkhaus zu Ysterfeltn in Pechlinger Pfarre zu Lehen und zwei Höfe zu Offnarn, einen Hof auf der Steinwandt und eine Mühle zu Neudaw, alles in Pechlinger Pfarre. Diese Belehnung wurde am Vortag vor Maria Geburt (7. September) 1391 wiederholt oder zum zweiten Male unter unrichtigen Datum eingeschrieben.

1391, Samstag nach Kreuzerhöhung (16. September), empfing Hermann, Richter zu Ybbs, zwei Lehen zu Holzern in Pechlinger Pfarre und ein Lehen zu dem Reut (Reith) bei Bernneckh in Stainkhircher Pfarre als sein väterliches Erbe.

1391, Allerheiligen (1. November), Pechlarn, erhielten Leutl, Pfleger zu Pechlarn, und seine Frau Kathrey den Getreidezehent auf 13 Gütern an dem Mitterberg in Stainkhircher Pfarre teils Lehen, teils Burgrecht; das Gut Pfaffleislehen bei Erneckh, dient 10 ß 10 d; ein halbes Lehen zu Michldorf, dient 6 ß; drei Äcker hinter der Kirche zu Stainakirchen, gelten 40 d Geldes. Auch hatte er mit seiner Hausfrau

---

[1] Bruchstück eines Lehenbuches im Histor. Verein der Oberpfalz und von Regensburg, Archiv II, Lehenbücher Ratisbonensis Nr.1; mitgeteilt von Herrn Dr. Hans Dachs in Regensburg. Ähnlich im Schloßarchiv Jaidhof, VII., 10.
[2] Hippolytus, 1863, 146.
[3] Histor. Verein der Oberpfalz und von Regensburg, Archiv II, Lehenbücher Ratisbonensis Nr.1.

und Söhnen und Töchtern zu Lehen das Dorf Hort in Wißlpurger Pfarre, den Getreidezehent zu Praidenach (Breitennich) mit Ausnahme des Zehents vom Hofe zu dem Hauß in Petzenkhircher Pfarre, erledigt den Tod des Marquard Heußler.

Von Hertelien von Loßenstain wurde erledigt, was er in Pechlinger Pfarre und zu Krumbnußpaum hatte.[1]

1393 pfändet Heinrich der Czerer dem Pfleger Lawtlein zu Pechlarn sein Haus in Pechlarn, wo er sitzt.[2]

1399, 2. Februar, bestätigt Bischof Johann von Regenspurg, von Rudolf von Walsee, Hofmaister des Herzogs Wilhelm von Oesterreich, 100 Pfd. Pfen. erhalten zu haben, die er allweg im 5. Jahre von seines Gotteshauses Leuten zu Pecklaren einnehmen solle. Siegler: der Aussteller.[3]

Aus dem Ende des 14. Jahrhunderts stammt eine Beschreibung der Stadtrechte von Pechlarn in dem Eigen. Darnach mußten der Herr von Regenspurgk und sein Richter drei Pantäding im Jahr halten zu Lichtmeß, Georgi und Michaeli, die 14 Tage vorher in der Stadt bekannt gemacht wurden. Überfänge waren gegen den Bischof von Freysing in dem „Hohen Werd“[4], gegen den Abt von Seytterstetnn auf der „Hochstraß“[5]. Kein fremdes Landgericht durfte in das Gericht zu Pechlaren eingreifen, sondern entbot der Landrichter drei Tage vorher zur Übernahme eines Verbrechers. Die Fischweide ging diesseits der Donau bis an den Waldenpach und aus der Tunaw in die Erlaff bis gegen „Ofnarnn in die wasserschaphnn“; ebenso das Urfahr. Der Fürge mußte die Untertanen der Herrschaft unentgeltlich überführen, wenn andere Zahlende mitfuhren. Zum Markt am Montage sollte er zu beiden Seiten der Donau ein Schiff stellen und bezahlt werden. Die Schnitter, Hauer und Marktleute von Mindern- und Mehrern-Pechlarn[6] wurden unentgeltlich übergeführt. Wenn der Färge einen Dieb führte und bereits über der Naufahrt des Stromes war, wenn gerufen wurde, brauchte er nicht mehr umzukehren. Die Gemeinde hatte drei Holzberge, wovon zwei geteilt und der dritte als Gemain benützt war. Davon teilten der Förster und die Vertreter der Gemeinde das Holz den Bürgern und dem Pfarrer aus. Die Untertanen waren zollfrei mit

---

[1] Schloßarchiv Jaidhof, VII., 10.
[2] Staatsarchiv in Wien, Kodex Weiß, Nr. 48, Bl. 109.
[3] Originalpergament im Staatsarchiv Wien, Repertorium II.
[4] Wörth, gegen Ebersdorf zu, das über die Donau reicht.
[5] Das Stift Seitenstetten hatte seit dem 12. Jahrhundert Untertanen in Zelking, die es auch im 17. Jh. trotz wiederholter Kaufangebote der Herrschaft Zelking behielt. 1648 waren es 32 Untertanen. Monatsblatt für Landeskunde, 1913, 5, 60, 61, 76.
[6] Klein- und Groß-Pöchlarn

dem kleinen Zoll zu Stainennchirchenn[1], was sie dort am Markte verkauften, auch maut- und zollfrei zu Ybs. Was im Eigen verkauft werden sollte, müßte zuerst ihnen angefeilt werden. Fleischhauer, Müller und Bäcker wurden beschaut. Die am Pfingsttag nachmittags und Freitag vormittag gefangenen Fische mußten den Holden zum Kaufe angeboten werden. Die Odentinger, Werdner, Rörepeunter, Horlänter, Holtzinger und Prunner[2] hatten Teil an den Rechten des Gerichtes Pechlarn, auch die Minnarn-Pechlarnner[3] und die Holden jenseits der Donau. Die polizeilichen Vorschriften wegen Ordnung in der Gemeinde bei Aufläufen und Feuersbrünsten und ähnlichem waren unter Geldstrafen, tragen des „Pogstain"[4] und anderen Strafen eingeschärft. Dieser Pantaiding bildete die Vorlage für die Bestätigung durch Bischof Pankraz von Regensburg in Pechlarn, 3. Oktober 1539.[5]

Von Papst Bonifaz IX. (1389-1404) meldet ein Denkstein außen an der nordöstlichen Ecke des Kirchenschiffes, daß er den Wohltätern zu den „zwei Kirchen"[6] Ablässe verliehen habe. Die gotische Minuskelschrift wurde in folgender Weise entziffert:

Swer anniecund gibt zv dem paw vnd zv den liecht, der hat von pabst Bonifacio den newnden siben iar . . . antlaz vnd so viel karrent vnd hvndert tag aufgesaczten puez, all hochzeitleich tag, all vnser frawentag, all zwelifpotentag, aller heiligentag, aller engelltag, Sand Lorenzentag, all chirchweih, all sand peterstag, aller der heiligentag, in denen eren die ztwo chirchen gewitt sein, vnd noch besonder all Samstagnacht, all tag in der vasten zu dem Salue. - Zwei Zeilen unten sind unleserlich. Wahrscheinlich wurde damals die Unser Frauenkirche in der Stadt umgebaut und darum der Ablaß gegeben.

Um 1410 hatten vom Bistum Regensburg zu Lehen: Ott der Hannßor zu Khrumbnußpaumb einen Hof, alle Weingärten und zwei Lehen.

Conrath Puchheinger zu Khnocking das ganze Dorf.

Ott der Fuchs von Rerapaint ein Lehen, wovon er 30 d Burgrecht gibt.[7]

1413, St. Veitsabend (14. Juni), Regensburg, bestätigt Bischof Albrecht, Dechant Johannes und das Domkapitel zu Regensburg dem

---

[1] Steinakirchen
[2] Bewohner von Ornding, Wörth, Röhrapoint, Harland, Holzern und Prunn.
[3] Klein-Pöchlarner
[4] Steinkugel am Pranger.
[5] Reichsarchiv München, Regensburg, Hochstift, Literalien, Nr. 156 a. Auszüge davon in Geschichtliche Beilagen, IX., 618-619. Panntaiding von 1539 im Stadtarchiv Pöchlarn; Winter, Niederösterr. Weistümer, III., 554-566 und 1913, 415.
[6] Pfarrkirche Unser Frauen und die abgetragene Peterskirche östlich der Stadt.
[7] Schloßarchiv Jaidhof, VII., 10.

Kloster Gemning[1], einer Stiftung des Herzogs Albrecht von Oesterreich, den Besitz seines Hauses in ihrem Eigen zu Pechlarn unter gewissen Bedingungen und gegen Leistung von 18 d Burgrechtsdienst. Das Haus soll die Rechte der anderen bürgerlichen Häuser haben, von der gewöhnlichen Steuer frei sein, aber nicht zur Weinschenke gebraucht werden.[2]

1413, 21. Juli, Pechlaren, beruft Bischof Albrecht III. von Regensburg seine Lehensleute unterhalb (östlich) der Traysen (bei Rust) und des Champs (bei Orth) zur Belehnung nach Wien am 1. September und die oberhalb (westlich) dieser beiden Flüsse seßhaften Mannschaft (bei Pöchlarn, Steinakirchen und Gresten, sowie um Zell an der Narn in Oberösterreich) nach St. Pölten am 10. September. Um jene Zeit war die Verkündigung der Lehenserneuerung dieser Güter unter andern auch in Lempach (Neulengbach), Tullen, Pollten (St. Pölten), Melk, Crembs (Krems), Egenburg, Hederstorff (Hadersdorf), Amstetten, Steinakirchen, Scheibs (Scheibbs), Sant Linhart (St. Leonhart am Forst), Ibs (Ybbs) und Weiten (Bez. Pöggstall) vorgesehen.[3]

1413, Ertag vor St. Martinstag (7. November), Gemnyk, verpflichten sich Bruder Lienhart, Prior, und der Konvent von Unser Frauen Thron in Gaming, nachdem ihnen Bischof Albrecht von Regensburg aus besonderer Liebe und Gnade erlaubt hat, in seinem Eigen zu Pechlarn ein Haus zu bauen „zu einer nyderlegung vnd behaltnuß vnsser hab vnd speis“, deswegen mit der Bedrängnissen der Stadt mitzuleiden, wie ein anderes bürgerliches Haus und jährlich 18 d Burgrecht zu dienen. Siegler: der Aussteller.[4]

1415 schloß Bischof Albrecht von Regensburg einen Vergleich mit Niklas Leutl[5] wegen dessen Ansprüche auf Pechlarn.[6]

1424, *VI. Idus Junii* (8. Juni), Rom, beauftragt Papst Martin V. den Bischof von Passau, die Pfarre Pechlarn in Oesterreich nach Abtreten des Pfarrers Johannes Moliatoris, der zu resignieren

---

[1] Karthause Gaming.

[2] Originalpergament im Staatsarchiv Wien, Repertorium IV. Das spitzovale Siegel des Bischofs aus rotem Wachse zerbrochen; das schöne runde Siegel des Domkapitels aus weißem Wachse mit Bild des hl. Petrus. Im selben Archiv nach Repertorium IV. auch ein Vidimus des Abtes Andreas von Seyttensteten auf Pergament, am Ertag vor St. Ambrostag (1. Dezember) 1517 für den Prior Johann von Gämyng ausgefertigt, mit zerbrochenem Siegel. Abschrift von 1691 auch im Gaminger Diplomatar im Stadtarchiv Scheibbs, Bl. 35.

[3] Dr. Hans Dachs, Urkunden zur Gesch. des Hofes der Regensburger Bischöfe in Wien in Verhandlungen des Histor. Vereins von Oberpfalz und Regensburg, 1930, Sonderdruck, 136, 128.

[4] Originalpergament mit einem Siegel im Reichsarchive München, Regensburg, Hochstift, Faszikel 27. Lang-Freyberg, Regesta Boica, XII., 150.

[5] Leutl erscheint 1429 als Lehensherr der Gräberkapelle. Schmieder, Matricula, 25.

[6] Hofbibliothek in Wien, Kodex 13.716, Blatt 10.

beabsichtige, für immer mit allen Rechten und Gütern der bischöflichen Mensa in Regensburg einzuverleiben. Bischof Johann von Regensburg hatte dem Papste vorgestellt, daß diese Mensa, welche einst durch Kaiser, Könige, Fürsten, Adelige und Unadelige mit Schlössern und Gütern reichlich bestiftet worden war, später durch Bosheit der Menschen und Sorglosigkeit der Bischöfe um mehr als 100.000 Goldgulden verschlechtert wurde, so daß Güter versetzt und mit Schulden belastet waren und die jährlichen Einkünfte nur mehr 800 Mark Silber erreichten. Dem ständigen Vikare in Pechlarn ist jedoch ein entsprechender Unterhalt zu gewähren, von dem er auch seine Lasten und Pflichten bestreiten könne.[1]

1425, 5. Jänner, Passau, Bischofshof, vollzieht Bischof Leonhard von Passau den Auftrag des Papstes Martin V., dessen Urkunde ihm durch Bischof Johann von Regensburg vor einem öffentlichen Notare und den zum Schlusse genannten Zeugen übergeben wurde und wörtlich angeführt ist. Der Überbringer der Urkunde ist Magister Heinrich, Pfarrer von Sebach in der Diözese Passau. Nachdem Pfarrer Johann Moliator[2] in Pechlarn durch Heinrich Hargenloer, Kanonikus der alten Kapelle der seligsten Jungfrau in Regensburg, seine Resignation auf die Pfarre überreicht hat, inkorporiert der Bischof diese Pfarre für immer dem bischöflichen Tische in Regensburg, sodaß der Bischof die Einkünfte der Pfarre nach seinem Belieben verwenden kann, aber dort einen ständigen Vikar mit standesgemäßen Unterhalt versehen müsse. Zeugen der gerichtlichen Handlung: Doktor der Dekrete Silvester, Propst Petrus Reindl der Kollegiatskirche Vilshouen[3] und Pfarrer Petrus Rettenhofen in Weyhenmertting, Diözese Passau. Der öffentliche Notar Kaspar Hornberger, Kleriker in Passau, stellt die Urkunde namens des Bischofs aus.[4]

1429 war die Pfarre Pechlarn mit 50 Pfd. Pfen. Taxe Lehen vom Bischof in Regensburg, die Gräberkapelle aber Lehen vom Leutl.[5]

1432, St. Matthäustag des Zwölfboten (21. September), verkaufte Wilhelm der Frawndorffer zwei Güter in Rueperczhoffer[6] Pfarre, genannt am Veld, dem Pfarrer Andre (Steinabrunner) von Pechlarn. Siegler: der Aussteller, der edle Sigmund Hager, Mautner

---

[1] Originalpergament mit päpstlichen Bleisiegel im Reichsarchiv München, Regensburg, Hochstift, Faszikel 27. Lang-Freyberg, Regesta Boica, XIII., 12.

[2] Wahrscheinlich heißt er Müller.

[3] Vilshofen in Bayern.

[4] Originalpergament mit einem Siegel, Reichsarchiv München, Regensburg, Hochstift, Faszikel 27. Abschrift vom 6. Februar 1644 im Konsistorialarchiv St. Pölten. Lang-Freyberg, Regesta Boica, XIII., 50.

[5] Schmieder, Matricula, 22, 25.

[6] Ruprechtshofen

und Richter zu Emerstorff, und Wolfgang Peyleytter, gesessen zu Pechlarn.[1]

1433, Samstag vor Georgi (18. April), verkaufen die Tochter des verstorbenen Konrad zu den Schachen[2] Elsbet, Simon Vyschinger, und Michel, Kristan, Hans und Margret, Enkel Konrads zu dem Schachen, ein Lehen zu Holczarn[3] an dem Ort ihrem Freunde Petreya, der jetzt häuslich darauf sitzt und einen Dienst an die Pfarre Pechlarn zu leisten hat. Siegler: der ehrbare und weise Bernhard der Halperger, Kastner zu Pechlarn, und der ehrbare Wulfgang der Pelewetter zu Pechlarn.[4]

1433, Pfingsttag nach Unser Frauen Geburt (10. September), Pechlarn, verkauft Wolfgang Peilewter seinen Baumgarten zwischen der Herrn von Gaming Hof und Hansen des Chramer Haus dem Prior Friedrich und dem Konvente von Gaming. Siegler: der Aussteller und Bernhart der Halperger, Kastner zu Pechlarn und Burgherr des Gartens anstatt des Bischofs von Regensburg.[5]

1435, 9. Oktober, kam Bischof Konrad VII. von Regensburg nach Pechlarn und berief am 12. Oktober die Lehenleute für den 23. zur Belehnung hieher. Am 14. Oktober reiste er nach Wien.[6]

1435, 13. Oktober, stiftete der Kastner Wernhard Hallberger an der Karnerkapelle zum hl. Johannes neben der Unser Frauenkirche ein Benefizium, das seit 1786 Kuratbenefizium ist und noch besteht.[7]

1436, St. Philipps- und Jakobsabend (30. April), Pechlarn, bestätigt Bischof Connrat von Regensburg auf Bitten des Jobst Lewtel zu Paczekirchen[8] seiner Mutter Elspetn, Tochter des seligen Friedrich des Reikkerstorffer, das Vermächtnis ihres Mannes Niclas Lewtal über 100 Pfd Wr. Pfennige Morgengabe und Heiratsgut und 60 Pfund zu verlornem Gute und lebenslänglichen Genuß des Hofes zu Marpach[9] in Wieselburger Pfarre.[10]

---

[1] Originalpergament mit drei Siegeln, Reichsarchiv München, Regensburg, Hochstift, Faszikel 27.

[2] Schacha, Gemeinde Mitterwasser bei Wieselburg.

[3] Holzern bei Krumnußbaum.

[4] Originalpergament mit einem Siegel, Reichsarchiv München, Regensburg, Hochstift, Faszikel 27.

[5] Smitmer, Codex Diplom. Austriae Nr. 122/III im Staatsarchiv zu Wien, III. Bd., Nr. 261.

[6] Dr. Dachs in Verhandlungen des Histor. Verein von Oberpfalz und Regensburg, 1930, 137, 138.

[7] Geschichtliche Beilagen, III., 156-187.

[8] Petzenkirchen, Bezirk Melk.

[9] Marbach an der kleinen Erlauf.

[10] Originalpergament mit Siegel des Bischofs im Landesarchiv zu Wien, Nr. 2373.

1437, St. Luzientag (13. Dezember), verkauft Andre Stainabrunner, Pfarrer zu Pechlarn, drei Achtel Weingarten zu Goldarn[1] am Kogel und Kranperg, freies Burgrecht vom Herrn von Losenstain, dem man davon in seinem Amthof zu Krumbnuspawm[2] jährlich 3 ¼ d Burgrecht dient, dem Prior Friedrich und dem Konvente zu Gemnikch[3]. Siegler: der Aussteller, Hans Radendorffer, Amtmann zu Krumbnuspawm, und Wernhart Hallperger, Kastner zu Pechlarn.[4]

1439, Maria Lichtmeß (2. Februar), Regensburg, verpflichten sich Bischof Friedrich und das Domkapitel in Regensburg, dem Bernhard Glanast zum Haus für ein Darlehen von 2.000 ungarischen Gulden vom Kastenamte Pechlarn jährlich 70 Pfd. Wr. Pfen. geben zu lassen. Siegler: beide Aussteller.[5]

1439, Freitag nach St. Yppolitentag (14. August), stiftet Andre von Stainenprun, Pfarrer zu Pechlarn, zum Altare des hl. Matthäus auf der „parkirichen“ zu Unser Frauen zu Pechlarn in der Stadt, den er selbst erbauen und weihen ließ, eine ewige Wochenmesse mit zwei Gütern in Ruepretshouer Pfarre, am Veld genannt, gekauft von Wilhelm dem Frawndorfer, welche 2 Pfd. Geld dienen, und anderen Abgaben, wofür man ihm auch einen Jahrtag auf Matthäustag begehen soll. Zu einem Nachtlichte bei dem Altare gibt er die Wayzpewnt zu Pechlarn in dem Werd, gekauft von Symon dem Burger, mit Peunt und Krautgarten dabei. Siegler: der Aussteller, der edle Pankraz von Plankchenstain, Pfleger zu Pechlarn, und Bernhard der Hallperger, Kastner daselbst.[6]

1439, St. Thomasabend (20. Dezember), erklärt Bischof Friedrich von Regensburg, dem Bernhard Glanast, Pfleger zu Pechlarn, 600 ungarische Gulden schuldig zu sein.[7]

1440 machte Pfarrer Andreas eine Stiftung im Chorherrnstifte Dürnstein.[8]

---

[1] Golling bei Krumnußbaum

[2] Krumnußbaum OWW

[3] Gaming

[4] Originalpergament im Staatsarchiv zu Wien, Repertorium IV. Das Siegel des Pfarrers, welches allein erhalten ist, stellt den hl. Petrus vor, Halbfigur, im Schiffe, mit Schlüssel und Fisch in den Händen. Umschrift: S. andree pl(e)b(a)ni in pechlarn.

[5] Originalpergament mit Siegel des Bischofs, das andere fehlt, Reichsarchiv München, Regensburg, Hochstift, Faszikel 27.

[6] Originalpergament mit drei Siegeln, Reichsarchiv München, Regensburg, Hochstift, Faszikel 27.

[7] Originalpergament das Siegel fehlt, Reichsarchiv München, Regensburg, Hochstift, Faszikel 27.

[8] Geschichtliche Beilagen, XI., 153.

1443, Pfingsttag vor Kreuzerhöhung (12. September), schwört Hainz Adelman Urfehde, daß er wegen zu Pechlarn erlittener Gefangenschaft keine Rache nehmen wolle.[1]

1445 entstand das Vikariat Klein-Pöchlarn.[2]

1445-1447 bezog Friedrich von Pöchlarn von Wien 3 Fuder Wein in einer Fuhr und entrichtete dafür die Maut am Rotenturm.[3]

1446, 28. Juli, Wien, schreibt König Friedrich IV. dem Rudolf von Tirnstein, derselbe solle dem Hans Holzer das Ungeld zu Tulln, Melkch, Ybs und Pechlarn abzulösen geben.[4]

1448, Freitag vor hl. Dreikönigstag (5. Jänner), verkaufen Hanns Denkhel zu Kemmanpach[5], seine Schwester Anna und Margreth und ihre Töchter den von ihrem Bruder Peter, gesessen zu Holczgarn[6] am Ort, ererbte halben Teil an dem Ganzlehen daselbst, dienstbar dem Pfarrer und dem Pfleghof[7] zu Pechlarn, und Burgrechtsgründe dem Andre Pyderman, Pfarrer zu Pechlarn. Siegler: der ehrbare und weise Hans Dürrnhofer, Kastner zu Pechlarn und Stephan Emerstorffer, Richter zu Pechlarn.[8] Andreas Pidermann war 1433 erster Kaplan in Ravelsbach gewesen.[9]

1450, Mittwoch nach St. Andreastag (2. Dezember), Newnstat[10], erklärt Sigmund von Eberstorf, oberster Kämmerer und Hubmeister in Oesterreich, daß die Leute und Güter des Bischofs von Regensburg in Oesterreich nicht besteuert werden sollen.[11]

Um 1450 galt die Kirche der seligsten Jungfrau in der Stadt bereits als Pfarrkirche, die Kirchen zum hl. Johann Bapt. und zum hl. Petrus als Kapellen und bestand die Kapelle im Feld am Friedhof unrichtig als Marienkapelle bezeichnet, und das Vikariat in Klein-Pöchlarn mit einem eigenen Vikar, den der Pfarrer präsentierte.[12]

1451, Pfingsttag vor St. Anton (14. Jänner), verkauft Georg Sinczendorffer zum Wasen mit Hand des Bischofs Friedrich von

[1] Reichsarchiv München.
[2] Geschichtliche Beilagen, IX., 559.
[3] Mitteilungen des Vereins für Geschichte der Stadt Wien, V, 1925, 18.
[4] Keiblinger, Melk, I., 1128.
[5] Kemmelbach bei Neumarkt an der Ybbs.
[6] Holzarn bei Krumnußbaum.
[7] Schloß Pöchlarn.
[8] Originalpergament mit zwei Siegeln, Reichsarchiv München, Regensburg, Hochstift, Faszikel 28.
[9] Keiblinger, Melk, IIb., 744.
[10] Wiener-Neustadt.
[11] Originalpergament mit einem aufgedrücktem Siegel, Reichsarchiv München, Regensburg, Hochstift, Faszikel 28.
[12] Geschichtliche Beilagen, III., 159.

Regensburg Zehente zu Holczarn[1] in Pechlinger Pfarre auf 2 Gütern und 2 Lehen und zu Wolfring[2] auf einem Hofe, einem Lehen und einem Halblehen in Petzenkircher Pfarre dem Andre Pyderman, Pfarrer zu Pechlarn. Siegler: der Aussteller und die edlen und festen Bernhard der Newndlinger und Wolfgang der Jörger.[3]

1451, Pfingsttag nach St. Blasius (4. Februar), verpflichtet sich Pankraz von Planckenstein, die vom Bischofe Friedrich von Regensburg erhaltene Pflegschaft der Herrschaft Pechlarn gut zu verwalten.[4]

1451, Samstag nach St. Valentin Martyr (20. Februar), macht Bischof Friedrich von Regensburg dem Pfarrer Andreas Pyderman zu Pechlarn und seinen Nachkommen auf der Pfarre die zu einer ewigen Messe in „sannd Niclascapelle zu Hollczarn“ gestifteten Güter zu freien Eigen, nämlich 2 Pfd. Pfen. Gülte zu Hollczarn, je 9 ß 15 d von zwei Lehen, halben Zehent zu Wolfring in Peczenkircher Pfarre von Wein und Getreide, groß und klein auf einem Hofe, einem Lehen und einem halben Lehen. Diese Güter sollen immer bei der Kapelle bleiben.[5] Die noch bestehende Filialkirche in Holczarn gehört zur Pfarre Pechlarn und wurde wohl in der ersten Hälfte des 15. Jahrhunderts erbaut. Der Grabstein von 1395, welcher als Altarmensaplatte dient, stammt wahrscheinlich von einer benachbarten Pfarrkirche.[6] Im Volksmunde heißt das Gotteshaus auch „Roßkirchlein“, angeblich weil im Franzosenkriege sich ein Pferd dahin verlief und, da die Türe zuschlug, darin verendete. Der Sage nach soll es eine Stiftung der Kaufleute sein, die sich dort versammelten, um in gemeinsamer Fahrt auf der Donau abwärts den Strommern und Raubrittern besser begegnen zu können.

1452, Lichtmeßabend (1. Februar), beurkunden Jörg Mayrhofer, der Kastner Hans Dorenhofer und der Richter Peter Salzer zu Pechlarn, vom Pfleger Pangräz von Plankenstein statt des Bischofs von Regensburg 70 Pfd. Pfen. von der eingenommenen Steuer erhalten zu haben.[7]

1452, Auffahrtstag (18. Mai), quittiert Bischof Friedrich von Regensburg der Frau Margaretha von Plankenstain den Empfang von 1.000 Pfd. Wr. Pfen. welche sie statt ihre Gemahles Pankraz von

---

[1] Holzern.
[2] Wolfring bei Erlauf.
[3] Originalpergament mit drei Siegeln, Reichsarchiv München, Regensburg, Hochstift, Faszikel 28.
[4] Originalpergament mit Siegel des Ausstellers, Reichsarchiv München, Regensburg, Hochstift, Faszikel 28.
[5] Originalpergament mit Siegel des Ausstellers, Reichsarchiv München, Regensburg, Hochstift, Faszikel 28.
[6] Österr. Kunsttopographie, III., 103-104.
[7] Reichsarchiv München

Plankenstein an Steuern und Anschlag auf die armen Leute der Herrschaft Pechlarn erlegt hatte.[1]

1452, Erchtag vor Kolomani (10. Oktober), beurkundet Rudolf Pengkmaier, des Bischofs von Regensburg Weinschenk, von Pankraz von Plankenstein, Pfleger zu Pechlarn 50 Pfd. Pfen. erhalten zu haben.[2]

1453, St. Pauli Bekehrung (25. Jänner), Pechlarn, vergleicht sich der Priester Kaspar Piderman mit dem Bischofe Friedrich von Regensburg wegen der Nachlassenschaft seines verstorbenen Bruders Pfarrer Andre Piderman von Pechlarn. Siegler: der weise und feste Sigmund Hager zu Artstetn[3] und der ehrbare und weise Peter Salczer, Richter zu Pechlarn. Zeugen: die Herren Berchtold Paeler und Erhart Weintinger, beide Priester und derzeit Mithelfer[4] geistlichen Standes in der Pfarre Pechlarn.[5]

1453, Pauli Bekehrung (25. Jänner), Pechlarn, erklären Ulrich Pyderman, Bürger zu Pechlarn, und seine Frau Barbara, vom Bischofe Friedrich von Regensburg wegen der Erbschaft nach seinem Bruder Pfarrer Andre Piderman von Pechlarn vollständig befriedigt worden zu sein. Siegler: Sigmund Hager zu Artstetn und Peter Salczer, Richter zu Pechlarn. Zeugen: die ehrbaren und weisen Hanns Hofschuester und Friedrich Sneyder, beide geschworne und gesessene Bürger zu Pechlarn.[6]

1453, Erchtag vor St. Kathrein (20. November), Regensburg, verpflichtet sich Ulrich Armanacher, als ewiger Verweser der Pfarre Pechlarn, wozu ihn der Bischof Friedrich von Regensburg präsentiert hat, jährlich 60 fl zur bischöflichen Tafel zu erlegen. Siegler: der ehrwürdige Herr Konrad Plessing, Pfarrer zu Nidermünster in Regensburg.[7]

1457, Pfingsttag vor *Invocavit* (3. März), verkauften Hans Schuester, Wirt[8] der geistlichen Herrn von Gemnigkch[9] im Hofe zu Pechlarn, und seine Frau Elspet dem Prior Niklas und dem Kloster zu Gemnigkch einen Acker im Pechlingervelld am Berg, wovon man jährlich 4½ d in den Regensburger Pflegehof[10] zu Pechlarn als

---

[1] Originalpergament mit rückwärts aufgedrücktem Siegel, Reichsarchiv München, Regensburg, Hochstift, Faszikel 28.

[2] Reichsarchiv München.

[3] Artstetten, Bezirk Pöggstall.

[4] Kooperatoren.

[5] Originalpergament mit zwei Siegeln, Reichsarchiv München, Regensburg, Hochstift, Faszikel 28.

[6] Originalpergament mit zwei Siegeln, Reichsarchiv München, Regensburg.

[7] Originalpergament mit einem Siegel, Reichsarchiv München, Regensburg.

[8] Hausverwalter

[9] Gaming

[10] Schloß

Bergrecht dient. Siegler: der ehrbare, weise Hanns Dirrenhofer, Kastner zu Pechlarn, und Peter Satzer, Bürger daselbst.[1]

1459, Freitag nach St. Anton (19. Jänner), verpflichtet sich Pankraz von Plankenstein, Pfleger zu Pechlarn, das von Bischof Ruprecht von Regensburg erhaltene Kastenamt Pechlarn wohl zu versehen.[2]

1460, 2. Jänner war Pfarrer Hans Dirnbach, Meister und Baccalaureus der Hl. Schrift.[3]

1461, St. Leonhardstag (6. November), gelobt Hans Pirchinger dem Bischofe Ruprecht von Regensburg, die Pflege über Schloß und Herrschaft Pechlarn gut zu versehen.[4]

1461, St. Leonhardstag (6. November), verspricht der Pfleger zu Pechlarn Hans Pirchinger dem Bischofe Ruprecht von Regensburg, auch das anvertraute Kastenamt zu Pechlarn gut zu verwalten.[5]

1464, Samstag nach St. Erhartstag (14. Jänner), Regensburg, verzichtet Hans Pirchinger von Tuedach, Ritter, auf alle Ansprüche an Bischof Rueprecht von Regensburg wegen Entsetzung von der Pflegschaft in Pechlarn. Siegler: der Aussteller, der Ritter Hans von Eglofstein, Hofmeister, und Michael Wallrab, Rentmeister auf dem Norgkaw[6].[7]

1469, 31. Mai, Ybbs, erscheint Herr Wolfgang, Kaplan auf dem Chornner zu Pechlarn, als Mitverweser der Gottsleichnamsbruderschaft im Revier bei Ybbs.[8]

1469, Sonntag vor St. Peter und Paul (25. Juni), Pechlarn, verleiht Bischof Heinrich von Regensburg dem edlen Christoph von Zelcking das Dorf Knockhing (Knocking, Pf. Stadt Pöchlarn), das Schenkhaus daselbst, die Mühle zu Niderzuelden, zwei Höfe zu Offnarn (Ofning, Pf. Stadt Pöchlarn), einen Hof auf der Steinbant (Steinwand), die Mühle zu Neudau (Neuda) und das Gut zu Wallenpach (Wallenbach. Pf. Säusenstein) mit Zugehör.[9]

---

[1] Originalpergament mit zwei erhaltenen Siegeln im Staatsarchiv Wien, Repertorium IV.

[2] Originalpergament mit einem Siegel, Reichsarchiv München, Regensburg, Hochstift, Faszikel 28.

[3] Geschichtliche Beilagen, IX., 561.

[4] Originalpergament mit einem Siegel, Reichsarchiv München, Regensburg, Hochstift, Faszikel 29.

[5] Originalpergament mit Siegel des Ausstellers, Reichsarchiv München, Regensburg, Hochstift, Faszikel 29.

[6] Nordgau.

[7] Originalpergament mit drei erhaltenen Siegeln, Reichsarchiv München, Regensburg, Hochstift, Faszikel 29.

[8] Landesarchiv in Wien, Kodex Nr. 397, 27. Siehe unter Ybbs.

[9] Schloßarchiv Jaidhof, VII., 10.

1469, St. Lorenz (10. August), Pechlarn, erhält Herr Hartnid von Losenstein vom Bistum Regensburg die Dörfer Khrumbnußpaumb und Goldern (Golling) auf Pechlinger Land mit Wein- und Kornzehent und Getreidedienst.[1]

1469 resignierte Pfarrer Johann Berger auf das ständige Vikariat der seligsten Jungfrau in Pechlarn und wurde ihm vom Papste eine Pension von 20 Goldgulden darauf reserviert. Darauf verlieh Papst Paul II. in Rom am 16. November 1469 dieses Vikariat, das jährlich 12 Mark Silber ertrug, dem Passauer Priester Brictius Griesbeck, der dafür 29 Gulden Annaten in Rom erlegte.[2]

1473, Montag vor Jakobi (19. Juli), Pechlarn, verpflichtet sich Hans von Plankenstein zur guten Verwaltung der Pflege von Schloß, Stadt und Herrschaft Pechlarn, die ihm Bischof Heinrich von Regensburg übergeben hat.[3]

1473, Montag nach St. Augustin (30. August), Pechlarn, beurkundet Bischof Heinrich von Regensburg, dem Pfleger Hans von Plankenstein 1.577 ungarische Dukaten schuldig zu sein, die er ihm zu seinem und des Stiftes Notdurft, auf Söldner und Huldigungen in Pechlarn geliehen habe.[4]

1475 war Pfarrer Bernhard Dürnhofer von Pechlarn, Mitglied der Bruderschaft zu Ferschnitz.[5]

1476, 15. März, verhandelten der Stadtrat von Korneuburg das Testament vom Sonntag vor Kolomani (8. Oktober) 1475, wonach der „ersam her Wolfgang Knollinger, pharrer zu Sand Veit (bei Klein-Engersdorf) an seine lesten mit gueter vernunft“ verschafft „seinen weingarten zu unser fraun-goczhaus zu Pechlarn; darnach hat er geschaft ain wisen purgkrecht gen Peczenkirchen, darnach hat er geschafft seiner schafferin ain pett, ain tuchent, zway kuß (Kissen), ainen haubtpolster, ain par leiblachen; mer der schafferin ain groß swein und fünf iar iren iarlohn auszurichten“. Zeugen: der ehrsame Herr Lienhart, pharrer zu Stemarstorff (Stammersdorf), der geistliche N., Prior sand Augustinsorden (Augustinerkloster in Korneuburg) und der Bürger Wolfgang Preuer daselbst.[6]

1478, Samstag vor Bartleme (22. August), Pechlarn, verpflichtet sich Hans von Plankenstein, dem Bischof Heinrich von

---

[1] Schloßarchiv Jaidhof, VII., 10.
[2] Blätter für Landeskunde, 1892, 392.
[3] Originalpergament mit Siegel des Ausstellers, Reichsarchiv München, Regensburg, Hochstift.
[4] Originalpergament mit einem Siegel, Reichsarchiv München, Regensburg, Hochstift, Faszikel 29.
[5] Topographie, III., 94.
[6] Aus den Testamentsbüchern, II. Bd. (1444-1493), im Stadtarchiv Korneuburg, mitgeteilt von Herrn Stadtarchivar Dr. Gustav Strakosch-Großmann.

Regensburg die auf vier Jahre verliehene Pflege von Schloß, Stadt und Herrschaft Pechlarn gut zu versehen.[1]

1480 wird Pfarrer Bernhard von Pechlarn als Testamentsvollstrecker erwählt. Er wird auch 1484 genannt.[2]

1480, St. Kathrein (25. November), entscheidet Wolfgang, Graf zu Schawnberg, daß Bischof Heinrich von Regensburg dem Wilhelm Freyer, Ulrich Seydenswants und Wolfgang Kellner, Bürger zu Enns, als Erben des Bernhard Glanast die 70 Pfd. Pfen. Gülte auf dem Kasten zu Pechlarn, welche der Glanast vom Stifte Regensburg gekauft hat, binnen sechs Wochen um 1.500 fl ablösen sollen, was Bischof Heinrich am Sonntag nach St. Kathrein (26. November) in einer eigenen Urkunde gelobte. Die Summe wurde in Raten zu je 250 fl bis 1486 abgezahlt.[3]

1482, St. Jakobsabend (24. Juli), bekennt Wolfgang von Seusenegk, Ritter, daß ihm Bischof Wolfgang zu Regensburg die Pflege der Herrschaft Pechlarn auf ein Jahr übertragen habe.[4]

1484 verfaßten die Fischer zu Pöchlarn eine Fischerverordnung und gründeten eine Zeche oder Bruderschaft zu Herhaltung der Ehrbarkeit und zum Schutze der Fischbrut. Diese Ordnung ist nicht erhalten, diente aber wahrscheinlich als Vorlage für die neue Fischerordnung der Stadt Pöchlarn, welche Kaiser Maximilian II. in Preßburg am 22. Juli 1567 den Fischmeistern zu Alten-Pöchlarn genehmigte. Die Fischerzunft in Pöchlarn erlosch 1824.[5]

1484 wurde der „Welser Turm“ (1632 so genannt) erbaut laut Inschrift. Der Name stammt vielleicht von einer Niederlage der Welser Kaufleute.

1484, St. Magdalenentag (22. Juli), Pechlarn, ernannte Bischof Heinrich von Regensburg den Mert Eyzing zum Pfleger in Pechlarn.[6]

1485 ließ der Pfleger Martin von Eitzing die Ungarn unter Stephan Zapoya in die Stadt ein.[7]

1487, Erchtag vor St. Valentin (13. Februar), Regensburg, entschied das Hofgericht in Regensburg zwischen Bischof Heinrich von Regensburg und Mert von Eytzing, seinem Pfleger zu Pechlarn wegen der Herrschaft Pechlarn und mit Bezug auf die Kriegsläufe in

---

[1] Originalpergament mit Siegel des Ausstellers, Reichsarchiv München, Regensburg, Hochstift.
[2] Geschichtliche Beilagen, VII., 83; IX., 179.
[3] Reichsarchiv München.
[4] Reichsarchiv München.
[5] Stadtarchiv Pöchlarn.
[6] Originalpergament mit Siegel des Ausstellers, Reichsarchiv München, Regensburg, Hochstift, Faszikel 30; ebenso Revers, am selben Tage von Martin Eyzing ausgefertigt.
[7] Blätter für Landeskunde, 1879, 263; Prevenhueber, Annal. Styrenses, 136, 137.

Oesterreich. Der Bischof sei dem Eytzing nichts mehr zu geben schuldig.[1]

1487, St. Jakobsabend (24. Juli), Pechlarn, verspricht Wolfgang von Sewsenek, die vom Bischof Heinrich von Regensburg erhaltene Pflege zu Pechlarn gut zu verwalten. Siegler: der Aussteller und der edle und feste Andre Wolf zum Wasen[2].[3]

1489, Montag nach St. Magdalena (27. Juli), verspricht Stephan Prvnner dem Bischof Heinrich und dem Koadjutor Ruprecht zu Regensburg, das verliehene Pflegeramt in Pechlarn auf ein Jahr lang gut zu verwalten.[4]

1491, Samstag vor Ostern (2. April), Wienn, verzichtet Mert von Eytzing auf die ihm vom Bischof Heinrich von Regensburg verschriebene Pflege zu Pechlarn. Siegler: der Aussteller und sein Schwager Herr Hartneid von Puchaim, oberster Erbdruchseß in Oesterreich, und Herr Lasla Prager, oberster Marschall in Kärnten.[5]

1491, Freitag nach Kreuzerfindung (6. Mai), verspricht Johann von Matschach, die von Bischof Heinrich von Regensburg und seinem Koadjutor Ruprecht erhaltenen Pflege in Pechlarn gut zu verwalten.[6]

1491, Samstag vor St. Martenstag, des hl. Bischofs (5. November), verbessern Richter, Rat und gemeine Stadt zu Pechlarn die durch Magdalena, Witwe des Leonhard Ruest von Cremmz[7] testamentarisch verfügte, aber nicht ausreichend dotierte Stiftung eines Gottesleichnamsamtes „in vnnser pfarrkirchen wochentlich an dem pfünztag zu singen auf dem mittern altar vmb dy fruemeß winter vnd sumer", indem sie sich verpflichten, dem Pfarrer Bernhard Duerrnhoffer und seinen Nachfolgern jährlich zu Weihnachten und Ostern je 2 Pfd. 6 ß d zu geben, wovon er jedem Gesellen 7 ß, dem Schulmeister 7 ß, dem Handmeister 30 d und dem Mesner 30 d reichen soll. Der Priester soll sich beim Amte nach dem Evangelium oder *patrem* umkehren und für Magdalena Ruest, Ritter Hans von Matschach, kaiserlichen Kämmerer, und die Bürgerschaft beten. Bei Versäumnis ihrer Pflicht verfallen

---

[1] Pergamentlibell mit inserierten Urkunden, anhängend das Siegel des Ausstellers Erhart von Murach zu Flügellspergk, Reichsarchiv München, Regensburg, Hochstift, Faszikel 30.

[2] Waasen bei Neumarkt an der Ybbs. Geschichtliche Beilagen, VII., 510.

[3] Originalpergament mit zwei erhaltenen Siegeln, Reichsarchiv München, Regensburg, Hochstift, Faszikel 29.

[4] Originalpergament mit Siegel, Reichsarchiv München, Regensburg, Hochstift, Faszikel 30.

[5] Originalpapier mit rückwärts aufgedrückten Siegeln, Reichsarchiv München, Regensburg, Hochstift, Faszikel 31.

[6] Originalpergament mit Siegel des Ausstellers, Reichsarchiv München, Regensburg, Hochstift.

[7] Krems

beide Teile einer Strafe von einem Pfund Wachs zur Stiftung und von einem Gulden, den die Stadt dem Hans von Matschach, der Pfarrer dem Dechante leisten soll. Siegler: Hans von Matschach, den die Bürger gebeten haben, da sie „dizmals aigens graben statsigel nicht gehabt haben“, und der edle und feste Wolfgang Schaffer „am Hof bey Emerstorff“[1] und Wernhard Lasperger[2].

1495, 20. Juli, vermachte Tiburgius Castner, Bürger zu Pechlarn, der Pfarrkirche in Pechlarn 20 Pfd. Pfen., dem Pfarrer Pernhart Dürrnhofer 8 und seinen Gesellen Wolfgang Moser und Wolfgang Korpreach je 4 Pfd. Pfen.[3] In jener Zeit wurde das Langhaus der Pfarrkirche umgebaut, wie die Jahrzahl 1496 an der südwestlichen Ecke derselben andeutet.

1499, Freitag, Kreuzerfindung (3. Mai), Wien, zitiert der Landmarschall in Oestereich Christoph von Liechtenstain zu Nicolsburg zugunsten des Andre Krabath von Lappitz wegen eines Zehent zu Harlant[4] in Pechlinger Pfarre den Pfleger von Pechlarn Jörg Eispain und fordert ihn auf, die Gerichtskosten zu ersetzen, da der Zehent dem Krabath zugesprochen worden sei.[5]

1499, 31. Oktober, verlieh Bischof Rupert II. von Regensburg allen Gläubigen, welche zur Restauration der Pfarrkirche Pechlarn Almosen geben, Ablässe unter den gewöhnlichen Bedingungen.[6]

1499 erscheinen im Urbar der Herrschaft Persenbeug die Vogtholden des Pfarrers zu Pechlarn auf den Gräbern in Steinbach, im Mos, zu Auratzberg und Gräking.[7]

Um 1500 schreibt Ladislaus Suntheim: „Pechlarn, ain stättl und slos, und ain margkht, haist auch Pechlarn; da sind vil Hafner, die fueren fil hefen und krieg gen Wien und andre end, ist des bischolf von Regenspurg, an der Turnaw gelegen. Under Pechlarn kämpt die Erlauf, ain pös wasser, in Tuonaw geflossen.[8] Nach diesem Berichte scheint damals der Donauarm südlich der Stadt, welcher die Erlauf aufnahm, noch bestanden zu haben.

1500, Samstag vor Jubilate (9. Mai), bekennen Georg Eyspain zu Pechlarn und seine Frau Magdalena, als gewesener Kastner daselbst dem Bischof Ruprecht von Regensburg 200 fl weister Münze

---

[1] Entweder Rotenhof bei Emmersdorf oder „Hofamt“ beim selben Markte.
[2] Originalpergament, das erste Siegel fehlt, Stadtarchiv Pechlarn.
[3] Geschichtliche Beilagen, VII., 84.
[4] Harlanden bei Erlauf.
[5] Originalpergament mit aufgedrücktem Siegel, Reichsarchiv München, Regensburg, Hochstift, Faszikel 31.
[6] Janner, Gesch. der Bischöfe von Regensburg III., 617; Ried, Codex chronol. diplom. episcop. Ratisbon., II., 1095.
[7] Hofkammerarchiv in Wien, Urbar Nr. 1037.
[8] Jahrbuch für vaterländische Geschichte, I., 290.

teils in Geld teils in Getreide schuldig geblieben zu sein. Siegler: der edle und feste Albrecht Nothafft zum Potenstain und Hanns Dieminger zu Haindorf[1], Pfleger in Weytennegk[2].[3]

1501, 8. Oktober, Rom, erteilen Olinorius Sabineus, Hieronymus Prenestius und noch fünf Kardinäle für die *capella corporis Christi super sepulchra prope oppidum Preclarense*[4] *Pataviensis Diocesis*, zu welcher Frater Paulus Streber, Priester aus dieser Stadt und regulierter Chorherr, eine besondere Andacht pflegt, den Besuchern und Wohltätern auf bestimmte Tage hundert Tage Ablaß.[5]

1503, St. Fabian (20. Jänner), beurkundet Wilhelm Rollinger, Bildschnitzer zu Wien, daß ihm Bischof Ruprecht zu Regensburg die Behausung zum Pfaben zu Wien in der Sinninger Straße als Leibrecht verliehen habe.[6]

1504, tauschte Johann Geyer, Kastellan zu Pechlarn Güter mit Magdalena Schirmer.[7]

1508, Mittwoch nach Egidy (6. September), Bechlarn, bestätigt Johann, Administrator des Stiftes Regensburg, Pfalzgraf vom Rein und Herzog von Baiern, dem Meister Peter Thannhawser, Prokurator, die vom Bischofe Rueprecht erhaltene Vollmacht, einen Streit mit Christoph von Zeynntzenndorf und der Witwe Margaretha des Volkher von Awersperg beim Kammergerichte zu Newenstat[8] in Oesterreich zu Ende zu führen.[9]

1512, Mittwoch nach Bartolomäus (25. August), verkauft Katharina, Witwe des Erhard Vischer, dem Hans Geyer, Pfleger zu Pechlarn und obersten kaiserlichen Baumeister in Oesterreich, den Awhof (unbekannt) in der Herrschaft Pechlarn. Siegler: Richter und Rat der Stadt und Georg Eyspein, Bürger daselbst.[10]

---

[1] Haindorf bei St. Pölten.
[2] Weytenegg bei Ebersdorf.
[3] Originalpergament mit zwei Siegeln, Reichsarchiv München, Regensburg, Hochstift, Faszikel 32.
[4] Kapelle vom Leichnam Christi bei den Gräbern am äußeren Friedhofe.
[5] Abschrift der lateinischen Urkunde und gleichzeitige deutsche Übersetzung im bischöflichen Archive in Regensburg, Faszikel Pechlarn.
[6] Reichsarchiv München.
[7] Wurmbrand, Collectanea, 139.
[8] Wiener-Neustadt
[9] Originalpergament mit Siegel, Halbfigur des hl. Petrus; im Landesarchiv zu Wien, Nr. 3532.
[10] Originalpergament mit zwei Siegeln, Reichsarchiv München, Regensburg, Hochstift, Faszikel 32. Das Siegel der Stadt Pechlarn stellt den hl. Petrus in Halbfigur in einem Schifflein vor, mit Fisch und Schlüssel in den ausgestreckten Händen; es ist entnommen dem Siegel des Domkapitels in Regensburg.

1515 wurde in der Schloßkapelle zu Krumnußbaum ein Flügelaltar aufgestellt, der laut Inschrift von „Hanns Peham, Mahler und Glaser, Bürger zu Melk“, angefertigt wurde. Vom selben Maler stammte wahrscheinlich auch der einstige Flügelaltar in Zelking von 1514. Die Kapelle wurde nach 1837 aufgelassen. P. Ignaz Keiblinger von Melk fand Reste dieses Altares am Dachboden des Schlosses in elenden Zustande.[1]

1518, Montag, St. Otilia und Luciatag (13. Dezember), verkaufen Margareth, Witwe des Peter Pauren, gesessen an der Fischergassen (im Dorf Pöchlarn neben dem Benefiziatengarten) und ihre Kinder Wolfgang, Händl, Ursula und Barbara ihr Haus in der Fischergassen ober dem Fischerhaus des Andre Maßl samt einem halben Lehenacker im Pachinger Feld, Pferd, Wagen, Kühen und Schweinen dem Wolfgang Senoll und seiner Frau Otilia, Tochter der Margareth Neupauer, um 46 Pfd. Pfen. Siegler: der edle und feste Georg Geyer, Kastner der Herrschaft Pechlarn, und der ehrbaren Jorg Eyspam, Burger daselbst.[2]

1521, 24. September, Grätz, überträgt Erzherzog Ferdinand I. von Oesterreich die Verwesung des vom Bistum Regensburg erhaltenen Schlosses Ort in Oesterreich unter der Enns dem Achaz von Losenstein und Heimeran Rayner.[3]

1523, 10. Jänner, Neustadt, lud Herzog Ferdinand I. den Benefiziaten Friedrich zu Pechlarn vor die Kammerräte, um sich wegen Nichtleistung des Ungeldes von ausgeschenktem Weine zu rechtfertigen. Der Beamte hatte gemeldet: es sei jetzt eine Reformation mit der Herrschaft Persenbeug und des Bischofs von Regensburg Untertanen zu Krumbnußbaum haben das Ungeld, das zu Melckh gehört, nicht vollständig entrichtet.[4] Wahrscheinlich handelte es sich um das Karnerbenefizium zum hl. Johann Bapt. das Weingärten in Klein-Pöchlarn hatte.

1524, St. Thomansabend (20. Dezember), verkaufte Hanns Geyer zu Osterburg, Pfleger in Pechlarn, dem Johann, Administrator des Bistums Regensburg den Auhof in der Herrschaft Pechlarn, welcher zehentfrei, aber zum Kastenamte Pechlarn zinspflichtig war; ebenso auch ein behaustes halbes Lehen zu Onzing (?).[5]

1525 wird Martin Salchinger als Pfarrer genannt.[6]

---

[1] Keiblingers Handschriften im Stifte Melk. Vgl. Plesser, Heimatbuch der Stadt Pöchlarn, 253.

[2] Originalpergament, beide Siegel fehlen, Stadtarchiv Pöchlarn.

[3] Reichsarchiv München.

[4] Reichsfinanzarchiv Wien, Kodex 55, Bl. 112-114.

[5] Reichsarchiv München.

[6] Geschichtliche Beilagen, IX., 563, 564.

1529, 30. August, gibt der Pfleger Wilhelm von Zanntt zu Pechlarn im Namen des Administrators Johann von Regensburg die Einkünfte der Herrschaft Bechlarn an: Georgidienst in der Stadt und den Vorstädten Bechlarn, von zwei Mühlen und einem Hause zu Harlanden, Hochzeitgelder zu Weihnachten, Ostern und Pfingsten; Georgidienst zu Rornpeuntt; Michaelidienst in der Stadt in der unteren und oberen Vorstadt, zu Brunn, Ontting, Harlanden, Rornpeuntt und Holtzernn, Grundbesitzer von Melckh, Eberstorff, Matzlstorff und Zelking in der Pfarre Bachlarn; Martinsdienst von Großen-Pechlarn, Fleischbänken in der Stadt, Forstpfennig, Gülten im Wörde von vier Lehen, Auhovn bei der Stadt, Müttermüll, zu Brun, die lange öde gelegen; Obermüll, auch Eyspainmül genannt, Fischwasser in der Olting, Bäcker zu Pechlarn, Standgeld, Dienste der ganzen Herrschaft 175 Pfd. 4 ß 24 d, 2 Örttl und ein neuer Heller; Weizen 21 Metzen, Korn 5 Mut 6 Metzen, Gerste 16 Metzen, Hafer 56 Mut 27 Metzen, Zehent: 40 Dreiling Wein, Weizen 2 Mut, Korn 17 Mut, Gerste 7 Metzen, Hafer 17 Mut.[1]

1529 übergab das Domkapitel in Regensburg dem Bischof Johann, Pfalzgraf am Rhein, 3 fl. rheinisch jährlicher Gülte aus dem Zehente von 36 Vierteläckern zu Pechlarn im Orntinger und Brunner[2] Feld um 3 fl aus der Vikariatsrechnung zum Domkapitel.[3]

1530, 29. Juni gab Simon Geyer, Pfleger zu Pechlarn, des gnädigen Herrn von Regensburg (durch die Türken) verbrunnenen Gülten und Güter an zu Rust und Pechlarn in der Varstat, darauf wurde vom Anschlag abgegangen 33 Pfd. 5 ß 13 d.[4]

1533, 10. Juni, stellt Hans Reich einen Geburtsbrief für die Gebrüder *de Tramagiis* aus.[5]

1533 stellte die Stadt Pechlarn in Oesterreich eine Quittung darüber aus, daß ihr das Domkapitel in Regensburg aus Gnade und keiner Gerechtigkeit zum „Gepau und Rünckmaur“ 30 fl Zusteuer gegeben habe.[6]

1538 verpflichtet sich der neu gewählte Bischof Pankraz von Süntzenhouven zu Regensburg unter anderem dem Domkapitel gegenüber, die Bestimmungen des Baseler Konzils auch in Bezug auf Pechlarn zu halten.[7]

---

[1] Landesarchiv Wien, Gültbuch OWW, Nr. 243.
[2] Ornding und Brunn bei Pechlarn.
[3] Hofbibliothek in Wien, Kodex 13.716, Blatt 8.
[4] Landesarchiv Wien, Gültbuch, OWW, Nr. 243.
[5] Originalpergament, das Siegel des Ausstellers in spitzovaler Blechkapsel, mit Schnur angehängt, zerbrochen. Stadtarchiv Pöchlarn.
[6] Registratur-Buch von 1642 im bischöflichen Archive zu Regensburg.
[7] Registratur-Buch von 1642 im bischöflichen Archive zu Regensburg.

1549, 25. Februar, Wien, teilt die Regierung dem Verwalter der Herrschaft Bechlarn mit, daß sie zum Rorbrunnen der Stadt und Burg in Wien 600 bis 700 Föhrenstämme benötige und darum ihren Brunn- und Zimmermeister Adam Pereiter geschickt habe, um dieselben in der Herrschaft Pechlarn, wo sie genug vorhanden und ohne bedeutende Kosten befördert werden können, schlagen zu lassen.[1]

1549, 12. August, Bechlarn, bestätigt Bischof Georg von Regensburg dem Richter, Rate und Gemeinde der Stadt Bechlarn in Oesterreich, nachdem sie ihm die Erbhuldigung getan haben, ihre „ordnung, polliceien, gerechtigkeit, alt herkomen vnd guet gewohnhait", welche sie von seinen Vorfahren, besonders dem Pfalzgrafen Johann, Administrator, und dem Bischofe Pankratz erlangt haben.[2]

1549, 19. August, entscheiden Kaspar von Sekhendorff, Hofmarschall des Bischofs Georg von Regensburg, und Christoph Ambsteter zu Zwerchenpach, daß Christoph von Contzin sein Leben lang in dem zur Herrschaft Pechlarn gehörigen Gehölz von dem Kuegraben bis an das Dorf Harlanden jagen könne.[3]

1550, Ertag nach Egydi (2. September), setzte Clemens Trauner zu Adelstetten, Pfleger des Fürstbischofs von Regensburg auf der Herrschaft Pechlarn das Kloster Gaming, welches seinen halben Hof zu Pechlarn dem Jakob Kastner, genannt Perman, Bürger zu Pechlarn, um 155 Pfd. Pfen. überlassen und nun von seinen Erben um die gleiche Summe zurückgekauft hat, in den Besitz des Hofes ein[4].

1551 waren Pfarrer Johann Kriechpaum und der Benefiziat Johann Schweinhaller der neuen Lehre zugeneigt.[5]

1552, 12. Jänner, präsentierte Bischof Georg von Regensburg dem Bischofe Wolfgang von Passau nach dem Tode des Magisters Johann Kriechpaum für die Pfarre in Stadt Bechlarn den Nikolaus Rauscher.[6]

1552 verfaßte Pfarrer Rauscher ein Pfarrgrundbuch.[7]

1556, 12. September, und

1558, 11. Jänner, wird Nikolaus Rausch, Pfarrer in Pechlarn, bereits als Dechant genannt.[8]

---

[1] Reichsfinanzarchiv in Wien, niederösterr. Herrschaften, P., 2/1.

[2] Originalpergament, Siegel aus der Kapsel gefallen, Stadtarchiv Pöchlarn.

[3] Reichsarchiv München.

[4] Original mit dem Kaufbriefe vom selben Datum im Staatsarchiv Wien, Repertorium IV.

[5] Wiedemann, IV., 232.

[6] Originalpergament mit Sekretsiegel, Konsistorialarchiv St. Pölten. Wiedemann, IV., 232 schreibt statt Kriechpaum unrichtig Weierbaum.

[7] Pfarrarchiv Gr. Pöchlarn.

[8] Geschichtliche Beilagen, II., 259; Konsistorialarchiv St. Pölten, Faszikel Gerolding.

1563, 28. November, gibt Pfarrer Nikolaus Rausch zu Pechlarn das Einkommen des Pfarrers an: Dienste von Auroltzperg und Gräcking (bei Marbach), 3 Bauern in der Leyß, 3 zu Holtzern, 3 zu Rämpelstorff, 1 am Weg und 2 zu Rorapeundt; Getreidezehent zu Harlanden, zu Wolffaring von 2 Höfen, Weinzehent daselbst, Pachlweingarten, zu Altenn-Pechlarn (Klein-Pöchlarn) unter der Kirche, am Perg und in Ober- und Nider-Einöd. Taxiert am 10. Dezember 1563 auf 10 Pfd. 5 ß 8 d. Petschaft des Pfarrers mit N. R. und Doppelkreuz auf Dreiberg.[1]

1565, 27. April, bestätigt Dechant und Pastor Nikolaus Rausch an der Kirche Gottes in Pechlarn, daß Stephan Herbst durch den Zeitraum dieses Jahres bei ihm als Kooperator treu gedient und ein musterhaftes Leben geführt habe. Da aber diese Stelle so gering sei, daß er sich mit Weib und Kind davon nicht erhalten könne, möge ihm eine bessere Stelle verliehen werden. Herbst erhielt darauf die Pfarre Rabenstein.[2] Herbst war zwar katholisch, aber verehelicht wie auch der Dechant daselbst.

1572, 17. September, präsentierte Bischof David von Regensburg dem Bischof Urban von Passau für die Pfarrkirche der seligsten Jungfrau in seiner Stadt Pechlarn und das damit vereinigte Gräbernbenefizium zur Heiligsten Dreifaltigkeit nach dem Tode des Nikolaus Rausch den Stephan Rausch (des vorigen Sohn).[3]

1573, 17. Oktober, bewilligte der Bischof von Regensburg dem Pfarrer Rausch zu den vertragsmäßig festgesetzten 80 fl noch 20 fl für Wein, damit er Kooperator und Schulmeister erhalten könne.[4]

1577, 8. Februar, Wien, verpflichtet sich Stephan Rausch, die Pfarre Pechlarn und das Dreifaltigkeitsbenefizium (gemeint ist das Gräberbenefizium) nach katholischem Brauche zu verwalten, sich der neuen, verführerischen Lehren zu enthalten und die entzogenen Stiftungsgüter wieder zurückzubringen.[5]

1578 drückt eine bekehrte Katholikin Maria Salome auf ihrem Grabsteine (roter Marmor als Pflasterstein beim Hauptor der Pfarrkirche) ihren Dank in folgender Weise aus:

Herr Got, ich sag dier dank und Lob
Für dein vngrürte Gnad vnd Gab,
Die ich zeitlich erlebet hab.
Bis ich Christvm meinen Haillant
Vnd sein Wort warhafft hab erkant,

---

[1] Landesarchiv Wien, Gültbuch, OWW, Nr. 271.
[2] Konsistorialarchiv St. Pölten, Faszikel Rabenstein.
[3] Originalpergament mit Vikariatssiegel (Petrus im Schiffe mit Schlüssel und Fisch), Konsistorialarchiv St. Pölten.
[4] Bischöfliches Archiv Regensburg.
[5] Konsistorialarchiv St. Pölten.

Meiner Tawfpflichten mich ermant,
Erleichtet mein Awgen verplendt,
Das rechten Brawchs der Sacrament
Begnadet mich bis in mein Endt.
In festen Glawben bstandigklich
Dvrch dein genad abschide ich
Willig, gern vnd vernvnftigklich,
Wie meiner Sehelen Zevgnvs geit[1]
Got vnd bei mir gewest geistlich Lewt . . .

1583[2] hielten vom 2. bis 22. Mai die Kommissäre des Bischofs von Regensburg als Grundherrn Kommissionen über Religion und Geistlichkeit in Pechlarn ab. Der Bericht meldet über Groß-Pechlarn Folgendes: Am 2. Mai hielt der Pfarrer von Pöechling früh den Gottesdienst und zeigte sich, daß es hier mit der Religion ziemlich baufällig stehe, weil außer den Schülern und dem Gesellpriester nur 4 bis 5 Personen erschienen, obwohl geläutet worden war. Am 8. Mai, Sonntag *Cantate*, wurde die Vorbereitung zur Erbhuldigung gemacht, dann in Clain-Pöchlarn visitiert. Am 11. Mai ging nach altem Gebrauch die Prozession von der Kirche aus nach Sanndt Florian (?) auf den Gräbern und dann um die Felder, wobei die vier Evangelien gesungen wurden. Auch die Kommissäre nehmen des guten Beispiels wegen daran Teil und fanden das Benehmen der Leute christlich und erbaulich. Voran gingen bei 200 Jungfrauen parweise, dann die Schüler, Klerisei und Kommissäre und das Volk, im Ganzen bei tausend Menschen und es schien Hoffnung, daß ihnen mit Belehrung und Beispiel noch zu helfen sei. Der Pfarrer erklärte, die wegen der Konkubinen auferlegte Strafe von 500 fl nicht zu zahlen, weil in diesem Lande alle Priester beweibt seien, man sagte ihm, daß dadurch auch die anderen geschreckt werden sollen. Pfarrer und Benefiziat hatten Weib und Kind; sie besassen ziemlich gute altkatholische Bücher, aber auch einige lutherische Traktätlein, die weggenommen wurden. Der Pfarrhof war ziemlich erbaut, das Benefiziatenhaus aber gar baufällig und die Schule erst neulich vom Kirchengelde aufgebaut worden. Am 19. Mai mußte der Benfiziat Georg eine Predigt halten, die er wohl verrichtet, auch sonst wurde sein Verhalten und Wirken für gut befunden.

Am 20. Mai folgte das Examen, an welchem über Einladung der Kommissäre auch der Dechant von Mölkh, unter dessen Dekanat die Pfarre gehörte, teilnahm, ebenso auch der alte Herr (Kaspar) von Lindegg. Der Pfarrer besaß ein Brevier, betete aber täglich nur die *confessio generalis*, zelebrierte in der Woche ein- bis dreimal und war

---

[1] gibt

[2] Das Jahr ist nicht angegeben, jedoch aus dem Umstande zu erschließen, daß der Sonntag Cantate am 8. Mai begangen wurde.

zu seiner Rechtfertigung (in Prozessen) oft wochenlang in Wien. Er hielt sich nach dem Passau'schen Meßbuche mit *Confiteor*, *de Sanctis*, *Graduale* und anderem, hielt die Ohrenbeichte und fragte die Leute, welche sich nur allgemein als Sünder bekannten, über die Zehn Gebote aus, hatte nur 6 Kommunikanten unter einer Gestalt; die anderen speiste er unter der Messe bei der *fractio panis* unter beiden Gestalten. Wenn ein Kranker zu kommunizieren begehrte, nahm er Portatile und eine Partikel mit sich und konsekrierte im Hause Brot und Wein; doch hatte der Bischof von Passau auch erlaubt, das Blut Christi in den Kirchen zu konsekrieren und in gläsernen Gefäßen den Kranken zu bringen, aber auf dieser Pfarre waren solche Gefäße nicht vorhanden. Die Heiligen Öle waren aufbewahrt, aber bei der Taufe wollten einige die Salbung nicht zulassen und die letzte Ölung wurde nicht begehrt, auch nahmen die Sterbenden kein Licht in die Hand. Die Korona (Tonsur) hatte der Pfarrer lange nicht erneuern lassen. Er hatte ungefähr 250 Personen unter beiden Gestalten abgespeist, jedoch lateinisch, konsekrierte auch lateinisch. Die Bürger kamen nur selten in die Kirche, der Richter wartete an Sonntagen der Arbeit aus, die Ratsherrn kommunizierten zum Teile beim Pfarrer oder Gesellpriester. Die Monstranz war ins Sakramentshäuschen gesetzt, da Einbruch versucht worden war. Die konsekrierten Partikeln wurden bei ihrem Abgange wieder erneuert. Die Zeremonien am Palmsonntage waren seit langen Jahren nicht mehr gehalten worden, Fleisch hatte der Pfarrer bis *Laetare* genossen, da kein Fisch zu bekommen war; doch war er bereit, in Zukunft die Fastenzeiten zu halten. Ornat und Kleinode waren in der Sakristei. In der Kirche wurden einige deutsche Psalmen gesungen als: „Nun bitten wir den Heiligen Geist".[1] Zum Opfer gingen nur einige von den Ratsherrn und der Gemeinde. Die Feste und Feiertage wurden verkündet. Die Kindbetterinnen ließen sich vorsegnen. Zu Maria Lichtmeß kamen zur Lichterweihe einige altkatholische Leute und zur Salzweihe am Blasiustag viele Menschen, auch lutherische aus fremden Pfarren. Von Maria Lichtmeß bis Fronleichnam hielt man den Umgang[2] um die Kirche. Bei Versehgängen gebrauchte man Chorrock und Stola, aber kein Glöcklein. An jedem Sonntage wurde Wasser und Salz geweiht und aspergiert, aber die Leute wischten es wieder ab und trieben ihr Gespött damit. Zu Unser Frauenbild waren keine Wachskerzen gestiftet und die Kirche konnte dieselben nicht anschaffen. Die Litaneien in der Fasten wurden dreimal wöchentlich, das *Salve* an Samstagen durch das ganze Jahr und das *Tenebre* an Freitagen gehalten, aber die Leute kamen nicht dazu. Der

[1] Der Text dieses Pfingstliedes aus dem 13. Jahrhundert ist in Sankt Bonifazius, Wien 1907, 69 enthalten.
[2] An allen Sonntagen.

Pfarrer hatte einen römischen Rosenkranz, glaubte an die Fürbitte der Heiligen und das Fegefeuer. - Der Benefiziat Georg (am St. Johannesbenefizium) sagte ähnlich aus wie der Pfarrer. Er hielt sich katholisch und ziemlich exemplarisch, war aber verheiratet und genoß bei den Bürgern gleich dem Pfarrer Ehre und Ansehen. Er sprach die Absolution nach der Form, gebrauchte beim Vater Unser die Worte: „Denn Dein ist das Reich, Kraft, die Macht, die Herrlichkeit" und statt „Ave Maria": „Gegrüßt bist Du, Maria". Die hohe Elevation bei der Messe hinderte die enge Kasel. Hielt die Zeremonien auf Fronleichnam und versprach, für die Verstorbenen zu beten, auch vom Kruzifix die Tafel mit den Worten: *Verbum Domini manet in aeternum* zu entfernen. Das Benefizium auf den Gräbern war der Pfarre einverleibt und der Pfarrer darauf installiert. Derselbe mußte vier Kirchen wesentlich und baulich erhalten. Zum Gräberstift gehörten zwei Tagwerke Acker, ein Weingarten und 36 Untertanen[1], derentwegen Streit mit dem Herrn von Prösing[2] war, noch drei Bauern und Getreidezehent von 2 Mut schwerem und geringem. Der Pfarrer war bereit, sich in allem unterrichten zu lassen und katholisch zu verhalten, bat jedoch, des Weibes wegen mit ihm Geduld zu haben; er habe einen Leibschaden und wolle sich (vom Zölibate) dispensieren lassen. Für Rechtfertigung habe er zum Besten der Pfarre über 1.000 fl ausgegeben. Die Kommissäre sagten: Wenn er sein Weib entlasse, würde es ihm zu großer Gnade gereichen, sonst müßten sie der Wahrheit gemäß Bericht erstatten. Wegen der Schule wurde dem Pfarrer befohlen, die Jugend fleißig zum Unterrichte anzuhalten und darauf zu sehen, daß sie auch die Kirche besuchen und kein Bürger ohne Wissen des Pflegers seine Kinder anderswohin sende bei unnnachläßlicher Strafe. Die Kirchenversehung wurde in Gegenwart des Pflegers, Pfarrers und der Gemeinde vorgenommen. Am selben Tage vernahmen die Kommissäre den Schulmeister, zwei katholische Bürger und den Rat und die Gemeinde, denen vorgestellt wurde, daß sie von den Nachbarn in Religionssachen verführt worden und die Belehrungen zu ihrem Besten gemeint seien, worauf sie sich bereit erklärten, dieselbe anzunehmen. Der Dechant von Melk hielt in Großen-Pöchlarn und Johann Lunder in Klein-Pöchlarn eine Predigt darüber, daß die Kirche dem büssenden Sünder ihren Schoß nicht verschließe.

Am 21. Mai wurde weiters mit dem Benefiziaten Georg verhandelt. Er war eifrig im Gottesdienste und Abhaltung von Jahrtagen und Stiftungen und hielt die Messe nach christlichem Brauche. Er hatte keine Seelsorge, aber doch einige Kinder getauft und Kommunionen

---

[1] Laut Urbar von 1580 waren 18 Holden in Auretsberg und 8 in Kraking bei Gottsdorf. Konsistorialarchiv St. Pölten. Sollte daher richtig 26 heißen.

[2] Auf Persenbeug

unter beiden Gestalten gespendet. Ihm wurde aufgetragen, beim Vater Unser den lutherischen Zusatz auszulassen und dafür anzufügen: „Ave Maria“ und „Heilige Maria Mutter Gottes u.s.f.“ Mit seinem Weibe war er zwar nicht öffentlich zur Kirche und Gasse gegangen, aber zu Herten (?) vor 14 Jahren von einem katholischen Priester kopuliert worden. *Duxit virginem.*

Am 22. Mai, Sonntag *Exaudi*, predigten der Dechant von Melk in Groß-Pechlarn und Herr Lunder in Klein-Pechlarn über den rechten Beruf der Apostel und Seelsorger und war in beiden Kirchen viel Volk, wurde auch ein Umgang um dieselbe gehalten. Nach dem Gottesdienste besichtigte man den Kirchenornat in Stadt Pechlarn, der nach dem Inventare von 1569 vollständig vorgefunden wurde. Darauf setzte die Vernehmung des Schulmeisters Jeremias Mischenulos. Dieser war zwei Jahre hier (sein Vorgänger hatte Winkler geheißen), war katholisch und hatte sich ohne Erlaubnis zu Emerstorff verehelicht. Er kommunizierte unter einer Gestalt, ließ keinen lutherischen Katechismus lernen, sondern wollte in Zukunft den von Kanisius einführen. Er bezog 10 fl von der Schule und 10 Metzen Getreide vom Mesneramte, während der Metzen Korn vom Schlosse für Wetterläuten nicht mehr gegeben wurde. Schüler waren 18 bis 20 und zahlten jeder quatemberliche 15 kr. Ihm wurde aufgetragen, gut katholisch zu leben und zu lehren, die Kinder fleißig zu unterrichten und in der Kirche einen Chorrock zu tragen.

In diesem Jahre wurde zu den Pfingstfeiertagen (29. Mai) auch die altgebräuchliche, aber seit einigen Jahren unterlassene Wallfahrt nach Mölkh wieder abgehalten und beteiligten sich einige hundert Personen. Sie zogen durch den dortigen Markt, dessen Bürger alle lutherisch waren, unter Litaneiengesang zur Klosterkirche auf dem Berge und kehrten, ohne etwas zu essen, wieder heim. Priester und Schulmeister erfuhren Hohn und Spott von den Bürgern, doch kamen die Teilnehmer „ungeschlagen von den Handwerksleuten“ nach Hause.[1]

Um 1584 hatte das Bistum Regensburg auf der Herrschaft Pöchlarn 361 Untertanen, davon in der Ornding und Wört 35, Pöchlarn 36, untere Vorstadt (Dorf Pöchlarn) 27, obere Vorstadt und Brunn 39, Rörapoint 10, Harlanden 10, Steinakirchen 31, Bergern 29, Amt unter der Leiten 9; OMB Bechling (Klein-Pöchlarn) 72, Krumnußbaum 43, Schallmarbach 9, Ober-Thalheim 8.[2] Um jene Zeit kaufte die Herrschaft vom landesfürstlichen Landgerichtsbezirke in Markersdorf das Landgericht über 191 Häuser in Pöchlarn und Umgebung südlich der Donau und in Matzelsdorf.[3]

---

[1] Bischöfliches Archiv in Regensburg, Faszikel Pöchlarn. Weitere Auszüge aus dem interessanten Berichte siehe Geschichtliche Beilagen, IX., 565-566.

[2] Schloßarchiv Ottenstein.

[3] Reichfinanzarchiv Wien, niederösterreichische Herrschaftsakten, P 2/1.

Von dem in Pöchlarn geborenen Johann Rasch stammt eine fabulose Chronik von Oesterreich.[1]

1590 führt Sanct Mörtten-Grund- oder Sallbuech der Herrschaft Pechlarn südlich der Donau folgendes an: St. Mertendienst in der Stadt Pechlarn von 4 Fleischbänken 2 ß 24 d; Standgeld auf Martini, von Brotbänken zu Weihnachten, Ostern und Pfingsten á 9 d von drei Ständen, vom Urfar in der Stadt 10 fl; von geistlichen Stiften: die von Gämming von ihrem halben Hause 9 d, Unser Frauenkirche zu Pechlarn von 18 Vierteln Acker im Onttingerfeldt Zehent von 1 fl 4 ß d; der Kaplan auf dem Corner von 18 Vierteln im Prunnerfelt Zehent 1 fl 4 ß d. Forstpfennig von den Höfen in der vndern Vorstadt, von 8 halben Höfen; von den Höfen und Viertelackern in der obern Vorstadt, von einem Hofe im Pechligerveltt; von Höfen und Viertelackern im Dorfe Ontting, von 2 halben Höfen und verschiedenen Gründen. Pfenniggülte in Wörth von den 4 Lehen, den Forstpfennig von den Hölzern und Viertelackern. St. Martendienst von den Milln (Mühlen) zu Prunn, von der Eispangmill, Permanßmüll, dem Christoph Pemerll, Lindeggischen Verwalter gehörig, Mittermill und Kottmill. St. Mertendienst vom Dorfe Harlanden 2 Höfe und 3 halbe Höfe; von einem Hause auf der Stainwandt zu Crumbnuspamb herdißhalb der Thainaw von einem Hause, so dem Schnätterl zugehörig, 4 ß d; zu Rerapeunt von 4 Häusern. Fischdienst unterhalb der Stadt, die Olling oder Och von Wörter Obersteg bis an die Grenze der Berginger Gründe und die Stegwiesen 2 fl 2 ß d. Von den Brandstätten zu Pechlarn, obere Vorstadt 2, Vnder Vorstat 3, Prunn 1, Onnting 1. Von Vierteläckern in Pechlingerfeldt, darunter einer dem Unser Frauen-Gotteshaus gehörig und dem Gustor oder Meßner zur Besserung überlassen; ein zweiter gehört der Kirche, einer war von ihr dem Reichmülner verkauft. Als Stadtrichter wird Wolfgang Hättinger genannt; angeführt werden 74 Gründe. St. Mertensdienst von Vierteläckern in Onttingerfeld 57 Gründe, von Praitten Vierteln 6, von Pergvierteln in Mitterberg und Onttinger Perg, in Prunnerfellt 36 Äcker. Die Freyn Viertel, „so ainen Hörwagen mitt vier Rossen vnnd zwayen Knechten halten müssen, sonsten aber des Haberndienst vnd Gellt, do man schon desselben Jars des Hörwagen nit bedürfftig, befreiet sein“. Sind 4 Viertel und stellen einen Hörwagen samt einer wollenen Decke und den Pferden, und besolden die Knechte, bekleiden sie und führen alles dem Pfleger samt aller Rüstung in das Lager zu. Summe des Martinidienstes 84 Pfd. 7 ß 13 d, Korn 5 Mut 11 Metzen, Gerste 16 Metzen, Hafer 66 Mut 11 Metzen.[2]

---

[1] Vorhanden in der Hofbibliothek in Wien, Katalog der lateinischen, deutschen, französischen und italienischen Manuskripte der Weltgeschichte CXLVII.

[2] Schloßarchiv Pöchlarn.

1594 wurde Pfarrer Johann Lunder[1]. Seinem Vater widmete er folgende Grabschrift in der Kirche zu Pöchlarn:

Piis Manibus Dni Joannis Londeri
Nato Grandioris Reverendos D.N.M.
Johannes Londer, Parochus
Praeclarensis Fil. F. F.
Londer olympiades bis septem quando peregit
Et sol ad signum bis remeasset idem,
Aligao optatam Mariae referente salutem
Coelitibus mentem mancipat, ossa solo.

Da eine Olympiade 4 Jahre sind, also 14 Olympiaden 56 Jahre ausmachen, scheint der Genannte im Alter von 56 Jahren auf Maria Verkündigung 1588 gestorben zu sein.

In das Pfarrurbar schrieb Lunder folgende Worte:

Omnibus rebus ita peractis
Nulla fides est in pactis,
Mell in ore, verba lactis
Fel in Corde, fraus in factis.[2]

1596, 23. April, Pöchlarn, ersucht Mag. Johann Lunder, Pfleger zu Pechlarn, den Klosterrat: nachdem er sich im Gotteshause Seisenstein seinem geringen Vermögen nach brauchen ließ und dazu auch in Zukunft willig sei, möge ihm als Gedenkzeichen vom Gotteshause, weil eine ziemliche Anzahl Wein vorhanden sei, ein Faß eines guten Trunkes erfolgt werden. Wurde in Wien 17. Mai 1596 abgewiesen.[3]

1597, vom 16. Februar bis 7. März, verhandelten in Pöchlarn die päpstlichen Kommissäre mit den aufständischen Bauern.[4]

1598, Montag, 9. Februar, bischöflicher Hof in Regensburg, präsentiert Quirinus Leonimus, Dr. der Theologia, Dechant und Offizial des Bischofs Philipp von Regensburg, dem Bischof Urban von Passau für die St. Peterspfarrkirche in Pechlarn nach dem Tode des Mag. Johann Lunder den Mag. Wolfgang Sutor, Baccalaureus der Theologie.[5]

1600, 23. Dezember, heißt es im Visitationsberichte des Dekanates Melk über die Pfarre Pechling: Alda ist noch kein recht bestellter Pfahrrer sondern nur erst ein Zeit ein *Vicarius* sambt einen Caplan. Mathias Probst haißt der *Vicarius*. Ist sonst ein Beneficiat daselbst. Wer gern ledig von der *Administration illius parochiae. Rmus Ratisbonensis est collator. Ad festum purificationis* solt ein

---

[1] Konsistorialarchiv St. Pölten. Urkunden-Register von etwa 1832.
[2] Konsistorialarchiv St. Pölten.
[3] Statthaltereiarchiv Wien, C-Akten.
[4] Haselbach, Bauernkrieg, Urkunden, 35, 126.
[5] Originalpergament mit Siegel des bischöflichen Vikariates in Regensburg, Konsistorialarchiv St. Pölten.

Pfarherr geschickt werden *aut forte sacellanus constituetur parochus Dominus vicarius, quantum vidi, rite omnia peragit in ecclesia et quidem zelo bono. Secundam habet ecclesiam. Utique sacramentum diligenter et munde asseruatur. Reliqua sacramenta administrantur ex praescripto ecclesiae Passaviensis.*[1]

1600, 17. Oktober, Ratisbonae, präsentierte Bischof Sigismund Friedrich von Regensburg dem Passauer Bistumsverweser Christoph Pöttinger von Persing für die Pfarrkirche zum hl. Petrus in der Stadt Pechlarn in Oesterreich nach Entfernung des Wolfgang Sutor den Alexander Stöckhl, Priester der Regensburger Diözese.[2]

1607, 29. Juni, präsentieren Richter und Rat der Stadt Pöchlarn auf das St. Johannesbenefizium auf dem Khorner nach dem Tode des Paul Hofmüller den Mathias Probst.[3] Propst wollte 1612 in seine Heimat reisen und resignierte die Stelle, änderte dann aber seinen Sinn und wurde am 14. März 1612 nochmals präsentiert. Nach seinem Tode wurde am 30. April 1619 vom Stadtrichter Kaspar Lindtner und dem Rate präsentiert Jakob Schreiber, der seit 4 Jahren Kaplandienste leistete; dann nach seiner Resignation am 2. Juli 1624 der langjährige, treue, liebe Pfarrer Alexander Stökhl, der wegen Alter die Pfarre resignierte. Nach dessen Tod 1626 wurde das Benefizium dem Pfarrer Johann Heltenberger zugestanden, da aber die fünf wöchentlichen Messen öfters vernachlässigt wurden, am 8. Mai 1629 der Kaplan Thomas Panzhamber von Kleinpechlarn darauf präsentiert; nach dessen Resignation am 13. August 1630 der Kaplan von Mölkh Sebastian Walther, der 1638 „laider sein Leben durch daß Wasser geendet"; darauf am 6. September 1638 Johann Schweikard; nach dessen Tod am 14. Dezember 1644 der Pfarrer von Marbach Matthäus Zeller; nach diesem Leo Wolff, Chorherr von St. Pölten; nach dessen Abtreten am 27. August 1654 P. Jakob Scholiaster, Prämonstratenser von Zettaw in Behaimb, gewesener Pfarrer in Schönaw ob der Enns; nach dessen Resignation am 6. Oktober 1654 Georg Rieggeln, Frühmesser im Markte Scheibbs; 1659 Pfarrer Georg Loßer, am 26. Dezember 1662 Mag. Johann Bapt. Clammer, bisher als Kaplan hier eifrig wirkend, dann auch als Pfarrer das Benefizium behaltend. Nach seinem Tode folgte am 9. August 1676 Christian Tschanhenz, seit 3 Jahren hier Kaplan; nach dessen Tod am 12. April 1682 Wolfgang Christian

---

[1] Konsistorialarchiv St. Pölten, Faszikel Bischofstetten.
[2] Originalpergament mit Vikariatssiegel, Konsistorialarchiv St. Pölten.
[3] Originalpapier mit aufgedrücktem spätgotischen Siegel der Stadt. Konsistorialarchiv St. Pölten.

Humel, nach dessen Absterben am 10. Jänner 1714 Martin Dobler, nach dessen Tod 1721 Sebastian Valentin Hügel, Kurat in Maria-Täfferl.[1]

1613, 12. Juni, Pechlarn, schreibt Pfarrer Alexander Stökhel dem Dechant Andreas Schrempffen von Mölgkh: Die Pfarre und Herrschaft Pechlarn sei mit katholischer Obrigkeit, Bürgerschaft und bischöflich Regensburg'schen Untertanen versehen; die Absenz und das Auslaufen an Sonn- und Feiertagen werde nicht geduldet. Aus Zelking, einer Concin- und Tornaw'schen Herrschaft, die gleichwohl auf Pechlarn gepfarrt ist „haben heuer über 200 Personen darunter solche, welche sich 9-7 Jahre als Lutherische enthalten haben, kommuniziert.[2]

1624, 18. Mai, berichtet der Pfleger an Bischof Albrecht von Regensburg, der Kaplan Sebastian Grießpacher von Klein-Pechlarn versieht auch die Pfarre und das Benefizium in Stadt Pöchlarn, wodurch der Gottesdienst großen Mangel leidet.[3]

1624, 18. Juni, Regensburg, präsentiert Bischof Albrecht von Regensburg dem Offiziale Karl von Kirchberg in Wien, nachdem der Pfarrvikar auf der Pfarre Pechlarn wegen verschiedener Ursachen besonders stäten Leibesunvermögen resigniert hatte[4], den Johann Halltenberger, seinen bisherigen Pfarrvikar in Hagenhüll.[5]

1628, 8. Juli, Regensburg, präsentiert Bischof Albrecht von Regensburg dem Offiziale Karl von Kirchberg auf die Unser Frauenpfarre zu Pechlarn nach Abtreten des Johann Heltenberger[6] den Karl Römer, Priester des Patriarchates Aquileja.[7]

1629, 25. Mai, Regensburg, präsentierte Bischof Albrecht von Regensburg dem Offiziale von Khirchberg für Unser lieben Frauenpharre zu Pechlarn nach Abtreten des Karl Römer den Mag. Leonhard Riedtmüller, Priester des Bistums Regensburg.[8]

1632, 9. Juli, Pechlarn, präsentiert Bischof Albert von Regensburg dem Offiziale Karl von Khirchperg auf die Pfarre Pechlarn nach

[1] Präsentationen im Konsistorialarchiv St. Pölten, wodurch die Darstellung der Benefiziaten von Pöchlarn in Geschichtliche Beilagen, III., 161-172, ergänzt und richtig gestellt wird.
[2] Konsistorialarchiv St. Pölten, Faszikel Michelhausen.
[3] Wiedemann, IV., 232.
[4] Alexander Stökhel erhielt damals das St. Johannesbenefizium in Pöchlarn. Geschichtliche Beilagen, III., 161.
[5] Originalpapier mit aufgedrücktem Sekretsiegel und Unterschrift des Bischofs, Konsistorialarchiv St. Pölten.
[6] Wurde benefiziert zu St. Johannes in Pöchlarn. Geschichtliche Beilagen, III., 162.
[7] Konsistorialarchiv St. Pölten.
[8] Konsistorialarchiv St. Pölten.

Resignation des Leonhard Riedtmüller[1] den Nikolaus Weinperger, Dr. der Theologie, Dechant und Pfarrer zu Melk.[2]

1634, 13. August, präsentierten einige Domkapitularen von Regensburg während des Bischofs Albrecht „feindlicher Gefangnuß" den Johann Bartholomä Khoboldt von Tambach, Dr. der Rechte, Kanonikus und Kustos des Hochstiftes Regensburg, für die Unser Frauenpfarre in Pechlarn.[3]

1637, 27. Februar, Regensburg, präsentierte Bischof Albrecht von Regensburg nach Dr. Koboldts Resignation für Pechlarn den Fr. Wolfgang Thalhamer, Kanonikus und Prior des Prämonstratenserklosters Neyenstifft bei Freysingen, der als Vikar Khoboldts bereits die Seelsorge versehen hatte.[4]

1643, 26. August, berichtet Pfarrer Andreas Kaltenegger über seine Pfarre Pechlarn: In Alten-Pechlarn sind 1600 Personen, darunter 30 lutherische. Die Pfarre hat 4 Untertanen, welche 14 fl Steuern und Grunddienste geben. Die Stola trägt nicht so viel, daß der Pfarrer seinem Kaplane wöchentlich 1 fl geben könnte. Das Pfarreinkommen besteht in einem Deputat von Getreide und Wein, welches vom Hofe gereicht wird für den Drittelzehent von Wein und Getreide, den die Herrschaft fechsnet, nämlich 3 Mut Kastenmaß und 7 Dreiling Weinmost, jeder zu 20 Grandt Eimer gerechnet. Auch hat der Pfarrer drei kleine Getreidezehente, die um 80 fl verlassen werden, und genießt er die Stiftung bei den Gräbern außer der Stadt, wovon er einen Kaplan erhält und 37 Grunduntertanen im Amte Aurazberg mit 5 fl 4 ß d Dienst sowie 15-20 fl von Verträgen, Todesfällen und Rechten hat. Der Pfarrer ist verpflichtet, an Sonn- und Feiertagen Amt und Predigt, an Wochentagen am Pfingsttag ein gesungenes Amt vom heiligsten Sakrament und auf erzbischöflichen Befehl an Samstagen eine hl. Messe zu verrichten und kann die Pfarre auch allein versehen, wenn er gesund ist. Doch ist es ratsam, einen Kaplan zu halten, auch wegen der Filiale St. Othmar in Neuen-Pöchlarn jenseits der Thonau. Lehens- und Vogtherr ist der Bischof von Regensburg. Die Pfarre umfaßt die Pfarrkirche Unser lieben Frauen, vier Kapellen diesseits und die Filiale St. Othmar jenseits der Thonau. Letztere hat nur 10 Viertel Weingüter, die ganz verödet sind, einige Wiesmahd und Krautgärten und kann einen Kaplan nicht erhalten, weshalb sie von Alten-Pöchlarn versehen wurde. Unter seinem Vorgänger wurde durch dessen Nachgiebigkeit diese Filiale nach langwierigen Machinationen zu einer eigenen Pfarre erhoben ohne Fug und Recht. Die Filialen St. Peter (im Dorf Pöchlarn) und

[1] Wurde Pfarrer in Rapottenstein. Geschichtliche Beilagen, VI., 324.
[2] Konsistorialarchiv St. Pölten.
[3] Notiz in der Präsentation vom 27. Februar 1637, Konsistorialarchiv St. Pölten.
[4] Konsistorialarchiv St. Pölten.

St. Nikolaus (in Holzern) haben keinen Benefiziaten. Die Kirche bei den Gräbern ist der Pfarre einverleibt. Nach St. Peter wird von Ostern bis Pfingsten wöchentlich alle Freitage von der Pfarrkirche eine Prozession geführt und dort ein Amt gesungen. Das Karnerstift im Pfarrfriedhof hat einen eigenen Benefiziaten unter der Lehenschaft des Magistrates.[1]

Kaltenegger war um 1604 geboren und verschied im Juli 1682 als Dechant von Stockerau, wo er am 13. Juli in der Kirchengruft beigesetzt wurde.[2]

1648, 16. September, Regensburg, präsentiert Franz Wilhem, Bischof von Regensburg, Osnabrück, Münden und Verden, Graf zu Wartenberg und Schaunburg, Herr zu Waldt und Hochenburg, dem Bischofe Leopold Wilhelm von Straßburg, Halberstatt und Passau nach Resignation des Mag. Johann Schober für die Pfarre Pechlarn den Petrus Posenig, Baccalaureus des Theologie. Siegel des Bischofs, Unterschrift der Vertreter des Domkapitels Domdechant Kaspar Georg von und zu Hegennberg und Domherr Johann Paul von Leoprechting und Sekretär Karl Egyd Brex(?)[3].

1655, 30. August, Regensburg, präsentierte Bischof Franz Wilhelm von Regensburg dem Passauer Offiziale auf die Pfarre Pechlarn nach freiwilligem Abtreten des Petrus Posenigg den Magister Leo Wolf, regulierten Kanoniker und Kandidaten der Thologie.[4]

1658, 21. Mai, Regensburg, präsentiert Bischof Franz Wilhelm von Regensburg dem Offiziale Martin Geiger in Wien nach Resignation des Mag. Leo Wolff für die Pfarre Alten-Pechlarn den Michael Khürmair, bisher Vikar zu Clain-Pechlarn.[5]

1659, 16. August, Regensburg, schreibt Bischof Franz Wilhelm von Regensburg dem Offiziale Jodok Höpfner in Wien: Magister Georg Loser habe bei seinem Pfleger und dem Stadtrate in Pechlarn um eine neue Präsentation auf die Pfarre (?) Alten-Pechlarn angesucht, worüber ihm ein Bericht erstattet werden wolle.[6] Diese Präsentation bezog sich nicht auf die Pfarre sondern das St. Johannesbenefizium in Pöchlarn, das der Stadtrat vergeben konnte.[7]

1659 berichtet Mag. Michael Grummer, Vizedechant, über das Dekanat Ybbs. Darin heißt es: Pfarre Altenpechlarn, Pfarrer Johann Kirchmayer, Weltpriester, noch nicht installiert, hat drei Filialkirchen, in welchen zu gewissen Zeiten Gottesdienst gehalten wird. Daselbst

[1] Pfarrarchiv Groß-Pöchlarn.
[2] Mitteilung des hochw. Herrn Pfarrers Karl Koch von Oberhautzental aus dem Sterbebuch in Stockerau.
[3] Konsistorialarchiv St. Pölten.
[4] Konsistorialarchiv St. Pölten und Siegel des Bischofs.
[5] Konsistorialarchiv St. Pölten. Geschichtliche Beilagen, IX., 572.
[6] Konsistorialarchiv St. Pölten.
[7] Geschichtliche Beilagen, III., 163.

ein Benefizium zum hl. Johann Bapt., das Georg Loser, Weltpriester, versieht. Das Vikariat in Klein-Pechlarn gehört *ad parochiam Praeclarensem*, ist aber erledigt. Lehensherr der Bischof von Regensburg.[1]

1665-1676 war Pfarrer Johann Bapt. Klammer.[2]

1676, 20. Juli, Freising, präsentierte Bischof Albert Sigismund, Bischof von Freising und Regensburg, dem Bischof Sebastian von Passau für die Pfarre Pöchlarn nach dem Tode des Johann Klammern den Andreas Wisböckh, Dr. der Theologie, aus dem Institute der gemeinschaftlich lebenden Weltpriester.[3]

1684, 10. Juli, Regensburg, präsentierte Bischof Albert Sigismund von Freising und Regensburg dem Bischofe von Passau für Altenböchlarn nach dem Tode des Andreas Wispeck den Franz Wilhelm Reindl, einst Administrator in Holabrunn.[4]

1694, 30. August, starb Pfarrer Reindl und

1716, 9. Dezember, folgte ihm sein Nachfolger Johann Philipp Augustin ins Grab.[5]

1717 bis zum Tode 7. Oktober 1731 war Pfarrer Leopold Zimmermann. Darauf Franz Michael Weiß, gestorben 28. Jänner 1767.

1742, 12. August, schloß Pfarrer Weiß mit dem Sinzendorf'schen Inspektor einen Vertrag wegen Vergrößerung der Kapelle in Erlauf. Diese wurde am 27. Mai 1745 vom Kardinal Josef Dominik von Lamberg, Bischof von Passau, konsekriert. Dazu stiftete Franz Anton Zienner von Waidhofen an der Thaya 1770 mit 7.000 fl ein Benefizium auf wöchentlich 5 Messen. Das Benefiziatenhaus wurde 1771 vom Grundbuche Schönbichl exempt gemacht. Als 1783, am 15. Oktober, die Errichtung einer Lokalkaplanei in Erlauf erfolgte, trat der Stadtrat von Waidhofen 1784 das ihm zustehende Präsentationsrecht an die Herrschaft Zelking ab. Die Kirche wurde vergrößert und am 21. September 1854 neuerdings geweiht.[6]

1745 erwirkte Franz Josef Giegl zur Verwertung der Holzvorräte des Ötschergebietes ein Privilegium für die Erlaufschwemme.[7] An der Mündung der Erlauf in die Donau entstand „am Rechen" eine Häusergruppe und erbaute Giegl vor 1759 auch eine Kapelle mit Meßlizenz.[8]

---

[1] Konsistorialarchiv St. Pölten, alte Dekanatsakten.
[2] Geschichtliche Beilagen, III., 165.
[3] Konsistorialarchiv St. Pölten.
[4] Konsistorialarchiv St. Pölten. Geschichtliche Beilagen, IX., 576.
[5] Sterbebuch Pöchlarn.
[6] Siehe Gedenkbuch des Benefiziums in Stadt Pöchlarn, 249, 252, 260; Geschichtliche Beilagen, IX., 569; Konsistorialarchiv St. Pölten.
[7] Topographie, V., 935.
[8] Konsistorialarchiv St. Pölten.

1872 wurde eine Dampfsäge erbaut und die Schwemme 1911 aufgelassen.

1767-1780 war Pfarrer Johann Michael Lother, darauf 1781-1799 Josef Nasinger.

1768, 1. Juni, versprach die Gemeinde Ornding die Erhaltung ihrer Betkapelle.[1]

1786 Entweihung der Peterskirche im Dorfe Pöchlarn (Bräuhausgarten), der Benefiziatenkapelle zum hl. Johann Baptist (an der Südseite der Pfarrkirche, noch erhalten) und der Kirche zum Hl. Grabe am Friedhofe (heute nur mehr das Presbyterium als Gruft erhalten).[2]

1854 wurde das westliche Stadttor und der Turm abgetragen.

141. St. Pölten, Dompfarre

mit Kirche zu Maria Himmelfahrt (einst Chorherrnstift und Pfarre), Priesterseminarkapelle zu den hll. Aposteln Petrus und Paulus (ehemals Franziskanerkirche), Bürgerversorgungshaus mit Kirche zum hl. Märtyrer Oswald, Kloster der Englischen Fräulein (1705) mit Kirche zur unbefleckten Empfängnis und Haus der Ewigen Anbetung (1886) mit Herz-Jesu Kirche und Ober-Wagram mit Kapelle.[3]

Die ältesten Spuren menschlicher Siedlung wurden hier 1927 auf der Galgenleithe, wo der Nadelbach das Traisental erreicht, gefunden. Sie gehören der Jüngeren Steinzeit (etwa von 2500 vor Christi Geburt) an.[4] Die dort gefundenen Tonidole, weibliche Gestalten darstellend, bezeugen die Kunstfertigkeit und wohl auch die Empfänglichkeit dieser ältesten Bewohner für religiös-sittliche Ideen.

Die Brüder Adalbert und Ottokar, Söhne des Herzogs von Bayern, gründeten nebst dem Benediktinerstifte Tegernsee in Bayern angeblich 742 auch in Norikum ein Kloster der Benediktiner an der

---

[1] Konsistorialarchiv St. Pölten.

[2] Kerschbaumer, Geschichte des Bistums St. Pölten, II., 69.

[3] Schweickhardt, Darstellung von Niederösterreich, IV., 251-311; V., 1-63; Johann Fahrngruber, Aus St. Pölten, 1885, 480 Seiten; Riesenhuber, Die kirchl. Kunstdenkmale des Bistums St. Pölten, 1923, 274-293, wo die weitere Literatur angegeben ist. Dr. August Herrmann, Geschichte der lf. Stadt St. Pölten, 1917 ff.; Mon. Germ. Hist. Necrolog., V., 473-550 und Fontes, XXI., 441-753; Die Städte Deutschösterreischs, III. Band: St. Pölten, 1928, 344 Seiten und viele Bilder schildert besonders die Entwicklung dieser Stadt in der neuesten Zeit und ihre modernen Einrichtungen; Monatsblätter des Altertums-Vereines zu Wien, 1918, 85ff.

[4] Dr. Josef Layer in Die Städte Deutschlands, III. Band, 1928, 19-23.

Traisen, wo aber damals noch die Awaren bis 791 herrschten. Auf der Pilgerfahrt nach Rom erbaten die Brüder vom Papste Zacharias (741-752) die Reliquien des hl. Quirinus für Tegernsee, des hl. Arsacius für Ilmmünster (in Bayern) und des hl Hippolytus für das Kloster an der Traisen, das davon den Namen *Sancti Hippolyti* oder *Sancti Ypoliti* erhielt, woraus St. Pölten entstand.[1]

791 befreite Karl der Große die Gegend von der Herrschaft der Awaren und gab darauf dem Kloster St. Pölten verschiedene Rechte und Freiheiten.

799, *ad Treisma*, verleiht Bischof Waltrich von Passau die St. Martinskirche zu Linz dem Grafen Kerold.[2] - Mithin hatte Karl der Große schon damals dieses Treisma (St. Pölten) dem Bistum Passau übergeben.

823, 28. Juni, Frankfurt, bestätigte Kaiser Ludwig der Fromme dem Bistum Passau die von Kaiser Karl erhaltenen Besitzungen, darunter auch Treisma[3].

907 eroberten die Magyaren diese Gegend und vernichteten wohl auch das Benediktinerkloster St. Pölten. Sie wurden 955 besiegt und nach Osten zurückgeworfen.

976, 22. Juli, Regensburg, bestätigt Kaiser Otto II. dem Bistum Passau und den diesem unterworfenen Klöstern St. Florian, St. Pölten und Kremsmünster die von den Kaisern Karl I., Ludwig I. und Otto I. verliehenen Rechte und Freiheiten.[4] Dabei wird St. Pölten *Treisma ad monasterium Sancti Ypoliti* genannt und sollen damals weltliche Chorherrn das Kloster bewohnt haben und bestand auch eine Pfarre.

Um 987 beurkundet Herzog Heinrich von Bayern, daß der Kirche in Passau auch die Stadt *Treisima sancti Ypoliti martiris* gehöre, wie sie Bischof Adalbert († 970) zur Zeit des Markgrafen Burkhard gehabt hat.[5] Die Bischöfe Berengar und Engelbert von Passau (1013-1065) sollen das Kloster neu erhoben haben und führten daselbst die Regel des hl. Chrodegang ein.[6]

1017 führt Abt Elinger von Tegernsee unter den diesem Stifte entfremdeten Gütern an: der Bischof von Passau hat die Propstei zu St. Pölten in Oesterreich, welche unsere zwei Fundatoren gestiftet haben.[7]

---

[1] Zu dieser Sage bemerke Blätter für Landeskunde, 1883, 419-421.
[2] Monumenta Boica, XXVIII., II., 36, wo Trisma steht. Blätter für Landeskunde, 1883, 418.
[3] Oberösterr. Urkundenbuch, II., 8. Vgl. Blätter für Landeskunde, 1883, 417,418.
[4] Niederösterr. Urkundenbuch, I., 1.
[5] Niederösterr. Urkundenbuch, I., 3.
[6] Winter, Niederösterr. Weistümer, III., 271-288.
[7] Tegernseer Kodex von 1726, 163; Stiftsarchiv Seitenstetten; Monumenta Boica, VI., 163.

1058, 2. Oktober, Ibosa (Ybbs), schenkt König Heinrich IV. dem Kloster *sancti Ypoliti* (St. Pölten) auf Bitten seiner Mutter, der Kaiserin Agnes, drei königliche Mansen *im Mandesverde infra Svechant et Visckaha juxta Danubium* (Mannswert bei Fischament) und den Markt St. Pölten (*forum Sancto Ypolito*).[1]

1065 wurde die Klosterkirche nach einem Brande neu geweiht. Um 1081 zogen die Augustiner-Chorherrn in das Kloster ein, welches durch Bischof Altmann gründlich reformiert wurde.[2]

Um 1125 wird Propst Meinhard von St. Pölten genannt.[3]

Um 1130 geben Propst Heinrich und der Konvent von St. Pölten ihre Zustimmung zur Stiftung der Pfarre Kirchstetten durch die Gräfin Petrissa von Schwarzenburg und erhielten dafür 18 Pfd. Kremser Pfennige.[4] Dieser Propst wird sonst nirgends erwähnt.

1133 weihte Bischof Reginmar von Passau die Pfarrkirche St. Maria in St. Pölten. Sie bestand vor der Stadt beim Wilhelmsburger Tor, damit auch in Kriegszeiten bei Belagerung der Stadt die eingepfarrten Orte davon nicht abgeschnitten waren. Daneben lag das Siechenhaus und der Friedhof mit der jüngeren St. Barbara-Kapelle.[5] Die Kirche wurde nach dem Brande 1512 aufgelassen.[6]

1150 wurde die Klosterkirche geweiht. Aus dieser Zeit stammte die Westfront.

Um 1154, *indictione tertia, VII. Idus Julii* (9. Juli) *apud Sanctum Ypolitum,* unter der Regierung des Kaisers Friedrich, beurkundet Bischof Chunrad von Passau, daß er vom Abte Azelinus in *Cella sancte Marie* (Klein-Mariazell) vom Orden des hl. Benedikt einen Hof im Dorfe Zwischenbrvnnen und eine Manse im Dorfe Zwerndorf (bei Marchegg) erhalten habe, und gibt ihm dafür den Zehent von allen Gründen, deren Grenze geht von Haidenrichesnate über Wilantswart, Salehe, Gemez, Moderschalmeschaite und Pechstaich, von dort gerade zwischen den Gütern der Markgrafen Heinrich von Oesterreich und Otakar von Styra (Steiermark) nach Cholperch, über Tenningperch und zur Pfarre Potenstain (Pottenstein bei Baden). Siegler: der Bischof, Zeugen: die Pröpste Adalbert *sancti Nicolai* (bei Passau), Adalrich *sancti Ypoliti* (St. Pölten), Vdalrich von Ardacher, Haertwich *sancti Georgii* (an der Donau), dann Otto *archidiaconus et notarius*, Gebehar *archipresbiter*, Ebergerus *plebanus, sacerdos de Wina*; aus den Laien Pabo von Slevntz (Burgschleinitz), Dietmar von

[1] Niederösterr. Urkundenbuch, I., 5.
[2] Fuchs, Altmann, 11, 91, 92.
[3] Niederösterr. Urkundenbuch, I., 6.
[4] Abschrift im Pfarrarchiv Ollersbach. Siehe unter Kirchstetten.
[5] Kirchliche Topographie, VII., 357.
[6] Fahrngruber, Aus St. Pölten, 143.

Spilberch, Friedrich *prefectus Ratispone urbis* (Regensburg), Gebehard der Sohn des Engilbert, *comitis Hallensis*, die Brüder Adalbert und Gebehard von Stain, Hadmar von Chvfarn, Ditrich von Werdarn, Perhtold von Mawer, Hardmvt von Hage und Pernold von *sancto Ypolito*.[1]

1159, 3. Mai, gibt Bischof Konrad von Passau seinen Bürgern von *Sancto Ypolito* auf ihre Bitten besondere gerichtliche Vollmachten, so daß sich jeder Angeklagte vor ihnen verantworten muß beim Verhör und auch *examinatione iudicii aque vel ferri* (bei Gerichtsprobe mit Wasser oder Eisen). Zeugen: Propst Adalrich von St. Pölten, Adalbert, *parochianus* (Pfarrer) dieses Ortes, und eine Reihe von Bürgern.[2]

1159 bezeugte Pfarrer Albert von *sancto Ypolito* auch die Urkunde des Bischofs Konrad von Passau wegen Errichtung der Pfarre Friedersbach.[3]

1159, 16. Dezember, gibt Bischof Konrad von Passau dem Chorherrenstifte St. Pölten die Pfarrkirche Askerichesprukke (Bruck an der Leitha).[4]

1160, 22. September, St. Johann in Sabenicha (Sarmingstein), bezeugen Propst Adalrich *sancti Ypoliti* und der Priester Adalbert, *Pleban de sancto Ypolitho*, die Stiftung der Pfarre Nöchling (St. Oswald) durch Bischof Konrad von Passau.[5]

Vor 1179 stiftet Bischof Theobald von Passau zur Kirche des hl. Andreas im Friedhof *sancti Ypoliti* einen Wald zu Pergaren bei Hunteshaim (Bergern bei Huntsheim).[6] Die St. Andreaskirche mit Karner lag dem Haupteingang der Domkirche gerade gegenüber, faßte etwa 200 Personen und enthielt im Unterteile eine St. Leonhardskapelle. Sie wurde 1786 abgetragen.[7]

Um 1180 bestätigte Papst Alexander III. dem Stifte St. Pölten das Markt- und Burgrecht in St. Pölten und die Pfarre daselbst mit allen ihren Kirchen und Grenzen.[8]

1196, Passau, bezeugt Propst Sighard *sancti Ypoliti* eine Urkunde des Bischofs Wolfker von Passau. Um 1199 erscheint er in einem Dokumente des Stiftes St. Georgen.[9]

---

[1] Kodex des Reichsarchiv in München; mit Variationen abgedruckt in Monumenta Boica, XXVIII., II., 231-232.
[2] Monumenta Boica, XXVIII., II., 114.
[3] Geschichtliche Beilagen, XI., 226.
[4] Niederösterr. Urkundenbuch, I., 11.
[5] Geschichtliche Beilagen, IV., 307.
[6] Niederösterr. Urkundenbuch, I., 17.
[7] Fahrngruber, Aus St. Pölten, 141, 142.
[8] Niederösterr. Urkundenbuch, I., 18.
[9] Hauthaler, Salzburger Urkundenbuch, II., 678, 704.

1203, vom 22. September bis Mitter November, weilte Bischof Wolfger von Passau mehrmals in St. Pölten. Der Amtmann Sigehard *sancti Ipoliti* gab ihm am 29. September in Mautern 5 Talente. Der Bischof gab Geldbeträge dem Boten des Königs von Ungarn und dem Boten von Böhmen, auch zur Kapelle, auf ein Tuch zur Bedeckung des Sessels der Königin von Böhmen, dem Mag. Reimund und Fr. Heinrich auch einen Boten an den Herzog von Bayern, Theoderich von *sancto Ipolitio* begleitete ihn auf der Romreise und erhielt am 19. und 22. Mai 1203 in Verona je zwei Talente Veroneser.[1]

1213, 19. Dezember, Passau, übergibt Bischof Mangold von Passau dem Stifte St. Pölten die Pfarre St. Pölten mit allen Rechten und Einkünften in der Weise, daß sie von einem der Brüder des Klosters versehen werden soll.[2]

1215, 5. April, Augsburg, schlichtet Kaiser Friedrich II. den Streit zwischen Bischof Mangold von Passau und Herzog Leopold VI. von Oesterreich auch wegen der Vogtei in St. Ypolit.[3]

1219, 18. September, Göttweig, bezeugen Propst Marquard und Dechant Sigeloch von *sancto Ypolito* eine Urkunde des Bischofs Ulrich von Passau für das Stift Geras.[4]

1222, 17. Jänner, Pulkau, vermittelt Bischof Gebehard von Passau zwischen seinen Verwandten Konrad und Leutold, Grafen von Plaien, dem Abte der Schotten in Wien und dem Propste von St. Pölten wegen Zehente in Pulka und Leutacher, welche nach dem Rückfalle vom Lehensinhaber in drei Teile geteilt werden sollen.[5]

1224, 2. April, Lateran, gibt Papst Honorius III. dem Chorherrnstifte St. Pölten das Recht, aus ihrer Mitte den Propst zu wählen.[6]

Um 1224 sicherte Propst Marquard von St. Pölten der Adelheid von Utendorf nach dem Tode ihres Gatten Aufnahme in das Kloster der Chorfrauen zu, wo sie Nahrung und Kleidung bekommen soll.[7] Dieses Frauenkloster bestand bis ins 15. Jahrhundert.

1226, 18. September, Wien, Schottenstift, entscheidet Abt Wezelin von Göttweig mit anderen Schiedsrichtern einen Streit wegen Leistungen von Dornbach zur Mutterpfarre in Wien. Zeugen: die Pröpste Marchward *sancti Ypoliti* und Heinrich von St. Georgen.[8]

---

[1] Ignaz Zingerle, Reiserechnung Wolfgers von Ellenbrechtskirchen, Heilbronn, 1877, 1, 2, 10, 11, 14, 29, 48.
[2] Niederösterr. Urkundenbuch, I., 36.
[3] Quellen zur Gesch. der Stadt Wien, I. Abteil., I. Bd., Nr. 1.
[4] Archiv für österr. Geschichte, 1849, II. Jahrg., I. Heft, 12.
[5] Fontes, XVIII., 27.
[6] Blätter für Landeskunde, 1894, 482.
[7] Niederösterr. Urkundenbuch, I., 41.
[8] Hauthaler, Salzburger Urkundenbuch, III., 337.

1241 hatte Herzog Friedrich II. von Oesterreich vom Bistum Passau zu Lehen die Vogtei über die Kirchen in Erla (Erlakloster) *Sancti Yppoliti*, Chotwich, *St. Georgii* (an der Traisen), Altenburg und Sitansteten. Auch wird das St. Pöltener Maß genannt.[1]

Um 1244 vermitteln Propst M(arquard) und Dechant P(ilgrim) *sancti Ypoliti* zwischen dem Stifte und dem Pleban von Herzogenburg.[2]

1248, 22. März, Wien, beurkundet Graf Otto von Eberstein, Reichskapitän in Oesterreich und Steyr, daß Albert und Hadmar von Kuenring gelobt haben, die Kirche *sancti Ypoliti* , welche durch die Feinde gar sehr beschädigt sei, durch keine Bollwerke oder Gebäude zum Widerstand gegen ihre Feinde zu gebrauchen oder von den Ihrigen gebrauchen zu lassen, sondern den Konvent daselbst zu schützen, damit er dem Gottesdienste in Frieden obliegen könne.[3]

1248 bestätigt Bischof Rudger von Passau dem Stifte St. Pölten den Besitz von 28 Kirchen und Kapellen, darunter von der Pfarre St. Pölten mit ihren exemten und nicht exemten Kapellen und den Kapellen in Ober- und Unter-Potenbrunn und in Vichouven und erlaubt, daß diese Pfarre durch einen Bruder des Stiftes, den der Propst auf ein Jahr bestellt und der Mahlzeit und Nachtruhe im Stifte genießt, versehen werde.[4]

1260 zahlte der Propst von St. Pölten als Steuer nach Rom 3 Pfd. und war bei der Verrechnung des päpstlichen Nuntius in Melk anwesend.[5]

Aus dem 13. Jahrhundert stammt ein Kelch aus Kupfer stark vergoldet, 16 cm hoch, mit romanischem Trichterfuß und gotischen Minuskeln am Knauf, gehört zur Domsakristei und ist im Diözesanmuseum verwahrt.[6]

Um 1260 hatte der Bischof von Passau Güter in der Hofmarch *sancti Ypoliti*, in Mehters, Schowinge, Harlant, Altmanstorf, Stuedersdorf (Stattersdorf), Ober-Wachrein, Sprazarn, Stainvelt mit Weide vor St. Pölten, Niederwachrain. Die Kirche *ad s. Ypolitum* verliehen die Brüder daselbst und nahmen den Zehent ein, aber Ort und Grund gehörten dem Bischof von Passau.[7]

Um 1270 wurde die Stiftskirche, ein romanischer Bau mit zwei schmäleren und niederen Abseiten und halbrundem Ostchor spätromanisch umgebaut. Davon ist die Rosenkranzkapelle noch erhalten.

---

[1] Oberösterr. Urkundenbuch, III., 101.
[2] Fontes, IV., 204.
[3] Frieß, Die Herren von Kuenring. Regest Nr. 235.
[4] Niederösterr. Urkundenbuch, I., 62.
[5] Oberösterr. Urkundenbuch, I., 501-503.
[6] Katalog, 12.
[7] Monumenta Boica, XXVIII., II., 182, 474, 475, 482.

Vor 1270 erscheint als *scholasticus* in St. Pölten und unter dem 22. August im Melker Nekrolog ein Otto *inclusus sancti Ypoliti*.

Als *custos* des Stiftes St. Pölten wird 1259 und 1260 Chunrad genannt. 1273 war Chunrad *plebanus* und Chorherr von St. Pölten.[1]

1277, *VIII. Kalendas Decembris* (24. November), *apud Novam Civitatem*, im 5. Jahr der Regierung, beurkundet König Rudolf, daß Bischof Petrus von Passau sich um ihn und das Reich große Verdienste erworben habe, indem er alle Lehen, die durch den Tod der österreichischen Fürsten erledigt waren, seinen Söhnen Albert, Hartmann und Rudolf und ihren Kindern und männlichen Erben verliehen habe, mit Ausnahme jener Güter, welche der König dem Bischof selbst zuweist und des Patronates der Pfarrkirche Holabrunn, welche der verstorbene Bischof Berthold vom Passau dem Tische des Passauer Kapitels verliehen hat, als diese Lehen durch den Tod des Herzogs Friedrich von Oesterreich erledigt waren. Daher sollen seine Söhne den Bischof als Lehensherren ehren und ihn in seinen Rechten schützen. Zum Lohne für die aufgewendeten Mühen und Auslagen überweist der König von den erledigten Lehen Gülten von 200 Pfd. Pfen. dem Bischof als dauernden Besitz, nämlich den Markt Trebense mit aller Zughör, Wäldern, Wiesen, Mühlen, Fischweiden, Gerichten über bürgerliche und Kriminalsachen, *naulo vel iure passagii* (Ursache), der Kornmaut, welche früher dem Landesfürsten zustand, und der anliegenden Insel, welche König Ottakar von Böhmen zu diesem Markte gezogen hatte, was alles jährlich 80 Pfd. Pfen. ertrug; dann das Dorf Gaizrub mit Zugehör, Zivil- und Blutgericht und jährlich 29 Pfd. Pfen. Erträgnis. Weiters gibt er der Kirche in Passau im Dorfe Holern 6½ Pfd. Pfen. Ertrag, die Vogtei auf den Gütern des Passauer Kapitels in Pischelsdorf und Obern-Neusidl mit Gülten und 10 Mut Marchfutter, die bisher dem Landesfürsten zustanden, berechnet auf 34 Pfd. Pfen. weniger 60 Pfen.; das Blutgericht in *sancto Ypolito*, Mautarn, Zaizemur, Chunigstetten und anderen Gütern der Passauer Kirche, auch in Tulnen; dazu 7 Pfd. Gülten in Zaizemur und 1 Pfd. in Mautern, welche dem Richter in Tulnen für die Vogtei bisher gegeben wurden, während ferner die Richter des Königs von diesen Orten für die Vogtei keine Abgaben mehr einfordern dürfen, was auf 43 Pfd. 60 Wr. Pfen. Gülten geschätzt wird und wofür der König bis zum nächsten Feste Maria Reinigung eine gleiche Gülte in der benachbarten Hofmarch anweisen kann. Auch gibt er den Amtleuten des Bischofs zu richten über todeswürdige Verbrechen in *Sancto Ypolito*, Mautern und Zaizemur, dort Galgen, Stock und Marterwerkzeuge öffentlich aufzurichten, und gibt ihnen den Bann. Die Lehen sollen nach dem Tode seiner Söhne und ihrer männlichen Nachkommen an den Bischof von Passau zurück-

[1] Nekrolog.

fallen. Zeugen: *venerabiles principes nostri Bertholdus Babenbergensis, Johannes Chunensis et Wernhardus Seccouiensis ecclesiarum epsicopi, Albertus dux Saxoniae, gener noster, Albertus et Hartmannus filii nostri, comites de Habspurg, Fridericus burgravius Nurnbergensis, Eberhardus comes de Catzinellinbogen, marchio de Hohperg, Philippus de Bolandia, Vlricus de Tauners, marggraf, Gotfridus praepositus Soliensis, prothonotarius noster, Otto de Bertholstorf, camerarius Austriae, Vlricus de Pilischdorf, dapifer Austriae, Johannes de Mersuuanch, Vlricus de Vihouen, Wichardus de Slet, Bertholdus de Haidendorf, milites; magister Chunradus, scriba Austriae et alii quam plures.* Siegler: der Aussteller mit dem Siegel seiner Majestät.[1]

1283 stellte Rudolf von Habsburg den Rapoto, Wulfing und Chunrad von Altenburg als Vögte von St. Pölten auf.[2]

1284 erscheint Heinrich als *custos* und 1286 Herr Perichtold, Priester aus unserer Pfarre.[3]

1284, 6. April, Passau, übergibt das Domkapitel in Passau dem Stifte St. Pölten die Pfarre Bruck an der Leitha mit der Verpflichtung, bei jedem Sterbefalle im Kapitel den Tag der Beisetzung mit Vigil und Messe im Stifte zu begehen.

Gotfridus Dei gratia praepositus, Uvo(l)gerus decanus totumque capitulum Pataviensis ecclesie omnibus in perpetuum. Pure racionis acumine speculantes, illam celebrem et famosam ypolitensem ecclesiam religionis pollere sacris observancijs, hospitalitatis uigere decentibus exerciciis honestatisque laudabilibus reflorere titulis et uarietate uirtutum ipsam multipliciter adornatam velutque stellam matutinam in medio nebule huius mundi resplendentem emittere bone operationis radios luminosos, accendimur in interiori homine per spiritum et allicimur, eam condignis prevenire honoribus et pro posse beneficiorum dotare stipendiis, ex eo potissime, quod a sancte matris nostre Pataviensis ecclesie visceribus extracta fore dinoscitur. Et ob id nos ei specialiter reputantes obnoxios ad ipsius honoris ampliandas fimbrias, cogimur in eius profectibus tanquam Syon filie inclite auro primo amicte iocundius delectari et delectabiliter iocuntari, cum non solum lucis exemplo fulgeat, quin inmo ardoris incentiuum in alio religione transmittat, ut videlicet ipsa Ypolitensis ecclesia nec inmerito

[1] Abschrift nach dem ersten, unverletzen Originale vom Magister Urban Mammer von Passau, öffentlichen, geschworenen Notar mit apostolischer und kaiserlicher Autorität von Passau, 31. März 1618, auf Papier mit Siegel und Unterschrift des Notars, Konsistorialarchiv St. Pölten, Faszikel Chorherrenstift St. Pölten. Vgl. Kerschbaumer, Geschichte der Stadt Tuln, 319; Monumenta Boica, XXVIII., II., 409.
[2] Lazius.
[3] Nekrolog.

dici possit lucerna lucens et ardens non in abscondito neque sub modis sed super candelabrum posita, ut qui ingrediuntur, semitas iusticie in ea tanquam in speculo lumen videant clarius agnite ueritatis. Ea siquidem pia consideracione reverendus in Christo pater et dominus Gotfridus, Pataviensis venerabilis episcopus ecclesiam in Pruk. Eberhardo praeposito et successoribus suis fratribusque ejusdem Ypolitensis ecclesie donavit, tradidit et indulsit in usus eorum necessarios perpetuo retinendam, quemadmodum donacionis instrumentum praedicti domini nostri episcopi lucidius protestatur. Hanc igitur donacionem ratam et gratam habemus, ipsamque uoto unanimi, consensu pari voluntatis bone studiis approbamus. In hoc tamen pietatis officio cum gratiarum accionibus ipsum conuentum et canonicos ecclesie sancti Ypoliti oneratos esse uolentes, ut, postquam alicuius nostrum obitus eis fuerit nunciatus, diem deposicionis teneantur peragere in vigiliarum decantacionibus et missarum sollempnijs, prout uni de suis confratribus (h)actenus facere consueverunt; quod et ipsis ad meritum constat liquido pervenire, cum reuera pro alio orans se ipsum liberet et nullum bonum irremuneratum remaneat, sed et uerus ipse Samaritanus, cum redierit, in examine finalis iudicii et meritorum discussione subtili fideliter supererogata reddere sit paratus. Ut hec autem ex continuis temporum curriculis aquis oblivionum absorbeantur minime aut a quoque calumpniose in posterum ualeant inpugnari, presens instrumentum ad perpetuam rei memoriam conscribi fecimus et conscriptum sigillo nostri capituli consignari. Datum Patavie anno Domini m°cc°lxxxiiii, indictione xiiii, in die sancti Sixti presentibus et collaudantibus dominis Gotfrido preposito, Wolfgango decano, Sibotone de Tanberch, Vlrico de Stiria, Wernhardo de Pranpach, magistro Hartwico, Meingato de Waldec, Meingato de Morspach, Gundacoro de Polnheim, magistro Engelschalco, Wernhardo de Sirnich, Wittigone de Lobenstain, Pilgrimo de Capella, Vlrico de Pruchberch, Hainrico de Witen, Hainrico vicedomino, Chunrado de Heidendorf, Hainrico custode.[1]

1284 hielt Bischof Gottfried von Passau in St. Pölten eine Diözesansynode ab, deren Beschlüsse erhalten sind.[2]

---

[1] Originalpergament, großes Blatt, große, schöne Schrift, stark gekürzt, vom Siegel nur die Schnur aus roter gelber und blauer Seide vorhanden, Konsistorialarchiv St. Pölten, Chorherrnstift St. Pölten. Rüchaufschrift: *l(itte)ra capit(u)li Pataviensis super ecclesia(m) in Prukk.* Jüngere Schrift: Donation der pharkhirchen Prugkh, dem stift Sant Pölten ewig zu bleiben. Darfür sol das convent einem jedem Chorhern ze Passaw sein lesten tag begen. Das Niederösterr. Urkundenbuch, I., 150-154 bringt einen Abdruck nach einem etwas abweichenden Originale im Staatsarchiv zu Wien.

[2] Veröffentlicht in Hippolytus, 1859, 324-326 und 335-348.

1285, 12. Dezember, St. Pölten, wird Chunrad als Pleban in St. Pölten genannt.[1]

1294, 18. März, war wieder eine Diözesansynode in St. Pölten.[2]

1301, 26. Mai, Klosterneuburg war Propst Ekhard von *sancto Ypolito* einer der vom Bischofe ernannten Visitatoren dieses Klosters.[3] Eckhard war Propst 1286-†1312.

1302 war Philippus Pleban und Chorherr in St. Pölten.[4] Er wurde hernach Propst.

1307 verkaufte Propst Eckard von St. Ypolit mit Zustimmung des Kapitels dem Kloster Lilienfeld drei Weingärten. Zeugen: Dechant Sifrid, Custos Wigand, infirmarius Heinrich und plebanus Philipp.[5]

1312, 16. Mai, legt Herr Philipp der Pfarrer, Chorherr von St. Pölten, Zeugenschaft ab.[6]

1312 war hier die Sekte des Adamiten vorhanden und wurden 11 Personen verbrannt.[7]

1315, 24. April, St. Pölten, wird Herr Eberhard der Pfarrer genannt.[8]

1315 schreibt Propst Philipp von St. Ypolit den Landrichtern in Oesterreich zu Wien ein Zeugnis, daß Herr Wulfing von Walde, der 80 Jahre alt ist und wegen Krankheit zum Gerichte des Fürsten nicht reisen konnte, ausgesagt habe, daß niemand von der Maut in Wilhelmsburg, die vom Kloster Lilienfeld abhängt, befreit sei.[9]

1320, St. Agnestag (21. Jänner), verkaufen Vlrich der Zieruogl und seine Frau Dymut 60 d Gülten auf einem Lehen dacz Waczmanstorf (Witzendorf bei St. Pölten) in Poltinger pharr, zu Michaeli zu dienen, um 4 Pfd. Pfen. und 1 Pfd. Geldes weniger 10 d daz Reichgraben in Pirher pharr (Pyhra) um 14 Pfd. Pfen. dem Abte Vlrich von Melch (Melk). Siegler: der Aussteller und seine Brüder Wolfhart und Hainrich. Zeugen: die Herrn Dietrich der Haeusler, Hartweig der Lochler, Vlrich von Sinzental und Pernhard von Melch. Dann Hartmut der Fleyschezz und Marchart der Chuffinger.[10]

1324 wurden *ad sanctum Ypolitum* die Gülten des Bischofs von Passau nach den Angaben der Kellner Wernher Altmann, Dietlin Chrotendorfer und Heinrich und der Bauern verzeichnet. In der Stadt

---

[1] Niederösterr. Urkundenbuch, I., 155.
[2] Kirchliche Topographie, VII., 58.
[3] Fontes, X., 67, 68.
[4] Niederösterr. Urkundenbuch, I., 202.
[5] Stiftsarchiv Lilienfeld.
[6] Niederösterr. Urkundenbuch, I., 239.
[7] Pez.
[8] Niederösterr. Urkundenbuch, I., 234.
[9] Stiftsarchiv Lilienfeld.
[10] Kopialbuch im Stiftsarchiv Melk, Bl. 74.

waren 10 Mairhofflecken, 1 Hube, 8 Chuehenlehen, 7½ Voitlehen, die zur Bäckerei des Bischofs das Holz lieferten und noch einige Häuser, 11 Mühlen, Dienste von vielen Gründen, Swaichhof, Spraetzorn, Falkendorf, Grub, Hafnarn (Hafning bei St. Pölten) 3 Lehen, Aeuing (Afing bei Neudling) ein Wirtschaftshof, Wernhartstorf (Wernersdorf bei St. Pölten) 12 Lehen, Weidorn (Weidern bei St. Pölten), Oberwagrein 8 Hofstätten und Egelse.[1]

1328 entsagten die Brüder Schinzer auf eine Hofstatt in Ganzendorf bei Wilhelmsburg zugunsten des Stiftes St. Pölten.[2]

1328, 24. April, vermachte Königin Elisabeth, Gemahlin Friedrichs des Schönen, dem Kloster Sankt Pölten 3 Pfd.[3]

1329 war Wilhelm, Pfarrer von Manswerd, als bischöflicher Offizial nicht in Wien, sondern in St. Pölten seßhaft.[4]

1330, 18. Mai, Avignon, beauftragt Papst Johann XXII. den Dechant von Krems, dem Stifte St. Pölten wieder zu den entfremdeten Gütern zu verhelfen.

Joannes episcopus seruus servorum Die dilecto filio decano ecclesiae Cremensis Pataviensies dioecesis salutem et apostolicam benedictionem. Ad audientiam nostram peruenit, quod tam dilecti filii, praepositus et conventus monasterii de sancto Ypolito, per praepositum soliti gubernari, ordinids sancti Augustini, Patuiensis dioecesis, quam praedecesores eorum decimas terras, domos, possessiones, vineas, prata, pascua, molendina, nemora, redditus jura, jurisdictiones et quaedam alia bona ipsius monasterii, datis super hoc litteris, confectis exinde publicis instrumentis, interpositis iuramentis, factis renunciationibus et poenis adiectis, in gravem, eiusdem monasterii laesionem nonnullis clericis et laicis aliquibus eorum ad vitam, quibusdam vero ad non modicum tempus et aliis perpetuo et firmam vel sub censu annuo concesserunt, quorum aliqui litteras super his confirmationis in forma communi a sede apostolica impetrasse dicuntur. Cum igitur nostra intersit, laesis monasteriis subuenire, discretioni tuae per apostolica scripta mandamus, quatenus ea, quae de bonis praedicti monasterii per concessiones huiusmodi alienata inveneris illicite vel distracta, non obstantibus litteris, instrumentis, iuramentis, renunciationibus, poenis et confirmationibus supradictis ad ius et proprietatem praefati monasterii legitime reuocare procures, contradictores per censuram ecclesiasticam appellatione postposita compescendo; testes autem, qui fuerint nominati, si se gratia, odio vel timore subtraxerint, censura simili appellatione cessante compellas, veritati testimonium

---

1 Notizenblatt, 1853, 64, 75-88.
2 Archiv der Staatsherrschaft St. Pölten.
3 Oberösterr. Urkundenbuch, V., 506.
4 Kirchliche Topographie, VII., 58.

perhibere. Datum Auinione, XV. calend. Junii, pontificatus nostri anno quartodecimo. A Dracon Jo Laurus.[1]

1330, 12. März, schlossen Propst Heinrich des Klosters des hl. Hypolit und der Abt Eberhard von Baumgartenberg eine Gebetsverbrüderung für ihre Klöster.[2]

1330, 8. Oktober, starb der St. Pöltener Propst Heinrich III. von Wienna, der seit 1315 dem Stifte vorstand. Sein Geschlecht war noch im 15. Jahrhundert in St. Pölten ansässig. Die untere Hälfte des Leichensteines eines Verwandten von ihm aus dem 14. Jahrhundert wurde 1831 am Torwege des Staatsherrschaftsgebäudes zu St. Pölten aus dem Pflaster gehoben. Die Sandsteinplatte stellt ein Stangenkreuz auf kleeblattförmigem Fuß dar. Am Rande sind in gotischen Majuskeln die Worte zu erkennen: *Aog(usti) (Pe)tros d(e) Wienna.*[3]

1335, 30. Juli, St. Pölten, verkauft Stephan der Siernicher dem Georg von Dewing eine Gülte zu Murmaw (Mamau) zur Stiftung des Zwölfbotenlichtes zu Unser Frauen Gotteshaus „der pharr dacz Sand Pölten“. Unter den Zeugen Chunrad, Pfarrer zu St. Pölten.[4]

1347 verfaßte Albert *de S. Hypolito* ein *Quadragesimale*, Reden von der Zeit und von den Heiligen.[5]

1349, 12. August, Wien, vermacht Christein, Witwe des Leopold von Puchs, ihrem Bruder Herrn Michel zu Sant Pölten ihren hohen silbernen Becher zu einem Kelch und ihrer Tochter Christein im Kloster zu Tuln ihren kleinen hohen Becher, eine Schale und eine Krone.[6]

1361, 5. Februar, Wien, nimmt Bischof Gottfried von Passau den Leutold, Pfarrer zu Sand Polten, zu sieben anderen Schiedsmännern wegen eines Besitztausches.[7]

1365 erbaute Propst Ulrich Feiertager (1360 -† 10. Dezember 1369) auf dem heutigen Domplatz zwischen der St. Andreaskapelle und dem Stiftsgebäude beim Eingangstor eine Kapelle zu Ehren Mariens. In derselben wurden nun häufig wegen der bequemeren Lage in der Stadt und am Chorherrnstifte pfarrliche Verrichtungen vorgenommen, weshalb sie auch Pfarrkirche genannt wurde. Die Handwerkszünfte bauten in ihren Seitengängen Altäre und machten Stiftungen.

---

1 Abschrift des 17. Jh. im Konsistorialarchiv St. Pölten, Faszikel St. Pölten. Fehlt im Niederösterr. Urkundenbuch, I., 294.

2 Labitsch, Protocollum archivii Montis Pomerii, 1780, II. Band, Bl. 155 im Landesarchiv zu Linz.

3 Keiblingers Handschriften im Stifte Melk.

4 Niederösterr. Urkundenbuch, I., 317.

5 Hofbibliothek in Wien, Index der Manuskripte des aufgehobenen Klosters Mondsee, Chart. 2.

6 Jahrbuch der Kunstsammlungen des ah. Kaiserhauses, XVI., Nr. 12.701.

7 Niederösterr. Urkundenbuch, I., 512.

Diese Kapelle wurde 1489 umgebaut und in einer Inschrift „Kapelle der seligsten Jungfrau“ genannt. Die Bürger wollten sie aber als Kirche bezeichnet haben, worauf die Inschrift entfernt wurde. Sie weigerten sich zeitweilig sogar, die Sakramente in der Pfarrkirche (außer der Stadt) zu empfangen. Diese Kapelle wurde 1612 und 1677 ein Raub der Flammen und nicht mehr aufgebaut.[1]

1365 hatten die Dominikaner in St. Pölten Besitz.[2]

Von 1367, Propst Ulrich Veirtager, ist ein Missale der St. Pöltener Chorherrn auf Pergament mit vielen alten Sequenzen vorhanden; ebenso ein St. Pöltener Missale für Festmessen mit herrlichen Initialen und ein Nekrologium auf 91 Pergamentblättern, das bis Ende des 16. Jahrhunderts fortgesetzt wurde.[3]

Im St. Pöltener Nekrolog erscheinen aus dem 14. Jahrhundert:

27. August: Chunrad Swerus, Pleban, Priester und Chorherr von St. Pölten.

26. Dezember: Reinwand, Pleban und Mitbruder von St. Pölten.

29. Dezember: Rudolf, Pleban und Mitbruder;

28. Juni: Otto Scolasticus und Chorherr von St. Pölten.[4]

Im Melker ältesten Nekrolog ist am 28. August verzeichnet Chunrad, Pleban von St. Pölten[5]

1368, 12. Jänner, Wien, klagte Pfarrer Leutold von Sand Pölten im Hoftaiding den Rüdlein von Velz. Er wird bis 1370 noch einige Male genannt.[6]

1371, 18. Oktober, Avignon, beauftragt Papst Gregor XI. den Abt von Chottwich (Göttweig), die näheren Umstände, welche zur Übertragung des Pfarrlehens von Retz an das Chorherrnstift St. Pölten geführt haben, zu untersuchen und darüber zu berichten, bevor die apostolische Bestätigung dieser Vereinigung gegeben wird. Propst Johannes I. (1370 - † 5. Oktober 1372) von Kloster *sancti Ypoliti* habe berichtet, das Kloster habe durch Krieg und Pest viel Schaden gelitten und daher von Herzog Rudolf das Patronat der St. Stephanspfarrkirche in Recza erhalten und Bischof Gotfrid von Passau diese Pfarre dem Stifte einverleibt, so daß dasselbe nach Abgang des Pfarrers die Einkünfte der Pfarre genießen und die Seelsorge durch einen Chorherrn oder Weltpriester versehen lassen könne.[7]

---

[1] Kirchliche Topographie, VII., 335-356.
[2] Niederösterr. Urkundenbuch, I., 627.
[3] Diözesanmuseum St. Pölten. Katalog, 5.
[4] Mon. Germ. Hist. Necrolog., V., 518, 549, 550, 506.
[5] Mon. Germ. Hist. Necrolog., V., 556.
[6] Niederösterr. Urkundenbuch, II., 3, 48, 81, 89.
[7] Originalpergament, Siegel fehlt; Konsistorialarchiv St. Pölten, Faszikel Chorherrnstift St. Pölten. Druck nach anderer Vorlage im Niederösterr. Urkundenbuch, I., 111-112.

1383, 7. Februar, Rom, bestätigt Papst Urban VI. die Einverleibung der Pfarre St. Stephan in Hürben (Hürm) in das Chorherrnstift *sancti Ypoliti* und inseriert die Einverleibungsurkunde des Bischofs Albert von Passau vom 13. Mai 1365 und das Notariatsinstrument von Passau, 23. Oktober 1382.[1]

1386, Montag nach *Reminiscere* (19. März), front (pfändet) Christian von Winden dem Propste Hans von St. Pölten sein Dorf Hämed mit Zugehör.[2] Propst in St. Pölten war 1380 bis 30. August 1388 Friedrich Pockfueß.

1388, 31. August, St. Pölten, war Magister Stephan, Pleban, ein Skrutator bei der Propstwahl.[3]

Um 1390 wird das Chorherrnstift St. Pölten als Pfarre und als Kloster mit 16 Mark Taxation angeführt. Das ganze Dekanat war auf 125 Mark taxiert.[4]

1392, 13. Dezember, vertauschten Propst Gerung (Puschinger, 1388 - † 13. November 1407) und das Kapitel von St. Pölten Güter mit Hanns von Meißau, oberster Schenk in Oesterreich.[5]

1394, 18. Mai, Rom, bestätigt Papst Bonifaz IX. dem Chorherrnstifte *sancti Ypoliti* die durch Bischof Albert von Passau geschlossene Einverleibung der Pfarrkirche *Pruka super Leyta*.[6]

1399, 5. Oktober, Mauerbach, vermacht der Passauer Offizial Leonhard Schaur u.a. 60 Pfd. Pfen. für drei Messen in der Margarethenkapelle in St. Pölten.[7]

1400, suchte Pfarrer Ägyd von St. Pölten beim Bischof um die Erlaubnis an, daß er im Frauenhofe (dem ehemaligen Stifte der Chorfrauen) Religionsunterricht erteilen dürfe. Seit 1409 wurde dort auch an Feiertagen gepredigt.[8]

1404 erläßt Weichard von Polheim dem Chorherrnstifte St. Pölten den Dienst von jährlich zwei Filzschuhen, die am Feste Allerheiligen zum Schlosse Totzenbach zu schicken waren.[9]

---

[1] Originalpergament, Siegel fehlt, Konsistorialarchiv St. Pölten, Faszikel Chorherrnstift St. Pölten. Druck nach anderer Vorlage in Niederösterr. Urkundenbuch II, 255, I., 623 und II., 252.

[2] Staatsarchiv in Wien, Kodex Weiß, Nr. 48.

[3] Niederösterr. Urkundenbuch II, 305.

[4] Hippolytus, 1863, 148, 159, 154.

[5] Dürnsteiner Stiftsarchiv in Herzogenburg.

[6] Originalpergament mit Bleibulle an gelben Seidenschnüren, Konsistorialarchiv St. Pölten, Faszikel St. Pölten. Gedruckt nach anderer Vorlage im Niederösterr. Urkundenbuch II, 362-364.

[7] Quellen zur Gesch. der Stadt Wien, II. Abteil., I. Bd., Nr. 1438.

[8] Kirchliche Topographie, VII., 61. {falsche xx; 1409 Sept. 29}

[9] Annalen von St. Andrä von Propst Augustin Ernst im St. Andräer Archive zu Herzogenburg.

1409, St. Michaelstag (29. September), beurkundet Pfarrer Thomas an der niedern Kirche zu Pottenbrunn, daß Gilg der Pfarrer zu St. Pölten vom Bischof Georg von Passau für sich und die nachfolgenden Pfarrer von St. Pölten einen Sitz in dem Frauenhofe, wo ein Tisch wohl stehen konnte, zu einem Predigtstuhle erhalten habe, damit auf diesem Hofe an heiligen Tagen, „wann das not geschieht", gepredigt werden könne.[1]

1410, Freitag vor Unser Frauentag in der Parnvartt (5. September), kauft Propst Stephan (gewählt 1400, resigniert im August, † 24. Dezember 1413) von St. Pölten den Hof zu Eggendorf (Eggenberg bei St. Pölten) mit aller Zughör in der Pfarre St. Pölten. Derselbe wurde dem Hans Meylawer verliehen.[2]

1415, Aller Heiligen (1. November), Wien, erläßt Herzog Albrecht V. dem Propste Ulrich und dem Konvente von St. Pölten und ihren vier Amthäusern Siechenhaus, Kammerhaus, Gusterhaus und Spital wegen ihrer Dienste und Gastung das Ungeld.[3]

1415, 29. Dezember (*Sedecimo*, Sonntag nach Weihnacht), Wyenn, verschiebt Pilgram von Puchhaimb, Landmarschall in Oesterreich, die Entscheidung zwischen Jacob dem Grabmer und dem geistlichen Herrn, dem Propste zu Sannt Polten wegen des Hofes zu Egellsech (Egelsee bei Krems), der dem Propste und seinem Gotteshause gehört und worüber der Grabmer Vogtmann zu sein behauptet, bis zur Heimkehr des Herzog Albrecht V. von Oesterreich nach Wynn, vor welchem beide Teile ihr Recht beweisen sollten.[4]

1416, Sonntag nach St. Johannes zur Weihnacht (3. Jänner), spricht Hanns der Pielacher, zu Gericht sitzend, dem Stifte St. Pölten den durch Kauf erworbenen Zickhof zu, welcher von der Äbtissin zu Erla (Kloster) zu Lehen ist.[5]

1420, Sonntag *Laetare* (17. März), weihte Andreas, *episcopus Vitricensis* und Weihbischof von Passau, die Kapelle *apud sancti Ypolitum foris civitate constitutum* zu Ehren der seligsten Jungfrau Maria mit zwei Altären und setzte ihre Kirchweihe auf den Sonntag *Laetare* fest. Diese Kapelle ging wahrscheinlich 1512 samt dem Spitale zugrunde.[6] Beide lagen vor dem Wilhelmsburgertore.

1420, St. Gotthardstag (5. Mai), schenkten Philipp der Schnürer, Bürger zu St. Pölten, und seine Gattin Anna der Kapelle, welche sie zu Ehren Unser lieben Frau und Allerheiligen vor dem Wilhelmsburgertor

---

[1] Duellius, Excerpta geneal.-histor., lib. I., pars II., Nr. 128.
[2] Staatsarchiv in Wien, Pergament Codex, Nr. 1085.
[3] Fürstl. Auersperg'sches Archiv in St. Pölten.
[4] Briefprotokoll von 1618 im Schloßarchiv Pottenbrunn, Urkunde Nr. 54, mitgeteilt von Herrn Oberlehrer Josef Buchinger in Ober-Ratzersdorf.
[5] Staatsarchiv in Wien, St. Pöltener Kopialbücher, Kodex Nr. 1077, 173-175.
[6] Duellius, Excerpta geneal.-histor., lib. II., pars II., Nr. 215.

bei den Sundersiechen mit Erlaubnis des Propstes Ulrich und des Chorherrnstiftes auf freiem Gründe, den die Sundersiechen vom Bischof Georg von Passau († 1423) haben, erbaut und mit 4 Pfd. Pfen. dotiert haben, samt den Gründen und Friedhofe dem Stifte St. Pölten zu diesem Spitale. Darin sollen weder Mönche noch Weltpriester ohne Willen des Gusters Messen lesen oder pfarrliche Geschäfte verrichten, auch auf dem Friedhofe mit seinem Willen nur Sondersieche bestattet werden.[1]

1426, 23. Februar, stellten Ulrich Feuchter, Chorherr zu Sand Pölten und Pfarrer zu Recz, und seine Geschwister Michl, Wolfgang und Barbara, Hausfrau des Vischer zu Krems, über das Haus zu Wien, in der Strauchgaßn, das ihr Vater Thaman Feuchter hinterlassen und Lienhart von Trautmansdorf um 50 Pfd. Pfen. gekauft hat, einen neuen Kaufbrief aus, da der alte verbrannt war.[2]

1426 bis 1439 verzeichnet eine Schrift jene Chorherrn, welche aus der Bibliothek des Stiftes St. Pölten Bücher entlehnt hatten.[3]

1429 wurde dem Chorherrnstifte *sancti Ypoliti* eine Steuer zum Hussitenkriege von 700 Pfd. Pfen. auferlegt.[4]

1430 bestätigte Bischof Leonhard von Passau den Fleischhauern von St. Pölten ältere Rechte.[5] Aus dieser Zeit stammt die Ordnung der Prozession der Zechen am Gottsleichnamstag, welche 19 Zechen anführt.[6]

Von etwa 1430 stammt ein silbernes Stehkreuz (Pazifikale) mit Maria und Johannes, auf dürren Ästen stehend.[7]

1431, Mittwoch in den Osterfeiertagen (4. April), spricht Peter Koblinger als Richter in dieser Sache dem Stifte St. Pölten gegen Ulrich Zischerl einen öden Hof zu Niederndürrenbach zu, welcher jährlich 3 ß Burgrechtsdienst zu leisten hat, der aber versessen war.[8]

1434 wurde bestimmt: die Kirchenrechnungen sind jährlich zu legen. Kirchenlade und Opferstöcke in den Kirchen sollen drei Schlösser haben, deren Schlüssel dem Pfarrer, Zechmeister und der Gemeinde zugeteilt werden sollen.[9]

1436, 27. Februar, schlossen Propst Paul und das Kapitel von Reichersberg eine geistliche Verbrüderung mit dem Chorherrnstift St. Pölten.[10]

---

[1] Duellius, Excerpta geneal.-histor., III., Nr. 154.
[2] Quellen zur Gesch. der Stadt Wien, II. Abteil., II. Bd., Nr. 2273.
[3] Mittelalterl. Bibliothekskataloge, I., 262-265.
[4] Schmieder, Matricula, 68.
[5] Städtisches Museum in St. Pölten.
[6] Blätter für Landeskunde, 1876, 310.
[7] Riesenhuber, Kirchl. Kunstdenkmäler, 279.
[8] Staatsarchiv in Wien, St. Pöltener Kopialbücher, Kodex Nr. 1077, 173-175.
[9] Urkundenbuch C, 5 im Archiv der Staatsherrschaft St. Pölten.
[10] Appel, Geschichte des regul. Chorherrnstiftes Reichersberg, Linz, 1857, 189.

1437, Freitag, Zäzilia (22. November), verleiht der Propst von St. Pölten den Hof zu Niedern-Dürrenbach mit Zugehör Kaspar dem Zischerl, welchen ihm sein Vater Ulrich Zischerl versetzt und daher ausgesendet hat.[1]

1438, 4. Dezember, rekonziliiert Matthias, *episcopus Vitricensis*, Weihbischof von Passau, das Stift St. Pölten und die dazu gehörige Kapelle Unser Frau, St. Margareth, St. Andre im Karner, St. Leonhard unter dem Karner, Heiligen Geist im Kloster, St. Jakob im Krankenhause und St. Augustin im Kapitel und am nächsten Tage den Friedhof.[2]

1442, Palmtag (25. März), vermacht Anna, Witwe des Veit Hochstetter zu Wagram, zum Stifte St. Pölten 100 ungarische Gulden, damit nach ihrem Tode das Psalter gelesen, ihre Leiche mit Prozession abgeholt, in ihrer Kapelle im Kreuzgange mit großem Geläute beigesetzt, der erste, siebente und dreißigste Tag mit Vigil und Seelenämtern bei aufgerichteter Bahre und 12 Kerzen und Amt an Unser Frauen Schiedung gehalten werde.[3]

Ein Folioband, *Recollectiones* des Nikolaus von Sizilien, enthält das Wappen des Propstes Kaspar Meiselstein (1439-1456) und mehrere Miniaturen.[4]

1446 bezeugt Propst Kaspar und der Konvent des Augustinerklosters in St. Pölten die Stiftung eines Seelgerätes auf eine tägliche Messe durch die Witwe Anna des Bürgers Philipp Snürer in der Kapelle Unser Frau, „gelegen bey Sand Polten ausserhalben Wilhalmsburgerthor", das schöne Siegel des Propstes zeigt den hl. Hippolytus in Rüstung unter einem gotischen Baldachine.[5] An Stelle dieser Kapelle wurde 1660 die St. Barbarakapelle am Friedhof vor der Stadt erbaut.

Um jene Zeit kam der hl. Johannes Kapistran auf der Reise auch nach St. Pölten und verblieb hier mehrere Tage.[6] Dies geschah wahrscheinlich im Dezember 1454. Durch seine Predigten und Wunder tief ergriffen, boten ihm die Bürger die Kapelle des hl. Maximilian mit einem anliegenden Gebäude zur Gründung eines Franziskanerklosters an, das dem hl. Bernhardin geweiht werden sollte.[7]

1455, 1. Mai, Wien, gibt König Ladislaus Posthumus dem Propste Kaspar von St. Pölten für einmal die Erlaubnis, notwendige Sachen seiner Kirche ohne Maut durch Wilhelmsburg zu führen.

---

[1] Staatsarchiv in Wien, St. Pöltener Kopialbücher, Kodex Nr. 1077, 173-175.
[2] Duellius, Excerpta geneal.-histor., lib. II., pars II., Nr. 234.
[3] Duellius, Excerpta geneal.-histor., lib. I., pars III., Nr. 129.
[4] Diözesanmuseum in St. Pölten. Katalog, 5.
[5] Städtisches Museum in St. Pölten.
[6] Fahrngruber, Aus St. Pölten, 101.
[7] Michael Ransauer, Der hl. Johann von Capistran in Österreich, Krems, 1875, 25.

Diese Befreiung gilt nicht für andere Sachen, spätere Zeiten oder Untertanen.[1]

1455 wurde das Franziskanerkloster auf dem Judenplatz mit Kirche zum hl. Maximilian erbaut, dessen Kirche 1507 geweiht wurde. Das Kloster wurde 1785 Priesterseminar und der gotische Chor der Kirche dient seit 1811 als Alumnatskapelle.[2]

1457, 6. Oktober, starb Andreas Kaplan der Kapelle des Hl. Geistes im Stifte St. Pölten. Er war Weltpriester und der Verbrüderung des Stiftes angehörig.[3]

Um jene Zeit beklagte sich Bischof Ulrich III. von Passau (1451-1479), daß man in seiner Stadt St. Pölten ein Kloster der Franziskaner baue, ohne bei ihm als Grundherrn und Hirten der Diözese Rücksprache zu halten. Der Zuwachs sei bedenklich, da in dieser Stadt ohnehin neun konsekrierte Kirchen und Kapellen vorhanden seien, nämlich die Klosterkirche, die Unser Frauen-, St. Andreas- und St. Leonhardkapelle (Karner) im Friedhofe, St. Margaretha, die alte Pfarrkirche beim Wilhelmsburger Tore, Kapelle beim Siechenhaus vor diesem Tore, St. Jakob beim Klosterspitale und Heiligen Geistkapelle im Stifte. Daran wirken Weltpriester und Chorherren. Auch haben die Dominikaner von Krems, die Minoriten von Tulln und die Hieronymiten von Baden hier Häuser.[4]

Der Bischof berichtet dem Papste (wahrscheinlich Pius II., 1458-1464): die Minoriten *de observatia* errichten in Alemanien, besonders in der Diözese Passau in der Nähe von Pfarrkirchen neue Klöster und ziehen das ganze Volk dahin, wodurch die Pfarren verlassen stehen. Auch in St. Pölten, wo das Chorherrnstift S. Ypoliti besteht, wollen sie gegen den Willen des Propstes und Konventes ein Kloster errichten, wodurch die ansehnliche und altgestiftete Pfarrkirche verlassen werde und ein Zwiespalt im katholischen Glauben entstehe. Die Minoriten seien vom Vikar des Bischofs von Passau gemahnt worden, bestehen aber auf ihrem Vorhaben. Daher möge der Papst einige Kommissäre zur Untersuchung der Sache entsenden. Dieser übertrug die Kommission *de dato Senis XI Kalendas Marcii anno secundo* dem Propst von St. Dorothea in Wien.[5]

1460, Freitag nach aindlefftausend Maidtag (24. Oktober), Wien, bestätigt Kaiser Friedrich III. auf Bitten des Propstes Philipp von St. Pölten die diesem Stifte von seinem Vorfahren gewährten

---

[1] Stiftsarchiv Lilienfeld.
[2] Riesenhuber, Kirchl. Kunstdenkmäler, 287; Fahrngruber, Aus St. Pölten, 101.
[3] Fontes, XXXI., 598
[4] Fahrngruber, Aus St. Pölten, 103.
[5] Hofbibliothek in Wien, Kodex Nr. 217, Katalog der Theologie, Direktorium Auerbach.

Privilegien und Freiheiten und ändert einige davon, die dem Kloster zum Schaden waren, ab. Wer die fürstliche Freiheit des Klosters im Gotteshause, Spitale, Gusterhof, Kammerhaus, Oblaienhaus und in dem Lurglein verletzt und die Strafe von 40 Mark Goldes nicht entrichten kann, soll dem Kloster mit Leib und Gut verfallen sein. Wenn der Landrichter todeswürdige Verbrechen vom Klostergrund, welche des Stiftes Amtleute drei Tage behalten und schuldig befunden haben, nicht rechtzeitig übernimmt, hat er 1 Mark Silber an den Landesfürsten zu zahlen. Wenn auf dem Klostergrund jemand erschlagen wird und der Landrichter für die Beschau mehr als 72 d fordert, kann das Kloster selbst den Toten aufheben und begraben. Das Kloster hat die Gerechtigkeit, Räuber oder Diebe, die den Tod nicht verdient haben, selbst zu strafen; es kann das Holz, das es in der „Waldmarch Lilienfeld" geschlagen oder gekauft hat, auf der Traisen schwemmen lassen. Der Propst soll stets des österreichischen Herzogs Rat und oberster Hofkaplan sein und die mit dieser Stelle verbundenen Einkünfte genießen. Das Stift hat das Recht, mit rotem Wachs zu siegeln. Diese Freiheiten wurden bestätigt und inseriert am 2. Mai 1586 von Kaiser Rudolf II. im Schlosse Prag dem Propste Melchior von St. Pölten und am 9. Jänner 1613 von Kaiser Matthias in Wien dem Propste Johann.[1]

1461, 18. Februar, verschied Weichard, einst Rektor der Schule im Kloster St. Pölten und Chorherr. Am 11. September 1461 starb Dorothea, *relicta* (Witwe) des Weichard, einst *scolasticus* im Kloster, welche einen Kelch und eine Wiese gab.[2]

Um jene Zeit, vor 1463, am 25. April, verschied Andreas, Pleban und Chorherr von St. Pölten laut Nekrolog von Klosterneuburg.[3]

Ein runder Turm nördlich vom Wienertore enthielt auf einer viereckigen roten Marmorplatte die Inschrift: *Geor(g)ius p(re)p(osi)tus 1469*. Propst Georg I. Häusler regierte von 1466 bis zu seinem Tode am 6. Juni 1474.

1474 war Cholman Pfarrer. Derselbe war 1481 *oeconomus* (Schaffner) und wurde 1486 Propst.

1474 wurde die Stiftskirche gotisiert.

1475 wurde Agnes Hindterholzer, Hausfrau des Ruegar am Perg, Besitzers der Herrschaft Viehhofen, in der Pfarrkirche zu St. Pölten beigesetzt, wie der Grabstein meldet.[4]

---

[1] Letztere Urkunde wurde 1883 vom Pfarrarchive Krems in das Konsistorialarchiv St. Pölten übertragen; Duellius, Excerpta geneal.-histor., lib. I., pars III., Nr. 170.

[2] Mon. Germ. Hist. Necrolog., V., 483, 523.

[3] Mon. Germ. Hist. Necrolog., V., 28.

[4] Hoheneck, Genealogie der Stände Oberösterreichs, III., 255.

1479 wurde bestimmt, daß aus dem Stadtrate in St. Pölten alljährlich zwei Kirchenmeister bestellt werden, welche gemeinsam mit dem Propste des Chorherrnstiftes und dem Pfarrer das Vermögen der Kirche verwalten. Gesiegelt vom Propst Johannes und dem Konvente.[1]

Von 1479 ist ein Antiphonarium des Klosters St. Pölten mit 413 Pergamentblättern, schönen Miniaturen und Vignetten erhalten.[2]

1480, 25. April, im 9. Jahr der Regierung des Papstes Sixtus IV., Wienne, beurkundet Alexander, *episcopus Forliensis*, des Papstes *Reverendarius* und *in Germanis Legatus a latere, Nuntius et Orator*, in einem Schreiben an das Offizialat in Wien auf Bitten des Plebans Wolfgang und der Syndiker Jakob Mais, Thomas Starckh und Georg Khummer und der Plebs (Pfarrgemeinde) zu St. Egid im Dorfe Ropoltztal in der Diözese Passau die Stiftung eines Kaplans in dieser Pfarrkirche, welcher wöchentlich drei Messen halten soll und für welchen ein Haus und Weingarten 42½ Joch Acker und 13 Tagwerk Wiesen laut Urkunde, die von Wilhelm von Egkartsau und Balthasar Schifer gesiegelt ist, schon längere Zeit angewiesen wurden. Das Erträgnis der Stiftung betrage mit Abzug der Hauserhaltung 20 Golddukaten und werden durch fromme Vermächtnisse noch jährlich 5 Dukaten zuwachsen. Der Offizial möge diese Stiftung bestätigen und fördern. Der Aussteller läßt sein *sigillum oblongum* an die Urkunde hängen.[3]

1481, Freitag vor St. Katharina (23. November), bestimmte Andreas Weger, Bürger zu St. Pölten, in seinem Testamente auf eine ewige Messe zur St. Leonhardskapelle im Karner zu St. Pölten, auf einen Ornat und Meßbücher 1.000 ungarische Gulden. Dazu 100 Pfd. Pfen. und 6 silberne Becher, die 4 Mark wiegen, auf Kelch und Patene, zur Beleuchtung bei diesen Messen der Frauenzeche zu St. Pölten vier Viertel Weingärten dem Stifte St. Pölten gab er zwei silberne Becher und 10 Stück walchische Leinwand zu Sarröcken; den Franziskanern zu St. Pölten zu einer Tafel auf dem vorderen Altare im Chor 100 Pfd. Pfen. und 400 Pfd. Pfen., daß man das Schlafhaus und Refent (Refektorium) mit Ziegeln decke und zur Beleuchtung des St. Barbaraaltares 100 Pfd. Pfen. auf ein beständiges Licht. Dafür sollen sie ihm Anteil an ihren guten Werken geben und nach seinem Tode 1.000 Messen lesen. Den Armen vermacht er zur Kleidung 4 ganze böhmische Tücher und seiner Frau sein Haus zu St. Pölten auf dem täglichen Markte.[4]

---

[1] Städtisches Museum in St. Pölten.
[2] Diözesanmuseum in St. Pölten, Katalog, 5.
[3] Abschrift aus dem 16. Jh.; Konsistorialarchiv St. Pölten, Faszikel Chorherrnstift St. Pölten. Rückaufschrift: die Stifft der Fruemeß zu Rappotstall.
[4] Duellius, Excerpta geneal.-histor., lib. I., pars III., Nr. 121.

1483, 12. Juli, starb Andreas, Pleban in St. Pölten, Priester und Mitbruder. Nekrolog von St. Pölten.[1]

1487 verkauft Wolfgang Fraundorfer einen Weinzehent zu Getzersdorf an den Richter Niklas Wohlbekannt und den Rat von St. Pölten, der damit die Stiftung einer ewigen Messe des Bürgers Andre Weger zur Durchführung bringt.[2]

1488 starb im Alter von 103 Jahren Fr. Johannes Biberschneider im Franziskanerkloster zu St. Pölten. Er war Bürger von St. Pölten, trat mit 80 Jahren in das Kloster ein und erwarb demselben mehrere Gebäude zur Vergößerung des Klosters. Nekrolog der Franziskaner der österr. Provinz.[3]

1489, 2. April, konsekrierte der Passauer Weihbischof Albert in der vom Propste Oswald Luegler (1488-1495) beim Bürgerspitale erbauten St. Oswaldkapelle den Altar zu Ehren der hll. Leopold, Oswald und Koloman.[4] Diese Kapelle wurde 1833 durch einen Neubau ersetzt.

1490, 7. Mai, starb Jakob Auer, Laienbruder, der zur Pfarre ein Pferd vermachte.[5]

Um 1490 lieferten der Propst von Sannd Pölten dem Marschall von Oesterreich jährlich einen Pelz.[6]

1493, Freitag vor dem Palmtag (29. März), Linz, entscheidet Kaiser Friedrich III. einen Streit zwischen dem Stifte St. Pölten und den Bürgern wegen der Lehenschaft einer ewigen Messe in der St. Leonhardskapelle auf dem Friedhofe unter dem Karner.[7]

1495, 8. August, verschied Mag. Sigismund Steyrer, Profeß und Pleban in St. Pölten. Nekrologe von Klosterneuburg und St. Pölten.[8]

1496, Sonntag vor Michaeli (25. September), verkauft Hanns Rädlprunner für sich und seine Tochter Katharina, deren Mutter und seine Frau Margaretha, eine Tochter des Jörg Steger von Pirchah war, den freieigenen halben Hof zu Stattorßdorff (Stattersdorf) in Poltinger Pfarre, dessen andere Hälfte der Schwester seiner Frau Jungfrau Warbara, gleichfalls Tochter des Jorg Steger, gehörte, wovon man zu Michaeli 15 Metzen Korn und 15 Metzen Hafer Poltinger Maß und 50 d dient, dem edlen Christoph Grabmer zu Zäcking. Siegler: der

[1] Mon. Germ. Hist. Necrolog., V., 509.
[2] Originalpergament mit Siegel von drei Zeugen im städt. Museum in St. Pölten.
[3] Mon. Germ. Hist. Necrolog., V., 152.
[4] Fahrngruber, Aus St. Pölten, 111.
[5] Fontes, XXI., 518.
[6] Notizenblatt, 1853, 152.
[7] Duellius, Excerpta geneal.-histor., lib. I., pars III., Nr. 137.
[8] Mon. Germ. Hist. Necrolog., V., 49, 514.

Aussteller und die edlen und festen Jörg Radlbrunner zu Garmansdorff, sein Bruder, und Sighart am Perg zu Viehoffen.[1]

1500, 20. September, weiht Bernhard, Bischof von Libano, Weihbischof von Passau, die Kapelle im Krankenhause des Stiftes St. Pölten zu Ehren des hl. Apostels Jakobus des Größeren.[2]

1506, *Kalend. Decembris* (1. Dezember), *Bononiae*, nimmt Papst Julius II. Propst und Konvent *sancti Yppoliti* mit allen Besitzungen in den päpstlichen Schutz, besonders auch die Zehente und Gülten im Gebiete der Pfarren Potenprun, Pehamkirchen, Hürmb und Prukh an der Leutta, auch die dem Kloster einverleibten Kirchen, vorbehalten die Zehente nach der Mäßigung oder Änderung durch das Generalkonzil. P. Millinus, A. Dr. Viue 6 I. de la Seraci.[3]

1509, 10. Februar, ging ins Jenseits Johannes Seleman, einst Pleban in St. Pölten, Priester und Chorherr.[4]

Um 1510 erklärte der Kompromissär Fr. Johannes Mannl den Mag. Johannes Marchart, welchen der größere Teil des Kapitels als Propst wünscht, zum Propst von St. Pölten.[5]

1512, Kreuz Erfindung (3. Mai), haben die von den Venetianern ausgeschickten Brenner Stadt und Stift St. Pölten eingeäschert.[6]

1512, 3. September, befreit Kaiser Maximilian I. die Stadt St. Pölten wegen der in diesem Jahr erlittenen großen Feuerbrunst durch 6 Jahre von aller Steuer und Aufschlag.[7]

Von da an wurde der Pfarrgottesdienst von der alten Pfarrkirche beim Wilhelmsburger Tore in die Unser Frauenkapelle am Friedhof vor der Stiftskirche übertragen.

1514, 16. Februar, verschied der Chorherr Johannes Peyhl in St. Pölten, einst Pleban der dortigen Pfarre.[8]

1516, 31. März, vermacht Paul Frey von Friesing der Unser Frauenzeche in St. Pölten ein Feldlehen, das Thomas Pidmar inne hatte.[9]

1517 erlaubt Bischof Vigileus von Passau dem Propst Johannes von St. Pölten, sein Haus zu Wien mit dem Hause des

---

[1] Briefprotokoll von 1618 im Schloßarchiv Pottenbrunn, Urkunde Nr. 242.
[2] Hippolytus, 1864, 19.
[3] Abschrift des 16. Jh. im Konsistorialarchiv St. Pölten, Faszikel Chorherrnstift St. Pölten.
[4] Mon. Germ. Hist. Necrolog., V., 546.
[5] Konsistorialarchiv St. Pölten, Faszikel Chorherrnstift St. Pölten, gleichzeitige Abschrift.
[6] Bruschii, Monasteriorum Germaniae Centuria, II., edit. Nessel, 179.
[7] Notizenblatt, 1851, 252.
[8] Fontes, XXI., 476.
[9] Geschichtliche Beilagen, IV., 63.

Joannes Cuspinian, Dr. und Ratgeber des Kaisers Maximilian I., zu vertauschen.[1]

1522, am Tag St. Sebastian (20. Jänner), starb Sixtus Camerer Magister der freien Künste und Benefiziat am St. Leonhardsaltare im Karner, wo er auch beigesetzt wurde. Sein Grabstein war einst in der St. Leonhardskapelle unter der St. Andreaskapelle angebracht und ist am Durchgange zum inneren Domherrenhofe (rechts) eingemauert. Um das Benefizium bewarb sich darauf Dr. Michael Praun, Pfarrer zu Gerersdorf.[2]

1525, 7. August, starb Johannes, einst Pleban in St. Pölten und Chorherr daselbst.[3] Das Stift mußte dem Landesfürsten ein Darlehen von 800 fl geben.[4]

1526 gab das Stift St. Pölten zum Türkenkrieg von seinem Kirchenschatze 259 Mark 9 Lot Silber.[5]

1530 wurde das Kloster St. Pölten mit Rücksicht auf den von den Türken erlittenen Schaden von der Türkensteuer befreit. Doch mußte es von der Pfarre Bruck an der Leitha 25 Pfd. zur Wiener Universität beitragen.[6]

Um 1530 erhielt der südliche Kirchenturm einen Aufbau[7] und die Stiftskirche eine Orgel.[8]

1532, 27. Juni, waren Abt Matthes zum Gottwey und Josephat Pannacher als kaiserliche Kommissäre und Christoph von Mayburg, David von Trautmansdorff, Ritter, und Blasi Notlitsch, Pfleger auf Lempach zur Entscheidung des Streites zwischen dem Propste von St. Pölten und Sebastian Grabner wegen des sogenannten Tistelzehent zu St. Pölten bei einander , konnten aber den Streit „des Kriegslauff vnnd anderer beweglicher Vrsach halben“ nicht entscheiden. Daher sollen die Parteien bei ihren Zehentgenuß nach dem Brauche der letzten drei Jahre bleiben, bis auf kaiserlichen Befehl verhandelt und entschieden werden kann.[9]

1533, Mittwoch nach dem Palmsonntag (9. April), vertauschen Propst Johann Parlareitter (1530-1539), Dechant Michl Haintzenperger und der Konvent zu Sant Pölten dem edlen Sebastian Grabner zu Roßenberg Holden zu Pengerstorf und Großen-Rust für andere Güter laut seines Auswechselbriefs. Siegler: Propst und Konvent als Zeuge

[1] Stiftsarchiv Lilienfeld.
[2] Fahrngruber, Aus St. Pölten, 142.
[3] Mon. Germ. Hist. Necrolog., V., 514.
[4] Wiedemann, I., 72.
[5] Keiblinger, Melk, I., 1132.
[6] Wiedemann, I., 68, 71, 74.
[7] Riesenhuber, Kirchl. Kunstdenkmäler, 279.
[8] Schweickhardt, Darstellung von Niederösterreich, IV., 259.
[9] Briefprotokoll von 1618 im Schloßarchiv Pottenbrunn, Urkunde Nr. 381.

der edle Melchior Geier von Osterberg, Hofmeister des Klosters St. Pölten.[1]

1535 mußte Stift St. Pölten dem Landesfürsten 600 fl vorschießen.[2]

1535 starb in St. Pölten der Franziskaner P. Anselm von Wien (*Vienna*), der öfter zum Minister der Ordensprovinz und als erster in Oesterreich zum Generaldiffinitor aufgenommen worden war, sich durch Wissenschaft und Frömmigkeit auszeichnete, großes Geschick und Klugheit bei Verhandlungen zeigte und auch eine Anzahl von Abhandlungen und Büchern, die den Geist der Frömmigkeit zeigen, veröffentlichte.[3]

1538, 13. August, Wienna, beurkundet der Passauer Offizial Georg Reichart, daß das Kloster *sancti Ypoliti* nach freier Resignation des Propstes Johannes den Professen Martin Rennhofer zum Propste gewählt habe.[4]

1538, 29. September, verkaufen der Prior Quirinus und der Konvent des Augustinerklosters zu Baden ihr Haus in der Stadt St. Pölten mit Hofmarch dem Stifte St. Pölten.[5]

1539, 7. Mai, übergeben Propst Martin Renhover, Dechant Michael und der Konvent zu Sandt Pölten freiwillig ihr Spital in St. Pölten, auf ihrem Stadtviertel gelegen, mit seiner Behausung, Kapelle, Städeln und Garten, wie es der Spitalmeister Stephan Manhamer verwaltet hat, zur besonderen Wohlfahrt der Armen dem Richter und Rat von St. Pölten samt Spitaläckern und Gärten um die Stadt, zwei Wiesen zu Friesing, Dienst, Zehent und fahrende Habe nach dem Grundbuche, einem Gute zu Khiegling unter der Vogtei und Obrigkeit des Stiftes St. Pölten und zu Gerstorf unter der Vogtei der Herrschaft Lempach. Richter und Rat sollen die Dienste vom Spitale samt dem Minichhaus, welches sie dem Kloster wechselweise um den Garten nächst des Klosters Weshaus gegeben haben und wofür das Kloster ihnen den Grunddienst auf dem Frawenhaus abgetreten hat, auch den Zehent auf den Burgrechtsäckern mit Ausnahme der drei Breiten, welche seit alters zum Spitale gehören, den Herrschaften nach Gebühr leisten. Das Stift hält sich auch alle Privilegien und die Freiung laut ihrer Briefe auf dem Spitale vor. Wenn der gemauerte öde Stock gegenüber dem Frauenhofgarten gebaut wird, soll ein Prälat oder kranker Konventbruder darin im Bedarfsfalle ein Zimmer zur

---

[1] Briefprotokoll von 1618 im Schloßarchiv Pottenbrunn, Urkunde Nr. 276.
[2] Wiedemann, I., 72.
[3] Mon. Germ. Hist. Necrolog., V., 159.
[4] Originalpapier mit kleinem aufgedrückten Siegel, Konsistorialarchiv St. Pölten, Faszikel Chorherrnstift St. Pölten.
[5] Staatsarchiv in Wien, St. Pöltener Urkundenbuch aus dem 16. Jh.

Wohnung bekommen. Der Wasserlauf kann aus dem Spitalbache in das Kloster geleitet werden. Richter und Rat wählen mit Wissen des Prälaten und der Bürgerschaft einen Spitalmeister, der jährlich Rechnung zu legen hat. Auch die Holden auf des Klosters Stadtviertel und die Dienstleute im Kloster sind bei Krankheit oder Gebrechen in das Spital aufzunehmen. Das Gebäude desselben darf auf den Klostergrund hinaus nicht erweitert werden. Der gebräuchliche Gottesdienst im Spitale wird vom Kloster auch ferner gehalten, aber neue Andachten oder Stiftungen dürfen nur mit Hilfe des Prälaten eingeführt werden. Von des Klosters Küche und Keller werden auch ferner freiwillige Almosen ins Spital gegeben. Siegler: Propst und Konvent von St. Pölten und Propst Bernhard von Hertzogenburg.[1]

1539, 7. Mai, übernehmen Richter und Rat der Stadt St. Pölten vom Chorherrenstifte daselbst das Spital und stellen den inhaltlich gleichlautenden Gegenrevers aus. Siegler: die Stadt St. Pölten, Richter und Rat von Hertzogenburg und der edle Hans Laßperger zu Ogkhsenburg.[2]

1539, 28. Mai, Kloster *sancti Ypoliti*, beurkunden Dechant Michael, Senior Johannes und der Konvent von St. Pölten, daß Propst Martin Rennhofer *ob adversam corporis sui valtudinem* seine Stelle freiwillig resigniert habe, und setzen die Wahl eines neuen Propstes, damit durch längere Erledigung dieser Stelle kein Schaden entstehe, auf den 29. Mai an und fordern alle Wahlberechtigten zur Teilnahme auf.[3] Nun folgte Propst Leopold II. Hagen.[4]

1541, 6. Oktober, schreibt Propst Leopold Hagen an den Hofzahlmeister, er sei nicht imstande, dem Landesfürsten ein Darlehen aufzubringen.[5]

1544 lautet der Visitationsbericht: Kloster St. Pölten. Der Kaiser ist Schutz- und Schirmherr, der Bischof von Passau Ordinarius. Propst Leopold sagt: der Stiftbrief sei mit anderen Urkunden vor vielen Jahren verbrannt; doch hat er mehrere Urkunden von 1298 angefangen vorgebracht. Samt den Prälaten sind 12 Ordensleute hier, darunter 6 Priester im Kloster und auf der einverleibten Pfarre 4 Ordenspersonen. Wiewohl der Propst keinen lauteren Bericht, wie viel Personen oder Brüder gehalten werden sollen, zu tun gewußt hat, hat er uns angezeigt, er habe von den Älteren verstanden, daß über

---

[1] Staatsarchiv in Wien, Kodex, Nr. 175. Kopialbuch des Klosters St. Pölten aus dem 16. Jh., Bl. 6-9.

[2] Staatsarchiv in Wien, Kodex, Nr. 175. Kopialbuch des Klosters St. Pölten aus dem 16. Jh., Bl. 4-6.

[3] Originalpapier, Konsistorialarchiv St. Pölten, Faszikel Chorherrnstift St. Pölten.

[4] Wiedemann, IV., 150.

[5] Wiedemann, IV., 149.

24 Ordenspersonen im Kloster nicht sein sollen. Seit dem Sterben (Pestzeit) habe er nicht mehr bekommen, werde sich aber um mehrere bewerben. Der Gottesdienst wird nach ihren Statuten ziemlich gehalten, auch wird gepredigt. Seit dem Sterben ist aus Mangel an Priestern das tägliche Frühamt nicht verrichtet worden, aber doch an einigen Tagen in der Woche; auch dies wird der Propst verbessern. Der Prälat und der Konvent führen einen ehrbaren Wandel und ziemlich gute Wirtschaft. Etliche Personen, so anfangs in den Orden gekommen sind, hat man wegen ihrer Jugend zu Zeiten nachgegeben, aber jetzt halten sie sich an die Regel. Unter den Ausgaben ist folgendes bemerkenswert: dem Präzeptor der jungen Konventbrüder 30 Pfd. Pfen., dem Buchsenmeister Besoldung 20 Pfd. Pfen., zur St. Stephanskirche in Wien 18 Pfd. Pfen. Kontribution. Der Hochschule in Wien 12 Pfd. Pfen., dem Prokurator 24 Pfd. Pfen., zur Verbesserung der Stadtmauer im Türkengeschrei 68 Pfd. Pfen. Vor 15 Jahren hat der Propst dem Kaiser 1.300 Pfd. Pfen. geliehen, die ihm auf der Maut in Ybbs angewiesen wurden. Im Jahre 1543 wurden dem Kaiser 500, dann nochmals 500 und schon 1537 200 Pfd. Pfen. gegeben. Seine Vorfahren haben in den gefährlichen Läufen zur Bezahlung des vierten Teiles Güter verkauft oder versetzt. Die Frauenkapelle vor der Stadt wurde abgebrochen und hatte kein Einkommen; zum dabei liegenden Siechenhaus gehörten etliche Gründe, die den Armen vermacht waren und vor kurzer Zeit mit Bewilligung des Propstes und Konventes zum Spital der Stadt St. Pölten verordnet wurden. Vom Spitaleinkommen erhält man das Gesind, Roß und Wagen und 24 bis 36 Arme mit aller Notdurft.[1]

1549 gab das Stift St. Pölten jährlich 10 Pfd. Pfen. zum Unterhalte der Universität in Wien.[2]

1554 lebte der Benefiziat des St. Leonhardsaltares (im Karner) Johann Staufer, obwohl für streng katholisch angesehen, in regelrechter Ehe.[3]

1556, 12. Oktober, Wien, sendete die Regierung dem Offiziale in Wien das „Verzeichniß ettlicher articel, so daß herrn probsts zu Sant Pölten predicant gepredigt haben solle.“ Er möge den Prädikanten vorladen und verhören und dann darüber berichten:

Die Artikel lauten:

---

[1] Vom Visitationsbuch von 1544 im Staatsarchiv in Wien, Kodex Weiß, Nr. 720, ist der dritte Band, wo obiger Bericht enthalten war, verloren gegangen. Geschichtliche Beilagen, IX., 59. Auszug davon in Frasts Manuskripten im Stiftsarchiv Zwettl, IIIb, 344-345.

[2] Kink, Geschichte der kais. Universität in Wien, I. Bd., 2. Teil, 156-157.

[3] Wiedemann, IV., 156.

„Erstlichen man soll die khinder das ave Maria nit lernen, noch auch die alten das nit petten. Den es sei khain gepet sunder allain das pater noster.
Zum anndern in der beicht sei vonnötten, die zehen gepot zu sagen oder darauß zu peichten.
Zum dritten für die todten sein wir mit schuldig zu pitten, sy bedürffen vnnsers gepets mit; man sol auch nicht liechter oder khertzen zu der maß aufsteckhen, den man dreib zauberey darmit.
Zu vierdten die heiligen sol man nit anruffen noch eren, sy mügen vnns nit helffen.
Zum fünfften das purgatorium sei von menschen erdacht vnd erfunden.
Zum sechsten man soll nit khirchfarten geen, es khumb vill übel darauß.
Zum sibenden die priester, die nit mügen christlich leben, mügen wol heyraten vnd weiber nehmen.
Zum achten: man sag, Got schickh den Türkhen von vnnser sint wegen, sey nit war; sunder darumb, das man das wort Gottes nit offenlich woll predigen lassen, dann der tyran vnnd glunthund in dem weltlichen standt nemb das schwert mit gwalt in die hannd vnnd wolt mit demselben das wort Gottes vnndertruckhen, zu welichem dan auch der geistlich gwalt treulichen beistannt thue.
Zum neundten, als der richter hat inquisition gehalten der puecher halben ex mandato, hab er offentlich in scholten vnnf deßhalben ein dieb vnnd peßwicht außgeschrien, auch ainem anndern burger offentlich in ainer hochzeit vnnsern verrhater gescholten, also der vnnd alle ding zuetrag unnd sag.“ - Am 15. Oktober 1556 berichtet Propst Leopold von St. Pölten dem Offizial Christoph Hillinger, der sein gewesener Predicant Georg Paldt, gegen welchen die Regierung einen Befehl an den Offizial gerichtet habe mit seinem Wissen hier geurlaubt und sei nach Wien gezogen.[1]

1559 waren laut Jahresabrechnung des Kirchenmeisters von St. Pölten an der Pfarrkirche lutherische Prädikanten angestellt.[2]

Ein Glasgemälde, kleine gezeichnete, quadratische Miniaturtafel „Christus am Ölberg“, stammt aus der Rosenkranzkapelle der St. Pöltener Domkirche, zeigt älteren Stil von etwa 1500, entstand aber viel später, im Anschluß an Kupferstiche oder Holzschnitte. Fragment davon derzeit im Diözesanmuseum St. Pölten.[3]

1561 waren hier 6 Chorherrn und der Stiftsdechant zugleich Pfarrer, noch rechtgläubig, dagegen der Prediger bereits ganz der neuen Lehre zugetan. Dieser Prediger Konrad wurde damals in Haft genommen.[4]

---

[1] Konsistorialarchiv St. Pölten.
[2] Städtisches Museum in St. Pölten.
[3] Christliche Kunstblätter von Fr. Pesendorfer, Linz, 1931, 7, 8.
[4] Wiedemann, IV., 150, 155, 156; I., 166, 178.

1561 verhörten die Visitatoren im Kloster St. Pölten unter Eid den Dechant Johann Freystetter, Priester, der folgendes angab: Ihr Ordinarius ist der Bischof von Passau. Der Prälat ist ordentlich gewählt und bestätigt. Im Kloster sind 4 Offiziale und zwei auf Pfarren, darunter 3 Priester. Sie beten die Horen und singen alle Tage Vesper und Komplet und um 4 Uhr früh die Mette, die sie nach ihrer Regel um Mitternacht halten sollten, weil der alte Propst auch daran teilnehmen will. Täglich sind zwei gesungene Ämter *de beata* und *de tempore*. An der Messe ändern sie nichts und halten den Kanon ganz. Die Pfarre beim Kloster wird durch Religiosen versehen, zumeist durch den Dechant. Sie sind gut katholisch, haben den Beda, die Sermones s. Augustini und die Passauer Agende, verwenden ein Repositorium für das Allerheiligste und eine Lampe, taufen nach altem Brauche lateinisch, halten die Ohrenbeichte und konsekrieren nur in der Messe, nicht außer derselben. Der Prediger, den der Prälat vor zwei Jahren aufgenommen hat, ist von Bruck bei Znaim, Religiose und wurde Pfarrer zu Rüttenthal (Groß-Riedental). Er hat auf der Kanzel gesagt: es gibt keinen verdammlicheren Gesang als das *Salve Regina*. Er verwirft die Messe, die Anrufung der Heiligen und das Fegefeuer und hält keine Seelenmessen, verurteilt die Kommunion unter einer Gestalt, hat ein Weib und macht das Kloster beim Volke verhaßt. Der Schulmeister an der Schule beim Kloster ist katholisch. Sie speisen im Kloster kein Fleisch und in der Fastenzeit täglich nur einmal.

Wolfgang Heusler, Konventual von St. Pölten und Pfarrer zu Hirm (Hürm), sagt unter Eid aus: Der Propst gestattet keinem ein Weib, doch ist der von Capelln beweibt. Auf seiner Pfarre wird die Kommunion unter beiden Gestalten begehrt, aber er reicht sie niemanden. Der Konventual Christoph Seehofer von Landshut gibt an: Fr. Georg wird eines sittenlosen Wandels verdächtigt und hat lutherische Bücher. Veit Gareiser von Nürnberg, Konventual aber nicht Priester, und Georg Hueber von Wasserburg, Konventual, Priester und des Dechants Kooperator auf der Pfarre, geben an, daß der Prediger beim Kloster einige Male heimlich unter beiden Gestalten die Kommunion ausgeteilt habe und deswegen von den Adeligen auf dem Lande gefördert werde, aber vom Prälaten ein Verbot erhalten habe. Im Kloster werden einige lutherische Postillen gelesen. Der Hofmeister Joachim Wisent sagt unter Eid: der Propst macht selbst die Rechnung. Täglich werden auf 4 Tischen 40 Personen gespeist. Ein Hofmeister ist auch in der Wachau und ein Pfleger in Kasten.

Der Propst Leopold Hager von St. Pölten gibt „bei seinen priesterlichen Würde und Pflichten“ an: er ist durch 22 Jahre Prälat und dazu gewählt worden und hält mit Ernst auf die Regel; doch muß er wegen geringer Zahl der Personen manches nachsehen. Einverleibt sind folgende 5 Pfarren: Bruck an der Leitha, Rötz, Chapelln, Hirm und St. Pölten. Die Laienpriester haben Weiber genommen. Dem Prediger hat er die Reden des hl. Augustin hinausgeliehen. Die Kommunion unter beiden Gestalten wird mit großem Ungestüm begehrt, aber von ihm nicht zugelassen. Er hält 10 Amtsleute und 40 Dienstboten, einen Hofmeister in der Wachau, einen zu Pulkau und den Pfleger zu Kasten. Das Kloster schuldet 3.000 fl, die des Kaisers wegen entlehnt wurden. Der Schulmeister Melchior Faber gibt unter Eid an: der Propst hat einen Konventualen, der sich nicht nach der Regel hielt, ziehen lassen. Der Prediger Konrad Lindenmayer (von Fiessa) bei der Pfarre St. Pölten schwört und sagt: er ist Konventual zu Bruck in Mähren und hat aus bedrängtem Gefängnis die Profeß annehmen müssen. Weil er im selben Kloster ein Leben gegen sein Gewissen gefunden habe, ist er davon entwichen, ohne seine Formata zu fordern. Zum Propste und den Konventualen kommt er nur selten. Er glaubt, daß der Glaube allein selig macht, aber die Werke Zeichen des Glaubens sind. Von den Sakramenten anerkennt er die Taufe, Eucharistie und Lossprechung. Er tauft deutsch nach der Nürnburger Agende. Die Messe hält er für einen Mißbrauch. Die Kommunion reicht er unter beiden Gestalten und lehrt dies auch von der Kanzel. Das Salve Regina hält er für keinen christlichen Gesang, denn wir haben nur einen Fürsprecher, Christus. Vom Glauben an das Fegefeuer hat er nie einen Grund gelesen, den Papst hält er für den obersten Bischof. Von der Ehe hält er viel und hat daher auch ein Eheweib genommen. Die Zeremonien soll man halten, aber nicht höher einschätzen als das Wort Gottes.[1]

1561 wurde auch das Parfotencloster (Franziskanerkloster) in St. Pölten visitiert, aber außer der Armut darin kein Mangel gefunden. Es waren 10 Ordenspersonen, die meist alt und schwach, so daß sie außerhalb des Klosters auf dem Lande wie vormals durch Betteln nichts bekommen konnten und zudem von vielen übel traktiert wurden und an die Prädikanten und Pfarrer am meisten schuldig waren.[2]

1563, 31. Jänner, Wien, in seiner Residenz, bestimmt der Passauer Offizial Christoph Hillinger den Tag der Wahl eines neuen Propstes für St. Pölten, da der Propst gestorben war, auf den 6. Februar und fordert die Wahlberechtigten auf, an der Wahl teilzunehmen.[3]

1563, 22. November, St. Pölten, schreibt Propst Wolfgang (Heusler) an den Offizial: der Zitation zur Aussage gegen Peter Reichermuet auf den 26. November könne er wegen Leibesschwachheit nicht Folge leisten. Er habe von diesem viel böse Laster und unpriesterlichen Wandel erfahren und ihn daher für die Pfarre Rötz

[1] Frasts Manuskripten im Stiftsarchiv Zwettl, IIIb, 434-435.
[2] Frasts Manuskripten im Stiftsarchiv Zwettl, IIIb, 434.
[3] Originalpapier Konsistorialarchiv St. Pölten.

ungeeignet gehalten und nach der Freiheit seines Gotteshauses einen Konventualen auf die Pfarre gesetzt, mit dem die Gemeinde wohl zufrieden sei.[1]

1565, 25. Juni, St. Pölten, schreibt Propst Wolfgang dem Offizialen: er sei am Landtage zu Wien gewesen und solle dem Bischof, der hier war, in Steigerung seiner Konfirmation zu den entrichteten 200 fl noch 100 fl erlegen, weshalb er eine Supplikation nach Passau überreicht habe. Da der Offizial mit dem Dompropste wegen des Prädikanten bei ihm war, wolle er daran erinnern, daß rechtschaffene Prädikanten schwer zu bekommen seien. Doch wolle er sich nach dem Willen des Kaisers und des Bischofs verhalten. Nach seiner Heimkunft sei ihm berichtet worden, daß sich in St. Pölten viele Geypriester versammelt haben. Was sie praktiziert und ob auch sein Prädikant teilgenommen habe, werde er noch erfahren. Bei Wilhelm Kirchberger in Viehhofen befindet sich der Prädikant Streyttwiser, der von Gollo in Regensburg zum Priester gemacht wurde und dort widerrechtlich predige und Sakramente spende.[2]

1565, 11. November, Wien, schreibt der Offizial Laurenz Zadesius dem Propste Wolfgang von St. Pölten, sein Ansuchen um Nachlaß der 100 fl sei nicht genehmigt worden. Er möge den Betrag ehestens einsenden, da er sehr benötigt wird, wie Pfarrer Andre Muglender von Laa bezeugen könne.[3]

1565, 26. November, Wien, befahl Kaiser Maximilian II. dem Klosterrate: da der Propst Wolfgang von St. Pölten „mit leichtfertigen Personen und sonsten in mehr Weg der Brobstung und derselben zugehörigen Guetern ergerlich und übel hausen solle“, sei sogleich heimlich eine Kommission nach St. Pölten zu senden, welche den Propst in ein wohl verwahrtes Zimmer „verstrickhen und verwachten“, aller geistlichen und weltlichen Verwaltung entsetzen, die Zimmer versperren, Silbergeschmeide, Bargeld, Wein und Getreide mit Ausnahme der täglichen Notdurft beschreiben und die geistliche Administration dem Prior des Konventes, die weltlichen dem Hofrichter übergeben solle. Auch auf der Pfarre Hiermb (Hürm) solle Sperre und Inventur vorgenommen werden. *Commissio domini electi imperatoris in consilio.* Joachim Graf von Schönkhirchen, Ratgeber; Josef Zoppl v. Haus, Dr., Canntzler; Anton Thuenrädl; Wolkhardt von Auersperg.[4]

1565, 6. Dezember, berichten die Kommissäre Jeronimus Getenauff, Leopold Pöttinger, Hanns von Apfalter und Kaspar

---

[1] Konsistorialarchiv St. Pölten.
[2] Konsistorialarchiv St. Pölten.
[3] Konsistorialarchiv St. Pölten.
[4] Abschrift, Konsistorialarchiv St. Pölten.

Erlbeckh an die Regierung: sie haben am 27. November den Propst in St. Pölten, der nach Wien verreist war, und den Hofrichter Leonhard Pachmayer, der zum Stiftskasten gezogen war, nicht zu Hause gefunden. Zwei von ihnen seien daher gleich auf die Pfarre Hyrmb gereist, haben aber dort kein Geld oder Wertsachen gefunden. Der Propst, ein mißtrauischer Mann, der 18 Jahre auf dieser Pfarre war, habe alles wegführen lassen. In St. Pölten wurden Zimmer, Keller, Getreidekasten und Vorräte untersucht und beschrieben. Am zweiten Tag kam der Hofmeister zurück und wurde ihm die weltliche Verwaltung übertragen. Unvermutet kehrte auch der Propst heim, der in ein Zimmer gesperrt und durch vier Personen Tag und Nacht bewacht wurde. Auf langes Zureden zeigte er den Kommissären eine „haimliche Behaltnus", worin des verstorbenen Propstes Leopold Schätze in Geld und Müntzen und einige Becher und Pacem sein sollten, aber nur 8 Dukaten gefunden wurden, während das übrige untreue Diener entfremdet hatten. Die geistliche Verwaltung übernahm der Dechant, ein „khrankher contracter Mann", außer welchem nur ein Novize vorhanden war. Die Köchin des verstorbenen Pfarrers von Kapelln hatte mit 5 Kindern eine Zeitlang im Hause gewohnt, das Praittenpach dem Kloster vermacht hatte.[1]

1565, 10. Dezember, St. Pölten Kloster, bittet Wolfgang Heusler, Konventual (Propst) in St. Pölten, den Offizial Magister Laurenz Zadesius in Wien, ihn aus der beschwerlichen Verhaftung , in welcher er, weiß Gott, ganz unschuldig gehalten werde, zu entlassen, da er 40 Jahre im Kloster verzehrt und nun zum Abruf seines Lebens solche Schmach erleiden müsse. In einem zweiten Brief vom selben Tage sagte er: die bei der Kommission gefundenen „schentlich vnerbar Brief" stammen von einem Konventual Andreas, der meineidig geworden und heimlich seiner unehrbaren Händel wegen das Kloster verlassen habe. - Die gegen den Propst erhobenen Anklagen konnten nicht erwiesen werden. Das Stift hatte damals 5.800 Gulden Schulden. Der Propst hatte in den letzen zwei Jahren 2.082 Pfd. 6 ß abgezahlt.[2]

1566, 6. Jänner, Linttz, verordnete Kaiser Maximilian II., daß dem Propste zu Sandt Pöllten, der seine gehorsame Entschuldigung bei ihm getan und um Ermäßigung seiner Bestrickung gebeten habe, diese Haft erleichtert werde.[3]

1566, 3. Mai, bittet Propst Wolfgang die Regierung um Beschleunigung seiner Entscheidung, da er schon seit 22. April mit schweren Unkosten in Wien wohne und wegen seines Alters und Schwachheit lieber zu Hause sein wollte. Man möge seine Verantwor-

[1] Konsistorialarchiv St. Pölten.
[2] Konsistorialarchiv St. Pölten.
[3] Konsistorialarchiv St. Pölten.

tung annehmen und ihn wieder in die Temporalverwaltung einsetzen. Darauf bekam der Offizial den Auftrag, die Akten rasch zu erledigen.[1]

1566, 8. April, Wien, eröffnet die nö. Regierung dem Offiziale, daß auf Befehl des Erzherzogs Karl im Namen des Kaisers der Propst von Sant Pölten seiner „Verstrickhung bemueßigt (befreit) werde. Doch solle er sich am nächsten Landtage vor der Regierung verantworten und dazu auch der Offizial erscheinen.[2]

1566, 13. Juli, Wien, gibt Kaiser Maximilian II. dem Propste Wolfgang von St. Pölten die Administration seines Stiftes zurück. Dem Hofmeister Leonhard Pachmair wird aufgetragen, ihm an die Hand zu gehen.[3]

1566, 17. Dezember, meldet Propst Wolfgang zwei junge Konventbrüder Lampertus und Michael dem Offiziale zur Subdiakonatsweihe an. Auch entrichtet er am 12. November 1567 die für die Konfirmation noch ausständigen 100 fl an den Bischof.[4]

1566 berichten die Visitatoren über das Stift St. Pölten: Hier ist gegenwärtig kein Prälat. Der Dechant verwaltet das Geistliche, der Hofmeister .das Weltliche. Der Prälat Wolfgang Heisler ist aus besondern Ursachen suspendiert worden. Er ist 60 Jahre alt, 40 Jahre im Orden in diesem Stifte und vor 4 Jahren vom Konvente zum Prälaten gewählt worden. Im Konvente sind zwei Brüder: Fr. Johann, ein kranker, schwacher Mann, ist 20 Jahre Priester, 41 Jahre alt, schon lange Dechant, hat in diesem Kloster vor 25 Jahren Profeß gemacht. Fr. Michael, Noviz, 19 Jahre alt, nicht ganz ein Jahr im Kloster, hat keine Weihen, ist nicht gewiß, ob er bleibt. Außer dem Kloster ist ein Konventualbruder Georg, Pfarrer in Retz, Priester, 30 Jahre alt, 12 Jahre im Orden, den er in diesem Kloster betrat, hat sich ganz auf die Pfarre gesetzt. Die Horen werden nicht mehr gesungen, sondern gebetet, täglich ist in der Kirche ein Amt, das die Kapläne verrichten, wobei die Schüler singen. Bei diesem Kloster ist eine große Seelsorge, zu deren Besorgung Laypriester gehalten und vom Kloster besoldet werden. Der Prälat und der Dechant sind ehrbar, auch die anderen Personen betragen sich gut und die Untergebenen werden in Ordnung gehalten. Der Prediger wohnt in einem besonderen Hause und hat zur Besoldung 60 fl, seine Wohnung, Holz, 6 Metzen Weizen, 2 Metzen Gerste, 4 Metzen Hafer und 2 Metzen Erbsen. Von den zwei Kaplänen hat jeder seinen Tisch neben dem Prälaten, einen Acker Wein, Wohnung und Holz, die *accidentia* (Stolgebühren) und 20 fl in Geld.

---

[1] Konsistorialarchiv St. Pölten.
[2] Konsistorialarchiv St. Pölten.
[3] Konsistorialarchiv St. Pölten.
[4] Konsistorialarchiv St. Pölten.

Mehrere Güter sind in Schulden versetzt worden. Das Gotteshaus ist bei gutem Bau, aber die Höfe und Gründe sind übel gepflegt. Gutachten: an diesem Orte ist kein Konvent mehr zu hoffen; der Prälat ist ein alter Mann und kann die Wirtschaft nicht auswerten. Dies sollte ein Hofmeister auf Rechnung tun.[1]

1568 war der Pulkauer Hof des Stiftes dem Grafen von Hardegg um 20.000 fl. versetzt. Der Propst verglich sich mit Pilgram von Sinzendorf wegen des Fischwassers an der Püelach.[2]

1569, 12. August, Wien, beurkundet der Offizial Kaspar Haldeberger, daß der Propst Wolfgang von St. Hyppolit gestorben sei und er auf Befehl des Passauer Bischofs Urban, damit das Gotteshaus keinen Schaden leide, die Wahl des Nachfolgers auf den 17. August ansetze, an welchem sich alle Wahlberechtigten im Kloster einfinden sollten. Sekretsiegel des Offizialates. Unterschrieben der Offizial, dann Sebastian Puechatar, *notarius Pataviensis juratus*, und Andreas Hueber, *decanus*.[3]

1569, 17. August, wählten Fr. Andreas Hueber, 2 Jahre Profeß, Lambert Grünwald, 3 Jahre Profeß und Priester, und Johannes Wagner, 2 Jahre Profeß und Diakon, den Senior und Priester Georg Hueber zum Propste, der Offizial überreichte dem Neugewählten eine Rechnung von 314 fl 2 ß 20 d.[4]

1569 waren im Konvente 6 Priester und wurden auch 3 Laienpriester gehalten, deren einer die Kanzel versah. Auch wurde ein geschickter Schulmeister und 4 Chorales gehalten. Der Schulmeister unterrichtete auch im Konvente, da kein Präzeptor vorhanden war. Das Kloster erhielt das Spital und das Parfotten-Kloster in der Stadt.[5]

1570, 26. November, St. Pölten, vereinbarten Stadt und Kloster u.a., daß das Kloster mit Wissen des Stadtrates geschickte und taugliche Prediger aufnehmen solle, welche die Predigten genau halten.[6]

1570, zu Weihnachten (25. Dezember), weihte Erzbischof Brus von Prag einige Regularen von St. Pölten: der Propst hatte ihn darum ersucht, weil in der Passauer Diözese bereits seit zwei Jahren keine Weihen erteilt wurden.[7]

1571 schreiben Richter und Rat von St. Pölten, daß der Prälat daselbst die Prädikatur der Pfarre verrichten solle.[8]

---

[1] Auszug aus Frasts Manuskripten im Stiftsarchiv Zwettl, IIIb, 413-416.
[2] Inventar des Klosters St. Pölten von 1561-1579 bei Frasts Manuskripten, V. Bd., im Stiftsarchiv Zwettl.
[3] Konsistorialarchiv St. Pölten.
[4] Konsistorialarchiv St. Pölten, Faszikel Chorherrnstift St. Pölten.
[5] Wiedemann, IV., 151, 152, weiters daselbst 149-159.
[6] Notizenblatt, 1851, 252.
[7] Wiedemann, II., 470.
[8] Inventar bei Frasts Manuskripten, V. Bd., im Stiftsarchiv Zwettl.

1573, 6. Oktober, Wien, schreibt der Offizial im Namen des Bischofs Urban von Passau dem Gregor Spher, Prediger zu St. Pölten, er wolle sich wegen Verleihung der erledigten Pfarre Mölckh, um die er angesucht hat, dem Konsistorium im Offizialathofe zu Wien vorstellen. Derselbe erhielt Melk nicht.[1]

1574, 27. Februar, Wien, trägt Kaiser Maximilian II. in zwei Schreiben dem Propste Georg und dem Stadtrate von St. Pölten auf, in Religionssachen bei dem alten Herkommen und Gebräuchen zu bleiben, keine Neuerungen oder Änderungen vorzunehmen und den Bürgern das Auslaufen in die Dörfer nicht zu gestatten.[2]

1574, 11. Juli, Wien, befiehlt Kaiser Maximilian II. dem Franz, Freiherrn von Prösing, daß er dem Prädikanten seiner Religion, welchen er in der Stadt Sandt Polden und in des Kaisers Haus aufgestellt habe und nicht nur für sich sondern für das ganze Stadtwerk gebrauche, also gleich entlasse und ihm keine Predigt, Sakramentenspendung oder Seelsorge gestatte, auch den Predigtstuhl entferne.[3]

1575, 12. April, beschwert sich der Propst von St. Pölten über die Bürger von St. Pölten wegen Änderung der Religion.

1575, 26. April, wurde der Propst aufgefordert, zu berichten wegen des Verkaufes der Stiftung St. Leonhard.[4]

1575, 11. Mai, Klosterratsgutachten wegen des Weinzehents zu Gözesdorff, der zum St. Leonhardsbenefizium gehört und vom Propste an die Stadt verkauft werden sollte.[5]

1575, 9. Juli, wurde das Chorherrnstift St. Pölten von kaiserlichen Visitatoren visitiert. Der Prälat Georg war 38 Jahre alt, 21 Jahre im Orden, und hatte im Konvente 4 Brüder, welche Priester waren, 3 Novizen, einen weltlichen Magister, der zum Priester tauglich war, und einen Prediger, der kein Religiose war, also zusammen 5 Priester. Er war 6 Jahre Prälat und vorher 7 Jahre Pfarrer zu Retz, wurde gewählt und fand bei seinem Antritte nur einen Konventbruder im Kloster; er wurde zu Passau ordiniert und vom Offiziale Haldeberger bestätigt, aber nicht benediziert, gebrauchte aber doch die Infel an hohen Festtagen und hielt den Gottesdienst *ponitificaliter*; er predigte zuhause nicht, sondern hielt sich einen Prediger. Im Kloster waren alle Leute katholisch, wurden auch keine sektischen Bücher gelesen oder geduldet. Auf Reisen gebrauchten sie schwarze Mäntel, zuhause den Habit, aber keine kostbaren Kleider. Die von Adel und Herrenstand und die Bürger zu St. Pölten sind, heißt es weiter, dem Propste der

---

[1] Konsistorialarchiv St. Pölten, Faszikel Chorherrnstift St. Pölten.
[2] Konsistorialarchiv St. Pölten.
[3] Konsistorialarchiv St. Pölten, Faszikel Chorherrnstift St. Pölten.
[4] Inventar bei Frasts Manuskripten, V. Bd., 303, im Stiftsarchiv Zwettl.
[5] Inventar bei Frasts Manuskripten, V. Bd., 304, im Stiftsarchiv Zwettl.

Religion halber aufsässig. Die Religiosen zu Herben (Hürm) und Behemkhirchen haben *concubinas*. Kirche und Altar sind in ziemlicher Ordnung. Alle Donnerstag wird ein *Officium* von Fronleichnam gehalten, das von den Höchsteter'schen gestiftet ist. Auf Allerheiligen und *Exaudi* werden Festlichkeiten für die Verstorbenen begangen und die Stiftungen und täglich zwei Ämter gehalten, alle Horen mit Gesang verrichtet, die Mette alle Tage gebetet und an den hohen Tagen gesungen. Beim Kloster ist eine Pfarrkirche, zu der die Stadt und einige umliegende Dörfer gehören. Dem Kloster sind folgende Lehenspfarren einverleibt: Wülfferstorff, Pruckh an der Leitta, Weinperg, Gotleßprun, St. Pölten, Recz, Cassten, Capellen, Hermb, Markherstorff, Behemkhirchen, S. Christoff, Stainfeldt (St. Georgen), Pranndt und Arbestall, wo überall ein Pfarrer präsentiert und bestätigt ist; dann Gererstorf, das als Filiale vom Kloster versehen wird. Die vier Pfarren Herrmb, Retz, Behamkhirchen und Pölten sind mit Religiosen, die andern mit Layen besetzt, die Priester sind und keine Weiber haben, auch katholisch sich verhalten, außer der von Bruckh, den der Propst absetzen will. Der von Sanndt Christoff soll uxoriert sein. Die Pfarrer erlegen die Steuern zum Kloster, das sie abliefert. Behambkhirchen versteuert sich selbst und Prukh ist den Bürgern daselbst versetzt, die auch die Steuern tragen. Das kleine Benefizium St. Leonhardt in St. Pölten ist vorlängst verkauft worden und haben es die Bürger völlig inne und gaben dem Kloster wegen des Zehents von 50 Eimern jährlich einen Geldbetrag. Die Predigten werden katholisch gehalten, haben aber nicht viele Zuhörer und werden die Prediger von Widersachern verfolgt. Der von Sanndt Christoff, ein ehrbarlicher Mann, hat weltlichen Schutz von Herrn Khain und dem Hauffen zu Lembach. Drei Konventualen predigen und der Dechant verrichtet den Gottesdienst samt dem Pfarrer und die Spendung der Sakramente. Der Pfarrer versieht die Prädikatur und hat in der Stadt gegenwärtig keinen widerwärtigen Prädikanten, da die Frau von Presung den ihrigen weggetan hat, aber zu Viechoffen ist einer, zu dem die meiste Bürgerschaft hinausläuft. Im Kloster und den umliegenden Pfarren gebrauchen sie *Postillam Buechingeri, Eckhii, Nauseae und Leisenstritii Agendam Deutsch*; die Pfarrer sind katholisch, mit Ausnahme derer von Bruckh und S.Christoff, taufen nach Leisentritt, aber deutsch, und gebrauchen alle Zeremonien, aber die ketzerischen Bürger lassen ihre Kinder anderwärts taufen oder rufen Prädikanten herein. Auf den Pfarren, welche dem Kloster einverleibt sind, wird die Ohrenbeichte gehalten, ebenso die Messe. Die Pfarrer zu Hürben und Behemkhirchen bekennen, daß sie zu Zeiten den Kelch in den Häusern der Kranken außer der Messe konsekrieren, weil sie das Blut nicht so lange aufbewahren und ohne Gefahr der Verschüttung über Feld bringen können. Der Hofmeister Strauß war früher lutherisch, ist aber in neuerer Zeit auf Wunsch des

Prälaten von den Jesuiten bekehrt worden. Die Diener des Klosters kommunizieren unter einer Gestalt und bei der Messe. Die Konventualen werden zu des Klosters Ämtern nicht verwendet und leben nach der Regel, doch ist im Profeßzettel die *castitas* nicht enthalten; ist jederzeit so geschrieben worden. Es besteht eine wohl gestärkte Schul mit Astanten und anderen Knaben. Den Astanten liest der Schulmeister, den anderen Knaben ein Magister, der nicht vom Kloster besoldet wird, aber von ihm den Tisch hat, den Katechismus des Canisius. Der Propst besucht die Schule oftmals. Die Novizen haben bisher keinen Pädagogen gehabt. Der Dechant, der ziemliche Bildung hat, hat *Grammaticam Despauderianam* und den Katechismus des Canisius gelesen. Werden auch gute Musiker wegen des Gottesdienstes gehalten. Auch wird von guten Leuten die Klostersuppe besucht. Die geistliche Lehenschaft wird dem Propste von Weltlichen in St. Christoff und Khaczenperg entzogen. Der Propst hat bisher 2.000 fl am Kloster verbaut. Das Kloster hat zwei weltliche Lehen, schöne Güter, hat der Jörger und das zu Ranntzenpach hat Bärttlme Giennger und ein Burgrechtlehen ist streitig. Das Siegel verwahrt der Propst, kann aber ohne Wissen des Konventes nicht fertigen. Infolge dieser Visitation, die 8 Jahre nach der vorigen kaiserlichen Visitation gehalten wurde, trugen die kaiserlichen Visitatoren dem Prälaten auf, im Konvente Ordnung zu halten, prächtige Kleider zu meiden, die Klosterämter zum Teil mit Religiosen zu besetzen, die Profeß einzuhalten, gelehrte Ordenspersonen heranzubilden und mit dem Konvente täglich beim Tische zu speisen.[1]

1575, 9. Dezember, berichtet der Verwalter von St. Pölten, was der verstorbene Propst bei seinem Auszuge an Geld und Ringen bei sich hatte.

1575, 10. Dezember, wird der Hofmeister Strauß aufgefordert, zu berichten, wie sich Martin Zanndts in Religionssachen verhalten habe.[2]

Das äußere Kremser Tor zeigte einst den Reichsadler, das Stifts- und Stadtwappen von St. Pölten und die Jahreszahl 1575.

1576, 3. Jänner, sollte Johann Pachmayer, Verwalter zu St. Pölten, wegen Richtigmachung von 800 fl Bestandsgeld berichten.

1576, 24. Jänner, kaiserliche Entschließung über des Klosters von St. Pölten Beschwerden gegen den Pfarrer von Rötz.

1576, 16. Februar waren 264 fl Bestandgeld vom Getreidezehent an der Waldmarch ausständig.[3]

[1] Konsistorialarchiv St. Pölten, Faszikel Herzogenburg.
[2] Inventar bei Frasts Manuskripten, V. Bd., 303, im Stiftsarchiv Zwettl.
[3] Inventar des Klosters St. Pölten bei Frasts Manuskripten, V. Bd., 305, 306, im Stiftsarchiv Zwettl.

1576, 23. Februar, Passau, schlägt Bischof Urban von Passau dem Kaiser als Propst für das Kloster Sanndt Pölten den Konventualen Fr. Johannes Jacobus vor und am 12. April teilt der Klosterrat dem Offizale in Wien mit, daß der Kaiser den Dechant Melchior Schad zu Sandt Pölten zum Propste daselbst ernannt habe.[1]

1577, 13. Februar, erhielt der Propst den Auftrag, seine „Befreundte vnd ybriges Gesündt" hinweg zu tun.

1577, 6. März, sollte er berichten, wieviel Schulden, Wein und Getreide vorhanden seien.

1577, 24. April, wurde der Propst vor den Klosterrat zitiert.[2]

1578, 27. Mai, befahl der Landesfürst der Stadt St. Pölten, keine Prädikanten aufzunehmen, die neuen lutherischen Schulen aufzulassen und die Fronleichnamsprozessionen zu halten, auch nicht nach Viehofen auszulaufen.[3]

1578, 31. Juli, wurde dem Propste aufgetragen, den schlimmen Lebenswandel seines Konventualen Kellerstorff abzustellen.

1578, 27. September, ging ein Befehl an den Propsten wegen der Pfarre Pottenstain aus.

1579, 12. April, erhielt der Propst von St. Pölten wegen seiner üblen Wirtschaft einen Koadjutor.

1579, 24. April, gab das Kloster dem Georg Forsthuber eine Schuldverschreibung von 3.000 fl. Diese wurden 1579, 11. Juni, genehmigt und die Anstellung eines Koadjutors neuerlich beschlossen.[4]

1580, 1. Februar, war Visitation des Klosters St. Pölten.

1581, 17. Jänner, wurde dem Propste von St. Dorothea aufgetragen, dem Propste von St. Pölten zu verhelfen, daß seine einverleibten Pfarren zur Abzahlung der Schulden mehr beitragen.

1581, 8. März, erhielten Hillinger und der Abt von Mariazell den Auftrag, wegen des üblen Hausens des Prälaten zu St. Pölten Kommission zu halten.

1581, 21. März, erhielt der Administrator von St. Pölten Johann Fux eine Instruktion.

1581, 14. April, wurde ein Gutachten abgegeben über das vom Administrator in St. Pölten begehrte Patent wegen Einziehung aller ohne Konsens versetzten Güter.

1581, 26. Juni, erhielt der Administrator die Aufforderung, die Schulden und versetzen Güter anzumelden.

---

[1] Konsistorialarchiv St. Pölten, Faszikel Chorherrnstift St. Pölten; Wiedemann, IV., 153.

[2] Inventar des Klosters St. Pölten bei Frasts Manuskripten, V. Bd., 307, im Stiftsarchiv Zwettl.

[3] Hippolytus, 1861, 236.

[4] Inventar des Klosters St. Pölten von 1561-1579 bei Frasts Manuskripten, V. Bd., 307- 308, im Stiftsarchiv Zwettl.

1582, 1. April, wurde dem Propste von Herzogenburg und dem Administrator von St. Pölten aufgetragen, wegen des sektischen Schulmeisters in St. Pölten Kommission zu halten.

1582, 2. April, wurde Veit Hofer für die Schule in St. Pölten vorgeschlagen.

1582, 10. Mai, erhielt der Administrator von St. Pölten den Auftrag, auch die Verwaltung *in spiritualibus* zu übernehmen, des Klosters Schulden zu beschreiben und den privierten Propst Melchior *ad poenitentiam* nach Klosterneuburg zu liefern.

1583, 18. Jänner, sollten der Propst und Administrator berichten wegen eines besessenen Kindes und 26. Jänner wegen Bestandverlegung der Kloster-Hofmühle.

1583, 25. Mai, erhielt der Pfarrer von Rötz den Auftrag, seine jährliche Pension zur Bezahlung der Kontribution des Klosters St. Pölten zu erlegen.

1583, 13. Juni, lautet ein Vorschlag, daß Gall Leithner dem Kloster St. Pölten die Schule abtreten soll.

1584, 24. Jänner, schreibt der Administrator Stephan Mayr von St. Pölten wegen der neu erbauten Mühle vor der Stadt St. Pölten.

1584, 8. Februar, heißt es, der Schulrektor Grießauer in Wien habe unbefugter Weise eine Pension vom Kloster St. Pölten verlangt.

1584, 24. März, wurde dem Propste Melchior die Abhaltung öffentlicher Tafeln verboten.

1584, 20. November, war eine Beratung über die Beschwerde des Klosters St. Pölten gegen die Stadt wegen des neuen Friedhofes.[1]

1584 beachtete die Stadt St. Pölten noch den alten Kalender.[2]

Um 1584 hatte das Stift St. Pölten 621 Holden, davon in Mank 22, Hürm 18, Wantendorf 11, Handlesbergeramt 11, Schrambach 32, Mannersdorferamt 23, Inner-Kasten 99, Wolfsbach 19, Weischling 22, Schnapling 41, Spratzern 15, Amt Matzesdorf 20, Obritzberg 12, Waizendorf 14, Ragelsdorf 11, Münichshofen 24, auch die Untertanen der Pfarre Retz. Dafür wurden 1584 an Steuern 625 fl erlegt.[3]

1585, Anfang des Jahres, überträgt Erzherzog Ernst den Pröpsten Georg von Herzogenburg und Johann von St. Andre die Untersuchung im Streite zwischen dem Stadtrat von St. Pölten und dem Propste Melchior daselbst wegen der Religion und Entlassung des Prädikanten Paul Fabricius.[4]

---

[1] Inventar des Klosters St. Pölten bei Frasts Manuskripten, V. Bd., 274-283, im Stiftsarchiv Zwettl.

[2] Wiedemann, I., 435.

[3] Schloßarchiv Ottenstein.

[4] Monumente des Dechant Augustin Beyer im Stiftsarchiv Herzogenburg.

1585, 8. Mai, wurde verhandelt über die 5 Gulden, welche dem Kloster jährlich den Schützen zu St. Pölten gereicht hat, und 1586, 28. Juli wurden die Silbersachen verzeichnet, die Propst Melchior einschmelzen und was er daraus machen wollte.[1]

1586 wurde St. Pölten bei der Visitation in allem in Ordnung befunden.[2]

1588 verglichen sich vor dem Konsistorium die Pfarrer Matthias Michael Rosenbluemb von Baden und Fabian von Ruedolphis zu Prugkh an der Leyta unter dem Stifte St. Pölten wegen Forderungen des ersteren an den letzteren. 1590 reichte Fabian beim Konsistorium eine Klage gegen Rosenbluemb ein, der früher auf der Pfarre Bruck war und vor seinem Abgange von dort 50 Klafter Holz geschlagen, auch Schriften der Pfarre mitgenommen hatte. Das Konsistorium vermittelte.[3]

1590 war St. Pölten noch nicht katholisch reformiert.[4]

1593, 2. Dezember, wurden Dr. Hillinger und Paul Krauseneder beauftragt, einen Vergleich zwischen dem Propste von St. Pölten und dem Pfarrer von Göttlesprun zu vermitteln.

1594, 16. September, sollte berichtet werden, warum der Pfarrer von Wilfferstorff abgesetzt wurde.

1596, 18. Februar, gab das Kloster St. Pölten ein Haus, das zur St. Magdalenenstift gehörte, dem Max Weiliansberger in Bestand.[5]

1597, 28. November, St. Pölten, berichtet der Propst an Klesel, er habe das vom Papste ausgeschriebene Jubiläum feierlich gehalten und, Gott Lob, bei 200 Kommunikanten gehabt. Meister Jakob Jung, der früher beim Prädikanten in Viehofen und bei Herrn von Kirchberg Schulmeister war, habe seinem Boten den Ablaßbrief herausgelockt und denselben dem Prädikanten mitgeteilt, der am nächsten Sonntag eine skandalöse Predigt über die päpstliche Messe hielt.[6]

1598, 10. Juni, Wien, schreibt der Klosterrat dem Offizialen, daß nach dem Tode des Propstes Melchior von St. Pölten die Inventur vorgenommen werden solle.[7]

1598, 18. Juli, übernahm der Propst von St. Andrä die Inspektion des Klosters St. Pölten *in temporalibus*.[8]

---

[1] Inventar des Klosters St. Pölten bei Frasts Manuskripten, V. Bd., 284, 285, im Stiftsarchiv Zwettl.

[2] Österr. Vierteljahresschrift für Kathol. Theologie von Wiedemann, 1872, 372.

[3] Konsistorialarchiv St. Pölten, Faszikel Chorherrnstift St. Pölten.

[4] Wiedemann, I., 483.

[5] Inventar des Klosters St. Pölten bei Frasts Manuskripten, V. Bd., 287, im Stiftsarchiv Zwettl.

[6] Konsistorialarchiv St. Pölten.

[7] Konsistorialarchiv St. Pölten, Faszikel Chorherrnstift St. Pölten.

[8] Stiftsarchiv Zwettl, Frasts Manuskripte, V. Bd., 288.

1598, 15. August, St. Hippolitus, ersucht der Konvent von St. Pölten den Offizial Klesel, nach dem Tode des Propstes Melchior Schadius die Wahl seines Nachfolgers zu veranstalten.[1]

1598, 5. Oktober, Kloster St. Pölten, wählte das Kapitel unter dem Vorsitze des Vizeoffizials unter der Enns Adam Latomus, Dr. der Theologie und Dechants zu Kiernberg, den Dechant Eucharius Warmuat zum Propste. Unterzeichnet die Brüder Vrban Jechnatt (?), Guolphgang Perchkamer, Georg Vrsus, Jacob Brochasen, Joannes Stieff, Joannes Meringer, Joannes Hierschman und Caspar Hertingius.[2]

1600, 8. Juli, teilt Erzherzog Matthias von Oesterreich dem Passauer Vizeoffizial mit, daß der Kaiser den Johann Möringer, Administrator zu St. Pölten, als Propst dieses Stiftes bestätigt habe und derselbe zu installieren sei.[3]

1604 kam Melchior Klesel mit völliger Kommission nach St. Pölten, predigte daselbst, verhandelte mit vielen einzelnen und nahm schriftliche Reverse auf. Doch widersetzte sich der Teufel mit Gewalt und wollte sein Haus nicht ganz verlassen.[4]

1608 sollte der Propst Bericht erstatten über das Benefizium im Spitale zu Röz, das Mauritius Eggmeyr bekommen hatte und Lehen vom Propste war.

1614 verkaufte der Propst den freien Pilchramhoff zu Röz an Matthias Grübl.[5]

1623, 11. November, Rom, schreibt der Kardinalpriester Melchior Kleßelius an den Richter und Rat der Stadt St. Pölten: der kaiserliche niederösterreichische Regierungsrat Christian Schäfler habe ihm berichtet, daß sie sich alle zur katholischen Religion begeben haben. Obwohl weit von ihnen entfernt, freue er sich darüber vom Herzen, da er selbst 1604 bei ihnen gepredigt und sich bemüht habe, sie zur wahren Erkenntnis Gottes zu führen. Jetzt sei die von Gott bestimmte Zeit dazu gekommen. Die katholische Kirche sei die allein wahre und allein seligmachende Kirche und habe in den Sakramenten die Mittel, um die Menschen zu beseligen. Auch das Gebet und die Messen für die Verstorbenen seien sehr nützlich.[6]

1625 verpflichtet sich der Propst von St. Pölten, den Crembser Thurn baulich zu erhalten.

---

[1] Konsistorialarchiv St. Pölten.

[2] Originalpapier mit aufgedrücktem spitzovalen Siegel, der hl. Hippolitus sitzend mit Palmzweig in der Hand; Umschrift: Sanctos Ypolitos, Konsistorialarchiv St. Pölten, Faszikel Chorherrnstift St. Pölten.

[3] Konsistorialarchiv St. Pölten.

[4] Schreiben Klesels vom 11. November 1623 im Stadtarchiv St. Pölten.

[5] Inventar des Klosters St. Pölten bei Frasts Manuskripten, V. Bd., 256-258, im Stiftsarchiv Zwettl.

[6] Stadtarchiv St. Pölten.

1626 resignierte der Propst Matthias Jammerer und wurde eine Neuwahl veranstaltet, die auf Wolfgang Schirmbeck fiel.[1]

1628 wurde nach dem Tode des Propstes Wolfgang einstimmig Wolfgang Bankhamer, Dechant des Klosters, zum Propste gewählt.[2]

1685, im Oktober, erlegte das Stift St. Pölten zu Kriegszwecken 13.359 fl.[3]

1688 - † 6. Februar 1715 war Propst Christoph Müller von Prankenheim. Er verfaßte eine Einführung in die Geschichte der Kanonie St. Pölten.[4]

1718 wurde die Säule der Unbefleckten Empfängnis auf dem Samstagmarkte errichtet.[5]

1722, im März, zeigen die Kapitularen des Stiftes St. Pölten dem Klosterrat an, daß ihr Prälat ohne ihr Wissen 12.000 fl Schulden gemacht hat, und bitten, deswegen eine Untersuchung vornehmen zu lassen. Er habe den erst vor 10 Jahren neu ausstaffierten Hochaltar wegbrechen und das Gewölbe in der vorderen Kirche einschlagen und neu erbauen lassen, eine neue Stiege zur Sakristei machen, die pompösen Chorstühle, die besondere Auszierung des Vorderteils der Kirche, ihre Marmorierung und die neue Bibliothek gegen das Einraten aller Verständiger machen lassen.[6] Die vom Propste Johann Michael Führer (1715-1745) freilich mit großen Kosten durchgeführte Umgestaltung des Inneren der Klosterkirche gilt als eine der schönsten und geschmackvollsten Werke der Hochbarocke.[7]

1759 schloß der Magistrat einen Vergleich mit Karl Joseph Weinhart wegen Erhaltung und Beleuchtung der Säule am Samstagplatz[8], welche Jakob Weinhart von Thiersburg 1749 angeordnet hatte.[9]

1741, 14. November, verantwortete sich der abgesetzte Prälat von St. Pölten (Johann Michael Führer wurde 1739-1745 administriert), warum er ohne Bewilligung von Korneuburg in das Kloster St. Pölten zurückgekehrt sei: am 21. September sei die Gefahr im Lande wegen Einfall der Bayern und Franzosen in Oesterreich groß gewesen, daß die Schutzvölker die Brücke bei Krems und Stein teils abwarfen, teils abbrannten und Geistliche und Weltliche die Flucht ergriffen, auch Wien in Belagerungszustand versetzt wurde. Daher

---

[1] Inventar des Klosters St. Pölten bei Frasts Manuskripten, V. Bd., 262, im Stiftsarchiv Zwettl.
[2] Konsistorialarchiv St. Pölten.
[3] Wiedemann, V., 162.
[4] Wiedemann, V., 304.
[5] Herzog, Cosmographie Austro-Franciscana.
[6] Frasts Mansukripten im Stiftsarchiv Zwettl, IIIb, 498.
[7] Fahrngruber, Aus St. Pölten, 228ff; Riesenhuber, Kirchl. Kunstdenkmäler, 275ff.
[8] Konsistorialarchiv St. Pölten.
[9] Fahrngruber, Aus St. Pölten, 427.

konnte er in einem Mendikantenkloster keine Kost fordern, da auch das Kostgeld nicht gesendet werden konnte, und sei in sein Stift zurückgekehrt. Hier habe er, als vom 14. bis 30. Oktober auch der Kurfürst von Bayern mit seinem Hoflager im Stifte Wohnung hatte, während der Administrator und Kämmerer abwesend, der Koadministrator krank und der Senior taub war, als Subsenior dem Stift und der Stadt manche Dienste erweisen können.[1]

1746, 18. April, vergleichen sich der Stadtrat von St. Pölten und der Administrator des Stiftes wegen Erbauung des von Katharina Trincklin verschafften „Calvarienbergs".[2]

1754 sollten Kirche und Pfarrhof in Göttlasbrunn wieder hergestellt werden.[3]

1757 wurde dem Prälaten von St. Pölten mitgeteilt, daß die Gemeinden Riedenthal und Höflein um Anstellung eines eigenen Seelsorgers angesucht haben.[4]

Die Reformen Kaiser Josef II. veranlaßten in St. Pölten einschneidende Umgestaltungen:

1782 wurde das seit 1707 bestehende Kloster der Karmeliterinnen aufgehoben und ihre Kirche entweiht. Auch das ebenso lange bestehende Kloster des Karmeliter wurde aufgelassen.

1784 verfiel das Chorherrnstift der Auflösung und wurde sein Gebäude zur Residenz des neuen Bistums St. Pölten bestimmt, das Papst Pius VI. für die westliche Hälfte Niederösterreichs errichtet hatte.

1785 erfolgte die Übersiedlung des Franziskanerklosters (seit 1455) in das Kloster der Karmeliter auf dem Rathausplatze. Das bisherige Gebäude der Franziskaner wurde für das Priesterseminar, welches von Gutenbrunn hieher übersiedelte, verwendet. Von der Pfarre St. Pölten wurde ein Teil der Stadt und des umliegenden Gebietes als eigene Pfarre abgetrennt und als „Stadtpfarre" (zum Unterschied von der „Dompfarre") oder „Franziskanerpfarre" den Franziskanern übertragen.

1786 wurde angeordnet, die St. Barbarakapelle zu entweihen und die Spitalkirche den Spitalern zu überlassen.[5]

Die Bibliothek des Chorherrnstiftes beschreibt Blumenschein um 1780 in folgender Weise: „Die Bibliothek stehet in der hiesigen dennen *Canonic. Regul. ex. ord. s. Augustini* zuständigen Probstey in drey niedrigen, doch nach einander fortgehenden Gewölbern, welche

---

[1] Frasts Mansukripte im Stiftsarchiv Zwettl, IIIb, 501.
[2] Stiftsarchiv Zwettl, Frasts Manuskripte, V. Bd., 269. Vgl. Fahrngruber, Aus St. Pölten, 432.
[3] Stiftsarchiv Zwettl, Frasts Manuskripte, V. Bd., 231.
[4] Stiftsarchiv Zwettl, Frasts Manuskripte, V. Bd., 231.
[5] Kerschbaumer, Geschichte des Bistums St. Pölten, II., 68.

in der Mitte, alwo der Haupteingang beschiehet, mit eisenen Gättern, die darin befindliche *Repositorien* hingegen durchgehens mit solchen Thüren verschlossen sind, daß von dennen Büchern nichts gesehen wird. Diese sollen 8 bis 9.000 Bände an der Zahl ausmachen. Man hat sie wegen nicht genugsam hinlänglichen Plaz zu zwey, drey, ja auch einige vierfach hinter einander stellen müssen. In dem Gewölb des obbesagten Einganges zur rechten Seite sind die Schränke obenher mit vergoldeten Ausschnitten, Statuen und Insignien, so auf die darinn stehende Werke abzielen, verzieret. In dem anderen gegenüber liegenden Gewölbe aber kommen sie zwar diesem gleich, sind jedoch noch nicht gefasset. Michael Führer, dasiger Probst, der anno 1745 das Zeitliche gesegnet, hat solche zu verfertigen befohlen; er hat sie alle in sehr artige lateinische Verse gebracht, die noch besonders schön auf Pergament geschriebener alda aufbehalten werden. In dem kleineren oder mittleren Gewölbe stehen vier Kästen, welche mit Humanisten, französisch und welschen, auch verbothenen Büchern besetzt sind. An der Decke erblickt man die Weisheit in Gestalt eines sitzenden Frauenbildes von dem künstlichen Pinsel des Daniel Gran. In der Gewölbedecke rechterseits ist in einem Felde der im Himmel verzückte Apostel Paulus[1],welches Gemälde auf die Gottesgelehrtheit, in der anderen linkerseits der Dionysius Areopagita, so auf die philosophische Wissenschaft deutent; hiernächst folgt der blinde Tobias, wie er mit der Fischgaale geheilt wird, wodurch die Arzneykunde, und endlich Christus zwischen dennen Pharisäern sich befindend, wie sie ihm die Münze vorweisen, vermittelst welcher Geschichte die Rechtsgelehrtheit angezeigt wird. Oberhalb denen zwo Thüren liest man von innen bey der einten: *Lux in tenebris*, und bey der anderen: *Tenebre in luce*. Von Manuskripten wurden mir nur eine Bibel, groß 8, aus dem XIII., ein Choralbuch vom XIV. saeculo, beide auf Pergament geschrieben, in welch letzeren die damalige Tracht dieser Ordensgeistlichen (dargestellt) wird; dann *Nicolaus de Graz, Postilla super Dominicas per annum*, sofort *eiusdem de decem preceptis*, und endlich *eiusdem Commune de Sanctis*, alle drey in einem Folioband auf Papier vom Anfange des XV. Jahrhundert vorgewiesen. Man sagte mir auch noch von einigen anderen gegenwärtigen Handschriften, allein die Zeit war zu kurz, mir dieselben zeigen zu lassen. Die Werke vom ersten Drucke, welche unter einer langen Schreibtafel auf zwey Gestellen zu beiden Seiten gesezter sich befinden, sollen bis gegen 100 Stücke ausmachen; unter diesen ist das seltenste: *Aeneas Sylvius in Europam de hys, que sub caesare Friderico tertio per Germaniam gesta sunt*, 4 min., *Rome, 1458*, hält 87 Blätter. Sofort *Justiniani imperatoris Institutionum libri IV*, in 2 Columnen, ohne Custos, aber mit Titel, Signatur, arabischen

---

[1] Diese Fresken sind laut Fahrngruber, Aus St. Pölten, 239 von Paul Troger 1734.

Blätterzahlen, rothen Blätteraufschriften und rothen großen ungeblümten Anfangsbuchstaben, auf dicht weißen und glatten Papier, mit kleiner vielverkürzter Mönchschrift, in *4. Venetiis, per Joannem Herzog, 1494*. In diesem nämlichen Stüfte hat der Herr Bibliothekar Albert Maderna in einem abgesondert großen Zimmer eine ihm selbst zugehörige Büchersammlung von 2.000 Bänden, die aber größtentheils von Medaillen und Münzen handeln, zu welchen auch ein schöner Kasten alda errichtet . . ."[1]

Der größte Teil dieser Bibliothek ist in die Büchersammlungen des Alumnats und der bischöflichen Residenz (Kerens'sche und Frint'sche und Kuratenbibliothek) verteilt. Die Alumnatsbibliothek wurde 1791 errichtet und ist die bedeutendste Büchersammlung von St. Pölten, mit über 18.000 Bänden. Hier befindet sich das hochinteressante Nekrologium des Chorherrnstiftes St. Pölten (92 Pergamentblätter) aus dem XIV. bis XVI. Jahrhundert, veröffentlicht von Dr. Theodor Wiedemann in Fontes Rerum Austriacarum, XXI. Band, Wien 1865 und Monumenta Germ. Hist. Necrolog., V., 473-550; der juridische Foliant *Nicolai de Sizilia Recollectiones* von 1439 mit farbenfrischen Initialen und Wappen des Propstes Maiselstein; ein prachtvolles kolossales (57 x 39cm) *Antiphonarium* aus 1479 mit 413 Pergamentblättern, mehreren herrlich gemalten Bildern und Initialen, einigen hundert größeren Buchstaben von mannigfacher Zeichnung; dann mehrere sehr alte Missale und Breviere von Pergament, Manuskripte von Nikolaus von Dinkelsbihl, Heinrich von Oyda u.a. und Drucke, darunter Schedels illustrierte Chronik. Die Wiegendrucke in der Bibliothek des Priesterseminars in St. Pölten besprach Franz Reininger in den Mitteilungen des Österr. Vereins für Bibliothekswesen, Wien 1904; es sind 105 Nummern aus mehr als 45 Druckereien.[2]

Die Kerens'sche Bibliothek entstand aus der bischöflichen Bibliothek von Wiener Neustadt und der Privatbüchersammlung des Bischofs Johann Heinrich von Kerens, die derselbe 1785 bei Übersiedlung dieses Bistums nach St. Pölten, dahin übertragen ließ und 1792 dem Bistume vermachte.[3]

Blumenschein sah beide Bibliotheken um 1780 noch in Wiener Neustadt und schreibt darüber folgendes: „Neustadt. Die sobenamst bischöfliche Bibliothek in dieser drey Posten von Wien gegen die hungarische Gränze liegenden Stadt trift man in einem großen Zimmer an, welches nach der Länge hin drey Fenster hat. Man sieht beym Eingang in dieselbe kein Buch. Sie hat neun von schönster Schreiner-

---

[1] Bluemscheins Manuskript in der Pfarrbibliothek zu Maria Taferl, II., 69-71.
[2] Kerschbaumer, Geschichte des Bistums St. Pölten, II., 133, 462; Fahrngruber, Aus St. Pölten, 239, 426.
[3] Kerschbaumer, Geschichte des Bistums St. Pölten, II., 157.

arbeit eingelegte Kästen, jedoch ohne übergoldeten Verzierungen. Die untern kleinern Thüren an diesen Schränken sind nur tischhoch, die oberige größere hingegen haben drey Füllungen, welche anstatt des Holzes mit Glas versehen, unter dennen rücklings vortrefliche Kupferstiche auf Leinwath angemacht, die aber doch nicht alle so groß als die ersagte Fillungen sind. Die Schränke laufen durchgehens herum und ist an selben nichts unterbrochen, außer wo die Thür und Fenster sind. Die Bände der Bücher werden ungefähr auf 3.000 angeschlagen, unter dennen wohl auch bis 90 Stücke, die im XV. saeculo gedruckt worden, stehen dürften. Zwey davon in Folio und eines in Quart haben an den Oberdeckeln eiserne Ketten. Sie enthält zwar außer eines Catalogs, welchen der erste hiesige Bischof Leonhard Engelprecht anno 1477 mit eigenen Händen geschrieben und einigen deutschen Liedern von der Mutter Gottes in 8 aus dem XIV. saeculo nicht viele besonders merkwürdige Handschriften, wohl aber vorzüglich seltene Werke, die noch im XV. Jahrhundert aus der Presse gekommen. Der berühmte Exjesuit Michael Denis, dermaliger Bibliothecar in dem Garellischen Büchersaale zu Wien, soll dieselben erst jüngsthin eingerichtet haben, aus dessen Bücherkunde auch folgende alda sich befindliche Stücke genohmen sind, als die *anno 1469* vom Mentel in Strasburg gedruckte *Summa Astexani*, die nämliche ohne Jahrzahl, ein Psalter in 4. in eben der Übersetzungstafel, Unterricht, Lettern und allem, daß es mit der vom Just anno 1462 in Maynz gedruckt deutschen Bibel gleich kommt, die allda ersichtliche Handrubrick aber ist von 1478. Nicht minder *Bartholomaeus de Chaimis Interrogatorium, 1478* durch Petrus Schoiffer in 4. *Liber sextus Decretalium* auf Pergament, fol., Maynz, 1465. Die erste Ausgabe des *Thomas de Kempis De immitatione Christi* von Gunther Zainer aus Reutlingen; in der Unterschrift ist durch einen Druckfehler Gintheum für Gintherum und das r von der nämlichen Hand darüber geschrieben. *Epistolae Ciceronis ad familiar.*, fol. vom Jaan von Speyer anno 1469 in Venedig gedruckt, darunter steht:

> Primus in Hadriaca formis impressit alienis
> Urbe libros Spire genitus de stirpe Joannes etc.

Das Catholicon von Günther Zainer in Augsburg im just ersagten Jahre; *Cicero, De oratore, Valdassavi,* 1470; *Valer. Maxim., Maguntini,* 1472; *Albertus de Eyb, Margarita poetica*, in Nürnberg durch Sensenschmid, 1472; *Decretales Gregorii IX.*, zu Augsburg 1473; *Vincentius Bellovacensis, Speculum morale, historicum et Doctrinale; Plotina, vitae pontificum*, mit der vorgesagt verderbten Epistel, durch Anton Koburger in Nürnberg, 1481; *Cicero, De Oratore, Venetiis,* 1470, *Fr. Joannes Marchesini, O. M. Mamotrectus seu expositiones et correctiones vocabulorum super totam Bibliam, 4, Venetiis, per Nicolaum Jenson,* 1479, mit Mönchschrift gedruckt; *Hieronymi et*

Gennadii, Liber de viris illustribus, nebst elf anderen Werken, welche in allen 235 Blättern folio betragen, ohne Jahrzahl, Orte, Drucker, Custos, Signatur, Seitenzahlen und Anfangsbuchstaben, mit Mönchsschrift und vielen Abbreviaturen. Ein *Vocabularium* über die Hl. Schrift von Niclaus Janson ist sehr schlecht gedruckt und voller Abreviaturen. *Pii II. Rerum ubique gestarum historia, fol.*, von Joan. von Cölln und Joan. Mauthen von Gherezen, so ein Meisterstück des schönen Druckes halber ist, im Jahre 1477; *Cicero, De Oratore*, von Anton Zaroti in Parma anno 1470 sehr schön gedruckt. Der hl. Thomas, über den Job, durch Conrad Fyner von Gerhausen 1477; daran hangen noch: *Sermones s. Chrysostomi de Patienti*a, J. Nider, *De Contractibus mercatorum, Henricus de Gorichem, Tractatus de Simonia* und *de Praedestinatione, Determinatio quodlibetica M. Joannis de Mechlinia, Alberti Magni liber de adhaerendo Deo, Jacobus Carthusianus de Missa*, wie auch *Conclusiones morales Joannis de Gersona. Epistolae Ambrosii* vom Johann Amerbach zu Basel 1492. *Albertani liber de doctrina Loquendi et Tacendi*, Ingolstadt, ohne Druckjahr, in 4; man glaubt es sei 1488 gedruckt worden. *Stellarium coronae B. M. V.*; untenher liest man folgende nach damaliger Art verfertige Verse:

Opere nunc isto perfecto gloria christo.
Laudibus hic iusto, coronas matris Dei sisto.
Honor Francisco, laus sanctis cunctis hoc ipso.
Ocdens trino ciclo centrum quadringenti (1483), tunc praeside Sixto.“[1]

Über die Privatbüchersammlung des Bischofs Kerens von Neustadt meldet Blumenschein um 1780 folgendes: „Der dermalige Bischof Heinrich Kerenz besitzt entzwischen eine eigene Sammlung von sehr guten Büchern, auf welche er bereits über 5.000 Gulden soll verwendet haben, die er aber nach seinem Tode der vorbeschriebnen als ein unsterbliches Angedenken zu überlassen rühmlich ist gesonnen ist. Unter den Werken vom ersten Druck befindet sich auch alda die zwote Ausgabe der *Summa* des Fr. *Johann Astexani* in Folio. Sie ist ohne Jahrrubrik und die letzen Worte der 2. Columne des 1. Blattes sind: *quorum uterque fecit summam et apparatum.* Denis, Merkwürdigkeiten.“[2]

Mit dem Bistum kamen 1785 beide Bibliotheken samt dem Archive von Wiener Neustadt nach St. Pölten und 1794 wurde darüber ein Katalog verfaßt. Damit ist ein Teil der Chorherrnbibliothek vereinigt worden, so unter anderen: eine lateinische Bibel auf Pergament, 315 Blätter im Ledereinband mit gotischen Beschlägen und 156 kleinen und größeren in Gold und Farben ausgeführten Initialen und sorgfältiger Schrift, XIII. Jahrhundert. Ein St. Pöltener Missale von 1367,

[1] Blumenscheins Manuskript in der Pfarrbibliothek zu Maria Taferl, II., 82-84.
[2] Blumenscheins Manuskript in der Pfarrbibliothek zu Maria Taferl, II., 82.

unter Propst Ulrich Veirtager auf Pergament geschrieben, mit interessantem Christusbild und einigen hübschen Anfangsbuchstaben, darin viele alte Sequenzen enthalten. Ein kleineres Missale (23 x16 cm) für die Festmessen; Pergamenthandschrift zum Teile aus dem XIV. und XV. Jahrhundert, der ältere Teil sehr kunstreich geschrieben, darin prachtvolle Initialen. Ein *Officium Marianum*, Pergament, 157 Blätter, von ungefähr 1450, mit 13 Vollbildern auf Goldgrund und zahlreichen Vignetten und in Gold gemalten Buchstaben, niederländische Arbeit.[1]

Im südlichen Saale der ehemaligen Chorherrnbibliothek an der Westseite des Kreuzganges, ersten Stock, ist noch ein Teil dieser Bibliothek mit mehreren Wiegendrucken verblieben, welcher 1834 mit der Bibliothek des Bischofs Jakob Frint vereinigt wurde. Im nördlichen Saale wurde 1888 das Diözesan-Museum aufgestellt. Die Troger'schen Fresken sind in St. Hippolytus Kalender, 1914, S. 68 abgebildet. Teile der vorgenannten Bibliotheken wurden als Kuraten-Bibliothek zum Gebrauch der Domkuraten zusammengestellt.

1811 bekam die Alumnatskapelle das Altarbild von Johann Schindler, Abschied der Apostelfürsten.

St. Pölten, Franziskaner Pfarre

mit Kirche der Allerheiligsten Dreifaltigkeit (1785), einst Karmeliterkloster auf dem breiten Markte, dazu Barbarakapelle beim alten Friedhof, das einstige Karmeliterinnenkloster (1705-1782)[2], Kapelle im allgemeinen Krankenhause, im Kreisgerichte und im Bezirksaltersheim; Viehofen mit Schloßkapelle, Jubiläumskirche, Friedhof und Gruftkapelle; Stattersdorf mit Kapelle und Friedhof; Lilienhof mit Kapelle.

Vor 1420 erbauten Philipp und Anna Schnürer, Bürgersleute von St. Pölten, vor dem Wilhelmsburger Tore bei den Sundersiechen die Kapelle zu Ehren Unser lieben Frau und aller Heiligen, die sie samt dem Friedhofe dem Kloster St. Pölten übergaben.[3]

1594, 1. Mai, weihte Bischof Johann Kaspar Neubeck von Wien, die vom Propste Melchior Schad erbaute Kapelle im Ilgenhof (Lilienhof) bei St. Pölten zu Ehren der Himmelfahrt Mariens.[4]

---

[1] Fahrngruber, Aus St. Pölten, 424; Diözesanmuseum, Katalog, 1893, 4-5.
[2] Fahrngruber, Aus St. Pölten, 278-283.
[3] Duellius, Excerpta geneal.-histor., lib. I., pars III., Nr. 154.
[4] Frasts Manuskripten im Stiftsarchiv Zwettl, II. Band.

1661, 11. Juli, weihte Martin, Bischof von Lampsacus und Weihbischof von Passau, die St. Barbarakapelle vor dem Wilhelmsburger Tore.[1]

1661, 2. September, Kloster St. Pölten, beurkundet Propst Gabriel von St. Pölten, kaiserlicher Rat und oberster Erbhofkaplan in Oesterreich unter der Enns, daß sein Vorgänger, der verstorbene Propst Johann, Dr. der Phil. und Med., „auf dem vorm Wilhelmspurger Thor alhier mit Maur umbfangenen Gottsackher zu Ehren der khüniglichen Junckfrauen vnndt Martirin sanctae Barbarae ain Cappellen auferbauen lassen“ und dieselbe mit 1.200 Gulden, welche bei der Stadt auf 5% Interessen liegen, bestiftet habe. Davon soll wöchentlich am Freitage eine Votivmesse der hl. Barbara gelesen und die Kapelle erhalten werden. Nach dem Willen seines Vorgängers gibt er Kapelle und Stiftung zur Erzbruderschaft vom hl. Rosenkranz, Jesus und Maria und St. Sebastian. Gesiegelt mit größerem Prälatursiegel.[2]

1757, 22. April, legte Camillus von Colloredo, Graf von Walsee, Herr der Herrschaften Dymokur, Smidar, Hitschitz, Walpersdorf, Hausenbach, Ainöd und Abstorf, als großen Wohltäter den Grundstein zum Kloster der Karmeliter, heute der Franziskaner, in St. Pölten. Der Bau der Kirche begann 1763.

1782 wurden die Klöster der Karmeliter und der Karmeliterinnen aufgehoben.

1785 übersiedelten die Franzikaner in das Karmeliterkloster und erhielten hier eine eigene Pfarre, die Stadtpfarre oder Franziskanerpfarre genannt.

Von den Dörfern der Franziskanerpfarre ist noch zu bemerken:

1810 erhielt Viehofen eine Gemeindeschule[3]

1834 versprach die Gemeinde Waitzendorf ihre Kapelle zu erhalten. 1843 wurde dafür Meßlizenz gegeben.

1854 versprach Unter-Wagram die Erhaltung der Kapelle.

1857 gelobte Stattersdorf seine Kapelle zu erhalten.[4]

1908 erbaute die Gemeinde Ober- und Unter-Wagram eine Jubiläumskirche.

---

[1] Frasts Manuskripten im Stiftsarchiv Zwettl, II. Band.

[2] Originalpergament, das Siegel fehlt, 1883 vom Pfarramte Krems in das Konsistorialarchiv St. Pölten übertragen.

[3] Kurzgefaßte Geschichte der Volksschule in Viehofen 1810-1880.

[4] Konsistorialarchiv St. Pölten.

St. Pölten, Josefspfarre (1930)
mit Spratzern samt Kapelle zur hl. Theresia vom Kinde Jesu und Kinderheim.

Um 1209 wurden zwei Söhne von Sprecern bei den Reliquien in St. Pölten geheilt.[1]

1925, 4. Oktober, weihte Bischof Johannes Rößler Glocken für die geplante Kirche.

1930, 1. April, errichtete Bischof Michael Memelauer in St. Pölten eine dritte Pfarre zum hl. Josef an der Mariazellerstraße bei der vom Kirchenbauverein fertiggestellten und am 6. Oktober 1929 eingeweihten Kirche. Gleichzeitig wurden die Grenzen der Dompfarre zu Maria Himmelfahrt der Pfarre zur Allerheiligsten Dreifaltigkeit bei den Franzikanern und der Pfarre zum hl. Josef genau festgesetzt. Die Seelsorge an der letzten Pfarre wurde den unbeschuhten Karmelitern übertragen.[2]

1931 wurde in Spratzern, Pfarre zum hl. Josef, ein Kinderheim fertiggestellt und eine Kirche zu Ehren der hl. Theresia vom Kinde Jesu um 100.000.- S erbaut. Den Grundstein weihte Bischof Michael Memelauer am 4. Oktober.

1932, 30. Oktober, konsekrierte Bischof Memelauer die neue Kirche in Spratzern. Das Kinderheim wurde den Caritasschwestern anvertraut.

St. Pölten, Stadt

Um 987 wird Treisma *sancti Ypoliti* bereits eine Stadt genannt.[3]

1058 erscheint das Forum in *Sancti Ypoliti*, worin man das älteste Beispiel einer förmlichen Markterhebung in Niederösterreich sehen will.[4]

Um 1108 befahl Markgraf Leopold III. von Oesterreich, die Stiftung von Klosterneuburg besonders *in oppido Sancti Hipoliti* und in Tuln bekannt zu machen.[5] Offenbar waren diese beiden Städte damals angesehen.

---

[1] Pez, Scriptores rer. Austriac., I., col. 747.
[2] St. Pöltener Diözesanblatt, 1930, 49-51.
[3] Niederösterr. Urkundenbuch, I., 3,
[4] Niederösterr. Urkundenbuch, I., 5; Vancsa, Gesch. von Nieder-Oesterreich.
[5] Archiv und Bibliothek im Stifte Melk.

1147 gibt Wolfram von Dvringperch, Sohn des Grafen Heinrich von Scowinburch (Schaunburg), der Kirche zu St. Peter in Salzburg 3 Güter bei Potenprunnen, 2 beim *vicus* (Dorf) *sancti Ypoliti*, eine Mühle am Flusse Treisima und 2 Weingärten, auch 30 Hörige (*mancipia*) für die Zeit seiner Kreuzfahrt nach Jerusalem gegen Bezahlung von jährlich 2 Pfd. an seinen Lehensmann Rapoto für die Weingärten, die er zu Lehen hatte.[1] Hier wird St. Pölten nur Dorf genannt.

1159, 3. Mai, gibt Bischof Konrad von Passau den Bürgern von St. Pölten gerichtliche Vollmachten.[2]

Um 1180 hatte das Stift St. Pölten in der Stadt das Markt und Burgrecht, das ihm vom Papst bestätigt wurde.[3]

1247, 12. Juli, Passau, verkauft Bischof Rudiger von Passau dem Kloster Lilienfeld den Pfarrzehent von Probstdorf um 100 Pfd. und verwendet dieses Geld zum Wiederaufbau seines Schlosses Greifenstein und zur Befestigung seiner Stadt in *sancto Ypolito.*

1259, 18. April, Wien, erläßt König Ottokar von Böhmen den Bürgern *sancti Ypoliti* die jährliche Bezahlung von 3½ Talent an das Gericht in Wien, die sie wieder von den Kaufleuten in Wilhelmsburg, Chuleub (Kilb), Lastorph (Loosdorf), Medlico (Melk), Pechlarn und Ipsa (Ybbs) für die Erlaubnis, gefärbte Tücher nach Wien zu führen, einheben und abführen sollten.[4]

1276, 13. Dezember, Wien, erlaubt König Rudolf I. dem Bischof Petrus von Passau, auch *sancti Ypoliti* zu befestigen.[5]

1277, 24. November, Neustadt, verleiht König Rudolf I. dem Bischof Petrus auch das Blutgericht in *sancto Ypolito* mit Stock, Galgen und Marterwerkzeugen.[6]

1306 ließ König Albrecht I., als er von der Judenverfolgung in St. Pölten hörte, diese Stadt durch seinen Sohn Rudolf hart belagern und befahl, sie vollständig zu zerstören und auf landesfürstlichen Grunde bei Pottenbrunn eine neue Stadt zu erbauen.[7]

Johannes Greczer berichtet zum Jahre 1308: damals haben die Feinde des Kreuzes Christi, die Juden, in St. Pölten das Sakrament plasphemisch verunehrt, worauf die Christen einige Juden töteten und ihre Habe plünderten. Deswegen belagerte König Rudolf die Stadt und mußten sie 3.500 Talente als Sühne zahlen.[8]

---

[1] Hauthaler, Salzburger Urkundenbuch, I., 413.
[2] Monumenta Boica, XXVIII., II., 114.
[3] Niederösterr. Urkundenbuch, I., 18.
[4] Monumenta Boica, XXVIII., II., 138.
[5] Monumenta Boica, XXVIII., II., 405.
[6] Abschrift von 1618 im Konsistorialarchiv St. Pölten.
[7] Fahrngruber, Aus St. Pölten, 153.
[8] Hofbibliothek in Wien, Gretser Chronica auf Pergament, Resc.3167.

1311 wird das St. Pöltener Maß (oder Metzen) genannt.[1]

1321, 6. Juni, Sant Pölten, schlichtet Bischof Albrecht von Passau den Streit zwischen den Yrichern und den Hantschuchstaern in St. Pölten. Letztere sollen laut alter Gewohnheit kein Yrich wirken.[2] Die Iricher sind die Gerber, welche allein Felle gerben durften.[3]

Vor 1323 gab Heinrich von Radek zum Spitale in Sand Polten (wahrscheinlich dem jetzigen Bürgerspitale) einen Hof zu Rezzing (Reitzing).[4]

1324, 18. September, in dem Gesezze vor St. Pölten, verhandeln der Herzog Leopold für sich und seine Brüder und Bischof Johann von Straßburg mit dem Landgrafen Urlich von Nieder-Elsaß den Frieden für so lange, als der Kieg zwischen Leopold und Ludwig von Bayern dauern wird.[5]

1337, 21. Dezember, Wien, beurkundet Bischof Albrecht von Passau die Ordnung der Bäcker zu Sand Pölten und erwähnt dabei das Spital.[6]

1338, 9. September, Sant Pollten, beurkundet Bischof Albrecht von Passau die Rechtsordnung der Stadt St. Pölten.[7] Dieses St. Pöltner Recht stimmt zum größten Teile mit der Rechtsordnung der Stadt St. Pölten von 1299 überein.[8]

1389, 24. Juni, beurkunden Friedrich von Walsee und seine Frau Anna, daß ihnen das Kapitel zu Passau an des Bischofs statt, die Stadt und das Stadtgericht zu St. Pölten mit Vorbehalt des Wiederkaufes um 4.000 Pfd. Pfen. verkauft habe. Mitsiegler: seine Brüder Rudolf von Wallsee, Landmarschall in Oesterreich, und Reimprecht von Wallsee, Hauptmann ob der Enns.[9]

Um 1390 war das Poltinger Tuch bereits bekannt.[10]

1407 wurde ein Stein über Meister Hansens von St. Pölten Grab in der Stephanskirche in Wien mit 4 Pfd. Pfen. bezahlt.[11]

1410, St. Paulusabend der Bekehrung (24. Jänner), verkaufen Stephan Gott von Emersdorf, seine Frau Kathrei und sein Sohn Stephan dem Stifte St. Pölten ihre Mühle und Mühlhof zu St. Pölten vor dem Kremsertore, genannt „von alter des Chrannest Hof oder

[1] Fontes, XXXVI., 78.
[2] Monumenta Boica, XXX., II., 92.
[3] Blätter für Landeskunde, 1883, 443.
[4] Niederösterr. Urkundenbuch, I., 265.
[5] Lichnowsky, Habsburg, III., Nr. 659, DXLIV.
[6] Blätter für Landeskunde, 1875, 200.
[7] Abgedruckt in Blätter für Landeskunde, 1883, 460-490.
[8] Vgl. Blätter für Landeskunde, 1883, 411-459.
[9] Lang-Freyberg, Regesta Boica, X., 243.
[10] Notizenblatt, 1851, 378.
[11] Jahrbuch der Kunstsammlungen des ah. Kaiserhauses, XVI., Nr. 13.153.

Mühle“, dem Stifte dienstbar, welches dafür dem Verkäufer und seinem Sohne auf beider Lebtage jährlich ein Mut Korn und ein Faß Wein aus dem Stiftshof zu Jauching geben soll.[1]

1426, 28. Juni, St. Pölten, berichten Richter und Rat von St. Pölten an die Gemeinde Wien eine Aussage des Bürgers und Goldschmiedes Hans von St. Pölten über Verwandtschaften.[2]

1430 bestanden in der Stadt 19 Zechen.[3]

1433 schrieb Petrus von St. Pölten im Kloster Lilienfeld ein *Diurnale* der Zisterzienser.[4]

1439, 23. Juni, vereinbarten die Messerer zu Wien, Steir, sand Pölten und Waidhofen ihre Handwerksordnung.[5]

1451 verleiht König Friedrich IV. als Vormund des Ladislaus der Stadt St. Pölten das Recht alljährlich zu *Reminiscere* in der Fasten einen Jahrmarkt mit 14-tägiger Freiung davor und hernach zu halten.[6]

1454 stiftet Hanns Part, Bürger zu St. Pölten, 20 Pfd. Pfen. „in der purger spital, in das new das sy jetzt pawnt“, und einen Betrag den „sundersiechen vor der stat“.[7] Das Bürgerspital gehörte damals noch dem Chorhernstifte, das Siechenhaus lag bei der alten Pfarrkirche vor dem Wilhelmsburger Tore.

1459, Freitag vor Gottsleichnam (18. Mai), bestätigt der Stadtrat von Sand Polten anstatt des Herrn von Walsse die Ordnung der Klingenschmiede. Als Meisterstück werden darin vorgeschrieben: „ain waidklingen, ain Libawner, ain slechte gefaltzte Klingen vnd ain par tischklingen“.[8]

1459, Freitag nach Nikolastag (7. Dezember), schreibt der Stadtrat von St. Pölten die Ordnung der Binder in das Stadtbuch. Doch hat der Herr von Wallsse Gewalt, dieselbe zu ändern.[9]

1463 war ein Landtag in St. Pölten und sollte ein solcher zu Tulln am Freitag 8 Tage nach Sonnenwende gehalten werden.[10]

1467 gab Johannes von Neydeck das Erbrecht einer Mühle, welche bei der Stadt St. Pölten errichtet werden sollte, dem Sigismund Pottenbrunner.[11]

---

[1] Staatsarchiv in Wien, St. Pöltner Kopialbücher, Kodex Nr. 1077, 173-175.
[2] Jahrbuch der Kunstsammlungen des ah. Kaiserhauses, XVI., Nr. 13.713.
[3] Blätter für Landeskunde, 1876, 310.
[4] Mittelalterl. Bibliothekskataloge, I., 124.
[5] Jahrbuch der Kunstsammlungen des ah. Kaiserhauses, XVI., Nr. 13.991.
[6] Originalpergament mit prächtigem Siegel im städtischen Museum zu St. Pölten.
[7] Fahrngruber, Aus St. Pölten, 110.
[8] Blätter für Landeskunde, 1876, 74-75.
[9] Blätter für Landeskunde, 1876, 76. Daselbst noch weitere Innungsordnungen; ebenso Blätter für Landeskunde, 1875, 200-204.
[10] Chmel, Materialien zur österr. Geschichte, II., 278.
[11] Wurmbrand, Collectanea genealog.-histor., 127.

1470, Montag nach St. Pankraz (14. Mai), verkauft Barbara, Witwe des Oswald Plesser, ein Haus in der Stadt St. Pölten dem Veit Hochstetter zu Wagram und seiner Frau Anna.[1]

1481 bestätigt König Matthias Corvinus die Freiheiten und Rechte der Stadt St. Pölten im vollen Umfange.[2]

1484 besetzte Matthias von Ungarn die Stadt Wien und rückte sein Heer zur Stadt St. Hyppoliti, Melk und Mautern vor, und verwüstete alles durch Raub und Brand.[3]

1487, Ertag in den Weihnachtsfeiertag (wahrscheinlich 1486, 26. Dezember), Wien, verleiht König Matthias Corvin der Stadt St. Pölten das Recht, mit rotem Wachse zu siegeln, und ein Wappen: ein blauer Schild, darin ein Wolf mit weißer Farbe, auf den Hinterfüßen stehend, einen goldenen Bischofstab in den Vorderfüßen haltend, mit vergoldeten Klauen und Zähnen, roter Zunge und Ohrinnern und hängendem Schwanze.[4]

1488, 6. Juni, wurde dem Schneider Michael Kegler, der den Niklas Schiedlinger erschlagen hatte, vor dem Stadtrate in St. Pölten auferlegt, eine Fahrt gegen Rom zu machen, Beichte und Buße zu verrichten, zur Pfarrkirche ein Pfund und auf ein Begängnis ein Pfund und der Witwe des Getöteten 3 Pfund zu erlegen.[5]

1490, 15. Juni, beurkunden Richter Leb und der Stadtrat von Sandpolten, daß die Stadt Waidhofen an der Ybbs venedische Waren von und zu der Stadt und Stahl und Eisen über die Heide geführt habe.[6]

1490, Vortag vor St. Ludwig (24. August), wurde die Stadt St. Hipolit nach Lampert von Tobias (Rohrer) für den König Maximilian I. übernommen.[7]

1490, 20. Oktober, nimmt Dobesch von Bozkowitz und Tschernahor von Kaiser Friedrich III. die in seine Hand gelangte Stadt St. Pölten nebst dem Ungelde für 5.000 ungarische Gulden zum Pfande.[8]

1490 erscheint unter König Matthias Johannes Neuhauser als Amtmann in St. Yppolito. Der König hatte wahrscheinlich auch diese Stadt durch Waffengewalt bezwungen.[9]

---

[1] Wißgrill, Schauplatz, IV., 347.
[2] Städtisches Museum in St. Pölten.
[3] Monumente des Dechant Augustin Beyer im Stiftsarchiv Herzogenburg.
[4] Notizenblatt, 1851, 251.
[5] Blätter für Landeskunde, 1883, 415.
[6] Chmel, Der österr. Geschichtsforscher, I., 1838, 8.
[7] Dr. Johann Tichtelius, Diarium bei Rauch, Rer. Austriac. Scriptores, II., 561.
[8] Lichnowsky, Habsburg, VIII., Nr. 1467.
[9] Jahrbuch von St. Andrä von Augustin Erath, Propst daselbst, im St. Andräer Archive zu Herzogenburg.

1491, Pfingsttag vor *Laetare* zu Mitterfasten (10. März), Linz, belehnt Kaiser Friedrich III. den Christoph Grabner mit einem Hause zu Sant Pölten am Praittenmarckht, genannt der Thurn, mit Freiung und Freiheit, die von alters herkommen ist. Das Haus war vorher ein Wallsee'sches Lehen und wurde von Reinprecht von Wallsee geeignet und vom Fürstentum Oesterreich zu Lehen genommen.[1]

1494, Freitag vor Unser Frauen *Purificationis* (1. Februar), Wien, stellt König Maximilian I. auf Bitten des Bischofs Christoph von Passau demselben die Städte St. Pölten und Mauttarn, Schloß und Markt Schwadorff mit Zehenten, Renten und Gütern wieder zurück, nachdem die Majestät „dieselben statt, schloß vnnd märkcht, daraus ir lanndt vnnd leuth von den feinden merkchlichen beschedigt wäre, mit schweren costen vnnd darlegen erobert vnnd bißher bey ihren hannden ingehabt" und dazu auch Geldforderungen an den Bischof hat, doch aus freiem Willen zurück. Doch bleibt St. Pölten samt dem Amte Michelspach dem König um 22.000 Gulden rheinisch verpfändet, worin auch die alte Schuld per 10.000 ungarischen und 13.000 rheinischen Gulden enthalten ist. Um diese Pfandsumme kann der Bischof St. Pölten einlösen. Siegler: König Maximilian und Bischof Christoph.[2]

1494, St. Valentin (14. Februar), Innsbruck, bestätigt Maximilian I., daß Kaiser Friedrich III. dem Stifte St. Pölten und seinen Untertanen zu St. Pölten erlaubt hat, mit ihrem Kaufmannsschatz und Phenwerten in seinen Landen Gewerb und Handel zu treiben.[3]

1502 bestimmt Kaiser Maximilian I. die Befugnisse des kaiserlichen Amtmannes und anderseits des Richters und Rates in St. Pölten genauer.[4]

1529 mußten vor St. Pölten viele Türken in das Gras beißen.[5]

1533, 14. Juni, Wien gibt Ferdinand I. dem Balthasar von Presing, seinem Rate und obersten Küchenmeister, seine Herrschaft und Amt St. Pölten, als Pfand für 4.000 fl rheinisch.[6]

1538, 3. November, Wien, gibt König Ferdinand I. der Stadt St. Pölten wegen ihrer Auszeichnung beim Einfalle der Türken ein neues Wappen, der Schild der Länge nach in zwei Felder geteilt, eines weiß mit roter Querstraße, das andere blau, darin der (Passauer) Wolf

[1] Briefprotokoll von 1618 im Schloßarchiv Pottenbrunn, Urkunde Nr. 202 u. 237.

[2] Vidimus des Propstes Georg von St.Nikola bei Passau 18. Oktober 1510; Abschrift davon aus dem 16. Jh. auf Papier, schadhaft, Konsistorialarchiv St. Pölten, Faszikel Chorherrnstift St. Pölten.

[3] Duellius, Excerpta geneal.-histor. III., Nr. 141.

[4] Städtisches Museum in St. Pölten.

[5] Stiftsarchiv Zwettl, Kodex Nr. 34.

[6] Fürstl. Auersperg'sches Archiv in St. Pölten.

in seiner natürlichen Farbe, stehend, mit gelben Klauen und roter Zunge (ohne Bischofstab).[1]

1539 übernahmen Richter und der Rat der Stadt St. Pölten vom Chorherrenstifte, daselbst das Spital in der Stadt.[2]

1624 war Elias Schönbach gemeiner Landschaft bestellter „Apodegger" zu St. Pölten und Doktor Michael Hofer Viertel-Medicus ob dem Wienerwald.[3]

1751 eröffneten die Piaristen in St. Pölten ein Gymnasium, das aber 1776 nach Krems übersetzt wurde.

142. Ponsee

890 bestätigt König Arnulf den Besitz der Kirche von Salzburg zu Treisima (Traismauer), dessen Grenze zum Danubius zum Orte Tripoliza und an der Donau aufwärts zum Fischerorte Arichsteti reicht. In der Bestätigung von 977 heißt es aber Pripoliza, sonst wieder Tripoliza bis 1199.[4] Darunter ist wohl Preuwitz bei Ponsee zu verstehen.[5]

Vor 1193 wurde ein kleines Mädchen aus dem Dorfe Ponse, das erblindet war, in Göttweig am Grabe des hl. Altmann wieder sehend.[6]

Um 1260 dienten dem Landesfürsten in Preubeliz (nicht Prenbeliz) 3 Lehen.[7]

1290 wird Ernst von Ponce als Besitzer von Höfen in Bierbaum genannt, die ihm von den Brüdern von Veundorf zu Eigen gemacht wurden.[8]

1308, 11. November, geben die Brüder Gundaker und Wernher Payger von Rußbach zum Gotteshause Herzogenburg ihr Gut Pannse bei der Donau, ihr rechtes Eigen, samt der Kapelle daselbst, da zwei ihrige Geschwister in das Kloster eintraten.[9]

1308 diente der Pleban von Pannse dem Bistume Freising von einem Weingarten.[10]

---

[1] Notizenblatt, 1851, 252.
[2] Staatsarchiv in Wien. Siehe unter Dompfarre.
[3] Monumente des Dechant Augustin Beyer im Stiftsarchiv Herzogenburg.
[4] Hauthaler, Salzburger Urkundenbuch, II., 62, 103, 109, 149, 156, 567, 723.
[5] Vgl. Blätter für Landeskunde, 1883, 111-112.
[6] Fuchs, Altmann, 57.
[7] Rauch, Rerum Austriacarum Scriptores, II., 26.
[8] Kerschbaumer, Geschichte der Stadt Tuln, 335.
[9] Faigl, Urkunden von Herzogenburg 1244-1450, 34.
[10] Fontes, XXXVI., 549.

1329, 13. Dezember, Wien, schenkten Seifried von Neudau und seine drei Söhne 4 d Dienst zu Krottendorf auf Unser Frauenaltar zu Panse dem dortigen Pfarrer Jans und seinen Nachfolgern.[1]

1331, 7. April, Herzogenburg, verzichtet Nikolaus der Wildenhager auf das Gut Pannse samt Kapelle, das seine Oheime die Payer dem Stift Herzogenburg zugewendet haben.[2]

1376, Montag vor St. Jakob (21. Juli), verkauft Häntschel der Jud von Hertzogenburch, Sohn des Meisters Ysrahel von Krems, mit Hand des Lehensherrn Bischof Albrecht von Passau dem Herrn Wernhart dem Druchsetz von Reichestorf den Zehent zu Talarn (Thallern bei Reidling), Dornperg und Pansee, gelegen unter dem Sitzenberg, Wein- und Getreidezehent, groß und klein, wie ihn die Herrn Ulrich und Ortolf von Topel, Söhne des Wernhart von Topel zu Karlstetten, von ihrem Vetter Weinhart von Topel zu Hawsimpach und Marchart dem Tursen von Tirnstain gekauft haben, um 50 Pfd. Wr. Pfen. Siegler: Leupolt, Pfarrer von Medlikh (Mödling), Otto von Topel und Jans von Tyrna, Hubmeister in Oesterreich.[3]

1386 hatte der Graf von Maidburg, vom Bischof von Salzburg zu Lehen: zu Preiblitz und zu Pannsee das Gericht und anderen Besitz; zu Pirpaewn (Ober-Bierbaum) das Gericht und die Dingstat unterhalb der Gasse gegen Merteinsprunin (verödet bei Kaindorf)[4] zu Feld und zu Dorf, mit Stock und Galgen; einen halben Hof zwischen Talarn (Thallern bei Reidling) und Arnperg, hat Herr Hanns der Naivnhoffer vom Grafen und dieser vom Bischof zu Lehen; das Gericht zu Arnperg; die Fischweide im Wird von der March von Holenburg bis an die Chranaw.[5]

Um 1390 war die Pfarre Pansee auf 6 Pfd. Pfen. Verleihungsgebühr angesetzt.[6]

1440, 4. April, belehnt Erzbischof Gregor von Salzburg den Pilgrim von Puchheim mit obigen Lehen falls Johann von Maidburg ohne Erben stirbt.[7]

1421, 11. März, Wien, verkauft das Deutsche Ordenshaus in Wien einer Geldschuld wegen dem Chorherrnstift St. Dorothea in Wien um 552 Pfd. Wr. Pfen. je ein behaustes Gut zu Kolesperg und Chaltenprunn in der Pfarre Pehaimkirchen, zu Winkchlarn in Kapeller Pfarre, zu Chaczenperg, Pesingk, Kygling, Weißenkirchen, zu Ober-Pierbawn

---

[1] Faigl, Urkunden von Herzogenburg 1244-1450, 107.
[2] Faigl, Urkunden von Herzogenburg 1244-1450, 110.
[3] Schlager, Wiener Skizzen, II. Reihe, 181.
[4] Blätter für Landeskunde, 1883, 88.
[5] Stowasser, Das Land und der Herzog, Berlin 1925, 118, 119; aus dem Schloßarchiv Horn.
[6] Hippolytus, 1863, 148.
[7] Stowasser, Land und Herzog, 120.

in Pawser (Ponseer) Pfarre, zu Nieder-Pierpawn in Heiligenaicher Pfarre, zu Weinczurl, Aczenprugk und Werndorf in Potenprunner Pfarre, zu Mutterhaim; weiters eine Wiese in der Pfarre Pannsee, ein Gut zu Freingaw in Melkcher Pfarre, zu Rogendorf in Lostorfer Pfarre und zu Chararn in Sant Zen (=Hafnerbacher) Pfarre.[1]

1429 erscheinen Pannsee und Hausendorf (das öde Hausleiten bei Reidling) mit 4 Pfd. Verleihungsgebühr als Lehen vom Pfarrer in Zwentendorf.[2]

1476 waren Ponsee und Hausleuten noch vereinigt.[3]

1479, 13. Dezember, vermacht Wilhelm von Wähing einen silbernen Kelch mit Patene, den er aus seinem Silber hat machen lassen, der noch nicht vergoldet und bei Meister Walthasar, Goldschmied in Krembs, sich befindet und zu dessen Vergoldung er noch 7 Gulden bestimmt, zu unser lieben Frauen Gotteshaus in Pannsee.[4]

Die dreischiffige Kirche mit steinernem Turmhelm war ein gotischer Bau, der seit 1709 barockisiert ist.[5] Auch eine Marienstatue ist gotisch.

1501 präsentierte Propst Georg I. von Herzogenburg einen Weltpriester auf diese Pfarre.[6]

1509, Montag nach Kolomani (15. Oktober), verkauft Leo Schnekenreiter 7 Untertanen zu Pierpaumb (Ober-Bierbaum) nächst Podensee dem Geyer von Osterburg.[7]

1529 gehörte Ponsee den Geyer von Osterburg, von denen es das Stift Herzogenburg 1649 zurückkaufte.[8] Die Kirche war um jene Zeit von vielen Wallfahrern besonders zu Maria-Geburt besucht.[9]

1537 nimmt Veit Hager von Grafen Julius von Hardegg die Au zu Pleibitz (Preubitz) zu Lehen.

1547 nimmt Hektor Geyer zu Osterburg von Grafen Julius von Hardegg Au und Wildbann in Pleibitz zu Lehen.[10]

1612 versprach Propst Melchior (1609-1615) von Herzogenburg die Pfarren Stolhoven und Bonsee dem Georg Teusegg, der sie auch unter Propst Johann Hanold (1619-† 1621) mit Liebe und Fleiß versah. Als er 1621 auf die Pfarre Imbach übersiedelte, wurden seine

---

[1] Quellen zur Gesch. der Stadt Wien, I. Abteil., III. Bd., Nr. 2641.
[2] Schmieder, Matricula, 22.
[3] Schmieder, Matricula, 22.
[4] Quellen zur Gesch. der Stadt Wien, II. Abteil., III. Bd., Nr. LVI, 462.
[5] Riesenhuber, Kirchl. Kunstdenkmäler, 232.
[6] Faigl, Urkunden von Herzogenburg 1244-1450, 492.
[7] Notiz im Urbar der Herrschaft Osterburg von 1622 im Schloßarchiv Mitterau.
[8] Faigl, Urkunden von Herzogenburg 1244-1450, 492.
[9] Wiedemann, IV., 139.
[10] Landesarchiv in Wien, Kodex Nr. 440, 201.

Sachen zurückbehalten, bis er den vernachläßigten Pfarrhof wiederherstellen würde.[1]

1661, 2. September, berichtet Propst Josef von Herzogenburg, daß zu Maria Geburt in Ponsee über 3.000 Kommunikanten waren.[2]

1674 waren in Bodensee Kirchtage zu *Laetare*, Maria Magdalena und Maria Himmelfahrt.[3]

Um 1730 wurde von Heiligeneich alljährlich an den Festen Maria Himmelfahrt und Geburt eine Wallfahrt *ad miraculosam virginem Mariam* nacher Bodensee 1½ Stunde weit geführt.[4]

143. Pottenbrunn mit Wasserburg[5]

890 reichte der Besitz des Bistums Salzburg bei Traismauer bis nach Potiliesprunnin.[6]

Entsprechend der geteilten Grundobrigkeit bestanden hier vor 1623 zwei Pfarren, eine auf landesfürstlichem Gebiete bei der unteren Kirche zum hl. Kreuz und eine auf dem Gebiete der Herrschaft Pottenbrunn bei der oberen Kirche zum hl. Udalrich.

a) Untere Pfarre zum hl. Kreuz unter landesfürstlichem Patronate.

Um 1200 hieß der Ort auch Wihselbrunnen (Weichselbrunnen).[7]

1216, 9. Oktober, (Wien), bestätigte Heinrich von Wazzerperch (bei Pottenbrunn) vor seinem Kreuzzuge, die von seinem Vater Rudolf vollzogene Schenkung einer Hofstätte in der Hostraze (Hochstrasse) zu Wien an das Stift St. Peter in Salzburg. Unter den Zeugen: Maigotis von Rettelperch (Radelberg).[8]

Um 1227 weilte der Minnesänger Ulrich von Lichtenstein vor dem Turney in St. Pölten bei dem Herrn Heinrich von Wasserberg,

---

[1] Konsistorialarchiv St. Pölten, Faszikel Stollhofen.
[2] Wiedemann, IV., 139, 140.
[3] Krakauer Schreibkalender von 1674, Pfarrarchiv Gaming.
[4] Konsistorialarchiv St. Pölten, Faszikel Heiligeneich.
[5] Schweickhardt, Darstellung von Niederösterreich, V., 64-76. Adalbert Jungwirth, Beiträge zur Geschichte von Pottenbrunn, 1912, 36 Seiten. Wertvolle Beiträge von Herrn Oberlehrer Josef Buchinger in Ober-Ratzersdorf.
[6] Geschichtliche Beilagen, V., 553.
[7] Fontes, IV., Nr. 12, 449.
[8] Hauthaler, Salzburger Urkundenbuch, III., 207. Über das Schloß Wasserburg siehe Schweickhardt, Darstellung von Niederösterreich, VI., 65, 68.

einem biederen höfischen und tapferen Manne, dem Gemahl der Schwester des Lichtensteiners, die er im „Frauendienst" rühmend erwähnt.[1]

1248 bestätigt der Bischof von Passau dem Stift St. Pölten auch die Kapellen in Ober- und Unterpotenbrunn, die wohl noch zur Pfarre St. Pölten gehörten.[2]

Um jene Zeit schädigte Dietrich von Wasserburch die Holden des Erzbistums Salzburg um 100 Pfunde.[3]

1259 bekennt Kunz von Hackig, daß Rüdiger von Aland den Deutschen Herrn von einem Hofe zu Potenbrunn den Dienst zu geben schuldig sei.[4]

1283, 12. Mai, schenkte Otto von Haslau, genannt von Wazzerberch, mit Zustimmung seiner Gattin Gertrud und Meingozz von Retelperg (Radelberg) mit Zustimmung seiner Söhne Friedrich, Meingozz und (Gundacher) und Wulfing von Arnstein, genannt von Wazzerperch, mit Zustimmung seiner Gemahlin Perchta dem Kloster Zwetel ihr Recht auf die Weide vom Walde bei Wasserberch bis zum Dorfe Ossarn (bei Herzogenburg).[5]

1308 diente der Pleban von Potenbrunne Wein nach Freising.[6]

1316, 21. Dezember, kauft Pfarrer Ulrich von Pottenbrunn von Seyfried dem Schenken von Wolfsberg 12 ß d auf Reutäckern zu Oberndorf, Viehofen und Raetelperg um 15 Pfd. Pfen. und wendete sie dem Stift Lilienfeld zu unter der Bedingung eines Jahrtages auf St. Elisabet (19. November) für ihn und seine Eltern Heinrich und Alhaid und seine Brüder Johann und Friedrich.[7] - Dieser Ulrich, Pleban in Potenprun, erscheint im Lilienfelder Nekrolog am 20. November mit seinem Vater Heinrich, Mutter Alhaid und Bruder Johannes. Er gab dem Kloster 12 ß Gülten. Daselbst wird unter dem 24. Mai auch ein Albero, Pleban von Potenprun, angeführt.[8] Auch am 23. Juni erscheint ein Albert, Pleban in Potenrvnn.[9]

Die Quellen geben nicht näher an, welche von beiden Pfarren in Pottenbrunn diese Pfarrer verwalteten.

1372, St. Martin (11. November), Wien, beurkundet Pfarrer Ulrich von S. Jorigengottshaus (?) „datz der nidern chirchen zu Potenprunne", daß Herr Stephan von Topel zu seinem Gotteshause ein

---

1 Ulrich von Lichtenstein Frauendienst, Herausgabe von Tieck.
2 Niederösterr. Urkundenbuch, I., 62.
3 Frieß, Die Herren von Kuenring. 243.
4 Hormayr, Geschichte Wiens, II. Jg., II. Bd., 1. Heft, 103.
5 Fontes, III., 418; Linck, Annales Zwetlensis, I., 444.
6 Fontes, XXXVI., 547.
7 Fontes, XLI, 176.
8 Hanthaler, Recensus, I., 425.
9 Fontes, XLI., 104.

rechtes freies Eigen von 4 Pfd. 7 ß 16 Wr. Pfen. gegeben habe, wovon 9 ß 19 d zu Potenbrunn auf Überländen liegen. Dazu habe er versetzt von freiem Eigen 4 Pfd. 38 Pfen. Geldes zu Häun (Hein) in Herzogenburger Pfarre auf einem Hofe und Reutäckern. Doch soll es dem Topel freistehen, binnen sechs Jahren diese 4 Pfd. Geldes zu Häun durch andere gleichwertige zu ersetzen. Er soll über diese Güter die Erbvogtei haben und als Vogtrecht von einer Mühle oder einem ganzen Lehen 2 Hühner, von einer Hofstatt ein Huhn, die den Holden von ihrem Dienste abgerechnet werden, erhalten. Dafür verspricht der Pfarrer mit Zustimmung des Lehensherrn seiner Kirche, des Herzog Albrecht III. von Oesterreich, einen ehrbaren Pfaffen (Weltpriester) zu einem Gesellen zu halten, der täglich Messe liest. Auch sollen in der Feste Wasserberch wöchentlich zwei Messen am Montag und Pfingsttag oder bei einfallendem Feiertage am nächsten Werktage gehalten werden, bis in der Feste selbst ein Kaplan gestiftet wird. Auf Verlangen der Herrschaft kann diese Messe auch in der Pfarrkirche gehalten werden. Weiters ist ein Jahrtag acht Tage vor oder nach Kolomani zu halten, mit gesungener Vigil abends und 5 Messen am Morgen zu halten. Wenn der Pfarrer trotz Mahnung durch die Herrschaft oder „vier der gemainen pharr man" diese Pflichten vernachlässigt und nicht ersetzt, verfällt er einer Strafe von einem Gulden Pfennige an den Dechant. Siegler: Meister Johanns von Pergau, Chorherr zu Passau und des Bischofs Albrecht von Passau Offizial in geistlichen Sachen in Oesterreich, mit dem Amtssiegel und Propst Leutold von St. Pölten.[1]

Vor 1388 kaufte Pfarrer Thoman an der „nider chirchen ze Potenprun" vom Propste Friedrich von St. Pölten einen Hof in Jeutendorf, wovon er vor 1394 12 Joch Äcker dem Pfarrer Andreas von Kapellen durch Kauf überließ. Am 8. April 1389 wird er als Schiedsrichter angeführt.[2]

Um 1390 erscheint Ober-Potenbrunn mit 16 Pfd. Pfen. und Unter-Potenbrunn mit 20 Pfd. Pfen. Taxen im Pfründenverzeichnisse.[3]

1393, front (pfändet) Ott der Gokkendorffer dem Thoman, Pfarrer von Pottenprvnn bey der nidern Kirichen, sein Hab und Gut zu Weydern. Unterschrift des Gepfändeten.[4]

1399, 6. Dezember, verspricht auch Pfarrer Thoman von Pottenbrunn einen Jahrtag für Herzog Albrecht IV., der den Priestern

---

[1] Kaltenegger, Collectio chartar. veter., I., 223.
[2] Niederösterr. Urkundenbuch II, 325, 365, 309.
[3] Hippolytus, 1863, 147.
[4] Staatsarchiv in Wien, Kodex Weiß, Nr. 48, Bl. 108.

der Bruderschaft im Dekanate St. Pölten freies Verfügungsrecht über ihren Nachlaß bewilligt hat.[1]

1409, 18. August, zahlte Pfarrer Thoman von der niederen Kirche zu Potenbrunn dem Meinhard von Hard ein Gelddarlehen von 20 Pfd. Pfen. zurück. Er war damals auch Schaffer zu St. Pölten.[2]

1429 war Niedernpotenprun mit 22 Pfd. Pfen. Taxierung Lehen vom Landesfürsten, Oberpotenbrun mit 12 Pfd. Pfen.[3]

1431, 24. April, siegelt Pfarrer Michel zur niedern Kirchen in Potenbrunn eine Urkunde über Hain.[4]

Um 1435 gab Matthäus von Potenprunn Bücher zum Chorherrnstifte St. Pölten.[5]

1438 war das landesfürstliche Benefizium in Potenbrunn auf 24 Pfd. Pfen. angeschlagen.[6]

1462, 6. Oktober, Wien, beurkundet Matthäus von Späur, daß ihm Kaiser Friedrich III. für seine treuen Dienste das Amt und Urbar zu Potenbrunn auf 10 Jahre zu seinem Schlosse Hohenegk gegeben habe.[7]

Um 1475 diente die Unser Frauenkapelle zu Wasserberg von einer Wiese 6 d und die Mühle einen Betrag zum Amte Radelberg der Herrschaft Plankenstain.[8]

Im Schlosse Wasserburg befindet sich der Trinkbecher, den König Matthias Corvinus 1482, als er Neustadt und Schloß Pitten belagerte, dem Wolf Teufel, welcher Pitten verteidigte, in Anerkennung seiner Tapferkeit verehrte. Der König war selbst vor das Schloß gezogen; Teufel schickte ihm aus der Burg einen gebratenen Hasen, ein weißes Brot und eine Flasche Ungarwein, worauf der König den Wein aus dem Becher trank und dann den Becher in das Schloß sandte mit der Nachricht:

„Weill noch hast Wiltprat, Weißbrodt vnd guet Vngarischen Wein, so magst du wohl der Teufel sein.“

Corvinus gab die Belagerung auf. Teufel ließ eine Denkschrift an den Becher eingravieren. Derselbe kam 1687 von den Teufel durch Heirat an die Zinzendorf auf Wasserburg.

Der Becher ist von Silber, innen vergoldet und hat die Form einer Eichel. Auf dem Deckel ist das Teufel'sche Wappen (ein Horn auf einem Polster) und die Inschrift angebracht: Wolf Tewfel, Hauptman zw Piten: 1485. Um den Becher herum stehen die Worte:

---

[1] Lichnowsky, Habsburg, V., Nr. 372.
[2] Hippolytus, 1860, 493.
[3] Schmieder, Matricula, 20, 22.
[4] Faigl, Urkunden von Herzogenburg 1244-1450, 417.
[5] Mittelalterl. Bibliothekskataloge, I., 265.
[6] Archiv für österr. Geschichte, 1872, 37.
[7] Chmel, Regesta Friderici IV., II. Abt., Nr. 3946.
[8] Schloßarchiv Schalaburg. Siehe unter Plankenstein.

König . Mathias . als . er . hat .
belagert . lang . nvn . die . Newstat .
Wvrt . Piten . avch . zvr . selben . Zeit .
belagert . von . des . Königs . Lewt
Dem . König . nam . dis . Wvnder . ser
Rvckt . selbst . dahver . wer . doch . drin . wer
wolt . wissen . der . that . widerstand
Nam . Antwort . Wolf . Tewfel . genant
der . Köing . sagt . im . zw . Geleit
das . er . im . nvr . sech . zv . der . Zeit
Ein . Hasen . in . ein . Gatter . hat
Wenig . weib . Mel . lang . gesparet
Ein . Vassel . gvet . vngrischen . Wein
Braten . lies . er . den . Hassen . sein
Bachen . das . Mel . bracht . solches . vnd
der . König . trvnk . mit . seinem . Mvnd
Avs . diser . Aichel . sprach . dravf . balt
Weil . noch . hast . Wiltpred . in . dein . Gwald
Darzw . weis . Brod . gvet . vngrisch . Wein
So . magst . dw . wol . der . Tevfel . sein.[1]

Mag. Andreas Schuechler von Pottenbrunn war 1469 und 1475 Rektor, 1478 Superintendent und 1483 Vizekanzler der Universität in Wien und starb am 23. März 1491. Er war auch Chorherr bei St. Stephan.[2]

1505, Wien, verkaufen Bernhard von Topel und seine Frau Magdalena geborene von Lichtenstein zu Murau, ihre Behausung zu Pottenbrunn, die sie von Mert Steyrer und seiner Frau Anna geerbt haben, dem edlen Leonhard Härtel.[3]

1529 wurde der Ort von den Türken verwüstet.[4]

1530 wurde der Kirche in Pottenbrunn eine Türkensteuer von 6 fl auferlegt.[5]

1535, 27. Juli, Wien, präsentierte König Ferdinand dem Administrator Ernst des Bistums Passau auf die Pfarre Pottenbrunn nach freier Resignation des Pfarrers Stephan Grientaller den Wolfgang Weydner.[6]

---

[1] Chmel, Der österr. Geschichtsforscher, II., 188-196, mit Abbildung des Bechers.
[2] Fischer, Brevis notit. Urbis Vindob., IV., III, Supplem. III., 31, II., 217; Steyrer, Histor. Alberti II., Addit col. 479, 481; Specimen Cancell. Univ. Vindob. 83.
[3] Kaltenegger, Collectio chartar. veter., II., 32.
[4] Wiedemann, IV., 105.
[5] Wiedemann, I., 68.
[6] Abschrift im Konsistorialarchiv St. Pölten.

1544 war auf der Pfarre zum hl. Kreuze in Niederpottenbrunn Pfarrer Martin Kaser, verrichtete den Gottesdienst nach seinem Vermögen. Früher waren zwei Priester. In die Kirche regnete es ein. Die Pfarre hatte eine Wirtschaft. Dazu gehörte das Unser Frauenbenefizium im Schlosse Wasserburg, Lehen der Zinzendorf, wovon wöchentlich zwei Messen im Schlosse verrichtet wurden.[1]

1559, 25. Jänner, erklärte sich Stephan Rigler von Botten-Prun für die religiösen Neuerungen.[2]

1560, 2. September, Wien, präsentierte Kaiser Ferdinand I. dem Bischofe Wolfgang von Passau auf die Pfarre Pottenbrun, *quam inferiorem vocant* den Stephan Riegler.[3]

1568, 12. März, Wien, präsentiert Kaiser Maximilian II. auf die Pfarre Pottenprun, welche durch Privation des Leonhard Menneckhl frei war, den Sebastian Stainer. Außerdem angemerkt: Tax 7 Gulden Münz.[4]

1570, im April wurde Georg Gella präsentiert.[5]

1571, 1. August, Stolhofen, berichtet Pfarrer Christoph Braun dem Offiziale, er habe an Stelle des kranken Dechants von Träsmauer die Streitigkeit zwischen Pfarrer Georg Gela in Nider-Potenbrunn und der Gemeinde untersucht. Der Pfarrer sei dem Trunke ergeben und kontrakt. Der Pfarrhof gehe zu Grunde. Die Friedhofmauer sei eingestürzt, zu ihrer Erbauung wolle die Gemeinde einen zerbrochenen Kelch verkaufen. Der Dechant können auch die Handlung in Holnpurg noch nicht vornehmen. Der Propst von Hertzogwurg werde selbst zum Offiziale kommen.[6]

Gella war bereits im Juni 1570 durch Jakob Pendel ersetzt worden, der 1572 starb.[7]

Dieser war wahrscheinlich nur Aushelfer. Gella, der früher Kaplan in Arnsdorf gewesen war, behauptete sich nur mit Mühe auf der Pfarre und starb 1573.[8]

1573, 8. Mai, Wien, präsentierte Kaiser Maximilian II. auf die Pfarre in *Inferiori Potenprun* nach dem Tode Gelas den Theodor Engel.[9]

1574, 24. Juni, Traismauer, sendet Dechant Georg Schlickh ein Schreiben des ungarischen Bischofs von Regensburg an Georg

[1] Wiedemann, IV., 106.
[2] Hippolytus, 1860, 504.
[3] Konsistorialarchiv St. Pölten.
[4] Abschrift Konsistorialarchiv St. Pölten.
[5] Wiedemann, IV., 106.
[6] Konsistorialarchiv St. Pölten, Faszikel Stollhofen.
[7] Wiedemann, IV., 106.
[8] Konsistorialarchiv St. Pölten.
[9] Abschrift im Konsistorialarchiv St. Pölten.

Gela, gewester Pfarrer zu Potenprun, an das Ordinariat.[1] - Dieses Schreiben traf Gela nicht mehr am Leben.

1584, 4. Juli, Passau, schreibt der Passauer Offizial und Dompropst zu Wien Melchior Khlesel an den niederösterreichischen Klosterrat: die Pfarre Pottenbrunn steht derzeit leer und ist mit keinem katholischen Priester versehen, weshalb zu besorgen ist, daß einer der benachbarten Landleute sich darum annehme und nach ihrem Brauche mit einem sektischen Prädikanten besetzen werde, den man dann nur mit großer Mühe wieder herausheben müßte. Deshalb habe er die geistliche Verwaltung der Pfarre dem Propste Melchior von St. Pölten übertragen und ersuche den Klosterrat, ihm auch die weltliche Verwaltung der Pfarre von des Kaisers wegen zu übergeben. Etwas später schreibt Khlesl an den Klosterrat, der Pfarrer von Pottenbrunn an der unteren Kirche zum hl. Kreuze sei mit Tod abgegangen und er habe die geistliche Verwaltung der Pfarre dem Dechant zu St. Pölten übertragen und empfehle denselben auch dem Klosterrate als einen „fromben, exemplarischen, catholischen Priester", der sich um die Pfarre bewerbe und derselben wohl versehen könne.[2]

Um 1584 hatte Hans Christoph Herr von Zinzendorf zu Wasserburg 300 Holden, davon in Mauterbach 15, Wasserburg 12, Unter-Radlberg 13, Ambach 25, Doppel 14, Karlstetten 56, Heizing 15, Feinzbach 20, Utendorf 11, Zassendorf 29 und 12 Vogtholden.[3]

1586, im Juni, meldet ein Visitationsbericht: in Pottenbrunn sind zwei Kirchen. Zum hl. Kreuz ist Herr Ciriacus vor kurzem gestorben.[4]

1586, 9. August, Wien, präsentiert Erzherzog Ernst nach dem Tode des vorigen Pfarrers für die Pfarre in *inferiori Potterprun* den Georg Laderus, dem der Propst Georg von Herzogenburg und Michael Hackher am Hagkherhoff am 24. September 1586 das Inventar der Pfarrkirche zum hl. Kreuz zu Potenbrun übergab. Darin werden angeführt: eine silberne Monstranz mit „vergüldte güldten", zwei silberne Kelche, ein Pazifikale, Graduale, Antiphonarium, Missale auf Pergament; im Pfarrhofe Getreidevorräte, Grundbuch, 59 Burgrechtsäcker, 21 Tagwerk Wiesen, Baum- und Krautgarten, Wald am Schilterberg, Au zwischen Wasserburg und Potenbrunn, welche mit dem Herrn von Zinzendorf streitig war.[5]

---

[1] Konsistorialarchiv St. Pölten, Faszikel Stollhofen. Weiters siehe Wiedemann, IV., 106-113. Hippolytus, 1861, 413.

[2] Hammer-Purgstall, Khlesl's Leben, I., Urkundensammlung, 89, 194.

[3] Schloßarchiv Ottenstein.

[4] Österr. Vierteljahresschrift für Kathol. Theologie von Wiedemann, 1872, 374.

[5] Konsistorialarchiv St. Pölten.

1588, 27. April, Wien, präsentierte Erzbischof Ernst für die erledigte Pfarre Potenbrunn den Kaspar Schuppauer, dem die Pröpste Georg von Herzogenburg und Melchior von St. Pölten am 8. Mai das Inventar der hl. Kreuzkirche übergaben. Er starb im nächsten Jahre.[1]

1589, 20. April, Wien, präsentierte Erzherzog Ernst für die erledigte Pfarre Potenbrunn den Michael Taller.[2]

1598, 23. September, Wien, präsentierte Erzherzog Matthias für die durch Resignation erledigte Pfarre Potenbrunn den Michael Kremens, dem der Administrator und Dechant Eucharius Warmut von St. Pölten am 19. November das Inventar einhändigte.[3]

1600 heißt es: Pottnprun ist erledigt.[4]

1602, 19. Jänner, präsentierte Erzherzog Matthias den Sebastian Schremsthaler auf diese Pfarre. Er wurde am 22. Jänner auf die untere Kirche investiert und starb 1605.[5]

1605, 4. Oktober, wurde sein Nachfolger Adam Harlander, bisher Pfarrer in Herzogenburg, der erst am 25. Jänner 1606 als Pfarrer der Kreuzkirche einzog.[6]

1607, 15. Juni, präsentierte Erzherzog Matthias den Vikar von Himberg Felix Grundner, der am 11. Juli 1607 einzog und bis 1617 dort blieb.[7]

Diese landesfürstliche Pfarre blieb auch während der Hochflut des Luthertums stets katholisch. Im Jahre 1623 wurde die zweite Pfarre an der oberen Kirche, welche längere Zeit durch lutherische Prediger verwaltet worden war, mit ihr zu einer Pfarre vereinigt und die St. Ulrichskirche als Filiale der Pfarrkirche zum hl. Kreuze erklärt.

b) Obere Pfarre zum hl. Ulrich unter dem Patronate adeliger Familien.

1248 gehörte die Kapelle zu Ober-Potenprunn zum Stifte und wohl auch zur Pfarre St. Pölten.[8]

1318, Sonntag nach St. Urban (28. Mai), Melch (Melk), beurkunden Dyetreich von Puchperg, von Wazzerburch genannt, und seine Frau Gedraut, daß die Eigenschaft eines Lehens zu „Raczestorf, daz do leit ze Potenprunn in der obern pharr“, das der Marspach von ihnen zu Lehen gehabt und dessen Lehenschaft Herr Rumhart von ihnen

[1] Konsistorialarchiv St. Pölten.
[2] Konsistorialarchiv St. Pölten.
[3] Konsistorialarchiv St. Pölten.
[4] Österr. Vierteljahresschrift für Kathol. Theologie von Wiedemann, 1872, 379.
[5] Konsistorialarchiv St. Pölten.
[6] Konsistorialarchiv St. Pölten.
[7] Konsistorialarchiv St. Pölten; Wiedemann, IV., 112.
[8] Niederösterr. Urkundenbuch, I., 62.

erkauft hat, von diesem dem Gotteshause Melk zugewendet wurde. Siegler: der Aussteller. Zeugen: die Herrn Gundacher von Raetlperge, Hadmar von Spicz, Dietrich von Zaucharn, weiters Ott von Weyzenberch, Arnold von Pravnstorf, Friedrich von dem Pach und Paldwin der Vriczenstorfer.[1]

1320, St. Andreas (30. November), Melkch, verleiht Abt Vlreich von Melkch das halbe Lehen dacz dem Obern-Raczestorf, auf welchem Albrecht saß und das einst Chunrat gehörte, wovon man jährlich 4 Metzen Weizen, 2 Metzen Korn und 2 Metzen Gerste und zu Martini 60 Wr. Pfen. dient und das Herr Friedreich, Pfarrer zu Potenprunn, von Dyetreich von Puchperch auf das Stift Melk gekauft hat, diesem Pfarrer als rechtes Burgrecht um den jährlichen Dienst zu Martini von 12 d zugleich versprachen Albrecht und seine Gattin, daß nach ihrem Tode ihre Erben keinen Anspruch auf das Gut haben sollen. Siegler: der Aussteller.[2]

1352 verkaufte Jans von Potenbrun ein Lehen zu Rezenstorf (Ratzerdorf) dem Kloster Lilienfeld.[3]

1363, 26. April, Wien, nimmt Hans von Pottenbrunn von Herzog Rudolf IV. von Österreich die bisher freieigenen Güter: 4 Pfd, 3 ß 27 d Geldes auf 4 Lehen, Überländ und einer Mühle zu Pottenbrunn, 1 Pfund auf der Mühle zu Anger an der Pielach bei Grafendorf und den Allachhof zu Pottenbrunn als Lehen an.

„Ich Hans von Pottenbrunn vergihe offentlich mit dießem brieff, das ich dem durchleuchtigen, hochgebornen Fürsten, meinem lieben herrn herzog Ruedolffen zue Oesterreich, zu Steyer vnd zue Kärnten, graffen zue Tyrol etc. die vier pfundt, drey schilling vnd sieben vndt zwanzig pfennig geltes auf vier lehen, auf vberlendt vnd auf ainer mühl, zu Pottenbrunn gelegen, vnd ain pfundt geltes auf ainer mühl, gelegen zu Anger an der Biela bey Graffendorff, den hoff, gelegen zue Pottenbrunn, genant der Allachthoff, das alles mein lediges aigen geweßen ist, aufzugeben vnd mich der aigenschafft derselben gült daran verziehen han vnd verzeih auch mit diesem brieff für mich vnd mein erben ewiglich zu des ehegenanten meines gnedigen herrn, des herzog, seiner brüder vnd aller irer erben handen, vnd hat mir auch der ehgenant mein herr, der herzog, dieselben gült alle herwieder verliehen, als der brieff sagt, den ich von im darumb han. Vnd des zu vrkhundt gib ich diesen brieff, versiegelten mit meinem insigl. Geben

[1] Kopialbuch des 15. Jh. im Stiftsarchiv Melk, Bl. 61.
[2] Kopialbuch des 15. Jh. im Stiftsarchiv Melk, Bl. 325.
[3] Stiftsarchiv Lilienfeld.

zu Wien, den mitich nach s. Geörgtag nach Christus geburt dreyzehenhundert jar, darnach inn dem dreyvndsechzigsten jare".[1]

1383, Samstag vor St. Veit (13. Juni), widmet der verstorbene Trew von Hollenburg dem Wernhard, Pfarrer zu Pottenbrunn bei St. Ulrich, den Weingarten Piber im Angelberg, der den Bischof von Freising einen Eimer Wein dient, wofür der Pfarrer für seine Frau Elsbet, geborne von Pottenbrunn, und ihr Geschlecht am Kolomanitag Vigil und Seelenamt mit zwei Messen und Ausspeisung von 3 ß Fleisch an Arme halten soll. Zeugen: des Stifters Schwager Heinrich Gwaltlein und sein Oheim Konrad Feyertager.[2]

Um 1390 war Ober-Potenbrunn auf 16 Pfd. Pfen. Verleihungsgebühr angesetzt und wird der Patron nicht angegeben.[3]

Aus dieser Zeit ungefähr stammen Haupt- und Nebenchor der oberen Kirche.[4]

1400, St. Antonitag (17. Jänner), stiftet Hanns Pottenbrunner zum Ewigen Licht vor Gottsleichnamsaltar in der oberen Kirche zu Pottenbrunn und zu einer jährlichen Messe verschiedene Güter.[5]

1401, Ertag vor Maria Verkündigung (22. März), Wien, verkaufen die Brüder Erhard und Wilhelm von Zelckhingen dem edlen und festen Ritter, Herrn Hans dem Pottenbrunner ihr freies Eigen, das Kirchenlehen der obern Kirche zu Pottenbrun um 90 Pfd. Wr. Pfen. Siegler: Erhard von Zelkigen, Heinrich und Kadolt von Zelckhingen und Ulrich von Dachsberg, Landmarschall in Oesterreich, während Wilhelm von Zelking ein eigenes Siegel noch nicht hatte.[6]

---

[1] Briefprotokoll von 1618 im Schloßarchiv Pottenbrunn, Urkunde Nr. 213. Dieses wertvolle Buch wurde mir von Herrn Oberlehrer Josef Buchinger in Ober-Ratzersdorf mitgeteilt. Es ist ein Folioband mit 368 Blättern, gebunden in gegerbtes weißes Pergament mit Messingbeschlägen, bezeichnet mit Nr. 144. Die Rückenaufschrift lautet: Altes Brief-Prothocol 1618. Der Kodex enthält Abschriften von 390 Urkunden des Grabner'schen Familienarchivs. Über die Entstehung des sorgfältig geschriebenen und mit vielen kunstreich verschlungenen Initialen in schwarzer Farbe gezierten Buches berichtet die Aufschrift an der Innenseite des Vorderdeckels: dis Puech hadt mier Herr Hans Leupoldt Gramberg gegen Iberschikhten fier Emer weißen vnd zben Eimer rottes gueten Weines vererdt vnnd geschenkht. Solches in meiner Wiblited saintben zu gehalten. Peschen den 11. Augusti A 1618.
Hindurch mit Gottes Hilff.
Der Name des Schreibers dieser Notiz ist durchstrichen und nicht leserlich.

[2] Landesarchiv in Wien, Urkunde Nr. 1097.

[3] Hippolytus, 1863, 147.

[4] Riesenhuber, Kirchl. Kunstdenkmäler, 232.

[5] Landesarchiv in Wien, Urkunde Nr. 1521.

[6] Abschrift der Regierungskanzlei in Wien vom 2. Juli 1638 im Konsistorialarchiv St. Pölten. Vgl. Wiedemann, IV., 105.

Um 1408 griff eine Kriegerschar von St. Pölten aus das Schloß Potenbrunn an, ohne die Festigkeit des Ortes zu kennen, und kam dabei in große Gefahr. Ein gewisser Affenthaller wurde von einem Pfeil im Graben getroffen. Durch den Schild und eisernen Handschuh und Panzer so erschüttert, daß er, auf seinen Platz zurückgebracht, seinen Geist aushauchte.[1]

1415. St. Dorothea (6. Februar), St. Pölten, beurkundet Barbara Perner für sich und ihre Kinder, die sie von ihrem verstorbenen Manne Herrn Wilhelm von Khürla hatte und die noch nicht zu ihren bescheidenen Jahren (Großjährigkeit) gekommen sind, daß zu ihr von beiden Dörfern Wagramb und beiden Räczerstorff Vertreter gekommen sind und geklagt haben, daß Heinrich der Müllner zu Städterstorff (Stattersdorf) von ihren Dörfern den Bach abgeleitet habe. Da die Beschau ergeben habe, daß derselbe früher durch diese Dörfer geronnen sei, wie der Graben und die Felbern ausweisen, entscheidet sie, daß der Müller ihnen darin kein Irrung machen dürfe. Wenn aber der Mühlgang durch Gottes Gewalt verscheidet, soll er den Gemeinden deswegen „vnentgoldten“ sein. Siegler: die Ausstellerin und der geistliche Herr Vlrich, Propst zu St. Pölten.[2]

1429 war die Pfarre Oberpotenprun mit 12 Pfd. Pfen. Verleihungstaxe Lehen vom Potenprunner.[3]

Herzog Albrecht V. belehnt Georg und Ulrich Pottenbrunner mit dem Gute Pottenbrunn. Erwähnt in der Urkunde Kaiser Karls VI. vom 16. März 1716.[4]

1437, Ertag nach Petronella (4. Juni), Wyen, belehnt Herzog Albrecht V. von Oesterreich Sygmund den Bottenbrunner mit dem Alachthoff zu Pottenprun, der Graßmühl daselbst und der Fischweide auf der Traysen, die er von seinem Vetter Georg dem Pottenprunner geerbt hat.[5]

1455, Mittwoch vor St. Margareten (16. Juli), Wien, belehnt König Ladislaus von Hungarn und Beheimb den getreuen Sigmundt Pottenbrunner mit dem Alachthoff zu Pottenbrunn, der Khefermühl und einer Padstube zu Pottenbrunn und der Fischweide auf der Trayßen als seinem Erbe.[6]

1462, 22. März, St. Pölten, vertauschen Propst Philipp und der Konvent von St. Pölten ihren freieigenen halben Zehent zu Raeczenstorf, Bischofzehent genannt, in der obern Pfarre zu Potenbrunn dem

---

[1] Ebendorfer, Chronik bei Pez, Scriptores rer. Austriac., II., col. 836.
[2] Briefprotokoll von 1618 im Schloßarchiv Pottenbrunn, Urkunde Nr. 380.
[3] Schmieder, Matricula, 22.
[4] Pfarrarchiv Pottenbrunn.
[5] Briefprotokoll von 1618 im Schloßarchiv Pottenbrunn, Urkunde Nr. 23.
[6] Briefprotokoll von 1618 im Schloßarchiv Pottenbrunn, Urkunde Nr. 223.

Reinbrecht von Wallsee für seinen Zehent in allen Feldern zu Potenbrunn, in ihrem großen Zehent und in beiden Pfarren daselbst gelegen.[1]

1467, Samstag vor St. Laurenz (8. August), Neustadt, belehnt Kaiser Friedrich III. den Sigmund Pottenbrunner mit dem Alachthoff zu Pottenbrunn, der Khefermühl, Badstube und Fischweide auf der Trayßen.[2]

1473, Freitag nach St. Pankraz (14. Mai), belehnt Abt Johannes von Melk den Sigmund von Pottenbrunn mit dem Zehent in Siebenbrunn, den ihm sein Vetter Christoph Schadt von Lengenfeld überlassen hat.[3]

1488, Samstag vor St. Thomas Apostel (20. Dezember), Wien, verleiht König Matthias dem Mert Pottenbrunner für ihn und seine Brüder Christoph, Eraßm und Hanß den Alachthoff zu Pottenbrunn, die Khefermühl, die Badstube und eine Fischweide auf der Trayßen.[4]

1496, Mittwoch nach Leopoldi (16. November), Passau, verleiht Bischof Christoph von Passau dem Mert Pottenbrunner zu Pottenbrunn und Wolfhart von Neundorf, seinem Pfleger zu Tulbing, die Feste Zierberg im Lande ob der Enns, welche als verschwiegenes Lehen vermannt (verfallen) war.[5]

Von etwa 1500 stammt der Musikchor der Kirche.

1517 sagt Georg Grabner im Erbprozesse gegen die Puchheim aus, daß während der Zeit des Sebastian Grabner eine Feuersbrunst im Schlosse Pottenbrunn viele Urkunden vernichtet habe und manches nur im schadhaftem Zustande gerettet werden konnte.[6]

1521, Samstag vor St. Martin (9. November), verkauften Christoph, Herr von Puechaimb statt seiner Frau, Wilhelm von Neidögkh zu Rastenberg statt seiner Kinder und statt des Ritters Georg von Härmenstain, dessen er sich annimmt, und dessen Kinder, und Sebastian Hager für sich und seine Geschwister, auch Sebastian Grabner zu Rosenbergkh für seine Kinder und diese alle Aussteller wegen der Jungfrau Beatrix, Tochter des verstorbenen Hanns von Pottenbrunn, die nicht vogtbar ist, als nächste Erben des Martin von Pottenbrunn in Gegenwart der Herrn Rudolf von Hohenfelt, Hans Haußer zu Karlstein, Wolfgang Mattseber zu Judenau, Martin Stockhorner zu Starein und Georg Mulbanger zu Wolfstain zur Bezahlung der Schulden die fahrende Habe zu Pottenbrunn, Bettgewand, Bücher, Pulver, Wein,

---

[1] Notizenblatt, 1852, 337.
[2] Briefprotokoll von 1618 im Schloßarchiv Pottenbrunn, Urkunde Nr. 294.
[3] Briefprotokoll von 1618 im Schloßarchiv Pottenbrunn, Urkunde Nr. 8.
[4] Briefprotokoll von 1618 im Schloßarchiv Pottenbrunn, Urkunde Nr. 293.
[5] Briefprotokoll von 1618 im Schloßarchiv Pottenbrunn, Urkunde Nr. 249.
[6] Briefprotokoll von 1618 im Schloßarchiv Pottenbrunn, Urkunde Nr. 155.

Getreide, Vieh und Hausrat, dem Sebastian Grabner um 349 Pfd. 6 ß; die Clainot, Silbergeschirr und Leibgewand werden nach Gebühr verteilt. Das Schloß Pottenbrunn mit Gülten und Gütern, ausgenommen was von Stephan Vettendorfer (Uttendorfer) herkommt, das Bergrecht zu Praittensahe (Breitensee), der Zehent zu Khünigstätten und das Haus zu Wien wurden beteuert und dem Sebastian Grabner um 3.293 Pfd. 4 ß 12 d überlassen. Davon wurden der Mulbergerin wegen ihrer Schwester, Frau des Martin Pottenbrunner, die Schulden von 1.495 Pfd. 9½ d bezahlt und der Jungfrau Beatrix als Heiratsgut wie ihren andern Schwestern 200 ungarische Gulden bestimmt und dazu dem Sebastian Grabner noch 75 Pfd. Pfen. übergeben. Siegler: die Ausstellerin und die obigen 5 Zeugen, welche ihr Siegel auf den Brief drücken.[1]

1523, Samstag nach St. Katharina Jungfrau (28. November), Wyenn, verabreden die Herrn Rueprecht Waltzer, Ritter zu Spyegelfeldt, Wolfgang Mattßeber zu Judenau und Christoph Rueber zu Buchßendorff (Pixendorf) zwischen den edlen und ehrenfesten Herrn Sebastian Grabner zu Roßenbergk und den Brüdern Sebastian und Veit Haager zu Allttensteyg für sich selbst und statt des edlen und gestrengen Herrn Christoph von Buechhaimb, Freiherrn zu Raps und Krumbach, obersten Erbtruchseß in Oesterreich und Hofrates, und Herrn Georg von Herberstain und Wilhelm von Neydeck zu Rastenbergk, für welche sich die Grabner und Hager annehmen, eine Eheschließung zwischen der edlen und tugendhaften Jungfrau Beatrix, Tochter des verstorbenen Hanns von Pottenprun, und dem edlen und ehrenfesten Eberhard Marschalck zu Reychennau, Verweser der fürstlichen Durchlaucht Herrschaft Steyer, wegen seines Sohnes, des edlen Joachim Marschaldt. Diese Ehe soll geschlossen und der Beatrix 500 Pfd. Pfen. Heiratsgut gegeben werden, während Joachim als Widerlegung 500 Pfd. und als Morgengabe 250 Pfd. geben und diese 1.250 Pfd. auf seiner fahrenden Habe verschreiben solle. Die Abredezettel wurden mit aufgedrückten Petschaften versehen und beiden Teilen übergeben.[2]

1527, Pfingsttag nach St. Martin (14. November), Wien, beurkundet Wolfgang, Freiherr zu Rogendorff und Mollenburg, königlicher Rat, Kämmerer und Landmarschall in Oesterreich unter der Enns, daß vor ihm, als er zu Gerichte saß, der edle Georg Grabner erschien und für sich und seine Geschwister durch öffentliches Verlesen einer Schrift zu erkennen gegeben habe, daß durch seinen Vater, den edlen Sebastian Grabner, die brieflichen Urkunden, welche sein Ehn (Großvater) Mertt von Pottenbrunn hinter sich gelassen hat, „mit beschwerlicher mühe in der brunst daselbst zue Pottenbrun ausbracht, die dann zum theil

---

[1] Briefprotokoll von 1618 im Schloßarchiv Pottenbrunn, Urkunde Nr. 152.
[2] Briefprotokoll von 1618 im Schloßarchiv Pottenbrunn, Urkunde Nr. 134 und 180.

verdorben vndt etlich schadthafft worden, den erben zue gerichts handen erlegt“ wurden. Es sei von Nöten, diese Briefe durch die Erben zu eröffnen und, wenn notwendig, zu vidimieren, da er und seine Geschwister sonst für entstehenden Schaden nicht haften können. Der Aussteller drückt das Amtssiegel auf.[1]

1529, Samstag vor *Jubilate* (17. April), verkaufen Christoph Herr von Puechaimb, Erbtruchseß in Oesterreich, im Namen seiner Frau Barbara, dann Wilhelm von Neydeckh zu Rastenberg[2] statt seiner Kinder, die er von seiner Frau Benigna, Tochter des verstorbenen Herrn Christoph von Rottal, im Ehestande erobert, und statt des edlen und gestrengen Ritters Georg von Herberstein Kinder von seiner Hausfrau Margarethe, weiland Marthend von Pottenprun Schwestertochter, ferner Sebastian Hager zu Allentsteig für sich und seine Geschwister Veith, Apollonia, Genovefa und Barbara und für die Jungfrau Beatrix, weiland Hansen von Pottenbrun eheliche ungevogte Tochter, dem edelen und festen Sebastian Grabmer zu Roßennberg[3] ihre drei Viertel am Schlosse Pottenbrun, freies Eigen, und am Meierhofe dabei und aller Zugehör, auch dem Wasser auf der Trayßen, Kirchenlehen, wie es Merth von Pottenbrunn selig innegehabt, ausgenommen die Güter, welche von Stephan Vettendorfer[4] herkommen, das Bergrecht zu Praittensee, den Weinzehent zu Königstetten und das Haus zu Wien. Das andere Viertel hatte der Käufer bereits für seine Kinder, welche er mit seiner ersten Frau Apollonia, Tochter des verstorbenen Merth Pottenbrunner, erworben hatte, als Erbe übernommen. Der Kauf wurde von Christoph von Puchaimb abgehandelt, aber erst nach seinem Tode von der Witwe Barbara beurkundet, und da sie selbst eigenes Siegel nicht hatte, von ihrem Sohn Longin von Puechaimb, auch von Wilhelm von Neydeckh und Sebastian Hager zu Alentsteig, der auch für Frau Beatrix, jetzt Gemahlin des edlen und festen Joachim Marschalchs von Reichenau, fertigte, und dem Zeugen Ambrosius Wystamt, Landuntermarschall in Oesterreich, ihrem Schwager, gesiegelt.[5]

1529, 17. April, weist das Register der Nutzen und Gülten zu der Feste Pottenbrunn folgendes aus: Dienst zu Englsee 7 Holden, Pottenbrunn 20 Holden, darunter Molthoff, Brandstätte beim Prun, Neumühl; genannt auch die Kirche und die Padtstuben, welche dieses Jahr erbaut wurde, nachdem die frühere lange Zeit öde lag. Die

---

[1] Briefprotokoll von 1618 im Schloßarchiv Pottenbrunn, Urkunde Nr. 179.
[2] Rastenberg bei Gföhl.
[3] Rosenburg am Kamp bei Gars.
[4] Uttendorfer
[5] Abschrift der Regierungskanzlei in Wien vom 2. Juli 1638 im Konsistorialarchive St. Pölten. Abschrift auch in Briefprotokoll von 1618 im Schloßarchiv Pottenbrunn, Urkunde Nr. 176.

Hofmühle wurde durch Martin von Pottenbrunn öde gelegt. Intzestorff 3 Holden, wovon ein Haus öde lag, erwähnt wird auch hier die Kirche. Pengerstorff 3, Rätzerstorff 6 Untertanen, darunter Spillauben, im Winckhel und Neumühl. Teuffenbach eine Mühle, Grund im Ellent; Diendorff enhalb Thonaw, ein Lehen und ein Hof gehörte einem Holden von Zwerndorff, Burgrechtdienste von den Gründen Widenholz, Egelsefeldt, Stockhach, Brunweg, im Heilling Prunn, Scharlachackher, Phaffring und Fuchsluegenn. Burgrechtdienste, in das Ober Hauß gehörig: von Leberfeldt, Dornlein, auf dem Erdtstall; Unßer Frawzäch zu St. Vlrich dient von 1½ Joch Acker im Leberfeltt 9 d und einem Joch Acker unter dem Schiltperg 8 d; Pfaffengrundt, Grillenperg, Sant Mattheußzöch zu Rotterstorff dient von einem Acker am Kolbling 1 d; Sant Valentinusbruderschafft bey dem Heilligen Kreuz zue Pottenbrun dient von 1 Jochart Ackher zue Zwerndorf 6 d; die Zöchleut zue dem hl. Creuz von 2 Jochart Acker 16 d; Zechmeister des hl. Creuz zue Pottenbrunn dient von 1 Wießen zue Ratlberg 1½ d; Bruderschafft Unßer Frauenzöch zue St. Pölten dient von einem Gärtl vor dem Wiener Thor 12 d Käsedienst. Zehente zu Waltersperg, Traißmaur und Oberndorff zu Traißmaur und Stolhouer Pfohr inmaßen wie sie Martin von Pottenbrun innengehabt vndt hinter sich verlassen. Weingarten zu Reicherstorff, Inczerstorff, Göczerstorff, Holz, Wiesen und Acker samt Kirchenlehen und Vogtei, wie es die von Pottenbrunn innegehabt haben, samt Wildbann und Obrigkeit nach altem Herkommen, wie es Martin von Pottenbrunn hinterlassen hat. Siegler wie in der obigen Urkunde.[1]

1529 heißt es in einem Auszuge aus dem Gerichtsanschlage über die Herrschaft Potenbrun: „Item ist ein herr zu Pottenbrunn vber die Kirch, bey St. Vlrich zu Pottnbrunn gelegen, vogt vnd lehensherr, welches ein schön regal, vnd weil die Kirch gar schön erbauet, angeschlagen per 1.500 fl.“[2]

1530, St. Maria Magdalena (22. Juli), Kloster Lilienfeld, verkaufen Abt Wolfgang des Unser lieben Frauen-Gotteshauses zu Lilienfeld und der Konvent dem edlen Sebastian Grabner zu Roßenberg Güter zu Reiczersdorff oberhalb Pottenbrunn, freies Eigen, Reckhleinsdorff und Oberndorff. Siegler: Abt und Konvent.[3]

1530 betrug die Taxierung der Gülteinlagen der St. Ulrichspfarre 11 Pfd. 4 ß 24 d und 1531 10 Pfd. 7 ß 3 d.[4]

1532, St. Stephan Martyrer (1531, 26. Dezember), Zäcking, sagt Sebastian Grabner zu Rosenbergk in seinem Testamente, seine

---

[1] Briefprotokoll von 1618 im Schloßarchiv Pottenbrunn, Urkunde Nr. 177.
[2] Konsistorialarchiv St. Pölten.
[3] Briefprotokoll von 1618 im Schloßarchiv Pottenbrunn, Urkunde Nr. 275.
[4] Pfarrarchiv Pottenbrunn, Bericht des Pfarrers Karl Ferdinand Vischer von ungefähr 1650.

Erben sollen bedenken, daß er „Pottenbrun hoch und teuer erkhaufft" habe, daß ihnen von demselben Kaufgelde nicht mehr als 445 Pfd. Pfen. gebührt hätte; daß er „von stundt an viel daran erbawenn müeßen", daß ihm „solches hauß mit aller vharundten hab verbrunnen ist". Das Schloß Pottenbrunn mit allen Gründen soll sein Sohn Hansel bekommen und sich dort hinsetzen, dazu das Amt Rätzersdorff, das er vom Hochenberg gekauft hat, und die Güter daselbst, die er von Lillienfeldt erworben, die Ämter Mannerßdorff, Diendorff und Leuberßdorf, den Getreidezehent zu Traißmauer und Eggendorf, das Amt Reidling und die Weingärten zu Sitzenberg. Das Schloß zu Pottenbrunn, das durch einen großen Brand sehr stark gelitten hat, soll wieder hergestellt und baulich vergrößert werden wie es einem Edelmannssitz geziemt; da beim Brande die meiste fahrende Habe verloren ging, sollen aus dem Ersparten Bettgewand, Einrichtung und Zinnsachen angeschafft werden.[1]

1534, 9. November, macht Pfarrer Hans (Mayer) zu Potennprun „bei der obern Khirchen" sein Testament. Darin vermacht er seinen Kindern Wolf und Agnes 44 Pfd. Pfen., welche zu Wien am „hohen Markh" beim Steffl Scher in einem Gewölbe liegen, und 24 Pfd., die in Sifring ausgeliehen sind; seiner Köchin eine Kuh, die beim Schulmeister Gregorius daselbst (in Sievering?) sich befindet, auch für seine Kinder acht Urnen Wein, die zu Gällitz liegen. Zeugen: Meister Sigmund Zeyler, Bürger daselbst, und Ambros Freienwalder, Schulmeister, der sich als Notar unterschrieb.[2] Aus dieser Zeit stammt das Gewölbe des Hauptschiffes.

1539, 26. August, Wien, belehnt König Ferdinand I. den Georg Grabner für sich und seine jüngeren Brüder Christoph, Hanns, Leopold und Josephat mit dem Sitze Pottenbrunn, vor Zeiten Allachthoff genannt, Fischweide auf der Traißen und 4 Pfd. 3 ß 27 d auf 4 Lehen, der Khefermüll, Badstube und Überländgütern und Gülten in beiden Pfarren zu Pottenbrunn. Siegler: der Aussteller.[3]

1545, 15. Juni, Wien, beurkunden die nö. Regierungs- und Kammerräte wegen des Zehent der Untertanen zu Räczersdorff von ihrem erbauten Wein, Saffran, Heyden, Linßen, Kraut, Rueben, Prein und Haniff außerhalb von Weicz, Korn, Habern und Gersten dem Propst Leopold von Sant Pölten und Ludwig Kirchberger, daß schon am 30. Juni 1540 in Wien nach Weisung der beiden Parteien entschieden wurde, daß die Holden außer dem Getreide keinen Zehent zu geben schuldig seien. Die Kläger haben die Auslagen des Prozesses zu tragen. Unterschrieben: Eytzing, Leopoltstorffer und Schwarcz.[4]

---

[1] Briefprotokoll von 1618 im Schloßarchiv Pottenbrunn, Urkunde Nr. 182.
[2] Konsistorialarchiv St. Pölten.
[3] Briefprotokoll von 1618 im Schloßarchiv Pottenbrunn, Urkunde Nr. 168.
[4] Briefprotokoll von 1618 im Schloßarchiv Pottenbrunn, Urkunde Nr. 382.

1547 verfaßte Christoph Reuter in Bruck in der Burgpfalz eine Kirchenverordnung, die solchen Anstoß erregte, daß er auswandern mußte. Nun wurde er Prädikant in Pottenbrunn, später Schloßprediger in Rosenburg am Kamp.[1]

1548, 12. Jänner, Zagkhing[2], präsentierte Georg Grabner zu Rosenberg dem Bischofe Wolf von Passau auf die obere Pfarre bei St. Ulrich zu Potnbrunn den Wolfgang Hueber.[3] Er wurde am 23. Jänner investiert.[4]

1552, 19. März, St. Pölten, entscheiden Hannß Geyer von Osterburg, zum Wolffstain, kais. Beisitzer der Landesrechte, und Leonhard Pülzer, Verwalter der Herrschaft St. Pölten, welche neben den edlen und festen Josef Litscher im Rannzenbach und Hannß Laßberger zu Ochsenburg, die beide gestorben sind, vom Landmarschall als Kommissäre zur Vermarchung von Auen zwischen Viechoven und dem Dorfe Rätzenstorff an der Traisen bestimmt waren, die zwischen dem edlen Herrn Ludwig Kirchberger zu Viechouen auf Hochenegkh, kais. Rat und Landuntermarschall in Oesterreich, als Besitzer der Auen an der Trayßen und des Grabners und andere Herrn Untertanen zu Rätzerstorff, denen die Wassergüß der Trayßen Äcker und Wiesen weggerissen haben soll, streitig waren. Sie haben die Parteien bereits 1539 vereint und verglichen, aber die folgende Überschwemmung habe die Marchbäume weggerissen. Nun wurden Grenzsteine gesetzt und ihre Entfernung voneinander in „Khauff oder Tuecheln" angegeben.[5]

1555, 11. März, gibt Leopold Grabner zu Rosenberg sein Einkommen von der Veste Pottenbrun an, wie es Josephat Grabner bereits angezeigt hat: behauster Dienst, Überländdienst und Getreidedienst im Amte Pottenbrunn mit zwei Fischwassern auf der Traysen, wovon jetzt eines zur Hausnotdurft verwendet wird. Zu Pangerstorf mit 2 Teichen; in den Ämtern Achspach (Markt Aggsbach an der Donau), Tiendorf, Rätzerstorff, Sebarn, Eidsperg, (die Mühle zu Oberndorff dient dem Propste von Sannd Anndre), Ämter Faraprun, Stinkhenprun und Siebenhirten; Zehente zu Walpersperg und Treisenmauer von Wein und Getreide, auch zu Reichenhag (zu Khinigstetten und Eglsee gehörte der Weinzehent seinem Bruder Georg Grabner zu Ratlperg), ebenso zu Oberndorf und Sebarn;

[1] Wiedemann, I., 334.
[2] Zagging bei Hain
[3] Konsistorialarchiv St. Pölten.
[4] Wiedemann, IV., 105.
[5] Briefprotokoll von 1618 im Schloßarchiv Pottenbrunn, Urkunde Nr. 383.

Weingärten: zu Traisnmauer 27 Viertel, zu Reicherstorf 9 Viertel und zu Freindorf auf dem Tullnerfeld 14 Viertel.[1]

1556, 14. September, vermacht Josephat Grabner zu Roßenberg seinem Bruder Leopold Feste und Schloß Pottenbrunn mit Zugehör, die Ämter Rätzerßdorf, Gemein-Löbern (Gemeinlebarn bei Stollhofen), Tierndorff, Siebenhiertten und Dietersperg, die auch zur Feste Pottenbrunn gebracht werden.[2]

1557, 1. März, Passau, belehnt Bischof Wolfgang von Passau den Georg Grabner zu Roßenberg zu Handen seines Bruders Leopold Grabner mit der Fischweide auf der Traißen zu Räzersdorff gegenüber von Viechoffen zwischen des Schlosses Viehofen und des Propstes von Herzogenburg Fischweide und einer Hofstatt zu Viehoffen im Dorfe.[3]

1558 gibt Stephan Richter, Pfarrer zu Pottenbrunn beim heiligen Kreuz, sein Einkommen an: 42 Joch Acker, Getreidezehent zu Räzerstorff, wovon man vor Zeiten dem Propste zu Sanndt Pölten als Dienst schweres und geringes Getreide 102 Metzen gegeben hat, wo aber die Traysen viele Gründe weggewaschen hat; diese Dienste wurden auf Geld angeschlagen; 22 Tagwerk Wiesen, vom Wald ein Schilling, Hausdienste von Holden zu Ratzerstorff, in den Pfarrhof gehörig, 3 Pfd. 4 ß 22 d, Weizen 10 Metzen, Korn 16, Gerste 8, Hafer 8, Hühner 4, Gänse 2 und Eier 60.[4]

1559 wurde Pfarrer Stephan Rigler (obiger Richter) taxiert auf 9 Pfd. 24 d Gülte.[5]

1566 unterfertigte Pfarrer Michael Grießler von Pottenbrunn die *Confessio* des Magdeburgius.[6]

1570, gegen Herbst, ging der lutherische Prediger Tobias Kirchperger in Bottenprunn mit Tod ab, worauf sich Joannes Nisaenus in Gegenwart des Schloßpredigers Christoph Plädlinger von Viehofen und des Christoph Reitter (von Rosenburg) bei Leopold Grabner um die Stelle bewarb. Doch war sie schon vergeben.[7]

1572 berief der Gutsbesitzer den Prädikanten Jakob Pittner, der von den Bauern mit Freude begrüßt wurde.[8] Auf ihn folgte Thomas Rorer 1572-1579, dann Simon Hubner, ein Flacianer, den Dr. Bacmeister, als er am 26. April 1580 mit Wolf Christoph von Memming und Stephan Feiertager von Nußdorf an der Traisen eine

---

[1] Schloßarchiv Pottenbrunn.
[2] Briefprotokoll von 1618 im Schloßarchiv Pottenbrunn, Urkunde Nr. 184.
[3] Briefprotokoll von 1618 im Schloßarchiv Pottenbrunn, Urkunde Nr. 314.
[4] Pfarrarchiv Pottenbrunn.
[5] Pfarrarchiv Pottenbrunn.
[6] Wiedemann, IV., 112.
[7] Konsistorialarchiv St. Pölten, Faszikel Chorherrnstift St. Pölten.
[8] Wiedemann, IV., 106.

Spazierfahrt nach Potenbrunn zu Leopold Grabner machte, vergeblich zu belehren suchte.[1]

1580 pastorierte bei St. Ulrich Simon Hubner, der damals die Bedenken der Flacianer gegen die Concordia unterschrieb. Er kam 1581 nach St. Marein bei Horn.[2]

1584, 1. März, Schloß Prag, verkauft Kaiser Rudolf II. dem Sebastian Grabner zu Roßenberg und Pottenbrunn aus dem eigentümlichen Landgerichtsbezirk Markherstorff einen Landgerichtsbezirk mit Aufrichtung eines Hochgerichtes. Dieser Bezirk beginnt mitten in der Traißen oberhalb des Hammers zu Viechoffen an des Freiherrn Helmhart Jörger Landgericht, geht über das Wasser zu einem Marchstein mit der von St. Pölten Wappen und über das Feld hin zu einem hölzernen Kreuz oberhalb Räzersdorff, wohin auch der von St. Pölten Burgfried reicht; dann den Fahrtweg nach zu einem Steinkreuz, welches der Pottenbrunner Landgericht und den St. Pöltener Burgfrieden scheidet; der Straße nach durch das Dorf Wagramb, dessen unterer Teil in das Pottenbrunner und oberer Teil in das Walder Landgericht gehört; in gleicher Weise mitten durch Mechters, das zwischen den gleichen Landgerichten geteilt ist; der Straße nach bis zum Steg nach Beheimkirchen an dem Tieffenbach, diesem entlang vor die Stockhöfe und Weidermühl bis an die Perßling, mitten auf derselben abwärts vor Weischling, Schiltberg, Mautterhaimb, Capeln und Etzersdorff bis zum Marchstein, zwischen diesem und Khilling, an des Herrn Jörger Landgericht, der Straße nach hinauf gegen den Herzogenburger Burgfried, an der Trayßen aufwärts bis vor Wasserburg und oberhalb des Hammers am St. Pöltener Burgfried, wo die Grenze angefangen hat. In diesem Bezirke liegen folgende Schlösser, Pfarrhöfe, Flecken und Feuerstätten: Ober- und Unter-Wagramb, Mechters, Hindterm Holz, am Khollasperg, Stockhhöf, Weidermühl, Weisching, Schiltperg samt Mühle, Mautterhaimb, Capeln samt Pfarrhof, Ezersdorff, Ossarn, Wasserburg samt dem Schloß, Haßelmühl und Melchartmühl, Pottenbrunn mit Schloß und zwei Pfarrhöfen, Ober- und Nieder-Räzerstorf, Jaittendorff, Pengerstorff, Zwerndorff, Ober- und Unter-Zwischenbrunn, Grueb und Eckhenberg an der Hueb. Siegler: der Kaiser.[3]

Um 1584 hatten die Grabmer'schen Erben auf Pottenbrunn 183 Holden, davon in Gemeinlebarn 14, Diendorf 18, Pottenbrunn 42, Genzendorf 10, Ratzersdorf 9, Oberndorf 10. - UMB Ober-Siebenbrunn 20, Schönfeld 32.[4]

---

[1] Jungwirth, 17.
[2] Wiedemann, I., 403; II., 562.
[3] Briefprotokoll von 1618 im Schloßarchiv Pottenbrunn, Urkunde Nr. 295.
[4] Schloßarchiv Ottenstein.

1585 gebrauchte der hiesige Prädikant noch den alten Kalender.[1]

1585 klagte der Propst von Herzogenburg bei Kaiser Rudolf II., daß vom unteren Markte daselbst Leute nach Pottenbrunn auslaufen.[2]

1586, im Juni, heißt es: zu St. Ulrich in Pottenbrunn hat die Frau Grabmer einen sektischen Prädikanten.[3]

1600 sagt der Visitationsbericht: in Pottenbrunn ist auch eine lutherische Kirche und Prädikant, Lehensherr Sebastian Grabner.[4]

1617 heißt es: wegen des in Pottenbrunn anwesenden Prädikanten sei es sehr notwendig, die Pfarre zum hl. Kreuz mit einem katholischen Pfarrer zu besetzen.[5]

1620 wurde das Jörger'sche Gut Pottenbrunn samt dem Patronate von St. Ulrich vom Kaiser eingezogen, sollte aber dem Hans Maximilian Jörger zurückgegeben werden.[6]

Vor 1623 mußte der lutherische Pfarrer von der oberen Pfarre zu St. Ulrich weichen und wurde diese Pfarre als Filiale mit der Pfarre zum hl. Kreuz vereinigt.

c) Vereinigung beider Pfarren seit 1623.

1623, 18. September, Wien, präsentierte Kaiser Ferdinand II. auf die erledigte Pfarre Pottenprun mit der Filiale St. Ulrich daselbst den Dionysius Schmit. Auf ihn folgten: 1629 Anton Bademer (Bachennus), 1631 Nikolaus Koffler, 1635 Johann Forner, 1637 Dr. der Philosophie Andreas Muxel.[7] Unter ihm wurde der Turm der St. Ulrichskirche erbaut.

1637 war Andreas Muxel, Magister der Künste und Philosophie, Pfarrer zu Pyhra, Michelbach und Pottenbrunn. Damals wurde der Schulmeister Blassy Polhamber aufgenommen und ihm zur Bestätigung von der Kirche 1 fl gegeben. Die Kreuzkirche war abgebrannt und wurde 1638 samt dem Turme wieder aufgebaut. Baumeister was Scassia, Zimmermeister Martin Böll von Gansbach.[8]

1639 verlieh der Offizial Kobolt dem Georg Schlosser, Benediktiner von Göttweig, die Seelsorge über Bottenbrun.[9]

1640 wurde die Schule umgebaut.[10]

---

[1] Wiedemann, I., 437.
[2] Mieß, Gesch. des Stiftes Herzogenburg, I., II., 30-31.
[3] Österr. Vierteljahresschrift für Kathol. Theologie von Wiedemann, 1872, 374.
[4] Österr. Vierteljahresschrift für Kathol. Theologie von Wiedemann, 1872, 379.
[5] Wiedemann, IV., 112.
[6] Urkunde von 1716 im Pfarrarchiv Pottenbrunn.
[7] Konsistorialarchiv St. Pölten; Wiedemann, IV., 113.
[8] Kirchenrechnungen im Pfarrarchiv Pottenbrunn.
[9] Konsistorialarchiv St. Pölten, Faszikel Weinburg.
[10] Pfarrarchiv Pottenbrunn.

1641 behandelt ein Urbar die landesfürstlichen Ämter Anzbach, Pottenbrunn, Stössing und Stollberg.[1]

Die Pfarre erhielten 1643 Jonas Textor, 1650 Karl Ferdinand Fischer, Kanonikus und Kustos am Hl. Grabe in Jerusalem.[2] Letzterer wird 1654 lobend genannt.[3] 1670 folgte Dr. Leopold Braun von Braunsdorf, auch Dechant, 1684 Johann Holtzbogen. Der Pfarrhof, Kirche und Ort wurde 1683 durch die Türken verbrannt.[4]

1686, 16. Mai, Schloß Wasserburg, stiftet Ferdinand Reichsgraf von Zinzendorf zu Ehren der hl. fünf Wunden unseres Heilands in der Schloßkapelle zu Wasserburg 5 Messen an den vier Quatemberfreitagen und dem Freitage nach dem Passionssonntage, wofür der Pfarrer von Pottenbrunn von der Herrschaft 5 Eimer Wein bekommen soll.
Siegel und Unterschrift von Mag. Joannes Holzpogen, Pfarrer in Pottenbrunn.[5]

1687 kam das Patronats- und Vogtrecht über beiden Kirchen in Pottenbrunn von Helmhard Grafen Jörger, Erbsilberkämmerer in Oesterreich unter und ob der Enns, an seine Gemahlin, die sie dem Grafen von Kuefstein vermachte. Der landesfürstliche Pfarrer Johann Holzbogen wurde 1689 von einer Räuberbande überfallen und schwer geschlagen, worauf er sich in das Kloster St. Andrä an der Traisen zurückzog, wo er bis zu seinem Ende verpflegt wurde. Dafür bekam das Kloster St. Andrä den Fruchtgenuß der Pfarreinkünfte von Pottenbrunn. Als er starb, suchte Graf Kuefstein dem Kaiser Josef I. um die Verleihung des Patronates an. Doch starb der Kaiser vorher.[6]

1693 wurde der Turm bei der Kreuzkirche aufgebaut.[7]

1716, 16. März, verleiht Kaiser Karl VI. das Patronats- und Vogteirecht über beide Kirchen in Pottenbrunn seinem Kämmerer und Regimentsrat Grafen Karl von Kuefstein. Doch solle er die abgebrannte Kirche und das Schulhaus aufbauen und für beide Kirchen nur katholischen Gottesdienst halten lassen, widrigenfalls das Patronat wieder an den Landesfürsten zurückfällt.[8]

Die letzte einschneidende Änderung in dieser Pfarre geschah 1716. Von da an ließen Johann Karl und dann Ernestin Grafen von Kuefstein die Kirche zum hl. Ulrich durch einen geräumigen Chor mit Oratorium und Zubau mit Kreuzaltar erweitern und übergab diese

---

1 Pfarrarchiv Pottenbrunn.
2 Konsistorialarchiv St. Pölten.
3 Geschichtliche Beilagen, III., 250.
4 Konsistorialarchiv St. Pölten.
5 Konsistorialarchiv St. Pölten.
6 Bericht der Urkunde Kaiser Karl VI. vom 16. März 1716 im Pfarrarchiv Pottenbrunn.
7 Pfarrarchiv Pottenbrunn.
8 Abschrift Pfarrarchiv Pottenbrunn.

bisherige Filiale als Pfarrkirche in das landesfürstliche Patronat, während die bisherige Pfarrkirche zum hl. Kreuze abgebrochen wurde.

1729, 25. März, Wien, beurkundet Johann Georg Schmidt, akad. Maler, daß ihm der edle und kunstreiche Herr Hockmiller namens des Herrn Ernestin Grafen von Kuffstein 50 fl für Malung eines Altares bezahlt habe, und verspricht, ein Altarblatt der seligsten Jungfrau mit dem Kinde und der Hll. Johann und Josef, einen Schuh hoch und 5 Schuh breit, mit feinsten Farben und guter Zeichnung nach der vorgelegten Skizze zu malen und bis Johanni (24. Juni) fertig zu stellen, worauf er von Herrn Hackmiller nochmals 50 fl zu bekommen habe. Das Gemälde der hl. Familie ist am Hochaltare noch vorhanden.[1]

1729, 2. April bis 30. Oktober, arbeiten die Maurer des Josef Mungenast, Bau- und Maurermeisters in St. Pölten, beim Hoch- und Kreuzaltare, Aufmauerung der Sakristei, des Turmes und der Friedhofmauer, Kosten 505 fl. Dieser Meister erhielt für den Kirchenbau 1729 den Betrag von 3.137 fl und 1730 von 1.998 fl.[2]

1729, 22. April, bekam der Steinhändler und Floßmann Georg Oth von Lechbruck für 400 Marmorplatten 400 fl. Diese wurden in St. Jörgen (St. Georgen bei Traismauer) ausgeladen. Weiters wurden 200 Stück in Tulln ans Land gebracht, die für die Kirche in Ried am Riederberg bestimmt waren.[3]

1729, 21. November, erhielt Friedrich Wilhelm Still, Bildhauer in Wien, für die beiden Seitenaltäre in Pottenbrunn 178 fl. Im selben Jahre erhielt der Maler Johann Georg Schmidt von Wien, vom Grafen Kuefstein den Auftrag, den Kreuzaltar, das Kripperl und die Auferstehung um 300 fl zu malen, eine Aufschrift über dem Kreuzaltar und die Magdalena am Beichtstuhle zu malen, das Speisgeländer zu fassen, den hl. Christoph und zwei Sonnenuhren, die hl. Zäzilia im Oratorium, auch die Lamperien und Fenster daselbst, in der Kirche 12 Kreuze, am Friedhof das Kruzifix und den Ölberg, auch drei Fahnen um 154 fl zu malen. Für den Kopf des hl. Xaverius erhielt er 220 fl und für Einmalen des Bildes der hl. Anna 27 fl. Der Vergolder Johann Anton Closterer aus Wien vergoldete am Hochaltar die Gesimse, den Rahmen des Muttergottesbildes und die Tabernakeltüre und Zieraten um 160 fl, die zwei Seitenaltäre um je 35 fl, am Kreuzaltare die vorderen Leisten und Tabernakeltüre um 25 fl, das Epitaphium um 10 fl, die Einfassung der Kanzel für 15 fl, die Orgel um 6 fl. Die Töpfe, in denen die vier Zypressenbäume stehen, und die Früchte der Zypressen um 12 fl, die Leisten am Oratorium für 16 fl 30 kr, die Fassung des Deckels am Taufsteine mit Johannes dem Täufer um 20 fl

---

[1] Pfarrarchiv Pottenbrunn; Riesenhuber, Kirchl. Kunstdenkmäler, 233.
[2] Pfarrarchiv Pottenbrunn.
[3] Pfarrarchiv Pottenbrunn.

und anderes, zusammen für 351 fl. Der Steinmetz Franz Spänn von Pyhra lieferte eine neue Kirchentüreinfassung und kleine Arbeiten am Hochaltar, einen Aufsatz zum Kreuzaltare und steinernen Tabernakel um 47 fl. Der Tischlermeister Hippolyt Nallenberg im Klosterviertel zu St. Pölten, stellte eine Kanzel aus Nußbaum, Fournierarbeit mit Deckel und Türe aus weichem Holze um 85 fl her.[1]

1730 stellte der Orgelbauer Johann Christoph Pantzer aus Wien eine neue Orgel um 135 fl auf. Der Kirchenvergolder und Stukkateur Franz Ludwig Ernest Kirschner von St. Pölten und der Goldschmied Paul Michael Stainer vom selben Orte leisteten kleine Arbeiten, der Stukkateurmeister Johann Christoph Kürschner aus St. Pölten arbeitet am Oratorium. Der St. Pöltener Glasermeister Leopold Jobbst bekam für Einglasen aller Kirchenfenster 1720 und 1730 zusammen 232 fl. Der Tischlermeister Hippolyt Nallenburg erhielt am 12. Mai 1730 für einen Beichtstuhl in der Sakristei und Kasten für den Kelch aus Nußbaumholz und neues Speisgitter mit geschweiften Bögen 40 fl und zwei Stühlen aus Nußbaum zu beiden Seiten des Hochaltares und im unteren Teil der Kirche 105 fl. Der Pottenbrunner Tischlermeister Johann Jakob Güttinger verfertigte das Heilige Grab, das einen bühnenförmigen Aufbau und einen Kasten für Meßgewänder enthielt. Die Kirchenstühle im unteren Teile der Kirche stellte Hippolyt Nallenburg um 158 fl her.

Graf Ernst von Kufstein beauftragte den Maler Schmidt, auf der Mauer über dem Kreuzaltare in Fresco die beim Tode Christi geschehene Auferstehung der Toten, die Finsternis der Sonne und des Mondes am Firmament, die erschreckten Soldaten, die Stadt Jerusalem, auch die beiden Schächer zu malen. Über der Krippe solle er die Hl. Maria, die Hirten und die Heiligen Drei Könige auf Brettern in Ölfarben darstellen und beim Heiligen Grabe an der Außenseite der Türen die Auferstehung Christi mit den zusammenfallenden Wächtern und über der Türe architektonische Verzierungen anbringen, wofür ihm der Graf 300 fl versprach.[2]

1730 erhielt der Marmorierer Johann Haggenmüller in Wien für Marmorsteine am Hochaltare 300 fl, an den zwei Seitenaltären 200 fl und für Kreuzaltar, Tabernakel und Taufstein 100 fl. Friedrich Wilhelm Still von Wien bekam für die Bildhauerarbeiten Christus am Kreuz mit Maria und Johannes unter demselben aus Stein, die hl. Magdalena auf dem Beichtstuhl, den Glauben auf dem Predigtstuhle, den Taufstein und das Kruzifix am Tabernakel 300 fl, für das Baßrelief auf dem Predigtstuhle, Christus im Tempel unter den Juden sitzend, 34 fl Rosalia und Johann Nep. 30 fl, die Statuen Johann

---

[1] Pfarrarchiv Pottenbrunn.
[2] Pfarrarchiv Pottenbrunn.

Nep. und Franz Xaver über dem Friedhofstore 84 fl. Dem Johann Georg Schmidt wurden für das Fresko St. Christoph und zwei Sonnenuhren 40 fl ausgezahlt, dem Johann Anton Closter, Vergolder in Wien, für Vergoldung 52 fl, dem Goldschmied Heinrich Lehner in Wien für Ausbessern und Vergolden des silbernen Kelches 14 fl. Der Steinmetz Franz Spänn von Pyhra empfing für Postament am Hochaltar 15 fl zwei Säulen am selben Altare 30 fl, einen kleinen Altar 43 fl, den zweiten Altar, der nicht mehr ganz aus Stein war, 20 fl, im ganzen 201 fl, für den Tabernakel aus Stein 24 fl, den Taufstein 4 fl, zwei Postamente und Hauptgesims am Friedhofstore 48 fl, im ganzen 85 fl.[1]

1780 errichtete die Gemeinde Ratzersdorf einen Glockenstuhl für eine Gebetsglocke

1799 trug der Maurermeister Josef Schwerdfeger von Herzogenburg den alten hohen Kirchturm ab und baute einen neuen um 963 fl auf. Durch die Zimmer- und Dachdeckerarbeit erhöhten sich die Kosten auf 2.070 fl.[2]

1828 stellte Ober-Zwischenbrunn einen hölzernen Glockenstuhl mit Glocke auf.

1848 erbaute Ratzersdorf anstatt eines hölzernen Kreuzes eine gemauerte kleine Kapelle.

1868 erhielt Pengersdorf eine Gebetglocke.

1874 wurde in Ratzersdorf eine Volksschule eröffnet.

1919 wurde bei Auflassung der Militär-Unterrealschule in St. Pölten das Gemälde des Guten Hirten, das Karl Rieder 1840 angefertigt hat und auf 1.000 S geschätzt wurde, der Pfarre Pottenbrunn übergeben. Pfarrer Heinrich Kammerer bestimmte es für eine zu erbauende Kapelle in Ratzersdorf.[3]

144. Puchenstuben[4]

1429 verlieh die Kapelle in Puchenstuben und Steinenkirchen der Walsee.[5]

1446 stellte Michael Deunkel, Pfarrer oder Kaplan an der Buehenstuben in Frankenfelser[6] Pfarre, eine Urkunde aus. Auf dem Siegel war das Bild des hl. Johann Baptist.

---

[1] Pfarrarchiv Pottenbrunn.
[2] Pfarrarchiv Pottenbrunn.
[3] Pfarrarchiv Pottenbrunn.
[4] Schweickhardt, Darstellung von Niederösterreich; IX., 266-269.
[5] Schmieder, Matricula, 24.
[6] Frankenfels bei Kirchberg an der Pielach.

1451 fertigte Michael Deunkel wieder eine Urkunde aus, die vom Richter in Purgsthal gesiegelt war.

1488 wurde eine dritte Urkunde verfaßt und besiegelt vom edlen und festen Philipp Klingen zu Weißenburg[1] als Lehensherrn und Vogt der Kapelle an der Buechenstuben, jedoch ohne Beeinträchtigung der Rechte des dortigen Kaplans.[2]

1597, im März, bot der Wirt Christian Haller von der Puechenstueben die Bauern der Umgebung unter Drohung des Kopfabschlagens gegen den Prior von Gaming auf.[3] Er war ein Untertan des Ferdinand von Concin und Vertreter der Pfarre Frankenfels.

Um 1659 waren von der Kapelle nur Reste vorhanden und die Untertanen derselben von Grafen Tattenbach zum Gute Planckenstain gezogen. Doch hielt sich im Sommer wegen der Wallfahrt nach Maria Zell ein Kaplan auf.[4]

1727 wurde eine Kuratie errichtet.[5]

1728 erbaute Erdmuda Theresia Maria, Fürstin von Lichtenstein, in Puchenstuben, wo sie bei einer Wallfahrt, von Maria Zell kommend, bloß ein hölzernes Kirchlein und hölzernes Gasthaus fand, das bei einem heftigen Gewitter keine Unterstand bot, eine Kirche, Spital für sechs arme Weiber, Pfarrhof und Gasthaus.[6]

Um 1730 erwähnt Aquilin Hacker (Handschrift im Diözesan-Museum zu St. Pölten) von hier: „saubere neugebaute Kirche, große Tabern, Kuratenhaus, Spital auf 12 arme Weiber; Besehung des Bleiberges, welcher sehr hoch - etliche kleine Gruben - Arzthütten." Das Bleibergwerk in den Brandmauern wurde noch über 1830 hinaus betrieben und sollen die Stollen tief hinein führen. Auch bestand eine Glashütte auf der Brandeben und ein Kohlenbergwerk im Natterstale.

1754, 23. Mai, Frankenfels, berichtet Pfarrer Johann Georg Springer: in der Hauptpfarre Frankenfels befindet sich ein „Benefiziatskürchl an der Puchenstuben, ist nicht konsekriert, wird von einem Weltpriester versehen, der seine eigene Wohnung hat. Patron ist Fürst von Löwenstein. Der Benefiziat bekommt von der Herrschaft Weißenburg 200 fl. Das Benefizium wurde vor 30 Jahren gestiftet. Von dort werden auch Kranke der Umgebung versehen. Liegt von der Pfarrkirche zwei Stunden weit entfernt. Keine Schule.[7]

---

[1] Ruine Weißenburg bei Frankenfels.
[2] Diese drei Pergamente waren um 1659 im Kloiberhofe bei Feichsen noch vorhanden. Konsistorialarchiv St. Pölten, Faszikel Purgstall.
[3] Haselbach, Bauernkrieg, 80, 135, 139.
[4] Konsistorialarchiv St. Pölten, Faszikel Purgstall.
[5] Fahrngruber, Glockenkunde, 161.
[6] Schweickhardt, Darstellung von Niederösterreich, IX., 268.
[7] Konsistorialarchiv St. Pölten, Faszikel Frankenfels.

1763 wurde Benefiziat Ignaz Wegerer.

1764 stiftete die Fürstin von Lichtenstein 5.300 fl für den Benefiziaten, ein Ewiges Licht und eine wöchentliche Messe.

1784 begann die Pfarre.[1]

145. Purgstall[2]

Um 1230 hatten die Landesfürsten Gülten bei Purchstal: zu St. Laurenz (Säusenstein) 29 Lehen, welche 7½ Talent bezahlten, und einen kleinen Wald, bei 20 Joch, ertrug 1 Talent. Vom Herrn von Zew (Zewing, Zebing) sind frei geworden 2 Wirtschaften in Egning (Egning bei Petzenkirchen), geben Getreide in Ybser Maß, in Dunnawurt 2 Lehen; Otto von Ramsperch hält diese Güter gewaltsam inne. In Rutaren (Reitern bei Ybbs) 4 Lehen, in Winzurl 6 Lehen. In Zezmanstorf (Zaizmanstorf) 4 Lehen und 2 vom Herrn Ulrich von Ztuze (Stevze) erledigte; in Purchstal zwei Wirtschaftshöfe, zwei Mühlen und vom Markte 6 Talente; in Predel (Predl bei Gresten) 24 Lehen, in Gröstain (Gresten) 3 Vischube, die haben die Fischer, welche fischen und jagen und die Wälder behüten; Die Fischerei Sem (Se) bei Osen (Orsan) und zwei Huben; in Gerswang ein Lehen, in Hevperch 2 Lehen.[3]

1261 beurkundet Bischof Otto von Passau, daß Frau Hilkardis, einst Gemahlin des Leo, Offizials in Pezenchirchen, ihr Gut in Vorhta[4] und ein Lehen zu Pezenchirchen ihrem Sohne Leo gegeben habe, der das Burgrecht davon ferner dem Bischof zu leisten habe. Zeugen: Chunradus *viceplebanus* in Purchstal, Chunradus *pedagogus comitis de Chirchperge* und mehrere Personen von Passau.[5] Purgstall erscheint damals noch in Abhängigkeit von seiner Mutterpfarre Petzenkirchen.[6]

Aus dem 13. Jahrhundert stammt die romanische Kapelle in Feichsan und die ehemalige St. Martinskapelle in Unternberg.[7]

1317, Ertag in der Osterwoche (5. April), Melch, verkaufen Nyclas der Schoewnbech und seine Frau Chunigund die Eigenschaft eines Lehens an der Mostnich in „Purchstaler pharr“, das jährlich

---

[1] Konsistorialarchiv St. Pölten.

[2] Zoelestin Schachinger, Geschichte des Marktes Purgstall an der Erlauf, 1912, 234 Seiten.

[3] Notizenblatt, 1855, 377, 378. Ähnlicher Bericht von etwa 1260 in Rauch, Rerum Austriacarum Scriptores, II., 27, 28.

[4] Fahra bei Petzenkirchen

[5] Reichsarchiv in München, Passauer Hochstift Nr. 4, Blatt 71.

[6] Schachinger, Purgstall, 38.

[7] Schachinger, Purgstall, 71, 69.

10 Metzen Korn, 1 Mut Hafer, 12 große Käse und 8 Hühner dient, dem Abte Vlreich von Melch um 20 Pfd. Pfen. Siegler: der Aussteller und seine Brüder Chunrat und Fridreich der Haeusler und Fridreich der Leidmer. Zeugen: die Herrn Ott von Zelking, Weychart der Toppler, Weychart von Planchenstain, Alber der Streitweser und sein Bruder Chunrad, dann Pernhart von Melch und Marichart der Chuffinger.[1]

1318, 17. April, stiftet Pfarrer Gebhart von Petzenkirchen eine Messe auf einem Altare zu Burgstall und gibt dazu Gülten auf einer Mühle an der Brücke, auf einem Weingarten zu Wesendorf, auf einer Mühle zu Vorcheck unterhalb Burgstal und einer Mühle unter dem Berge Pläched.[2]

1318, *secundo Nonas May* (6. Mai), Passau, beurkunden Propst O(tto?), Dechant M(ichael?) und das Domkapitel in Passau, daß Herr Gebhard, Pleban in Pezenkirchen, seinen Weingarten in Bachovia[3] beim Dorfe Wesendorff[4] unter dem Berge Challnwetz, eine Mühle im Dorfe Purchstall[5] bei der Brücke, deren Inhaber dem Pfarrer 30 Metzen Weizen und 3 Metzen für Hostien und Armenbrot leisten und das Getreide zum Hausbedarf unentgeltlich mahlen solle, eine Mühle im Vorchech[6] mit den Gründen, welche 24 ß d Dienst leisten, eine Mühle unter dem Berge Plachen[7] mit 10 ß d und einem Schot Hanf und das Lehen des Schneiders Otto mit 6 Schilling Dienst seiner Kirche und der Kapelle und dem Altare, die er *de novo* erbaut hat. Davon soll der Pfarrer von Petzenkirchen in Purgstall einen zweiten Priester für eine ewige Messe halten und ihm 5 Pfd. Pfen. jährlich auf Kleidung und Notdurft verabreichen. Siegler: beide Aussteller.[8]

1318 nehmen die Schloßbesitzer von Purgstall, die Brüder Wernhard, Otto und Marquard die Heußler, ihr Schwager Stephan der Eisenbeutel und dessen Söhne Chunrad und Stephan die obige Stiftung in ihre Aufsicht und Vogtei und versprechen, die Erfüllung derselben zu berücksichtigen und die Gülten nach Landesbrauch zu schirmen. Wenn die Stiftung vom Pfarrer vernachlässigt wird, soll sie der Schloßbesitzer zu Unser Frauenkapelle im Hause (Schlosse) zu Purchstall[9] nehmen.[10]

---

[1] Kopialbuch im Stiftsarchiv Melk, Bl. 51.
[2] Lang, Regesta Boica, IV., 381.
[3] Wachau
[4] Markt Wösendorf
[5] Dorf Purgstall lag außerhalb des Marktes bei der Kirche.
[6] In den Föhren unterhalb des Schlosses.
[7] Die Bergmühle, nördlich davon das Haus Plaka.
[8] Zwei Abschriften der lateinischen Urkunde aus dem 17. Jh. im Reichsarchiv München, Passau Hochstift, Nr. 1314. Vgl. Schachinger, Purgstall, 38; Monumenta Boica, XXX., II., 82-84.
[9] Schloßkapelle in Purgstall.
[10] Reichsarchiv in München; Schachinger, Purgstall, 38, 39.

1322 war Pfarrer Konrad von Purgstall an der Untersuchung der Pfarre St. Leonhard am Forst beteiligt.[1]

1325, Samstag nach Ostern (13. April), geben Johanns der Offinger und seine Frau Margret die Eigenschaft von ihrem Gute, das Margret von ihrem Vater Helmreich dem Chuleober zur Morgengabe erhalten hatte, gelegen in der Pfarre Purgstal an dem Mangolczperg, dem Abte Otacher und dem Gotteshause zu Melch für ihr Seelenheil. Siegler: der Aussteller und sein Schwager Herr Helmweig der Chulevber, die Herrn Ditmar der Rät, Cholman, Sohn des Albrancz. Zeugen die Herrn Otto von Pylach, Vlreich von Siczental und Hans von Ramsenpach und die Ritter Perchtold von Emling und Hadmar von Tulbing.[2]

1335, 24. August, widmet Alram Reichersdorfer, Burgraf „datz dem Haws pey Wiselburch“[3] zum Kloster Baumgartenberg eine freieigene Hofstatt an „sand Stephansperig pey Purgchstal“.[4] Der Name St. Stephansberg deutet wohl an, daß auf demselben eine Kapelle zum hl. Stephanus bestanden habe. Vielleicht ist darunter der Steinfeldberg bei Purgstall gemeint, der im Volke „Staffelberg“ heißt und auf welchem wohl zum Gedächtnisse an eine ältere Kapelle 1694 ein Kreuz (=Stökel) und 1718 eine gemauerte Kapelle erbaut wurde.[5]

1335, 24. August, verspricht Abt Ruprecht von Baumgartenberg, die Stifung Alrams von Reichersdorf, der eine freie Hofstatt am Stephansberge bei Purgstall für 30 gregorianische Messen gestiftet hat, zu erfüllen.[6]

1336, 1. Mai, Purgstall in dem Markt, verkaufen Wulfing der Häusler und seine Frau Elsbet die Traunerin und ihre Schwester Christine den Herzogen Albrecht II und Otto für ihre Stiftung Gaming die Güter im Sattel, an dem Lehen, auf dem Röttenstein um 84 Pfd. Wr. Pfen.[7]

1338 stiftet Hartnid Haffner ein Holz in der Plackhen (Plaka bei Hochries) mit dazugehörigem Acker zur Pfarre Purgstall; von dem Dienste soll man geben: am Montag nach St. Katherina ein Pfund Wachs zu Unser Frauenaltar in der Schloßkapelle und ein Pfund zu Wachskerzen, welche bei der Vigil und den vier damit gestifteten Messen gebraucht werden. Den zweiten Teil des Dienstes soll man

[1] Topographie, V., 779.
[2] Kopialbuch im Stiftsarchiv Melk, Bl. 103.
[3] Seit dem 16. Jh. Rottenhaus genannt.
[4] Oberösterr. Urkundenbuch, VI., 176.
[5] Schachinger, Purgstall, 80.
[6] Labitsch, Protocollum archivii Montis Pomerii, 1767, I. Band, Bl. 118a Studienbibliothek zu Linz.
[7] Staatsarchiv in Wien, Codex Diplom. der Karthause Gaming, Perg. Nr. 867, Bl. 143: Lichnowsky, Habsburg, III., Nr. 1068.

zum Opfer tragen und für den dritten Teil Brot kaufen und den Armen austeilen. Das Holz ist als Burgrecht zu nehmen vom Pfarrer in Petzenkirchen und davon 2 d Anfohrt und Abfahrt zu entrichten.[1]

Um 1350 wurde die zierliche Schloßkapelle erbaut.[2]

1356, St. Philippstag (1. Mai), stiftet Hans der Hafner, Priester und des verstorbenen Hertneid des Hafners Sohn, für diesen seinen Vater zum Gotteshause in Purchstall ein Holz an der Plackchen[3] und einen Krautgarten in der Mözliz[4] und 30 Wiener Pfennig Gülte auf dem Lichtenperg auf der Plackhen, welcher Dienst nach dem Tode der Clara, Hausfrau Hermanns des Hafner zufallen soll, und sechs Metzen Weizen von dem Hofe zu Chappeln[5] alles freies Eigen, zu St. Petersgotteshaus in Purgstall dem ehrbaren Herrn Perichtolt, Pfarrer daselbst für einen Jahrtag. Derselbe soll dem Hertneit Hafner, seiner Frau Gedrawt und seinen Söhnen Hermann und Wulfing begangen werden am Tage nach Philippi mit Vigil und Geläute und vier Messen am Morgen. Auch gibt er drei Pfund Wachs von einer Wiese auf der Oedt zu einer Wandlungskerze auf St. Kathreinaltar in Purchstall. Siegler: für den Aussteller, der kein Siegel hat, der ehrbare Herr Marichart der Heusler und als Zeugen Hermann der Hafner in der Schaw[6], Hermann der Schnitzperger und Ott der Sawn.[7]

1360, Sonntag in der ersten Fastenwoche (23. Februar), verkaufen Vlreich der Hermansperger und seine Hausfrau Chunigund das Gut, geheißen am Lyechtenperig in Purchstaller pharr (Lichtenberg in Hochries), ihr freies Burgrecht, dem ehrbaren Otainmaren und seiner Frau Kathrein mit aller Zugehör um 15 Pfd. Wr. Pfen. nach Burgrechtsrecht in Oesterreich. Davon sollen sie alle Jahre als Burgrecht nach Frau Chlarens Tod, „dew Herman den Hafner ze ain wiert (Eheman) gehabt hat, dem Got genad“, 30 Pfd. Wr. Münze zu einem „ewigen selgret“ dem ehrbaren Herrn Perichtolten, Pfarrer, „dez heyligen herren sand Peters gotzhaus“, und sooft der Hof verwandelt wird (seinen Besitzer ändert), 4 Pfen. Anlait und ebensoviel Ablait geben. Der Vogt der anderen Kirchengüter von Purchstall soll auch Vogt über

---

[1] „Extract etlicher Stifftungen, so viel Jahr hero Pfarrherrn alhie verborgen vnder Händen der Kirchpröbsten gewesen“ im Pfarrgedenkbuch von Purgstall vom Jahre 1641, Bl. 51.

[2] Riesenhuber, Kirchl. Kunstdenkmäler, 235.

[3] Berg bei der Bergmühle und beim Hause Plaka am Hochries.

[4] Haus Mösslitz nördlich von Purgstall.

[5] Der Kapellenhof in Unterberg bei der ehemaligen St. Martinskapelle. Schachinger, Purgstall, 69, 81.

[6] Nördlich von Purgstall liegen die Bauernhöfe Schauer und Schauboden.

[7] Fehlerhafte Abschrift vom Neuschlosse Purgstall, 3. Februar 1774 im Konsistorialarchiv St. Pölten; ältere Abschrift im Pfarrgedenkbuch zu Purgstall von 1641, Bl. 52.

diese Güter sein; wenn er aber die Leute widerrechtlich beschwert, können sie nach dem Rate ihres Burgherrn (des Pfarrers) einen anderen Vogt nehmen. Der Stifter setzt sich zum „gweren vnd Scherm" für alle Ansprüche auf dieses Gut und verpflichtet sich, allen dadurch entstandenen Schaden zu ersetzen. Siegler: Pfarrer Berchtold von St. Petersgotteshaus als rechter Burgherr, da der Aussteller kein eigenes Siegel hat, und die Zeugen Dietreich der Geigerstorffer und Seyfrid der Hager ab dem Gumpolczperig[1] mit ihren Siegeln.[2]

1360, 29. Juni, verkaufen Rudolf der Sneznagel und seine Frau Margret dem Kloster Gaming um 10 Pfd. Pfen. eine Gülte von 5 ß 15 d auf dem Gute „dacz Chunraten an der Leiten in der Ragatschs" in der Pfarre Burgstall. Mitsiegler: sein nächster Freund Elbel der Syrnicher.[3]

1369, St. Urbanstag (25. Mai), beurkundet Pfarrer Paul von St. Petersgotteshaus zu Purgstall, daß der ehrbare Herr Marchart der Heußller für seinen Vater Marchart den Heußler und seine Mutter Katherina und weiters die Herrn Georg und Christian die Heußler für ihren Enn (Großvater) Marchart den Heußler und dessen Frau Katherina, ihre Ann (Großmutter), denen Gott genad, seinem Gotteshause ein ewiges Seelgerät gegeben habe auf einen Jahrtag mit folgenden Gülten: in Ofenpach 1 Pfd. Geldes zu St. Michaelstag daselbst von einem Acker 12 d und vom Laucher 40 d, von einer Wiese zwei Hühner zu Martini; Weikhart der Dürr in Ofenpach 1 Pfd. Geldes, wovon der Pfarrer zur Hälfte Stifter und Störer ist; von einem Acker in des Schimelches Lehen auf dem Stainfeldt[4] anderthalb Schilling Pfennig; Acker am unteren Feld 8 d, Acker unter dem Weinsperg 5 d, Acker 2 d, Pfarrer von St. Leonhardt und der Sevelder von zwei Äckern 6 d; zu Mauterhaimb an der Persting[5], von einem gestifteten Gute ein halbes Pfund Geldes; der Müller zu Paullenstein[6] von einem Acker 10 d, die Hueb daselbst von einem Acker 3 Schilling 6 Pfen., von einem Acker 12 d alles zusammen 64 Pfd. Pfen. Wr. Münze. Diese Güter soll der Pfarrer innehaben, derselben Stifter und Störer sein und das Recht davon tun mit Ausnahme des halben Pfundes von dem Dürren. Dafür verpflichtet sich der Pfarrer, einen ewigen Jahrtag zu halten. Wenn er denselben acht Tage unterläßt, können Marchart, Georg und Christian Heußler die Güter an sich ziehen, bis der Jahrtag wieder gehalten wird. Sie sind auch über die Güter

[1] Gumprechtsberg nordöstlich von Purgstall.
[2] Abschrift im Pfarrgedenkbuch von Purgstall vom Jahre 1641, Blatt 53.
[3] Staatsarchiv in Wien, Codex Diplom. der Karthause Gaming, Perg. Nr. 867, I., 177; II., 71.
[4] Groß- und Klein-Steinfeld südöstlich von Purgstall.
[5] Mauterheim an der Perschling bei Jeutendorf.
[6] Peilstein bei St. Leonhard am Forst.

Erbvogte. Siegler: Pfarrer Paul und die ehrbaren Herrn Georg der Heußler, Ott der Schnitzberger, Schalich der Hafner und Hans der Fraundorfer mit anhängenden Siegel.[1]

1374, 17. August, Wien, belehnt Herzog Albrecht von Oesterreich den Heinrich von Wallsee mit der halben Feste Purgstall, die er von Jörg dem Heusler gekauft hat.[2]

1375, 14. Jänner, Wien, verkaufen Jörg der Hawsler und sein Sohn Marchart dem Heinrich von Wallsee, Hauptmann ob der Enns, um 1.370 Pfd. Wr. Pfen. die vom Landesfürsten lehenbaren Güter, ihren Anteil an der Feste Purchstal und an dem Markte daselbst. Die Fischweide auf der Erlaf von der Feste abwärts eine Meile lang von einem Land zum anderen und auf der Zitzmansmül daselbst mit 14 ß Dienst, 2 Lämmern, 100 Eiern, 4 Herbsthühnern und 4 Faschinghühnern, drei Hölzer in der Sichaw, im Pirichsach und in der Rogatz, letzteres genannt im Sindlekke, die Gründe bei der Feste, 31 Pfd. 1 d Gülte auf folgenden Gütern: an der Öd 3, unterm Holz, an dem Weg, des Tawfsweyen Lehen, an dem Harde, Hag, Rosenaw, auf der Chugel, Fuchshof 2, in der Wis 2, am Chrannekke, in der Rogatz 3, Swaberlehen, an der Lochnytz, Hachsenperg 2, an der Heiligenstat Mühle, Zeylach, vorderm Holtz, in Lienharter Pfarre, Überländ in Lochnytz und Wiese in der Sweyntz. Weiters 4½ Pfd. 26 d Gülten, Lehen vom Landesfürsten von den Gütern an dem Nuesche, zu Mularn 2, und 7 Pfd. 82 Wr. Pfen., Lehen vom Bischof von Regensburg von den Gütern an dem Weyergericht, zu Satzung, am Geyrsperg, Zaydenstorf 2 Häuser und 1 Mühle; Zehente per 3 Mut 26 Metzen Korn und 4 Mut 11 Metzen Hafer, Lehen vom Bischof von Passau, zu Satzung im Stayn und auf der Pfarrhofstatt, zu Nöttendorf in Rueprechtshofer Pfarre, Grueb, am Nuesch, Pütersperg, Seling, im Stokchech 2, Acker auf der Wolhmansöd, Schelnpach, Pruelhof in Sand Lienharts Pfarre 2, Weynperg 4, Ovenpach 3, Wolfpach 2, Grueb 2, Weingraben 2, Prachenperg, Haslach bei der Maenkch, Chörenhof, Raydenschoph und Zadmanstorf.

Weiters die Erbvogtei der Güter, die gehören zur Kapelle in der Feste Purgchstal: Prukk 2, an dem Aigen gelegen bei Merigerstetten, am Lechenraewt, am Rotenperg, Krautgarten in der Motzlitz, am Tamelsperge 2. - Vogtei der Güter, welche der Häusler zur ewigen Messe in der Pfarre Purchstal gestiftet hat. Im Mairhof, Pirichech, Zenpach, Weingarten an dem Perg, an dem Ort, Harbach, auf der Strazz, am Holtzapfel, Wasen in dem Schaewrnpache, Peterslehen und im Rorbache. - Vogtei der Güter, die Jörg und Hans die Häusler,

---

[1] Abschrift aus dem 17. Jh. im Statthaltereiarchive zu Wien; davon teilweise abgeschrieben im Pfarrgedenkbuch von 1641, Bl. 63.
[2] Oberösterr. Urkundenbuch, VIII., 716.

Vettern, gemeinsam gestiftet haben zur Kapelle in der Feste. In der Schutt 2, Pühel, Hadmarstorf, Altenhofen, am Jeuchartsperg, Sündleinslehen, Petzleinstorf daz der Gleizz. - Teil der Vogtei an den Gütern der Pfarre Purchstal: an der Öd, Hofstatt bei Plankchenstain, am Putersperg, ob der Öd. - Teil der Vogtei von den Gütern zu dem großen Jahrtag: Offenpach 2, Mawtterhaeim bei der Persnykch. - Teil der Vogtei der Güter, die nicht zum Jahrtag gehören. Petzleinstorf, auf der Erlaf eine Mühle, Ödmühl, das Sneyderlehen im Weinperg, auf der Widen, Seling, Saefen. - Der Verkäufer nimmt sich auf Lebenszeit ein Haus im Markte Purgstall aus.[1]

1384, um den 1. November, belehnte Bischof Johann von Regensburg den Janns von Pilach mit einem Hof in Weczelburg, einem Lehen und drei Äckern in Pollen und einem Acker an der Lochnicz; den Hanns Mullner von Purckstall mit dem Hofe zu Stainfeld in Purckstaler Pfarre und zwei zum Hofe gehörige Äcker, gibt 3 Pfd. Geldes.[2]

1387 erhielt vom Bischof von Regensburg, Ganglein Hocholt von Pu(r)khstall das Lehen in der Schaw mit zwei Teilen Zehent darauf; ein Gut in der Erl, ein Lehen Tatzhausen mit zwei Teilen Zehent; zwei Teile Zehent auf zwei Feldern in dem Niedern Zempach und auf zwei Gütern in Obern Zempach, auch auf dem Putrichsberg und datz Heinrich dem Dechstn.

1391, Vortag vor Maria Geburt (7. September), empfing Anna von Leutzmanstorf, Witwe des Dipolt Bernawer, den Hof in der Schaw in der Pfarre Purckstall.

1391, Sonntag nach Maria Geburt (10. September), empfing Jörg in der Schau den Schreyerhoff vor der Schau im Purckhstaller Pfarre, wovon man 3 Pfd. Pfen. dient, und ein Lehen in der Schau in Steinkhircher Pfarre, worauf er sitzt und 10 ß d dient.

1391, Mittwoch nach St. Gallus (18. Oktober), bekam Michl, des Jörgen Sohn, aus der Schaw, einen Hof von der Schau oder 3 Pfd. Geldes, gelegen in Purckhstaller Pfarre und ein Lehen in der Schaw, gilt 10 ß, in Steinkhircher Pfarre, als sein väterliches Erbe.[3]

1395 front Chunrad der Fewchsner Heinrich dem Steiner seinen Sitz zu dem Stain und der Frau Margret der Hagerin ihr Haus zu Burgstall, 11 Zehenthäuser in St. Lienharter und Ruprechtshofer

---

[1] Oberösterr. Urkundenbuch, VIII., 734-741; Notizenblatt, 1851, 372.

[2] Histor. Verein der Oberpfalz und von Regensburg, Archiv II, Lehenbücher Ratisbonensis Nr. 1. Letztere Belehnung auch im Schloßarchiv Jaidhof, VII., 10 angeführt.

[3] Schloßarchiv Jaidhof, VII., 10.

Pfarre, den Hof hinterm Holz und seine Habe. Paul, *Vicarius* in Burgstall, eximiert statt der Hagerin.[1]

Pfarrer Paul, der im Nekrolog der Karthause Gaming am 30. Juli verzeichnet ist, wohnte nicht in Petzenkirchen, sondern in Purgstall.[2] Aus dieser Zeit stammt der Kirchturm.

Am Boden des Sakristeieinganges liegt ein Bruchstück einer großen Gruftplatte aus weißem Marmor. Randschrift in gotischen Minuskeln: *(pleba?)nus . in . Porchstal . in . die . s . . .* (14. Jh.).

1387 front (pfändet) der Prior Leonhard von Gaming Hans dem Hewsler zu Burgstall seinen Teil an der Feste Burgstall und all sein Gut. Diese Pfändung wiederholte der Prior Peter und der Konvent von Gaming 1389.[3]

1389 front (pfändet) Alweyg von Hohennekk dem Pfarrer Paul zu Purkchstal seine fahrende Habe in den Pfarrhöfen zu Purchstal und Petzenchirchn.[4]

1390 pfändet Pfarrer Paul von Purchstal dem Albeyg von Hohennekk seinen Hof zu Modleinstorff mit Zugehör und diese dagegen statt des Hausner von Grueb des Pfarrers Habe.[5]

Um 1390 wird die Schloßkapelle in Purkstall angeführt.[6]

1397, 17. Juli, verkauft Hans der Häusler seinen Anteil an Feste und Markt zu Purgstall dem Friedrich von Wallsee.[7]

1406, Ertag vor St. Pankraz (11. Mai), entscheidet Bischof Georg von Passau als erwählter Schiedsrichter zwischen Reimbrecht von Walsse und Meister Gerhard (Vischpekch), Pfarrer in Petzenkirchen: da der Schloßherr von Purkstal verlangte, der Pfarrer solle in Purgstall jährlich am St. Georgentag ein Mahl geben, und behauptete, nach dem Zeugnisse der Pfarrleute und Umsassen sei es immer so gehalten worden, und dagegen der Pfarrer beweisen wollte, dieses Mahl sei zur Zeit der Heusler noch nicht in Gebrauch gewesen, wird dieses Mahl abgeschafft und dem Pfarrer auferlegt, dem Besitzer der Herrschaft Amt und Vesper zu singen und den Schulmeister den er selbst aufnimmt oder absetzt, zu verköstigen, wozu der Wallseer jährlich der Kirche 6 Pfd. Pfen. beitragen soll. Siegler: der Aussteller.[8]

1416, Pfingsttag vor St. Matthiastag des hl. Zwölfboten (20. Februar), beurkunden Peter, Stephans Sohn datz Sand Michel (St. Michael in der Wachau), seine Frau Anna und ihre Kinder Simon,

---

[1] Staatsarchiv in Wien, Kodex Weiß, Nr. 48.
[2] Geschichtliche Beilagen, V., 77.
[3] Staatsarchiv in Wien, Kodex Weiß, Nr. 48.
[4] Staatsarchiv in Wien, Kodex Weiß, Nr. 48.
[5] Staatsarchiv in Wien, Kodex Weiß, Nr. 48, Bl. 59, 63.
[6] Hippolytus, 1863, 147.
[7] Archiv für österr. Geschichte, 1906, 333.
[8] Schloßarchiv Eferding: vgl. Schachinger, Purgstall, 83; Notizenblatt, 1851, 381.

Tybolt, Barbara, Ursula und Magdalena, daß ihnen der ehrwürdige Meister Gerhart Vischpekch, Lehrer geistlicher Rechte und Pfarrer zu Purkstal auf ihrer sieben Leib seinen Weingarten zu Wessendorf (Wösendorf), genannt der Purckhstaller, ob der Wegschaid, der zur Kirche in Purgstal gehört, verliehen habe. Sie versprechen dem Pfarrer jährlich halben Wein aus dem Grund in der Presse ohne seine Mühe zu reichen, den Weingarten mit Bau, Stecken und Gruben gut zu halten und das Burgrecht von 16 d zu Michaeli in Chunratz des Schreibers Lehen zu Wesendorf zu leisten, wovon ihnen der Pfarrer die Hälfte ersetzen wird. Derselbe soll den Weingarten mit den Nachtgepaurn (Nachbarn) jährlich „zwir" (zweimal) oder „drey stund" beschauen und kann ihn, wenn er vernachlässigt befunden wird, sogleich zurücknehmen, auch Schadenersatz verlangen. Das Lesen soll ihm durch einen Boten rechtzeitig angemeldet und sein Bote bei Übernahme des Weines Essen und Trinken erhalten. Siegler: die ehrbaren Michael der Retzer und Peter im Turn von Wachaw, beide Mitbürger zu Wesendorff.[1]

1416, 25. Mai, verkauft Wilhelm Fraundorfer, gesessen bei Burkstal auf dem Hof bei sand Mertenkapelle, dem Stifte Göttweig eine Wiese.[2] Die St. Mertenkapelle in Unterberg stand damals unter dem Patronate der Herrschaft Matzleinsdorf und um 1590 des Jakob Klingel von Weißenburg und wurde 1784 aufgelassen.[3]

1423, 11. März, beurkundet Hanns von Eberstorff einen Gerichtsspruch, wonach Hanns Purgkchstaler, des Reinprecht von Walsee Landrichter in Purgkchstall, der den Galgen der Stadt Ybbs freventlich niedergehackt und einen daran hängenden Leichnam über die Ybbs geschleppt hatte, verurteilt wurde, den Galgen am selben Platze wieder zu erbauen und schwere Besserung zu leiden.[4]

1429 waren Purgstal und Petzenkirchen vereinigt, auf 80 Pfd. Pfen. Taxen angesetzt und Lehen vom Kapitel in Passau. Die Kapellen (im Schlosse) zu Burkstall und in Feusten (Feichsen) verlieh der Walsee.[5]

Um 1430 wurde das Langhaus der Kirche erbaut und eine Glocke angeschafft.[6]

Nach 1476 heißt es: Purgstall und Petzenkirchen sind dem Kapitel in Passau einverleibt mit 22 Talenten.[7]

---

[1] Abschrift in Pfarrgedenkbuch von Purgstall von 1641, Bl. 54.
[2] Fontes, LII., 149.
[3] Schachinger, Purgstall, 69, 70.
[4] Chmel, Der österr. Geschichtsforscher, I., 16.
[5] Schmieder, Matricula, 22, 25.
[6] Riesenhuber, Kirchl. Kunstdenkmäler, 234.
[7] Schmieder, Matricula, 22.

1486, Pfingsttag vor dem Palmtag (16. März), stiften Johannes Rogatzer am Rogatz[1], seine Frau Magdalena und ihre Kinder Augustin und Matthäus einen Jahrtag am Montag nach Maria Empfängnis mit ganzer Vigil für die Verstorbenen, zwei Ämtern für die Verstorbenen und zu Ehren des hl. Johann Baptist und einer Messe. Dafür sollen die Kirchenpröpste geben für die Vigil 24 d, für jedes Amt 24 d, für die Messe 10 d, für Oblay 20 d und für Verkünden des Jahrtages 20 d; dem Mesner 10 d.[2]

1487, Pfingsttag vor St. Michael des hl. Erzengel-Tag (27. September), verkauft Wolfgang Kcharlsperger auf Grunbergk dem Hans auf dem Vndern Prüell und seiner Frau Barbara das Gut auf dem Vndern Prüell, dienstbar einem Pfarrer zu Peczenkirchen und Purkstall. Er bürgt den Käufern für alle Ansprüche auf das Gut. Siegler: Herr Vlreich Kchersl, Vikar der Kirche in Purkstall für den Pfarrer Meister Hans Prenner von St. Stephanskirche in Pecznkirichen und St. Peterskirche im Purkstall und als Zeuge der ehrbare weise Andre Zynner, Richter zu Purkstall.[3]

1492, Montag vor St. Leonhard (5. November), verspricht Volkhart von Aursperg seinem gnädigen Herrn, dem Grafen Sigmund von Schawnberg, von dem er das Schloß Purkstal im Lande niederhalb der Enns mit dem Markte und Bauhofe erkauft habe, hinsichtlich der Lehensachen vom Hause Oesterreich selbst alles in Richtigkeit zu bringen. Siegler: der Aussteller und der edle und feste Sigmund Hochnfuerter.[4]

1493, Sonntag, St. Sebastian (20. Jänner), verkaufen die Brüder Vlrich, Hanns und Jörg die Sebacher für sich und ihren noch unvogtbaren Bruder Colman Sebacher dem Herrn Hanns von Zelking ihren halben Zehent, groß und klein, auf allen Äckern „enhalb vnnd dishalb der Erlauf", die zur Feste und dem Markte Purgkstall gehören, zu Palmansperg, dacz dem Vlrichen in der Grueb, auf dem Kastnnerlehen, dacz Merten auf der Öd, dacz Jörgen dacz dem Gleißn, in dem Erdl, zu Sölß, auf beiden Höfen, auf der Gaißerinnmüll, auf der Widn, auf einem Acker in der Eerdl, Acker im Schalhof, alles in Purgkstaller Pfarre, und was zu Schlaggelsperg (?) gehört, der bisher rechtes Beutellehen von Hanns von Zelking war und nun freies Eigen ist. Siegeler: Vlrich Sebacher, während seine Brüder kein eigenes Siegel

[1] Rogatsboden südwestlich von Purgstall.
[2] Auszug aus dem Kirchengedenkbuch von Purgstall von 1641, Bl. 51.
[3] Abschrift im Pfarrgedenkbuch von Purgstall von 1641, Bl. 57.
[4] Originalpergament, beide Siegel fehlen, Schloßarchiv Eferding.

haben, und als Zeugen die edelfesten Kaspar Mülbanger zu Grueb und Hanns Rewttinger.[1]

1493 wurde das Oratorium der Schloßkapelle hergestellt. Daselbst eine gotische Marienstatue und ein schönes Sakramentshäuschen.

1505, Mittwoch nach dem Veitstag (18. Juni), Purgstall, verkauft Hanns an der Plinttenhweb (Blindenhueb) dem Wolfgang an der Pogenmül und seiner Frau Katherina den ganzen Zehent auf dem Gute zum Gehingern auf einem Felde, im Purchhag unter dem Kuringperg und am Erbe zum Hasengaw, wovon man jährlich zu Michaeli 60 d dem edlen Herrn Volkhartten von Awersperg, obersten Erbkämmerer in Crain und an der March, dient. Siegler: der Grund- und Lehensherr des Zehents Herr Volkhartt von Awersperg.[2]

1508, 22. November, Ybbs, beschloß die Versammlung der Märkte des Geyhandels, eine Abschrift ihrer Verbesserungsvorschläge auch nach Purkstall zu senden.[3]

1512, Samstag nach St. Ambrosy (11. Dezember), stiften Alexander Hayberger und seine Frau Margaret mit dem Gütel am Poschenberg eine Vigil, Seel- und Lobamt nach den drei Quatembern zu Michaeli, Weihnachten und Fasten. Dafür sollen die Kirchenpröpste geben dem Pfarrer 66 d, den Gesellen für Bitte auf der Kanzel 20 d. Der Pfarrer von St. Petersgotteshaus zu Purgstall soll die Erfüllung der Stiftung überwachen. Siegler: Sigismund von Auersperg.[4]

1513, 2. September, verzichtet der Kleriker der Diözese Kamin Petrus Pritzka, Rektor der Pfarrkirche zu Purchstall, zu Gunsten des Wormser Klerikers Matthäus Voltz auf diese Pfarrkirche unter der Bedingung, daß ihm die Hälfte des Einkommens dieser Pfarre alljährlich ausgefolgt werde.[5]

1514, 14. Jänner, Vetralla (bei Viterbo), weist Papst Leo X. dem Wormser Kleriker Matthäus Voltz, nachdem seine Pension auf der Pfarre Purgstall erloschen ist, eine solche auf die Pfarre Illkofen (Diözese Regensburg) an.[6]

1522, Montag nach St. Anna (28. Juli), verkaufen Mert Schueßl zu Potenprun und seine Frau Margreth dem Hans Örtler und seiner Frau Vrsula das Gut zu „Mauttershaim gelegen bey der Persnycz in

---

[1] Originalpergament, das erste Siegel verloren, das zweite und dritte zerbrochen, Herrschaftsarchiv Matzleinsdorf. Das zweite Siegel hat im Schilde ein Mühlrad und von der Umschrift: molbanger. Außen steht in Schrift des 16. Jh.: mit den Herrn von Aursperg derbegen (derwegen) zu reden.

[2] Originalpergament, das Siegel beschädigt, Stiftsarchiv Seitenstetten.

[3] Chmel, Der österr. Geschichtsforscher, I., 17.

[4] Auszug im Pfarrgedenkbuch von Purgstall von 1641, Bl. 51.

[5] Blätter für Landeskunde, 1891, 132.

[6] Blätter für Landeskunde, 1892, 393.

Cappeler pharr“, wovon nur dem Pfarrer von Purgkstall zu Michaeli 60 d zu dienen sind, um eine bezahlte Geldsumme und bürgen ihnen für Schadenersatz wegen fremder Ansprüche. Siegler: der ehrsame, würdige Herr Erhard Lindnhueber, Vikar des ehrwürdigen geistlichen Herrn Pfarrers Leonhard Schrollinger zu Purkstall.[1]

1522, 22. September, Neustadt, verleiht Ferdinand I. dem Sigmund Auersperger gemäß einem Lehenbuch von Kaiser Maximilian folgende österreichische Lehen: das Gschloß Burgstall in Burgstaller Pfarre mit dem Markte und Bauhofe daselbst, das Landgericht und Kirchenlehen, weltliche Lehen, Mannschaft, geistliche und weltliche Vogtei, Fischweide, Wildbann, Hölzer und andern Zugehör, die beiden Ämtern Purkhstall und in der Rogasch und entsprechend dem Aufsandtbriefe von Georg Schnizenpamer auch die von ihm erkauften Lehen, eine Hube zu Pollan, einem Getreidezehent, 2 Teile daselbst auf zwei Huben und einer Hube zu Hamerstetten in Ygger Pfarre, eine Hube zu Schmeriach, eine öde Hube zu Hamerstetten, alles in Yger Pfarre.[2]

1532, am hl. Pfingsttag (19. Mai), gibt Sigismund von Aursperg eine Wiese am Hachsensberg (Hachselsberg östlich von Purgstall) zum Wechsel für eine Wiese zu Slägäßing (Schlarassing südwestlich von Purgstall), welche von Barbara, Witwe des Wolfgang Flachs, in der Weise gestiftet war, daß sie einem Pfarrer zu Purgstall jährlich 14 d diente, wofür am Sonntag nach Allerheiligen oder in der Woche darauf ein Jahrtag mit Vigil, Seel- und Lobamt und zwei Messen zu halten sind. Der Pfarrer soll am Jahrtage den armen Leuten 24 d austeilen. Dafür sollen die Zechpröpste von der Wiese am Hachsenberg dem Pfarrer 4 ß 18 d geben, dem Gesellpriester wegen der Jahresbitte 24 d und ein Zechpropst soll die Wiese vom Pfarrer als Grundherrn zu Lehen nehmen und auf Lebenszeit innehaben.[3]

1544-1553 erscheint als Pfarrer von Purgkstall Johann Achleitner oder Hans Aglleutner, der am 3. April 1553 dem Pfarrer Thomas Magöll in Gresten eine Entscheidung des Konsistoriums übergab.[4]

1572, 13. November, Regensburg, verleiht Bischof David von Regensburg dem Wilhelm, Herrn von Volckhenstorff zu Weißenberg, für sich und seinen Bruder Hanns Kaspar Güter zu Wizlstorff, das Dorf Endleinstorf, Güter zu Gunderstorf, Prunstetten, am Eschlberg und in dem Thall in Steinkhircher Pfarre, an dem Velbrach, in dem Ochsenpach an den Weg an der Lochnicz, zu Windischdorf und an dem Pollan in der Purckhstaller Pfarre, welche alle die Heusler am 27. August 1569 zu Lehen empfangen hatten, nachdem Wilhelm von

[1] Abschrift im Pfarrgedenkbuch von Purgstall von 1641, Bl. 56.
[2] Kollationierte Abschrift von 1703 im Konsistorialarchiv St. Pölten.
[3] Auszug im Pfarrgedenkbuch von Purgstall von 1641, Bl. 51.
[4] Konsistorialarchiv St. Pölten, Faszikel Gresten.

Volckhenstorff dem Pfleger Balthasar Geyr von Osterberg zu Krallendorf in Bechlarn als Stellvertreter des Bischofs geschworen hat, dem Stifte Regensburg treu und gewärtig zu sein.[1]

1572 bis 1577 war hier der Prädikant Simon Diendorfer.[2]

Um 1584 hatte Sigmund Niklas Freiherr von Auersperg in Purgstall 155 Holden, davon in Purgstall 63, Robizeramt (Rogatsboden) 28, Aichhof 30, Patzelsdorf 31.[3]

1613, 9. Mai, beschwert sich der Prior von Gaming über den Prädikanten, den der Baron von Auersberg in seinem Schlosse Purgstall hält.[4]

1621, 1. Juli, Wien, verleiht Kaiser Ferdinand dem Wolf Niklas Freiherrn von Auersperg als dem Älteren, auch im Namen seiner Brüder Weickhart, Georg, Jakob und Andreas die Lehenstücke, welche von den Landesfürsten und zum Teile von den Walsee herrühren, wie sie ihm Kaiser Matthias am 17. Dezember 1612 zu Lehen gegeben hatte, nämlich: Schloß Burckhstall in derselben Pfarre mit Markt, Bauhof und Landgericht, Kirchenlehen, weltliche Lehen, Mannschaften, Vogteien, geistliche und weltliche, Fischweide, Wildbann, Hölzer und Zugehör; die Ämter Burckhstall und Ragätsch und die Wallsee'schen Lehen, 13 Häuser zu Pöchling mit zwei Teilen Zehent, eine Mühle unter dem Stroperg, den Mitterhoff, das Gallenlehen, ein Lehen zu Oth, die Mittermühl, Hofstätte im Graben, Mühle in der obern Söz, das Katlreuth, Hof zu Prandt, Gut an der Straß halb, der Spändtlin Oeth, das Spattenreuth, das Lehen Holz, den Hof am Thurn, eine Hofstätte zu Reinsperg und ein Holz im Gußübl.[5]

1627 berichtet der Kommissär, welcher das kaiserliche Mandat wegen Ausweisung der lutherischen Prädikanten und Schulmeister den einzelnen Orten zugestellt hatte, daß in einigen Schlössern wie Hoheregg, Karlsbach und Purgstall noch Praeceptoren vorhanden seien, die meinen, diese Ausweisung gehe sie nichts an.[6]

1630, 5. und 6. März, erschienen in Purgstall die Pfarren Purgstall, Steinakirchen, Ferschnitz, Wieselburg, Petzenkirchen, St. Leonhard und Ruprechtshofen und versprachen, wenige Bürger von Purgstall ausgenommen, auf Zuspruch des Wolf Niklas von Auersberg, katholisch zu werden. Am 10. und 11. März wurden auch die meisten Widersetzlichen dafür gewonnen.[7]

---

[1] Schloßarchiv Bockfließ, mitgeteilt von Herrn Dr. Hans Prankl in Wien.
[2] Vgl. Wiedemann, IV., 191-193, 249; Schachinger, Purgstall, 41-42; Hippolytus, 1861, 415.
[3] Schloßarchiv Ottenstein.
[4] Konsistorialarchiv St. Pölten, Faszikel Lunz.
[5] Kollationierte Abschrift von 1703 im Konsistorialarchiv St. Pölten.
[6] Wiedemann, I., 604.
[7] Wiedemann, I., 633.

1637 wurde Pfarrer Michael Weber präsentiert.[1]

Um 1650 wirkte als Missionar in Purgstall Johann Riedinger, Zisterzienser von Säusenstein, und examierte daselbst mehr als 1.000 Protestanten. Er fiel aber dann selbst vom Glauben ab, entfloh und hielt am 7. Oktober 1653 in Leipzig eine Widerrufspredigt. Er starb als Superintendent 1655.[2]

1654, 29. Juni, wird Michael Vueberg (Weber), Lizenziat der Theologie, apostolischer Protonotar, Chorherr zu Mainz *ad Gradus* und Pfarrer in Petzenkirchen und Burgsthall genannt.[3]

Um 1659 war ein Prädikant bei Wolf Niklas von Auersberg im Schlosse, der aus Regensburg berufen worden war und die Leute dem Pfarrer entfremdete. Nun wurde der Franziskaner Sigismund Kern als ständiger Missionär für Purgstall, Wieselburg und Steinakirchen aufgestellt.[4]

1661, 3. August, Schloß Purgstahl, teilen die Brüder Karl und Maximilian, Freiherrn von Auersperg, das Erbe von ihrem Vater Weikhardt von Auersperg. Maximilian der Jüngere übernahm die zwei Teile der Herrschaft Neuenschloß Burgstahl. Karl erhielt das alte Schloß und den dritten Teil Purgstahl mit den beiden Kornperg'schen Ämtern Ober- und Nidern-Heubbs. Siegel und Unterschrift der beiden Aussteller und ihren Beistände Wolf Matth. Freiherrn von Auersperg auf Purgstohl, Herrn der Grafschaft Peullenstain und der Feste Ober-Sorbarn, und Hans Ehrenreich Geymann, Freiherrn und Herrn der Herrschaft Wolfpößing, und Ferdinand Herrn von Zinzendorf und Pottendorff.[5]

1661 wurde in Purgstall in Geistlichem und Weltlichem alles gut bestellt befunden.[6]

1667, 22. November, Pfarrhof Purgstall, unterfertigte Johannes Homelius, Organista in Purgstall, die Ordnung des Organisten und Schulmeisters daselbst. Er verpflichtet sich, dem Pfarrer Respekt und Ehre zu erweisen, Altäre, Kirche und Pfarre schützen zu helfen, einen ordentlichen Lebenswandel zu führen, die Paramente gut zu halten, die Uhr zu besorgen, die Kirche zu beaufsichtigen, die Kirchenmusik zu pflegen, die Ministranten zu überwachen und in ihrem Dienst zu

---

[1] Wiedemann, IV., 192.
[2] Blätter für Landeskunde, 1876, 279-280.
[3] Konsistorialarchiv St. Pölten, Faszikel Lunz.
[4] Wiedemann, V., 104.
[5] Kollationierte Abschrift von 1704, Konsistorialarchiv St. Pölten.
[6] Wiedemann, V., 111.

unterrichten, den Schuldienst eifrig zu versehen, den Religionsunterricht nach Canisius zu erteilen, nichts aus der Schule zu schwätzen, u.a.[1]

1680, 12. Jänner, wurde der Vikar von Purgstall Johann Christoph Zudrell für die Pfarre Loosdorf präsentiert.[2]

1683, 17. Juli, kamen die Türken. Die Kirche erlitt durch sie einen Schaden von 300 fl. Aus dem Markte flohen 128 Personen, die getötet oder gefangen wurden, Schaden 2.000 fl.[3]

Die Schloßkapelle in Purgstall wurde neu konsekriert, aber vom Auersperg in ein Zeughaus, dann in ein Apotheker-Laboratorium und schließlich 1688 in einen Hundstall verwandelt.[4]

1727 stifteten der Eisenprovianthändler Johann Ferdinand Vogel und mehrere Bürger ein Benefizium, das ein eigenes Wohnhaus und einen Altar in der Pfarrkirche erhielt.[5]

1786 wurde die Schloßkapelle dem Privatgebrauche überlassen.[6]

146. Pyhra[7]

Vor 1077 wurde die Pfarre von Bischof Altmann von Passau gegründet. Sie ist die Mutter von Wald, Michelbach, St. Veit und Hainfeld.[8]

1083, 9. September, gibt Bischof Altmann die Pfarre Pichahe mit dem ausgedehnten Gebiete dem Stifte Göttweig.[9]

Um 1124 gibt der Priester Gunthard von Pircha drei Güter zum Gebrauche der Brüder im Kloster Göttweig.[10]

1184, 29. November, Zeiselmauer, schenkt Bischof Theobald von Passau dem Armenhospital zu Göttweig Drittelzehent in der

---

[1] Beiträge zur österr. Erziehungs- und Schulgeschichte, von der österr. Gruppe der Gesellschaft für deutsche Erziehungs- und Schulgeschichte, III., 1899, 129-134 von Dr. Karl Schrauf.

[2] Konsistorialarchiv St. Pölten, Faszikel Loosdorf.

[3] Schachinger, Purgstall, 213.

[4] Wiedemann, V., 170.

[5] Schachinger, Purgstall, 76-78.

[6] Kerschbaumer, Geschichte des Bistums St. Pölten, II., 69.

[7] Hippolytus, 1859, 136-137; Winter, Niederösterr. Weistümer, III., 211; Kirchliche Topographie, VII., 340-342; Schweickhardt, Darstellung von Niederösterreich, VI., 190-197. Handschrift Arelage und Pyhra von Schaffran, Kodex Nr. 439, Landesarchiv in Wien.

[8] Fontes, VIII., 118.

[9] Fontes, LI., 10.

[10] Fontes, VIII., 33, 153.

Pfarre Pircha und verleiht den Äbten von Göttweig das Recht, den Pfarrer daselbst einzusetzen.[1]

Um 1260 verleihen die Kirche in Pircha die Göttweiger und behoben die Zehente, der Grund gehörte zur Hälfte dem Bischof von Passau.[2]

Um 1200 wurde die Pfarre St. Veit abgetrennt.[3]

1268, St. Pölten erscheint D(itmar?), Pleban von Pirhach als Zeuge.[4]

Von etwa 1300 stammt der Bau der frühgotischen Kirche.[5]

1315, Oktav von Maria Geburt (15. September), gab Pfarrer Dietmar von Pyhra dem Stifte Lilienfeld für seine Grabstätte im Stifte einen Weingarten in Gumpoldskirchen. Er wurde nach längerem Wirken hier Pfarrer in Wilhelmsburg und sein Nachfolger auf der Pfarre Pyhra Konrad wollte den Weingarten dem Kloster streitig machen.[6]

1319, 15. Juni, entschieden die Spruchleute, daß der Pfarrer von Wilhelmsburg dem Pfarrer Konrad von Pirchach die Weingärten in Leobersdorf und Äcker, Wälder und Wiesen zur Kirche in Pyhra abtreten, auch zwei Fässer Wein, zwei Kühe, zwei Betten und alle Bücher zum Gottesdienste und 10 Talente für Gülten von einem Pfund dem Stifte Göttweig übergeben solle. Der Weingarten Laimgrub in Gumpoldskirchen aber solle dem Kloster Lilienfeld verbleiben.[7]

1321, 1. Juni, St. Pölten, erklärt Pfarrer Konrad von Pirichach, daß er wegen des Weingartens Laimgrub, der dem Kloster gehört, gegen Pfarrer Dietmar von Wilhelmsburg keine Klage mehr erheben wolle.[8]

1332 erscheint Pleban Nikolaus von Pirrichach als Zeuge in Krems.[9]

1332 verkauft Chadolt II. von Altenburg dem Stifte Lilienfeld einen Hof in Pirricheich.[10]

1335 willigte der Pfarrer Nikolaus von Pyhra in die Bestellung eines Kaplans in der Burgkapelle zu Wald.[11]

---

[1] Fontes, LI., 67.
[2] Monumenta Boica, XXVIII., II., 482.
[3] Kirchliche Topographie, VII., 341.
[4] Niederösterr. Urkundenbuch, I., 118.
[5] Riesenhuber, Kirchl. Kunstdenkmäler, 237.
[6] Topographie, V., 869; Kirchliche Topographie, VII., 341.
[7] Fontes, LI., 289.
[8] Fontes, LI., 298.
[9] Hanthaler, Recensus, I., 79.
[10] Stiftsarchiv Lilienfeld.
[11] Fontes, LI., 359.

1338, 13. August, verpflichtet sich Pfarrer Niklas von Pyhra, wöchentlich am Samstag eine Messe in der Zäzilia-Kapelle beim Gvetzhof zu halten.[1]

1358 gibt Heinrich von Cherspach dem Kloster Mariazell unter dem Abte Konrad 1 Pfd. Pfen. Geldes in Püringer Pfarre auf dem Hofe Grueb gegen die gleiche Gülte auf einem Hofe in dem Cherspach.[2]

Um 1390 war die Pfarre Pirchach auf 35 Pfd. Pfen. angeschlagen.[3]

1391 vertauscht Hans Rieder von Pierichach gewisse Güter dem Stifte Lilienfeld. Zeuge: Hans Rieder in Padendorf.[4]

1410, 9. Oktober, war Martin, Pfarrer in Pirrhach, Zeuge.[5]

1413 war hier Pfarrer Martin, öffentlicher kaiserlicher Notar.[6]

1429 war Pirchach auf 32 Pfd. Pfen. geschätzt und Lehen vom Abte in Göttweig.[7]

1437, 5. Juni, St. Pölten, verspricht Kaspar Nächel, Pfarrer zu Pirchach, den Nutzen des Stiftes Göttweig zu befördern.[8]

1439, 1. August, wählten die Pfarrgemeinde Pyhra und der Pfarrer Kaspar Schiedsrichter zur Entscheidung folgender Streitpunkte: die Gemeinde wegen Gülten auf der Badstube beim Riedhoff, Sammlung, Vermächtnis und Stockgeld, des Amtes an allen Tagen im Advent, Erhaltung eines dritten Priesters; der Pfarrer wegen des halben Sammelgeldes an Festtagen und des dritten Teiles bei Vermächtnissen zur Kirche, wegen zwei Holden, 6 ß dem Pfarrer und Gesellen für Leslicht zu geben nach altem Herkommen und Einsetzung des Schulmeisters durch den Pfarrer.[9]

1444 war Simon von Schönfeld Pfarrer hier. Er schenkte dem Stifte St. Pölten ein Haus und eine Schuldforderung und erscheint im Nekrolog dieses Stiftes unter dem 7. August als Symon, Pleban in Pirhach, Priester und unser Mitbruder. Wie seine Vorgänger war auch er Weltpriester.[10]

---

[1] Fontes, LI., 376.
[2] Archivum Cellense in Austria, aus einem Kodex im Stifte Göttweig abgeschrieben, in Keiblingers Handschriften in Stiftsarchiv Melk.
[3] Hippolytus, 1863, 146.
[4] Stiftsarchiv Lilienfeld.
[5] Hanthaler, Recensus, I., 79.
[6] Kirchliche Topographie, VII., 341.
[7] Schmieder, Matricula, 21.
[8] Fontes, LI., 291.
[9] Fontes, LII., 318.
[10] Kirchliche Topographie, VII., 341; Fontes, XXXI., 560.

1478 wurde Pfarrer Georg Rabennest von Pyhra Vikar der Pfarrkirche Krems und Benefiziat von Allerheiligen in Stein und errichtete Stiftungen am Karner in Stein.[1]

1490 wird Jorg Rabennest noch Pfarrer in Pirach genannt.[2]

1529 wurden Kirche und Pfarrhof mit dem Orte von den Türken in Asche gelegt, darauf nur teilweise wieder aufgebaut und die Schule geschlossen.[3]

1530 verkaufte Göttweig seine Besitzungen in Pyhra mit dem Pfarrlehen auf Wiederkauf dem Wilhelm Greiß zum Wald.[4]

Im Klosterneuburger Nekrolog erscheint am 15. April gegen Ende Christoph Hoffer, Pleban in Pirach.[5]

1533 am Tag des hl. Hippolyt (13. oder 22. August), starb Wilhelm von Greiß und wurde in der Kirche zu Pyhra beerdigt.[6]

Im Inneren der Kirche befindet sich der Grabstein des Wilhelm von Greiß zu Wald, kaisl. Rat und Oberstjägermeisters, verstorben am St. Pöltentag 1533, und seiner Frau Barbara, geborene von Mersburg, verstorben am 10. Juli 1539. Der geharnischte Ritter ist in Lebensgröße aus rotem Marmor gemeißelt, in der Rechten eine Fahne haltend und zu seinen Füßen ein Jagdhund emporspringend. An der Schrifttafel ist auch das Wappen dargestellt.[7]

1535, 7. Oktober, Sannd Pelten, machte Pfarrer Hans Pirnpruner von Pirha sein Testament in Gegenwart der Bürger und Ratsgeschworenen Wolfgang Khersenpauer und Wolfgang Glänfter und des Stadtschreibers Hans Seitzen, alle von St. Pölten. Er vermacht dem Herrn Wolfgang, Kaplan zu Waldt[8], einen ungarischen Gulden, dem Herrn Paul, Benefiziaten in Ochsenburg[9], *partes Lyre*.[10]

1536, 6. März, präsentierte Barbara von Greust, geborene Marspurg, Witwe, anstelle ihres Sohnes Hans von Greust des Älteren dem Administrator Ernst der Kirche in Passau oder dem Offiziale Georg Renhardt auf die Pfarre Pürach den Priester Paul Feurschitz.[11]

1544 meldet das Visitationsbuch: Pfarre Pyrach, Lehensherrn die von Greiß. Paulus Feurschütz, Pfarrer; sagt, er habe keinen

---

[1] Geschichtliche Beilagen, I., 81, 82.
[2] Fontes, LV., 247.
[3] Wiedemann, IV., 160.
[4] Kirchliche Topographie, VII., 342.
[5] Mon. Germ. Hist. Necrolog., V., 44.
[6] Wiedemann, IV., 159.
[7] Abbildung in Eduard Freiherr von Sacken, Archäologischer Wegweiser durch das Viertel ober dem Wienerwald. Wien, 1878, 104.
[8] Pfarrort Wald bei St. Pölten.
[9] Schloß Ochsenburg bei St. Georgen am Steinfelde.
[10] Zwei Abschriften im Konsistorialarchiv St. Pölten.
[11] Abschrift im Konsistorialarchiv St. Pölten.

Stiftbrief, vor Zeiten sind hier drei Priester und ein Schulmeister erhalten worden; nun ist nur ein Priester, der sich kaum erhalten kann. Hält den Gottesdienst mit Meßhalten und Predigten alle Sonntag und in der Wochen, soviel ihm möglich. Der Pfarrhof und die Kirche sind durch die Türken verbrannt, aber wieder zum Teile erbaut. Hat Gründe und Dienste.[1]

1554 hatte der Schullehrer ein schönes Einkommen von 50 fl, aber keine Schüler mehr.[2]

1559, 25. Jänner, sprach sich Michael Auer von Pirach für die kirchlichen Neuerungen aus.[3]

Um 1573 wurde die Ehescheidungsklage des Provisors Sigismund Wolf in Pyhra verhandelt.[4]

Ein großes Epitaph in der Kirche in schöner Renaissance-Umgebung und von bedeutendem künstlerischen Werte, wird im Mittelfeld durch drei weiße Säulchen in vier Rundbogennischen geteilt. In der ersten größeren Nische knien vor dem Kreuze laut Inschriftentafel im oberen Teile der geharnischte Christoph von Greiß zu Wald, kais. Rat, gestorben zu Sitzenberg am 19. Februar 1576 und seine Gemahlin Magdalena von Khuen-Belasy zu Lichtenberg, verstorben zu Sitzenberg 17. Juli 1572; zwischen beiden knien 10 Knaben und 3 Mädchen. In den drei anderen Nischen sind die drei Brüder Christophs, nämlich Johann, Johann Sigismund und Sebastian von Greiß gegen das Kreuz gewendet und kniend dargestellt, doch sind die darüber befindlichen Schrifttafeln leer, woraus man schließt, daß sie hier nicht begraben wurden. Zwischen den Rundbögen sind Medaillons aus weißem Marmor mit Verkündigung (gebrannte Figuren an den beiden äußeren Seiten), Grablegung, Auferstehung und Geburt Christi angebracht. Unterhalb der Figuren befinden sich die dazu gehörigen 5 Wappen.[5]

1580 erscheinen im „Pyrchaher Grundpuechl" zur Kirche St. Peter am Anger bei Böhmkirchen dienstbar: in Pirchach 9 Häuser und Überländer, der Pfarrer zu Pirchah von den Gründen Khannpeunt und im Parcz; Sigmundt Krauß, Pfarrer zu Purha, und Dorothea *uxor*, von einigen Gründen; St. Margarethenkirche und St. Erhardszeche zu Pyrchah von Gründen.[6]

---

[1] Auszug aus dem seither verloren gegangenen III. Band des Visitationsbuches im Stiftsarchiv Zwettl, Frasts Manuskripten, IIIb., 343.
[2] Wiedemann, IV., 160.
[3] Hippolytus, 1860, 504; Wiedemann, II., 360.
[4] Wiedemann, V., 514.
[5] Abbildung bei Sacken, Archäologischer Wegweiser, 105.
[6] Museum der Stadt St. Pölten. Siehe unter Böhmkirchen.

1580 beriefen die Brüder Greiß den lutherischen Prädikanten Andreas Roth.[1] Dieser unterfertigte 1581 die *Repetitio* der Augsburgischen Konfession.[2]

1586 war Pirhah sektisch verliehen.[3]

Ein großes Epitaph in Hochrelief erinnert an Hans Jakob von Greiß zu Wald, auf Sitzenberg, kais. Rat und Verordneten der Landschaft unter der Enns, †29. Juni 1592, und seine Gemahlin Maria Magdalena von Eyzing. Er kniet beim Kreuze mit vier Knaben, gegenüber die ganz eingehüllte Frau mit drei Mädchen und vier Wickelkindern. Oben ist die Auferstehung maniriert dargestellt, die Bildnisfiguren sind vortrefflich.[4]

1600 heißt es noch: Pyraha, eine große, ansehnliche Pfarre, ist auch sektisch. Das Kloster soll die Pfarre um einen halben Mut Putscheid versetzt haben.[5]

1625, 15. März, beauftragte Kaiser Ferdinand II. den Propst Martin von Herzogenburg und den Freiherrn Ortlieb von Pöttingen, Herrn von Persching, sich als Kommissäre nach Pürhach und Michelbach zu begeben und dort das lutherische Exerzitium ganz abzustellen. Sie sollen die Schlüssel beider Kirchen abfordern, die Kirchen sperren und versiegeln, das lutherische Exerzitium verbieten und sich in diesem Geschäfte von niemanden beirren lassen. Dem Herrn von Greiß, der sich diese Kirche anmaßte, war der Befehl zu gehorchen bereits zugestellt. Die Kommissäre kamen am 25. März nach Pyhra. Der Prädikant daselbst verweigerte die Schlüssel, brach in schimpfliche und verächtliche Worte aus und erklärte, er werde keineswegs vom lutherischen Exerzitium abstehen. Ein Untertan brach in die Worte aus: „Man wirdt disen Khayßer auch noch woll tumblen vnd puzen“, worauf ihn die Kommissäre in Eisen schlugen und die Kirche versperren ließen. Dann kam der Freiherr von Greiß, der erklärte er werde die Petschaft von der Kirche abreißen.[6] Freiherr von Greiß erklärte in einer Eingabe an den Kaiser, er habe die Pfarren Pyhra und Michelbach mit ihren Gütern gekauft. Der Kaiser entschied jedoch, daß die Kirchengüter als Gott geweiht außerhalb der menschlichen Geschäfte stehen und nicht verkauft werden können.[7]

1627, 14. August, präsentierte der Abt von Göttweig auf die Pfarre Pyhra den Andreas Muxel.[8] Am selben Tage befahl der Kaiser

---

[1] Wiedemann, IV., 160; Hippolytus, 1861, 236.
[2] Wiedemann, I., 420.
[3] Österr. Vierteljahresschrift für Kathol. Theologie von Wiedemann, 1872, 374.
[4] Sacken, Archäologischer Wegweiser, 104 und mit Abbildung der Frau 106.
[5] Österr. Vierteljahresschrift für Kathol. Theologie von Wiedemann, 1872, 379.
[6] Monumente des Dechant Augustin Beyer im Stiftsarchiv Herzogenburg.
[7] Monumente des Dechant Augustin Beyer im Stiftsarchiv Herzogenburg.
[8] Wiedemann, IV., 161.

den obigen Kommissären, sich nach Pirha zu begeben, diese Pfarre und Kirche dem Abte von Göttweig zu überantworten, die versperrte Kirche Pyhra und Michelbach zu öffnen und den von Göttweig darauf präsentierten katholischen Pfarrer darauf zu installieren.[1]
Pfarrer Muxel war ein *Raetus* und Weltpriester und machte sich um die Pfarre,die er bis 1642 leitete, sehr verdient. Auf ihn folgte ein Profeß vom Stifte Göttweig Melchior Kramer, der bis 1669 hier blieb.[2]

147. Rabenstein[3]

1170 erscheint der Ministeriale Wernhard von Rabenstein urkundlich.[4]

Nach 1190 fiel mit den Peilstein'schen Gütern auch das Haus Ramstein an die österreichischen Landesfürsten.[5]

Um 1260 heißt es: nach dem Tode des Wichard von Rabenstain erhielt sein Schwiegersohn Chunrad von Svmerawe von Rabenstain in der Teilung mit seinem *consobrinus* Gottschalk von Rabenstayn die landesfürstlichen Lehengüter in Marpach an der Reimarstat, Rigel, Revtenpach, Drengist, Selz, im Markte (Rabenstein), Aigelsrevt, Ravensbach, in dem Prant. Von Stephan kaufte er Güter in Arbaizperg, Losperg; Luengaden von Ditrich von Punch; mit dem Gute Ramstein erwarb er eine Mühle unter Ramstain, eine Mühle im Mverpach, Hof und Mühle in Maierhof. Von der Frau von Ramstain wurde dem Landesfürsten erledigt: Güter in Prunl, Hof in Rautpach, Pehemsgrabern im äußeren Amt in Franchenvels.[6]

1283, 26. Oktober, Mainburg, wird Gotfrid, Pleban von Ramstein, als Zeuge gelesen.[7]

Zwischen 1306 und 1324 bekennt Weychart der Rabenstainer, daß er vom Abt Vlreich von Melch die armen Leute zu Reysech, zu dem Dörfflein, an dem Layttereck und im Eigen, die an sein Gebiet anstossen, im Namen des Fürsten von Oesterreich als obersten Vogtes

---

[1] Monumente des Dechant Augustin Beyer im Stiftsarchiv Herzogenburg.
[2] Annalen von St. Andrä vom Propst Augustin Erath im St. Andräer Archive zu Herzogenburg.
[3] Schweickhardt, Darstellung von Niederösterreich, IX., 230-241.
[4] Fontes, XXXIII., 7.
[5] Rauch, Rerum Austriacarum Scriptores, I., 220.
[6] Rauch, Rerum Austriacarum Scriptores, II., 110-113.
[7] Fontes, LI., 169.

dieses Gotteshauses in seinen Schirm nehmen, aber von ihnen keine Mauten oder Abgaben fordern werde.[1]

1316, St. Margaretentag (13. Juli), Melk, verkauft Pernhart von Melch mit Willen seiner Frau Elspet seinen Hof und 3 Hofstätten an dem Laitterekk in Rabenstainer pharr, Lehen vom Gotteshause zu Melch, dem Abte Ulrich und dem Gotteshause zu Melk um 36 Pfd. Wr. Pfen. und 6 ß seiner Frau zu „leichauf". Siegler: der Aussteller, Zeugen: die Herren Fridreich der Fleischezz, Vlrich von Pylach, Ott von Pylach, dann Hartmann Vleischezz und Marchart der Chuffinger.[2]

1323, 3. Juni, Melk, verkauft Gundacher von Rätelperge mit seiner Hausfrau Willen sein rechtes Eigen in dem Teutschpach (Deutschbach, zerstreute Häuser in der Pfarre Rabenstein), was er anstatt des Geswenten gehabt hat, eine Hofstätte, eine Mühle mit Mühlgängen und einen Steinbruch, „da man den tufte (Tuffstein) inne prichet", und das Reute an dem Schreinerperg und alles was derzeit Chunrat der Geswenter von ihm gehabt hat zu rechtem Burgrecht, um 20 Pfd. Wr. Pfen. dem Abte Ulrich und dem Gotteshause zu Melk. Das genannte Gut dient an des Geswenter stat von der Hofstatt und Mühle jährlich zu Georgi 15 d und 12 d für Weinfuhr und für Rinderfuhr, 4 d für einen halben Mahder, 6 große Rabensteiner Käse, 6 d für 3 Schnitter und zu Fasching 3 Hühner.

Das Gut auf dem Schreinerperg dient 10 d, 3 große Rabensteiner Käse, 4 d für 2 Schnitter und 2 Faschinghühner. Siegler: der Verkäufer. Unter den Zeugen Marchart der Chüffinger.[3]

1327, 27. Mai, Krems, verkaufen Ortlieb von Winchel, Albrecht, Chorherr von Passau, Pfarrer Hadmar von Eisgrub, und Weichard, Brüder von Winchel, dem König Friedrich und den Herzogen Albrecht und Otto die Burg Rabenstein für 600 Pfd. Wr. Pfen.[4]

1330, 5. Dezember, Wien, verkaufen Dietrich von Weizzenberch und sein Sohn Dietrich den Markt unter dem Hause zu Rabenstein samt Zugehör den Herzogen Albrecht und Otto um 400 Pfd. Wr. Pfen.[5]

1331, Sonntag nach St. Peter in der Fasten (22. Februar), Melch, beurkundet Weychart von Toppel, daß ihm Abt Heinrich von Melch alles Gut seines Gotteshauses „vmbe Ramstein vnd pei Ramstein", das seine Vorgänger ehemals dem Ransteiner, dem Gott genad, befohlen, zu vogten und zu schirmen übergeben habe, doch nach freien Willen und ohne Vogtrecht.[6]

---

[1] Kopialbuch des 15. Jhs. im Stiftsarchiv Melk, Bl. 63.
[2] Kopialbuch im Stiftsarchiv Melk, Bl. 95.
[3] Stiftsarchiv Melk.
[4] Staatsarchiv Wien. Lichnowsky, Habsburg, III., Nr. 734.
[5] Staatsarchiv Wien. Lichnowsky, Habsburg, III., Nr. 843.
[6] Kopialbuch im Stiftsarchiv Melk, Bl. 63.

1339, 25. Juli, geben Gottschalk von Flacheneck und Weichart von Retelnberg dem Kloster Baumgartenberg für ein ewiges Seelgerät, welches Frau Perchta von Retelenberg in ihren letzen Tagen angeordnet hat, das Lehen am Deutschbach in der Pfarre Rabenstein und das Lehen am Schwarzenberg in der Pfarre Kirchberg (an der Pielach).[1]

1346, 20. März, schenkt, Herzog Albrecht II. dem Kloster Gaming den Wald enthalb der Erlaff (wohl richtig: Pielach), während der „derselbige" (diesseitige) bei seiner Feste Rabenstein verbleiben solle.[2]

1358 Freitag vor Lichtmeß (26. Jännner), Wien, bestimmt Herzog Albrecht II. die Raine (Grenzen) zwischen dem Kloster Lilienfeld und den zur herzoglichen Feste Ramstayn gehörigen Leuten.[3]

1359 verpfändet Herzog Rudolf IV. Ottokar dem Rorer die Feste Rabenstein für 900 Pfd. Wr. Pfen.[4]

1384, 17. Jänner, Wien, verschreibt Herzog Albrecht III. die Feste Rabenstein dem Heinrich von Rauhenstein und einem seiner Söhne. Darauf fällt sie an Rudolf von Walsee und nach dessen Tode an den Herzog zurück.[5]

1386 fiel nach dem Tode des Heinrich von Rauhenstein, der keine Söhne hatte, die Feste Rabenstein an der Pielach an Rudolf von Wallsee.[6]

1387 bewilligte Herzog Albrecht III. von Oesterreich dem Berenger von Landenberg, daß nach seinem erblosen Tode seine Güter, der Freisitz zu Manswerd mit Fischweide und Gehölz, die festen Häuser und Dörfer Weinberg und Waasen und sein Anteil an der Feste Rabenstein an Rudolf von Walsee übergehen solle.[7]

1388, 20. August, Wien, erklärt der Passauer Offizial Leonhard Schauer, daß die Kirche in Rabenstein als Tochter der Pfarre Hofstätten (Grünau) mit Patronat dem Kloster Göttweig zugehöre.[8]

1398, 4. Juni, Wien, gibt Herzog Albrecht IV. die Feste Rabenstein den Brüdern Rudolf, Reimprecht und Friedrich von Walsee zu Leibgedinge.[9]

1414, 12. September, Wien, verleiht Herzog Albrecht V. die Feste Rabenstain dem Reinprecht von Walsee auf Lebenszeit.[10]

---

[1] Archiv für österr. Geschichte, 1854, 33.
[2] Staatsarchiv Wien. Gaminger Codex, Bl. 114. Lichnowsky, Habsburg, III., Nr. 734.
[3] Lichnowsky, Habsburg, III., Nr. 38 undatiert, DXXX.
[4] Lichnowsky, Habsburg, IV., Nr. 65.
[5] Lichnowsky, Habsburg, IV., Nr. 1836.
[6] Archiv für österr. Geschichte, 1871, 327.
[7] Wißgrill, Schauplatz, V., 432.
[8] Fontes, LI., 720.
[9] Lichnowsky, Habsburg, V., Nr. 231.
[10] Hoheneck, Genealogie der Stände Oberösterreichs, III., 822.

1419 präsentierten zur selben Zeit Abt Peter von Göttweig den Georg Weyß und Pfarrer Peter von Hofstetten den Michael Olter auf die Pfarrkirche St. Lorenz zu Rabenstein und wurde vergleichsweise bestimmt, daß in Zukunft der Abt von Göttweig das Präsentationsrecht über Rabenstein ausüben, diesmal aber der vom Pfarrer in Hofsteten in gutem Glauben präsentierte Michael Olter die Pfarre behalten solle.[1]

1429, 25. Oktober, Wien, wurde diese Entscheidung neuerdings bestätigt und bestimmt, daß der vom Pfarrer von Hofstetten Präsentierte nur dann auf der Pfarre bleiben kann, wenn er vom Stift Göttweig nochmals präsentiert und vom Bischof investiert wird.[2]

1429 wird die Pfarre Rabenstein mit nur 2 Pfd. Pfen. Taxen und als Lehensherr der Pleban in Hofstetten genannt, was nach Obigem unrichtig ist. Dagegen erscheint Dratigist (Tradigist) dem Kloster Göttweig einverleibt.[3]

1453, 24. Mai, Wien, gibt König Ladislaus dem Friedrich von Hohenberg für seine treuen Dienste das Schloß Rabenstein, das Ungeld in der Waldmarch und das Landgericht, das die von Meißaw, dann Jörg Schekch und Jörg Sewsenegker inne gehabt haben, in Bestand für jährlich 500 Pfd.[4]

1457 brachte König Ladislaus das von Friedrich III. ihm vorenthaltene Schloß Rabenstein in seinen Besitz.[5]

1469, 11. September, Grätz, trägt Kaiser Friedrich III. dem Bernhard Tiernstain auf, den Würffl, Pfleger zu Rabenstein, zu veranlassen, daß er das Schloß Rabenstein, das mit Abgang des Hanns von Rorbach und seiner Frau Scolastica dem Kaiser heimgefallen war, dem Stephan Klinger übergebe.[6] Der Ritter Stephan Kling von Rabenstain war Mitglied der Gebetsverbrüderung im Kloster Lilienfeld.[7]

Von etwa 1475 stammt eine gotische Monstranz, Geschenk des Göttweiger Abtes Laurenz Grueber.[8]

1484, 19. September, Grätz, verzichtet Hanns, Herr von Hohenberg, auf alle Ansprüche an das Schloß Rabenstein und das Landgericht, welches Mathes von Spawr inne hat, und das Ungeld zu Wilhelmspurg.[9]

Im Nekrolog von Lilienfeld wird am 29. Juli der Richter Ulrich von Rabenstein angeführt.[10]

---

[1] Fontes, LII., 171.
[2] Fontes, LII., 217.
[3] Schmieder, Matricula, 21, 22.
[4] Chmel, Materialien zur österr. Geschichte, I., 54.
[5] Pez, Scriptores rer. Austriac., II., col. 882-883.
[6] Chmel, Regesta Friderici IV., II. Abt., Nr. 5690.
[7] Mon. Germ. Hist. Necrolog., V., 426.
[8] Sacken, Archäologischer Wegweiser durch VOWW, 1878, 104.
[9] Chmel, Regesta Friderici IV., II. Abt., Nr. 7692.
[10] Mon. Germ. Hist. Necrolog., V., 400.

Um 1490 wurde die hübsche gotische Hallenkirche vollendet.[1]

1550 starb Pfarrer Martin Hencil. Sein Grabstein dient als Stufe im Bauernhause Grabler Nr. 12, Dorf Au. Er wird als Martin Hämerl, Pleban in Rabenstein, im Göttweiger Nekrolog unter dem 16. März aufgeführt.[2]

1552 war Mauriz Reckenauer, Pfarrer von Rabenstein und Tretigist, ein Anhänger Luthers und kopulierte einen Vikar von Ybbs.[3]

1560, 7. März, Wien, forderte der Offizial Christoph Fillinger durch öffentlichen Anschlag alle jene zur Aussage auf, welche etwas vorzubringen wissen in der Sache der Ermordung des Fleischhauers Niclas Gyltzer, da der Vikar Ludwig Sperrer von Rabenstain beschuldigt war, diese Tat zwar nicht verursacht, aber doch veranlaßt zu haben. Die Aussagen sollen am 22. April abgegeben werden. Unterschrieben als Vollführer des Auftrages Johann Riuus (Bach?), Pfarrer in Hoffstetten,[4] der die Aufforderung in Rabenstein bekannt machte, dort eine Predigt hielt und den eine Zeit lang abgesetzten Pfarrer unterdessen zur Abhaltung des Gottesdienstes wieder in sein Amt einführte.[5]

1565, 27. April, beurkundet Nikolaus Rausch, Dechant und Pastor in Pechlarn, daß Stephan Herbst durch ein Jahr bei ihm als Kooperator gedient, das Wort Gottes fleißig verkündet und ein exemplarisches Leben geführt habe. Da aber seine Provinz so klein und gering war, daß er sich mit Weib und Kind nicht halten konnte, empfehle er ihn für eine bessere Stelle.[6]

1565, 9. Mai, Lynntz, präsentierte J. von Maming dem Offiziale nach dem Tod des Veit Hochholtzer auf die Pfarre Rabenstein den Stephan Herbst als tauglichen katholischen Priester.[7]

1565, 11. September, wurde ein Prozeß verhandelt zwischen dem Provisor Stephan Herbst von Rabenstein und Gottfried von Mainburg[8] zu Wasen[9] da ersterer den letzteren als nicht adelig erklärt und die Untertanen gegen ihn aufgehetzt, auch wegen ungebührlicher Handlungen und übermäßiger Robot eine Klage an die Regierung überreicht haben sollte.[10]

---

[1] Riesenhuber, Kirchl. Kunstdenkmäler, 240.
[2] Fontes, LV., 900.
[3] Geschichtliche Beilagen, VII., 91.
[4] Heute Pfarre Grünau genannt.
[5] Konsistorialarchiv St. Pölten.
[6] Konsistorialarchiv St. Pölten.
[7] Originalpapier im Konsistorialarchiv St. Pölten.
[8] Mainburg bei Grünau.
[9] Waasen bei Weinburg.
[10] Konsistorialarchiv St. Pölten.

1566, 12. März, Wien, ersuchte Hans Wilhelm Freiherr von Rogendorf und Molnburg, oberster Erblandeshofmeister, kaiserlicher Rat und Landmarschall in Oesterreich unter der Enns, den Offizial Laurenz Zadesius, in dieser Sache auch den seiner Jurisdiktion unterstehenden Pfarrer Johann Eysenschmit von Hofstetten[1] zu vernehmen.[2]

1568 berief Herr von Mamming den lutherischen Kaspar Lemmelius nach Rabenstein, der 1580 selbst Schule hielt.[3]

Um 1584 hatte Niklas Gienger in Rabenstein 112½ Holden, davon im Orte Rabenstein 20, in unterschiedlichen Ämtern 74 und 14 Vogtholden.[4]

1618 beschwerten sich die katholischen Stände über Herrn Gienger, der neben der Göttweig'schen Pfarrkirche Rabenstein ein hölzernes Predigthaus errichtete und dort seinen Prädikanten predigen und pfarrliche Rechte ausüben ließ.[5]

1622 protestiert Niklas Gienger beim Abte Georg von Göttweig gegen die Abschaffung seines Prädikanten zu Rabenstein und berief sich auf die kaiserliche Konzession.[6]

Um 1630 versah Rabenstein P. Abraham Grueber vom Stifte Göttweig.[7] Zur Pfarre gehörte auch die südlich vom Orte auf dem Wege nach Kirchberg gelegene St. Andreaskapelle.

148. Unter-Radlberg, Pfarre Herzogenburg

Die Kapelle mit romanischer Apsis entstand wohl aus der einstigen Burgkapelle.[8]

Um 1075 verschreibt Graf Udalrich (von Ratelnberg) seiner Gemahlin Mathilde Güter bei Hohenwart und am Kamp.[9]

1083 war Graf Udalrich von Ratilenperge Vogt in der Gegend um Göttweig.[10]

Um 1180 hatte das Stift St. Pölten in Retelmberge 2 Lehen.[11]

---

[1] Pfarre Grünau.
[2] Konsistorialarchiv St. Pölten.
[3] Wiedemann, IV., 174; Hippolytus, 1861, 453.
[4] Schloß Ottenstein.
[5] Wiedemann, I., 555.
[6] Stiftsarchiv Göttweig.
[7] Konsistorialarchiv St. Pölten, Faszikel Göttweig, Stift.
[8] Riesenhuber, Kirchl. Kunstdenkmäler, 142.
[9] Fontes, LI., 5.
[10] Fontes, LI., 6.
[11] Niederösterr. Urkundenbuch, I., 19.

1258 wird Reinhard als Kaplan in Raetelenperge genannt.[1] Das Geschlecht der Ratelnperge erscheint bis 1339 urkundlich.[2]

1331 verkauft Otto von Ramsaw dem Dietrich Gschwendner von Radel den Hof in Leutten.[3]

Um 1390 wird Ratelperg als geistliche Pfründe mit 5 Pfd. Pfen. Taxe angeführt.[4] Damals war hier jedenfalls ein gestifteter Kaplan.

1429 war die Kapelle in Raitenperg Lehen von der Pernerin.[5] Weitere Nachrichten fehlen.

1459, St. Thomas des Zwölfboten (21. Dezember), verkauft Wilhelm von Rohr, Sohn des Bernhard von Rohr dem Ritter Herrn Hans von Neydeckh von Ranna um 220 Pfd. Pfen. der schwarzen Münze großen und kleinen Zehent zu Rädelberg und Ober-Rädelberg und den Krautzehent in der Au. Vom Getreidezehent gehört die Hälfte dem Propst von Herzogenburg. Der verkaufte Zehent kann innerhalb der nächsten 6 Jahre um die gleiche Summe wieder zurückgekauft werden und verbleibt sonst dauernd dem Neidegg. Siegler: der Aussteller, der edle Lorenz Leupoltstorffer, Pfleger zu Sumberg, und Peter Reicherstorffer.[6]

Um 1475 gehörte das Amt Retlperg zur Herrschaft Plankenstein.[7] Später gelangte das Dorf zur Herrschaft Wasserburg.[8]

149. Ramsau[9]

In der südlich angebauten Kapelle wurde ein Grabstein gehoben (2 x 0,45 m) im Stile des 13. oder 14. Jahrhunderts, mit Stangenkreuz auf halbrunder Basis oben über runden Knopf in Ring eingeschrieben gleichmäßiges Kreuz, dessen Balkenende gespalten sind.

1331 verkauft Otto von Ramsaw dem Dietrich Gschwendner von Radel den Hof in Leutten.[10]

---

[1] Blätter für Landeskunde, 1898, 180.
[2] Niederösterr. Urkundenbuch, I., 811; Fontes, LV., 670.
[3] Stiftsarchiv Lilienfeld.
[4] Hippolytus, 1863, 148.
[5] Schmieder, Matricula, 24.
[6] Briefprotokoll von 1618 im Schloßarchiv Pottenbrunn, Urkunde Nr. 224.
[7] Schloßarchiv Schallaburg. Siehe unter Plankenstein.
[8] Schweickhardt, Darstellung von Niederösterreich, VI., 69-72.
[9] Geschichtliche Beilagen, II., 486-488.
[10] Stiftsarchiv Lilienfeld.

1342 wird die Kirche in Ramsau in einem Urteilsspruch über das Straßengericht gegen Niklas von Ramsau genannt.[1]

1356 machten Otto der Teufel und seine Verwandten eine Messenstiftung.[2]

1367, 21. Juni, verkauft Ott der Chotzdorfer der Kirche Unser Frau in Ramsaw und der Gemeinde den Hof an der Hinterleiten und eine Hofstätte am Orthof in Hainfelder Pfarre um 52 Pfd. Wr. Pfen.[3]

1384, 24. April, veräußerte Hans der Teufel, Burggraf zu dem Stain, an die Bruderschaft der Marienkirche zu Ramsau, den Zechmeister Petrein in der Hoffstatt und die Mitglieder Hof und Mühle an dem Steg in Hainfelder Pfarre in der Ramsau um 42 Pfd. Wr. Pfen.[4]

1385 überließ Hans von Wildeck das Haus in Ramsau mit Zugehör um 1.120 Pfd. Pfen. dem Kloster Lilienfeld.[5]

1403, Mittwoch vor St. Katherina der Jungfrau (21. November), gibt Friedrich von Hohenberkch dem Bruder Peter, Prior in Gamnikch (Gaming) die Güter in der Ramsaw in Hainvelder Pfarre, den Hof in Pastpach u.a., die er gekauft hat, als freies Eigen und befreit sie von der Lehenschaft. Siegler: der Aussteller, sein Vetter Hans der Hohenberger, während der andere Vetter Stephan kein Siegel hat, aber sich verpflichtet, die Urkunde zu beobachten.[6]

1405, 24. Oktober, verkauft Achaz Hannauer der Gemeinde zu Unser Frauen-Gotteshaus in Ramsaw und dem Zechmeister der Gemeinde und dem der Bruderschaft zu halben Teil Gülten am Hofe auf der Rotenwerd in Ramsawer Pfarre um 34 Pfd. Wr. Pfen.[7]

1405, 6. November, verkauft Peter der Wildecker zur Unser Frauen-Gotteshaus in der Ramsaw in Heinfelder Pfarre, der Bruderschaft und den Zechleuten Gülten von zwei Gütern am Obern Hohenperig und Niedern Haygraben um 24 Pfd. Pfen. und behält sich die Erbvogtei vor.[8]

Schiff und Orgelchor der Kirche sind spätgotisch.[9]

1455 belehnt König Ladislaus den Friedrich von Hohenberg mit der Herrschaft Hohenberg samt der Erbvogtei in der Ramsau.[10]

Von etwa 1460 stammt ein Glasgemälde aus Ramsau. St. Andreas mit Stifterpaar: Untergewand grün, Mantel hochrot.

---

[1] Geschichtliche Beilagen, II., 487.
[2] Geschichtliche Beilagen, II., 487.
[3] Fontes, LI., 564.
[4] Fontes, LI., 675.
[5] Geschichtliche Beilagen, II., 487. Aus dieser Zeit stammt der Chor der Kirche.
[6] Bruchstück einer Abschrift, Gaminger Schriften in der Manuskriptenbibliothek zu Melk.
[7] Fontes, LII., 60.
[8] Fontes, LII., 60.
[9] Riesenhuber, Kirchl. Kunstdenkmäler, 241.
[10] Notizenblatt, 1854, 114.

Zeichnung, wohl einer größeren Werkstatt entsprungen.[1] Heute im Diözesanmuseum in St. Pölten aufbewahrt.[2]

1588 wollte der Abt von Göttweig u.a. auch die Pfarre Hainfeld mit der Zukirche Ramsaw dem lutherischen Bernhard Jörger im Tauschwege überlassen. Doch verweigerte der Bischof von Passau seine Einwilligung.[3]

1618 beschweren sich die katholischen Stände darüber, daß Helmhard Jörger dem Abte von Göttweig die Filialkirche Ramsau von der Pfarre Hainfeld vorenthalte.[4]

150. Randegg mit Schloß Pernwart[5]

1201, Mautern, wird in einer Urkunde des Herzog Leopold VI. Otto von Randekke als Zeuge genannt.[6]

Die Burg Randegg lag auf einem niederen felsigen Hügel über der Mündung des Schliefaubaches in die Kleine Erlauf am Ende des Marktes. Sie war 1412 noch aufrecht und ist nun ganz zerfallen und sind nur mehr spärliche Reste eines turmartigen Hauses mit Ringmauer erhalten.[7]

Westlich von der heutigen Pfarrkirche erhebt sich der „Tabor", ein freier Berg in Form eines Kegelstutzes, der von einem Ringwall umgeben ist und steil gegen das Tal abfällt. Ob derselbe in vor- oder frühgotischer Zeit oder in der Fehde vor 1412 eine Rolle spielte, ist noch nicht festgestellt.[8]

1263, 18. Juli, Ulmerfeld verpflichtet sich Engelschalk von Reinsberg, das vom Bischof von Freising zu Lehen empfangene Schloß Randeke nicht zu verkaufen, da es nach seinem Ableben ohne Erben an den Bischof zurückfallen solle.[9]

1293, 26. Dezember, Waidhofen, gibt Alheid von Reinsberg dem Bischof Emcho von Freising die Burg Randekke zurück, damit er

---

[1] Besprochen und abgebildet in Christl. Kunstblätter von Fr. Pesendorfer, Linz 1931, 5, 6.
[2] Katalog, 9.
[3] Konsistorialarchiv St. Pölten, Faszikel St. Veit an der Gölsen.
[4] Wiedemann, I., 554.
[5] Schweickhardt, Darstellung von Niederösterreich, XI., 167-170; Vinzenz Poetsch, Chronik des Marktes Randegg, Scheibbs 1895, 48 Seiten.
[6] Fontes, XXXIII., 31.
[7] Poetsch, Chronik, 9.
[8] Poetsch, Chronik, 11.
[9] Fontes, XXXI., 242.

sie dem Wulfing und seinen Kindern zu Lehen gebe. Zugleich errichtet sie für sich, ihren verstorbenen Mann Engelschalk von Reinsberg und Bischof Emcho ein Stift zu Randekke, zu welchem der Bischof den Markt, Hofstätten und Mühle gegeben hat. Sie widmet dazu 300 Pfd. Wr. Pfen. oder die entsprechende Gülte, wovon zwei Priester und vier Frauen oder sechs Schwestern oder Nonnen gehalten werden sollen. Der Bischof von Freising soll Vogt der Güter des Klosters sein und dem selben eine Äbtissin oder Meisterin geben, die der Bischof von Freising bestätigt. Die Nonnen sollen dem Benediktinerorden angehören.[1]

1293, 26. Dezember, Waidhofen, gibt Bischof Emich von Freising dem von Alhaid von Reinsberg gestifteten versperrten Kloster St. Benediktsordens in Randek mit Zustimmung des Kapitels den Markt, die Hofstatt und die Mühle zu Randek und das Kirchenlehen an der Kapelle zu Randek, nachdem Alhaid versprochen hat, innerhalb von zwei Jahren 300 Pfd. Pfen. dazu anzuwenden. Er bestimmt auch, daß alle seine Lehengüter, welche durch Schenkung oder Kauf an das Kloster gelangen, zu freien Eigen werden sollen.[2]

1296, nächsten Tag nach Maria Geburt (9. September), beurkundet Alheid von Reinsperg, daß sie mit Ottens von Mainberch Witwe zur Zeit, als sie ihr Gotteshaus in Randeck weihen lassen wollte, nach Lilienfeld kam und daselbst von Abt und Konvente erfuhr, daß ihre Wildner kriegen über die Gemärke, die das Kloster von seinem Stifte hat von der Erlaff auf in den großen Oetschan und von da auf in den kleinen Ortschan und von da, „als dy regenbazzer (Regenwasser) sagent" und dem Gebirge nach in die Muemalben; da sie dieses Gemärke mit vorgezeigten Handfesten bewiesen, läßt sie von allem Kriege, den sie und ihre Wildner gehabt haben, ab und verzichtet auf alle Rechte über dieses Gemärke.[3]

1311 wurden die Schäden und Entfremdungen verzeichnet, welche der Roerer auf dem Freisinger Gut in Randek verursacht hatte.[4]

1316, 8. August, Wien, weist Bischof Konrad von Freising den Nonnen zu Randek aus dem Kasten zu Ulmerfeld jährlich ein Kaufmut Roggen, zwei Kaufmut Hafer und 3 Pfund Pfennige als Almosen an. Falls sie den Bischof von Freising in etwas bemühen oder Forderungen an ihn stellen, kann diese Gnade abgetan werden. Auch sollen sie die Sammlung nicht vermehren und die Zahl der Nonnen nicht vergrößern.[5]

---

[1] Fontes, XXXI., 446.
[2] Fontes, XXXI., 447.
[3] Staatsarchiv Wien, Codex secundus der Privilegien des Stiftes Lilienfeld, Nr. 871, 490.
[4] Fontes, XXXVI., 166.
[5] Fontes, XXXV., 85.

Von da an wird das Frauenkloster in Randegg nicht mehr erwähnt. Nur der Volksmund und die angebliche einstige Klosterkapelle südwestlich von der Pfarrkirche gemahnen an dessen Bestand. Die Kapelle, ein frühgotischer Bau, wird heute „das Klösterl" genannt, wurde 1654 renoviert, hieß 1700 St. Aegidius- und 1727 St. Antoniuskapelle; sie wurde 1786 als Friedhofkirche außer kirchlichen Gebrauch gesetzt und dient seither weltlichen Zwecken.[1]

1316 wurde das Freisinger Gut in Randek, Markt und Umgebung, genau beschrieben.[2]

1329, im April, verlieh Bischof Nikolaus von Regensburg die zum Schlosse Hauseck erworbenen Lehen. Davon erhielten:

Wulfing von Marbach einen Wald und Acker.

Heinrich Gruber einen Hof zu Kalchperg, gilt 3 Pfd. d.

Ott Huvmein ein Lehen Wechling (Pfarre Wieselburg), gilt ½ Pfd. und 12 Käse.

Wulfing von Randeck ein Pfund d Geldes von dem Gungedlehen und ganzen Zehent; in dem Gesy 10 d Geldes, 3 Käse und 3 Hühner.[3]

1327, Niklastag (6. Dezember), verkauft Otacher der Perwarter seinen Burgstall zu Graynekk (oder Staynekk?) samt Zugehör dem Bischof Nikolas von Regensburg um 501 Pfd. Pfen.[4]

1331, St. Marchestag (Markus, 25. April), verleiht Bischof Nikolaus von Regensburg dem Rudolf von Zintzenburg und seiner Frau Kathrein und ihren Söhnen und Töchtern die halbe Burg zu Perwarth. Siegler: der Aussteller.[5] - In Pernwart bestehen zwei Ruinen, Hoch- und Nieder-Pernwart. Ein Bauernhaus in der Gegend führt den Namen Zinzendorf.

1365, 25. Oktober, Wien, gab Herzog Albrecht III. von Oesterreich dem Bischof von Freising die Feste Randekk zurück.[6]

1387, 22. April, Wien, verkauft Friedrich von Waltse seinen Zehent auf allen zur Feste Randekk gehörigen Gütern, genannt der Rewtzehent, an den Bischof Berchtold von Freising um 72 Pfd. Pfen. Mitsiegler: Rudolf von Waltsee, Landmarschall in Oesterreich, Reinprecht von Waltsee, Hauptmann ob der Enns, Bruder des Ausstellers und der Ritter Ulrich von Rorbach.[7]

---

[1] Poetsch, Chronik, 19, mit Abbildung.
[2] Fontes, XXXVI., 498-501.
[3] Histor. Verein der Oberpfalz und von Regensburg, Archiv II, Lehenbücher Ratisbonensis Nr. 1.
[4] Reichsarchiv in München.
[5] Abschrift im Schloßarchiv Jaidhof, VII, 10.
[6] Fontes, XXXV., 344.
[7] Lang, Regesta Boica, X., 205.

Um 1390 war Randek auf 6 Pfd. Pfen. taxiert, das Kloster war längst eingegangen.[1]

1391 um St. Udalrich (4. Juli), kam Bischof Johannes von Regensburg nach Oesterreich und verlieh den Vettern Gregor und Lentz den Zinzendorffern je halben Teil der Feste Perbart als rechtes Erbe in Steinckhircher Pfarre.[2]

Um 1410 wurde der Chor der Kirche erbaut.

1412, 11. April, Wien, spricht ein Schiedsgericht zwischen Reinprecht von Wallsee und seinen Helfern und Konrad dem Kreiger und Christian dem Zinzendorfer und ihren Anhängern: die Feste Oberhauseck, welche der Kreiger eingenommen hat, soll zurückgegeben und von dem Wallseer innerhalb acht Tagen dem Zinzendorfer ausgeliehen werden, der damit dem Wallseer gewärtig sein soll. Die Festen St. Peter, Pernwart und Ranndekg und der Teil des Zinzendorfers an Niederhauseck sind ihm und seinen Vettern durch den Wallseer zurückzustellen. Die Feste Perwart, von welcher der Krieg den Anfang genommen hat und des Greygers Helfer die Untertanen des Wallseers beraubt und gebrannt haben, worauf sie niedergebrochen wurde, ist der Wallsee nicht schuldig aufzubauen.[3]

Die Reste des öden Schlosses Pernwart, ein einstöckiger Bau ohne Dach, liegen auf einem Berge, darunter ein neueres Schloß.[4]

1429 war Randeck auf 4 Pfd. Pfen. Verleihungsgebühr angesetzt und Lehen vom Bischof von Freising.[5]

1446 wird Leutten in der Pfarre Ranndegk angeführt.[6]

1463, o. T., o. O., Randeckh, Pfarrhof, in der größeren Stube, beurkundet der öffentliche Notar Johannes von Ostenn, Kleriker der Diözese Bremen, daß Johannes Moderhacker, Rektor der Pfarrkirche zum hl. Ägidius (?) in Randeckh, Diözese Passau, durch seine Vertreter Johann Klewczer, Lizentiat der Dekrete, und Johann Tandorffer, seine Pfarre dem Bischof Ulrich von Passau zu Gunsten des Stephan Öder von Gemnico (Gaming), Priesters der Passauer Diözese, resigniert habe. Da keine Symonie vorlag, wurde letzterer in den Besitz der Pfarre eingeführt und ließ darüber die Notariatsurkunde ausfertigen in Gegenwart der Priester Egydius Gottperatt, Pleban in Grösten, und Johann Affell, Pleban in Luncz, und der Laien der Passauer Diözese Johann Lanngeckher, Amtmann des Herrn Neydecker, und Gillig im

---

[1] Hippolytus, 1863, 147.
[2] Schloßarchiv Jaidhof, VII, 10.
[3] Notizenblatt, 1852, 9.
[4] Schweickhardt, Darstellung von Niederösterreich, XVI., 278-282.
[5] Schmieder, Matricula, 20.
[6] Stiftsarchiv Seitenstetten. Siehe Pfarre Neuhofen.

Edlach, Zechmeister der Kirche (in Randegg) und des Simon am Gswanteck.[1]

1494 wurde Schiff, Seitenkapelle und Turm vollendet. Auch der Taufstein und der Karner neben der Kirche stammen aus dieser Zeit.[2]

1501, 23. August, verkaufen die gerichtlich verordneten Gerhaben des Erasmus, und Andreas von Kirchberg, nämlich Rudolf und Sebastian von Hohenfeld, die Feste und Herrschaft Perwart dem Christoph, Herrn von Zinzendorf.[3]

Von 1535 an trat Stephan von Zinzendorf und von 1549-1612 die Herrn von Concin für die Verbreitung des Luthertums ein.[4]

1603 beginnen die Rechnungen der Kirche Maria Moos in Randegg.[5]

1617 wurde Pfarrer Willibald Sabel, darauf Andreas Holzbauer.[6]

1629 wurde eine Turmglocke von Hans Lang in Steyr geliefert.[7]

1632, 19. Juni, Schloß Ulmerfelden, präsentiert Georg Christoph Puecher, bestellter Hauptmann zu Ulmerfeld, dem Offizial in Wien für die Pfarre Randegg den Johann Kheller, gewesener Pfarrer in Gämming, als eifrigen katholischen Seelsorger.[8]

1633-1642 war Pfarrer hier P. Matthäus Reisenbusch.[9]

1643 hat „Carolus Falckh sich die Pfarr abzustehen gespreuzt" und 30 fl. Schulden gemacht. Nun folgte P. Johannes Brem, Benediktiner vom Kloster Fultenbach bei Dillingen.[10]

1659 berichtet eine Beschreibung des Dekanates Ybbs: Pfarre Randeck. Pfarrer Karl Hermann, regulierter Chorherr, noch nicht installiert. Lehensherr der Fürstbischof von Freising.[11]

1666 gehörte die Herrschaft Perwarth dem Cornelius Colanus, Freiherrn von Felß.[12]

Von 1701 ist eine Abbildung des Ortes erhalten.[13]

1707 und 1708 wurde die Schule erbaut.[14]

---

[1] Originalpergament mit Zeichen und Bestätigung des Notars, schwer leserlich, Stiftsarchiv Seitenstetten.
[2] Riesenhuber, Kirchl. Kunstdenkmäler, 242.
[3] Wißgrill, Schauplatz, V., 147.
[4] Wiedemann, IV., 254.
[5] Schloßarchiv Greinburg, K. A. IX.
[6] Poetsch, Chronik, 12, 38, wo die folgenden Pfarrer angeführt werden.
[7] Poetsch, Chronik, 12.
[8] Konsistorialarchiv St. Pölten.
[9] Konsistorialarchiv St. Pölten, Faszikel Gresten.
[10] Konsistorialarchiv St. Pölten.
[11] Konsistorialarchiv St. Pölten, alte Dekanatsakten.
[12] Steuerbuch im Stiftsarchiv Seitenstetten.
[13] Jahrbuch für Landeskunde, 1930, 105.
[14] Schloßarchiv Greinburg, V. A. XX.

1786 wurde die Entweihung der Friedhofskirche zu Randegg angeordnet.[1] Sie wurde an einen Privatmann verkauft, der sie wieder der Kirche schenkte.[2]

151. **Rappoltenkirchen**[3] mit Kogel

Um 1209 wurde eine Frau von Rapotenchirchen bei den Reliquien in St. Pölten geheilt.[4]

1229, 17. Dezember, Prag, suspendierten die päpstlichen Kommissäre u.a. auch den Pfarrer Heinrich von Rapotenchirchen.[5]

Um 1230 hatte der Landesfürst in Rapotenchirchen 2 Lehen. Wenn er in den Ort kam, wurde ihm ein Huhn und eine Gans geopfert; im Dorf Weingarten und Vngense Dienste von Rutakern; in Purchstal 9 Urnen Wein Bergrecht vom kleinen Wiener Maß, in Rapotenchirch drei neue Weingärten; vom Forste 20 Mut Hafer und Gänse und Hühner.[6]

1274, 27. Juli, Gösse (Göß in Steiermark), gibt Mag. Chunrad, *scriba Styriae* (Landschreiber von Steiermark) der Äbtissin Herburg, Dechantin Wentela und dem Konvente des Frauenklosters Göß für dessen Güter zu Paumgartten bei Tulna in Austria, welche sie ihm und seiner Frau Eyta und ihren Kindern übergeben haben, zwei Höfe in Miertendorff (Mitterndorf bei Graz?) und eine dabei liegende Hube. Unter den vielen und angesehenen Zeugen *plebanus* Werenherus von Rapotenkirchen.[7]

1275, 23. März, Wien, erscheinen als Zeugen für Wolfker von Eywanstal Magister Heinrich von Draeschirchen (Traiskirchen), Notar der Kammer, Herr Karolus von Charcharn, Herr Wolfker von Chogel, Ritter, und Wernhard, Pleban in Rapotenchirchen.[8]

1335, 15. August, Wien, verkauft Weichart von Topel, Hofrichter in Oesterreich, mit Zustimmung seiner Söhne Jans, Weikard und Niklas den Herzogen Albrecht II. und Otto von Oesterreich das Haus zu dem Chogel, das Dörfl Gerwt (Kreuth bei Rapoltenkirchen),

---

[1] Kerschbaumer, Geschichte des Bistums St. Pölten, II., 69.
[2] Schweickhardt, Darstellung von Niederösterreich, XI., 169.
[3] Topographie, VII., 41-70.
[4] Pez, Scriptores rer. Austriac., I., col. 747-750.
[5] Oberösterr. Urkundenbuch, II., 680.
[6] Notizenblatt, 1855, 381, 382. Ähnlicher Bericht um 1260 in Rauch, Rerum Austriacarum Scriptores, II., 24 und Dopsch, Landesfürstl. Urbare.
[7] Fröhlich, Diplomatar. sacr. Ducat. Styriae, I., 90-93.
[8] Quellen zur Gesch. der Stadt Wien, II. Abteil., III. Bd., Nr. 2814.

das er hinzu gekauft hat, österreichisches Lehen, einen Hof unter dem Hause Chopel, der einst dem Eysenpewtel gehört hatte, freies Eigen; ein Pfund Geld zu Rörenpach (Röhrenbach bei Sieghartskirchen) und den Hof Rutzenmayr genannt, und was er zu Rörnpach gehabt hat, um 1.150 Pfd. Wr. Pfen. Mitsiegler: Chadolt von Eckartsau und der Bruder des Verkäufers Friedrich von Topel.[1]

1355, 11. November, Wien, genehmigt Herzog Albrecht II. die Ablösung des Hauses in Rapotenkirchen durch Hans den Schenken von Dobra von Otto dem Walder um 240 Pfd. Wr. Pfen.[2] Hans von Dobra verkaufte 1359 Rapotenkirchen mit Bewilligung des Herzog Rudolf IV. (1358-1365) dem Friedrich von Kreußbach.[3]

1359, 20. November, belehnte Herzog Rudolf IV. den Ritter Friedrich von Kreußbach mit der Würde eines Jägermeisters und zugleich mit dem Haus Rapotenkirchen, das von nun an Jegersberg heißen soll.[4] Dazu gehörte auch Kirchenlehen und Vogtei.[5]

Um 1390 war Rappotenkirchen auf 20 Pfd. Pfen. taxiert.[6]

1404, 5. Juli, Wien, bewilligt Herzog Albrecht IV., daß Niklas der Hewginger den lehenbaren Hof zu Rapotenkirchen für den Fall seines erblosen Todes Hans dem Praunnstorffer vermache.[7]

1415, 16. Jänner, Wien, verleiht Herzog Albrecht V. von Oesterreich dem Hanns Eyczinger wieder sein Haus zu dem Kogel, das er ihm deswegen, weil er gegen den Willen des Herzogs einen Einfall nach Mähren gemacht, entzogen hatte, in Gnade samt allen Gründen; doch sollen die dazu gehörigen Äcker, Wiesen, Obstgärten und Weiden innerhalb Jahresfrist mit kleinem Dienste belegt und als Burgrechtslehen vom Herzog genommen werden. Das Holz kann er zum Meierhofe oder einem anderen Hofe, wenn er einen solchen bauen will, verwenden.[8]

1428, 14. März, Wien, belehnt Herzog Albrecht V. Jakob den Seebeckch mit der bisher satzweise innegehabten Feste Rapotenkirchen, dem Dorfe, dem Kirchenlehen und Jägermeisteramte und 3 Pfd. 56 d Geldes, die er vom Inprukger gekauft, und der Vogtei daselbst als rechtes Manneslehen.[9]

1429, Sonntag nach Gottsleichnahm (29. Mai), St. Pölten, beurkundet Christoph Pötinger, vom Bischof Leonhard von Passau für

---

[1] Staatsarchiv in Wien.
[2] Lichnowsky, Habsburg, III., Nr. 1808.
[3] Geschichtliche Beilagen, VII., 44, mit unrichtiger Jahrzahl.
[4] Blätter für Landeskunde, 1880, 208.
[5] Winter, Niederösterr. Weistümer, III., 114.
[6] Hippolytus, 1863, 148.
[7] Lichnowsky, Habsburg, V., Nr. 631,
[8] Notizenblatt, 1853, 335.
[9] Lichnowsky, Habsburg, V., Nr. 2627; Notizenblatt, 1859,281.

seine Lebenszeit um 300 ungarische Gulden den Getreide- und Weinzehent, freies Eigen gekauft zu haben, nämlich den Getreidezehent zu Rappotenkirchen, Häuperg, Penting (Penzing), Grekking (Kracking) und Steinpach in Rappottenkircher Pfarre und zu Sighartskirchen, Dornperg, Öd, Kogel, Rantzing (Hanzing), Wincharczdorf, Gremisse, Payssling, Dörfflein, Kenczlainstorf, Elspach (Elsbach), Gererstorff (Gerersdorf) und Ezcestorff in Sighartzkircher Pfarre und den Weinzehent zu Dörfflein, Elspekerleiten, Payßlingersperg, Gramißerperg und Wulfleinstorf. Siegler: der Aussteller und Zacharis Chers, Pfleger zu Hollenburg.[1]

1429 war Rapottenkirchen auf 16 Pfd. Pfen. Verleihungsgebühr angesetzt und Lehen vom Seebegk.[2]

1455, 25. April, Wien, belehnt König Ladislaus den Burghart Kyenberger mit der Feste Eczleinstorff und dem öden Hause und Burgstall zu dem Kogel in Sieghartskircher und Rapoltenkircher Pfarre.[3]

1456, 18. August, Wien, verleiht König Ladislaus dem Tybolt Sebeck die Feste Rapotenkirchen, das Dorf, Kirchenlehen, Vogtei und Gülten, die von dem Inprugker gekauft wurden, auch das herzogliche Jägermeisteramt, alles Erbe von seinem Bruder Jakob Sebeck.[4]

Aus der gotischen Bauperiode ist der Chor erhalten.[5]

Um 1489 kaufte Andreas der Crobat Gut und Edelsitz Lappitz (heute öder Burgstall, bei Wangen und Reinsberg gelegen) an und nahm davon den Namen von Lappitz an. Er erwarb um 1503 Rappoltenkirchen und Zeillern.[6]

1506, 3. Oktober, Gretz, belehnt König Maximilian I. den Wolfgang von Lappitz für sich und seine Brüder Hans und Ulrich von Lappitz mit den Gütern, welche von seinem Vater Andre von Lappitz auf ihn gefallen sind; darunter war die Feste Rappoltenkirchen mit Kirchenlehen, Vogtei, Jägermeisteramt und Zugehör, wie sie Andre Krabat gekauft hat, das Dorf Rappoltenkirchen mit 8 Pfd. 30 Pfen. Geld auf Lehen zu Rapoltenkirchen und Rertzing, 15 ß Geld auf Überländ daselbst, Zehent zu Rörenpach von Wein und Getreide in Sieghartskircher Pfarr, der Sitz „Atzleinstorff (Atzelsdorf, Pfarre Michelhausen) enthambt dem Kogl vor Wiennerwald", 12 ß 21 d Geld auf 4 Gütern und einer öden Hofstätte zu Nidernwalde an der Edllauf in Pechlinger Pfarre, das Gut des Michel Windhager am Windhag mit

---

[1] Originalpergament, mit zwei Siegeln, Schloßarchiv Greinburg.
[2] Schmieder, Matricula, 22.
[3] Notizenblatt, 1854, 161.
[4] Notizenblatt, 1854, 307.
[5] Riesenhuber, Kirchl. Kunstdenkmäler, 243.
[6] Wißgrill, Schauplatz, V., 436, 473.

5 ß 27 d Dienst, Hofstätte in Gangsreut mit 60 d Dienst, eine Hube in Newstetter Pfarre mit 1 Pfd. Pfen. Dienst, 5 Gütern in Niderfelden bei der Erlauf in Pechlinger Pfarre mit 12 ß 21 d Dienst.[1]

1529 zerstörten die Türken den Ort und brannten Kirche und Pfarrhof ab. Darauf blieb die Pfarre längere Zeit unbesetzt.[2]

1544 war sie mit Sieghartskirchen vereinigt und berichten die Visitatoren: Pfarr Rappoltenkürchen. Die Zechleute zeigen an: der Pfarrer, so vor Zeiten gewest, hat allwey ain Priestergesellen, auch Wein- und Traydtzehent und ain aigen Grundbüchl gehabt, hat sein Wein- und Traydtzehent zu Rernpach (Röhrenbach), am Kogl und zu Rappoltenkürchen allweeg halben Theill gehabt. Sagen auch, daß kein Pfarrer seither deß Türkenüberzug daselbst bey ihnen gewest.
Zechleuth daselbst. Gottesdienst jährlich 4 ß 25 d Zünß von denen Äckern und Wißmatt 1 Pfund 4 ß 17 d. Item ain Joch Acker davon dient man jährlich ein Mezen Trayd. Vier Tagwerch Wißmahd, gibt man ihnen vonieden Zünß 10 kr. Und zum Theill seyn syn verwachsen.

Die Kürchen und Pfarrhof seynd auf den Grund verbrennt, allein die Kürchen wider erbaut worden, darzu der von Lappiz Geldt dargeluhen und begehrt die Bezahlung an die Zechleuth; waß einem Pfarrer zuegehörig, nimbt der von Lappiz ein.[3]

Um 1584 hatte Kornelius von Wassy zu Rapoltenkirchen 54 Untertanen außer dem Orte, davon in Gerasdorf 12, Amt Kogl 28, Rörnbach 8.[4]

1585 hielt die Frau von Prösing einen Prädikanten.[5]

1590, 15. September, richtete ein Erdbeben hier großen Schaden an. Franz von Prösing zu Rappoldskirchen berichtet darüber: „So sey männiglich wissent, wie allen meinen armen Untertanen ihre Häuser verderbt, zerschmissen, zusammengeworfen sind, so daß wenige meiner armen Leut außer meiner Hilf wider aufbauen könnten.“[6]

1602, 4. Dezember, erging ein landesfürstlicher Befehl an Hans Rachwein von Ayrendorf (Arndorf bei Neukirchen), den Prädikanten in Rapottenkirchen abzusetzen.[7]

1603, 20. August, Plankenstein, schreibt Sigmund von Mallenstein, daß ihm die Oeder'schen Gerhaben eine Tagsatzung wegen Ankauf

---

[1] Vidimus des Abtes Johann von den Schotten, Wien, 5. Dezember 1511. Pergament, Stiftsarchiv Seitenstetten.; Geschichtliche Beilagen, XI, 418.
[2] Geschichtliche Beilagen, VII., 46.
[3] Kollationierte Abschrift von 1740 im Konsistorialarchiv St. Pölten, Faszikel Sieghartskirchen. Vgl. Geschichtliche Beilagen, VII., 45-46.
[4] Schloßarchiv Ottenstein.
[5] Wiedemann, IV., 77.
[6] Reichspost vom 11. Oktober 1927.
[7] Wiedemann, IV., 87.

von Rapolten- und Sigrizkirchen gegeben haben. Wahrscheinlich wollte er sie für den Rumpf erwerben.[1]

Wie Pfarrer Johann Leutner von Sieghartskirchen am 12. Februar 1605 berichtete, wurde die Kirche nun frei gegeben, aber alles andere blieb in sektischen Händen. Leutner bat um Beigabe dieser Pfarre zu Sieghartskirchen.[2]

1603 wurden die Viehhirten des Tulner Bezirkes reformiert und unter Viertelmeister zu St. Andrä, Kirling, Rappottenkirchen, Böhmkirchen und St. Pölten gestellt.[3]

1615, 10. September, Sighartskhirchen, schreibt der Pfarrer Magister Johann Leitner, er habe wegen Rapotenkirchen bereits 500 fl verrechnet, aber nichts empfangen.[4] Diese Pfarre wurde dem Leitner am 4. Dezember 1615 definitiv zu seiner Pfarre dazu gegeben.[5]

152. Reidling

mit der ehemaligen Pfarrkirche Hausleiten bei Hasendorf und Schloß Sitzenberg

Um 1000 übergab ein gewisser P. dem Erzbischof Hartwich von Salzburg (991-1023) sein Gut in Dietrichsbach für Güter in Rudinich (Reidling) und Priglic (Preuwitz bei Ponsee).[6]

1108 erscheint Hartwich von Treisim, ein Bruder des Walter von Tresima. 1125 wird er Hartwich von Rwdenich genannt, hatte also seinen Besitz in Reidling.[7]

1147 gab Herman von Huntisheim vor seiner Pilgerreise nach Jerusalem dem Stifte Göttweig einen Hof zu Rudnicha.[8]

1171, 1. Mai, Wien, wird Hartwich von Rudinich genannt.[9]

1185, bestätigt Papst Lucius III. dem Stifte St. Andrä an der Traisen seine Besitzungen, darunter auch Dorf Hasendorf samt Zugehör.[10]

---

[1] Schloßarchiv Weitra, nach Frasts Manuskripten, IV., 333-420, im Stiftsarchiv Zwettl.
[2] Wiedemann, IV., 87.
[3] Wiedemann, V., 60.
[4] Konsistorialarchiv St. Pölten, Faszikel Michelhausen.
[5] Wiedemann, IV., 87.
[6] Hauthaler, Salzburger Urkundenbuch, I., 196.
[7] Notizenblatt, 1851, 77.
[8] Fontes, VIII., 51, 174.
[9] Fontes, LI., 64.
[10] Archiv für österr. Geschichte, 1853, 275.

Um 1200 übergibt Propst Wisinto (1192-1202) von St. Georgen der Frau Mechtild von Rudenicha und ihrem Sohne Meinhard für das Gut Ortweinsdorf auf Lebenszeit seine Kirche in Rudnich, für welche sie einen geeigneten Priester erwählen können, den er investieren werde. Dieser Priester ist der Mutterkirche (in Pfarrkirchen) Ehrfurcht und Gehorsam schuldig, hat kein Begräbnis mit Ausnahmen der Familienmitglieder der Kirche, auch keine pfarrlichen Rechte ohne Erlaubnis des Pfarrers. Der Propst schenkt ihm die *usus sacrificiorum*. Gegenwärtig die Priester von St. Georgen Rudiger, Alber, Heinrich, ein zweiter Heinrich, Marquard, Heinrich, Walter, Albert, Konrad, Wolfger, Arnold, Pitrolf und die Brüder (*conversi*) Heinrich, Chaloch und Heinrich; von der Familie der Kirche Chunrad der Richter, Reimbart der Ritter, Eberger, Rudolf und Heinrich von Werd, weiters Herr Meinhard mit seinen Söhnen, Eberhard von Rudenich, Ulrich von Hasendorf, Ebro von Pirbaum (Bierbaum bei Ponsee), Haertnit, Sterfrit, Reimar und Peringer von Egendorf (bei Reidling).[1]

Um 1220 befiehlt Papst Honorius III. (1216-1227) dem Abte von Ceuetel (Zwettl) und dem Propste von Neuenburg (Klosterneuburg), auch dem Dechante von Sancte Anatha (St. Agatha in Hausleiten UMB) in der Diözese Passau, über die Beschwerde des Propstes und Konventes von St. Georgen, daß der Laie Meinhard und seine Tochter ihnen die Kirche in Rudnich gegen alle Gerechtigkeit entziehen, Untersuchung zu pflegen und die Zeugen zu verhören, von denen wenigstens zwei zu gleicher Zeit anwesend sein sollen.[2]

Um 1221 schreiben Abt M(arquard, 1214-1227) von Zewetel, Propst Aw (?Walter 1220-1223) der seligsten Jungfrau in Newenburc und Dechant V(lrich?) von Agatha (Hausleiten) als vom apostolischen Stuhle bevollmächtigte Untersucher dem Propste M(arquard)[3] von St. Pölten, sie haben im Auftrage des Papstes zwischen dem Stift St. Georgen und M(einhard), Ministerial von Imzeneinsdorf (Inzersdorf), und seine Tochter G. über die Kapelle Rvodniche und ihre Stiftung Untersuchung gepflogen. Der Propst von St. Pölten möge das Stift St. Georgen in den Besitz der ihm zugesprochenen Güter einführen und die gegen den Ministerialen und seine Tochter und ihre Helfer ausgesprochene Exkommunikation in der Kirche zu Traisenburc und Herzogenburc öffentlich verkünden lassen.[4]

Um 1230 hatte der Landesfürst Gülten in Rudenich von einem Wirtschaftshofe, in Michelhausen von zwei Wirtschaften, in Chelchdorf von 2 und in Erbensperg von einem Wirtschaftshofe, die alle dem

---

[1] Archiv für österr. Geschichte, 1853, 272-273.
[2] Archiv für österr. Geschichte, 1853, 285.
[3] Erscheint von 1224 an; Niederösterr. Urkundenbuch, I., 40.
[4] Archiv für österr. Geschichte, 1853, 286.

Vogte von Syzenperch überlassen waren, der auch beim Schlosse 4 Wirtschaften auf eigene Kosten führte.[1]

1231, 28. März, trägt Papst Gregor IX. dem Abte von Göttweig, Propste von St. Florian und Ruraldechant von Herzogenburg auf, zu untersuchen und zu entscheiden in dem Streite zwischen dem Propste und Kapitel zu St. Georgen und Erchanger von Landsere, Heinrich von Chyn und seine Gattin Wilbirg (Tochter des Meinhard von Inzersdorf und früher mit Chunrad von Hausleiten vermählt) und einige andere Leute aus der Salzburger und Passauer Diözese, weil letzere dem Kloster St. Georgen die Kapelle widerrechtlich zurückhalten.[2]

1235, 18. September, hielt Herzog Friedrich II. von Oesterreich vor dem Schlosse Sitzenperge einen Gerichtstag, in welchem entschieden wurde, daß die Vogtei über das Kloster Garsten nicht dem Otto von Lengenbach und den Brüdern Liutold und Chunrad von Altenburch, Otto und Ortolf von Greze oder Guedakar von Styra, sondern laut Urkunde dem Herzoge zustehe.[3]

1240, im Dorfe St. Georgen, beurkunden Bischof Rudiger von Passau und Propst Herbord von St. Georgen, daß die edle Frau Wilwirgis, Tochter des Herrn Minhard von Inzersdorf und Gemahlin des Herrn Chunrad von Howslewten zur Zeit des Propstes Herbord von St. Georgen (1228-1242) zur Beendigung eines langwierigen Streites auf das Patronat der Kirche in Howsleuten zugunsten des Klosters verzichtet habe in der Weise, daß der Konvent von St. Georgen für die beiden Kirchen Howsleuten und Reudenick einen Priester ernennen soll, der dort wohnt und beide Kirchen versieht und über welchen Wilwirgis und ihr Erbe Dietmar von Lichtenstain kein Patronatsrecht haben soll. Siegler: beide Aussteller. Zeugen: Dechant Albert von St. Georgen mit dem Kapitel, der Ministeriale Dietmar von Lichtenstein, die Ritter Liwpold von Draesdorf (Trasdorf bei Heiligeneich), Pabo von Hasendorf, Minhard von St. Nikola (bei St. Andrä an der Traisen, verödet), dann Chunrad von Reudenick und die Brüder Heinrich und Chunrad von Aezelinsperge (Adlatzberg bei Gutenbrunn).[4]

Um 1280 bezog das Stift Zwettl Dienste in Stain (bei Hafnerbach), Reudnicha hier 3 ß 2 d, und Ossarn (bei Herzogenburg).[5]

---

[1] Notizenblatt, 1855, 379. Ähnlich der Bericht von etwa 1260 in Rauch, Rerum Austriacarum Scriptores, II., 25.

[2] Notizenblatt, 1851, 78; Archiv für österr. Geschichte, 1853, 289; Faigl, Urkunden von Herzogenburg 1244-1450, 484.

[3] Meiller, Regesten der Babenberger, 155. Über Schloß Sitzenberg vgl. Schweickhardt, Darstellung von Niederösterreich, VII., 93-99.

[4] Archiv für österr. Geschichte, 1853, 293, 294.

[5] Gültbuch im Stiftsarchiv Zwettl.

1284, 12. September, St. Pölten, verleiht Erzbischof Johann von Kappadozien auch für die Kapelle in Reudenik einen Ablaß.[1]

1318, 27. Juli, Passau, gestattet das Kathedralkapitel von Passau, daß ein Teil der Verstorbenen aus der Pfarre Pfarrkirchen wegen Überschwemmungen in Reudnich bestattet werde.[2]

1319, 15. Juni, Herzogenburg, stellt Konrad von Tirnstein der St. Jakobskirche in Rewdnich und dem Kloster Herzogenburg ein widerrechtlich entzogenes Lehen zu Oberwinden zurück.[3]

1361, wird als Pächter des Herzogenburger Zehents in Hasendorf genannt: der Pleban Philipp von Hausleiten, 1374 der Vizekaplan Stephan, 1375 und 1376 der Pleban Thomas und 1378 der Pleban Stephan.[4]

1378, 27. Februar, Herzogenburg, bezeugte der Pleban Georg von Hausleiten die vom Kapitel in Herzogenburg aufgestellten Artikel.[5]

1378, Sonntag vor Georgi (18. April), erscheint Alber von Atzenprucke zu Rewdnichk als Zeuge.[6]

1387, 23. Mai, Wien, verkauft Georg von Zuntgraben, Pfarrer zu St. Veit bei Wien, 20 d Gülte von einer Hofstatt zu Rewdnich dem Hans, Chorherrn von Herzogenburg und Pfarrer zu Rewdnikch, und dem Konvent von Herzogenburg.[7]

Um 1387 wurde der Pfarrsitz von Hausleiten bei Hasendorf nach Reidling übertragen.[8] Diese Nachricht kann nur so verstanden werden, daß die Pfarre Hausleiten aufgelassen und dafür in Reidling eine Pfarre errichtet wurde. Das Einkommen von Hausleiten wurde dagegen zur Aufbesserung der Pfarre Ponsee verwendet.

1389, 14. März, stiften Georg von Haunoldstein und sein Bruder Stephan, Pfarrer zu Aurenberg, zum Stifte Herzogenburg und der Kirche in Rawdnich drei Tagwerk Wiesen unter Drastorf (Trastorf) auf dem Tulnerwald im Moz zu einem ewigen Nachtlicht vor St. Niklasaltar in Reidling und einem Jahrtag am Montag nach St. Bartholomäustag.[9]

1390, 25. Jänner, stiftet Katherina, Witwe Georgs des Truchseß von Grub (auf Sitzenberg), zur Kirche in Raydnikch zwei Tagwerke Wiesmahd unter Aczlezperig und den Graben dabei gegen Hasendorf

[1] Faigl, Urkunden von Herzogenburg 1244-1450, 11.
[2] Faigl, Urkunden von Herzogenburg 1244-1450, 67.
[3] Faigl, Urkunden von Herzogenburg 1244-1450, 70.
[4] Archiv für österr. Geschichte, 1853, 294-295.
[5] Faigl, Urkunden von Herzogenburg 1244-1450, 287.
[6] Kerschbaumer, Geschichte der Stadt Tuln, 380.
[7] Faigl, Urkunden von Herzogenburg 1244-1450, 318.
[8] Catalogus canonicorum . . . Hegemonopoli, 1858, 5.
[9] Faigl, Urkunden von Herzogenburg 1244-1450, 323.

auf einen Jahrtag am Montag nach dem Palmtag mit Seelamt und zwei Messen.[1]

1406, St. Bartholomäusabend (23. August), verkaufen Niklas Khützhoph und seine Frau Barbara ihren freieigenen Hof zu Egendorf in Reidunger Pfarre und 60 d Dienst auf einer Hofstätte und 21 Joch Acker, 2 Tagwerk Wiesen und einen von Bischof Jörg von Passau lehenbaren halben Zehent dem Herrn Hanns von Neydeckh. Siegler: der Aussteller Niclas Cuzkhopf und für seine Frau, die kein Siegel hat, ihr Vetter Wolfgang der Meterseb und als Zeugen die ehrbaren Hanns Matseber und Wolfgang Innpruckh ab dem Wassen, des Herzog von Oesterreich Anwalt in der Stadt Wien.[2]

1408, 30. Mai, Krems, eignet Johann, Burggraf von Maidburg und Graf zu Hardegg, 5 ß Geldes zu Chelestorff und das Holz bei der Grass, die Hans der Frel zu einem Jahrtag zur Kirche in Rewdning gestiftet hat.[3]

Um 1420 gibt Niklas Seebeck im Tauschwege zur Kapelle in Seebach einen Hof zu Awnberg bei dem Sitzenberg in Reidlinger Pfarre.[4]

1429 war Reittling nach Herzogenburg einverleibt.[5]

1445, 14. März, verkauft Stephan Paur von Thallern dem Stephan, Chorherrn von Herzogenburg und Pfarrer zu Reydning, eine Wiese zwischen der Frauendorfer und Hilgersdorfer Wiesweide, Lehen von Thoman dem Wehinger.[6]

1455, 26. September, verleiht König Ladislaus dem Thoman Wehinger die Feste Sicznperg, das Türhütteramt in Oesterreich und Zehente zu Gutenprunn, Hauczenveld, Potschalben u.a. als sein Erbe.[7]

1476, 1. August, übernahmen bei der Erbteilung die Brüder Christoph und Wilhelm von Wähing das Schloß Siczenperg mit Bauhof und Zugehör, Getreidezehent zu Pottschach, Hauczenfeld und Guetenprunn, Lehen vom Kaiser; den ganzen Markt Siczenperg, die Hofmühle und Wiese dabei, die Wiesmahd an der Gasteig unter dem Teiche; den Hof zu Talarn mit Holden, öder Hofstätten und ganzem Dorfe; zu Reidninkg 6 Holden mit Freiheit, Gerechtigkeit und Pantaiding auf dem ganzen Dorfe, auch Vogtei der Kirche und des Pfarrhofes; zu Egendorf 2 Holden, ein Fischer in der Au, der in der Tunau fischen kann; Auen und Wiesen zwischen Preibling und Fraundorf; Dienste nach dem Grundbuche zu Siczenperg, ein Haus in

---

[1] Faigl, Urkunden von Herzogenburg 1244-1450, 326.
[2] Briefprotokoll von 1618 im Schloßarchiv Pottenbrunn, Urkunde Nr. 214.
[3] Faigl, Urkunden von Herzogenburg 1244-1450, 364.
[4] Konsistorialarchiv St. Pölten, Faszikel Neulengbach. Siehe Seebach.
[5] Schmieder, Matricula, 22.
[6] Faigl, Urkunden von Herzogenburg 1244-1450, 465.
[7] Notizenblatt, 1854, 406.

der Neunstat, Zehente zu Spanczing, Holz an der Reidningk, Holz Seelakchen; Holz zu Talaren, zum Hofe gehörig; Leite neben dem Teiche bis zum Stainpruchgraben und das Holz Judenauer.[1]

1479, 5. Juli, Gratz, belehnt Kaiser Friedrich IV. den Leopold von Waehing für sich und seine Brüder Wernhardin, Wolfgang und Achaz die Wehinger mit den von ihren Brüdern Christoph und Wilhelm ererbten Gütern, der Feste Sitzenperg, dem Türhüteramte in Oesterreich, dem Zehent zu Guttenprunn, Hawtzenveld, Potschalhen und Wilberstorf, 4 Pfd. 4 ß d Gülte, Weinzehent, eine Wiese u.a.[2]

1479, 13. Dezember, vermacht Wilhelm von Wähing sein bestes Pferd der St. Achazkirche zu Prunn bei Leubnstorff[3], seinen Brüdern Wolfgang und Achaz von Wähing sein Schloß Siezenperg mit Ausnahme des Dorfes Reidling, das seinem Schwager Ruprecht Kreuczer und dessen Frau Cordula, des Ausstellers Schwester, und ihrer Tochter zufällt, aber von den Brüdern um 300 Pfd. Pfen. zurückgekauft werden kann.[4]

1492 werden die Dienste zur St. Margarethenkapelle in Hawsleyten verzeichnet. Die Kapelle bestand nördlich von Hasendorf und die benachbart gelegene Häusergruppe wurde Hausleiten und auch St. Margareten geheißen, aber schließlich mit Hasendorf vereinigt. Die Kapelle wurde 1803 abgebrochen und ihr Material zum Kirchenbau in Reidling verwendet, während 1811 zwischen beiden Ortsteilen eine neue Kapelle entstand.[5]

1500, Montag vor Simon und Juda (26. Oktober), Sizenberg, beurkundet Leopold Herr von Wäching, oberster Türhütter in Oesterreich, vom edlen Christoph Grabner 10 Pfd. Pfen. Dienst auf Häusern zu Lehen erhalten zu haben, und verspricht, sie bei Einlösung sogleich zurückzugeben. Handschrift mit aufgedrückter Petschaft.[6]

1512, ohne Tag, geben David von Trautmannsdorf und seine Frau Barbara dem Abt Wilhelm von Baumgartenberg zwei Höfe in Reydling mit jährlichem Dienste von 1 Pfd., 20 Metzen Weizen, 20 Metzen Korn und 20 Metzen Hafer für die zwei Kranibethof bei Schloß Reytpotenbach in Aspershofer Pfarre. Kaiser Maximilian I. bestätigt diesen Tausch, machte die zwei Reilingerhöfe und das Holz-

[1] Quellen zur Gesch. der Stadt Wien, II. Abteil., III. Bd., Nr. 52b.
[2] Mon. Habsburg. I. Abt., III., 332-333; Chmel, Regesta Friderici IV., II. Abt., Nr. 7303.
[3] Kottingbrunn bei Leobersdorf. Topographie, V., 398.
[4] Quellen zur Gesch. der Stadt Wien, II. Abteil., III. Bd., Nr. 56.
[5] Archiv für österr. Geschichte, 1853, 294-295.
[6] Briefprotokoll von 1618 im Schloßarchiv Pottenbrunn, Urkunde Nr. 149.

leitengut zu freien Eigen und gab die zwei Reitpotenbacher Höfe dem Trautmansdorf zu Lehen.[1]

1531 wurde Sitzenberg als Signalpunkt in der Türkengefahr bestimmt.[2]

1550 war Pfarrer Johann Alchinger von Reidling an der Postulation des Propstes Bartholomäus *a Cataneis* in Herzogenburg beteiligt.[3]

1563, 17. März, starb Achaz Matseber und wurde in Reidling begraben. Von ihm wird gesagt, er habe die neue Lehre eingeführt.[4]

1569, 24. Februar, kopulierte Udalrich Härtl, Pfarrer zu Reidling, den Propst Christoph von St. Andrä mit der Behamin (Böhmin) Elisabet. Er war Konventuale von Raitenhaslach.[5]

1569 war der Chorherr von Herzogenburg, der die Pfarre versah, lutherisch.[6]

1572, 5. März, gibt Christoph Herr von Greiß zu Wald den zwei Klosteruntertanen des Abtes Benedikt von Baumgartenberg in Reidling, denen einige Gründe durch einen neuangelegten Teich zu Sitzenberg ausgetränkt worden waren, zum Ersatz dafür 2½ Joch Acker im Marchfeld, deren Dienst und Grundobrigkeit nach Baumgartenberg gehören sollen, während die ausgetränkten Gründe an Sitzenberg übergehen.[7]

1575 war Pfarrer Otmar Tummler zwar katholisch gesinnt, aber beweibt.[8] Er nahm auch 16. November 1576 an der Dekanatssynode in Traismauer teil.[9] 1578 wurde er wegen schlechter Sitten und sektischer Lehre vom Konsistorium in Haft genommen.[10]

Um 1584 hatte Hans Jakob von Greiß zu Sitzenberg 161 Holden, davon in Christophen 19, Fahrafeld 22, Michelbach 44, Amt am Pichel 32. - Helmhart Jörger auf Walpersdorf hatte in Reidling 15 Untertanen.[11]

---

[1] Labitsch, Protocollum archivii Montis Pomerii, 1767, I. Band, Bl. 195a., Studienbibliothek in Linz.
[2] Linck, Annales Zwetlensis, II., 401.
[3] Topographie, IV., 224.
[4] Wiedemann, IV., 93.
[5] Konsistorialarchiv St. Pölten, Faszikel St. Andrä.
[6] Wiedemann, IV., 115.
[7] Labitsch, Protocollum archivii Montis Pomerii, 1780, II. Band, Bl. 86 im Landesarchiv zu Linz.
[8] Wiedemann, IV., 93, 116.
[9] Geschichtliche Beilagen, V., 583.
[10] Wiedemann, IV., 94.
[11] Schloßarchiv Ottenstein.

1586 war Andreas Leser, Konventuale von Herzogenburg, auf der Pfarre, der alles nach katholischer Ordnung hielt, aber deutsch taufte. Schule bestand keine.[1]

1593, 26. Juli, kaufte der Hofprediger von Sitzenberg M. Paulus Kregelmair Noribergensis, in Krems ein Buch zur Heiligen Schrift von Wittenberg.[2]

1597, 25. August, schreibt der Propst von Herzogenburg an Klesel: der Vikar zu Reidling ist gestorben und seiner Person und Sachen nach eines bösen Lebenswandels befunden worden.[3]

1600 war der Konventual Adalrich Hellwierdt auf der Pfarre Reidling. Er wurde belobt.[4] Er war 1604 bis 1609 Propst in Herzogenburg.[5]

1609 sagte Pfarrer Martin Mülwolf von Altheim in Franken Diözese Mainz stammend, zugunsten des Vikars von Stollhofen wegen der Verwundung eines Choralisten aus.[6]

1688, 16. Mai, Reidling, berichtet der Vikar Franz Feldthouer: in seiner Pfarre haben alle Pfarrkinder, die über 12 Jahre alt sind, Beicht und Kommunion empfangen. Unkatholisch sind ein Fleischhauer in Sitzenberg und 6 andere Personen. Dem unkatholischen Exerzitium wird nicht nachgereist und keine verbotenen Bücher gelesen. Sonn- und Feiertage und Festtage werden gehalten. Die heilige neue Taufe wird nur zwischen Ostern und Pfingsten begehrt, die Getauften, Kopulierten und Verstorbenen werden eingeschrieben. Von den Kranken wird kein Speisgeld beim Versehen genommen. Beim Gottesdienst an Sonn- und Feiertagen wird das gemeine Gebet und die offene Schuld vorgebetet, die Kinderlehre fleißig gehalten. Unkatholische werden ohne Einsegnung und Glockengeläute begraben. Hier besteht keine Bruderschaft und kein Kaplan. Der Vikar hat die Vollmacht, von Reservaten loszusprechen, und nimmt die Befehle des Konsistoriums mit Respekt entgegen.[7]

1786 heißt es: die Schloßkapelle (?) zu Hasendorf ist zu exekrieren.[8]

Um 1826 wurde der letzte Rest des Schlosses Thallern, das mit Sitzenberg seit 1652 vereinigt war, weggeräumt.[9]

---

[1] Wiedemann, IV., 94.
[2] Monatsblatt für Landeskunde, 1925, 19.
[3] Konsistorialarchiv St. Pölten, Faszikel Stift Herzogenburg.
[4] Österr. Vierteljahresschrift für Kathol. Theologie von Wiedemann, 1872, 378.
[5] Konsistorialarchiv St. Pölten.
[6] Konsistorialarchiv St. Pölten, Faszikel Stift Herzogenburg. Siehe Stollhofen.
[7] Konsistorialarchiv St. Pölten.
[8] Kerschbaumer, Geschichte des Bistums St. Pölten, II., 69.
[9] Schweickhardt, Darstellung von Niederösterreich, VII., 102-103.

1852 wurde die Erhaltung einer Kapelle in Reidling an einem Garten zur Aufstellung des Fronleichnamsaltares von Katharina Adler sichergestellt.[1]

153. Reinsberg[2]

1198 erbaute hier Ortolf von Alhartsberg eine Kapelle.[3]

Um 1260 hielt Herr Otto von Ransperch dem Landesfürsten Güter zurück.[4]

1291, Freitag in der Pfingstwoche (15. Juni), Haimburg, beurkundet Herzog Albrecht I. von Oesterreich, daß er von ehrbaren Leuten berichtet wurde, daß die Häuser (Schlösser) zu Reinsperch und Ernekke (Ernegg bei Steinakirchen) samt Zugehör dem Gotteshause Regenspurch gehören und er damit nichts zu schaffen habe.[5]

1291, 6. Oktober, Krems, stiftet Adelheid von Reinsberg auch im Namen ihres verstorbenen Mannes Engelschalk bei der Kirche in Reinsperg, welche bisher zur Pfarre Steinakirchen gehörte, eine eigene Pfarre, welche der Abt von Mondsee ihr zu verleihen gegeben hat und gab dem Pfarrer, der auch einen Gesellen halten sollte, den Hof zu Mittra, der 8 Mut Getreide, Korn und Hafer, ein Schwein im Werte von 1 Pfd. 12 Käse im Wert von je 6 d, 2 Gänse, 6 Hühner, 60 Eier, ein Schott Haar und als Zehent ungefähr 3 Mut beiderlei Getreide Dienste; dazu kam noch die Gülte, welche bisher bei der Kirche war.[6]

Diese Urkunde lautet:

Ich Alheit von Reinsperg tun kunt allenden, die disen Brief sehent oder hoerent lesen, daz ich mit gvnst vnd mit bete mines geistlichen vater pischof Wernhard von Pasowe (Passau) vnd mit gvnst des ersamen abbet Otten von Mense (Mondsee) vnd siner samenvnge vnd mit gvnst dez pharer von Stainkilche hern Dietmar, waz ich die Kilchen ze Reinsperch, div tochter e gewesen ist der pharre ze Stainkilchen gelediget vnd gevriget (gefreit) han mit als tvrre gvlte, als div selbe kilche dar gedienen mohte, vnd daz der ersam abbet Otte von Mense vnd sin samenvnge mir von ir genaden verlihen vnd gegeben habent die kilchen ze Reinsperch zallem (zu allem) pharrelichen rechte

---

[1] Konsistorialarchiv St. Pölten.
[2] Geschichtliche Beilagen, II., 106-139.
[3] Geschichtliche Beilagen, II., 107.
[4] Rauch, Rerum Austriacarum Scriptores, II., 27.
[5] Reichsarchiv in München; Ried, Codex chronol. diplom. episcop. Ratisbon., I., 646.
[6] Oberösterr. Urkundenbuch, IV., 159-161. Geschichtliche Beilagen, II., 110.

zelehen ze min tagen, diewile ich lebe, an (ohne) daz geistlich recht, daz minen geistlichen vater biscof Wernhard zvo gehort, vnde also, daz ich die kilchen ze Reinperch lihen sol ein biderben phaffen, der Gote vnde den hailigen vnd den pharrelivten fuegent ist, vnd daz derselbe pharrer ein priester bi im habe, daz man Gote dester bas da gedienen muge dvrch die frivnge (Freiung) vnde dvr mins wirtes sele hern Engelschalches, dem Got genade. Vnd darumbe, daz der pharrer ein gesellen habe, so han ich dargegeben den hof ze Mittra mit alre minre erben insigel vnd mit dem mine (meinem); derselbe hof gibet (ist wert) ahte mvtte beder getreist (Getreides), Korn vnd habern vnd gilt ein swein, daz ist eins phvndez wert, vnde zwelf chese (Käse), daz der chese sehs phenninge wert ist, vnd zwo gense vnd sehs hvenre vnd sechzek aiger (Eier) vnd ein schveta harwes (Schett Haar), vnd ein zehenden, der gilt drie mvtte beder getraist, korn und habern, e mer e minre. Daz grot han ich dar gegeben zwo alre der gvlte, vnd div kilche e hat gehabt, mit der bescheidenheit, als vor mit schrift begrihen ist. Ovch han ich dvrch mins wirtes sele vnd dvrch min selbes sele vnd dvrch minre vordern vnd minre nachkomen gelobet, daz gotshus ze fivrdern (fördern), die wile ich lebe; als ich denne nvmer lebende bin, so sol div selbe pharre kilche ze Reinsperch wider gevallen an daz gotshus ze Mense also, daz si der abbet lihen sol zallem pharrlichem rechte an allen zins vnd an allen vfsaz ein biderben phaffen, der Gote vnd den hailigen vnd den pharreliuten fuegente ist vnd der ein gesellen bi im habe, mit der beschaidenheit, als vor mit schrift begrifen ist. Daz das allez stete vnde vnzerbrochen belibe, darvber geit (gibt) vns vnser geistlich vater, bischof Wernhard von Pasowe sein brief vnd sein insigel vnd ich Alheit von Reinsperch gibe disen brief zeinem vrchvnde vnd zeiner steten ewecheit (Ewigkeit) mit minem insigel vnd mit mins brvoder Frideriches insigel von Lengenbach, der camerer ist ze Oesterrich. Diser sache sint gezivge, die hin geschriben sint: herre Lienhart von Mense, herre Cvonrat der techent von Schierolvingen, herre Cvonrat der pharer von Wiselbvrch, herre Diethmar der pharer von Stainchilche, Reicher der Wolfstain, Albrecht von Aiglarn vnd sin brvoder Gundaker. Daz ist geschehen ze Crems, von Cristoz gebvrt tvsent iar zweihvndert iar, ein vnd nivnzek iar, an dem ahten tage nach sancte Micheleztag.[1]

Vor 1329 gab Bischof Nikolaus von Regensburg zu Lehen: dem Cristan Truchseß „zwo vesten" und was dazu gehört, Reinsperg

---

[1] Originalpergament, das erste Siegel fehlt, das zweite verletzt. Stiftsarchiv Seitenstetten. Rückaufschrift des 15. Jh.: vmb die chiche ze Rainsperg. Fehlerhafter Abdruck nach einer Vorlage des Pfarrarchivs Reinsberg in Geschichtliche Beilagen, II., 10.

und Ereneck (Ernegg, Pfarre Steinakirchen); dem Nicla Purchdorffer eine Wiese auf dem Tullnerveld, heißt der See.[1]

1337, Pfingsttag nach Mitterfasten (27. März) verkauft Ott von Plankenstein 2 Pfd. Pfen. jährlicher Gülte auf 5 Gütern zu Asmanspach bei Reynsperch an den Bischof Niklas von Regensburg um 22 Pfd. Pfen.[2]

1365, 16. Dezember, verkauft Ernst der Fleming, Pfarrer zu Reinsberg, seinem Herrn Rudolf von Walsee zwei Hofstätten zu Wimpassing bei Hafnerbach.[3]

1384, um den 1. November, verlieh Bischof Johannes von Regensburg dem Ott von Zelking drei Festen Reinsperig, Schonneck (Schönegg, Pf. Steinakirchen) und Ereneck und was dazu gehört. Der Zelking hat mit Willen des Herrn von Regensburg auf der Feste Schonneck seiner Frau Elspet 1.300 Pfd. Pfen. und 200 Pfd. Pfen. verlorenes Gut vermacht.[4]

Um 1390 war die Pfarre Reinsperch auf 12 Pfd. Pfen. Verleihungsgebühr berechnet.[5] Aus dieser Zeit stammen Chor, Langhaus und südliche Abseite.[6]

1393, 12. März, verspricht Pfarrer Wolfgang Reikerstorfer von Reinsperg, den Schiedsspruch der Pfarrer Andre von Gresten und Niklas Poltinger von Gaming, wegen eines Weges zu Kienberg, der über seine Gründe geht, zu halten, da ihm das Kloster Gaming dafür eine Entschädigung geleistet hat.[7]

1429, St. Kathrein (25. November), gibt Michel Dankl, Pfarrer zu Rainsperg, mit Bewilligung der Lehensherrn seiner Kirche Reinprecht von Walsee, Hauptmanns ob der Enns, dem Prior Niklas und dem Konvente zu Gaming das Gut zu Chyenperg, worauf Heinrich Mürsakch sitzt; das Gut auf der Stetten, worauf der Rebl sitzt; das Gut zu Mittra, worauf Hanns Würm haust und 2 Herbsthühner oder dafür 4 d und 2 Faschinghühner oder 8 d dient. Dafür erhält er für seine Kirche das Gut die Klaus in der Scheibser Pfarre, die Güter Hub, Horpewnt, am Sporantsperg und zu dem Schewhengpflug, in der Pfarre Reinsberg gelegen. Siegler: der Aussteller und als Zeugen der edle Herr Christoph von Czintzendorff, Pfleger zu Purkstal,

---

[1] Histor. Verein der Oberpfalz und von Regensburg, Archiv II, Lehenbücher Ratisbonensis Nr. 1. Ähnlich im Schloßarchiv Jaidhof, VII., 10.
[2] Reichsarchiv in München.
[3] Geschichtliche Beilagen, II., 112.
[4] Histor. Verein der Oberpfalz und von Regensburg, Archiv II, Lehenbücher Ratisbonensis Nr. 1. Ähnlich in Schloßarchiv Jaidhof, VII., 10.
[5] Hippolytus, 1863, 148.
[6] Riesenhuber, Kirchl. Kunstdenkmäler, 248.
[7] Topographie, III., 271.

und die ehrbaren Michel der Fürst, Pfleger zu Rainsperg, und Hanns der Purkstaler, Landrichter zu Purkstal.[1]

1429 war Reinsperg auf 10 Pfd. Pfen. angeschlagen und Lehen vom Walsee.[2]

1437 vergleicht sich Pfarrer Michael Denkl mit der Karthause Gaming wegen Gründe.[3]

1469, Mittwoch vor St. Lorenz (9. August), Pechlarn, verkauft Bischof Heinrich von Regensburg dem edlen Otto von Zelking die Schlösser Reinsperg, Reineckh (Ernegg, Pf. Steinakirchen) und Schönegg (Ruine und Maierhof in Pf. Steinakirchen) mit Zugehör, zwei Güter in Eschlperg (Eschelberg oder Öschelberg, Pf. Steinakirchen) und in dem Thal (Talbauer) in Stainakircher Pfarre, je ein Lehen zu Vrlbrach (Felbrach) in dem Aschenbach, in dem Weeg, zu Lochnicz und zu Windischendorf (Pf. Ferschnitz), eine Hofstatt zu Wißlburg, 4 Güter zu Lochnicz, auf einem Gut den Zehent, eine Gülte an dem Polan in Purckhstaller Pfarre, ein Lehen zu Wechling (Pf. Wieselburg), wo Hans Greist aufsitzt, eine Hofstatt auf der Paint und eine zunächst der Hueb in Wißlburger Pfarre. Siegler: der Aussteller.[4]

1567 war Veit Sturm lutherischer Pfarrer hier.[5]

Um 1584 hatte Heinrich von Oedt zu Reinsberg 173 Holden, davon in Euratsfeld 18, Reinsberg 52, Amt an Langädern 29, Mitterbergamt 26, Wang 24, Reitingeramt 23.[6]

1586, 9. November, wurden Dienste an die Kirche Reinsberg verrechnet von den Häusern: am Lehen 2, untern Ohanng, im Preynwertsberge und Reyttelberg, zusammen 3 fl 1 ß 27 d. Zehente von Weninghoff, Größlinger, Schwörzenlehen, Hubmasödtt, Grafenödt, Schmidlehen, Pühel und Mayersberg. Am Bau der neuen Stube und Küche beim Pfarrhof waren beschäftigt (Maurer-) Meister Frantz, Schlossermeister Egid vom Scheybß und der Hafner Michart von Steinakirchen.[7]

1615 hielten die Auersperg zu Reinsberg einen Prädikanten.[8]

1659 war die Pfarre Reinsperg mit Gresten vereinigt und wurde hier jeden dritten Sonntag Gottesdienst gehalten.[9]

---

[1] Smitmer, Codex Diplom. Austriae Nr. 122/III im Staatsarchiv zu Wien, III. Bd., Nr. 226.
[2] Schmieder, Matricula, 21.
[3] Topographie, III., 272.
[4] Abschrift im Schloßarchiv Jaidhof, VII., 10.
[5] Wiedemann, I., 412.
[6] Schloßarchiv Ottenstein.
[7] Kirchenrechnungen und Pergamentumschläge aus schön geschriebenen Ritualbüchern mit roten und blauen Initialen, Konsistorialarchiv St. Pölten.
[8] Wiedemann, IV., 193.
[9] Konsistorialarchiv St. Pölten, alte Dekanatsakten.

154. Ried[1]

1125 erscheint Reinger von Riede in Salzburg in der Begleitung des Markgrafen Leopold des Heiligen.[2]

1211, 22. Mai, Wien, im Hause des Vogtes Otto (von Lengpach), beurkundet Bischof Manegold von Passau, daß er auf Bitten des Hadmar von Kuenring die Kapelle in Riedauge unter Zustimmung des Pfarrers von Sieghartskirchen von dieser Pfarre abgetrennt habe, wofür der Mutterpfarre jährlich 12 ß d zu entrichten sind.[3]

Um 1260 gehörte das Schloß Riede noch zur Pfarre Sieghartskirchen.[4]

1280 gaben Leutold und Heinrich von Kuenring die Feste Ried dem Herzog Albrecht I. von Habsburg.[5]

1281, 2. Juni, verpfändet König Rudolf dem Konrad von Tulln (Landschreiber in Oesterreich) für eine Schuld von 12.436 Pfd. Pfen. und 6.606 Mark Silber die kleine Maut zu Stein und das Schloß Ried.[6] Konrad schenkte das Schloß Ried später seinem Schwiegersohn Otto, dem Manne seiner Tochter Adelheid, der sich von Neuburg oder Galenberg nannte.

1305 wird der Pleban von Ried genannt.[7]

1316 lag das Schloß Ried im Freisinger Gebiete von Ollern und trug es der Herzog von Oesterreich vom Bistum Freising zu Lehen.[8]

1338 hatte die Stadt St. Pölten an der Maut zu Ryed Ermäßigung.[9]

1342, Sonntag, St. Koloman Martyrer (13. Oktober), beurkundet Bruder Johannes, Abt zu Gottestal (Säusenstein), und die Sammlung daselbst, daß der ehrbare Ritter Jakob der Grabmer von Judnaw ihnen 4 Pfd. Wr. Pfen. Geldes auf dem Dörflein auf dem Berg bei Rüedt und der Weide dabei, doch ohne den Weinzehent zu Sighartskirchen, gegeben habe, damit auf St. Mertinsaltar im Kloster je ein gesungenes Amt zu Martini und Unser Frauen Schiedung gehalten und ein ewiges Licht vor St. Mertenaltar gebrannt werde. An beiden Tagen wird den Herren im Rehent eine Pitanz mit je einem

---

[1] Hippolytus, 1864, 238-245.
[2] Hippolytus, 1864, 239.
[3] Hippolytus, 1864, 242, 243.
[4] Monumenta Boica, XXVIII., II., 441.
[5] Frieß, Die Herren von Kuenring. Regest Nr. 344.
[6] Blätter für Landeskunde, 1874, 37.
[7] Fontes, XXXVI., 374.
[8] Fontes, XXXVI., 103.
[9] Blätter für Landeskunde, 1883, 488.

halben Pfund gegeben werden. Der Älteste der Stifter bekommt jährlich zu Michaeli vom Kloster „zwen gefülzte Schuch" im Werte von 42 d. Siegler: Abt und Konvent.[1]

1366, 28. Jänner, Wien, stellt Albrecht der Schenk von Ried, des Herzogs Albrecht III. Hofmeister, den Herzogen Albrecht und Leopold um Ried einen neuen Pfandrevers aus, nachdem ihm anstatt der alten zu Purkerstorff verloren gegangenen Urkunde eine neue gegeben worden war.[2]

1368, Sonntag nach Prechentag (9. Jänner), Wien, bekennt Herzog Albrecht von Oesterreich, daß er vom Abte Altmann von Nideraltach die Feste Ried vor dem Wienerwalde für sich und seinen Bruder zu Lehen erhalten habe.[3]

1381, 16. Juli, Wien, nimmt Hans der Schenk von Ried vom Herzog Albrecht III. die Feste und das Waldamt Ried und 100 Pfd. Pfen. auf dem Gerichte zu Tuln als Satz für 1.900 Pfd. Pfen. Falls er ohne Söhne sterben sollte, fallen diese Güter an den Herzog zurück.[4]

Um 1390 war Ryed auf 15 Pfd. Pfen. Verleihungstaxe angesetzt.[5]

1399, 8. September, Wien, bewilligt Herzog Albrecht IV., daß Hanns der Schenk von Ryed die Morgengabe seiner Gemahlin Walburg, Tochter des verstorbenen Jorg des Hauser, auf die lehenbare Feste zu Ryed verweise.[6]

1416, 26. März, Wien, verzichtet Walburg, Gemahlin des Sigmund von Polnhaim, gegen Herzog Albrecht V. auf die von ihrem früheren Gemahle Hans dem Schenken von Ried auf die Feste Ried, das Dorf Langenlebarn und 76 Pfd. Pfen. Gülten vom Gerichte in Tuln angewiesene Morgengabe, nachdem ihr der Herzog 800 Pfd. Pfen. gezahlt habe.[7]

1421, 23. Februar, im herzoglichen Schlosse zu Wien, nimmt Herzog Albert V. von Oesterreich vom Abte Johann von Nieder-Altach das Schloß Ried vor dem Wienerwalde mit Zugehör zu Lehen.[8]

1429 war die Pfarre Ried auf nur 4 Pfd. Pfen. Verleihungsgebühr angesetzt und Lehen vom Bischof von Passau.[9]

1438 war das landesfürstliche Benefizium in Ryed auf nur weniges angeschlagen.[10]

---

[1] Briefprotokoll von 1618 im Schloßarchiv Pottenbrunn, Urkunde Nr. 244.
[2] Lichnowsky, Habsburg, IV., Nr. 711.
[3] Monumenta Boica, XI., 66, 321.
[4] Lichnowsky, Habsburg, IV., Nr. 1605.
[5] Hippolytus, 1863, 147.
[6] Lichnowsky, Habsburg, V., Nr. 344.
[7] Lichnowsky, Habsburg, V., Nr. 1608.
[8] Monumenta Boica, XI., 324; Lang-Freyberg, Regesta Boica, XII., 363.
[9] Schmieder, Matricula, 20.
[10] Archiv für österr. Geschichte, 1832, 37, Urkundenblatt Nr. 10.

1444, 25. Mai, Wien, befiehlt König Friedrich IV. seinem Hubmeister in Oesterreich Thomas Wisennt, da er den vom römischen König Albrecht vorgehabten Tausch mit dem Frauenkloster zu Tuln wieder rückgängig gemacht habe, das Dorf Ried mit 10 Pfd. Gülten auf dem Ungeld zu Tuln wieder zu seinen Handen zu nehmen und dem Kloster den Markt Böhmischkrut zurückzustellen. Doch solle er das was König Albrecht zu Behmisch Krud dazugekauft hat, zum Fürstentum Oesterreich zurückerhalten.[1]

1457, Pfingsttag nach Kreuz-Erhöhung (15. September), Wien, beurkundet König Ladislaus von Ungarn und Böhmen und Herzog von Oesterreich vom Kloster Nieder-Altaich die Feste Ried zu Lehen genommen zu haben.[2]

1459, Mittwoch vor St. Koloman (10. Oktober), Wien, beurkundet König Friedrich IV. vom Kloster Nieder-Altaich die Feste Ried zu Lehen empfangen zu haben.[3]

1529 oder 1532 haben die Türken das Schloß in Ried zerstört. Auf dem Hausberge, der nordwestlichen Abdachung des Riederberges zwischen Purkersdorf und Sieghartskirchen, sind in diesem Walde noch Spuren davon, einige Mauerreste und der Graben, erhalten.[4]

1562 verkaufte Kaiser Ferdinand I. das Amt Ried mit Kirchenlehen und Vogtei dem Kornelius von Lappiz auf Rapoltenkirchen.[5]

1574, 18. Februar, Ober-Puelach, gibt Wolf Christoph Mäminger zu Nusdorf dem Achaz Enickhl (zu Albrechtsberg an der Pielach) einen Holden in Gezelstorff und erhält dafür einen halben Untertanen daselbst, der jährlich ein Pfund dient und ihm bereits zur Hälfte mit Obrigkeit untertänig ist. Diesen Holden gibt Mäminger nun ganz dem Leopold Grabner für ein Gütel zu Ried, worauf er einen Meierhof erbaut hat.[6]

1614 wurde laut Urbar der Pfarre Sieghartskirchen die St. Johanneskirche zu Riedt achtmal im Jahre besungen.[7]

1674, 7. Jänner, legten Pfarrer Franz Dirnberger von Siegharzskirchen und Pfleger Christoph Edlböckh von Neuen-Lengbach die Kürchenraittung der Filiale Ried, welche damals 1.632 fl 3 kr 2 d Geld hatte.[8]

1684, 10. November, berichtet der Vikar Georg Dorn von Sieghartskirchen: die Filiale Ried, dem Kloster Baumburg völlig ein-

---

[1] Chmel, Regesta Friderici IV., I. Abt., Nr. 1648.
[2] Stiftsarchiv Nieder- Altaich.
[3] Stiftsarchiv Nieder- Altaich.
[4] Blätter für Landeskunde, 1874, 39.
[5] Geschichtliche Beilagen, VII., 46.
[6] Briefprotokoll von 1618 im Schloßarchiv Pottenbrunn, Urkunde Nr. 297.
[7] Konsistorialarchiv St. Pölten, Faszikel Sieghartskirchen.
[8] Notiz im Konsistorialarchiv St. Pölten, Faszikel Sieghartskirchen.

verleibt, ist durch den Türkeneinfall ganz ruiniert „das Kürchenbuech aber ist durch List von hiesigen Parrhof hinaußpracticirt wordten." Die Kirche hat nur das Kirchenholz und einen Acker, welche die Herrschaft Neulengbach genießt.[1]

1756 stellte das Stift Baumburg einen Vikar nach Ried, der vom Pfarrer in Sieghartskirchen abhing. Der Ort wurde 1763 zur Kuratie erhoben.

1765 verkauft Joachim Högl, Chorherr von Baumburg und Pfarrvikar von Sieghartskirchen, mit Konsistorialbewilligung das Grundbuch der Filialkirche in Ried dem Grafen Johann Maximilian von Kuefstein, Herrn der Herrschaft Pottenbrunn und Patron der Kirche, um 277 fl.[2]

1783 wurde eine Lokalie errichtet.

1824 wurde eine einfache Kirche erbaut.[3]

1846 gelobte das Dorf Ried die Erhaltung der St. Johanneskapelle.[4]

155. Rohrbach/Gölsen[5]

Um 1100 wird Roruuanch unter den Gütern der Kirche St. Veit an der Gölsen genannt.[6]

Um 1232 erbaute Albero von Pielach hier eine Kapelle auf einem Acker, den er 1233 mit allen Rechten der Mutterkirche zu Wilhelmsburg übergab. Doch behielt er sich das Recht vor, für sich selbst einen Priester daselbst zu halten, der seiner Familie und Gästen Messen hielt, aber keine pfarrlichen Rechte ausüben sollte.[7]

1346, 14. Juni, Wien, verkauft Hadmar von Mezzenpach das freieigene halbe Dorf zu Rohrbach in Hainfelder Pfarre um 92 Pfd. Pfen. dem Stephan von Hohenberch.[8]

Um 1400 wurde die Kirche erbaut, der Ölberg über dem Südportale stammt aus dem 15. Jahrhundert.[9]

---

[1] Konsistorialarchiv St. Pölten, Faszikel Sieghartskirchen.
[2] Konsistorialarchiv St. Pölten, Faszikel Pottenbrunn.
[3] Schweickhardt, Darstellung von Niederösterreich, V., 207.
[4] Konsistorialarchiv St. Pölten.
[5] Schweickhardt, Darstellung von Niederösterreich, IX., 176-179.
[6] Mitteilungen des Institutes für Österr. Geschichtsforschung, 1904, 692.
[7] Hanthaler, Fasti Campililienses; Geschichtliche Beilagen, II., 509.
[8] Oberösterr. Urkundenbuch, VI., 553.
[9] Riesenhuber, Kirchl. Kunstdenkmäler, 251.

1455 verleiht König Ladislaus dem Friedrich von Hohenberg mit der Herrschaft Hohenberg Kirchenlehen und Vogtei zu Rorbach.[1]

1464 gibt Mathes Notterpeck vom Zehente in Wiedehof 32 Gulden der Pfarrkirche Hainfeld, 10 fl der Unser Frauen-Kapelle in Ramsau und 5 fl der St. Bartholomäuskirche in Rohrbach.[2]

1616-21 waltete hier unter dem Schutz der Herrn von Jörger auf dem Schloß Bergau der Pastor Kaspar Erhardt.[3]

1618 beschwerten sich die katholischen Stände darüber, daß Helmhart Jörger wider Recht die Filiale Rorbach der Göttweiger Pfarre Hainfeld vorenthalte.[4]

1691 gehörte Rohrbach zur Pfarre Hainfeld.[5]

156. Rossatz[6]

Um 987 wird Rosseza als Grenze des Gebietes von Mautern genannt.[7]

Um 1209 wurde ein Mann von Rossatz bei den Reliquien in St. Pölten geheilt.[8]

Vor 1280 belehnte Rudolf von Habsburg die Brüder Leutold und Heinrich von Kuenring mit dem Dorfe Rossatz.[9]

1347, 1. September, beurkundet Leutold II. von Kuenring, daß seinem Bruder Jans I. von Kuenring vom Erbe ihres Vaters Leutold I. auch die Dörfer Rossaze und Pach (Rossatzbach) mit Gericht und Zugehör und halbem Weingeld zugefallen ist.[10]

1350, 27. Mai, Wien, verkaufen die Brüder Otto und Stephan von Walde mit Einwilligung des Bischofs Gottfried von Passau als Lehensherrn ihren Wein- und Getreidezehent in der Wachhawe zu „Rozzas von Pach untz gen Chienstoch", groß und klein, um 220 Pfd. Wr. Pfen. dem Friedrich von Walsee.[11]

---

[1] Notizenblatt, 1854, 114.
[2] Schweickhardt, Darstellung von Niederösterreich, IX., 178.
[3] Schweickhardt, Darstellung von Niederösterreich, IX., 179. Wiedemann, IV., 104.
[4] Wiedemann, I., 554.
[5] Konsistorialarchiv St. Pölten, Faszikel Göttweig.
[6] Schweickhardt, Darstellung von Niederösterreich, XIII., 42-47.
[7] Niederösterr. Urkundenbuch, I., 4
[8] Pez, Scriptores rer. Austriac., I., col. 747-750.
[9] Frieß, Die Herren von Kuenring. Regest Nr. 344.
[10] Staatsarchiv in Wien.
[11] Notizenblatt, 1854, 132.

1356, 6. April, Wien, beauftragt Herzog Albrecht II. von Oesterreich den Reimprecht von Wallsee zu Enns, das landesfürstliche Lehendorf Rossatz seiner Muhme Adelheid, Witwe des Leutold von Kuenring zu übergeben.[1]

1358, 17. November, Chrumau (in Böhmen), sendet Alheid von der Leippe dem Herzog Rudolf IV. als Lehensherrn das von ihr dem Reimprecht von Walsee verkaufte Dorf Rosazze auf.[2]

1359, 21. Jänner, Wien, beurkundet Heinrich von Walsee von Drosendorf, daß sein Vetter Reimprecht von Walse, von seiner Tochter Alheid, Hausfrau des Szenik von der Leippen, das Dorf Rossazze um 600 Pfd. Wr. Pfen. gekauft habe, weshalb er es dem Herzog Rudolf von Oesterreich aufgebe.[3]

1359, 21. Jänner, Wien, beurkundet Czenik von der Leippen, oberster Marschall und Kämmerer des Königreichs Böhmen, daß das Dorf „Rossazze, gelegen gen Tirnstein über", von seiner verstorbenen Wirtin Alheid, Tochter des Heinrich von Walse zu Drosendorf, an seinen Schwager Reimprecht von Walse von Enns verkauft und das Geld bezahlt wurde, weshalb er dieses Dorf im Namen seiner Wirtin dem Herzog Rudolf von Oesterreich aufgibt.[4]

1359, 15. Oktober, beurkundet Ekkel, Richter zu Rossatz, im Auftrage seines Herrn von Wallsee die Entscheidung eines Zehentstreites durch Bürger, Geding, Älteste und Beste im ehaften Taiding.[5]

1361, 3. August, erhielt Friedrich von Wallsee bei der Güterteilung Weingärten zu Spitz und Zehente zu Rossazze.[6]

1364 stiftet Berthold Panhalm zur Spitalkirche in Steyr eine ewige Messe mit einem Weingarten zu Rossatz und Gütern zu Weidern.[7]

1367, Unser Frauenabend zur Lichtmeß (1. Februar), verkaufen Heidenreich von Meichssow, oberster Schenk in Oesterreich, und seine Frau Anna mit Lehensherrn-Hand des Herzog Albrecht III. von Oesterreich den zwölften Teil am Weingeld zu Rozzsazze, den er von ihrer Muhme Frau Elzbet, Witwe des Herrn Eberhart von Wallse von Gracz, gekauft hat, um 70 Pfd. Wr. Pfen. dem Herrn Rudolf von Wallse von Ens, Sohn des verstorbenen Herrn Reimprecht von Wallse, und seinen Brüdern. Siegler: der Aussteller, sein Bruder Ulrich von Meichssow und ihr Ritter Herr Reimbert von Waltreis.[8]

---

[1] Frieß, Die Herren von Kuenring. Regest Nr. 788.
[2] Lichnowsky, Habsburg, IV., Nr. 12.
[3] Notizenblatt, 1854, 339.
[4] Notizenblatt, 1854, 339.
[5] Winter, Niederösterr. Weistümer, III., 428.
[6] Notizenblatt, 1851, 363.
[7] Hoheneck, Genealogie der Stände Oberösterreichs, III., 476.
[8] Staatsarchiv in Wien.

1374, 19. Februar, beurkunden Janns der Plyenndel von Rossazz und seine Verwandten, daß sie vom Abte in Lambach einen Weingarten zu Rossazz hinter dem Dorfe erhalten haben, von welchem sie nach Lambach und auch dem Mert Reysner, Richter zu Rossazz, in das Amt des Herrn von Walsee Dienste zu leisten haben. Siegler: Pfarrer Friedrich von Rossazz und der ehrbare Paul der Chrautwurm, Slüzzler zu Chrems.[1]

1384, 13. November, Chrumpnaw (in Böhmen), schreibt Alheid von der Leippen, an ihre Vetter Ulrich von Walsse, Hauptmann in Steier, sie möchte das Dorf Rossazze ihrem Vetter Reinprecht von Walsse verkaufen, und bittet ihn um Rat und Beihilfe.[2]

1388 front (pfändet) Stephan Oder dem Propste Hans von Suben und dem Konvente das Dorf Rossazzen und ihre Güter und Weingärten daselbst und zu Mawtaren.[3]

1388, 20. August, Wien, bestimmt der Passauer Offizial, daß die Pfarre Rossacz als Filiale von Mautern dem Stifte Göttweig zugehöre.[4]

1390, 1. September, siegelt Pfarrer Friedrich von Rossatz eine Urkunde.[5]

Um 1390 war Rossatz auf 12 Pfd. Pfen. Taxe berechnet.[6]

1396, St. Mattäustag (25. Februar), gibt Leopold der Purchkstaler, Bürger zu Grein, seiner Frau Kathrein, Tochter des Hachleins von Agsbach, als Morgengabe die Weingüter Chuphernagel und Haesiber, beide dienstbar in des Matthäus Lehen zu Ruestorff. Siegler: Hans Frawendorffer, Richter zu Mautarn, und Hans der Rosenekkse, Richter zu Grein.[7]

Um 1400 wurden Chor, Mittelschiff und nördliche Apsis der Kirche gebaut.[8]

1406 erhielt der Pfarrer von Rossacz alljährlich vom Weingarten Leuthen ½ Pfd. Wr. Pfen.[9]

1409, 15. März, stiften Pfarrer Peter von Rossacz und Elsbet, die Witwe des verstorbenen Ludwig des Polreuß von Wachau, eine wöchentliche Messe am Samstag, auf dem St. Annenaltare in der Kirche zu St. Lorenzen gegen Wachau (Weißenkirchen) über durch den Pfarrer von Rossatz zu halten. Der Pfarrer gibt den Weingarten und

---

[1] Oberösterr. Urkundenbuch, VIII., 681.
[2] Notizenblatt, 1854, 591.
[3] Staatsarchiv in Wien, Codex weiß, Nr. 48., Bl. 39.
[4] Fontes, LI.,720.
[5] Dürnsteiner Stiftsarchiv in Herzogenburg.
[6] Hippolytus, 1863, 148.
[7] Abschrift im Stiftsarchiv Seitenstetten.
[8] Riesenhuber, Kirchl. Kunstdenkmäler, 253.
[9] Fontes, LII., 64.

die Wiese im Elend. Elsbet widmet einen Weingarten zu Mitterfeld beim Frühmeßweingarten und ihr Urfahr zu Wachau. Wenn die Messe in St. Lorenz nicht gehalten werden kann, soll sie in der St. Jakobskirche in Rossacz auf dem Unser Frauenaltar gelesen werden.[1]

1412, 21. Dezember, Linz, gestattet Herzog Albrecht V. von Oesterreich, daß Reimprecht von Wallsee seiner Hausfrau Katharina, Tochter des Haug von Tybein, die 4.000 Gulden Heimsteuer auf dem Hause Hohenegg (Pfarre Hafnerbach) und dem Dorfe Rozzaß widerlege.[2]

1413, Samstag nach St. Veitstag (18. Juni), verkaufen Cristan Schwarcz von Ruerstorff und seine Frau Kunigunde 1 Pfd. Pfen. Dienst von einem Baumgarten zu Ruerstorff dem Niclas von Grössen, Richter zu Rossacz, und seiner Frau Anna.[3]

1418, 24. November, verurteilte ein Gerichtsspruch den Sigismund von Spawr, Herrn auf Hoheneckh[4], infolge einer Klage des Abtes Matthias und des Konventes des Klosters Gotwich[5]. Dieses Kloster im ruhigen Besitz des Patronates der St. Jakobspfarrkirche in Rossatz zu lassen, es in der Besetzung der Pfarre bei ihrer Erledigung nicht zu hindern und ihm allen zugefügten Schaden gut zu machen.[6]

1429, 25. Oktober, Wien, erfolgte ein Urteilsspruch, wonach die Kirche in Rossacz dem Stifte Göttweig zugehört.[7]

1429 war Rossas auf 20 Pfd. Pfen. angesetzt und Lehen vom Abte in Göttweig. Der Pfarrer vergab auch eine Altarstiftung.[8]

1446 und 1448 erscheint Jorg Leutold als Pfarrer zu Rossacz und Kaplan des St. Philipps- und Jakobsaltares in der Pfarrkirche zu Krems.[9]

1449 hatten laut Grundbuches die Herren von Wallsee und der Abt von Göttweig zur Hälfte den Weinzehent in Rossacz, auch auf der von Passau Gütern zu Rierstarff[10] und auf den Gründen der Chorherrn von Passau, der Herren von Zelking und des Stiftes Göttweig, soweit die Pfarre Rossaz reichte, eine Viertelmeile weit bis gegen Khien-

---

[1] Fontes, LII., 82.
[2] Notizenblatt, 1852, 10.
[3] Grundbuch des Allerheiligenstiftes in Stein von 1568 im Stiftsarchiv Zwettl, Urkundenverzeichnis.
[4] Hohenegg bei Hafnerbach.
[5] Göttweig.
[6] Abschrift aus dem 15. Jh. im Konsistorialarchiv St. Pölten, Faszikel Rossatz; in Fontes, LII., 171 nicht erwähnt.
[7] Fontes, LII., 217.
[8] Schmieder, Matricula, 22, 25.
[9] Archivberichte aus Niederösterreich, I., 144; Geschichtl. Beilagen, XI., 360.
[10] Rührsdorf bei Rossatz.

stogkh[1], am Wösendorfer Urfahr, ausgenommen den zehentfreien Frauenweingarten der Chorherrn von Passau. Die March des Gerichtes zu Rossaz ging von der Tryefferin ober Hunzheim[2] in der Wand, wo der Galgen gestanden war, an die Falltorsäule, an den Bach, den Arnstorffer Wald, des Rudolf von Tyernnstain Wald herab auf den Grienweg unter Rierstorff und bis mitten auf die Naufahrt der Donau. Der Gerichtsbezirk war eine Viertelmeile lang und breit. Die Fischweide reichte von der Triefferin, wo der Galgen gestanden war, bis in die Mitte der Donau. Auf diesem Gebiete zu Rossaz und Pach[3] hatte der Wallseer gefürstete Freiung um ehrbare Sachen durch Jahr und Tag, auch Stock und Galgen.[4]

Wolfgang von Walsee verkaufte Rossatz und Rossatzbach dem Stephan von Eitzing laut Vidimus des Propstes von St. Dorothea in Wien von 1471.[5]

1462, 1. Oktober, Wien, bekennt Mathes von Spawer, Kämmerer des Kaisers Friedrich III., daß ihm dieser für seine treuen Dienste das Ungeld in des Spaur Markte Rossatz, das zum Ungeldbestand von St. Pölten gehört, auf 10 Jahre und hernach auf Widerruf veliehen habe, und verspricht, jederzeit abzutreten.[6] Mitsiegler der edle Hartmann Rewtter. Inseriert der Gebotsbrief an die Amtsleute vom gleichen Datum.[7]

1463, 17. Februar, gibt Jakob Hannstainer dem Abte Wolfgang von Gleink den Weingarten zunächst des Pfarrers Weingarten von Rossatz, der dem Herrn Wolfgang von Wallsee in sein Amt Rossatz 8 d dient; weiter den Weingarten Marichweger, der in des Schobers Hub 8 d dient; den Weingarten der Fleischhäckhel bei des Pfarrers Hütte, dienstbar in das Schußvogellehen bei Brunnen mit 4 d, und das Rätlein, dient in das Hätzleinlehen 2 d und dem Georg Wentzel 3½ d. Er stiftet damit in Gleink einen Jahrtag für sich und seine Frau Elsbet. Siegler: der Aussteller und der edle Jakob der Krasling zum Dorf.[8]

1473, Samstag nach Unser lieben Frauentag (?), verkauft Wolfgang Größner 1 Pfd. Pfen. Gülte von einem Baumgarten zu Ruerstorff dem Hannß Zaller.[9]

---

1 Kienstock bei Rührsdorf.
2 Hundsheim bei Mauterndorf.
3 Rossatzbach bei Rossatz.
4 Abschrift vom Originalgrundbuche im Besitz der Erben des Joachim Marschakh im Grundbuch von 1560, Schloßarchiv Ottenstein, Nr. 1159.
5 Schloßarchiv Grafenegg.
6 Chmel, Regesta Friderici IV., II. Abt., Nr. 3942.
7 Staatsarchiv in Wien.
8 Originalpergament mit zwei Siegeln. Klosterarchiv Gleink.
9 Grundbuch des Allerheiligenstiftes in Stein von 1568 im Stiftsarchiv Zwettl, Urkundenverzeichnis.

1476 vergab der Pfarrer das Benefizium am St. Rupertsaltare.[1]

Aus dieser Zeit stammen die Seitenschiffe mit Nordportale, der Turm und eine Glocke.[2]

1498 war eine Wiese zu Ober-Bergern beim Harlandt dem Pfarrer in Rossatz dienstbar.[3]

1500, Freitag nach St. Michaels des Erzengels (2. Oktober), verkauft der Ritter Wolfgang von Mayllerstarff, Vogt am Strengberg, dem Abte Heinrich von Tegernsee einen Weingarten der Geunt, zu Pach unter Simons des Pewrll Behausung gelegen, worauf etwa auch eine Behausung gestanden ist, worin man von der von Suben Hof zu Rossatz 12 d dient, und den Weingarten Stein unterhalb Rossaß zwischen den Weingärten des Herrn Christoph Jörger und des Gotteshauses zu Rossaß. Siegler: der Aussteller und der edle Laurenz Khoterberger.[4]

Von 1504 ist die große Glocke erhalten.[5]

Um 1523 hatte Sand Jacobszech von Rossacz bei Weißenkirchen Weingärten.[6]

1529, 22. April, Wien, investiert der Passauer Offizial Laurenz Motz nach dem Tode des Pfarrers Gotthard Schober auf die Pfarrkirche zum hl. Jakobus in Rossatz den von Wolfgang Casstner präsentierten Wolfgang Planneckh durch Übergabe des Buches.[7]

1530 bestand die Stiftung der Pfarre in Grundstücken, Zinsen und Gefällen und war auch ein St. Katharinenbenefizium und ein Schulmeister vorhanden.[8] Damals wurde der St. Jakobszeche (Kirche) in Rossatz eine Türkensteuer von 65 fl. vorgeschrieben.[9]

1540, Montag nach Weihnachten (27. Dezember 1539), bevollmächtigte Propst Lambert, Dechant und Konvent zu St. Lamprecht in Bayern den Reitter und Hans Strentzinger, bei der Herrschaft Rossatz jährlich 1.000 fl. einzufordern.[10]

1547 hatte der Frühmesser in Rossatz bei Weißenkirchen Grundbesitz.[11]

---

[1] Schmieder, Matricula, 25.
[2] Riesenhuber, Kirchl. Kunstdenkmäler, 253.
[3] Konsistorialarchiv St. Pölten. Siehe unter Pfarre Mautern.
[4] Stiftsarchiv Seitenstetten, Kopialbuch Nr. 57, 166.
[5] Fahrngruber, Glockenkunde, 174.
[6] Gemeindearchiv Weißenkirchen.
[7] Quellen zur Gesch. der Stadt Wien, II. Abteil., II. Bd., Nr. 2203.
[8] Schweickhardt, Darstellung von Niederösterreich, XIII., 45, 46.
[9] Wiedemann, I., 69.
[10] Schloßarchiv Ottenstein, Nr. 1160.
[11] Geschichtliche Beilagen, XI., 490.

1551, 10. Jänner, wurde Georg Hilleprand aus der Augsburger Diözese investiert. Er war angeblich gut katholisch.[1]

1552, 29. Dezember, zu Eingang des (15)53., Viehouen, schreibt Ludbig Khirchperger an den geistlichen Herrn Georg Hildenprantmayer, Pfarrer zu Rossatz, folgendes:

Salutem in Domino paratam. Wirdiger lieber her pharrer, auch sein main willig dienst zuuor.

Ich pin nun zw mermaln von denen von Rossatz bericht worden, wie yr offentlich ex ambone auch sonst vnuerporgen fürgebet, daz dy meß ain purlautter Khetzerei vnndt abgötterey sey (des widerspil doch pisher christlich auß grundt der gschrift von zeytt der apostl her als ain gedenckh vndt danckhopfer gehalten worden), der vrsach yr nun ain gantz viertljar oder mer khein meß gehalten, auch an der khirchen ceremonj vnderlassen, dardurch di gantz gemain veryrt, in ynen selb zerspalten vndt zweyflig worden, wen sy hoher disputation nit khundig noch verständig, das auch zu besorgen, khünftig merer vnrat darauß entsteen möcht. Darauf dan die von Rossatz des vorhabens gewest, solchs der geystlichen obrigkheyt anzubringen.

Davon ich sy doch derzeytt gewisen vndt bewilligt, auch zuuor schriftlich zu ermanen, das ich auch hiemit in pester form gethan wil haben, das yr waltet di meß vndt ander khirchenceremoni, darzue dan maystesthayls euer einkhumen gewidembt vndt gestift, wie pisher vyl hundert jar löblich gehalten worden, hiefür verrichten vndt den nachlaß erstatten. Den wo yrs vber diese mein getrew vermannung vndt warnung nit volzüget vndt doch herrer auf der phar zu blaiben vorhabens wäret, so khan ich di maysten zw Rossatz herrer nit erhalten, sondern sy werden ihren vorigen fürnemen nach der geystlichen obrikhaytt anpringen. Wie schwärlich als dann mit auch gehandelt wurde, habt yr vernunftiklich selb zu bedenckhen, das ich euch doch nit vergunnen noch gern sehen woldt, des verhoffens, yr werdet dyse mein vermanung, auf getreuer vndt pester wolmaynung beschehen, in pesten von mir versten. Des briester halben vnd die frumeß, dauon yr geschriben habt, hab ich auch mit den purgern geredt; dy berichten mich, wie ermelter briester schon hinweg vndt dem beneficio nit nachstelle, darauf ich ferner nit gehandlt, wiewol ich meines theyls gern ainen erbern christlichen briester alda säche, wolt im in allez helfen vndt raten. Hiemit was euch von mir lieb ist, Gottes gnadt mit vnß. Datum Viehauen, den 29. Dezember Ao zw eingang des 53. Ludbig Khirchperger.[2]

1553, 13. Februar, starb im Markte Schiltern Georg Hildenprantmayer, Pfarrer zu Rossacz im Dekanate Tulln, eines plötzlichen

---

[1] Wiedemann, IV., 141.
[2] Konsistorialarchiv St. Pölten.

Todes. Dechant Leopold Himmelreich von Stein ließ seine Kleider durch den Pfarrer von Dross beschreiben. Er war an Glaube und Lehre verdächtig.[1]

1559, 25. Jänner, erklärte sich Jeronimus Leben von Räsätz für die religiösen Neuerungen.[2]

1560 beschreibt Wolfgang Vetterhueber, Pfleger zu Rossaz, Hohennegg[3] und Prun[4], die Weinzehente auf der Herrschaft Rossaz, gehörig dem Ludwig Kirchperger zu Fueghoffen[5], Herrn auf Hohenegg und Prun. Darin werden genannt Weingärten der Klöster Sum[6], Mötn[7], Edlacloster[8], Steyergärsten[9], Weyhasteffan, St. Niclo[10] und Panburg, der Pfarren Sindelburg, Gapelspurg[11], Siednyng, Pakirchen und Rossaz und der St. Jakobszech, Frühmeß- und St. Rueprechtsstiftung daselbst, welch letzterer der Kirchberger nach Gefallen Weingärten im Drittelbau verläßt. Die Herrschaft hat viele eigene Weingärten in Drittelbau vergeben, die Jörger'schen Erben zu Reuth haben mehrere Weingärten. Ludwig von Kirchberg hat vom Abte in Göttweig auch den zweiten Teil Zehent der Leute in Rossaz und Rossazbach erkauft. Im Ryestorffer[12] Gebirge besaßen Weingärten: der Bischof von Salzburg, das Kloster Walthausen, die Pfarre Kreitzen[13], St. Pantoleon[14] und Füerderff[15] und die St. Jakobszeche in Rossaz, die Herren von Sternberg und Lasperg. Auch vom unteren Hause im Ober-Kiennstogkh[16] gehörte der Zehent der Herrschaft. Viele Holden gaben Dienste von Weingärten und waren dafür zehentfrei. Im Jahre 1560 erhielt Ludwig von Kirchberg von der Herrschaft Rossaz, zu S. Michaell[17] und am Colmütz[18] 681½ Urnen Wein; im Jahre 1561 richtete ein drei Monate dauernder Eisstoß an der Donau und der strenge Winter und hernach starke Sommerfröste Schaden an wie

---

[1] Konsistorialarchiv St. Pölten, Faszikel Senftenberg.
[2] Hippolytus, 1860, 504; Wiedemann, II., 359.
[3] Hohenegg bei Hafnerbach.
[4] Brunn am Walde bei Lichtenau. Topographie, II., 241.
[5] Viehofen bei St. Pölten.
[6] Suben.
[7] Metten in Niederbayern.
[8] Erlakloster in Niederösterreich.
[9] Garsten in Oberösterreich.
[10] St. Nikola in Passau.
[11] Gobelsburg.
[12] Rührdorf.
[13] Kreuzen bei Perg, Oberösterreich.
[14] St. Pantaleon
[15] Viehdorf bei Amstetten?
[16] Ober-Kienstock bei Rührsdorf.
[17] St. Michael in der Wachau.
[18] Ried bei Joching in der Wachau. Niederösterr. Urkundenbuch II, 17, 18, 61.

noch nie seit Menschengedenken, weshalb die Herrschaft den Untertanen den halben Weindienst nachließ und ihnen selbsterkauftes Getreide vorstreckte.[1]

1560 mahnt Ferdinand I. im VOWW besonders die Städte Tuln, St. Pölten und Ybbs, die Märkte Herzogenburg, (Neu-) Lengbach, Melk, Rossatz, Külb, Königstetten, Scheibbs und Wilhelmsburg, sich der religiösen Neuerungen zu enthalten.[2]

1568 hatte Hans Aspan von Haag Gut und Markt Rossaz in Besitz.[3]

1573 wurde ein Holzer, welcher zu Rossitz in die Schule ging, von seinen Gerhaben in die lateinische Schule nach Krems versetzt.[4]

Durch die Kirchberg'schen Erben wurde um 1570 der Prädikant Gangolpp aus Krems und 1579 Wolfgang Nöther hier angestellt.[5]

Um 1584 hatte Hans Christoph Geymann in Rossaz 57 und in Rossazbach 13 Untertanen. Auch das Stift Metten war hier begütert.[6]

1586 war in Rossatz unter dem Abte in Göttweig ein sektischer Prädikant.[7] Auch die Bewohner von Dürnstein gingen zu ihm aus.[8]

1590, 28. August, Wesendorf, schloß Mag. Johann Elias Alt, Pfarrer zu Rossatz, einen Heiratsvertrag mit Sara, der Tochter des verstorbenen Pfarrers Wolfgang Kutner von St. Michael.[9]

1591 und 1593 wurden Beschwerden laut darüber, daß die Bürger von Krems und Stein zum Prädikanten nach Rossatz auslaufen.[10]

Bis 1597 gab die Gemeinde Rossatz jährlich dem Pfarrer von Mautern zu Kolomani 5 Pfd. Pfen. für die Erlaubnis, an ihrer Kirche die Seelsorge ausüben zu lassen. Von da an kam diese Leistung außer Gebrauch.[11]

1599 wurde das Patronatsrecht der Pfarre dem Stifte Göttweig zuerkannt.[12]

---

[1] Rossatzer Grundbuch im Schloßarchiv Ottenstein, Nr. 1159.
[2] Wiedemann, I., 149.
[3] Hoheneck, Genealogie der Stände Oberösterreichs, III., 48-50; Wißgrill, Schauplatz, I., 162-163.
[4] Baran, Geschichte der alten lateinischen Stadtschule und des Gymmnasiums in Krems, 60.
[5] Wiedemann, IV., 141-142, wo weiteres enthalten ist.
[6] Schloßarchiv Ottenstein.
[7] Österr. Vierteljahresschrift für Kathol. Theologie von Wiedemann, 1872, 374.
[8] Wiedemann, III., 49.
[9] Geschichtliche Beilagen, XI., 493.
[10] Wiedemann, III., 83, 84.
[11] Schweickhardt, Darstellung von Niederösterreich, XIII., 44.
[12] Hippolytus, 1860, 376.

1610 bis 1618 predigte hier Elias Ursinus aus Sachsen, ein gekrönter Poet.[1]

1619 war evangelischer Prediger in Rossatz Johann Pierbaumer.[2]

1630 wurde wegen Durchführung der Gegenreformation die Pfarre Rossatz mit ihren umliegenden Örtern auf Göttweig zitiert.[3]

1662 war Pfarrer P. Ottilo; 1688 wird P. Ferdinand Rifferscheidt, Profeß von Baumgartenberg und Dr. Romanus als Vikar in Rossatz genannt. 1693 war hier Joachim Zeidl, 1705 wird P. Ildephons als Vikar in Rossatz angeführt.[4]

157. **Rottersdorf,** Pfarre Statzendorf

1083, 9. September, wird unter den Besitzungen des Stiftes Göttweig angeführt Ratoldisdorf mit aller Zugehör.[5]

Um 1100 weihte Bischof Ulrich von Passau die Kapelle zu Ehren des hl. Matthäus.[6]

Um 1200 wurde der quadratische Chor mit schmalen Rundbogenfenstern erbaut.[7]

1284, 12. September, St. Pölten, gab Erzbischof Johannes von Kappadozien auch für die Kapelle in Rotelesdorf, die dem Stifte Herzogenburg gehörte, einen Ablaß.[8]

158. **Ruprechtshofen**[9] mit Zwerbach

1200 erscheinen der Pleban Hermann von Ruprechtshoven und sein Priester Ekkehard in einer Urkunde über Texing,[10]

---

[1] Hippolytus, 1861, 413, 414.
[2] Hippolytus, 1860, 376.
[3] Wiedemann, I., 633.
[4] Konsistorialarchiv St. Pölten, Faszikel Stift Göttweig.
[5] Fontes, LI., 11.
[6] Archiv für österr. Geschichte, 1853, 257; Fontes VIII, 114.
[7] Riesenhuber, Kirchl. Kunstdenkmäler, 325.
[8] Faigl, Urkunden von Herzogenburg 1244-1450, 11.
[9] Schweickhardt, Darstellung von Niederösterreich, XV., 62-66.
[10] Niederösterr. Urkundenbuch, I., 31.

1210, 1. Juli, St. Georgen (an der Dona), vergleicht sich Bischof Mamegold von Passau mit den Grafen Litold und Konrad von Pleien, wegen des Patronates von Werde. Unter den Zeugen Pleban Hartnid von Ruprechtshoven.[1] Aus dieser Zeit stammen die Mauern des Mittelschiffs.

1220, 6. Februar, Passau, bestätigt Bischof Ulrich von Passau den Besitz von St. Nikola bei Passau, darunter: in Prvlo eine halbe Hube zum Gebrauch der Bienen; in Chaltinbach bei Rupprechtshoven einen Zehent; in Oesterreich im Lande bei Ruste und Tzindorf einen Zehent.[2]

1258, 25. Oktober, St. Pölten, beurkundet Bischof Otto von Passau den Schiedsspruch, wonach die Kapelle in Weichselbach mit Gütern und Gottesdienst dem Pfarrer Perchtold von Ruprechtshoven untersteht.[3]

Um 1260 verlieh die Kirche in Ruprechtshofen Graf Leotold und Graf Otto maßte sich dieselbe an, unbekannt mit welchem Recht.[4]

1263, *pridie Nonas May* (6. Mai) verkauft Chunrad der Ältere von Altenburg Gülten von 4 ß 12 d in Ruprechtchouen dem Stifte Lilienfeld. Unter den Zeugen Rüdiger und Heinrich, Brüder von Hage.[5]

1274, 12. Mai, ohne Ort, vergleichen sich die Herren Wernhart und Heinrich von Schowenberg mit den Brüdern Wichart und Otto von Planchenstein wegen der Vogtei der Kirche zu Ruprechtshofen, welche ihr Vater gehabt und die Herren von Schaunberg nach Ableben ihres Bruders Rudolf von Plankenstein als erledigt einziehen wollte. Auf Vermittlung des Ulrich von Vihofen, seines Bruders Wichart von Släten und des Chunrat von Sumerowe stellen die Schaunberg dieselbe unter Bedingungen den Plankensteinern zurück. Von jeder Manse oder Hof, von welchem der Pfarrer 30 d bezieht, haben die Plankensteiner Anspruch auf 3 Maße Hafer des alten Maßes, 1 Huhn und einen Käse zu 2 d; wo dem Pfarrer 10 d bezahlt werden, erhalten sie ein Maß Hafer. Dreimal im Jahre halten die Vögte „ehehaft Teiding" und übernachten mit nur 12 Reitern. Den Amtmann bestellen sie nach dem Rate und Willen des Pfarrers von Wändeln (Strafgeldern) bekommt der Pfarrer zwei, der Vogt ein Drittel. Wenn die Vögte sich Ausschreitungen zu Schulden kommen lassen, müssen sie dieselben binnen 12 Wochen wieder gut machen. Wenn der Pfarrer

[1] Monumenta Boica, XXVIII., II., 136.
[2] Oberösterr. Urkundenbuch, II., 604.
[3] Blätter für Landeskunde, 1898, 178.
[4] Monumenta Boica, XXVIII., II., 483.
[5] Staatsarchiv Wien, Codex secundus der Privilegien des Stiftes Lilienfeld, Nr. 871, 426.

sich solcher schuldig macht, rufen ihn die Herren von Schaunberg vor sich und vergleichen ihn „in Minne oder im Rechte" mit den Vögten. Weigern sich die Vögte zu erscheinen oder das Versprechen zu halten, so ist das Lehen verfallen. Unter den Zeugen an letzter Stelle *Wilhalmus de Sancto Leonhardo.*[1]

1277, 1. Februar, Wien, geben Heinrich, Wernhard und Heinrich der Jüngere von Schowmberch dem Stifte Heiligenkreuz Mautfreiheit für zwei Talente Salz bei der Maut in Aschach. Unter den Zeugen Levhtold, Pleban von Rupprechtshoven.[2]

1278, *pridie Idus Januarii* (12. Jänner), verleihen Abt Chunrad von Lilienfeld und sein Konvent ihren Holden Ditmar, der die Witwe des früheren Holden Wilhelm auf der *mageria* des Stiftes in Ruprechtshouen, namens Gisila, geheiratet hat, diesen Hof um einen jährlichen Dienst von 2 Pfd. Pfen., 12 großen Käsen und gegen zwei Mittagmahle für den Kämmerer des Stiftes auf dessen Verlangen.[3]

1288, Mittwoch in der Osterwoche (31. März), Hausekke, verkaufen Heinrich von dem Stain, des Herzog von Oesterreich Dienstmann, und sein Sohn Otto dem Prior Ludwig und dem Kämmerer Chalhoh von Lilienfeld anstatt ihres Abtes Chunrad die Mühle zu Pleiken in Ruprechtshofen um 25 Pfd., wovon der Müller von dem Würslage der Frau von Jesnitz 12 d Burgrecht dient und der andere Dienst dem Stifte Lilienfeld gehört. Unter den Zeugen Hainreich von Hage und Wernhart von Schonleitten.[4]

1290, St. Barbara (4. Dezember), Ruprechtshofen, verkaufen Offmei von Hage und ihre Kinder Hainreich, Fridreich, Peters, Jeut, Elispet und Agnes dem Kloster Lilienfeld ihr Eigen in dem Horenpach. Siegler: der „piderbe" und bescheidene Dienstmann Herr Otto von Mainburg. Unter den Zeugen Perichtold, Pfarrer von Ruprechtshofen, Houg von Howenpach, Wolfhard von Obrendorf und Rudolf von Sweinze.[5]

1290 erscheint Pitolt und 1292 Perchtold (wohl dieselbe Person) als Pfarrer in Lilienfelder Urkunden.[6]

1291, 12. Jänner, Melk, war Pleban Perchtold von Rueprechtshofen Zeuge des Abtes von Melk.[7]

---

[1] Pez, Thesaur. Anecd., VI., III., 16.
[2] Fontes, XI., 207.
[3] Staatsarchiv in Wien, Codex secundus der Privilegien des Stiftes Lilienfeld, Nr. 871, 472.
[4] Staatsarchiv in Wien, Codex secundus der Privilegien des Stiftes Lilienfeld, Nr. 871, 458.
[5] Staatsarchiv in Wien, Codex secundus der Privilegien des Stiftes Lilienfeld, Nr. 871, 285.
[6] Geschichtliche Beilagen, II., 521.
[7] Keiblinger, Melk, I., 1146.

Um 1300 leistete der Pleban von Ruprechtshofen von einem Weingarten bei Hollenburg 2 Denare dem Bistum Freising.[1] Kurz hernach wurde das Langhaus durch Abseiten erweitert.[2]

1309, 24. April, verkaufen Ulreich von Schönleiten mit Bewilligung seiner Kinder Jeut, Ludwig und Kunigund und des Gemahles seiner Tochter Gertrud Heinrich von Weichselbach das Gut Rudweinsdorf in der Pfarre Ruprechtshofen. Siegler: der Aussteller und seine Brüder Ruger.[3]

1314, St. Valentin Bischof (14. Februar), Melk, verkauft Ruger von Schönleiten mit Zustimmung seiner Frau Margareta seinen halben Hof in Chrauspach in der Pfarre Ruprechtshouen um 26 Talente Wr. Pfen. dem Abte Ulrich von Medlich. Von diesem halben Hof wird zu Michaeli ein Pfund Wr. Pfen. gedient. Siegler: der Aussteller, sein Bruder Ulrich und Otto von Wildenstein. Zeugen: die Herrn Wichard von Topel, Dietrich von Saserndorf und seine Brüder Wulfing und Wernhart, weiters Vlrich von Topel, sein Bruder Weychard und Albero von Streitwesen.[4]

1315, St. Georgen (24. April), Melk, verkauft Stephan der Eysenpeutl mit Willen seiner Frau Offmei und seines Sohnes Chunrad einen Hof „dacz Ergesteten, der do haizt des Mader Hof vnd leit in der pharre dacz Rupprechczhouen", der ein Mut Korn, ein Mut Hafer, 12 Käse, 8 Hühner, 60 Eier und eine Gans dient um 64 Pfd. Pfen. dem Abte Vlreich und der Sammlung zu Melkch. Siegler: der Aussteller und die beiden Herrn Otto von Wildenstein und Friedrich von Leyden. Zeugen: die Herren Otto von Zelking, Weichart von Topel, seine Söhne Vlrich und Weichart, Friedrich der Haeusler, des Ausstellers Vetter, und die Brüder Alber und Chunrat von Streitwesen.[5]

1315, St. Jorigen (24. April), verkaufen Stephan Eysenpeutel und seine Frau Offmey und ihr Sohn Chunrad die Mühle auf dem Griezze zu Ruprechtshofen um 56 Pfd. Wr. Pfen. dem Kloster Lilienfeld. Ihre Kinder Kathrein, Elspet und Stephan waren noch nicht vogtbar. Siegler: der Aussteller, auch für seine Kinder, dann Alber von Mainbech, Dietreich der Heusler und Otto der Smidbach, nach deren Rat der Kauf und Schirm geschehen ist, und als Zeugen Marichart der Heusler, Chunradt Eysenpeutel von Osterberch, Nicla von Wildungsmaur, Heinreich der Lonstorffer, Otto der Oberddorffer und Rüger Pochelsrucher.[6]

---

[1] Fontes, XXXVI., 26.
[2] Riesenhuber, Kirchl. Kunstdenkmäler, 254.
[3] Kaltenegger, Collectio chartar. veter., II., 185.
[4] Kopialbuch des 15. Jh. im Stiftsarchiv Melk, Bl. 58.
[5] Stiftsarchiv Melk.
[6] Staatsarchiv Wien, Codex secundus der Privilegien des Stiftes Lilienfeld, Nr. 871, 451.

1317, Sonntag nach Auffahrttag (15. Mai), Melk, verkaufen Ruger von Schönleitten und seine Frau Margaret den halben Hof zu Chreuzpach in Ruprechtshofer Pharr mit 1 Pfd. Pfen. Michaelidienst dem Abte Ulrich von Melch um 26 Pfd. Wr. Pfen. und die Hube an der Öde zu Schönleiten mit 6 ß Michaelidienst um 10 Pfd. und 1 Pfd. Leychauff. Siegler: der Aussteller, sein Bruder Ulrich, Friedrich, Wulfing und Konrad die Haeusler. Zeugen: Otto von Zelking und sein Sohn Ulrich, Ludwig von Zelking, Weichart von Topel und seine Söhne Ulrich und Weichart, die Brüder, Alber und Kunrad von Streitwesen.[1]

1318, Palmtag (16. April), beurkunden Ott und Nychla, Brüder von Perwart, daß ein Krieg war zwischen Herrn Andre den Chrannest, Pfarrer zu Ruprechtshofen, und ihnen um einen Griezz niederhalb der Kirche zu Ruprechtshofen bei der Melch. Denselben schieden Herr Otaker und Friedrich der Radler und Ott von Smydpach in der Weise, daß die Perwarten den Gries (angeschwemmten Sand am Bache) von der Melch bis in den Mühlgang dem Gotteshause Ruprechtshofen übergeben. Beide Teile geben darüber eine Verschreibung und aus Freundschaft und Liebe wird zu Leichovf ein Pfd. Pfen. gegeben. Siegler: die Aussteller und die drei Schiedsleute.[2]

1322 nahm Pfarrer Andreas an der Feststellung der Einkünfte der Pfarre St. Leonhard teil.[3]

1325, 30. April, Chremse (Krems), vermacht Margareta, Witwe des Heinrich Weichselpeck, nach seinem Willen 6 ß d auf Gütern zu der Stuben zur Kirche in Rueprechtshouen, in Gegenwart des Dechants Ludolf von Chrems, des Magisters Nikolaus, *jurisperitus*, der Priester Bartholomäus, Johann, Bernhard und Johann (von Krems), des Nikolaus, Rektors der Knaben, des Otlo, Scolar (Schulmeister), des Heinrich Lucuus und des öffentlichen Notars Valentin, der die Urkunde ausfertigte. Siegler: Dechant Ludolf von Krems.[4]

1330 wird Andreas Kranest Pfarrer in Ruprechtshofen und Kaplan in Wien genannt.[5]

1332, 29. Jänner, Wien, übergaben die Herzoge Albrecht II. und Otto von Oesterreich dem edlen Konrad, Grafen von Schawnberch, den Kirchenschatz und die Vogtei der Kirche in Oberleyzze (Oberleis bei Ernstbrunn) für Kirchenschatz und Vogtei der Kirche in Ruprechtshofen.[6]

---

[1] Kopialbuch des 15. Jh. im Stiftsarchiv Melk, Bl. 59.
[2] Smitmer, Codex Diplom. Austriae Nr. 122/III im Staatsarchiv zu Wien, II. Bd., Nr. 303.
[3] Topographie, V., 779.
[4] Keiblinger, Melk, IIa., 816.
[5] Geschichtliche Beilagen, II., 521.
[6] Oberösterr. Urkundenbuch, VI., 49.

1332, Samstag nach Matthias Apostel (28. Februar), Wienne, geben die Herzoge Albrecht II. und Otto von Oesterreich das Patronat der Kirche Ruprechtshofen ihrer neuen Stiftung zu Gaming.[1]

1332, *pontificatus anno XVI., VI. Kalend. Julii* (26. Juni), Avinione, gibt Papst Johann XXII. dem Passauer Bischof den Auftrag, dem Kloster Gaming die Pfarre Ruprechtshofen gänzlich einzuverleiben.[2]

1333, 17. März, versetzt Albrecht von Volkersdorf einen Hof zu Ruprechtshofen dem Ortwein von Waltburg um 63 Pfd. alter Wiener Pfennige.[3] Könnte auch Ruprechtshofen bei Enns, Oberösterreich gemeint sein.

1333, 12. Mai, verkaufen Weinhart von Plankenstein und sein Vetter Otto dem Herzog Albrecht II. die Vogtei zu Rupprechtshofen, ihr Lehen vom Grafen von Schaumburg, um 150 Pfd. Wr. Pfen.[4]

1334, 22. Juli, einverleibt der Passauer Bischof auf päpstlichen Antrag die Pfarren Rupprechtshofen und Gaming der Karthause Gaming.[5]

1335, 13. Juli, verkaufen Hainrich der Weichselpach und seine Frau Getraud 12 Käse Dienst vom Gute „dacz der Stuben" dem Andreas dem Chrannest, Pfarrer zu Ruprechtshofen, und seinem Gotteshause um 14 Pfd. Wr. Pfen. Zeugen: Ott der Smidwech, Ortolf der Smidwech, Philipp Reusel, Ekchart der Staynberger, Wolfgang der Stainberger.[6]

1340, 2. Februar, gibt Andre der Chrannest, Pfarrer zu Ruprechtshofen und Kaplan an seines Vaters Kapelle am St. Stephansfreidhofe unter dem neuen Karner zu Wien, mit Willen seiner Brüder seinem Kaplan Ulrich von St. Vergilaltar in derselben Kapelle 6 Pfd. Pfen. Gülte von der Badstube beim Rotenturm unter den Hafnern und 1 Pfd. Pfen. auf Rudleins Haus am Cholmarcht. Siegler: der Aussteller und seine Brüder Jakob und Dietrich. Dieser Pfarrer wird 1347 auch Chorherr von Passau genannt und ließ sich damals in Wien durch seinen Kaplan Chunrat vertreten. 1348 verbesserte er seine Stiftung im Kloster Heiligenkreuz auf 36 Pfd. Pfen. Gülten.[7]

1340, hl. Auffahrtstag (25. Mai), vermacht Andre der Chrannest, Pfarrer zu Ruprechtshofen, der Karthause Gaming zu einem Seelgerät sein Haus zu Wien in der Laderstraße, welches weilandt dem Meister Pernolt gehört hatte; weiters 15 Pfd. Pfen. auf des Wulferstorfers Haus

---

[1] Staatsarchiv Wien, Codex Diplom. der Karthause Gaming, Perg. Nr. 868, 28.
[2] Pez, Codex Diplom. Histor. Epist., III., 18.
[3] Schloßarchiv Greinburg.
[4] Pez, Thesaurus Anecdotum, VI., III., 18.
[5] Geschichtliche Beilagen, V., 3.
[6] Staatsarchiv in Wien.
[7] Quellen zur Gesch. der Stadt Wien, II. Abteil., I. Bd., Nr. 213, 274, 312, 319.

an dem Haarmarkte zu Wien, 4 Pfd. Pfen. auf des Meisters Gerhart des Prunners Haus unter den Pfeilschnitzern zu Wien und 2 Pfd. Pfen. auf zwei Weingärten an dem Goldeck bei Wien. Doch soll das Kloster seiner Kirche zu Ruprechtshofen und dem, welcher sie nach ihm besitzt, von demselben Gut 10 Pfd. Pfen. zur Besserung der Kirche übergeben. Wenn er dieser Kirche um 100 Pfd. Pfen. ein anderes Gut kauft, soll das Kloster diese Güter frei besitzen. Dafür sollen sie für ihn beten, seinen Leichnahm auf ihre Kosten in das Kloster führen und im Kapitel vor St. Magdalenenaltar bestatten, auch einen Jahrtag nach St. Magdalena mit Vigil und Messe begehen und am selben Tage den Herren eine Pitanz (Frohmahl) und den Armen Speisen und je 10 d geben. Doch behält er sich das Recht vor, die Stiftung noch zu ändern. Mitsiegler: seine Brüder Jakob und Dietrich.[1]

1342, Maria Magdalena (22. Juli), Wien, beurkundet Bischof Albert von Passau den Vollzug der vom Papste Johannes XXII. in Avignon am 26. Juni 1332 ausgesprochene und ihm übertragene Einverleibung der Pfarre Ruprechtshofen in das Kloster Gaming. Nach dem Abtreten oder Ableben des Rektors oder Plebans Andreas soll ein Vikar gesetzt werden, der 10 Mut Korn und 10 Mut Hafer Zehent von namentlich angeführten Bauerngütern unter Plankenstein zu Tessing (Texing), in der Sweincz, im Zehenthof (*curia decimalis*), Potendorff, Hohenrain, Reiczengrub, Hohentrench, am Weg, in Dwerchenpach (Zwerbach) und allem zur Stiftung (*dos*) der Kirche gehörigen Feldbau bekommen und weiters 2 Mut Korn und 2 Mut Hafer Dienst von einem Hofe in Dwerchenpach, alle Opfer am Altare, alle kleinen Zehente, 38 Eimer Wein vom Kirchenweingarten in Wachofia (Wachau), wozu das Kloster dem Vikar 3 Dreilinge mittleren Weines in Pechlarn gibt, erhalten soll. Alle übrigen Einkünfte der Pfarre gehören dem Kloster.[2]

1343, Pfingsttag vor *Judica* (27. März), vermacht Andre der Khrannest, Chorherr zu Passau und Pfarrer zu Rueprechtshouen, 4 Pfd. Geldes auf zwei Gütern zu Fürchegg und in der Reichersaw, die er gekauft hat, für den Fall seines Todes den Frauen zum Hl. Geist zu Ybbs zu einem ewigen Seelgerät für sich und seine Vorfahren.[3]

1343, St. Barthlmestag (24. August), Wien, verzichten die Grafen Heinrich, Rudolf und Friedrich, Brüder von Schowenberch, gegen Herzog Albrecht II. von Oesterreich, auf die Vogtei und den

---

[1] Staatsarchiv in Wien, Codex Diplom. der Karthause Gaming, Perg. Nr. 867, I., 73-74; II., 76-77.

[2] Staatsarchiv in Wien, Codex Diplom. der Karthause Gaming, Perg. Nr. 868, II., 15-17.

[3] Urkundenbuch des Frauenklosters in Ybbs in der Hofbibliothek zu Wien, 189.

Kirchenschatz zu Ruprechtshofen, die ihr Vetter Graf Chunrat von Schowenberch dem Herzog zu seiner Stiftung Gaming gegeben habe.[1]

1347, 21. Dezember, beurkundet Eberhard von Chappellen als erwählter Schiedsrichter die Festsetzung des Raines zwischen des Pfarrers Andreas des Chrannest von Ruprechtshofen Kirchenaigen und des Heinrich des Weichselpech Lehen, der auch früher ausgezeigt worden war und nun mit Beiziehung des Pfarrers Andreas des Jans der Wildungsmaurer, Heinrich des Gawbicz und des Priesters Herrn Michel neuerdings festgesetzt wurde. Siegler: der Aussteller und der Gawbicz.[2]

1347 vermachte der Pfarrer Andreas Chrannest von Ruprechtshofen sein Haus in Wien in der Laderstraße der Karthause Gaming.[3]

1349, Ertag nach dem Ostertage (14. April), gibt Marchart der Heusler dem Kloster Gaming 5 Metzen Voithafer (Vogthafer) jährlicher Gülte auf dem Gute am Mulperg in der Ochet (Ockert), Pfarre Ruprechtshofen, das dem Rueger von Hohentann gehört hat, für 30 d Geldes an den 5 Pfunden Geldes, die dem Kloster sein verstorbener Bruder Ott der Heusler zu einem Seelgerät verschafft hat.[4]

1350, Gregori in der Fasten (12. März), Gemnik im Kloster, verkaufen Hermann Hafner und seine Schwester Kathrei, Kinder Wulfing des Hafners, genannt der Cherner, mit Rat ihrer nächsten Verwandten Heinrich des Hafner zu Margeinsteten und Heinrich des Hafner, genannt von Ungern, und ihren beiden Hausfrauen das Gut auf dem Pühel bei dem Swaighof in der Pfarre Ruprechtshofen mit 4 ß 10 d Dienst um 14 Pfd. Wr. Pfen. dem Herzog Albrecht II. von Oesterreich für Gaming.[5]

1351, 17. Jänner, Wien, macht Herzog Albrecht II. von Oesterreich das Haus in Wien in der Faderstraß, das sein Kaplan, der verstorbene Andre Chrannest, einst Chorherr zu Passau und Pfarrer zu Ruprechtshofen, dem Prior und Konvente Maria-Thron in Gaming gegeben hat, frei von Steuer, Losung und Zoll, Wacht und Gastung und gibt ihm das Recht des freien Weinschankes.[6]

1351, Ertag nach Pfingsten (7. Juni), verkaufen Wernhart von Ruspach und seine Frau Gautt, Wulfing der Pokchsruker und seine Frau Agnes, sowie Stephan der Schröfel und dessen Gattin Elena das

---

[1] Smitmer, Codex Diplom. Austriae Nr. 122/III im Staatsarchiv zu Wien, II. Bd., Nr. 81; Lichnowsky, Habsburg, III., Nr. 1341.

[2] Staatsarchiv in Wien.

[3] Geschichtliche Beilagen, V., 8.

[4] Staatsarchiv in Wien, Codex Diplom. der Karthause Gaming, Perg. Nr. 867, I., 173; II., 67.

[5] Staatsarchiv in Wien, Codex Diplom. der Karthause Gaming, Perg. Nr. 867, I., 217; II., 247.

[6] Quellen zur Gesch. der Stadt Wien, I. Abteil., III. Bd., Nr. 3105.

Gut in dem Scheibspach, des Stromayers Lehen in der Pfarre Ruprechtshofen, um 12 Pfd. Wr. Pfen. dem Herzog Albrecht II. von Oesterreich, von dem sie es zu Lehen gehabt haben, für seine Stiftung in Gaming.[1]

1352, 2. Februar, beurkundet Herzog Albrecht II. der Karthause Gaming den Besitz des Patronates der Kirche in Ruprechtshofen.[2]

1352, 24. April, beurkundet Christan der Häusler, daß sein Vater Otto der Häusler nach Gaming zu einem Jahrtag und seinem Begängnis 5 Pfd. Pfen. auf Gütern zu Schönbuch (Pf. St. Leonhard), in der Ochut (Ockert, Pf. Ruprechtshofen), zu Bösenpfäffing und Stetten bei Oberndorf und einen Acker an dem Weingarten bei Peilstein vermacht habe.[3]

1358, 10. Mai, verkauft Wolfgang der Stainberger ein Lehen zu Winthag in der Pfarre Ruprechtshofen dem Pfarrer Chunrat von Ruprechtshofen für die Kirche in Texing.[4]

1359, St. Bartholomäustag (24. August), verkaufen Friedrich der Haebichler und seine Mutter Peters das Gut am sumezperig in der Pfarre Burgstall, worauf Leubel der Sumerl sitzt, Lehen von Herrn Jorigen dem Häusler, dem Herrn Chunrat, Pfarrer zu Ruprechtshofen, zu dem Gotteshause daselbst und zur Frühmesse auf Unser Frauenaltar in der Kapelle, die der Herr Andre der Chrannest und der Herr Chunrat gestiftet haben, um 19 Pfd. Wr. Pfen. Der Lehensherr gibt auch die Eigenschaft dem Gotteshause für sein Seelenheil auf. Siegler: der Aussteller, Jorig der Häusler, Engelschalich der Hafner, Dietrich der Hafner, Nycla der Scherner und Wulfing der Hager.[5]

1360, St. Veit (15. Juni), verkaufen Nycla der Weidner und seine Hausfrau Anna 8 Güter zu Pölan in der Pfarre Ruprechtshofen, worauf Bauern sitzen, und 30 d Vogtgeld von einem Lehen zu Rogendorf um 104 Pfd. Wr. Pfen. dem Kloster Gaming. Siegler: der Aussteller und seine Freunde der Czauchinger, Rapot der Drozzer, Christan der Stayner und Jörig der Häusler.[6]

1360, St. Margarethen (20. Juli), verkaufen Ott von Zelking und seine Frau Margret 4 Pfd. 73 Pfen. Geldes auf dem Maierhof zu Ofenpach, auf den Lehen in dem Heymad und auf dem Lißperg in der

---

[1] Staatsarchiv in Wien, Codex Diplom. der Karthause Gaming, Perg. Nr. 867, I., 213.

[2] Geschichtliche Beilagen, V., 11.

[3] Staatsarchiv in Wien, Codex Diplom. der Karthause Gaming, Perg. Nr. 867, I., 75; II., 78.

[4] Smitmer, Codex Diplom. Austriae Nr. 122/III im Staatsarchiv zu Wien, II. Bd., Nr. 276. Siehe bei Texing.

[5] Smitmer, Codex Diplom. Austriae Nr. 122/III im Staatsarchiv zu Wien, II. Bd., Nr. 284.

[6] Smitmer, Codex Diplom. Austriae Nr. 122/III im Staatsarchiv zu Wien, I., 131; II., Nr. 127.

Pfarre St. Leonhard und auf der Hofstatt in dem Grazz in der Pfarre Ruprechtshofen um 77 Pfd. 60 Pfen. dem Kloster Gaming. Mitsiegler: Jans und Jost von Zelking, seine Vetter.[1]

1360, Freitag nach St. Jakob im Schnitt des hl. Zwölfboten (31. Juli), vollführt Chunrat, Pfarrer zu Ruprechtshofen, nach dem Rate seines gnädigen Herrn, des Priors Chunrat und des Konventes in Gaming, die Stiftung der Frühmesse, die sein verstorbener Vorgänger Herr Andre der Chrannest zu widmen begonnen hatte und wozu derselbe 90 Pfd. Wr. Pfen. zu Ehren der Heiligsten Dreifaltigkeit und zum Lobe der Gottesmutter Maria gegeben hat. Diese Frühmesse soll täglich gesprochen werden zu Ruprechtshofen in der Kirche auf Unser Frauenaltar in der Kapelle, wenn man erst geläutet zu dem Fronamt und zwar am Montag eine Seelenmesse, am Freitag von Unsers Herrn Marter, am Samstag von Unser Frauen und die anderen Tage mag der Priester sprechen von wem er will. Der Prior zu Gaming verleiht den Altar einem Priester, den er dem Bischof von Passau vorbringt, der ihn bestätigt. Er soll keine andere Gottesgabe (Benefizium) haben und der Pfarrer ihn zu seinem Tische in die Kost nehmen und nicht von seiner Schüssel scheiden. Darum gibt Pfarrer Chunrat dem Pfarrer und seinem Gotteshause 6 Pfd. 41 Wr. Pfen., nämlich 1 Pfd. weniger 1 Pfen. auf den Äckern enhalb der Melk, 3 Pfd. auf dem Hofe an der Leiten in Leonharder Pfarre, 6 ß auf dem Gute der Elleiser in Ruprechtshofer Pfarre, 3 ß auf dem Zymerhof in Ruprechtshofer Pfarre, 10 d auf dem Gute an dem Reut in Leonharder Pfarre, 1 Pfd. auf den Lehen an dem Sumerberg in Burgstaller Pfarre und die Au niederhalb des Pfarrhofs, oberhalb der Gassen, wovon der Pfarrer jährlich 3 ß 11d dem Pfarrer von Ybs dient; weiters einen Acker bei der Melk enhalb der Wür, eine Wiese in der Släten in Ruprechtshofer Pfarre. Der Aussteller widmet auch dem Inhaber des Altares 6 Pfd. Wr. Pfen. auf folgende Güter: 3 Pfd. auf den Gütern zu Pruck in Leonharder Pfarre, 18 ß auf dem Sluterhof in dieser Pfarre, 6 ß auf dem Lehen in dem Erlach in Ruprechtshofer Pfarre und 9 ß zu Niedernpölan in Mäncher Pfarre. Der Kaplan soll der genannten Holden Stifter und Störer sein und von jedem Gute zu Anlait und Ablait je 30 d erhalten. Er soll zur Messe und Vesper im Chore der Kirche dienen und mit Singen und Lesen helfen. Pfarrer Chunrat gibt dazu ein Meßbuch, ein Mettenbuch, einen Kelch und Meßgewand, die er um sein eigenes Gut gekauft hat. Zum ewigen Öllicht, das vor dem Unser Frauenaltar Tag und Nacht vom Kaplan brennend erhalten werden soll, widmet er 12 ß 22 d auf den Gütern an der Erd und in der Grueb, beide in Leonharder Pfarre und 1 Pfd. 12 ß dienend, und

[1] Staatsarchiv in Wien, Codex Diplom. der Karthause Gaming, Perg. Nr. 867, I., 120; II., 115.

½ Pfd. 10 d auf einer Hofstatt unter dem Walczperg an dem Swaighof in Ruprechtshofer Pfarre, von welchem der Kaplan auch Stifter und Störer sein soll. Das Kloster Gaming hat bewilligt, daß der Kaplan im Pfarrhofe zu Ruprechtshofen die Kammer auf der Erde zwischen dem Roßstalle und dem Kasten zur Aufbewahrung des Lichtöles und anderer zur Messe gehöriger Dinge ewig inhaben soll. Wegen Krankheit und einen Tag in der Woche ist er von der Messe zu entschuldigen. Wenn der Pfarrer den Kaplan nicht in der Kost behalten will, soll er ihm alle Güter, welche ihm dafür verschrieben sind, übergeben und der Kaplan sich selbst versorgen; dann braucht er auch nicht mehr im Chor zu dienen, sondern hält nur seine Messen. Streitigkeiten zwischen Pfarrer und Kaplan sollen zuerst vom Prior in Gaming mit einer Minne (Liebe) und Freundschaft zu vergleichen sein, wenn dies aber nicht gelingt, sollen sie dem Bischof von Passau oder seinem Anwalt vorgelegt werden. Siegler: der Aussteller, Prior und Konvent zu Gaming, Herr Jakob, Pfarrer zu St. Leonhard, Herr Perchtold, Pfarrer zu Petzenkirchen und Herr Christan der Stainer, gesessen in der Ruprechtshofer Pfarre. Der Bischof von Passau fügt zum Schlusse der Urkunde seine Bestätigung an auf die Oktav von Maria Himmelfahrt (22. August) 1360 in Wien und hängt sein Siegel an.[1]

1362, Osterabend (16. April), verkauft Chunrat der Sozzer das Gut auf dem Prükchleinsperch, worauf Seyfrid sitzt, in der Pfarre Ruprechtshofen um 14 Pfd. Wr. Pfen. dem Herzog Rudolf von Oesterreich und dem Prior und Konvente in Gaming. Siegler: der Aussteller, sein Vetter Otto der Sozzer und Heinrich der Gawbicz.[2]

1362, 1. Mai, verkaufen Heinrich der Chlöczel von Eyczendorff und seine Frau Kathrei das Gut bei Scheibs in der Pfarre Ruprechtshofen, worauf Heinrich Greimppel sitzt (Grempeleck bei Scheibbs), um 10 Pfd. Wr. Pfen. dem Kloster Gaming.[3]

1365 siegelt Niklas, Pfarrer zu Ruprechtshofen, einen Vertrag der Karthause Gaming mit dem Müller in Ruprechtshofen.[4]

1366, Freitag vor dem Palmtage (27. März), verkaufen Ott der Cholb zu Wieselburg an der Zeil und seine Frau Elsbet das Gut Baumgarten in dem Sprinzenbach mit 2½ Pfd. Dienst und einer halben Wiese, von der das Kloster Gaming 9 d Burgrechtsdienst erhält, weiters das Gut in dem Graben bei der Winthub mit ½ Pfd. 21 d Dienst, beide in der Pfarre Ruprechtshofen, um 47½ Pfd. Wr. Pfen.

---

1 Staatsarchiv in Wien, Codex Diplom. der Karthause Gaming, Perg. Nr. 867, I., 179.

2 Staatsarchiv in Wien, Codex Diplom. der Karthause Gaming, Perg. Nr. 867, I., 129; II., 125.

3 Staatsarchiv in Wien, Codex Diplom. der Karthause Gaming, Perg. Nr. 867, II., 71.

4 Geschichtliche Beilagen, II., 521.

dem Kloster Gaming. Siegler: der Aussteller, sein Schwager Heinrich von Adsteten, Peter der Lanzendorfer und Jeorig der Häusler.[1]

1366, Freitag vor Pfingsten (22. Mai), verkaufen Albrecht der Hager und seine Frau Margret das Gut auf dem Puchreichsperg in der Pfarre Ruprechtshofen, wovon Friedrich der Schöniger 11 ß 10 d und für Hühner und Ehrung 40 d dient, um 24 Pfd. Wr. Pfen. dem Kloster Gaming. Siegler: der Aussteller und seine Vettern, die Brüder Hans und Wulfing die Hager.[2]

1367, St. Georgi (12. März), geben Stephan der Halmayr und seine Frau Dorothea, seine Schwester Salmey und ihr Mann Friedrich der Leb den Halmayrhof mit allen Rechten dem Kloster Gaming zurück vor ihrem rechtmäßigen Herrn, dem Prior Gottfried von Gaming, ihrem Vogte Jörg dem Häusler, ihrem Landrichter Heinrich von Aydsteten und ihrem Amtmanne Niclas, Pfarrer zu Ruprechtshofen. Siegler: der Vogt, Landrichter und Pfarrer und die Zeugen welche dieses Taiding bestätigen, Otakar von Wolfstein, Nycla der Schawer und Friedrich der Garwitz.[3]

1367, 1. Mai, geloben Andre von Tolbach und Ott der Sneider, Bürger zu St. Leonhard, Chunrat der Grednicher und Friedreich in dem Chött in der Slaten an Eides statt dem Prior Gotfried und dem Konvente in Gaming und ihren Amtleuten Pfarrer Nicla von Rupprechtshofen, Wolfhart dem Ammen, Bürger zu Scheibs und Otto dem Mayer auf dem Trülhof für Stephan den Halmeyr, seine Frau Dorothes und ihre Kinder, daß dieselben keinen Anspruch mehr auf den Halmayrhof erheben, da ihnen der Prior 3 Pfd. Wr. Pfen. und 20 Metzen Korn und Stephans Schwester Salmein (Salmone) 10 Metzen Korn gegeben habe. Wenn dieselben dem Hofe Schaden zufügen, verfallen obige Bürgen dem Prior und Konvente einer Strafe von 30 Pfd. Wr. Pfen. in den Pfarrhof zu Ruprechtshofen. Siegler: Pfarrer Nicla von Ruprechtshofen, der dieser Sache Taidinger war.[4]

1369, Mittwoch nach St. Erhard (10. Jänner), Wien, gibt Graf Ulreich von Schawnberch, Hauptmann ob der Enns, zum Heile seiner Seele seine Eigenschaft zu Pölan am Linsenhof und den zugehörigen Gütern dem Kloster Gaming. Darunter war auch das Gut, worauf

---

[1] Staatsarchiv in Wien, Codex Diplom. der Karthause Gaming, Perg. Nr. 867, I., 125; II., 120.

[2] Staatsarchiv in Wien, Codex Diplom. der Karthause Gaming, Perg. Nr. 867, I., 126; II., 121.

[3] Staatsarchiv in Wien, Codex Diplom. der Karthause Gaming, Perg. Nr. 867, I., 122; II., 117, 390.

[4] Staatsarchiv in Wien, Codex Diplom. der Karthause Gaming, Perg. Nr. 867, I., 123; II., 118.

Chunrat der Linsler und das Gut, worauf Paltmey die Linslerin saß, dazu von späterer Hand bemerkt: Linßlhof, Linßlhoflehen.[1]

1373, St. Pauli Bekehrung (25. Jänner), verkaufen Niklas Jager zu Marchartsdorf (Markersdorf) und seine Frau Kathrein dem Hanns und Wulfing, Herren von Plankenstein, ein Lehen in der Pirchen in Ruprechtshofer Pfarre mit Zustimmung des Landesherrn Grafen Ulrich von Schaunburg um 26 Pfd. Wr. Pfen.[2]

1374, achten Tag nach Prechentag (13. Jänner), Wien, verkaufen Wulfing und Mart, Brüder von Plankenstein, das Gut zu Ruprechtshofen zunächst dem Pfarrhof in dem Vogelfang, worauf einst Friedrich der Vogelfänger gesessen ist, um 68 Pfd. Wr. Pfen. den Herzogen Albrecht und Leopold von Oesterreich zu ihrer Stiftung Kloster Gaming. Siegler: die Aussteller, ihre Oheime Walchun und Christan die Weichselpecken, ihr Vetter Hanns von Plankenstein, Jorig der Häusler und der ehrbare Ritter Herr Otakcher der Wolfstain.[3]

1377 verlegt Herzog Albrecht III. das Gaming'sche Gericht in Ruprechtshofen nach Scheibbs.[4]

Um 1390 war die Pfarre Ruprechtshouen auf 100 Pfd. Pfen. Verleihungstaxe angesetzt, also eine der bestdotiertesten im Lande.[5]

1391 front (pfändet) Marchard der Plankensteiner Jorg dem Gawbitzer seinen Sitz in Twerchenpach (Zwerbach) und seine Habe und Friedrich dem Praunstorffer, Landrichter in Peilstein, seinen Sitz in Ruekchersen.[6]

1395, Montag nach Erscheinung (11. Jänner), front Hans der Schreiber von St. Lienhart dem Lienhart dem Tonfoit von Ruprechtshofen sein Haus und eine Peunt zu Ruprechtshofen, eine Wiese in der Steten, sein Gut am Weg und seine Habe.

Meinhard von Wallmigkch front Hans dem Tanperger von St. Lienhart den Hof am Mashof in der Pfarre Ruprechtshofen.

Hans der Schreiber von St. Lienhart front Lienhart dem Tumfoyt von Ruprechtshofen beide Häuser zu Ruprechtshofen, zwei Peunten daselbst, einen Acker in dem Vogelank (Vogelfang) bei des Roeten Lehen, ein Gut im Lehen am Weg, 40 d Geldes auf dem Gute auf der Plaikchen und sein Habe.[7]

---

[1] Staatsarchiv in Wien, Codex Diplom. der Karthause Gaming, Perg. Nr. 867, I., 131; II., 128.
[2] Wißgrill, Schauplatz, IV., 40; Kaltenegger, Collectio chartar. veter., I., Bl. 224-226.
[3] Smitmer, Codex Diplom. Austriae Nr. 122/III im Staatsarchiv zu Wien, II. Bd., Nr. 447.
[4] Winter, Niederösterr. Weistümer, III., 609.
[5] Hippolytus, 1863, 146.
[6] Staatsarchiv in Wien, Kodex Weiß, Nr. 48.
[7] Staatsarchiv in Wien, Kodex Weiß, Nr. 48.

1397, 22. September, Wien, belehnt Herzog Albrecht IV. Mert den Cholben mit der Tannenwies beim Hollenstein in Ruprechtshofer Pfarre, die ihm Mert der Hager verkauft hat.[1]

1397 front (pfändet) Ulrich der Dürrenpach anstatt der Frau Kathrein, Witwe des Otto von Zelking von Frewdeckk, Gilg dem Wolfstain die Feste Weiselpach (Groß-Weichselbach, Pf. St. Leonhard). Die Fronung bestätigt Pfarrer Niklas von Rueprechtshofen anstatt des Egydius Wolffstain von Weichselpach.[2]

1397 erfolgte ein Aufschub in dem Streite zwischen Hans dem Hawsler und dem Pfarrer Niklas von Ruprechtzhofen.[3]

1399, 27. November, weist Wilhelm Fraundorfer seiner Hausfrau Anna, Tochter Waytleins des Mardchalchs von Reychenau, Güter und Gülten in Ruprechtshofer und Purkstaller Pfarre zur Morgengabe an. Mitsiegler: Paul Hager zu Tyerndorf und Georg Hager auf dem Steinwald.[4]

Um 1400 wurde der Chor der Kirche erbaut.

1416, 12. März, stellte Paul der Hann, Pfarrer zu Ruprechtshofen, eine Urkunde für die Kirche in Texing aus.[5]

1423, 2. Februar, siegelt Paul, Dechant zu Mautern und Pfarrer zu Ruprechtshofen eine Urkunde über Mautern;[6] ebenso 1426, 4. Mai.[7]

1426, 27. Juli, wurden der päpstlichen Kammer einige Bullen zurückgegeben, die für Johann von Windischsteig, die Kapelle in Ruprechtshofen, deren jährliche Einkünfte zwei Mark Silbers sind, betreffend, ausgestellt worden waren.[8]

1427, 27. Juli, wird dem Johann von Windschsteig die Zahlung der Annaten von der Marienkapelle zu Ruprechtshofen, deren jährliches Erträgnis zwei Mark Silber sind, nachgesehen.[9]

1429 war Ruprechtshofen auf 60 Pfd. Pfen. Verleihungsgebühr taxiert und Lehen von der Karthause Gaming.[10]

1434, Montag vor der Quatember zu Michaeli (20. September), verkauft Hanns Überreiter, Sohn des verstorbenen Friedrich des Überreiter, Bürger zu Stain, sein Erbteil an dem Lehen zu Wesendorf in der Wachau, das zu St. Niclasgotteshaus der Pfarrkirche zu Ruprechtshofen gehört, um 44 Pfd. Wr. Pfen. dem Herrn Paul, Pfarrer

---

[1] Lichnowsky, Habsburg, IV., Nr. 185.
[2] Staatsarchiv in Wien, Kodex Weiß, Nr. 48, Bl. 177.
[3] Staatsarchiv in Wien, Kodex Weiß, Nr. 49, Bl. 180.
[4] Lang-Freyberg, Regesta Boica, XI., 166.
[5] Konsistorialarchiv St. Pölten. Siehe unter Texing.
[6] Archivberichte aus Niederösterreich, I., 212.
[7] Fontes, LII., 208.
[8] Blätter für Landeskunde, 1892, 394.
[9] Blätter für Landeskunde, 1890, 346.
[10] Schmieder, Matricula, 22.

zu Ruprechtshofen. Siegler: der edle Ulrich der Eytzinger, Pfleger zu Tyrnstain, und als Zeuge Michel Retzer, Richter der Wachau.[1]

1436, Sonntag Mitterfasten (18. März), gibt Paul der Jan, Pfarrer zu Ruprechtshofen, zum besten seiner Kirche dem Herrn Friedreich, Prior zu Gaming, und dem Konvente ein Gut in dem Twechenpach (Zwerbach), genannt das Dornach, für alle Rechte auf einem Hofe in Twerchenpach. Siegler: der Aussteller und als Zeuge Thoman Angelpekch, Pfarrer zu St. Lienhart.[2]

1437, 11. November, bezeugt Pfarrer Paul Hahn von Ruprechtshofen eine Urkunde über Steinakirchen.[3]

1439, 8. August, Florenz, verleiht Papst Eugen IV. dem (Johann) Konrad von Windischsteig die Pfarrkirche zu Ruprechtshofen, deren jährliches Erträgnis auf 50 Goldgulden geschätzt ist. Derselbe zahlte am 22. August 1439 durch einen Vertreter in Florenz als Annaten 16 Kammergoldgulden.[4]

1441, Montag vor *Judica* in der Fasten (3. April), gibt Konrad Kienast zu Haystetten seine Hofstatt zu Pauland in der Pfarre St. Leonhard (Baulanden, heute Pfarre Ruprechtshofen) der Äbtissin Lucia und dem Konvente des Klosters zu Ybbs für ein anderes Gut, eine Hofstätte, welche jährlich zu Michaeli 5 ß dient und bei Besitzerwechsel zu An- und Ablait je 30 d leistet. Zeugen: Hans Steger zu Heringstetten und Hans Ostrang, Amtmann zu Seißenegg.[5]

1451, 12. November, verkauft Pfarrer Hans (Johann Konradi) Äcker und Weingärten zu Goldern (Golling) und Weitenegg der Gemeinde Melk.[6]

1452, Samstag vor Georgi (22. April), geben Bruder Niklas und der Konvent zu Unser lieben Frauenthron zu Geimk (Gamnik, Gaming), Karthäuser Ordens, der Äbtissin Anna und dem Konvente des Frauenklosters zum Hl. Geist in Ybbs 3 Pfd. 7 ß 21 d Geldes und 4 Metzen Vogthafer Scheybser Maß jährlich auf einem Lehen am Hermansperg in Ruprechtshoffer Pfarre u.a. für andere jährliche Gülten nach dem ausgestellten Briefe.[7]

---

[1] Smitmer, Codex Diplom. Austriae Nr. 122/III im Staatsarchiv zu Wien, III. Bd., Nr. 265.

[2] Smitmer, Codex Diplom. Austriae Nr. 122/III im Staatsarchiv zu Wien, III. Bd., Nr. 274.

[3] Geschichtliche Beilagen, I. 364.

[4] Blätter für Landeskunde, 1890, 346; 1891, 132.

[5] Urkundenbuch des Frauenklosters Hl. Geist in Ybbs, Hofbibliothek Wien, 198; Staatsarchiv in Wien; Chmel, Materialien zur österr. Geschichte, I., II. Abt., 15, Regest Nr. 313.

[6] Topographie, VI., 496.

[7] Urkundenbuch des Frauenklosters Hl. Geist in Ybbs, Hofbibliothek in Wien.

1463, 29. Jänner, Schawnberg, verleiht Bernhard Graf von Schawenberg das Gut die „alt Saffen" in Ruprechtshofer Pfarre, ein rittermäßiges Lehen, aufgesendet von Stephan Kolb an der Zeil, dem Hanns Dachawer und seiner Frau Kathrein, die es gekauft haben.[1]

1463, Montag nach St. Cholomanstag (17. Oktober), Gemnik, beurkunden der Prior Sigmund und der Konvent zu Gaming wegen der Zwietracht zwischen dem Herrn Hanns Conradi von Wynndischrey, Pfarrer der St. Nicolaskirche zu Ruprechtshofen, ihrer Lehenschaft, und zwischen ihnen wegen der Menge des dem Pfarrer zu leistenden Weines, daß sie sich mit Bestätigung des Fürsten und Herrn Ulrich, Bischofs von Passau, verpflichtet haben, dem Pfarrer jährlich 3 Dreilinge gewöhnlichen Landweines in Österreich, 2 von Stinkenbrunn und einen von Baden, an der Lostat zu Pechlarn zu liefern.[2]

1465, 1. Februar, Rom, beauftragt Papst Paul den Abt Johann von Melk, die Stiftung des Johann Konradi (= Sohn des Konrad) von Windischsteig, Pfarrers zu Ruprechtshofen, zum Nikolaialtare daselbst errichteten einfachen Benefiziums zu bestätigen und den Wilhelm Gerhartel, Kleriker des Passauer Bistums, in den Besitz desselben einzuführen.[3]

1472, 1. Mai, siegelt Jörg Öder, Pfarrer zu St. Leonhard am Forst und Ruprechtshofen, einen Kaufbrief.[4]

1473, Sonntag vor St. Margaretha (18. Juli), erhielt Martin Randeckher vom Bistum Regensburg den Hof der Gugelperg (Kegelsberg) mit zwei Teilen Zehent und Zugehör in Ruprechtshofer Pfarre zu Lehen.[5]

1476 vergab die Karthause Gaming hier auch eine Altarstiftung.[6]

1485, 1. Jänner, Rom, verleiht Papst Innozenz VIII. die Pfarrkirche St. Leonhard am Forst und St. Nikolaus zu Ruprechtshofen, letztere 9 Mark Silber erträgt, dem Wolfgang Czynczendorff, der dafür am 31. Jänner 49 Kammergoldgulden als Annaten erlegen ließ.[7]

1489, Pfingsttag nach St. Johannes Gottstaufers (25. Juni), Gentzpach, verkaufen Stephan Hueber und seine Frau Helena, Tochter des verstorbenen Wolfgang Huzz, Richters zu Achspach, ihren freieigenen Getreidezehent, zwei Teile auf einem Lehen im Stokahh in den niedern zwei Feldern gegen den Stokperg, die zum Lehen gehören, wo Stephan sitzt in Ruprechtshofer Pfarre, dem ehrsamen

---

[1] Stowasser, Das Land und der Herzog, 133.
[2] Smitmer, Codex Diplom. Austriae Nr. 122/III im Staatsarchiv zu Wien, III. Bd., Nr. 464.
[3] Keiblinger, Melk, I., 632, 633.
[4] Topographie, V., 786.
[5] Schloßarchiv Jaidhof, VII., 10.
[6] Schmieder, Matricula, 25.
[7] Blätter für Landeskunde, 1891, 130.

Priester Lawrentzen, Kaplan des St. Andreasaltars in der Kirche Nicla zu Ruprechtshofen. Siegler: der edle Wolfgang Mulwanger, Herr zu Wolfstein, und als Zeuge der edle Peter Gawbitz zu Thwerhenpach (Zwerbach).[1]

1492 hatte der Pfarrer von Ruprechtshofen von einem Weingarten im Waidental einen Wachsdienst zur Pfarrkirche Emmersdorf zu entrichten.[2]

1497, 9. Juni, erklärt der päpstliche Generalauditor Petrus von Vicentia, Bischof, daß Papst Alexander VI. dem Stifte Gaming auch die Pfarrkirche St. Nikolaus in Rupertshoffen mit 6 Mark Silber Einkommen einverleibt und erlaubt habe, dieselbe nach dem Abtreten des ständigen Vikars mit absetzbaren Vikaren aus dem Kloster oder dem Weltpriesterstande zu besetzen.[3]

Von 1506 stammt eine Glocke.[4]

1515 resignierte Stephan Westerkircher die Pfarre Ruprechtshoffen, worauf Papst Leo X. in Rom am 3. März 1515 die Einverleibung dieser Pfarre in die Karthause Gaming durchführen ließ.[5]

1516, 3. März, verleiht Papst Leo X. die Kirche St. Nikolaus in Ruprechtshofen nach Resignation des Stephan Anstakircha der Karthause Gaming.[6]

Von etwa 1520 stammt ein Holzkruzifix.

1522 (*sequimillesimo secundo et vigesimo*), *Decimo Kalendas Maias* (22. April), *Gemnico*[7], präsentierten Frater Bruno, Prior, und der ganze Konvent *throni beate Marie in Gemnico*, Karthäuser Ordens, dem Administrator Ernst von Passau, nachdem der Sazellan des Altares der seligsten Jungfrau in Ruprechtshouen Joannes Seydenschwantz *impio fato sublatus est*, den Martin Felder, Kleriker der Passauer Diözese, für diesen Altar.[8]

1523 hatten der Pfarrer und Herr Jorig (Benefiziat) von Ruprechtshoffen in der Wachau Gründe im Werte von 274 Pfunden.[9]

1530 wurde der Kirche in Ruprechtshofen eine Türkensteuer von 24 fl. und der Unser Frauenzeche eine solche von 4 fl auferlegt.[10]

---

[1] Smitmer, Codex Diplom. Austriae Nr. 122/III im Staatsarchiv zu Wien, III. Bd., Nr. 557.
[2] Geschichtliche Beilagen, XI., 209.
[3] Pez, Codex Diplom. Histor. Epist., III., 435.
[4] Fahrngruber, Glockenkunde, 175.
[5] Gaminger Schriften in der Manuskriptbibliothek des Stiftes Melk.
[6] Blätter für Landeskunde, 1891, 132.
[7] Gaming.
[8] Originalpergament, das Siegel fehlt. Konsistorialarchiv St. Pölten. Geschichtliche Beilagen, V., 33.
[9] Gemeindearchiv Weißenkirchen.
[10] Wiedemann, I., 69.

1531, Samstag nach Unser Frauen Geburt (10. September), Sichtenberg, geben die Brüder Wolfgang und Paul die Rädler zu Sichtenberg dem Christoph Rosenawer, Pfarrer zu Ruprechtshofen und Benefiziaten des St. Wolfgangaltares daselbst, als Beutellehen folgende Zehente: zu Niedern-Sitzendorf 8 Güter, zu Capellen 1 Gut, am Chratzenperg 1 Gut, zu Ainhofen 3 Güter und in Mankher Pfarre 9 Güter.[1]

1544 erhielt der Vikar Michael Viechtl von Ruprechtshofen von der Karthause Gaming die Vollmacht, den Weingarten der St. Wolfgangstiftung zu Ruprechtshofen bei Wösendorf wieder bebauen zu lassen.[2]

1551 wird der Vikar Michael Viechtl wieder genannt.[3]

1567 war Pfarrer Urban von Ruprechtshofen an der Abführung des Pfarrers von Gaming nach Scheibbs beteiligt.[4]

1575, 25. März, Gaming, verleihen Prior Chrispinus Arbogastus und der Konvent von Gaming die Pfarrkirche Ruprechtshofen, *cum annis retroactis aliorum nostorum pastorum et rectorum negligentia, perfidia et culpa tam in spiritualibus, quam temporalibus et realibus ad extremam et miserabilem redacta sit ruinam, damna et calamitatem, ita, ut cum suis fundis, decimis, juribus, censibus, redditibus et proventibus, personalibus et realibus servitutibus, absque fideli administratione diutius saloari vel retineri nequeat*, dem Martin Altman, Priester, der freien Künste und Philosophie Baccalaureus und Rektor der Kirche St. Leonhard im Forst, mit Zustimmung ihres Visitators des Priors Johann von Mauerbach.[5]

Um 1584 hatten die Erben nach Christoph Amsteter wegen Twerhenpach (Zwerbach) 62 Häuser, davon in Markerstetten 8, Grabenhof 10, Amt am Scheichelhof (Scheuchelhof, Pf. Ruprechtshofen) 9; OMB in Pyhra 9, Zabernreith 10, Loibes 5; UMB Unter-Retzbach 9.[6]

1592, 25. Oktober, Ruprechtshofen, verleiht Christian Navarch von Schliengen, bestätigter Pfarrer zu St. Leonhard im Forst und Ruprechtshofen, nachdem er die Pfarre Ruprechtshofen vom Prior Bartholomäus von Gaming und dem Konvent übernommen, aber zu Haus und Feld und Weingarten zerrüttet und zerstört und im großem Abbau gefunden hat und daher dieselbe leibgedingeweise verlassen

---

[1] Smitmer, Codex Diplom. Austriae Nr. 122/III im Staatsarchiv zu Wien, IV. Bd., Nr. 88.
[2] Gemeindearchiv Weißenkirchen.
[3] Hippolytus, 1863, 119.
[4] Konsistorialarchiv St. Pölten, Faszikel Gaming. Siehe unter Gaming.
[5] Smitmer, Codex Diplom. Austriae Nr. 122/III im Staatsarchiv zu Wien, IV. Bd., Nr. 173.
[6] Schloßarchiv Ottenstein.

will, den Weingarten der Pach bei St. Georgen (St. Georgen bei Emmersdorf) dem ehrbaren Clement Wayder zu St. Georgen und seiner Frau Anna auf ihre Lebenszeit.[1]

1615 gingen Leute von Ruprechtshofen zum Prädikanten in Purgstall.[2]

1659 war im Dekanate Ybbs der Vikar Andreas Pischiz in Ruprechtshoffen unter dem Kloster Gaming exemt.[3] Hernach wird 1662 Johann Udalrich Straub als Pfarrvikar genannt, dann Christoph Piernhuber, der 1695 starb.[4]

1674 bezog laut „Soldt Biechl" der Pfarrer von Ruprechtshofen von der Karthause Gaming jährlich 150 fl Gehalt oder 37 fl 30 kr im Vierteljahr.[5]

159. Rust

1073, 3. März, Rom, bestätigt Papst Alexander II. unter den Besitzungen von St. Nikola in Passau auch solche in Rusten, bestehend in einem Zehente.[6] Darunter ist wohl Rust bei Obritzberg gemeint.

Um 1076 erhielt das Stift St. Nikola in Passau im Lande bei Rust und Eitzendorf Zehente. Doch ist darunter wahrscheinlich Groß- und Klein-Rust und Eitzendorf bei Obritzberg zu verstehen.[7]

1219, 4. November, Regensburg, beurkundet Herzog Leopold von Oesterreich auf der Rückreise vom Reichstag in Nürnberg, daß in seiner Gegenwart Wernher von Motzing seine Besitzungen bei Motzing seinen Verwandten Heinrich von Ebersprunn um 170 Mark Silber verkauft habe. Für dieses Geld habe Bischof Konrad III. von Regensburg dem Wernher im Herzogtum Oesterreich beim Dorfe Ruste 10 Fuder Wein von einer Hube verpfändet.[8]

1271 erscheint Hermann Ruster als Bürger von Tulln.[9]

1277, 10. Jänner, Wien, belehnte Bischof Leo von Regensburg den Leutold und Heinrich von Chuenring und Ulrich von Pilichdorf

---

[1] Smitmer, Codex Diplom. Austriae Nr. 122/III im Staatsarchiv zu Wien, IV. Bd., Nr. 209.
[2] Wiedemann, IV., 192.
[3] Konsistorialarchiv St. Pölten, alte Dekanatsakten.
[4] Konsistorialarchiv St. Pölten, Faszikel Kloster Gaming.
[5] Pfarrarchiv Gaming.
[6] Oberösterr. Urkundenbuch, II., 99
[7] Monumenta Boica, IV., 293.
[8] Ried, Codex chronol. diplom. episcop. Ratisbon., I., 322.
[9] Kerschbaumer, Geschichte der Stadt Tuln, 316.

mit Gütern in Oesterreich. Unter den Zeugen erscheint Wolfhard, bischöflicher Amtmann in Rust.[1]

Um 1310 schenkt Herzog Friedrich I. von Oesterreich den Leuten von Rust unter seiner Vogtei als Burgrechtslehen die Weide außer dem Dorfe in Ror (Langenrohr) diesseits von Rust, wofür zu Martini 10 Pfd. Wr. Pfen. Dienst zu leisten sind.[2]

1311 wird Philipp von Rysta als Zeuge genannt.[3]

1318, Sonntag vor Fasching (5. März), verkaufen Walpolt der Pylacher und seine Frau Elsbet ihren Hof zu Reinzleinstorf (Rannersdorf bei Hafnerbach) dem Hermann Pfnursink. Unter den Zeugen Herr Philipp von Russte, sein Bruder Otto, Chaloch von Olarn (Ollern) und Ulrich der Fuchs von Spital.[4]

1319, 15. Juni, Wien, verkauft Leopold von Sachsengang dem Schottenstift in Wien die Eigenschaft von zwei Lehen datz Rvste mit 14 ß weniger 4 d Gülten, welche Larentz von Haiderichestain von ihm zu Lehen gehabt hat.[5]

1328, Mittwoch vor Pfingsten, beurkunden Philipp von Ruste und seine Frau Kunigunde, daß ihnen Herr Jakob der Grabner und seine Frau Katharey Bürgen geworden sind gegen Mörlein den Juden zu Wyen um 50 Pfd. Wr. Pfennige. Sie versprechen, 30 Pfd. zur nächsten Weihnacht und 20 Pfd. zu Ostern zu bezahlen und den Bürgen allen Schaden zu ersetzen, wofür sie ihre freieigenen 12 Joch Acker zu Rust jenseits des Wassers und 4½ Pfd. Gülten zu Reintzleinßdorff versetzen. Siegler: beide Aussteller.[6]

1329, 31. Oktober, sendet Philipp von Rust dem Bischof Nikolaus von Regensburg den ihm zu Lehen gegebenen Hof zu Rust auf.[7] Am 3. August 1329 wird Philipp als Burggraf von Hargense genannt.[8]

1330, Pfingsttag nach St. Anna (2. August), Mychelnhaußenn, schließen Philipp von Rust und seine Frau Kunigunde im Beisein des Herrn Heinrich, Pflegers seines Herrn von Regensburg in Pechlarn, und des Herrn Wernherr, derzeit in Mychelhaußen, Ulrichs des Phuchßen und Wolffen des Stollberger mit Jakob Grabner nach ihrer Fehde Frieden und geben ihm seine Besitzungen in Katzleinßdorff und Freindorff und ein Haus in Thuln zurück. Siegler: der Aussteller.[9]

---

[1] Ried, Codex chronol. diplom. episcop. Ratisbon., I., 545.
[2] Archiv für österr. Geschichte, 1849, 531.
[3] Kerschbaumer, Geschichte der Stadt Tuln, 346.
[4] Hueber, Austria ex archivis Mellic. illustrata, 56.
[5] Fontes, XVIII., 167.
[6] Briefprotokoll von 1618 im Schloßarchiv Pottenbrunn, Urkunde Nr. 32.
[7] Reichsarchiv München.
[8] Lang-Freyberg, Regesta Boica, VI., 300.
[9] Briefprotokoll von 1618 im Schloßarchiv Pottenbrunn, Urkunde Nr. 44.

1334, hatte das Bistum Regensburg Besitzungen in Rust, Micheldorf und Mitterndorf.[1]

1368, 3. Februar, verkauft Chunigund, Witwe des Jakob von Rust, sein Haus vor dem Holztore in Wien.[2]

1372, 28. Juni, wird das Haus des Plebans von Rust in der Schulstraße zu Wien genannt.[3]

1376, 21. November, Wien, beurkundet Herzog Albrecht III. von Oesterreich, daß der Graben bei Rust auf dem „obern Mos", den die Leute „auff dem tulnerveld" gemeinsam gemacht und aufgeworfen haben, der ganzen Landschaft „nucz und guet ist" und von arm und reich, edel und unedel benützt werden dürfe.[4]

1379, 20. April, beurkunden der Abt Ulrich von Göttweig und die Pröpste Kolman von Klosterneuburg, Leutold von St. Pölten und Jakob von Herzogenburg, daß vier Spruchleute entschieden haben, daß Erhart von Rust „von des graben wegen, gelegen pey Rust ob der Persnikch", für den dadurch erlittenen Schaden von Ulrich dem Judel und Christan dem Richter zu Zwentendorff für die Leute der von Chappelln 40 Pfd. Wr. Pfen. halb zu St. Gilgen, halb zu St. Michael erhalten sollen.[5]

1386, 14. Juni, Lempach, stellt Niklas von Rust, Sohn der Hedweich, eine Urkunde über einen Vergleich aus und siegelt die Urkunde mit seinem und seines Zeugen Erhard von Rust Siegeln. Das Siegel ist rund von mittlerer Größe und zeigt einen dreieckigen Schild mit rechtsschräg gezogenen Balken, welcher mit drei abwärts gekehrten Wolken belegt ist. Umschrift: *S(igillum) Echardi . De . Rost.*[6]

1391, 29. September, verzichtet Erhart von Rust auf die Gülte zu Weinzierl bei Atzenbruck in Heiligeneicher Pfarre, die der verstorbene Dechant Heinrich von Tulln zum Spital daselbst vermacht hat.[7]

1393 front (pfändet) der alte Prior von Chotweig dem Erhard von Russt seinen Hof daselbst und Ulrich von Zelking front demselben Erhard seinen Sitz zu Rust.[8]

Vor 1455 starb Ulrich von Rust, Stifter dieses Gotteshauses. Sein Grabstein meldet: *(Hie l)eit Begraben . der . Edel . Vlreich . v(o)n . Rust . vnd . seines . pa(rent)es . bie . sy . gena(n)t . sind .*

---

[1] Reichsarchiv München. Siehe unter Groß-Pöchlarn.
[2] Quellen zur Gesch. der Stadt Wien, III. Abteil., I. Bd., Nr. 12
[3] Quellen zur Gesch. der Stadt Wien, III. Abteil., I. Bd., Nr. 440.
[4] Fontes, X., 471.
[5] Fontes, X., 479-480.
[6] Duellius, Excerpta geneal.-histor. I., 113, Tafel XX., Nr. 260 mit Abbildung.
[7] Kerschbaumer, Geschichte der Stadt Tuln, 387.
[8] Staatsarchiv in Wien, Kodex Weiß, Nr. 48, Bl. 109, 119.

geb(e)sen . vnt . taof . na(ch) . stifter . des . goczhaus . den go(tt genad).[1]

1455, 23. März, Wien, verleiht König Ladislaus die durch den erblosen Tod des Ulrich von Russt erledigten Güter, einen Hof zu Rust mit Gülten und Zehenten auf 2 Lehen und 2 Hofstätten daselbst, die Fischweide auf der Pernikh von Rindlein bis zur Tunaw und Gülten zu Mertteinsprunn und Ror und Zehente zu Weinzürl dem Rüdiger von Starhemberg.[2]

1470, 17. Februar, Wien, beurkunden die Holden und Leute zu Nieder-Schönpühel (Langenschönbichl bei Langenrohr), daß Kaiser Friedrich III. ihnen erlaubt habe, die Au oberhalb Nieder-Schönpühel, Kälberswerd geheißen, von Rust um den Pfandschilling einzulösen.[3]

Im 15. Jahrhundert wurde die Kirche erbaut.[4]

1529, 30. August, gab der Pfleger Wilhelm von Zanntt zu Pechlarn auch eine Beschreibung der Einkünfte des Amtes und Aigens Rust auf dem Tullnerfeld mit Gütern in Michelhaußen, Sandt- und Mitterfeldt, und Leefeldt, zu Michelstorff, Mitterndorff, Spital, Thendorff, Atzelstorff, Streythouen, Trastorff, Neudygl, Asparn, Atzenpruckh, Saendorff, Bischoffdorff, Unternmoß, Zerpfing, Raydling, Gotteshaus Heylingaych, Pierpaumb, Schönpüchl und Eperstorff.[5]

1532 starb Wolfgang Ruttenpauer zu Rust, Pfleger zu Schönbichl.[6]

1564 bestätigte ein Gerichtsbescheid die von Hanns Hauff, Bestandinhaber der Herrschaft Lempach[7] gegen Untertanen in Rust verfügte Leib- und Geldstrafen und wies die Klage des Hanns Adam von Aheim, Pflegers zu Pechlarn, ab. Diese Urkunde wurde 1638 beim Verkauf des Amtes Rust vom Hochstift dem Pfleger Willibald Manner in Pechlarn übergeben.[8]

1572, Mittwoch vor Kolomani (8. Oktober), verkauft Konstantin von Mämming zu Kirchberg an der Puelach seinem Vetter Sebastian Mäminger den Edelmannssitz zu Großen-Russt, am Tulnerfeld an der Persling gelegen, wie ihn sein Vater, der verstorbene Georg von Mämming zu Kirchberg, Ritter, kaiserlicher Rat und Landeshauptmann ob der Enns, und er selbst bisher vom Landesfürsten zu Lehen gehabt haben. Da der Edelmannssitz eine Zeitlang nicht bewohnt war, sind

---

[1] Mitteilung von Hochw. Herrn Pfarrer Karl Kramler in Judenau.
[2] Notizenblatt, 1854, 353.
[3] Chmel, Regesta Friderici IV., II. Abt., Nr. 5925.
[4] Riesenhuber, Kirchl. Kunstdenkmäler, 254.
[5] Landesarchiv in Wien, Gültbuch OWW, Nr. 243.
[6] Geschichtliche Beilagen, IV., 510.
[7] Neu-Lengbach.
[8] Hofbibliothek in Wien, Kodex 13.716, Bl. 10.

Lehenstücke davon entzogen worden, die der Käufer ohne Kosten des Verkäufers an sich bringen kann. Siegler: der Verkäufer und sein Bruder Maximilian von Mämming zu Kirchberg.[1]

1572 erhielt Stephan Rausch die Pfarre Pechlarn. Er sagt, daß ihm auch die Pfarre Rwst dazu versprochen worden sei.[2]

1576, 7. Mai, Schloß Neuen-Lengbach, entscheiden Andre Khornfaill zu Wiembla als Beistand des Jungen von Mäming, Rudolf Khuen von Bellasy zu Lichtenberg und Gandegg, Freiherr zu Neuen-Lengbach als Obrigkeit der meisten Untertanen zu Rust und Hans Hauff von Stainach zu Poppen als Bestandsinhaber der Herrschaft Lengbach und Vertreter der Untertanen über das Fischwasser in der Persing zwischen Sebastian von Mäming als Besitzer des Edelmannshofes zu Russt am Tulnerfeld und dem Richter Lienhart Häberl als Vertreter der Gemeinde daselbst nach ihrem Banntaiding und althergebrachten Posseß in folgender Weise: die Gemeinde kann fischen und krebsen vom Raindl in der Persing ob Rust bis zur Brücke im Dorfe unterhalb der Mühle zunächst des Mäming Hof. Darin kann auch der Müller bei seinem Garten von der Mühle ober der Wehre und unterhalb bis zur Brücke fischen. Unterhalb der Brücke von Rust bis auf den Turnenfuerth gehört das Fischwasser dem Meming und von dort bis zur Thurnau beiden gemeinsam, besonders im Naßlingfang. Siegler: die drei Aussteller und Sebastian von Mämming.[3]

1582 taufte der sektische Prädikant zu Rust ein Kind des Stadtschreibers von Mautern.[4]

1587, 24. Jänner, Wien, berichtet das Ordinariat, der Abt von Göttweig habe auch in Russt einen sektischen Prädikanten.[5]

Vor 1600 diente Christian Bader als Kaplan zu Rust und Vikar in Zwentendorf.[6] Die Kirche blieb bei der Pfarre Zwentendorf.

1626 versprach der Hans Helfrich Jörger, für Rust einen katholischen Priester zu präsentieren.[7]

1635, 10. Juli, verkaufen Bischof Albrecht von Regensburg und das Domkapitel dem Pfleger der Herrschaft Pöchlarn Willibald Manner das Amt und Gut Rust mit den Dörfern Mitterndorf und Michelndorf, die von der Herrschaft Pöchlarn zu weit entlegen sind, um 10.000 fl. Manner kaufte 1637 dazu eine öde Mühle, überließ aber

---

[1] Originalpergament mit zwei Siegeln in Holzkapseln. Stiftsarchiv Melk.
[2] Bischöfliches Archiv in Regensburg.
[3] Originalpergament mit 4 Siegeln. Stiftsarchiv Melk.
[4] Konsistorialarchiv St. Pölten, Faszikel Mautern. Siehe unter Mautern.
[5] Konsistorialarchiv St. Pölten, Faszikel St. Veit an der Gölsen.
[6] Wiedemann, IV., 112.
[7] Wiedemann, IV., 186.

den ganzen Besitz daselbst 1644 der Gräfin Franziska Palffy auf Neulengbach.[1]

1659-1661 war Schullehrer in Rust Johann von Pusch.[2]

1661, 17. März, berichtet Dechant Berthold Edl von Traismauer: der Hochaltar des Kirche in Rust ist dem hl. Martin geweiht und gilt als konsekriert. Unterhalb ist noch beim Eingange eine Art Kapelle mit Altar und Begräbnis eines Unbekannten unter Marmorplatte (siehe Grabstein vor 1455). Vorhanden sind: ein Kelch und eine kupferne Monstranz ohne Lumula. Der Tabernakel ist in der Wand auf der Evangelienseite (Sakramentshäuschen). Der Taufstein aus Stein, ohne Deckel und seit langem ohne Taufwasser. Das Beinhaus ist aus Holz, kein Beichtstuhl, der Friedhof mit einer Mauer umfangen, aber von Bäumen bewachsen und ohne Begräbnis für die Ungetauften.[3]

1672, 26. Juli, Zwentendorf, verpachtet Dechant Bartholomäus von Kumberg, Pfarrer zu Zwentendorf, den zur Filialkirche in Rust gehörigen halben Zehent zu Rust samt kleinen und Safranzehent für gewisse Getreidelieferungen.[4]

1777, 26. Februar, wurde der Stiftbrief für das Benefizium in Rust festgesetzt, wozu Zachhalmel 7.000 fl bestimmt hatte. Der Benefiziat sollte in Rust eine Wohnung erhalten und wöchentlich vier Messen und noch jährlich 12 Stiftmessen halten.[5]

1784 wurde Rust eine eigene Pfarre.

Das ehemalige Schloß ist teils zum Pfarrhof, teils zu einer Mühle verwendet.[6]

---

[1] Mitteilungen des Archives für Nieder-Österreich, II., 96.
[2] Konsistorialarchiv St. Pölten, Faszikel Zwentendorf.
[3] Konsistorialarchiv St. Pölten, Faszikel Zwentendorf.
[4] Konsistorialarchiv St. Pölten.
[5] Konsistorialarchiv St. Pölten, Faszikel Zwentendorf.
[6] Schweickhardt, Darstellung von Niederösterreich, IV. 170.